DIREITO PENAL

PARTE GERAL

ARTS. 1º A 120

1

DIREITO
PENAL

ANDRÉ ESTEFAM

DIREITO PENAL

PARTE GERAL

ARTS. 1º A 120

14ª edição
2025

- Direitos exclusivos para a língua portuguesa
Copyright ©2025 by
Saraiva Jur, um selo da SRV Editora Ltda.
Uma editora integrante do GEN | Grupo Editorial Nacional
Travessa do Ouvidor, 11
Rio de Janeiro – RJ – 20040-040

- **Atendimento ao cliente: https://www.editoradodireito.com.br/contato**

- Capa: Bruno Ortega
Diagramação: LBA Design

- **DADOS INTERNACIONAIS DE CATALOGAÇÃO NA PUBLICAÇÃO (CIP)**
ODILIO HILARIO MOREIRA JUNIOR – CRB-8/9949

E79d   Estefam, André
Direito penal – volume 1 – parte geral – arts. 1º ao 120 / André Estefam – 14. ed. –
São Paulo: SaraivaJur, 2025.
784 p. (Direito Penal)

Inclui bibliografia
ISBN 978-85-536-2575-8 (Impresso)

1. Direito. 2. Direito penal. I. Título. II. Série

	CDD 345
2024-3919	CDU 343

Índices para catálogo sistemático:
1. Direito penal   345
2. Direito penal   343

Aos meus filhos, razões da minha vida.

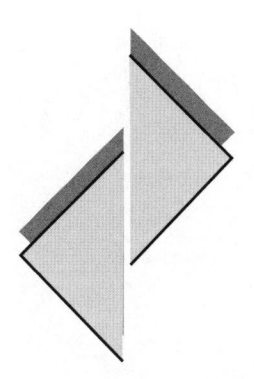

Nota do autor

Prezado leitor, cara leitora.

Muito embora o ano de 2024 não tenha sido profícuo em alterações legislativas que impactaram o Volume 1 da Coleção, nos empenhamos em seguir, na nova casa, o Grupo GEN, com o zelo de manter a obra atualizada com base na jurisprudência atual dos tribunais superiores e de diversos tribunais estaduais e regionais.

Com isso, procuramos cumprir o compromisso de manter o trabalho em linha com a dogmática e a *praxis* do Direito Penal brasileiro.

Agradecemos sua confiança.

São Paulo, 23 de outubro de 2024.

O autor

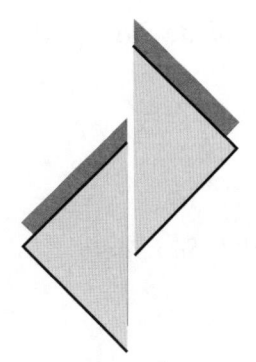

Abreviaturas

ADIn	Ação Direta de Inconstitucionalidade
ADPF	Ação de Descumprimento de Preceito Fundamental
ADV/COAD	*Advocacia Dinâmica/Contabilidade e Advocacia* (Boletim de Jurisprudência)
AgEx	Agravo em Execução
AgI	Agravo Interno
ApCr	Apelação Criminal
CAt	Conflito de Atribuição
c/c	combinado com
CC	Código Civil
CComp	Conflito de Competência
CCr	Câmara Criminal
CF	Constituição Federal
CLT	Consolidação das Leis do Trabalho
CP	Código Penal
CPC	Código de Processo Civil
CPM	Código Penal Militar
CPP	Código de Processo Penal
CTB	Código de Trânsito Brasileiro
CTN	Código Tributário Nacional
DJe	*Diário da Justiça eletrônico*
DJU	*Diário da Justiça da União*
EC	Emenda Constitucional
ED	Embargos Declaratórios

EJTJAP	*Ementário de Jurisprudência do Tribunal de Justiça do Amapá*
HC	*Habeas Corpus*
Inq.	Inquérito
j.	julgado(a) em
JTACrSP	*Julgados do Tribunal de Alçada Criminal de São Paulo*
LC	Lei Complementar
LCP	Lei das Contravenções Penais
LEP	Lei de Execução Penal
LICP	Lei de Introdução ao Código Penal
MC	Medida Cautelar
R.	Região
RE	Recurso Extraordinário
REO	Recurso *Ex Officio*
REsp	Recurso Especial
RHC	Recurso de *Habeas Corpus*
RJTAMG	*Revista de Jurisprudência do Tribunal de Alçada de Minas Gerais*
ROHC	Recurso Ordinário em *Habeas Corpus*
RSE	Recurso em Sentido Estrito
RSTJ	*Revista do Superior Tribunal de Justiça*
RT	*Revista dos Tribunais*
RTJ	*Revista Trimestral de Jurisprudência*
S.	Seção
T.	Turma
v.u.	votação unânime

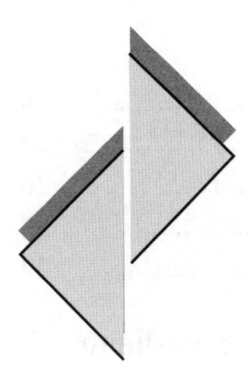

Índice

Capítulo 2 – Escolas penais

Capítulo 3 – A história do Direito Penal positivo brasileiro

Capítulo 4 – Conceitos fundamentais

Capítulo 5 – Classificação de crimes

Capítulo 6 – Princípios fundamentais

Capítulo 7 – Lei penal no tempo

Capítulo 8 – Lei penal no espaço

Capítulo 9 - Conflito aparente de normas

Título II - Teoria Geral do Delito ou Teoria do Fato Punível

Capítulo 1 - Introdução

Capítulo 2 - Sistemas penais

Capítulo 3 – Fato típico

Capítulo 4 – Teoria da imputação objetiva

Capítulo 5 - Erro de tipo

Capítulo 6 - *Iter criminis*

Capítulo 7 – Ilicitude ou antijuridicidade

Capítulo 8 – Culpabilidade

Capítulo 9 – Concurso de pessoas

Título III – As Consequências da Infração Penal

Capítulo 1 – Teoria Geral da Pena

Capítulo 2 – A pena privativa de liberdade

Capítulo 3 – As penas alternativas

Capítulo 4 – A aplicação da pena

Capítulo 5 – Da reincidência

Capítulo 6 – Concurso de crimes

Capítulo 7 – Suspensão condicional da pena (*sursis*)

Capítulo 8 – Livramento condicional

Capítulo 9 – Efeitos da condenação

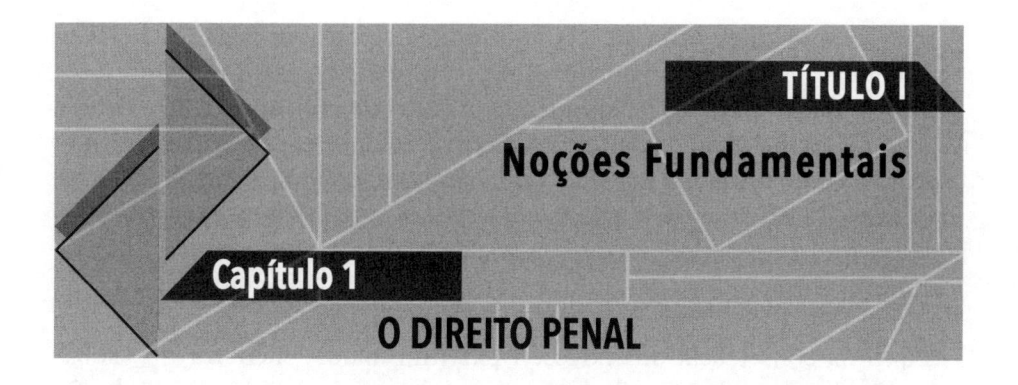

TÍTULO I

Noções Fundamentais

Capítulo 1

O DIREITO PENAL

1. O DIREITO PENAL COMO EXPRESSÃO DA CULTURA HUMANA

"O Direito Penal é o rosto do Direito, no qual se manifesta toda a individualidade de um povo, seu pensar e seu sentir, seu coração e suas paixões, sua cultura e sua rudeza. Nele se espelha a sua alma. O Direito Penal dos povos é um pedaço da história da humanidade"[1].

Nada mais verdadeiro.

Dentre os ramos jurídicos, o **Penal traduz**, em toda sua expressão, as **virtudes** e **vicissitudes de um povo.** Nele se expõem os valores culturais apontados como fundamentais para determinada sociedade (como a vida humana, o patrimônio, a saúde pública, a proteção do meio ambiente e da ordem econômica), o estágio civilizatório de uma nação (representado em princípios fundamentais acolhidos ou não por determinado modelo de Direito Penal) e, em algumas vezes, até mesmo a defasagem entre o que está prescrito e o que realmente acontece no cotidiano.

Onde existe sociedade, há o crime (*ubi societas, ibi crimen*) e, bem por isso, deve haver o Direito Penal. Este, ainda que de modo primitivo, sempre se fez presente em todos os agrupamentos sociais (*ubi societas, ibi crimen*)[2].

Registram os historiadores que **nas tribos, desde a Antiguidade, já se notava, incutida no espírito humano, a ideia do castigo** por atos lesivos a terceiros, muito embora, em tempos remotos, era a vingança privada que imperava: "o ponto de partida da história da pena coincide com o ponto de partida da história da humanidade"[3].

---

[1] Lyra, *Direito penal científico (criminologia)*, p. 37, citando o maior penalista brasileiro do século XIX, Tobias Barreto.

[2] A ameaça e imposição de uma pena pública respondem a uma tradição milenar. Parece-nos que, até hoje, toda organização social sempre foi acompanhada de um Direito Penal" (Günther Stratenwerth, *Derecho penal*: parte general, p. 27).

[3] Franz von Liszt, *Tratado de direito penal alemão*, t. 1, p. 74.

Mesmo antes da existência do Estado, havia nas sociedades de estrutura familiar as penas infligidas aos membros da tribo e aos estranhos. Aos primeiros eram aplicadas penas quando praticavam atos que traduziam uma espécie de perturbação da paz e da vida em sociedade e, de regra, envolviam a proscrição do agente, o qual não podia *habitare inter homines* e, portanto, era morto ou, se pudesse (e lograsse), fugia. As sanções impostas aos estranhos, por outro lado, possuíam conotação de *vindita* ou vingança contra o estrangeiro (de outra raça ou origem) ou, ainda, de "vingança de sangue". Em ambos os casos, a pena imposta revelava um caráter sacro, na medida em que, na consciência dos povos, a paz (fim maior) encontrava-se sob a proteção dos deuses, de modo que a vingança (reação contra a perturbação da paz) fundamentava-se em preceito divino.

O Brasil vivenciou fase semelhante. João Bernardino Gonzaga, em sua obra *O direito penal indígena*, aponta a mescla de costumes, mitos e tabus observados pelos silvícolas, assim como seus usos e regras jurídicas. O autor expõe o índio brasileiro como pouco misericordioso[4] e vingativo. Cita que a retaliação, na cultura indígena brasileira, mostrava-se sempre obrigatória, "de cunho sagrado, e nada autoriza a crer que atendesse ao requisito da culpabilidade". Em apoio à sua tese, cita, dentre outros, os relatos de Evreux e Thevet, os quais registram a índole vingativa dos nativos e sua indisposição para a reconciliação com seus inimigos[5]. A verdade, porém, é que a vastidão de etnias em terras brasileiras sugere ser temerário formar um juízo único acerca dos brasileiros pré-Cabral.

Com o evoluir das épocas, na história da humanidade, a pena passa a assumir, paulatinamente, uma nota de moderação, abandonando-se a ideia de reação desmedida e vigorosa, no lugar de uma sanção proporcional. Surgem, nesse compasso, outras penas, além da morte, como a mutilação, o banimento (perpétuo ou temporário) e a perda (ou confisco) de bens.

Daí vem a pena de talião, um procedimento em que se buscava a justiça, fazendo-se com que o mal imposto deveria corresponder, tanto quanto possível, ao mal praticado ("olho por olho, dente por dente"). Registros do talião podem ser encontrados em documentos que datam de aproximadamente dois mil anos antes do início da era cristã. "Nas legislações da antiguidade, como a hebraica, a grega e a romana, observam-se sinais do largo emprego do talião. (...). E, mais recuado que o antiquíssimo Código de Manu, na Índia, o de Hamurabi, da Caldeia"[6].

---

[4] Nesse aspecto, o autor discorda de Assis Ribeiro e de historiadores que vislumbravam, nos costumes indígenas, senso de justiça e misericórdia.

[5] *O direito penal indígena*, p. 105 e s.

[6] Basileu Garcia, *Instituições de direito penal*, t. 1, p. 13.

Numa fase subsequente, é possível vislumbrar a utilização de um novo expediente: a composição pecuniária, uma forma de reparação, como preço pago à família vitimada. Antes de representar uma medida criada por razões justas ou mesmo humanitárias, tratava-se de buscar um mecanismo em que se abandonavam os nocivos e brutais métodos de repressão (morte ou mutilação), os quais enfraqueciam os próprios grupos sociais em que adotados.

É de registrar, ainda, que o **surgimento do Estado contribuiu decisivamente para uma mudança** de enfoque. É dizer, **o poder público, em nome da convivência pacífica de seus cidadãos, colocou-se acima dos grupos familiares e retira dos particulares o exercício do direito de punir, transferindo-o a um representante imparcial e equidistante das pessoas diretamente envolvidas no conflito.**

De ver que o Estado, durante séculos que atravessaram a Idade Antiga e chegaram até muito próximo do fim da Idade Moderna e princípios da Idade Contemporânea[7], utilizou-se em larguíssima escala de castigos cruéis. As penas eram criadas com finalidade intimidativa. Vivia-se o "Direito Penal do Terror". A morte era a pena mais comum entre as sanções penais e, ao seu lado, as penas de caráter corporal (açoite, mutilação etc.). Citem-se, como exemplo, as **Ordenações do Reino de Portugal** (Afonsinas, Manuelinas e Filipinas), as quais **vigoraram no Brasil até** a edição do Código Criminal do Império, em **1830**. Tais diplomas **prescreviam quatro** espécies de **pena capital**, como relata Cândido Mendes[8]: *morte natural cruelmente* ("com todo o cortejo das antigas execuções, o que dependia da ferocidade do executor, e capricho dos Juízes, que neste ou em outros casos tinham arbítrio"); *morte natural de fogo* ("a queima do réu vivo, mas por costume e prática antiga primeiramente se dava garrote aos réus, antes de serem lançados às chamas"); *morte natural* ("expiava o crime, sendo enforcado no Pelourinho, seu cadáver era levado pela confraria da Misericórdia, e no cemitério sepultado"); e *morte natural para sempre* ("o padecente ia à forca da cidade, onde morria, e ficava pendente até cair podre sobre o solo do patíbulo, insepulto, despindo-se seus ossos da carne, que os vestia: ali se conservaram até a tarde do 1º de novembro, e conduzidos pela Confraria da Misericórdia em suas tumbas, para a Igreja, e no dia seguinte os soterravam")[9].

---

[7] Anote-se que o modelo "europeu" de divisão esquemática da História, em Idade Antiga, Idade Média, Idade Moderna e Idade Contemporânea é colocado em dúvida como útil ou mesmo adequado, muito embora ainda seja largamente utilizado e, por sua finalidade didática, adotado nesta breve exposição.

[8] Apud José Carlos de Assis Ribeiro, *História do direito penal brasileiro*, p. 140.

[9] Na França, até o ano de 1700, havia cinco modalidades de pena de morte: esquartejamento, morte pelo fogo, pela roda, através da forca ou por meio da decapitação (Basileu Garcia, *Instituições*, tomo I, p. 15).

No final do século XVIII, sobretudo a partir da publicação do "pequeno grande livro", isto é, da obra magistral de Cesare Bonesana, o Marquês de **Beccaria**, intitulada *Dos delitos e das penas* (1764), **incutiu-se no pensamento filosófico do Direito Penal a ideia de humanização e busca por Justiça**. O autor postulava a distribuição da "máxima felicidade dividida pelo maior número" e advertia, com propriedade, que: "um dos maiores freios dos delitos não é a crueldade das penas, mas sua infalibilidade. (...). A certeza de um castigo, mesmo moderado, sempre causará mais intensa impressão do que o temor de outro mais severo, unido à esperança da impunidade"[10].

Em nosso país, o primeiro reflexo das ideias humanitárias de Beccaria se fez sentir no **Código Criminal do Império (1830)**, cuja parte geral, emblematicamente, dividia-se em duas partes: a primeira denominava-se "Dos delitos" e a segunda, "Das penas".

Oportunamente, analisaremos nesta obra a (rica) evolução que se seguiu no campo do Direito Penal (*vide* Capítulo 2). Por ora, numa apreciação à guisa de síntese, podemos dizer que o Direito Penal passou por diversos estágios: (i) a *vindita*; (ii) a *compositio*; (iii) o caráter misto (público e privado); (iv) a punição pública (fase atual). Em todos eles, entretanto, nota-se que sempre esteve indissociavelmente ligado à noção de manutenção do equilíbrio social e garantia da paz.

1.1. Conceito de Direito Penal

Numa formulação simples e despretensiosa, poder-se-ia conceituar o **Direito Penal como o ramo do Direito encarregado de definir as infrações penais e cominar-lhes a respectiva sanção**[11].

É preferível, registre-se, a denominação "Direito Penal"[12] no lugar de "Direito Criminal", haja vista que, além de contar com ampla aceitação, vincula-se ao fato de que possuímos um "Código Penal" e não, como outrora, um "Código Criminal".

Nossos penalistas, de regra, optam por uma definição calcada em duas vertentes: o **Direito Penal subjetivo**, assim entendido como o *ius puniendi* ou direito de punir do Estado, e o **Direito Penal objetivo**, o qual cor-

---

[10] *Dos delitos e das penas*, 2006, p. 87.

[11] Na definição clássica de von Liszt, o Direito Penal era conceituado como: "o conjunto das prescrições emanadas do Estado que ligam ao crime, como fato, a pena como consequência" (*Tratado*, t. 1, p. 73).

[12] Quem primeiro a empregou foi Engelhard, em 1756 (*vide* Franz von Liszt, *Tratado*, t. 1, p. 73, nota n. 75).

responde ao conjunto de normas jurídicas (princípios e regras), que se ocupam da definição das infrações penais e da imposição de suas consequências, sejam elas penas ou medidas de segurança[13]. Veja, por exemplo, Basileu Garcia[14] e Damásio de Jesus[15].

Para nós, o Direito Penal é o ramo do Direito que se encarrega de regular os fatos humanos mais perturbadores da vida social, definindo-os quanto à sua extensão e consequências, de modo a assegurar, por meio da aplicação efetiva de suas prescrições, a garantia da vigência da norma e as expectativas normativas.

Deve-se assinalar, nesse passo, que a prática da infração penal representa uma mensagem (uma carga cognitiva), qual seja, a de que a norma penal (isto é, "não matarás", "não roubarás" etc.) foi violada e, deste modo, apesar de sua vigência formal, não teve vigência real. A aplicação da pena, por outro lado, responde ao ato com outra mensagem, a de que, apesar do ato, a norma permanece vigente (formal e materialmente). Torna-se, então, irrelevante para a estabilidade do sistema penal a atitude de quem cometeu o ato delitivo, pois, apesar do ato contrário à norma, esta permanece incólume. O Direito Penal não pode impedir que o ilícito seja cometido (embora fosse esse o ideal). Reale Jr. bem pondera que "o preço da liberdade é o eterno delito"[16]. O Direito Penal pode, entretanto, assegurar que as expectativas normativas (a esperança interna que todos têm nas normas jurídicas e a confiança de que elas serão respeitadas por terceiros) mantenham-se incutidas na mente das pessoas e, com isso, permitir o convívio de todos em sociedade.

Como assinala Luhmann, "o Direito processa, de uma maneira como nenhum outro sistema pode fazer, as expectativas normativas capazes de manterem-se a si mesmas em situações de conflito. (...). O Direito não pode garantir que suas expectativas normativas não sejam defraudadas. Mas pode assegurar sua manutenção, como expectativas, inclusive quando viola-

---

[13] Para conferir a distinção entre penas e medidas de segurança, as duas espécies do gênero sanção penal, veja o Capítulo 1 do Título III desta obra.

[14] *Instituições de direito penal*, t. 1, p. 8.

[15] *Direito penal*: parte geral, p. 5 e 7.

[16] O inigualável Hungria, dissertando sobre a crítica utópica de alguns de que a pena não inibe por completo a criminalidade, demonstrava, com sua característica lucidez, que tal desiderato é impossível de alcançar-se, tendo, portanto, o Direito Penal a função de reduzir a criminalidade ao mínimo e não, porque inviável, de eliminá-la: "A delinquência é a diátese cancerosa para a qual ainda não se encontrou, nem talvez se encontrará jamais, remédio específico e universal. Nasceu com Caim e há de acompanhar o homem na terra" (*Comentários ao Código Penal*, 1956, v. III, p. 18).

das. (...). Do ponto de vista sociológico, a normatividade nada mais é do que a estabilidade contrafática. Com uma formulação diferente poderia se dizer que o Direito, ao proteger expectativas, nos libera da obrigação de aprender com as defraudações e nos adaptarmos a elas"[17].

1.2. Direito Penal objetivo e subjetivo

Como dissemos no tópico anterior, entende-se por **direito penal objetivo** *o* **conjunto de normas** (princípios e regras) **que se ocupam da definição das infrações penais e da imposição de suas consequências** (penas ou medidas de segurança).

Cuida o **direito penal subjetivo** *do* **direito de punir do Estado** ou *ius puniendi* estatal; isto é, o direito que o Estado possui de exigir que as pessoas se abstenham de praticar uma conduta definida como infração penal (direito de punir em abstrato) e de exigir do infrator que se submeta às consequências da infração praticada (direito de punir concreto).

1.3. Direito Penal comum e especial

A denominação direito penal comum e direito penal especial é utilizada para designar, de um lado, o Direito Penal aplicável pela justiça comum a todas as pessoas, de modo geral, e, de outro, um setor do Direito Penal que se encontra sob uma jurisdição especial e, por conseguinte, somente rege a conduta de um grupo determinado de sujeitos.

O **direito penal comum**, cuja aplicação incumbe à justiça comum, funda-se no **Código Penal e nas diversas leis penais especiais**, como a Lei de Drogas (Lei n. 11.343/2006), o Estatuto do Desarmamento (Lei n. 10.826/2003), o Código de Trânsito (Lei n. 9.503/97) etc.

O **direito penal especial**, cuja aplicação fica sob responsabilidade da justiça especializada, em nosso país, circunscreve-se ao **Direito Penal Militar**. Assim, cumpre à justiça militar aplicar as normas contidas no Código Penal Militar (Decreto-Lei n. 1.001/69)[18].

---

[17] O direito como um sistema social, in *Teoría de sistemas y derecho penal*: fundamentos y posibilidades de aplicación, p. 95.

[18] É de ver que a justiça comum pode, excepcionalmente, aplicar normas de direito penal militar, como ocorre na hipótese versada pela Súmula 53 do STJ ("Compete à justiça comum estadual processar e julgar civil acusado da prática de crime contra instituições militares estaduais"). Acrescente-se, ainda, que a Justiça Militar Federal tem competência para julgar civis, autores de crimes militares. Assim, deve-se ver com reservas a distinção entre direito penal comum e direito penal especial, cuja utilidade se dá mais para fins didáticos do que por critérios científicos.

1.4. Direito Penal substantivo e adjetivo

Direito penal **substantivo ou material** é sinônimo de **direito penal objetivo**, ou seja, conjunto de normas (princípios e regras) que se ocupam da definição das infrações penais e da imposição de suas consequências (penas ou medidas de segurança).

Direito penal **adjetivo ou formal** corresponde ao **direito processual penal**.

1.5. Direito Penal Internacional e Direito Internacional Penal

Há diversas normas penais que promanam do direito interno e se projetam para além de nossas fronteiras, bem como normas há que, oriundas de fontes externas, irradiam sobre fatos ocorridos nos lindes de nosso território.

O direito penal internacional corresponde justamente ao direito produzido internamente, cuja aplicação se dá sobre fatos ocorridos fora do Brasil. O Código Penal, no art. 7º, ao tratar da extraterritorialidade, contém uma série de regras que disciplinam a aplicação da lei penal brasileira a fatos ocorridos no exterior – trata-se do direito penal internacional, ou seja, aquele do direito interno com incidência externa.

O direito internacional penal, de sua parte, diz respeito às normas externas (tratados e convenções internacionais), que se aplicam dentro de nosso país – cuida-se do direito externo com incidência interna. Tal ramo do Direito Internacional, no dizer de Kai Ambos, compreende "o conjunto de todas as normas de direito internacional que estabelecem consequências jurídico-penais" e consiste numa "combinação de princípios de direito penal e de direito internacional"[19].

Suas fontes precípuas são as convenções multilaterais firmadas pelos Estados interessados. Há uma importante parcela do direito internacional penal fundada em direito consuetudinário e, notadamente, pela jurisprudência de tribunais internacionais. Seu instrumento jurídico mais importante é o Tratado de Roma, que fundou a Corte ou Tribunal Penal Internacional (TPI).

Referida Corte foi criada em julho de 1998, pela Conferência de Roma; encontra-se sediada em Haia, nos Países Baixos. É órgão permanente e tem como responsabilidade o julgamento de crimes contra a humanidade, crimes de guerra, de genocídio e de agressão, assim definidos no texto do Estatuto mencionado (promulgado no Brasil por meio do Decreto n. 4.388, de 25-9-2002).

---

[19] *A parte geral do direito penal internacional*: bases para uma elaboração dogmática, p. 42. Vale notar que Kai Ambos não diferencia as expressões direito penal internacional e direito internacional penal.

1.6. Direito Penal do fato e Direito Penal do autor

Na primeira metade do século passado, o Direito Penal voltou seus olhos para o autor do crime (para o "delinquente") e, com isso, iniciou-se uma fase designada como **direito penal do autor**. Nesse contexto, **uma pessoa deveria ser punida mais pelo que é e menos pelo que fez**. A pena não era graduada pela culpabilidade, enquanto grau de reprovabilidade da conduta, mas pela periculosidade do agente. Justificavam-se, neste contexto, penas de longa duração para fatos de pouca gravidade, caso ficasse demonstrado que o agente fosse um indivíduo perigoso. Essa fase teve seu apogeu durante a Segunda Grande Guerra e influenciou grandemente a legislação criminal da Alemanha nesse período. Com o final da Segunda Guerra Mundial, o modelo filosófico representado por essa concepção caiu em derrocada, retornando a lume uma diferente visão do direito penal, conhecida como **direito penal do fato. Trata-se, sinteticamente, de punir alguém pelo que fez, e não pelo que é.** A gravidade do fato é que deve mensurar o rigor da pena.

Nos dias atuais, essa é a concepção vigorante em matéria penal e, segundo a quase unanimidade dos autores, a única compatível com um Estado Democrático de Direito, fundado na dignidade da pessoa humana.

Canotilho pondera que: "perante as experiências históricas de aniquilação do ser humano (inquisição, escravatura, nazismo, stalinismo, polpotismo, genocídios étnicos), a dignidade da pessoa humana como base da República significa, sem transcendências ou metafísicas, o reconhecimento do *homo noumenon*, ou seja, do indivíduo como limite e fundamento do domínio político da República. Neste sentido, a República é uma organização política que serve o homem, não é o homem que serve os aparelhos político-organizatórios. A compreensão da dignidade da pessoa humana associada à ideia de *homo noumenon* justificará a conformação constitucional da República Portuguesa onde é proibida a pena de morte (artigo 24º) e a prisão perpétua (art. 30º, 1). A pessoa ao serviço da qual está a República também pode *cooperar* na República, na medida em que a pessoa é alguém que pode assumir a condição de *cidadão*, ou seja, um membro normal e plenamente cooperante ao longo da sua vida"[20].

De ver, contudo, que muito embora vigore (com razão) a tese do direito penal do fato, há influências esparsas (e, cremos, inevitáveis) de direito penal do autor na legislação brasileira (e mundial), como ocorre com as regras de dosimetria da pena que levam em conta a conduta do agente, seu comportamento social, a reincidência etc. Também se pode dizer derivada da

---

[20] *Direito constitucional*, p. 225.

concepção do direito penal do autor a previsão das medidas de segurança, espécies de sanção penal fundadas na periculosidade. De ver, contudo, que várias garantias fundamentais foram introduzidas no campo dessas sanções, pela doutrina e, notadamente, pela jurisprudência do Supremo Tribunal Federal, harmonizando-as com a Constituição Federal.

2. POSIÇÃO ENCICLOPÉDICA DO DIREITO PENAL

2.1. O caráter científico do Direito Penal

O **Direito Penal retira sua cientificidade da busca por sua legitimidade.** Esta deve ser deduzida da configuração da sociedade. É preciso construir o plexo normativo-penal a partir de uma determinada sociedade, no seu tempo e espaço, com seus respectivos valores. Kirchmann (1847), promotor de justiça alemão, no século XIX, fez ácida crítica aos que propunham o caráter científico do Direito. Em seu texto "O caráter acientífico da Ciência do Direito", o autor dizia que toda obra doutrinária, toda sentença bem elaborada, todo trabalho jurídico enfim tornava-se papel descartável com três palavras do legislador modificando a legislação. Equivocava-se, contudo, Kirchmann, seja por confundir o Direito (normas e princípios) com a Ciência do Direito (a busca pela legitimidade do ordenamento jurídico em uma dada sociedade). Na verdade, o trabalho que se ocupar do conceito do Direito até chegar ao fundamento de sua legitimação jamais se tornará letra morta com a modificação legislativa. Pelo contrário, se o legislador elaborar alguma disposição que não esteja de acordo com o fundamento do Direito, este sim é que não produzirá mais do que "leis descartáveis"[21].

Num breve histórico, pode-se dizer que a busca pelo fundamento de legitimidade do Direito Penal enfrentou **quatro grandes fases.**

A **primeira** merecedora de registro, que remonta ao século XVII, é a fase em que a **legitimidade do Direito Penal advinha da lei e da autoridade.** Legítimo, portanto, era o Direito produzido pelos tribunais com autoridade coercitiva.

Seguiu-se, depois, sob **influência do Iluminismo**, a **fase da razão**. A legitimidade do Direito Penal deixava de ser a obediência à autoridade, **trasladando-se para a garantia da liberdade dos cidadãos.**

Em **Hegel**, o **fundamento de legitimidade** deslocara-se para a **prevenção**. A finalidade preventiva passara a ser a mola propulsora do Direito Penal, justificando-o enquanto ramo jurídico. A medida da pena passara a ser o desvalor do ato.

---

[21] Günther Jakobs, *El derecho como disciplina científica*, p. 22-23.

No final do século XIX, nova mudança de enfoque: o Direito Penal, segundo propunha Binding, tinha como **fundamento o Direito Positivo**.

Franz von Liszt constrói sua visão científica do Direito Penal sob as bases do naturalismo. Sua obra fora composta, como é cediço, em meio ao irromper das forças decorrentes da industrialização, demonstrando ele marcada preocupação em calcular e controlar os efeitos do Direito Penal. Para este autor, deve o Direito Penal ocupar-se, notadamente, da prevenção. Enfatizava-se, destarte, o direito penal do autor.

Durante o século XX, notadamente em sua segunda metade, a tendência que avulta com maior ênfase é o finalismo, de Hans Welzel. O autor constrói um sistema com bases ontológicas, fundado em realidades prévias, expostas como verdades absolutas e imanentes da Ciência Penal. Seu conceito de ação, fundamentado no sentido individual finalístico (toda "ação humana é o exercício de uma atividade final") bem o demonstra. Welzel, contudo, não exprime sua teoria com arrimo em conceitos puramente indivíduas, mas também procura fazê-lo num sentido social (enfatizando a necessidade de o Direito Penal ocupar-se de fatos socialmente inadequados).

No final do último milênio e no irromper do atual, vive-se uma nova fase na busca da legitimação da Ciência Penal, chamada "funcionalismo". Seus maiores representantes são Claus Roxin e Günther Jakobs.

O funcionalismo, em Jakobs, assenta a legitimidade do Direito Penal sob as bases das condições de existência da sociedade, normativamente estruturada. Em Roxin, por outro lado, o fundamento de legitimidade do Direito Penal é a proteção subsidiária de bens jurídicos.

Dessa síntese brevemente exposta, uma conclusão se mostra certa e irrefutável. **Não há como negar o caráter científico do Direito Penal, o qual está estreitamente vinculado à concepção e à configuração da sociedade, vigente num determinado momento histórico.** Seja esse fundamento a liberdade dos homens, a proteção da convivência em sociedade das pessoas, a proteção subsidiária de bens jurídicos ou a garantia da vigência da norma, é certo que o jurista que se propõe a fazer Ciência deve ocupar-se dessa investigação, tendo seus olhos voltados obrigatoriamente ao horizonte social.

O critério de cientificidade do Direito Penal, como de resto ocorre com qualquer ciência humana, não deriva da possibilidade de "explicações causais de fenômenos sensíveis", mas da necessidade de se "compreender o fenômeno mesmo em sua concreção única e histórica"[22].

---

[22] Enrique Bacigalupo, *Direito penal*: parte geral, p. 50-51. É o que dizia, entre nós, Tobias Barreto há quase duzentos anos: "A ciência do direito criminal, como todas as ciências, deve ter um método de indagação e de estudo. É o método histórico-filosófi-

2.2. A dogmática

Quando se fala em Ciência Penal deve-se ter presente que nela há que se distinguir a dogmática, a política criminal e a criminologia.

Dogmática significa o estudo dos dogmas. Dogma deriva do grego *doxa*, isto é, qualquer opinião ou crença. A dogmática, portanto, refere-se a "um conjunto de opiniões, doutrinas ou teorias" a respeito da validade e da interpretação do Direito[23].

Por dogmática penal entende-se "disciplina que se ocupa da interpretação, sistematização e desenvolvimento (...) dos dispositivos legais e das opiniões científicas no âmbito do direito penal"[24]. A presente obra, portanto, representa um trabalho eminentemente relacionado à dogmática penal.

2.3. A política criminal

A política criminal, por sua vez, corresponde **ao conjunto de posturas públicas que deve ser implementado no enfrentamento da criminalidade**. "É aquele aspecto do controle penal que diz relação com o poder que tem o Estado de definir um conflito social como criminal"[25].

Até o início do século passado, preponderava a tese de que a política criminal deveria inspirar a reforma da lei penal. Em outras palavras, deveria ela servir como critério orientador do legislador penal, jamais, porém, influenciar na dogmática penal. O jurista, de sua parte, não poderia dela ocupar-se, senão como meta a se atingir.

Na atualidade, todavia, esse ponto de vista encontra-se superado. **A dogmática penal deve ser influenciada pela política criminal. O penalista deve, enfim, construir um sistema penal teleologicamente orientado para a consecução da finalidade do Direito Penal.** De nada adianta produzir um belo e didático sistema penal, uma teoria do crime harmonicamente orientada, se as soluções nem sempre forem justas e condizentes com a função do Direito Penal.

Como afirma Bacigalupo, "os postulados da política criminal servem, então, como critérios de decisão a respeito dos sistemas dogmáticos

---

co, por meio do qual é que se pode chegar a conhecer os verdadeiros fatores das leis penais. A velha inimizade entre o *filosófico* e o *histórico* não tem mais significação" (*Estudos de direito*, p. 188, grifos do autor).

[23] Dimitri Dimoulis, *Manual de introdução ao estudo do direito*, p. 52.

[24] Claus Roxin, *Funcionalismo e imputação objetiva no direito penal*, p. 186-187.

[25] Juan Bastos Ramírez e Hernán Malarée, *Lecciones de derecho penal*, p. 40.

para aplicação do direito penal"[26]. Política criminal e dogmática penal integram-se, portanto, de modo indissolúvel na ciência penal.

2.4. A Criminologia

A **Criminologia** constitui **ciência empírica**, que, com base em dados e demonstrações fáticas, **busca uma explicação causal do delito como obra de uma pessoa determinada.**

Seu foco pode ser tanto a personalidade do infrator, seu desenvolvimento psíquico, as diversas formas de manifestação do fenômeno criminal, seu significado pessoal e social. De acordo com o objeto que ela investigue, pode-se falar em Antropologia criminal, que se divide em Biologia e Psicologia criminal, e Sociologia criminal.

Com o resultado de suas investigações, preocupa-se em fornecer as causas da prática do crime e, com isso, auxiliar no combate à criminalidade.

3. FUNÇÃO DO DIREITO PENAL (PROTEÇÃO DE BENS JURÍDICOS)

Na história recente do Direito Penal, notadamente depois da Revolução Francesa e da Declaração dos Direitos do Homem e do Cidadão (26-8-1789), advoga-se a tese de que o Direito Penal **possui finalidade eminentemente protetiva.** É o que se deduz do art. 8º da mencionada Declaração, o qual declara que: *"la loi ne doit établir que des peines strictement et évidemment nécessaires"* (a lei não deve estabelecer penas que não as estrita e evidentemente necessárias).

Binding (final do século XIX), inspirado em Birnbaum (1834), expressou essa ideia na seara específica do Direito Penal, estabelecendo que a ele cumpre a proteção de bens jurídicos. O bem seria o interesse juridicamente tutelado e a norma, o meio (eficaz) para sua proteção, em face da ameaça da pena.

Não se estabelecia, contudo, o que era bem jurídico e, sobretudo, quais bens jurídicos poder-se-ia legitimamente tutelar por meio de uma norma penal.

Para Franz von Lizst (início do século XX), a vida é que produzia os bens jurídicos (honra, liberdade, patrimônio) e o legislador instituía a sua proteção. Sua concepção foi, contudo, superada, notadamente pela impossibilidade de fazer formulações genéricas a respeito de quais interesses humanos são suficientemente importantes a ponto de merecer a proteção penal. Algo que hoje possa ser objeto de consenso, pode não ter sido ontem e dei-

---

[26] *Direito penal,* p. 66.

xar de sê-lo amanhã. Há um século, a castidade era valor fundamental, motivo pelo qual se punia, legitimamente, o crime de sedução[27]. Por outro lado, nem se cogitava de tutelar bens jurídicos difusos, como o meio ambiente, ou temas como a clonagem de seres humanos.

No âmbito do neokantismo (Mayer e Honig – primeira metade do século XX), sustentava-se, com razão, que o legislador é quem criava os bens jurídicos e o fazia ao assinalar-lhes a devida proteção. Sob tal ótica, os bens jurídicos constituíam-se de interesses humanos referidos *culturalmente* em função de necessidades individuais. Quando tais necessidades fossem socialmente dominantes, tornar-se-iam valores culturais e, neste caso, converter-se-iam em bens jurídicos, desde que se reconhecesse a necessidade de sua existência e de se lhes conferir adequada proteção jurídica.

Nesse período, todavia, **os autores não se preocupavam em delimitar a liberdade de escolha do legislador na produção de normas penais e, portanto, na seleção dos bens jurídicos a serem protegidos.**

No âmbito do finalismo (Hans Welzel), que foi desenvolvido na década de 1930, mas prevaleceu como sistema penal dominante até o final do século, persistia como tese vencedora a defesa de bens jurídicos, porém se notava com maior ênfase a preocupação em descrever limites à função seletiva do legislador quanto à escolha dos bens a tutelar por meio de normas penais.

Entendia-se que o bem jurídico correspondia àquele bem vital para a comunidade ou para o indivíduo que, em razão de sua significação social, tornar-se-ia merecedor de proteção jurídica. Assis Toledo, partindo da concepção de Welzel, conceitua bens jurídicos como "valores ético-sociais que o direito seleciona, com o objetivo de assegurar a paz social, e coloca sob sua proteção para que não sejam expostos a perigo de ataque ou a lesões efetivas"[28].

Ainda hoje predomina entre os doutrinadores a concepção de que o Direito Penal destina-se à tutela de bens jurídicos.

A ideia de proteção impera inclusive dentre autores para os quais o foco central não são os bens, mas as pessoas. É o caso de Hans-Heinrich Jescheck e Thomas Weigend, para quem a missão do Direito Penal é a *proteção da convivência das pessoas em sociedade*[29].

---

[27] Em nosso Código Penal, de maneira absolutamente descompassada com a evolução da sociedade, punia-se o crime de sedução até o ano de 2005, quando a Lei n. 11.106 revogou o art. 216 do CP.

[28] *Princípios básicos de direito penal*, p. 16.

[29] *Tratado de derecho penal*: parte general, p. 2.

3.1. Conceito de bem jurídico

Registre-se, inicialmente, que não se encontra na dogmática penal uma noção precisa de bem jurídico, senão aproximações segundo diversos pontos de vista. Como ressalta Luiz Régis Prado: "Apesar de o postulado de que o delito lesa ou ameaça de lesão bens jurídicos ter a concordância quase total e pacífica dos doutrinadores, o mesmo não se pode dizer a respeito do conceito de bem jurídico"[30].

Claus Roxin, cuja definição encontra-se dentre as mais aceitas, **define-o como** *"todos os dados que são pressupostos de um convívio pacífico entre os homens, fundado na liberdade e na igualdade"*[31].

A nós, parece que o mais importante não é conceituar bem jurídico ou definir se é este, de fato, o escopo do Direito Penal. O verdadeiro desafio do penalista consiste em desvendar quais são os limites do legislador para a criação de normas penais. Trata-se do desafio político do Direito Penal, isto é, *o que* sancionar e *como* sancionar.

E, nas diferentes opiniões, não se encontram pressupostos *claros* que visem a conferir ao legislador arestas em sua liberdade de decisão sobre quais condutas pode incriminar.

A nós parece fora de dúvidas que a **missão crucial do jurista do Direito Penal,** muito mais do que simplesmente definir o que é bem jurídico, **deve ser encontrar quais são os limites para a sua proteção por meio das normas penais.**

Registre-se, por fim, que dentre as diversas noções sobre os limites do Direito Penal, a que entendemos como a mais aceitável consiste em **estabelecer as arestas do direito de punir do estado com referência a valores constitucionais**[32].

---

[30] *Bem jurídico-penal e constituição*, p. 44. René Ariel Dotti inicia sua obra *Curso de direito penal*: parte geral, com a seguinte colocação: "A *missão* do Direito Penal consiste na proteção de bens jurídicos fundamentais ao indivíduo e à comunidade" (2003, p. 3, grifo do autor).

[31] *Estudos de direito penal*, p. 35.

[32] Luiz Régis Prado, em sua obra *Bem jurídico-penal e constituição*, adere a esta concepção arrematando na conclusão de seu trabalho que: "Do exposto ressai que a ingerência penal deve ficar adstrita aos bens de maior relevo, sendo as infrações de menor teor ofensivo sancionadas, por exemplo, administrativamente. A lei penal, advirta-se, atua não como *limite* da liberdade pessoal, mas sim como seu *garante*. Por derradeiro e em suma, o remate do raciocínio é o de que as relações entre as teorias constitucionais amplas e restritas não são de antagonismo, mas de *complementaridade*. Isso resulta no agasalho de uma diretriz constitucional de natureza eclética ou intermediária

3.2. O Direito Penal enquanto responsável pela garantia da vigência da norma

Günther Jakobs, Professor Catedrático de Direito Penal e Filosofia do Direito em Bonn, Alemanha, atribui ao Direito Penal finalidade diversa da que a quase unanimidade dos autores lhe incumbe. Para este autor, **não se trata de proteger bens jurídicos. Deve o Direito Penal, isto sim, garantir a *vigência da norma*, por meio da asseguração de expectativas normativas.**

Para Jakobs, cumpre ao Direito Penal, por meio da pena, contradizer uma contradição, isto é, a pena criminal contém uma mensagem de contradição a um ato que contradisse uma norma determinante da identidade da sociedade. O Direito Penal, dessa forma, confirma a identidade da sociedade. O sentido principal da pena é uma autoconfirmação do ordenamento jurídico; seus sentidos secundários são aqueles ligados à psicologia individual ou social, inibindo comportamentos criminosos. Quando se aplica uma pena por meio de um procedimento, o Direito Penal restabelece, no plano comunicativo, a vigência da norma, perturbada pelo cometimento da infração penal.

Jakobs aduz que "[...] a garantia jurídico-penal da norma deve garantir a segurança de expectativas". Nesse sentido, "a pena deve reagir mediante um comportamento que não possa ser interpretado como compatível com um modelo de mundo esboçado pela norma"[33].

O pensamento desse autor deve ser compreendido com vistas à sua concepção de sociedade e do papel que as normas exercem em sua configuração. Merece transcrição o seguinte trecho:

"A sociedade é a construção de um contexto de comunicação que de qualquer modo poderia estar configurado de modo diverso daquele que se encontra configurado no caso concreto (não fosse assim, não se trataria de

---

– de *justo meio* e não *hermética* –, que privilegia o texto constitucional, *prima facie* a concepção de Estado Democrático e Social de Direito, o bem jurídico (substancial) ancorado na realidade socioindividual, complementada, ainda, por elementos de uma visão metodológica própria e de peculiar *natureza* do bem jurídico-penal, numa *enformação* que se compatibiliza com os modernos postulados da ciência do Direito Penal e da Política Criminal" (p. 111). Devemos frisar, contudo, que, para nós, o fundamental não é saber se o Direito Penal protege bens jurídicos, como afirma a maioria dos autores, ou a garantia da vigência da norma, mas, como já dissemos neste estudo, cumpre delimitar quais normas (ou quais bens) são dignos de proteção por meio do Direito Penal. Destarte, somos da opinião de que o Direito Penal deve encampar somente a proteção de normas jurídicas (ou de bens jurídicos) referidas expressa ou implicitamente no Texto Constitucional.

[33] A proibição de regresso nos delitos de resultados, in *Fundamentos do direito penal*, p. 93.

uma construção). Posto que se trata de uma configuração, e não da constatação de um estado, a identidade da sociedade se determina por meio de normas, e não por determinados estados ou bens (ainda que, certamente, pode ser que em alguns aspectos possa deduzir-se a própria norma de modo correto a partir de seu reflexo, isto é, a partir de bens). O contexto de comunicação deve ser capaz de manter sua configuração diante de modelos divergentes, caso se pretenda evitar que toda divergência seja tomada como começo de uma evolução, e inclusive há que se assegurar os requisitos da evolução, pois do contrário, não se poderia distinguir o que é evolução do que é apenas casual.

Uma parte das normas aqui tratadas advém do mundo racional, dentro do qual se produz, na era moderna, a comunicação que é de entendimento comum, e que não necessita de uma estabilização especial: esta parte das normas se encontra assegurada de modo suficiente pela via cognitiva; quem não a aceite, pode ser compreendido em algumas sociedades particulares, mas somente nestas.

Para dizê-lo com um exemplo: quem não viva sobre a base de uma imagem de mundo mais ou menos acertada a partir do ponto de vista das ciências naturais, perderá de pronto na sociedade moderna ocidental todas aquelas oportunidades que se estimam vantajosas; dito de modo mais concreto: as casas cujos cálculos de estática são incorretos não se sustentam em seus alicerces, e quem oferecer bruxaria para tanto, encontrará, de qualquer modo, seguidores à margem da sociedade.

Outra parte de normas constitutivas da sociedade carece por completo de tal força genuína para se autoestabilizar; concretamente, todas aquelas normas que conforme a concepção da sociedade não podem ser representadas como leis naturais, e no momento atual tampouco como leis reveladas, mas como normas feitas, ainda que feitas com boas intenções. Enquanto as normas do primeiro tipo conformam uma base do comportamento obrigada para todo aquele a quem resultam acessíveis – e quem não tem acesso a elas é socialmente incompetente –, sobre as normas do segundo tipo cabe dispor subjetivamente, ao menos no caso concreto. Referindo-me ao último exemplo: ninguém pode querer seriamente começar a construção de uma casa pelo primeiro piso, mas é possível desejar e inclusive realizar uma construção em local proibido pelo Direito urbanístico. Isto pode se resumir com a seguinte fórmula: uma vontade defeituosa baseada em um conhecimento defeituoso é sinal de incompetência e acarreta maior ou menor grau a uma *poena naturalis*, enquanto o defeito volitivo isolado não carece temer *per se* as consequências negativas derivadas do comportamento.

Precisamente por conta da evidente contingência destas normas, é dizer, por força – *sit venia verbo* – da indemonstrabilidade da vontade correta em relação com as normas jurídicas, e também morais, sua vigência há de se garantir de outro modo, precisamente por meio de uma sanção. No caso das normas jurídico-penais, portanto, por intermédio da pena imposta em um procedimento formal. Desde o final do Direito natural, a pena já não se impõe a sujeitos irracionais, mas a sujeitos refratários. A sanção contradiz o projeto de mundo do infrator da norma: este afirma a não vigência da norma para o caso em questão, mas a sanção confirma que esta afirmação é irrelevante"[34].

Pode-se concluir, em resumo, que, no pensamento de Günther Jakobs, "a finalidade da pena é a manutenção estabilizada das expectativas sociais dos cidadãos. [...] *O direito penal, portanto, protege a validade das normas* e essa validade é o 'bem jurídico do direito penal'"[35].

3.3. Uma síntese dialética entre a proteção subsidiária de bens jurídicos e a garantia da vigência da norma

Toda a dogmática sempre demonstrou séria preocupação com a construção de um Direito Penal racional.

As concepções dominantes, ao centrarem a racionalidade do Direito Penal na temática relativa à finalidade da pena, baseiam-se em uma "racionalidade instrumental", isto é, na visão de que o Direito Penal pode ser um meio (ou instrumento) adequado para se lograr um fim (a imposição de um castigo, a prevenção do delito, a proteção de bens jurídicos, a ressocialização, entre outros). Isso depende, contudo, de uma demonstração empírica quase irrealizável[36].

Daí decorre a seguinte conclusão: se não é possível comprovar empiricamente que o Direito Penal é um meio para se alcançar o fim que o legitima, não tem sentido basear sua racionalidade a partir da ótica de uma racionalidade instrumental.

A construção de um Direito Penal racional depende, desse modo, de uma mudança de enfoque, na qual se abandona a ideia de racionalidade instrumental em nome de uma *racionalidade comunicativa*.

A função da pena, nesse contexto, é a de servir como uma resposta expressiva de desautorização e ratificação da norma vigente. O Direito Penal, então, passa a cumprir um papel ligado à garantia da vigência da norma (Jakobs).

---

[34] *Sociedad, norma y persona en una teoría de un derecho penal funcional*, p. 26-28.

[35] Enrique Bacigalupo, *Direito penal*, p. 184, grifo nosso.

[36] "As teorias preventivas", declarou Hassemer, "não são mais do que a esperança de uma solução" (apud Enrique Bacigalupo, *Hacia el nuevo derecho penal*, 2006, p. 35).

"Somente sobre as bases de uma compreensão comunicativa do delito", diz Jakobs, "entendido como afirmação que contradiz a norma e a pena entendida como resposta que confirma a norma, pode se falar em uma relação iniludível entre ambas, e nesse sentido, em uma relação racional"[37].

Prossegue o autor dizendo que: "o Direito Penal restabelece no plano da comunicação a vigência perturbada da norma, toda vez que se leva a cabo seriamente um procedimento como consequência de sua infração"[38].

Nas palavras de Enrique Bacigalupo, "a vigência da norma", sob o influxo da racionalidade comunicativa, torna-se "o bem jurídico do Direito Penal"[39].

Essa linha de pensamento é exposta pelos adeptos da teoria da prevenção geral positiva (Jakobs, Hassemer e Bacigalupo), para a qual a pena criminal reforça a autoridade do direito e a vigência da norma jurídica: "A pena é coação [...] Em primeiro lugar, é coação enquanto portadora de um significado, portadora de uma resposta ao fato: o fato, como ato de pessoa racional, significa algo, significa uma desautorização da norma, um ataque a sua vigência, e a pena também significa algo; significa que a afirmação do autor é irrelevante e que a norma segue vigente sem modificações, mantendo-se, portanto, a configuração da sociedade"[40].

Deve-se frisar que adotar a prevenção geral positiva não significa abandonar a humanização da pena ou deixar de imprimir à sua execução um sentido de ajuda ou tratamento. Estas, entretanto, são funções latentes e não centrais da pena criminal[41].

4. O DESAFIO DO DIREITO PENAL

Quer se entenda que a missão do Direito Penal seja a proteção de bens jurídicos ou a garantia da vigência da norma[42], persiste ainda seu desa-

---

[37] *Sociedad, norma y persona en una teoría de un derecho penal funcional*, p. 18.

[38] *Sociedad, norma y persona en una teoría de un derecho penal funcional*, p. 19.

[39] *Hacia el nuevo derecho penal*, p. 41.

[40] Jakobs, Derecho penal del ciudadano y derecho penal del enemigo, in Manuel Cancio Meliá, *Derecho penal del enemigo*, p. 20.

[41] Conforme Enrique Bacigalupo, na obra *Hacia el nuevo derecho penal*.

[42] Não há confundir o desafio dogmático (proteção de bens jurídicos ou garantia da vigência da norma) com o desafio político. Aliás, como assinala Enrique Bacigalupo, "a suposta oposição entre proteção da vigência da norma e a do bem jurídico não é tão dramática como se costuma apresentar e, muito provavelmente, tampouco tem o significado ideológico que frequentemente se lhe assinalam. Por que razão a vigência da norma não poderia ser um bem jurídico?" (*Hacia el nuevo derecho penal*, p. 41).

fio político: quais normas (ou quais bens jurídicos) pode o Direito Penal legitimamente proteger? Qual modelo de Direito Penal é compatível com um Estado Democrático de Direito fundado na dignidade da pessoa humana (CF, art. 1º)?

Eis a questão fundamental a ser objeto de reflexão do penalista. Sua solução está longe de ser simples. **Podemos afirmar, todavia, que qualquer atuação do Direito Penal há de ser norteada pela Constituição Federal.** Com efeito, a Carta Política, que se encontra no ápice da pirâmide jurídica, deve ser o fundamento e a razão de ser de toda e qualquer norma penal, fixando seu conteúdo e seus limites. Nesse sentido, os princípios fundamentais do Direito Penal, que serão estudados em capítulo próprio, desempenham papel de suma relevância. Sua exata compreensão impedirá uma aplicação robotizada das leis penais e favorecerá um Direito Penal mais justo e eficaz para a proteção da sociedade, sua verdadeira destinatária.

5. DIREITO PENAL DO CIDADÃO E DIREITO PENAL DO INIMIGO

Como reflexo da discussão sobre os limites válidos do Direito Penal, encontra-se o debate acerca do direito penal do inimigo.

A dicotomia: **Direito Penal do Cidadão x Direito Penal do Inimigo** resulta de uma teoria **desenvolvida por** Günther **Jakobs.**

O autor cuidou pela primeira vez do assunto em 1985, durante as "Jornadas de Professores de Direito Penal de Frankfurt". Nesta abordagem, cuja conotação era predominantemente crítica, o penalista citado apresentava o direito penal do inimigo como a antítese do direito penal do cidadão.

Ao direito penal do cidadão incumbe garantir a eficácia da norma. Baseia-se no seguinte raciocínio: o indivíduo que comete o crime desrespeita a norma, a qual, por meio da pena aplicada, mostra que permanece incólume (garantindo-se, desse modo, que ela continua valendo apesar da infração cometida). Em seu âmbito de aplicação, operam todos os direitos e garantias fundamentais.

Já o **direito penal do inimigo** (isto é, de indivíduos que reincidem constantemente na prática de delitos ou praticam fatos de extrema gravidade, como ações terroristas) **tem como finalidade afastar perigos**[43]. Neste, o

---

[43] Jakobs define como inimigo: "um indivíduo que, não apenas de modo intencional, com seu comportamento (crimes sexuais; como o antigo delinquente habitual 'perigoso' conforme o § 20a do Código Penal alemão), ou com sua ocupação profissional (delinquência econômica, delinquência organizada e também, especialmente, tráfico de drogas), ou principalmente por meio de uma organização (terrorismo, delinquência organizada, novamente o tráfico de drogas ou o já antigo 'complô para o homicí-

infrator não é tratado como pessoa, mas como inimigo a ser eliminado e privado do convívio social. Podem ser citados como exemplos de legislação típica desse setor do Direito Penal o *Patriot Act* dos EUA (Lei Patriótica), em que se autorizou, entre outras disposições, a detenção de pessoas por tempo indeterminado, se suspeitas de envolvimento em atentados terroristas, e a violação a outros direitos individuais. Também se podem apontar como medidas jurídicas características do direito penal do inimigo as prisões norte-americanas de Guantánamo (Cuba) e de Abu Ghraib (Iraque), em que se empregou a detenção por tempo indeterminado e a tortura como meios legítimos de interrogatório[44].

Quando o tema foi apresentado por Jakobs pela primeira vez, o autor cuidava de apontar as características do direito penal do inimigo e demonstrava grande preocupação em que dispositivos desta natureza "contaminassem" o direito penal do cidadão (fase crítica).

"Como arremate final de minhas ideias – que quiçá soam como velho liberalismo – em relação ao objetivo de determinar os limites da efetividade do Estado, me permito fazer uma observação sobre o oposto do Direito Penal do Cidadão, isto é, o Direito Penal do Inimigo. Com isso não pretendo relativizar todas as afirmações anteriores por meio da recomendação de que o Estado não se atenha aos vínculos referidos quando lhe pareça oportuno. Os vínculos são constitutivos para o Estado de liberdades, quem os quebra, o abandona. A existência do Direito Penal do Inimigo não é, portanto, uma mostra da força do Estado de liberdades, mas um sinal de que este não existe. Desde então resultam situações imagináveis, que quiçá ocorram atualmente, nas quais as normas que são irrenunciáveis para um Estado de liberdades perdem sua vigência se se espera para aplicar a repressão até que o autor saia de seu âmbito privado. *Mas também nestes casos o Direito Penal do Inimigo somente resulta legitimado como um Direito Penal em*

---

dio'), é dizer, em qualquer caso, de uma forma presumidamente duradoura, abandonou o direito e, portanto, não fornece garantias cognitivas mínimas de segurança de seu comportamento pessoal e demonstra este déficit através de seu comportamento" (in Eser, Hassemer, Burkhardt, Die deutsche Strafrechtswissensschaft in der Jahrtausendwende, p. 59, apud Francisco Muñoz Conde, ¿Es el derecho penal internacional un "derecho penal de enemigo"?, in *De nuevo sobre el "derecho penal del enemigo"*, p. 151).

[44] Registre-se que a Suprema Corte Norte-americana (em 2006) decidiu que as pessoas detidas nesses locais podem invocar a Convenção de Genebra sobre tratamento de prisioneiros (contrariando as pretensões do então Governo Bush). Anote-se, ademais, que o presidente estadunidense Barack Obama expediu decreto (em 2009), logo no início de sua administração, reforçando a aplicação do mencionado documento internacional aos detidos em Guantánamo.

estado de necessidade, que seria válido na medida em que fosse excepcional.
Por isso, os preceitos penais que pertencem ao mesmo hão de delimitar-se estritamente em relação ao Direito Penal do Cidadão; melhor seria que a delimitação fosse externa. Do mesmo modo que a regulação da incomunicabilidade não se encontra reconhecida, acertadamente, na StPO (...), o Direito Penal do Inimigo deve ser separado de maneira tão clara que não exista nenhum perigo de que, por meio da interpretação sistemática ou da analogia ou de qualquer outro modo, se infiltre no Direito Penal do Cidadão. Não são poucos os pontos em que o Código Penal, em sua forma atual, encobre a incursão para além dos limites de um Estado de liberdades"[45].

Quando Jakobs voltou a tratar do assunto, no ano de 1999, notava-se uma sutil mudança no tom de seu discurso. A fase crítica dava lugar à descritiva. O autor, então, apresentou quatro critérios para definir o Direito Penal do Inimigo: (i) a ampla antecipação da punibilidade; (ii) a falta de redução da pena proporcional a esta antecipação; (iii) a transposição de legislação própria de Direito Penal para uma legislação combativa; (iv) a supressão de garantias processuais penais. Pela primeira vez Jakobs se referiu ao inimigo como "não pessoa".

Em 2003, Jakobs escreveu um texto intitulado "Direito penal do cidadão e direito penal do inimigo", cuja publicação se deu em 2004 na Alemanha, no qual afirmou: "Aquele que discrepa por princípio não oferece nenhuma garantia de comportamento pessoal; por isso não pode ser combatido como cidadão mas como inimigo. Esta guerra se leva a cabo com um direito legítimo dos cidadãos, isto é, com seu direito à segurança; a mesma não é, contudo, direito do apenado, diferentemente do que ocorre com a pena, o inimigo é excluído"[46]. Percebe-se do trecho citado uma acentuada mudança de enfoque: inicialmente crítico, posteriormente descritivo e, finalmente, legitimador.

Schulz chegou a descrever a mudança de postura de Jakobs como de um inicial, *"assim, não!"* para *"assim, talvez sim"* ou *"assim, se não há outro remédio, sim!"*.

O discípulo de Jakobs, Manuel Cancio Meliá, em 2005, resumiu esta evolução: "Com relação ao conceito, desde o princípio se levantou a pergun-

---

[45] Günther Jakobs, *Kriminalisierung im Vorfeld einer Rechtsgutverletzung*, ZStW 97 (1985), p. 83 e s., apud Wolfgang Kaleck, Sin llegar al fondo. La discusión sobre el derecho penal del enemigo, in *Derecho penal del enemigo*: el discurso penal de la exclusión, p. 119-120.

[46] Günther Jakobs, *Burgerstrafrecht und Feindstrafrecht*, HRRS, março de 2004, p. 88 e s., apud Wolfgang Kaleck, Sin llegar al fondo. La discusión sobre el derecho penal del enemigo, in *Derecho penal del enemigo*, p. 119-120.

ta de saber se se trata de uma descrição (crítica) ou de uma concepção suscetível de ser legitimada. Os trabalhos de Jakobs dos últimos anos têm provocado uma discussão muito viva – sem dúvida também no contexto dos acontecimentos de 11 de setembro de 2001 – na qual resulta constatável um predomínio de posturas críticas. O desenvolvimento posterior da tese de Jakobs nos tempos mais recentes não deixa nenhuma dúvida acerca de que, mas além da mera descrição, este autor considera legítimo um Direito Penal do Inimigo em determinadas circunstâncias"[47].

Desde então, o direito penal do inimigo tem sido um dos assuntos mais debatidos pela doutrina. A grande maioria dos penalistas que cuidaram do tema adotou posição contrária ou, no mínimo, questionadora. Claus Roxin refuta-o veementemente, seja como conceito meramente descritivo, crítico ou legitimador. Pode-se dizer que **o direito penal do inimigo sofre duas linhas de "ataque"**: a) **uma** delas **questiona** os **seus limites**, ou seja, indaga até que ponto pode o Estado utilizar seu *ius puniendi* desmedidamente para sancionar graves comportamentos; b) **outra** busca **fulminar suas bases conceituais**, indagando qual o conceito de inimigo e quais os princípios a que se deve submeter esse "ramo" do Direito Penal.

Dentre os inúmeros críticos que Jakobs angariou, cabe citar Wolfgang Kaleck, para quem: "nem anteriormente ou em suas obras atuais, Jakobs aprofunda a questão acerca dos pressupostos e dos limites do estado de necessidade e da exceção. Ele integra estas duas categorias provenientes ambas do Direito do Estado em seu apagador jurídico-penal sem recorrer à mínima referência aos procedimentos jurídicos e políticos para a determinação do estado de necessidade e de exceção. Presta tão pouca atenção para explicar estes conceitos como sua compatibilidade com o Direito Penal. Possíveis obstáculos, como a dignidade da pessoa humana e a presunção de inocência garantidas na Constituição e na Convenção de Direitos Humanos europeia, não são tratados em sua obra. Jakobs deixa a seus intérpretes a questão realmente emocionante, junto a estes escrúpulos de caráter fundamental, acerca de quem, quando e em que procedimento se determina se se aplica o Direito Penal do Inimigo ou o Direito Penal do Cidadão, e com quais consequências"[48].

Alexandre Rocha Almeida de Moraes bem **pondera** que: "O **panorama** do **atual Direito Penal** nada mais representa, como pretendem Luhmann e Jakobs, que um **retrato da sociedade**. Nesse sentido, o 'Direito Penal do

---

[47] *Direito penal e funcionalismo*, p. 277.

[48] Sin llegar al fondo. *La discusión sobre el derecho penal del enemigo*, p. 130.

Inimigo' é o retrato da crise da humanidade"[49]. Francisco Muñoz Conde, lembrando advertência do próprio Jakobs, obtempera que o Direito Penal do Inimigo não representa um fortalecimento do Estado de Direito, senão sua própria debilidade ou mesmo sua inexistência[50].

Winfried Hassemer, Vice-Presidente do Tribunal Constitucional Federal Alemão, ponderou, de sua parte, que: "Não faz sentido travar batalhas defensivas contra o paradigma da segurança, porque nos próximos anos, provavelmente, permanecerá tal paradigma como sendo dominante. Para mim, o mais importante é dar forma a este Direito Penal da segurança dentro de um Estado de Direito. Temos que explicar à sociedade que o pensamento sobre a segurança há de aprender a conviver com riscos"[51].

---

[49] *Direito penal do inimigo*: a terceira velocidade do direito penal, p. 334. Grifos nossos.

[50] *De nuevo sobre el "derecho penal del enemigo"*, p. 125.

[51] Trecho de entrevista concedida ao periódico alemão *Die Tageszeitung*, de março de 2006, traduzido por Marta Muñoz Aunión e publicado em Francisco Muñoz Conde, *De nuevo sobre el "derecho penal del enemigo"*, p. 104. Deve-se frisar que Hassemer, embora reconheça que, por vezes, há que se recrudescer no tratamento do criminoso, isto jamais se pode dar à margem dos princípios democráticos e dos direitos e garantias fundamentais do cidadão.

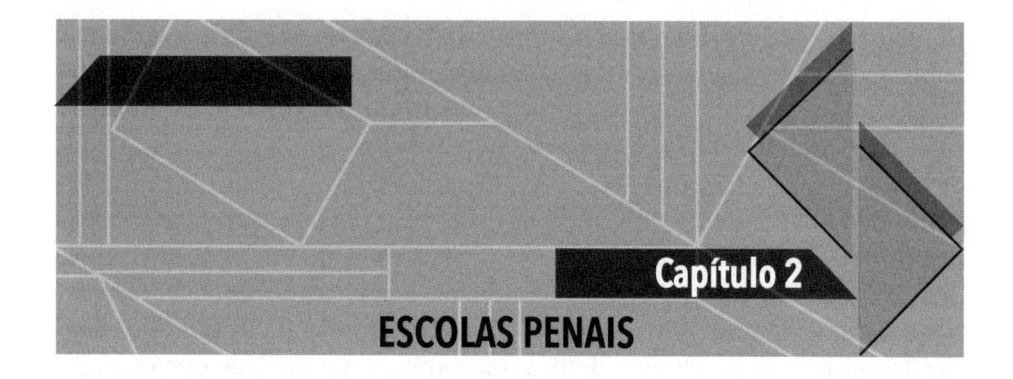

Capítulo 2

ESCOLAS PENAIS

1. CONCEITO

Escola penal significa um **conjunto de princípios e teorias** que procuravam explicar o **objeto do Direito Penal**, a **finalidade e o fundamento da pena** e **compreender o autor da infração penal.**

2. A ESCOLA CLÁSSICA, IDEALISTA OU PRIMEIRA ESCOLA

A **Escola Clássica**, Idealista ou Primeira Escola surgiu na Itália, de onde se espalhou para todo o mundo, principalmente para a Alemanha e para a França[1]. Pode ser dividida em **dois períodos**: a) **teórico ou teórico-filosófico** (Cesare Bonesana, Marquês de Beccaria[2]); e b) **prático ou ético-jurídico** (Francesco Carrara e Enrico Pessina).

Seu marco foi a publicação da obra *Dos delitos e das penas*, o "pequeno grande livro" do Marquês de Beccaria[3].

---

[1] Pode-se apontar como data de seu início o ano de 1764, quando do lançamento da obra de Beccaria, *Dos delitos e das penas* (*"Dei delitti e delle pene"*).

[2] Beccaria é considerado o fundador da moderna ciência do direito penal.

[3] A designação "Escola Penal" ou "Escola Criminal" compreende um agrupamento de ideias sobre alguns dos mais importantes problemas penais, por meio de um método científico semelhante. Jiménez de Asúa (apud Prado, *Curso de direito penal brasileiro*: parte geral, 2001, p. 73) definiu "Escola Penal" como "o corpo orgânico de concepções contrapostas sobre a legitimidade do direito de punir, sobre a natureza do delito e sobre o fim das sanções". Já Aníbal Bruno (*Direito penal*: parte geral, 1959, p. 77), de sua parte, conceituou as "Escolas Penais" como "corpos de doutrina mais ou menos coerentes sobre os problemas em relação com o fenômeno do crime e, em particular, sobre os fundamentos e objetivos do sistema penal". Tais "Escolas" surgiram a partir do século XVIII, quando teve início a fase humanitária e científica do Direito Penal. As principais foram a *Escola Clássica*, a *Escola Positiva* e a *Terceira Escola* ou *Escola Eclética*. Destas, as duas primeiras apresentam posturas lógica e filosoficamente

A expressão Escola Clássica foi cunhada por Ferri (principal representante da Escola Positivista – estudada a seguir), em tom discretamente pejorativo, senão irônico. Por essa razão, Lyra chegou a declarar, certa vez, que a Escola Clássica recebera a "certidão de nascimento das mãos de seus demolidores"[4].

A **maior característica** desta Escola foi seu **método de trabalho dedutivo**, pois a análise do jurista, segundo defendiam, deveria partir do direito positivo vigente para, então, passar às questões jurídico-penais. Os clássicos adotavam, ainda, certos princípios absolutos (que invocavam o ideal de Justiça) que se sobrepunham às leis em vigor; compreende-se que assim o fizessem, pois, no contexto em que tal Escola aflorou, predominavam leis draconianas, excessivamente rigorosas, de penas desproporcionais, de tipos penais vagos, enfim, de uma "situação de violência, opressão e iniquidade"[5]. Isto se pode ver já no prefácio da obra de Beccaria: "[...] essas leis *[referindo-se às normas vigentes na Europa]*, produto dos séculos mais bárbaros, são examinadas neste livro no que diz interesse ao sistema criminal; e ousa-se expor-lhes as desordens aos responsáveis pela felicidade pública, por meio de um estilo que afasta o vulgo ilustrado e impaciente"[6]. E, mais adiante, arremata: "Seria, pois, um erro atribuir princípios contrários à *lei natural* [...]"[7].

Beccaria ponderava que os homens se reuniram em sociedade de modo a sofrer o mínimo possível, e, com vistas ao exercício de sua liberdade, abriram mão de uma parcela por meio do contrato social. Nesse sentido, não admitia que a pena pudesse ter caráter puramente retributivo, servindo como castigo e tortura a um ser sensível, como então se pensava. Para este grande jurista, a pena tinha por fim a exemplaridade, isto é, transmitia a ideia de que o temor do castigo afastaria a tentação do delito.

Francesco **Carrara**, um dos maiores expoentes da Escola Clássica, autor do célebre *Programma del corso di diritto criminale*, fixou como princípio fundamental, do qual se poderia deduzir toda a ciência criminal, o seguinte: **o crime não é um ente de fato, mas um ente jurídico**[8], definido como:

---

bem definidas, cada uma delas correspondendo a uma diferente "concepção de mundo". A terceira, por sua vez, traz como que uma fusão das anteriores.

[4] Apud José Frederico Marques, *Tratado de direito penal*, v. 1, p. 103.

[5] Aníbal Bruno, *Direito penal*, 1959, p. 80.

[6] *Dos delitos e das penas*, p. 11, parêntese nosso.

[7] Ibidem, p. 13, grifo nosso.

[8] Cf. Basileu Garcia, *Instituições de direito penal*. Tobias Barreto, crítico feroz da legislação criminal do Império, citando o conceito de delito de Carrara, aduziu que: "o momento da legalidade é pois essencial ao conceito de delito. Foi o que fez Carrara

"uma infração, por ato humano externo, positivo ou negativo e moralmente imputável, de uma lei do Estado promulgada para proteger a segurança dos cidadãos"[9].

Desse modo, o crime não é uma ação, "mas uma infração; não um fato do homem, na sua realidade fenomênica, definido pelos fatores que o condicionem, nem no seu conceito ou no seu tratamento influi a consideração da natureza do criminoso como um ser natural, mas como um ser moral"[10].

A **pena**, por sua vez, nesse contexto dogmático, **constitui retribuição pelo mal** praticado. Tem **natureza repressiva, aflitiva e pessoal**. O homem, sendo **dotado de *livre-arbítrio*** (este a razão de ser da responsabilidade criminal), **deve sofrer as consequências de suas escolhas erradas**. Se uma pessoa, agindo de modo livre e consciente, violar a lei penal, sofrerá o castigo correspondente, por intermédio da pena.

3. A ESCOLA POSITIVA OU POSITIVISTA

O avanço das ciências humanas e biológicas operado no final do século XIX marcou a decadência da Escola Clássica. Além disso, cumpre lembrar que os anseios em face do Direito Penal eram outros. Já não se via mais o antigo absolutismo do Estado ou o antigo arbítrio, violência e injustiça penal da época da Idade Média. A maior preocupação na segunda metade do século XIX era a crescente criminalidade: "Os homens sentiam-se solidários com a ordem social e jurídica, e desejosos de opor proteção eficaz à ameaça do crime"[11].

A **maior distinção** entre as duas escolas reside menos nas conclusões particulares e mais no ***método***[12] "[...] – dedutivo, de lógica abstrata, para a

---

dizer que o crime é uma *entidade jurídica*; expressão que tem quase tanta graça, para não dizer tanto senso, como, por exemplo, se alguém dissesse que o beribéri, a tísica, a meningite, a hepatite e todas as demais doenças conhecidas e classificadas pela medicina, são *entidades médicas*. Mas posta de lado a casca metafísica, o miolo é aproveitável, o fundo da tese é verdadeiro" (*Estudos de direito*, p. 240, grifos do autor).

[9] Apud Garofalo, *Criminologia*, p. 41.

[10] Aníbal Bruno, *Direito penal*, 1959, p. 90.

[11] Idem, ibidem, p. 97.

[12] Na síntese de Ferri (*Princípios de direito criminal*, p. 65), suas principais ideias eram as seguintes: o criminoso deve ser o centro da ciência criminal; a pena e sua execução devem ser individualizadas; a tarefa da justiça penal não é moral, ética ou filosófica, mas prática, no sentido de "organizar a defesa social repressiva contra a delinquência"; imposição ao condenado não só da pena, mas do dever de indenizar o dano *ex*

escola clássica, – indutivo e de observação dos fatos para a escola positiva; aquela tendo por objeto o 'crime' como entidade jurídica, esta, ao contrário, 'o delinquente' como pessoa, revelando-se mais ou menos socialmente perigosa pelo delito praticado"[13].

Ao voltarem os olhos ao delinquente, **os positivistas centraram sua análise na morfologia e na psicologia.** Analisaram a criminalidade, observando suas causas, e se utilizaram, com frequência, da estatística[14].

Note-se que a *Escola Clássica* **via o crime como "entidade jurídica", enquanto a** *Escola Positiva* **o encarava como fato social e humano.** Roberto Lyra, representante do positivismo no Brasil, asseverou que, ao assim procederem, os positivistas contemplavam o delito em "seu aspecto real", isto é, como um "fenômeno natural e social"[15].

Com referência ao **fundamento da pena,** a Escola **Positivista** discordava seriamente da Clássica. A questão do livre-arbítrio, defendida pelos clássicos, era completamente rejeitada em nome de um verdadeiro **determinismo.**

Ou o homem nasce livre e deve ser punido conforme suas escolhas voluntárias ou, desde o nascimento, já está determinado a ser um criminoso, em função de sua raça, sua psicologia, sua fisionomia e demais fatores biológicos e sociais. Para os positivistas (com diferentes matizes), a segunda assertiva era a verdadeira.

Ademais, segundo os positivistas, a Escola Clássica, com seu método dedutivo ou de lógica abstrata, perdera de vista o "protagonista vivo e presente" da justiça penal, isto é, o criminoso. Sendo esta uma das razões pelas quais suas proposições teriam contribuído para um "contínuo aumento da criminalidade e da recidiva"[16].

Em função desse quadro, Ferri, Garofalo e, sobretudo, Lombroso reagiram com a criação da antropologia criminal, ciência auxiliar do Direito Penal. Embora louváveis suas intenções (redução da criminalidade, defesa social, entre outras), o que chama mais atenção são os exageros a que chegaram.

---

delicto; a pena deve ser proporcional à gravidade do crime, mas também adaptada à periculosidade do agente.

[13] Ferri, *Princípios de direito criminal*, p. 62. Grifos nossos.

[14] Lombroso, médico que integrou o exército italiano, realizou a medição antropométrica de mais de 3.000 soldados. Cf. Bonfim e Capez, *Direito penal*: parte geral, p. 79.

[15] Apud Luiz Régis Prado, *Curso de direito penal brasileiro*, p. 50.

[16] Enrico Ferri, *Princípios de direito criminal*, p. 59.

Na célebre classificação de criminosos desenvolvida por Lombroso e aplaudida pelos demais positivistas, havia, ao lado do criminoso louco, habitual, ocasional e passional, a famigerada figura do *criminoso nato*[17], uma variedade particular da raça humana! Diz-se que fora em 1871, ao abrir o crânio de um criminoso chamado Vilela e verificar determinadas anomalias, que Lombroso teve sua inspiração[18].

Além disso, partindo de seu método indutivo (em contraposição ao método dedutivo da Escola anterior), chegaram ao absurdo de traçar características morfológicas dos delinquentes.

Acrescente-se, ainda, o fato de que, nesta Escola, a **pena** não tinha **papel** retributivo, mas **fundamentalmente preventivo**. Não sendo possível corrigir os criminosos, serviria como instrumento de defesa social. A sanção aplicável não se balizava somente pela gravidade do ilícito, mas, sobretudo, pela periculosidade do agente.

4. A TERCEIRA ESCOLA[19]

Do profundo e acirrado debate entre a Escola Clássica e a Positiva surgiu a *Terceira Escola*, também chamada de **Escola Eclética**, Crítica, Sociológica ou do Naturalismo Crítico, a qual procurava fundir as demais e, a partir daí, criar uma terceira concepção.

Da Escola Positiva, adotaram as "premissas acerca da gênese natural da criminalidade, com o propósito de utilizar os dados da antropologia e da sociologia criminal, pondo em maior relevo o delinquente perante o crime"; da Clássica, conservaram o princípio de uma diferenciação entre delinquentes imputáveis e não imputáveis, admitindo, contudo, "que também destes se deve ocupar a lei penal, porém com medidas que são providências de segu-

---

[17] A expressão "criminoso nato" não foi criada por Lombroso, mas por Cubí y Soler, em 1844, como assinala Jiménez de Asúa (*Tratado de derecho penal*, p. 90, nota 39). V. Bonfim e Capez, *Direito penal*, p. 83. Ressalte-se, contudo, que Cubí y Soler consideravam o termo impróprio, ao contrário de Lombroso.

[18] Bonfim e Capez, *Direito penal*, p. 79. No Brasil, o primeiro crítico de Lombroso, como reconheceu Jiménez de Asúa, foi Tobias Barreto, o qual, depois de ler *O homem delinquente*, concluiu: "O conhecimento exato do criminoso não se compõe somente de dados psicológicos, fornecidos pela observação interna, direta ou indireta, mas é igualmente certo que não se compõe só de dados craniométricos, dinamométricos, oftalmoscópicos e todos os mais epítetos sesquipedais, de que sói usar a tecnologia medical" (Barreto, *Menores e loucos*, apud Lyra, *Introdução ao estudo do direito criminal*, p. 113).

[19] Seu fundador foi Manuel Carnevale (*Una terza scuola di diritto penale na Italia* – julho de 1891), seguido por Bernardino Alimena e Giambattista Impallomeni.

rança e por isso mesmo substancialmente diversas das penas, que representam o castigo proporcionado à culpa"[20].

Basileu Garcia observou que: "Os ecléticos sustentaram, tal como queria a Escola Positiva, a necessidade das investigações de ordem antropológica e sociológica, de que é inseparável o método positivo. Mas, por outro lado, dissentindo dos positivistas, repeliram a concepção de criminalidade congênita e consideraram o delito juridicamente, prosseguindo na minuciosa elaboração dogmática empreendida, com tanta maestria, pelos clássicos. E, evidentemente, aprofundando o estudo do Direito Penal como ciência normativa, não poderiam dispensar o método dedutivo, que pressupõe regras das quais do raciocínio se extraem as devidas consequências"[21].

Na síntese de Lyra, suas principais ideias eram: "1) método positivo nas ciências penais e lógico-abstrato no direito criminal; 2) indagação, tanto da culpa moral como do estado perigoso; 3) o delito como fenômeno natural e como ente jurídico; 4) penas e medidas de segurança, como duplo meio de luta contra o crime"[22].

5. AS DEMAIS ESCOLAS E A SUA SUPERAÇÃO

Imprescindível se faz acrescentar que, além das Escolas Clássica, Positivista e da Terceira Escola, não se pode olvidar a existência de outras, como a "Escola Moderna Alemã"[23], cujo principal representante fora Franz

---

[20] Enrico Ferri, *Princípios de direito criminal*, p. 76.

[21] *Instituições de direito penal*, p. 106.

[22] *Introdução ao estudo do direito criminal*, p. 103-104.

[23] As características mais importantes da "Escola Moderna Alemã" eram: "a) a *adoção do método lógico-abstrato e indutivo-experimental* – o primeiro para o Direito Penal e o segundo para as demais ciências criminais. Prega a necessidade de distinguir o Direito Penal das demais ciências criminais, tais como Criminologia, Sociologia, Antropologia etc.; b) *distinção entre imputáveis e inimputáveis* – o fundamento dessa distinção, contudo, não é o livre-arbítrio, mas a normalidade da determinação do indivíduo. Para o imputável a resposta penal é a pena, e para o perigoso, a medida de segurança, consagrando o chamado duplo-binário; c) *o crime é concebido como fenômeno humano-social e fato jurídico* – embora considere o crime um fato jurídico, não desconhece que, ao mesmo tempo, é um fenômeno humano e social, constituindo uma realidade fenomênica; d) *função finalística da pena* – a sanção retributiva dos clássicos é substituída pela pena finalística, devendo ajustar-se à própria natureza do delinquente. Mesmo sem perder o caráter retributivo, prioriza a finalidade preventiva, particularmente a prevenção especial; e) *eliminação ou substituição das penas privativas de liberdade de curta duração* – representa o início da busca incessante de penas alternativas às penas privativas de liberdade de curta duração, começando efe-

von Liszt; a "Escola Técnico-Jurídica"[24], que possuía em Arturo Rocco seu maior expoente; a "Escola Correcionalista"[25], de Karl Roder; e a "Escola da Defesa Social"[26], de Felipe Gramatica, Adolphe Prins e Marc Ancel[27].

O estudo das "Escolas Penais" constitui, sem dúvida, base fundamental para a compreensão da função do Direito Penal (e da finalidade da pena). Tal análise é, em certa medida, a percepção de um momento histórico, refletido no mundo do Direito Penal.

Nos dias de hoje, contudo, encontra-se superado o conflito doutrinário exposto acima, notadamente entre as Escolas "Clássica" e "Positiva".

Conforme observava Salgado Martins, há mais de meio século: "Atualmente, com o progresso verificado nas ciências que estudam o homem e a sociedade e com a tendência predominante na inteligência moderna para a síntese do conhecimento, não seria sequer defensável uma posição ortodoxa ou rigidamente clássica ou positivista com relação aos problemas do Direito Penal. Não se compadece nem mesmo com a mentalidade contemporânea o sectarismo de princípios e o absolutismo de soluções apresen-

---

tivamente a desenvolver uma verdadeira política criminal liberal" (Bitencourt, *Tratado de direito penal*, p. 61, grifos do autor).

[24] Conforme síntese de Bitencourt (*Tratado de direito penal*, p. 62): "Pode-se apontar como as principais características da Escola Técnico-Jurídica: a) o delito é pura relação jurídica, de conteúdo individual e social; b) a pena constitui uma reação e uma consequência do crime (tutela jurídica), com função preventiva geral e especial, aplicável aos imputáveis; c) a medida de segurança – preventiva – deve ser aplicável aos inimputáveis; d) responsabilidade moral (vontade livre); e) método técnico-jurídico; e f) recusa o emprego da filosofia no campo penal".

[25] Sua maior característica foi estabelecer que a correção do delinquente constituía a verdadeira finalidade da pena criminal. Além disso, dentre os ideais dessa Escola destacam-se: "a) a pena idônea é a privação de liberdade, que deve ser indeterminada; b) o arbítrio judicial deve ser ampliado em relação à individualização da pena; c) a função da pena é de uma verdadeira tutela social; d) a responsabilidade penal como responsabilidade coletiva, solidária e difusa" (Bitencourt, *Tratado de direito penal*, p. 64).

[26] De acordo com Bitencourt (*Tratado de direito penal*, p. 64, grifo do autor), "esse movimento político-criminal pregava uma nova postura em relação ao homem delinquente, embasada nos seguintes princípios: a) filosofia humanista, que prega a *reação social* objetivando a proteção do ser humano e a garantia dos direitos do cidadão; b) análise crítica do sistema existente e, se necessário, sua contestação; c) valorização das ciências humanas, que são chamadas a contribuir, interdisciplinarmente, no estudo e combate do problema criminal".

[27] Cf. Cezar Roberto Bitencourt, *Tratado de direito penal*.

tados por uma e outra escola, naquilo que é essencial ou fundamental ao Direito repressivo: a noção do crime, do delinquente e da pena"[28].

Magalhães Noronha[29] igualmente ponderou, mais recentemente, que: "A ortodoxia é inconciliável com o conteúdo e a finalidade do direito penal", bem como "um Código não se deve escravizar a preconceitos das escolas".

Na síntese de Lyra, suas principais ideias eram: "1) método positivo nas ciências penais e lógico-abstrato no direito criminal; 2) indagação, tanto da culpa moral como do estado perigoso; 3) o delito como fenômeno natural e como ente jurídico; 4) penas e medidas de segurança, como duplo meio de luta contra o crime"[30].

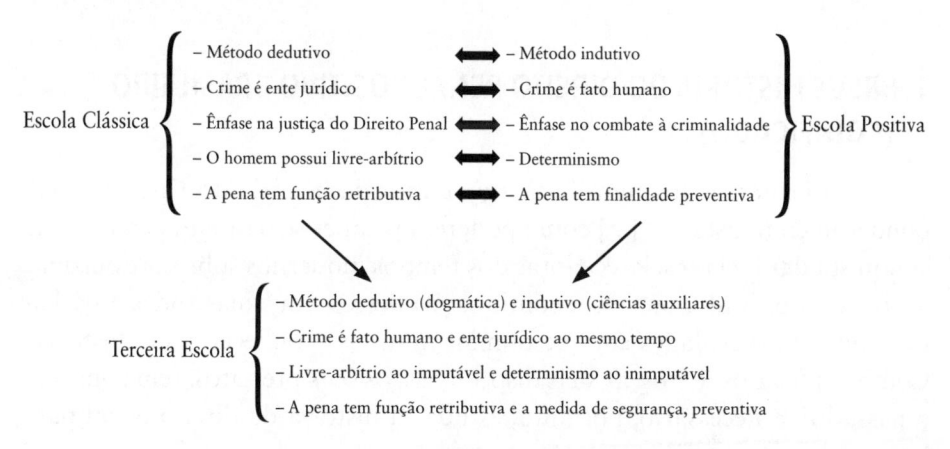

---

[28] *Sistema de direito penal brasileiro*, p. 83.
[29] *Direito penal*, v. 1, p. 43.
[30] *Introdução ao estudo do direito criminal*, p. 103-104.

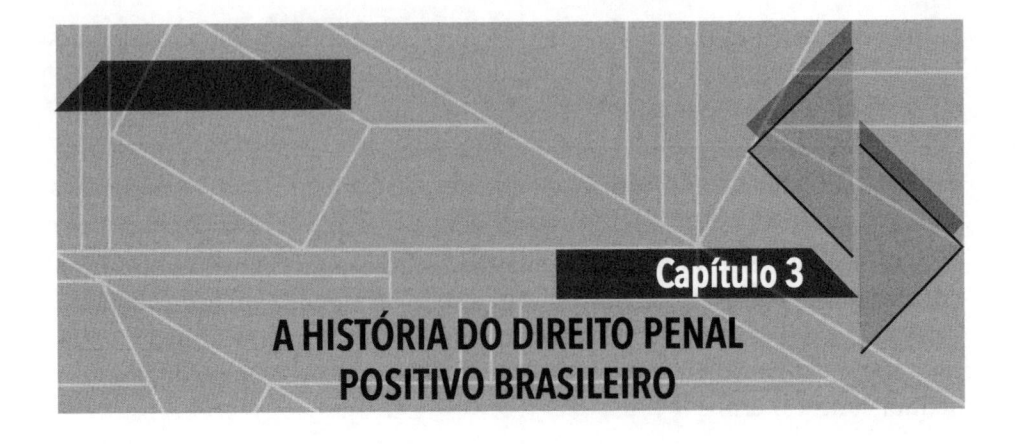

Capítulo 3
A HISTÓRIA DO DIREITO PENAL POSITIVO BRASILEIRO

1. BREVE HISTÓRIA DO DIREITO PENAL POSITIVO BRASILEIRO (CODIFICADO)

O Professor Joaquim Camargo, cultor da história do Direito Penal, ponderou com justeza: "[...] como poderemos saber se o direito penal é uma conquista das ideias esclarecedoras dos tempos modernos sobre as doutrinas viciosas do passado, ou se é a continuação dessas doutrinas rudes e bárbaras, como as sociedades em que dominavam, sem conhecer a sua história? Como explicar os textos, as suas disposições, os seus preceitos, sem conhecer o passado? É necessário, portanto, estudar a história do direito penal para bem conhecer a este"[1].

Havia Direito Penal no Brasil antes do descobrimento?

Sim, embora se tratasse de um Direito Penal baseado numa tradição oral, decorrente de um conjunto de regras observadas por determinados agrupamentos sociais/etnias indígenas, que reconheciam determinados comportamentos como de extrema gravidade, impondo a estes castigos rigorosos.

2. AS ORDENAÇÕES DO REINO DE PORTUGAL

As Ordenações do Reino, nossos primeiros diplomas jurídicos, são consideradas as fontes primitivas de nosso Direito Penal.

Deve-se frisar, entretanto, que, antes da chegada de Cabral, aqui já vigorava um direito consuetudinário, praticado nas tribos indígenas. João

---

[1] J. A. Camargo, *Direito penal brasileiro*, p. 28-29.

Bernardino Gonzaga deteve-se cuidadosamente no assunto, na obra *O direito penal indígena*, em que aponta a mescla de costumes, mitos e tabus observados pelos silvícolas, assim como seus usos e regras jurídicas.

Na visão do autor, o índio brasileiro era pouco misericordioso[2] e extremamente vingativo. Esse ponto de vista se contrapõe com diversos relatos de historiadores, que retratam o nativo como dócil e sociável. O fato, porém, é que não há como traçar um perfil uniforme dos brasileiros anteriores à chegada dos portugueses em razão da multiplicidade de etnias, com culturas riquíssimas e diversas, que habitavam essas terras.

O conjunto de regras consuetudinárias que dava forma ao Direito Penal Indígena, no entanto, nada influiu em nossas leis penais. Por esse motivo, inclusive, Sílvio Romero[3] declarou que a história do Direito brasileiro constitui um capítulo do Direito português na América.

À época do descobrimento, vigoravam em Portugal as Ordenações Afonsinas ou Código Afonsino, cuja publicação ocorrera entre 1446 e 1447, constituindo, no dizer de Cândido de Almeida Mendes, "um acontecimento notável na Legislação dos Povos Cristãos. Foi um incontestável progresso, e revela os adiantamentos que Portugal tinha em sua Jurisprudência, como a outros respeitos"[4].

---

[2] Nesse aspecto, o autor discorda de Assis Ribeiro e de historiadores que vislumbravam, nos costumes indígenas, senso de justiça e misericórdia.

[3] (*Tratado de direito penal*) Sílvio Romero nasceu em 21 de abril de 1851, na cidade de Lagarto, Sergipe. Conterrâneo de Tobias Barreto e seu contemporâneo na Faculdade de Direito do Recife (quando Romero ingressou, Barreto cursava o quarto ano), formaram a "Escola do Recife". Mais tarde, já deputado federal, contribuiu na elaboração do Código Civil de 1916.

[4] Apud Pinho, *História do direito penal brasileiro*: período colonial, p. 5. "[...] em virtude do requerimento dos povos em Cortes, d. João 1º mandou compilar a legislação pelo cavaleiro e regedor da Corte, dr. João Mendes, cujo trabalho, por morte deste, foi concluído pelo jurisconsulto conselheiro dr. Ruy Fernandes, sendo, em 1446, publicado como lei nacional, no reinado de d. Afonso 5º, com a denominação de Ordenações Afonsinas. Nesse Código ou Ordenações foram compilados e traduzidos literalmente muitos títulos e uma parte considerável das leis de Justiniano, com várias declarações tiradas das glosas de Acúrsio, das opiniões de Bártolo e das doutrinas dos sabedores antigos que as interpretavam e explicavam. E foi determinado que o mesmo direito de Justiniano, glosas e opiniões de Acúrsio e Bártolo constituíam direito subsidiário" (J. A. Camargo, *Direito penal brasileiro*, p. 88). O citado autor sintetizou as características das Ordenações Afonsinas, que em boa parte foram reproduzidas nas que lhe sucederam: "A vingança arbitrária e caprichosa, o terror, o ódio, a sanha, a infâmia, o sangue, o confisco de bens, as torturas, as mutilações e a morte para os mais leves crimes, tais são as bases da punição deste Código. Com efeito, em cada uma de suas páginas, e em quase todos os delitos, encontram-se estas palavras aterra-

Vinte e um anos após o descobrimento, sobrevieram as Ordenações Manuelinas ou Código Manuelino, o qual em muito se assemelhava à legislação revogada[5]. Note-se, contudo, que, até 1530, a Justiça Penal no Brasil se fazia ao arbítrio dos titulares das capitanias. Conta-se que Martim Afonso obteve do governo português "carta branca para processar e julgar, inapelavelmente, aplicando a pena de morte"[6].

O Código Manuelino teve vida relativamente longa (para os padrões legislativos atuais), pois foi revogado somente em 11 de janeiro de 1603[7] (pouco mais de oitenta anos depois de sua entrada em vigor), quando D. Felipe III (ou D. Felipe II, de Portugal) promulgou as Ordena-

---

doras: morra naturalmente e os seus bens sejam confiscados; sofra pena corporal a nosso arbítrio, ou dos juízes; seja cruelmente atormentado, para exemplo de todos que da punição souberem; morra por isso; sejam difamados para sempre, de guisa que não possam ter honra, nem ser aportelados nos lugares onde viverem; seja açoitado por toda a vila com pregão, deitando-se-o para sempre fora da terra; seja queimado e feito pelo fogo em pó, de forma que nunca de seu corpo e sepultura possa haver memória; seja nosso cativo de modo que possamos fazer dele mercê a quem nos aprouver, como coisa nossa que fica sendo; seja açoitado publicamente e cortem-lhe a língua na praça junto ao pelourinho; seja levado ao pé da forca com o baraço na garganta, a fim de pagar ali o furto e, se não pagar, enforquem-no; porque a sanha sói a embargar o coração, 'enquanto que homem não pode ver direitamente as coisas ao condenar'. Nos crimes de lesa-majestade então é estabelecido tudo o que há de odioso e bárbaro. O seu processo é uma verdadeira tortura. Não é só isso, para os nobres, fidalgos de solar, cavaleiros d´esporas douradas, doutores, vereadores e vassalos, as penas eram enfraquecidas, e às vezes o dinheiro as fazia desaparecer. Para o plebeu ou vilão, que não participava da mais diminuta partícula do poder, nem gozava de influência, os horrores, as torturas, o escárnio e desprezo público!" (*Direito penal brasileiro*, p. 100-101).

5 Cf. Pinho, *História do direito penal brasileiro*. As "Ordenações Manuelinas" foram mandadas organizar por D. Manuel, o Venturoso, que encarregou uma comissão composta pelo chanceler-mor e desembargador Ruy Botto. Revisaram-na, além de Ruy Botto, o bacharel João Cotrim, João de Faria, Pedro Jorge e Christovão Esteves. Começaram a serem impressas entre 1512 e 1513, mas sua edição definitiva data de 1521, segundo registro de Pinho (1973). "As Ordenações Manuelinas são as mesmas Afonsinas, com poucas modificações" (J. A. Camargo, *Direito penal brasileiro*, p. 102).

6 Lyra, *Comentários ao Código Penal*, v. 2, p. 58.

7 Deve-se ressaltar que, segundo registro de Ponte (2002, p. 28), também vigoraram no Brasil, de 1569 a 1603, o Código de D. Sebastião. Cuida-se de uma compilação de leis extravagantes, não incluídas nas Ordenações Manuelinas, que se mandou elaborar por D. Sebastião, tendo o trabalho ficado a cargo de Duarte Nunes do Lião. Essa compilação de leis divide-se em seis partes, sendo a quarta toda dedicada ao direito penal (cf. J. A. Camargo, *Direito penal brasileiro*).

ções Filipinas ou Código Filipino, cuja longevidade em nossas terras quebrou recordes; a parte penal, constante do Livro V, vigorou por mais de duzentos anos, chegando a se estender até 1830[8], quando da promulgação do Código Criminal do Império, a primeira legislação penal "genuinamente brasileira".

O **Livro V das Ordenações Filipinas**, também conhecido como *Libris Terribilis*, continha as seguintes **características**:

1) **Buscava promover a intimidação pelo terror.**

A punição mais frequente era a morte. O legislador finalizava a descrição da maioria dos comportamentos incriminados com a expressão *morra por ello*, ou morra por isso.

Não só as condutas mais graves, como o crime de lesa-majestade (Título VI), a falsificação de moeda (Título XII), o estupro (Título XVIII), o homicídio (Título XXXV), o roubo (Título LXI) ou o falso testemunho (Título LIV), eram sancionadas com a pena capital, mas outras como a feitiçaria (Título III), a bigamia (Título XIX) e o ato de, "*em desprezo do Rey*", quebrar ou derrubar alguma imagem de sua semelhança ou armas reais postas em sua honra e memória[9].

Havia **quatro espécies de pena capital**, como relata Cândido Mendes[10]: *morte natural cruelmente* ("com todo o cortejo das antigas execuções, o que dependia da ferocidade do executor, e capricho dos Juízes, que neste ou em outros casos tinham arbítrio"); *morte natural de fogo* ("a queima do réu vivo, mas por costume e prática antiga primeiramente se dava garrote aos réus, antes de serem lançados às chamas"); *morte natural* ("expiava o

---

[8] Depois de proclamada a independência do Brasil, editou-se a Lei de 20 de outubro de 1823, a qual ratificou a vigência do Livro V das Ordenações Filipinas em nossas terras. Foram mantidas, portanto, as penas nela cominadas (morte natural; morte natural para sempre; morte natural cruelmente; morte pelo fogo, até ser feito o condenado em pó, para que nunca de seu corpo e sepultura possa haver memória; açoites, com ou sem baraço; pregão pela cidade ou vila; degredo para as galés; degredo, perpétuo ou temporário, para a África, para a Índia, para o Brasil (*sic*), para o Couto de Castro Marim, para o reino ou fora da vila, e termo, ou fora do bispado; mutilação das mãos; da língua; queimaduras com tenazes ardentes; capela de chifres na cabeça – aplicado aos maridos condescendentes; polaina ou enxavaria vermelha na cabeça – aplicada às alcoviteiras; confisco, como pena principal ou acessória, ou multa).

[9] Trata-se de uma modalidade do crime de lesa-majestade (Título VI, item 8), apenado com morte natural cruelmente ou "morte para sempre", em que o agente era morto, esquartejado, seus restos mortais expostos, seus bens confiscados, atingindo-se a infâmia decorrente do crime até sua quarta geração.

[10] Apud Ribeiro, *História do direito penal brasileiro*, p. 140.

crime, sendo enforcado no Pelourinho, seu cadáver era levado pela confraria da Misericórdia, e no cemitério sepultado"); e *morte natural para sempre* ("o padecente ia à forca da cidade, onde morria, e ficava pendente até cair podre sobre o solo do patíbulo, insepulto, despindo-se seus ossos da carne, que os vestia: ali se conservaram até a tarde do 1º de novembro, e conduzidos pela Confraria da Misericórdia em suas tumbas, para a Igreja, e no dia seguinte os soterravam").

2) **Confundiam-se crime, moral e pecado.**

Punia-se com morte, por exemplo, quem dormisse com mulher casada (Título XXV). Apenava-se com determinação de utilizar capela de chifres o marido condescendente[11]. Também era crime, embora sancionado com pena pecuniária e degredo, o ato de "arrenegar, descrer, ou pezar de Deos, ou de sua Santa Fé, ou disser outras blasfêmias [...]" (Título II).

3) **As penas impostas** eram, em sua maioria, **cruéis**: morte precedida de tortura, morte para sempre, mutilação, marca de fogo, açoite, degredo, entre outras.

4) **Algumas penas** eram **aplicadas com total arbítrio** pelo julgador.

Confira-se neste trecho do Título VII: "[...] O que disser mal de seu Rey, não seja julgado por outro Juiz, senão per elle mesmo, ou per as pessoas, a quem o elle em special commeter. E ser-lhe ha dada a pena conforme a qualidade das palavras, pessoa, tempo, modo e tenção com que forem ditas. A qual pena poderá se estender até a morte inclusive, tendo as palavras taes qualidades, porque a mereça [...]".

Os arruaceiros, por sua vez, eram punidos com prisão "até a nossa mercê", isto é, por tempo indeterminado, a critério do julgador (Título XLVI).

5) A **desigualdade de tratamento entre os delinquentes.**

A discriminação levava em conta diversos fatores, tais como religião, nacionalidade (os judeus e mouros recebiam tratamento degradante – Título XCIV – "dos mouros e judeus, que andão sem sinal") e, notadamente, condição social (p. ex., Título LXXX – item 10, sob a rubrica "Privilegios").

6) A **falta de uma parte geral.**

Ressente-se o texto de uma parte geral. Dos 146 títulos, apenas um cumpre claramente esse papel, ao descrever uma circunstância que agrava a pena de vários crimes. Trata-se do Título XXXVII – "Aleivosia", isto é, "huma maldade commetida atraiçoeiramente sob mostrança de amizade", que representava um esboço de agravante genérica.

---

[11] Candido Mendes, apud Ribeiro, *História do direito penal brasileiro*, p. 141.

7) A **aglutinação de normas penais e processuais.**

O Livro V fazia as vezes de Código Penal e Processual Penal. Havia títulos dedicados exclusivamente a normas adjetivas (p. ex., Títulos CXVII – "Em que casos se devem receber querellas"; CXXII – "Dos casos, em que a Justiça ha lugar, e dos que se appellará por parte da Justiça"; CXXIV – "Da ordem do Juízo nos feitos crimes"; entre outros, que previam normas de cunho adjetivo); noutros, normas materiais e instrumentais surgiam fundidas no mesmo tópico (p. ex., Título VI, que, ao definir o crime de lesa-majestade, ocupou-se de estabelecer regras processuais: "porém, se a testemunha for inimigo capital do accusado, ou amigo special do accusador, seu testemunho não será muito crido, mas sua fé deve ser mingoada, segundo a qualidade do ódio, ou amizade").

3. O CÓDIGO CRIMINAL DO IMPÉRIO (1830)

A entrada em vigor do "velho" Código Criminal[12] representou enorme avanço em nosso direito positivo. Com efeito, saímos da "Idade das Trevas" em matéria penal e, guiados pelos faróis do Iluminismo, com as ideias de Beccaria[13] e Bentham[14], dentre outros, ingressamos no grupo das nações vanguardeiras em matéria legislativa.

É preciso recordar que o Código Criminal foi elaborado quando o Brasil era ainda incipiente como nação. A elaboração de uma nova legislação criminal era premente, sobretudo porque isto simbolizava uma ruptura com a colônia, cujas normas ainda vigoravam em nosso território. Além disso, fazia-se sentir a necessidade de adaptar nosso Direito às ideias da Idade das Luzes e às novas doutrinas que à época se formulavam.

Como bem lembrou José Salgado Martins: "[...] começavam a surgir os grandes movimentos de renovação das ideias jurídicas e políticas. A obra dos enciclopedistas franceses prega a filosofia política do individualismo. A revolução francesa universaliza os direitos do homem e do cidadão. Nesse clima de inquietação espiritual, afirmava-se a autonomia do indivíduo contra todas as formas de opressão. E, como é, justamente, no campo do direito penal, que mais vivamente repercutem as ideias políticas, não poderia ele furtar-se à influência das reformas e revoluções que estas prenunciavam e promoviam. Os estadistas brasileiros do 1º império também sentiram a mesma inquietação e se prepara-

---

[12] Expressão de Sílvio Romero.

[13] O italiano Cesare Bonesanna, filho de uma família aristocrata, nasceu em 1738 e faleceu em 1794. Sua obra *Dei delitti e delle pene* (*Dos delitos e das penas*) revolucionou o pensamento criminal.

[14] Jeremy Bentham (1748-1832), filósofo inglês, notabilizou-se por suas teorias, que buscavam uma modificação na estrutura do sistema legal, e pela criação do utilitarismo.

vam para dotar o país com as leis que a sua nova estrutura social e política exigia, de modo que os fatos encontrassem, em ordenamento jurídico mais adequado, as condições que propiciassem o desenvolvimento pacífico do país e as manifestações do espírito e das peculiaridades nacionais"[15].

Cumpre alertar, ademais, que **nossa primeira Constituição fora outorgada em 25 de março de 1824, e consagrara princípios penais incompatíveis com o Código Filipino**, cuja vigência estendia-se por força da Lei de 27 de setembro de 1823[16], de D. Pedro I, que revigorou as disposições do Livro V das Ordenações.

Observe-se que a Constituição de 1824, ainda que outorgada após D. Pedro I ter destituído a Assembleia Constituinte, era pródiga na previsão de direitos e garantias aos cidadãos brasileiros, como se notava em seu art. 179[17].

E sob tais influências, cumprindo o comando constitucional inserido no inciso XVIII do art. 179 da Constituição ("Organizar-se-ha quanto antes um Codigo Civil, e Criminal, fundado nas solidas bases da Justiça, e Equidade"), foi promulgado o Código Criminal de 1830, resultado de dois pro-

---

[15] *Sistema de direito penal brasileiro*, p. 96.

[16] Outra lei, de 20 de outubro de 1823, restabeleceu as penas do Livro V das Ordenações Filipinas.

[17] Eis o teor do dispositivo: "A inviolabilidade dos Direitos Civis, e Politicos dos Cidadãos Brazileiros, que tem por base a liberdade, a segurança individual, e a propriedade, é garantida pela Constituição do Imperio, pela maneira seguinte: I. Nenhum Cidadão póde ser obrigado a fazer, ou deixar de fazer alguma cousa, senão em virtude da Lei. II. Nenhuma Lei será estabelecida sem utilidade publica. III. A sua disposição não terá effeito retroactivo. IV. Todos podem communicar os seus pensamentos, por palavras, escriptos, e publical-os pela Imprensa, sem dependencia de censura; com tanto que hajam de responder pelos abusos, que commetterem no exercicio deste Direito, nos casos, e pela fórma, que a Lei determinar. V. Ninguem póde ser perseguido por motivo de Religião, uma vez que respeite a do Estado, e não offenda a Moral Publica. VI. Qualquer póde conservar-se, ou sahir do Imperio, como lhe convenha, levando comsigo os seus bens, guardados os Regulamentos policiaes, e salvo o prejuizo de terceiro. VII. Todo o Cidadão tem em sua casa um asylo inviolavel. De noite não se poderá entrar nella, senão por seu consentimento, ou para o defender de incendio, ou inundação; e de dia só será franqueada a sua entrada nos casos, e pela maneira, que a Lei determinar. [...] XIII. A Lei será igual para todos, quer proteja, quer castigue, e recompensará em proporção dos merecimentos de cada um. [...] XVI. Ficam abolidos todos os Privilegios, que não forem essencial, e inteiramente ligados aos Cargos, por utilidade publica. [...] XIX. Desde já ficam abolidos os açoites, a tortura, a marca de ferro quente, e todas as mais penas crueis. XX. Nenhuma pena passará da pessoa do delinquente. Por tanto não haverá em caso algum, confiscação de bens, nem a infamia do Réo se transmittirá aos parentes em qualquer gráo, que seja. XXI. As Cadêas serão seguras, limpas, o bem arejadas, havendo diversas casas para separação dos Réos, conforme suas circumstancias, e natureza dos seus crimes. [...]".

jetos, um de Bernardo Pereira de Vasconcelos (que prevaleceu), e outro de José Clemente Pereira.

O Código Criminal do Império foi considerado, à sua época, inovador. Nas palavras de Vicente de Paulo Vicente de Azevedo[18]: "Se na realidade um Código Penal fosse (no entender de Nicola Nicolini) termômetro por que se pode aferir o grau de civilização de um povo, – o Brasil de 1830 deveria ombrear, com as mais cultas nações europeias, senão sobrepujá-las"[19].

Roberto Lyra[20] enumerou algumas de suas virtudes: "1) no esboço de indeterminação relativa e de individualização da pena, contemplando já os motivos do crime, só meio século depois tentado na Holanda e, depois, na Itália e na Noruega; 2) na fórmula da cumplicidade (codelinquência como agravante) com traços do que viria a ser a teoria positiva a respeito; 3) na previsão da circunstância atenuante da menoridade, desconhecida, até então, das legislações francesas e napolitana, e adotada muito tempo após; 4) no arbítrio judicial, no julgamento de menores de 14 anos; 5) na *responsabilidade sucessiva*, nos crimes por meio de imprensa, antes da lei belga e, portanto, é esse sistema brasileiro e não belga, como é conhecido; 6) a indenização do dano *ex delicto* como instituto de direito público, também antevisão positivista; 7) na imprescritibilidade da condenação"[21].

Ao elenco acima, outras duas características podem ser acrescidas, quais sejam, a criação do sistema do dia-multa[22] e a clareza e a concisão de seus preceitos[23].

---

[18] Membro do Ministério Público de São Paulo, ex-Procurador-Geral de Justiça e Desembargador do Tribunal de Justiça de São Paulo. O autor exerceu o magistério na Faculdade de Direito do Largo de São Francisco (livre-docente) e na Pontifícia Universidade Católica de São Paulo (onde foi professor catedrático).

[19] O centenário do Código Criminal, *RT*, v. 77, p. 19.

[20] Nascido em 19 de maio de 1902, e falecido 80 anos depois, Roberto Lyra Tavares foi um dos nossos maiores juristas no século passado. Hungria o chamou de "diamante da mais pura água". Formou-se em Direito, aos 18 anos de idade. Ingressou no Ministério Público do então Distrito Federal, em 1929, onde ocupou o cargo de Procurador-Geral de Justiça. Tornou-se famoso não só como penalista, mas como grande tribuno do Júri. Destacou-se, ainda, no magistério. Entre suas obras, há clássicos, como *Comentários ao Código Penal*, que escreveu juntamente com Hungria, Fragoso, Aníbal Bruno e outros, e *Teoria e prática da Promotoria Pública* (Penteado, *Grandes juristas brasileiros*).

[21] *Introdução ao estudo do direito criminal*, p. 89, grifo do autor.

[22] Como assinala Luiz Régis Prado (*Curso de direito penal brasileiro*), a bem da verdade histórica, é preciso ressaltar que foi o Diploma em estudo que apresentou o primeiro esboço do sistema do dia-multa, que, por isso, deveria chamar-se *sistema brasileiro*.

[23] Cf. Marques, *Tratado de direito penal*. José Frederico Marques nasceu em Santos, em 14 de fevereiro de 1912. Aos 20 anos, formou-se em Direito, na Faculdade do Largo de São Francisco. Ingressou na carreira da magistratura paulista em março de 1938,

Evidente que o Texto não era perfeito, como não é qualquer obra humana. Magalhães Noronha[24] assim sintetizou seus defeitos: "Não definira a culpa, aludindo apenas ao dolo (arts. 2º e 3º), embora no art. 6º a ela já se referisse, capitulando mais adiante crimes culposos (arts. 125 a 153), esquecendo-se, entretanto, do homicídio e das lesões corporais por culpa, omissão que veio a ser suprida pela Lei n. 2.033, de 1871. [...] Espelhara-se também na lei da desigualdade no tratamento iníquo do escravo. Cominava penas de galés e de morte. [...] Não separa a Igreja do Estado, continha diversas figuras delituosas, representando ofensas à religião estatal"[25].

Roberto Lyra (1977, pág. 43) fazia coro a tal crítica, comentando que: "O código proibia a celebração em casa ou edifício com qualquer lugar, do culto de outra religião que não a do Estado (art. 276). A igreja anglicana participava do privilégio da extraterritorialidade. Era também vedada 'a propaganda de doutrinas que, diretamente, destruam as verdades fundamentais da existência de Deus e da imortalidade da alma' (art. 278). Verdades fundamentais são a de que o homem não pode ser explorado pelo homem e a de que todos os homens nascem livres e iguais. Não há propaganda capaz de destruir verdades. Verdades ditas pela onipotência e pela onisciência não precisam do poder e da ciência dos homens. O fato é que os interesses eclesiásticos (não os religiosos) impeliram o legislador a mais essa prova de descrença em Deus e de crença em César"[26].

Com o devido respeito aos penalistas mencionados, no tocante à relação entre Estado e Igreja, faz-se necessário um esclarecimento. Embora censurável a postura do legislador criminal, o Código foi elaborado, neste aspecto, em consonância com a Constituição Imperial, que estabeleceu, logo no Título I, a religião católica como a oficial. O legislador, portanto, apenas obedeceu a um preceito hierarquicamente superior (p. ex., art. 5º: "A Religião Catholica Apostolica Romana continuará a ser a Religião do Imperio. Todas as outras Religiões serão permitidas com seu culto domestico, ou particular em casas para isso destinadas, sem fórma alguma exterior do Templo"; e art. 179, V: "Ninguem póde ser perseguido por motivo de Religião, *uma vez que respeite a do Estado*, e não offenda a Moral Publica") (grifo nosso).

---

tornando-se desembargador em 1957. Debutou no magistério em 1950, como professor de Direito Penal da Faculdade Paulista de Direito, da Pontifícia Universidade Católica de São Paulo.

[24] Ex-Membro do Ministério Público de São Paulo e Professor de Direito Penal na Faculdade de Direito da Universidade Presbiteriana Mackenzie.

[25] *Direito penal*, v. 1, p. 56.

[26] *Direito penal científico (criminologia)*, p. 43.

Não se pode olvidar, ainda, que, ao tempo da proclamação da Independência e durante o século XIX, a Igreja desempenhou um papel fundamental ao auxiliar o Estado em sua organização política, na implementação do respeito às normas nos mais longínquos rincões brasileiros e, como consequência, na manutenção da unidade de nosso país[27].

Cumpre mencionar que o maior crítico do referido Código foi Tobias Barreto[28]. Esse grande jurista, tido como o mais competente penalista do Império, escreveu um interessante estudo a seu respeito, intitulado *Comentário teórico e crítico do Código Criminal Brasileiro*[29], no qual tratou de diversos de seus dispositivos legais.

O Código Criminal do Império foi promulgado em 16 de dezembro de 1830 e publicado em 8 de janeiro de 1831. Compunha-se de quatro "partes": I) Dos Crimes e das Penas; II) Dos Crimes Públicos; III) Dos Crimes Particulares; IV) Dos Crimes Policiais. A Parte I fazia as vezes de Parte Geral. As Partes II e III correspondiam à Parte Especial do Código. A Parte IV definia as contravenções penais.

A Parte Geral (ou "Parte I") recebeu, como já ressaltado, grande influência de Beccaria, como se nota na sua emblemática denominação: "*Dos crimes e das penas*", de modo semelhante ao "pequeno grande livro" do Marquês. Continha dois títulos: I) *Dos crimes*, subdividido em quatro capítulos: I) *Dos crimes e dos criminosos* (arts. 1º a 13); II) *Dos crimes justificáveis* (art. 14); III) *Das circumstancias aggravantes e attenuantes dos crimes* (arts. 15 a 20); e IV) *Da satisfação* (arts. 21 a 32); e II) *Das penas*, com seu capítulo único: "*Da qualidade das penas, e da maneira como se hão de impôr e cumprir*" (arts. 33 a 64)[30]. Encerrava-se a "Parte Geral" com as disposições gerais (arts. 65 a 67).

---

[27] Para maiores detalhes, *vide* José Murilo de Carvalho, *D. Pedro II* (Coleção Perfis Brasileiros). São Paulo: Cia. das Letras, 2007.

[28] Nascido em Campos, Sergipe, em 7 de junho de 1839, faleceu precocemente aos 50 anos de idade. Foi membro da Academia Brasileira de Letras, onde ocupou a cadeira n. 38. Além de escritor e poeta, foi professor de Filosofia, de Latim, de Direito na Faculdade do Recife, advogado, juiz municipal e deputado provincial. Sofreu preconceito à sua época, talvez por ser mulato, talvez pela contundência e pelo ineditismo de suas ideias. Considerado um germanista consciencioso, importou para nossas terras muitas teorias oriundas da Alemanha.

[29] Trata-se de uma obra inacabada. O texto foi compilado e organizado postumamente por seu discípulo Sílvio Romero e se encontra na obra *Estudos de direito*. Campinas: Bookseller, 2000.

[30] O Capítulo I do Título II da Parte I deveria, a rigor, denominar-se Capítulo único.

Tobias Barreto, referindo-se às influências filosóficas recebidas pelo Código de 1830, destacou que: "O nosso Código, como quase o geral dos códigos, não fez órgão de nenhum sistema filosófico sobre o *jus puniendi*. Consciente ou inconscientemente, admitiu ideias de procedência diversa. A disposição dos arts. 1º e 2º, § 1º, é a consagração da *positividade* de todo o direito criminal. O art. 33, que reconheceu o princípio das penas *relativamente determinadas*, pôs-se de lado das teorias *utilitárias*. Dir-se-ia um eco longínquo do art. 16 da *Déclaration des droits de l'homme* – "La loi ne doit décerner, que des peines strictement et évidemment nécessaires; les peines doivent être proportionnées au délit et utiles à la société'"[31].

Com respeito à função do Direito Penal, o Código, em boa parte, refletia o pensamento dominante, e a sociedade era concebida como uma "sociedade de sujeitos obrigados a *obedecer à autoridade. Por isso, o delito era um ato de desobediência* em que o fundamental era a *atitude interior* de rebeldia"[32].

Pode-se dizer, em síntese, que a função do Direito Penal, a partir do que se procurou implementar com o Código Criminal do Império, consistia em reforçar a obediência à autoridade, muito embora por meio de uma legislação mais humanitária e equitativa[33].

4. O CÓDIGO PENAL DE 1890

Com a Proclamação da República, em 1889, fez-se necessária uma reformulação em nosso direito positivo. Lamentavelmente, contudo, inverteu-se a ordem natural da reforma normativa, que teve início com o **Código Penal, promulgado em 1890** e, somente após, com a **Constituição, que data do ano seguinte.**

José Salgado Martins destacou com agudeza aspectos defasados da legislação criminal do Império: "Sobrevindo a abolição da escravatura em 1888 e repercutindo sobre a lei penal, principalmente quanto às penas cominadas aos crimes cometidos pelos escravos, Joaquim Nabuco sugeriu no parlamento imperial que fosse reeditado o Código Criminal, expungindo-se do seu âmbito as disposições insubsistentes por força das condições sociais e econômicas, criadas pelo abolicionismo"[34].

Muito embora se reconhecesse a necessidade de uma mudança na legislação criminal, esta surgiu afoitamente, resultando num Código Penal repleto de defeitos e alvo das mais ácidas (e justas) críticas.

---

[31] *Estudos de direito*, p. 198-199, grifos do autor.

[32] Bacigalupo, *Hacia el nuevo derecho penal*, p. 28-29, grifos do autor.

[33] Cf. Basileu Garcia, *Instituições de direito penal*.

[34] *Sistema de direito penal brasileiro*, p. 98.

A tarefa de modificar a legislação foi incumbida a Baptista Pereira, mesmo antes da Proclamação da República. Com o advento da "nova" forma de governo, o mister foi mantido, e o então Ministro da Justiça, Campos Sales, determinou ao Conselheiro Pereira que o fizesse com urgência.

A **celeridade imprimida** em sua elaboração, segundo opinião unânime de nossos penalistas, **aliada à falta de debate** de ideias – pois o trabalho, embora meritório, foi obra de um homem só[35] –, **ocasionaram uma série de defeitos no Código de 1890**. Reflexo maior das falhas (numerosas para alguns[36]) foi o fato de que, tão logo entrara em vigor, iniciaram-se as tentativas de reformulá-lo, das quais merecem destaque o Projeto de João Vieira de Araújo[37], de Galdino Siqueira[38] e o do desembargador Virgílio de Sá Pereira[39].

O então projeto de Código Penal da República foi convertido em Lei, por força do Decreto n. 847, de 11 de outubro de 1890. "Pelo Decreto n. 1.127, de 6 de dezembro do mesmo ano, marcou-se o prazo de seis meses para a sua execução no território nacional"[40].

---

[35] Cf. Martins, *Sistemas de direito penal brasileiro*.

[36] Carvalho Durão e João Monteiro foram seus maiores críticos. O primeiro publicou vários artigos sob o pseudônimo de *Solus*, apontando falhas no Código (cf. Ponte, *Inimputabilidade e processo penal*, p. 30). O último chegou a chamar o Código Penal de 1890 de "o pior de todos os códigos conhecidos" (*vide* Noronha, *Direito penal*, p. 58). Hungria, em conferência proferida na Faculdade de Direito da Universidade de São Paulo, no ano de 1943, asseverou que os defeitos se deviam mais à precariedade da cultura jurídica da época, onde a "oratória pomposa ocupava o lugar da pesquisa científica e bem orientada", do que propriamente a imperfeições de seus dispositivos legais (*vide* Toledo, *Princípios básicos de direito penal*, p. 61; Hungria, *Comentários ao Código Penal*, p. 347).

[37] Professor de Direito Penal da Faculdade de Direito do Recife, Deputado Federal e magistrado.

[38] Desembargador do Tribunal de Justiça do antigo Distrito Federal. Nasceu em Mococa, São Paulo, em 23 de janeiro de 1874. Foi professor catedrático de Direito Penal e Prática de Processo Penal na Faculdade de Direito de Niterói, Rio de Janeiro. Antes de magistrado, foi Promotor Público durante vinte e um anos.

[39] O Desembargador Virgílio de Sá Pereira elaborou, em 1935, a pedido do Governo Vargas, um projeto de reforma do Código Penal. Seu trabalho foi merecedor de diversos encômios. Viam-se no texto nítidas influências da Escola Positiva. Como destaca Dotti, "a influência exercida pela Escola Positiva ficou bem delineada através da orientação adotada em importantes setores como a classificação dos delinquentes, a periculosidade criminal e social, a individualização e indeterminação da pena, o emprego das medidas de seguranças, etc. O projeto foi considerado como uma das melhores leis penais do futuro por penalistas de renome internacional" (*Curso de direito penal*: parte geral, p. 197).

[40] Marques, *Tratado de direito penal*, v. 1, p. 123.

Estruturava-se em quatro livros: a) Livro I: Dos Crimes e das Penas; b) Livro II: Dos Crimes em Espécie; c) Livro III: Das Contravenções em Espécie; e d) Livro IV: Disposições Gerais.

O Livro I, correspondente à Parte Geral, compreendia seis títulos: a) Título I: *Da applicação e dos effeitos da lei penal* (arts. 1º a 6º); b) Título II: *Dos crimes e dos criminosos* (arts. 7º a 23); c) Título III: *Da responsabilidade criminal; as causas que dirimem a criminalidade e justificam os crimes* (arts. 24 a 35); d) Título IV: *Das circumstancias aggravantes e attenuantes* (arts. 36 a 42); e) Título V: *Das penas e seus effeitos, da sua applicação e modo de execução* (arts. 43 a 70); e f) Título VI: *Da extincção e suspensão da acção penal e da condemnação* (arts. 71 a 86).

Jiménez de Asúa ensina que, à época da elaboração do "Código Republicano", "se realizaban los esfuerzos de Italia para dictar un Código penal unitário y el Código de 1889, afortunado documento entonces, en que el espíritu neoclásico se plasmaba en artículos, influyó de modo decisivo en la reforma brasileña"[41].

Salgado Martins confirmou o diagnóstico de Asúa ao asseverar que "o legislador de 90 inspirou-se nos princípios da escola clássica, estabelecendo estrita proporcionalidade entre delito e pena. Na determinação da pena, adotou um critério de absoluta rigidez, com o fim de excluir qualquer arbítrio judicial"[42].

Ressalte-se que, no contexto do pensamento clássico, a pena tinha caráter eminentemente retributivo.

5. A CONSOLIDAÇÃO DAS LEIS PENAIS

A elevada quantidade de alterações pontuais efetuadas no Código de 1890, muitas delas com o propósito de corrigir falhas detectadas no Texto, provocou uma grande dificuldade, nos aplicadores do Direito Penal, em identificar com precisão quais eram os dispositivos em vigor à época. No início da década de 1930, um desembargador paulista, Vicente Piragibe, empreendeu um trabalho minucioso, compilando todas as alterações realizadas no Código republicano, compartilhando seu trabalho com os demais colegas de magistratura. A qualidade e extrema utilidade de seu labor acabou por provocar que ele se transformasse em lei. Foi, sem dúvida, uma solução inteligente para dar publicidade ao trabalho, eis que publicado no diário oficial sob a forma de uma **Consolidação das Leis Penais (1932)**.

---

[41] *Tratado de derecho penal*, p. 1046.
[42] *Sistema de direito penal brasileiro*, p. 99.

Daí se conclui que **ela não constitui um novo Código,** pois consiste numa compilação do texto do Código Penal de 1890 com todas as suas alterações posteriores, **muito embora seja referência obrigatória,** dada a importância do trabalho de Piragibe.

6. O CÓDIGO PENAL DE 1940

Em 1º de janeiro de 1942, entrava em vigor, no Brasil, um novo Código Penal (Decreto-Lei n. 2.848, de 7-12-1940).

O Código fora elaborado na vigência da Constituição de 1937 (a "Polaca"[43]). À época, o Ministro da Justiça Francisco Campos determinou ao jurista Alcântara Machado a tarefa de preparar um projeto de Código Penal, o qual foi concluído em abril de 1940. Seu trabalho foi revisto por uma comissão integrada por Nelson Hungria, Narcélio de Queiroz, Vieira Braga e Roberto Lyra, sob a presidência do Ministro Francisco Campos[44].

De modo geral, **a doutrina qualifica o Código de 1940 como "eclético",** uma vez que teria logrado **conciliar o pensamento neoclássico e o positivismo.** Aliás, sua Exposição de Motivos consigna que "*os postulados clássicos fazem causa comum com os princípios da Escola Positiva*". Tal advertência resgata o escólio de Tobias Barreto: "Com efeito os códigos não têm seguido exclusivamente esta ou aquela teoria; pelo contrário encontra-se neles uma combinação mais ou menos harmônica das consequências dedutíveis, se não de todas, ao menos da maior parte delas"[45].

Ao Direito Penal, neste contexto legislativo, atribuía-se finalidade retributiva e preventiva. A adoção do sistema do duplo binário (art. 78, IV e V, do Código de 1940), assim como a aplicação de medidas de segurança aos casos de crime impossível (arts. 14 e 76, parágrafo único) e a participação impunível (arts. 27 e 76, parágrafo único), bem o demonstravam.

---

[43] A Constituição de 1937 foi apelidada de "Polaca" pela influência que recebeu da Constituição da Polônia. Adotava um conjunto de normas similares àquelas vigentes nos estados totalitários da Europa. Hélio Silva (apud Pierangeli, *Códigos Penais do Brasil*: evolução histórica, p. 77) afirmou que ela "corresponde à tendência fascistizante da época, quando se encontram no auge os regimes de Hitler na Alemanha e Mussolini na Itália, repercutindo intensamente em Portugal (Salazar), na Espanha (Franco), na Romênia (Antonescu), na Hungria (Horthy) e na Polônia (Pilsudzki). Deste modo, a Constituição de 1937 rompeu, no Brasil, com a tradição liberal imperial de 1824 e liberal republicana de 1891 e 1934".

[44] Há quem inclua na comissão revisora a participação de Antônio José da Costa e Silva. Este, contudo, nega ter tomado parte na empreitada, afirmando apenas que dera algumas contribuições ao trabalho (cf. Pierangeli, *Códigos Penais do Brasil*).

[45] *Estudos de direito*, p. 197.

7. A REFORMA DE 1984

Na Reforma de 1984[46], a qual resultou na modificação da Parte Geral, percebe-se uma tentativa de adaptar o Código à dogmática vigente, notadamente de inspiração finalista e, sobretudo, de conferir às penas criminais o papel de ressocialização (cujo principal instrumento foi o sistema progressivo de cumprimento da pena privativa de liberdade[47]).

Como destacou Francisco de Assis Toledo, presidente da comissão responsável pela feitura do projeto que resultou na Lei n. 7.209/84, "a reforma penal, presentemente, como em outras épocas, decorreu de uma exigência histórica. Transformando-se a sociedade, mudam-se certas regras de comportamento [...]"[48].

A **filosofia** que se buscou imprimir ao Direito Penal, por meio da **reforma**, pode ser resumida novamente nas palavras de Toledo: "Por isso a comunidade não tem apenas o direito de castigar, mas **até o dever de realizar o castigo de tal maneira que não impeça uma ressocialização**"[49].

8. ESTRUTURA DO CÓDIGO PENAL

A **Parte Geral**, subdividida em **oito títulos**, dedica-se a estabelecer regras gerais sobre a aplicação da lei penal, sobre o crime, as penas e medidas de segurança, a ação penal e a extinção da punibilidade.

A **Parte Especial**, por sua vez, contém **doze títulos** e possui como principal enfoque a descrição de condutas criminosas e a definição de suas respectivas penas.

---

[46] A legislação penal brasileira sofreu várias tentativas de reforma, tendo algumas prosperado e outras não. Exemplo de insucesso foi o Código Penal de 1969, resultante de projeto elaborado por Nelson Hungria, que, depois de sucessivos adiamentos de sua *vacatio legis,* acabou sendo revogado sem nunca ter entrado em vigor. Em 1977 (Lei n. 6.416), ocorreu uma tentativa bem-sucedida de modificação de leis penais e processuais penais, tornando-as mais condizentes com o desenvolvimento da ciência penal da época (Pierangeli, *Códigos Penais do Brasil*).

[47] Há diversos traços na Parte Geral do Código Penal que indicam o caminho da ressocialização, mas certamente a Lei de Execução Penal (Lei n. 7.210/84), elaborada e aprovada juntamente com a nova Parte Geral (e, portanto, parte integrante da "reforma"), é o diploma que mais se alinha com esse pensamento (*vide* art. 1º da LEP: "A execução penal tem por objetivo efetivar as disposições de sentença ou decisão criminal e proporcionar condições para a harmônica *integração social* do condenado e do internado" – grifo nosso).

[48] Apud Pierangeli, *Códigos Penais do Brasil*, p. 85.

[49] Apud Pierangeli, *Códigos Penais do Brasil*, p. 86. Grifos nossos.

Os oito títulos da Parte Geral são: I – Da aplicação da lei penal; II – Do crime; III – Da imputabilidade penal; IV – Do concurso de pessoas; V – Das penas; VI – Das medidas de segurança; VII – Da ação penal; VIII – Da extinção da punibilidade.

Os doze da Parte Especial são: I – Dos crimes contra a pessoa; II – Dos crimes contra o patrimônio; III – Dos crimes contra a propriedade imaterial; IV – Dos crimes contra a organização do trabalho; V – Dos crimes contra o sentimento religioso e contra o respeito aos mortos; VI – Dos crimes contra a dignidade sexual; VII – Dos crimes contra a família; VIII – Dos crimes contra a incolumidade pública; IX – Dos crimes contra a paz pública; X – Dos crimes contra a fé pública; XI – Dos crimes contra a administração pública; XII – Dos crimes contra o Estado Democrático de Direito.

Linha do tempo cotejando história do Brasil e evolução do Direito Penal positivo

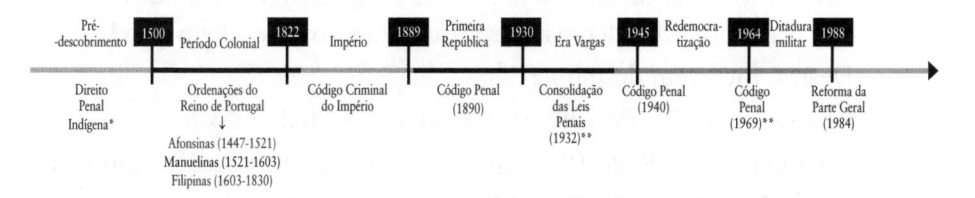

* Não exerceu influência no Direito Penal positivo brasileiro.
** Não se trata de um novo Código, mas da publicação consolidada do Código de 1890, com todas as modificações supervenientes.

9. SÍNTESE CONCLUSIVA DA LEGISLAÇÃO PENAL BRASILEIRA E A FUNÇÃO ATRIBUÍDA AO DIREITO PENAL EM CADA FASE

Muito embora a determinação da função do Direito Penal seja missão afeta à dogmática penal, não é possível chegar a qualquer conclusão sem analisar as principais características desse tipo de legislação.

É certo que a legislação criminal, sobretudo a codificada, representa um retrato do momento histórico de um povo e de sua evolução em matéria científica e filosófica.

Ao tempo das Ordenações do Reino, via-se que o Direito Penal cumpria a função de atemorizar os cidadãos, submetendo-os à vontade da Coroa Portuguesa. A partir da edição do Código Criminal do Império, nota-se uma radical mudança de enfoque, de modo a se promover uma humanização do Direito Penal, não obstante se encarasse o crime como ato de desobediência e a pena como a resposta (racional) à rebeldia do autor.

O Código Penal de 1890, afoitamente elaborado, como se viu, teve inspiração nitidamente clássica[50]. O vigente Código Penal, por sua vez, em sua redação original, foi grandemente influenciado pela Escola Clássica, mas adotou diversos postulados da corrente positivista[51].

Na Reforma da Parte Geral, por derradeiro, imprimiu-se ao Direito Penal uma função "terapêutica", consubstanciada na ressocialização como meta principal da pena (notadamente a privativa de liberdade) e sua execução.

10. AS RECENTES REFORMAS DO DIREITO PENAL

Desde a entrada em vigor da atual Parte Geral, muitas foram as alterações promovidas no corpo do Código Penal. Tais mudanças pontuais, por mais bem-intencionadas que possam ser, quebram a harmonia do texto normativo e produzem severas incongruências na legislação.

Para se ter uma ideia, já houve mais de quarenta leis modificadoras do Código Penal editadas depois da reforma da Parte Geral em 1984.

Destas, merecem destaque:

(i) a Lei n. 8.072, de 1990 (Lei dos Crimes Hediondos);

(ii) a Lei n. 9.268, de 1996 (que, entre outras disposições, impediu a conversão da pena de multa em prisão);

(iii) a Lei n. 9.426, de 1996 (que modificou tipos penais com vistas a coibir delitos envolvendo veículos automotores);

(iv) a Lei n. 9.459, de 1997 (responsável pela inclusão no Código do crime de injúria qualificada pelo preconceito ou "injúria racial");

(v) a Lei n. 9.677, de 1998 (que aumentou o rigor punitivo dos crimes contra a saúde pública);

(vi) a Lei n. 9.714, de 1998 (responsável pela ampliação das penas alternativas);

(vii) a Lei n. 10.028, de 2000 (que instituiu os crimes contra as finanças públicas);

(viii) a Lei n. 10.741, de 2003 (Estatuto da Pessoa Idosa);

(ix) as Leis n. 11.106, de 2005, e 12.015, de 2009 (que modernizaram o tratamento penal dos crimes sexuais);

(x) a Lei n. 11.340, de 2006 (Lei Maria da Penha);

---

[50] Sobre as linhas gerais da Escola Clássica, *vide* item 2 do Capítulo 2 deste trabalho.

[51] *Vide* item 3 do Capítulo 2 deste trabalho.

(xi) a Lei n. 11.596, de 2007 (que alterou o elenco das causas interruptivas da prescrição);

(xii) a Lei n. 12.234, de 2010 (responsável pela extinção da prescrição retroativa);

(xiii) a Lei n. 12.550, de 2011 (a qual ampliou o rol das penas restritivas de direitos e inseriu o art. 311-A no CP);

(xiv) a Lei n. 12.650, de 2012 (que criou nova exceção aos termos iniciais da prescrição);

(xv) a Lei n. 12.653, de 2012 (criadora de novo tipo penal – art. 135-A);

(xvi) a Lei n. 12.720, de 2012 (responsável por introduzir causas de aumento de pena ao homicídio e à lesão corporal dolosos e o novo delito de constituição de milícia privada – art. 288-A);

(xvii) a Lei n. 12.850, de 2013 (que modificou os arts. 288 e 342 do CP);

(xviii) a Lei n. 12.978, de 2014 (a qual modificou o nome jurídico do delito previsto no art. 218-B do CP e o inseriu no rol dos crimes hediondos);

(xix) a Lei n. 13.008, de 2014 (que cindiu o tipo penal do art. 334 do CP em duas figuras, definindo separadamente os crimes de descaminho e contrabando);

(xx) as Leis n. 13.104 e 13.142, de 2015 (as quais acrescentaram ao homicídio novas qualificadoras: o feminicídio e o homicídio funcional);

(xxi) a Lei n. 13.188, de 2015 (responsável por autorizar a vítima da calúnia ou difamação cometidas por meio de comunicação social a exigir que a retratação ocorra pelo mesmo veículo);

(xxii) a Lei n. 13.228, de 2015 (que inclui a causa de aumento de pena relativa ao estelionato cometido contra pessoa idosa);

(xxiii) a Lei n. 13.330, de 2016 (que dispõe acerca do furto e da receptação de animal domesticável de produção);

(xxiv) a Lei n. 13.344, de 2016 (que trata do tráfico de pessoas);

(xxv) as Leis n. 13.445 e 13.531, de 2017 (que, respectivamente, incluíram o crime de promoção de migração ilegal e alteraram os tipos penais referentes ao dano e à receptação);

(xxvi) as Leis n. 13.606, 13.654, 13.715, 13.718, 13.771 e 13.772, todas de 2018 (relativas a apropriação indébita previdenciária, furto e roubo, crimes sexuais, incapacidade para o exercício do poder familiar, tutela ou curatela e causas de aumento de pena do feminicídio);

(xxvii) a Lei n. 13.869, de 2019 (que revogou expressamente o crime de abuso de poder, que estava descrito no art. 350 do CP);

(xxviii) a Lei n. 13.964, de 2019 (Lei Anticrime);

(xxix) a Lei n. 13.968, de 2019 (responsável por incluir, no art. 122 do CP, que trata da participação em suicídio, o auxílio a automutilação);

(xxx) a Lei n. 14.110, de 2020 (que modificou o delito de denunciação caluniosa – art. 339 do CP);

(xxxi) a Lei n. 14.132, de 2021 (que inseriu no Código o crime de perseguição ou *stalking* – art. 137-A do CP);

(xxxii) a Lei n. 14.133, de 2021 (nova Lei de Licitações e Contratos Administrativos, que transpôs para o Código os delitos relacionados com essa matéria – arts. 337-E a 337-P);

(xxxiii) a Lei n. 14.155, de 2021 (responsável por alterar o crime de violação de dispositivo informático e incluir, no furto e no estelionato, figuras qualificadas e causas de aumento de pena relacionadas com o emprego de meio eletrônico ou virtual);

(xxxiv) a Lei n. 14.344, de 2022 (a qual inclui novo termo inicial da prescrição da pretensão punitiva – art. 111, V, além de modificar os arts. 121 e 141 do CP);

(xxxv) a Lei n. 14.478, de 2022 (inclui o art. 171-A no Código Penal);

(xxxvi) a Lei n. 14.532, de 2023 (alterou o crime de injúria racial – art. 140, § 3º, do CP);

(xxxvii) a Lei n. 14.562, de 2023 (responsável por modificar a redação do art. 311 do Código Penal);

(xxxviii) a Lei n. 14.688, de 2023 (alterou o Código Penal Militar e, dentre as mudanças: adaptou o estupro ali existente ao art. 213 do CP; reconheceu a natureza hedionda de todos os tipos penais militares equivalentes aos do art. 1º da Lei n. 8.072/90; revogou o atentado violento ao pudor, previsto no art. 233 do CPM; e corrigiu a redação do ato de libidinagem, previsto no art. 235 do CPM, compatibilizando-a com a decisão do STF na ADPF n. 291);

(xxxix) a Lei n. 14.811, de 2024 (que inclui no Código Penal o delito de intimidação sistemática – *bullying*);

(xl) a Lei n. 14.967, de 2024 (acrescentou à Parte Especial o art. 183-A – causa geral de aumento de pena em delitos patrimoniais);

(xli) a Lei n. 14.994, de 2024 (alterou os arts. 92, 121, 129, 141 e 147 e incluiu o art. 121-A no Código Penal).

11. PANORAMA DA LEGISLAÇÃO PENAL ESPECIAL

O domínio da legislação penal pátria, contudo, não exige apenas o conhecimento das regras gerais e dos tipos penais contidos no Código Penal, pois há um número considerável de textos esparsos que merecem a atenção do estudioso desse ramo do Direito.

Nesse contexto, são de fundamental importância os seguintes diplomas normativos:

1) Decreto-Lei n. 3.688, de 1941 (Lei das Contravenções Penais);

2) Lei n. 1.521, de 1951 (crimes contra a economia popular);

3) Lei n. 2.889, de 1956 (genocídio);

4) Lei n. 4.737, de 1965 (Código Eleitoral), com dispositivos penais nos arts. 283 a 354-A;

5) Decreto-Lei n. 201, de 1967 (crimes de responsabilidade de prefeitos);

6) Lei n. 6.766, de 1979 (Lei do Parcelamento do Solo), com normas penais nos arts. 50 a 52;

7) Lei n. 7.492, de 1986 (Lei dos Crimes de Colarinho Branco);

8) Lei n. 7.716, de 1989 (crimes de preconceito);

9) Lei n. 8.069, de 1990 (Estatuto da Criança e do Adolescente), cuja parte penal encontra-se nos arts. 228 a 244-B;

10) Lei n. 8.072, de 1990 (Lei dos Crimes Hediondos);

11) Lei n. 8.078, de 1990 (Código de Defesa do Consumidor), que trata dos crimes nos arts. 61 a 78;

12) Lei n. 8.137, de 1990 (crimes contra a ordem tributária, econômica e contra as relações de consumo);

13) Lei n. 8.176, de 1991 (crimes contra a ordem econômica);

14) Lei n. 9.434, de 1997 (Lei de Transplante de Órgãos), com tipos penais nos arts. 14 a 20;

15) Lei n. 9.503, de 1997 (Código de Trânsito Brasileiro), cujo conteúdo penal está nos arts. 291 a 312-A;

16) Lei n. 9.605, de 1998 (Lei Ambiental), que regula normas penais nos arts. 29 a 69-A;

17) Lei n. 9.613, de 1998 (Lei de "lavagem" de bens e capitais), alterada pela Lei n. 12.683, de 2012;

18) Lei n. 10.826, de 2003 (Estatuto do Desarmamento);

19) Lei n. 10.741, de 2003 (Estatuto da Pessoa Idosa), cuja parte penal encontra-se nos arts. 93 a 109;

20) Lei n. 11.101, de 2005 (Lei de Falências), que cuida dos crimes nos arts. 168 a 182;

21) Lei n. 11.105, de 2005 (Lei de Biossegurança), com dispositivos penais nos arts. 24 a 29;

22) Lei n. 11.254, de 2005 (Lei sobre Armas Químicas), cujo art. 4º tipifica de forma ampla o uso e desenvolvimento de armas químicas;

23) Lei n. 11.340, de 2006 (Lei Maria da Penha);

24) Lei n. 11.343, de 2006 (Lei de Drogas);

25) Lei n. 12.850, de 2013 (Lei do Crime Organizado);

26) Lei n. 13.260, de 2016 (Lei do Terrorismo);

27) Lei n. 13.869, de 2019 (Lei dos Crimes de Abuso de Autoridade);

28) Lei n. 14.344, de 2022 (Lei Henry Borel, que institui medidas para a prevenção e o enfrentamento da violência doméstica e familiar contra a criança e o adolescente);

29) Lei n. 14.597, de 2023 (Lei Geral do Esporte, que revogou o Estatuto do Torcedor), cujos crimes estão previstos nos arts. 165 a 172 e 198 a 201.

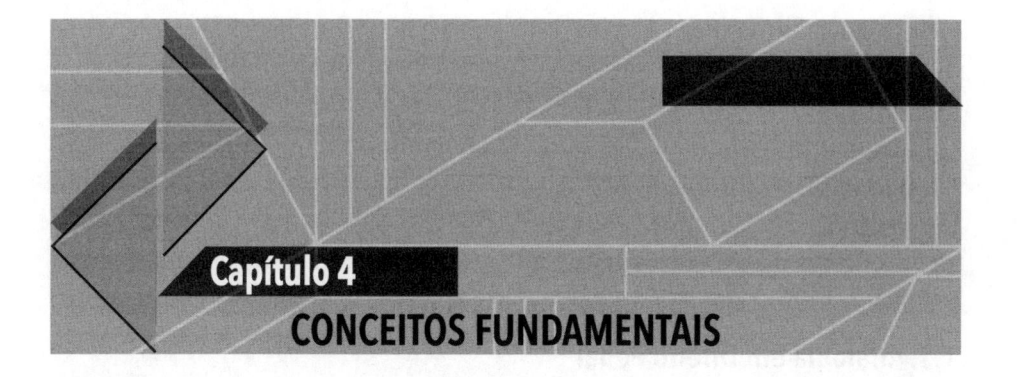

Capítulo 4
CONCEITOS FUNDAMENTAIS

1. FONTES DO DIREITO PENAL

As fontes do direito ou origens das normas jurídicas subdividem-se em **fontes materiais, substanciais ou de produção** e em fontes formais, de conhecimento ou de cognição. Aquelas **indicam o órgão encarregado da produção do direito penal.** Em nosso ordenamento jurídico, somente a União possui competência legislativa para criar normas penais (CF, art. 22, I). Note-se que o parágrafo único do dispositivo constitucional citado prevê que lei complementar poderá autorizar os Estados a legislar sobre questões específicas acerca de matérias penais.

As **fontes formais,** por sua vez, subdividem-se em **imediatas e mediatas.** Somente a *lei* **pode servir como fonte primária e imediata do direito penal,** porquanto não há crime sem lei anterior que o defina, nem pena sem prévia cominação legal (CF, art. 5º, XXXIX, e CP, art. 1º). Admitem-se, no entanto, **fontes secundárias ou mediatas:** são os **costumes** ("conjunto de normas de comportamento a que pessoas obedecem de maneira uniforme e constante pela convicção de sua obrigatoriedade"[1]) e os **princípios gerais de direito** ("premissas éticas que são extraídas, mediante indução, do material legislativo"[2]).

Tais fontes formais sofrem importante limitação como decorrência do princípio da legalidade (CF, art. 5º, XXXIX, e CP, art. 1º). Não se admite que de seu emprego resulte o surgimento de crimes não previstos em lei ou, ainda, a agravação da punibilidade de delitos já existentes. Os princípios gerais do direito e os costumes, portanto, somente incidem na seara da licitude penal, ampliando-a. Os trotes acadêmicos, por exemplo, traduzem uma prática reconhecida e costumeira, de modo que possíveis infrações, como injúria (ex.: re-

---

[1] Damásio de Jesus, *Direito penal*: parte geral, p. 27.

[2] *Direito penal*, p. 29.

ferir-se ao calouro como "bicho") ou constrangimento ilegal (ex.: obrigar o novato a repetir cânticos satíricos contra a sua vontade), são consideradas permitidas à luz do art. 23, III, do CP (exercício regular de um direito).

Os costumes, além disso, representam importante recurso interpretativo, sobretudo no tocante aos elementos normativos presentes em alguns tipos penais (p. ex., a expressão "ato obsceno" no art. 233 do CP – *vide* item 3).

Anote-se, por derradeiro, que os costumes não revogam lei penal (art. 2º, § 1º, da LINDB – Dec.-Lei n. 4.657/42).

1.1. Analogia em Direito Penal

A **analogia constitui método de integração do ordenamento jurídico.** Trata-se de mecanismo utilizado para suprir lacunas. Consiste em "aplicar, a um caso não contemplado de modo direto ou específico por uma norma jurídica, uma norma prevista para uma hipótese distinta, mas semelhante ao caso não contemplado"[3]. Para utilizá-la, portanto, é preciso que se verifiquem dois pressupostos: 1º) existência de uma lacuna na lei; 2º) encontro no ordenamento jurídico de uma solução legal semelhante, vale dizer, uma regra jurídica que tenha sido estipulada para regular caso análogo. Funda-se a analogia no princípio *ubi eadem legis ratio, ibi eadem dispositio* (onde há a mesma razão legal, aplica-se o mesmo dispositivo).

Em Direito Penal, contudo, **somente se admite a analogia *in bonam partem*, ou seja, aquela utilizada em benefício do sujeito ativo da infração penal.** Exemplo: o art. 22 do CP contém duas causas legais de inexigibilidade de conduta diversa (a coação moral irresistível e a obediência hierárquica). A presença destas excludentes importa na absolvição do agente, o qual será declarado pelo juiz "isento de pena". Em que pese existirem somente duas situações contempladas na Lei Penal, admite-se que o réu seja absolvido sempre que o juiz considerar que não se podia exigir dele outra conduta (isto é, na situação concreta ele não tinha condições de se comportar de outro modo), ainda quando o caso não seja de coação moral irresistível ou de obediência hierárquica. Fala-se em causa "supralegal" (ou seja, não prevista em lei) de inexigibilidade de conduta diversa. A ampliação da norma permissiva contida no art. 22 do CP baseia-se na analogia *in bonam partem*.

Proíbe-se, de outro lado, **a analogia *in malam partem*,** isto é, em prejuízo do sujeito ativo da infração penal, justamente por importar na criação de delitos não previstos em lei ou no agravamento da punição de fatos já disciplinados legalmente, atentando contra o princípio da legalidade. Acompanhe os exemplos: o art. 63 do CP define como reincidente aquele que co-

---

[3] Maria Helena Diniz, *Lei de Introdução ao Código Civil interpretada*, p. 108.

mete *crime* depois de ter sido condenado com trânsito em julgado por outro *crime*, no Brasil ou no estrangeiro. O art. 7º da Lei das Contravenções Penais, por sua vez, estipula ser reincidente o agente que pratica uma *contravenção penal* depois de ter sido condenado definitivamente por outro *crime*, no Brasil ou no estrangeiro, ou por outra *contravenção* penal no Brasil. Na combinação dos dispositivos nota-se uma lacuna: não é reincidente o autor de um crime praticado após ter sido ele irremediavelmente condenado por uma contravenção penal. Em suma, se o agente for condenado de modo definitivo por uma contravenção penal e, após, cometer outra *contravenção*, será *reincidente*, mas, se praticar um *crime*, será *primário*! Tal omissão do legislador gera uma situação injusta, que não pode ser corrigida pelo emprego da analogia, causando reincidência em ambas as situações, sob pena de agravar a punição de um fato sem expressa previsão legal.

Para o STJ, antes do advento da Lei n. 13.531, de 2017, o crime de dano (CP, art. 163) contra o patrimônio do Distrito Federal possuía natureza simples (sujeitando-se à pena de um a seis meses ou multa) e não qualificada (cuja pena seria de detenção, de seis meses até três anos, e multa). De acordo com o Tribunal, antes da alteração legislativa efetuada em dezembro de 2017, a inclusão do Distrito Federal na qualificadora do inciso III do parágrafo único do art. 163 do CP, que somente previa que a União, os Estados e os Municípios constituiriam analogia *in malam partem*[4].

Há duas espécies de analogia:

1ª) **analogia *legis***: dá-se com a aplicação de *uma* norma existente a um caso semelhante.

No dizer de Carlos Maximiliano, tal modalidade ocorre quando "falta uma só disposição, um artigo de lei, e então se recorre ao que regula um caso semelhante"[5].

---

[4] *Vide* AgRg no REsp 1628623/DF, rel. Min. Felix Fischer, 5ª T., j. 4-4-2017, *DJe* de 28-4-2017. No mesmo sentido, o próprio Tribunal do Distrito Federal: "embora o Distrito Federal seja um ente federativo, o inciso III do parágrafo único do art. 163 do Código Penal, ao qualificar o crime de dano, não fez menção a bens dessa unidade da federação. Ausente expressa disposição legal nesse sentido, é vedada a interpretação analógica *in malem partem*" (AP 0010287-04.2015.8.07.0009, 2ª Turma Criminal, j. 3-11-2016). Registre-se que a questão se encontra superada, pois a Lei n. 13.531, de 2017, alterou a redação do inciso III do parágrafo único do art. 163 do CP e passou a incluir expressamente, como forma de dano qualificado, aquele cometido "contra o patrimônio da União, de Estado, do Distrito Federal, de Município ou de autarquia, fundação pública, empresa pública, sociedade de economia mista ou empresa concessionária de serviços públicos".

[5] *Hermenêutica e aplicação do direito*, p. 262.

2ª) **analogia *juris*:** ocorre quando se estriba num *conjunto* de normas, visando retirar elementos que possibilitem sua aplicabilidade ao caso concreto não previsto (isto é, trata-se do encontro e aplicação de princípios gerais do direito).

Consoante o autor acima citado, dá-se a analogia *juris* quando não existir "nenhum dispositivo aplicável à espécie nem sequer de modo indireto; encontra-se o juiz em face de um instituto inteiramente novo, sem similar conhecido; é força, não simplesmente recorrer a um preceito existente, e, sim, a um complexo de princípios jurídicos, à síntese dos mesmos, ao espírito do sistema inteiro"[6].

1.2. Hermenêutica e interpretação

Tais expressões costumeiramente são empregadas como sinônimas. Este vício foi apontado e condenado por Carlos Maximiliano. O saudoso jurista esclarecia que a **interpretação consiste na investigação do alcance e do sentido das regras de Direito**, ao passo que a **Hermenêutica é a ciência que se ocupa de sistematizar os métodos e os elementos da interpretação jurídica.**

Desde Savigny se conhecem os seguintes *elementos*[7] de interpretação: gramatical, histórico e sistemático. É de ver que o jurista tedesco não se referia ao elemento teleológico, atualmente empregado com ampla difusão.

Conforme o autor acima citado, o aplicador do Direito deveria utilizar-se de todos os elementos, de modo que eles convergiriam para o verdadeiro sentido e o alcance da regra em análise.

O *elemento gramatical* (ou interpretação gramatical) é, de todos, o único indispensável, por razões óbvias, já que se refere àquele em que se verificam semanticamente os vocábulos empregados no texto normativo. Toda atividade interpretativa começa pela interpretação gramatical. Esta, porém, não esgota o processo hermenêutico.

Não se pode jamais, segundo pensamos, olvidar-se do *elemento histórico*. Isto porque **toda a regra possui um antecedente histórico que a motiva**. Não há como compreender um instituto jurídico sem situá-lo no tempo e no espaço, de modo a verificar-se em que contexto ele surgiu. As regras e princípios jurídicos não são vazios; pelo contrário, são fatos humanos que propulsionam sua criação e, ademais, existem valores por de-

---

[6] Idem.

[7] SAVIGNY falava em elementos de interpretação e não em métodos. Para ele, a hermenêutica deveria se valer, sempre, dos elementos de interpretação, os quais, conjugados, chegariam a um mesmo resultado.

trás deles. Todo o complexo de fatos e valores que inspiram a norma deve ser levado em conta quando de sua aplicação. Para isto, é fundamental o elemento histórico.

Além do mais, o *elemento sistemático* é de inegável importância. Toda regra, quando ingressa no ordenamento jurídico, **deve ser devidamente harmonizada com o sistema que lhe é preexistente.** A aplicação de uma regra não pode contradizer outra, igualmente vigente e conforme com a Constituição; é função do intérprete compatibilizá-las, delimitando o espaço de aplicação de cada uma delas – eis a função do elemento sistemático.

O *elemento teleológico*, por derradeiro, talvez seja de todos o mais precioso, porquanto as regras buscam, todas elas, o cumprimento de um fim; é isso que se investiga por meio da interpretação teleológica, eis que **ela pretende detectar a *ratio* do dispositivo, sua finalidade e, a partir daí, delimitar seu significado e alcance.**

Registre-se, ainda, que a **interpretação se classifica quanto à origem.** Nesse ponto fala-se em *interpretação autêntica*, quando deriva do legislador, isto é, do órgão de que provém a regra; *interpretação doutrinária*, quando elaborada pelos escritores de Direito; e *interpretação judicial*, se decorrente de decisões proferidas pelo Poder Judiciário.

A interpretação judicial ganhou especial importância com o atual panorama constitucional brasileiro, em decorrência da introdução em nosso sistema das decisões com efeito *erga omnes* e vinculante, notadamente nas hipóteses de controle concentrado de constitucionalidade perante o Supremo Tribunal Federal e por conta da súmula vinculante.

Pondere-se, ademais, que a **interpretação também se classifica, quanto ao seu resultado,** em *interpretação restritiva ou estrita*, de um lado, e *interpretação extensiva ou ampliativa*, de outro. A primeira se dá quando o aplicador da norma restringe seu alcance; a segunda, quando estende seu âmbito para além daquele contido na literalidade do texto. Assim, por exemplo, ocorre interpretação restritiva quando se conclui que a proibição de substituição de prisão por pena alternativa (restritiva de direito ou multa), decorrente do art. 44 do CP, o qual afasta tal benefício dos crimes praticados com "violência à pessoa", somente abrange a *violência real* (de modo que os casos de violência ficta ou presumida, atualmente substituídos pela noção de vítimas vulneráveis – art. 217-A do CP –, poderiam ser premiados com a mencionada substituição de pena). Há, de outra parte, interpretação extensiva quando se conclui que o art. 159 do CP, o qual tipifica o crime de extorsão mediante sequestro, também contém a extorsão mediante cárcere privado (afinal, seria absurdo concluir que manter uma pessoa num cubículo acorrentada, isto é, em cárcere privado, e exigir da família dinheiro para libertá-la não constitui o crime do art. 159 do CP).

Muito embora existam autores para quem não se deve admitir a interpretação extensiva em Direito Penal, somente a restritiva, estamos com Hassemer, para quem esse método não viola os princípios penais, notadamente o da legalidade, pois "o limite crítico do princípio da legalidade está na diferença entre a interpretação extensiva autorizada e a analogia proibida". A diferença, pondera o autor citado, reside em que a analogia corresponde à "transferência da norma a um outro âmbito, enquanto a interpretação (extensiva) é somente a 'ampliação' da norma até o final do seu próprio âmbito"[8].

1.3. Interpretação conforme a Constituição e o Direito Penal

O STF tem admitido, nos últimos anos, em nome de se conferir ao Direito Penal uma maior seriedade, o emprego de **interpretação conforme a Constituição de maneira a suprimir incoerências na legislação que enfraqueçem sua eficácia**, ainda que o resultado fosse uma interpretação mais rigorosa de leis penais e, portanto, prejudicial ao agente.

Podem-se citar vários exemplos, tais como:

a) o entendimento da Suprema Corte no sentido de que, muito embora não possa a pena de multa ser convertida em prisão, ainda quando inadimplida injustificadamente pelo sentenciado (CP, art. 51), no caso de aplicação de pena privativa de liberdade cumulada com multa, a progressão de regime durante o cumprimento da pena (do regime fechado para o semiaberto ou deste para o regime aberto) fica condicionada ao pagamento (ou parcelamento) da multa criminal (salvo se o sentenciado comprovar não ter condições de adimplir com a pena pecuniária – EP 8, rel. Min. Barroso, j. 1º-7-2016).

b) a posição que já era adotada por alguns ministros do STF e recentemente consolidada, que considera o termo inicial da prescrição da pretensão executória o trânsito em julgado da condenação para ambas as partes, não somente o trânsito em julgado para a acusação, como consta do art. 112, I, do CP. A questão era objeto do Tema 788 da Repercussão Geral, cujo julgamento, por maioria, declarou a não recepção pela Constituição Federal da locução "para a acusação" (ARE 848.107, rel. Min. Dias Toffoli, Plenário, Sessão Virtual de 23-6-2023 a 30-6-2023)[9].

---

[8] *Introdução aos fundamentos do direito penal*, p. 356.

[9] Fixou-se a tese: "O prazo para a prescrição da execução da pena concretamente aplicada somente começa a correr do dia em que a sentença condenatória transita em julgado para ambas as partes, momento em que nasce para o Estado a pretensão executória da pena, conforme interpretação dada pelo Supremo Tribunal Federal

c) a tese adotada pelo Plenário do STF no sentido de que uma vez admitida a suspensão de processos penais que abordem a mesma questão jurídica ventilada em recurso extraordinário por força do reconhecimento de repercussão geral deve implicar a suspensão do prazo prescricional (ainda que inexista norma expressa a respeito); segundo a Suprema Corte, a possibilidade de obstar a fluência da prescrição decorre de uma interpretação conforme a Constituição do art. 116, I, do CP (RE 966.177, rel. Min. Fux, j. 7-6-2017)[10]. O STF, mais recentemente, passou a entender que não se

---

ao princípio da presunção de inocência (art. 5º, inciso LVII, da Constituição Federal) nas ADC 43, 44 e 54".

Esse entendimento já havia se firmado entre os Ministros da 1ª Turma do STF, argumentando-se absurdo permitir que o prazo para o Estado dar início ao cumprimento da pena possa começar a fluir antes mesmo que a pena possa ser efetivamente executada. Nesse sentido, ver: RE 696.533, rel. Min. Luiz Fux, rel. p/ o ac. Min. Roberto Barroso, 1ª T., j. 6-2-2018 e ARE 1.054.714, rel. Min. Marco Aurélio, 1ª T., j. 15-5-2018).

Ademais, o Plenário do STF, por unanimidade, já tinha uniformizado a sua jurisprudência nesse sentido, considerando que o título penal passível de Execução pelo Estado só surge com a denominada preclusão maior, ou seja, com o trânsito em julgado para ambas as partes, só então se iniciando a contagem do prazo prescricional da pretensão executória para o Estado (ARE 786.009 AgR-ED-EDv, rel. Min. Marco Aurélio, j. 13-4-2023).

Por fim, consigna-se que houve modulação dos "efeitos da tese para que seja aplicada aos casos i) nos quais a pena não tenha sido declarada extinta pela prescrição em qualquer tempo e grau de jurisdição; e ii) cujo trânsito em julgado para a acusação tenha ocorrido após 12-11-2020 (data do julgamento das ADC n. 43, 44 e 53)" (STF, ARE 848.107, rel. Min. Dias Toffoli, Tribunal Pleno, j. 3-7-2023).

[10] No caso, "A questão de ordem foi resolvida da seguinte forma: a) a suspensão de processamento prevista no § 5º do art. 1.035 do CPC não consiste em consequência automática e necessária do reconhecimento da repercussão geral realizada com fulcro no 'caput' do mesmo dispositivo, sendo da discricionariedade do relator do recurso extraordinário paradigma determiná-la ou modulá-la; b) a possibilidade de sobrestamento se aplica aos processos de natureza penal; c) neste contexto, em sendo determinado o sobrestamento de processos de natureza penal, opera-se, automaticamente, a suspensão da prescrição da pretensão punitiva relativa aos crimes que forem objeto das ações penais sobrestadas, a partir de interpretação conforme a Constituição do art. 116, I (2), do Código Penal (CP); d) em nenhuma hipótese, o sobrestamento de processos penais determinado com fundamento no art. 1.035, § 5º, do CPC abrangerá inquéritos policiais ou procedimentos investigatórios conduzidos pelo Ministério Público; e) em nenhuma hipótese, o sobrestamento de processos penais determinado com fundamento no art. 1.035, § 5º, do CPC abrangerá ações penais em que haja réu preso provisoriamente; f) em qualquer caso de sobrestamento de ação penal determinado com fundamento no art. 1.035, § 5º, do CPC, poderá o juízo de piso, no curso da suspensão, proceder, conforme a necessidade, à produção de provas de natureza urgente" (*Informativo STF* n. 868, Tema 924 de Repercussão Geral).

trata de um dever, mas de um poder, ou seja, a suspensão dos processos não implicará automaticamente a suspensão da prescrição, a qual **poderá** ser determinada a critério do relator: "1. O sobrestamento de recurso extraordinário nos tribunais de origem para aguardar o julgamento de tema de repercussão geral não suspende automaticamente o prazo prescricional de pretensão punitiva penal; 2. O ministro relator do processo selecionado como paradigma no Supremo Tribunal Federal, caso entenda necessário e adequado, poderá determinar a suspensão de ações penais em curso que tratem de mesma controvérsia, assim como do prazo prescricional de pretensão punitiva penal" (RE 1.448.742 RG, rel. Min. Presidente, Tribunal Pleno, j. 5-6-2024).

2. INFRAÇÃO PENAL – CLASSIFICAÇÃO BIPARTIDA E TRIPARTIDA

Infração penal é um **gênero** que, em nosso ordenamento jurídico, subdivide-se em duas espécies: *crime* e *contravenção penal*.

De acordo com o art. 1º da LICP – Decreto-Lei n. 3.914/41 –, constitui *crime* (ou delito) a infração penal apenada com reclusão ou detenção, acompanhada ou não de multa, e *contravenção penal* aquela punida com prisão simples (juntamente com multa) ou somente com pena de multa.

Esse paradigma, entretanto, tornou-se defasado com a atual Lei de Drogas (Lei n. 11.343, de 23-8-2006), pois o crime de porte de droga para uso próprio (art. 28) somente contém no preceito secundário penas alternativas.

É importante ressaltar que o STF, ao julgar a constitucionalidade do art. 28 da Lei de Drogas, definiu que, em se tratando de porte de "maconha" para uso próprio, a conduta **não possui natureza penal**, constituindo apenas infração administrativa. Note, porém, que, no caso de porte de **outras substâncias psicoativas,** como heroína, cocaína, LSD e crack, o fato ainda possui caráter penal[11].

No mesmo sentido: STF, ARE 1.259.169 AgR, rel. Min. Roberto Barroso, 1ª T., j. 15-4-2020, Rcl 39.050 AgR, rel. Min. Cármen Lúcia, 2ª T., j. 21-12-2020, RE 1.322.881 AgR, rel. Min. Roberto Barroso, 1ª T., j. 3-8-2021, e RE 1.401.370 AgR, rel. Min. Ricardo Lewandowski, 2ª T., j. 10-10-2022.

[11] Por um longo período, tramitou no STF o RE 635.659, com repercussão geral reconhecida, no qual se discutia a inconstitucionalidade do art. 28 da Lei de Drogas. O julgamento teve início em agosto de 2015. O relator, Ministro Gilmar Mendes, inicialmente, votou no sentido de descriminalizar o porte de qualquer tipo de droga para consumo pessoal, entendendo inconstitucional o dispositivo, que deveria ser ilícito administrativo. Seguiu-se o voto do Ministro Edson Fachin, pela inconstitucionalidade do dispositivo apenas em relação à "maconha", com necessidade de fixação de parâmetros para diferenciar traficantes de usuários. No mesmo sentido, o Ministro

2.1. Diferenças entre crime e contravenção penal

Os traços distintivos residem em suas consequências e em seu regime jurídico. Além da distinção acima retratada, há outras:

a) os **crimes podem ser de ação penal pública**, condicionada ou incondicionada, **ou de ação penal privada** (CP, art. 100); já as **contravenções penais são sempre de ação penal pública incondicionada** (LCP, art. 17);

Luís Roberto Barroso, propondo o parâmetro para posse de 25 gramas ou plantação de até 6 plantas fêmeas da espécie. O julgamento foi suspenso após pedido de vista do Ministro Teori Zavascki (falecido), que foi substituído pelo Ministro Alexandre de Moraes, o qual votou pela descriminalização do porte da "maconha" para uso pessoal. Antes de se aposentar, a Ministra Rosa Weber antecipou seu voto, para acompanhar esse entendimento. Posteriormente, o relator, Ministro Gilmar Mendes, reajustou o voto que havia proferido, no sentido de restringir a declaração de inconstitucionalidade a apreensões relativa à "maconha". O Ministro Barroso também reajustou seu voto para acompanhar o Ministro Alexandre de Moraes. Assim, por maioria, o Plenário do STF conferiu intepretação conforme à Constituição ao art. 28 da Lei n. 11.343/2006, para excluir a incidência do tipo penal à conduta de portar "maconha" para uso pessoal, estabelecendo que será presumido usuário aquele que adquirir, guardar, tiver em depósito, transportar ou trazer consigo até 40 gramas de "maconha" ou 6 plantas fêmeas, além dos critérios legais estabelecidos no art. 28, § 2º, da Lei n. 11.343/2006, até que o Congresso Nacional determine critérios legais, para o que não foi fixado prazo. Acompanharam integralmente esse entendimento os Ministros Gilmar Mendes, Edson Fachin, Luís Roberto Barroso, Rosa Weber e Cármen Lúcia. Os Ministros Toffoli e Fux ficaram parcialmente vencidos, porque, embora tenham acompanhado a maioria no sentido de que o porte para uso pessoal da "maconha" não seria crime, ampliaram o entendimento para qualquer outra droga. Ficaram totalmente vencidos os Ministros Cristiano Zanin (sustentou que a intenção do legislador foi despenalizar, e não descriminalizar, não sendo viável alterar essa opção pela via judicial – o que exigiria definição de regras para oferta da droga legalizada –, e que decisão nesse sentido poderia agravar problemas de saúde e segurança da população), André Mendonça (argumentou que a "maconha" é o "primeiro passo para o precipício", apresentando estudos que revelam os danos do uso da droga) e Nunes Marques (entendeu que a decisão sobre descriminalização deve ser tratada pelo Legislativo, ponderando que a droga não afeta apenas o usuário, mas também os familiares do viciado e a sociedade, de modo que a criminalização constitui nítido fato inibitório do consumo, da circulação e, consequentemente, do tráfico). Para maiores considerações sobre a questão, ver *Boletim Especial – Direito Penal*, do STF em Foco, publicado em 26-6-2024.

Destaca-se que o parâmetro adotado foi de 40 gramas ou 6 plantas fêmeas de *Cannabis sativa*, logo, coerente com a planta seca e pronta para consumo ou a planta *in natura*. Dessa maneira, o haxixe, que é subproduto da "maconha", mais especificamente uma resina – que pode ser fumada ou ingerida –, consiste em um extrato que pode conter elevada concentração de THC. Portanto, não se enquadra na exceção em tela, abarcando as outras drogas cujo porte para consumo pessoal permanece como fato típico penal.

b) é **punível a tentativa de crimes** (CP, art. 14, II), o que não se dá nas contravenções (LCP, art. 4º);

c) os **crimes podem ser dolosos ou culposos** (CP, art. 18); nas contravenções, basta seja a conduta voluntária (LCP, art. 3º)[12];

d) aos **crimes aplicam-se os princípios do erro de tipo e de proibição** (CP, arts. 20 e 21); às **contravenções**, somente se aplica o **erro de direito** (LCP, art. 8º)[13];

e) a **lei penal brasileira se aplica tanto aos crimes praticados no Brasil** (CP, art. 5º) **como àqueles cometidos no exterior** (CP, art. 7º), mas somente às **contravenções cometidas em território nacional** (LCP, art. 2º);

f) o **limite de cumprimento das penas privativas de liberdade** decorrentes de **crime é de quarenta anos** (CP, art. 75); das **contravenções é de cinco** (LCP, art. 10);

g) com relação aos **crimes**, a duração do *sursis* pode variar de dois a **quatro anos** e, excepcionalmente, de quatro a seis anos (CP, art. 77); para as **contravenções**, o limite é de **um a três anos** (LCP, art. 11).

3. ELEMENTARES E CIRCUNSTÂNCIAS DO CRIME

Por **elementos do crime** entendem-se os dados constitutivos específicos da figura típica, que se **bipartem** em **elementares e circunstâncias**.

Elementares são os **dados essenciais da figura típica, sem os quais não há crime**, ou, ainda, cuja ausência provoca o surgimento de outro delito. Encontram-se no chamado "tipo fundamental" (o *caput* da norma penal incriminadora). Exemplo: são elementares do crime de homicídio "matar" + "alguém" (CP, art. 121, *caput*).

Circunstâncias, por outro lado, **são dados acessórios da figura típica** que, agregados ao tipo fundamental, **influem na quantidade da pena**, aumentando-a ou atenuando-a. Exemplos: o fato de a vítima ser menor de 14 anos ou maior de 60 constitui circunstância do homicídio (CP, art. 121, § 4º, parte final), pois aumenta a pena do crime em um terço; o motivo de relevante valor moral ou social, de igual modo, porquanto diminui a pena do homicídio de um sexto a um terço (CP, art. 121, § 1º).

---

[12] Deve-se alertar, contudo, que também em relação às contravenções penais, a despeito da literalidade do texto legal, há de se exigir dolo ou culpa, sob pena de se admitir responsabilidade penal subjetiva, o que não é mais admitido no Direito Penal brasileiro.

[13] A despeito da dicção legal, também se aplicam às contravenções penais as normas relativas ao erro de tipo e ao erro de proibição contidas no Código Penal.

Tais **elementos**, sejam essenciais, sejam acessórios, podem ter natureza *objetiva*, *subjetiva* ou *normativa*:

a) *Elementos objetivos*: dados de **natureza concreta**, perceptíveis sensorialmente (isto é, por intermédio de nossos sentidos). Exemplos: verbos núcleo do tipo ("matar" – no art. 121 do CP), referências ao lugar do crime ("lugar aberto ao público" – no art. 233), ao momento do crime ("durante o parto ou logo após" – no art. 123 do CP), ao modo de execução ("mediante grave ameaça ou violência a pessoa" – no art. 157 do CP) e ao objeto material do delito ("alguém" – no art. 121 do CP).

b) *Elementos subjetivos*: dados de **natureza anímica ou psíquica**. Referem-se à *intenção* do agente. Não são perceptíveis concretamente, mas apenas examinando o que se passa na mente do agente. Exemplos: "para si ou para outrem" (CP, art. 155).

c) *Elementos normativos*: esses dados da figura típica que **exigem valoração** para **serem definidos** não são aferíveis nem no mundo concreto nem na psique do agente. Abrangem todas as expressões contidas no tipo penal que requerem um juízo de valor (que será feito pelo juiz). Tal juízo pode ser jurídico, como nas expressões "documento" (CP, art. 297) ou "funcionário público" (CP, art. 327), ou extrajurídico (moral, político, religioso, ético etc.), como nas expressões "decoro" e "dignidade" (CP, art. 140), "ato obsceno" (CP, art. 233) etc.

As *circunstâncias*, ademais, classificam-se em *judiciais* ou *legais*:

a) *judiciais*: encontram-se previstas **no art. 59, *caput*, do CP** (culpabilidade, antecedentes, conduta social e personalidade do agente, circunstâncias, consequências e motivos do crime e comportamento da vítima);

b) *legais*: podem ser **genéricas**, quando previstas na **Parte Geral** do Código Penal (agravantes, atenuantes, causas de aumento e diminuição de pena), ou **específicas**, se estiverem na **Parte Especial** do Código (qualificadoras e causas especiais de aumento e diminuição).

3.1. Comunicabilidade das elementares e circunstâncias no concurso de agentes

Consoante dispõe o art. 30 do CP, são incomunicáveis as condições de caráter pessoal (aquelas que se referem ao autor do fato), salvo quando elementares do crime.

Graças a esse dispositivo, por exemplo, o fato de um dos concorrentes do crime ser reincidente não prejudica os demais comparsas que forem primários, ou, ainda, se um dos participantes do delito for inimputável em razão da menoridade penal, somente a ele aproveitará tal condição, a qual não se comunicará aos concorrentes maiores de 18 anos.

O dispositivo consubstancia duas regras fundamentais:

a) *Todas as elementares do crime*, objetivas, normativas ou subjetivas, *comunicam-se a todos os agentes* (**se por eles forem conhecidas**). Assim, por exemplo, a condição de funcionário público, elementar do crime de peculato (CP, art. 312), estende-se ao coautor ou partícipe que não ostente tal qualidade, fazendo com que ele, embora particular, responda pelo delito.

b) *As circunstâncias da infração penal comunicam-se apenas quando objetivas* (e forem **conhecidas** pelos demais concorrentes). Por esse motivo, o emprego de arma de fogo por um dos agentes no crime de roubo provoca, com relação a todos, a incidência da causa de aumento de pena daí decorrente (CP, art. 157, § 2º-A, I). *Se subjetivas, serão incomunicáveis.* Exemplo: o motivo egoístico, que qualifica o crime de dano (CP, art. 163, parágrafo único, IV, 1ª figura), não se comunica aos demais concorrentes que tenham colaborado com o fato por outros motivos.

3.2. Circunstâncias elementares

Alguns doutrinadores preveem uma terceira modalidade ao lado das elementares e circunstâncias do crime. Esse *tertium genus*, ao qual se dá o nome de circunstâncias elementares, abrangeria todos os dados acessórios da figura típica que dão origem a figuras qualificadas ou privilegiadas (ex.: o motivo torpe no crime de homicídio – art. 121, § 2º, I).

Na verdade, os elementos do crime dividem-se apenas em elementares ou circunstâncias, de modo que as tais figuras que dão origem a tipos qualificados ou privilegiados são circunstâncias, e a seu regime jurídico devem sujeitar-se.

4. SUJEITOS DO CRIME

4.1. Sujeito ativo

É a **pessoa que pratica a infração,** que a comete (seu autor, coautor ou partícipe). Em princípio, só pode ser sujeito ativo do crime o ser humano (*não se fala em conduta punível no comportamento de animais*), maior de 18 anos (CF, art. 228, e CP, art. 27). Menores de 18 anos que cometem fatos definidos como crimes praticam atos infracionais, sujeitando-se às medidas socioeducativas da Lei n. 8.069/90 (Estatuto da Criança e do Adolescente).

4.1.1. Capacidade especial do sujeito ativo (crimes próprios e de mão própria)

De regra, as infrações penais podem ser praticadas por quaisquer pessoas. Quando for assim, teremos um *crime comum*. Casos há, no entanto, em que se exige do sujeito ativo uma capacidade especial, uma condição específica, sem a qual não há o delito (ex.: peculato – art. 312 do CP, que só pode ser praticado por funcionário público; infanticídio – art. 123 do CP, cujo sujeito ativo só pode ser a mãe); essa qualidade especial do sujeito ativo funciona como *elementar* do crime. Tais delitos são denominados **crimes próprios**.

Os **crimes próprios não se confundem com os** *de mão própria* (também chamados de crimes de atuação pessoal ou de conduta infungível). Estes correspondem aos que somente podem ser praticados por pessoas que ostentem a condição exigida em lei; ademais, *só admitem a figura da participação* (nunca a coautoria). Exemplo: CP, art. 342 – falso testemunho. Os crimes próprios, por sua vez, permitem ambas as formas de concurso de pessoas.

4.1.2. Responsabilidade penal da pessoa jurídica

Tradicionalmente, afirma-se que *societas delinquere non potest* (a pessoa jurídica não pode delinquir). Na atualidade, contudo, tem prevalecido o entendimento contrário, a despeito da resistência de parte da doutrina.

Diante do ordenamento jurídico pátrio, não há como negar a possibilidade da responsabilidade penal da pessoa jurídica, à luz dos arts. 173, § 5º, e 225, § 3º, da CF e, sobretudo, depois da Lei n. 9.605/98 (Lei dos Crimes Ambientais). O STJ já se manifestou favoravelmente à punição de entes fictícios aos crimes previstos na Constituição Federal[14].

Os detratores da responsabilidade penal da pessoa jurídica lançam mão de diversos argumentos, os quais foram sintetizados com maestria por Marcos Stefani: "...a falta de capacidade natural de ação, a carência de culpabilidade e a falta de indicação clara dos tipos penais em que poderia a pessoa jurídica incorrer"[15].

É de ver, contudo, que a punição do ente moral não é incompatível com as noções basilares do Direito Penal. Com respeito à capacidade de ação e de culpabilidade, deve-se responder à objeção destacando que, nos exatos termos do art. 3º da Lei Ambiental, "as pessoas jurídicas serão responsabilizadas administrativa, civil e penalmente conforme o disposto

---

[14] RMS 25.848/RJ, rel. Min. Moura Ribeiro, 5ª T., *DJe* de 3-2-2014, e também RHC 71.923/PA, rel. Min. Reynaldo Soares da Fonseca, 5ª T., j. 20-9-2016. Ver também: "O princípio da intranscendência da pena, previsto no art. 5º, XLV, da CF/88, tem aplicação às pessoas jurídicas. Afinal, se o direito penal brasileiro optou por permitir a responsabilização criminal dos entes coletivos, mesmo com suas peculiaridades decorrentes da ausência de um corpo biológico, não pode negar-lhes a aplicação de garantias fundamentais utilizando-se dessas mesmas peculiaridades como argumento" (REsp 1.977.172/PR, rel. Min. Ribeiro Dantas, 3ª S., j. 24-8-2022).

[15] *Direito penal e licenciamento ambiental*, p. 132.

nesta Lei, *nos casos em que a infração seja cometida por decisão de seu representante legal ou contratual, ou de seu órgão colegiado, no interesse ou benefício da sua entidade*" (grifo nosso). Logo, **a questão da conduta punível e da culpabilidade (aí inserida a análise da imputabilidade penal) será baseada nas ações ou omissões criminosas praticadas pelos dirigentes do ente fictício,** servindo como requisito necessário para que a pessoa jurídica seja penalmente responsabilizada. Afinal, como pondera Marcos Stefani, "**a responsabilidade da pessoa jurídica (...) é sempre indireta,** decorrente da conduta da pessoa física que atuar em seu nome e benefício..."[16].

Nossos tribunais chegaram a condicionar a instauração de um processo penal contra uma pessoa jurídica à descrição concomitante dos atos delitivos praticados pelos dirigentes da empresa e em benefício dela. Afinal, sempre que se puder cogitar da responsabilização criminal de uma pessoa jurídica, exige-se, *ex ante*, que tenha havido um comportamento delitivo (capaz de subsumir-se a um crime ambiental) cometido por seu representante e em seu interesse ou benefício. Dar-se-ia, então, um concurso necessário de agentes, exigindo-se que a denúncia descrevesse a conduta da pessoa jurídica e da pessoa física (ainda que esta, excepcionalmente, não tenha sido identificada).

O STJ e o STF, porém, fixaram a tese em sentido contrário, ou seja, **admitindo a acusação por delito ambiental unicamente à pessoa jurídica, sendo, portanto, prescindível a "dupla imputação" da pessoa física, do concurso necessário**[17].

Interessante registrar que o STJ não admite a imputação de crime societário a pessoa física apenas em razão de sua posição dentro da empresa, sem demonstração de nexo causal, porque configuraria responsabilidade penal objetiva[18]. Porém, já decidiu que: "não sendo o caso de grande pessoa

---

16 Ibidem, p. 141.

17 STF, RE 548.181, rel. Min. Rosa Weber, 1ª T., j. 6-8-2013. STJ, RHC 50.470/ES, rel. Min. Gurgel de Faria, 5ª T., j. 17-9-2015. No mesmo sentido: "A jurisprudência desta Corte, após o julgamento do RE 548.181 pela Suprema Corte, de relatoria da Ministra Rosa Weber, *DJe* 30-10-2014, consolidou o entendimento segundo o qual é possível a responsabilização penal da pessoa jurídica por crimes ambientais independentemente da responsabilização concomitante da pessoa física que a represente" (AgRg no REsp 1.988.504/RN, rel. Min. Ribeiro Dantas, 5ª T., j. 14-6-2022).

18 Nesse sentido: "Esta Corte Superior de Justiça tem reiteradamente decidido ser inepta a denúncia que, mesmo em crimes societários ou de autoria coletiva, atribui responsabilidade penal à pessoa física, levando em consideração apenas a qualidade dela dentro da empresa, deixando de demonstrar o vínculo desta com a conduta delituosa, por configurar, além de ofensa à ampla defesa, ao contraditório e ao devido processo legal, responsabilidade penal objetiva, repudiada pelo ordenamento jurí-

jurídica, onde variados agentes poderiam praticar a conduta criminosa em favor da empresa, mas sim de pessoa jurídica de pequeno porte, onde as decisões são unificadas no gestor e vem o crime da pessoa jurídica em seu favor, pode então admitir-se o nexo causal entre o resultado da conduta constatado pela atividade da empresa e a responsabilidade pessoal, por culpa subjetiva, de seu gestor"[19].

Pode-se acrescentar, por fim, que a reprovabilidade do ato cometido pela pessoa jurídica funda-se no descumprimento de sua responsabilidade social[20].

4.2. Sujeito passivo

Sujeito passivo é "o titular ou portador do interesse cuja ofensa constitui a essência do crime"[21].

Divide-se em *sujeito passivo constante ou formal* e *sujeito passivo eventual ou material*. O crime, formalmente, é a violação de uma lei penal. O simples fato de praticar algum crime, independentemente de suas consequências, gera um dano ao Estado, seu sujeito passivo constante ou formal. A vítima da infração, isto é, o titular do bem jurídico protegido na norma penal, por sua vez, considera-se sujeito passivo eventual ou material.

Podem ser sujeitos passivos eventuais de crimes: o ser humano, desde a concepção, a pessoa jurídica, o Estado, a coletividade e até entes sem personalidade jurídica.

Observações:

1) *Civilmente incapaz*: **pode ser sujeito passivo** de delitos, na medida em que pode ser titular de um bem jurídico tutelado por norma penal, como a vida e a integridade física, por exemplo.

2) *Recém-nascido*: **também pode** ser sujeito passivo de crime (ex.: infanticídio – CP, art. 123).

---

dico pátrio" (AgRg nos EDcl no RHC 162.662/SC, rel. Min. Sebastião Reis Júnior, 6ª T., j. 28-11-2022).

[19] RHC 39.936/RS, rel. Min. Nefi Cordeiro, 6ª T., j. 16-6-2016. No mesmo sentido: AgRg no AgRg no HC 388.874/PA, rel. Min. Rogério Schietti Cruz, 6ª T., j. 21-3-2019; e AgRg no RHC 113.500/SC, rel. Min. Ribeiro Dantas, 5ª T., j. 17-10-2019; AgRg nos EDcl no AREsp 1.668.988/SP, rel. Min. Antonio Saldanha Palheiro, 6ª T., j. 19-10-2021; e AgRg no RHC 172.613/SC, rel. Min. Joel Ilan Paciornik, 5ª T., j. 13-3-2023.

[20] Cf. STJ, HC 43.751, *DJU* de 17-10-2005, p. 324.

[21] Conceito de Antolisei, acatado por Asúa e citado por Damásio de Jesus, *Direito penal*, v. 1, p. 171, e José Frederico Marques, *Tratado de direito penal*, v. 2, p. 43.

3) *Feto*: o **mesmo se dá com o feto** (sujeito passivo no crime de aborto – CP, arts. 124 a 127).

4) *Cadáver*: a pessoa morta[22] **não poderá ser sujeito passivo do crime.** No delito de vilipêndio de cadáver (art. 212 do CP), o sujeito passivo é a coletividade (segundo entendimento doutrinário dominante)[23] e, no crime de calúnia contra os mortos (art. 138, § 2º, do CP), sua família.

5) *Animais*: **não podem ser sujeitos passivos** do crime, pois o direito não lhes reconhece a titularidade de bens jurídicos. Podem, por óbvio, ser objeto material, como no furto de animal doméstico e em alguns crimes ambientais.

6) *Entes sem personalidade jurídica*: certas entidades desprovidas de personalidade jurídica, como a família, apesar de não serem titulares de bens jurídicos, **podem ser sujeitos passivos de infrações penais.** Esse o entendimento majoritário da doutrina. Os crimes que possuam como sujeito passivo um ente sem personalidade jurídica são chamados de *crimes vagos* (p. ex., crimes contra a família).

a) Prejudicado ou lesado com o crime

Não se pode confundir o sujeito passivo com o prejudicado pelo crime; este é toda pessoa que sofre prejuízo de natureza cível com a prática da infração. No homicídio, o sujeito passivo é o falecido; os prejudicados, aqueles que viviam a suas expensas. Na falsificação de moedas, o sujeito

---

[22] Consoante ponderamos em nosso *Direito penal*: parte especial, São Paulo: Saraiva, 2011, v. 3, há conceitos distintos de cadáver no Código Penal. No contexto do art. 211, entende-se como tal "o corpo sem vida de um ser humano, enquanto represente a pessoa que se foi, isto é, antes de sua total decomposição, quando ainda subsista a conexão simbólica entre os despojos e o falecido". Justamente por isso, "o esqueleto não é considerado cadáver, à luz do art. 211 do CP, devido faltar-lhe o aspecto fundamental de representação de um corpo". À luz do art. 212 do CP, todavia, outro é o entendimento. Conforme dissemos na obra citada: "no dispositivo legal em estudo, entretanto, a interpretação deve ser outra porque, ao lado do cadáver como objeto material encontram-se as cinzas mortuárias. Daí decorre que os restos mortais já decompostos, no caso do art. 212, devem ser inseridos na noção de cadáver. Se a lei penal abrangeu o menos (cinzas), não poderia excluir o mais (o corpo já decomposto e suas partes, como o caso do esqueleto humano)".

[23] Em nosso sentir, o sujeito passivo primário deste crime não é a sociedade: "do mesmo modo como sustentamos nos demais delitos tipificados no capítulo II do título V, os sujeitos passivos primeiros são a família e os amigos do morto, verdadeiros titulares do valor penalmente protegido. Em caráter secundário, a sociedade. Recorde-se que, para a maioria da doutrina, a sociedade surge *prime facie* como sujeito passivo, sendo esta a razão pela qual muitos têm os crimes do capítulo II do título V como vagos (aqueles cujo sujeito passivo é um ente sem personalidade jurídica)" *(Direito penal*: parte especial, São Paulo: Saraiva, 2011, v. 3).

passivo é a coletividade, titular da fé pública, ao passo que o prejudicado é o indivíduo que recebeu a moeda falsa.

b) **Pode uma pessoa ser, a um só tempo, sujeito ativo e passivo de um mesmo crime?**

Em regra, não, uma vez que todo crime exige lesão a bem *alheio* (princípio da alteridade). Veja que a lei pune condutas que aparentemente poderiam indicar tal possibilidade (autolesão para fraude contra seguro ou porte de entorpecentes para uso próprio), mas um exame acurado revela que isso não ocorre.

Na autolesão para fraude contra seguro (CP, art. 171, § 2º, V), pune-se aquele que "lesa o próprio corpo ou a saúde, ou agrava as consequências da lesão ou doença, com o intuito de haver indenização ou valor de seguro". Nesse caso, o sujeito passivo não é o agente que se autolesiona, embora sofra as consequências imediatas da própria conduta, mas a companhia de seguro que pretende fraudar. No crime de porte de entorpecentes para uso próprio (Lei n. 11.343/2006, art. 28), a vítima é a incolumidade pública (e não o consumidor da droga).

A única **exceção** encontra-se no **art. 137 do CP (rixa)**, em que, muito embora cada contendor seja autor das lesões que produz e vítima daquelas que sofre, há um só crime (logo, o rixoso é sujeito ativo e passivo da rixa da qual participa).

5. OBJETO DO CRIME

Pode ser **material** ou **jurídico**.

Objeto material é a *pessoa ou a coisa sobre a qual recai a conduta*. Assim, o objeto material do homicídio é a vítima; do furto, a coisa subtraída; do tráfico ilícito de drogas, a substância entorpecente. O objeto material pode coincidir com o sujeito passivo da infração (isso ocorre no homicídio, em que o falecido é vítima e objeto material). Não raro, entretanto, o objeto material se distingue do ofendido. No caso do furto, por exemplo, o objeto material, como visto, é a coisa alheia móvel subtraída, enquanto a vítima é o titular do patrimônio violado.

Objeto jurídico, por outro lado, é o *bem jurídico tutelado pela norma penal incriminadora*. Assim, nos exemplos acima, os objetos jurídicos seriam, respectivamente: a vida humana, o patrimônio e a incolumidade pública.

6. LEI PENAL E NORMA PENAL

Lei e norma são conceitos distintos. A lei corresponde ao enunciado legislativo e a norma refere-se ao comando normativo implícito na lei. Assim, por exemplo, no art. 121 do CP, a lei penal é "Matar alguém. Pena – reclusão, de seis a vinte anos". A norma penal, por outro lado, é "não matarás".

A **lei penal** reveste-se das seguintes **características**:

a) *imperatividade*: impõe-se a todos independentemente de sua vontade ou concordância;

b) *exclusividade*: somente a ela cabe a tarefa de definir infrações penais;

c) *generalidade*: incide sobre todos, generalizadamente;

d) *impessoalidade*: projeta-se a fatos futuros, sem indicar a punição a pessoas determinadas.

6.1. Espécies de norma penal

São duas: a *norma penal incriminadora* e a *não incriminadora*.

A primeira compreende todos os dispositivos penais que descrevem condutas e lhes cominam uma pena. **Compõe-se do** *preceito* **ou** *preceito primário* – descrição da conduta proibida – e da *sanção* **ou** *preceito secundário* – quantidade e qualidade da(s) pena(s) aplicável(eis). Seu comando normativo pode ser *proibitivo* ou *mandamental*. Nos crimes comissivos, a lei penal descreve e pune uma ação esperando que todos se abstenham de praticá-la; trata-se de uma norma proibitiva (ou seja, a ação prevista em lei é proibida, sob ameaça de pena). Nos crimes omissivos, a lei penal descreve uma omissão (um não fazer), porque espera de todos, naquela determinada situação, um comportamento ativo; trata-se de uma norma mandamental (isto é, a lei penal manda agir, sob pena de, omitindo-se, receber uma pena).

A *norma penal não incriminadora*, por sua vez, *subdivide-se em explicativa* ou *complementar,* quando fornece parâmetros para a aplicação de outras normas (ex.: o conceito de funcionário público para fins penais do art. 327 do CP), e *permissiva*, quando aumenta o âmbito de licitude da conduta (e, *a contrario sensu*, restringe o direito de punir do Estado).

6.2. Lei penal em branco

Trata-se da lei cujo preceito primário é incompleto, embora o preceito secundário seja determinado. **Tal lei tem de ser completada por outra norma,** já existente ou futura, da mesma hierarquia ou de hierarquia inferior. Exemplo: os tipos penais da Lei n. 11.343/2006 são leis penais em branco, uma vez que punem condutas relacionadas com drogas ilícitas sem descrever quais seriam essas substâncias (tal informação se encontra em ato administrativo da Agência Nacional de Vigilância Sanitária – Anvisa); o art. 237 do CP pune a conduta daquele que contrai casamento tendo ciência da existência de impedimento que lhe cause nulidade absoluta, sendo que tais nulidades não são definidas pelo Código Penal, mas constam do Código Civil.

6.2.1. Espécies

São duas as espécies de leis penais em branco: em **sentido lato ou homogênea** e em **sentido estrito ou heterogênea.**

Entende-se por lei penal em branco **homogênea** aquela cujo **complemento se encontra descrito numa fonte formal da mesma hierarquia** da norma incriminadora, ou seja, quando o complemento também está previsto numa lei ordinária (ou outra espécie normativa equivalente). Exemplo: art. 237 do CP ("Contrair casamento, conhecendo a existência de impedimento que lhe cause a nulidade absoluta"), complementado pelo Código Civil, o qual enumera as causas de nulidade absoluta do matrimônio no art. 1.521.

Em sentido estrito ou **heterogênea** é aquela cujo **complemento está descrito em fonte formal distinta daquela do tipo penal incriminador.** Exemplo: Lei n. 11.343/2006, art. 33 (tráfico ilícito de drogas), que não indica quais são as "drogas ilícitas", delegando tal função a normas administrativas (portarias da Anvisa); com efeito, o art. 1º, parágrafo único, dessa Lei dispõe que: "...consideram-se como drogas as substâncias ou os produtos capazes de causar dependência, assim especificados em lei ou relacionados em listas atualizadas periodicamente pelo Poder Executivo da União".

A lei penal em branco em sentido lato pode ser classificada, ainda, em **homovitelina** e **heterovitelina,** caso o **complemento se encontre no mesmo diploma (homovitelina) ou em diploma diverso (heterovitelina).** O exemplo acima citado (CP, art. 237) é lei penal em branco em sentido lato, heterovitelina, porque o complemento está em outro texto normativo (Código Civil). O art. 317 do CP, que descreve o crime de corrupção passiva, é lei penal em branco em sentido lato, homovitelina. O delito consiste em: "solicitar ou receber, para si ou para outrem, direta ou indiretamente, ainda que fora da função ou antes de assumi-la, mas em razão dela, vantagem indevida, ou aceitar promessa de tal vantagem". Trata-se de conduta que só pode ser praticada por funcionário público, cujo conceito não está dentro do art. 317, mas no art. 327 do CP ("considera-se funcionário público, para os efeitos penais, quem, embora transitoriamente ou sem remuneração, exerce cargo, emprego ou função pública")[24]. Como o complemento necessário à

---

[24] Neste ponto, observa-se que o § 1º do art. 327 estabelece que: "Equipara-se a funcionário público quem exerce cargo, emprego ou função em entidade paraestatal, e quem

norma está em outro dispositivo, dentro do próprio Código Penal, fala-se em lei penal em branco em sentido lato, homovitelina.

Há, ainda, a chamada **lei penal em branco em sentido constitucional**. Trata-se dos mandados de criminalização, ou seja, dos preceitos constitucionais que determinam ao legislador ordinário que criminalize determinado comportamento. Assim, por exemplo, o art. 5º, XLII, da CF, determina que o *racismo será considerado crime* (inafiançável e imprescritível). Quando a Carta de 1988 foi promulgada, não havia lei penal tipificando o racismo. O ato, portanto, não era criminoso até então. Isso somente ocorreu quando, em 1989, editou-se a Lei n. 7.716/89, e, com ela, o legislador ordinário cumpriu a ordem do constituinte, atendendo ao mencionado mandado de criminalização. Um dos últimos mandados expressos de criminalização cumpridos pelo nosso legislador foi o terrorismo, conduta que somente passou a ser validamente tipificada em nosso ordenamento jurídico com a Lei n. 13.260/2016, atendendo ao comando inserido no art. 5º, XLIII, da CF.

Existe, por fim, a **lei penal em branco ao quadrado**, isto é, aquela cujo complemento também se revela incompleto, necessitando, ele próprio, de outro complemento. É o caso do art. 38 da Lei n. 9.605/98, que incrimina o ato de destruir ou danificar *floresta* considerada de *preservação permanente*. O tipo não esclarece o que se entende como tal, cabendo ao Código Florestal fazê-lo, e este, depois de apresentar uma definição, autoriza o Chefe do Poder Executivo (art. 6º), por ato administrativo (*segundo complemento*) a declarar outras áreas como sendo de preservação permanente.

6.3. Lei penal incompleta

Dá-se o nome de lei penal incompleta, ou **lei penal em branco às avessas**, ao fenômeno inverso ao da lei penal em branco, ou seja, àquela **lei determinada no preceito e indeterminada na sanção**. A descrição da conduta típica encontra-se perfeita no preceito primário, ao passo que a sanção não consta da lei, que faz remissão a outra (ex.: Lei n. 2.889/56, que pune o crime de genocídio).

---

trabalha para empresa prestadora de serviço contratada ou conveniada para a execução de atividade típica da Administração Pública". Em complementação, anota-se que "Os empregados da OAB são equiparados a funcionários públicos para fins penais" (AgRg no HC 750.133/GO, rel. Min. Ribeiro Dantas, 5ª T., j. 14-5-2024, destacado no *Informativo STJ* n. 815).

7. RESULTADO DO CRIME

Há duas teorias que se debatem na conceituação do resultado para fins penais:

1ª) *teoria naturalística*: resultado é a modificação no mundo exterior provocada pela ação ou omissão;

2ª) *teoria jurídica*: resultado é a lesão ou ameaça de lesão ao bem jurídico tutelado pela norma penal.

Há crime sem resultado? De acordo com a **teoria naturalística**, isso ocorre nos **crimes de mera conduta**. Para a teoria jurídica, **não há crime sem resultado jurídico**, de modo que, se a conduta não provocou uma afetação (lesão ou ameaça de lesão) a algum bem jurídico penalmente tutelado, não houve crime.

Capítulo 5

CLASSIFICAÇÃO DE CRIMES

Existem diversos critérios de classificação de crimes, baseados nas diferentes características que podem ter os delitos. Neste capítulo, selecionamos os mais conhecidos, que voltarão a ser explicados ou referidos ao longo da obra.

1. QUANTO AO DIPLOMA NORMATIVO

Com relação ao diploma em que possam ser encontrados, os crimes se dividem em *comuns* e *especiais.*

Os **primeiros** são aqueles **previstos no Código Penal,** como o homicídio (art. 121), a lesão corporal (art. 129), o furto (art. 155), o roubo (CP, art. 157), o estelionato (CP, art. 171), o estupro (CP, art. 213), a corrupção ativa e passiva (arts. 317 e 333).

Os **outros** são os tipificados em **leis penais extravagantes,** como o genocídio (Lei n. 2.889/56, art. 1º), o racismo (Lei n. 7.716/89, arts. 3º ao 14 e 20), o homicídio culposo e a direção culposa na direção de veículo automotor (Lei n. 9.503/97, arts. 302 e 303), a "lavagem" de bens e capitais (Lei n. 9.613/98, art. 1º), o porte ilegal de arma de fogo (Lei n. 10.826/2003, art. 14), o tráfico ilícito de drogas (Lei n. 11.343/2006, art. 33).

É de ver que as regras gerais do Código Penal, isto é, todas aquelas contidas na Parte Geral, além de outras de conteúdo genérico previstas na Parte Especial (p. ex., arts. 121, § 5º, e 327), aplicam-se a todas as leis penais especiais (ou extravagantes), salvo quando estas dispuserem em sentido contrário (*vide* art. 12 do CP).

2. QUANTO AO SUJEITO ATIVO

2.1. Quanto à pluralidade de sujeitos como requisito típico

Com referência à pluralidade de sujeitos ativos como requisito típico, os delitos se classificam em: *crimes unissubjetivos, monossubjetivos ou de con-*

curso eventual: trata-se daqueles que **podem ser cometidos por uma só pessoa ou por várias**, em concurso de agentes (CP, art. 29); e *crimes plurissubjetivos ou de concurso necessário*: caso dos que o **tipo penal exige a pluralidade de sujeitos ativos como requisito essencial**, isto é, a conduta descrita no verbo nuclear deve, obrigatoriamente, ser praticada com duas ou mais pessoas.

A maioria dos crimes enquadra-se dentre os unissubjetivos, monossubjetivos ou de concurso eventual. É assim com o homicídio (CP, art. 121), com a lesão corporal (CP, art. 129), com o furto (CP, art. 155), com a apropriação indébita (CP, art. 168), com o estelionato (CP, art. 171), com o porte ilegal de arma de fogo (Lei n. 10.826/2003, art. 14), com o tráfico ilícito de drogas (Lei n. 11.343/2006, art. 33) e tantos outros.

Nesses casos, se mais de uma pessoa cooperar com o crime, todos responderão pelas penas a este cominadas, na medida de sua culpabilidade (CP, art. 29). Somente em hipóteses excepcionais, a cooperação entre os sujeitos poderá resultar na responsabilização de cada um deles por um crime diferente, como ocorre com a corrupção, em que o corruptor responde pelo delito do art. 333 (corrupção ativa) e o funcionário corrompido pelo art. 317 (corrupção passiva).

Os **crimes plurissubjetivos ou de concurso necessário são a minoria**. Neles, o fato não configurará infração penal se somente uma pessoa o praticar; muitas vezes, sequer será possível que isso ocorra (p. ex., o crime de bigamia exige, por razões óbvias, no mínimo duas pessoas envolvidas).

Essas infrações penais se *subdividem* em *crimes plurissubjetivos*:

a) de *condutas convergentes*, como a bigamia (CP, art. 235)[1];

b) de *condutas paralelas*, como a associação criminosa (CP, art. 288);

c) de *condutas contrapostas*, como a rixa (CP, art. 137).

---

[1] É de ver, contudo, que no crime de bigamia pune-se, de regra, somente o cônjuge que contraiu novo matrimônio mesmo sendo casado; a pessoa com quem fez o enlace, por sua vez, somente será punida se conhecia o fato de que seu consorte era casado ao tempo da celebração. A discussão sobre a natureza monossubjetiva ou plurissubjetiva da bigamia vem de longa data, conforme se verifica na extensa exposição feita por Pisapia, em sua obra *Delitti contro la famiglia*, Torino: Ed. Torinese, 1953 (p. 423-427). Petrocelli, citado por Pisapia, sustentava não se cuidar a bigamia de crime de concurso necessário, posto que somente um dos autores era punível. Para Grispigni (igualmente referido pelo autor primeiramente citado), dava-se uma plurissubjetividade anômala. O próprio Pisapia, depois de encerrar seu relato sobre os diversos pontos de vista, declarava-se adepto da tese favorável à natureza bilateral (ou plurissubjetiva), afirmando que o essencial residia no fato de a pluralidade de sujeitos encontrar-se na estrutura típica (ainda que implicitamente) e não na punibilidade de todos os envolvidos. O ponto fundamental, em nosso sentir, encontra-se menos na questão da

Em todas as situações acima expostas, haverá, no mínimo, duas pessoas figurando como sujeitos ativos.

Registre-se que, sob o enfoque processual, **se uma infração for praticada por várias pessoas**, seja em concurso eventual, seja necessário, **dar-se-á o vínculo de** *continência* **por cumulação subjetiva** (CPP, art. 77, I), o qual motivará (como regra) a reunião de processos para julgamento conjunto (*simultaneus processus*).

2.2. Quanto à qualidade especial do sujeito ativo

No que tange à exigência típica de alguma qualidade especial do sujeito ativo, a doutrina classifica os crimes em crimes comuns e crimes próprios.

Os *crimes comuns* são aqueles em que não se exige nenhuma qualidade especial do sujeito ativo, de modo que *qualquer pessoa física*, que completou 18 anos, pode figurar como seu autor ou partícipe. Nessa categoria enquadra-se a grande maioria das infrações penais. Por exemplo: homicídio (CP, art. 121), lesão corporal (CP, art. 129), furto (CP, art. 155), roubo (CP, art. 157), apropriação indébita (CP, art. 168), estelionato (CP, art. 171), porte ilegal de arma de fogo (Lei n. 10.826/2003, art. 14), tráfico ilícito de drogas (Lei n. 11.343/2006, art. 33) e tantos outros.

Os *crimes próprios*, de sua parte, são os que a *lei requer alguma qualidade ou condição especial do sujeito ativo*, motivo por que somente determinadas pessoas podem cometê-los. É o caso do autoaborto ou aborto consentido (CP, art. 124), o qual só pode ser praticado pela gestante. Cite-se, ainda, o exemplo do peculato (CP, art. 312), em que só o funcionário público

---

natureza da bigamia e mais em se definir o que se entende por crime plurissubjetivo. Para considerar a bigamia como tal, é preciso defini-la como crime em que a conduta típica requer a participação de mais de uma pessoa, ainda que nem todas sejam puníveis (exatamente como o faz o mestre italiano). Não nos parece, contudo, acertada semelhante definição, até porque se mostra por demais lata. Diversos são os crimes em que a conduta requer, naturalisticamente, a participação (necessária) de mais de uma pessoa. Assim ocorre, por exemplo, com o estupro, para o qual há, no mínimo, dois protagonistas: o autor e a vítima. O mesmo se identifica no *caput* do art. 235 do CP, quando o bígamo ilude a pessoa com quem contrai novo matrimônio. Ela será vítima do crime e, a toda evidência, desempenha papel principal na trama criminosa, embora não como coautora, mas na condição de ofendida. Parece-nos que somente se pode considerar plurissubjetivo ou de concurso necessário o delito que apenas possa ser praticado por duas ou mais pessoas, atuando em coautoria. Se, por outro lado, o tipo penal admitir a intervenção de uma só pessoa como sujeito ativo (e, alternativamente, várias agindo em concurso de agentes), será considerado monossubjetivo de concurso eventual.

(CP, art. 327) pode figurar como autor. Em se tratando de crimes próprios, admite-se a participação no crime por parte de um terceiro, que não ostente a qualidade ou condição especial exigida no tipo. Assim, por exemplo, se uma vizinha prestar auxílio a uma gestante para que esta interrompa sua gravidez, ambas responderão pelo crime do art. 124 do CP. Isto porque a qualidade ou condição especial de natureza pessoal, que figure como elementar (isto é, indispensável ao tipo penal), comunica-se aos coautores ou partícipes do crime, nos termos do art. 30 do CP.

Fala-se, ainda, em *crime bipróprio,* **quando a lei exigir** *qualidade especial tanto do sujeito ativo quanto do sujeito passivo.* É o caso do crime de maus-tratos, do art. 136 do CP, em que o agente deve ser uma pessoa legalmente qualificada como detentora de autoridade, guarda ou vigilância sobre o sujeito passivo. Este, por óbvio, somente poderá ser a pessoa que, segundo a lei, figurar na condição de indivíduo sujeito à autoridade etc. do autor do fato.

2.3. Quanto à possibilidade de coautoria

Existem, sob este aspecto, *crimes de mão própria ou atuação pessoal,* **em oposição aos crimes próprios. Ambos exigem uma qualidade ou condição especial do sujeito ativo, mas somente os crimes próprios admitem coautoria.** Os crimes de mão própria ou atuação pessoal, com relação ao concurso de pessoas, somente admitem a participação, sendo-lhes impossível a coautoria. É o caso do crime de falso testemunho ou falsa perícia (CP, art. 342)[2].

3. QUANTO AO SUJEITO PASSIVO

O **sujeito passivo** (*material ou eventual*) é o **titular do bem jurídico** protegido pela norma penal.

Com relação ao sujeito passivo, os **crimes podem ser vagos ou não.** Serão considerados *crimes vagos aqueles cujo sujeito passivo* (material ou eventual) *for um ente sem personalidade jurídica.* É o que ocorre, por exemplo, nos crimes contra a família (Título VII da Parte Especial do Código Penal).

Com relação ao sujeito passivo, os crimes podem ser, ainda, de única ou dupla subjetividade passiva.

---

[2] Ressalve-se que há corrente no sentido de que o crime de falso testemunho ou falsa perícia não admite o concurso de pessoas, seja sob a forma de coautoria, seja sob a de participação.

Os crimes de única subjetividade passiva são aqueles que só possuem um sujeito passivo material e os de dupla subjetividade passiva são os que contêm dois sujeitos passivos materiais, como ocorre com o crime de violação de correspondência (CP, art. 151), no qual são vítimas o destinatário e o remetente da missiva.

4. QUANTO AO RESULTADO

No que tange ao resultado produzido, existem duas importantes classificações. Uma delas baseia-se no resultado naturalístico ou material e a outra, no resultado jurídico ou normativo.

4.1. Quanto ao resultado naturalístico ou material

O resultado naturalístico ou material, segundo clássica definição, corresponde à modificação no mundo exterior provocada pela conduta. Isto é, aquilo que se modificou no mundo fenomênico em decorrência do comportamento praticado pelo sujeito ativo. No homicídio, por exemplo, o resultado material é a morte, traduzida por um corpo sem vida, que surge como decorrência do comportamento do homicida. No estelionato, o prejuízo sofrido pela vítima, em consequência do engodo praticado pelo agente.

Pois bem. **Com referência ao resultado material, os crimes podem ser:** *materiais ou de resultado, formais, de intenção ou de consumação antecipada,* **ou** *de mera conduta ou simples atividade.*

Os *crimes materiais ou de resultado* **são aqueles em que o tipo penal descreve uma conduta e um resultado material (ou naturalístico) e exige ambos para efeito de consumação.** É o caso do homicídio. O tipo penal encontra-se assim redigido: "matar alguém". Note que nessa sucinta definição legal há uma conduta e um resultado descritos, pois o ato de "matar" uma pessoa envolve um comportamento com o objetivo letal e a obtenção desse resultado, como efeito da conduta do homicida. Além disso, o crime de homicídio somente se considerará consumado quando a vítima morrer. Se esta, por circunstâncias alheias à vontade do agente, sobreviver, ele responderá por homicídio tentado (CP, art. 121, c/c o art. 14, II).

Grande parte das infrações penais se encaixa no grupo dos crimes materiais ou de resultado. É assim com o aborto (CP, arts. 124 a 126), com a lesão corporal (CP, art. 129), com o furto (CP, art. 155), com o roubo (CP, art. 157), com a apropriação indébita (CP, art. 168), com o estelionato (CP, art. 171) etc.

Os *crimes formais, de intenção ou de consumação antecipada,* **por sua vez, são aqueles cujo tipo penal descreve uma conduta e um resultado, embora, para efeito de consumação, não seja necessário que ambos se produzam, sendo suficiente a conduta, dirigida ao resultado.**

Nestes crimes, o tipo penal, ao se referir ao resultado, não o menciona como um fato a se consumar para fins de realização típica, mas como um simples objetivo a se perseguir. É assim, por exemplo, com o crime de sequestro qualificado pelo fim libidinoso (CP, art. 148, § 1º, V), em que a conduta do agente deve consistir em privar alguém de sua liberdade, mediante sequestro ou cárcere privado, *com fins libidinosos*. Note que a realização do ato libidinoso pretendido pelo agente não é necessária para que o delito esteja consumado, bastando que ele prive a vítima de sua liberdade de locomoção com esse propósito. Daí o nome "delitos de intenção". No caso, o "fim libidinoso" atua como circunstância subjetiva[3] do tipo.

Há autores que afirmam serem os **tipos penais dos crimes formais** *tipos incongruentes*. A suposta incongruência residiria no fato de a lei exigir mais do que o necessário para efeito de consumação. Em outras palavras, é como se a lei fizesse um número "x" de exigências, mas a conduta criminosa pudesse ser realizada com um número inferior a "x". Na verdade, não existe qualquer incongruência no dispositivo legal, porquanto o resultado naturalístico é mencionado como um *fim almejado* pelo agente, e não como algo que deva ser concretizado.

Acompanhe mais um exemplo: o crime de extorsão mediante sequestro (CP, art. 159) também é formal. Eis o tipo penal: "Sequestrar pessoa com o fim de obter, para si ou para outrem, qualquer vantagem, como condição ou preço do resgate". O texto legal é muito claro ao se referir à obtenção da vantagem (que é a condição ou preço do resgate). Ela é mencionada como um propósito almejado e não como algo que deve, obrigatoriamente, concretizar-se para que haja consumação. Por esse motivo, o crime de extorsão mediante sequestro estará consumado ainda que os sequestradores não obtenham o dinheiro exigido dos familiares da vítima como condição para libertá-la.

Os crimes de *mera conduta ou de simples atividade*, por derradeiro, são aqueles cujo dispositivo penal somente descreve a conduta, sem fazer qualquer alusão a resultado naturalístico. Por exemplo, o porte ilegal de arma de fogo (Lei n. 10.826/2003, art. 14), cujo tipo penal encontra-se assim redigido: "Portar, deter, adquirir, fornecer, receber, ter em depósito, transportar, ceder, ainda que gratuitamente, emprestar, remeter, empregar, manter sob guarda ou ocultar arma de fogo, acessório ou munição, de uso permitido, sem autorização e em desacordo com determinação legal ou regulamentar". É suficiente que a pessoa traga consigo a arma de fogo, sem

---

[3] O termo *circunstância subjetiva* é utilizado para indicar que se refere à intenção do agente. Cuida-se de um dado de natureza anímica ou psíquica.

autorização e em desacordo com a determinação legal ou regulamentar, para que o delito esteja consumado. O crime de omissão de socorro (CP, art. 135) também é considerado de mera conduta ("Deixar de prestar assistência, quando possível fazê-lo sem risco pessoal, à criança abandonada ou extraviada, ou à pessoa inválida ou ferida, ao desamparo ou em grave e iminente perigo; ou não pedir, nesses casos, o socorro da autoridade pública"). Uma pessoa o cometerá sempre que deixar de prestar a assistência a outrem, nos termos exigidos no tipo penal, ainda que a vítima não sofra qualquer agravamento em sua condição de saúde pelo fato de não ter sido socorrida.

Registre-se que preferimos a terminologia "crimes de mera conduta" em vez de "crimes de simples atividade". Isto porque o termo "atividade" sugere uma ação, ao passo que os crimes de mera conduta podem ser praticados, alguns por ação, outros por omissão.

4.2. Quanto ao resultado jurídico ou normativo

O resultado jurídico ou normativo compreende a lesão ou ameaça de lesão ao bem juridicamente tutelado.

Essa classificação prende-se à ideia, absolutamente predominante na doutrina, de que as infrações penais buscam tutelar algum bem jurídico.

Assim, **se o tipo penal exigir a lesão ou o dano ao bem juridicamente tutelado para que ocorra a consumação do crime, estaremos diante de um** *crime de dano ou de lesão*. É assim com a maior parcela das infrações penais. O homicídio, por exemplo, só se consuma com a ocisão da vida, o bem jurídico que ele tutela; a lesão corporal, com a lesão à saúde ou integridade corporal, bem tutelado na norma; o furto, com a ofensa ao patrimônio da vítima etc.

Há crimes, por outro lado, cuja consumação se dá quando o bem jurídico sofre um perigo (ou ameaça) de lesão. A simples exposição do bem a tal perigo já é suficiente para que a infração esteja consumada.

São exemplos de *crimes de perigo* o art. 130 do CP ("Expor alguém, por meio de relações sexuais ou qualquer ato libidinoso, a contágio de moléstia venérea, de que sabe ou deve saber que está contaminado"), o art. 131 ("Praticar, com o fim de transmitir a outrem moléstia grave de que está contaminado, ato capaz de produzir o contágio"), o art. 132 ("Expor a vida ou a saúde de outrem a perigo direto e iminente").

Os **delitos de perigo** se **subdividem** em crimes de *perigo concreto ou real* e crimes de *perigo abstrato ou presumido*.

No primeiro caso, o perigo figura como elementar do tipo, de tal maneira que a conduta do agente deve provocar um perigo real ao bem jurídico. Pode-se citar como exemplos, além dos três crimes acima citados, o art.

309 do Código de Trânsito Brasileiro (Lei n. 9.503/97), assim redigido: "Dirigir veículo automotor, em via pública, sem a devida Permissão para Dirigir ou Habilitação ou, ainda, se cassado o direito de dirigir, *gerando perigo de dano*" (grifo nosso).

Os **crimes de perigo abstrato ou presumido são aqueles em que o tipo penal não descreve o perigo como elementar; o legislador se limita a descrever uma conduta, presumindo-a perigosa.** Isto é, diante de uma conduta potencialmente danosa e de reconhecida perniciosidade social, a lei a presume perigosa. Nesse caso, basta a comprovação de que o agente praticou a conduta para que o crime encontre-se consumado (e provado). Não se exige a prova do perigo real, pois este é presumido pelo legislador. Exemplo disto é o crime de porte ilegal de arma de fogo (Lei n. 10.826/2003, art. 14).

A doutrina majoritária, em nosso país, considera inconstitucionais os crimes de perigo abstrato ou presumido. Costuma-se afirmar que a caracterização da infração penal deve sempre depender da comprovação de que o comportamento do agente provocou, de fato, algum perigo ou ameaça a bens alheios. Por esse raciocínio, somente seria possível punir alguém por porte ilegal de arma de fogo se o instrumento bélico se encontrasse municiado (ou com munição de fácil alcance ou pronto uso); caso contrário, diante da impossibilidade de lesão a terceiros, o fato seria considerado irrelevante para o Direito Penal.

Muito embora seja a questão cercada de polêmica, **acreditamos serem válidos os crimes de perigo abstrato ou presumido.** Isto porque o legislador age conforme a Constituição quando seleciona condutas socialmente perniciosas e potencialmente lesivas, incriminando-as em seus estágios iniciais. Cuida-se de atividade legislativa, decorrente da soberania estatal, que não ofende a dignidade da pessoa humana ou a presunção de não culpabilidade, pelo contrário, trata-se de agir de modo preventivo, antes que a lesão ao bem esteja consumada. Com efeito, a maneira mais eficaz de prevenir o roubo ou o homicídio não é prender o assassino ou o ladrão, algo reconhecidamente necessário, mas evitar que ele saque a arma ou a dispare. **Conquanto seja a presunção de perigo dotada de um mínimo de razoabilidade,** como ocorre, por exemplo, no crime de embriaguez ao volante (CTB, art. 306), **não haverá ofensa à Constituição.**

5. QUANTO À CONDUTA

A conduta compreende a ação ou omissão consubstanciada no verbo nuclear. Sob esse aspecto, temos *os **crimes comissivos e os omissivos.***

Grande parte dos crimes descreve uma conduta positiva (isto é, um fazer ou *facere*) como a base do ato criminoso. O agente, ao cometer o fato, viola uma norma proibitiva; vale dizer, a norma penal (comando normativo implícito na lei) contém uma proibição – uma ordem para que as pessoas não pratiquem determinada conduta. Na hipótese de se realizar a ação descrita no tipo penal, incorre-se na pena cominada ao delito.

Os crimes cuja *conduta nuclear corresponde a uma ação* são os chamados *crimes comissivos*. É o caso, por exemplo, do homicídio (CP, art. 121), do furto (CP, art. 155), do roubo (CP, art. 157), da apropriação indébita (CP, art. 168), do estelionato (CP, art. 171), do estupro (CP, art. 213), do ato obsceno (CP, art. 233), da falsificação de remédios (CP, art. 273), do peculato (CP, art. 312), da concussão (CP, art. 316), do tráfico ilícito de drogas (Lei n. 11.343/2006, art. 33), do porte ilegal de arma de fogo (Lei n. 10.826/2003, art. 14) etc.

Há, **também, crimes cuja conduta nuclear corresponde a uma omissão** (ou seja, um não fazer ou *non facere*). São os *crimes omissivos*. Nesses casos, é bom frisar, a norma violada pelo sujeito ativo tem natureza imperativa ou mandamental; é dizer, a norma ordena que as pessoas ajam de uma maneira específica, punindo criminalmente aquele que não o fizer. Por exemplo, a omissão de socorro (CP, art. 135) e a omissão de notificação de doença (CP, art. 269).

Os delitos omissivos se **subdividem** em: *omissivos próprios ou puros* e *omissivos impróprios, impuros ou comissivos por omissão.*

No caso dos **omissivos próprios** ou puros, o **tipo penal descreve uma omissão**, de modo que, para identificá-los, basta a leitura do dispositivo penal. Se o fato descrito corresponder a um *non facere*, o crime será omissivo próprio.

Os **omissivos impróprios**, impuros ou comissivos por omissão, de sua parte, **são crimes comissivos (como o homicídio, o furto, o roubo etc.), praticados por meio de uma inatividade.** É preciso sublinhar que, nesse caso, **a punição do sujeito** que nada fez e, com isto, permitiu que o crime se consumasse, **depende da existência prévia de um dever jurídico de agir para evitar o resultado.** As hipóteses em que há, nos termos da lei penal, dever de agir para evitar resultados encontram-se descritas no art. 13, § 2º, do CP; são as seguintes: a) quem tem por lei obrigação de proteção, cuidado ou vigilância; b) quem de qualquer modo se obrigou a impedir o resultado; c) quem com sua conduta anterior criou o risco de ocorrer o resultado. Os crimes omissivos serão estudados em Capítulo próprio (*vide* Título II, Capítulo 3, item 2.5).

Registre-se, por derradeiro, que há *crimes de conduta mista*. Neste caso, o tipo **penal se perfaz com duas condutas, uma ação seguida de uma omissão.** Exemplo disto é o crime do art. 169, parágrafo único, II, do CP (apropriação de coisa achada), em que se pune: "quem acha coisa alheia perdida e dela se apropria, total ou parcialmente, deixando de restituí-la ao dono ou legítimo possuidor ou de entregá-la à autoridade competente, dentro no prazo de 15 (quinze) dias" (o primeiro ato é uma ação – apropriar-se da coisa achada – e o ato subsequente, necessário para a consumação, é uma omissão – deixar de restituir o bem ao dono, legítimo possuidor ou deixar de entregá-lo à autoridade).

6. QUANTO AO MOMENTO CONSUMATIVO

O crime se considera consumado, de acordo com a definição contida no art. 14, I, do CP, quando nele se reúnem todos os elementos de sua definição legal. **A maioria dos crimes tem seu momento consumativo verificado de modo instantâneo, outros têm uma consumação que se prolonga no tempo.** No primeiro caso, **fala-se em** *crimes instantâneos* e, no outro, *crimes permanentes*.

São crimes instantâneos o furto (CP, art. 155), o roubo (CP, art. 157), o estelionato (CP, art. 171), entre outros. São crimes permanentes, por exemplo, o sequestro (CP, art. 148), a extorsão mediante sequestro (CP, art. 159), o tráfico ilícito de drogas (Lei n. 11.343/2006, art. 33) em muitas de suas modalidades (tais como "guardar", "ter em depósito" ou "expor à venda").

A distinção tem suma importância. Nos crimes permanentes, o prazo da prescrição da pretensão punitiva somente começa a correr quando cessar a permanência (CP, art. 111, III). Assim, por exemplo, enquanto a vítima do sequestro encontrar-se encarcerada, o prazo prescricional não começa a correr; isto somente se dará quando a vítima for libertada do cativeiro.

Além disso, nos crimes permanentes, se entrar em vigor uma lei penal gravosa durante o período de permanência (isto é, enquanto prolongar-se a consumação do fato), ela se aplicará ao fato (Súmula 711 do STF).

Outro ponto relevante reside na questão da prisão em flagrante e na competência territorial. Enquanto durar a permanência, fica caracterizada a situação flagrancial, de modo que o agente pode ser preso em flagrante delito (CPP, art. 303). Nos crimes permanentes em que a consumação estender-se por vários foros (por exemplo, um sequestro em que a vítima ficou em cativeiros situados em Comarcas distintas), qualquer destes será competente para o processo e julgamento do fato (CPP, art. 71), prevalecendo o local em que ocorrer a prevenção (CPP, art. 83).

De lembrar que há *crimes necessariamente permanentes* e *crimes eventualmente permanentes*.

Os necessariamente permanentes são os que têm sua consumação protraída no tempo como requisito essencial do tipo penal. A conduta típica é, por sua natureza, duradoura no tempo. É o caso do sequestro (CP, art. 148) e do plágio ou redução à condição análoga à de escravo (CP, art. 149).

Os **eventualmente permanentes são aqueles cuja conduta típica pode ou não ser prolongada no tempo. Exemplo disto é a usurpação de função pública** (CP, art. 328). O usurpador pode fazê-lo do modo instantâneo, como o particular que se faz passar por funcionário público por um breve período de tempo, ou de modo prolongado, quando o agente finge-se funcionário público por vários dias. No último caso, há crime único (delito eventualmente permanente), servindo a persistência como circunstância judicial desfavorável (CP, art. 59, *caput*), isto é, como fator a justificar uma pena mais severa.

Não se deve confundir o crime permanente com o crime instantâneo de efeitos permanentes. O delito permanente, como vimos acima, caracteriza-se por ter um momento consumativo duradouro. Ademais, a prolongação da fase consumativa depende da vontade do agente. **O crime instantâneo de *efeitos* permanentes é aquele em que a consumação ocorre instantaneamente, muito embora seus efeitos se façam sentir de modo duradouro.** O homicídio, por exemplo, é crime instantâneo de efeitos permanentes. Sua consumação se dá no exato instante em que a vítima perde sua vida, mas os efeitos desse crime são sentidos de modo longo e duradouro (por óbvias razões). Note que a prorrogação dos efeitos *não* depende do agente, mas é inerente ao fato praticado, diversamente com o que ocorre nos crimes permanentes.

Registre-se, por derradeiro, que o **crime permanente distingue-se do *crime continuado*.** Nesse caso, apesar de o nome sugerir a existência de um só crime, existem obrigatoriamente dois ou mais, praticados em continuidade delitiva (CP, art. 71). O vínculo de continuidade delitiva verifica-se quando o agente, mediante duas ou mais condutas, "pratica dois ou mais crimes da mesma espécie e, pelas condições de tempo, lugar, maneira de execução e outras semelhantes, devem os subsequentes ser havidos como continuação do primeiro". Assim, por exemplo, se uma funcionária doméstica decidir subtrair as cento e vinte peças do faqueiro de sua patroa, levando uma a cada dia, até completar o jogo, não terá cometido um só furto, mas cento e vinte (a cada dia ocorreu um furto autônomo). De ver que, nesse caso, ela pratica diversos crimes, mas somente recebe a pena de um furto, aumentada de um sexto até dois terços.

7. QUANTO À AUTONOMIA

Com relação à autonomia, os crimes se dividem em **principais e acessórios** (ou vassalos). Os **principais são aqueles cuja existência não depende da ocorrência de outro crime anterior.** Os **acessórios – ou vassalos –,** de sua parte, requerem um crime anterior para existir. Por esse critério, o furto (CP, art. 155) considera-se um crime principal, mas a receptação (CP, art. 180), crime acessório. A acessoriedade da receptação funda-se em que ela só existe quando o agente adquire, recebe, oculta, transporta ou conduz coisa que sabe ou deve saber ser produto de crime (anterior). Ora, não há receptação sem que o objeto material seja oriundo de delito antes cometido.

Também se considera crime acessório a "lavagem" de bens e capitais (Lei n. 9.613/98). Isto porque o tipo penal encontra-se redigido da seguinte maneira: "Ocultar ou dissimular a natureza, origem, localização, disposição, movimentação ou propriedade de bens, direitos ou valores provenientes, direta ou indiretamente, de *infração penal*" (grifo nosso).

Há, por fim, a denominação de **tipo vassalo ou remetido**, que designa aquele cujo **preceito secundário faz expressa remissão a outro dispositivo legal**, do qual extrai sua pena. É o caso, por exemplo, do crime de uso de documento falso, descrito no art. 304 do CP, cujo preceito secundário diz: "Pena – a cominada à falsificação ou à alteração". Assim, se o agente faz uso de documento público falsificado, incide a pena do art. 297 do CP (reclusão, de dois a seis anos, e multa); se utiliza documento particular espúrio, recebe a pena do art. 298 do CP (reclusão, de um a cinco anos, e multa).

8. QUANTO À EXISTÊNCIA DE CONDIÇÕES

Sob esse aspecto, os **crimes podem ser** *condicionados* ou *incondicionados*. Grande parte dos crimes é incondicionada, porque sua existência independe do concurso de qualquer condição externa. **Há, entretanto, crimes condicionados quando a lei exigir, para a punibilidade do fato, alguma condição objetiva.** É o que ocorre com os crimes falimentares ou falitários, cuja punibilidade depende da superveniência da sentença que decreta a falência, concede a recuperação judicial ou a recuperação extrajudicial (art. 180 da Lei n. 11.101/2005). São também crimes condicionados aqueles previstos no art. 7º, II, do CP (casos de extraterritorialidade condicionada da lei penal brasileira, estudados no Capítulo 8, item 3).

9. QUANTO À OBJETIVIDADE JURÍDICA

No que tange à **objetividade jurídica** (bem jurídico tutelado pela norma penal), os *crimes* podem ser *simples* ou *complexos*. *Crimes simples são os que possuem somente um objetivo jurídico*. É o caso, por exemplo, do homicídio (CP, art. 121), cujo objetivo jurídico é a vida, ou do furto (CP, art. 155), para o qual o objeto jurídico é o patrimônio.

Entende-se por crimes complexos aqueles que possuem dois objetos jurídicos, como o roubo (CP, art. 157), que tutela o patrimônio e a integridade psíquica ou física da vítima. Também se considera crime complexo a extorsão mediante sequestro (CP, art. 159), cujo tipo tutela o patrimônio e a liberdade de locomoção do agente; outro exemplo costumeiramente lembrado de crime complexo é o latrocínio (CP, art. 157, § 3º, II), cujos bens jurídicos são o patrimônio e a vida. Também são chamados de *crimes pluriofensivos*.

É necessário registrar que alguns doutrinadores definem como crimes complexos aqueles resultantes da fusão de dois ou mais tipos penais. Mesmo com essa definição, os exemplos acima citados continuariam sendo de crimes complexos, mas com outras explicações. O roubo seria a fusão do furto (CP, art. 155) com a lesão corporal (CP, art. 129) ou com a ameaça (CP, art. 147); a extorsão mediante sequestro, do sequestro (CP, art. 148) com a extorsão (CP, art. 158); o latrocínio, do roubo (CP, art. 157) com o homicídio (CP, art. 121).

Pensamos que os dois conceitos de crimes complexos são válidos, devendo estes serem assim diferenciados: **crime complexo em sentido estrito (resultante da fusão de dois ou mais tipos penais)** e **crime complexo em sentido lato** (o que possui **dois ou mais objetos jurídicos**).

A controvérsia, entretanto, não é irrelevante. Há crimes que serão complexos somente sob um dos critérios. É o caso do estupro. Este somente será delito complexo se considerarmos como tal aquele que contém dois objetos jurídicos (nesse caso, a integridade corporal ou psíquica e a liberdade sexual).

É interessante lembrar que, no caso de crimes complexos, a extinção da punibilidade de crime que é seu elemento constitutivo não se estende a este (CP, art. 108). Vale dizer, no crime de extorsão mediante sequestro, o fato de ter ocorrido eventual prescrição da pretensão punitiva com referência ao sequestro, que o integra, não faz com que a extorsão mediante sequestro seja, só por isso, atingida pela prescrição.

10. QUANTO AO *ITER CRIMINIS*

Por *iter criminis* entende-se o itinerário, o caminho do crime, isto é, todas as etapas da infração penal, desde o momento em que ela é uma ideia na mente do agente até sua consumação.

Diz-se **consumado** o crime **quando nele se reúnem todos os elementos de sua definição legal** (CP, art. 14, I). O crime consumado também é chamado de crime perfeito. Diz-se **tentado quando, iniciada a execução, não se consuma por circunstâncias alheias à vontade do agente** (CP, art. 14, II). Também é chamado de **crime imperfeito**.

A *tentativa pode ser branca ou cruenta*. Considera-se branca quando o objeto material (pessoa ou coisa sobre a qual recai a conduta) não é atingido (por exemplo, o homicida efetua os disparos e não atinge a vítima, que permanece incólume). Considera-se cruenta ou vermelha quando o objeto material é atingido.

Fala-se em *crime falho, tentativa perfeita ou acabada* quando o **agente realiza todos os atos executórios ao seu alcance, mas, ainda assim, não obtém a consumação do delito.** Por exemplo, o homicida efetua vários disparos contra a última, esgotando a munição de seu revólver e, ainda assim, a vítima sobrevive.

Há outras classificações ligadas ao tema do *iter criminis*. É o caso do *crime impossível, quase crime, tentativa inadequada ou inidônea*. De acordo com o art. 17 do CP, "Não se pune a tentativa quando, por ineficácia absoluta do meio ou por absoluta impropriedade do objeto, é impossível consumar-se o crime" (*vide* Título II, Capítulo 6, item 6).

O *crime exaurido* é uma expressão utilizada sempre que, *depois da consumação*, **o bem jurídico sofre novo ataque ou ultimam-se as suas consequências.** Assim, no crime de extorsão mediante sequestro (CP, art. 159), a privação da liberdade da vítima por tempo juridicamente relevante é suficiente para a consumação do crime. Se os sequestradores receberem a vantagem indevida, exigida como condição ou preço do resgate, diz-se que o crime está exaurido. No falso testemunho (CP, art. 342), a consumação ocorre quando a testemunha mente ou oculta a verdade sobre fato juridicamente relevante. Se o depoimento falso for utilizado como elemento de prova na sentença, embasando uma injustiça, diz-se que o crime se exauriu, pois produziu suas últimas consequências.

11. QUANTO À CONDUTA TÍPICA

11.1. Quanto à possibilidade de fracionamento da conduta típica

Com respeito à **possibilidade ou não de fracionamento da conduta típica,** os crimes se classificam em: (i) *unissubsistentes* e (ii) *plurissubsistentes*.

Os **unissubsistentes são aqueles cuja conduta típica não admite qualquer fracionamento; vale dizer, o comportamento definido no verbo núcleo do tipo penal constitui-se de uma ação ou omissão indivisível.** Nesses casos, ou o agente praticou o fato (e o crime consumou-se) ou nada fez (e não há qualquer fato penalmente relevante). Significa que não há "meio-termo". Se o ato foi realizado, o crime se consumou; caso contrário, não existirá delito algum. Exemplo disto é o crime de injúria (CP, art. 140), na forma verbal. O tipo penal encontra-se assim descrito: "injuriar alguém, ofendendo-lhe a dignidade ou o decoro". Quando o ato é praticado por meio verbal, consiste numa ofensa à vítima. Uma vez proferida a palavra ofensiva, a injúria estará completa e acabada. Se a ofensa não foi irrogada, não há infração penal alguma.

Os **crimes plurissubsistentes (a grande maioria), de sua parte, contêm uma conduta que admite cisão (fracionamento)**. O comportamento descrito no verbo nuclear pode ser dividido em vários atos. O homicídio é plurissubsistente, porquanto o autor do crime pode cindir sua conduta em momentos distintos (por exemplo, sacar a arma, efetuar um disparo, aproximar-se ainda mais da vítima, efetuar outro disparo etc., até consumar seu intento letal).

Essa classificação mostra-se relevante, na medida em que **somente os crimes plurissubsistentes admitem a forma tentada** (CP, art. 14, II).

11.2. Quanto à natureza do comportamento nuclear

Todo tipo penal tem, na sua estrutura básica e fundamental, um verbo, o qual descreve uma ação ou omissão. Há determinados verbos típicos que consubstanciam comportamentos que admitem diferentes maneiras de se realizar; outros, porém, só podem ser praticados de uma ou algumas maneiras determinadas, conforme descrição taxativa contida no texto legal.

Os **crimes cuja ação ou omissão admitirem diversas formas, vale dizer, puderem ser praticados de modos distintos, são chamados de *crimes de ação ou forma livre*. Aqueles cuja conduta só admitir formas taxativamente descritas em lei são *crimes de ação ou forma vinculada*.**

O homicídio (CP, art. 121) é crime de forma livre, uma vez que existem inúmeras formas de praticá-lo (com emprego de veneno, mediante asfixia, com utilização de fogo ou explosivo, mediante disparos de arma de fogo ou golpes de faca etc.).

O plágio ou redução à condição análoga à de escravo (CP, art. 149), que antes era crime de ação livre, tornou-se delito de forma vinculada com a superveniência da Lei n. 10.803/2003. Compare a descrição do dispositivo antes e depois da referida lei:

Antes: "Reduzir alguém a condição análoga à de escravo";

Depois: "Reduzir alguém a condição análoga à de escravo, quer submetendo-o a trabalhos forçados ou a jornada exaustiva, quer sujeitando-o a condições degradantes de trabalho, quer restringindo, por qualquer meio, sua locomoção em razão de dívida contraída com o empregador ou preposto".

Os **crimes de forma vinculada ou casuística** se subdividem em *forma vinculada cumulativa* e *forma vinculada alternativa*. No primeiro caso, o tipo penal exige que o sujeito incorra em mais de um verbo, necessariamente, para fins de consumação. É o caso da apropriação de coisa achada (art. 169, parágrafo único, II, do CP), em que se pune: "quem acha coisa alheia perdida e dela se apropria, total ou parcialmente, deixando de restituí-la ao dono ou legítimo possuidor ou de entregá-la à autoridade competente, dentro no prazo de 15 (quinze) dias" (o primeiro ato é uma ação – apropriar-se da coisa achada – e o ato subsequente, necessário para a consumação, é uma omissão – deixar de restituir o bem ao dono, legítimo possuidor ou deixar de entregá-lo à autoridade). Os crimes de forma vinculada alternativa são os que o tipo prevê várias ações ou omissões, deixando claro que o fato ocorre com o cometimento de qualquer uma delas. É o caso do crime de plágio (CP, art. 149), acima mencionado.

11.3. Quanto à pluralidade de verbos nucleares

No que concerne à pluralidade de verbos nucleares, os *crimes* podem ser *de ação simples* (quando possuírem apenas um verbo nuclear) ou *de ação múltipla* (se possuírem dois ou mais); estes também são chamados de crimes de *conteúdo variado*.

Uma quantidade significativa de infrações penais contém em seu tipo penal somente um verbo nuclear. O furto (CP, art. 155), por exemplo, é formado apenas pelo verbo "subtrair" (para si ou para outrem coisa alheia móvel). A extorsão mediante sequestro (CP, art. 159) somente contém a ação de "sequestrar" (pessoa com o fim de obter, para si ou para outrem, qualquer vantagem, como condição ou preço do resgate).

Outros, contudo, possuem dois ou mais verbos-núcleos. O crime de participação em suicídio alheio (CP, art. 122) contém três verbos: "induzir", "instigar" e "prestar auxílio" (para que alguém se suicide). A receptação simples (CP, art. 180, *caput*) possui seis verbos: "adquirir", "receber", "transportar", "conduzir" ou "ocultar" (em proveito próprio ou alheio, coisa que sabe ser produto de crime) e "influir" (para que terceiro, de boa-fé, a adquira, receba ou oculte). O tráfico ilícito de drogas (Lei n. 11.343/2006) é composto de dezoito ações diferentes: "importar", "exportar", "remeter", "preparar", "produzir", "fabricar", "adquirir", "vender", "expor à venda", "oferecer", "ter em depósito", "transportar", "trazer consigo", "guardar", "prescrever", "ministrar", "entregar a consumo" ou "fornecer" (drogas, ainda que gratuitamente, sem autorização ou em desacordo com determinação legal ou regulamentar). Tais dispositivos **também são chamados de tipos mistos alternativos**.

Nos delitos de conduta mista ou conteúdo variado, a **incursão do sujeito ativo em mais de um verbo nuclear não implica concurso de crimes**, mas o cometimento de delito único, cabendo ao juiz, na aplicação da pena, valorar o cometimento de uma ação ou omissão típica, de modo a impor uma sanção tanto mais grave quanto maiores forem os verbos praticados.

12. QUANTO AO ELEMENTO SUBJETIVO OU NORMATIVO

Com relação a este critério, os crimes podem ser: **dolosos, culposos** e **preterdolosos ou preterintencionais.**

De acordo com nosso Código, diz-se o **crime doloso quando o sujeito quer ou assume o risco de produzir o resultado** (art. 18, I) e **culposo quando o sujeito dá causa ao resultado por imprudência, negligência ou imperícia** (art. 18, II).

Todas as infrações penais são punidas a título de dolo, somente se incriminando a forma culposa em caráter excepcional, diante de expressa previsão legal (CP, art. 18, parágrafo único).

O crime *preterdoloso* ou preterintencional é aquele em que o sujeito realiza uma conduta dolosa, sofrendo uma agravação da pena por decorrência de um resultado por ele não desejado, mas que o produziu por imprudência, negligência ou imperícia. Cite-se como exemplo o crime de lesão corporal seguida de morte, também chamado de homicídio preterintencional (CP, art. 129, § 3º).

13. QUANTO À POSIÇÃO TOPOGRÁFICA NO TIPO PENAL

Com respeito à posição topográfica dentro do próprio tipo penal, os crimes podem ser **simples** (são aqueles **encontrados no tipo básico**), **privilegiados** (encontram-se nos **parágrafos da disposição** e possuem **penas** mínimas e máximas **inferiores** à do tipo básico) ou **qualificados** (**também** se encontram nos **parágrafos,** mas com **patamares punitivos maiores** em relação à forma simples).

Observe a estrutura do crime de moeda falsa (CP, art. 289):

"Art. 289. Falsificar, fabricando-a ou alterando-a, moeda metálica ou papel-moeda de curso legal no país ou no estrangeiro:

Pena – reclusão, de *três a doze anos,* e multa.

(...)

§ 2º Quem, tendo recebido de boa-fé, como verdadeira, moeda falsa ou alterada, a restitui à circulação, depois de conhecer a falsidade, é punido com detenção, de *seis meses a dois anos,* e multa.

§ 3º É punido com reclusão, de *três a quinze anos,* e multa, o funcionário público ou diretor, gerente, ou fiscal de banco de emissão que fabrica, emite ou autoriza a fabricação ou emissão:

I – de moeda com título ou peso inferior ao determinado em lei;

II – de papel-moeda em quantidade superior à autorizada.

§ 4º *Nas mesmas penas* incorre quem desvia e faz circular moeda, cuja circulação não estava ainda autorizada" (grifos nossos).

No *caput*, encontramos a forma simples. No § 2º, o crime privilegiado. Nos §§ 3º e 4º, as formas qualificadas.

14. CRITÉRIOS RELACIONADOS COM O TEMA DO CONFLITO APARENTE DE NORMAS

O tema do conflito aparente de normas será estudado em Capítulo à parte (*vide* Capítulo 9, *infra*). Para facilitar a consulta, todavia, seguem algumas classificações de crimes relacionadas com o tema, vinculadas aos respectivos princípios.

14.1. Princípio da especialidade

A relação de especialidade verifica-se quando há entre os tipos penais que descrevem os delitos em análise relação de gênero e espécie. O crime que contém todas as elementares do outro, mais algumas que o especializam, denomina-se *crime especial* ou *específico* e o outro, *crime geral ou genérico*.

Tal relação se verifica, por exemplo, entre o homicídio (crime genérico) e o infanticídio (crime especial); *vide* arts. 121 e 123 do CP.

14.2. Princípio da subsidiariedade

Este princípio tem aplicação sempre que um crime é elemento constitutivo ou circunstância legal de outro. O crime que contém o outro chama-se *crime principal ou primário* e o que está contido neste, *crime subsidiário ou famulativo*.

É o que ocorre, por exemplo, com o homicídio culposo e a omissão de socorro, que, embora seja um crime autônomo (CP, art. 135), figura como causa de aumento de pena do homicídio culposo (CP, art. 121, § 4º, primeira parte).

14.3. Princípio da consunção ou absorção

O princípio em tela faz com que um crime que figure como fase normal de preparação ou execução de outro seja por este absorvido. Assim, por exemplo, se uma pessoa pretende matar outra e, para isto, lhe produz diversas lesões que, ao final, causam-lhe a morte, as lesões corporais (crimes-meios) são absorvidas (ou consumidas) pelo homicídio (crime-fim). O crime pelo qual o agente responde denomina-se crime consuntivo e aquele(s) absorvido(s), crime(s) consumido(s).

Com base neste princípio, fala-se ainda em *crime progressivo*, sempre que o agente, pretendendo um resultado de maior lesividade, pratique outros de menor intensidade, como no exemplo acima retratado.

Fala-se, também, em **crime consunto** e **crime consuntivo**. Consunto é o crime-meio, que foi absorvido; consuntivo é o crime-fim, que absorveu o anterior.

15. QUANTO À AÇÃO PENAL

De acordo com os Códigos Penal e de Processo Penal, as ações penais se classificam segundo o seu titular (critério subjetivo). Há, portanto, *crimes de ação penal pública*, quando a titularidade do direito de ação penal incumbir ao Estado, por meio do Ministério Público (CF, art. 129, I), e *crimes de ação penal privada*, nos quais a tarefa de mover a ação penal recai sobre o ofendido ou seu representante legal.

Os crimes de ação penal pública podem ser: de *ação penal pública incondicionada* (quando o Ministério Público, havendo prova da materialidade e indícios de autoria delitiva, puder ajuizar a ação penal independentemente da autorização de quem quer que seja); de *ação penal pública condicionada* (quando o seu exercício depender da autorização do ofendido ou de seu representante legal ou, ainda, de requisição do Ministro da Justiça).

Os crimes de ação penal privada, de sua parte, dividem-se em: *crimes de ação penal exclusivamente privada* (quando ela puder ser ajuizada pelo próprio ofendido, por seu representante legal ou, na sua falta, pelas pessoas enumeradas no art. 31 do CPP: cônjuge, ascendente, descendente e irmão); e *crimes de ação penal privada personalíssima* (quando ela só puder ser movida pelo próprio ofendido; *vide* art. 236 do CP).

Registre-se, ainda, a existência da ação penal privada subsidiária da pública (trata-se do direito que a vítima ou seu representante legal tem de oferecer queixa-crime nos crimes de ação penal pública, quando o Ministério Público for omisso). De ver-se, ainda, que há leis especiais que conferem a titularidade do direito de queixa-subsidiária a outras pessoas, como o administrador judicial ou os credores, no caso dos crimes falimentares (Lei n. 11.101/2005, art. 184, parágrafo único).

O critério legal para determinar a natureza da ação penal encontra-se no art. 100 do CP e no art. 24 do CPP (*vide* Título III, Capítulo 12).

16. QUANTO À CONEXÃO

Entende-se por conexão o vínculo entre duas ou mais infrações penais, que justifica sejam elas processadas e julgadas no mesmo processo. No dizer de Fernando da Costa Tourinho Filho: "A conexão existe quando duas ou mais infrações estiverem entrelaçadas por um vínculo, um nexo que aconselha a junção dos processos, propiciando assim ao julgador perfeita visão do quadro probatório e, de consequência, melhor conhecimento dos fatos, de todos os fatos, de molde a poder entregar a prestação jurisdicional com firmeza e justiça"[4].

A conexão é instituto do direito processual penal, cuja disciplina encontra-se nos arts. 76 a 82 do CPP.

Quando presente o liame mencionado, estaremos diante de *crimes conexos*.

Existem várias **modalidades de conexão**, todas elas contidas nos incisos do art. 76 do CPP.

O inciso I refere-se à *conexão intersubjetiva*, que se subdivide em:

a) *conexão intersubjetiva por simultaneidade*: quando duas ou mais infrações penais forem praticadas por várias pessoas em **condições de tempo e lugar semelhantes** (sem que exista vínculo subjetivo entre elas). Imagine, por exemplo, que um caminhão carregado de produtos eletrônicos quebre em plena rodovia e o motorista o abandone à procura de assistência, quando várias pessoas decidam, cada uma por sua própria conta, subtrair produtos de sua caçamba. É de ver que nos casos de conexão intersubjetiva por simultaneidade verifica-se o instituto da autoria colateral (a ser estudada no Título II, Capítulo 9, item 8);

b) *conexão intersubjetiva por concurso*: quando duas ou mais infrações penais forem praticadas por **várias pessoas em concurso de agentes**, ainda que em diferentes condições de tempo e lugar. Por exemplo, diversas pessoas decidem, todas elas conluiadas entre si, invadir as dependências do Congresso Nacional e depredar os objetos ali encontrados;

c) *conexão intersubjetiva por reciprocidade*: quando duas ou mais infrações penais forem praticadas por **várias pessoas, umas contra as outras**. É o caso, por exemplo, de duas pessoas que se agridam mutuamente, sem que qualquer uma delas encontre-se em legítima defesa.

O inciso II do art. 76 do CPP disciplina a *conexão objetiva ou material*, que se biparte em:

a) *conexão objetiva teleológica*: ocorre quando uma infração é praticada para **garantir a execução de outra** (por exemplo, mata-se o segurança de uma residência para nela adentrar e sequestrar o morador);

b) *conexão objetiva consequencial*: ocorre quando uma infração é cometida para **facilitar a ocultação, impunidade ou vantagem de outra** (por exemplo, um dos roubadores mata o comparsa para garantir para si a integralidade do produto do crime).

---

[4] *Manual de processo penal*, p. 314.

Há, por fim, a *conexão instrumental, processual ou probatória*, que se verifica quando a **prova de uma infração penal puder influir na prova de outra** (CPP, art. 76, III). É o caso da conexão existente entre um crime de furto (CP, art. 155) e a receptação (CP, art. 180) da coisa subtraída.

Os vínculos de conexão intersubjetiva e objetiva produzem algumas consequências no plano material. Assim, a interrupção do prazo prescricional com relação a um crime conexo estende-se aos demais delitos, que sejam objeto do mesmo processo (CP, art. 117, § 1º).

Acrescente-se, por fim, que, "Nos crimes conexos, a extinção da punibilidade de um deles não impede, quanto aos outros, a agravação da pena resultante da conexão" (CP, art. 108). É o caso, por exemplo, do homicídio praticado para assegurar a execução de outro crime. Nesse caso, o homicídio se torna qualificado pelo vínculo da conexão (CP, art. 121, § 5º). Pois bem, o fato de ocorrer a extinção da punibilidade (p. ex., pela prescrição) do crime conexo (aquele que o assassino pretendeu praticar depois do homicídio) não impede o reconhecimento da qualificadora decorrente da conexão.

17. QUANTO À CONDIÇÃO DE FUNCIONÁRIO PÚBLICO DO SUJEITO ATIVO

Há crimes que só podem ser praticados por funcionários públicos. São, portanto, modalidades de crimes próprios (ver item 2.2, acima). Tais delitos são denominados *crimes funcionais*. Lembre-se que o Código Penal possui um conceito de funcionário público (art. 327)[5].

Os crimes funcionais se dividem em *crimes funcionais próprios* e *crimes funcionais impróprios (ou mistos)*.

Os crimes funcionais **próprios são aqueles que só existem quando o sujeito ativo é funcionário público**. Se o ato for praticado somente por particular, o fato será penalmente atípico. Em outras palavras, a ausência da condição de funcionário público conduz à atipicidade absoluta da conduta. Por exemplo, a prevaricação própria (CP, art. 319).

---

[5] Conforme estatui o *caput*, "Considera-se funcionário público, para os efeitos penais, quem, embora transitoriamente ou sem remuneração, exerce cargo, emprego ou função pública". E o § 1º do art. 327 estabelece que: "Equipara-se a funcionário público quem exerce cargo, emprego ou função em entidade paraestatal, e quem trabalha para empresa prestadora de serviço contratada ou conveniada para a execução de atividade típica da Administração Pública". Em complementação, anota-se que "Os empregados da OAB são equiparados a funcionários públicos para fins penais" (AgRg no HC 750.133/GO, rel. Min. Ribeiro Dantas, 5ª T., j. 14-5-2024, destacado no *Informativo STJ* n. 815).

Nos crimes funcionais **impróprios ou mistos, existem condutas que são tipificadas como crimes funcionais e não funcionais.** Nestes casos, se o agente for funcionário público, surge o crime funcional (impróprio), mas se a mesma conduta for cometida por um particular, ainda haverá delito (mas enquadrado em outro tipo penal). É o caso, por exemplo, do furto. Quando um funcionário público subtrai para si, da repartição em que trabalha, determinado objeto, comete peculato (CP, art. 312). Se um trabalhador subtrai para si, de seu local de trabalho, algum bem, comete furto (CP, art. 155).

18. QUANTO À HABITUALIDADE

A habitualidade consiste, em matéria penal, na prática de um só crime mediante a reiteração da conduta delitiva. Assim, por exemplo, se uma pessoa se faz passar por médico e, de modo habitual, começa a clinicar, incorre nas penas do crime do art. 282 do CP[6] (exercício ilegal da medicina). Saliente-se que não há um delito para cada ato praticado pelo falso médico, mas um só crime, o qual abrange todas as falsas consultas médicas por ele realizadas. Essa é a principal característica da habitualidade, isto é, a reiteração de atos semelhantes não produz vários crimes, mas um só delito. Outro exemplo relevante a ser citado é o crime de perseguição, conhecido doutrinariamente como *stalking*, tipificado no art. 147-A do CP; só incorre nesse tipo o agente que, reiteradamente, persegue o sujeito passivo, seja ameaçando-lhe a integridade física ou psicológica, restringindo-lhe a capacidade de locomoção ou, de qualquer forma, invadindo ou perturbando sua esfera de liberdade ou privacidade.

O **crime habitual difere do continuado** (CP, art. 71). Conforme já explicamos, no crime continuado existem dois ou mais crimes, praticados em continuidade delitiva[7]. O vínculo de continuidade delitiva verifica-se quando o agente, mediante duas ou mais condutas, "pratica dois ou mais crimes da mesma espécie e, pelas condições de tempo, lugar, maneira de execução e outras semelhantes, devem os subsequentes ser havidos como continuação do primeiro". Assim, por exemplo, se uma funcionária doméstica decidir subtrair as cento e vinte peças do faqueiro de sua patroa, levando

---

[6] "Exercer, ainda que a título gratuito, a profissão de médico, dentista ou farmacêutico, sem autorização legal ou excedendo-lhe os limites. Pena – detenção, de seis meses a dois anos".

[7] Quando há o reconhecimento da habitualidade delitiva, descaracteriza-se o crime continuado, o que impede a concessão do benefício do acordo de não persecução penal (*Informativo STJ*, Edição Extraordinária n. 16, publicado em 30-1-2024 – comentando o AgRg no HC 788.419/PB, rel. Min. Jesuíno Rissato (Desembargador convocado do TJDFT), 6ª T., j. 11-9-2023).

uma a cada dia, até completar o jogo, não terá cometido um só furto, mas cento e vinte (a cada dia ocorreu um furto autônomo). De ver que, nesse caso, ela pratica diversos crimes delitos, mas somente recebe a pena de um furto, aumentada de um sexto até dois terços.

O crime habitual pode ser:

a) **crime habitual próprio (ou necessariamente habitual)**: neste caso, a habitualidade é requisito típico (expresso ou implícito), de modo que, sem ela, não há crime algum (p. ex., perseguição – art. 147-A do CP; exercício ilegal de medicina, arte dentária ou farmacêutica – art. 282 do CP; curandeirismo – art. 284 do CP);

b) **crime habitual impróprio (ou acidentalmente habitual)**: neste caso, a existência do crime não depende da reiteração da conduta; se esta ocorrer, entretanto, haverá um só crime.

Distingue-se o crime habitual do *crime profissional*. Neste caso, temos um crime habitual com exclusiva intenção lucrativa (p. ex., rufianismo – art. 230 do CP[8]).

19. QUANTO AO CARÁTER POLÍTICO

Sob tal enfoque, os crimes podem ser *comuns* ou *políticos*. Pelo critério ora exposto, crimes comuns são aqueles praticados sem propósitos políticos. Estes, por sua vez, são os cometidos com finalidades políticas (critério subjetivo) ou, ainda, aqueles delitos praticados contra o Estado, como unidade orgânica das instituições políticas e sociais (critério objetivo proposto por Hungria).

Não há, em nossa lei, definição de crimes políticos. Seria oportuno que o legislador suprisse esta lacuna, até porque os crimes políticos possuem peculiaridades materiais e processuais. Do ponto de vista do Direito Penal, é interessante lembrar que uma condenação definitiva por crime político não gera reincidência para fatos criminosos posteriormente cometidos (CP, art. 64, II). No campo do processo penal, os crimes políticos são de competência da Justiça Comum Federal (CF, art. 109, IV) e, quando prolatada sentença de mérito, não cabe apelação, mas recurso ordinário constitucional, julgado pelo Supremo Tribunal Federal (CF, art. 102, II, *b*).

Em doutrina e jurisprudência, predomina o conceito objetivo de crimes políticos, nos moldes daquele elaborado por Hungria, acima citado,

---

[8] "Tirar proveito da prostituição alheia, participando diretamente de seus lucros ou fazendo-se sustentar, no todo ou em parte, por quem a exerça. Pena – reclusão, de um a quatro anos, e multa".

motivo pelo qual se enquadrariam nessa definição os crimes contra o Estado Democrático de Direito, descritos no Título XII do Código Penal.

20. QUANTO À ESTRUTURA DO TIPO PENAL

No que tange à estrutura típica, os **crimes podem ser** *de tipo aberto* e *de tipo fechado*. Os crimes de **tipo aberto são aqueles cuja definição emprega termos amplos,** de modo a abarcar diversos comportamentos diferentes. É a técnica utilizada na maioria dos crimes culposos. Os **delitos de tipo fechado, por outro lado, são os que utilizam expressões de alcance restrito,** englobando poucos comportamentos na definição legal. O legislador deve, sempre que possível, preferir os tipos fechados aos abertos, em razão do princípio da legalidade. Estes, contudo, podem ser construídos sem ofensa à Constituição, até porque, ainda que suas expressões sejam amplas, eles sempre possuirão conteúdo determinado.

21. OUTRAS CLASSIFICAÇÕES

21.1. Crime multitudinário

É aquele praticado **por multidão em tumulto;** por exemplo, uma briga generalizada entre duas torcidas de futebol, durante o jogo dos respectivos times. Quando o agente pratica o fato sob a influência de multidão em tumulto, se não foi o provocador, recebe uma atenuante na hipótese de condenação (CP, art. 65, III, *e*).

21.2. Crime de opinião

Abrange todas as **infrações penais decorrentes do abuso de liberdade do pensamento.** Não importa o meio pelo qual seja praticado (por palavras, pela imprensa ou qualquer outro veículo de comunicação).

21.3. Crimes de imprensa

São aqueles **praticados por algum meio de comunicação social.** Encontravam-se tipificados na Lei n. 5.250/67, a qual foi declarada pelo Supremo Tribunal Federal como incompatível com a Constituição Federal e, portanto, não recepcionada, no julgamento da Ação de Descumprimento de Preceito Fundamental (ADPF) n. 130, no dia 30 de abril de 2009 (julgamento por maioria de votos).

Cumpre lembrar que a Lei n. 5.250/67 os definia como sendo aqueles cometidos "através dos meios de informação e divulgação", incluídos os "jornais e outras publicações periódicas, os serviços de radiodifusão e os serviços noticiosos" (art. 12). Esse dispositivo, quando vigente, encontrava-se defasado, devendo ser interpretado de modo a abranger todos *os meios de comunicação social*, consoante terminologia atual empregada pela Constituição (na superveniência de nova lei de imprensa, cremos que esse critério deverá ser observado para definir o alcance de suas normas).

Comunicação social é, na lição de José Afonso da Silva, "a denominação mais apropriada da chamada 'comunicação de massa', mas o sentido permanece como o de comunicação destinada ao público em geral, transmitida por processo ou veículo, dito *meio de comunicação social*"[9]. Abrange os jornais, revistas, demais publicações periódicas, a radiodifusão sonora e de sons e imagens (*rectius*, televisão) e os meios de comunicação social eletrônica (como a internet).

Discute-se a necessidade de dispensar tratamento diferenciado (ou não) aos crimes de imprensa. Para muitos autores, isto seria desnecessário, já que nos chamados delitos de imprensa a única peculiaridade seria o meio empregado pelo agente. Há, contudo, quem pense de modo diverso. Para Darcy Arruda Miranda, a diferenciação e o tratamento peculiar são necessários: "a mulher tagarela, que se preocupa com a vida de sua vizinha, com propósitos difamatórios, não pode ser comparada a um redator de jornal, que escreve para leitores que nem conhece. E a calúnia, dirigida por carta a um correspondente, não pode equiparar-se àquela difundida por milhares de exemplares impressos"[10]. "A natureza particular da imprensa", prossegue, "exige sanções especiais e mais severas, em razão do mal que pode causar, em virtude de sua imensa difusão, tanto menos graves se se tem em conta a missão que ela deva cumprir e as condições difíceis dos que fazem um jornal"[11].

O próprio Darcy, em sua clássica obra, concluía que: "o delito de imprensa é um delito *sui generis*, com modalidades próprias, não se confundindo com o delito comum, razão pela qual exige uma legislação adequada, especial. O princípio informativo do delito de imprensa tem raízes mais profundas e mais complexas do que parece à primeira vista. Até em suas consequências difere do delito comum. Nem a responsabilidade *sucessiva*, que lhe é peculiar, consagrada em todas as legislações modernas, se adapta a leis especiais de imprensa"[12].

Cremos que os delitos de imprensa possuem inequívoca natureza especial. Não só pelo fato de que na interpretação dos tipos penais deve-se ter

---

[9] *Comentário contextual à Constituição*, p. 823.
[10] *Comentários à Lei de Imprensa*, p. 55, citando Jacques Bordin.
[11] *Comentários à Lei de Imprensa*, p. 55.
[12] *Comentários à Lei de Imprensa*, p. 59.

em conta a necessidade de se assegurar uma imprensa livre e isenta, pelo interesse público decorrente da difusão de informações e opiniões, mas também porque o exercício desta liberdade deve encontrar limites claros, quando colidir com outros direitos assegurados pela Constituição Federal. Diante da decisão proferida pelo STF no julgamento da ADPF n. 130, acima mencionada, urge que o Parlamento elabore nova legislação, devidamente adaptada aos preceitos da atual ordem constitucional.

Como acentua André Ramos Tavares, "... a punição pelos abusos (cometidos por meio da imprensa), ainda que com eventual privação da liberdade para casos reputados como muito graves, representa não apenas uma punição em si por abusar da liberdade de imprensa, mas também uma garantia contra a violação de outros direitos por força desse abuso. A certeza do rigor da punição (prevista em lei) é uma forma pela qual o legislador demonstra seu apreço pelos direitos fundamentais violados pelo abuso de uma outra liberdade (no caso, de imprensa). Em última análise, preserva-se a própria liberdade de imprensa, expurgando de sua área de proteção práticas incompatíveis com uma imprensa séria e proba, e que apenas deflagram um dano (não há nem informação nem opinião)"[13].

21.4. Crime de ímpeto

"É aquele em que a **vontade delituosa é repentina**, sem preceder deliberação"[14].

21.5. Crimes à distância ou de espaço máximo

São **aqueles cujo *iter criminis* atinge o território de dois ou mais países**. A estes será aplicada a lei penal brasileira sempre que alguma fração do delito tocar nosso território. Não importa se somente a conduta ocorreu no Brasil ou se apenas o resultado. Em qualquer desses casos incidirá a lei penal pátria (CP, art. 6º).

Com relação à competência territorial para o julgamento dos crimes à distância ou de espaço máximo, aplica-se a regra do art. 70, §§ 1º e 2º, do CPP. Quando esses delitos forem previstos em tratados ou convenções internacionais, serão de competência da Justiça Federal, como, por exemplo, o tráfico transnacional de drogas (Lei n. 11.343/2006, art. 33 c/c o art. 40, I) ou o tráfico internacional de seres humanos (CP, art. 149-A, e ECA, art. 239).

---

[13] Imprensa com lei ou sem lei? *Carta Forense*, jun. 2008, p. 11, primeiro parêntese nosso.

[14] Damásio de Jesus, *Direito penal*, p. 214.

21.6. Crimes plurilocais

São aqueles cujo *iter criminis* atinge o território de mais de um foro (comarca ou seção judiciária), mas dentro do país. A competência territorial, neste caso, será firmada pelo local em que houve a consumação do crime (CPP, art. 70, *caput*).

21.7. Delitos de tendência

Cuida-se das **infrações penais cuja caracterização é condicionada à intenção do agente**. A análise do comportamento objetivo, isoladamente, não revela a correspondência entre o fato e a norma penal, exigindo-se a perscrutação acerca da finalidade do agente. Imagine, como exemplo, o ato de um médico que toca a região genital de uma mulher. Se está realizando um exame ginecológico ou cometendo um crime de violação sexual mediante fraude (CP, art. 215, com a redação dada pela Lei n. 12.015/2009), somente sua vontade poderá determiná-lo.

21.8. Crimes de impressão

"São os que, de acordo com Mário O. Folchi, **causam determinado estado anímico na vítima**. Dividem-se em:

a) **delitos de inteligência:** os que se realizam com o engano, como o estelionato;

b) **delitos de sentimento:** incidem sobre as faculdades emocionais, como a injúria;

c) **delitos de vontade:** incidem sobre a vontade, como o constrangimento ilegal"[15].

21.9. Crimes de simples desobediência

É o nome que alguns autores dão aos **crimes de perigo abstrato ou presumido** (ver item 4.2, acima).

21.10. Crimes falimentares ou falitários

São os definidos na Lei de Falência e Recuperação de Empresas (Lei n. 11.101/2005): a) fraude a credores (art. 168); b) contabilidade paralela (art. 168, § 2º); c) violação de sigilo empresarial (art. 169); d) divulgação de informações falsas (art. 170); e) indução a erro (art. 171); f) favorecimento de credores (art. 172); g) desvio, ocultação ou apropriação de bens (art.

---

[15] Damásio de Jesus, *Direito penal*, p. 216.

173); h) aquisição, recebimento ou uso ilegal de bens (art. 174); i) habilitação ilegal de crédito (art. 175); j) exercício ilegal de atividade (art. 176); k) violação de impedimento (art. 177); e l) omissão dos documentos contábeis obrigatórios (art. 178).

De ver que, nos crimes falimentares ou falitários, a declaração da quebra ou da recuperação (judicial ou extrajudicial) é condição objetiva de punibilidade (art. 180 da Lei), de modo que, sem ela, o fato não é punível.

21.11. Crimes a prazo

São **aqueles em que a lei prevê alguma circunstância que eleva a pena, cuja ocorrência depende do decurso de algum período de tempo.** Exemplo típico é a lesão corporal qualificada pelo fato de a vítima ficar afastada de suas ocupações habituais por mais de trinta dias (CP, art. 129, § 1º, I). Outro exemplo encontra-se no sequestro qualificado pela privação da liberdade superior a quinze dias (CP, art. 148, § 1º, III).

21.12. Crime gratuito

É o **cometido sem motivo algum.** Cremos que esta classificação seja imprecisa, porquanto todo delito tem algum móvel, por mais irrelevante que possa ser. Ainda quando uma conduta delitiva é praticada por mero espírito de emulação, há uma razão por detrás dela (ainda que seja somente a de prejudicar alguém ou satisfazer alguma vontade egoística ou sádica).

21.13. Delitos de circulação ou de trânsito

São os **cometidos mediante a utilização de um veículo automotor.** De ver que é preferível a denominação *delito de trânsito*, inclusive para efeito de se determinar a incidência ou não dos dispositivos penais do Código de Trânsito Brasileiro (Lei n. 9.503/97). Assim, é fundamental diferenciarmos se um homicídio culposo deve ser subsumido ao Código Penal, cuja pena é de detenção, de um a três anos, ou ao Código de Trânsito, em que é punido com detenção, de dois a quatro anos, e suspensão ou proibição de se obter a permissão ou a habilitação para dirigir veículo automotor. Imagine que um mecânico, durante o conserto de um automóvel, no interior de uma oficina, o acione acidentalmente, provocando a morte de seu colega de trabalho. Há homicídio culposo comum (CP, art. 121, § 3º) ou de trânsito (CTB, art. 302)? A resposta encontra-se no art. 1º do Código de Trânsito, o qual define o âmbito de aplicação do referido diploma ("O trânsito de qualquer natureza nas vias terrestres do território nacional, abertas à circulação, rege-se por este Código" – *caput*; "Considera-se trânsito a utilização das vias por pessoas, veículos e animais, isolados ou em grupos, conduzidos ou não, para fins de circulação, parada, estacionamento e operação de carga ou descarga" – § 1º).

No exemplo formulado, para que não reste dúvida alguma, o fato se subsume ao Código Penal, visto que não cometido durante a circulação do automóvel pelas vias terrestres abertas à circulação.

21.14. Delito transeunte e não transeunte

Infração penal transeunte (*delicta facti transeuntis*) é a que não deixa vestígios; não transeunte (*delicta facti permanentis*), quando os deixar. São crimes transeuntes, por exemplo, a calúnia (CP, art. 138), a difamação (CP, art. 139), a injúria (CP, art. 140), todos estes se praticados por meio verbal. Como exemplos de crimes não transeuntes podem-se citar o homicídio (CP, art. 121), o estupro (CP, art. 213), as lesões corporais (CP, art. 129).

A importância dessa classificação reside na seara processual penal. Isto porque, quando a infração penal deixar vestígios, torna-se obrigatória a realização do exame de corpo de delito (CPP, art. 158).

21.15. Crime de atentado ou de empreendimento

Cuida-se da **infração penal em que as formas consumada e tentada são equiparadas para fins de aplicação da pena**; isto é, dá-se à tentativa a mesma pena da consumação. Exemplo: CP, art. 352 ("Evadir-se ou tentar evadir-se o preso ou o indivíduo submetido a medida de segurança detentiva, usando de violência contra a pessoa: Pena – detenção, de três meses a um ano, além da pena correspondente à violência").

21.16. Crime em trânsito

Dá-se quando o **agente pratica o fato em um país, mas não atinge nenhum bem jurídico de seus cidadãos**. Também se denomina passagem inocente. Por exemplo, durante um voo internacional, com origem na Argentina e destino à Europa, ocorre um delito no interior da aeronave, envolvendo argentinos, enquanto esta sobrevoava nosso espaço aéreo. Não havendo qualquer reflexo em nosso território, não se justifica a aplicação de nossas leis penais.

21.17. Quase crime

É **sinônimo de crime impossível** (CP, art. 17). Também indica atos subsumidos ao instituto da participação impunível (CP, art. 31).

21.18. Crimes de responsabilidade

Cuida-se de **definição equívoca**. A Constituição Federal utiliza a expressão como sinônimo de infração político-administrativa (ver, entre outros, arts. 29-A, § 2º, 60, XI, 85, 167, § 1º). Não se trata, portanto, sob tal ótica, de crimes na acepção jurídica do termo. Tanto que o agente político que o praticar não fica sujeito a penas criminais, mas a um processo de *impeachment*, o qual pode culminar na perda do cargo e na suspensão de direitos políticos.

Há quem utilize a expressão como sinônimo de crime funcional. Dizem, nesse caso, que haveria crimes de responsabilidade em sentido amplo (as infrações político-administrativas) e os crimes de responsabilidade em sentido estrito (crimes funcionais).

21.19. Crimes hediondos

A primeira norma a utilizar a expressão foi o art. 5º, XLIII, da CF, ao estabelecer: "a lei considerará crimes inafiançáveis e insuscetíveis de graça ou anistia a prática da tortura, o tráfico ilícito de entorpecentes e drogas afins, o terrorismo e os definidos como crimes hediondos, por eles respondendo os mandantes, os executores e os que, podendo evitá-los, se omitirem". O Texto Maior não revelou o conteúdo da expressão, transferindo o mister ao legislador ordinário, que dele se desincumbiu com a Lei n. 8.072/90.

Atualmente, são considerados crimes hediondos:

1) o **homicídio simples**, quando praticado *em atividade típica de grupo de extermínio*, ainda que cometido por um só agente, o **homicídio qualificado** (CP, art. 121, § 2º, I, II, III, IV, V, VII e VIII) e o **feminicídio** (art. 121-A do CP);

2) a **lesão corporal dolosa de natureza gravíssima** (art. 129, § 2º) e **lesão corporal seguida de morte** (art. 129, § 3º), quando *praticadas contra autoridade ou agente descrito nos arts. 142 e 144 da Constituição Federal*, integrantes do sistema prisional e da Força Nacional de Segurança Pública, no exercício da função ou em decorrência dela, ou contra seu cônjuge, companheiro ou parente consanguíneo até terceiro grau, em razão dessa condição;

3) o **roubo circunstanciado pela restrição de liberdade da vítima** (art. 157, § 2º, V), **pelo emprego de arma de fogo** (art. 157, § 2º-A, I) ou **pelo emprego de arma de fogo de uso proibido ou restrito** (art. 157, § 2º-B), bem como o **roubo qualificado pelo resultado lesão corporal grave ou morte** (art. 157, § 3º);

4) a **extorsão qualificada pela restrição da liberdade da vítima, ocorrência de lesão corporal ou morte** (art. 158, § 3º)[16];

---

[16] Interessante observar que a Lei Anticrime (Lei n. 13.964/2019) retirou da lista de crimes hediondos a extorsão com resultado morte (CP, art. 158, § 2º). Nesse aspecto, trata-se de lei penal benéfica, com alcance retroativo, devendo atingir todos os crimes dessa natureza cometidos no passado, de maneira a lhes ser retirada a natureza hedionda e, por consequência, liberando-os das restrições daí decorrentes, como os patamares maiores para progressão de regime ou livramento condicional e a proibição de anistia, graça ou indulto.

5) a **extorsão mediante sequestro e na forma qualificada** (art. 159, *caput* e §§ 1º, 2º e 3º);

6) o **estupro** (art. 213);

7) **estupro de vulnerável** (art. 217-A);

8) a **epidemia com resultado morte** (art. 267, § 1º);

9) a **falsificação, corrupção, adulteração ou alteração de produto destinado a fins terapêuticos ou medicinais** (art. 273, *caput* e §§ 1º, 1º-A e 1º-B, com a redação dada pela Lei n. 9.677, de 2-7-1998);

10) o **favorecimento da prostituição ou de outra forma de exploração sexual de criança ou adolescente ou de vulnerável** (art. 218-B, *caput* e §§ 1º e 2º);

11) o **furto qualificado pelo emprego de explosivo ou de artefato análogo que cause perigo comum** (art. 155, § 4º-A)[17];

12) o crime de **genocídio**, previsto nos arts. 1º, 2º e 3º da Lei n. 2.889, de 1º-10-1956, tentado ou consumado;

13) o crime de **posse ou porte ilegal de arma de fogo de uso proibido**, previsto no art. 16 da Lei n. 10.826, de 22-12-2003[18];

---

[17] O furto qualificado pelo emprego de explosivo ou artefato análogo que cause perigo comum passou a ser hediondo com a Lei Anticrime (Lei n. 13.964/2019), de tal maneira que essa característica incidirá, em tese, apenas para fatos ocorridos a partir do dia 23 de janeiro de 2020. De ver, contudo, que consideramos inaplicável a disposição legal. O legislador foi incoerente ao determinar que o furto em tais condições é hediondo, deixando de dizer o mesmo quanto ao roubo, quando cometido com emprego de explosivo ou artefato similar, causador de perigo comum (art. 157, § 2º-A, II). Essa situação produz, em verdade, não só uma incongruência, mas **ofende o princípio da proporcionalidade,** ao atribuir consequências penais mais severas a uma conduta objetivamente menos grave. Pensamos, em casos como esse, de patente violação à proporcionalidade, que cabe ao Judiciário corrigi-la e, considerando que não pode o juiz considerar hediondo fato não incluído no rol, sob pena de analogia *in malam partem,* resta **desconsiderar o furto qualificado anteriormente citado como infração hedionda.**

[18] Observe-se que a Lei Anticrime modificou a redação do parágrafo único do art. 1º da Lei n. 8.072/90 e, quanto ao crime de porte ilegal de arma de fogo previsto no art. 16 da Lei n. 10.826/2003, substituiu o termo "de uso restrito" por "de uso **proibido**". Assim, o emprego de arma de fogo de uso restrito, como, por exemplo, uma pistola 41 Remington Magnum, deixou de ter natureza hedionda, tratando-se de *novatio legis in melliu*s, de aplicação retroativa, atingindo até a coisa julgada. Por outro lado, tornou-se hediondo o porte ilegal de emprego de arma de fogo de uso proibido, como é o caso das armas de fogo dissimuladas, com aparência de objetos inofensivos (inciso III do art. 2º do Decreto Presidencial n. 9.847, de 25 de junho de 2019). Houve, nesse particular, *novatio legis in pejus,* de eficácia irretroativa. Inicialmente, o STJ, entendeu que o porte de arma de fogo de uso proibido já detinha caráter hediondo, de modo que

14) o **crime de comércio ilegal de armas de fogo**, previsto no art. 17 da Lei n. 10.826, de 22-12-2003;

15) o crime de **tráfico internacional de arma de fogo, acessório ou munição**, previsto no art. 18 da Lei n. 10.826, de 22-12-2003;

16) o **crime de organização criminosa, quando direcionado à prática de crime hediondo ou equiparado;**

17) os **crimes militares próprios equivalentes** aos do art. 1º da Lei n. 8.072/90 (alteração constante da Lei n. 14.688, de 21-9-2023);

18) o **induzimento, instigação ou auxílio a suicídio ou a automutilação realizados por meio da rede de computadores, de rede social ou transmitidos em tempo real** (art. 122, *caput* e § 4º);

19) o **sequestro e cárcere privado cometido contra menor de 18** (dezoito) **anos** (art. 148, § 1º, IV);

20) o **tráfico de pessoas cometido contra criança ou adolescente** (art. 149-A, *caput*, I a V, e § 1º, II);

21) os **crimes previstos no § 1º do art. 240 e no art. 241-B da Lei n. 8.069, de 13 de julho de 1990** (Estatuto da Criança e do Adolescente).

A caracterização de um crime como hediondo depende, portanto, da lei, cujo rol é taxativo.

A hediondez acarreta diversas consequências gravosas ao crime: (i) a insuscetibilidade de fiança; (ii) a proibição de concessão de anistia, graça ou indulto; (iii) a possibilidade de decretação de prisão temporária por 30 dias, prorrogáveis por igual período; (iv) prazos maiores para obtenção de progressão de regime de cumprimento de pena (quarenta e sessenta por

---

a previsão abarcava todo o art. 16 do Estatuto do Desarmamento, e não apenas o *caput* (ver: HC 554.485/SP, rel. Min. Ribeiro Dantas, 5ª T., j. 11-2-2020). Caso subsistisse tal interpretação, isto é, de que, a despeito da referência da Lei à denominação "uso restrito" ou "uso proibido", todo o art. 16 do Estatuto possuía caráter hediondo, nada se alteraria. Contudo, houve posicionamento do STJ a esse respeito: "A Quinta Turma passou a acompanhar o posicionamento da Sexta Turma de que 'deve ser considerado equiparado a hediondo apenas o crime de posse ou porte ilegal de arma de fogo de uso proibido, previsto no art. 16 da Lei n. 10.826/2003, afastando-se o caráter hediondo do delito de porte ou posse de arma de fogo de uso permitido com numeração, marca ou qualquer outro sinal de identificação raspado, suprimido ou adulterado' (AgRg no HC n. 625.762/SP, relator Ministro Nefi Cordeiro, Sexta Turma, julgado em 9-2-2021, *DJe* de 18-2-2021). Nesse sentido: AgRg no HC n. 657.133, Ministro Messod Azulay Neto, *DJe* de 9-2-2023; REsp n. 2.012.083, de minha relatoria, *DJe* de 20-12-2022" (EDcl no AgRg no HC 700.131/RS, rel. Min. Joel Ilan Paciornik, 5ª T., j. 13-6-2023). Veja, por fim, a Súmula 668 do STJ: "Não é hediondo o delito de porte ou posse de arma de fogo de uso permitido, ainda que com numeração, marca ou qualquer outro sinal de identificação raspado, suprimido ou adulterado".

cento[19]); (v) a sujeição a período mais elevado de cumprimento de pena para concessão de livramento condicional (dois terços da pena)[20]; (vi) o impedimento da concessão de saída temporária[21].

21.20. Crime putativo ou imaginário

Crime putativo ou imaginário é **aquele que somente ocorre na mente do sujeito**. Vale dizer, ele pensa que comete um delito, mas, na verdade, não pratica ilícito penal algum.

O **crime putativo pode ser decorrente de erro de tipo** (falsa apreciação da realidade), **de erro de proibição** (má compreensão da proibição inerente a um comportamento) ou **por obra do agente provocador** (induzimento de terceiro, que assegura a impossibilidade de consumação do ato).

No chamado *delito putativo por erro de tipo* ou *crime imaginário por erro de tipo*, o delito se circunscreve à mente do autor. Objetivamente, contudo, não há crime algum. Exemplo: uma mulher ingere substância de efeito abortivo pretendendo interromper seu estado gravídico, porém a gravidez é somente psicológica. Não houve aborto, a não ser na mente da mulher (crime, portanto, imaginário).

No *delito putativo por erro de proibição*, o sujeito realiza um fato que, na sua mente, é proibido pela lei criminal, quando, na verdade, sua ação não caracteriza infração penal. Exemplo: relação incestuosa de um pai com sua filha, maior de idade.

O *delito putativo por obra do agente provocador* dá-se quando o agente pratica uma conduta delituosa induzido por terceiro, o qual assegura a impossibilidade fática de o crime se consumar. Exemplo: policial à paisana finge-se embriagado para chamar a atenção de um ladrão, que decide roubá-lo; ao fazê-lo, contudo, é preso em flagrante. Nesse caso, não há crime algum, porque não há crime quando a preparação do flagrante pela polícia torna impossível a consumação (Súmula 145 do STF).

---

[19] Quarenta por cento é a fração exigida do sentenciado primário e sessenta por cento do reincidente em crime hediondo ou equiparado (LEP, art. 112, V e VII). Em se tratando de feminicídio, o patamar necessário para ser promovido do regime mais severo ao mais brando é de 55% da pena, se primário, e de 70%, se reincidente. Nos demais delitos hediondos e equiparados com resultado morte, as frações correspondentes são 50% e 70%.

[20] No caso de reincidente em crime hediondo ou equiparado ou condenado por delito hediondo ou equiparado com resultado morte, proíbe-se a concessão de livramento condicional. Além disso, o lapso para progressão é superior, pois o sentenciado deverá cumprir cinquenta por cento da pena, quando primário, ou setenta por cento, se reincidente em delito hediondo ou equiparado com resultado morte (LEP, arts. 112, VI e VIII).

[21] LEP, art. 122, § 2º.

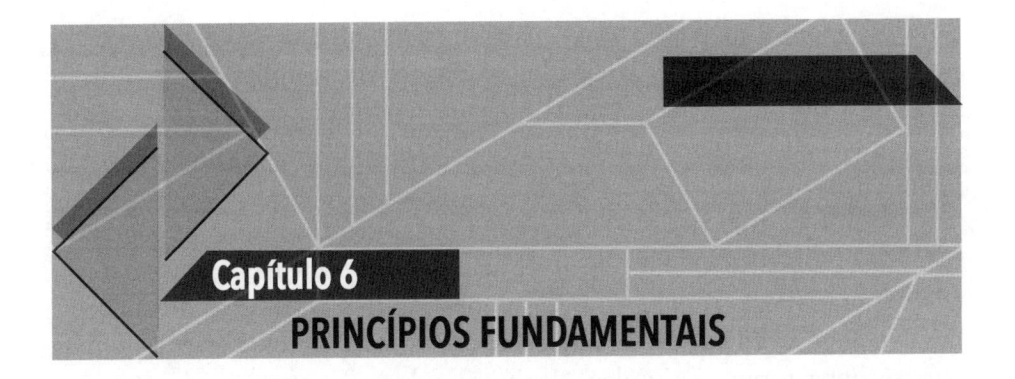

Capítulo 6

PRINCÍPIOS FUNDAMENTAIS

1. NORMAS JURÍDICAS (REGRAS, PRINCÍPIOS E POSTULADOS)

1.1. Introdução

O debate científico acerca das espécies de normas jurídicas, suas características e diferenças, revela-se tarefa de destacada importância, de maneira a favorecer uma aplicação racional e científica, abandonando-se o empirismo e a atecnia.

Há em doutrina diferentes concepções a respeito da natureza dos princípios enquanto normas jurídicas e dos elementos que os apartam das demais espécies normativas, desde aquelas consideradas "fracas", pois calcadas na intensidade das qualidades (comuns) atribuídas a princípios e regras, até outras apontadas como "fortes", por identificarem atributos diversos a tais categorias.

Desde a elaboração de nosso trabalho de doutoramento, passamos a adotar a distinção proposta por Humberto Ávila, em sua obra *Teoria dos princípios – da definição à aplicação dos princípios jurídicos* (2015), que, a par de reconhecer qualidades essenciais que distinguem princípios e regras, demonstra a importância, sob o aspecto científico, de não se confundirem estes com os postulados, resultando numa classificação tripartite de normas jurídicas.

Entende-se por distinção "fraca" aquela que separa princípios e regras com base na intensidade ou nível das características comuns que possuem enquanto espécies normativas; ou seja, ambos seriam dotados das mesmas propriedades, porém em graus diferentes. Inserem-se nesse âmbito aquelas definições que apontam terem os princípios elevado grau de abstração e generalidade e, por conta disso, demandarem alto grau de subjetividade do aplicador, diferentemente das regras, dotadas de maior concretude e especificidade, reduzindo a discricionariedade em seu manejo. Essas correntes, contudo, revelam-se pouco precisas, pois todas as normas jurídicas, tendo como apoio a linguagem, carecem de um certo nível de indeterminação e, portanto, demandam uma atividade complementar do aplicador no sentido de reconstruir seu sentido e lhe atribuir um significado; afinal, não se pode confundir o dispositivo (ou enunciado legislativo) com a própria norma (comando deôntico subjacente).

Outro vetor que se reconhece em tais correntes reside no conteúdo valorativo, o qual seria inerente aos princípios e ausente nas regras. Ocorre, porém, que as regras também são inspiradas em fins; todas elas são concebidas teleologicamente e, em sua aplicação, deve-se ter em vista esses objetivos para os quais foram instituídas. Nenhuma delas, com efeito, pode ser tratada como fim em si mesmo, o que ensejaria uma aplicação automatizada e, por vezes, irrefletida e até mesmo, sobretudo em matéria penal, despótica.

Nem todo princípio, ademais, possui elevado grau de abstração e generalidade, bastando citar como exemplo o princípio da retroatividade benéfica da lei penal, previsto no art. 5º, XL, da CF, veiculado em texto cuja precisão linguística não permite elevada margem criativa por parte do intérprete.

Considera-se distinção "forte" a que identifica elementos distintivos entre princípios e regras, isto é, que encontra atributos diversos numa e noutra espécie normativa. A esta pertencem as concepções de Alexy e Dworkin, justamente porque propugnam não possuírem regras e princípios as mesmas propriedades. O cerne dessa corrente é a ideia de que diferem pelo modo de aplicação e pela forma de solução de conflitos.

Alexy, nesse sentido, sustenta que os princípios são aplicados em parte, pouco a pouco, e as regras, de maneira integral, por meio da técnica da subsunção. Quanto à forma de solucionar eventuais conflitos, no caso daqueles, utiliza-se a técnica da ponderação ("solução conciliadora"). Sua proposta visa, ainda, solucionar possíveis colisões entre direitos fundamentais, aos quais reputa a natureza de princípios; assevera o autor, ainda, que os princípios constituem mandados de otimização e, nessa medida, estabelecem ideais a serem atingidos, podendo ser aplicados em diferentes graus.

Quanto às regras, afirma que sua formulação, a qual se dá por meio da descrição de hipóteses e respectivas consequências, conduz a que sejam aplicadas mediante subsunção e que eventuais antinomias devam ser solucionadas de modo mais retilíneo, ou seja, concluindo-se pela invalidação de uma delas ou por tê-la como exceção frente a outra.

A despeito de procurar estabelecer um critério científico para a possível colisão de princípios e, nessa medida, de direitos fundamentais, Alexy não consegue abrir mão, em sua construção teórica, da subjetividade inerente à análise do aplicador da lei quanto à atribuição de peso aos vetores colidentes.

Deduzir, porém, que as regras são aplicadas por subsunção e os princípios mediante ponderação não é de todo preciso, pois toda norma (de primeiro grau) exige, em certa medida, uma análise de ponderação entre razões e contrarrazões que justificam sua aplicação.

De lembrar-se, ainda, que até mesmo as regras podem ser superadas e, portanto, afastadas, a despeito da correspondência entre o fato e seu conteúdo, quando sua incidência se apartar da finalidade que lhes dá suporte; isso ocorre quando surgem razões extraordinárias que, com base no postulado da razoabilidade, justificam tal postura. As regras, destarte, não podem ser apontadas como integrantes do mundo do juridicamente existente e peremptoriamente válido, ainda que em conformidade com a Constituição Federal, posto que, quando o caso a ela se amoldar, mas se divorciar radicalmente do fim a que ela se propõe a atender, deve-se afastar sua consequência; dessa maneira, ela será válida, mas inaplicável à espécie (e, portanto, ineficaz), pois sua aplicação não pode ser – repise-se – automatizada. O postulado da proporcionalidade pode, ademais, orientar não apenas conflito entre princípios, mas igualmente entre regras.

De ver, ainda, que no embate entre regras e princípios de mesmo nível hierárquico a regra, por ser dotada de maior especificidade, deve ter primazia (ÁVILA, 2015, p. 115). Cuida-se de solucionar eventual antinomia pelo critério da especialidade, sobrepondo-se, então, a regra (norma especial) sobre o princípio (norma geral). Ávila pondera que a proeminência da regra sobre o princípio de igual hierarquia decorre da função decisiva de que a primeira é dotada, em cotejo com a função complementar do outro: "A regra consiste numa espécie de decisão parlamentar preliminar acerca de um conflito de interesses e, por isso mesmo, deve prevalecer em caso de conflito com uma norma imediatamente complementar, como é o caso dos princípios. Daí a função eficacial de trincheira das regras" (2015, p. 129).

1.2. Distinção entre princípios e regras

Concordamos com Ávila quando propõe o abandono da distinção dual e estanque entre princípios e regras em favor da adoção de uma **classificação tripartite e fluida**, que conduz ao reconhecimento de **três espécies normativas: regras e princípios** (normas de primeiro grau) e **postulados** (normas de segundo grau ou metanormas). Além disso, tendo em mente a diferença entre dispositivo (ou enunciado legislativo) e norma jurídica (comando decorrente da interpretação do texto, numa atividade de reconstrução em que se embutem conexões axiológicas por parte do intérprete), **um mesmo dispositivo pode gerar regra, princípio e postulado, conforme se enfatize o aspecto comportamental (regra), finalístico (princípio) ou metódico (postulado).**

A título ilustrativo, pode-se demonstrar a multiplicidade de normas extraíveis a partir de um mesmo referencial cotejando o dispositivo constitucional que descreve a necessidade de se definir o crime e cominar a pena por meio de lei anterior (art. 5º, XXXIX, da CF). Dele se pode extrair uma regra, consubstanciada na norma segundo a qual a instituição de um crime por meio de outro instrumento que não a lei (*v.g.*, os costumes) gera sua invalidação. Pode, ainda, germinar um princípio – a legalidade penal – que embute elementos finalísticos de segurança jurídica e liberdade, como valores a serem atingidos. É possível, ademais, reconhecer-se um postulado: porque limita a interpretação e aplicação da lei penal a parâmetros jungidos à reserva legal e à taxatividade da lei.

Assim como é possível extrair de um único dispositivo várias normas, pode-se retirar de vários dispositivos (conjugados) uma mesma norma. Assim, a partir do reconhecimento da existência de diversos mandados de criminalização expressos na Constituição Federal, pode-se retirar o postulado da proibição de proteção insuficiente ou proibição de infraproteção.

Não há, portanto, correspondência biunívoca entre dispositivo e norma, de tal modo que pode haver norma sem dispositivo (como ocorre com a segurança jurídica); dispositivo sem norma (podendo ser citada a invocação da proteção de Deus no preâmbulo da Constituição); norma resultante de vários dispositivos; um único dispositivo apto a ensejar mais de uma norma.

Cabe ao intérprete, enfim, reconstruir o significado da norma, a partir do enunciado legislativo. Sublinhe-se que não se cuida de descrevê-lo, mas de reconstruí-lo, a partir de conexões axiológicas, que não podem ser indiscriminadamente empregadas, mas se vinculam a partir de possibilidades interpretativas atreladas ao uso linguístico e aos fins prescritos (expressa ou implicitamente).

1.2.1. Critérios usualmente empregados para a distinção entre regras e princípios

A **doutrina majoritária** costuma empregar os seguintes critérios para diferenciar regras e princípios: (i) o **caráter hipotético-condicional**; (ii) o **modo final de aplicação**; (iii) o **relacionamento normativo**; (iv) o **fundamento axiológico**.

O critério do caráter hipotético-condicional consubstancia um critério formal, segundo o qual as regras são construídas por meio da descrição de uma hipótese e da atribuição de consequências. Esse critério, contudo, não se revela preciso por não reconhecer que um princípio, ainda que formulado por meio de um enunciado ou da descrição de uma finalidade a ser atingida, pode ser reformulado por meio de um modelo que siga a diretriz (hipótese-consequência). A diferença não pode se resumir a uma opção linguística. Esse critério faz supor, ainda, que o princípio seria o primeiro passo e a regra o último passo, quando, em verdade, o passo final é a decisão interpretativa. Como pondera Ávila: "O qualificativo entre princípio e regra depende do uso argumentativo e não da estrutura hipotética" (2015, p. 63).

O critério do modo final de aplicação se refere à ideia de que a regra é aplicada de maneira absoluta ("tudo ou nada") e os princípios, de maneira gradual ("pouco a pouco"). As regras, porém, podem admitir situações em que, embora presente a hipótese nela prevista, não se aplique a sua consequência, como se dá no caso em que realizado o contato sexual entre o adulto e o adolescente menor de 14 anos, de maneira voluntária, admitindo-se, dadas as circunstâncias do caso concreto, afastar o reconhecimento de que houve estupro de vulnerável, deixando de se aplicar, como providência final, a pena cominada no art. 217-A do CP. Afinal, como pondera Ávila, "a consequência estabelecida na norma pode deixar de ser aplicada em face de razões substanciais consideradas pelo aplicador".

Dworkin e Alexy afirmam que, se a hipótese descrita na regra for preenchida, sua consequência deve ser implementada. Essa observação é, porém, imprecisa. Casos há em que se aplica a consequência sem que a hipótese descrita na norma tenha se verificado e outros em que, embora presente a hipótese, razões substanciais (por vezes) não consideradas pelo legislador, mas detectadas pelo aplicador, justificam o afastamento da consequência. Por isso, pontifica com acerto Ávila que: "rigorosamente, portanto, não é plausível sustentar que as regras são normas cuja aplicação é certa quando suas premissas são preenchidas". O que as peculiariza, em verdade, é seu grau de rigidez, pois elas somente podem ser superadas diante da excepcionalidade da situação. Deve-se lembrar que os dispositivos resultam de generalizações feitas pelo legislador e, por mais precisos que sejam, podem surgir situações fáticas não previstas *ex ante*.

O critério do relacionamento normativo diz respeito à maneira como seriam dirimidas eventuais antinomias entre cada categoria de espécie normativa. Quando verificada entre regras, surgiria verdadeiro conflito, impondo que uma delas fosse invalidada quando contrariada por outra ou, então, se tornasse uma exceção, vendo seu alcance limitado. No caso dos princípios, teriam eventual colidência resolvida por meio de ponderação, que requer o enfrentamento do caso concreto, a fim de se definir qual deles deve ter primazia para resolvê-lo, sem, contudo, reconhecer-se a invalidade ou excepcionalidade de outro. Repise-se, porém, que se afigura possível solucionar um conflito entre regras mediante ponderação e, ainda, a antinomia entre princípios também pode ser colocada no plano abstrato, gerando-se regra e exceção.

A análise de normas conflitantes, sejam princípios ou regras, sempre dependerá, em certo grau, do sopesamento de razões e contrarrazões. O que se verifica como diferencial é a "intensidade da contribuição institucional do aplicador na determinação concreta dessa relação e quanto ao modo de ponderação". No caso de princípios que se imbriquem, o aplicador trabalha com maior margem de apreciação, a fim de delimitar o comportamento necessário a atingir ou preservar o estado de coisas; nas regras, cumpre-lhe delimitar o conteúdo normativo da hipótese com vistas à subsunção e ao atingimento do fim a que ela se destina.

O critério do fundamento axiológico se dirige a apontar que somente uma das espécies normativas – os princípios – seria apta a conferir razões valorativas para embasar a decisão e inspirar a aplicação de outras normas. Ocorre, porém, que as regras também são dotadas, embora em menor grau, de fundamentos axiológicos, à medida que delas se podem extrair significados finalísticos. Assim, por exemplo, a regra segundo a qual a prescrição da pretensão executória, no caso de evadir-se o condenado ou revogar-se o livramento condicional, deve ser contada com base no restante da pena (CP, art. 113) enseja, além da norma de contagem, um sentido finalístico, segundo o qual "se deve ter a pena cumprida por extinta" (influenciando, a partir daí, a interpretação de outras normas, como a que dispõe a respeito da maneira de se calcular o prazo para obtenção de nova progressão de regime prisional, o qual será baseado no restante da sanção e não em seu total).

1.2.2. Critérios científicos para distinção entre princípios e regras

São **três** esses **critérios**: (i) a **natureza do comportamento prescrito**; (ii) a **natureza da justificação exigida**; (iii) a **medida de contribuição para a decisão**.

Quanto à natureza do comportamento prescrito, **as regras são imediatamente descritivas** (por consubstanciarem obrigações, permissões ou proibições mediante a descrição da conduta a ser adotada) e **mediatamente finalísticas; os princípios**, pelo contrário, **são diretamente finalísticos e secundariamente descritivos ou comportamentais** (por estabelecerem um estado ideal de coisas para cuja realização requer-se a adoção de comportamentos).

Os **princípios**, desse modo, **contêm caráter deôntico-teleológico**, porque estipulam as razões para a existência de prescrições e apontam os caminhos para se preservar ou implementar determinado estado ideal de coisas.

As regras, de sua parte, detêm caráter deôntico-deontológico, pois também estipulam razões para as prescrições, mas estas decorrem de uma norma que indica (descritivamente) o que deve ser feito.

No que tange ao critério da **natureza da justificação** exigida, **as regras**, em face do molde em que costumam advir, com a descrição do comportamento, **permitem uma aplicação ao caso concreto que requer uma carga menor de** justificação para sua incidência. O aplicador deve argumentar de maneira a demonstrar precipuamente uma correspondência da hipótese fática à descrição normativa e, secundariamente, à finalidade que confere suporte à regra. O ônus argumentativo é reduzido, portanto. Hipóteses há, porém, em que, embora a construção fatual se adéque ao modelo abstrato, pode-se notar que não há correlação entre o fato e o fim prescrito na norma, cenário em que se impõe um ônus argumentativo maior (são os chamados "casos difíceis"). Pode-se citar, uma vez mais como exemplo, a situação em que o sujeito, aos 18 anos, pratica contato sexual voluntário com sua namorada de 13 anos, consistente em acariciar, por cima das vestes, o seio da moça. O fato se amolda ao tipo (art. 217-A do CP), mas divorcia-se da finalidade que este implicitamente contempla (a proteção da dignidade sexual e da candura, de modo a colocar a salvo os menores de 14 anos de qualquer tipo de abuso por parte de maiores, que se aproveitem de sua posição de vulneráveis).

Os princípios, de sua parte, **por não prescreverem o comportamento exigido, demandam maior densidade argumentativa.** No caso deles, a norma coloca em primeiro plano o elemento finalístico e não a situação fática, impondo um dever de demonstrar uma correlação entre o efeito da conduta a ser adotada e o atingimento ou realização do estado de coisas como ideal a ser atingido.

Não se trata, portanto, de centrar a diferença no modo de aplicação, mas no modo de justificação necessário à aplicação.

Ávila aduz, ainda, que as regras têm caráter primariamente retrospectivo, pois reconstroem, em seu texto, situações fáticas precedentes e reconhecidas pelo legislador como merecedoras de disciplina. Essa característica se vê bem destacada em normas penais, particularmente nos tipos incriminadores, pois, com base na experiência passada, de atos graves e merecedores de maior censura, são estes transformados em delitos, impondo-lhes as penas criminais. Os princípios, por sua vez, têm caráter primariamente prospectivo, porquanto não se limitam a determinadas hipóteses fatuais pretéritas, mas estabelecem uma direção, um norteamento, um fim a ser atingido, predeterminando um estado de coisas ideal que deve servir de guia para estabelecer quais comportamentos lhe guardam correlação.

Com respeito ao **critério da medida de contribuição para a decisão, os princípios não apontam soluções específicas, mas visam a contribuir – ao lado de outras razões – para que se atinja o estado ideal com a tomada da decisão.** São, portanto, normas primariamente complementares e preliminarmente parciais.

As regras têm o propósito de trazer uma solução específica e, nessa medida, servir de base para a prolação da decisão. São, nessa medida, normas preliminarmente decisivas e abarcantes.

Os princípios, ainda, exigem uma colaboração construtiva do aplicador, justamente por não preestabelecerem as condutas que devem ser adotadas, mas os fins a serem logrados e, desse modo, em parceria com o aplicador, fornecem os caminhos para que este defina os comportamentos que guardaram correlação com os objetivos aptos a conduzirem ao estado de coisas almejado.

1.3. Conceito

Em face das diferenças anteriormente apontadas, pode-se dizer que **as regras são normas de primeiro grau imediatamente descritivas (e secundariamente finalísticas), de caráter precipuamente retrospectivo e com pretensão de decidibilidade e abrangência, cuja aplicação requer um exame de correspondência entre o fato concreto e a hipótese nela descrita,** sempre com vistas à finalidade a ela subjacente e aos princípios que lhe conferem suporte.

Os **princípios são normas de primeiro grau diretamente finalísticas, de natureza principalmente prospectiva e com pretensão de complementariedade e de parcialidade, cuja aplicação exige uma análise de correlação entre os efeitos dos comportamentos possíveis para atender ao estado ideal de coisas.**

1.3.1. Eficácia dos princípios

Os princípios (assim como as regras) têm eficácia interna (direta e indireta, que dizem respeito aos efeitos exercidos sobre outras normas) e externa (que se refere aos efeitos sobre fatos e provas).

A **eficácia interna direta dos princípios, dada sua construção finalística, se traduz em propiciar uma solução, sem intermediação ou interposição, de casos concretos.** Trata-se da função integrativa, em que o princípio complementa o ordenamento jurídico, dele se retirando diretamente a solução para o caso analisado. Pode-se citar, como exemplo, o emprego do princípio do devido processo legal para assegurar que se estabeleça a contagem de prazos recursais a partir da intimação da parte, ainda que a lei não o preveja.

A **eficácia interna indireta dos princípios consiste em sua atuação mediante intermediação ou interposição entre outro subprincípio ou regra.** Daí decorrem as funções definitória (revelando o alcance do comando mais amplo) e interpretativa. Mencione-se, a título ilustrativo, a intermediação entre o subprincípio da taxatividade e o da legalidade penal (o primeiro revela que a lei penal deve ser dotada de conteúdo determinado, impedindo o arbítrio total do julgador na decisão a respeito da configuração do comportamento criminoso e, com isso, garantindo a segurança jurídica que o princípio da legalidade penal pretende fornecer). Há, ainda, a função bloqueadora, consistente em impedir qualquer interpretação que contrarie os fins acolhidos na norma ou que colidam com o estado ideal de coisas que o princípio busca atingir.

Para Ávila, os sobreprincípios, como a dignidade humana, cumprem a função interpretativa e bloqueadora, mas não a integrativa (por não terem atuação direta sobre a controvérsia) e a definitória (pois são muito amplos e a função definitória requer soluções específicas). Assim não nos parece, contudo, pois a dignidade da pessoa humana, inegável sobreprincípio, pode ser empregada para determinar, diretamente, a solução a ser adotada, na ausência de outras normas que definam os comportamentos necessários. Esse foi o critério utilizado pelo Supremo Tribunal Federal, por exemplo, para definir que o Judiciário pode exigir que o Estado implemente reformas materiais básicas em estabelecimentos prisionais, visando a atender condições minimamente condizentes com a dignidade do homem.

Os sobreprincípios contêm uma função que só a eles acomete: a função rearticuladora, por organizar a correlação entre subprincípios e regras pertinentes.

A **eficácia externa diz respeito à irradiação dos princípios sobre fatos ou provas** e pode ser subdividida em objetiva ou subjetiva.

A eficácia externa objetiva consubstancia a capacidade de influenciar a seleção dos fatos que servirão de base à tomada de decisão (eficácia seletiva), pois estes não se apresentam brutos ao intérprete, mas construídos. É o próprio intérprete quem decide, em larga medida, quais fatos são pertinentes à solução da controvérsia. Há, ainda, uma função eficacial valorativa, porquanto, após selecionar os fatos relevantes, é necessário privilegiar os aspectos que confiram proteção ao bem jurídico. A eficácia argumentativa, por derradeiro, reside em que a adoção de uma medida que restrinja determinado princípio deverá vir acompanhada de razões justificativas para tal postura – quanto maior a restrição, mais elevado será o ônus argumentativo.

A eficácia externa subjetiva trata-se de uma função de defesa ou resistência (em que o princípio protege direitos subjetivos de indevidas intervenções estatais) e de uma função protetora (na qual garante a adoção de medidas necessárias à proteção dos direitos de liberdade).

1.3.2. A força normativa dos princípios e sua eficácia *prima facie*

É essencial para o ordenamento jurídico conter princípios e regras. Só com princípios, dada sua maior indeterminação, as normas seriam por demais flexíveis. Só com regras, por sua maior determinação, seriam as normas excessivamente rígidas. Cada espécie normativa, portanto, desempenha um papel diferente e essencial.

Os **princípios detêm força normativa**, pois englobados pelo ordenamento jurídico como prescrições instituidoras de finalidades a serem atingidas, ou de estados ideais de coisas a serem logrados.

De se questionar, porém, a ideia presente em Alexy e Dworkin, de que os princípios têm eficácia *prima facie* e provisória e, portanto, seriam necessariamente defectíveis. Conforme pondera Ávila, essa característica está presente em alguns princípios, mas não constitui sua essência. A ponderabilidade, nesse sentido, não é característica imanente aos princípios, mas contingente. Ela só deve existir se houver horizontalidade entre eles; ocorre, porém, que referida horizontalidade nem sempre se verifica. Há princípios estruturantes (como o Estado de Direito, o princípio federativo e o da separação de poderes) que são dotados de eficácia duradoura e imune à ponderação e nem por isso deixam de ser princípios. Os princípios, nesse sentido, não formam uma "massa homogênea" ou um "bloco monolítico". Há uns que se sobrepõem a outros.

O elemento essencial dos princípios, em verdade, é a indeterminação estrutural, pois são prescrições finalísticas com elevado grau de generalidade, sem preverem consequências específicas previamente determinadas.

1.3.3. Eficácia das regras

As **regras também têm eficácia interna** (que atua sobre outras normas) **e externa** (traduzida, sobretudo, no efeito de estabelecer condutas).

A eficácia interna direta se cuida de uma eficácia preliminarmente decisiva, pois elas propiciam uma solução provisória para determinado conflito de interesses. A eficácia interna indireta se espelha no fato de as regras cumprirem, em relação aos princípios, o papel de orientar sua aplicação, delimitando o comportamento a ser adotado. Trata-se de uma função definitória ou de concretização. Conforme aduz Ávila: "As regras possuem uma rigidez maior, na medida em que a sua superação só é admissível se houver razões suficientemente fortes para tanto, quer na própria finalidade subjacente à regra, quer nos princípios superiores a ela".

Não procede, por tal motivo, a ideia de que a violação de um princípio é mais grave que de uma regra. Esta se assenta em que a ofensa ao princípio resultaria no desrespeito de vários comandos e dos valores inerentes ao cerne do ordenamento jurídico. O princípio, contudo, não "vale" mais que a regra; a distinção entre tais espécies normativas não se coloca no plano hierárquico, mas em suas diferentes funções e finalidades. Além disso, a regra não é axiologicamente neutra. Descumpri-la, portanto, também importa em desrespeitar valores.

O descumprimento da regra, por ser frontal, se afigura mais reprovável, posto pressupor a inobservância daquilo que se sabia (claramente) que deveria cumprir. Na regra, conhece-se com maior evidência o comando, pois nela se encontra prescrito o comportamento devido, diferentemente do princípio, que não preestabelece as condutas necessárias à consecução dos valores ou finalidades que alberga.

As regras, ademais, são normas cuja superabilidade é mais rígida em comparação com os princípios. A única hipótese em que se pode razoavelmente admitir a superação de uma regra por um princípio (da mesma hierarquia) se dá quando socorrem razões extraordinárias que impedem a incidência da regra (como, por exemplo, no confronto entre a dignidade da pessoa humana e a regra que prescreve a ordem de pagamento de precatórios).

A eficácia externa das regras consiste preponderantemente em estabelecer condutas. Daí advém: (i) sua eficácia argumentativa direta (quando a regra elege um meio para a consecução de um fim, exclui a adoção de outros que busquem lograr a mesma finalidade); (ii) eficácia argumentativa indireta (excluem-se outras razões que poderiam presidir ou inspirar a solução do conflito, pois a existência da regra torna-a, ela própria, a razão de decidir).

1.3.4. Superabilidade das regras

Não há dúvida de que as regras merecem obediência. Não se cuida, todavia, de merecerem observância somente por se cuidar de um comando advindo de autoridade constituída, ao qual se prestaria obediência *per se*. O dever de respeito às regras, em verdade, se presta ao cumprimento de diversos fins essenciais à vida em coletividade: (i) as regras afastam a incerteza; (ii) eliminam ou reduzem a arbitrariedade; (iii) evitam problemas de coordenação entre as pessoas e dificuldades de deliberação e conhecimento.

Sua obediência é, portanto, necessária ao convívio social, além de constituir fator de coesão, paz e se revelar essencial para a estrutura e funcionamento da sociedade. Como sintetiza Ávila: "Elas devem ser obedecidas, de um lado, porque sua obediência é moralmente boa e, de outro, porque produz efeitos relativos a valores prestigiados pelo próprio ordenamento jurídico, como segurança, paz e igualdade". Bem por isso, afigura-se equivocado exaltar os princípios e, reflexamente, menoscabar as regras, como se fossem normas de "segundo escalão".

Muito embora sejam dotadas de maior rigidez e de observância necessária, as regras admitem superação, mediante o emprego de um modelo bidimensional, que se pauta por requisitos materiais e formais (ou procedimentais).

Como requisito material, deve-se observar se o desrespeito conflita ou promove o valor subjacente à regra (no caso, o valor substancial especificamente albergado na norma) e, ainda, se coloca em risco a segurança jurídica (valor formal inerente a qualquer regra). Em face disso, pode-se concluir que a superação de uma regra será tão mais difícil quanto mais caro for o ideal de segurança jurídica que a inspire. No Direito Penal, ramo jurídico para o qual a segurança jurídica constitui uma questão capital, a superação da regra, embora não seja impossível, afigura-se mais difícil e impõe um ônus argumentativo ainda maior; quanto mais forte o valor subjacente da segurança jurídica, destarte, tanto mais rígida será a norma. A superação de uma regra exige a análise dessa repercussão para a maioria dos casos – se põe em risco, ou não, sua uniformidade. "A decisão individualizante de superar uma regra deve sempre levar em conta seu impacto para aplicação das regras em geral".

As regras possuem eficácia decisiva, definitória e de trincheira e, embora superáveis, somente o são por razões extraordinárias e mediante ônus de fundamentação maior. Cumpre, portanto, como requisitos procedimentais: (i) demonstrar a incompatibilidade entre a regra e a finalidade subjacente (material ou específica); (ii) demonstrar que o afastamento da regra – *in concreto* – não conduz à insegurança jurídica (finalidade formal ou constante); (iii) deve-se adotar fundamentação escrita e logicamente estruturada; (iv) deve haver comprovação condizente para legitimar a violação da regra.

1.4. Postulados (normas de segundo grau ou metanormas)

Todo objeto cultural exige condições essenciais para sua apreensão – tais condições são os chamados postulados. Estes são metanormas, normas de segundo grau ou normas sobre normas, pois estabelecem o método pelo qual as demais normas (regras ou princípios) deverão ser aplicadas.

Os postulados não se confundem com princípios ou regras, podendo-se identificar **três fatores de distinção:**

a) **quanto ao nível**: os princípios e regras são normas objeto de aplicação (elas é que apontam qual a solução dos conflitos), enquanto os postulados orientam a aplicação dos princípios ou regras (estabelecem o método para sua incidência);

b) **quanto ao destinatário**: os princípios e regras dirigem-se ao Poder Público e às pessoas, cujo comportamento se vê possivelmente abrangido pela norma, ao passo que os postulados têm como destinatário necessariamente o aplicador da lei. Assim, por exemplo, cabe ao Poder Público respeitar o princípio da legalidade (art. 5º, XXXIX, da CF) e às pessoas observarem a regra segundo a qual é proibido matar (art. 121 do CP); mas a nenhum deles se dirige o postulado da proporcionalidade, o qual tem como sujeito o cientista ou o aplicador da lei, ao dirimir um conflito entre normas, orientando-se pela solução adequada;

c) **quanto ao relacionamento**: princípios e regras implicam-se reciprocamente, delimitando, os primeiros, os fins a serem atingidos, o estado ideal de coisas a ser logrado e, as outras, os comportamentos necessários para cumprir tais propósitos; os postulados, de sua parte, não conflitam com nenhum princípio ou regra, porém, repise-se, orientam o método pelo qual serão aplicados.

Os postulados, portanto, não são princípios, pois não estipulam um dever-ser ideal, não são cumpridos de modo gradual e não possuem um peso flutuante. Igualmente não são regras, porque não descrevem nenhum comportamento e não são cumpridos de modo integral, além de não poderem ser excluídos do ordenamento jurídico.

Os postulados podem ser divididos em hermenêuticos e aplicativos.

Dos primeiros, desponta o da unidade do ordenamento jurídico, que tem como subpostulados o da coerência e o da hierarquia.

A necessidade de se delimitar o conteúdo da dignidade humana (sobreprincípio) dentro da própria Constituição Federal deriva do postulado da unidade do ordenamento jurídico.

Quanto ao postulado da coerência, Ávila propõe um modelo de sistematização de normas circular (e não linear), em que a norma superior condiciona a inferior e esta contribui para a definição daquela. Além disso, esse modelo se revela complexo e gradual, pois não supõe apenas uma relação vertical, mas várias relações horizontais.

Esse é o modelo que defendemos em vista da delimitação do âmbito do sobreprincípio da dignidade humana, em que os demais princípios e regras constitucionais nele encontram seu fundamento e, reflexamente, contribuem para sua definição.

A coerência deve ser formal (que traduz a ideia de consistência e completude) e material ou substancial (relativa à conexão positiva de sentido).

A relação de coerência formal se estabelece nos planos vertical (da norma superior para a inferior e vice-versa) e horizontal (da norma geral para a especial e vice-versa). As normas superior e inferior, bem como geral e especial, atuam umas sobre outras, propiciando uma eficácia recíproca (e não unidirecional).

A coerência substancial se dá com a fundamentação por suporte (que impõe uma cadeia de conexões axiológicas, que irradia de normas com maior abertura para outras, com menor significação) e com a fundamentação por justificação recíproca (empírica, analítica e normativa). A justificação recíproca empírica dispõe que a existência do primeiro elemento é condição fática necessária para a existência de outro (*v.g.*, a instituição duradoura dos direitos fundamentais é condição fática necessária para a instituição igualmente duradoura do Estado Democrático de Direito); a justificação recíproca analítica estabelece que a existência do primeiro é condição conceitual para a existência do outro (*v.g.*, a eficácia dos princípios da legalidade e da culpabilidade é condição conceitual necessária para a existência de um regime democrático em matéria penal); a justificação recíproca normativa conduz a que os enunciados específicos fundamentem o geral e vice-versa (*v.g.*, os subprincípios da reserva legal, da anterioridade e da taxatividade ascendem em direção ao sobreprincípio da segurança jurídica – inerente à legalidade penal –, o qual descende em direção àqueles, orientando sua significação semântica).

Além dos postulados hermenêuticos, há os postulados normativos aplicativos, os quais se mostram fundamentais para a compreensão concreta do Direito, sobretudo para solucionar antinomias "contingentes, concretas e externas".

Dentre os principais, destacam-se a proporcionalidade, a razoabilidade, a proibição de excesso e a proibição de proteção deficiente. Esses postulados operam como estrutura para a aplicação de outras normas. Muito embora sejam frequentemente descritos como princípios, a razoabilidade e a proporcionalidade não estabelecem um comportamento e a respectiva consequência ou um estado ideal de coisas a ser promovido. São, em verdade, postulados, pois, enquanto normas de segundo grau ou metanormas, estabelecem o método pelo qual as normas de primeiro grau podem ser aplicadas. Quem define a razoabilidade ou a proporcionalidade como princípio, no dizer de Ávila, troca a balança pelos objetos que ela pesa.

No exame da razoabilidade (ou razoabilidade-equivalência), analisa-se a norma que institui a intervenção na esfera individual ou coletiva para verificar se há equivalência entre sua dimensão e o que pretende punir ou promover. No exame da proporcionalidade, como se verá, "investiga-se a norma que institui a intervenção ou exação para verificar se o princípio que justifica sua instituição será promovido e em que medida os outros princípios serão restringidos".

1.4.1. Postulados específicos ou condicionais

Ávila defende que há postulados inespecíficos ou incondicionais, de natureza eminentemente formal, por configurar ideias gerais, despidas de critérios orientadores de aplicação. Existem, ainda, os postulados específicos ou condicionais, que, embora também sejam formais, têm sua aplicação sujeita à verificação de determinados elementos, sendo pautados por critérios determinados. É o caso da igualdade, da razoabilidade e da proporcionalidade.

1.4.1.1. O postulado da igualdade

A igualdade, deve-se ponderar de início, pode consubstanciar uma regra, um princípio ou um postulado. Enquanto regra, impede que seja adotado tratamento discriminatório. Como princípio, institui um estado ideal de coisas, consistente na busca de um *status* isonômico como fim a ser promovido. Sob a forma de postulado, estrutura a aplicação do Direito em função de elementos, consistentes no critério de diferenciação e na finalidade do discrímen, bem como na relação entre ambos.

1.4.1.2. A razoabilidade

A razoabilidade pode ser empregada em três diferentes acepções: a) como diretriz que aponta a necessidade de se estabelecer uma relação entre a norma geral e as particularidades do caso concreto; b) como parâmetro que impõe uma vinculação da norma jurídica à realidade concreta à qual faz referência, reclamando um suporte empírico adequado entre a medida e o fim; c) como caminho a se estabelecer uma equivalência entre duas grandezas.

Quanto à harmonização da norma geral ao caso individual, ela constitui um critério de equidade, impondo que seja analisado o *id quod plerumque accidit*. Não se considerou razoável, como ilustra Ávila, em julgamento efetuado pelo Supremo Tribunal Federal, considerar abusivo o segundo pedido de adiamento do plenário do Júri, efetuado pelo advogado, motivado por uma recomendação de repouso por duas semanas. O juiz, presumindo maliciosa a postura do defensor, indeferiu o pedido e determinou a realização do julgamento com defensor dativo. O Tribunal considerou desarrazoado supor a má-fé do causídico, estabelecendo que, ao que se presume e, portanto, se mostra razoável, as pessoas agem de boa-fé e dizem a verdade, e não o contrário.

No que tange à vinculação da norma à realidade, a razoabilidade atua como forma de se impor uma relação de congruência, exigindo recorrer-se a um suporte empírico existente. A Suprema Corte, ilustra o autor, considerou desarrazoada lei estadual que concedia adicional de férias a servidores inativos, por absoluta carência de suporte empírico, já que o benefício era absolutamente destituído de causa. Cita, ainda, a invalidade de lei que concedeu a secretário de Estado o direito de ter seu tempo de serviço contado em dobro para efeitos de aposentadoria.

A razoabilidade, por fim, pode atuar como equivalência, num confronto entre a medida adotada e o critério que a dimensiona. Pode-se citar, por exemplo, a diretriz estabelecida no Código de Processo Penal, no sentido de que o juiz, tendo em conta a alegação de escusa de consciência por parte do jurado, estabeleça uma medida social alternativa para o cidadão que se afigure equivalente (do ponto de vista da razoabilidade) ao ônus que ele sofreria caso atuasse no Tribunal Popular (art. 438). Deve-se sublinhar que o postulado da razoabilidade não se confunde com o da proporcionalidade, pois o primeiro não faz nenhuma referência a uma relação de causalidade entre meio e fim, como o outro, conforme adiante se demonstrará.

1.4.1.3. O postulado da proporcionalidade

A ideia de proporção é corrente na Teoria do Direito. Em matéria penal, por exemplo, se diz que a pena deve ser proporcional à gravidade do fato praticado. Essa noção, porém, não corresponde ao postulado da proporcionalidade. Este somente se aplica, enquanto metanorma, quando existir situações em que seja possível identificar um meio visando à consecução de determinado fim, avaliando-se a conexão entre ambos, mediante três exames fundamentais: (i) o da adequação, para saber se o meio promove o fim visado; (ii) o da necessidade, a fim de determinar se, entre os meios possíveis, há outros menos restritivos dos direitos fundamentais (e ao mesmo tempo aptos a satisfazer o fim); (iii) o da proporcionalidade em sentido estrito, isto é, analisar se as vantagens promovidas superam as desvantagens provocadas pelo emprego do meio. Convém deter-se, nesse passo, a uma reflexão acerca dos exames que o postulado demanda.

O exame ou juízo de adequação exige uma relação empírica entre meio e fim, pela qual se possa constatar que aquele conduz à realização deste. A adequação demanda responder a três perguntas: (i) o que se entende por meio "adequado"?; (ii) como deve ser analisada a relação de adequação?; (iii) qual a intensidade do controle das decisões adotadas pelo Poder Público?

Quanto a saber o que se entende por meio adequado, essa verificação pode levar em conta aspectos quantitativos, qualitativos e probabilísticos (ou estatísticos). Trata-se de saber se o meio promove mais ou menos o fim; se o realiza de maneira melhor ou pior; se tende a concretizá-lo com maior ou menor grau de certeza.

Ilustra-se com a análise da postura da Administração que, na compra de vacinas para combater determinada epidemia disseminada em estabelecimentos penais, pode optar por uma que elimine todos os sintomas (superior, portanto, em termos quantitativos), mas cuja eficácia para a maioria da população carcerária não tenha sido comprovada (inferior em termos probabilísticos), ou, ainda, escolher outra que cure somente os efeitos principais (quantitativamente inferior), mas cuja eficácia tenha sido testada em outras ocasiões (superior estatisticamente).

Essas ponderações, contudo, remetem à questão de saber se a Administração e o Legislativo podem ser compelidos, pelo Poder Judiciário, a escolher o meio mais intenso, melhor e mais seguro para atingir o fim ou se, por outro lado, o dever se restringe à eleição de um meio qualquer, desde que este, de algum modo, promova o fim? O dever do Estado consiste em escolher, segundo pensamos, entre os disponíveis, um meio que satisfaça o fim, mesmo não sendo este o "melhor". Em primeiro lugar, nem sempre se pode estabelecer, de antemão, qual deles é o "melhor". Além disso, o princípio da separação de poderes (art. 2º da CF) impõe que seja respeitada, pelo Judiciário, a escolha da Administração ou do Legislativo, conquanto sua escolha promova minimamente o fim colimado. Ressalve-se, porém, quanto à exigência de empregar o meio mais intenso, no caso o Direito Penal, quando houver determinação do Texto Maior nesse sentido, isto é, quando existir algum mandado de criminalização. Deveras, não se pode admitir, *v.g.*, que o racismo ou o tráfico ilícito de drogas sejam meros ilícitos civis e/ou administrativos, impondo-se que constituam infrações penais, tendo em vista os comandos contidos no art. 5º, XLII e XLIII, da CF.

Quanto ao modo como se deve analisar a relação de adequação, este pode se dar em três diferentes dimensões: abstração/concretude, generalidade/particularidade e antecedência/posteridade.

Trata-se de exigir, sob a primeira dimensão, uma verificação abstrata, no sentido de determinar se a medida, em tese, satisfaz o fim ou, de outro lado, se o correto é optar por uma análise em concreto, isto é, constatando se a medida efetivamente realizou o objetivo visado.

Quanto à generalidade ou particularidade, cuida-se de decidir se a exigência é de adotar uma medida que se revela geralmente adequada a cumprir o desiderato, por ter sido ele atingido na maioria dos casos, ou individualmente, considerando-a adequada somente quando todos os casos particularmente atingidos demonstrarem a realização do fim.

No que concerne à última dimensão, esta demanda decidir se a escolha da medida adequada deve se basear num juízo *ex ante* ou *ex post*. Em outras palavras, se a providência teria, em tese e segundo o *id quod plerumque accidit*, idoneidade para realizar o fim, ou se, por outra ótica, aquela cumpriu materialmente o objetivo, numa análise realizada *a posteriori*.

Há que se efetuar, conforme propõe Ávila, a seguinte distinção: se a atuação do Poder Público se deu para uma generalidade de casos (como quando elabora uma lei), a adequação assume dimensões de abstração e generalidade; se editou atos individuais (atos administrativos de efeitos concretos, por exemplo), ela ganha contornos de concretude e particularidade. Em ambos, porém, sempre se avalia a pertinência com vistas a um juízo *ex ante*.

Com respeito a saber qual a intensidade do controle que pode ser feita, duas são as alternativas que se descortinam: exigir um controle "forte" ou "fraco". No modelo forte, qualquer demonstração de que o meio não é apto a promover o fim é suficiente para invalidar a postura adotada pelo Poder Público. No modelo fraco, somente uma demonstração objetiva, evidente e fundamentada permitiria conduzir a tal invalidação. Esse parece ser o caminho correto, em face do princípio da separação de poderes, de modo a se resguardar um mínimo de autonomia e independência no exercício das funções legislativas, executivas e judiciais. A tensão entre a liberdade do legislador e do administrador e a proteção de direitos fundamentais pelo Judiciário só autoriza este a invalidar os atos tomados por aqueles quando a incompatibilidade entre o meio escolhido e o fim a ser promovido for clara e manifesta.

O exame ou juízo de necessidade importa em refletir se há meios alternativos igualmente eficazes à promoção do fim, mas que impliquem restrições menos intensas aos direitos fundamentais. Esse exame se desdobra em dois elementos: eficácia e menor restrição.

De notar, porém, que existem inúmeros e distintos meios, que se apartam por aspectos como os custos materiais envolvidos, a complexidade ou simplicidade de sua adoção, a presteza ou mora com que promovam os fins, a quantidade, qualidade ou probabilidade de satisfazer a meta que se busca atingir. Por esse motivo, o Judiciário só deve invalidar o ato legislativo ou executivo quando despontar evidente que o meio alternativo olvidado seria mais suave (além de eficaz); do contrário, coloca-se em risco o multicitado princípio da separação de poderes. Um caso ilustra o exame da necessidade: o Supremo Tribunal Federal, em julgamento de *habeas corpus* impetrado em favor de paciente, a quem se havia compelido realizar o exame de DNA para comprovar que não era pai de uma criança nascida na constância de seu casamento, entendeu que a determinação judicial para que este efetuasse a perícia se revelava mais onerosa do que o meio alternativo, qual seja, exigir que o próprio autor da ação (o qual se declarava verdadeiro pai) o fizesse e, assim, pudesse, com a mesma eficácia, comprovar sua alegação). Nesse caso, deve-se notar que os meios em confronto promoviam o fim com idêntica intensidade, facilitando-se o exame da necessidade; quando, porém, os meios realizam os objetivos em diferentes graus, torna-se mais complexo esse juízo, exigindo, destarte, maior dose de parcimônia e fundamentação por parte do julgador.

A proporcionalidade em sentido estrito, terceiro juízo ou exame, consiste em efetuar uma comparação entre as vantagens decorrentes da adoção da promoção do fim e as desvantagens advindas do meio escolhido. Os benefícios logrados devem, nessa ordem de ideias, superar o ônus decorrente do meio eleito. Esse exame, além de complexo, contém uma carga fortemente subjetiva, requerendo um sopesamento cuidadoso, até porque, na consecução de um fim maior relacionado com o interesse coletivo, elemento que norteia a atuação estatal, necessariamente haverá alguma restrição a direitos fundamentais. O próprio Direito Penal é exemplo maior de que por vezes a mais intensa das restrições (imposição de pena privativa de liberdade com cerceamento do direito de locomoção) se justifica em razão do fim colimado (representado pelas diretrizes de prevenção e retribuição, expressas no art. 59, *caput*, do CP).

1.4.1.4. A proibição de excesso

Em nosso modo de ver, a proibição de excesso encontra sua raiz na ideia de proporcionalidade, em sua concepção clássica, derivada da filosofia iluminista, no sentido de proteger os interesses individuais contra uma intervenção desarrazoada do Poder Público. Procurava-se estabelecer uma relação de equilíbrio entre o "meio" e o "fim", isto é, entre o objetivo que a norma procurava alcançar e os meios por ela empregados.

Do ponto de vista histórico, costuma-se indicar como fonte remota a Carta Magna de 1215, quando estabelecia que "por um ilícito trivial, um homem livre deve ser apenado somente no grau equivalente à ofensa causada [...]" (item 20) e que "condes e barões devem ser sancionados somente por seus pares e na proporção da gravidade da ofensa provocada" (item 21).

Séculos depois, diversos pensadores desenvolveram o conceito de proporcionalidade, sobretudo durante o Iluminismo.

São famosas as lições de Beccaria em sua clássica obra *Dos delitos e das penas*.

Em 1789, a Declaração dos Direitos do Homem e do Cidadão dispôs solenemente que: "a lei não deve estabelecer outras penas que não as estrita e evidentemente necessárias" (art. 8º).

O destaque conferido no cenário jurídico-ocidental à proporcionalidade muito se deve à contribuição de países após a Segunda Grande Guerra, enfatizando o aspecto concernente na vedação da arbitrariedade.

A norma penal não pode ficar, por óbvio, isenta do controle de constitucionalidade e, em particular, do exame de sua pertinência à luz do postulado da proporcionalidade na vertente proibição do excesso.

O Supremo Tribunal Federal, nesse sentido, tem frequentemente invocado o tema, efetuando rigoroso escrutínio da legislação pátria, como vem ocorrendo, *v.g.*, no exame da constitucionalidade do art. 28 da Lei n. 11.343/2006[1].

---

[1] Em 2024, ao julgar o RE 635.659, com repercussão geral reconhecida, no qual se discutia a inconstitucionalidade do art. 28 da Lei de Drogas, o Plenário do STF, por maioria, conferiu intepretação conforme à Constituição, para excluir a incidência do tipo penal à conduta de portar "maconha" para uso pessoal, estabelecendo que será presumido usuário aquele que adquirir, guardar, tiver em depósito, transportar ou

Parece-nos, ainda, que o princípio da insignificância e, com mais ênfase, o da intervenção mínima nada mais são que reflexos à proibição do excesso em matéria penal.

Quando se afirma ser determinado comportamento materialmente atípico dada sua insignificância penal, o que se está sustentando, com outras palavras, é que sua criminalização não passa, *in concreto*, pelo "teste de proporcionalidade", pois se compara a relação estabelecida entre o meio (imposição de pena criminal) e o fim (prevenção e retribuição pelo ato cometido), concluindo-se que existem outros instrumentos menos lesivos para coibir o ato (tais como – a depender da hipótese – sanções cíveis, administrativas ou fiscais) e, ao mesmo tempo, eficazes para a regular a conduta (juízo de adequação).

O princípio da intervenção mínima, ao situar o Direito Penal como *ultima ratio*, constitui outra clara expressão do postulado da proporcionalidade em matéria penal. De acordo com aquele, o Direito Penal deve atuar como última fronteira no controle social, limitando sua incidência somente quando outros ramos do Direito não propiciarem, em abstrato, soluções adequadas e menos lesivas à proteção de bens jurídicos.

1.4.1.5. A proibição de proteção deficiente

Os direitos individuais não conduzem a uma visão puramente unilateral e egocêntrica, haja vista possuírem, todos eles, uma dimensão social, que, ademais, vincula materialmente o legislador. Não há dúvida, ainda, que as pessoas, para além de usufruírem de direitos, devem cumprir determinados deveres, dentre os quais o de não vitimizar os outros.

O postulado da proporcionalidade, conquista histórica do Direito Penal Democrático, embora concebido, em sua gênese, como importante mecanismo de contenção dos exageros praticados pelo Estado em face da esfera individual, não se circunscreve a impedir o Estado de exceder-se, mas igualmente o obriga a não se omitir diante de ataques (sobretudo de particulares) aos bens jurídicos de maior relevo. Assim, por exemplo, como existem comportamentos que devem ficar totalmente apartados de qualquer tipo de criminalização, outros há que, sem a ameaça de pena criminal, jamais adquirirão o nível de salvaguarda necessário.

Daí por que se sustenta a dupla face da proporcionalidade: juntamente com a proibição do excesso soma-se a vedação de proteção insufi-

---

trazer consigo até 40 gramas de "maconha" ou 6 plantas fêmeas, observado o disposto no art. 28, § 2º, da Lei n. 11.343/2006, até que o Congresso Nacional determine critérios legais, para o que não foi fixado prazo. Para maiores considerações sobre a questão, ver *Boletim Especial – Direito Penal*, do STF em Foco, publicado em 26-6-2024.

ciente. Esta deve figurar como recurso auxiliar para aferição da medida do dever de prestação legislativa, estabelecendo-se um padrão mínimo de atuação estatal.

Impõe-se, com efeito, a adoção de um conjunto de medidas normativas aptas a conferir a tutela necessária aos bens jurídicos mais importantes, entre os quais a vida, a liberdade, a dignidade sexual e o repúdio (veemente) contra qualquer forma de discriminação.

A efetiva defesa dos valores constitucionais de maior hierarquia requer que se construa uma rede de proteção jurídica que exige, além da atuação de outros ramos, a intervenção do Direito Penal (repise-se, sobretudo para conter agressões oriundas de particulares).

O Texto Maior, por vezes, elege de maneira expressa quais são esses valores e, nesse sentido, ordena o legislador ordinário a salvaguardá-los por meio do Direito Penal (sem prejuízo, por óbvio, da atuação conjugada de normas extrapenais). Casos há, ainda, em que, a despeito da ausência desse comando claro, explícito, a intervenção do Direito Penal se afigura necessária dada a relevância capital do bem.

Há, portanto, comandos constitucionais de atuação penal expressos e implícitos, aos quais a doutrina denomina mandados de criminalização (ou penalização).

Dentre os expressos, encontramos o racismo (CF, art. 5º, XLII), a tortura, o tráfico ilícito de entorpecentes e drogas afins e o terrorismo, em face do art. 5º, XLIII, da CF, a ação de grupos armados, civis ou militares, contra a ordem constitucional e o Estado Democrático, consoante preceitua o art. 5º, XLIV, da CF, a retenção dolosa do salário do trabalhador, à luz do art. 7º, X, da CF; condutas e atividades consideradas lesivas ao meio ambiente, conforme consta do art. 225, § 3º, da CF, o abuso, a violência e a exploração sexual da criança e do adolescente, pois o art. 227, § 4º, da CF diz que deverão ser "severamente" punidos.

Os mandados implícitos decorrem dos bens jurídicos mais importantes tutelados na Carta Magna. É o que ocorre, repise-se, com o direito à vida. Há um arcabouço fértil de disposições que o protege, destacando-se, entre elas, os crimes contra a vida, e, sem dúvida, qualquer intento de descriminalizá-los se mostraria inconstitucional. O legislador, com efeito, não poderia (validamente) desproteger o ser humano, liberando de pena criminal quem suprimisse a vida de outrem (fora das hipóteses de exclusão da ilicitude).

O reconhecimento dos mandados implícitos há de ter como baliza uma interpretação sistemática do Texto Constitucional e, nesse sentido, deve levar em conta somente aqueles valores aos quais o próprio constituinte tenha conferido destaque normativo.

Assim ocorre, em nosso sentir, com os fundamentos e objetivos da República (CF, arts. 1º e 3º) e, ademais, com os direitos materiais fundamentais previstos no art. 5º da CF.

2. PRINCÍPIOS BASILARES

2.1. O princípio da dignidade da pessoa humana

2.1.1. Introdução

A ideia de dignidade da pessoa humana se fez presente, ainda de modo embrionário, desde a Antiguidade, embora não seja possível delimitar o exato instante de seu surgimento, até porque, em História, não há um termo inicial definido.

Como ressalta Junqueira, o estoicismo, a noção de unidade moral entre os homens e a de que o ser humano é digno porquanto filho de Zeus conduziram ao reconhecimento de um conjunto de direitos inatos a todos, justamente por força única e exclusiva dessa condição.

O cristianismo propagou ideia similar, conquanto derivada do reconhecimento de que, enquanto filhos de Deus, somos criados à sua imagem e semelhança.

Kant e Hegel, nos séculos XVIII e XIX, consolidaram a tese, mais próxima de sua configuração moderna, propondo, aquele, que o homem é o fim de todas as coisas e, nessa medida, não pode ser meio ou instrumento.

A noção atualmente empregada à dignidade da pessoa humana advém do humanismo renascentista e do Iluminismo, em que pese, como visto, ser possível encontrar suas remotas raízes na Antiguidade greco-romana e na teologia cristã medieval. Sua incorporação definitiva na linguagem jurídica, entretanto, é ainda mais nova, derivando da segunda metade do século XX, como resposta às práticas desumanas observadas na Segunda Grande Guerra. Trata-se em sua acepção moderna de uma noção fruto da reação, na consciência ético-jurídica dos povos, contra todo tipo de atrocidade cometida por um homem contra seu semelhante.

Nesse sentido, afigura-se emblemático o fato de a primeira Constituição a incorporá-la em seu texto ter sido a alemã, elaborada no pós-guerra, sinalizando o repúdio à experiência então recente do nazismo, que aniquilou a condição humana de muitas pessoas, tratando-as como objeto descartável nas mãos do Estado.

O art. 1º da citada Lei Fundamental, com efeito, prescreve: "O Povo Alemão reconhece, portanto, os direitos invioláveis e inadiáveis da pessoa humana como fundamentos de qualquer comunidade humana, da paz e da Justiça no mundo".

A opção tedesca foi observada em outras Cartas Políticas, notadamente aquelas elaboradas em períodos de redemocratização, seguindo-se, portanto, a regimes ditatoriais, pródigos em negá-la. Cite-se, como exemplo, as Constituições de Portugal, Espanha e a brasileira, de 1988. Segundo Canotilho: "perante as experiências históricas de aniquilação do ser humano (inquisição, escravatura, nazismo, stalinismo, polpotismo, genocídios étnicos), a dignidade da pessoa humana como base da República significa, sem transcendências ou metafísicas, o reconhecimento do homo noumenon, ou seja, do indivíduo como limite e fundamento do domínio político da República. Neste sentido, a República é uma organização política que serve o homem, não é o homem que serve os aparelhos político-organizatórios".

A dignidade da pessoa humana configura, portanto, valor transcendental e verdadeiro sobreprincípio, orientador de toda a interpretação normativa, apta a influenciar a aplicação do ordenamento jurídico e nortear a atuação estatal em todos os seus setores.

O constituinte, ciente desta importância, a erigiu a fundamento da República, consagrando-a logo na abertura do Texto, no inciso III do art. 1º, com o indisfarçável propósito de conferir ao Estado brasileiro uma dimensão antropocêntrica, elevando o ser humano como seu fim último de atuação, "fonte de imputação de todos os valores, consciência e vivência de si próprio".

Advirta-se, porém, que não é a Lei Fundamental a gênese da dignidade do ser humano, pois se cuida de valor imanente à condição do homem, embora seja inegável que sua inclusão na Constituição Federal constitua medida prudente e adequada, servindo de diretriz a todos os Poderes da República, mas em especial ao Judiciário, que lhe deve dar guarida sempre que a ofensa consumada ou iminente existir.

A dignidade da pessoa humana se justifica, segundo nos parece, em razão de duas características presentes apenas no homem: suas racionalidade e autonomia da vontade, as quais, conjugadas, impedem que seja este utilizado como meio, mas sempre como fim em si mesmo. Explica-se: o que distingue o homem dos demais seres naturais é sua condição de ser racional, a qual lhe confere, em tese, o dom de ser o mestre de si mesmo, de gerir seu destino e, portanto, outorga-lhe autonomia de vontade, singularizando-o.

Daí advém que o ser humano, diversamente de outros seres vivos, torna-se objeto de respeito, não por sua animalidade, mas em decorrência de sua humanidade, que se reflete em sua personalidade única. Essas são as raízes da posição central que ocupa no Mundo, sendo sujeito de si mesmo, apto a tomar as rédeas de seu destino e fazer suas próprias escolhas, segundo um processo racional, pelo qual decide o que fazer e, ainda, lhe inspira para o que deve ser feito.

Cumpre mencionar, ao cabo desta introdução, a distinção entre dignidade humana e dignidade da pessoa humana: aquela se situa no âmbito da raça humana, situando-a como merecedora de respeito e proteção de caráter universal; esta, a seu turno, se refere ao indivíduo, enquanto ser singular e centro de referência e imputação no ordenamento jurídico, e foi a fórmula encampada pela Constituição brasileira de 1988.

2.1.2. Conteúdo jurídico

Ainda que se possa considerar a dignidade da pessoa humana como um atributo que antecede a própria compreensão jurídica, sua positivação no Texto Maior se afigura salutar, à medida que confere instrumento expresso ao Judiciário e, ademais, permite delimitar, no entrelace das normas constitucionais, seu alcance e sentido.

Calha ressaltar, nessa direção argumentativa, que existe intrínseca vinculação entre a dignidade da pessoa humana e os direitos e garantias fundamentais, servindo um a influenciar os outros e, assim, reciprocamente, seguindo o modelo de sistematização circular, em que a norma superior condiciona a inferir e esta contribui para a definição daquela.

Daí decorre que o conteúdo jurídico da dignidade da pessoa humana não pode ser obtido pela escolha pessoal e arbitrária do intérprete, mas há de ser inferido por meio de uma interpretação sistemática da Constituição Federal. Ilustre-se: alguém pode considerar que o instituto da pena de morte configura ataque fulminante à dignidade do homem (sob uma perspectiva filosófica, religiosa etc.), mas não se pode transpor essa ideia para o plano jurídico-constitucional, porquanto nosso Texto Maior autoriza a medida em caso de guerra declarada (art. 5º, XLVII, *a*). Do mesmo modo, numa visão mais extremada, pode haver aqueles que se opõem à própria noção de encarceramento, apontando que com ele se conferiria ao ser humano tratamento similar ao que recebem os seres irracionais e, portanto, seria a própria negação da dignidade do homem. Esse pensamento, porém, não tem base jurídica, pois o constituinte assegura plenamente o instituto da prisão, regulando-o em diversos dispositivos.

A dignidade, enquanto característica atrelada ao homem e justificada por sua racionalidade e autonomia da vontade, jamais dele pode ser retirada; nasce com o homem e se revela inerente à sua essência. Sob tal prisma, retrata um valor absoluto, de modo que sua negação ofende não só nossa consciência ético-jurídica, mas abala um dos fundamentos da República Federativa do Brasil.

Ela não se resume, porém, a esse aspecto objetivo e intrínseco, refletindo-se, ainda, sob um prisma subjetivo ou qualitativo, no sentido de garantir a todos o direito a uma vida digna. Como adverte Nucci: "Trata-se, sem dúvida, de um princípio regente, cuja missão é a preservação do ser humano, desde o nascimento até a morte, conferindo-lhe autoestima e garantindo-lhe o mínimo existencial".

O homem, porém, vive em comunidade e, assim, tem ao mesmo tempo o direito de exigir o respeito à sua dignidade e o dever de não macular a de seu semelhante.

Serve o sobreprincípio, nessa medida, não só como freio às ações estatais, mas como barreira às próprias pessoas, de modo a exigir delas o respeito à dignidade das demais. Em se tratando de direitos indisponíveis, como a vida ou a saúde, afigura-se possível valer-se de instrumentos legais tendentes a salvaguardar o bem-estar dos indivíduos, ainda mais quando estes se tornarem um risco a si mesmos e a terceiros.

Outra importante consideração radica-se na possibilidade de existir um conflito entre a dignidade de uma pessoa em face da de outra. É o que se dá, por exemplo, quando temos, de um lado, a dignidade de uma gestante, cuja gravidez resultou de estupro, e, de outro, o direito do nascituro à vida extrauterina digna.

A solução há de se pautar pelo postulado da proporcionalidade, ponderando-se, no caso concreto, qual o valor que merecerá proteção jurídica.

2.1.3. Reflexos penais

É de se analisar, ao final deste capítulo, quais reflexos penais podem ser extraídos do sobreprincípio da dignidade da pessoa humana.

Em **nosso sentir, dois aspectos devem ser tomados em consideração.**

O **primeiro, ligado ao crime, impõe ao legislador um conteúdo mínimo, no sentido de se limitar a punir comportamentos socialmente ofensivos.** Com efeito, não pode se portar como déspota, tratando o ser humano como objeto ou mero escravo de sua vontade, pois, ao fazê-lo, nega a condição humana e, portanto, sua dignidade. A Constituição, quando atribui ao legislador federal a competência privativa para criar normas penais (art. 22, I), não lhe concede "carta branca" para criminalizar todo e qualquer comportamento. Em matéria de sexualidade, por exemplo, vê-se ele impedido de apenar atos unicamente imorais, sem teor lesivo à dignidade de terceiros, como a simples opção sexual de alguém ou a demonstração de afeto público entre casais do mesmo gênero.

O **segundo, relacionado com a pena, reside na proscrição de sanções vexatórias, degradantes ou cruéis.** Conecta-se o sobreprincípio, nesta senda, com a norma constitucional prescrita no art. 5°, XLVII, que veda penas de morte, salvo em caso de guerra declarada, de caráter perpétuo, de trabalhos forçados, cruéis e de banimento.

O legislador não possui carta branca para tornar criminosa qualquer conduta; é necessário que criminalize **comportamentos dotados de ofensividade social**, isto é, atos que representem alguma **lesão ou perigo de lesão a bens juridicamente protegidos**. Daí se conclui que **a criminalização de condutas socialmente inofensivas viola a dignidade da pessoa humana.**

Além disso, não se admitem penas **cruéis, degradantes** ou **vexatórias.**

2.2. O princípio da legalidade

Em sua formulação clássica, diz-se que *nullum crimen, nulla poena sine praevia lege*, na consagrada fórmula de Feuerbach. Na redação do nosso Código Penal, diz-se: **"Não há crime sem lei anterior que o defina. Não há pena sem prévia cominação legal"** (art. 1º).

Suas raízes históricas remontam à *Charta Magna Libertatum* (art. 39), documento que os nobres ingleses impuseram ao Rei João Sem Terra, em 1215. Para Francisco de Assis Toledo[2], tem origem, ainda, no *Bill of Rights* das colônias inglesas da América do Norte e na *Déclaration des Droits de l'Homme et du Citoyen*, da Revolução Francesa. Frederico Marques, por seu turno, entende que as origens "do princípio de reserva legal das normas punitivas encontram-se no Direito medieval, mormente nas magníficas instituições do Direito ibérico (século XII)"[3].

O primeiro diploma a positivá-lo foi o Código Penal francês, de 1810. No Brasil, foi ele contemplado em nossa Constituição Imperial (1824), art. 179, n. II. O Código Criminal do Império (1830) declarava, em seu art. 1º: "não haverá crime, ou delito (palavras sinônimas neste Código) sem uma lei anterior, que o qualifique". O Código Penal da República de 1890 também o previa em seu art. 1º.

A Constituição Federal de 1988 o consagrou no art. 5º, XXXIX, de modo que, no Brasil, constitui cláusula pétrea; não pode ser suprimido sequer por emenda à Constituição.

Como apontam Jescheck e Weigend[4], o princípio tem fundamento histórico no Iluminismo, notadamente no contrato social, pelo qual os cidadãos concordariam em abrir mão parcial de sua liberdade apenas em nome do bem comum.

A legalidade constitui, no dizer do saudoso Luiz Luisi, "patrimônio comum da legislação penal dos povos civilizados"[5]. Somente alguns países

---

[2] *Princípios básicos de direito penal*, p. 21.
[3] *Tratado de direito penal*, p. 181.
[4] *Tratado de derecho penal*: parte general, p. 140.
[5] *Os princípios constitucionais penais*, p. 21.

não o preveem, no registro de Luisi, como é o caso da China, Albânia e Coreia do Norte.

Acrescente-se, por fim, que o princípio da legalidade tem importância ímpar em matéria de segurança jurídica, pois salvaguarda os cidadãos contra punições criminais sem base em lei escrita, de conteúdo determinado e anterior à conduta. Exige, ademais disso, que exista uma perfeita e total correspondência entre o ato do agente e a lei penal para fins de caracterização da infração e imposição da sanção respectiva.

O princípio da legalidade visa a fornecer **segurança jurídica** em matéria penal, ou seja, dar às pessoas a garantia de que não sofrerão punição criminal, a não ser que pratiquem um comportamento descrito previamente em lei, com pena antecipadamente cominada.

2.2.1. Relativização do princípio da legalidade

Há setores da doutrina que pregam a flexibilização ou até a eliminação do princípio em nome de uma "Justiça material, atuante e presente". Outros sustentam que, diante da criminalidade moderna, notadamente em relação aos crimes econômicos, deveria haver uma releitura do princípio da legalidade, a fim de que ele não constituísse escudo para proteção de criminosos poderosos.

Ruy da Costa Antunes, citado por Márcia Dometila Lima de Carvalho, posiciona-se favoravelmente à utilização da analogia *in malam partem* no âmbito do Direito Penal, por meio da flexibilização do princípio da legalidade. A autora acrescenta que: "o princípio da legalidade, no plano concreto do direito – o da eficácia –, vem demonstrando ineficiência, merecendo um reexame, uma reformulação pelos juristas ocidentais, a exemplo da Constituição portuguesa e do direito inglês – produto da elaboração judicial costumeira – que conseguiram conciliar o respeito à liberdade individual com a inexistência de proibição à analogia"[6].

É preciso advertir, entretanto, que qualquer relativização do princípio mostra-se, segundo entendemos, absolutamente incompatível com nossa Constituição Federal, que o erigiu a direito fundamental. Ademais disso, representaria um retrocesso e a negação de diversos avanços democráticos obtidos ao longo dos anos em matéria penal.

Muito se discutiu em doutrina sobre ter ou não o Supremo Tribunal Federal relativizado o princípio quando reconheceu a criminalização da homofobia e da transfobia, ao julgar a ação direta de inconstitucionalidade

---

[6] *Fundamentação constitucional do direito penal*, p. 61.

por omissão (ADO 26). Aos olhos de boa parte dos autores, a Suprema Corte feriu o princípio, porquanto reconheceu uma conduta criminosa sem prévia disposição legal, ao afirmar que tanto a homofobia quanto a transfobia se enquadram na Lei n. 7.716/89. Para nós, não houve qualquer ofensa à legalidade penal. Desde nossa tese de doutorado já defendíamos tal entendimento, como consequência inafastável da interpretação constitucional do termo "racismo", prevista no art. 5º, XLII, da CF. Com efeito, a expressão abarca toda e qualquer forma de preconceito segregacionista, independente do fator de discriminação eleito. Assim já decidira o próprio Supremo no HC 84.242, na primeira década deste século. Trata-se, enfim, de uma interpretação conforme a Constituição do termo "racismo" e, como consequência, da elementar "raça", presente nos tipos penais da citada lei.

2.2.2. Desdobramentos do princípio da legalidade

O efetivo respeito ao princípio da legalidade demanda não só a existência de uma lei definindo a conduta criminosa. Exige, também, que a lei seja *anterior* ao ato, que se trate de lei em sentido formal interpretada restritivamente e, por fim, que a lei tenha conteúdo determinado. Por tal motivo, se diz que o **princípio da legalidade desdobra-se em quatro** *subprincípios*: a) **anterioridade** da lei (*lege praevia*); b) lei escrita, lei no sentido formal ou **reserva legal** (*lege scripta*); c) **proibição de analogia** *in malam partem* (*lege stricta*); d) **taxatividade** da lei ou mandato de certeza (*lege certa*).

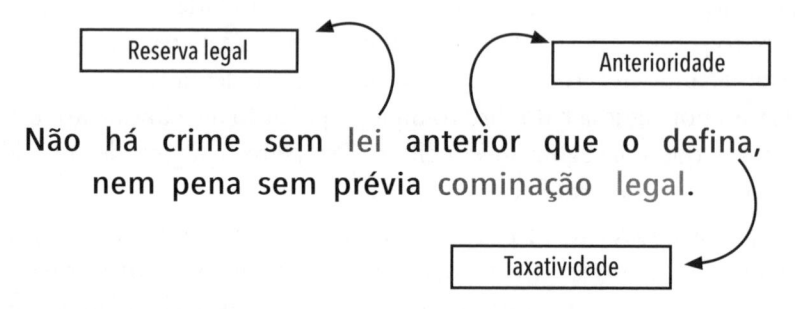

a) *Lege praevia* ou anterioridade

Dos aspectos acima indicados, destacamos em primeiro lugar a necessidade de que a *lei seja anterior ao ato* (*lege praevia*). Com efeito, de nada adiantaria assegurar que o direito penal se fundamenta na lei, caso esta pudesse ser elaborada *ex post facto*, isto é, depois do cometimento do fato. **A incriminação de comportamentos anteriores à vigência da lei destrói por completo a segurança jurídica** que se pretende adquirir com a legalidade. Por tal razão, não há legalidade sem a correlata anterioridade.

É preciso, também, que a incriminação se baseie em *lei no sentido formal*. Não pode o direito consuetudinário ou o emprego de analogia embasar a punição criminal de um ato, ou mesmo o agravamento das consequências penais de uma infração penal definida em lei. **Os usos e costumes, por mais arraigados que possam ser em determinada comunidade, não podem embasar a existência de um crime.**

De ver, entretanto, que nada impede a utilização dos costumes para fundamentar normas permissivas, como ocorre com a questão dos trotes acadêmicos. Nesse caso, muitas atitudes praticadas por veteranos em face de calouros, as quais poderiam, em tese, ser consideradas como constrangimento ilegal (CP, art. 146), não adquirem caráter criminoso, pois se entende que o ato constitui exercício regular de um direito (CP, art. 23, III), desde que, obviamente, ajam os alunos de maneira saudável e com finalidade de integrar o novato ao ambiente estudantil.

Os costumes, ademais, podem atuar como fonte mediata do direito penal, ao auxiliar na compreensão de determinados elementos (normativos) do tipo penal, como ocorre com a expressão "ato obsceno", prevista no crime do art. 233 do CP.

"A interpretação adapta-se à época, atende aos fatores sociais, afeiçoa a norma imutável às novas teorias, à vitoriosa orientação da ciência jurídica. Todo Direito é vivo, dinâmico. (...). Também serve (o costume) para pôr de acordo o preceito expresso, com a vida e a realidade social. Variando, por exemplo, o conceito de honra, Medicina, religião, etc., pelo novo se orienta o juiz ao apreciar delitos contra a honra alheia, o exercício da arte de curar, etc."[7].

A exigência de lei no plano formal remete, ainda, à questão de saber quais espécies normativas podem, validamente, conter leis penais incriminadoras. Lembre-se que as espécies normativas encontram-se enumeradas na Constituição Federal (art. 59). Da extensa lista, somente se reconhece a possibilidade de que lei complementar e lei ordinária possam conter infrações penais. As leis delegadas ficam proibidas, porquanto a Constituição veda que a delegação refira-se a direitos individuais (CF, art. 68, § 1º, II, 3ª figura).

Com respeito às medidas provisórias, há obstáculo expresso no Texto Maior (CF, art. 62, § 1º, I, *b*). Em nosso entender, contudo, a despeito da literalidade do texto legal, afigura-se possível a existência de uma medida provisória, em matéria penal, quando dotada de conteúdo benéfico e desde

---

[7] Carlos Maximiliano, *Hermenêutica e aplicação do direito*, p. 403, parêntese nosso.

que seja convertida em lei, como é o caso da Lei n. 11.706/2008 (resultado da conversão da MP n. 417/2018). Esse diploma alterou a redação do art. 32 do Estatuto do Desarmamento, definindo que a entrega espontânea da arma de fogo, efetuada pelo possuidor ou proprietário, gera a extinção da punibilidade em relação ao crime de posse irregular, tipificado no art. 12 do Estatuto. Note: estamos diante de uma causa extintiva da punibilidade criada por medida provisória, em vigor a vários anos e, desde então, plenamente eficaz.

A resolução e o decreto legislativo também não podem conter leis penais incriminadoras, por serem espécies normativas privativas do Congresso Nacional, elaboradas sem o concurso do Presidente da República. Pensamos, ainda, que não se admite a inserção de figuras penais no ordenamento jurídico pátrio por meio da ratificação de tratados internacionais. Os documentos assinados pelo Brasil, ratificados no plano interno, podem conter, no máximo, definições legais e recomendações de incriminação, que devem ser apreciadas soberanamente pelo Congresso Nacional, a quem incumbe aprovar leis definidoras de infrações penais.

É interessante frisar que o Supremo Tribunal Federal firmou entendimento de que **tratados e convenções internacionais, ainda que ratificados internamente, também não podem tipificar, diretamente, condutas.** Eventuais definições de comportamentos delituosos contidos nestes documentos internacionais devem ser interpretadas como mandados (convencionais) de criminalização; é dizer, comandos dirigidos ao legislador para que crie o tipo penal correspondente.

c) *Lege stricta* (proibição de analogia)

A analogia constitui método de integração do ordenamento jurídico, em que se aplica uma regra existente para solucionar caso concreto semelhante, para o qual não tenha havido expressa regulamentação legal.

É preciso lembrar que a vedação atinge somente a analogia *in malam partem*, isto é, aquela prejudicial ao agente, por criar ilícito penal ou agravar a punição dos já existentes. Desta forma, no conflito entre o teor e o sentido da lei deve-se preferir o primeiro. Com a vedação da analogia *in malam partem*, o Direito Penal "renuncia em favor do acusado não só a realização do fim da norma, como também a possibilidade do seu desenvolvimento judicial sobre o teor da lei para além da orientação da vontade da lei"[8].

De ver que a proibição assinalada não se confunde com interpretação extensiva. Esta dá-se quando o agente extrai, *da própria lei*, seu verdadeiro

---

[8] Hassemer, *Introdução aos fundamentos do direito penal*, p. 355.

alcance. Cuida-se de casos em que o legislador disse menos do que pretendia. No dizer de Hassemer, "o limite crítico do princípio da legalidade está na diferença entre a interpretação extensiva autorizada e a analogia proibida". A diferença, pondera o autor citado, reside em que a analogia corresponde à "transferência da norma a um outro âmbito, enquanto a interpretação (extensiva) é somente a 'ampliação' da norma até o final do seu próprio âmbito"[9].

Reconhece-se como plenamente admissível, contudo, a analogia *in bonam partem* (benéfica ao agente).

Atenção!	
Analogia	**Interpretação analógica**
Será necessária quando houver uma lacuna no direito positivo, isto é, sempre que se identificar uma situação concreta não prevista em lei.	É empregada quando o texto da lei utiliza uma fórmula genérica, seguida de exemplos casuísticos (ex.: art. 121, § 2º, I – *mediante paga ou promessa de recompensa* ou *outro motivo torpe*). O termo geral e as hipóteses casuísticas delimitam a interpretação um do outro.
Forma de integração do ordenamento jurídico.	Forma de interpretação da lei.
Só é admitida *in bonam partem*.	Tem caráter neutro, ou seja, pouco importa se o resultado dela será favorável ou não ao agente (é plenamente admitida, portanto).

d) *Lege certa*, taxatividade ou mandato de certeza

A lei penal deve ser *determinada* em seu conteúdo. Não se permite a construção de tipos penais excessivamente genéricos, os quais são denominados *tipos penais vagos*.

Uma lei penal incriminadora que punisse uma conduta vaga e indeterminada provocaria insegurança jurídica e acabaria por aniquilar a garantia constitucional em apreço. O indivíduo não teria como saber o que é certo ou errado se a lei não fosse clara o suficiente. O juiz é quem decidiria, em última análise, o que é ou não crime, segundo critérios vagos e imprecisos. Como ponderou Luiz Luisi, aludindo à taxatividade da lei penal, "sem esse corolário o princípio da legalidade não alcançaria seu objetivo, pois de nada vale a anterioridade da lei, se esta não estiver dotada da clareza e da certeza necessárias, e indispensáveis para evitar formas diferenciadas, e,

---

[9] *Introdução aos fundamentos do direito penal*, p. 356.

pois, arbitrárias na sua aplicação, ou seja, para reduzir o coeficiente de variabilidade subjetiva na aplicação da lei"[10].

Como exemplo histórico de ofensa à taxatividade da lei penal, pode-se citar o Código Penal alemão, de 1935, quando ressalvava a possibilidade de punição de atos contrários ao "sentimento sadio do povo alemão" ("será punido quem comete um ato que a lei declara como punível ou que merece pena de acordo com a ideia fundamental da lei penal e de acordo com o sentimento sadio do povo")[11].

De ver que "a precisão que se exige da lei penal está no descrever condutas específicas, sem que se vede, entretanto, a inclusão no conteúdo descritivo de expressões de amplo alcance que aumentem o campo da norma incriminadora. Desde que a parte nuclear do 'tipo' não deixe margem a dúvidas, as expressões que a ele se acrescentam podem depender de interpretação para aplicar-se à norma, e nem por isso se desnatura o caráter incriminador desta"[12]. Daí a validade dos chamados *tipos penais abertos*. Estes são os que empregam conceitos amplos, mas determinados em seu conteúdo, como o tipo penal dos crimes culposos.

A certeza dos tipos penais depende de uma "lealdade da jurisprudência", na expressão de Hassemer. Isto porque o legislador procura fornecer ao juiz regras escritas "cada vez mais extensas e precisas"[13], no intuito de limitar a possibilidade de o juiz alterar seu conteúdo.

Nesse sentido, a interpretação conforme a Constituição (método amplamente utilizado na jurisprudência do STF) configura um método adequado de delimitação do direito positivo, embora mesmo a interpretação do Texto Constitucional não seja absolutamente unívoca, em face da possibilidade de utilização do método gramatical, histórico ou teleológico.

Uma boa técnica utilizada pelo legislador com vistas à observância da taxatividade é o método exemplificativo (ou interpretação analógica), consistente em estabelecer uma regra geral, seguida de exemplos, nos quais o juiz deve se basear na aplicação da lei (por exemplo, art. 121, § 2º, IV, do CP). Tal método exige do juiz uma fundamentação de suas escolhas quando não vinculadas ao texto expresso na lei. Requer, ademais, que ele se refira à norma como um "todo aos elementos particulares quando verifica o caráter exemplar do elemento desde o plano da norma"[14].

---

[10] *Os princípios constitucionais penais*, p. 24.

[11] Cf. Hassemer, *Introdução aos fundamentos do direito penal*, p. 332.

[12] José Frederico Marques, *Tratado de direito penal*, p. 186.

[13] *Introdução aos fundamentos do direito penal*, p. 339.

[14] Hassemer, *Introdução aos fundamentos do direito penal*, p. 341.

Cuidado!

Não confunda **tipo vago** com **crime vago**.

Tipo vago é o que possui conteúdo indeterminado e, por isso, fere o princípio da legalidade (não há como definir previamente o alcance do tipo penal).

Crime vago é aquele cujo sujeito passivo é um ente sem personalidade jurídica. É o caso, por exemplo, dos crimes tipificados na Lei de Drogas.

2.2.3. A extensão do princípio da legalidade às medidas de segurança

Existe polêmica doutrinária quanto à necessidade de se observarem os princípios constitucionais penais, dentre eles o princípio da legalidade, nas medidas de segurança. A nós parece inquestionável que toda a disciplina constitucional reservada às leis penais estende-se às penas e *às medidas de segurança.*

Ainda que a Constituição Federal, ao cuidar da legalidade, refira-se, tão somente, à inexistência de crime ou pena sem prévia cominação legal, não temos dúvida que, onde se lê "crime", deve-se entender "infração penal" (crime ou contravenção penal), e onde está escrito "pena", deve-se compreender "sanção penal" (pena ou medida de segurança). Deve-se recordar que a Constituição não emprega a terminologia específica de determinado ramo do Direito. Ademais, a utilização exclusiva do método gramatical de interpretação, notadamente em normas constitucionais, constitui o mecanismo menos recomendável de exegese.

De notar que o Supremo Tribunal Federal acolheu em sua jurisprudência o entendimento segundo o qual os princípios penais estendem-se às medidas de segurança. Foi assim que, no julgamento do HC 84.219 (rel. Min. Marco Aurélio), nosso Pretório Excelso reconheceu que a proibição de *penas* de caráter perpétuo, contida no art. 5º, XLVII, da CF, também deve ser observada em matéria de medidas de segurança. Por conta disso, há de se aplicar a estas o limite de cumprimento de pena do art. 75 do CP. Note-se que, para o STJ, o tempo máximo de duração das medidas de segurança corresponde à pena máxima cominada no tipo penal (Súmula 527).

2.2.4. Extensão do princípio da legalidade à execução penal

Deve-se registrar, também, que o princípio da legalidade há de ter estrita observância durante a fase de execução da pena. Afinal de contas, durante este importante período da persecução penal, o Estado satisfaz sua pretensão executória, impondo ao agente a pena aplicada. Não se poderia admitir que, depois de imposta a pena, pudesse o agente sofrer qualquer agravamento da execução penal sem a correspondente previsão em lei.

2.2.5. Polêmicas acerca do princípio da legalidade

O princípio da legalidade tem suscitado algumas questões polêmicas. Uma delas refere-se a saber **a quem ele protege**. **Franz von Liszt dizia ser o Código Penal a Carta Magna do delinquente**. Com isto, propunha que este era o alvo de proteção do princípio. De ver, contudo, que, com o primado da presunção de inocência (ou de não culpabilidade), não se pode dizer que o princípio da legalidade protege o delinquente. Isto porque, salvo quando existir sentença penal condenatória transitada em julgado, ninguém poderá ser considerado como tal. **O princípio protege**, destarte, o *cidadão*.

Outro tema de discussão relevante refere-se ao **fundamento do princípio**. Para alguns, o princípio da legalidade teria como base o princípio da culpabilidade, já que esta pressupõe o conhecimento prévio da norma penal infringida. Há, ainda, aqueles que afirmam ser a divisão de Poderes e o princípio democrático seu fundamento, à medida que só o Parlamento teria legitimidade constitucional para impor limitações à liberdade do cidadão. Existem também autores para os quais o fundamento é a proteção da confiança do cidadão que pretende agir conforme a lei, sem riscos de sofrer sanções penais. Para outros, trata-se da garantia da objetividade da lei penal, por estabelecer de modo prévio e objetivo o que constitui delito e, por exclusão, o que não constitui. Cremos que não seja possível atribuir ao princípio um único fundamento. Em nossa opinião, todavia, a principal **raiz da legalidade é a segurança jurídica e a igualdade de todos perante a lei.**

2.3. O princípio da culpabilidade

O princípio da culpabilidade ou *nulla poena sine culpa* traduz-se, em sua concepção original, na vedação da responsabilidade objetiva. A ideia de agregar a responsabilização criminal à noção de dolo ou culpa somente foi haurida como requisito fundamental numa etapa recente da evolução do Direito Penal.

Durante longo período, as sanções penais se impuseram sem qualquer exigência de que o fato fosse praticado dolosa ou culposamente. Até a Idade Média notava-se, em diversos documentos jurídicos, a existência do *versari in re illicita*, isto é, "responsabilidade por fatos causados por uma conduta ilícita, mas que não foram previstos ou queridos, e nem eram previsíveis"[15].

Em nosso ordenamento jurídico, o princípio possui raiz constitucional (implícita), deduzindo-se do inciso LVII do art. 5º ("ninguém será considerado *culpado* até o trânsito em julgado da sentença penal condenatória")

---

[15] Luiz Luisi, *Os princípios constitucionais penais*, p. 34.

e do princípio da dignidade da pessoa humana (inciso III do art. 1º), o qual constitui seu fundamento axiológico.

Atualmente, **compreende-se que o princípio possui três importantes dimensões:**

a) a **proibição de responsabilização penal sem dolo ou culpa** (ideia que é designada, por alguns autores, como o princípio autônomo da responsabilidade penal *subjetiva*)[16];

b) a **vedação de aplicação da pena sem culpabilidade**, isto é, desprovida de imputabilidade, possibilidade de conhecimento da ilicitude do ato e exigibilidade de outra conduta (*vide* Título II, Capítulo 8, item 3.3);

c) a **gravidade da pena** deve ser **proporcional à gravidade do fato** cometido.

Decorre daí, como lembra Bacigalupo, que serão incompatíveis com o princípio da culpabilidade: a) o *versari in re illicita*[17]; b) a fundamentação ou o agravamento da pena pelo simples resultado; c) a desconsideração da importância das modalidades de erro jurídico-penal[18].

Todas as mencionadas dimensões atribuídas ao princípio da culpabilidade foram adequadamente assimiladas por nosso legislador ordinário. A proscrição da responsabilidade penal objetiva encontra consonância nos arts. 18 e 19 do CP. A impossibilidade de imposição de pena sem culpabilidade decorre dos arts. 21, 22, 26 a 28 do Código, os quais condicionam sua aplicação à imputabilidade, à possibilidade de conhecimento da ilicitude do ato e à possibilidade de se exigir outra conduta do agente. A nivelação da quantidade da pena em função da gravidade do fato praticado vem prevista nos arts. 59 a 68 do Código Penal, quando regulam a dosimetria da pena.

Há princípios que suplantam outros em razão de sua natureza nuclear, pois compõem o núcleo fundamental do Direito Penal Democrático.

---

[16] A ideia de que do princípio da culpabilidade derivaria a exigência de dolo e culpa para aferição da responsabilidade penal remonta ao tempo em que se entendia, doutrinariamente, que dolo e culpa integravam a culpabilidade. Ou seja, dizer que não pode haver responsabilidade penal sem culpabilidade era o mesmo que afirmar que aquela não poderia ocorrer sem dolo ou culpa. Desde há muito, porém, a doutrina se apercebeu que dolo e culpa não pertencem à culpabilidade, mas à conduta e, portanto, ao fato típico. A tese segundo a qual não há pena sem dolo ou culpa, contudo, remanesce firme até os dias de hoje e, para se reconhecer seu destaque, pode-se identificá-la, senão com o princípio da culpabilidade, como geradora de um princípio autônomo: o da responsabilidade penal subjetiva.

[17] O *versari in re illicita* significava a imputação do ato criminoso ao agente, pelo simples fato de ter agido de maneira voluntária, ainda que não houvesse dolo ou culpa.

[18] *Principios constitucionales de derecho penal*, p. 140.

São os chamados **Princípios Basilares:**

a) dignidade da pessoa humana – art. 1º, III, da CF;
b) legalidade – art. 5º, XXXIX, da CF;
c) culpabilidade – art. 5º, LVII, da CF.

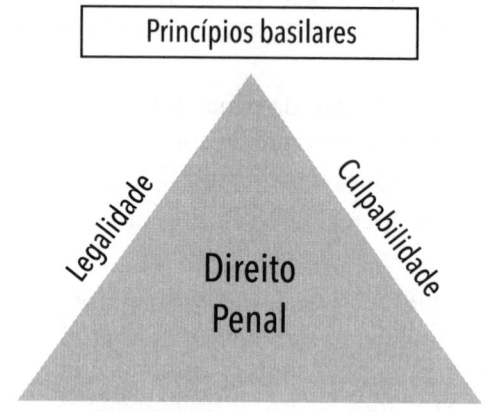

3. PRINCÍPIOS DECORRENTES

Os princípios que serão enunciados a partir de agora são considerados princípios decorrentes ou subprincípios, visto que derivam de alguns daqueles acima estudados.

3.1. Princípios da irretroatividade da lei penal gravosa (ou retroatividade benéfica)

De acordo com nossa Constituição Federal, **a lei penal não retroagirá, salvo para beneficiar o réu** (art. 5º, XL). O mesmo princípio encontra-se no Código Penal (art. 2º).

O **enunciado** contém **duas regras:** a lei penal possui caráter irretroativo. Cuida-se de uma decorrência do princípio da legalidade (item 2.1, acima). Afinal, de nada adianta estabelecer que a norma penal deve se basear numa lei escrita se for possível elaborá-la depois da conduta, punindo fatos anteriores à vigência da lei ou agravando as consequências de tais fatos.

Como lembra Hassemer[19], a irretroatividade da lei penal justifica-se, ainda, porque se pudesse a lei ser aplicada a um caso mais antigo que ela, haveria um "fantasma do Estado de Polícia" e a lei não satisfaria a necessidade de ser uma norma de determinação. Além disso, restaria abalada gra-

---

[19] *Introdução aos fundamentos do direito penal*, p. 343.

vemente a segurança jurídica inerente ao princípio, no sentido de permitir o conhecimento prévio das regras do jogo a partir do texto escrito em vigor.

A **retroatividade benéfica, entretanto, não é proibida, já que não abala a confiança no Direito Penal e, ademais, justifica-se como medida de isonomia.** Não teria sentido que alguém cumprisse pena depois de uma lei considerar a conduta pela qual foi condenado como penalmente irrelevante, sob pena de, em não sendo assim, conviverem, ao mesmo tempo, alguém cumprindo pena pelo fato enquanto outros o praticam sem sofrer qualquer consequência penal.

A proibição de retroatividade deve se estender às medidas de segurança. O argumento da natureza *prognóstica* destas sanções não pode ser supervalorizado. "O que conta para os afetados – e sua confiança na justiça penal – não é a roupagem teórica com a qual se reveste a consequência jurídico-penal, mas o preço real que ela leva consigo"[20].

O mesmo se aplica aos pressupostos processuais da punibilidade (como o prazo prescricional).

No caso de **normas de caráter estritamente processual, é de lembrar, seguem a regra contida no art. 2º do CPP (*tempus regit actum*)**; isto é, o ato processual deve ser praticado de acordo com a lei vigente ao seu tempo, independentemente de ser ela mais ou menos rigorosa que a anterior. Assim, por exemplo, a norma que suprime um recurso tem natureza puramente processual, de modo que se a decisão for proferida depois da revogação da norma, mesmo que o processo se tenha iniciado antes, o recurso suprimido não poderá ser interposto.

Em se tratando, contudo, de **normas mistas ou híbridas, isto é, aquelas que possuem aspectos processuais *e penais*, não retroagirão, salvo se benéficas, respeitando-se, contudo, a coisa julgada.** É o caso, por exemplo, de uma lei que passe a estabelecer uma condição de procedibilidade até então não exigida para determinado crime (como a exigência de representação nos crimes de lesão corporal dolosa leve e lesão corporal culposa, que passou a ser necessária com o advento da Lei n. 9.099/95 – art. 88). De igual modo, o acordo de não persecução penal (art. 28-A do CPP)[21], que, embora seja medida de cunho pré-processual, e, portanto, anterior à denúncia, aplica-se aos processos que estavam em andamento quando entrou em vigor a Lei, conquanto não tenha sido prolatada sentença.

---

[20] Hassemer, *Introdução aos fundamentos de direito penal*, p. 343.

[21] Inserido no Código de Processo Penal por meio da Lei n. 13.964, de 24 de dezembro de 2019, vigente desde 23 de janeiro de 2020.

3.2. Princípio da insignificância ou da bagatela

O princípio da insignificância ou da bagatela foi desenvolvido por Claus Roxin. Para o autor, a finalidade do Direito Penal consiste na proteção subsidiária de bens jurídicos. Logo, **comportamentos que produzam lesões insignificantes aos objetos jurídicos tutelados pela norma penal devem ser considerados penalmente irrelevantes.** A aplicação do princípio produz **fatos materialmente *atípicos*.**

Na atualidade, a aceitação deste princípio é praticamente unânime. A divergência consiste, no mais das vezes, em se definir, no caso concreto, se a lesão ao bem jurídico foi diminuta (e, portanto, penalmente *relevante*) ou insignificante (logo, atípica).

Ninguém dirá que a subtração de uma folha de papel ou de um dente de alho deve ser considerada como crime de furto. Outros poderão afirmar, ainda, que a subtração de um objeto avaliado em um quarto do salário mínimo é insignificante, mas certamente, num caso deste, haverá intenso debate no processo sobre a caracterização do princípio.

O **Supremo Tribunal Federal** vem adotando **critérios objetivos** (ligados ao fato) que nos parecem ajustados para a verificação, em cada caso, da possibilidade de aplicar o princípio. São eles: a) a **mínima ofensividade** da conduta do agente; b) **nenhuma periculosidade social** da ação; c) o **reduzido grau de reprovabilidade** do comportamento; e d) **inexpressividade da lesão jurídica** provocada (HC 84.412/SP)[22].

---

[22] Aplicação do princípio da insignificância ao crime de furto de celular, de acordo com o STF: "O paciente foi condenado pela prática do crime descrito no art. 155, *caput*, combinado com o art. 61, I, e art. 65, III, todos do Código Penal, pelo furto de aparelho celular, avaliado em R$ 90,00 (noventa reais). II – Nos termos da jurisprudência deste Tribunal, a aplicação do princípio da insignificância, de modo a tornar a ação atípica, exige a satisfação de certos requisitos, de forma concomitante: a conduta minimamente ofensiva, a ausência de periculosidade social da ação, o reduzido grau de reprovabilidade do comportamento e a lesão jurídica inexpressiva. III – Assim, ainda que conste nos autos registro de uma única condenação anterior pela prática do delito de posse de entorpecentes para uso próprio, previsto no art. 16 da Lei n. 6.368/1976, ante inexpressiva ofensa ao bem jurídico protegido e a desproporcionalidade da aplicação da lei penal ao caso concreto, deve ser reconhecida a atipicidade da conduta. Possibilidade da aplicação do princípio da insignificância. Precedente. IV – Ordem concedida para trancar a ação penal" (HC 138.697, rel. Min. Ricardo Lewandowski, 2ª T., j. 16-5-2017). No mesmo sentido: STF, HC 141.375, rel. Min. Marco Aurélio, rel. p/ o ac. Min. Roberto Barroso, 1ª T., j. 2-10-2018. Ver também: STF, HC 210.996 AgR, rel. Min. André Mendonça, rel. p/ o ac. Min. Ricardo Lewandowski, 2ª T., j. 22-2-2023.

O **Superior Tribunal de Justiça,** em complementação aos critérios objetivos do STF, também dispôs de uma série de **requisitos subjetivos**[23]: a) **extensão do dano,** compreendendo a importância do objeto material para a vítima, sua situação econômica e o valor sentimental referente ao bem; b) **circunstâncias e resultado do crime** para determinar se houve lesão significativa ao bem jurídico; c) **condições pessoais do ofendido;** e d) **condições pessoais do agente,** que consiste em verificar a existência contumácia delitiva, que, na linguagem do Tribunal, não se confunde com a reincidência e nem mesmo com a reiteração delitiva[24].

Além desses requisitos de natureza objetiva e subjetiva, o STJ também estipulou um limite quantitativo do valor econômico do bem jurídico afetado, sobretudo nos crimes de furto. Será possível considerar a conduta materialmente atípica, portanto, quando o bem pertencente à pessoa física não ultrapassar o valor de 10% do salário mínimo à época dos fatos[25], ou a 20% quando o bem for pertencente à pessoa jurídica[26].

A Segunda Turma do STF, por maioria, não aplicou o princípio da insignificância em caso de tentativa de furto de botijão de gás com valor superior a 10% do salário mínimo à época dos fatos, ocasião em que o crime praticado por autor reincidente específico e contra vítima[27].

---

[23] Nesse sentido: HC 562.448, rel. Min. Nefi Cordeiro, 6ª T., j. 5-5-2020; AgRg no REsp 1.858.993, rel. Min. Reynaldo Soares da Fonseca, 5ª T., j. 5-5-2020; entre outros. De acordo com o STJ, a "contumácia ou habitualidade delitiva" diz respeito à prática constante ou persistente de infrações penais por parte do agente. Note que o termo utilizado pelo STJ não se confunde com o conceito de "crime habitual", o qual se refere a um delito único, cuja configuração requer a repetição de condutas no tempo (são exemplos de crime habitual o exercício ilegal da Medicina – previsto no art. 282 do CP – ou o crime de perseguição – tipificado no art. 147-A do CP). A habitualidade delitiva a que se refere o STJ pode ser revelada por, dentre outros, "procedimentos administrativos" ou "ações penais em curso".

[24] AgRg no REsp 1.986.729-MG, rel. Min. Rogerio Schietti Cruz, 6ª T., j. 28-6-2022; AgRg no RHC 176.669/SC, rel. Min. Ribeiro Dantas, 5ª T., j. 22-5-2023; e AgRg no HC 788.145/GO, rel. Min. Messod Azulay Neto, 5ª T., j. 22-5-2023.

[25] AgRg no REsp 2.039.803/MG, rel. Min. Laurita Vaz, 6ª T., j. 15-5-2023; AgRg no AREsp 2.073.863/DF, rel. Min. Messod Azulay Neto, 5ª T., j. 6-6-2023; AgRg no AREsp 2.232.330/RS, rel. Min. Joel Ilan Paciornik, 5ª T., j. 6-6-2023; e AgRg no HC 887.250/SP, rel. Min. Daniela Teixeira, 5ª T., j. 18-6-2024.

[26] AgRg no AREsp n. 2.073.862/DF, rel. Min. Olindo Menezes (Desembargador Convocado do TRF 1ª R.), 6ª T., j. 28-6-2022.

[27] "A aplicação do princípio em tela foi afastada, para além da reiteração criminosa do recorrente. Somada a contumácia delitiva específica, descabe concluir ser ínfimo o valor do bem — botijão de gás, avaliado em R$ 120,00, equivalente a mais de 10% do salário mínimo vigente à época da conduta, de R$ 998,00 em 12-02-2019 —,

Anote-se, também, que o STJ fixou a tese de que "a restituição imediata e integral do bem furtado não constitui, por si só, motivo suficiente para a incidência do princípio da insignificância" (Tema Repetitivo 1.205 – STJ, REsp 2.062.375/AL, rel. Min. Sebastião Reis Júnior, 3ª S., j. 25-10-2023).

E para determinados delitos o STJ já sumulou o entendimento de inaplicabilidade da bagatela, são eles: **crimes ou contravenções penais praticados contra a mulher no âmbito das relações domésticas**, em razão da relevância causal da conduta (Súmula n. 589), **crimes contra a administração pública** (Súmula n. 599), uma vez que a norma penal protege não apenas o patrimônio público, mas também a parcela não econômica consistente na moralidade administrativa, bem como a casos de **transmissão clandestina de sinal de internet via radiofrequência,** que caracteriza o fato típico previsto no art. 183 da Lei n. 9.472/1997 (Súmula n. 606).

Há, ainda, posicionamento do STJ no sentido de que: "O furto de cabos de telefonia, de cabos elétricos ou de internet de propriedade de concessionárias prestadoras de serviço público não preenche os requisitos necessários à incidência do princípio da insignificância, pois a ação criminosa provoca considerável prejuízo à coletividade. Ainda que a coisa furtada apresente pequeno valor econômico, é inegável o prejuízo a serviço público essencial à população, o qual pode se estender por longo período de tempo" (AgRg no HC 835.652/RJ, rel. Min. Reynaldo Soares da Fonseca, 5ª T., j. 11-9-2023)[28].

Registre-se, ademais, que havia o entendimento no STJ de que o princípio não se aplicava aos crimes de contrabando de cigarros, por conta dos bens jurídicos atingidos (saúde, segurança e moralidade pública)[29]. Contudo, a Corte fixou a tese de que: "O princípio da insignificância é aplicável ao crime de contrabando de cigarros quando a quantidade apreendida não

---

subtraído de uma senhora idosa, de 85 anos, que residia sozinha. 4. Considerados os pressupostos estabelecidos pelo Supremo Tribunal Federal para aplicação da teoria da insignificância, além de não estar demonstrado o reduzidíssimo grau de reprovabilidade do comportamento, também não se vislumbra a inexpressividade da lesão jurídica provocada" (RHC 219.627, rel. Min. André Mendonça, j. 19-6-2023).

[28] No mesmo sentido: "A jurisprudência desta Corte Superior é firme no sentido de que se ultrapassa a expressão financeira dos bens subtraídos em decorrência de transtornos causados à população, essas circunstâncias impedem a aplicação do princípio da insignificância" (STJ, AgRg no AREsp 2.519.602/SP, rel. Min. Daniela Teixeira, 5ª T., j. 21-5-2024).

[29] Nesse sentido, ver: AgRg nos EDcl no REsp 2.026.697/SC, rel. Min. Reynaldo Soares da Fonseca, 5ª T., j. 9-5-2023; e AgRg no REsp 2.053.404/SP, rel. Min. Ribeiro Dantas, 5ª T., j. 28-8-2023.

ultrapassar 1.000 (mil) maços, seja pela diminuta reprovabilidade da conduta, seja pela necessidade de se dar efetividade à repressão ao contrabando de vulto, excetuada a hipótese de reiteração da conduta, circunstância apta a indicar maior reprovabilidade e periculosidade social da ação" (Tema Repetitivo 1.143).[30]

Discute-se, ainda, se o princípio da insignificância poderia ser aplicado em determinados crimes, em que o bem jurídico não possui índole exclusivamente patrimonial: (i) no crime de porte de droga para consumo pessoal, definido no art. 28 da Lei n. 11.343/2006, cuja objetividade jurídica dirige-se à proteção da saúde pública, as duas Turmas do STJ afastam a aplicação da bagatela sob o fundamento de que a pequena quantidade de substância psicoativa apreendida é circunstância inerente ao delito, além de se tratar de crime de perigo abstrato e presumido[31]; (ii) no que se refere aos delitos contra o meio ambiente, a Corte Especial do Superior Tribunal de Justiça tem admitido a sua aplicação, em caráter excepcional, desde que observados "o grau de reprovabilidade, a relevância da periculosidade social, bem como a ofensividade da conduta não prejudiquem a manutenção do equilíbrio ecológico"[32].

Observe-se que, a despeito de ser pacífico o entendimento de que a posse de munição é crime de mera conduta e de perigo abstrato, que independe de resultado naturalístico para a consumação e tem potencialidade lesiva presumida, o que, regra geral, impede o reconhecimento da insigni-

[30] REsp 1.977.652/SP, rel. Min. Sebastião Reis Júnior, 3ª S., j. 13-9-2023; e REsp 1.971.993/SP, rel. Min. Joel Ilan Paciornik, rel. p/ o ac. Min. Sebastião Reis Júnior, 3ª S., j. 13-9-2023.

[31] AgRg no RHC 165.570/SP, rel. Min. Laurita Vaz, 6ª T., j. 14-6-2022. Rememore-se, contudo, que, recentemente, ao julgar o RE 635.659, com repercussão geral reconhecida, no qual se discutia a inconstitucionalidade do art. 28 da Lei de Drogas, o Plenário do STF, por maioria, conferiu intepretação conforme à Constituição, para excluir a incidência do tipo penal à conduta de portar "maconha" para uso pessoal, estabelecendo que será presumido usuário aquele que adquirir, guardar, tiver em depósito, transportar ou trazer consigo até 40 gramas de "maconha" ou 6 plantas fêmeas, além dos parâmetros normativos estabelecidos no art. 28, § 2º, da Lei n. 11.343/2006, até que o Congresso Nacional determine critérios legais, para o que não foi fixado prazo. Para maiores considerações sobre a questão, ver *Boletim Especial – Direito Penal*, do STF em Foco, publicado em 26-6-2024.

[32] STJ, APn 888/DF, rel. Ministra Nancy Andrighi, Corte Especial, j. 2-5-2018. "Não se configura o crime previsto no art. 34 da Lei n. 9.605/98 na hipótese em que há a devolução do único peixe – ainda vivo – ao rio em que foi pescado" (STJ, REsp 1.409.051/SC, rel. Min. Nefi Cordeiro, 6ª T., j. 20-4-2017, noticiado no *Informativo STJ* n. 602). No mesmo sentido: AgRg no RHC 177.595/MS, rel. Min. Antonio Saldanha Palheiro, 6ª T., j. 26-6-2023.

ficância, o Superior Tribunal de Justiça passou a, excepcionalmente, flexibilizar o entendimento para aplicar o princípio nos casos de apreensão de pequena quantidade de munição, desacompanhada de artefato bélico apto à deflagração dos projéteis, considerando a conduta atípica em razão da mínima lesividade à incolumidade pública, levando em conta ainda o princípio da proporcionalidade[33]. Para essa mesma Corte, contudo, a apreensão de ínfima quantidade de munição desacompanhada da arma de fogo não implica, por si só, a atipicidade da conduta, devendo o magistrado analisar as circunstâncias fáticas de cada caso concreto e afastar a aplicação da bagatela quando, por exemplo, o agente praticar outro delito, como o tráfico de drogas, no mesmo contexto fático, em razão da ausência da mínima ofensividade[34].

---

[33] STJ, AgRg no REsp 1.869.961/SC, rel. Min. Antônio Saldanha Palheiro, 6ª T., j. 19-5-2020, AgRg no HC 566.373/RS, rel. Min. Reynaldo Soares da Fonseca, 5ª T., j. 12-5-2020. Ressalte-se, contudo, que não se trata de critério aritmético, de modo que não basta analisar a quantidade de munição apreendida e a inexistência de arma hábil para o respectivo disparo, sendo de rigor o exame do caso concreto, para averiguar as circunstâncias da apreensão, e concluir se o contexto, de fato, torna possível o reconhecimento da atipicidade da conduta pela incidência do princípio da insignificância (AgRg no HC 554.858/SC, rel. Min. Ribeiro Dantas, 5ª T., j. 12-5-2020). Ver também: AgRg no AREsp 2.271.395/MG, rel. Min. Reynaldo Soares da Fonseca, 5ª T., j. 23-5-2023. No STF, verificam-se alguns acórdãos anteriores (HC 154.390, rel. Dias Toffoli, 2ª T., j. 17-4-2018, e HC 133.984, rel. Min. Carmen Lúcia, 2ª T., j. 17-5-2016), bem como decisões monocráticas recentes abordando o tema, seja para reconhecer a atipicidade do caso em análise (RHC 176.960/MG, rel. Min. Celso de Mello, j. 29-4-2020), seja para, a despeito de admitir a possibilidade de aplicação excepcional do princípio ao delito em tela, concluir que as circunstâncias do caso concreto não permitem a flexibilização (HC 179.108/SP, rel. Min. Carmen Lúcia, j. 12-12-2019). Em decisões recentes, destaca-se: "O entendimento desta Corte é no sentido de que os 'tipos penais de posse e de porte ilegal de arma de fogo, acessórios e ou munição, de uso permitido, são formais e, *a fortiori*, de mera conduta e de perigo abstrato, razão pela qual as características do seu objeto material são irrelevantes, porquanto independe do quantum para ofender a segurança e incolumidade públicas, bem como a paz social, bens jurídicos tutelados, sendo ainda despiciendo perquirir-se acerca da potencialidade lesiva das armas e munições eventualmente apreendidas, de modo que, não cabe cogitar quanto à aplicação do princípio da insignificância para fins de descaracterização da lesividade material da conduta'. Precedentes" (HC 225.946 AgR, rel. Min. Roberto Barroso, 1ª T., j. 15-5-2023).

[34] EREsp 1.856.980-SC, rel. Min. Joel Ilan Paciornik, 3ª S., j. 22-9-2021; AgRg no AREsp 2.164.074/CE, rel. Min. Jesuíno Rissato (Desembargador Convocado do TJDFT), 6ª T., j. 20-6-2023; e AgRg no HC 810.514/SP, rel. Min. Ribeiro Dantas, 5ª T., j. 26-6-2023. Ver também: STJ, AgRg no HC 888.153/ES, rel. Min. Joel Ilan Paciornik, 5ª T., j. 10-6-2024; e AgRg no REsp 2.126.449/SC, rel. Min. Rogerio Schietti Cruz, 6ª T., j. 17-6-2024.

No que se refere aos crimes tributários federais e ao descaminho, o STJ afasta a tipicidade material quando o débito tributário verificado não ultrapassar o limite de R$ 20.000,00 (vinte mil reais), a teor do disposto no art. 20 da Lei n. 10.522/2002, com as atualizações efetivadas pelas Portarias n. 75 e 130, ambas do Ministério da Fazenda (Recurso Repetitivo – Tema 157).

Contudo, fixou-se a tese de que: "A reiteração da conduta delitiva obsta a aplicação do princípio da insignificância ao crime de descaminho – independentemente do valor do tributo não recolhido –, ressalvada a possibilidade de, no caso concreto, se concluir que a medida é socialmente recomendável. A contumácia pode ser aferida a partir de procedimentos penais e fiscais pendentes de definitividade, sendo inaplicável o prazo previsto no art. 64, I, do CP, incumbindo ao julgador avaliar o lapso temporal transcorrido desde o último evento delituoso à luz dos princípios da proporcionalidade e razoabilidade" (Tema Repetitivo 1.218 – STJ, REsp 2.083.701/SP, rel. Min. Sebastião Reis Júnior, 3ª S., j. 28-2-2024).

VETORES DO STF ("prol")

ausência de	P	ericulosidade social
reduzida	R	eprovabilidade do fato
mínima	O	fensividade
ínfima	L	esão jurídica

Atenção às Súmulas 589, 599 e 606 do STJ

"É inaplicável o princípio da insignificância nos crimes ou contravenções penais praticados contra a mulher no âmbito das relações domésticas" (Súmula 589).

"O princípio da insignificância é inaplicável aos crimes contra a administração pública" (Súmula 599).

"Não se aplica o princípio da insignificância a casos de transmissão clandestina de sinal de internet via radiofrequência, que caracteriza o fato típico previsto no art. 183 da Lei n. 9.472/1997" (Súmula 606).

3.3. Princípio da insignificância ou da bagatela imprópria

Há autores que propõem outra vertente do princípio da insignificância, que denominam "bagatela imprópria". Tratar-se-ia de reconhecer a irrelevância penal de fatos delituosos pela desnecessidade da pena, segundo avaliação efetuada pelo juiz no caso concreto. O reconhecimento dessa tese não implicaria a atipicidade material da conduta, mas o afastamento da culpabilidade. A exclusão da culpabilidade se basearia numa leitura da teoria funcionalista da culpabilidade, segundo a qual a aplicação da pena deve ser calcada não só na constatação de que o indivíduo podia agir de outro modo, mas na avaliação do cumprimento (ou satisfação) de necessidades preventivas (ou seja, verificar se a aplicação da pena atenderia ao postulado da prevenção de novos crimes). Citam-se, como exemplo, situações em que a vítima de lesão corporal, em casos de violência doméstica contra a mulher, afirma em juízo, convencendo o magistrado, que a despeito da agressão perpetrada pelo agente continuam juntos, em situação de convivência amorosa/familiar pacificada. Essa realidade, de acordo com o entendimento em análise, tornaria a aplicação de pena desnecessária. Assim, mesmo que o réu se revelasse culpado, caberia sua absolvição, dada a "irrelevância penal do fato". **Essa tese, com a qual não aquiescemos, olvida, sobretudo, do caráter preventivo *geral* da pena (ou seja, sua eficácia intimidatória aos membros da coletividade).** Essa finalidade preventiva geral da pena, embora passível de debates doutrinários, é reconhecida (implicitamente) na lei (CP, art. 59, *caput*). **De toda sorte, a tese é rechaçada pela jurisprudência, como se nota na Súmula 589 do STJ: "É inaplicável o princípio da insignificância nos crimes ou contravenções penais praticados contra a mulher no âmbito das relações domésticas".**

3.4. Princípio da alteridade ou transcendentalidade

Tem como precursor Claus Roxin e significa que **não é possível incriminar atitudes puramente subjetivas, ou seja, aquelas que não lesionem bens *alheios*.** Se a ação ou omissão for puramente pecaminosa ou imoral, não apresenta a necessária lesividade que legitima a intervenção do Direito Penal. Por conta desse princípio, não se pune a autolesão, salvo quando se projeta a prejudicar terceiros, como no art. 171, § 2º, V, do CP (autolesão para fraudar seguro); a tentativa de suicídio ou a automutilação (nosso CP somente pune a participação no suicídio alheio ou na automutilação de outrem – art. 122); o uso pretérito de droga (o porte é punido porque, enquanto o agente detém a droga, coloca em risco a incolumidade pública).

3.5. Princípio da ofensividade ou lesividade

Não há crime sem lesão efetiva ou ameaça concreta ao bem jurídico tutelado – *nullum crimen sine injuria*. Daí resulta serem inconstitucionais os crimes de perigo abstrato (ou presumido), nos quais o tipo penal descreve determinada conduta sem exigir ameaça concreta ao bem jurídico tutelado. **Note-se, entretanto, que a jurisprudência dominante tende a admitir**

como válidos os delitos de perigo abstrato, por constituírem uma forma legítima de punição de infrações penais em sua fase embrionária (opinião com a qual concordamos).

Conclusão

Se acolhido, esse princípio resulta no banimento dos delitos de perigo abstrato ou presumido (como, por exemplo, porte ilegal de munição desacompanhada de armamento, embriaguez ao volante desassociada à condução anormal por parte do motorista).

Porém

Para os tribunais superiores, são válidos os crimes de perigo abstrato, desde que haja um mínimo de razoabilidade nessa presunção.

3.6. Princípio da exclusiva proteção de bens jurídicos

Deriva, como muitos dos já estudados, do princípio da dignidade da pessoa humana e do fato de o Brasil ser um Estado Democrático de Direito (isto é, todos se submetem ao império da lei, que deve possuir conteúdo e adequação social). Dele decorre que o direito penal não pode tutelar valores meramente morais, religiosos, ideológicos ou éticos, mas somente atos atentatórios a bens jurídicos fundamentais e reconhecidos na Constituição Federal.

De acordo com Claus Roxin, "a **proteção de normas morais, religiosas ou ideológicas, cuja violação não tenha repercussões sociais, não pertence, em absoluto, aos limites do Estado Democrático de Direito,** o qual também deve proteger concepções discrepantes entre as minorias"[35].

Pensamos que, a par da discussão sobre a finalidade do Direito Penal (se é de fato a proteção subsidiária de bens jurídicos ou a garantia da vigência da norma), normas que alberguem comportamentos puramente antiéticos, imorais ou pecaminosos, por serem incompatíveis com o Estado Democrático de Direito e violarem a dignidade da pessoa humana, são absolutamente inconstitucionais.

3.7. Princípio da intervenção mínima

A princípio, portanto, deve-se deixar aos demais ramos do Direito a disciplina das relações jurídicas. **Somente se deve recorrer à intervenção do Direito Penal em situações extremas, como a última saída (*ultima ratio*). A**

---

[35] *Derecho penal*: parte general, t. 1, p. 63.

subtração de um pacote de balas em um supermercado, já punida com a expulsão do cliente do estabelecimento e com a cobrança do valor do produto ou sua devolução, já foi resolvida por outros ramos do Direito, de modo que não necessitaria da interferência do Direito Penal.

A intervenção mínima surgiu com a Declaração dos Direitos do Homem e do Cidadão, como modo de garantir que a intervenção estatal no plano individual deva se dar apenas quando estritamente necessário.

No Brasil, deriva do princípio da dignidade da pessoa humana e do fato de o art. 5º, *caput*, da CF declarar a inviolabilidade da liberdade, da vida, da segurança e da propriedade.

Apesar de haver consenso a respeito deste princípio, o legislador tem a tendência de promover uma verdadeira inflação legislativa (nomonia, nomorreia ou crescimento patológico da legislação penal), o que acarreta, em última análise, o descrédito do sistema criminal.

3.8. Princípio da fragmentariedade

Trata-se, na verdade, de uma característica do direito penal, mencionada por alguns autores também sob a forma de princípio, estabelecendo que **as normas penais somente devem ocupar-se de punir uma pequena parcela, um pequeno fragmento dos atos ilícitos, justamente aquelas condutas que violem de forma mais grave os bens jurídicos mais importantes.**

3.9. Princípio da adequação social

O **Direito Penal** há de ser produzido e aplicado com um **mínimo de racionalidade. Não faz sentido incriminar comportamentos socialmente adequados.** A lei não pode coibir condutas úteis para o corpo social. Imaginemos, por exemplo, uma norma que vedasse doações a pessoas carentes, impondo a quem a desrespeitasse pena de detenção. Não há como negar o absurdo em que esta norma resultaria. O legislador não pode agir de modo arbitrário, incriminando toda e qualquer conduta, sem critério algum. Por esse motivo, a tipificação de fato socialmente adequado deve ser repudiada e, dada sua incompatibilidade com o princípio da dignidade da pessoa humana, tida por inconstitucional. Assim como ocorre em relação ao princípio da insignificância, o reconhecimento da adequação social deve implicar a **atipicidade material do fato.**

É **importante**, todavia, **não confundir adequação social com mera leniência** ou indulgência. Aquilo que pode ser tolerado por um setor da sociedade jamais será, só por isso, socialmente adequado. É o que ocorre com a contravenção penal do jogo do bicho. Trata-se de um fato tolerado por muitas pessoas. Ocorre que tal contravenção fomenta a criminalidade organizada, incentiva a corrupção de órgãos policiais e, na quase totalidade dos casos, vem associada com outros crimes, notadamente o porte ilegal de armas de fogo e o tráfico de drogas. Vê-se, daí, que a indulgência com a qual muitos brasileiros encaram o jogo do bicho jamais pode acarretar a licitude do comportamento, posto que é gritante sua inadequação social. Não é por outra razão, aliás, que passados mais de setenta anos da vigência do Decreto-Lei n. 6.259 (1944), o fato ainda é previsto como infração penal.

Outra situação em que se debate a aplicação do princípio da adequação social diz respeito à venda de CDs ou DVDs "piratas", ou, como é mais comum nos dias atuais, a disponibilização ilegal, com intuito de lucro, de *download* de fonogramas ou videofonogramas (como filmes, documentários ou séries). Essas condutas constituem, em tese, crime de violação de direitos autorais (CP, art. 184, § 2º). Cuida-se de um comportamento que fragiliza, sobremaneira, a proteção da propriedade intelectual alheia, bem jurídico relevante para o fomento da atividade artística, científica e intelectual. O Superior Tribunal de Justiça, com razão, sumulou que: "presentes a materialidade e a autoria, afigura-se típica, em relação ao crime previsto no art. 184, § 2º, do CP, a conduta de expor à venda CDs e DVDs piratas" (Súmula 502).

Registre-se, por fim, que o princípio da adequação social é comumente aplicado para afastar a tipicidade material do crime de lesão corporal (CP, art. 129), em relação aos pais que furam a orelha de seus filhos menores para inserir ornamentos.

3.10. Princípio do *ne bis in idem*

O princípio do *ne bis in idem* veda a dupla incriminação. Por isso, ninguém pode ser processado ou condenado mais de uma vez pelo mesmo fato.

A instauração de um processo por fato (histórico) idêntico ao tratado em feito anterior configura litispendência (CPP, arts. 95, III, e 110). Se o fato já foi julgado definitivamente, há ofensa à coisa julgada (CPP, arts. 95, V, e 110).

Outro aspecto inerente ao princípio **consiste na proibição de que o mesmo fato concreto seja subsumido a mais de uma norma penal incriminadora.** Assim, por exemplo, se o agente desfere diversos golpes de faca contra uma pessoa, num só contexto, visando a matá-la, objetivo atingido depois do trigésimo golpe, não há vinte e nove crimes de lesão corporal e um homicídio, mas tão somente um crime de homicídio (o meio utilizado pelo agente pode, contudo, qualificar o delito, tornando mais severa a pena imposta). *Vide* Capítulo 8, item 3.2.

Em matéria de dosimetria, porém, seu reflexo é outro e pode ser traduzido no seguinte enunciado: **o mesmo dado concreto (isto é, fático/ empírico) não pode se subsumir a mais de uma categoria jurídica durante a aplicação da pena.** Significa, portanto, que, se determinada situação fática foi encaixada na categoria de elementar do tipo, não poderá atuar como circunstância (seja qualificadora, privilégio, causa de aumento ou diminuição, agravante, atenuante ou circunstância judicial). Além disso, se tal dado empírico corresponde a determinada modalidade de circunstância (qualificadora, por exemplo), não poderá ser empregado, ao mesmo tempo, como outra modalidade (como uma causa de aumento, agravante ou circunstância judicial). Quando se nota a possível correspondência de determinada situação fática a mais de uma das categorias mencionadas, deve-se observar uma ordem de preferência que obedece ao critério da especialidade. Assim, por exemplo, se o agente comete um homicídio contra uma vítima de 10 anos, a pouca idade do ofendido será levada em conta como causa de aumento de pena (art. 121, § 4º, parte final), e não como agravante (art. 61, II, *h*).

3.11. Princípio da humanidade

As **normas penais devem sempre dispensar tratamento humanizado** aos sujeitos ativos de infrações penais, vedando-se a tortura, o tratamento desumano ou degradante (CF, art. 5º, III), penas de morte, de caráter perpétuo, cruéis, de banimento ou de trabalhos forçados (CF, art. 5º, XLVII).

Este princípio, derivado da dignidade da pessoa humana, constitui, no dizer de Luiz Luisi, "postulado reitor do cumprimento da pena privativa de liberdade"[36]. Deve-se advertir, todavia, citando mais uma vez o saudoso penalista, que: "o indeclinável respeito ao princípio da humanidade não deve obscurecer a natureza aflitiva da sanção penal"[37].

---

[36] *Os princípios constitucionais penais*, p. 46.

[37] *Os princípios constitucionais penais*, p. 50. Doutrinadores há que extraem do princípio da humanidade extensão que, segundo entendemos, mostra-se de todo incompatível com o correto equilíbrio entre defesa social e respeito aos direitos humanos. Guilherme de Souza Nucci aduz que referido princípio importa em que o Estado, "através da utilização das regras de Direito Penal, deve pautar-se pela benevolência na aplicação da sanção penal, buscando o bem-estar de todos na comunidade, inclusive dos condenados, que não merecem ser excluídos somente porque delinquiram, até porque uma das finalidades da pena é a sua ressocialização" (*Individualização da pena*, p. 40-41). Assiste razão, em nosso entender, ao eminente penalista, salvo quando propõe que o Estado deva pautar-se pela benevolência na aplicação da sanção penal. Mostra-se errônea a tese de que a pena será tanto mais humanizada quanto mais benévola sua aplicação. Em última análise, quem estabelece o rigor da sanção é o próprio criminoso, cumprindo ao juiz, equitativamente, balancear a resposta penal em absoluta conformidade com o fato praticado. Uma das expressões maiores da Justiça significa dar a cada um o que é seu – ou impor ao agente a sanção a que ele faz *jus*. Benevolência não é sinônimo de Justiça. Victor Hugo, em sua cé-

3.12. Princípio da autorresponsabilidade ou das ações a próprio risco

Aquele que, de modo livre e consciente, e sendo inteiramente responsável por seus atos, realiza comportamentos perigosos e produz resultados lesivos a si mesmo arcará totalmente com seu comportamento, não se admitindo nenhum tipo de imputação a pessoas que o tenham eventualmente motivado a praticar tais condutas perigosas (ex.: o agente que incentiva desafeto a praticar "esportes radicais" não responde pelos acidentes sofridos pela vítima, que optou por fazê-lo livremente).

3.13. Princípio da confiança

Uma pessoa não pode ser punida quando, agindo corretamente e na confiança de que o outro também assim se comportará, dá causa a um resultado não desejado porque outrem deixou de observar o papel que lhe cabia na interação social (ex.: o médico que confia em sua equipe não pode ser responsabilizado pela utilização de uma substância em dose equivocada, se para isso não concorreu; o motorista que conduz seu automóvel cuidadosamente confia que os pedestres se manterão na calçada e somente atravessarão a rua quando não houver movimento de veículos, motivo pelo qual não comete crime se atropela um transeunte que se precipita repentinamente para a via trafegável).

3.14. Princípios ligados à pena

Há outros princípios de suma importância que, por serem relacionados com a sanção penal, serão tratados em capítulo próprio. É o caso dos princípios da personalidade ou individualidade (CF, art. 5º, XLV), da individualização (CF, art. 5º, XLVI) e da proporcionalidade da pena (CF, arts. 5º, XLVI, XLVII; 98, I; e 227, § 4º).

Além dos Princípios Basilares, há outros que retiram fundamento em um ou mais destes. São os **Princípios Decorrentes** ou derivados, dos quais se destacam, pela importância:

a)   retroatividade benéfica;

b)   insignificância;

c)   alteridade;

---

lebre obra *Os miseráveis*, pela voz de um de seus personagens, proclamara: "Ser bom é fácil. Difícil é ser justo". Com isso não se quer dizer, em absoluto, que o magistrado deve agir como carrasco ou que a pena deve ser sempre a mais alta possível. Seria igualmente equivocado advogar a postura inversa – "quanto maior melhor". *Virtus in medium est.*

d) ofensividade;

e) exclusiva proteção de bens jurídicos;

f) intervenção mínima;

g) fragmentariedade;

h) adequação social;

i) *ne bis in idem*;

j) humanidade;

k) autorresponsabilidade;

l) confiança.

Há, ainda, diversos princípios relacionados com a pena criminal, como a *individualização*, a *intranscendência* e a *proporcionalidade da pena*.

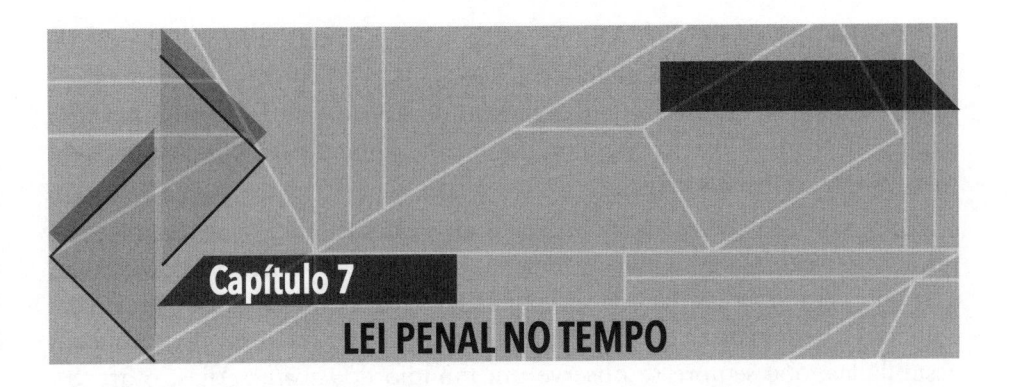

Capítulo 7

LEI PENAL NO TEMPO

1. INTRODUÇÃO

O nascimento (entrada em vigor), a vida (período de vigência) e a morte (revogação) de uma lei penal constituem tema de sobrelevada importância.

Deve-se lembrar que o direito de punir em abstrato do Estado (*ius puniendi in abstracto*) surge com o advento da lei penal[1]. Vale dizer, **a partir do momento em que uma lei penal entra em vigor, o Estado passa a ter o direito de exigir de todas as pessoas que se abstenham de praticar o comportamento definido como criminoso.** Cuida-se de um direito baseado no preceito primário da norma penal incriminadora. Assim, por exemplo, quando entrou em vigor a Lei n. 13.772, de 2018, que inclui no Código Penal o art. 216-B ("registro não autorizado da intimidade sexual"), o Estado passou a ter o direito de exigir que as pessoas se abstenham de registrar, por qualquer meio, a intimidade sexual alheia, sem autorização da vítima, ainda que o façam sem o intuito de divulgar, posteriormente, a imagem ou cena capturada. Antes disso, não poderia exigir tal conduta, posto que o fato não era definido como infração penal. Na relação jurídica consubstanciada pelo direito de punir em abstrato, o Estado figura como sujeito ativo, todas as pessoas penalmente imputáveis como sujeitos passivos e o objeto desta relação cuida-se de uma abstenção de conduta (ou de um mandamento de ação, no caso dos crimes omissivos).

Daí por que definir o exato momento em que uma lei penal começa a vigorar se confunde com estabelecer o instante em que nasce o direito de punir em abstrato.

---

[1] Não há que se confundir o direito de punir em abstrato com o direito de punir em concreto. Este surge, de regra, com a prática do fato delitivo e consiste no direito de o Estado exigir do infrator que se submeta à sanção penal cominada na lei. Não se trata de direito autoexecutável, pois sua concreção exige um devido processo legal.

Uma lei, seja ela ou não lei penal, **somente entra em vigor** depois de regularmente aprovada mediante o processo legislativo definido na Constituição, o qual se completa com a sanção do Presidente da República, com sua publicação no diário oficial e, finalmente, **quando se esvai seu período de vacância ou** *vacatio legis*.

Como se sabe, a *vacatio legis* é o intervalo de tempo que separa a publicação e a entrada em vigor de uma lei. Cumpre dizer que, em alguns casos, a lei entra em vigor na data de sua publicação. Esta característica é pouco recomendável em matéria de leis penais, que requerem, para efeito de serem bem assimiladas, que sempre se observe um mínimo de *vacatio*. Aliás, o art. 8º, *caput*, da LC n. 95/98, que disciplina a "elaboração, a redação, a alteração e a consolidação das leis", dispõe que: "A vigência da lei será indicada de forma expressa e de modo a contemplar prazo razoável para que dela se tenha amplo conhecimento, reservada a cláusula 'entra em vigor na data de sua publicação' para as leis de pequena repercussão". Caso não haja menção expressa ao início de vigência da Lei, aplica-se a regra contida na Lei de Introdução às Normas do Direito Brasileiro (Decreto-Lei n. 4.657, de 1942, art. 1º), segundo a qual uma lei entra em vigor quarenta e cinco dias contados de sua publicação, no território nacional, e em três meses, no âmbito internacional (note-se que a lei penal brasileira se aplica a fatos cometidos no exterior, por força do art. 7º do CP, que será estudado a seguir – Capítulo 8, item 3.3).

Importante frisar que, de acordo com o § 1º do art. 8º da LC n. 95/98 (com redação da LC n. 107/2001), "a contagem do prazo para entrada em vigor das leis que estabeleçam período de vacância far-se-á com a inclusão da data da publicação e do último dia do prazo, entrando em vigor no dia subsequente à sua consumação integral". Além disso, o § 2º do dispositivo mencionado determina que: "As leis que estabeleçam período de vacância deverão utilizar a cláusula 'esta lei entra em vigor após decorridos (o número de) dias de sua publicação oficial".

2. É POSSÍVEL APLICAR LEI PENAL ANTES DE CONSUMADA SUA VACÂNCIA?

Cremos que não. Um texto normativo não inova o ordenamento jurídico antes de sua entrada em vigor. Durante a vacância (ou *vacatio*), não há lei nova, mas apenas *expectativa de lei*. Aliás, não fosse assim, o Código Penal de 1940 teria sido revogado pelo Código Penal de 1969 (Decreto-Lei n. 1.004/69), o qual foi publicado, mas nunca entrou em vigor (sua vacância estendeu-se até 1978).

Isto vale, inclusive, para leis penais de caráter benéfico, as quais, uma vez consumada sua vacância, entrarão em vigor e se aplicarão a fatos pretéritos, mesmo quando já houver trânsito em julgado. A razão é simples: uma lei pode ser revogada antes de sua entrada em vigor, por isso, repetimos, durante a *vacatio* não há lei nova, mas apenas expectativa de lei; lembre-se do que ocorreu com o Código Penal de 1969.

3. CONFLITO DE LEIS PENAIS NO TEMPO

3.1. Introdução

O conflito de leis penais no tempo **dá-se quando duas ou mais leis penais, que tratam do mesmo assunto, porém de modo distinto, se sucedem.** Isto acarreta diversas questões, denominadas direito intertemporal.

Em tais casos, é de suma importância estabelecer-se qual a lei deverá reger o caso concreto, se aquela vigente ao tempo de sua prática, ou se outra, já revogada.

O **fenômeno** pelo qual uma **lei se aplica a fatos ocorridos durante sua vigência** denomina-se *atividade*. Quando uma **lei aplicar-se fora do seu período de vigência**, ter-se-á a *extra-atividade*. **Esta se divide em *retroatividade*,** isto é, a aplicação da lei a fatos ocorridos *antes* de sua entrada em vigor, e *ultra-atividade*, que significa a aplicação de uma lei *depois* de sua revogação.

As leis penais podem ser ativas ou extra-ativas. De regra, a lei penal somente se aplica a fatos ocorridos durante sua vigência, de modo que a extra-atividade somente se verifica em situações excepcionais. De acordo com nossa Constituição Federal, a extra-atividade somente ocorrerá se benéfica ao agente.

Assim, por exemplo, uma lei penal benéfica (como a que reduz a pena imposta a um crime) aplicar-se-á a fatos anteriores à sua entrada em vigor. Da mesma forma, se uma lei vigorava quando do cometimento do crime, mas for revogada por outra mais severa antes do julgamento, o magistrado terá de aplicar a lei revogada, posto que sucedida por lei mais rigorosa.

Pode-se concluir, em síntese, que:

a) **a lei penal, de regra, somente se aplica a fatos praticados sob sua vigência** (atividade);

b) **a lei penal benéfica (*lex mitior*) retroagirá**, atingindo fatos anteriores à sua entrada em vigor (inclusive quando já atingidos por coisa julgada);

c) a **lei penal revogada deverá aplicar-se depois de sua revogação, quando o fato for praticado sob sua égide e for sucedida por lei mais gravosa (*lex gravior*).**

A lei penal benéfica (*lex mitior*) se biparte em: *novatio legis in mellius* e *abolitio criminis*.

Ambas **retroagirão**, posto que benéficas e, pelo mesmo motivo, aplicar-se-ão a fatos ocorridos sob sua vigência, quando revogadas por leis mais gravosas.

Por *novatio legis in mellius* entende-se a nova lei penal que, mantendo a incriminação (isto é, o fato era criminoso e continua sendo considerado como tal), dá ao fato tratamento mais brando. São exemplos de tratamento benéfico: a redução da pena prevista, a autorização de concessão de benefícios legais antes proibidos, a redução dos prazos prescricionais, o abrandamento dos regimes de cumprimento de pena.

Há diversos casos concretos de *novatio legis in mellius*. A Lei n. 9.268/96 proibiu a conversão de pena de multa em prisão. Antes dela, quem não pagasse a multa criminal poderia ser preso; depois dela, o inadimplemento de tal sanção acarreta, tão somente, o ajuizamento de uma ação de execução, sob pena de penhora de bens. A Lei n. 9.714/98 ampliou o rol de penas alternativas e passou a admitir a substituição da pena privativa de liberdade por tais penas a um número maior de infrações penais.

Por vezes, a determinação da norma penal mais benéfica (se a anterior ou a nova) pode gerar dúvidas. Imagine, por exemplo, uma lei que estabeleça, para determinado fato, pena de detenção, de 6 meses a 2 anos, e seja sucedida por outra, que altere o preceito secundário para detenção, de 3 meses a 3 anos. A nova lei, no caso apontado, é benéfica ou gravosa em relação à anterior? Depende. Para um réu sujeito à pena mínima, como um sujeito primário e de bons antecedentes, certamente a nova lei lhe será mais branda. Já em relação a um acusado merecer de pena máxima, a anterior o favorece. O que fazer, então? **Caberá ao juiz, no caso concreto, determinar qual a lei penal aplicável**, conforme a situação pessoal do sentenciado. Assim, pode ser que ao julgar um processo o magistrado opte pela anterior e, analisando fato semelhante, porém em relação a outro agente, acabe por aplicar a nova lei.

Em última análise, nada impede que seja ouvida a própria defesa. Como isto se daria na prática? Basta verificar qual foi o pedido formulado pelo defensor em suas alegações finais ou razões de recurso (*vide* item 3.2).

Abolitio criminis significa a nova lei penal que descriminaliza condutas, ou, ainda, a lei supressiva de incriminação. Vale dizer, deixa de considerar determinado fato como infração penal. O que antes era crime ou contravenção penal torna-se algo penalmente irrelevante. Pode-se citar, como exemplo, a Lei n. 11.106/2005, que, entre outras coisas, revogou os arts. 217 e 240 do CP, tornando atípicos dois comportamentos que, até então, configuravam crimes: sedução e adultério.

É de anotar que a *abolitio criminis* é prevista como causa extintiva da punibilidade (CP, art. 107, III). Significa que, com sua entrada em vigor, o Estado perde o direito de punir. Quando tal situação se verifica antes do trânsito em julgado, ficam impedidos todos os possíveis efeitos de uma condenação penal. Se ocorrer depois do trânsito em julgado da sentença penal condenatória, extinguir-se-ão todos os efeitos *penais* da condenação (mantendo-se, apenas, os efeitos extrapenais – arts. 91, 91-A e 92 do CP e 15, III, da CF).

A *abolitio criminis* produz, portanto, dois efeitos, a atipicidade (em relação a fatos novos) e a extinção da punibilidade (no tocante a fatos anteriores).

Importante se atentar para o fato de que a simples revogação do tipo penal não produz, por si só, a descriminalização da conduta. Há casos em que, a despeito da supressão do dispositivo incriminador, o comportamento mantém seu caráter delituoso, não mais, por óbvio, em relação ao tipo penal revogado, mas à luz de outro dispositivo legal. **Se a conduta mantiver sua natureza de infração penal, sem solução de continuidade**, isto é, sem falhar um dia sequer no tempo, **não ocorrerá *abolitio criminis***, em face do **princípio da continuidade típico-normativa** (ou normativo-típica).

A lei penal gravosa (*lex gravior*) se divide em: *novatio legis in pejus* e *novatio legis* incriminadora.

A primeira corresponde à que, mantendo a incriminação, dá ao fato tratamento mais rigoroso.

São exemplos de tratamento gravoso: o aumento da pena prevista, a proibição de outorga de benefícios legais antes permitidos, o aumento dos prazos prescricionais, a criação de causas que suspendem o curso do prazo de prescrição, a previsão de regimes de cumprimento de pena mais severos.

Pode-se citar, dentre outras, a Lei n. 10.763/2003, que passou a exigir a reparação do dano ou a devolução do produto do ilícito praticado, como requisito para a progressão de regimes para condenado por crimes contra a administração pública (*vide* art. 33, § 4º, do CP). Ou, ainda, a Lei n. 11.340/2006 (Lei Maria da Penha), que elevou a pena do crime de violência doméstica (art. 129, § 9º, do CP), de seis meses a um ano de detenção para três meses a três anos. A Lei n. 11.343/2006 (Lei de Drogas) aumentou a pena cominada ao tráfico ilícito de drogas, de três a quinze anos de reclusão e 50 a 360 dias-multa, para de cinco a quinze anos e 500 a 1.500 dias-multa. A Lei Anticrime elevou o limite de cumprimento de pena privativa de liberdade de 30 para 40 anos (CP, art. 75). A Lei n. 14.155/2021 elevou a pena do crime de violação de dispositivo informático e incluiu novas qualificadoras e causas de aumento de pena aos crimes de furto e estelionato (CP, arts. 155, §§ 4º-B e 4º-C; e 171, §§ 2º-A, 2º-B e 4º).

A *novatio legis* incriminadora, por fim, é a que **passa a definir o fato como penalmente ilícito.** Em outras palavras, uma conduta penalmente atípica passa a ser definida como crime ou contravenção. Vários são os exemplos, dos quais citamos a Lei n. 13.772/2018, a qual tornou delito o registro não autorizado da intimidade sexual alheia (art. 216-B do CP) e a Lei n. 14.344/2022, que criminalizou o descumprimento de medida protetiva de urgência instituída em favor de criança ou adolescente, bem como a omissão de notificação, à autoridade pública, da prática de violência, de tratamento cruel ou degradante ou de formas violentas de educação, correção ou disciplina contra criança ou adolescente ou o abandono de incapaz (arts. 25 e 26). Esses comportamentos, antes da entrada em vigor das leis citadas, eram fatos penalmente indiferentes e, com elas, tornaram-se condutas criminosas.

3.2. Dúvida a respeito da lei penal mais benéfica

Como regra, não haverá qualquer problema em detectar, entre duas leis que se sucedem no tempo, qual a mais benéfica. Podem ocorrer, todavia, situações duvidosas. O que é mais benéfico ao réu, uma lei que permite o cumprimento da pena privativa de liberdade em regime aberto ou outra que autoriza o livramento condicional a este fato, se antes era-lhe negado? **Se houver irredutível dúvida, cremos que a melhor solução deve ser a de consultar o réu, por meio de seu defensor.** Trata-se da saída adotada no Código Penal espanhol de 1995 (art. 2º, n. 2 – "en caso de duda sobre la determinación de la ley más favorable, será oído el reo") e encontra apoio de boa parte da doutrina. Entre nós, Hungria já a defendia a seu tempo[2].

3.3. Combinação de leis penais

Dá-se quando **o intérprete,** verificando que uma nova lei favorece o agente num aspecto e prejudica-o noutro, **combina (somente) o elemento benéfico contido no novo diploma com a regra branda oriunda de lei anterior.**

Em favor da combinação de leis argumenta-se que, se o juiz pode aplicar o todo, nada impede que aplique somente parte da lei, sobretudo porque buscaria uma solução justa (é a tese vencedora na doutrina).

Os opositores dessa tese objetam que o magistrado estaria agindo como legislador, criando uma nova lei; **trata-se da chamada *lex tertia* (a "terceira lei" – não criada pelo parlamento).** Para nós, não se deveria admitir tal combinação, que subjuga o espírito normativo constante da nova lei. A cisão legislativa, muito embora calcada em sólido argumento (isto é, a extra-atividade benéfica), rompe com a unidade e a harmonia que deve conter um diploma legislativo.

---

[2] *Comentários ao Código Penal*, 5. ed., v. 1, t. 1, p. 134.

Nossa jurisprudência divergia a respeito do tema. A atual Lei de Drogas suscitou ampla discussão a respeito da possibilidade de combinação de leis penais. Isto porque a pena privativa de liberdade cominada ao tráfico ilícito de drogas, em sua modalidade fundamental, era de três a quinze anos de reclusão (Lei n. 6.368/76, art. 12, *caput*) e, com o advento da nova Lei (11.343/2006, art. 33, *caput*) passou a ser de cinco a quinze anos. Ocorre que a Lei n. 11.343/2006 criou uma nova causa de redução de pena (de um sexto a dois terços), consistente em ser o agente primário, possuidor de bons antecedentes, não dedicado a atividades criminosas e não integrante de organização criminosa[3] (art. 33, § 4º).

Assim, havia quem sustentasse que aos crimes de tráfico de droga praticados antes da entrada em vigor da Lei de 2006, por réus primários e de bons antecedentes, preenchidas as demais condições citadas, dever-se-ia aplicar a pena contida no preceito primário da Lei n. 6.368 (mais benéfica) com a causa de diminuição prevista no art. 33, § 4º, da nova Lei.

O tema encontra-se pacificado na jurisprudência de nossos tribunais superiores, no sentido da inadmissibilidade de semelhante combinação.

O Superior Tribunal de Justiça editou a **Súmula 501**, nos seguintes termos: **"É cabível a aplicação retroativa da Lei n. 11.343/2006, desde que o resultado da incidência das suas disposições, na íntegra, seja mais favorável ao réu do que o advindo da aplicação da Lei n. 6.368/76, sendo vedada a combinação de leis".**

O Supremo Tribunal Federal, de sua parte, definiu-se nessa mesma linha a partir do julgamento do RE 600.817, rel. Min. Lewandowski, j. 7-11-2013. De acordo com o entendimento definido pela Suprema Corte, cumpre ao juiz, no caso de tráfico de drogas cometido na vigência da Lei anterior, em que o agente preencha, em tese, os requisitos previstos no art. 33, § 4º, da Lei atual, efetuar a dosimetria segundo as duas legislações, sem mesclar as regras, verificando, ao final, qual a pena mais branda, aplicando-a ao caso concreto[4].

---

[3] Entende-se por organização criminosa, nos termos do art. 1º, § 1º, da Lei n. 12.850/2013, a associação de quatro ou mais pessoas estruturalmente ordenada e caracterizada pela divisão de tarefas, ainda que informalmente, com o objetivo de obter, direta ou indiretamente, vantagem de qualquer natureza, mediante a prática de infrações penais cujas penas máximas sejam superiores a quatro anos, ou que sejam de caráter transnacional.

[4] No mesmo sentido: "O Plenário do Supremo Tribunal Federal (RE 600.817-RG, Rel. Min. Ricardo Lewandowski) consolidou o entendimento de que não é possível a aplicação retroativa da causa especial de diminuição de pena do art. 33, § 4º, da Lei n. 11.343/2006, em benefício de réu condenado por crime de tráfico de drogas cometido

3.4. Sucessão de leis penais

Sob tal rubrica, situam-se os casos em que **o mesmo fato é regido por diversas leis penais, as quais se sucedem no tempo, regulando o tema de maneira distinta**. Ainda que tal situação possa parecer de difícil solução, para resolvê-la devem ser aplicados os critérios acima estudados, ou seja, deve-se sempre adotar como regra o critério da atividade da lei penal e, somente quando se tratar de lei benéfica, sua extra-atividade.

Acompanhe o seguinte exemplo: imaginemos que o agente tenha cometido determinado delito no ano de 2021, quando a conduta era apenada com detenção, de dois a quatro anos. Em 2022, quando corria o processo, nova lei modifica a sanção para um a três anos de detenção. Finalmente, em 2023, dias antes de o juiz proferir a sentença, surge uma terceira lei, aumentando a pena para dois a cinco anos de reclusão. No caso de condenação, deverá ser aplicada a segunda norma, que retroage à data do fato, por ser mais benéfica que a primeira (*lex mitior*), e impede a incidência da última, que se mostra mais gravosa (*lex gravior*) em relação a ela. Teremos neste caso, portanto, a aplicação de uma lei, ao mesmo tempo, retroativa, porque incidente sobre fato anterior à sua vigência, e ultra-ativa, porquanto aplicada depois de sua revogação.

3.5. Medidas de segurança

As medidas de segurança constituem espécies do gênero sanção penal. Nosso Código as reserva aos agentes inimputáveis ou semi-imputáveis em razão de doença mental ou desenvolvimento mental incompleto ou retardado (CP, art. 26), que, comprovadamente, praticaram o fato definido como crime ou contravenção penal. Dividem-se em medida de segurança detentiva, consistente na internação em hospital de custódia e tratamento, e medida de segurança restritiva, consubstanciada em tratamento ambulatorial (CP, arts. 96 a 98).

Os princípios constitucionais relativos à pena, dentre os quais a retroatividade benéfica, devem ser estendidos às medidas de segurança. Não há dúvida de que a lei que versa sobre tais sanções é "lei penal", na exata dicção do art. 5º, XL, da CF, que proclama sua retroatividade, quando assumirem natureza favorável ao agente.

---

na vigência da legislação anterior (Lei n. 6.368/1976)" (STF, HC 103.617, rel. Min. Roberto Barroso, 1ª T., j. 18-3-2014). Sendo este também o posicionamento do STJ: AgRg no AREsp 954.614/PR, rel. Ministro Joel Ilan Paciornik, 5ª T., j. 19-2-2019; AgRg no HC 528.544/SP, rel. Min. Reynaldo Soares da Fonseca, 5ª T., j. 12-5-2020; e AgRg no HC 653.338/SP, rel. Min. Reynaldo Soares da Fonseca, 5ª T., j. 22-6-2021.

Vale lembrar que o Supremo Tribunal Federal já reconheceu que os princípios penais estendem-se às medidas de segurança[5]. O mesmo vale para o Superior Tribunal de Justiça, que sumulou terem estas um limite máximo de duração, a despeito do silêncio do Código Penal nesse sentido (Súmula 527: "O tempo de duração da medida de segurança não deve ultrapassar o limite máximo da pena abstratamente cominada ao delito praticado").

3.6. Competência para aplicação da lei penal benéfica

Deve-se ponderar, de início, que desde a entrada em vigor da *novatio legis in mellius* ou da *abolitio criminis* devem elas ser imediatamente aplicadas aos casos concretos, não importando em que fase da persecução penal se estiver.

Assim, estando ainda **na fase de investigação, deve** a **autoridade policial remeter os autos ao juízo competente** para imediata aplicação da nova lei, no que for cabível. Na hipótese de *novatio legis in mellius* dever-se-ão aplicar os benefícios que passaram a ser admitidos (se aplicáveis na fase inquisitiva, como, por exemplo, a remessa dos autos ao Juizado Especial Criminal para efeito de aplicação das medidas contidas na Lei n. 9.099/95, no caso de uma infração tornar-se de menor potencial ofensivo). Em se tratando de *abolitio criminis*, a remessa ao juízo competente é necessária para que o magistrado, depois de ouvido o membro do Ministério Público, possa declarar a extinção da punibilidade.

Se o feito encontrar-se em andamento, com denúncia ou queixa-crime já recebidas, cumprirá ao juiz que o preside a aplicação da nova lei. Imagine-se o caso em que a infração passe a admitir a suspensão condicional do processo. Deve o magistrado, imediatamente após o início da vigência da nova lei, remeter os autos ao Ministério Público para a formulação da proposta do benefício.

Estando o processo em grau de recurso, incumbirá à Câmara ou Turma julgadora aplicar a *lex mitior*.

Finalmente, **encontrando-se na fase de execução da pena,** a tarefa de aplicar a novel legislação será de responsabilidade do **juízo das execuções penais,** como preceituam o art. 66, I, da LEP e a **Súmula 611 do STF.**

3.7. Crime permanente e crime continuado

Configuram crimes permanentes aqueles cujo momento consumativo se prolonga no tempo, por exemplo, sequestro (enquanto a vítima for

---

[5] Cf. HC 84.219, rel. Min. Marco Aurélio. E também: RE 628.658, rel. Min. Marco Aurélio, Tribunal Pleno, j. 5-11-2015.

mantida com sua liberdade privada, considera-se prolongado o momento da consumação). Fala-se em crime continuado, por outro lado, quando vários crimes são praticados em continuidade delitiva (art. 71 do CP).

Se durante a permanência ou a continuidade delitiva entrar em vigor nova lei, ainda que mais gravosa, ela se aplica a todo o evento, vale dizer, ao crime permanente e a todos os delitos cometidos em continuidade delitiva. Nesse sentido: Súmula 711 do Supremo Tribunal Federal[6].

Assim, por exemplo, se uma pessoa recebeu droga em julho de 2006 (quando estava em vigor a Lei n. 6.368/76) e a guarda em um depósito com o objetivo de comercializá-la até janeiro de 2007 (quando já estava em vigor a Lei n. 11.343/2006), ficará sujeita às penas mais severas da nova legislação, uma vez que se trata de crime permanente, cujo momento consumativo iniciou-se com a lei antiga, mas persistiu durante a nova lei.

Esse raciocínio se aplica a crimes habituais, quando os primeiros atos foram realizados sob a égide da lei anterior e os demais, na vigência da nova lei mais gravosa?

Cremos que não. A *ratio* que inspira o entendimento sumular em relação a crime permanente ou continuado não se coaduna com os crimes habituais. Observe que, em se cuidando de **delito permanente**, o **sujeito ativo persiste realizando o mesmo ato criminoso** à luz da nova lei, em outras palavras, é como se ele, estando ciente (em tese) da nova realidade legislativa, com esta não se importasse e seguisse cometendo o fato. Em relação ao crime continuado, a subsunção da conduta à lei atual (e mais gravosa) ecoa a solução contida no texto legal, que, no art. 71 do Código, ao tratar desse instituto, determina que, quando diferentes as penas das infrações cometidas em continuidade delitiva, o juiz deva aplicar a pena do delito mais grave, sobre ela fazendo incidir o aumento decorrente do concurso de crimes.

No crime habitual, há um só delito, perpetrado mediante a reiteração de atos. Neste, os atos anteriores à vigência do tipo penal ou serão condutas penalmente atípicas (caso não exista nenhuma lei que os tipifique até então) ou constituirão condutas menos graves. Com o surgimento do delito habitual, a inclusão de atos anteriores ao início de sua vigência para que ele se configure afronta o princípio da legalidade, pois constitui clara retroação de lei penal incriminadora (ou lei penal gravosa).

É o que se dá no crime de perseguição, doutrinariamente chamado de *stalking*, incluído no Código em 2021 (art. 147-A). O fato é definido como perseguir alguém, *reiteradamente* e por qualquer meio, ameaçando-lhe a in-

---

[6] "A lei penal mais grave aplica-se ao crime continuado ou ao crime permanente, se a sua vigência é anterior à cessação da continuidade ou da permanência").

tegridade física ou psicológica, restringindo-lhe a capacidade de locomoção ou, de qualquer forma, invadindo ou perturbando sua esfera de liberdade ou privacidade. Ações praticadas antes da entrada em vigor do tipo, que se deu em 1º de abril de 2021, implicam patente afronta à irretroatividade da lei penal, preconizada na Constituição Federal (art. 5º, XLV). Tais atos, portanto, ou serão atípicos ou, eventualmente, poderão se subsumir a outros dispositivos legais vigentes ao tempo da conduta.

3.8. Lei excepcional e lei temporária (CP, art. 3º)

De acordo com o art. 3º do CP, "A lei excepcional ou temporária, embora decorrido o período de sua duração ou cessadas as circunstâncias que a determinaram, aplica-se ao fato praticado durante sua vigência". Excepcional é a lei elaborada para incidir sobre fatos havidos somente durante determinadas circunstâncias excepcionais, como situações de crise social, econômica, guerra, calamidades etc. É o que ocorre com os crimes militares em tempo de guerra, definidos no Código Penal Militar desde 1969. Temporária é aquela elaborada com o escopo de incidir sobre fatos ocorridos apenas durante certo período de tempo. Cite-se, *v.g.*, a Lei Geral da Copa (Lei n. 12.663/2012), que previu que os tipos penais nela contidos terão "vigência" até o dia 31 de dezembro de 2014.

A doutrina costuma afirmar que as leis excepcionais e temporárias são leis ultrativas, ou seja, que produzem efeitos mesmo após o término de sua vigência. O próprio legislador, por vezes, incorre nesse equívoco, como se verificou com a citada Lei Geral da Copa.

Na verdade, não se trata do fenômeno da ultra-atividade, uma vez que, com o passar da situação excepcional ou do período de tempo estipulados na lei, ela continua em vigor, embora inapta a reger novas situações.

Acompanhe esse exemplo, referente a uma conduta que manteve seu caráter criminoso por sessenta anos no Brasil. O art. 2º, VI, da Lei n. 1.521/51 (Lei dos Crimes contra a Economia Popular e contra a Saúde Pública), que vigorou de fevereiro de 1952 a dezembro de 1991, definia como crime a conduta do comerciante que vendia ou expunha à venda produto acima do preço definido em tabela oficial ("tabela de congelamento de preços"). Durante suas quatro décadas de vigência, permaneceu a maior parte do tempo inaplicável, salvo em épocas como o "Plano Cruzado" (1986/87), no qual se decretou o tabelamento de preços, restaurando a eficácia da norma penal; assim, vários comerciantes flagrados vendendo produtos acima do preço oficial foram investigados e processados criminalmente; superado o período do congelamento, os processos já instaurados prosseguiram seu curso, uma vez que a norma não fora, então, revogada: a ação de vender ou expor à venda produtos acima do preço oficial continuou sendo crime até sua substituição pelo art. 6º, I, da Lei n. 8.137/90 (este revogado em 2011), o qual punia conduta semelhante, mas com pena maior. O fim do "congelamento" ocorrido na década de 1980 assinalou, portanto, apenas o encerramento da aptidão da lei para reger novos fatos concretos, sem, contudo, afetar sua vigência, que persistiu, bem como sua eficácia no que concerne aos atos verificados durante o tabelamento oficial.

Com os tipos penais da Lei Geral da Copa, o mesmo se dá, sob pena de absoluta ineficácia destes dispositivos; vale dizer, mesmo após 31 de dezembro de 2014, o juiz criminal pode aplicá-los, conquanto o fato tenha ocorrido dentro do intervalo de tempo em questão.

A lei, portanto, não é mais eficaz para gerar novas subsunções, mas continua em pleno vigor, enquanto não for revogada por outra. Não havendo falar-se, portanto, em ultratividade, fica superada qualquer alegação de violação ao princípio da retroatividade benéfica da lei penal (CF, art. 5º, XL). Aliás, nesse sentido já se manifestaram consagrados penalistas[7].

A regra constante do art. 3º do CP tem ainda uma razão prática evidente, declarada na Exposição de Motivos da Parte Geral do Código Penal: "Esta ressalva visa impedir que, tratando-se de leis previamente limitadas no tempo, possam ser frustradas as suas sanções por expedientes astuciosos no sentido do retardamento dos processos penais".

3.9. Retroatividade da lei penal e lei penal em branco

A lei penal em branco é aquela cujo preceito primário se apresenta incompleto, necessitando de complementação contida em outro dispositivo normativo. Este complemento, portanto, embora localizado em outro dispositivo, faz parte da norma de conduta, integrando-a, de tal maneira que, sendo revogado, o fato perde seu caráter criminoso, operando-se a *abolitio criminis*.

Há casos, porém, em que o complemento apresenta natureza excepcional ou temporária (da forma como ocorre no art. 3º do CP); nestes casos, não ocorre a descriminalização.

Em suma: como regra, o complemento efetivamente integra o tipo penal e tem natureza constante, de modo que sua revogação opera efeitos retroativos (atingindo até mesmo a coisa julgada); isto não se dará, todavia, quando estivermos diante de complementos excepcionais ou temporários.

Segue um exemplo da regra: no tráfico ilícito de entorpecentes (Lei n. 11.343/2006, art. 33), que é lei penal em branco, já que o tipo penal neces-

---

[7] *Vide,* por todos, José Frederico Marques, *Tratado de direito penal,* v. 1, p. 268.

sita de um complemento, previsto em ato administrativo, qual seja, uma portaria da ANVISA listando as substâncias psicoativas, a revogação desta, fazendo com que determinada substância deixe de nela figurar, produzirá inegável *abolitio criminis* no tocante aos comportamentos que a tiveram como objeto material, razão pela qual a revogação operará retroativamente. Foi o que se verificou nos anos 1980, quando foi suprimida da lista do extinto DIMED o cloreto de etila, princípio ativo do lança-perfume, provocando a descriminalização de pessoas que, em tese, cometeram porte para uso próprio ou tráfico de tal substância.

Acompanhe, agora, um exemplo para ilustrar a exceção: no tocante à venda de produtos em violação à tabela oficial (mencionado no item 3.8), encerrando-se o período de congelamento de preços com ab-rogação do ato administrativo que consubstancia a respectiva lista, não se falará em descriminalização de comportamentos (isto é, em *abolitio criminis*), justamente por força do art. 3º do CP, e, via de consequência, a modificação não atingirá fatos anteriormente praticados.

3.10. Retroatividade benéfica do entendimento jurisprudencial

A questão que ora se propõe a analisar é a de saber se, em havendo uma modificação do entendimento jurisprudencial a respeito de determinado assunto, resultando em interpretação mais branda de uma determinada lei penal, esta interpretação deve retroagir, de modo a alcançar fatos já julgados em definitivo. Imagine, por exemplo, que os juízes e tribunais venham aplicando determinada lei penal com frequência, condenando aqueles que infringem seus preceitos; suponha, então, que esta lei seja considerada inconstitucional. O novo entendimento deve retroagir, atingindo condenações transitadas em julgado?

É mister, antes de uma análise mais profunda, colocar corretamente as arestas do debate. Deve-se ter em mente, em primeiro lugar, que nosso país não adota o sistema do precedente judicial, de modo que as decisões proferidas por tribunais *não* têm caráter vinculante. Há, contudo, *exceções* (súmula vinculante e controle concentrado de constitucionalidade pelo STF) e, somente nestes casos, é que terá relevância verificar se, caso surja novo entendimento mais brando por parte da jurisprudência, este deve alcançar fatos já protegidos com o manto da coisa julgada.

A doutrina estrangeira mostra-se (predominantemente) favorável a esta possibilidade. Para Juan Bustos Ramírez e Hernán Hormazábal Malarée[8], adeptos dessa corrente, o tema não deve ser solucionado com

---

[8] *Lecciones de derecho penal*, p. 116.

o princípio da retroatividade benéfica (até porque o princípio refere-se à retroatividade da *lei* penal), mas sob o enfoque dos princípios da igualdade e da razoabilidade.

Pode-se citar como exemplo a Súmula Vinculante 26 do STF, que expressamente determina a aplicação retroativa do entendimento benéfico por ela prolatado a respeito da inconstitucionalidade da (hoje revogada) proibição de progressão de regimes nos delitos hediondos e assemelhados (antes contida na Lei n. 8.072/90)[9].

De fato, seria flagrantemente desigual permitir que duas pessoas, que cometeram o mesmo fato definido em lei penal declarada inconstitucional, recebam tratamento distinto, em que uma cumpra a pena correspondente (porque condenada antes da prolação do novo entendimento jurisprudencial) e a outra não receba qualquer sanção (posto que julgada depois da prolação da decisão com caráter vinculante por parte do STF). A ofensa ao princípio constitucional da isonomia (CF, art. 5º, *caput*) seria evidente; o mesmo se poderia dizer com respeito ao postulado da proporcionalidade.

3.11. Tempo do crime

A aplicação da lei penal no tempo é determinada, ainda, pelo momento do crime. Este, nos termos do art. 4º do CP, é aquele em que o sujeito pratica a conduta (ação ou omissão), ainda que outro seja o momento do resultado. **Cuida-se da teoria da atividade.**

Dessa forma, se o agente praticar um crime cuja conduta ocorra antes da entrada em vigor de uma nova lei mais grave, ainda que o resultado se verifique depois de exaurido o período de vacância da *novatio legis in pejus*, esta não será aplicável ao delito; isto porque este considerar-se-á cometido antes de sua entrada em vigor.

Em 9 de março de 2015, o feminicídio (homicídio cometido contra mulher por razões da condição de sexo feminino – art. 121-A) se tornou crime hediondo. Suponha que o agente, inconformado com o término do relacionamento conjugal, efetue disparos contra a sua esposa, para matá-la.

---

[9] Eis o enunciado da Súmula: "Para efeito de progressão de regime no cumprimento de pena por crime hediondo, ou equiparado, o juízo da execução observará a inconstitucionalidade do art. 2º da Lei n. 8.072, de 25-7-1990, sem prejuízo de avaliar se o condenado preenche, ou não, os requisitos objetivos e subjetivos do benefício, podendo determinar, para tal fim, de modo fundamentado, a realização de exame criminológico". No mesmo sentido, a Súmula 471 do STJ: "Os condenados por crimes hediondos ou assemelhados cometidos antes da vigência da Lei n. 11.464/2007 sujeitam-se ao disposto no artigo 112 da Lei n. 7.210/84 (Lei de Execução Penal) para a progressão de regime prisional".

Imagine que os tiros sejam efetuados em 5 de fevereiro de 2015, mas a vítima, socorrida por terceiros e hospitalizada, somente venha a óbito em 10 de abril de 2015. Nesse exemplo, a conduta foi praticada *antes* da entrada em vigor da *lex gravior*, embora o resultado tenha se produzido na vigência desta. Tendo em vista que **o tempo do crime é o da conduta**, e não o da consumação, o homicídio cometido pelo agente *não* será considerado um feminicídio e, portanto, não terá caráter hediondo.

O art. 4º do CP tem relevância não só na questão da lei penal aplicável, mas dirime outras igualmente importantes.

Uma delas consiste na **delimitação da responsabilidade penal.** Com base na regra do art. 4º do CP torna-se possível fixar o exato momento em que o agente passará a responder criminalmente por seus atos – isso se dará somente se a ação ou omissão houver sido praticada quando ele já tiver completado 18 anos de idade (o que ocorre no primeiro minuto de seu 18º aniversário).

Em se tratando de crime permanente (aquele cuja consumação se prolonga no tempo, como ocorre com o delito de extorsão mediante sequestro – art. 159 do CP), deve-se fazer uma observação: mesmo tendo a ação ou omissão se iniciado antes da maioridade penal, se o agente a prolongou conscientemente ao período de sua imputabilidade penal, terá aplicação o CP.

Com relação ao crime continuado (modalidade de concurso de crimes em que o sujeito comete vários delitos em continuidade delitiva – art. 71 do CP), somente receberam a incidência do Código Penal os fatos cometidos depois que o agente completar 18 anos de idade. As condutas cometidas antes disso serão consideradas atos infracionais e, portanto, submetidas às medidas socioeducativas previstas no Estatuto da Criança e do Adolescente (Lei n. 8.069/90).

Algumas circunstâncias do crime também terão sua aplicação ao fato condicionada à regra do art. 4º do CP. É o caso, por exemplo, da idade da vítima. Em alguns crimes, como o homicídio, ela pode gerar um aumento de pena. Assim, se o homicídio for cometido contra pessoa menor de 14 anos ou maior de 60 (CP, art. 121, § 4º, parte final), a pena do crime será aumentada em um terço. Para que a exasperação seja aplicável, dever-se-á verificar a idade do ofendido ao tempo da conduta (e não do resultado). Idêntico raciocínio se utilizará na hipótese da agravante genérica prevista no art. 61, II, *h*, do CP (crime contra criança ou contra maior de 60 anos)[10], que tem incidência em diversos delitos.

---

[10] Tais agravantes não se aplicam ao homicídio doloso. Neste caso, pelo critério da especialidade, prevalece a causa de aumento mencionada no texto.

A fixação do momento do crime mostra-se fundamental, ainda, para efeito de redução dos prazos prescricionais no caso de ser o agente, ao tempo do crime, menor de 21 anos (CP, art. 115). Neste caso, valerá sua idade no momento da conduta (ação ou omissão), ainda que o resultado ocorra depois do 21º aniversário do autor do fato. O mesmo vale para a atenuante genérica prevista no art. 65, I, do CP, incidente quando o réu era menor de 21 anos na data do crime.

É preciso advertir, por fim, que a regra em estudo não se aplica para efeito de início da contagem do prazo prescricional. Isto porque o art. 111 do CP estabeleceu termos iniciais específicos para a contagem da prescrição da pretensão punitiva (que ocorre antes do trânsito em julgado). São eles: a consumação do crime, a data do último ato executório (se o crime for tentado), a cessação da permanência (nos delitos permanentes), a data em que o fato tornar-se conhecido (nos crimes de bigamia ou falsificação ou alteração de assentamento de registro civil) e o dia em que a vítima completar a maioridade ou a data do ajuizamento da ação penal (nos delitos sexuais cometidos contra menores de 18 anos).

Tempo do crime

– Para quais crimes o dispositivo foi criado?

Para aqueles em que a conduta e o resultado ocorrem em *datas distintas*.

– Qual a relevância desta regra?

Há uma série de questões jurídicas que podem depender dessa informação, como, por exemplo, a inimputabilidade penal, a superveniência de nova lei penal gravosa.

Capítulo 8
LEI PENAL NO ESPAÇO

1. TERRITORIALIDADE

De acordo com o art. 5º, *caput*, do CP, "aplica-se a lei brasileira, sem prejuízo de convenções, tratados e regras de direito internacional, ao crime cometido no território nacional". Com tal enunciado, nosso Código acolheu o princípio da territorialidade da lei penal, isto é, a lei penal brasileira aplica-se a todos os fatos ocorridos dentro do nosso território.

Há exceções, contudo, como se nota na redação do dispositivo. Por isso, se diz que o Brasil acolheu o **princípio da territorialidade relativa, temperada ou mitigada,** em detrimento da territorialidade absoluta (que não admitiria qualquer ressalva). Esta escolha encontra eco na maioria das legislações alienígenas e se justifica em prol da boa convivência internacional e em homenagem à reciprocidade, que deve reger as relações do Brasil no plano externo (CF, art. 4º).

1.1. Território nacional

Por **território**, no sentido jurídico, deve-se entender todo o espaço em que o Brasil exerce sua soberania, que **abrange:**

1) o **território terrestre**: isto é, os limites compreendidos pelas fronteiras nacionais;

2) o **território marítimo**: ou seja, o mar territorial brasileiro (faixa que compreende o espaço de 12 milhas contadas da faixa litorânea média – art. 1º da Lei n. 8.617/93);

3) o **território aéreo**: vale dizer, todo o espaço aéreo subjacente ao nosso território físico e ao mar territorial nacional (princípio da absoluta soberania do país subjacente – Código Brasileiro de Aeronáutica, art. 11, e Lei n. 8.617/93, art. 2º);

4) o **território por extensão**: que compreende as aeronaves e embarcações: a) brasileiras privadas, em qualquer lugar que se encontrem, salvo

em mar territorial estrangeiro ou sobrevoando território estrangeiro; b) brasileiras públicas, onde quer que se encontrem; c) estrangeiras privadas, no mar territorial brasileiro.

1.2. Lugar do crime

O CP definiu no art. 6º o **lugar do crime**, adotando a **teoria da ubiquidade ou mista,** segundo a qual o crime se considera praticado tanto no lugar da conduta quanto naquele em que se produziu ou deveria produzir-se o resultado. **A preocupação do legislador foi estabelecer quais crimes podem ser considerados como ocorridos no Brasil** e, por via de consequência, a quais delitos se aplica a lei penal brasileira. O dispositivo rege, portanto, a "**competência internacional**".

A regra em estudo só terá relevância nos chamados *crimes à distância* ou de *espaço máximo,* que são aqueles cuja execução se inicia no território de um país e a consumação se dá ou deveria dar-se em outro. Imagine a hipótese de um agente iniciar a execução de um crime na Argentina, visando produzir o resultado no Brasil, ou o inverso. Em ambos os casos, os delitos serão considerados como ocorridos em território nacional, de modo que a lei penal brasileira a eles se aplicaria. Como dizia Hungria, basta que o crime tenha "tocado" o território nacional para que nossa lei seja aplicável.

> ## Dica sobre as teorias do tempo e lugar do crime
> ## L.U.T.A.
> Lugar Ubiquidade Tempo Atividade

1.3. Foro competente

É preciso notar que a regra prevista no art. 6º do CP (acima estudada) não tem qualquer relevância para fixação do foro competente. Neste caso, devem ser observadas as regras previstas no Código de Processo Penal (arts. 70 a 91).

Como regra, o **foro competente dependerá do** *lugar da infração,* entendido como tal aquele em que se deu a **consumação** do delito. Se, contudo, for impossível encontrar o lugar da infração, a competência territorial levará em conta o *domicílio ou residência do réu* (critério subsidiário). Há, ainda, um **critério específico** para o crime de **estelionato cometido mediante depósito, transferência de valores ou emissão de cheque sem provisão de fundos ou com frustração do pagamento,** que consiste no local do *domicílio da vítima* (art. 70, § 4º, do CPP).

De ver que a violação às regras de competência territorial acarreta nulidade relativa, devendo ser arguida até a resposta escrita, nos termos do art. 108, *caput*, do CPP. Não obstante, o juiz pode reconhecer sua incompetência territorial de ofício, de acordo com o art. 109 do CPP.

Foro é sinônimo de território competente. Cada órgão judicial exerce sua jurisdição dentro de certos limites territoriais (foro). No âmbito da Justiça Estadual, o foro dos juízos de primeira instância corresponde aos limites da Comarca e, em segundo grau de jurisdição, ao respectivo Estado. Já na Justiça Federal, o foro da primeira instância é a subseção judiciária e, da segunda, a respectiva região (assim, por exemplo, o foro do TRF da 3ª Região abrange os Estados de São Paulo e Mato Grosso do Sul).

De acordo com o art. 70, *caput*, 1ª parte, do CPP, será competente para processar e julgar o fato o juízo do lugar onde a infração se tiver *consumado* (teoria do resultado). Curiosamente, nossos tribunais estabelecem algumas exceções *contra legem* à teoria do resultado; é o que ocorre, por exemplo, nos crimes dolosos contra a vida, nos quais a jurisprudência define como foro competente o local da conduta.

Nos crimes permanentes cuja consumação se estendeu pelo território de mais de uma comarca, a competência será firmada pela prevenção (isto é, pelo juízo do local que praticar o primeiro ato processual ou medida relativa ao processo). Tome-se como exemplo o crime de extorsão mediante sequestro (CP, art. 159). Esse delito se consuma com o sequestro (leia-se: privação da liberdade por tempo juridicamente relevante). Ocorre que a vítima pode ser sequestrada numa cidade e mantida em cativeiro noutra, ou até em mais de uma cidade. Como se trata de crime permanente, cuja consumação se prolonga/protrai no tempo, enquanto o agente mantiver a vítima privada de sua liberdade o crime estará na fase de consumação. Assim, todas as cidades envolvidas (a do local do sequestro e as dos locais dos cativeiros) serão competentes, prevalecendo entre elas o juízo do local em que houve a prevenção.

Nos delitos praticados em local incerto na divisa de duas ou mais comarcas ou crime praticado em local certo, havendo incerteza quanto ao fato de o local pertencer a uma ou outra comarca, também se resolve com base na prevenção.

No crime tentado, o foro competente é o do local do último ato de execução (CPP, art. 70, *caput*, 2ª parte).

Quando a execução do crime se iniciou no território nacional e a consumação ocorreu no exterior (crimes à distância), será competente o foro do local em que se deu o último ato de execução. Se, por outro lado, a execução se iniciou no território estrangeiro e a consumação ocorreu ou deveria ocorrer no território nacional, será competente o foro do lugar em que se deu ou deveria dar-se a consumação no Brasil.

Nos crimes cometidos integralmente no exterior (casos de extraterritorialidade da lei penal brasileira – *vide* item 3), será competente o foro da Capital do Estado onde por último tenha o réu tido domicílio ou residência, ou, caso não tenha sido domiciliado ou não tenha residido no Brasil, a Capital da República (CPP, art. 88).

Se a infração penal for praticada em embarcação nas águas territoriais brasileiras, rios e lagos fronteiriços e a bordo de embarcações nacionais em alto-mar, a competência será da Justiça do primeiro porto que tocar a embarcação após o crime, ou do último porto, antes do crime, se rumar para fora do território nacional (CPP, art. 89).

Em se tratando de fatos praticados a bordo de aeronave nacional, dentro do espaço aéreo nacional ou alto-mar, ou a bordo de aeronave estrangeira, dentro do nosso espaço aéreo: será competente o foro do local em que se verificar o pouso após o crime, ou de onde houver partido a aeronave (CPP, art. 90).

Nas hipóteses dos arts. 89 e 90 do CPP, a competência será da Justiça Federal, salvo quando se tratar de delito praticado a bordo de pequena embarcação (lancha, jangada, canoa etc.)[1].

É preciso lembrar que, quando da *passagem inocente*, entende-se que não há incidência da lei nacional. No dizer de Tourinho Filho, "tratando-se de embarcação privada estrangeira, que apenas esteja singrando os nossos mares territoriais, embora seja competente a Justiça brasileira para processar e julgar o crime nela cometido, há o entendimento de que a Justiça local deverá intervir se o crime teve reflexos no território pátrio. Fala-se, então, em 'passagem inocente'. (...) Se um navio saiu da Colômbia com destino a Buenos Aires, e, ao passar pelas nossas águas territoriais, alguém no interior cometer um crime, se a embarcação não atracar em nenhum porto brasileiro, embora a competência seja nossa, não se aplica a lei brasileira, salvo se a infração tiver reflexo aqui"[2].

O domicílio ou residência do réu também constitui critério de fixação da competência territorial, ao lado do lugar da infração. A competência territorial somente será firmada com base nesse critério quando *totalmente desconhecido o lugar da infração* (CPP, art. 72). Ex.: Imagine uma excursão

---

[1] Cf., entre outros, STJ, CComp 24.249-ES, 3ª S., rel. Min. Gilson Dipp, j. 22-3-2000. No mesmo sentido: TRF, 1ª R., RSE 2003.32.00.007744-2, rel. Des. Mário César Ribeiro, 4ª T., j. 17-1-2011.

[2] *Manual de processo penal*, p. 311.

de ônibus, partindo de São Paulo com destino ao Rio de Janeiro. Durante o percurso ocorre um furto. Ao chegar no Rio de Janeiro, a vítima percebe o ocorrido, mobiliza todos os passageiros e descobre o autor do delito. Sabe-se, apenas, que o crime ocorreu no caminho, porém ignora-se o momento. O ônibus passou por inúmeras Comarcas e não se faz a menor ideia em qual ocorreu o crime. É o caso de aplicar-se o art. 72. A doutrina denomina esse critério de *foro subsidiário*. Nesses casos, pode ser que o réu possua mais de um domicílio ou residência; dentre eles prevalecerá o juízo do local onde ocorrer a prevenção (art. 72, § 1º). Se desconhecido o lugar da infração bem como o domicílio ou residência do réu, será competente o juízo do lugar que primeiramente tomar conhecimento da infração (art. 72, § 2º).

Na ação penal privada exclusiva (não vale para a subsidiária) diz o Código de Processo Penal no art. 73 que o querelante poderá *optar* por ajuizar a queixa na Comarca do lugar onde se consumou a infração ou no foro do domicílio/residência do querelado. É o chamado *foro optativo*.

Registre-se que a Lei dos Juizados Especiais Criminais, no art. 63, contém regra específica, no sentido de que: "a competência do Juizado será determinada pelo lugar em que foi praticada a infração penal". A competência *ratione loci* para apuração das infrações penais de menor potencial ofensivo segue regra específica, afastando-se a incidência do art. 70 do CPP, que considera competente o lugar da produção do resultado. No sistema dos Juizados a competência recai, portanto, sobre o lugar onde foi *praticada* a infração penal. Resta saber, contudo, em que lugar uma infração penal deve considerar-se *praticada*? No lugar da conduta, no do resultado, ou em ambos? Três posições surgiram. Desde já cumpre consignar, no entanto, que a determinação da competência segundo este critério é regra com regime jurídico relativo; vale dizer, sua inobservância, caso não haja arguição das partes em tempo oportuno (antes do recebimento da denúncia ou queixa no procedimento sumaríssimo), gera preclusão, sanando-se o vício. Predomina o entendimento de que a Lei dos Juizados adotou a teoria da atividade, de modo que o foro competente, em matéria de infrações de menor potencial ofensivo, é o do local em que ocorreu a *conduta*.

2. IMUNIDADES DIPLOMÁTICAS

O art. 5º, *caput*, do CP, ao afirmar que a lei brasileira se aplica ao crime cometido no território nacional, *sem prejuízo de convenções, tratados e regras de direito internacional*, objetivou, com esta ressalva, as regras de **imunidade diplomática e consular**, contidas em documentos internacionais ratificados pelo Brasil. Tais regras que excepcionam a incidência da lei penal pátria a fatos ocorridos em nosso território constituem decorrência do princípio da soberania das nações.

Existem dois documentos internacionais que regulam o assunto: a Convenção Internacional de Havana, sobre Funcionários Diplomáticos, de 1928 ("Código de Bustamante"), promulgada no Brasil pelo Decreto n. 18.956/29, e a Convenção Internacional de Viena, sobre Relações Diplomáticas, promulgada por meio do Decreto n. 56.435/65.

As pessoas que gozam das imunidades diplomáticas ficam a salvo da legislação penal e processual penal pátrias, tendo em vista o disposto nos arts. 5º do CP e 1º do CPP. Tais pessoas se submetem, tão somente, às leis penais dos Estados que representam.

É de ver que a **finalidade** das regras concessivas de imunidade "**não é beneficiar indivíduos, mas,** sim, a de **garantir o eficaz desempenho** das funções **das missões diplomáticas,** em seu caráter de representantes dos Estados" (texto do preâmbulo da Convenção de 1961).

De acordo com as Convenções acima indicadas, possuem imunidades diplomáticas, em caráter absoluto (isto é, com respeito a quaisquer infrações penais), os chefes das missões, denominados agentes diplomáticos, os quais compreendem os embaixadores e os núncios (nome designativo dos representantes do Estado do Vaticano), além dos chefes de missões especiais. Também as possuem os membros de sua família que com eles convivam, desde que não sejam nacionais do Estado acreditado (vale dizer, do país em que o diplomata se encontra), os funcionários administrativos e os técnicos das missões e seus familiares, desde que convivam e não sejam brasileiros ou tenham residência permanente no Brasil.

Caso os chefes das missões sejam brasileiros, suas imunidades serão relativas, já que ela se restringirá a atos ligados ao exercício de suas funções.

Os integrantes do "pessoal do serviço" das missões também possuem imunidade relativa. É de ver que, conforme já decidiu o STF, ficam excluídos da prerrogativa os "secretários particulares, datilógrafos, mordomos, criados ou motoristas, que constituem o pessoal 'não oficial'", quando nacionais do país acreditado[3].

As pessoas que contam com tais prerrogativas podem, ainda, se recusar a servir como testemunhas.

A imunidade tem início quando o diplomata ingressa no país em que servirá e comunica sua qualidade, estendendo-se para depois de concluída a missão, na medida do necessário para que o diplomata possa retirar-se.

É de ver que a **Convenção de 1961 autoriza a que o Estado acreditante renuncie à imunidade de seus agentes, caso em que poderão eles ser processados no país acreditado.**

---

[3] RHC 34.029.

Os representantes da Organização das Nações Unidas (ONU) gozam dos mesmos privilégios e imunidades junto aos Estados-Membros desta organização. Isto também se aplica aos membros de outros organismos internacionais, como a Organização dos Estados Americanos (OEA).

Finalmente, possuem imunidade absoluta os chefes de Estado. Apesar de a Convenção de Havana não estender tal prerrogativa aos seus familiares e ao seu séquito, a prática internacional tem o costume de fazê-lo, baseando-se no princípio da reciprocidade. Como lembrava Hungria: "muito embora as concessões de tais privilégios nem sempre estejam estipuladas em tratados ou convenções, resultam elas do respeito devido a regras consuetudinárias do direito das gentes, cuja recepção pelo direito interno se faz, tácita ou expressamente"[4].

2.1. Imunidades consulares

Os cônsules e empregados consulares não são agentes diplomáticos, mas administrativos. Suas imunidades são relativas e têm como diploma fundamental a Convenção Internacional sobre Relações Consulares, firmada em Viena, em 1963, e promulgada no Brasil pelo Decreto n. 61.078/67.

Tais pessoas somente ficam salvaguardadas com respeito a atos praticados no exercício de suas funções. Assim como as imunidades diplomáticas, as consulares também podem ser renunciadas pelo Estado acreditante.

2.2. Embaixadas estrangeiras

O território de embaixadas estrangeiras, bem como de edifícios consulares, no Brasil faz parte do *nosso território*. Os crimes ali cometidos serão, portanto, regidos pela nossa lei penal, salvo se os sujeitos ativos possuírem imunidade diplomática. De há muito não se aceita a tese da extraterritorialidade destes locais, não só no Brasil, mas no plano mundial[5].

2.3. Imunidades constitucionais

A Constituição Federal confere imunidades de cunho material ou processual a diversos agentes políticos. Tais prerrogativas são apontadas, por seus defensores, como ferramentas necessárias ao exercício de funções que detêm relevante parcela de poder. Há quem as enxergue, contudo, como mecanismos conferidores de desarrazoado privilégio.

---

[4] *Comentários ao Código Penal*, 5. ed., v. 1, t. 1, p. 182.

[5] *Vide* o registro feito por Cerezo Mir, quanto ao direito espanhol, em *Derecho penal*: parte general. Montevidéu e Buenos Aires: Editorial BdeF, 2008, p. 239.

As **imunidades constitucionais** se **dividem** em:

a) imunidades **parlamentares** (que se dividem em materiais e processuais);

b) imunidade **presidencial** (exclusivamente processual).

2.3.1. Imunidades parlamentares

Referidas prerrogativas são conferidas pela Constituição Federal a Deputados Federais e Senadores da República (CF, art. 53).

Dividem-se em imunidade material, real ou substantiva (ou "inviolabilidade") e imunidade formal, processual, instrumental ou adjetiva.

A imunidade material, prevista no art. 53, *caput*, da **CF**, é a que **assegura aos parlamentares federais a inviolabilidade por suas opiniões, palavras ou votos**. Trata-se de verdadeira **cláusula de exclusão da adequação típica**, conferindo aos seus detentores o direito de se expressar sem amarras, ficando a salvo de qualquer tipo de responsabilidade penal ou civil (sem prejuízo, contudo, de caracterização de quebra de decoro parlamentar, se houver excesso, mediante juízo político da respectiva casa legislativa).

Existindo nexo entre a manifestação e o exercício da atividade parlamentar, ainda que a fala não seja proferida no interior das dependências do Congresso Nacional, se fará presente a imunidade material. A manifestação – oral ou escrita – pode ser realizada, por exemplo, em discursos na tribuna da Câmara dos Deputados ou do Senado Federal, durante discussões sobre projetos de lei, em relatórios apresentados nos trabalhos legislativos, em entrevistas jornalísticas, em declarações em qualquer meio de comunicação social, inclusive em redes sociais.

Repise-se que a inviolabilidade, do ponto de vista criminal, constitui causa de exclusão da adequação típica; assim, por exemplo, eventual ofensa à honra de terceiros (calúnia, difamação ou injúria) decorrente de manifestação de parlamentar federal relacionada ao exercício de seu mandato será penalmente atípica.

Elucida-se, no entanto, que, apesar de tornar a conduta atípica, o Supremo Tribunal Federal se posicionou no sentido de que **as imunidades materiais não são absolutas, o que permite a abertura de ação penal contra os parlamentares quando houver abuso das imunidades, por exemplo, proferir discurso de ódio[6] ou de pregação mediante incitação de violência contra o Estado de Direito ou o Regime Democrático.**

---

[6] "*In casu*, (i) o parlamentar é acusado de incitação ao crime de estupro, ao afirmar que não estupraria uma Deputada Federal porque ela 'não merece'; (ii) o emprego do vocábulo 'merece', no sentido e contexto presentes no caso sub judice, teve por fim

Trata-se, ademais, de **prerrogativa incomunicável no caso de concurso de pessoas**; desse modo, se alguém praticar o fato juntamente com o parlamentar e não for dotado da mesma condição funcional, não será acobertado pela inviolabilidade, sujeitando-se, portanto, à responsabilidade penal ou civil (nesse sentido, a Súmula 245 do STF).

O **suplente**, enquanto **nessa** exclusiva **condição, não terá** nenhuma imunidade, seja material ou processual. A ele somente se garantirá o benefício quando ocupar de fato a função parlamentar.

As **imunidades processuais** constituem **regras limitativas da atividade persecutória do Estado** e, assim como as de cunho material, **vigoram desde o instante em que o agente for diplomado** pela Justiça Eleitoral. Elas **compreendem três aspectos:** a) a competência por **prerrogativa de função,** determinando que o processo e o julgamento do parlamentar ocorram perante o STF, desde que os fatos sejam praticados durante a função e a ela estejam relacionados[7]; b) a **imunidade prisional,** assegurando que somente pode ser preso em flagrante delito por crime inafiançável[8], remetendo-se, nesse caso,

---

conferir a este gravíssimo delito, que é o estupro, o atributo de um prêmio, um favor, uma benesse à mulher, revelando interpretação de que o homem estaria em posição de avaliar qual mulher 'poderia' ou 'mereceria' ser estuprada. 10. A relativização do valor do bem jurídico protegido – a honra, a integridade psíquica e a liberdade sexual da mulher – pode gerar, naqueles que não respeitam as normas penais, a tendência a considerar mulheres que, por seus dotes físicos ou por outras razões, aos olhos de potenciais criminosos, 'mereceriam' ser vítimas de estupro. (...) verifica-se a adequação da conduta ao tipo penal objetivo do crime de injúria, diante da exposição da imagem da Querelante à humilhação pública, preenchendo, ainda, o elemento subjetivo do art. 140 do Código Penal, concretizado no *animus injuriandi* e no *animus offendendi* (...)" (STF, Inq. 3932, rel. Min. Luiz Fux, 1ª T., j. 21-6-2016). O STJ também tem se posicionado no mesmo sentido: http://www.stj.jus.br/sites/STJ/default/pt_BR/Comunica%C3%A7 %C3%A3o/noticias/Not%C3%ADcias/Imunidade-material-n%C3%A3o-acoberta-abusos-no-discurso-parlamentar. Acesso em: 28 ago. 2017).

[7] STF, AP 937/RJ, rel. Min. Roberto Barroso, Tribunal Pleno, j. 3-5-2018: "(i) O foro por prerrogativa de função aplica-se apenas aos crimes cometidos durante o exercício do cargo e relacionados às funções desempenhadas; e (ii) Após o final da instrução processual, com a publicação do despacho de intimação para apresentação de alegações finais, a competência para processar e julgar ações penais não será mais afetada em razão de o agente público vir a ocupar outro cargo ou deixar o cargo que ocupava, qualquer que seja o motivo". No mesmo sentido: Inq 4.671, rel. Min. Edson Fachin, rel. p/ acórdão Min. Gilmar Mendes, 2ª T., j. 13-4-2023; e ARE 1.463.418 AgR, rel. Min. Cristiano Zanin, 1ª T., j. 18-3-2024.

[8] São inafiançáveis, de acordo com a CF (art. 5º, XLII, XLIII e XLIV) e com o CPP (art. 323, com a redação dada pela Lei n. 12.403, de 4-5-2011), os seguintes crimes: racismo, o tráfico ilícito de entorpecentes e drogas afins, o terrorismo, os definidos como

os autos em 24 horas à Casa respectiva, para que, por voto da maioria de seus membros, decida sobre a prisão; c) a **imunidade para o processo,** a qual se restringe aos delitos cometidos após a diplomação, por meio da qual poderá a respectiva Casa, por iniciativa de partido político nela representado e pelo voto da maioria de seus membros, até a decisão final, suspender o andamento da ação (e, nesse caso, automaticamente também estará suspenso o curso do prazo prescricional).

O primeiro reflexo da imunidade processual é, como foi dito, a competência especial decorrente da função, segundo a qual os parlamentares federais, desde a expedição do diploma, são submetidos a julgamento perante o STF (CF, art. 53, § 1º). De acordo com entendimento fixado pelo STF em 03 de maio de 2018, "O foro por prerrogativa de função aplica-se apenas aos crimes cometidos durante o exercício do cargo e relacionados às funções desempenhadas". Assim, por exemplo, se um Deputado Federal receber propina para aprovar um projeto de lei, incorrendo no crime de corrupção passiva (CP, art. 317), o fato será julgado pelo STF, mas se ele cometer lesão corporal dolosa em face de sua esposa, em situação de violência doméstica, o caso será levado a julgamento em primeira instância, a ele não se aplicando, portanto, o foro especial. A Suprema Corte também fixou, além da tese citada anteriormente, a seguinte: "Após o final da instrução processual, com a publicação do despacho de intimação para apresentação de alegações finais, a competência para processar e julgar ações penais não será mais afetada em razão de o agente público vir a ocupar outro cargo ou deixar o cargo que ocupava, qualquer que seja o motivo"[9].

O segundo aspecto concernente à imunidade processual é a de caráter prisional. Nos termos do § 2º do art. 53 da CF: "Desde a expedição do diploma, os membros do Congresso Nacional não poderão ser presos, salvo em flagrante de crime inafiançável. Nesse caso, os autos serão remetidos dentro de vinte e quatro horas à Casa respectiva, para que, pelo voto da maioria de seus membros, resolva sobre a prisão".

---

crimes hediondos e a ação de grupos armados, civis ou militares, contra a ordem constitucional e o Estado Democrático. Também são insuscetíveis de fiança, nos termos do CPP (art. 324), casos em que o agente no mesmo processo quebrou a fiança anteriormente concedida ou infringiu, sem motivo justo, qualquer das obrigações processuais a ele acometidas (nos termos dos arts. 327 e 328 do CPP), em caso de prisão civil ou militar e quando presentes os motivos que autorizam a decretação da prisão preventiva (CPP, art. 312).

[9] Fonte: http://www.stf.jus.br/portal/cms/verNoticiaDetalhe.asp?idConteudo=345201. Acesso em: 11 jul. 2017. O julgamento da matéria foi suspenso, no dia 1º de junho de 2017, em razão de pedido de vista formulado pelo Ministro Alexandre de Moraes.

Destaque-se que o STF, em caso concreto envolvendo o ex-Senador Delcídio do Amaral, já entendeu que seria possível o decreto da prisão preventiva em face de parlamentar federal quando se tratasse de crime permanente, mas esse posicionamento foi revisto pela Corte, cuja posição (majoritária) atual é no sentido de que não é cabível a prisão preventiva de Deputado Federal ou Senador, embora seja possível a imposição de medidas cautelares alternativas à prisão pelo Poder Judiciário (CPP, art. 319), as quais, no entanto, podem ser derrubadas pela Casa competente (CF, art. 53, § 2º)[10].

Pode-se concluir, então, que, como regra, o parlamentar federal não poderá ser alvo de prisão temporária (Lei n. 7.960/89), preventiva (CPP, arts. 311 a 316) ou decorrente de flagrante delito (CPP, arts. 301 a 310)[11]. Como exceção, contudo, admitir-se-á seu encarceramento provisório quando houver flagrante por crime inafiançável[12].

O terceiro reflexo da imunidade processual reside na imunidade para o processo e se estende a infração penal[13] cometida após a diplomação. Nesse caso, uma vez recebida a denúncia pelo STF, que será ajuizada pelo Procurador-Geral da República (ou por outro membro do MP federal que atue por delegação), o Tribunal dará ciência à Casa respectiva, a qual, por iniciativa de partido político nela representado e pelo voto da maioria de seus membros, poderá, até a decisão final, sustar o andamento da ação (CF, art. 53, § 3º).

A Casa Legislativa deverá apreciar o pedido de suspensão do curso da ação penal no prazo improrrogável de quarenta e cinco dias do seu recebimento pela Mesa Diretora (§ 4º) e, se aprovado, importará na sustação do processo e do prazo prescricional, somente perdurando enquanto subsistir o mandato (§ 5º).

Há, por fim, em favor dos parlamentares federais, o sigilo de fonte, consistente no direito de não serem obrigados a testemunhar sobre infor-

---

[10] ADI 5.526/DF, rel. Min. Edson Fachin, rel. p/ o ac. Min. Alexandre de Moraes, Tribunal Pleno, j. 11-10-2017.

[11] Fala-se em *freedom from arrest*.

[12] Sobre os casos de inafiançabilidade, veja a nota de n. 199. No caso envolvendo o ex-Senador da República Delcídio do Amaral, a Suprema Corte autorizou sua prisão preventiva por crime de organização criminosa (de cunho permanente), destacando que a inafiançabilidade se dava justamente pela presença dos requisitos autorizadores da preventiva (art. 324, IV, do CPP), haja vista que ele fora surpreendido em gravação estimulando a fuga de outro investigado e, nessa medida, embaraçando a conveniência da produção da prova (ou seja, da instrução criminal) (*vide* Ação Cautelar n. 4.039, 2ª T., rel. Min. Teori Zavascki, j. 25-11-2015).

[13] Muito embora a Constituição Federal fale em "crime", a imunidade engloba qualquer infração penal, até mesmo as contravenções penais.

mações recebidas ou prestadas em razão do exercício do mandato e nem sobre as pessoas que lhes confiaram ou deles receberam informações (CF, art. 53, § 6º).

As **imunidades parlamentares também se aplicam, em menor extensão, a deputados estaduais ou distritais e a vereadores.**

Quanto aos **deputados estaduais,** nos termos do art. 27, § 1º, da CF, **também contam com a inviolabilidade civil, administrativa e penal por suas opiniões, palavras e votos, desde que relacionadas com o exercício de seu mandato.**

Possuem, igualmente: a) **prerrogativa de foro** perante o Tribunal de Justiça local (ou Tribunal Regional Federal, nos casos de crime federal), salvo nos crimes dolosos contra a vida[14], quando prevalece a competência do Tribunal do Júri (CF, art. 5º, XXXVIII, *d*), também com a ressalva da necessidade de os fatos serem praticados durante a função e a ela estarem relacionados; b) **imunidade prisional,** uma vez que, após a diplomação, somente podem ser presos em flagrante por delito inafiançável (valendo, aqui, as mesmas observações feitas quanto à imunidade prisional de parlamentares federais); c) **imunidade para o processo,** segundo a qual, nos crimes cometidos após a diplomação, uma vez recebida a denúncia pelo TJ ou TRF, dará este ciência à Assembleia Legislativa, que poderá, pelo voto da maioria absoluta de seus membros, sustar o andamento da ação, suspendendo-se a fluência do prazo prescricional (enquanto subsistir o exercício do mandato).

O art. 29, VIII, da CF estende aos **vereadores somente a imunidade material,** tornando-os **invioláveis por suas opiniões, palavras e votos** (civil, **administrativa e criminalmente), exaradas no exercício do mandato e na circunscrição do Município.**

Essa prerrogativa engloba manifestações proferidas dentro ou fora da Câmara Municipal, desde que guardem relação com o mandato e sejam externadas nos limites territoriais do Município (nesse sentido, STF, RE 600.063/SP, rel. Min. Marco Aurélio, relator para o acórdão Min. Roberto Barroso, Tribunal Pleno, j. 25-2-2015, *DJe* de 15-5-2015).

2.3.2. Imunidade presidencial

O Texto Maior outorga ao **Presidente da República,** Chefe de Estado e de Governo, diversas prerrogativas inerentes ao desempenho de seu cargo.

---

[14] Súmula 721 do STF: "A competência constitucional do Tribunal do Júri prevalece sobre o foro por prerrogativa de função estabelecido exclusivamente pela constituição estadual". Nos mesmos termos a Súmula Vinculante 45 do STF.

Em matéria criminal, dispõe de irresponsabilidade relativa, no sentido de somente poder ser responsabilizado penalmente por fatos relacionados com o exercício da função, seja no seu desempenho ou em razão dela (*in officio* ou *propter officium*) – art. 86, § 4º. Trata-se de uma garantia constitucional que impede seja ele alvo de investigações e processos penais por fatos anteriores à função ou, ainda que praticados durante o mandato, que nada tenham a ver com o cargo exercido e, portanto, não tenham relação funcional.

Na **esfera processual penal**, o Presidente da República conta com: a) **foro por prerrogativa de função** perante o STF (art. 86, *caput*); b) **obrigatoriedade de juízo prévio de admissibilidade da acusação perante a Câmara dos Deputados** (art. 86, *caput*); c) **imunidade prisional, só** podendo ser **preso** por **sentença condenatória transitada em julgado** (art. 86, § 3º).

Assim, portanto, se houver a propositura de denúncia pelo Procurador-Geral da República ou a queixa-crime, pelo particular ofendido, somente poderá a peça criminal ser analisada pela Suprema Corte, em juízo de admissibilidade, depois de passar pelo crivo político da Câmara dos Deputados. Somente se dois terços dos membros dessa Casa Legislativa considerarem a acusação viável é que o STF, formalmente comunicado, apreciará a inicial, a fim de rejeitá-la ou recebê-la. Com o recebimento da denúncia (ou queixa-crime) pelo STF, o Presidente da República ficará suspenso de suas funções por 180 dias (CF, art. 86, § 1º, I) e, expirado o prazo, se a ação não houver sido julgada, retomará o Chefe do Executivo federal o exercício de suas funções, sem prejuízo da continuidade do processo perante a Suprema Corte (CF, art. 86, § 2º).

O Presidente da República não poderá ser preso, senão por decisão penal condenatória irrecorrível (CF, art. 86, § 3º); conclui-se, portanto, que não poderá ser preso em flagrante delito, em hipótese alguma, bem como não poderá ser alvo de prisão temporária ou preventiva.

2.3.3. Governador de Estado e do Distrito Federal e Prefeitos Municipais

Os **Governadores e Prefeitos não possuem nenhuma imunidade penal**, de tal maneira que respondem criminalmente por atos cometidos antes ou durante o desempenho da função, tenham ou não relação com o cargo ocupado.

Igualmente **não possuem imunidade prisional**, sendo possível, dessa forma, serem presos em flagrante delito ou por força de prisão temporária ou preventiva.

A **cláusula da irresponsabilidade penal relativa e a imunidade prisional são prerrogativas conferidas exclusivamente ao Presidente da República.**

A única prerrogativa de que dispõem consiste no foro por prerroga-tiva de função, à medida que os Prefeitos Municipais serão julgados perante o TJ local (CF, art. 29, X)[15], e os Governadores de Estado e do Distrito Federal serão processados originariamente no STJ (CF, art. 105, I, *a*). Interessante registrar que o STJ aplicou aos Governadores (e também aos Conselheiros de Tribunais de Contas) o entendimento do STF firmado na Ação Penal 937, ou seja, de que somente serão julgados no tribunal superior quando os fatos forem praticados durante a função e a ela estiverem relacionados[16]. De igual modo, o STF decidiu quanto aos Prefeitos (RHC 226.072 AgR, rel. Min. Gilmar Mendes, 2ª T., j. 4-9-2023)[17].

O STF, ademais, consolidou jurisprudência no sentido de que **não pode a Constituição Estadual condicionar o recebimento de denúncia ou queixa-crime contra Governadores de Estado à prévia autorização da As-**

---

[15] De acordo com a Súmula 702 do STF, "A competência do Tribunal de Justiça para julgar Prefeitos restringe-se aos crimes de competência da Justiça comum estadual; nos demais casos, a competência originária caberá ao respectivo tribunal de segundo grau".

[16] STJ, AP 866/DF, rel. Min. Luis Felipe Salomão, Corte Especial, j. 20-6-2018. No mesmo sentido, HC 472.031/SP, rel. Min. Nefi Cordeiro, 6ª T., j. 21-5-2019; AgRg na APn 973/RJ, rel. Min. Benedito Gonçalves, rel. p/ acórdão Min. Luis Felipe Salomão, Corte Especial, j. 3-5-2023; e QC 6/DF, rel. Min. Herman Benjamin, Corte Especial, j. 10-6-2024.

[17] Nesse sentido, destaca-se que: "(...) A prerrogativa de foro dos parlamentares federais junto a esta Corte é de interpretação restritiva, limitando-se sua aplicabilidade aos processos que envolvam a investigação de prática de crimes relacionados ao exercício do mandato parlamentar (AP 937-QO, Tribunal Pleno, Rel. Min. Roberto Barroso, j. 05.05.2018). 2. A Primeira Turma, no julgamento do INQ 4.703-QO, reconheceu a aplicabilidade do precedente firmado na AP 937-QO a toda e qualquer autoridade detentora de prerrogativa de foro, e não apenas aos parlamentares (...)" (STF, ARE 1.474.539 AgR, rel. Min. Luiz Fux, 1ª T., j. 25-3-2024). Observa-se, contudo, que: "O Supremo Tribunal Federal ainda não se manifestou conclusivamente sobre a aplicação da nova interpretação aos processos em curso, o que reforça a inviabilidade de sua adoção no caso em tela, pois, até a conclusão do julgamento, pode haver a modulação dos efeitos da decisão. 3. O julgamento em curso no Supremo Tribunal Federal envolve o foro por prerrogativa de função de ocupantes de mandatos, cujo prazo certo de duração é de 4 ou 8 anos. Em contrapartida, nestes autos, cuida-se de autoridade com prerrogativa de foro em razão de cargo vitalício, situação para a qual ainda não houve manifestação definitiva da Suprema Corte, peculiaridade que também impede a adoção, imediata, da tese de que a prerrogativa de foro para julgamento de crimes praticados no cargo e em razão das funções subsiste mesmo após o afastamento do cargo, ainda que o inquérito ou a ação penal sejam iniciados depois de cessado o exercício" (STJ, AgRg na Pet 16.036/DF, rel. Min. Og Fernandes, Corte Especial, j. 25-6-2024).

sembleia Legislativa. Esse entendimento foi consagrado no julgamento da ADIn 5.540, rel. Min. Fachin, j. 3-5-2017. No mesmo julgamento, o Tribunal entendeu que eventual dispositivo contido na Constituição Estadual, no sentido de determinar o afastamento automático do cargo do Governador em caso de recebimento da denúncia ou queixa, não tem eficácia, pois a decretação do afastamento do cargo deve ficar a critério do STJ, em razão das peculiaridades de cada caso, em decisão motivada.

Nessa mesma linha, já havia o STF decidido que são inválidas Constituições Estaduais que exigiram que a decretação da prisão do Chefe do Executivo estadual fosse condicionada à prévia autorização do Poder Legislativo local (HC 102.732).

Destaque-se que, em recente decisão, o Plenário do STF[18], por maioria, ratificou o entendimento já adotado por suas Turmas acerca de tramitação irregular de inquérito policial instaurado contra autoridade com prerrogativa de foro, por atos relacionados ao exercício de sua função, sem conhecimento e controle do Tribunal competente, reconhecendo a nulidade de todos os atos praticados pela autoridade policial e, consequentemente, de todos os elementos informativos obtidos na investigação.

3. EXTRATERRITORIALIDADE DA LEI PENAL BRASILEIRA

Extraterritorialidade é o fenômeno pelo qual **a lei penal brasileira se aplica a fatos ocorridos fora do território nacional,** ou seja, pratica-se um crime em algum lugar estranho ao território brasileiro e, por determinação do nosso Código Penal, esse fato fica sujeito à aplicação da nossa lei penal. Imagine, por exemplo, um homicídio praticado por brasileiro na Argentina ou um roubo cometido contra brasileiro no México. Esses delitos serão julgados, a princípio, no país em que cometidos; assim, o brasileiro será julgado na Argentina e o autor do roubo, no México, segundo as leis dos respectivos países. Sem prejuízo disto, porém, será possível, mediante uma série de condições (que serão explicadas no item 3.3), que se instaurem *também* no Brasil uma investigação e um processo criminal, objetivando responsabilizar o autor do fato *com base no nosso Código Penal.*

Essas regras, que à primeira vista podem parecer extravagantes, são de elevada importância e, em muitos casos, evitam situações de impunidade. Suponha que um casal viaje em férias à Europa e, durante a viagem, o rapaz agrida a noiva, provocando-lhe lesões, mas a vítima não comunique o fato às autoridades locais. Ambos retornam ao Brasil e rompem o relacionamento. A ofendida pode procurar a Polícia para comunicar o delito? Sim.

---

[18] RE 1.322.854 AgR-EDv, sessão virtual de 23-6-2023 a 30-6-2023.

A investigação e a ação penal subsequente terão como base as regras de extraterritorialidade. A lei brasileira será aplicada a um crime cometido fora do nosso país. Se tal possibilidade não existisse, o fato ficaria impune, porque a vítima não o comunicou às autoridades do país onde ocorreu.

Quando se fala em extraterritorialidade, pensa-se num crime perpetrado em outro país, mas o instituto **também se aplica** quando o delito é cometido em territórios nos quais **nenhum país exerce soberania**, como é o caso da **Antártida**[19].

Qual a Justiça competente para o processo e julgamento de tais infrações? Depende. **O fato pode ser de competência da Justiça Comum Estadual ou Federal.** A solução deve ser norteada pelo art. 109 da CF, que disciplina os casos de competência da Justiça Comum Federal, no sentido de que somente competirá a ela a análise do caso quando se fizer presente alguma das hipóteses descritas nesse dispositivo constitucional[20]. Assim, por exemplo, se um marido agride sua esposa em viagem ao exterior, praticando lesão corporal qualificada pela violência doméstica, o fato deverá ser julgado pela Justiça Comum Estadual (do foro competente ao local do último domicílio ou residência do réu no Brasil). Se, ilustrativamente, se cuidar de um delito contra a vida ou liberdade do Presidente da República, justificar-se-á a competência federal. Advirta-se que há situações de extraterritorialidade da lei penal militar brasileira (ver item 8), cuja competência será da Justiça Militar.

Muito embora existam diversas situações em que nossa lei pune o fato praticado fora do Brasil, descuidou-se de prever, como o fez a legislação portuguesa, um princípio subsidiário, de modo a evitar a impunidade de situações não alcançadas pelas regras contidas no Código. A lacuna poderia ocorrer, por exemplo, quando um estrangeiro cometesse delito contra outro, fora de nosso território, e se refugiasse no Brasil, sendo sua extradição, por qualquer motivo, negada. Houvesse um dispositivo de natureza subsidiária, poder-se-ia aplicar a lei brasileira a tais situações[21].

Há **duas espécies** de extraterritorialidade no Código Penal. Os casos mais graves são os de extraterritorialidade **incondicionada**, em que nossa lei se aplica aos fatos praticados no exterior, independentemente de qualquer

---

[19] O Tratado da Antártida, do qual o Brasil é signatário, dispõe que o território do continente gelado pertence à humanidade. Esta disposição vigorará, conforme o documento internacional, até 2041.

[20] Nesse sentido: STF, RE 1.175.638 AgR/PR, rel. Min. Marco Aurélio, j. 2-4-2019; e RE 1.271.685 AgR, rel. Min. Ricardo Lewandowski, 2ª T., j. 28-9-2020.

[21] *Vide* Alberto Silva Franco e outros. *Código Penal e sua interpretação jurisprudencial*, p. 87.

condição (art. 7º, I e § 1º). Nas hipóteses de extraterritorialidade **condicionada**, a aplicação de nossa lei depende do concurso de diversas condições (art. 7º, II e §§ 2º e 3º). Há quem subdivida o instituto em três categorias: extraterritorialidade incondicionada, condicionada e **hipercondicionada** (esta seria a prevista no § 3º do art. 7º, pois o legislador faz ainda mais exigências do que para as hipóteses de extraterritorialidade condicionada).

3.1. Princípios aplicáveis

A doutrina costuma apontar uma série de princípios que inspiraram o legislador a eleger os casos em que a lei de um país deve ser aplicada a fatos que se deram no estrangeiro:

3.1.1. Princípio da universalidade, da justiça penal universal ou cosmopolita

Refere-se a hipóteses em que a **gravidade do crime ou a importância do bem jurídico violado justificam a punição do fato, independentemente do local em que é praticado e da nacionalidade do agente.**

Conforme Hungria, "ao que proclama este princípio, cada Estado pode arrogar-se o direito de punir qualquer crime, sejam quais forem o bem jurídico por ele violado e o lugar onde tenha sido praticado. Não importa, igualmente, a nacionalidade do criminoso ou da vítima. Para a punição daquele, basta que se encontre no território do Estado"[22].

Cerezo Mir registra que "a origem desse princípio se encontra nas concepções jusnaturalistas de teólogos e juristas espanhóis dos séculos XVI e XVII, especialmente de Covarrubias e Suárez, que se desenvolve a partir de Grocio, para o qual os crimes (os quais distingue de delitos e contravenções) constituem uma violação do Direito Natural que rege a *societas generis humani*)"[23].

Cuida-se de um princípio criticado por sua amplitude, que **foi adotado** na hipótese mencionada no art. 7º, I, *d*, e II, *a*, do CP, isto é, nos crimes de **genocídio**, definidos na Lei n. 2.889/56 (desde que o agente seja brasileiro ou tenha domicílio no País), e **naqueles em que nosso país se obrigou a reprimir por força de tratado ou convenção internacional.**

Não se pode olvidar que, em matéria de genocídio, o Brasil é signatário do Tratado de Roma, que institui o Tribunal Penal Internacional, competente para julgar tal delito. A jurisdição da Corte Internacional, não obstante, tem caráter supletivo, de maneira que sua competência

---

[22] *Comentários ao Código Penal*, v. 1, t. 1, p. 156.
[23] *Derecho penal*, p. 251.

somente poderá ser exercida quando o Estado brasileiro omitir-se na punição do agente.

3.1.2. Princípio real, da proteção (ou proteção de interesses) ou da defesa

Diz respeito à aplicação da lei penal brasileira sempre que no exterior se der a ofensa a um bem jurídico nacional de origem pública.

Cerezo Mir obtempera que este princípio costuma ser introduzido nas legislações como complemento da territorialidade, com vistas à punição de delitos cometidos no estrangeiro quando lesionem interesses do Estado, assim considerados essenciais[24].

O Código Penal os **adotou** nas letras *a, b* e *c* do inciso I do art. 7º, a saber: **crime contra a vida ou liberdade do Presidente da República, crime contra o patrimônio ou contra a fé pública de pessoa jurídica de direito público brasileira,** da administração direta ou indireta, no plano federal, estadual ou municipal e **crime contra a administração pública brasileira, por quem está a seu serviço.**

3.1.3. Princípio da personalidade ou nacionalidade

Como cada país tem interesse em punir seus nacionais, a **lei pátria se aplica aos brasileiros, em qualquer lugar que o crime tenha sido praticado.**

"A base do sistema é o conceito de que o cidadão está sempre ligado à lei do seu país e lhe deve obediência, ainda que se encontre no estrangeiro: *quilibet est subditus legibus patriae suoe et extra territorium*"[25].

O Brasil acolheu tanto o princípio da *nacionalidade ativa,* que se refere aos delitos praticados por brasileiro no exterior, quanto a *nacionalidade passiva,* relativa àqueles fatos praticados por estrangeiro contra brasileiro, fora do nosso país (CP, art. 7º, § 3º).

Deve-se ponderar que, diversamente do que propugnam alguns doutrinadores, não se deve confundir o princípio da personalidade passiva com o princípio real, justamente porque este se refere à lesão a bens de interesse do Estado, considerados fundamentais.

3.1.4. Princípio da representação ou da bandeira

Cuida-se de levar em conta, para efeito de aplicação da lei penal brasileira, a bandeira da embarcação ou aeronave no interior da qual o fato foi praticado.

---

[24] *Derecho penal,* p. 250.

[25] Nelson Hungria, *Comentários ao Código Penal,* v. 1, t. 1, p. 155.

Esse princípio foi adotado com respeito à extraterritorialidade, com referência a fatos praticados a bordo de embarcações ou aeronaves brasileiras *privadas*, quando ocorridos no exterior (caso contrário, o fato considerar-se-ia cometido dentro do território nacional). Exige-se, todavia, que o fato não tenha sido julgado no estrangeiro para efeito de se aplicar nossa lei, a qual, portanto, assume caráter subsidiário.

3.2. Extraterritorialidade incondicionada

Dar-se-á a extraterritorialidade incondicionada nas seguintes hipóteses:

a) **crime contra a vida ou a liberdade do Presidente da República;**

Imagine, por exemplo, que num discurso proferido pelo Presidente da República do Brasil, na Casa Rosada, edifício que abriga a Presidência da República da Argentina, haja uma tentativa de homicídio contra o chefe de Estado brasileiro. Nesse caso, independentemente de qualquer condição, dar-se-á a instauração de uma investigação e de um processo criminal no Brasil, para apurar a conduta.

b) **crime contra o patrimônio ou contra a fé pública da União, do Distrito Federal, dos Estados, dos Municípios ou Territórios, ou suas autarquias, empresas públicas, sociedades de economia mista ou fundações instituídas pelo Poder Público;**

É o caso, por exemplo, do indivíduo que, defronte à embaixada do Brasil nos Estados Unidos, depreda uma janela do imóvel que a abriga, arremessando sobre ele uma pedra. Trata-se de um crime de dano qualificado (CP, art. 163, parágrafo único, III), que será julgado pela Justiça Comum Federal no Brasil.

c) **crime contra a administração pública brasileira por quem está a seu serviço;**

Suponha, *v.g.*, que um funcionário em missão diplomática brasileira na China subtraia bens públicos brasileiros. Esse peculato (CP, art. 312) será julgado no Brasil.

d) **crime de genocídio, se o agente for brasileiro ou domiciliado no Brasil.**

O genocídio é crime hediondo, tipificado na Lei n. 2.889/56.

Todas elas consubstanciam fatos cuja gravidade reclama a adoção de providências, nos termos da legislação penal brasileira, independentemente de qualquer condição.

Em tais situações é possível, em tese, que o agente responda por dois processos pelo mesmo fato, um no exterior, outro no Brasil, sobrevindo duas condenações. Se isso ocorrer, aplicar-se-á o art. 8º, que se funda no *princípio do non bis in idem* (o qual proíbe seja alguém condenado duas vezes pelo mesmo fato). Sendo assim, a pena *cumprida* no estrangeiro: a) *atenua* a pena imposta no Brasil pelo mesmo crime, quando diversas; ou b) nela é *computada*, quando idênticas (detração).

Entendemos que, no primeiro caso (atenuação), cumprirá ao juiz das execuções penais, pautando-se pela proporcionalidade e gravidade das penas cominadas no Brasil e no exterior, ouvido o Ministério Público e a defesa, decidir pelo grau de atenuação. Quando se tratar de penas de idêntica espécie, o método de incidência da pena estrangeira naquela aplicada pela Justiça pátria será muito mais simples, baseando-se no desconto do tempo da pena cumprida lá fora no total da pena imposta no Brasil, de modo que o sentenciado deverá cumprir apenas o tempo remanescente (detração).

3.3. Extraterritorialidade condicionada

A **extraterritorialidade condicionada** ocorre em relação às seguintes infrações:

a) **crimes previstos em tratado ou convenção internacional que o Brasil se obrigou a reprimir;**

Pode-se citar, como exemplo, convenções internacionais assinadas por Brasil e França a respeito da jurisdição criminal extraterritorial. Há o Acordo de Cooperação Judiciária em Matéria Penal entre o Governo da República Federativa do Brasil e o Governo da República Francesa (promulgado pelo Decreto n. 3.324/99), segundo o qual cabe ao Estado requerido executar os pedidos de cooperação relativos a um caso penal que lhe for dirigido. Existe, ainda, a Convenção regulando extradição entre esses países (promulgada pelo Decreto n. 5.258/2008), segundo a qual, se um nacional de um Estado não for entregue a outro por conta de sua nacionalidade, caberá ao primeiro submeter o caso às autoridades competentes para exercer a ação penal, a título de extraterritorialidade. Assim, se o Estado francês requerer a extradição de um agente, para responder a um processo criminal na França, e o Brasil negar o pedido, a citada Convenção estipula que caberá ao Brasil instaurar um processo penal no nosso país, com base no art. 7º do CP (isto é, aplicando ao agente a lei brasileira, embora o crime tenha sido cometido em território francês)[26].

b) **crimes praticados por brasileiro;**

Foi o que justificou a instauração de inquérito policial, no Brasil, contra o atleta de futebol Neymar, a quem se imputou um suposto estupro cometido em Paris. A sedizente vítima compareceu a uma Delegacia de

---

[26] *Vide* STJ, RHC 88.432/AP, rel. Min. Nefi Cordeiro, 6ª T., j. 19-2-2019.

Polícia, em São Paulo, narrando o fato e requerendo a abertura da investigação. Se o crime realmente tivesse sido cometido, o jogador responderia pelo tipo penal do art. 213 do CP perante a Justiça Comum Estadual.

c) crimes praticados a bordo de navio ou aeronave brasileiros privados, quando praticados no exterior e ali não forem julgados;

Imagine uma família brasileira que, em férias, embarque num voo de companhia aérea brasileira, com destino a Orlando, na Flórida (EUA), e, pouco antes da aterrisagem do avião no destino, outro passageiro furte algum objeto valioso da bagagem de mão de um dos membros da família. Este, porém, decide curtir suas férias e só comunica o crime à Polícia no retorno ao Brasil, logo após chegarem à sua cidade de origem em nosso país. Note que houve um furto (CP, art. 155), praticado a bordo de aeronave brasileira (privada), que já estava em território aéreo estrangeiro; significa, portanto, que o fato ocorreu fora do Brasil – por esse motivo é que a aplicação da lei brasileira ao crime se dá a título de extraterritorialidade.

d) crimes praticados por estrangeiro, contra brasileiro, fora do nosso território.

Em 2005, houve um trágico episódio envolvendo a Polícia britânica, que matou um brasileiro no metrô de Londres, confundido com um terrorista procurado ("Caso Jean Charles de Menezes"). Numa situação como esta, poderiam os policiais responsáveis pelo crime responder pelo fato perante a Justiça brasileira, com base na nossa lei penal[27]. Nesses casos, nossa lei penal exige o concurso das seguintes condições:

1) entrada do agente no território nacional (condição de procedibilidade);

2) ser o fato punível também no país em que foi cometido o crime;

3) estar o crime entre aqueles a que a lei brasileira admite a extradição;

4) não ter sido o agente absolvido ou não ter cumprido pena no estrangeiro;

5) não ter sido perdoado e não tiver extinguido sua punibilidade, segundo a lei mais favorável (condições objetivas de punibilidade).

A primeira delas, isto é, o ingresso do agente em nosso território, constitui condição de procedibilidade ou condição específica da ação penal. Cuida-se, portanto, de fator necessário para que se possa ingressar com a ação penal. Nada obsta que se iniciem as investigações, com a colheita de provas, ainda que o agente não se encontre no Brasil.

---

[27] No caso citado, a investigação estrangeira concluiu que inexistiu irregularidade na ação dos policiais, que atuaram licitamente.

As demais condições mencionadas são consideradas condições objetivas de punibilidade, isto é, fatores que condicionam o surgimento do poder-dever de punir do Estado (*ius puniendi*). Sem elas, não se pode, sequer, instaurar a investigação. O que pode ocorrer, todavia, é a existência de uma apuração preliminar, ainda que mediante inquérito policial, com vistas à verificação do fato, de sua autoria e do concurso de tais condições. Não se poderá, contudo, antes de constatar a presença de todas elas, indiciar o sujeito, sob pena de haver constrangimento ilegal.

É relevante mencionar que, **nos casos de extraterritorialidade condicionada, não existirá a possibilidade de ocorrer *bis in idem*,** haja vista que se o agente tiver sido absolvido ou condenado e cumprido pena no estrangeiro, ficará afastada a possibilidade de aplicação extraterritorial de nossa lei penal.

Quando se tratar de crimes praticados por estrangeiro, contra brasileiro, fora do nosso território, além das cinco condições acima citadas, exigem-se outras duas: que não tenha sido pedida ou negada a extradição do agente e que haja requisição do Ministro da Justiça. Há quem denomine **extraterritorialidade hipercondicionada** essa hipótese, em razão de ser a que exige o maior número de condições.

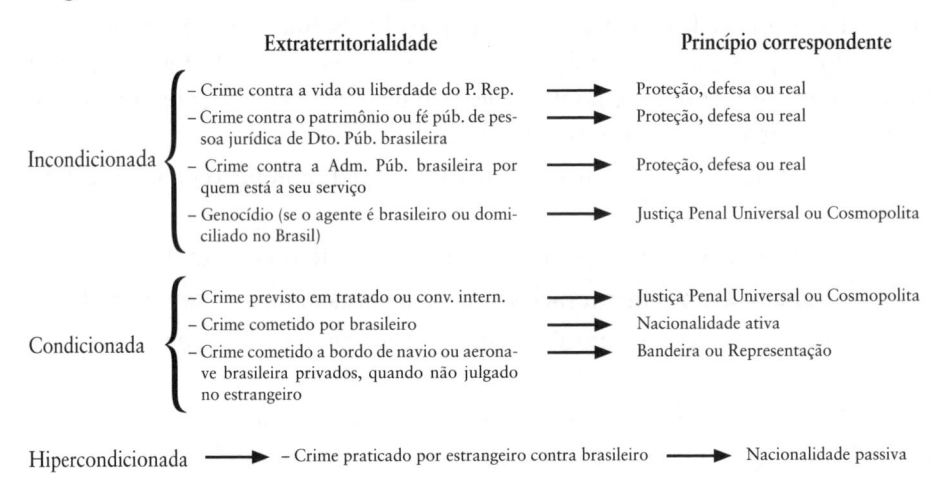

	Extraterritorialidade	Princípio correspondente
Incondicionada	– Crime contra a vida ou liberdade do P. Rep.	Proteção, defesa ou real
	– Crime contra o patrimônio ou fé púb. de pessoa jurídica de Dto. Púb. brasileira	Proteção, defesa ou real
	– Crime contra a Adm. Púb. brasileira por quem está a seu serviço	Proteção, defesa ou real
	– Genocídio (se o agente é brasileiro ou domiciliado no Brasil)	Justiça Penal Universal ou Cosmopolita
Condicionada	– Crime previsto em tratado ou conv. intern.	Justiça Penal Universal ou Cosmopolita
	– Crime cometido por brasileiro	Nacionalidade ativa
	– Crime cometido a bordo de navio ou aeronave brasileira privados, quando não julgado no estrangeiro	Bandeira ou Representação
Hipercondicionada	– Crime praticado por estrangeiro contra brasileiro	Nacionalidade passiva

3.4. Extraterritorialidade na Lei de Tortura

A Lei n. 9.455/97, que tipifica o delito de tortura ("constranger alguém com emprego de violência ou grave ameaça, causando-lhe sofrimento físico ou mental: a) com o fim de obter informação, declaração ou confissão da vítima ou de terceira pessoa; b) para provocar ação ou omissão de natureza criminosa; c) em razão de discriminação racial ou religiosa"), estabelece que seus dispositivos se aplicam "ainda quando o crime não tenha sido cometido em território nacional, sendo a vítima brasileira ou encontrando-se o agente em local sob jurisdição brasileira" (art. 2º). Cuida-se, portanto, de situação de extraterritorialidade prevista em lei especial, fundada no princípio da personalidade ou nacionalidade passiva.

> **Se o agente cumpriu pena no estrangeiro pelo mesmo crime, a lei brasileira pode ser aplicada?**
>
> Depende.
>
> Se for um caso de **extraterritorialidade condicionada**, não, pois o art. 7º, § 2º, do CP deixa claro que se o agente *cumpriu* pena no exterior (seja qual for a pena imposta), a lei brasileira não pode ser aplicada.
>
> Se for um **caso de extraterritorialidade incondicionada**, a lei brasileira será aplicada, ainda que o agente tenha cumprido pena no exterior pelo mesmo crime! Porém, a pena cumprida no exterior atenuará a pena brasileira, se de natureza diferente, ou será computada na pena brasileira ("detração"), se forem penas da mesma natureza (art. 8º).

4. TRIBUNAL PENAL INTERNACIONAL OU CORTE PENAL INTERNACIONAL

Este órgão foi criado em julho de 1998, pela Conferência de Roma e encontra-se sediado em Haia, nos Países Baixos. Cuida-se de órgão permanente, a quem incumbe o julgamento de crimes contra a humanidade, crimes de guerra, de genocídio e de agressão, assim definidos no texto do Estatuto de Roma (promulgado no Brasil por meio do Decreto n. 4.388, de 25-9-2002).

A criação do Tribunal Penal Internacional se deu para atender a uma antiga reivindicação, consistente na existência de um tribunal, de caráter permanente, em substituição à prática criticável dos tribunais *ex post facto*, criados para julgar crimes de guerra, depois de seu término, pelas nações vencedoras. Foi assim com o Tribunal de Nuremberg, criado depois da Segunda Grande Guerra para julgar delitos cometidos pelos nazistas. Estes organismos sofriam duras críticas por constituírem, supostamente, a "Justiça dos vencedores".

Sua competência tem natureza supletiva, já que somente poderá julgar fatos cometidos após sua efetiva instalação, que se deu em 1º de julho de 2002, desde que o país em que foi cometido não os tenha investigado ou processado, não pretenda fazê-lo, não reúna as condições necessárias para isto ou não se mostre imparcial e honesta a condução do processo instaurado.

5. A APLICAÇÃO DA LEI PENAL ESTRANGEIRA A FATOS COMETIDOS EM TERRITÓRIO NACIONAL

Cuida-se da **extraterritorialidade da lei estrangeira**. Esta situação mostra-se perfeitamente possível e depende, exclusivamente, da legislação alienígena. A quase totalidade dos Códigos Penais contempla tal possibilidade, segundo critérios semelhantes àqueles adotados no art. 7º do CP. É de ver que a aplicação da lei penal de outro país não exclui, por óbvio, a incidência da nossa lei penal aos fatos aqui praticados. Note, ainda, que nesse caso, a lei penal estrangeira será aplicada pela Justiça do país correspondente e não pelo Judiciário brasileiro.

6. EXTRADIÇÃO

6.1. Conceito

Trata-se da **medida de cooperação internacional prevista na Lei de Migração** (Lei n. 13.445/2017), a qual revogou expressamente o Estatuto do Estrangeiro.

Na **extradição, se concede ou solicita a entrega de pessoa que tenha sofrido condenação penal transitada em julgado ou que esteja respondendo a processo penal em andamento, sendo a medida necessária para sua instrução.**

Vale anotar que a extradição é uma das três medidas de cooperação internacional previstas na Lei de Migração, ao lado da transferência de execução de pena (arts. 100 a 102) e da transferência de pessoa condenada (arts. 103 a 105).

6.2. Espécies

A extradição comporta duas espécies: *extradição ativa*, quando o Brasil faz o requerimento a outro país, visando à entrega de um nacional, e *extradição passiva*, quando alguma nação requer, ao Brasil, que entregue o infrator.

6.3. Disciplina constitucional

Nossa Constituição Federal disciplina o assunto no art. 5º, LI e LII. De acordo com o primeiro deles: "nenhum brasileiro será extraditado, salvo o naturalizado, em caso de crime comum, praticado antes da naturalização, ou de comprovado envolvimento em tráfico ilícito de entorpecentes e drogas afins, na forma da lei". O outro dispõe que: "não será concedida extradição de estrangeiro por crime político ou de opinião".

Daí decorre que o brasileiro nato jamais poderá ser extraditado, salvo, segundo o STF, se renunciou à nacionalidade brasileira, adquirindo outra[28].

O brasileiro naturalizado, por sua vez, somente em dois casos: (i) por crime comum cometido antes da naturalização e (ii) por tráfico ilícito de drogas (Lei n. 11.343/2006), independentemente da data do fato. O português, equiparado ao brasileiro, havendo reciprocidade, nos termos do art. 12, § 1º, da CF, goza dos mesmos direitos concedidos aos brasileiros naturalizados. É de ver, contudo, que no caso do português equiparado, por força de tratado bilateral ratificado pelo Brasil, ele só poderá ser extraditado para Portugal.

O estrangeiro, por fim, poderá ser extraditado, salvo quando se tratar de crime político ou de opinião (caberá ao STF, no pedido de extradição, julgar se o fato se enquadra ou não em tais conceitos)[29].

6.4. Requisitos

O pedido de extradição, além de amparar-se nos mencionados dispositivos constitucionais, deve atender às exigências da Lei de Migração (Lei n. 13.445/2017) e do Regimento Interno do STF.

De acordo com essa Lei (art. 96), ademais, não será efetivada a entrega do extraditando sem que o Estado requerente assuma o compromisso de não submeter o extraditando a prisão ou processo por fato anterior ao pedido de extradição, de computar o tempo da prisão que, no Brasil, foi imposta por

---

[28] Essa decisão foi tomada pelo STF na Extradição n. 1.462, 1ª T., rel. Min. Barroso, j. 28-3-2017. Segundo a maioria dos ministros da 1ª Turma do Supremo, a extraditanda havia renunciado à nacionalidade brasileira ao adotar a cidadania americana em 1999 e o Ministério da Justiça, em 2013, já havia declarado formalmente a perda da nacionalidade brasileira. Admitiu-se, então, sua entrega ao governo dos Estados Unidos da América, onde era acusada de homicídio contra seu ex-marido.

[29] De acordo com o art. 82 da Lei de Migração: "Não se concederá a extradição quando: I – o indivíduo cuja extradição é solicitada ao Brasil for brasileiro nato; II – o fato que motivar o pedido não for considerado crime no Brasil ou no Estado requerente; III – o Brasil for competente, segundo suas leis, para julgar o crime imputado ao extraditando; IV – a lei brasileira impuser ao crime pena de prisão inferior a 2 (dois) anos; V – o extraditando estiver respondendo a processo ou já houver sido condenado ou absolvido no Brasil pelo mesmo fato em que se fundar o pedido; VI – a punibilidade estiver extinta pela prescrição, segundo a lei brasileira ou a do Estado requerente; VII – o fato constituir crime político ou de opinião; VIII – o extraditando tiver de responder, no Estado requerente, perante tribunal ou juízo de exceção; ou IX – o extraditando for beneficiário de refúgio, nos termos da Lei n. 9.474, de 22 de julho de 1997, ou de asilo territorial".

força da extradição, de comutar a pena corporal, perpétua ou de morte em pena privativa de liberdade, respeitado o limite máximo de cumprimento de pena privativa de liberdade, de não entregar o extraditando, sem consentimento do Brasil, a outro Estado que o reclame, de não considerar qualquer motivo político para agravar a pena e de não submeter o extraditando a tortura ou a outros tratamentos ou penas cruéis, desumanos ou degradantes.

Anota-se que o texto legal, no inciso III do art. 96, ao dispor a respeito do requisito referente à comutação da pena de morte, perpétua ou corporal por pena privativa de liberdade, faz alusão ao limite de cumprimento de pena originalmente previsto no Código Penal, isto é, trinta anos. Com o advento da Lei n. 13.964/2019, que modificou o teto do art. 75 do Código para quarenta anos, houve a revogação tácita do inciso III, sendo mister conformá-lo com a atual legislação. Essa mudança, porém, não tem eficácia retroativa, em função de seu caráter gravoso. Assim, quando a extradição disser respeito a condutas praticadas antes da entrada em vigor da citada Lei, isto é, 23 de janeiro de 2020, observa-se o limite original, é dizer, trinta anos; se o pedido de extradição, contudo, for relativo a delito cuja ação ou omissão tenha sido perpetrada a partir da data citada, deve-se observar a nova regra (quarenta anos).

6.5. Expulsão

Não se deve confundir extradição com expulsão.

Esta consiste em medida administrativa de retirada compulsória de migrante ou visitante do território nacional, conjugada com o impedimento de reingresso por prazo determinado (art. 54 da Lei n. 13.445/2017).

São casos de expulsão a condenação do agente em sentença transitada em julgado por crime de genocídio, crime contra a humanidade, crime de guerra ou crime de agressão, nos termos definidos pelo Estatuto de Roma do Tribunal Penal Internacional, de 1998, promulgado pelo Decreto n. 4.388, de 25-9-2002, ou sua condenação irrecorrível por crime comum doloso passível de pena privativa de liberdade, consideradas a gravidade e as possibilidades de ressocialização em território nacional.

Importante lembrar que o **reingresso de estrangeiro expulso constitui crime** tipificado no art. 338 do CP.

7. EFICÁCIA DA SENTENÇA ESTRANGEIRA

O art. 9º do CP estabelece as hipóteses em que a sentença penal estrangeira precisa ser homologada (pelo STJ, nos termos do art. 105, I, *i*, da CF, com redação da EC n. 45, de 8-12-2004) para que produza efeitos no Brasil. São as seguintes:

a) para **obrigar o condenado à reparação do dano, a restituições e outros efeitos civis,** desde que haja requerimento do interessado e que nossa lei preveja os mesmos efeitos na situação abordada pela sentença estrangeira;

b) para **sujeitá-lo a uma medida de segurança,** desde que, nesse caso, a lei brasileira preveja os mesmos efeitos para a hipótese tratada (ex.: uma sentença estrangeira aplicou medida de segurança a um inimputável em virtude de doença mental) e exista tratado de extradição com o país de origem ou requisição do Ministro da Justiça.

A sentença estrangeira não depende de homologação para produzir reincidência, impedir a obtenção de *sursis* ou para aumentar o período para concessão de livramento condicional.

É de ver que a reincidência, nos termos do art. 63 do CP, configura-se quando o agente pratica *novo crime,* depois de condenado, com trânsito em julgado, no Brasil *ou no estrangeiro,* por crime anterior. Esta condenação proferida fora do nosso país é que não requer qualquer tipo de homologação para gerar reincidência pelos fatos aqui cometidos. Exige-se, todavia, prova idônea de que tenha havido tal condenação, consistente em documento oficial expedido pela nação estrangeira, traduzido por tradutor juramentado.

A revogação do *sursis* (CP, art. 81) e do livramento condicional (CP, arts. 86 e 87), que podem ter como fundamento a superveniência de uma condenação criminal, não depende, nestes casos, de homologação, mas de prova adequada.

Quanto ao cumprimento de penas aplicadas no exterior, o mecanismo do qual cada país deve se valer é a extradição, já que se trata de assunto estritamente ligado à soberania de cada nação, de modo que cada Estado não deve delegar a outro o dever de cumprir penas criminais. A Lei de Migração autoriza excepcionalmente essa possibilidade, por meio dos institutos da transferência de execução de pena (ou extradição executória) e da transferência de pessoas condenadas – arts. 100 a 105.

> O art. 9º do CP, que trata da matéria, se refere a situações em que a Justiça brasileira executará uma sentença penal estrangeira (transitada em julgado).
>
> – Para tanto, é necessário, em primeiro lugar, que a sentença estrangeira seja HOMOLOGADA pelo STJ.
>
> – Quais são os efeitos decorrentes de sentença penal estrangeira que podem ser executados no Brasil?
>
> a) Efeitos civis da condenação penal;
>
> b) medida de segurança.
>
> A homologação, em ambos os casos, só poderá ocorrer se a lei brasileira admitir a aplicação dos mesmos efeitos ao caso concreto.

> ## Atenção!
>
> O CP, ao definir reincidência (CP, art. 63), determina que ela se configura quando o agente pratica novo crime depois de condenado, com trânsito em julgado, por crime anterior, no Brasil ou *no estrangeiro*.
>
> Nesse caso, não se exige homologação. Basta uma prova documental idônea confirmando a condenação estrangeira (certidão emitida pela Justiça estrangeira, traduzida por tradutor juramentado).

8. EXTRATERRITORIALIDADE DA LEI PENAL MILITAR

O Código Penal Militar (Dec.-Lei n. 1.001/69) cuida do tema da extraterritorialidade em seu art. 7º, dispondo que: "aplica-se a lei penal militar, sem prejuízo de convenções, tratados e regras de direito internacional, ao crime cometido, no todo ou em parte, no território nacional, *ou fora dele, ainda que, neste caso, o agente esteja sendo processado ou tenha sido julgado pela justiça estrangeira*" (grifo nosso).

O dispositivo legal transcrito revela que, no tocante ao direito penal militar, adotou-se o princípio da extraterritorialidade incondicionada (ou irrestrita), o que se mostra plenamente justificável pelo fato de que os delitos militares cometidos no exterior interferem na defesa de nosso país. O tema ganha especial importância quando se tem em mente o envio de contingentes das Forças Armadas do Brasil para missões de paz da Organização das Nações Unidas em nações estrangeiras. Na hipótese de ocorrerem crimes militares em tais missões, será competente a Justiça Militar Federal, por intermédio dos Conselhos de Justiça integrantes da 11ª Circunscrição Judiciária Militar, sediada em Brasília[30].

---

[30] Vide Cícero Robson Coimbra Neves e Marcello Streifinger, *Apontamentos de direito penal militar*, v. 1, p. 68.

Capítulo 9

CONFLITO APARENTE DE NORMAS

1. INTRODUÇÃO

Se o agente realiza uma única conduta, comete apenas um delito. Quanto mais reprovável for o fato, mais grave o crime cometido e, desse modo, mais severa deve ser a punição. Trata-se de uma ideia lógica e justa.

Não se pode conceber que um único fato humano possa configurar, ao mesmo tempo, mais de um crime. Punir quem cometeu um delito como se houvesse praticado dois ou mais constitui postura desarrazoada e injusta, além de totalmente desprovida de bom senso. **Daí o princípio do *ne bis in idem*: para cada conduta criminosa, imputa-se ao sujeito um único crime.**

Ocorrem situações, porém, nas quais a conduta praticada pelo sujeito se enquadra em mais de um tipo penal, cumprindo ao aplicador da lei verificar, dentre os dispositivos legais incidentes ao fato, aquele que melhor se amolda ao comportamento. É o que se chama "conflito aparente de normas". Ele se diz "aparente", porque se entende que a subsunção do fato a mais de um tipo se dá apenas à primeira vista, cumprindo ao aplicador da lei identificar, mediante critérios interpretativos, qual o tipo penal adequado ao fato e que, portanto, prevalecerá sobre os demais.

Não há em nosso ordenamento jurídico critérios orientadores expressos sobre qual tipo penal preferir quando mais de um aparentemente for aplicável. A doutrina e a jurisprudência, porém, desenvolveram parâmetros norteadores, chamados comumente de "princípios", voltados à solução do conflito aparente de normas.

Esses critérios, ou "princípios", são os seguintes:

a) **princípio da especialidade:** por este, o tipo especial prevalece sobre o tipo geral;

b) **princípio da subsidiariedade:** o tipo principal prevalece sobre o tipo subsidiário;

c) **princípio da consunção:** o crime-fim prevalece sobre ("absorve") o crime-meio;

d) **princípio da alternatividade:** quando o agente comete mais de uma ação ou omissão, todas previstas no mesmo tipo penal, realiza um único crime.

Para que se dê um verdadeiro conflito aparente de normas, porém, há **três pressupostos** que devem ser identificados:

1) **Unidade de fato:** é necessário que o agente tenha praticado efetivamente um único fato delituoso, pois, do contrário, haverá concurso de crime (CP, arts. 69 a 71). Assim, por exemplo, o agente que, conduzindo com imprudência seu automóvel, atropela *duas pessoas*, matando-as, pratica *dois crimes* de homicídio culposo de trânsito (CTB, art. 302), em concurso formal (CP, art. 70). Embora o agente tenha realizado uma única ação (de dirigir imprudentemente o veículo), suprimiu duas vidas (atingiu, portanto, dois bens jurídicos autônomos entre si). Há casos excepcionais que, por construção jurisprudencial, embora o agente realize dois fatos, entende-se que deve responder por crime único: são os casos de antefato e pós-fato impuníveis, os quais serão estudados abaixo (*vide* item 4).

2) **Incidência aparente de dois ou mais tipos penais:** a aplicação de mais de um tipo penal a um único comportamento, conforme se assinalou, viola o princípio do *ne bis in idem*, de tal modo que a constatação de o fato configurar simultaneamente dois ou mais tipos penais deve ser apenas aparente, isto é, à primeira vista, pois cabe ao aplicador da lei identificar, dentre estes, qual deve prevalecer.

3) **Vigência simultânea dos tipos penais aparentemente aplicáveis:** é preciso que todos os tipos penais incidentes à primeira vista se encontram em plena vigência, pois se um deles houver sido revogado por outro, não há conflito aparente de normas, mas *conflito de leis penais no tempo*, o qual deve ser solucionado por critérios próprios e já estudados (*abolitio criminis, novatio legis in mellius, novatio legis in pejus e novatio legis* incriminadora).

2. PRINCÍPIO DA ESPECIALIDADE (*LEX SPECIALIS DEROGAT GENERALIS*)

Dá-se quando existir, **entre as duas normas** aparentemente incidentes sobre o mesmo fato, uma **relação de gênero e espécie.** Será especial, e, portanto, prevalecerá **a norma que contiver todos os elementos de outra** (a geral), **além de mais alguns, considerados especializantes.** "Toda a ação que realiza o tipo do delito especial realiza também necessariamente, e ao mesmo tempo, o tipo do geral, enquanto que o inverso não é verdadeiro"[1].

---

[1] Jescheck, *Tratado de derecho penal*, trad. Mir Puig e Muñoz Conde, Barcelona: Bosch, 1981, p. 1035, apud Cezar Roberto Bitencourt, *Tratado de direito penal*: parte geral, v. 1, p. 200.

Assim, se a mãe mata o filho durante o parto, sob a influência do estado puerperal, incorre, aparentemente, nos arts. 121 (homicídio) e 123 (infanticídio). No primeiro, porque matou uma pessoa; no segundo, porque essa pessoa era seu filho e a morte se deu no momento do parto, influenciada pelo estado puerperal. O infanticídio contém todas as elementares do homicídio ("matar" + "alguém"), além de outras especializantes ("o próprio filho" + "durante o parto ou logo após" + "sob a influência do estado puerperal"), o que o torna especial em relação a esse. Percebe-se, então, que *toda ação que realiza o tipo do infanticídio realiza o do homicídio, mas nem toda ação que se subsume ao homicídio tem enquadramento no tipo do infanticídio.*

O homicídio culposo de trânsito, previsto no art. 302 do CTB, é especial em relação ao homicídio culposo do CP (art. 121, § 3º). O CP é assim redigido: "se o homicídio é culposo: pena de detenção de 1 a 3 anos"; o CTB, por sua vez, diz: "praticar homicídio culposo na direção de veículo automotor: pena de detenção de 2 a 4 anos, e suspensão ou proibição de se obter a permissão ou a habilitação para dirigir veículo automotor". Percebe-se que o elemento especializante contido no CTB é o fato de a conduta ser praticada "na direção de veículo automotor". O motorista que dirige seu automóvel descuidadamente e atropela um pedestre, matando-o, realiza uma conduta subsumível aparentemente aos dois dispositivos, mas só responde – obviamente – pelo delito de trânsito, dada sua natureza específica.

Note que esse conflito se resolve abstratamente, ou seja, uma comparação entre as duas normas é capaz de revelar qual delas é a especial e, via de consequência, a aplicável.

Também é interessante observar que na relação de especialidade é indiferente se a norma especial é mais ou menos grave. Em outras palavras: sempre terá preferência o tipo especial, independentemente de ter pena mais ou menos severa.

Acrescente-se que a relação de especialidade se dá entre tipos fundamentais (aqueles previstos no *caput* do artigo) e secundários (os previstos nos parágrafos do dispositivo). O homicídio contra menores de 14 anos (CP, art. 121, § 2º, IX) é especial em relação ao homicídio simples (CP, art. 121, *caput*). O roubo majorado com emprego de arma de fogo (CP, art. 157, § 2º-A, I) é especial em relação ao roubo simples (CP, art. 157, *caput*).

3. PRINCÍPIO DA SUBSIDIARIEDADE (*LEX PRIMARIA DEROGAT LEGI SUBSIDIARIAE*)

A relação de subsidiariedade, também chamada de relação famulativa, **pressupõe** que haja **entre os tipos penais** uma **relação de conteúdo a continente.** A ideia é que seja possível notar entre as normas penais uma ligação na qual **uma esteja contida na outra**. A norma "continente" será a mais ampla e, portanto, definidora da conduta de maior gravidade. A norma "conteúdo" será a inserida na outra e, por tal motivo, implicará num comportamento menos grave. Aquela será considerada a norma primária ou principal e esta, a norma subsidiária ou famulativa.

O tipo primário necessariamente descreve um grau maior de violação a determinado bem jurídico em comparação com o tipo subsidiário.

O agente que, munido de um machado, golpeia a vítima várias vezes, tentando matá-la, ainda que não a atinja, expõe a vida do ofendido a um perigo direto e iminente (ação enquadrável no art. 132 do CP) e, igualmente, comete uma tentativa de homicídio (CP, art. 121, c.c. art. 14, II). O fato de expor a vida de alguém a um risco concreto é um fato inserido (contido) em qualquer tentativa de homicídio. Nesse exemplo, o agente não cometeu dois crimes, mas apenas o delito mais grave, que prevalece sobre o outro, que possui caráter subsidiário.

Interessante perceber que, **na relação de subsidiariedade, a norma principal prevalece sobre a subsidiária, sendo aquela obrigatoriamente mais grave que esta.**

Outro dado interessante **na relação famulativa** é que, **se por algum motivo o tipo primário não puder ser aplicado, o subsidiário incidirá.** Essa, aliás, é a característica de todo tipo subsidiário: na impossibilidade de aplicação do primário, ele tem incidência.

Nesse sentido, ensinava Hungria que: "a diferença que existe entre especialidade e subsidiariedade é que, nesta, ao contrário do que ocorre naquela, os fatos previstos em uma e outra norma não estão em relação de espécie e gênero, e se a pena do tipo principal (sempre mais grave que a do tipo subsidiário) é excluída por qualquer causa, a pena do tipo subsidiário pode apresentar-se como 'soldado de reserva' e aplicar-se pelo *residuum*"[2].

Há duas espécies de subsidiariedade:

1) **expressa ou explícita:** ocorre **quando o tipo penal expressamente declarar** que só terá aplicação "se o fato não constituir crime mais grave" (a norma se autoproclama "soldado de reserva").

É o que ocorre no caso do art. 132 do CP, acima citado, que descreve o fato de "expor a vida ou a saúde de outrem a perigo direto e iminente" e, no preceito secundário, declara: "pena – detenção de três meses a um ano, se o fato não constitui crime mais grave".

---

[2] *Comentários ao Código Penal*, v. 1, t. 1, arts. 1º a 10, p. 147.

Outro exemplo: o art. 218-C do CP incrimina o ato de divulgação de cena de estupro, de estupro de vulnerável, de sexo ou de pornografia; a pena é de reclusão, de um a cinco anos, se o fato não constitui crime mais grave. Caso, entretanto, o agente divulgue cena de sexo ou pornográfica envolvendo criança ou adolescente, responde por crime mais grave: o art. 241-A do ECA, cuja pena é de reclusão, de três a seis anos.

2) **tácita ou implícita**: verifica-se quando **um tipo penal é inserido em outro, como elementar ou circunstância deste.**

Embora se trate de hipótese mais sútil que a anterior, expressa bem a ideia de continente e conteúdo. O legislador embute um tipo penal (conteúdo) dentro de outro (continente).

Veja os casos do furto (CP, art. 155) e do dano (CP, art. 163). O furto se dá com o ato de "subtrair, para si ou para outrem, coisa alheia móvel". A pena é de reclusão, de um a quatro anos, e multa. O dano consiste no ato de "destruir, inutilizar ou deteriorar coisa alheia". A pena é de detenção, de um a seis meses, ou multa. Imagine que um indivíduo, pretendendo furtar bens de uma residência, destrua a janela do imóvel para nele ingressar, subtraindo os objetos de valor que encontra no local. Houve um furto e um dano. Responde por dois crimes? Não. O legislador estipulou no art. 155 do CP que, quando o sujeito, para cometer o furto, destrói algum obstáculo colocado para impedir a subtração da coisa, incide uma qualificadora (§ 4º, I), elevando a pena deste crime para reclusão, de dois a oito anos, e multa. Em outras palavras, o legislador *inseriu* o dano, num dos parágrafos do art. 155, sob a forma de qualificadora do crime. O sujeito, desse modo, comete um só delito: o furto qualificado pela destruição do obstáculo à subtração do bem (CP, art. 155, § 4º, I). O furto se torna o "continente" e o dano, o "conteúdo".

Mais um exemplo: no Código de Trânsito Brasileiro, dentre os ilícitos penais nele definidos, existe a lesão corporal culposa (CTB, art. 303) e a omissão de socorro (CTB, art. 304). Se um motorista, conduzindo com imprudência o veículo, atropela e fere a vítima e, em seguida, deixa de socorrê-la, embora possa fazê-lo sem qualquer risco pessoal, comete dois crimes? Não, pois a omissão de socorro, embora configure crime autônomo, foi embutida no art. 303 como uma causa de aumento de pena (CTB, art. 303, § 1º). Há, portanto, um só delito: lesão culposa de trânsito majorada pela omissão de socorro.

Se por algum motivo o tipo principal não puder ser aplicado (por exemplo: não se provou em juízo a culpa do motorista), o tipo subsidiário terá incidência (é dizer, ele responderá pelo crime de omissão de socorro no trânsito – desde que esta conduta – por óbvio – seja comprovada nos autos do processo).

4. PRINCÍPIO DA CONSUNÇÃO OU DA ABSORÇÃO (*LEX CONSUMENS DEROGAT LEGI CONSUMPTAE*)

A **relação consuntiva** é pautada por uma **ligação de meio a fim entre os crimes**. Verifica-se quando **uma infração penal é cometida como fase normal de preparação ou de execução de outra**. Ocorre, entre os fatos, uma vinculação de tal ordem que, para a realização do ato final, é necessário praticar o ato intermediário. Assim, por exemplo, para matar alguém (CP, art. 121) com emprego de um punhal, se faz imprescindível ferir a vítima, até que esta perca a vida. As lesões corporais (CP, art. 129) se tornam etapa obrigatória na realização do plano criminoso. Do mesmo modo, para furtar (CP, art. 155) bens no interior de um imóvel, o agente precisa nele ingressar, praticando uma violação de domicílio (CP, art. 150). Esta figura como etapa necessária na consecução do plano criminoso.

O crime-meio (ou **crime consunto**) é absorvido pelo delito-fim (ou **crime consuntivo**).

A relação consuntiva (meio-fim) pode ser identificada em diversas situações[3]:

a) **atos preparatórios de um crime, ainda que puníveis autonomamente, ficam absorvidos pelo delito tentado ou consumado que o sujeito almeja praticar** (ex.: o indivíduo que possui maquinismo de falsificação de moeda – art. 291 do CP – não responderá por tal crime se chegar a efetivamente fabricar moeda falsa – art. 289 do CP; o ato preparatório anterior ficará absorvido pelo delito de moeda falsa);

b) **atos que configuram auxílio a determinado crime serão absorvidos por ações de conduta direta**, caso o sujeito, até então (mero) partícipe, decida atuar diretamente na execução do fato criminoso, responderá como autor do fato e não como partícipe (ex.: alguém empresta a um conhecido um punhal para praticar um homicídio e, posteriormente, decide acompanhá-lo na execução do crime);

c) **condutas de menor gravidade, componentes da execução de crime de maior gravidade, por este ficarão absorvidas** (*crimes progressivos*) (é o que se dá no exemplo das lesões corporais necessárias para a execução de um homicídio com emprego de punhal).

O **crime progressivo** não se confunde com a **progressão criminosa**. Nesta, o agente *modifica seu intento* durante a execução do fato, isto é, inicia com um objetivo determinado (por exemplo: violar domicílio alheio),

---

[3] Damásio de Jesus, *Direito penal*, v. 1, p. 113.

alterando-o durante o cometimento do fato (p. ex.: decide furtar um objeto encontrado no interior do imóvel em que ingressou). No crime progressivo, o agente possui, *desde o princípio*, o mesmo escopo e o persegue até o final, ou seja, pretendendo um resultado determinado de maior lesividade (*v.g.*, a morte de alguém), pratica outros fatos de menor intensidade (*v.g.*, sucessivas lesões corporais) para atingi-lo.

Há, ainda, duas situações às quais se aplica o princípio da consunção em que, na verdade, o agente não realiza um único fato, mas dois (ou mais) fatos delituosos distintos, sendo, contudo, apenado como se houvesse cometido uma única infração. Em tais hipóteses, por um critério de política criminal, se reconhece a prática de um único delito, do contrário, a punição do agente poderia resultar exacerbada[4]. São os casos de **antefato** e **pós-fato impuníveis**.

a) *Ante factum* impunível.

Um fato anterior, utilizado como meio para fato subsequente, no qual esgote toda sua potencialidade lesiva, fica por este absorvido[5].

Exemplo: o sujeito que utiliza um cheque de terceiro, falsificando a assinatura do titular da conta, para efetuar uma compra, enganando o vendedor, responde somente pelo estelionato (CP, art. 171), o qual absorve a falsidade material (CP, art. 297, § 2º) praticada como meio. Nesse sentido, a Súmula 17 do STJ: "quando o falso se exaure no estelionato, sem mais potencialidade lesiva, é por este absorvido".

Ainda que uma parte significativa da doutrina afirme não ter cabimento o princípio da consunção ou absorção quando o agente ofende bens jurídicos diversos (como a fé pública e o patrimônio), predomina em nossos tribunais o entendimento favorável à aplicação do princípio, ainda que diferentes os bens violados. Pode a relação consuntiva ser aplicada quando o crime-meio, além de ofender bem jurídico diverso, é mais grave que o crime-fim?

Para nossa jurisprudência, consagrou-se o entendimento favorável à aplicação do princípio, ainda quando o delito cometido na fase de preparação ou execução possui pena maior que o delito-fim. O que importa é que aquele seja voltado exclusivamente à prática deste, nele exaurindo sua potencialidade lesiva. É justamente o que ocorre na já citada Súmula 17 do

---

[4] Cf. Cézar Roberto Bitencourt, *Tratado de direito penal*, v. 1, p. 203.

[5] "Na relação de consunção, prevalece o crime de uso de documento falso, crime-fim, sobre a falsidade ideológica, delito-meio" (AgRg no AgRg no AREsp 2.077.019/RJ, rel. Min. Daniela Teixeira, rel. p/ o ac. Min. Reynaldo Soares da Fonseca, 5ª T., j. 19-3-2024, destacado no *Informativo STJ* n. 815).

STJ, em que um crime de falsidade de documento público por equiparação (reclusão, de 2 a 6 anos, e multa) é absorvido por um estelionato (reclusão, de 1 a 5 anos, e multa). Outro exemplo é o caso em que o sujeito, em retorno de viagem do exterior ao Brasil, traz diversos produtos e não paga o respectivo imposto de importação, preenchendo declaração falsa à receita federal de que não excedeu a cota permitida, livre de tributação. O uso de documento público ideologicamente falsificado (reclusão, de 1 a 5 anos, e multa) é absorvido pelo descaminho (reclusão, de 1 a 4 anos). De acordo com o STJ: "O delito de uso de documento falso, cuja pena em abstrato é mais grave, pode ser absorvido pelo crime-fim de descaminho, com menor pena comparativamente cominada, desde que etapa preparatória ou executória deste, onde se exaure sua potencialidade lesiva" (STJ, REsp 1.378.053/PR, rel. Min. Nefi Cordeiro, 3ª S., j. 10-8-2016)[6].

b) *Post factum* impunível.

Um fato posterior, realizado depois da consumação do crime-fim, quando atinja o mesmo bem jurídico, pertencente ao mesmo sujeito passivo, não será punível.

Exemplo: o sujeito que, depois de praticar o roubo e subtrair o bem, destrói por qualquer motivo o objeto roubado, só responde pelo roubo, figurando o dano como um pós-fato impunível.

4.1. Crimes complexos – subsidiariedade ou consunção

São crimes complexos aqueles formados pela conjugação de dois ou mais tipos penais. Esse é o conceito mais difundido de crime complexo pela doutrina. Há, porém, quem faça a distinção entre crime complexo em *sentido estrito* e em *sentido lato*.

Crime complexo em sentido estrito corresponde à definição anteriormente citada. É o que ocorre, por exemplo, no caso do roubo (*subtrair coisa alheia móvel, para si ou para outrem, mediante grave ameaça ou violência contra a pessoa*), cujo tipo penal resulta da conjugação do crime de furto (*subtrair, para si ou para outrem, coisa alheia móvel*) com a lesão corporal (CP, art. 129) ou com a ameaça (CP, art. 147).

Crime complexo em sentido lato significa o delito que atinge mais de um bem jurídico. Essa é uma definição mais ampla, que abarca situações não compreendidas no conceito acima, como, por exemplo, o crime de estu-

---

[6] O STJ, no Recurso Especial citado, aplicando o procedimento dos recursos repetitivos, fixou a seguinte tese: "Quando o falso se exaure no descaminho, sem mais potencialidade lesiva, é por este absorvido, como crime-fim, condição que não se altera por ser menor a pena a este cominada" (Tema Repetitivo 933).

pro, que viola a liberdade sexual, mas também atinge a integridade corporal ou psíquica da vítima, conforme ela seja agredida fisicamente ou ameaçada pelo estuprador.

Quando o agente pratica um crime complexo (em sentido estrito), responde somente por este e não pelos crimes que o compõem. É uma conclusão relativamente óbvia. Veja o exemplo: quem agride uma vítima para subtrair seus bens comete um roubo e não um furto em concurso com uma lesão corporal. A doutrina, porém, discute se a prevalência do crime mais grave se dá por meio de uma relação se consunção ou de subsidiariedade.

Em nosso modo de ver, **a resposta depende do caso concreto. Quando a relação que se apresenta entre os tipos penais conjugados no crime complexo for de meio e fim, haverá consunção; do contrário, haverá subsidiariedade.** No caso citado acima, há relação de consunção, pois a lesão corporal é meio executório e, portanto, crime-meio, para a prática do roubo (crime-fim).

5. PRINCÍPIO DA ALTERNATIVIDADE

Este **princípio tem lugar nas infrações penais de** *ação múltipla ou conteúdo variado*, **que são** aqueles **tipos** penais **que possuem diversos núcleos** (verbos), **separados** pela conjunção alternativa **"ou"**.

Quando alguém pratica mais de um verbo do mesmo tipo penal, num mesmo contexto fático, só responde por um crime (e não pelo mesmo crime mais de uma vez). Exemplos: a) aquele que expõe à venda e, em seguida, vende a mesma substância psicoativa pratica um só crime de tráfico ilícito de drogas (Lei n. 11.343/2006, art. 33); b) quem induz e instiga outrem a se suicidar, vindo a vítima a falecer, incorre uma só vez no delito de auxílio ao suicídio (CP, art. 122). Anote-se, entretanto, que em tais casos o juiz deve considerar a incursão em mais de uma ação nuclear na dosagem da pena, de modo a exacerbar a sanção imposta ao agente.

Um dado importante a se verificar, para que de fato haja um único crime, é se as condutas praticadas pelo autor apresentam uma conexão entre si, de tal modo que uma seja subsequente à outra e, sobretudo, que incidam sobre o mesmo objeto material (pessoa ou coisa).

Se o traficante transporta cocaína da Bolívia ao Brasil, vendendo-a em nosso país, comete um crime; mas se ele, com o produto da venda, adquire (ainda que no mesmo contexto) heroína para revendê-la, cometeu dois tráficos de drogas. O primeiro *iter criminis* dizia respeito desde o início à cocaína, cessando com a venda desta no Brasil. Com a compra da heroína (objeto material diverso), ainda que exista a relação de imediatidade, outro *iter criminis* se inaugura, dando ensejo a um segundo delito.

Toda a explicação pode ser resumida na lição de Hungria, que, em seu anteprojeto de reforma do Código Penal, pretendia tratar do conflito aparente de normas na Parte Geral do Código: **"Quando a um mesmo fato podem ser aplicadas duas ou mais normas penais, atende-se ao seguinte, a fim de que uma só pena seja imposta: (a) a norma especial exclui a norma geral; (b) a norma relativa a crime que passa a ser elemento constitutivo ou qualificativo de outro é excluída pela norma atinente a este; (c) a norma incriminadora de um fato que é meio necessário ou normal fase de preparação ou execução de outro crime é excluída pela norma a este relativa. Parágrafo único. A norma penal que prevê vários fatos, alternativamente, como modalidades de um mesmo crime, só é aplicável uma vez, ainda quando os ditos fatos são praticados, pelo mesmo agente, sucessivamente"**[7].

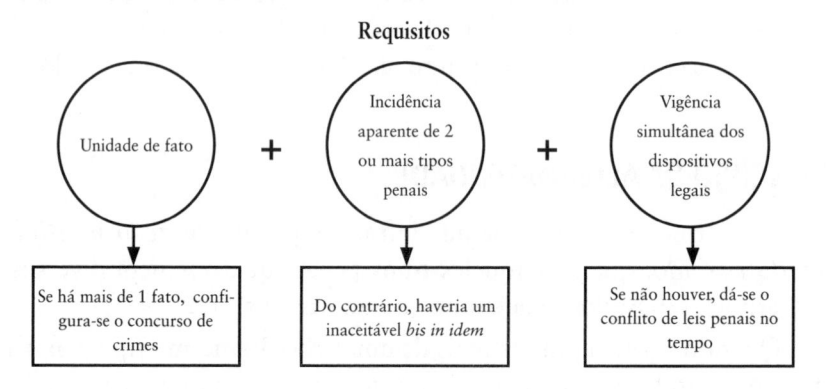

Requisitos

Unidade de fato **+** Incidência aparente de 2 ou mais tipos penais **+** Vigência simultânea dos dispositivos legais

Se há mais de 1 fato, configura-se o concurso de crimes

Do contrário, haveria um inaceitável *bis in idem*

Se não houver, dá-se o conflito de leis penais no tempo

[7] *Comentários ao Código Penal*, 5. ed., v. 1, t. 1, p. 239-240.

TÍTULO II

Teoria Geral do Delito ou Teoria do Fato Punível

Capítulo 1

INTRODUÇÃO

1. O CARÁTER FRAGMENTÁRIO DO DIREITO PENAL

Uma das principais características do Direito Penal reside em sua *fragmentariedade*. Apesar da multiplicidade de atos ilícitos existentes, apenas uma pequena parcela interessa a esse ramo do Direito; tal parcela compreende os atos que ofendem de modo mais grave os bens jurídicos considerados essenciais para o convívio em sociedade. *As infrações penais, portanto, correspondem a um pequeno fragmento extraído da vasta gama de atos ilícitos.*

A fragmentariedade deriva do fato de o Direito Penal constituir-se como *ultima ratio*, isto é, como a última opção da qual se deve valer o Estado na regulação de comportamentos sociais.

2. CONCEITO DE CRIME

Nossa legislação não apresenta, atualmente, um conceito de crime, como ocorria nos Códigos anteriores (1830 e 1890). Há tempos o legislador se deu conta de que a tarefa de definir esse importante instituto jurídico cabe à doutrina.

Deve-se sublinhar que o critério contido no art. 1º da LICP (Decreto-Lei n. 3.914/41) serve apenas para distinguir crime de contravenção penal, encontrando-se, inclusive, defasado em razão da superveniência da Lei n. 11.343/2006.

O mister de definir o crime não é incumbência do legislador, mas sim da doutrina. Os penalistas, então, na tentativa de cumprir essa árdua missão, apresentam uma série de conceitos, ora enfatizando o aspecto puramente legislativo (*conceitos formais*), ora procurando investigar a essência do instituto (*conceitos materiais*), ora verificando os elementos constitutivos do crime (*conceitos analíticos*).

Tradicionalmente, os conceitos analíticos têm sido o foco central da preocupação dos juristas brasileiros.

2.1. Conceito material e formal

O conceito material é, como vimos, aquele preocupado com a essência de um comportamento penalmente relevante. Parece-nos que, das várias concepções possíveis, deve ser considerada crime toda ação ou omissão consciente e voluntária, que, estando previamente definida em lei, cria um risco juridicamente proibido e relevante.

Do ponto de vista formal, crime é a conduta proibida por lei, com ameaça de pena criminal (prisão ou pena alternativa).

2.2. Conceito analítico

Como se antecipou acima, boa parte de nossa doutrina tem sublinhado a importância do conceito analítico. Sob o pretexto de investigar quais os elementos constitutivos do crime, duas grandes teorias despontam no Brasil, a primeira defendendo que crime é o *fato típico, antijurídico (ou ilícito) e culpável*; a outra sustentando ser tal ilícito o *fato típico e antijurídico (ou ilícito)*.

Não se pode ignorar a existência de autores asseverando que crime é o *fato típico, antijurídico, culpável e punível*. Essa visão, contudo, tem pouco prestígio na doutrina, porquanto se assenta em uma premissa frágil: a punibilidade não pode ser considerada elemento do crime, já que lhe é algo exterior. Note que por punibilidade entende-se a possibilidade jurídica de aplicação da sanção penal. É possível, diante disso, que um crime tenha ocorrido, mas, por fatores alheios à conduta delitiva, não se lhe possa aplicar a correspondente sanção. Assim, se um crime foi cometido há muito tempo, provavelmente o seu responsável não mais possa ser punido, porque o fato terá sido atingido pela prescrição (causa extintiva da punibilidade – art. 107, IV, do CP). O crime, entretanto, subsiste, apesar da extinção da punibilidade. Para melhor compreender, acompanhe este exemplo: *A* mata *B* em 1990, mas a autoria desse delito só vem a ser descoberta em 2020. O homicídio prescreve em 20 anos (CP, art. 109, I); logo, essa descoberta tardia impedirá a punição do culpado (*A*). A prescrição obsta a aplicação da pena, na medida em que extingue a punibilidade, mas não apaga o crime, que inegavelmente ocorreu (ou será possível afirmar que, com a prescrição, o homicídio deixou de existir, ressuscitando a vítima!).

Resta, agora, considerar as duas teorias mais aceitas no Brasil. Antes, porém, cabe uma advertência. Costuma-se designar como "clássico" o autor que diz ser o crime fato típico, ilícito e culpável, e "finalista" aquele que afirma ser fato típico e ilícito. Embora tais designações sejam correntes, não são precisas. A aceitação da teoria finalista da ação (que revolucionou o direito penal da metade do século passado) não implica necessariamente a conclusão de que o crime é fato típico e antijurídico. Há, nesse sentido, diversos "finalistas" que defendem ser o crime fato típico, antijurídico *e culpável*; dentre eles, Hans Welzel, o precursor da teoria citada.

Por esse motivo, devem-se reservar as qualificações "clássicos" e "finalistas" para se referir aos adeptos, respectivamente, da teoria causal ou naturalista da ação (e psicológica da culpabilidade) e da teoria finalista da ação (e normativa pura da culpabilidade), que serão estudadas abaixo.

No Brasil, seguindo o caminho inicialmente trilhado por René Ariel Dotti e Damásio de Jesus, há vários juristas, como Julio Fabbrini Mirabete e Fernando Capez, que se filiam ao entendimento segundo o qual crime é o *fato típico e antijurídico*.

Outros, porém, como Heleno Cláudio Fragoso, Cezar Roberto Bitencourt e Francisco de Assis Toledo, estão entre os adeptos da tese segundo a qual crime é *fato típico, antijurídico e culpável*.

Interessante notar que *todos os autores citados são "finalistas"*. Isso somente confirma a imprecisão do sentido em que tal expressão é frequentemente empregada. Convém, então, denominar a primeira posição teoria bipartida ou dicotômica, e a segunda, teoria tripartida ou tricotômica.

2.3. Afinal, o crime é fato típico e ilícito, ou típico, ilícito e culpável?

O que se busca num conceito analítico é a identificação dos requisitos ou elementos constitutivos do crime, sob a ótica do nosso direito positivo. Sendo assim, não há dúvida de que o crime só pode ser considerado fato típico e ilícito, figurando a culpabilidade não como elemento do crime, mas como pressuposto de aplicação da pena. Vejamos.

Pode-se afirmar com segurança que todo crime é, em primeiro lugar, um fato *típico* (ou seja, previsto num tipo penal). Quando alguém realiza uma conduta não punida por qualquer lei penal, é dizer, que não se subsume a nenhum tipo penal incriminador, pratica um indiferente penal. Esse fato não é típico. Lembre-se que a CF declara "*não há crime* sem lei anterior que o defina..." (art. 5º, XXXIX – grifei). Se o ato cometido não é definido em lei penal anterior, resta claro que *não há crime*. *A contrario sensu*, só há crime quando o fato for típico (previsto e punido em lei penal anterior).

A mesma certeza existe, ainda, quanto à ilicitude, parte integrante do conceito de crime. Justamente porque nosso Código Penal declara não haver crime quando o fato é praticado ao abrigo de uma causa excludente de ilicitude (legítima defesa, estado de necessidade, exercício regular de um direito ou no estrito cumprimento de um dever legal) (art. 23 do CP: "*Não há crime* quando o agente pratica o fato..." – grifei).

No que tange à culpabilidade, há crime, ainda que ela não se verifique. Quando uma pessoa comete um fato típico e antijurídico, mas age sem culpabilidade, nosso Código, em vez de dizer que "não há crime", como se viu acima, declara que o agente é "isento de pena" (*vide* arts. 21, 22, 26 e 28 do CP). Essa técnica legislativa não pode ser ignorada, sobretudo quando procuramos analisar os elementos estruturais do crime, segundo nosso ordenamento jurídico.

Pondere-se, ainda, que a culpabilidade corresponde a um juízo de censura, de cunho normativo, realizado *a posteriori* pelo julgador. Encontra-se, nesse sentido, na "cabeça do juiz", e não na "do réu".

Pode-se concluir, em face do exposto, que a culpabilidade não faz parte do conceito de crime, o qual deve ser definido, sob o enfoque ora analisado, como *fato típico e antijurídico*.

É preciso registrar que, na doutrina estrangeira, é quase voz pacífica a de que o crime é fato típico, antijurídico e culpável. Veja, por todos, Cerezo Mir: "A concorrência de uma ação ou omissão, a tipicidade, a antijuridicidade e a culpabilidade são os elementos essenciais do conceito de delito. O delito é uma ação ou omissão típica, antijurídica e culpável"[1].

---

[1] *Derecho penal*, p. 312.

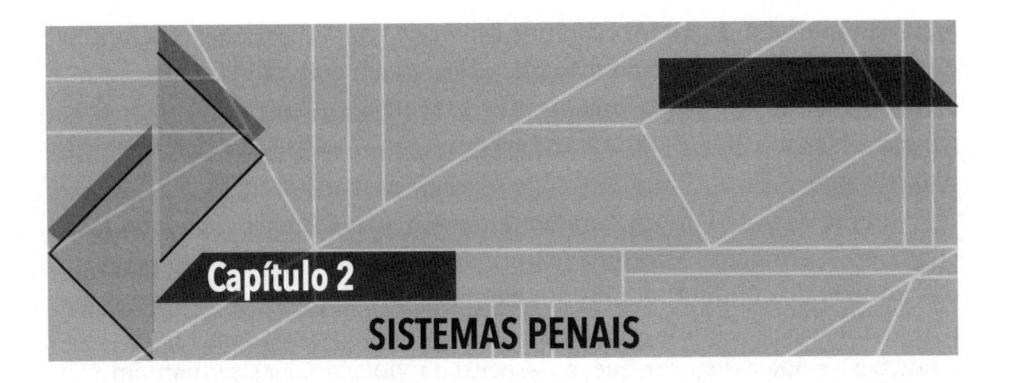

Capítulo 2

SISTEMAS PENAIS

1. O PENSAMENTO SISTEMÁTICO

Quando se fala em **sistema penal**, o que se pretende indicar é uma **abordagem sistematizada a respeito do conceito analítico do crime**, composta de **várias teorias** que procuram **compreender e organizar encadeada e logicamente os elementos e a estrutura do crime.**

O sistema penal, portanto, não é uma teoria, mas um conjunto de teorias, que se propõe a apresentar uma visão concatenada acerca dos elementos e da estrutura do delito.

A expressão "sistema penal" não é empregada com frequência na doutrina brasileira, muito embora seja corrente na linguagem do Direito Penal. Nossos penalistas, de regra, compartimentam as diferentes concepções sobre a teoria geral do delito em "teorias penais", das quais se destacam a "teoria clássica", a "neoclássica", a "finalista" e a "funcionalista". Repise-se, porém, que não se trata de uma única teoria, mas de um conjunto delas, organizadas de maneira sistemática.

A introdução do pensamento sistemático, no final do século XIX, trouxe, sem dúvida, enormes avanços à doutrina do crime. Antes de prosseguirmos, entretanto, faz-se necessário estabelecer em que consiste um "sistema" e, em seguida, o que se deve entender por "sistema penal".

Kant definia *sistema* como *unidade dos múltiplos conhecimentos a respeito de uma ideia*. Para Bertalanffy[1], sistema é *"um complexo de elementos interatuantes"*, sendo que tal interação significa que os elementos se relacionam de tal modo que o comportamento de cada um numa dada relação é necessariamente diferente de seu comportamento em outra. Num exemplo singelo, poderíamos pensar no sistema respiratório humano. Diversos são seus elementos (ou órgãos): pulmão, brônquios, traqueia, laringe, faringe

---

[1] *Teoría general de los sistemas*: fundamentos, desarollo, *aplicaciones*, p. 56.

etc. Estes, por si sós, não formam um sistema. O que os caracteriza como tal é sua relação entre si e a interação que exercem um com o outro, permitindo a entrada de ar em nosso organismo e a realização do processo de troca gasosa (oxigênio por dióxido de carbono), suprindo nossa demanda por oxigênio.

Pois bem. O Direito também é um sistema. Cumpre a ele processar, enquanto sistema, as expectativas normativas (confianças no cumprimento das normas de conduta). Contudo, ele não pode impedir que suas normas não sejam violadas, mas, por meio da interação entre elas (suas prescrições e sanções), pode assegurar que, a despeito da violação, elas se mantêm válidas, enquanto expectativas[2].

Com respeito à doutrina geral do crime, pode-se dizer que o sistema penal representa um conjunto de elementos, cuja interação, segundo determinadas teorias e por meio de um conjunto de normas (princípios e regras), forma o conceito analítico de crime.

Como dizíamos acima, a **construção de um pensamento sistemático** tem ocupado grande parte dos trabalhos científicos em Direito Penal. Argumenta-se que tal forma de pensar **permite uma aplicação segura e previsível do Direito Penal, evitando-se o acaso e a "loteria" nas decisões dos tribunais.**

Liszt[3] afirmava, no começo do século passado, que: "[...] somente a ordenação dos conhecimentos em um sistema garante aquele domínio sobre todas as particularidades, seguro e sempre disposto, sem o qual a aplicação do Direito é sempre um diletantismo, abandonada ao acaso e à arbitrariedade".

Welzel[4], na década de 1960, reiterando uma tese que já sustentava há anos, assim ponderava: "[...] (o Direito Penal) como ciência sistemática para a base de uma Administração da Justiça uniforme e justa, pois somente o conhecimento das relações internas do Direito eleva sua aplicação para um patamar acima do acaso e da arbitrariedade".

Roxin, desde a década de 1970 até os dias atuais, defende com ênfase o emprego do *pensamento sistemático*[5], enumerando-lhe algumas *vanta-*

---

[2] Cf. Niklas Luhmann, O direito como um sistema social. In: Carlos Gómez-Jara Diéz (coord.). *Teoría de sistemas y derecho penal*: fundamentos y posibilidades de aplicación, p. 95.

[3] Apud Roxin, *Funcionalismo e imputação objetiva no direito penal*, p. 34.

[4] *Derecho penal alemán*, p. 1.

[5] Roxin admite riscos no pensar sistemático, embora conclua que estes são ínfimos diante das vantagens que ele traz. Tais perigos seriam: a) desatenção à justiça do caso concreto – por mais que se busque a formulação de um sistema penal abrangente,

gens: a) *a facilitação do exame de casos* – o aplicador do direito, em face de um caso concreto, irá examinar cada requisito do crime de modo ordenado: 1) fato típico, 2) antijuridicidade, 3) culpabilidade (como pressuposto de aplicação da pena); b) *a ordenação do sistema como pressuposto de uma aplicação uniforme e diferenciada do direito* – a construção de um sistema dá bases seguras e uniformes, evitando uma solução improvisada e imprevisível dos problemas penais – a Justiça Penal deixa de ser uma "loteria"; c) *simplificação e melhor manuseabilidade do direito* – o aplicador do direito terá sua tarefa facilitada, pois conseguirá solucionar rapidamente os casos concretos (assim, por exemplo, diante de um caso de sonambulismo, no qual não existe conduta penalmente relevante, ficará dispensado o exame da tipicidade, antijuridicidade e da culpabilidade); d) *o contexto sistemático como diretriz para o desenvolvimento "praeter legem" do Direito* – a fixação de bases sistemáticas permite extrair fundamentos que extravasam os preceitos meramente legais, auxiliando na solução de problemas não antevistos pelo legislador.

2. ESPÉCIES

Atualmente, apontam-se os seguintes **sistemas penais**:

a) **sistema clássico** (ou sistema "Liszt/Beling/Radbruch"), que remonta ao início do século XX;

b) **sistema neoclássico** (corresponde ao anterior, acrescido da teoria de Reinhard Frank e de Edmund Mezger), surgido em 1907;

c) **sistema finalista**, difundido a partir da década de 1930 (Hans Welzel);

d) **sistema funcionalista**, que se divide em: funcionalismo sistêmico ou radical (Jakobs) e teleológico ou moderado (Roxin), dentro dos quais se desenvolveu a (moderna) teoria da imputação objetiva.

2.1. Sistema clássico (Liszt/Beling/Radbruch)

2.1.1. Origem e base filosófica

Denomina-se *sistema clássico* aquele resultante das lições de Franz von Liszt e Ernest Beling, com contribuições de Güstav Radbruch.

---

jamais será possível dar solução justa a todo e qualquer caso concreto; b) redução de possibilidades de solução dos problemas – o atrelamento a um sistema limita a busca de formas diferenciadas de resolução de questões penais; c) deduções sistemáticas ilegítimas do ponto de vista político-criminal – o que decorre da diversidade de premissas que leva à construção de algumas conclusões, tornando-as inaplicáveis político-criminalmente a casos diversos; e d) utilização de conceitos demasiado abstratos.

Sua origem remonta ao final do século XIX, quando da publicação do *Tratado* de Von Liszt. Representou uma verdadeira revolução, tanto na abordagem científica do Direito Penal quanto na preocupação com a construção de uma sólida teoria do delito.

A estrutura do crime, apresentada por Von Liszt de modo claro, didático e sistematicamente estruturado, produziu enormes avanços no campo dogmático. Atribui-se a esta fase, por exemplo, o mérito de espancar de vez a responsabilidade penal objetiva, visto que o dolo e a culpa foram erigidos a elementos essenciais do crime (como espécies de culpabilidade), sem os quais ele não existe.

O sistema clássico sofreu grande influência, em suas bases filosóficas, do positivismo científico (final do século XIX), almejando-se submeter a ciência do Direito ao ideal de exatidão das ciências naturais. Os cientistas encontravam-se, com efeito, deslumbrados com os avanços da Biologia, da Medicina, da Física etc. Procuraram, então, utilizar-se dos mesmos métodos, notadamente em matéria jurídico-penal. Por esse motivo, o sistema em questão buscava empregar dados da realidade mensuráveis e empiricamente comprováveis[6].

2.1.2. Principais teorias

O sistema clássico incorporou **duas importantes teorias**: a *teoria causal ou naturalista da ação* (ação como inervação muscular, produzida por energias de um impulso cerebral, que provoca modificações no mundo exterior – Von Liszt); e a *teoria psicológica da culpabilidade* (culpabilidade como vínculo psicológico que une o autor ao fato, por meio do dolo ou da culpa).

Para os penalistas clássicos, *o crime continha dois aspectos*, a saber, um *objetivo*, composto do fato típico (ação + tipicidade), da antijuridicidade, e outro *subjetivo*, integrado pela culpabilidade.

O **aspecto objetivo** compreendia, portanto, o **fato típico e a antijuridicidade**.

O **fato típico** continha os seguintes **elementos: ação** e **tipicidade**. Em determinados delitos (**crimes materiais**), agregavam-se também o **resultado** (naturalístico ou material, isto é, a modificação causal no mundo exterior provocada pela conduta) e o **nexo de causalidade** (orientado segundo a teoria da equivalência dos antecedentes ou da *conditio sine qua non*).

A **antijuridicidade apresentava-se como consequência inerente à tipicidade**.

---

[6] Cf. Roxin, *Derecho penal*, p. 200.

O **fato típico presumia-se antijurídico**, salvo quando presente alguma causa justificante (por exemplo, legítima defesa, estado de necessidade, estrito cumprimento do dever legal ou exercício regular de um direito). **Tais causas possuíam somente requisitos objetivos**, de modo que **prescindiam**, para sua constatação, da presença **de elementos** subjetivos ou **psicológicos**; assim, por exemplo, atuava em legítima defesa mesmo aquele que desconhecia totalmente a existência de uma agressão injusta contra si ou terceiro, desde que objetivamente a repelisse. Para se ter uma ideia melhor, imaginemos uma pessoa alta atrás de um muro, de modo que somente sua cabeça seja visível para quem se encontra do outro lado; suponha-se, então, que alguém veja esta pessoa e a identifique como um inimigo mortal, sacando uma arma de fogo e efetuando um único tiro letal; verifica-se, após, que a vítima encontrava-se prestes a ferir mortalmente outra pessoa, atrás do muro, a qual acabou sendo salva pelo atirador. Para os clássicos, haveria de se reconhecer, no exemplo, uma situação de legítima defesa de terceiro. Isto porque, objetivamente, o atirador salvou a vida de alguém, efetuando o disparo que vitimou seu inimigo. Não importa saber, para tal ponto de vista, se o fez com ou sem o conhecimento da agressão contra o terceiro, ou mesmo se foi imbuído de um espírito altruísta (o salvamento de uma pessoa) ou egoísta (um ideal de vingança).

Constatando-se que o fato se mostrou típico e antijurídico, restaria somente a análise da **culpabilidade**, compreendida como o **vínculo psicológico que unia o autor ao fato por intermédio do dolo ou da culpa**. A **imputabilidade** do agente, concebida como capacidade de ser culpável, atuava como seu **pressuposto**.

Como ensina Antônio Carlos da Ponte[7], "a culpabilidade consistiria exclusivamente na referência psíquica do agente a certos acontecimentos externos a sua pessoa. Seria o nexo psíquico entre o mundo sensível do autor e o resultado típico, tanto nos crimes dolosos quanto nos culposos".

2.1.3. A estrutura do crime no sistema clássico

Nesse sistema, o delito era, portanto, a **soma do aspecto objetivo e subjetivo**, constituindo-se, destarte, como **fato típico, antijurídico e culpável**.

Assim, esquematicamente, temos:

· crime = aspecto objetivo + subjetivo;

· aspecto objetivo = fato típico + antijuridicidade;

· aspecto subjetivo = culpabilidade, dividida em dolo ou culpa (tendo a imputabilidade como pressuposto).

---

[7] *Inimputabilidade e processo penal*. São Paulo: Atlas, 2002, p. 20.

O **fato típico** compunha-se de *ação* (em sentido lato ou conduta) + *tipicidade*. Nos *crimes materiais*, além destes, o *resultado naturalístico* e o *nexo de causalidade* (baseado na teoria da equivalência dos antecedentes).

A *antijuridicidade*, que era decorrência da tipicidade do fato (embora fosse dela totalmente independente – Beling), dava-se com a ausência de alguma causa de justificação (ou excludente de antijuridicidade) e se compunha de elementos puramente objetivos.

A *culpabilidade*, por fim, tinha a imputabilidade (entendida como capacidade de ser culpável) como seu pressuposto e se verificava com a constatação de que houve *dolo ou culpa*.

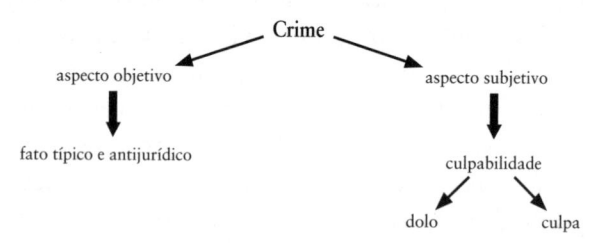

2.1.4. Críticas ao sistema clássico

Em que pese o fato de muitas das ideias elaboradas pelos clássicos ainda serem defendidas (com razão) nos dias de hoje, dentre elas a negação da responsabilidade penal objetiva, muitas foram alvo de críticas, as quais levaram a um aperfeiçoamento da dogmática penal.

Calha, aqui, um parêntese. Como aponta Bacigalupo[8], o desenvolvimento do Direito Penal pode certamente ser entendido à luz da "teoria das gerações" de Ortega y Gasset: "Cada geração consiste em uma peculiar sensibilidade, em um repertório orgânico de íntimas propensões; quer dizer que cada geração tem sua vocação própria, sua histórica missão".

Não há dúvida de que todas as gerações darão suas contribuições à ciência como um todo e, em particular, à ciência do Direito Penal. Sob esta perspectiva, as gerações podem sempre ser consideradas "cumulativas", já que partem de um esquema anteriormente apresentado e, com a referência em mestres que os antecederam, fornecem suas contribuições para o avanço da teoria. Bem por isso, "a dogmática de hoje, de qualquer modo, não é a negação do passado, é a que teriam feito nossos antepassados se vivos fossem"[9].

---

[8] *Hacía el nuevo derecho penal*, p. 20.
[9] Bacigalupo, *Hacía el nuevo derecho penal*, p. 20.

Feita esta breve ressalva, cumpre indicar algumas das críticas sofridas pelo sistema clássico.

Os autores clássicos davam à ação uma definição exageradamente ampla, compreendendo a ação em sentido estrito (isto é, um fazer) e a omissão (não fazer). Em outras palavras, era como se a ação (em sentido amplo) fosse um gênero dividido em duas espécies: a ação em sentido estrito e a omissão.

Além disso, ambas eram consideradas causais (teoria causal ou naturalista da ação), ou seja, produtoras de modificações no mundo exterior. Significa que tanto a ação quanto a omissão produzem relações de causa e efeito.

Note-se que a omissão não dá ensejo a relações de causalidade do ponto de vista natural, visto que consiste em um "nada", e do "nada, nada vem" (*ex nihilo, nihil*). O não agir não constitui causa real e efetiva de algum evento. Aquele que não age, quando muito, deixa de interferir numa relação de causalidade preexistente, mas não cria uma por si só. Por esse motivo, por exemplo, a pessoa que presencia um homicídio praticado por terceiro e nada faz, embora pudesse fazê-lo, não pode ser considerada responsável pela morte da vítima, a não ser que possua algum dever jurídico de impedir esse resultado (como um policial em serviço).

A omissão penalmente relevante não é causal, mas *normativa*, isto é, baseia-se na existência de um dever jurídico (ou normativo) de agir, visando afastar o resultado. Aliás, em nosso Código Penal consta o reconhecimento expresso de que a omissão é normativa (*vide* art. 13, § 2º).

Para os clássicos, a intenção (dolo) do agente somente deveria ser examinada no âmbito da culpabilidade (e não quando da verificação da conduta). É dizer, deve-se analisar a parte objetiva do crime: fato típico + antijuridicidade, para, então, verificar a parte subjetiva: o dolo e a culpa.

Os clássicos, portanto, analisavam a conduta de maneira objetiva, sem se preocupar com a intenção do agente ao realizá-la. Este método não é considerado correto, desde o finalismo, por separar em teoria o que, na realidade, não se dissocia. Como ponderou Welzel, todas as pessoas, em função de seus conhecimentos prévios sobre as relações de causa e efeito, podem antever, dentro de certos limites, as consequências possíveis de seus atos e, desta forma, os dirigem a uma dada finalidade. A conduta humana penalmente relevante não pode ser analisada sem a intenção que a moveu.

Com a inserção do dolo no âmbito da culpabilidade, os clássicos encontraram dificuldades para explicar o crime tentado, em que o componente anímico mostra-se fundamental para o enquadramento típico do fato. Sem o exame da intenção, não há como descobrir qual fato típico ocorreu e, por vezes, nem sequer é possível determinar se ocorreu ou não algum fato penalmente típico. Assim, por exemplo, se um homem agarra à força uma mulher e é impedido de levá-la a um local ermo por terceiros, é imprescindível verificar qual a sua intenção para *tipificar* a conduta; se ele pretendia matá-la, haverá uma tentativa de homicídio (CP, art. 121, c/c o art. 14, II), se visava realizar com ela conjunção carnal ou outro ato libidinoso, tentativa de estupro (CP, art. 213, c/c o art. 14, II), se objetivava agredi-la, tentativa de lesão corporal (CP, art. 129, c/c o art. 14, II), e assim por diante. Nota-se, destarte, que analisar o propósito do agente constitui etapa necessária para verificar qual o fato penalmente típico que o agente realizou. Se a intenção somente fosse analisada no âmbito da culpabilidade, não seria possível dizer qual o fato típico que se praticou.

Além disso, a outorga de natureza psicológica à culpa (já que ela pertencia ao aspecto "subjetivo" do crime) foi outro ponto frágil dentro do sistema clássico. Sabe-se que a culpa, diversamente do dolo, não tem cunho subjetivo (isto é, psicológico), mas normativo. Seu exame requer um juízo de valor, em que se compara a diligência empregada pelo agente que causou o resultado, com aquela que deveria ter sido adotada por uma pessoa de mediana prudência e discernimento (por exemplo, se um motorista provocou um acidente com vítimas, analisa-se a existência de culpa por sua parte mediante a comparação de sua conduta com a que se deveria esperar de um motorista prudente, na situação em que ele se encontrava).

Outro aspecto falho logo apontado pela doutrina consistiu na falta de uma solução satisfatória para os casos de coação moral irresistível e obediência hierárquica (em nosso CP, *vide* art. 22). Por exemplo, o gerente de uma agência bancária é obrigado por alguém a entregar o dinheiro contido no cofre, pois descobre que seus familiares encontram-se mantidos reféns por comparsas. Nestas situações, poder-se-ia verificar a presença de todos os elementos estruturais da teoria do crime (no sistema clássico), o que impunha concluir, no plano teórico, que houve delito e, portanto, o agente é merecedor de pena. No entanto, em tais casos, a aplicação da pena criminal mostrava-se injusta.

Na tentativa de aperfeiçoar muitos dos aspectos acima indicados, os autores propuseram algumas reformulações dogmáticas, dando nascimento a outro sistema penal, o neoclássico.

2.2. Sistema neoclássico (Frank/Mezger)

2.2.1. Origem e base filosófica

O pensamento chamado "neoclássico" surgiu pouco tempo depois do sistema anterior. A data que costuma ser apontada como seu marco é o ano de 1907, em que se deu a publicação da obra de Reinhard Frank sobre culpabilidade. O manual de Edmund Mezger, contudo, é tido como a obra que melhor sintetiza o sistema em questão.

O **sistema neoclássico diverge do anterior**, em primeiro lugar, por seu **aporte filosófico**. Enquanto os clássicos tinham inspiração no positivismo de Augusto Comte, os neoclássicos se viram grandemente **influenciados pelo neokantismo e pela filosofia de valores**.

O **neokantismo**, diferentemente do naturalismo (filosofia inspiradora do sistema clássico), **procurou dar fundamento autônomo às ciências humanas** (em vez de submetê-las ao ideal de exatidão das ciências naturais). Para o neokantismo, a peculiaridade das ciências humanas reside em que a realidade deve ser referida com base nos valores supremos de cada ciência.

2.2.2. Principais teorias

As **duas teorias mais importantes**, verdadeiros alicerces da teoria do crime no sistema neoclássico, são a **teoria causal ou naturalista da ação** (de Von Liszt) e **normativa da culpabilidade (ou psicológico-normativa)** de Frank.

Do ponto de vista intrassistemático, nota-se, a **grande inovação deu-se na concepção a respeito da culpabilidade**. Frank agregou a ela a noção de reprovabilidade do ato. De acordo com este autor, a aplicação de uma pena somente se justifica quando o agente, podendo agir de outro modo, decidiu cometer o crime. Não seria justo, por outro lado, impor a pena se o sujeito, no momento do fato, não possuía condições psicológicas de comportar-se de modo distinto (dadas as pressões externas irresistíveis que sofrera). **Não se pode considerar reprovável (ou culpável) o ato de alguém que, nas circunstâncias concretas, agiu de uma forma que qualquer pessoa mediana, em face da situação, teria agido.**

Assim, por exemplo, aquele que age sob coação moral irresistível, pratica um fato típico e antijurídico, mas desprovido de culpabilidade (a despeito de agir com dolo), dada a não reprovabilidade de seu comportamento. Não há como censurar aquele que, na situação concreta, em face dos fatores externos que o pressionavam, não possuía alternativa de conduta. Resolve-se, com essa explicação, situações como a do gerente da agência bancária, mencionado no item acima (2.1.4), que se vê compelido por um ladrão a entregar o dinheiro contido no cofre, depois de tomar conhecimento de que seus familiares encontram-se mantidos reféns por comparsas. Muito embora eventual colaboração do gerente com a subtração possa ser considerada dolosa, *não será culpável*, uma vez que a coação moral irresistível por ele sofrida torna inexigível outra conduta de sua parte.

Essa importante **contribuição** de Frank **fez com que evoluísse a noção de culpabilidade**, acrescentando a ela um *novo elemento*, a *exigibilidade de* *conduta diversa*, isto é, a necessidade de se constatar que o sujeito podia agir de outro modo.

A **culpabilidade** passou a conter **três elementos**: a) a **imputabilidade** (que deixou de ser simples pressuposto); b) o **dolo e a culpa**; e c) a **exigibilidade de conduta diversa**.

Em função da reestruturação promovida no campo da culpabilidade, perdeu espaço a teoria psicológica (integrante do sistema clássico), entrando em seu lugar a já mencionada teoria psicológico-normativa ou normativa da culpabilidade.

"Para os adeptos da teoria psicológico-normativa, a culpabilidade é um juízo de valor sobre uma situação fática de ordinário psicológico, e seus elementos psicológicos, quais sejam, dolo e culpa, estão no agente do crime, enquanto seu elemento normativo está no juiz"[10].

2.2.3. A estrutura do crime no sistema neoclássico

O crime, em seu aspecto analítico, tornava-se o injusto (fato típico + antijuridicidade) culpável.

O **injusto** (que corresponde ao "antigo" aspecto objetivo) persistia desprovido de elementos de ordem psicológica, embora Mezger já reconhecesse que, em alguns casos (segundo ele), haveria de se reconhecer excepcionalmente a presença de "elementos subjetivos do injusto" (*vide* item 2.2.4, *infra*).

O **injusto** se formava com o **fato típico** associado à **antijuridicidade**. A **tipicidade** de um fato representava um **indício de ilicitude** (Mayer)[11].

O fato típico e antijurídico (injusto) somado à culpabilidade compunha os requisitos do crime.

A *culpabilidade*, no entanto, *possuía três elementos*, conforme acima se mencionou e não era mais compreendida como mero liame psicológico que unia o autor ao fato (por meio do dolo ou da culpa), mas a constatação da *reprovabilidade do ato* praticado pelo agente.

O **fato típico continha os mesmos elementos**, isto é, conduta (ação ou omissão) + tipicidade. Nos crimes materiais, além destes, o resultado naturalístico e o nexo de causalidade (baseado na teoria da equivalência dos antecedentes ou *conditio sine qua non*).

---

[10] Antônio Carlos da Ponte. *Inimputabilidade e processo penal*. São Paulo: Atlas, 2002, p. 21.

[11] Para Mezger, a tipicidade era a razão de ser (*ratio essendi*) da antijuridicidade (como se verá oportunamente – Capítulo 3, item 5.1).

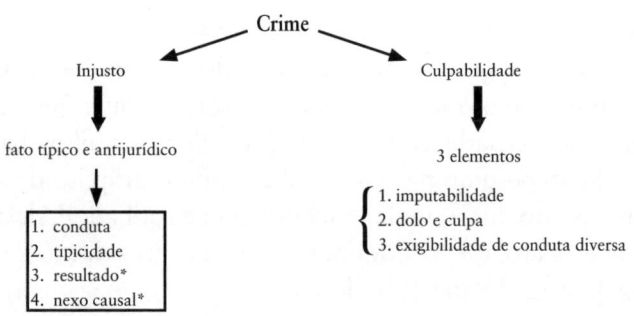

* elementos exigidos nos crimes materiais

2.2.4. Críticas ao sistema neoclássico

O sistema de Frank e Mezger teve diversos méritos, já expostos acima (item 2.2.2), dos quais se destaca a nova compreensão dada à culpabilidade, entendida como reprovabilidade da conduta.

Houve, contudo, **críticas** que, como sói ocorrer, impulsionaram novos avanços na dogmática penal. Dentre elas, destacam-se as seguintes:

a) *Elementos subjetivos do injusto*: Fisher e Hegler[12] identificaram **algumas situações em que o exame da intenção do agente mostrava-se fundamental para a verificação do caráter criminoso do comportamento.** Tratava-se de casos nos quais a análise subjetiva era indispensável para verificar a existência do injusto (fato típico e antijurídico). O exemplo clássico formulado sob essa ótica era o do homem vestido com bata branca (um médico) que tocava a região genital de uma mulher. Se sua intenção fosse puramente clínica, estaríamos diante de um exame ginecológico de rotina (fato penalmente atípico). Caso estivesse preocupado em saciar sua lascívia, tendo prazer sexual com o toque, estaria ele cometendo um crime (violação sexual mediante fraude). Essa situação evidencia que, se a intenção é necessária para analisar a existência de um injusto, não é correto afirmar que o injusto é puramente objetivo (como faziam os clássicos e neoclássicos).

Os próprios adeptos do sistema neoclássico, notadamente Mezger, reconheceram a necessidade do exame do elemento subjetivo do injusto, mas afirmavam tratar-se de uma análise restrita a poucas exceções; vale dizer, insistiam que o injusto era puramente objetivo, mas admitiam exceções a tal regra.

b) *Dolo normativo ou híbrido*: os neoclássicos, com o intuito de solucionar casos em que ocorria o erro de proibição (ou erro sobre o caráter ilícito do fato), passaram a afirmar que **o dolo compunha-se de consciência, voluntariedade e consciência da ilicitude (dolo híbrido ou normativo).**

---

[12] Conforme registro feito por Claus Roxin, *Derecho penal,* p. 199.

No erro de proibição, o agente realiza uma conduta tendo plena consciência do ato que pratica, mas acreditando que age conforme o Direito. É dizer, o agente sabe o que faz, mas crê, erroneamente, que não faz nada errado quando, na verdade, comete um crime. Por exemplo: alguém se apodera de um relógio perdido na rua acreditando ter o direito de se apropriar do bem, com base no dito popular "achado não é roubado", desconhecendo que a lei pune esse ato, que configura o crime de apropriação de coisa achada – art. 169, parágrafo único, II, do CP.

No sistema clássico não se dava solução satisfatória para tal situação. Com o escopo de dar uma resposta a esse problema, alguns autores integrantes do sistema neoclássico "ressuscitaram" a teoria do *dolus malus* e, com uma roupagem atualizada para a época, criaram o chamado "dolo híbrido ou normativo", acima mencionado. Segundo tal concepção de dolo, não basta a consciência da conduta e a vontade de realizar o ato, exige-se, para tais fins, que o agente tenha *consciência da ilicitude do comportamento*. Assim, aquele que age *sem* ter consciência da ilicitude de sua conduta *não* atua dolosamente. No exemplo acima proposto, o sujeito seria absolvido por falta de dolo. Tal solução, todavia, não ficou isenta de questionamentos.

Ao afirmar que o dolo contém a consciência da ilicitude, corre-se o sério risco de tornar impunes criminosos habituais e demais delinquentes profissionais. Imagine uma pessoa criada numa grande favela, que não teve acesso à educação e viveu no meio da violência e da marginalidade como se isso fosse o normal. É possível que ela não veja mal algum na venda de certa quantidade de droga para se sustentar. Pode até considerar esse comportamento correto, segundo seus padrões individuais. Esse sujeito, então, nunca seria punido criminalmente pelo tráfico de drogas que cometesse, pois a falta de consciência individual da ilicitude conduziria, consoante a teoria acima exposta, à ausência de dolo em suas condutas[13].

2.3. Sistema finalista (Hans Welzel)

2.3.1. Origem e base filosófica

A dogmática convencionou indicar como marco do sistema finalista o ano de 1931, quando Hans Welzel publicou um trabalho intitulado *Causalidade e omissão*.

---

[13] Tal solução não ficou isenta de questionamentos, visto que o dolo (elemento anímico) passara a conter um componente normativo (a consciência da ilicitude). Além disso, dava-se ênfase à consciência atual da ilicitude, quando o fundamental era perquirir a respeito da consciência potencial da ilicitude (como demonstrou Hans Welzel).

As ideias de Welzel influenciaram de modo decisivo todo o pensamento dogmático, a partir da metade do século passado.

Grande parte do que se passa no campo da Ciência do Direito Penal é consequência do que sucede no contexto das ideias da filosofia e das ciências sociais. **O sistema finalista de Welzel aproxima-se filosoficamente das "doutrinas fenomenológico-ontológicas que buscavam dar ênfase a leis estruturais do ser humano e torná-las o fundamento das ciências que se ocupam do homem"[14].**

2.3.2. Principais teorias

As **teorias mais importantes** no contexto da estrutura do crime no pensamento finalista são: a *teoria finalista da ação* e a *teoria normativa pura da culpabilidade.*

O finalismo tem como ponto de partida dados empíricos, isto é, constatações colhidas da realidade, que funcionam como realidades pré-jurídicas imutáveis. Nesse contexto, Welzel estruturou seu conceito de ação a partir da constatação de que *todo comportamento humano é movido por uma finalidade.* O próprio autor dizia que *a finalidade é a espinha dorsal da conduta humana.*

Para Welzel, todos os homens dirigem seus comportamentos *finalisticamente*, influenciados que são pelos conhecimentos prévios sobre as relações de causa e efeito; dessa forma, as pessoas podem antever, dentro de limites, as possíveis consequências produzidas pelos mais variados atos. Assim, por exemplo, se um homem presenteia uma mulher com flores, o faz finalisticamente, isto é, porque espera dela uma determinada reação, que poderá satisfazer seu objetivo.

Dessa constatação empírica de que ninguém age sem ter, por detrás, uma intenção, por mais singela que seja, Welzel reformulou o conceito de ação e de dolo; além disso, reestruturou diversos elementos da teoria do delito.

Sendo a intenção a espinha dorsal da conduta, não se pode analisar a ação humana sem perceber o intuito que a moveu. Nos sistemas anteriores, a conduta era desprovida de qualquer finalidade, pois o dolo somente era analisado no campo da culpabilidade.

Para a *teoria finalista da ação*, esta deve ser compreendida como o *comportamento humano, consciente e voluntário, movido a uma finalidade.* Welzel afirmava que o **causalismo** (representado pelos sistemas clássico

---

[14] Claus Roxin, *Derecho penal*, t. 1, p. 201.

e neoclássico, que adotavam a teoria causal ou naturalista da ação) **era cego e o finalismo, vidente.** A conduta passa a ter um colorido particular (a intenção ou dolo), que antes não continha (ou pensava-se não conter).

Sendo a ação mais do que um mero acontecer causal, portanto um verdadeiro *acontecer final,* conclui-se que a conduta e a finalidade são inseparáveis. A teoria causal, ao separar o dolo da ação, separava juridicamente o que é indissociável no mundo real. Acompanhe o exemplo a seguir, confirmando que o dolo está na ação e não na culpabilidade. O art. 124 do CP tipifica o crime de autoaborto. Trata-se de delito punido apenas na forma dolosa. Logo, se uma gestante ingere, *acidentalmente,* um comprimido, desconhecendo seu efeito abortivo, não responderá pelo crime. Pergunta-se, então, por quê? E a resposta evidente é: porque o fato é atípico (a lei não pune o aborto culposo). Adotando-se o sistema clássico, entretanto, teríamos um fato típico e antijurídico, pois a falta de dolo, nesse sistema, não conduz à atipicidade do comportamento, mas leva à exclusão da culpabilidade. Na prática, significa que o Ministério Público, por esse sistema, mesmo após constatar com absoluta segurança que a mãe não agiu dolosamente, deveria denunciá-la pelo crime do art. 124 do CP, cabendo ao juiz (com base no art. 415 do CPP) ou ao Júri absolvê-la. Com o sistema finalista, entretanto, tal absurdo pode ser evitado. Quando o membro do Ministério Público conclui categoricamente que não houve dolo, tem diante de si um fato atípico, com base em que pode validamente postular o arquivamento do inquérito policial.

A "retirada" do dolo da culpabilidade fez com que esta passasse a ser restrita a elementos exclusivamente normativos: a imputabilidade, a potencial consciência da ilicitude (retirada do dolo, que se torna natural e não mais híbrido) e a exigibilidade de conduta diversa – eis a *teoria normativa pura da culpabilidade.*

2.3.3. A estrutura do crime no sistema finalista

Para Welzel, é importante acentuar, o **crime continua sendo o injusto (fato típico e antijurídico) culpável (concepção tripartida).** O **injusto,** entretanto, **deixa de ser puramente objetivo** (em razão do ingresso do dolo ao lado da conduta) e a **culpabilidade se torna exclusivamente normativa.**

O **fato típico,** em razão do "deslocamento" do dolo (e da culpa), passou a ser integrado de: a) **conduta (dolosa ou culposa); b) tipicidade; e c) resultado naturalístico e nexo de causalidade (nos crimes materiais ou de resultado).** O nexo de causalidade baseava-se, segundo pensamento dominante, na teoria da equivalência dos antecedentes ou da *conditio sine qua non.*

No que tange à **antijuridicidade, a mudança sensível residiu na afirmação de que as causas de justificação deveriam conter não só requisitos objetivos, mas também subjetivos.** Assim, por exemplo, age em legítima defesa aquele que repele injusta agressão, atual ou iminente, a direito próprio ou alheio, utilizando-se moderadamente dos meios necessários, desde que o faça *com a intenção* de salvaguarda de um direito seu ou de outrem.

Hans Welzel verificou, ainda, que o **dolo não poderia ser integrado por elementos de natureza normativa. Em seu conteúdo somente cabiam a consciência e a voluntariedade do ato ("dolo natural" ou "dolo neutro"). A** consciência da ilicitude fora, então, "retirada" do dolo, mas mantida na culpabilidade.

O autor, ademais, propunha que o cerne da questão *não* era examinar se o agente possuía *consciência atual* da ilicitude do ato praticado, *mas* sim se possuía *consciência potencial* do caráter de ilicitude de seu comportamento. Significa dizer que o decisivo não é saber se o agente tinha ou não conhecimento do caráter ilícito do ato, mas se tal informação lhe era acessível. Assim, por exemplo, se uma pessoa cometer um ato delitivo acreditando que sua conduta é lícita, não ficará afastada sua responsabilidade penal somente porque ela incorreu em erro de proibição (ou erro sobre o caráter ilícito do fato). Nesse caso somente se pode dizer que a pessoa não tinha conhecimento *atual* da ilicitude; será preciso, ainda, verificar se ela tinha condições (ou não) de evitar o erro cometido, isto é, se a maneira como foi educada e as informações a que teve acesso ao longo de sua vida lhe permitiriam compreender a ilicitude do ato cometido (ou seja, trata-se do exame do *potencial* de consciência da ilicitude). Se ela tinha essa condição, o erro de proibição se tornará *evitável*, fazendo-a merecedora de pena (reduzida por conta do equívoco na compreensão do caráter ilícito do ato). Se se verificar que ela era desprovida dessa possibilidade, o erro se tornará *inevitável*, já que ela não terá sequer o *potencial* de conhecer a proibição violada. Nessa hipótese, não haverá culpabilidade, pela ausência do elemento "potencial consciência da ilicitude". Nossa atual legislação penal incorporou esta sistemática no tratamento do erro de proibição, como se nota no art. 21 do CP.

A modificação da natureza do dolo (de dolo normativo para dolo natural) e a manutenção da consciência (potencial) na culpabilidade fizeram com que ela se tornasse composta pela imputabilidade, pela potencial consciência da ilicitude e pela exigibilidade de conduta diversa.

Imprescindível relembrar que as inovadoras ideias de Welzel resultaram em duas novas teorias: a *teoria finalista da ação* e a *teoria normativa pura da culpabilidade*, como dois dos pilares do sistema finalista.

Entende-se por teoria finalista da ação aquela que sustenta ser a conduta humana um acontecer *final*, e não meramente causal. A finalidade se mostra presente porque o ser humano, graças ao seu saber causal (conhecedor das leis da causa e efeito), pode direcionar seus atos para a produção de um resultado *querido*. Ação e finalidade, portanto, são inseparáveis.

Com a inserção do dolo e da culpa na seara do fato típico, a doutrina passou a estruturar de maneira diferenciada o fato típico do crime doloso e o fato típico do crime culposo.

O último era composto pelos seguintes elementos: a) conduta voluntária; b) resultado involuntário; c) tipicidade; d) relação de causalidade (material); e) quebra do dever de cuidado objetivo (dever de não lesar bens alheios, exigido de pessoas de mediana prudência e discernimento); e f) previsibilidade objetiva do resultado (possibilidade de antever o evento segundo o que normalmente acontece – *quod plerumque accidit* – e de acordo com o critério de uma pessoa de mediana prudência e discernimento).

Com as lições de Welzel, todos os elementos da culpabilidade continham natureza normativa, porquanto exprimiam um juízo de valor. Além disso, segundo o escólio desse penalista, todas as descriminantes putativas deveriam ser tratadas na esfera da culpabilidade ("teoria extremada ou extrema da culpabilidade")[15].

Isso valia tanto para os casos em que o agente se equivocasse a respeito dos pressupostos fáticos de uma causa de justificação (descriminante putativa por erro de tipo ou erro de tipo permissivo) quanto para a hipótese em que seu equívoco atingisse os limites normativos de uma excludente de ilicitude (descriminante putativa por erro de proibição ou erro de proibição indireto).

Vale acrescentar que o sistema finalista de Hans Welzel influenciou em boa parte a doutrina nacional, a partir da década de 1970, destacando-se os trabalhos de Luiz Luisi, René Ariel Dotti e Damásio de Jesus.

---

[15] A teoria extremada ou extrema da culpabilidade constitui uma das variantes da teoria normativa pura da culpabilidade. Difere da teoria limitada da culpabilidade justamente no que concerne ao tratamento das descriminantes putativas. A teoria extremada considera que todas as descriminantes putativas traduzem casos de erro de proibição e, portanto, devem ser tratadas à luz da culpabilidade. Para a teoria limitada, contudo, é preciso distinguir se o erro do agente incidiu nos pressupostos fáticos da causa de justificação, o que produziria um caso de erro de tipo (permissivo), ou nos limites normativos da excludente de antijuridicidade, o que resultaria num caso de erro de proibição (indireto). Segundo acreditamos, o Código Penal vigente adotou a teoria limitada da culpabilidade, consoante se nota no tratamento dado ao assunto no art. 20, § 1º, e no item 17 da Exposição de Motivos da nova Parte Geral. Reconhece-se, entretanto, que a questão é controvertida. Há autores, como Mirabete, que afirmam ter nosso Código se filiado à teoria extremada da culpabilidade, e os que, como Luiz Flávio Gomes, dizem termos acolhido uma abordagem diversa das acima sintetizadas, uma vez que o erro contido no art. 20, § 1º, não poderia ser qualificado quer como erro de tipo, quer como erro de proibição, isto é, seria um erro *sui generis*.

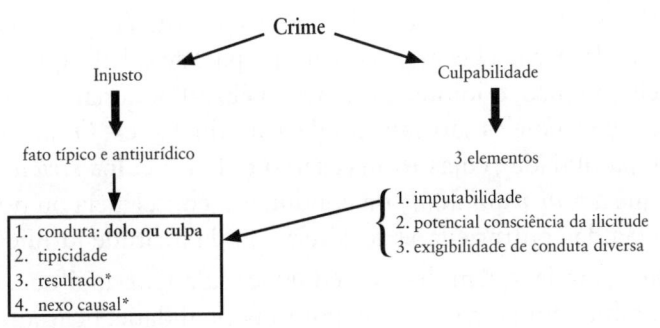

* elementos exigidos nos crimes materiais

2.3.4. Críticas ao finalismo

O finalismo recebeu diversas críticas. As primeiras foram endereça-das aos adeptos do pensamento clássico/neoclássico. Os questionamentos, nesta fase, eram notadamente intrassistemáticos, ou seja, questionavam aspectos relativos à coerência interna do sistema e assinalavam eventuais incompatibilidades entre ele e o texto legal.

No Brasil, Nelson Hungria foi um dos ásperos críticos ao finalismo. O eminente penalista chegou a declarar, em tom indisfarçavelmente irônico, o seguinte: "Como toda a vez que a Europa acende fogo, a América Latina há de emitir fumaça, é escusado dizer que já chegou até o Brasil a teoria finalista, tendo havido mesmo quem dissesse que ela que é a solução definitiva de fundamentais problemas até hoje insolúveis do tecnicismo jurídico"[16].

No mesmo texto, Hungria asseverou o seguinte:

"Ninguém jamais contestou que a ação voluntária se dirija necessariamente a um fim, devendo este, *sub specie juris*, como reconhecem os finalistas, ser *juridicamente* relevante; mas é bom de ver que isso não impede, de modo algum, que, na análise conceitual da estrutura jurídica do crime, se separe da 'ação' a sua 'direção finalística', para, atendendo-se ao critério de classificar homogeneamente os elementos de um todo, inserir a direção finalística (representada no pensamento do agente) no elemento subjetivo ou psíquico, enquanto a ação se há de incluir no elemento objetivo ou físico. Não há razão alguma, de irredutível necessidade, para que o dolo dos finalistas, de caráter puramente psicológico, não permitindo distinguir entre o estrangular uma criança e o dar uma esmola, seja indestacável da ação, como se não se pudesse tratar separadamente o espírito e o sangue, o anímico e o corporal.

---

[16] A teoria da ação finalística no direito penal – excerto de aula inaugural proferida na Faculdade de Direito de Maringá, Estado do Paraná, *Revista Brasileira de Criminologia e Direito Penal*. [s.l.], n. 16, p. 9, jan.-mar./1967.

Com esse dolo acrômico, sob o ponto de vista ético-jurídico, os finalistas não vacilam em chegar à conclusão paradoxal de que os próprios inimputáveis (o louco, o idiota, a criança, o ébrio) poderiam praticar crimes dolosos, pois mesmo eles são capazes de ação finalística. O que até agora se chamou 'culpabilidade', cujas formas são o dolo e a culpa *stricto sensu*, não seria mais que a *reprovabilidade* da conduta e a consciência ou possibilidade de consciência da contrariedade ao direito ou da ilicitude jurídica"[17].

Houve, ainda, quem dissesse equivocada a teoria, já que, ao afirmar que toda conduta humana é movida por uma finalidade, ficariam sem explicações os crimes culposos, nos quais o agente não possui intenção de produzir o resultado. Contra-argumenta-se, todavia, que mesmo no crime culposo há intenção na conduta do agente. Ocorre que sua finalidade não é a de produzir o resultado. Assim, por exemplo, se um motorista conduz seu veículo em alta velocidade e perde o controle do automóvel, atropelando alguém por imprudência, existiu intenção no comportamento (chegar mais cedo no destino, acelerar o carro para verificar sua potência etc.).

Existem, ademais, doutrinadores para os quais se mostra adequada a concepção finalista, salvo quanto ao conceito de ação, que, embora reconheçam seja movida por uma intenção, encontra-se formulada de maneira insatisfatória. Visando suprir esta (suposta) falha surgiu a *teoria social da ação* (Wessels e Jescheck). Segundo esta, a ação deveria ser entendida como a *conduta socialmente relevante, dominada ou dominável pela ação e dirigida a uma finalidade*. Tal concepção não angariou muitos adeptos, dentre outros motivos, pelo fato de que a teoria social da ação faz com que condutas socialmente aceitas constituam irrelevantes penais, o que, em última análise, significa a revogação de uma lei penal por um costume social.

Recentemente, todavia, o finalismo passou a receber críticas que extrapolaram o aspecto intrassistemático. Claus Roxin foi um dos primeiros autores que, já no último quarto do século passado, passou a questionar as bases filosóficas e o método utilizado por Hans Welzel, dando origem ao sistema funcionalista.

Confira-se o dizer de Roxin:

"[...] eu mesmo defendo uma extensa introdução de dados empíricos na sistemática e na dogmática das teorias gerais do direito penal. Mas oponho-me à maneira como isso é feito pela teoria finalista da ação e suas pretensões quase de direito natural, oposição essa que articularei em três pontos.

Primeiramente, é até possível que a estrutura da ação, enquanto único dado lógico-real descoberto pelo finalismo, influencie marcantemente a

---

[17] A teoria da ação finalística no direito penal, p. 8-9, grifo nosso.

construção do sistema jurídico-penal, mas ela em nada contribui para impedir infiltrações ideológicas no âmbito da dogmática penal. [...]

Em segundo lugar, a ação final, se tomada como fundamento empírico-ontológico do direito penal e oposta aos pontos de partida normativos, compreende apenas um aspecto limitado da realidade, abrangendo de modo bastante incompleto o substrato fático dos acontecimentos jurídicos penalmente relevantes. [...]

Em terceiro lugar, é verdade que a teoria finalista da ação gera consequências para a estrutura do delito que influenciaram extensamente a jurisprudência e a legislação alemãs (e as brasileiras). Assim, a chamada teoria da culpabilidade, que não atribui qualquer relevância para o dolo. [...]

A teoria finalista da ação chega, assim, a resultados práticos, mas estes resultados não são, de modo algum, necessariamente corretos, e sim em parte corretos e em parte errôneos. Isso também refuta as pretensões quase jusnaturalistas dos resultados obtidos"[18].

2.3.5. O finalismo encontra-se superado?

Cremos que seria um exagero afirmar que o finalismo faz parte do passado. Muito pelo contrário. Tanto na doutrina estrangeira quanto no Brasil, há destacados penalistas que discordam do funcionalismo (racional--teleológico de Roxin ou sistêmico de Jakobs) e propõem a correção do sistema de Hans Welzel. Entre alguns autores, podemos citar José Cerezo Mir, Miguel Reale Jr. e Cezar Roberto Bitencourt.

Há, ainda, aqueles que defendem a manutenção das bases filosóficas finalistas, com a incorporação de algumas teorias (como a imputação objetiva) advindas do funcionalismo, como é o caso de Damásio de Jesus.

Reale Jr. argumenta que o sistema finalista é superior ao funcionalista, dentre outras razões, por propiciar maior segurança jurídica, elemento indispensável sobretudo no campo do Direito Penal.

De acordo com o autor: "E o sistema torna-se mais firmemente instrumento de segurança jurídica se fundado em bases ontológicas, em uma estrutura lógico-objetiva tal como propõe o finalismo, considerando-se, recentemente, que a construção da ação e do delito a partir da natureza das coisas foi uma das 'mais importantes contribuições da história do direito penal'"[19].

---

[18] Que comportamentos pode o Estado proibir sob ameaça de pena? Sobre a fundamentação político-criminal do sistema penal, in Roxin, *Estudos de direito penal*, p. 57-58.

[19] *Instituições de direito penal*: parte geral, v. 1, p. 127.

2.4. Sistema funcionalista (Roxin/Jakobs)

2.4.1. Origem e base filosófica

A elaboração de um pensamento sistemático, como se viu acima, constitui preocupação quase unânime na evolução recente do Direito Penal. Há, contudo, um ponto fundamental de discórdia: trata-se de definir se elementos relativos à política criminal devem influenciar a construção do sistema jurídico-penal (tendência mais recente), ou se a dogmática penal deve ser totalmente alheia a tais considerações (concepção tradicional).

Durante o século passado, a grande maioria dos autores propôs que a construção do trabalho sistemático em Direito Penal devesse ser alheia e, além disso, contrária a toda espécie de finalidade político-criminal. Esse tipo de opinião se mostrava claramente formulado, por exemplo, na obra de Von Liszt. Tal pensamento carrega, indiscutivelmente, uma influência do positivismo (jurídico), segundo o qual a dogmática deve ser analisada sem qualquer influência das dimensões sociais ou políticas.

Disso resulta um sistema voltado à elaboração de soluções inequívocas e uniformes na aplicação do Direito Penal, ainda que nem sempre se mostrem justas.

Preocupando-se com esse problema, Jescheck[20] propôs que o importante deve ser sempre a "solução da questão de fato", devendo as exigências sistemáticas ocupar um segundo plano na aplicação do Direito Penal.

Roxin, na mesma esteira, aduz que os problemas político-criminais configuram o conteúdo próprio da teoria geral do delito. O sistema jurídico-penal, desse modo, deve ser orientado pela busca de soluções justas (isto é, político-criminalmente satisfatórias), não se admitindo mais a separação entre dogmática penal e política criminal, como tradicionalmente concebida. Assim, para o autor: "[...] o caminho correto só pode consistir em deixar penetrar as decisões valorativas político-criminais no sistema do Direito Penal, em que sua fundamentação legal, sua clareza e legitimação, sua combinação livre de contradições e seus efeitos não estejam sob o enfoque das abordagens do sistema formal positivista proveniente de Liszt. [...]. A vinculação entre Direito e a utilidade político-criminal não pode se contradizer, mas devem harmonizar-se em uma síntese, do mesmo modo que o Estado de Direito e o estado social não formam em verdade contrastes inconciliáveis, mas uma unidade dialética. Uma ordem estatal sem uma justiça social não forma um Estado material de Direito"[21].

---

[20] Apud Claus Roxin. *Política criminal y sistema del derecho penal*, p. 37.

[21] *Política criminal y sistema del derecho penal*, p. 49.

A partir da unidade sistemática entre política criminal e dogmática penal, a teoria do crime estrutura-se de modo que todas as "categorias concretas do delito (tipicidade, antijuridicidade e culpabilidade) devem sistematizar-se, desenvolver-se e contemplar-se desde o início sob o prisma de sua função político-criminal"[22] e não segundo prévios ontológicos (ação, causalidade, estruturas lógico-reais etc.).

Essa abordagem é designada por *funcionalismo*, justamente porque considera que a análise da teoria do crime deve observar a *função* político-criminal do Direito Penal[23].

2.4.2. Principais teorias

Em matéria de teoria do crime, o **funcionalismo** contém **dois componentes nucleares:**

1) *A **teoria da imputação ao tipo objetivo** (ou teoria da imputação objetiva)*, que condiciona a imputação de um resultado à criação de um perigo não permitido dentro do alcance do tipo.

"A imputação objetiva, ao considerar a ação típica uma realização de um risco permitido dentro do alcance do tipo, estrutura o ilícito à luz da função do direito penal. Esta teoria utiliza-se de valorações constitutivas da ação típica (risco não permitido, alcance do tipo), abstraindo de suas variadas manifestações ônticas"[24].

2) ***Expansão do conceito de culpabilidade para uma ideia de responsabilidade***, resultando daí que aquela, como condição indispensável para imposição da pena, deve aliar-se a necessidades preventivas da sanção penal (a culpabilidade e as exigências de prevenção limitam-se reciprocamente, e alguém só será penalmente responsável, se ambas concorrerem simultaneamente).

"A categoria delitiva que tradicionalmente denominamos culpabilidade tem em realidade muito menos a ver com a averiguação do poder agir de outro modo, algo empiricamente difícil de se constatar, mas sim com o problema normativo de saber se, e até que ponto, nos casos de circunstâncias pessoais irregulares ou condicionadas pela situação, convém impor-se

---

[22] Roxin, *Política criminal y sistema del derecho penal*, p. 58.

[23] Em *Sociedad, norma y persona en una teoría de un derecho penal funcional*, Jakobs define o funcionalismo como "aquela teoria segundo a qual o Direito Penal encontra-se orientado a garantir a identidade normativa, a constituição e a sociedade" (Tradução de Manuel Cancio Meliá e Bernardo Feijó Sánchez. Madrid: Civitas, 1996. p. 15).

[24] Claus Roxin, *Que comportamento pode o Estado proibir sob ameaça de pena?*, p. 79-80.

uma sanção penal a uma conduta que, a princípio, está ameaçada com uma pena"[25].

Outro importante adepto do funcionalismo, juntamente com Roxin, é Günther Jakobs.

Há uma **diferença fundamental**, todavia, entre a concepção destes autores, porquanto *divergem quanto à missão do Direito Penal*. Para **Roxin**, trata-se da **proteção subsidiária de bens jurídicos** (funcionalismo racional-teleológico). Para **Jakobs**, não é a proteção de bens jurídicos, mas a **garantia da vigência e do respeito às normas**[26] (funcionalismo sistêmico).

Pode-se dizer, ainda, que o funcionalismo de Roxin é moderado em comparação ao de Jakobs, uma vez que aquele admite seja o Direito Penal submetido a limites exteriores ao sistema penal. Na concepção de Jakobs, entretanto, nota-se um funcionalismo monista ou exacerbado, em que o sistema penal considera-se fechado (autopoiético), não se admitindo ingerências externas como fatores que o limitariam. Apenas em Roxin é que o funcionalismo encontra limites na realidade empírica.

2.4.3. Estrutura do crime no sistema funcionalista

Do ponto de vista do **funcionalismo racional-teleológico** (Roxin), o crime passa de "injusto culpável" para "**injusto responsabilizável**".

Na composição do "**injusto**", **subsiste o binômio fato típico e antijuridicidade**.

No âmbito do fato típico, embora subsistam o dolo e a culpa ao lado da conduta (juntamente com os demais elementos: tipicidade, resultado e nexo causal), surge como novidade a imputação objetiva, que atua como fator de restrição ao nexo de causalidade, limitando a atribuição de resultados ao autor da conduta.

A antijuricidade é, em parte, esvaziada, isto é, tem seu conteúdo reduzido, uma vez que diversas situações tradicionalmente solucionadas sob seu manto (como os casos de consentimento do ofendido, violência desportiva e intervenções médico-cirúrgicas[27]) são analisadas à luz da teoria da

---

[25] Claus Roxin, *Política criminal y sistema del derecho penal*, p. 59.

[26] Uma das consequências práticas da diferença entre os pensamentos desses autores resulta que Roxin propõe limitações materiais expressas ao direito de punir estatal, relacionadas com a dignidade da pessoa humana (e com a proteção subsidiária de bens jurídicos), o que não se vê em Jakobs.

[27] A violência desportiva (que observe, obviamente, as regras do desporto) e as intervenções médico-cirúrgicas são consideradas, na visão tradicional, como situações em que, muito embora possa haver um fato penalmente típico (uma lesão corporal, p. ex.),

imputação objetiva, como hipóteses em que o comportamento do agente é penalmente atípico por gerar *riscos permitidos*.

A **culpabilidade**, por fim, **deixa de ser restrita à reprovabilidade do ato** (*vide* item 2.2.2, *supra*), visão que subsistiu por quase um século (desde FRANK) e até hoje ainda tem grande aceitação, **passando a ser expandida para a noção de responsabilidade**. De maneira esquemática: **responsabilidade = culpabilidade + satisfação de necessidades preventivas**.

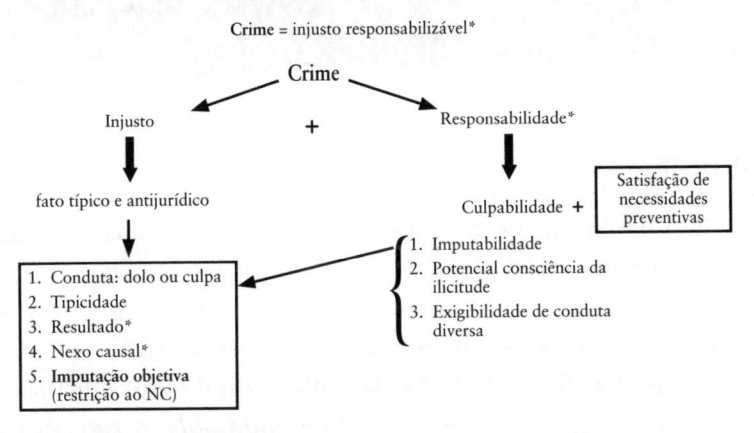

Crime = injusto responsabilizável*

* Responsabilidade = trata-se da **expansão da culpabilidade**, de maneira que, ao lado dos elementos que a compõem, avalie-se também a "satisfação de necessidades preventivas".

2.4.4. Críticas ao funcionalismo

O funcionalismo tem recebido, como é natural, diversas críticas, notadamente neste início de milênio. Algumas delas dirigem-se contra aspectos intrassistemáticos. Estas comumente questionam a teoria da imputação objetiva (que será analisada em local próprio – *vide* Capítulo 3, *infra*).

Há também questionamentos quanto à opção de sobrelevar a importância da política criminal e fundi-la com a dogmática, que misturaria a missão do legislador (elaborar a Política Criminal) com a do jurista (responsável pela teoria).

Registre-se, ainda, que críticas há as quais se voltam contra a opção metodológica, consistente em se abrir mão de aspectos prévios ontológicos, isto é, de realidades pré-jurídicas que deveriam moldar a teoria do crime (finalismo). É nesse sentido, por exemplo, o comentário de Miguel Reale Jr. referido acima (no item 2.3.5 "O finalismo encontra-se superado?").

---

não há crime, porque a conduta é realizada no exercício regular de um direito. Para a teoria da imputação objetiva, todavia, o fato é penalmente atípico nestes casos, pois os riscos produzidos pelos desportistas (dentro das regras) e pelos médicos (nos limites da prática da Medicina) são *permitidos*.

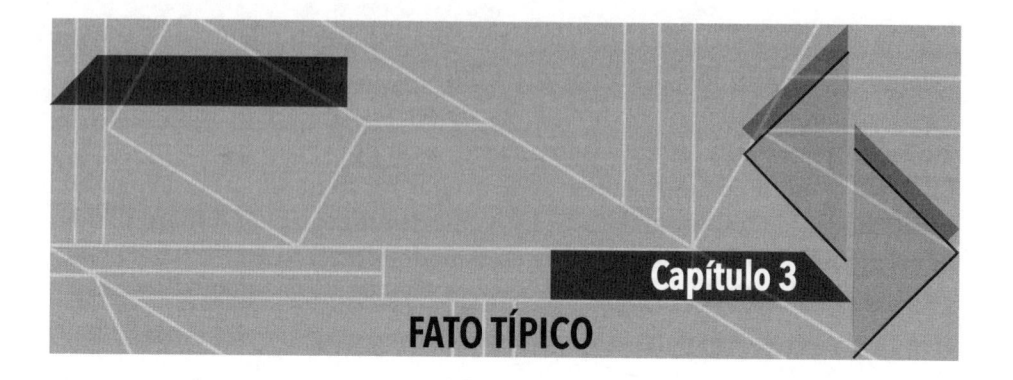

Capítulo 3

FATO TÍPICO

1. INTRODUÇÃO

O **fato típico** consubstancia o primeiro dos elementos estruturais do delito e sua composição varia em função da espécie de crime.

Nos **dolosos** são: a) *conduta dolosa*; b) *resultado* (nos crimes materiais); c) *nexo causal* (nos crimes materiais); d) *tipicidade*; e) *relação de imputação objetiva* (elemento normativo implícito do fato típico).

Nos **culposos**, por outro lado: a) *conduta voluntária*; b) *resultado involuntário*; c) *nexo causal*; d) *tipicidade*; e) *relação de imputação objetiva* (elemento normativo implícito do fato típico); f) *quebra do dever de cuidado objetivo*; g) *previsibilidade objetiva*.

2. CONDUTA

Na concepção mais acatada até o final do século passado (finalista), a conduta deve ser entendida como a ação ou omissão humana, consciente e voluntária (dirigida a uma finalidade).

Para o **funcionalismo**, que não se ocupa de dados prévios ontológicos, a **conduta deixa de ser a pedra angular da teoria do crime** (espaço ocupado pela imputação), tornando-se sua conceituação tema de importância diminuída. É o que se deduz pelas definições fornecidas no âmbito do sistema funcionalista: a realização de um comportamento individualmente evitável (teoria da evitabilidade individual) ou a exteriorização da personalidade humana (teoria personalista da ação).

Sua existência, de qualquer modo, *pressupõe um comportamento humano* (não há conduta no comportamento de animais). As pessoas jurídicas, embora possam ser sujeito ativo de crimes, como já analisamos (*vide* Título I, Capítulo 4, item 4.1, letra "b"), somente podem praticar uma conduta penalmente relevante quando resultar de "...*decisão de seu representante legal ou contratual, ou de seu órgão colegiado, no interesse ou benefício da sua entidade*" (Lei n. 9.605/98, art. 3º). Vale dizer que a conduta punível do ente fictício será o retrato de um comportamento humano (ou vários). Não se pode olvidar que, a despeito da resistência dogmática, a responsabilidade penal da pessoa jurídica encontra-se devidamente incorporada em nosso ordenamento jurídico nos arts. 173, § 5º, e 225, § 3º, da CF e, sobretudo, depois da Lei n. 9.605/98, bem como já conta com expresso reconhecimento jurisprudencial[1].

2.1. Elementos da conduta

A quantidade de elementos da conduta é fluida e depende fundamentalmente da teoria que se adote. Assim, o finalismo irá inserir a "finalidade" como um de seus elementos fulcrais. A teoria social da ação, de sua parte, não deixará de incluir a relevância social do comportamento.

Há, todavia, **três elementos** que se mostram presentes em praticamente todos os sistemas penais, desde o clássico até o funcionalista. São eles: *exteriorização*, por meio de uma ação proibida ou de uma omissão indevida, *consciência* e *voluntariedade*.

Só haverá conduta se houver *exteriorização do pensamento*, mediante um movimento corpóreo ou abstenção indevida de um movimento. Afinal, *cogitationis poenam nemo patitur*, vale dizer, o direito penal não pune o pensamento, por mais imoral, pecaminoso ou criminoso que seja.

Significa que, enquanto a ideia criminosa não ultrapassar a esfera do pensamento, por pior que seja este, não se poderá censurar criminalmente o ato. Se uma pessoa, em momento de ira, deseja conscientemente matar seu desafeto, mas nada faz nesse sentido, acalmando-se após, para o direito penal a ideação será considerada irrelevante. Pode-se falar, obviamente, em reprovar o ato do ponto de vista moral ou religioso, nunca, porém, à luz do Direito Penal.

Por outro lado, só entram no campo da ilicitude penal os *atos conscientes*. Se alguém pratica uma conduta sem ter consciência do que faz, o ato

---

[1] STJ, RMS 25.848/RJ, rel. Min. Moura Ribeiro, 5ª T., *DJe* de 3-2-2014, e também RHC 71.923/PA, rel. Min. Reynaldo Soares da Fonseca, 5ª T., j. 20-9-2016. Ver também: "Embora em um primeiro momento o elemento volitivo necessário para a configuração de uma conduta delituosa tenha sido considerado o óbice à responsabilização criminal da pessoa jurídica, é certo que nos dias atuais esta é expressamente admitida, conforme preceitua, por exemplo, o art. 225, § 3º, da Constituição Federal. 4. Ainda que tal responsabilização seja possível apenas nas hipóteses legais, é certo que a personalidade fictícia atribuída à pessoa jurídica não pode servir de artifício para a prática de condutas espúrias por parte das pessoas naturais responsáveis pela sua condução" (AgRg no HC 508.036/SC, rel. Min. Jorge Mussi, 5ª T., j. 28-5-2019).

é penalmente irrelevante (ex.: fato praticado em estado de sonambulismo ou sob efeito de hipnose).

A conduta, ademais, deve refletir um *ato voluntário* do agente, isto é, algo que seja o produto de sua vontade consciente. Nos chamados "**atos reflexos**" (como o reflexo rotuliano) e na **coação** *física* **irresistível** (*vis absoluta*)[2] ocorrem **atos involuntários** e, por isso mesmo, penalmente irrelevantes. Quando se trata de "atos instintivos" o agente responde pelo crime, pois são atos conscientes e voluntários – neles há sempre um querer, ainda que primitivo.

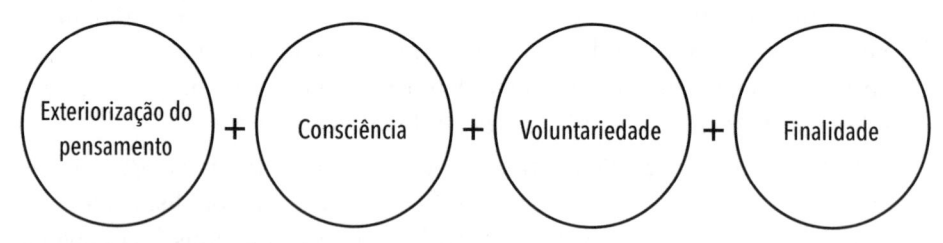

2.2. Diferença entre conduta e ato

Por **conduta** deve-se entender o compor**tamento consubstanciado no verbo núcleo** do tipo penal: "matar" (CP, art. 121); "subtrair" (CP, art. 155); "sequestrar" (CP, art. 148) etc.

O **ato** corresponde a um **momento**, uma **fração da conduta**. É como se o **ato fosse a "fotografia" e a conduta a "cena"**.

Conforme o núcleo do tipo penal, a **conduta** pode **ser composta de um só ato ou de vários**. No homicídio, por exemplo, a ação punível é "matar", a qual pode ser exercida por intermédio de um só ato (um disparo de arma de fogo), ou de vários (inúmeros golpes com instrumento contundente contra a cabeça da vítima, até que lhe produza traumatismo cranioencefálico). Esses **crimes cuja ação admite fracionamento** em diversos atos são chamados de *plurissubsistentes*.

Alguns tipos penais, por outro lado, **descrevem condutas** que só podem ser **praticadas por meio de um ato** (são os *crimes unissubsistentes*

---

[2] A coação pode ser moral ou física. Quando se trata de coação física, se diz que não houve ato. Bitencourt pondera que o direito penal deve punir quem "age" e não quem "é agido". Se a coação for moral, contudo, a questão deverá ser resolvida no plano da culpabilidade (e não do fato típico). Quando a coação moral (*vis relativa*) for irresistível, o fato será típico, antijurídico, mas desprovido de culpabilidade. Se, de outra parte, for resistível, o agente será punido com uma sanção reduzida (CP, art. 22). É de registrar que o art. 22 do CP, muito embora não especifique, somente se aplica à *coação moral*.

– ex.: injúria verbal). Note que os crimes **unissubsistentes não admitem a forma tentada**.

2.3. Formas de conduta

São duas: *ação* e *omissão*. Ação é a conduta positiva, que se manifesta por um movimento corpóreo. A maioria dos tipos penais descreve condutas positivas ("matar", "subtrair", "constranger", "falsificar", "apropriar-se" etc.). A norma penal nesses crimes, chamados comissivos, é proibitiva (ex.: "não matarás", "não furtarás" etc.). Omissão é a conduta negativa, que consiste na indevida abstenção de um movimento. Nos crimes omissivos a norma penal é mandamental ou imperativa: em vez de proibir alguma conduta, determina uma ação, punindo aquele que se omite.

2.4. Teorias da ação (resumo)

a) *Teoria causal ou naturalista*: ação é a inervação muscular que, produzida por energias de um impulso cerebral, provoca modificações no mundo exterior (Von Liszt). Em outras palavras, seria a *ação mera exteriorização do pensamento*, consistente numa modificação causal do mundo exterior. Mezger, citando Beling, dizia: "Para se afirmar que existe uma ação basta a certeza de que o sujeito atuou voluntariamente. O que quis (ou seja, o conteúdo de sua vontade) é por ora irrelevante: o conteúdo do ato de vontade somente tem importância no problema da culpabilidade"[3].

Para a teoria causal, o que importa não é a essência da ação humana para fins de responsabilização penal, mas a possibilidade de atribuir a essa ação um resultado, cujo desvalor se sobrepõe ao da ação.

b) *Teoria finalista da ação*: ação é a **conduta humana consciente e voluntária** *dirigida a uma finalidade* (Welzel). Ação e finalidade são conceitos inseparáveis. Esta é a espinha dorsal daquela. Isso porque o homem, sendo conhecedor dos diversos processos causais que pode desencadear, dirige seus comportamentos buscando atingir algum objetivo.

c) *Teoria social da ação* (Jescheck e Wessels): ação é a **conduta** positiva *socialmente relevante*, dominada ou dominável pela vontade e dirigida a uma finalidade.

Essa teoria foi concebida visando suplantar o conceito finalista e, por essa razão, agregou um elemento até então inexistente ao conceito de ação, qual seja, a relevância social. Tal concepção não angariou muitos

---

[3] Apud Cezar R. Bitencourt, *Teoria geral do delito*, p. 42.

adeptos, dentre outros motivos, pelo fato de que a teoria social da ação faz com que condutas socialmente aceitas constituam irrelevantes penais, o que, em última análise, significa a revogação de uma lei penal por um costume social.

d) *Teorias funcionais*: as teorias funcionais (funcionalismo) propõem que os elementos estruturais do crime devam ser interpretados à luz da *função* do direito penal, consistente em incentivar comportamentos adequados, de modo que a sociedade funcione corretamente. A dogmática deve, portanto, ser analisada com vistas à política criminal; em outras palavras: o aplicador do direito deve orientar a interpretação da teoria do crime e a solução de problemas penais concretos de modo a atender aos objetivos do direito penal.

Importante recordar que há duas vertentes funcionalistas: a de Claus Roxin (funcionalismo racional-teleológico) e a de Günther Jakobs (funcionalismo sistêmico). Para o primeiro, a função do Direito Penal seria a de promover a proteção subsidiária de bens jurídicos. Acrescenta que o Estado não cria delitos, apenas os reconhece, de modo que não dispõe de um poder absoluto na tarefa de decidir o que é ou não crime; cabe-lhe, na verdade, verificar aquilo que deve ser tratado como delito segundo os anseios sociais. Caso o legislador não tenha tal sensibilidade e venha a definir como crime uma ação ou omissão socialmente aceitas e que não tragam prejuízo algum ao funcionamento normal das relações sociais, o fato será materialmente atípico. Para Jakobs, a função do Direito Penal é reafirmar a autoridade do Direito. A pena surge como fator que ratifica a importância do respeito à norma violada, enfatizando a necessidade de sua obediência. Ao contrário de Roxin, esse autor não propõe limitações materiais ao alcance da lei penal.

Consoante síntese de Luiz Régis Prado, duas teorias da ação foram desenvolvidas à luz do funcionalismo: a *teoria personalista da ação* ("ação é exteriorização da personalidade humana") e a *teoria da evitabilidade individual* ("ação é realização de resultado individualmente evitável")[4].

2.5. Omissão penalmente relevante

2.5.1. Teorias da omissão

Há duas *teorias* acerca da natureza jurídica da omissão: *naturalística* (ou causal) e *normativa* (ou jurídica). Pela primeira, a omissão, como abstenção de movimento, produziria um resultado, havendo nexo entre o

---

[4] *Curso de direito penal brasileiro*: parte geral, 2. ed., v. 1, p. 214.

não agir e a modificação no mundo exterior causada pela conduta. A segunda parte do princípio de que a omissão é um nada e do nada, nada vem (*ex nihilo, nihil*). A omissão não produz resultado material algum, ou seja, ela própria não traz modificações no mundo exterior. A possibilidade de atribuir ao omitente algum resultado naturalístico dá-se não por haver nexo real entre a omissão e o resultado (até porque esse nexo é inexistente), mas como decorrência de uma obrigação jurídica anterior à omissão, que impõe ao sujeito que, podendo, aja no sentido de evitar a produção do resultado. **O nexo entre omissão e resultado é, portanto, jurídico ou normativo (leia-se: deriva da existência de um dever *jurídico* de agir para evitar o resultado). Nesse sentido dispõe nosso CP no art. 13, § 2º** ("A omissão é penalmente relevante quando o omitente devia e podia agir para evitar o resultado...").

2.5.2. Espécies de crimes omissivos

Há duas **espécies de** crimes omissivos: *crimes omissivos próprios (ou puros)* e *crimes omissivos impróprios, impuros ou comissivos por omissão*.

Naqueles, o próprio tipo penal incriminador descreve uma conduta omissiva (ex.: arts. 135, 244 e 269 do CP). *Os crimes omissivos próprios são crimes de mera conduta*, ou seja, o tipo penal nem sequer faz referência à ocorrência de um resultado naturalístico. Basta que o sujeito se tenha omitido indevidamente, independentemente da ocorrência de qualquer modificação no mundo exterior. Em regra, são crimes dolosos, porém não há impedimento para que o legislador crie um tipo omissivo próprio culposo, assim como ocorreu no caso do art. 13 do Estatuto do Desarmamento (crime de omissão de cautela).

Nos **crimes comissivos por omissão**, o **tipo** penal incriminador **descreve** uma conduta positiva, é dizer, **uma ação**. O **sujeito**, no entanto, **responde** pelo crime **porque** estava **juridicamente obrigado a impedir** a ocorrência do **resultado e, mesmo podendo** fazê-lo, **omitiu-se**. Para que alguém responda por um crime comissivo por omissão é necessário que, nos termos do art. 13, § 2º, do CP, tenha o dever jurídico de evitar o resultado. As **hipóteses em que há dever jurídico são as seguintes**:

a) *Dever legal ou imposição legal*: quando o agente tiver, por lei, obrigação de proteção, cuidado e vigilância (ex.: mãe com relação aos filhos; diretor do presídio no tocante aos presos).

b) *Dever de garantidor ou "garante"*: quando o agente, de qualquer forma, assumiu a responsabilidade de impedir o resultado (não apenas contratualmente). É o caso do médico plantonista; do guia de alpinistas; do salva-vidas, com relação aos banhistas; da babá, para com a criança.

c) **Ingerência na norma**: quando o agente criou, com seu comportamento anterior, o risco da ocorrência do resultado (ex.: o nadador exímio que convida para a travessia de um rio pessoa que não sabe nadar torna-se obrigado a evitar seu afogamento; a pessoa que joga um cigarro aceso em matagal obriga-se a evitar eventual incêndio).

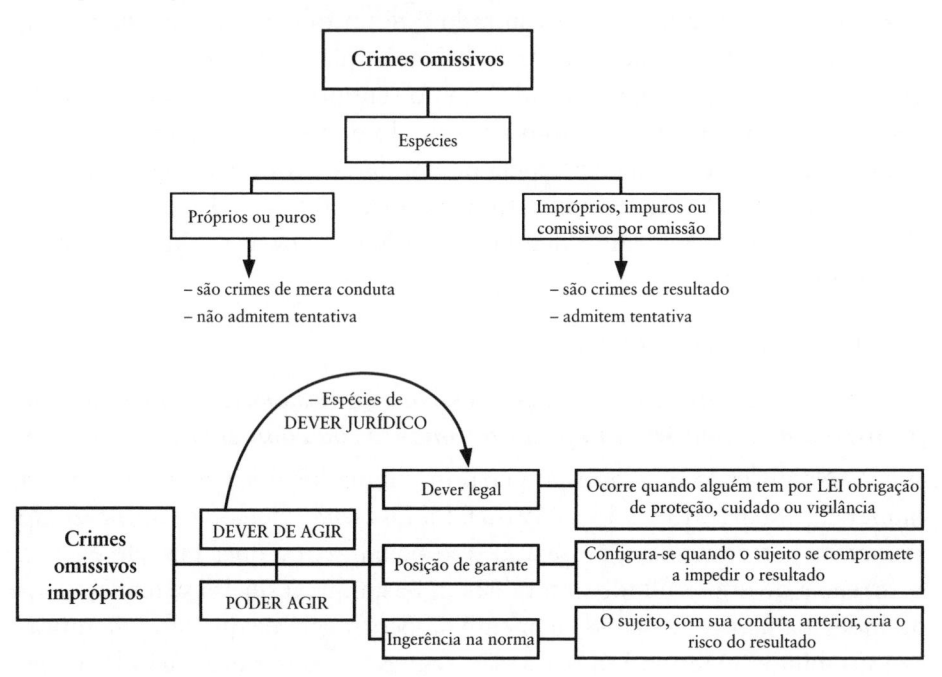

2.6. Crimes de conduta mista

São aqueles em que o **tipo** penal **descreve** uma **conduta inicialmente positiva,** mas a **consumação se dá com uma omissão posterior** (ex.: art. 169, parágrafo único, II, do CP). Tais crimes são, ainda, crimes de ação múltipla cumulativa (*vide* Título I, Capítulo 5, item 11.3, *supra*).

3. RESULTADO

Há duas teorias que se debatem na conceituação do resultado para fins penais:

1ª) **teoria naturalística**: o resultado é a modificação no mundo exterior provocada pela ação ou omissão;

2ª) **teoria jurídica**: o resultado é a lesão ou ameaça de lesão ao bem jurídico tutelado pela norma penal.

Dogmaticamente, a teoria jurídica é a mais acolhida pela doutrina penal.

Há crime sem resultado? De acordo com a teoria naturalística, isso ocorre nos crimes de mera conduta. **Para a teoria jurídica, não há crime sem resultado jurídico,** de modo que, se a conduta não provocou uma afetação (lesão ou ameaça de lesão) a algum bem jurídico penalmente tutelado, não houve crime.

3.1. Classificação dos crimes quanto ao resultado naturalístico

a) *Materiais* ou de *resultado*: o **tipo** penal **descreve a conduta e um resultado material, exigindo-o para** fins de **consumação.** Exemplos: homicídio (CP, art. 121), furto (CP, art. 155), roubo (CP, art. 157), estelionato (CP, art. 171).

b) *Formais ou de consumação antecipada*: o **tipo** penal **descreve a conduta e o resultado material,** porém **não o exige para** fins de **consumação.** Exemplos: extorsão (CP, art. 158), extorsão mediante sequestro (CP, art. 159), sequestro qualificado pelo fim libidinoso (CP, art. 148, § 1º, V).

c) *De mera conduta ou simples atividade*: o **tipo penal não faz nenhuma alusão a resultado naturalístico,** limitando-se a descrever a conduta punível independentemente de qualquer modificação no mundo exterior. Exemplos: omissão de socorro (CP, art. 135), violação de domicílio (CP, art. 150).

Alguns autores afirmam que o tipo penal nos crimes formais é *incongruente*, porquanto descreve conduta e resultado, mas se contenta com aquela para que ocorra a consumação, vale dizer, exige menos do que aquilo que está escrito na norma penal.

3.2. Classificação dos crimes quanto ao resultado jurídico

a) *De dano* ou *de lesão*: quando a consumação exige efetiva lesão ao bem tutelado. Exemplos: homicídio (CP, art. 121), lesão corporal (CP, art. 129), furto (CP, art. 155).

b) *De perigo*: caso a consumação se dê apenas com a exposição do bem jurídico a uma situação de risco. Exemplos: perigo de contágio venéreo (CP, art. 130), perigo à vida ou saúde de outrem (CP, art. 132).

Estes se subdividem em crimes de *perigo concreto ou real* (o risco deve ser demonstrado) e de *perigo abstrato ou presumido* (a prática da ação ou omissão gera uma presunção absoluta de que o bem jurídico sofreu um risco). Há polêmica na doutrina acerca da constitucionalidade dos crimes de perigo abstrato. Para um setor da doutrina, tais delitos seriam inconstitucionais por violação ao princípio da ofensividade (*nullum crimen sine injuria*) (*princípio da ofensividade no Direito Penal*). Fernando Capez, por outro lado, entende subsistir a "possibilidade de tipificação de crimes de perigo abstrato em nosso ordenamento legal, como legítima estratégia de defesa do bem jurídico contra agressões em seu estado embrionário, reprimindo-se a conduta antes que ela venha a produzir um perigo concreto ou dano efetivo". Afirma o autor que se trata de "cautela reveladora de zelo do Estado em proteger adequadamente certos interesses"[5]. É a nossa posição. Na jurisprudência predomina amplamente o entendimento no sentido da constitucionalidade de tais delitos[6].

4. NEXO DE CAUSALIDADE OU RELAÇÃO DE CAUSALIDADE

4.1. O conceito de causa

O estudo da relação de causalidade remonta aos primórdios da Filosofia. Paulo José da Costa Jr. enumera diversos *conceitos de causa* que foram elaborados à luz da escolástica (*prima causa, causa principalis* e *causa instrumentalis*, que correspondem, respectivamente, "àquela que não tem causa", àquela que é o "artífice", e ao "instrumento"). Menciona, ainda, Santo Tomás, para quem existe a "causa que produz e a que deixa realizar-se algo: *causa directe* e *causa indirecte*", além das causas *univoca* e *aequivoca, adductiva* etc. Em Descartes, a expressão *causa* também se utiliza na relação lógica, como sinônimo de razão. Depois, Leibnitz, Wolff e Schopenhauer seguem a linha de Descartes, mas conferem à causa um "conteúdo mais real"[7].

Kant, por seu turno, afirma que "o conceito de causa significa uma particular modalidade de síntese, na qual a qualquer coisa, A, se opõe, segundo uma regra, qualquer coisa inteiramente diferente, B"[8]. Para John Stuart Mill, "causa só podia ser identificada ao antecedente invariável do fenômeno consequente chamado efeito"[9].

Diante do exposto, segundo Costa Jr., é necessário, em primeiro lugar, distinguir *causa* de *causalidade*. **Causa indica um "elemento da representação", distinto do *efeito*, que a ele se une por meio de uma relação: a *causalidade*.** A Filosofia e a Sociologia sempre demonstraram grande preocupação em conceituar a *causalidade* ou o *princípio da causalidade* (Kant), não só nas relações naturais, mas também nas humanas. Essa

---

[5] *Consentimento do ofendido e violência desportiva*: reflexos à luz da teoria da imputação objetiva, p. 87.
[6] STF, RE 1.339.301 AgR, rel. Min. Dias Toffoli, 1ª T., j. 21-2-2022; e STJ, HC 356.554/RS, rel. Min. Antonio Saldanha Palheiro, 6ª T., j. 23-5-2017.
[7] *Do nexo causal*: aspecto objetivo do crime, p. 81.
[8] Apud Paulo José da Costa Jr., *Do nexo causal*, p. 82.
[9] Apud Paulo José da Costa Jr., *Do nexo causal*, p. 82.

abordagem interessa particularmente ao Direito e, sobretudo, ao Direito Penal, como se verá adiante.

É mister frisar, em síntese conclusiva, que a teoria da causalidade jurídico-penal não pertence, propriamente, à seara da Filosofia Geral nem à das Ciências Naturais, porquanto se ocupa de estabelecer um vínculo gnosiológico entre conduta e resultado, a fim de que se possa justificar, concorrentemente com os demais requisitos do crime, a responsabilidade jurídico-penal do autor[10].

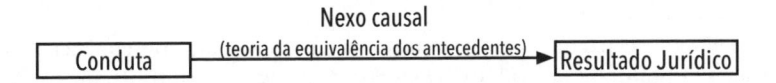

4.2. As teorias sobre a relação de causalidade

O estudo das diversas teorias elaboradas dogmaticamente para explicar a relação de causalidade permite distinguir *dois grandes grupos*: o da teoria que não faz qualquer distinção entre os fatores que antecederam o resultado (*teoria da condição simples*), e o daquelas que dão aos antecedentes diferente hierarquia (*teorias da condição qualificada ou individualizadoras*).

A *teoria da condição simples*, isto é, que *não estabelece níveis de importância entre os antecedentes do resultado*, é mais conhecida como *teoria da "conditio sine qua non" ou da equivalência dos antecedentes*.

Boa parte dos autores atribui-a a Von Buri e Stuart Mill, muito embora haja quem a considere concebida, originariamente, por Glaser[11].

---

[10] Reinhart Maurach, *Tratado de derecho penal*.

[11] Costa Jr., em nota de rodapé (n. 38) da obra *Do nexo causal* (p. 91), aponta que Maurach, em seu *Tratado de derecho penal*, atribui a Glaser a elaboração da teoria para o Direito Penal austríaco. De fato, Maurach diz textualmente: "Fundada por Glaser (para o direito penal austríaco), introduzida por Buri na prática do RG, se caracteriza esta teoria por uma sugestiva clareza no modo de abordar os problemas e nas conclusões alcançadas. A causa do evento se averiguará exclusivamente abstraindo-a a partir do resultado. Não se distinguirá entre 'causas' e 'condições' do resultado típico ('equivalência', pois, de causas e condições): causa do resultado é toda a condição que não pode ser suprimida (em um 'processo hipotético de eliminação') sem que fique excluído o resultado na sua configuração concreta" (*Tratado de derecho penal*, p. 229). Tobias Barreto faz coro ao dizer, referindo-se a Glaser, que "ele estabelece um princípio fecundo, cuja aplicação pode ser um meio seguro de chegar ao termo desconhecido do problema. Tal me parece esta síntese: 'Se se busca abstrair, diz ele, o pretendido autor de um crime dado da soma dos fatos que o constituem, e mostra-se que, não obstante, o resultado aparece, a seriação das causas intermédias permanece

Para esta teoria, todo o fator que exercer influência em determinado resultado, ainda que minimamente, será considerado sua causa. Para Stuart Mill, no dizer de Costa Jr., qualquer distinção entre causa e condição é "arbitrária e destituída de base científica"[12].

Sob o enfoque da *conditio sine qua non*[13], haverá relação de causalidade entre todo e qualquer fator que anteceder o resultado e nele tiver alguma interferência. O método utilizado para se aferir o nexo de causalidade é

---

a mesma, então é claro que o ato criminoso ou a sua imediata consequência, não pode ser posta à conta deste indivíduo'" (*Estudos de direito*, p. 304). Roxin confirma ser considerado Glaser "o primeiro defensor da teoria da equivalência", pois já escrevia em 1858: "Para a verificação do nexo causal existe (...) um ponto de apoio seguro; se se excluir mentalmente o suposto autor da soma dos acontecimentos, e ficar demonstrado que ainda assim o resultado ocorre, que ainda assim a cadeia de causas intermediárias permanece a mesma, então está claro que o fato e o resultado não podem ser considerados em efeito desta pessoa. Se, por outro lado, ficar demonstrado que, uma vez excluída esta pessoa do cenário dos acontecimentos, o resultado não podia ocorrer, ou tivesse de ocorrer de uma maneira completamente diversa: então é justo considerá-lo efeito da atividade da pessoa". Roxin, contudo, adverte que "a fundamentação mais profunda da teoria da equivalência remonta [...] a Maximilian von Buri, sob cuja influência, enquanto conselheiro do Tribunal do Império, a teoria se consolidou desde bem cedo também na jurisprudência: primeiro na decisão RGSt 1, 373, e a partir daí de maneira constante; em muitos casos utiliza-se da ideia da *conditio sine qua non* sem que se recorre à fórmula especial da 'exclusão mental'. Esta aparece pela primeira vez no ano de 1910, em RGSt 44, 137 (139): 'só se pode falar em lesões corporais seguidas de morte se as lesões não puderem ser excluídas mentalmente, sem que ao mesmo tempo o resultado morte seja eliminado', a partir daí começou ela a ser utilizada em numerosos julgados" (*Funcionalismo e imputação objetiva no direito penal*, p. 275-276).

[12] *Do nexo causal*, p. 92.

[13] A teoria da equivalência dos antecedentes possui ampla aceitação entre aqueles que defendem ser o nexo de causalidade o método adequado para a imputação do resultado a uma conduta. Eis o testemunho de Maurach, com relação à Alemanha: "No presente [referindo-se ao estado da teoria do crime na década de 1960], reina acordo em torno do ponto de vista precisamente sobre a teoria da *conditio sine qua non*" (*Tratado de derecho penal*, p. 225). Seu tradutor (Juan Cordoba Roda) o confirma na prática da jurisprudência espanhola de então: "A teoria da condição ou da equivalência é dominante na prática espanhola" (Maurach, *Tratado de derecho penal*, p. 230). Em nosso país, desde a entrada em vigor do Código Penal de 1940, notadamente por força de seu art. 11, *caput* (que corresponde ao art. 13, *caput*, do CP vigente), a teoria da *conditio* possui ampla aceitação entre nossos doutrinadores e na jurisprudência. Cumpre fazer menção a uma das poucas vozes divergentes, a de Paulo José da Costa Jr., que, na obra *Do nexo causal*: aspecto objetivo do crime, expressamente critica a opção de nosso legislador, apresentando predileção pela teoria da causalidade adequada.

o da eliminação hipotética, vale dizer, quando se pretender examinar a relação causal entre uma conduta e um resultado, basta eliminá-la hipoteticamente e verificar, após, se o resultado teria ou não ocorrido exatamente como se dera. Assim, se depois de retirado mentalmente determinado fator, notar que o resultado *não* se teria produzido (ou não teria ocorrido exatamente do mesmo modo), poder-se-á dizer que entre a conduta (mentalmente eliminada) e o resultado houve nexo causal. Por outro lado, se a conclusão for a de que, com ou sem a conduta (hipoteticamente retirada) o resultado teria se produzido do mesmo modo como se deu, então ficará afastada a relação de causalidade[14].

Essa teoria já sofreu várias objeções, dentre as quais se podem apontar: a de confundir a parte com o todo e a de gerar soluções aberrantes, mediante um regresso ao infinito ou produzindo um ciclo causal interminável.

Diz-se que a teoria da equivalência confunde "a parte com o todo", porquanto "se causa é o conjunto das condições, como poderá ser considerada causa uma condição isolada? Em outras palavras: se E = a + b + c, E = a. Aí está o salto mortal da doutrina, no plano lógico"[15].

As soluções aberrantes decorrentes da teoria da *conditio sine qua non* referem-se a um exagero nos antecedentes e um excesso nos consequentes. Os casos em que há exagero nos antecedentes correspondem ao chamado *regressus ad infinitum*. São exemplos clássicos: a discussão da relação de causalidade entre a fabricação da arma de fogo e o homicídio praticado com o instrumento bélico; o nexo causal entre a confecção de uma cama por um marceneiro e o estupro nela cometido; a relação sexual entre os pais que conceberam o criminoso e o delito por ele praticado...

Os excessos nos consequentes referem-se aos "cursos causais extraordinários"[16]. São exemplos: a imputação da morte decorrente do incêndio no hospital ao agente que atropelou a vítima culposamente, fazendo com que ela fosse internada no nosocômio; a atribuição da morte de um paraplégico durante desabamento em um estabelecimento fechado a quem deu causa à sua condição de deficiente físico em anterior acidente, caso se constate que o falecido teria sobrevivido se não tivesse reduzida sua mobilidade.

---

[14] *Sublata causa tollitur effectus* (suprimida a causa, cessa o efeito).

[15] Paulo José da Costa Jr., *Do nexo causal*, p. 94.

[16] Na doutrina brasileira, os casos que se aludem como "cursos causais extraordinários" costumam ser referidos como causas supervenientes relativamente independentes à conduta. Registre-se que os autores estrangeiros também usam a expressão "cursos causais hipotéticos" para se referir a tais grupos de casos.

Dentre as **teorias da condição qualificada ou individualizadora** merece destaque a **teoria da causalidade adequada**. A maioria dos autores atribui sua criação a um fisiólogo, Von Kries[17]. Segundo ela, somente se reputa causa o antecedente adequado à produção do resultado. "Para que se possa considerar um resultado como causado por um homem, faz-se mister que este, além de realizar um antecedente indispensável, desenvolva uma atividade adequada à concretização do evento"[18].

Causa, portanto, é apenas o antecedente adequado à produção do resultado, segundo uma regularidade estatística. O nexo de causalidade não se afere por meio da simples eliminação hipotética, mas por intermédio de **um juízo de prognose póstuma objetiva**. Em outras palavras, para se verificar a relação de causalidade entre conduta e resultado, deve-se analisar se, no momento da conduta, o resultado se afigurava como provável ou possível, segundo um prognóstico capaz de ser realizado por uma pessoa mediana, baseado no *quod plerumque accidit*.

"Em resumo: o julgador, retrocedendo no tempo até o momento da conduta, e colocando-se no lugar do agente, analisa os fatos, já verificados, como se ainda devessem verificar-se (*nachträgliche Prognose*). Emite, então, um juízo que é o corolário de um silogismo, cuja premissa maior é constituída pelo conhecimento das leis da natureza (conhecimento nomológico), e cuja premissa menor é integrada pelas condições particulares em que se encontrava o agente (conhecimento ontológico). E este juízo é o futuro do passado"[19].

A teoria em questão também sofreu diversas objeções. Houve, em primeiro lugar, quem julgasse supérfluo o exame do que já aconteceu como se não houvesse, ainda, ocorrido. Forte crítica, contudo, foi a que apontou ser impossível determinar, com a precisão estatística que a teoria sugere existir, o grau de possibilidade para que uma conduta produza determinado resultado. Houve, por fim, quem a tachou de ser responsável por uma ampliação excessiva das causas de irresponsabilidade penal, gerando um excesso de absolvições[20].

---

[17] Como anota Costa Jr., há autores que sustentam ter sido ela concebida por Von Bar (*Do nexo causal*, p. 98, nota de rodapé n. 67).

[18] Paulo José da Costa Jr., *Do nexo causal*, p. 94.

[19] Paulo José da Costa Jr., *Do nexo causal*, p. 99.

[20] Costa Jr. manifesta expressa predileção em favor da teoria da causalidade adequada em detrimento da equivalência dos antecedentes: "Concluindo: a doutrina da causalidade adequada mostra-se completa em relação aos crimes qualificados pelo resultado, aos delitos omissivos, à coautoria, à tentativa impossível, à conceituação do perigo e a muitos outros institutos de Direito Penal. Não é, porém, uma teoria propria-

Há, ainda, **outras teorias individualizadoras**, todas derivadas, em certa medida, da teoria da causalidade adequada. São elas: a teoria da condição perigosa (Grispigni), a da causa humana exclusiva (Antolisei) e a da causalidade jurídica (Maggiore).

Para a teoria da condição perigosa, os antecedentes do resultado não se encontram em plano de equivalência, devendo o Direito Penal ocupar-se somente das causas que possam ser consideradas como condições perigosas.

Pela teoria da causa humana exclusiva, por sua vez, deve-se diferenciar a causalidade humana da mecânica, porquanto o ser humano é provido de consciência e vontade e, assim, pode antever, dentro de certo limite, os efeitos que podem derivar de suas ações ou omissões. O que escapar do controle humano deverá ser considerado fato excepcional, no qual não se fará presente a relação de causalidade.

Já conforme a teoria da causalidade jurídica, deve-se diferenciar a causalidade científica da naturalística, metafísica ou filosófica. Cumpre ao jurista, então, na diversa gama de causas, identificar aquelas a que, segundo seu juízo, se possa atribuir relevância.

Hungria indica, ainda, as teorias da eficiência ("causa é a condição mais eficaz"); da causa próxima (*"in jure non remota causa, sed proxima spectatur*. É preciso distinguir entre *causa* [causa imediata] e *condição* [causa remota]"); da causa decisiva ("causa é o *elemento dinâmico* que decide da espécie do efeito. Os *elementos estáticos* são simples *condições* e, como tais, juridicamente imponderáveis"); do equilíbrio ("causa é a *força última* que, rompendo o equilíbrio entre os elementos favoráveis [positivos] e os contrários [negativos], produz o evento"); da condição insubstituível ("só é causa a condição indispensável em relação ao evento"); do movimento atual ("causa é o *movimento atual*, em contraposição ao estado inerte"); da causa típica ("não existe propriamente um problema de causalidade, mas apenas a questão de *enquadramento* [*subsumptio*] do fato no tipo penal, mediante a interpretação do texto legal, especialmente do sentido do 'verbo' que preside à configuração do crime"); da causa relevante para o Direito Penal ("só é juridicamente relevante a causa idônea [a idoneidade, aqui, diversamente da teoria de Von Kries ou da causalidade adequada, não é necessária para a existência do nexo causal, mas para a relevância jurídico-penal]"); da tipicidade condicional ("existe nexo causal, em direito penal, quando entre uma

mente causal. Trata-se mais de uma concepção de relevância jurídica. Contudo, apesar de suas naturais deficiências, afigura-se-nos preferível à teoria da equivalência" (*Do nexo causal*, p. 102).

determinada conduta *típica* e um determinado evento, consistente em particular modificação do mundo externo, existe uma relação que tenha os característicos de *sucessão, necessidade* e *uniformidade*")[21].

Registre-se, finalmente, a teoria da condição INUS[22] ou **teoria da condição mínima,** concebida por John Leslei Mackie, para o qual uma **causa** deve ser compreendida como um **componente necessário de uma condição suficiente para a produção de um resultado.** Acompanhe esse exemplo: A e B pretendem matar a vítima C. A efetua um disparo no coração desta e B atira contra o cérebro de C. Para a teoria da condição "INUS", deve-se analisar se as condutas de A e B constituem um componente necessário de uma condição mínima suficiente para provocar a morte. A resposta será afirmativa, pois o disparo contra o coração e o tiro na região encefálica são componentes necessários de uma condição mínima apta, em tese, a causar o óbito de C. Assim, no cenário exposto, ambos respondem pela morte do sujeito passivo. Em comparação, para a teoria da equivalência dos antecedentes, só um dos agentes responderia pelo resultado e o outro, quando muito, por crime tentado. Note, se a causa da morte foi a parada cardíaca, A causou a morte e B não responderá por este resultado, pois, ainda que não tivesse atuado, o resultado teria ocorrido do mesmo modo. Se, contudo, a *causa mortis* foi o traumatismo cranioencefálico, inverte-se o resultado, isto é, B responde pela morte e A, tão somente, por tentativa de homicídio, afinal, ainda que não houvesse deflagrado o projétil, a fatalidade teria se verificado exatamente como ocorreu. A complexidade da teoria da condição "INUS", entretanto, faz com que boa parte da doutrina penal a rejeite, em favor de outras, que, de maneira mais simples, chegam a soluções equivalentes[23].

4.3. A teoria adotada em nosso Código Penal

Como já tivemos a oportunidade de destacar, nosso **Código Penal, desde sua versão original, em 1940, adotou expressamente a teoria da equivalência dos antecedentes ou da** *conditio sine qua non.* É o que dispõe o art. 13, *caput*: "O resultado, de que depende a existência do crime, somente é imputável a quem lhe deu causa. *Considera-se causa a ação ou omissão sem a qual o resultado não teria ocorrido*" (grifo nosso).

Para essa teoria, repise-se, todos os antecedentes do resultado, ainda que sobre ele tenham exercido mínima influência, serão considerados como

---

[21] *Comentários ao Código Penal*, v. 1, t. 1, p. 61-63, grifos do autor.

[22] INUS é o acrônimo de "insufficient but non-redundant part of a unnecessary but sufficient condition".

[23] Ronan de Oliveira Rocha, A relação de causalidade no Direito Penal, p. 115-131.

sua "causa". A verificação da relação de causalidade baseia-se no processo de eliminação hipotética (*vide* item 4.2, *supra*).

4.4. A teoria da equivalência dos antecedentes ou da *conditio sine qua non* e as causas independentes

Desenvolveu-se, no âmbito da teoria da equivalência dos antecedentes ou da *conditio sine qua non,* o estudo das **causas independentes**. Cuida-se de **fatores que podem interpor-se no nexo de causalidade entre a conduta e o resultado, de modo a influenciar no liame causal.**

A doutrina distingue *causas dependentes* e *independentes*. As primeiras seriam as que **têm origem na conduta do sujeito e inserem-se dentro da sua linha de desdobramento causal natural, esperada.** São elementos situados no âmbito do *quod plerumque accidit,* **isto é, decorrências normais ou corriqueiras da conduta** (como ocorre no caso da morte por choque hemorrágico subsequente a um ferimento perfuro-inciso profundo; ou, ainda, segundo nossa jurisprudência, na hipótese da morte por conta de infecção hospitalar).

Quanto às **causas independentes,** são as que, originando-se ou não da conduta, produzem por si só o resultado. Elas configuram **um fator que está fora do** *quod plerumque accidit,* **ou seja, não pertencem ao âmbito do que normalmente** acontece. São **eventos inusitados, inesperados,** dos quais se pode citar a morte provocada por sangramento oriundo de uma pequena ferida incisa, em vítima hemofílica.

De acordo com a teoria da equivalência e seu juízo de eliminação hipotética, quando o resultado for produto de causas dependentes, o agente por ele responderá.

No que concerne às **causas independentes,** entretanto, faz-se necessário distinguir entre as *causas* **absolutamente** *e as* **relativamente** *independentes da conduta.*

Por **causas absolutamente independentes,** entendem-se as que **produzem por si só o resultado, não possuindo qualquer origem ou relação com a conduta praticada.** Nesse caso, o **resultado ocorreria de qualquer modo,** com ou sem o comportamento realizado (eliminação hipotética), **motivo pelo qual fica afastado o nexo de causalidade** (fazendo com que não se possa imputar o resultado ao autor da conduta). **O agente,** desse modo, **só responderá pelos atos praticados, excluindo-se** de seu âmbito a imputação do **resultado.**

As causas absolutamente independentes da conduta **dividem-se em preexistentes** ou anteriores (quando anteriores à conduta), **concomitantes** ou simultâneas (quando ocorrem ao mesmo tempo) e posteriores ou **super-**

venientes (quando se verificam após a conduta praticada). A título de ilustração, citam-se alguns exemplos: a) efetuar disparos de arma de fogo, com intenção homicida, em pessoa que falecera minutos antes (a morte anterior configura causa preexistente); b) atirar em pessoa que, no exato momento do tiro, sofre ataque cardíaco fulminante e que não guarda relação alguma com o disparo (o infarto é a causa concomitante); c) ministrar veneno na comida da vítima, que, antes que a peçonha faça efeito, vem a ser atropelada (causa superveniente; nesse caso, o agente só responde pelos atos praticados, ou seja, por tentativa de homicídio).

Já as **causas relativamente independentes**, por seu turno, **são as que, agregadas (somadas) à conduta, conduzem à produção do resultado.** Com base na teoria da equivalência dos antecedentes, a presença de uma causa desta natureza não exclui o nexo de causalidade.

Do mesmo modo que as causas absolutamente independentes, elas **também se dividem em preexistentes** ou anteriores, **concomitantes** ou simultâneas e **supervenientes** ou posteriores.

A título de exemplo, observem-se os seguintes casos hipotéticos: a) efetuar ferimento leve, com instrumento cortante, num hemofílico, que sangra até a morte (a hemofilia é a causa preexistente, que, somada à conduta do agente, produziu a morte). Note-se que, nesse exemplo, pressupõe-se que o sujeito tenha efetuado um golpe leve no ofendido, que não produziria a morte de uma pessoa saudável; b) efetuar disparo contra a vítima que, ao ser atingida pelo projétil, sofre ataque cardíaco, vindo a morrer, apurando-se que a *soma* desses fatores produziu a morte (considera-se, nesse caso, que o disparo, isoladamente, não teria o condão de matá-la, o mesmo ocorrendo com relação ao ataque do coração – causa concomitante); c) após um atropelamento, a vítima é socorrida com algumas lesões; no caminho ao hospital, a ambulância explode, ocorrendo a morte (a explosão da ambulância é a causa superveniente que, aliada ao atropelamento, deu causa à morte do ofendido). Deste último exemplo há algumas variantes dignas de menção: a vítima chega ilesa da ambulância ao hospital, que se incendeia; a vítima chega sem outras lesões ao hospital, mas falece por decorrência de um erro médico; ou, ainda, depois de ser atendida no nosocômio, tem uma de suas pernas amputada como consequência da gravidade dos ferimentos e, depois de receber alta, morre num incêndio ocorrido no interior de um teatro, de onde não conseguiu fugir em razão de sua reduzida capacidade de locomoção.

Em todos os casos retratados no grupo das **causas relativamente independentes da conduta, há nexo causal entre esta e o resultado** (pela teoria da *conditio*).

Em se tratando de **causas preexistentes ou concomitantes, a imputação do resultado ao agente, todavia, exigirá outro elemento**, de caráter subjetivo, consistente em se verificar se a causa era por ele conhecida (o que conduzirá à responsabilização a título de dolo), ou, ao menos, previsível (indicativo de culpa). Sem tais requisitos, por óbvio, ter-se-ia a responsabilidade objetiva do agente, algo repudiado de há muito no campo do Direito Penal.

As situações designadas como **causas relativamente** independentes **supervenientes** da conduta apresentam **solução distinta, em face de expressa determinação legal, que exclui de maneira peremptória a imputação do resultado.** Tais causas correspondem àquilo que os autores estrangeiros denominam "cursos causais extraordinários ou hipotéticos". São casos em que não haverá imputação pela teoria da imputação objetiva (como se verá adiante). De qualquer modo, vale consignar que tais casos se enquadram no **art. 13, § 1º, do CP, que expressamente exclui a responsabilidade do agente.**

Em suma: a) *as causas absolutamente independentes sempre excluem o nexo causal,* de modo que o agente nunca responderá pelo resultado; somente pelos atos praticados; b) *as causas relativamente independentes não excluem o nexo causal,* motivo por que o agente, se a conhecia ou se, embora não a conhecendo, podia prevê-la, responde pelo resultado (**salvo na causa superveniente**).

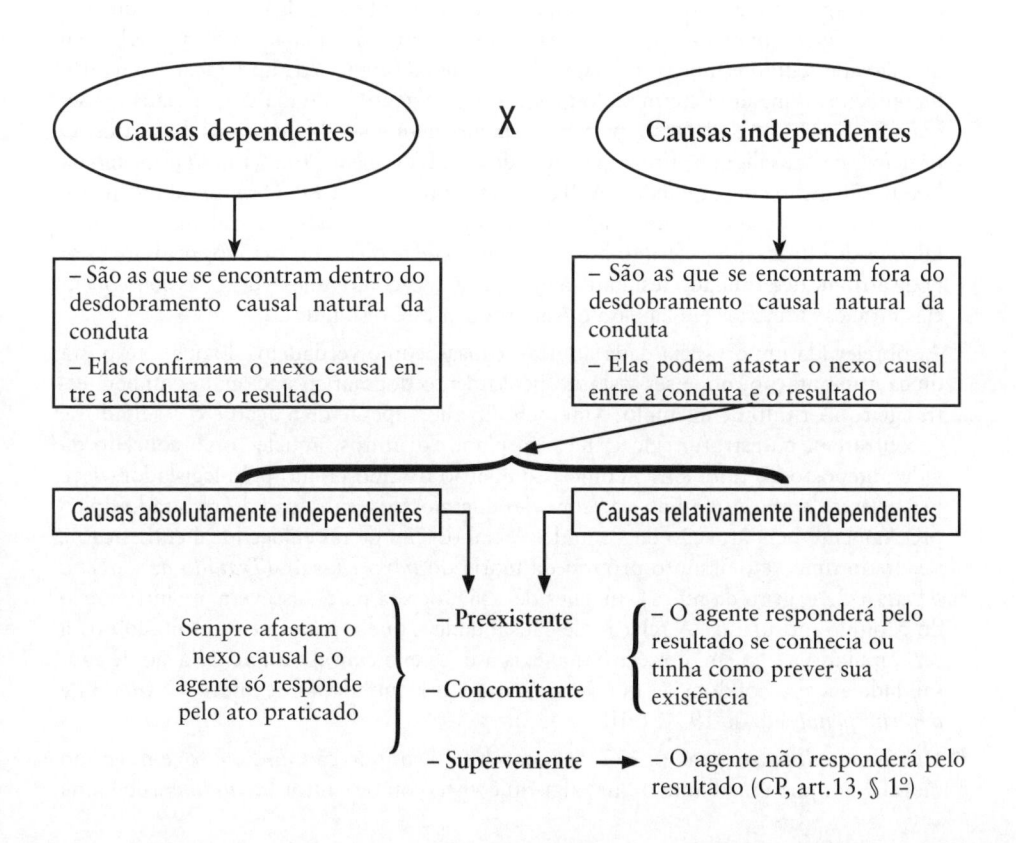

4.5. Qual o problema central: causalidade ou imputação?[24]

O escorço das diversas teorias sobre a relação de causalidade pode fazer crer seja esta o aspecto fundamental para se atribuir a alguém determinado resultado. O nexo de causalidade, contudo, independentemente da teoria em que se funde, não passa de um instrumento para responder à questão, esta sim crucial, consistente em saber *quais são os critérios adequados para a imputação*. Isto é, sobre quais bases deve-se erguer o aspecto objetivo do crime, permitindo que determinado resultado possa ser considerado "obra" de alguém e, como consequência, a ele atribuído (imputado)?[25]

A rigor, cumpre advertir que toda *teoria do crime é um meio técnico-jurídico de imputação, ou seja, para se estabelecer a quem se deve imputar determinados fatos penalmente relevantes.*

Imputar, dizia Berner, significa "pôr nas costas de um sujeito algo objetivo"[26].

---

[24] Kelsen, em sua clássica *Teoria pura do direito*, advertia que causalidade e imputação não se confundem: "Na descrição de uma ordem normativa da conduta dos homens entre si é aplicado aquele outro princípio ordenador, diferente da causalidade, que podemos designar como *imputação*" (p. 86). Mais adiante, arremata: "A forma verbal em que são apresentados tanto o princípio da causalidade como o da imputação é um juízo hipotético em que um determinado pressuposto é ligado com uma determinada consequência. O sentido da ligação, porém, é – como já vimos – diferente nos dois casos. O princípio da causalidade afirma que, quando é A, B também é (ou será). O princípio da imputação afirma que, quando é A, B deve ser" (op. cit., p. 100). Deve-se sublinhar que o conceito kelseniano de imputação não é o adotado no presente trabalho. Quando falamos de imputação, referimo-nos ao conjunto de critérios normativos pelos quais se pode atribuir determinado resultado a uma pessoa (e, como reflexo disto, as consequências jurídicas previstas em lei para quem produzir este resultado).

[25] A sobrelevada importância dada ao nexo causal, como verdadeiro dogma e resposta única à imputação, pode ser vista no pensamento dogmático nacional e também estrangeiro. A título de exemplo, Maurach diz que "apesar de a ação e o resultado se encontrarem, na estrutura do crime, em planos distintos, aquele como conceito da vida anteposto ao tipo, e este como culminação do tipo criado pelo legislador, deve existir entre ambos uma linha de conexão que mostre a causação do resultado típico precisamente pela atuação da vontade. A elaboração de tal enlace ideal entre ação e resultado típico é o assunto próprio da teoria do *nexo causal*" (*Tratado de derecho penal*, p. 221, grifo do autor). Jiménez de Asúa, de sua parte, assevera, na introdução do capítulo intitulado "A relação de causalidade", que, "para que o resultado possa ser imputado a alguém, é preciso que exista um nexo causal ou uma relação de causalidade entre a conduta de um ser humano e o resultado sobrevindo" (*Tratado de derecho penal*. ed. de 1951, t. III, p. 422).

[26] *Direito penal*: parte geral, p. 177. Segundo Kant: "Imputação (*imputatio*) em sentido moral é um juízo mediante o qual alguém é visto como o autor (*actio libera*) de uma

Desde as primeiras décadas do século passado, estabeleceu-se, dogmaticamente, outro campo de discussão. Em vez de determinar qual a melhor teoria sobre a relação de causalidade, procurou-se estabelecer qual o melhor critério de imputação.

Coube a Richard Honig, inspirando-se em Karl Larenz, explorar este campo fértil de discussão científica na seara do Direito Penal, posteriormente desenvolvido por Claus Roxin.

Com efeito, o civilista Karl Larenz, na década de 1920, resgatou o conceito de imputação, quando então havia nítido predomínio do dogma da causalidade. Baseando-se numa concepção hegeliana de imputação, sustentou que: "A imputação não significa outra coisa senão o intento de diferenciar o *próprio* fato dos eventos *casuais*. Quando afirmo que alguém é o autor de um evento, quero dizer que esse evento é seu próprio fato, com o que quero dizer que ele não é obra da casualidade, mas de sua própria vontade"[27].

Na síntese de Luiz Régis Prado e Érika Mendes Carvalho: "Para Larenz, a imputação objetiva descreve aquele juízo pelo qual determinado fato surge como obra de um sujeito, ou seja, a imputação nada mais é do que a tentativa de delimitação entre fatos próprios do agente e acontecimentos puramente acidentais"[28].

Seguindo o caminho trilhado por Larenz, Honig introduziu, no âmbito do Direito Penal, o tema da *imputação, como aspecto central e anterior à causalidade*: "Dado que a intervenção final nos eventos naturais constitui a essência da conduta humana, a *finalidade objetiva* é o critério para a imputação de um resultado e, por vezes, para sua delimitação a respeito dos eventos causais. *Imputável, de acordo com ele, é aquele resultado que pode ser pensado como finalmente realizado*"[29].

É de ver que Honig, diversamente de Larenz, direcionava seu foco para a imputação do resultado (e não do comportamento).

Os juízos de imputação propostos por Larenz e Honig intentavam corrigir a amplitude do nexo de causalidade (notadamente, daquele fundado na teoria da *conditio sine qua non*). Para isto, contudo, em vez de elabora-

---

ação, que então se denomina fato (*factum*) e está sob a égide das leis" (*apud* Enrique Bacigalupo, *Direito penal*, p. 177). Para Kelsen, "a imputação não consiste noutra coisa senão nesta conexão entre o ilícito e a consequência do ilícito" (op. cit., p. 91). De ver que não adotado o conceito kelseniano (ou mesmo o kantiano) de imputação.

[27] Apud Enrique Bacigalupo, *Direito penal*, p. 178, grifos do autor.

[28] *Teorias da imputação objetiva do resultado*: uma aproximação crítica a seus fundamentos, p. 31.

[29] Apud Luiz Régis Prado e Érika Mendes Carvalho, op. cit., p. 35, grifos dos autores.

rem diferentes teorias sobre a relação de causalidade, abandonaram-na em nome de um juízo que a precede: o da imputação.

Merece registro, ainda, a obra de Hardwig, na década de 1950, retomando, como fizera Honig vinte anos antes daquele, o tema da imputação, quando só se falava em nexo de causalidade. Para ele, "a imputação significa a verificação de uma relação positiva, de um nexo, entre um acontecimento e uma pessoa, no sentido de reconhecer ou reprovar a conduta da pessoa, seguindo um complexo de normas da razão"[30]. Greco aduz que "podemos ressaltar aquilo que, de uma perspectiva atual, sobressai como *relevante* no trabalho de Hardwig, um trabalho que, apesar de seus méritos, teve pouca penetração e influência na doutrina de sua época. O primeiro desses méritos é ter voltado a falar em imputação numa época em que tal palavra encontrava-se riscada do vocabulário dos penalistas. O segundo é ter ele elevado a ideia de imputação a um lugar central na teoria do delito, antecipando alguns esforços atuais, como os de Jakobs, para o qual a teoria do delito nada mais representa que uma teoria da imputação. Em terceiro lugar, Hardwig trabalhou, de modo, ao que parece, pioneiro, com as ideias de evitabilidade/dirigibilidade no âmbito da imputação; ideias que depois seriam retomadas por vários autores, em especial por Otto, e que até hoje desempenham um papel de destaque nas discussões. E, por fim, no conceito de causalidade normativo-final se vê um claro precursor da teoria do aumento do risco, criada por Roxin poucos anos mais tarde, em 1962"[31].

Como se viu no capítulo pertinente (Título II, Capítulo 2, item 5), essa linha de pensamento frutificou no terreno do chamado "sistema funcionalista", no qual se concebeu a atual teoria da imputação objetiva do resultado.

5. TIPICIDADE

5.1. Conceito

Entende-se por **tipicidade** a **relação de subsunção entre** um **fato** concreto e um **tipo penal** previsto abstratamente na lei (*aspecto formal*) e a **lesão ou perigo de lesão ao bem penalmente tutelado** (*aspecto material*). Trata-se de uma relação de encaixe, de enquadramento. É o adjetivo que pode ou não ser dado a um fato, conforme ele se enquadre ou não na lei penal e lesione ou exponha a risco um valor fundamental protegido pela norma penal (vida, patrimônio, meio ambiente, liberdade sexual etc.).

---

[30] Apud Luís Greco, *Funcionalismo e imputação objetiva*, p. 48.

[31] *Funcionalismo e imputação objetiva*, p. 52-53, grifo do autor.

Uma conduta pode ser formalmente típica, mas materialmente atípica. É o que ocorre, por exemplo, quando se reconhece a incidência do princípio da insignificância ou da adequação social.

O conceito de tipicidade, como se concebe modernamente, passou a ser estruturado a partir das lições de Beling (1906), cujo maior mérito foi distingui-la da antijuridicidade e da culpabilidade. Seus ensinamentos, entretanto, foram aperfeiçoados até que se chegasse à concepção vigente. Jiménez de Asúa sistematizou essa evolução, dividindo-a em três fases:

1ª) *Fase da independência* (Beling – 1906): a tipicidade possuía *função meramente descritiva*, completamente separada da ilicitude e da culpabilidade (entre elas não haveria nenhuma relação). Trata-se de elemento valorativamente neutro. Sua concepção não admitia o reconhecimento de elementos normativos ou subjetivos do tipo.

2ª) *Fase do caráter indiciário da ilicitude ou da "ratio cognoscendi"* (Mayer – 1915): a **tipicidade** deixa de ter função meramente descritiva, representando um *indício* da **antijuridicidade**. Embora se mantenha a independência entre tipicidade e antijuridicidade, admite-se ser uma indício da outra. Pela teoria de Mayer, praticando-se um fato típico, ele se presume ilícito. Essa presunção, contudo, é relativa, pois admite prova em contrário. Além disso, a tipicidade não é valorativamente neutra ou descritiva, de modo que se torna admissível o reconhecimento de elementos normativos e subjetivos do tipo penal.

3ª) *Fase da "ratio essendi" da ilicitude* (Mezger – 1931): Mezger atribui ao tipo função constitutiva da ilicitude, de tal forma que se o fato for lícito, será atípico. A ilicitude faz parte da tipicidade. O tipo penal do homicídio não seria matar alguém, mas matar alguém fora das hipóteses de legítima defesa, estado de necessidade etc.

A concepção defendida por Mayer contou, tradicionalmente, com a aceitação da maioria da doutrina, notadamente no século passado.

5.2. Adequação típica

Trata-se do **procedimento realizado pelo intérprete ou aplicador da lei penal para subsumir o fato ao tipo penal.** É a tarefa de *adequar* corretamente o comportamento fático à descrição legal. Nesta relação de justaposição, devem ser levados em consideração todos os requisitos, expressos e implícitos, previstos no tipo legal. Há quem diferencie tipicidade e adequação típica, atribuindo àquela uma relação meramente formal e a esta, a par da correspondência formal, a verificação do dolo e da culpa. Em nosso modo de ver, a análise do dolo e da culpa, por se tratar de elementos do tipo, compõe a tipicidade e, ademais, são necessários para que se dê a adequação típica do fato.

Há duas modalidades de adequação típica:

a) *Adequação típica por subordinação imediata ou direta*: dá-se quando a **adequação entre o fato e a norma penal incriminadora é imediata,** direta; não é preciso que se recorra a nenhuma norma de extensão do tipo. Exemplo: alguém efetua dolosamente vários disparos contra a vítima – esse fato se amolda diretamente ao tipo penal incriminador do art. 121 do CP.

b) *Adequação típica por subordinação mediata ou indireta*: o en-quadramento fato/norma não ocorre diretamente, *exigindo-se o recurso a uma norma de extensão* para haver subsunção total entre fato concreto e lei penal. Exemplo: se alguém, com intenção homicida, efetua vários disparos de arma de fogo contra outrem e foge, sendo a vítima socorrida e salva a tempo, esse fato não se amolda ao tipo penal do art. 121 (não houve morte). Também não se enquadra no art. 129 (lesões corporais) porque o sujeito agiu com *animus necandi* (o art. 129 pressupõe *animus laedendi*). Seria o fato atípico? Não. Para que ocorra o perfeito enquadramento da conduta com a norma, contudo, será preciso recorrer a uma norma de extensão; no caso, o art. 14, II, que descreve a tentativa. O mesmo se verifica quando al-guém empresta arma de fogo a um homicida, que a utiliza posteriormente para cometer o crime. Sua conduta não encontra correspondência direta com o art. 121 do CP. Novamente é preciso, então, socorrer-se de uma nor-ma de extensão; nesse caso, o art. 29, *caput*, que pune a participação.

5.3. Tipicidade conglobante (Zaffaroni)

Trata-se, segundo Zaffaroni, de um dos aspectos da **tipicidade penal,** que se **subdividiria em tipicidade legal** (adequação do fato com a norma penal, segundo uma análise estritamente formal) e **tipicidade conglobante.** Por meio desta, deve-se verificar se o fato, que aparentemente viola uma norma penal proibitiva, é permitido ou incentivado por outra norma jurídica (como no caso, por exemplo, das intervenções médico-cirúrgicas e da violência despor-tiva). Se existir referida autorização ou incentivo em norma extrapenal, o fato será penalmente atípico (em razão da atipicidade conglobante).

Portanto, na análise conglobada do fato com todas as normas jurídi-cas, inclusive extrapenais, situações consideradas tradicionalmente como típicas, mas enquadráveis nas excludentes de ilicitude (exercício regular de um direito ou estrito cumprimento de um dever legal), passariam a ser tra-tadas como atípicas, pela falta de tipicidade conglobante[32].

---

[32] Com a adoção da teoria da imputação objetiva, tais resultados (atipicidade de fatos então considerados típicos, porém lícitos) são atingidos sem necessidade dessa cons-trução, que se torna supérflua.

Não teria sentido, dentro dessa perspectiva, afirmar que a conduta do médico que realiza uma cirurgia no paciente para curá-lo de uma enfermidade viola a norma penal do art. 129 do CP ("não ofenderás a integridade corporal alheia") e, ao mesmo tempo, é autorizada pelas normas que regulamentam a atividade médica (não é lógico dizer que ele viola uma norma e age em conformidade com outra, ao mesmo tempo).

Cite-se que as cirurgias de mudança de sexo (cirurgia de ablação de órgãos sexuais), inseridas na classificação de intervenção cirúrgica com finalidade terapêutica, estão previstas no ordenamento jurídico, especificamente na Lei n. 9.434/97 (com redação dada pela Lei n. 10.211/2001); portanto, o médico realizará fato penalmente atípico, segundo a teoria da tipicidade conglobante.

O Supremo Tribunal Federal aplicou a referida teoria a um caso concreto para considerar atípica a conduta em que o sujeito, "por meio de publicação em livro, incita a comunidade católica a empreender resgate religioso direcionado à salvação de adeptos do espiritismo, em atitude que, a despeito de considerar inferiores os praticantes de fé distinta, o faz sem sinalização de violência, dominação, exploração, escravização, eliminação, supressão ou redução de direitos fundamentais. Conduta que, embora intolerante, pedante e prepotente, se insere no cenário do embate entre religiões e decorrente da liberdade de proselitismo, essencial ao exercício, em sua inteireza, da liberdade de expressão religiosa". Segundo a Suprema Corte, não é possível, "sob o ângulo da tipicidade conglobante, que conduta autorizada pelo ordenamento jurídico legitime a intervenção do Direito Penal"[33].

Em nosso modo de ver, assiste-se razão a Zaffaroni, ao propor que condutas autorizadas por normas extrapenais não podem deter caráter criminoso. Não cremos, contudo, que se cuide de uma questão ligada à tipicidade, mas à ilicitude. Assim, quando um comportamento, apesar de se encaixar no tipo penal, for permitido ou incentivado por norma extrapenal,

---

[33] STF, RHC 134.682/BA, rel. Min. Edson Fachin, j. 29-11-2016, *DJe* 29-8-2017. No mesmo sentido, recente julgado do STJ: "(...) ao agravante é imputado o fato típico de calúnia, e a conduta que ensejou sua condenação diz respeito à apresentação de 'uma denúncia encaminhada ao Centro de Apoio Operacional da Moralidade Administrativa do Ministério Público de Santa Catarina'. (...) a conduta do recorrente se encontra acobertada pelo exercício regular de um direito, nos termos do art. 23, III, do CP. Ademais, considerando a doutrina acima citada, tem-se que o exercício regular de um direito deve ser considerado como verdadeira causa excludente da tipicidade, pois não pode ser considerada típica conduta incentivada pelo próprio Estado.(...) Ordem concedida de ofício, para reconhecer a atipicidade da conduta, em virtude da ausência de tipicidade conglobante, no aspecto da antinormatividade, não havendo se falar, portanto, em *animus caluniandi*" (EDcl no AgRg nos EDcl no AREsp 1.421.747/SC, rel. Min. Reynaldo Soares da Fonseca, 5ª T., j. 10-3-2020).

haverá uma conduta típica, mas lícita, tendo em vista a incidência de uma causa de exclusão da ilicitude (exercício regular de um direito ou estrito cumprimento do dever legal). Esse é o modo, frise-se, como nossa lei penal expressamente disciplina a matéria, isto é, para o Código Penal brasileiro, havendo uma norma alheia ao Direito Penal que autorize ou incentive o sujeito a realizar determinada conduta, o art. 23, III, considera o fato (típico) como amparado por uma causa de exclusão da ilicitude.

5.4. Funções do tipo penal

O tipo penal contém **três relevantes funções**: a função selecionadora; a função de garantia; a função motivadora geral.

A *função selecionadora* refere-se à tarefa de **escolher**, dentre a infinita gama de **comportamentos humanos, quais devem ser inseridos como conteúdo** de uma **norma penal incriminadora**. Cuida-se de dever incumbido ao órgão encarregado de elaborar as leis penais, mas admite, sem dúvida, controle judicial, de modo a conformar a eleição às normas constitucionais (p. ex., ao princípio da alteridade, da insignificância etc.).

A *função de garantia* constitui a realização material e concreta do ideal de segurança jurídica que o princípio da legalidade busca fornecer. Em outras palavras, trata-se de **garantir que somente haverá imposição de pena criminal se o ato realizado corresponder (de modo perfeito) a um comportamento descrito previamente** no dispositivo legal.

A *função motivadora geral* corresponde ao intento de **fazer com que os destinatários da norma motivem-se a se comportar de acordo com o que ela prescreve**. Assim, se o tipo penal define como crime "matar alguém", espera-se que com essa regra as pessoas se abstenham de suprimir a vida humana alheia. Referida função remonta à racionalidade comunicativa desempenhada pelo Direito Penal, consistente em transmitir à sociedade mensagens de confiança no modelo normativo, estimulando comportamentos conforme o Direito.

5.5. Tipo objetivo e tipo subjetivo – tipos normais e anormais

O *tipo objetivo* corresponde ao *comportamento descrito* no preceito primário da norma incriminadora, desconsiderando-se o estado anímico do agente, isto é, sem a análise de sua intenção. O *tipo subjetivo*, de sua parte, corresponde à *atitude psíquica interna*, que cada tipo objetivo requer.

Asúa afirmava que os tipos penais deveriam ser, de regra, objetivos, daí por que os chama de *tipos normais*. Quando, por outro lado, inseriam-se elementos subjetivos ou normativos na disposição, como a elementar "para si ou para outrem" (no crime de furto) ou "com fins libidinosos" (no sequestro qualificado), ou, ainda, "indevidamente" (no crime de prevaricação), estar-se-ia diante de *tipos anormais*.

É de ver, contudo, que é criticável a classificação de Asúa, porquanto todo tipo de crime doloso possui um elemento subjetivo implícito: o dolo e, nos crimes culposos, um elemento normativo tácito: a culpa. Pelo critério do autor, então, não existiriam tipos normais, senão anormais, já que dolo e culpa (diante da negação da responsabilidade penal objetiva) encontram-se presentes em todas as construções típicas do Direito Penal.

5.6. Tipo aberto e tipo fechado

Entende-se por tipo aberto aquele em cuja definição empregam-se termos amplos, de modo a abarcar diversos comportamentos diferentes. É a técnica utilizada na maioria dos crimes culposos ("se o homicídio é culposo" – diz o art. 121, § 3º, do CP). O tipo fechado, por outro lado, é aquele que utiliza expressões de alcance restrito, englobando poucos comportamentos na definição legal. Eles apresentam "descrição completa do modelo de conduta proibida, bastante ao intérprete, na adequação do dispositivo legal ao comportamento humano, verificar a simples correspondência entre ambos"[34]. O legislador deve, sempre que possível, preferir os tipos fechados aos abertos, em razão do princípio da legalidade. Estes, contudo, podem ser construídos sem ofensa à Constituição, até porque, ainda que suas expressões sejam amplas, eles sempre possuirão conteúdo determinado.

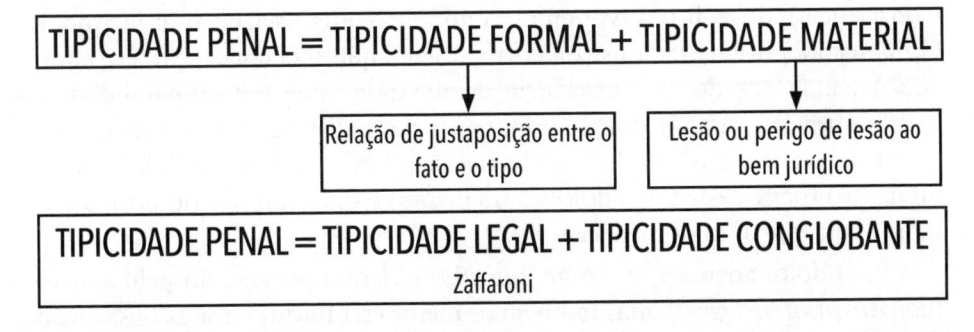

6. DOLO

6.1. Introdução

Consiste na *vontade de concretizar as características objetivas do tipo* (Damásio de Jesus). Trata-se de *elemento subjetivo implícito* da conduta, presente no fato típico de crime doloso. Várias teorias preocupam-se em conceituá-lo, destacando-se a seguir as principais:

---

[34] Sérgio de Oliveira Médici, *Teoria dos tipos penais*: a parte especial do Código Penal, p. 112.

a) **Teoria da vontade**: dolo é a vontade dirigida ao resultado (Carrara). Age dolosamente a pessoa que, tendo consciência do resultado, pratica sua conduta com a intenção de produzi-lo.

b) **Teoria da representação**: haverá dolo quando o sujeito realizar sua ação ou omissão prevendo o resultado como certo ou provável (ainda que não o deseje) (Von Liszt e Frank). Por essa teoria, não haveria distinção entre dolo eventual e culpa consciente (que serão estudados a seguir, item 6.2).

c) **Teoria do consentimento ou do assentimento**: consentir na produção do resultado é o mesmo que querê-lo. Aquele que, prevendo o resultado, assume o risco de produzi-lo, age dolosamente.

Nosso Código Penal adotou a teoria da vontade (dolo direto) e a do consentimento (dolo eventual).

O **dolo** possui os seguintes **elementos**: a) *cognitivo ou intelectual* (representação), que corresponde à **consciência** da conduta, do resultado e do nexo causal entre eles; b) *volitivo*, vale dizer, **vontade** de realizar a conduta e produzir o resultado.

Interessante frisar que desde o finalismo a doutrina afirma que o dolo é composto somente destes elementos (consciência e vontade). No sistema neoclássico, entendia-se que além destes, o dolo era integrado pela consciência da ilicitude. Havia, portanto, três elementos: além do cognitivo (consciência), do volitivo (vontade), o normativo (consciência da ilicitude). O finalismo, porém, demonstrou corretamente que essa concepção era equivocada, uma vez que a consciência da ilicitude integra a culpabilidade e nada tem a ver com o dolo. A doutrina, para distinguir tais concepções quanto aos elementos do dolo, utiliza as seguintes expressões: dolo natural ou neutro (para designar o dolo do finalismo) e dolo híbrido ou normativo (para indicar o dolo do neoclássico).

O **dolo**, ademais, *abrange não só o objetivo* perseguido pelo sujeito (*dolo de primeiro grau*), **mas também os meios escolhidos** para a consecução desse fim e **as consequências secundárias inerentemente ligadas aos meios escolhidos** (*dolo de segundo grau ou dolo de consequências secundárias*). Se o agente, pretendendo matar um gêmeo siamês, efetua contra ele um disparo de arma de fogo letal e, como consequência secundária inerentemente ligada aos meios e ao fim pretendido, leva à morte do irmão, responde por dois homicídios a título de dolo direto (de primeiro grau em relação ao seu desafeto e de segundo grau no tocante ao seu irmão). Exemplo interessante de dolo de segundo grau nos é fornecido por Cezar Bitencourt[35]. Imagine um terrorista que, pretendendo matar um importante líder político, decida colo-

---

[35] *Tratado de direito penal*: parte especial, p. 26-27.

car uma bomba no automóvel oficial e, com a explosão, provoque a morte do político e do motorista. Haverá dolo direto com relação às duas mortes. A do líder político será imputada a título de dolo direto de primeiro grau e a do motorista, de segundo grau.

Não se pode confundir o dolo direito de segundo grau com o dolo eventual. No dolo de segundo grau as consequências secundárias são *inerentes* aos meios escolhidos. No exemplo acima, o emprego da bomba resultará, obrigatoriamente, na morte do líder político e de seu motorista. Já **no dolo eventual,** que se verifica quando alguém assume o risco de produzir determinado resultado (embora não o deseje), **o resultado apontado como consequência secundária *não é inerente*** ao meio escolhido; cuida-se de um evento que pode ou não ocorrer. Suponha, no exemplo mencionado, que, quando da explosão, uma motocicleta passava ao lado do automóvel oficial, o que provoca a morte do motociclista (nesse caso, haverá dolo eventual, pois o falecimento deste não era inerente ao meio escolhido).

6.2. Espécies de dolo

Existem diversas espécies de dolo, sendo fundamental assinalar a importância de cada classificação.

a) *dolo direto ou imediato*: dá-se quando o **agente quer produzir** o resultado (subdivide-se em dolo de primeiro e segundo grau – *vide* item 6.1);

b) *dolo indireto ou mediato*: subdivide-se em *eventual* (o agente não quer produzir o resultado, mas, com sua conduta, assume o risco de fazê-lo) e *alternativo* (o agente quer produzir um ou outro resultado, p. ex., matar ou ferir).

Há quem entenda que o dolo eventual difere do dolo direto quanto à possibilidade de tentativa. Explica-se: um crime considera-se tentado quando o agente, depois de dar início à sua execução, não consegue consumá-lo por circunstâncias *alheias à sua vontade*. Não seria possível, destarte, falar-se em dolo eventual no crime tentado, uma vez que esta figura pressupõe a "vontade" de produzir o resultado, elemento ausente no dolo eventual. É de ver, contudo, que o Código Penal equipara o dolo direto ao dolo eventual no art. 18, I, e, ao tratar da forma tentada (art. 14, II) não faz qualquer distinção expressa quanto à sua aplicação (essa posição é adotada pelo STJ[36]);

---

[36] Nesse sentido: "(...) Não se pode descurar, ademais, que a imputação de conduta dolosa engloba tanto o dolo direto quanto o eventual, não se verificando, dessarte, ofensa ao princípio da congruência. Aliás, a equiparação entre o dolo direto e o dolo eventual decorre do próprio texto legal, não se revelando indispensável apontar se a conduta foi praticada com dolo direto ou com dolo eventual (...)" (STJ, AgRg no REsp 1.845.152/RS, rel. Min. Joel Ilan Paciornik, 5ª T., j. 28-4-2020). E ainda: "(...)

c) *dolo de dano*: ocorre quando o agente pratica a conduta **visando lesar o bem jurídico** tutelado na norma penal;

d) *dolo de perigo*: **o sujeito visa somente expor o bem jurídico a perigo**, sem intenção de lesioná-lo.

Há crimes em que se mostra fundamental a análise do dolo, se de dano ou de perigo, para efeito de enquadrar corretamente a conduta e responsabilizar o agente.

Veja o caso do art. 130 do CP, que incrimina o ato de quem, sendo portador de doença venérea, realiza contato sexual capaz de transmiti-la. Se o agente pratica a conduta visando tão somente ao prazer sexual (dolo de perigo), incorre no *caput*, em que a pena é de detenção, de três meses a um ano. Se, por outro lado, objetiva transmitir a moléstia (dolo de dano), responde pela forma qualificada prevista no parágrafo (pena de reclusão, de um a quatro anos);

e) *dolo natural ou neutro*: é aquele que possui somente dois elementos: consciência e vontade (é a concepção dominante – *vide* item 6.1);

f) *dolo híbrido ou normativo*: é o que contém, além da consciência e da vontade, a consciência da ilicitude (teoria superada, pois a consciência da ilicitude faz parte da culpabilidade e não do dolo).

Conforme já se ponderou, há quase um consenso doutrinário a respeito de ser o dolo puramente natural ou neutro;

g) *dolo genérico*: trata-se da vontade de concretizar os elementos do tipo (presente em todos os crimes dolosos);

h) *dolo específico*: corresponde à intenção especial a que se dirige a conduta do agente e está presente em alguns delitos dolosos (ex.: na extorsão mediante sequestro – art. 159 do CP – o dolo genérico consiste na vontade livre e consciente de privar a liberdade de locomoção do ofendido; o específico, na intenção de obter alguma vantagem, como condição ou preço do resgate).

As expressões "dolo genérico" e "dolo específico" encontram-se defasadas, não sendo aceitas por boa parte da doutrina. O dolo compreende apenas a vontade de realizar os elementos do tipo. A intenção especial a que se dirige a conduta do sujeito, prevista em alguns crimes, configura elemento subjetivo específico do tipo;

Este Superior Tribunal reconhece a compatibilidade entre o dolo eventual e a tentativa, consequentemente cabível a decisão de pronúncia do agente em razão da suposta prática de tentativa de homicídio na direção de veículo automotor (...)" (STJ, REsp 1.486.745/SP, rel. Min. Sebastião Reis Júnior, 6ª T., j. 5-4-2018). Ver também: STJ, AgRg no REsp 1.786.201/RS, rel. Min. Joel Ilan Paciornik, 5ª T., j. 25-6-2019; AgRg no REsp 2.001.594/SP, rel. Min. Ribeiro Dantas, 5ª T., j. 16-8-2022; AgRg nos EDcl no REsp 2.041.588/DF, rel. Min. Joel Ilan Paciornik, 5ª T., j. 13-6-2023; e AgRg no HC 730.158/CE, rel. Min. Laurita Vaz, 6ª T., j. 12-9-2023.

i) *dolo geral* ou *dolus generalis*: ocorre quando o sujeito pratica uma conduta objetivando alcançar um resultado e, após acreditar erroneamente tê-lo atingido, realiza outro comportamento, o qual acaba por produzi-lo. Exemplo: para matar seu inimigo, alguém o golpeia fortemente, de modo que a vítima desmaia, fazendo o agente pensar equivocadamente que ela faleceu; em seguida, com a finalidade de simular um suicídio, deixa o ofendido suspenso em uma corda amarrada ao seu pescoço, asfixiando-o. Embora as opiniões se dividam, prevalece o entendimento de que o dolo do agente, exteriorizado no início de sua ação, generaliza-se por todo o contexto fático, fazendo com que ele responda por um único crime de homicídio doloso consumado (há quem entenda que ocorra uma tentativa de homicídio em concurso material com homicídio culposo)[37].

Não se pode confundir o dolo geral com o erro sobre o nexo causal (*aberratio causae*) ou com a figura da consumação antecipada.

No erro sobre o nexo causal realiza-se uma só conduta pretendendo o resultado, o qual é alcançado em virtude de um processo causal diverso daquele imaginado. Exemplo: uma pessoa joga seu inimigo de uma ponte sobre um rio (conduta), pretendendo matá-lo (resultado) por afogamento (nexo de causalidade esperado), mas a morte ocorre porque, durante a queda, o ofendido choca sua cabeça contra os alicerces da ponte (nexo de causalidade diverso do imaginado). A diferença fundamental entre o dolo geral e o erro sobre o nexo de causalidade reside no fato de que naquele há duas condutas, enquanto neste há somente uma.

A consumação antecipada é, pode-se dizer, o oposto do *dolus generalis*, porquanto se refere a situações em que o agente produz antecipadamente o resultado esperado, sem se dar conta disso. Exemplo: uma enfermeira ministra sonífero em elevada dose para sedar um paciente e, após, envená-lo; apura-se, posteriormente, que o óbito foi decorrência da dose excessiva de sedativo e não da peçonha ministrada *a posteriori*[38].

7. CULPA

7.1. Elementos do fato típico de crime culposo

São os seguintes: a) **conduta** voluntária; b) **resultado** involuntário; c) **nexo causal**; d) **tipicidade** (excepcional – *vide* item 7.11); e) **quebra do dever de cuidado objetivo**, por imprudência, negligência ou imperícia; f) **previsibilidade objetiva do resultado**; g) **relação de imputação objetiva**.

---

[37] Cf. Enrique Bacigalupo, *Direito penal*, Capítulo VI, n. 640.

[38] Cf. Enrique Bacigalupo, *Direito penal*, Capítulo VI, n. 639.

7.2. Dever de cuidado objetivo e previsibilidade do resultado

A culpa é elemento normativo da conduta no fato típico de crimes culposos.

Os tipos penais dos crimes culposos, na quase totalidade, são tipos penais abertos (o legislador não define em detalhes a conduta penalmente típica, apenas afirma que haverá crime se determinado resultado for produzido a título de culpa). Embora o tipo enfatize o resultado, isso não significa que sua produção seja suficiente para que haja delito. O fundamental no crime culposo não é a mera provocação do resultado, mas a maneira como ele ocorreu, isto é, se o resultado derivou de imprudência, negligência ou imperícia (CP, art. 18, II).

Para determinar quando surge a imprudência, a negligência e a imperícia, é necessário recorrer à noção de *dever de cuidado objetivo* (que constitui elemento do fato típico dos crimes culposos). Este corresponde ao dever, que a todos se impõe, de praticar os atos da vida com as cautelas necessárias, para que do seu atuar não decorram danos a bens alheios. Para saber exatamente qual o dever de cuidado objetivo no caso concreto, deve o intérprete imaginar qual a atitude que se espera de um homem dotado de mediana prudência e discernimento, na situação em que o resultado foi produzido. Se ele se comportou aquém do que se espera de uma pessoa comum em uma dada situação, terá desrespeitado o dever de cuidado objetivo, em uma das suas formas (imprudência, negligência ou imperícia).

A **compreensão do dever de cuidado objetivo completa-se com a noção de** *previsibilidade objetiva* (outro elemento do fato típico do crime culposo). Para saber qual a postura diligente, aquela que se espera diante de um "homem médio", é preciso verificar, antes, se o resultado, dentro daquelas condições, era objetivamente previsível (segundo o que normalmente acontece).

A imprevisibilidade do resultado isenta o agente de responsabilidade. O resultado não será imputado ao agente a título de culpa, mas será considerado obra do imponderável (caso fortuito ou força maior). Por previsibilidade objetiva, em suma, deve-se entender a possibilidade de antever o resultado, nas condições em que o fato ocorreu. A partir dela é que se constata qual o dever de cuidado objetivo (afinal, a ninguém se exige o dever de evitar algo que uma pessoa mediana não teria condições de prever).

A previsibilidade objetiva, como visto, é aquela determinada segundo o critério de uma pessoa de mediana prudência e discernimento. Sua ausência torna o fato atípico. Exemplo: um motorista conduz seu veículo acima do limite de velocidade permitido (imprudência) por uma estrada estreita; ao fazer uma curva, colide com um ciclista embriagado que se encontrava na contramão de direção. Suponha que, em função da própria estrada, não era possível de modo algum enxergar depois da curva, de tal forma que o condutor do automóvel não podia imaginar que havia uma pessoa naquele local. Além disso, mesmo que trafegasse em velocidade compatível com a via, não poderia evitar o acidente. Apesar de sua imprudência, o resultado era objetivamente imprevisível (não é possível imaginar que depois de cada curva haverá um ciclista embriagado na contramão de direção!), motivo pelo qual o fato será considerado atípico.

Ressalte-se, por fim, que, *se houver previsibilidade objetiva, mas faltar a previsibilidade subjetiva* **(segundo as aptidões pessoais do sujeito),** *o fato será típico, mas não haverá culpabilidade.*

Em síntese, o **processo de adequação típica do crime culposo envolve as seguintes etapas:** a) analisa-se qual o dever de cuidado objetivo na situação em que o fato ocorreu; b) verifica-se se o resultado produzido era objetivamente previsível; c) constatadas a quebra do dever de cuidado que a todos se impõe e a possibilidade de antever o resultado, segundo o que se espera de uma pessoa de mediana prudência e discernimento, o fato será considerado típico; d) a tipicidade é um indício da ilicitude do comportamento, que só não será antijurídico se praticado sob o amparo de alguma excludente de ilicitude; e) finalmente, analisa-se a previsibilidade subjetiva do resultado, ou seja, se o agente, conforme suas aptidões pessoais, podia antever o resultado produzido – se presente, o agente responderá pelo crime; se ausente, ficará excluída a culpabilidade.

7.3. O princípio do incremento do risco

A imputação do resultado nos crimes culposos tem merecido a reflexão de boa parte da doutrina, tendo muitos autores procurado substituir o sistema tradicional, acima exposto, por outro, fundado no princípio do incremento do risco. Para Roxin, pioneiro nessa avaliação, o intérprete deve adotar o seguinte procedimento: 1) examinar qual a conduta de todos esperada de acordo com os princípios do risco permitido; 2) compará-la com a do agente, com o escopo de verificar se ele aumentou o risco ao bem. Constatando-se o incremento do risco, haverá culpa, de modo que o sujeito responderá pelo resultado produzido, se prevista a forma culposa; caso contrário, não haverá crime[39].

O princípio acima assinalado não exclui o critério tradicional. Antes de afastá-lo, complementa-o.

7.4. Princípio da confiança

Uma pessoa não pode ser punida quando, agindo corretamente e na confiança de que o outro também assim se comportará, dá causa a um resultado

---

[39] *Problemas fundamentais de direito penal*, p. 257-258.

não desejado (ex.: o médico que confia em sua equipe não pode ser responsabilizado pela utilização de uma substância em dose equivocada, se para isso não concorreu; o motorista que conduz seu automóvel cuidadosamente confia que os pedestres se manterão na calçada e somente atravessarão a rua quando não houver movimento de veículos, motivo pelo qual não comete crime se atropela um transeunte que se precipita repentinamente para a via trafegável).

7.5. Modalidades de culpa

a) *Imprudência*: significa a **culpa manifestada de forma ativa**, que se dá com a quebra de regras de conduta ensinadas pela experiência; consiste no agir sem precaução, precipitado, imponderado. Exemplo: uma pessoa que não sabe lidar com arma de fogo a manuseia e provoca o disparo, matando outra pessoa; alguém dirige um veículo automotor em alta velocidade e ultrapassa o farol vermelho, atropelando outrem.

b) *Negligência*: ocorre quando o sujeito se porta sem a devida cautela, deixando de adotar uma providência que a experiência recomenda. É a **culpa que se manifesta na forma omissiva**. Note que a omissão da cautela ocorre antes do resultado, que é sempre posterior. Exemplo: mãe deixa um veneno perigoso à mesa, permitindo que seu filho pequeno, posteriormente, o ingira e morra.

c) *Imperícia*: é a **falta de aptidão para o exercício de arte ou profissão**. Deriva da prática de certa atividade, omissiva ou comissiva, por alguém incapacitado a tanto, por falta de conhecimento ou inexperiência. Exemplo: engenheiro que projeta casa sem alicerces suficientes e provoca a morte do morador.

Não se pode confundir imperícia com o conceito jurídico de *erro profissional*, sinônimo de erro de diagnóstico *escusável* (leia-se: que isenta de responsabilidade). Exemplo: o médico, ao tratar o paciente, aplicou a técnica que os livros de Medicina recomendavam. No entanto, seu diagnóstico estava errado, pois a pessoa contraíra outra doença, diversa da que ele imaginava. A pessoa, em face dos medicamentos receitados pelo profissional, tem seu processo de deterioração do organismo acelerado e acaba morrendo. Nesse caso, o profissional *não* responde pelo resultado, nem a título de culpa. A falha não foi do médico, que agiu de acordo com os conhecimentos de sua ciência, mas da própria Medicina (tanto que qualquer outro profissional medianamente preparado teria cometido o mesmo equívoco).

7.6. Culpa consciente e inconsciente. Diferença entre culpa consciente e dolo eventual

a) *Consciente*: é a **culpa com previsão**. O agente pratica o fato, prevê a possibilidade de ocorrer o resultado, porém, levianamente, confia na sua habilidade, e o produz por imprudência, negligência ou imperícia.

b) *Inconsciente*: é a **culpa sem previsão**. O sujeito age sem prever que o resultado possa ocorrer. Essa possibilidade nem sequer passa pela cabeça do agente, o qual dá causa ao resultado por imprudência etc.

Nos dois casos teremos crime culposo; contudo quando age com culpa consciente o sujeito comete uma ação ou omissão mais reprovável, merecendo pena maior do que aquele que age com culpa inconsciente.

Não se pode confundir culpa consciente com dolo eventual. Em ambos, o agente prevê o resultado, mas *não* deseja que ele ocorra; porém, **na culpa consciente, ele tenta evitá-lo, enquanto no dolo eventual mostra-se indiferente quanto à sua ocorrência**, não tentando impedi-lo. Assim, por exemplo, se o agente dirige um veículo perigosamente e em alta velocidade e vê um pedestre atravessando a rua, tentando, sem êxito, evitar o atropelamento, teremos culpa consciente. Se, nas mesmas circunstâncias, em vez de buscar evitar o acidente, o motorista continua com sua direção imprudente, pensando "se morrer, morreu", haverá dolo eventual.

7.7. Culpa própria e culpa imprópria

Culpa própria é a que vem sendo estudada, ou seja, aquela oriunda de uma conduta imprudente, negligente ou imperita. Imprópria, por outro lado, é a chamada "culpa por equiparação" ou "por assimilação", pois, em verdade, o sujeito não pratica um ato culposo, embora responda por crime culposo, por força de determinação legal; nesta, o sujeito realiza um ato doloso, isto é, almejando determinado resultado, mas em face de um erro na avaliação dos fatos, fazendo com que compreenda mal o que ocorreu, o legislador decide puni-lo na forma culposa. No Código Penal, ela se dá em duas situações: no erro de tipo inescusável, evitável ou vencível (art. 20, § 1º) e no excesso culposo nas excludentes de ilicitude (art. 23, parágrafo único).

Acompanhe esse exemplo: um aluno deixa a sala de aula no período noturno, levando seu *Vade Mecum* a tiracolo, com todas as anotações de estudo. Caminhando pela via pública, nota que alguém dele se aproxima com passos largos, nitidamente em sua direção. Assustado e supondo que o sujeito ira roubar seu *Vade Mecum*, o aluno se volta repentinamente contra a pessoa e começa a golpeá-la violentamente com o livro, provocando-lhe lesões corporais. Perceba que ele desfere dolosamente os golpes que causam hematomas no agente. O aluno, porém, avaliou mal a situação, pois, em verdade, a pessoa que ele agrediu era um colega de sala, que caminhava rapidamente para alcançá-lo, pois ele havia esquecido seu *smartphone* na sala. Nesse caso, em razão do erro cometido, o Código determina que o aluno responderá por lesão corporal **culposa**. É uma situação clara de culpa **imprópria**. Ele não desferiu os golpes por imprudência, negligência ou imperícia; ao contrário, o fez dolosamente. Incorreu, porém, em erro, ao supor que o amigo era um ladrão.

Trata-se de um erro evitável, pois com uma diligência mínima, consistente em olhar para a pessoa antes de agredi-la, teoria notado que não estava na iminência de ser roubado. Esse exemplo corresponde a uma situação de legítima defesa putativa ou imaginária, instituto que, do ponto de vista dogmático, constitui erro de tipo permissivo (art. 20, § 1º, do CP).

7.8. Culpa mediata ou indireta

A **culpa mediata ou indireta** se verifica com a **produção indireta de um resultado de forma culposa.** Imagine um assaltante que aborda um motorista parado no semáforo, assustando-o de tal modo que ele acelere o veículo impensadamente e colida com outro automóvel que cruzava a via, gerando a morte dos envolvidos no acidente. Aquele que produziu a conduta inicial (o assaltante, no exemplo elaborado) não responderá pelo resultado indireto, a não ser que: 1) haja nexo causal entre sua conduta e o resultado posterior; e 2) o resultado final possa ser considerado como um desdobramento previsível (o que de fato ocorreu no exemplo citado) e esperado (o que dependerá, na hipótese formulada, dos elementos do caso concreto).

7.9. Graus de culpa

Há três **graus de culpa: levíssima, leve e grave.** A doutrina diverge acerca da relevância da graduação da culpa para fins penais. Há, de um lado, aqueles que sustentam não fazer nenhuma diferença o grau de culpa para fins de responsabilização criminal. Outros, por sua vez, afirmam ser o fato praticado com culpa grave mais reprovável do que o praticado com culpa leve, motivo por que a graduação influenciaria na dosimetria da pena (sanção maior para a culpa grave, por serem as circunstâncias judiciais – art. 59, *caput*, do CP – menos favoráveis ao agente).

7.10. Concorrência e compensação de culpas

Se duas ou mais pessoas agem culposamente e juntas dão causa a um resultado, fala-se em concorrência de culpas. Nesse caso, **ambas responderão pelo resultado,** cada uma **na medida de sua culpabilidade.** Exemplo: *A* dirige na contramão e *B*, em alta velocidade; ambos colidem e matam *C*. Os dois responderão por homicídio culposo, pois suas condutas imprudentes somaram-se na produção do resultado.

Fala-se em *compensação de culpas (figura que não existe em direito penal)* quando, além do sujeito, a **vítima também agiu culposamente.** Exemplo: alguém, dirigindo em alta velocidade e na contramão de direção, atropela e mata uma pessoa que atravessava fora da faixa de pedestres. A atitude imprudente do pedestre não exime ou atenua a responsabilização penal do atropelador (poderá, no máximo, gerar um reflexo na pena, servindo o comportamento da vítima como uma circunstância judicial favorável ao réu – art. 59, *caput*, do CP).

7.11. Excepcionalidade do crime culposo

De acordo com o art. 18, parágrafo único, do CP, os delitos são punidos, de regra, apenas na modalidade dolosa. O fato só constituirá crime, quando cometido culposamente, se o texto legal o indicar mediante expressões como "se o homicídio é culposo", "se a lesão é culposa", "se culposo o incêndio" (arts. 121, § 3º, 129, § 6º, e 250, § 2º, respectivamente); "se o crime é culposo" (arts. 252, parágrafo único, e 256, parágrafo único); ou "no caso de culpa" (arts. 251, § 3º, e 259, parágrafo único). Vale ressaltar que no crime de receptação culposa (art. 180, § 3º, com redação dada pela Lei n. 9.426/96) o Código Penal não faz nenhuma referência expressa no sentido de constituir o tipo a modalidade culposa, muito embora isso configure opinião unânime da doutrina.

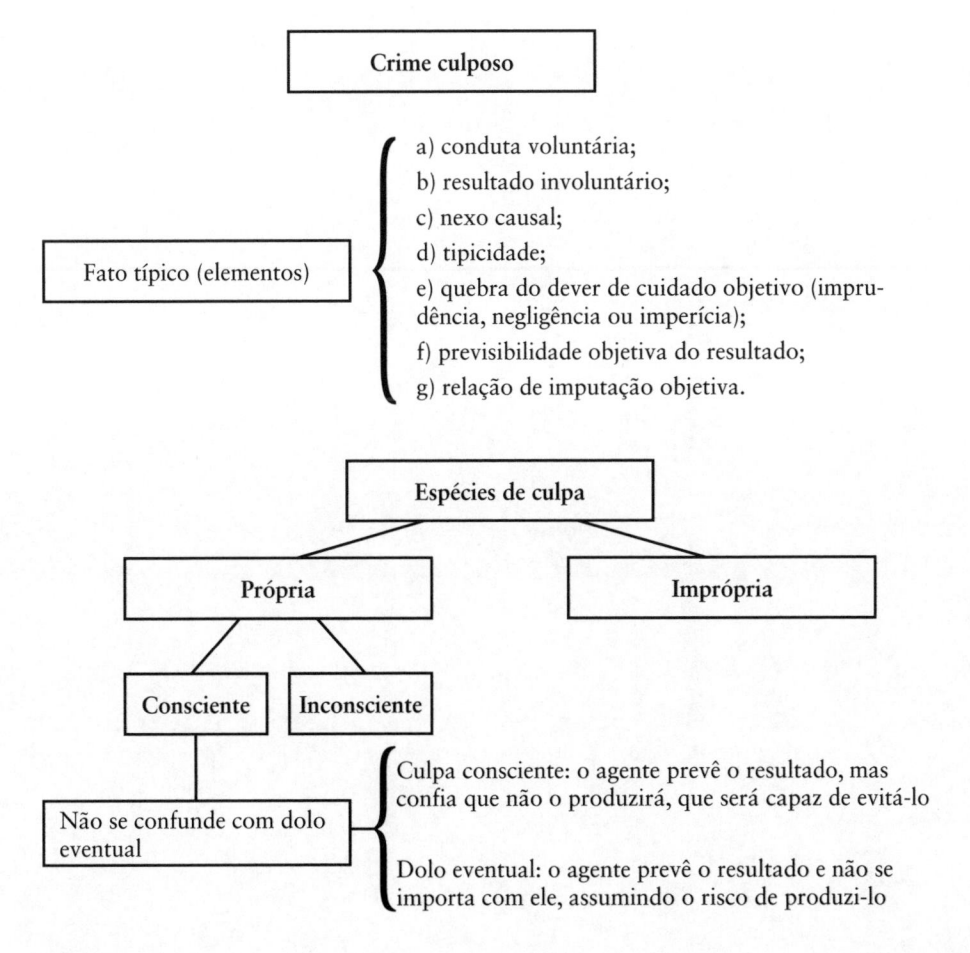

Crime culposo

Fato típico (elementos)
- a) conduta voluntária;
- b) resultado involuntário;
- c) nexo causal;
- d) tipicidade;
- e) quebra do dever de cuidado objetivo (imprudência, negligência ou imperícia);
- f) previsibilidade objetiva do resultado;
- g) relação de imputação objetiva.

Espécies de culpa

Própria — Imprópria

Consciente — Inconsciente

Não se confunde com dolo eventual

Culpa consciente: o agente prevê o resultado, mas confia que não o produzirá, que será capaz de evitá-lo

Dolo eventual: o agente prevê o resultado e não se importa com ele, assumindo o risco de produzi-lo

8. PRETERDOLO

Além das espécies de crimes já estudados (doloso e culposo), reconhece-se um *tertium genus*: o **crime preterdoloso ou preterintencional**, em que o resultado vai além da intenção do agente. Ele quer um resultado e o atinge, mas sua conduta enseja outro evento, por ele não desejado (obtido culposamente). Ocorre "dolo no antecedente e culpa no consequente". Importante assinalar que o agente só responderá pelo resultado que agrava a pena se para ele concorrer, ao menos, culposamente (CP, art. 19).

O **crime preterdoloso** é uma das **espécies de *crime qualificado pelo resultado*** (gênero). Podemos ter ainda crimes dolosos, agravados por resultados dolosos (ex.: latrocínio, no qual a morte pode derivar de culpa *ou* *dolo*), ou crimes culposos, agravados por resultados igualmente culposos (ex.: incêndio culposo agravado pelo resultado morte).

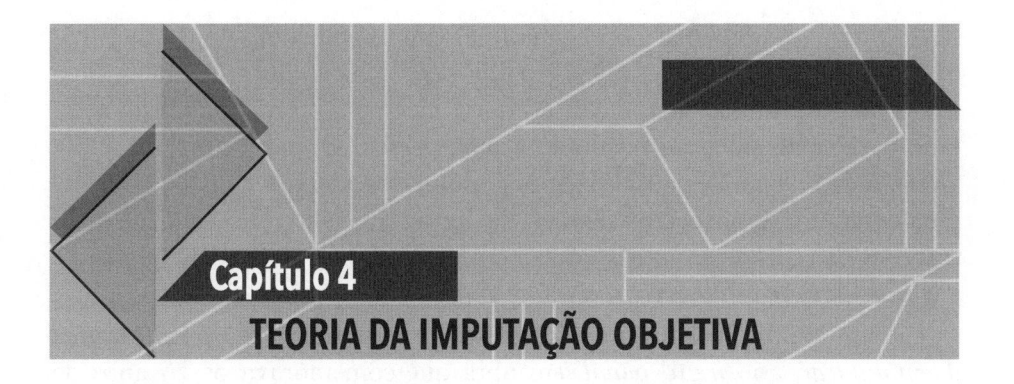

Capítulo 4
TEORIA DA IMPUTAÇÃO OBJETIVA

1. O QUE É A RELAÇÃO DE IMPUTAÇÃO OBJETIVA (*OBJEKTIVEN ZURECHNUNG*)?

De modo sucinto, pode-se dizer que a **teoria geral da imputação objetiva** (conforme concebida por Roxin) consiste **num conjunto de pressupostos jurídicos que condicionam a relação de imputação** (atribuição) **de um resultado jurídico** (ou normativo) a **um determinado comportamento** (penalmente relevante).

Luís Greco a conceitua como "o conjunto de pressupostos que fazem de uma causação uma causação típica, a saber, a criação e realização de um risco não permitido em um resultado"[1].

2. HISTÓRICO DA TEORIA GERAL DA IMPUTAÇÃO OBJETIVA

Coube a Claus **Roxin, precursor da teoria,** indicar sua árvore genealógica. Segundo ele, quem primeiro introduziu, no âmbito do Direito, o conceito da imputação de uma conduta a um resultado como problema de cunho jurídico (e não naturalístico) foi o civilista Karl Larenz, em 1927.

Esse autor definira o conceito de imputação para o Direito, em sua tese de doutorado, intitulada *A teoria da imputação de Hegel e o conceito de imputação objetiva* (*Hegels Zurechnunglehre und der Begriff der objektiven Zurechnung*). Nessa obra, Larenz demonstra intensa preocupação em estabelecer os *pressupostos jurídicos adequados* para determinar quais consequências de nossos atos podem nos ser atribuídas como *obras nossas* e quais são *obras do acaso*.

Richard Honig, em 1930, trouxe para o Direito Penal a mesma preocupação de Larenz, em seu artigo "Causalidade e imputação objetiva"

---

[1] A teoria da imputação objetiva: uma introdução, in Claus Roxin, *Funcionalismo e imputação objetiva no direito penal*, p. 15.

(Kausalität und objektive Zurechnung). Honig tomou como ponto de partida a polêmica existente entre a teoria da equivalência dos antecedentes e a teoria da causalidade adequada[2], no que concerne à busca do critério acertado para se atribuir um resultado a uma pessoa. O autor concluiu que a aferição da relação de causalidade material não poderia ser (mais) considerada como um dos aspectos centrais da Teoria do Delito. No lugar de pressupostos causalísticos (ou materiais), deveria o jurista valer-se de *requisitos jurídicos para se estabelecer um liame entre ação e resultado.*

Em 1970, Claus Roxin escreveu suas *Reflexões sobre a problemática da imputação no direito penal*, em obra que comemorava os 70 anos de nascimento de Honig (*Festschrift fur Richard M. Honig*). No ensaio mencionado, Roxin resgatou o pensamento de Honig quanto à rejeição da importância da causalidade material, e elaborou as bases fundamentais da "moderna" teoria da imputação objetiva (calcada no princípio do risco).

"(...) a questão jurídica fundamental não consiste em averiguar se determinadas circunstâncias se dão, mas em estabelecer os critérios em relação aos quais queremos imputar a uma pessoa determinados resultados. A alteração da perspectiva que aqui se leva a cabo, da causalidade para a imputação, faz com que o centro de gravidade se desloque, já em sede de teoria da ação, da esfera ontológica para a normativa: segundo esta, a questão de saber se é possível imputar a um homem um resultado como obra sua, depende, desde o início, dos critérios de avaliação a que submetemos os dados empíricos. Por conseguinte, se, como faz Honig, colocarmos no centro de toda a discussão jurídico-penal 'o juízo de imputação com o seu caráter específico e basicamente distinto do juízo causal', tal implica a tese, hoje muito discutida, da normatividade do conceito jurídico-penal de ação"[3].

A principal diferença entre a moderna teoria da imputação objetiva (Roxin) e sua concepção original (Larenz e Honig) consiste em "primeiramente, a formulação moderna trabalha com a ideia de risco, de perigo, ainda não presente de forma explícita nas primeiras construções; em segundo lugar, a formulação moderna desenvolve uma série de critérios de exclusão da

---

[2] Pela teoria da causalidade adequada, pode-se dizer, em síntese, que somente haverá relação de causalidade entre uma conduta e um resultado, se aquela se mostrar como a causa mais adequada a produzi-lo, segundo um juízo de probabilidade. Esta teoria baseia-se num juízo de prognose póstumo-objetiva, em que se verifica, em primeiro lugar, se uma pessoa dotada de conhecimentos medianos poderia antever o resultado como provável ou possível na situação em que o agente se encontrava. Se a resposta for afirmativa e, portanto, o resultado puder ser antevisto como provável ou possível diante da conduta praticada, ficará estabelecida a relação de causalidade.

[3] Claus Roxin, *Problemas fundamentais de direito penal*, p. 145-146.

imputação, enquanto as teorias primitivas esgotavam-se, fundamentalmente, em excluir os resultados imprevisíveis"[4], isto é, cuidavam dos chamados "cursos causais extraordinários".

3. A IMPUTAÇÃO OBJETIVA SEGUNDO CLAUS ROXIN

O citado autor intenta, em suas primeiras concepções, construir uma *teoria geral da imputação objetiva*, aplicável aos crimes materiais. Para ele, a imputação objetiva deveria *substituir* a relação de causalidade, abandonando-se de vez o "dogma da causalidade" (fundado na teoria da equivalência dos antecedentes ou da *conditio sine qua non*).

Com efeito, afirmava o penalista alemão: "Esta redução da possibilidade objetiva com base no princípio do risco, possibilita uma divisão do nosso critério que poderia permitir elaborar, para os crimes de resultado, uma teoria geral da imputação *completamente desligada do dogma causal*"[5].

Roxin qualificou a teoria da equivalência de "invenção metodologicamente infeliz", já que: "[...] necessita de inúmeras correções, cuja dificultosa fundamentação anula a vantagem da simplificação conseguida através da aplicação da teoria da condição; além disso, coloca novos problemas, os quais ficam excluídos à partida se os critérios de imputação orientados para a realidade se aplicarem"[6].

Em seus estudos mais recentes, todavia, nota-se que Claus Roxin admite a necessidade de aferição da relação de causalidade. É o que deflui do seguinte trecho: "Uma tal imputação objetiva, nos delitos comissivos, é de antemão impossível se o autor não causou o resultado. Quando, por ex., não se puder comprovar que um determinado medicamento é causa das lesões ocorridas nos pacientes com ele tratados, não se pode considerar que o fabricante do medicamento tenha lesionado alguém. Por causa disso, a teoria do nexo de causalidade (ao menos nos delitos comissivos, os únicos de que aqui se vai tratar) é o fundamento de toda imputação ao tipo objetivo. O primeiro pressuposto de toda realização do tipo é sempre que o autor tenha causado o resultado. Contudo, ao contrário do que antigamente se supunha, para que o tipo objetivo se considere realizado não basta estarem presentes a causalidade e as elementares escritas. (...) Como veremos, além do acaso, há outros motivos que podem excluir uma imputação ao tipo objetivo"[7].

---

[4] Luís Greco, *A teoria da imputação objetiva*, p. 15.
[5] *Problemas fundamentais de direito penal*, p. 148-149, grifo nosso.
[6] *Problemas fundamentais de direito penal*, p. 151.
[7] *Funcionalismo e imputação objetiva no direito penal*, p. 270.

No Brasil, Damásio de Jesus sustentava que a teoria da imputação objetiva virá a substituir a relação de causalidade material, embora admita que, no estágio atual de sua evolução, serve ela de complemento à causalidade objetiva. "[A teoria da imputação objetiva] pretende substituir o dogma causal material por uma relação jurídica [normativa] entre a conduta e o resultado. Tem a missão de resolver, do ponto de vista normativo, a atribuição de um resultado penalmente relevante a uma conduta. Assim, apresenta-se, no futuro, como substituta da doutrina da causalidade material, procurando dar melhor explicação a questões que o finalismo não conseguiu resolver. No momento, sem prescindir da causalidade objetiva, é seu complemento, atuando na forma de critério restritivo do dogma causal material"[8].

3.1. Os níveis de imputação conforme Roxin

Deve-se frisar, de início, que para Roxin a imputação ao tipo objetivo constitui problema ligado aos crimes que exigem resultado desvinculado no tempo e no espaço da conduta do agente.

"Um resultado espaço-temporalmente distinto da ação do autor. Nos delitos de simples atividade, como a violação do domicílio (§ 123) ou o falso testemunho (§ 154), a imputação ao tipo objetivo esgota-se na subsunção sob os elementos específicos do tipo em questão. [...] Nos delitos de resultado, pelo contrário, é de se decidir de acordo com regras gerais se a lesão ao objeto da ação (por ex., a uma pessoa nos §§ 212, 213, ou a uma coisa, no § 313), pode ser imputada ao acusado como obra sua; se não for este o caso, não terá ele matado, lesionado, danificado, etc., no sentido da lei"[9].

Em sua teoria geral da imputação objetiva (ligada aos crimes materiais ou de resultado, como se viu), o **penalista a estrutura a partir de *três níveis de imputação*** (ou *três requisitos jurídicos para se imputar um resultado jurídico a uma determinada conduta*). São eles: a) *a criação ou o incremento de um risco proibido e relevante*; b) *a realização do risco no resultado*; e c) *a exigência de que o resultado esteja dentro do alcance do tipo.*

a) Criação ou incremento de risco proibido e relevante.

O *primeiro nível de imputação* requer que **o sujeito tenha produzido (ou aumentado) um risco relevante e proibido**, caso contrário (riscos irrelevantes, permitidos ou diminuídos), ter-se-á um fato penalmente atípico.

---

[8] *Imputação objetiva*, p. 23-24, colchetes nossos.

[9] *Funcionalismo e imputação objetiva no direito* penal, p. 267-268. Os parágrafos citados referem-se aos crimes de homicídio, lesão corporal e dano, no Código Penal alemão.

Roxin indica como riscos irrelevantes os "**riscos gerais da vida**" (p. ex., induzir alguém a praticar paraquedismo, na esperança de que um dia o aparelho falhe e a vítima faleça, ou incentivar uma pessoa a realizar viagem de automóvel por uma estrada perigosa, visando a ocorrência de um acidente fatal). Desta forma, quem se aproveita de tais riscos não pode ser considerado responsável pelo resultado, já que este não pode ser tido como *sua* obra.

Outra categoria com a qual o autor trabalha é a dos "**riscos permitidos**". Se o sujeito produziu um risco permitido, não há imputação objetiva ao resultado (e, como consequência, a responsabilidade penal). Consideram-se riscos permitidos os autorizados em face de sua utilidade social, como o decorrente do tráfego de automóveis (dentro das regras de trânsito), a correta utilização da *lex artis* (no caso da Medicina ou da Engenharia, por exemplo), a prática de esportes, dentre outros.

Segundo Roxin, também se compreendem no risco permitido os casos aos quais se aplica o **princípio da confiança**. De acordo com tal princípio, não se pune quem pratica o fato na confiança de que terceiros, de quem se espera uma atitude subsequente, realizaram um ato conforme o Direito; por exemplo, se um motorista de veículo automotor trafega na via preferencial, confia que o outro irá aguardar sua passagem, dando-lhe a preferência – se isto não ocorrer, não se poderá imputar àquele que trafegava na via principal qualquer responsabilidade pelo acidente, ainda que fosse possível a ele evitá-lo, reduzindo a marcha do veículo.

O **princípio da confiança** também incide com relação a condutas precedentes à do autor do fato, quando este age na crença de que a pessoa que lhe antecedeu atuou conforme o Direito; por exemplo, se um médico emprega material cirúrgico, confia que seus assistentes o esterilizaram corretamente – caso isto não tenha ocorrido, ao médico não se imputará a infecção contraída no paciente, cabendo tal responsabilidade exclusivamente aos seus antecessores.

O autor ensina, também, que um **comportamento redutor do risco** proibido e relevante gerado por terceiro não age de modo contrário ao Direito e, por tal razão, não se imputará a ele objetivamente o resultado produzido (p. ex., se uma pessoa convence um furtador a subtrair da vítima mil reais, ao invés de cinco mil, não comete furto, embora tenha influenciado no ato criminoso).

Vale destacar que **os casos de diminuição do risco não se confundem com os de aplicação de alguma excludente de ilicitude**, como estado de necessidade ou legítima defesa.

Na diminuição do risco, o sujeito atua diretamente sobre um risco alheio, sobre ele intervindo de modo a reduzir o dano ao bem jurídico que esse provocaria. Assim, por exemplo, o sujeito que, no banco do passageiro, observa o motorista desfalecer, toma o volante e desvia de um pedestre que seria atingido mortalmente, produzindo-lhe, porém, uma lesão corporal grave, ao atingi-lo no braço.

Nas hipóteses de exclusão da ilicitude, o sujeito cria risco diverso, para salvar outro bem jurídico de um dano.

Por exemplo: se um transeunte, observando que um pedestre está prestes a ser atingido por um automóvel desgovernado, o empurra bruscamente para desviá-lo da rota de colisão e, como resultado, lhe produz lesão corporal grave, agiu em estado de necessidade – excludente de ilicitude.

b) Realização do risco no resultado.

O *segundo nível de imputação*, a ser analisado depois da verificação da criação ou incremento de um risco relevante e proibido, **consiste em constatar se o risco produzido se refletiu no resultado (ou se este foi produto de outros fatores).**

Nesse contexto, são analisadas as "causas imprevisíveis" ou "cursos causais extraordinários ou hipotéticos" (ou, ainda, causas supervenientes relativamente independentes à conduta). Não se imputará objetivamente um resultado ao autor, quando este não detinha controle sobre o desenrolar causal dos acontecimentos. Destarte, por exemplo, o atropelador não responde pela morte do pedestre ferido se esta se deu por força de um incêndio no hospital[10].

Também se enquadram neste nível de imputação os riscos que não tiveram nenhuma influência no resultado (e, portanto, teriam ocorrido de qualquer maneira). Há casos nos quais o resultado teria ocorrido de qualquer modo, ainda que o agente empregasse toda a diligência recomendada para a situação. Em assim sendo, não se poderá imputar a ele o resultado produzido. O conhecido exemplo do fabricante de um pincel com pelo de cabra pode ser analisado sob este enfoque. Se o fabricante deixar de fornecer a seus funcionários equipamentos adequados de proteção individual, e eles vierem a contrair uma infecção letal, não haverá imputação objetiva da morte ao ato do fabricante, caso se comprove que o evento letal se dera por influência de um bacilo até então desconhecido, cujo contágio seria inevitável, ainda que os equipamentos e normas técnicas de segurança houvessem sido corretamente aplicados.

Por derradeiro, insere o autor, no segundo nível de imputação, os resultados não compreendidos no fim de proteção da norma. Cuida-se de

---

[10] É de registrar que, para tais casos, nosso Código Penal vigente contém expressa solução (cf. art. 13, § 1º).

perquirir, diante de uma norma de cuidado, qual a finalidade para que fora ela instituída, isto é, o que ela visava proteger. Daí verifica-se se havia correlação entre o resultado ocorrido e a norma violada, ou seja, se o resultado produzido encontrava-se no âmbito daquilo que a norma de cuidado procurava evitar.

Roxin exemplifica, recorrendo à norma de cuidado que exige dos ciclistas, durante a noite, utilizarem um farol. Trata-se de norma de cuidado, cujo escopo é proteger o próprio ciclista contra acidentes pessoais. Assim, caso dois ciclistas andem com farol apagado e o que vai à frente seja abalroado por um veículo, não se pode imputar a morte ao outro ciclista, muito embora se comprove que se ele tivesse acionado o farol, evitaria a morte. A norma de proteção visa evitar acidentes pessoais e não em terceiros.

c) Resultado no alcance do tipo.

O *terceiro e último nível de imputação*[11] consiste em examinar se o **risco gerado está compreendido no alcance do tipo**[12]. Constatados os níveis anteriores de imputação, deve-se analisar se o risco encontra-se dentro do "alcance do tipo, o fim de proteção da norma inscrita no tipo (ou seja, da proibição de matar, ferir, danificar, entre outras)". Pode haver casos, segundo Roxin, em que o tipo não compreende "resultados da espécie do ocorrido, isto é, quando o tipo não for determinado a impedir acontecimentos de tal ordem. Esta problemática é relevante em especial nos delitos culposos"[13].

Com relação aos delitos dolosos, o exame do risco estar compreendido no alcance do tipo incriminador tem relevância em três situações: a) *autocolocação dolosa em perigo*; b) *heterocolocação consentida em perigo*; c) *âmbito de responsabilidade de terceiros.*

Por "autocolocação dolosa em perigo", Roxin entende as situações em que o ofendido se coloca dolosamente numa situação de perigo. Essa atitude exclui a responsabilidade de terceiros pelos resultados sofridos pela vítima. Assim, por exemplo, se alguém realiza algum contato sexual desprotegido com outrem, sabendo ser este portador do vírus HIV, fica afastada a responsabilidade do parceiro decorrente do contágio venéreo.

---

[11] A existência deste terceiro nível de imputação constitui uma das peculiaridades da teoria de Roxin.

[12] Roxin, inicialmente, fazia uso da expressão "risco compreendido no âmbito de proteção da norma". Para evitar confusões, no sentido de entender qual a "norma" a que seu critério fazia referência (isto é, a norma proibitiva constante do tipo penal e não outras eventualmente consideradas, como as normas de trânsito etc.), passou a utilizar "risco compreendido no alcance do tipo".

[13] *Funcionalismo e imputação objetiva no direito penal*, p. 352.

Nos casos de "heterocolocação consentida em perigo", Roxin examina fatos em que o ofendido autoriza, de modo livre e consciente, a que alguém o coloque em situação perigosa, como ocorre no exemplo do passageiro que solicita carona a um motorista visivelmente embriagado, vindo a ferir-se num acidente automobilístico.

Há, finalmente, a chamada "responsabilidade de terceiros" no resultado, a qual afasta a imputação objetiva de quem produziu inicialmente o risco proibido e relevante. Roxin enquadra as situações de erro médico neste âmbito. Segundo o autor, em matéria de erro médico, devem-se distinguir os casos em que o erro *substitui* o perigo gerado daqueles em que o erro *não impede* a realização do risco no resultado.

Quando o erro médico substitui o perigo, só o profissional responde pelo resultado (p. ex., se a vítima de um atropelamento, ao ser submetida a uma intervenção cirúrgica, vem a falecer por decorrência de um choque anafilático, o atropelador responde somente pelas lesões, imputando-se a morte, exclusivamente, ao médico).

Quando o erro não impede a realização do resultado, vale dizer, o médico imperitamente deixa de empregar a diligência recomendada a um profissional mediano, deve-se analisar o grau de culpa em que o profissional da Medicina incorreu. Havendo culpa leve de sua parte, tanto o médico quanto o produtor do risco inicial (p. ex., o motorista que atropelou a vítima hospitalizada) responderão pelo resultado. Ocorrendo culpa grave, só o médico responderá pelo evento final.

4. A IMPUTAÇÃO OBJETIVA SEGUNDO JAKOBS

Um dos pontos fundamentais em que a teoria da imputação objetiva de Günther Jakobs distancia-se da de Claus Roxin reside no enfoque dado à relação de causalidade material.

Enquanto Roxin propôs, inicialmente, que ela deveria ser completamente substituída pela relação de imputação objetiva, embora depois admitisse sua premência, Jakobs sempre sustentou ser impossível abrir mão de um mínimo de causalidade material na aferição da responsabilidade penal.

Nesse sentido, **a imputação objetiva cumpriria um papel negativo, vale dizer, atuaria como uma teoria para *restringir* o alcance do nexo causal fundado na teoria da equivalência dos antecedentes.** Essa abordagem também se faz presente no escólio de Enrique Bacigalupo e Juarez Tavares.

Segundo Jakobs, depois de se aferir a existência de nexo causal entre a conduta e o resultado, segundo a teoria da *conditio sine qua non*, por meio do processo de eliminação hipotética, deve-se verificar se houve imputação objetiva entre a conduta e o resultado, de modo que esta teoria age como um *freio* (e não como substituto) da relação de causalidade material.

Günther Jakobs **estrutura** a teoria da imputação objetiva a partir das seguintes **premissas:** a) a **imputação objetiva** é **vinculada a uma sociedade** concretamente considerada; b) o **contato social gera riscos;** e c) a imputação objetiva **enfoca apenas comportamentos que violam um determinado papel social.**

A imputação enquanto forma, isto é, a tarefa de se determinar quando alguém deve responder por seus atos, segundo Jakobs, sempre se fez presente na história da humanidade.

O autor cita, como exemplo, a passagem do Gênesis, em que Adão procurou justificar-se perante Deus, dizendo que a maçã que comera lhe fora dada por Eva, a mulher que Ele havia criado. Adão, portanto, relatava o fato e, ao mesmo tempo, procurava se defender, transferindo a responsabilidade à mulher que o próprio Criador lhe enviara.

O que varia no tempo e no espaço – em função de uma *sociedade concretamente considerada* – é o conteúdo da imputação, ou seja, a eleição de quais critérios são adequados para que se possa atribuir a alguém a responsabilidade por seus atos.

Todo *contato social* sempre produz algum perigo. Trata-se de contingência inafastável do convívio humano. Desde um simples aperto de mão, capaz de transmitir germes, passando pelo ato de dividir alguma comida, até atitudes como permitir que seus filhos pequenos brinquem com outras crianças, conduzir automóveis, servir bebidas alcoólicas, produzir bens de consumo, entre outras, todo contato humano traz um potencial irremediável de perigo.

Estes perigos jamais podem ser eliminados por completo, sob pena de se paralisar a sociedade. Assim, o que se pode esperar razoavelmente das pessoas não é que não gerem quaisquer perigos, mas que cumpram um determinado papel social. Não se pode impedir, por exemplo, que o garçom sirva bebidas alcoólicas no interior do estabelecimento, mas se pode proibir o ato de fazê-lo a um menor de 18 anos. Não há como impedir a fabricação de veículos automotores, embora se possa exigir dos fabricantes a observância de normas técnicas, para que os carros estejam dentro de *standards* de segurança automotiva. É impossível impedir que restaurantes sirvam comidas a seus clientes, porém, pode-se obrigá-los a cumprir seu papel social mediante a observância de regras sanitárias.

A imputação objetiva apenas guarda referência com comportamentos que violam determinado papel social. Jakobs fornece alguns exemplos em que não há imputação objetiva do resultado ao agente que se manteve dentro do papel social que lhe é atribuído: a) se um mecânico de automóveis conserta um veículo automotor, mesmo tendo ciência de que seu dono tem o costume de trafegar desrespeitando o limite de velocidade, não se poderá imputar a ele algum acontecimento fatal decorrente da imprudência do motorista; e b) se o garçom serve uma garrafa de vinho a um cliente, mesmo sabendo que ele sairá do estabelecimento conduzindo um automóvel, não será responsabilizado pela morte decorrente do acidente automobilístico causado por conta da embriaguez ao volante.

Em sua obra *A imputação objetiva no direito penal*, Jakobs procura assentar as premissas acima e, em seguida, estabelecer os princípios que, segundo sua teoria, afastam a responsabilidade pelo ato (ainda que exista relação de causalidade material).

O **primeiro princípio** que afasta a imputação *consiste na criação de um risco permitido*. Na visão de Jakobs, este se dá nas seguintes situações: a) normas jurídicas que autorizam comportamentos perigosos, como ocorre, por exemplo, com as regras de trânsito de veículos automotores, as práticas desportivas autorizadas ou normas técnicas de atividades industriais; b) fatos socialmente adequados, por exemplo, um passeio de automóvel com amigos ou o ato de levar alguém a uma caminhada por uma montanha; c) fatos relacionados com uma determinada *lex artis*, ou seja, comportamentos praticados com a estrita observância das regras técnicas de determinada atividade, como a Medicina ou a Engenharia; e d) autorizações contidas em normas extrapenais, por exemplo, o emprego de desforço imediato na defesa da posse de um bem imóvel.

O autor desenvolve, ainda nesta esfera, conceitos de compensação do risco e de variabilidade do risco.

A compensação de um risco pode ser levada a cabo somente quando a lei não estabeleça determinado padrão, pois a existência de determinado *standard* normativo indica, justamente, que o legislador não pretendeu admitir qualquer tipo de compensação de risco. Por tal motivo, se um motorista conduz seu automóvel em estado de embriaguez, essa atitude não ficará compensada por sua maior experiência ou habilidade ao volante.

Já a noção de variabilidade do risco é utilizada para indicar que o mesmo comportamento produtor de risco pode variar conforme o papel social do agente. Se a mãe cuida da ferida de seu filho e, para isto, emprega um material não esterilizado, não há falar, objetivamente, em delito, ainda que daí tenha havido um agravamento das lesões. Se um médico, por outro lado, age de modo semelhante, há imputação objetiva ao tipo penal das lesões corporais.

O **segundo princípio** com o qual Jakobs trabalha é o **princípio da confiança**. Ensina o autor que, na vida em sociedade, as pessoas não podem ser obrigadas a sempre desconfiar dos outros, supondo constantemente que as demais pessoas não cumprirão seu papel social. Justamente por isso, haverá exclusão da responsabilidade penal quando alguém agir confiando que outrem cumprirá o seu papel.

Esse princípio, na doutrina de Jakobs, não ingressa no conceito de risco permitido, muito embora se projeta de modo semelhante ao desenvolvido por Roxin.

O *terceiro princípio* é o da *proibição do regresso*: um comportamento lícito não permite que se imputem objetivamente a quem o praticou atos subsequentes de terceiros; por exemplo, se um motorista de táxi conduz um passageiro até o seu destino, não poderá ser responsabilizado pelas atitudes de outrem (ainda que criminosas), mesmo que tenha tomado conhecimento delas no trajeto.

Por fim, o *quarto princípio* é a *capacidade (ou competência) da vítima*. Neste âmbito, Jakobs cuida das situações em que houve consentimento livre e consciente do ofendido, com capacidade de entender e anuir, para a agressão a seus bens jurídicos. Não faz, contudo, qualquer distinção entre casos de "autocolocação dolosa" ou "heterocolocação consentida" em perigo, como se vê em Roxin.

5. UMA VISÃO POSSÍVEL À LUZ DO ORDENAMENTO PENAL PÁTRIO

O debate a respeito da viabilidade de adoção da teoria da imputação objetiva no Direito Penal brasileiro tem ocupado boa parte das discussões doutrinárias nos últimos anos[14].

Há, de um lado, autores como Damásio de Jesus, Juarez Tavares, Fernando Capez e Luís Greco que, expressamente, mostram-se favoráveis à incorporação da aludida teoria ao nosso Direito Penal, independentemente de qualquer reforma legislativa.

Outros, como Miguel Reale Jr., mostram-se céticos quanto a essa possibilidade. Para este autor, conforme já havíamos destacado em outra passagem desta obra: "O sistema (penal) torna-se mais firmemente instrumento de segurança jurídica se fundado em bases ontológicas, em uma estrutura lógico-objetiva, tal como propõe o finalismo, considerando-se, recentemente, que a construção da ação e do delito a partir da natureza das coisas foi uma das "mais importantes contribuições da história do Direito Penal"[15].

Em nossa opinião, a "imputação objetiva" constitui uma teoria universal de imputação, que pode ser adotada por qualquer ordenamento jurídico-penal.

Com relação à realidade brasileira, há que se ponderar o fato de que nosso Código Penal normatizou a teoria da equivalência dos antecedentes

---

[14] Cf. *Diagnóstico da teoria da imputação objetiva no Brasil*, de Damásio de Jesus.
[15] *Instituições de direito penal*: parte geral, v. 1. p. 127.

no art. 13, *caput*. Justamente por isso, *a concepção de Claus Roxin no sentido de abandonar completamente o "dogma da causalidade" não se mostra viável, ao que nos parece.*

O dispositivo em questão, todavia, "em momento algum determina que a realização do tipo objetivo se limitará à causalidade"[16]. *Depois do exame do nexo causal, parte-se para a análise da relação de imputação objetiva.*

Da análise cuidadosa do texto legal, nota-se que, antes de se preocupar com a relação de causalidade, nosso legislador mirou a relação de imputação. *"O resultado, de que depende a existência do crime, somente é* imputável *a quem lhe deu causa"* (art. 13, *caput*, primeira parte, do CP; grifo nosso).

Além disso, no art. 13, § 1º, do CP, criou-se uma exceção à teoria da *conditio sine qua non* que, em termos práticos, resolve boa parte dos problemas solucionados pela teoria da imputação objetiva (notadamente os chamados "cursos causais extraordinários ou hipotéticos").

A presença de tal exceção, contudo, não torna supérflua a adoção da teoria da imputação objetiva, uma vez que este dispositivo apenas se aplica aos tais "cursos causais extraordinários", deixando em aberto inúmeros problemas que somente a teoria em questão é capaz de solucionar, de modo justo e consentâneo com um Direito Penal calcado na dignidade da pessoa humana (*v.g.* regresso ao infinito, capacidade da vítima, erro médico).

Antes disso, deve-se reconhecer que o art. 13, § 1º, do CP, ao representar a incorporação legislativa de uma das soluções propostas pela teoria da imputação objetiva, consistente em excluir a imputação do resultado nos "cursos causais extraordinários", deve ser lido como um ponto de apoio implícito, no texto legal, à teoria da imputação objetiva[17].

Os aspectos acima destacados levam-nos à conclusão de que somente podemos admitir como válida tal teoria nos moldes propostos por Günther Jakobs, vale dizer, como *limite* ao nexo de causalidade material.

Em outras palavras, a imputação deve acontecer em dois planos: 1º) verifica-se a relação de causalidade com base na equivalência das condições, obedecendo ao disposto no art. 13, *caput*, do CP; 2º) havendo nexo causal, complementa-se o exame da imputação de forma negativa, tanto por intermédio do disposto no art. 13, § 1º, do CP quanto pelos princípios da imputação objetiva (nos moldes de Jakobs).

---

[16] *A teoria da imputação objetiva*: uma introdução, p. 170.

[17] Luís Greco vê no art. 13, § 1º, do CP um "ponto de apoio legislativo expresso" da "moderna teoria da imputação objetiva" (A teoria da imputação objetiva: uma introdução, p. 173-174).

No dizer de Enrique Bacigalupo, com o qual concordamos: "A sequência da comprovação da imputação objetiva exige que, de início, se estabeleça uma relação de causalidade entre o resultado típico (por exemplo, interrupção do estado de gravidez, no crime de aborto) e uma determinada ação. Em seguida, deve se verificar: 1º) se essa ação *no momento de sua execução* constituía um perigo juridicamente proibido (se era socialmente inadequada); e 2º) se esse perigo é o que se realizou no resultado típico produzido"[18].

Em síntese: deve-se determinar, inicialmente, a relação de causalidade, nos termos (inafastáveis) do art. 13, *caput*, do CP[19]. Em seguida, deve-se verificar a presença da hipótese do art. 13, § 1º, do CP, e, após, analisar, sob a ótica da imputação objetiva, como fator tendente à restrição da causalidade material[20].

Do ponto de vista da teoria do crime, a teoria da imputação objetiva insere-se, conforme lição de Damásio de Jesus, como "elemento normativo do tipo"[21]. Cuida-se de elemento implícito no tipo penal de crimes dolosos e culposos. Deve ela ser analisada no âmbito do fato típico, de modo que a ausência da relação de imputação objetiva (assim como a falta de nexo de causalidade entre uma conduta e um resultado material) conduz à atipicidade do fato. Como anota o autor citado:

"À exceção de Frederico Augusto de Oliveira Santos, que se fundamenta no pensamento de Juan Bustos Ramirez, é vencedora na doutrina brasileira a tese de que a imputação objetiva pertence à tipicidade, posição que adotamos, de modo que, inexistindo qualquer dos seus requisitos, ainda que subsista a afetação do bem juridicamente protegido, não há tipicidade. Assim, uma conduta que leva alguém a se submeter a um risco normal da vida em sociedade, o chamado 'risco tolerado' ou 'permitido', não gera adequação típica, isto é, não constitui nenhum tipo incriminador. Trata-se de uma permissão genérica para qualquer conduta que esteja na zona de tolerância, ao contrário do que ocorre nas causas de justificação, nas quais as circunstâncias do fato é que conduzem à permissão do comportamento.

---

[18] *Direito penal*, p. 248.

[19] Nosso Código Penal condiciona a atribuição de um resultado a alguém mediante estabelecimento de uma relação de causalidade material. Trata-se de uma exigência da qual não se pode abrir mão, diante da peremptoriedade do texto legal: "*o resultado de que depende a existência do crime somente é imputável a quem lhe deu causa*".

[20] Predomina, entre os autores brasileiros adeptos da imputação objetiva, que ela somente pode ser apreciada após a relação de causalidade (cf. Damásio de Jesus, *Diagnóstico da teoria da imputação objetiva no Brasil*).

[21] *Imputação objetiva*, p. 37.

São casos de atipicidade da conduta, dentre outros: direção normal no trânsito, comportamento dirigido a reduzir a afetação do bem jurídico, princípio de confiança, etc."[22].

Saliente-se que o ponto de vista que sustentamos neste trabalho não é novo. Antônio Luís Chaves Camargo defende opinião semelhante. Com efeito, a ele assiste razão quando pondera:

"As consequências da adoção da imputação objetiva no Direito Penal brasileiro são amplas, isto porque atingem todos os institutos da parte geral do Código Penal, determinando, ainda, como vimos, um sistema penal aberto, em consonância com a dignidade humana e o pluralismo ideológico, fundamentos do Estado Democrático de Direito"[23].

Este autor acrescenta, ainda, que "a teoria da causalidade, equivalência das condições, não pode ser abandonada, quando se utiliza da imputação objetiva para a análise do fato típico de relevância jurídico-penal". Assevera, ademais, que: "além da relação de causalidade, há a necessidade da presença de um risco não permitido no resultado, que será apurado dentro dos critérios expostos, sem que haja uma fórmula determinada, lógico-formal, para chegar-se a esta conclusão"[24].

Prossegue o saudoso penalista ponderando:

"A teoria da equivalência das condições, contida no art. 13 e §§ 1º e 2º do Código Penal brasileiro de 1984, não pode ser abandonada. Ao contrário, nos crimes de resultado é o nexo entre a existência de um fato e a ação causadora deste resultado.

Esta relação causal, entretanto, não esgota todo o limite de incidência da norma penal, no sentido da busca de um tipo formal para caracterizar a conduta examinada, e concluir ou não pela responsabilidade do agente.

Há a necessidade de outros exames, no sentido de poder imputar objetivamente a uma pessoa a autoria de um fato como sendo seu, ou, como adverte Roxin, ao tratar no sistema racional final ou teleológico funcional do Direito Penal, da teoria da imputação do tipo objetivo, quando informa que o Direito Penal clássico se satisfez com o conteúdo do tipo, enquanto no neoclássico acrescentou o tipo subjetivo e o finalismo, o dolo, todos voltados para a mera causalidade. O sistema teleológico não se contentou com a mera causalidade, fazendo depender o tipo objetivo da realização de um perigo não permitido dentro do fim de proteção da norma, o que determina

---

[22] *Diagnóstico da teoria da imputação objetiva no Brasil*, p. 30-31.

[23] *Imputação objetiva e direito penal brasileiro*, p. 154-155.

[24] Ibidem, p. 157-158.

a substituição de uma categoria lógica da causalidade pelo conjunto de regras orientado para as valorações jurídicas"[25].

Com Camargo, mais uma vez citado, encerramos este capítulo destacando que "a exposição do tema imputação objetiva dá mostras claras que é necessário sua inclusão na dogmática penal brasileira"[26]. Estamos certos, ainda, que o vaticínio do autor, em 2002, quando augurava a inserção em nossa dogmática da teoria da imputação objetiva em breve espaço de tempo, se fez realidade.

Como se dá a imputação de um resultado a uma conduta?

No Código Penal

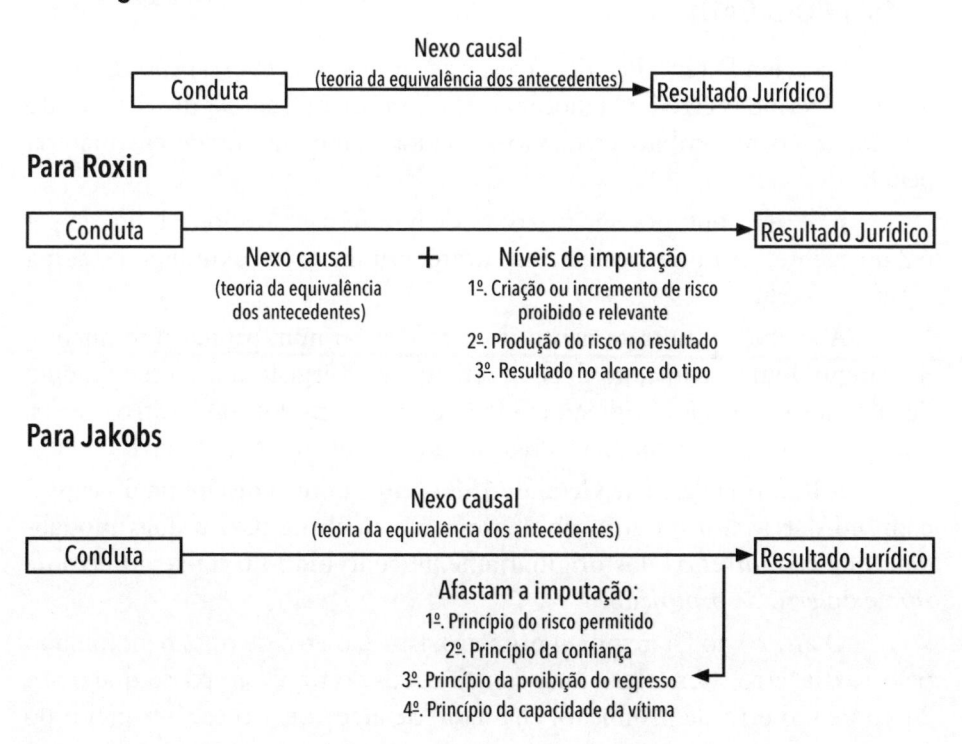

Para Roxin

Para Jakobs

[25] *Imputação objetiva e direito penal brasileiro*, p. 188-189.
[26] Ibidem, p. 191.

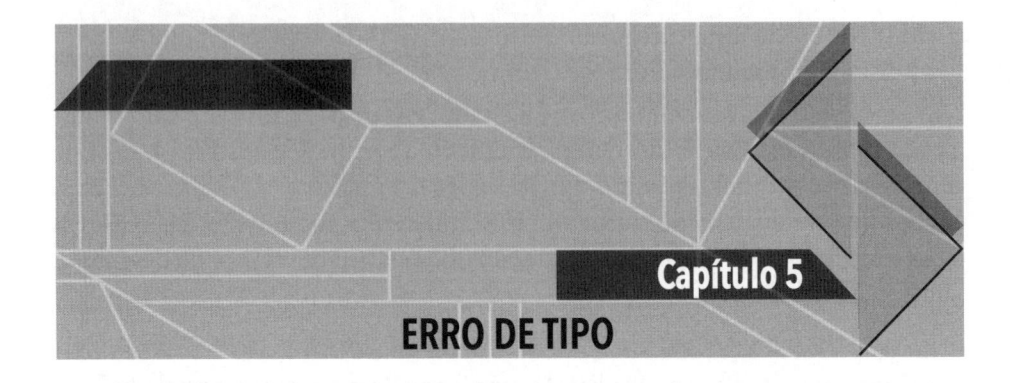

Capítulo 5

ERRO DE TIPO

1. O ERRO EM DIREITO PENAL (ERRO DE TIPO E ERRO DE PROIBIÇÃO)

Erro, em Direito Penal, corresponde a uma *falsa percepção da realidade*. Os termos "erro" e "ignorância", diferenciados em alguns setores do direito, como no âmbito civil, são tomados como sinônimos em matéria penal.

É de ver, contudo, que o erro pode interferir na responsabilidade penal do agente, retirando do fato seu caráter criminoso ou eximindo de culpa o autor do crime.

A evolução do tratamento do erro deu-se, num primeiro momento, no campo doutrinário e, ao depois, refletiu-se na legislação. Nosso Código Penal, em sua redação original, cuidava do tema em dois dispositivos (arts. 16 e 17), nos quais distinguia as figuras do erro de direito e do erro de fato.

A Reforma da Parte Geral de 1984 reformulou a disciplina do erro e, com indisfarçável inspiração no pensamento finalista, previu duas modalidades de erro diversas das originariamente concebidas; trata-se do *erro de tipo* e do *erro de proibição*.

O art. 20 do CP regula o primeiro, isto é, o erro de tipo, denominado pelo Texto "erro sobre elementos constitutivos do tipo", ao passo que o art. 21 contém o erro de proibição, chamado de erro sobre o caráter ilícito do fato.

É de fundamental importância perceber, logo neste início, a **diferença fulcral entre** o **erro de tipo** e o **erro de proibição**.

No **erro de tipo**, a falsa percepção do agente recai sobre a realidade que o **circunda**; vale dizer, ele **não capta corretamente os eventos que ocorrem ao seu redor**. O sujeito se confunde, trocando um fato por outro. Assim, por exemplo, age em erro de tipo a pessoa que, ao sair de um grande supermercado, dirige-se ao estacionamento e, diante de um automóvel idêntico ao seu (mesma cor e modelo), nele ingressa e, com sua chave, aciona-o e deixa o local. Note que a pessoa não captou com precisão a realidade que está diante de seus olhos, pois, sem perceber, está levando embora coisa alheia móvel. Se o verdadeiro dono do veículo visse a cena, certamente acreditaria estar sendo vítima de um furto e, bem provavelmente, acionaria a Polícia. O motorista desatento, entretanto, não tem consciência de que conduz automóvel de outrem, já que pensa estar dirigindo seu próprio veículo. Neste caso, o sujeito opera em erro de tipo. A falsa percepção da realidade incidiu sobre um dado fático previsto como elementar do tipo penal do art. 155 do CP (no caso, desconhecia que o bem era "coisa alheia" e acreditava, de boa--fé, que se tratava de "coisa própria").

No erro de proibição, todavia, **a pessoa tem plena noção da realidade que se passa a seu redor. Não há confusão mental sobre o que está acontecendo** diante de seus olhos. O sujeito, portanto, **sabe** exatamente **o que faz.** Seu **equívoco recai sobre a compreensão acerca de uma regra de conduta.** Com seu comportamento, o agente viola alguma proibição contida em norma penal que desconhece por absoluto. Em outras palavras, **ele sabe o que faz, só não sabe que o que faz é proibido.** Por exemplo: uma pessoa encontra um relógio valioso na rua, pega-o e sai à procura do dono. Não o encontra, apesar de insistir em restituí-lo ao legítimo proprietário. Cansado de procurá-lo, decide ficar com o objeto, acreditando no dito popular: "achado não é roubado". A pessoa, nesse caso, tem plena noção que se está apoderando de um objeto pertencente a terceiro, mas acredita (de boa-fé) que não está fazendo nada de errado, pois tentou insistentemente encontrar o dono, sem êxito. Muito embora o sujeito tenha perfeita compreensão da realidade, desconhece a existência de uma proibição contida em norma penal. Isto porque o art. 169, parágrafo único, II, do CP define como crime o ato de se apropriar de coisa achada. De acordo com o dispositivo legal, aquele que encontra um objeto perdido deve restituí-lo ao dono ou, em até quinze dias, entregá-lo à autoridade.

Pode-se dizer, então, que no erro de tipo o equívoco recai sobre dados da realidade e no erro de proibição, a ignorância atinge a noção acerca do caráter ilícito do ato praticado.

Advirta-se que **não se deve confundir erro de proibição com desconhecimento da lei.** Isto porque a maioria da população nunca compulsou lei alguma, muito menos o Código Penal, mas mesmo tais pessoas sabem bem que matar, roubar, sequestrar, ofender a honra etc. são crimes. Se o desconhecimento da lei isentasse as pessoas de responsabilidade por seus atos, quase todos teriam um "alvará" para cometer os mais atrozes atos, prejudicando terceiros, sem sofrer qualquer punição. Não se trata disso, evidentemente, até porque ninguém pode escusar-se de cumprir a lei alegando que a desconhece (*ignorantia legis neminem escusat*) – é o que diz expressamente a parte inicial do art. 21 do CP, o qual trata do erro de proibição. O erro de proibição será estudado no Título II, Capítulo 8, item 3.2, *infra*, uma vez que interfere na culpabilidade do agente, e não no fato típico (como ocorre com o erro de tipo).

Para finalizar essa introdução, calha citar dois clássicos exemplos doutrinários:

1) se a pessoa subtrai coisa de outra, acreditando ser sua, encontra-se em erro de tipo (não sabe que subtrai coisa *alheia*); contudo, se acredita ter o direito de subtrair coisa alheia, como o caso do credor em relação ao devedor inadimplente, há erro de proibição (Hans Welzel);

2) quando alguém tem cocaína em casa, na crença de que constitui outra substância, inócua (ex.: talco), comete erro de tipo; mas se souber da natureza da substância, a qual mantém por supor equivocadamente que o depósito não é proibido, incide no erro de proibição (Damásio de Jesus).

2. CONCEITO

O erro de tipo dá-se quando o equívoco recai sobre *situação fática* prevista como elemento constitutivo do tipo legal de crime ou requisitos de uma excludente de ilicitude (erro essencial) ou sobre dados irrelevantes da figura típica (erro acidental).

Nesta modalidade de erro, o agente realiza objetivamente (concretamente) todos os elementos de um tipo penal incriminador, sem, contudo, o perceber. Lembre-se do exemplo do motorista distraído, o qual, objetivamente, realiza todas as elementares do crime de furto.

Quem opera em erro de tipo *sabe* que uma atitude como a que pratica configura, em tese, ilícito penal, porém não percebe o que está fazendo, pois algum dado da realidade (que constitui elemento do tipo) refoge à sua percepção.

Exemplos:

1) um aluno, ao final da aula, inadvertidamente, coloca em sua pasta um livro de um colega, pensando ser o seu. Esse aluno tem plena noção de que a subtração de coisa alheia móvel é crime; acredita equivocadamente, todavia, que o bem lhe pertence;

2) uma pessoa pretende matar seu desafeto e, quando sai à sua procura, encontra-se com um sósia de seu inimigo e, por confundi-lo com a vítima visada, acaba matando a pessoa errada, ou seja, o sósia.

Nos dois casos houve uma falsa percepção da realidade, que impediu o agente de captar, com fidelidade, o que ocorria diante de seus olhos. No primeiro exemplo, como se verá adiante, ocorre o erro de tipo essencial (pois o equívoco impede o agente de perceber que comete um crime). No segundo, tem lugar o erro de tipo acidental (uma vez que não obsta a pessoa de perceber que comete um homicídio, ainda que confunda a vítima real com outra pessoa). A constatação da espécie de erro de tipo (essencial ou acidental) repercute decisivamente na responsabilidade penal do sujeito (inocente no primeiro caso; culpado no outro).

2.1. Delito putativo por erro de tipo

É preciso alertar que o **erro de tipo não se confunde com o que a doutrina denomina delito putativo (ou crime imaginário) por erro de tipo. São** verdadeiros **opostos.**

No erro de tipo, o agente realiza uma conduta desconhecendo que pratica um crime[1], por haver apreciado equivocadamente a realidade que o circunda (ex.: Pedro traz consigo uma arma verdadeira pensando tratar-se de uma réplica inofensiva). Pode-se dizer que ocorre um delito do ponto de vista puramente objetivo (quem assistisse à cena veria o porte ilegal de arma de fogo); subjetivamente, contudo, não se está praticando crime algum; vale dizer, na mente de Pedro, ele porta um objeto inócuo.

No chamado delito putativo por erro de tipo ou crime imaginário por erro de tipo, há crime somente na cabeça do agente, na sua imaginação. Objetivamente, contudo, não há crime algum. Basta pensar na situação inversa, isto é, se Pedro transportasse uma arma de brinquedo, simulacro de arma de fogo, acreditando ser verdadeira. Ele não pratica nenhum crime, mas pensa que o faz. Imagine, ainda, uma mulher que ingere substância de efeito abortivo pretendendo interromper seu estado gravídico, porém a gravidez é somente psicológica. Não há falar em tentativa de aborto (CP, art. 124, c/c o art. 14, II), a não ser na mente da mulher (crime, portanto, imaginário). Em tais casos, aplica-se a figura contida no art. 17 do CP (crime impossível).

Há **outras formas de delito putativo,** que são:

a) *Delito putativo por erro de proibição*: o sujeito realiza um fato que, na sua mente, é proibido por lei criminal, quando, na verdade, sua ação não caracteriza ilícito penal algum. Por exemplo: um pai mantém relação sexual com sua filha, maior de 18 anos (incesto). Essa conduta é rigorosamente censurada pela sociedade, mas não constitui crime algum. Se o agente a praticar acreditando que comete um delito, será puramente imaginário (putativo).

---

[1] Salvo quando se tratar de erro acidental, conforme se estudará.

b) *Delito putativo **por obra do agente provocador***: dá-se quando o agente pratica uma conduta delituosa induzido por terceiro, o qual assegura a *impossibilidade fática de o crime se consumar*. Por exemplo: um policial à paisana finge-se embriagado para chamar a atenção de um ladrão, que decide roubá-lo; ao fazê-lo, contudo, é preso em flagrante. Nesse caso, entende nossa doutrina que não há crime algum. O Supremo Tribunal Federal sumulou a tese de que "não há crime quando a preparação do flagrante pela polícia torna impossível a consumação" (Súmula 145 do STF). Para nosso Pretório Excelso, ocorre o crime impossível (CP, art. 17).

O delito putativo por obra do agente provocador também é denominado *delito de ensaio* ou *delito de experiência*. A mencionada súmula somente se aplicará mediante dois requisitos: a preparação (ou induzimento) do flagrante pela polícia somada à impossibilidade (absoluta) de consumação do crime.

É preciso alertar que rotineiramente policiais se fazem passar por interessados em comprar drogas e se aproximam de supostos traficantes, oferecendo dinheiro para a aquisição da substância. Quando a droga é exposta, então, o policial o prende em flagrante. Em tais situações, a prisão em flagrante é válida e, apesar do induzimento da Polícia associado com a impossibilidade de consumação da venda da droga, há crime por parte do agente. Isto porque o tráfico ilícito de drogas contém uma importante peculiaridade; cuida-se de crime definido em tipo misto alternativo, já que diversos são os seus verbos nucleares. O fato de o agente trazer a droga consigo ou guardá-la antes da abordagem do policial já é suficiente para que o delito esteja caracterizado. Note-se, então, que a "farsa" do policial não interfere no fato de que o tráfico já estava consumado. O crime impossível somente se dá quanto à venda da droga, o que é irrelevante diante da consumação anterior do delito[2].

3. ESPÉCIES DE ERRO DE TIPO

O erro de tipo pode ser *essencial* ou *acidental*.

O *erro **essencial** **sempre exclui o dolo*** e se *subdivide* em erro de tipo *incriminador* (CP, art. 20, *caput*) e erro de tipo *permissivo* (CP, art. 20, § 1º).

---

[2] "(...) A jurisprudência deste Tribunal Superior entende que, em se tratando das condutas de 'guardar', 'transportar' e 'trazer consigo', o tráfico de drogas é delito de natureza permanente e a prática criminosa, *in casu*, se consumou antes mesmo da atuação policial, o que afasta a alegação de flagrante preparado (...)" (STJ, HC 510.661/SP, rel. Min. Ribeiro Dantas, 5ª T., j. 17-10-2019). No mesmo sentido: STJ, AgRg no AREsp 1.637.754/SP, rel. Min. Nefi Cordeiro, 6ª T., j. 19-5-2020 ; e AgRg no AREsp 2.266.035/GO, rel. Min. Reynaldo Soares da Fonseca, 5ª T., j. 28-2-2023.

O *erro acidental não beneficia o agente* e compreende o *erro sobre o objeto material* (CP, art. 20, § 3º), o *erro na execução* (CP, arts. 73 e 74) e o *erro sobre o nexo causal* (não previsto expressamente em lei).

3.1. Erro de tipo essencial

Entende-se por **erro de tipo essencial** a situação na qual a falsa percepção da realidade **retira do agente a capacidade de perceber que pratica determinado crime.** Assim, por exemplo, a pessoa que tem em mãos uma arma verdadeira, que recebeu de terceiro, acreditando (de boa-fé) cuidar-se de um mero simulacro, equivoca-se sobre um elemento previsto como elementar de tipo penal (art. 14 da Lei n. 10.826/2003). Esse equívoco a impede de perceber que pratica, objetivamente, o delito de porte de arma de fogo. Do mesmo modo, nos exemplos acima citados, havia erro essencial, porquanto retirava do agente a possibilidade de compreender que cometia uma infração penal (motorista distraído adentrava em carro de outrem, idêntico ao seu; pessoa que portava arma de fogo verdadeira pensando ser de brinquedo; aquele que tinha em sua residência recipiente contendo pó branco, acreditando ser açúcar em vez de cocaína).

Em todos esses casos, o erro excluirá o dolo, tornando a conduta praticada *fato atípico.* É a solução adotada expressamente em nosso Texto Legal. O art. 20, *caput*, primeira parte, do Código dispõe que "o erro sobre elemento constitutivo do tipo legal de crime exclui o dolo". Esse dispositivo, aliás, afigura-se como a demonstração inequívoca de que, com a Reforma da Parte Geral de 1984, nosso legislador incorporou a doutrina de que o dolo pertence ao fato típico.

Deve-se lembrar, todavia, que a atipicidade do fato resultante do erro de tipo nem sempre será absoluta, podendo ser, em alguns casos, relativa. Diz-se absoluta a atipicidade que conduz à inexistência de qualquer infração penal no ato cometido; relativa, por outro lado, a que produz a descaracterização de um crime, mas com a subsistência de outro. *Em outras palavras*, **enquanto a atipicidade absoluta conduz à ausência de ilícito penal, a atipicidade relativa leva à desclassificação para outro crime.**

Se uma pessoa ofende a dignidade de outra desconhecendo que se trata de um funcionário público no exercício de sua função, não responde pelo crime de desacato (CP, art. 331). Isto porque a falsa noção da qualidade especial do sujeito passivo exclui o dolo de desacatar (que requer a ciência da condição de funcionário público do ofendido). O agente, todavia, responderá por crime de injúria (CP, art. 140), uma vez que, apesar do erro, tinha pleno conhecimento que ofendia a honra de uma pessoa (o suficiente para a caracterização da injúria). Nesse caso, o erro de tipo provocou a atipicidade relativa da conduta (ou atipicidade em relação ao desacato), porém o sujeito poderá ser responsabilizado pela injúria.

3.1.1. Efeito

O **erro de tipo essencial** pode ser avaliado *quanto à sua intensidade*, o que poderá ser fundamental para efeito de responsabilização criminal. Deve-se lembrar, de antemão, que o simples fato de o erro ser considerado essencial já é suficiente para excluir o dolo. **Lembre-se:** *o erro essencial sempre exclui o dolo*.

Quanto à intensidade, então, o erro pode ser *inevitável, invencível ou escusável*, de um lado, ou *evitável, vencível ou inescusável*, de outro.

Considerando que o erro essencial sempre afasta o dolo, a avaliação de sua intensidade somente terá importância quando a lei previr (também) a forma culposa. Ora, a maioria dos crimes só é punida a título do dolo. Nesses casos, basta verificar que o erro é essencial, sendo desnecessário analisar se é inevitável ou evitável; porquanto afastado o dolo, o fato já é atípico (porque a lei não incrimina o crime na modalidade culposa). Se, por outro lado, o delito for definido nas duas formas, dolosa e culposa, será de capital importância distinguir-se entre erro vencível ou invencível, porque isto irá determinar se o agente (que de qualquer modo não será punido a título de dolo) poderá ser responsabilizado pelo crime culposo.

Pois bem. Fala-se em *erro inevitável, invencível* ou *escusável* quando, pelas circunstâncias concretas, nota-se que **qualquer pessoa de mediana prudência e discernimento, na situação em que o agente se encontrava, incorreria no mesmo equívoco.**

Por exemplo:

1) Um caçador atira contra um arbusto ferindo uma pessoa que se fazia passar por animal bravio.

2) Imagine que o motorista distraído, que confundiu seu automóvel com o de outrem no estacionamento, entre num veículo absolutamente idêntico ao seu e, com sua própria chave, consiga abri-lo; pense, ainda, que o seu carro havia sido guinchado e o outro estacionara exatamente no mesmo local. O erro, em tais circunstâncias, seria inevitável.

Note que o conceito de inevitabilidade não pode ser tomado na acepção literal, ou seja, como algo totalmente impossível de se evitar, mas como um equívoco razoável, que uma pessoa normal teria cometido naquela situação.

Nos dois exemplos formulados houve **erro de tipo essencial** *inevitável (invencível ou escusável)*, o qual *exclui o dolo e a culpa*.

A distinção, entretanto, somente tem relevância no primeiro exemplo, em que se pode discutir a responsabilização do agente por homicídio culposo. No outro, tal avaliação se mostra irrelevante, porque o agente, objetivamente, cometeu um furto e tal delito só é punido na forma dolosa.

O **erro** pode ser, ainda, *evitável, vencível* ou *inescusável*. Nesse caso, o equívoco só **irá afastar o dolo, mas permitirá a punição do agente por delito culposo,** *se previsto em lei*. O erro de tipo será qualificado como evitável quando se verificar que uma pessoa de mediana prudência e discernimento, na situação em que o sujeito se encontrava, não o teria cometido. Isto é, teria percebido o equívoco e, portanto, não praticaria o fato.

No exemplo do caçador, suponha que ele tenha atirado contra uma pessoa a poucos metros de distância porque, estando sem os seus óculos, a confundiu com um animal.

3.1.2. Erro de tipo incriminador (art. 20, *caput*) e permissivo (art. 20, § 1º). Diferença

O **erro de tipo essencial** subdivide-se, como mencionamos acima, em erro de tipo incriminador e erro de tipo permissivo:

a) *erro de tipo incriminador*: a falsa percepção da realidade incide sobre situação fática prevista como elementar ou circunstância de tipo penal *incriminador* (daí o nome);

b) *erro de tipo permissivo*: o erro recai sobre os pressupostos fáticos de uma causa de justificação (isto é, excludente de ilicitude, que se encontra em tipos penais permissivos).

3.1.3. Erro de tipo incriminador

O tipo penal incriminador compõe-se de elementares (requisitos sem os quais o crime desaparece ou se transforma) ou circunstâncias (dados acessórios da figura típica, que repercutem na quantidade da pena). No crime de homicídio, são elementares: "matar" e "alguém"; são circunstâncias: "motivo torpe", "asfixia", "emboscada" etc.

Se uma pessoa efetua disparos contra outra, pensando tratar-se de um animal, comete um equívoco, na medida em que aprecia mal a realidade. Essa falsa percepção da realidade incide sobre a elementar "alguém". Se o ladrão, pretendendo praticar um roubo, utiliza-se de uma arma de fogo verdadeira, acreditando tratar-se de arma de brinquedo, seu erro recai sobre uma circunstância do tipo penal (o emprego de arma de fogo constitui causa de aumento de pena no crime de roubo – art. 157, § 2º-A, I). No primeiro exemplo, o agente não responde por homicídio; no segundo, pratica roubo, mas sem a causa de aumento[3]. É de recordar que o dolo do agente, elemento do fato típico ligado à conduta, deve estender-se a todos os elementos objetivos e normativos do tipo penal. Se não houve dolo quanto à elementar "alguém" ou

---

[3] O exemplo parte da premissa de que o emprego de arma de brinquedo não está compreendido na causa de aumento descrita no inciso I do § 2º-A do art. 157 do CP.

com relação à circunstância "arma", porquanto tais elementos não integraram a intenção do agente, não há falar em homicídio ou roubo agravado.

São **exemplos de erro de tipo incriminador**:

a) **contrair casamento com pessoa casada, desconhecendo completamente o matrimônio anterior** válido (o agente não será considerado bígamo – CP, art. 235);

b) **subtrair coisa alheia, supondo-a própria** (não ocorre o crime de furto – art. 155 do CP);

c) **praticar conjunção carnal consensualmente com alguém, supondo equivocadamente que se trata de pessoa maior de 14 anos de idade** (não caracteriza o estupro de vulnerável – CP, art. 217-A);

d) **destruir bem público pensando tratar-se de bem particular** (o agente responderá por crime de dano simples, e não por dano qualificado – CP, art. 163).

Cumpre recordar que o erro de tipo incriminador subdivide-se, quanto à sua intensidade, em inevitável (ou invencível, escusável) e evitável (também chamado de vencível ou inescusável) – *vide* item 3.1.1, *supra*.

3.1.4. Erro de tipo permissivo

Ocorre quando a **falsa percepção da realidade recai sobre situação de fato descrita como** *requisito objetivo de uma excludente de ilicitude* (tipo penal permissivo), ou, em outras palavras, quando o *equívoco incide sobre os pressupostos fáticos de uma causa de justificação*. Tome como exemplo a legítima defesa, que exige existência de agressão injusta, atual ou iminente, a direito próprio ou alheio, e que o agente a reprima mediante o emprego moderado dos meios necessários. Se na situação concreta, por equívoco, uma pessoa, apreciando mal a realidade, acreditar que está diante de uma injusta e iminente agressão, haverá erro de tipo permissivo. Exemplo: Antônio se depara com um sósia de seu inimigo que leva a mão à cintura, como se fosse sacar algum objeto; Antônio, ao ver essa atitude, pensa estar prestes a ser atingido por um revólver e, por esse motivo, saca de sua arma, atirando contra a vítima, que nada possuía nas mãos ou cintura.

O CP trata do tema no art. 20, § 1º, sob a rubrica *descriminantes putativas*[4]. A redação é imprecisa, pois, na verdade, esse dispositivo somente aborda uma das espécies de descriminantes putativas, a *descriminante putativa por erro de tipo*. A outra, chamada de *descriminante putativa por erro de proibição* (ou "erro de proibição indireto"), é regida pelo art. 21 do CP[5].

---

[4] Descriminante significa causa que exclui o crime; putativa quer dizer imaginária.

[5] O assunto é objeto de controvérsia doutrinária. Há quem entenda não existir diferença entre as descriminantes putativas – *vide* a letra "b", *supra*.

Seguindo a denominação legal, portanto, pode-se falar em: legítima defesa putativa, estado de necessidade putativo, e assim por diante.

Acompanhe estes exemplos:

a) Numa comarca do interior, uma pessoa é condenada e promete ao juiz que, quando cumprir a pena, irá matá-lo. Passado certo tempo, o escrivão alerta o magistrado de que aquele réu está prestes a ser solto. No dia seguinte, o juiz caminha por uma rua escura e se encontra com seu algoz, que leva a mão aos bolsos de maneira repentina. O juiz, supondo que está prestes a ser alvejado, saca de uma arma, matando-o; apura-se, em seguida, que o morto tinha nos bolsos apenas um bilhete de desculpas (legítima defesa putativa).

b) Durante uma sessão de cinema, alguém leva uma metralhadora de brinquedo e finge atirar contra a plateia. Uma das pessoas, em desespero a caminho da saída, lesiona outras (estado de necessidade putativo).

c) Um agente policial efetua a prisão do sósia de um perigoso bandido foragido da justiça (estrito cumprimento de um dever legal putativo).

a) Disciplina legal

De acordo com o Código Penal, "é isento de pena quem, por erro plenamente justificado pelas circunstâncias, supõe situação de fato que, se existisse, tornaria a ação legítima. Não há isenção de pena quando o erro deriva de culpa e o fato é punível como crime culposo" (art. 20, § 1º).

b) Controvérsia acerca da natureza do art. 20, § 1º

Há quem sustente que a figura prevista nesse dispositivo não constitui erro de tipo, na medida em que não provocaria a exclusão do dolo, mas, nos termos da lei, geraria uma "isenção da pena", indicando tratar-se de causa de exclusão de culpabilidade. É o caso de Mirabete[6], que vê, em função disso, um caso de erro de proibição[7]. Este argumento prende-se à redação do dispositivo e de outros do Código Penal, pois o termo "isenção de pena" é associado a fatores que excluem a culpabilidade do agente (cf. arts. 22, 26 e 28 do CP).

Outros doutrinadores, com base nessa mesma premissa, entendem que o erro disciplinado no art. 20, § 1º, não pode ser considerado nem de tipo (porque quando invencível isenta de pena) nem de proibição (pois quando vencível permite a punição por crime culposo, se previsto em lei).

---

[6] *Manual de direito penal*, v. 1, p. 203.

[7] Note-se que a modalidade de erro associada à culpabilidade é justamente o erro de proibição, pois o erro de tipo vincula-se ao fato típico.

Em outras palavras: de acordo com o tratamento legislativo, se tal erro for invencível, acarreta como consequência o afastamento da culpabilidade (isenção de pena), indicando que, nesse aspecto, tem a natureza de erro de proibição; se for vencível, no entanto, o agente responde pelo crime culposo (se previsto em lei), disciplina ligada ao erro de tipo. Daí por que esse setor da doutrina sustenta cuidar-se de um *erro "sui generis"* (uma terceira espécie de erro, misto de erro de tipo e erro de proibição)[8].

No sentido de que a descriminante putativa do art. 20 configura erro de tipo, a maioria da doutrina[9], que lembra, ainda, que essa conclusão ganha reforço pela leitura do item 17 da Exposição de Motivos da Parte Geral do Código Penal.

3.1.5. Descriminantes putativas - espécies e natureza jurídica

Como se viu acima, apesar da rubrica imprecisa do art. 20, § 1º, há **duas espécies de descriminantes putativas: por erro de tipo e por erro de proibição.**

a) *por erro de tipo*: dá-se quando o equívoco incide sobre os *pressupostos de fato da excludente*;

b) *por erro de proibição*: verifica-se quando a falsa percepção da realidade incide *sobre os limites legais (normativos) da causa de justificação.* O agente sabe exatamente o que está fazendo, percebe toda a situação; desconhece, no entanto, que a lei proíbe sua conduta. Pensa que age de forma correta, quando, na verdade, sua conduta é errada, proibida, censurada pelo ordenamento penal. É o chamado *erro de proibição indireto,* que será estudado dentro da culpabilidade. Exemplo: "Um oficial de justiça realiza uma penhora. O executado, por erro, supõe que a diligência é injusta e reage em imaginária legítima defesa. O erro deriva não da má apreciação das circunstâncias do fato, mas de incorreta consideração da qualidade da agressão. Esta existe, mas é justa. O executado a supõe injusta. Aplica-se o art. 21: se o erro é invencível, há exclusão da culpabilidade, se vencível, não há exclusão da culpabilidade e sim diminuição de pena"[10].

A natureza jurídica das descriminantes putativas varia de acordo com a teoria da culpabilidade adotada (extremada ou limitada, que são va-

---

[8] Nesse sentido: Luiz Flávio Gomes, *Erro de tipo e erro de proibição*, p. 192 e s., e Cezar Roberto Bitencourt, *Erro jurídico-penal*, p. 67 e s.

[9] Damásio de Jesus, *Direito penal*: parte geral, v. 1, p. 308 e s., Francisco de Assis Toledo, *Princípios básicos de direito penal*, p. 272, e Fernando Capez, *Curso de direito penal*: parte geral, v. 1, p. 316, entre outros.

[10] Damásio de Jesus, *Novas questões criminais*, p. 136.

riações da teoria normativa pura da culpabilidade). São teorias que coincidem em praticamente todos os pontos, exceto em um: justamente sobre a natureza das descriminantes putativas.

Para a *teoria extremada, todas as descriminantes putativas*, seja as que incidam sobre os pressupostos fáticos de uma causa de justificação, seja as que recaiam sobre os limites autorizadores de uma excludente de ilicitude, *são tratadas como erro de proibição* (só haveria, portanto, descriminantes putativas por erro de proibição). Hans Welzel, precursor do finalismo, acolhia essa tese.

Já para a *teoria limitada da culpabilidade*, quando o erro do agente recai sobre os pressupostos fáticos, **há erro de tipo (erro de tipo permissivo)**, ao passo que, se incidir sobre os limites autorizadores, **há erro de proibição (erro de proibição indireto)**.

Nosso Código Penal adotou a teoria limitada da culpabilidade (é o que se conclui pela leitura do item 17 da Exposição de Motivos da Parte Geral do Código Penal).

> Em resumo:
>
> a) *teoria extremada da culpabilidade* – as descriminantes putativas sempre têm natureza de erro de proibição;
>
> b) *teoria limitada da culpabilidade* – se o equívoco reside na má apreciação de circunstância fática, há erro de tipo; se incidir nos requisitos normativos da causa de justificação, erro de proibição.

3.1.6. A culpa imprópria (no erro de tipo permissivo)

No erro de tipo permissivo invencível, o agente, diz o CP, é "isento de pena". Na parte final do art. 20, § 1º, ressalva a lei que, se o erro deriva de culpa, o agente responde pelo crime culposo, se previsto em lei. **Quando alguém opera em erro de tipo permissivo vencível incorre na chamada *culpa imprópria, culpa por equiparação ou por assimilação. Na verdade, não há crime culposo algum, pois o sujeito age dolosamente.*** A pessoa que efetua disparos contra terceiro, supondo que está prestes a ser injustamente agredida, mata ou fere dolosamente. O disparo não é efetuado por imprudência, negligência ou imperícia. O erro ("a culpa") não ocorre no momento da conduta, que é dolosa, mas anteriormente, quando da má apreciação da situação fática, em que acredita, equivocadamente, existir uma agressão injusta e iminente. Nas palavras de Luiz Flávio Gomes, "o que acontece de peculiar, e isso não é sempre percebido, é que esse fato é complexo e, assim, constituído de dois momentos importantes: há, em primeiro lugar, o momento da formação do erro do agente que o faz crer ser lícita sua conduta, nas circunstâncias, e, em segundo lugar, o da ação subsequente coligada ao erro precedente (...) No momento da formação do erro, portanto, é que *pode ou não haver culpa*; na *ação subsequente* ao erro *há sempre dolo*"[11].

4. ERRO DE TIPO ACIDENTAL

Dá-se quando a falsa percepção da realidade incide sobre *dados irrelevantes da figura típica*. Encontra-se previsto nos arts. 20, § 3º, 73 e 74 do CP.

Subdivide-se em: a) *erro sobre o objeto material*, que pode ser erro sobre a pessoa ou erro sobre a coisa; b) *erro na execução*, que pode ser *aberratio ictus* ou *aberratio criminis*; e c) *erro sobre o nexo de causalidade*.

Nesses casos, o agente, apesar do equívoco, percebe que pratica o crime; justamente por esse motivo, o erro não o beneficia.

4.1. Erro sobre o objeto material

O objeto material do crime é a pessoa ou coisa sobre a qual recai a conduta. Há, portanto, *erro sobre a pessoa* (error in persona) e *erro sobre o objeto ou sobre a coisa* (error in objecto).

4.1.1. Erro sobre a pessoa

O erro sobre a pessoa, espécie de erro de tipo acidental que incide sobre o objeto material, dá-se quando **o agente atinge pessoa diversa da que pretendia ofender (vítima efetiva), por confundi-la com outra (vítima visada).** Ocorre uma confusão mental, em que o agente enxerga uma pessoa e sua mente identifica pessoa distinta. Por exemplo: um pai ingressa em sua residência e vê sua filha pequena em prantos, quando fica sabendo que ela teria sido violentada por um vizinho chamado "João"; o genitor toma uma arma e vai à procura do algoz de sua filha e, minutos após, encontra-se com um sósia do criminoso, atirando para matar.

Nesse caso, o autor dos disparos deparou-se com um inocente, mas o confundiu com a vítima visada ("João") dada a semelhança física entre eles. Houve um erro, porém este não impediu o agente de perceber o essencial, isto é, que matava um ser humano.

Tratando-se de um erro irrelevante, o Código Penal determina que o agente responda pelo fato como se houvera atingido a vítima pretendida (art. 20, § 3º). Isto é, na aferição da responsabilidade penal, considera-se que o homicídio fora contra "João". Ao genitor, portanto, se imputará um homicídio doloso praticado por motivo de relevante valor moral (vingar-se matando o estuprador da filha) – art. 121, § 1º, do CP.

---

[11] *Erro de tipo e erro de proibição*, p. 196-197.

Outro exemplo: um traficante de drogas, inconformado com a inadimplência de um usuário, contrata alguém para matá-lo; para isso, entrega ao executor do crime uma fotografia da vítima pretendida; o atirador, todavia, mata o irmão gêmeo do devedor. Solução: o executor do crime responde por homicídio qualificado pela paga ou promessa de recompensa (CP, art. 121, § 2º, I), isto é, exatamente como ocorreria se houvesse matado o usuário.

Mais um exemplo: um filho pretende matar seu pai, mas confunde seu genitor com terceiro. A ele se imputará um homicídio, agravado pela circunstância contida no art. 61, II, *e*, do CP (crime contra ascendente).

4.1.2. Erro sobre o objeto ou sobre a coisa

Dá-se **quando há engano quanto ao objeto material do crime e este não é uma pessoa, mas uma coisa.** São inúmeras as infrações penais em que a conduta do agente recai sobre coisas. Imaginemos um furto, em que o sujeito pretenda ingressar em um comércio para subtrair produtos importados e revendê-los, mas, por equívoco, leva produtos nacionais. O erro é totalmente irrelevante, porquanto não altera o essencial: ele furtou bens de outrem e sabe disso.

O erro em questão não trará qualquer benefício ao agente, a quem se imputará o crime do art. 155 do CP.

É preciso frisar, contudo, que só haverá erro sobre o objeto, enquanto modalidade de erro acidental, se a confusão de objetos materiais não interferir na essência do crime.

Assim, se uma pessoa guarda cocaína para revendê-la, acreditando que detém a droga com alto teor de pureza, mas se equivoca quanto a essa condição, o erro é absolutamente irrelevante e não descaracteriza o tráfico ilícito de drogas cometido (Lei n. 11.343/2006, art. 33). Se a pessoa, todavia, guarda cocaína pensando ser farinha, age em *erro (de tipo) essencial*, porquanto sua ignorância com relação à natureza da substância armazenada a impede de saber que pratica um crime.

4.2. Erro na execução do crime

O **erro na execução** é considerado modalidade de erro de tipo acidental. De ver, contudo, que **nele inexiste qualquer confusão mental.** O agente *não* enxerga uma coisa e pensa que é outra. **O que ocorre é um equívoco na execução do fato. No momento em que se dá início ao *iter criminis*[12]**, ocorre uma circunstância inesperada ou desconhecida, normalmente decorrente

---

[12] "Caminho do crime", "itinerário do crime" – designa as etapas que todo crime contém, desde os momentos iniciais até a sua consumação.

da inabilidade do sujeito, a qual faz com que se atinja uma pessoa diversa da pretendida ou um bem jurídico diferente do imaginado.

Há **duas modalidades** de erro na execução: a *aberratio ictus* e a *aberratio criminis* ou *delicti*.

4.2.1. *Aberratio ictus*, desvio na execução ou erro no golpe

Cumpre deixar claro que a figura da *aberratio ictus* (desvio no golpe ou erro na execução) verifica-se quando a inabilidade do agente ou o acidente no emprego dos meios executórios faz com que se **atinja** *pessoa diversa da pretendida*.

Em tais situações, segue-se um princípio básico – o erro deve ser considerado acidental, isto é, deve o agente responder pelo fato como se houvesse atingido quem pretendia.

Assim, por exemplo, se uma pessoa aponta a arma para seu inimigo e efetua o disparo letal, mas por má pontaria alveja terceiro, que vem a morrer, responde por crime de homicídio doloso consumado, levando-se em conta, para efeito de aplicação da pena, as circunstâncias e condições pessoais da vítima visada (e não daquela efetivamente atingida). Em outras palavras, o Código determina que, como princípio básico para os casos de *aberratio ictus*, seja adotada regra semelhante à do erro sobre a pessoa, previsto no art. 20, § 3º, do CP. Eis o texto legal: "Quando, por acidente ou erro no uso dos meios de execução, o agente, ao invés de atingir a pessoa que pretendia ofender, atinge pessoa diversa, responde como se tivesse praticado o crime contra aquela, atendendo-se ao disposto no § 3º do art. 20 deste Código" (primeira parte do art. 73 do CP).

Analise a seguinte situação: um terrorista arma uma bomba para explodir num palanque, onde um importante político fará seu discurso de posse; no momento em que o dispositivo é acionado, contudo, encontrava-se no local seu assessor, que vem a falecer em virtude da explosão. Imagine, ainda, outro exemplo: uma pessoa envia uma carta com um pó letal a seu desafeto; ocorre que, ao chegar ao destinatário, a missiva é aberta por terceiro, que aspira o pó e falece. Em tais situações, imputar-se-á ao agente o crime de homicídio doloso, exatamente como se houvesse matado seus "alvos".

O art. 73 do CP regula duas espécies de *aberratio ictus*: a) com *unidade simples* ou *resultado único* (primeira parte); e b) com *unidade complexa* ou *resultado duplo* (segunda parte).

O erro na execução com resultado único se produz quando o desvio no golpe faz com que a conduta atinja outra pessoa, diversa da pretendida, a qual não sofre qualquer lesão. Todos os exemplos acima formulados correspondem à *aberratio ictus* com resultado único.

Dar-se-á, no entanto, a *aberratio* com resultado duplo se o agente atingir a vítima pretendida *e o terceiro*, por acidente ou erro na execução.

Assim, no exemplo da carta com pó letal, se, ao abri-la, o destinatário (A) estivesse ocasionalmente acompanhado de alguém (B), que, junto com ele, o respirasse, provocando a morte de ambos, teríamos uma situação em que o homicida pretendia matar A, mas produziu o óbito de A e B (este, por acidente). De acordo com o art. 73, parte final, do CP, o sujeito responderá pelas duas mortes, em concurso formal (ou ideal) de crimes (CP, art. 70). Vale dizer, atribuir-se-ão a ele os crimes de homicídio doloso (com relação a A) e homicídio culposo (no tocante a B), cometidos em concurso formal. É importante registrar que a imputação da morte de B, no exemplo formulado, pressupõe seja previsível que ele pudesse se fazer acompanhar de alguém no momento da abertura da correspondência. Se, por qualquer razão, demonstrar-se que era imprevisível (para uma pessoa de mediana prudência e discernimento), o fato de que A poderia estar acompanhado no exato momento da abertura da carta, o homicida somente responde pela morte deste; caso contrário, ser-lhe-ia imputada uma morte sem dolo ou culpa (ou seja, haveria um caso de responsabilidade penal objetiva, o que é inadmissível à luz do princípio da culpabilidade).

Diversas situações podem ocorrer em se tratando de *aberratio ictus* com resultado duplo; confira-se:

Imaginemos que uma pessoa saque arma de fogo e, com intenção letal, dispare contra seu desafeto (X), atingindo-o e também a um terceiro (Y):

1) Ocorrendo a morte de ambos, haverá dois crimes, um homicídio doloso consumado (X) e outro culposo (Y), em concurso formal.

2) Resultando somente lesões corporais em ambos, haverá uma tentativa de homicídio (X), em concurso formal com lesões corporais culposas (Y).

3) Dando-se a morte de X e lesões corporais em Y, ter-se-á um homicídio doloso consumado e lesões corporais culposas, em concurso ideal.

4) Verificando-se lesões corporais em X e a morte de Y, imputar-se-á ao atirador um homicídio *doloso* consumado (Y), em concurso ideal com uma tentativa de homicídio (X).

A última situação merece uma explicação mais detalhada, pois, a princípio, poderia parecer correto considerar que houve uma tentativa de homicídio com relação a X e um homicídio *culposo* contra Y. Se fosse assim, todavia, quando ele atingisse um terceiro (Y) por erro na execução, seria melhor acertar também o alvo pretendido (X) do que simplesmente o terceiro. Em outras palavras, o erro na execução com resultado duplo seria mais benéfico para o assassino do que se houvesse resultado único (!). Isto porque, atingindo somente Y (*aberratio ictus* com resultado único), ser-lhe-ia imputado um crime de homicídio doloso consumado (art. 73, primeira parte, do CP). Se é assim, na hipótese de *também* acertar X, o qual sobrevive, não tem cabimento responder por fatos de menor gravidade (o concurso formal entre homicídio tentado e homicídio culposo é menos grave que um homicídio doloso consumado). Em outras palavras, a pena decorrente da *aberratio ictus* com unidade complexa não pode ser inferior àquela imposta no caso de *aberratio ictus* com unidade simples.

Deve-se advertir que somente haverá *aberratio ictus* com resultado duplo quando o terceiro for atingido por *erro ou acidente* (isto é, culposamente), pois, se houver dolo, ainda que eventual, não se estará diante da figura do art. 73.

Lembre-se do exemplo do terrorista que pretende matar o político, durante seu discurso no palanque. O sujeito decide instalar o explosivo, mesmo *sabendo* que a vítima se fará acompanhar do assessor. No momento da explosão, os dois morrem. Não se pode dizer que houve "erro" na execução, pois, se o agente sabia que outra pessoa também estaria no local e, mesmo assim, decidiu acionar a bomba, responderá por dois homicídios dolosos consumados (em concurso formal impróprio[13]).

Registre-se, por fim, que, embora sejam semelhantes quanto aos efeitos, **a *aberratio ictus* com resultado único e o erro sobre a pessoa diferem em dois pontos cruciais: a) no erro sobre a pessoa, há erro de representação (mental), ao passo que, na *aberratio ictus*, o erro diz respeito à inabilidade do agente ou a um acidente na execução do crime; b) no erro sobre a pessoa (de regra), a vítima visada não sofre qualquer perigo, enquanto na *aberratio ictus* dá-se o contrário.**

4.2.2. *Aberratio criminis, aberratio delicti* ou resultado diverso do pretendido

Ocorre quando o acidente ou erro no emprego dos meios executórios faz com que se **atinja um bem jurídico diferente do pretendido.** Na *aberratio ictus*, cuidava-se de acertar *pessoa* diferente; na *aberratio delicti, bem jurídico* diverso.

Suponha que um invejoso pretenda arremessar uma pedra sobre o automóvel de seu vizinho, por não se conformar com a nova aquisição, só que erra o alvo e acerta a cabeça de um pedestre, que sofre lesões. Nesse caso, o equívoco no emprego dos meios executórios fez com que o invejoso atingisse bem jurídico diverso do imaginado (integridade corporal em vez de patrimônio).

---

[13] O concurso formal, bem como suas espécies e demais modalidades de concurso de crimes, será estudado no Capítulo 6, do Título III, *infra*.

De acordo com o art. 74 do CP, primeira parte, o agente só responde pelo resultado produzido, que lhe será imputado a título de culpa (se prevista em lei a forma culposa). Note que, no exemplo formulado, o sujeito não responde por crime de dano tentado (CP, art. 163, c/c o art. 14, II), muito embora tenha dado início à execução de tal delito, que não se consumou por circunstâncias alheias à sua vontade (a má pontaria).

A aplicação da regra contida na primeira parte do art. 74 do CP *pressupõe que o resultado provocado seja previsto como crime culposo*. Basta imaginar a situação inversa para compreender o porquê: o agente arremessa a pedra visando ferir o vizinho, mas erra o alvo e quebra o vidro de um automóvel. Se a ele se imputasse o resultado a título de culpa, significa que ele teria cometido um dano culposo (fato atípico!), o qual absorveria a tentativa de lesão corporal (!). Evidente que não se trata disso. O sujeito, no exemplo formulado, responderá por lesão corporal tentada (CP, art. 129, c/c o art. 14, II).

A *aberratio criminis* também se subdivide em *resultado único ou unidade simples* e *resultado duplo ou unidade complexa*. Naquela, aplica-se a regra acima estudada; nesta, o concurso formal de crimes. Assim, por exemplo, se tencionando atingir o automóvel, acertasse o veículo e, além disso, o pé de alguém, ferindo-o, haveria concurso ideal entre dano consumado e lesão corporal culposa.

4.2.3. Erro sobre o nexo causal ou *aberratio causae*

Dá-se quando o agente pretende atingir determinado resultado, mediante dada relação de causalidade, porém obtém seu intento mediante um procedimento causal diverso do esperado, mas por ele desencadeado e igualmente eficaz. Exemplo: João, pretendendo matar seu inimigo, joga-o de uma ponte, na esperança de que, caindo no rio, morra por asfixia decorrente de afogamento; a vítima, no entanto, falece em virtude de traumatismo cranioencefálico, pois, logo após ser lançada da ponte, sua cabeça colide com um dos alicerces da estrutura.

O erro considera-se acidental, de modo que o agente responderá por crime de homicídio doloso consumado. É de alertar, contudo, que a qualificadora da asfixia (pretendida pelo sujeito) não terá incidência, pois outra foi a causa da morte.

Não se deve confundir o erro sobre o nexo causal com o dolo geral (*dolus generalis*). O *dolo geral* ou *dolus generalis* ocorre quando o sujeito pratica uma conduta objetivando alcançar um resultado, e, após acreditar erroneamente tê-lo atingido, *realiza outro comportamento*, o qual acaba por produzi-lo. Exemplo: para matar seu inimigo, alguém o golpeia fortemente, de modo que a vítima desmaia, fazendo o agente pensar equivocadamente que ela faleceu; em seguida, com a finalidade de simular um suicídio, deixa o ofendido suspenso em uma corda amarrada ao seu pescoço, asfixiando-o. Embora as opiniões se dividam, prevalece o entendimento de que o dolo do agente, exteriorizado no início de sua ação, generaliza-se por todo o contexto fático, fazendo com que ele responda por um único crime de homicídio doloso consumado[14].

Não se pode confundir o dolo geral com o erro sobre o nexo causal (aberratio causae) ou com a figura da consumação antecipada.

No **erro sobre o nexo causal** realiza-se *uma só conduta* pretendendo o resultado, o qual é alcançado em virtude de um processo causal diverso daquele imaginado. **No dolo geral, todavia, o sujeito realiza** *duas condutas*.

Exemplo: uma pessoa joga seu inimigo de uma ponte sobre um rio (conduta), pretendendo matá-lo (resultado) por afogamento (nexo de causalidade esperado), mas a morte ocorre porque, durante a queda, o ofendido choca sua cabeça contra os alicerces da ponte (nexo de causalidade diverso do imaginado). A diferença fundamental entre o dolo geral e o erro sobre o nexo de causalidade reside no fato de que naquele há duas condutas, enquanto neste há somente uma.

A consumação antecipada é, pode-se dizer, o oposto do *dolus generalis*, porquanto se refere a situações em que o agente produz antecipadamente o resultado esperado, sem se dar conta disso. Exemplo: uma enfermeira ministra sonífero em elevada dose para sedar um paciente e, após, envená-lo; apura-se, posteriormente, que o óbito foi decorrência da dose excessiva de sedativo e não da peçonha ministrada *a posteriori*[15].

Destaque-se que os casos de *aberratio ictus, aberratio delicti* e *aberratio causae* são impropriamente denominados por alguns doutrinadores de *delitos aberrantes*.

5. ERRO SOBRE EXCLUDENTES DE CULPABILIDADE

5.1. Coação moral irresistível putativa e obediência hierárquica putativa

Nosso Código não regula expressamente o erro incidente sobre as causas que excluem a culpabilidade. De advertir que tal discussão tem relevância à luz dos institutos previstos no art. 22 do CP, ou seja, da coação moral irresistível e da obediência hierárquica (que serão estudados no Capítulo 8, *infra*).

---

[14] Há quem entenda que ocorra uma tentativa de homicídio em concurso material com homicídio culposo; cf. Enrique Bacigalupo, *Direito penal*: parte geral, Capítulo VI, n. 640.

[15] Enrique Bacigalupo, *Direito penal*, Capítulo VI, n. 639.

Pode-se adiantar, para efeito de melhor compreensão do assunto, que na coação moral irresistível e na obediência hierárquica surgem situações em que não se pode exigir do agente uma conduta diversa, motivo pelo qual ele se torna isento de pena (exclusão da culpabilidade).

Imaginemos que um funcionário público receba uma carta ameaçadora dizendo-lhe que não realize ato de ofício; amedrontado, omite-se; depois, percebe que a carta era endereçada a outro funcionário com atribuição semelhante à sua. Responde o agente por prevaricação? A resposta é negativa. **Entendemos que, na falta de expressa regulamentação legal, devam-se aplicar a tal hipótese os princípios relativos ao erro de proibição (CP, art. 21).** Assim, se o erro era inevitável, o agente será isento de pena; se evitável, responde pelo crime, com redução de pena (de um sexto a um terço).

Mais um exemplo: uma pessoa, supondo existente uma ordem, não manifestamente ilegal, de superior hierárquico, pratica uma conduta. Na verdade, contudo, houve um engano, pois a ordem não foi dada. Responde pelo crime cometido? Não pode ser aplicado o art. 22 porque não havia ordem. É o caso de se aplicar, uma vez mais, o art. 21: erro de proibição. O agente supôs que sua conduta era lícita porque agiu na crença de que havia uma ordem de autoridade superior, a qual lhe pareceu legal (e cuja ilegalidade, à vista do homem médio, não era manifesta).

5.2. Erro sobre a inimputabilidade

A imputabilidade consiste na capacidade mental de compreender o caráter ilícito do fato e de se determinar de acordo com tal entendimento. Não é possível que alguém se equivoque sobre a própria sanidade mental, a não ser que seja, de fato, louco, hipótese em que será aplicado o art. 26 do CP.

Poder-se-ia cogitar, todavia, de uma pessoa possuir 18 anos de idade, mas, por erro, acreditar-se menor de idade. Considere uma pessoa humilde, que não teve seu nascimento registrado em cartório, acreditando ter 17 anos, quando, na verdade, possui 18 (circunstância apurada mediante perícia). Se ela praticar um fato definido como crime, é de se aplicarem os princípios relativos ao erro de proibição (CP, art. 21). Se inevitável: isenta-se de pena, mas aplica-se o Estatuto da Criança e do Adolescente (Lei n. 8.069/90); se evitável, o Código Penal, com a redução da pena do art. 21.

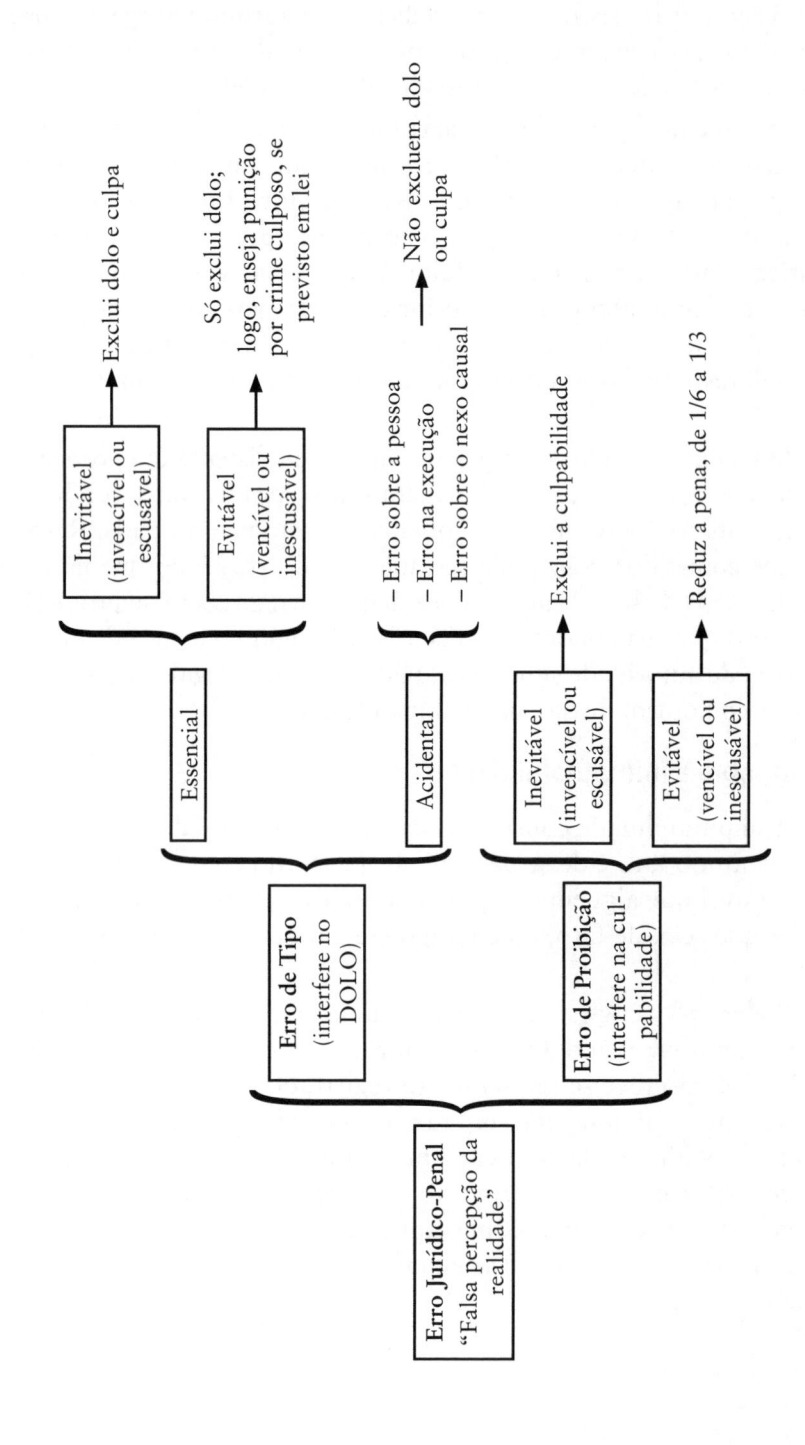

Erro Jurídico-Penal
"Falsa percepção da realidade"

Erro de Tipo (interfere no DOLO)

Essencial

Inevitável (invencível ou escusável) → Exclui dolo e culpa

Evitável (vencível ou inescusável) → Só exclui dolo; logo, enseja punição por crime culposo, se previsto em lei

Acidental
– Erro sobre a pessoa
– Erro na execução
– Erro sobre o nexo causal → Não excluem dolo ou culpa

Erro de Proibição (interfere na culpabilidade)

Inevitável (invencível ou escusável) → Exclui a culpabilidade

Evitável (vencível ou inescusável) → Reduz a pena, de 1/6 a 1/3

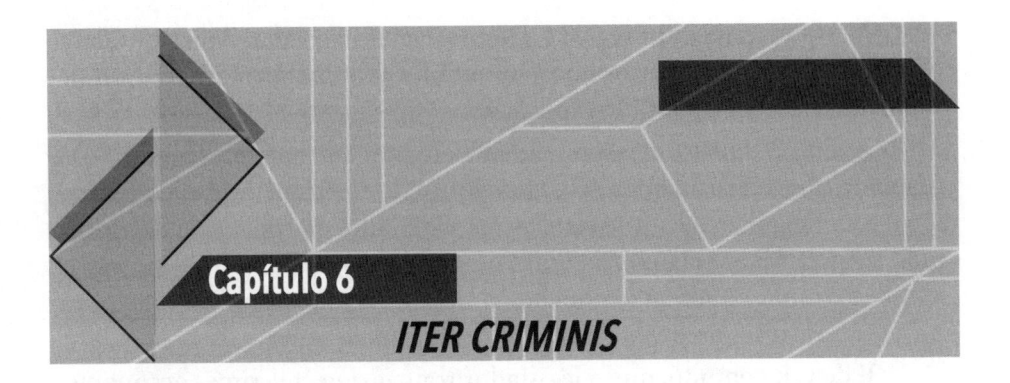

Capítulo 6

ITER CRIMINIS

1. CONCEITO

Desde os momentos iniciais, quando o delito está apenas na mente do sujeito, até sua consumação, quando o crime se concretiza inteiramente, passa-se por todo um caminho, por um itinerário, composto de várias etapas ou fases – o chamado *iter criminis* (ou "caminho" do crime).

2. FASES DO *ITER CRIMINIS*

2.1. Fase interna (cogitação)

Trata-se do *momento interno* da infração. Só há crime na esfera psíquica, na mente do sujeito, que ainda não exteriorizou nenhum ato. Essa fase é totalmente irrelevante para o Direito Penal, uma vez que *cogitationis poenam nemo patitur*. Lembre-se que um dos elementos do fato típico é a conduta, que pressupõe exteriorização do pensamento. Enquanto a ideia criminosa não ultrapassar a esfera mental, por pior que seja, não se poderá censurar criminalmente o ato. Se uma pessoa, em momento de ira, deseja conscientemente matar seu desafeto, mas nada faz nesse sentido, acalmando-se após, para o Direito Penal a ideação será considerada irrelevante. Pode-se falar, obviamente, em reprovar o ato do ponto de vista moral ou religioso, nunca, porém, à luz do Direito Penal.

2.2. Fase externa (preparação, execução e consumação)

2.2.1. Preparação

Os atos preparatórios verificam-se **quando a ideia passa da esfera mental e se materializa mediante condutas voltadas ao cometimento do crime.** Este, portanto, *sai da mente do sujeito*, que começa a *exteriorizar condutas tendentes à sua futura execução.*

Nessa etapa, como regra, o Direito Penal não atua. Atos considerados meramente **preparatórios não são punidos criminalmente**, salvo em determinadas exceções, a seguir explicadas.

Assim, o sujeito que, pretendendo matar seu inimigo (cogitação) e possuindo porte de arma de fogo, apodera-se do instrumento bélico (preparação) e, em seguida, desloca-se até as proximidades da residência da vítima, sendo surpreendido pela polícia antes de sacar a arma ou mesmo encontrar-se com a vítima visada, não comete crime algum (não se aplica o Estatuto do Desarmamento, uma vez que ele possui porte de arma).

É de ver, contudo, que o legislador transforma em crimes autônomos condutas que configuram meros atos preparatórios de outros delitos. É o caso dos arts. 286 (incitação ao crime), 288 (associação criminosa) e 288-A (constituição de milícia privada) do CP, ou ainda o art. 291 (petrechos para falsificação de moeda), que seria ato preparatório do crime de moeda falsa (art. 289). Tal técnica legislativa – também chamada de "antecipação da tutela penal" – consistente em criminalizar atos preparatórios de delitos graves é, por vezes, essencial estratégia na salvaguarda de bens jurídicos fundamentais. O legislador, no entanto, deve utilizar-se desse método com prudência e seleção, sob pena de banalizar o Direito Penal ou ferir princípios constitucionais.

É bom lembrar, por fim, o disposto no art. 31 do CP, o qual dispõe que "o ajuste, a determinação ou instigação e o auxílio, salvo disposição expressa em contrário, não são puníveis, se o crime não chega, pelo menos, a ser tentado". Vale dizer: se o agente não sai da fase de preparação, o partícipe, que o induziu, instigou ou auxiliou, não será punido.

2.2.2. Execução

Uma das questões mais árduas em Direito Penal reside em estabelecer a exata fronteira entre os atos preparatórios e os executórios. Trata-se de problema de suma importância, pois, enquanto os atos preparatórios são, como regra, penalmente irrelevantes, os atos executórios são penalmente típicos (CP, art. 14, II).

É certo que só será possível falar em execução se estivermos diante de um ato *idôneo e inequívoco* tendente à consumação do crime. A dificuldade está em estabelecer precisamente qual é esse ato. A doutrina apresenta alguns critérios:

a) *critério material*: a execução se inicia quando a conduta do sujeito passa a colocar em risco o bem jurídico tutelado pelo delito;

b) *critério formal-objetivo*: só há início de execução se o agente praticou alguma conduta que se amolda ao verbo núcleo do tipo.

Nenhum dos critérios se mostra totalmente satisfatório. O primeiro, por ser demasiado amplo, e o segundo, excessivamente restrito. Damásio de Jesus, em função disso, sustenta deva ser adotada a teoria individual-objetiva (de Hans Welzel), pela qual o início da execução abarca todos os atos que, de acordo com a intenção do sujeito, sejam imediatamente anteriores ao início da execução de conduta típica. Mirabete, de sua parte, argumenta que, segundo nossa legislação, deve-se adotar o critério formal-objetivo, porém estendido, de modo a abranger os atos imediatamente anteriores à realização do verbo núcleo do tipo (condutas anteriores que tenham vinculação necessária com a ação típica).

Nossa jurisprudência tem adotado uma diretriz próxima à proposta por Damásio de Jesus. Em caso interessante, envolvendo uma associação criminosa que adquiriu um imóvel próximo a uma agência bancária e planejou a escavação de um túnel para acessar o cofre da instituição e subtrair o dinheiro, o Superior Tribunal de Justiça reconheceu a tentativa, e não meros atos preparatórios, embora o túnel ainda não estivesse totalmente completo. De acordo com o Tribunal, a distinção entre atos preparatórios e executórios exige uma conjugação de critérios, tendo como ponto de partida a teoria objetivo-formal, associada a parâmetros subjetivos. Deve o julgador, segundo o STJ, "definir se, no caso concreto, foram exteriorizados atos tão próximos do início do tipo que, conforme o plano do autor, colocaram em risco o bem jurídico tutelado" ou, ainda, **"comportamentos periféricos que, conforme o plano do autor, uma vez externados, evidenciam o risco relevante ao bem jurídico tutelado também caracterizam início da execução do crime".** No caso concreto, os agentes "mediante complexa logística, escavaram por dois meses um túnel de 70,30 metros entre o prédio que adquiriram e o cofre da instituição bancária, cessando a empreitada, em decorrência de prisão em flagrante, quando estavam a 12,80 metros do ponto externo do banco, contexto que evidencia, de forma segura, a prática de atos executórios" (STJ, REsp 1.252.770/RS, rel. Min. Rogerio Schietti Cruz, 6ª T., j. 24-3-2015).

Por outro lado, a mesma Corte já considerou como meros atos preparatórios a conduta do agente que havia rompido o cadeado e destruído a fechadura do portão de uma casa com o intuito de, mediante uso de arma de fogo, efetuar subtração patrimonial da residência (AREsp 974.254-TO, rel. Min. Ribeiro Dantas, 5ª T., j. 21-9-2021).

2.2.3. Consumação

Há consumação, de acordo com o Código Penal, quando se fazem presentes todos os elementos da definição legal do delito (art. 14, I). Em outras palavras: total subsunção da conduta do sujeito com o modelo legal abstrato.

Igualmente importante é definir a linha divisória da consumação. Esse momento é fundamental para determinar a quantidade da pena imposta, o termo inicial da prescrição da pretensão punitiva (art. 111, I, do CP) e o foro competente para o processo e julgamento da infração (art. 70 do CPP).

O **momento consumativo** varia conforme a natureza do crime; assim:

a) *os crimes materiais ou de resultado* consumam-se **com a ocorrência do resultado naturalístico ou material** (isto é, modificação no mundo exterior provocada pela conduta);

b) *os crimes de mera conduta* **consumam-se com a ação ou omissão** prevista e punida na norma penal incriminadora. Nesses delitos, o tipo penal não faz alusão a nenhum resultado naturalístico. Dessa forma, basta a conduta, positiva ou negativa, para que haja consumação;

c) *os crimes formais*, apesar da alusão ao resultado naturalístico no tipo penal, não exigem, para fins de consumação, que ele ocorra, de tal modo que, **praticada a conduta prevista em lei, o delito estará consumado;**

d) *os crimes permanentes* têm a característica de a fase **consumativa prolongar-se no tempo.** Isso tem relevância jurídica não só na competência territorial (art. 71 do CPP) e no termo inicial do prazo prescricional (art. 111, III, do CP), como também na prisão em flagrante (art. 303 do CPP);

e) *os crimes culposos*, como crimes materiais, apenas estarão consumados com a **ocorrência do resultado naturalístico;**

f) *os crimes omissivos:*

1) *próprios*: por serem infrações penais de mera conduta, **basta a inatividade** do agente para que haja consumação, sendo prescindível que à omissão se associe a ocorrência de algum resultado;

2) *impróprios*: sempre são **materiais ou de resultado,** de modo que só estarão consumados com a superveniência deste;

g) *os crimes qualificados pelo resultado* consumam-se com a ocorrência do **resultado agravador;**

h) *os crimes habituais*, em face da exigência típica de reiteração da conduta, só se consumam se o sujeito a praticar repetidas vezes. Uma só conduta, isoladamente, constitui fato atípico. Em nosso modo de ver, por segurança jurídica, a reiteração se configurará com a realização de, ao menos, três atos.

2.3. Exaurimento

Dá-se quando o agente, **depois de consumar o delito** e, portanto, encerrar o *iter criminis*, **pratica nova conduta, provocando nova agressão ao bem jurídico penalmente tutelado.** Importante acentuar que o **exaurimento** não faz parte do *iter criminis*, que se encerra com a consumação. Atingida esta etapa, o crime se completa, com a realização de todos os elementos exigidos em sua definição legal. A despeito de não compor o itinerário do crime, o **exaurimento influi na quantidade da pena**, seja por estar previsto como causa especial de aumento (ex.: CP, art. 317, § 1º), seja por figurar como circunstância judicial desfavorável (pois o juiz deve levar em conta na dosagem da pena-base as *consequências do crime* – art. 59, *caput*, do CP).

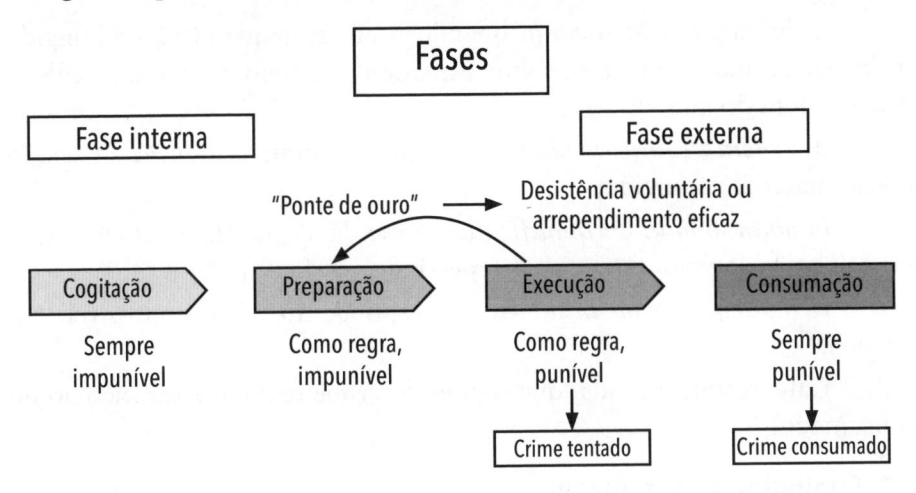

3. CRIME TENTADO (CP, ART. 14)

O crime considera-se tentado quando, apesar de iniciada a sua execução, não se consuma por circunstâncias alheias à vontade do agente (CP, art. 14, II). A **tentativa** (ou *conatus*), portanto, **pressupõe**: a) **início de execução**; b) **não consumação**; c) por **circunstâncias alheias à vontade do agente**.

Há quem aponte um quarto **requisito (implícito)**: o **dolo**, pois a tentativa só se coaduna com crimes dolosos.

O art. 14, II, ao definir a tentativa, traduz uma *norma de adequação típica por subordinação mediata ou indireta*, uma verdadeira extensão temporal da figura típica, que propicia alcançar condutas temporalmente anteriores ao momento consumativo. Do ponto de vista da teoria da pena, a tentativa é uma causa de diminuição obrigatória (de um a dois terços, salvo disposição expressa em sentido contrário).

Existem delitos que são punidos com a mesma pena tanto na forma consumada quanto tentada; são os crimes de atentado ou de empreendimento (p. ex., o art. 352 do CP).

Há várias **espécies de tentativa**:

a) *perfeita (crime falho)*: o **agente percorre todo o *iter criminis*** que **estava à sua disposição, mas**, ainda assim, por circunstâncias alheias à sua vontade, **não consuma** o crime (ex.: o sujeito descarrega a arma na vítima, que sobrevive e é socorrida a tempo por terceiros). Apesar de ter esgotado a fase executória, não alcança o resultado por circunstâncias alheias à sua vontade;

b) *imperfeita*: o **agente não consegue**, por circunstâncias alheias à sua vontade, **prosseguir na execução do crime** (ex.: o sujeito entra na residência da vítima e, quando começa a se apoderar dos bens, ouve um barulho que o assusta, fazendo-o fugir);

c) *branca (ou incruenta)*: quando o **objeto material não é atingido** (vale dizer, a pessoa ou coisa sobre a qual recai a conduta não é maculada pela conduta do autor);

d) *cruenta (ou vermelha)*: o oposto da tentativa branca, ou seja, o **objeto material é atingido**;

e) *abandonada ou qualificada*: nome dado por alguns doutrinadores à **desistência voluntária e ao arrependimento eficaz** (CP, art. 15);

f) *inadequada ou inidônea*: corresponde ao **crime impossível** (CP, art. 17).

Cabe ressaltar, ainda, que o dolo do crime tentado é idêntico ao do consumado.

3.1. Punibilidade da tentativa

Pela **teoria subjetiva**, **o crime tentado deve ser punido de modo semelhante ao consumado,** pois em ambos houve a intenção de produzir o resultado. Para a **teoria objetiva**, entretanto, a **pena do crime tentado deve ser menor que a do consumado,** porquanto naquele a lesão ao bem jurídico foi menor ou, por vezes, inexistente (foi a teoria adotada pelo Código Penal).

De acordo com o art. 14, parágrafo único, pune-se a tentativa com a pena do crime consumado, reduzida de um a dois terços, salvo expressa disposição em contrário (como no caso do art. 352 do CP, que apena igualmente a consumação e a tentativa).

3.2. Infrações que não admitem a tentativa

Existem diversas infrações penais que, pelas mais variadas razões, não admitem a forma tentada. São elas:

a) **crimes culposos.** O crime culposo dá-se quando o agente produz o resultado de maneira acidental, por imprudência, negligência ou imperícia. Por sua natureza, no crime culposo o agente não deseja o resultado, o que o torna totalmente incompatível com a forma tentada, em que o sujeito dá início à execução de um crime, não obtendo o resultado por circunstâncias alheias à sua vontade.

É de ver, contudo, que **na culpa imprópria pode-se cogitar de tentativa**. Deve-se lembrar que na culpa imprópria a pessoa deseja a produção do resultado, ou seja, atua de forma dolosa. A pena que recebe, entretanto, é a de um crime culposo, em razão de um erro cometido pelo agente na apreciação dos fatos (a culpa imprópria encontra-se prevista nos arts. 20, § 1º, e 23, parágrafo único, do CP);

b) **crimes preterdolosos**. Pelas mesmas razões em que não há tentativa nos crimes culposos, também não pode haver em delitos preterdolosos. Nestes, o agente realiza um comportamento doloso, mas o crime se consuma com a produção de um resultado agravador, que decorre de imprudência, negligência ou imperícia; isto é, ele não o desejava (p. ex., art. 129, § 3º, do CP);

c) **crimes unissubsistentes**. São aqueles cuja conduta típica não admite qualquer fracionamento; vale dizer, o comportamento definido no verbo núcleo do tipo penal constitui-se de uma ação ou omissão indivisível. Nesses casos, ou o agente praticou o fato (e o crime consumou-se) ou nada fez (e não há qualquer fato penalmente relevante). Significa que não há "meio--termo". Se o ato foi realizado, o crime se consumou; caso contrário, não existirá delito algum. Exemplo disto é o crime de injúria (CP, art. 140), na forma verbal. O tipo penal encontra-se assim descrito: "injuriar alguém, ofendendo-lhe a dignidade ou o decoro". Quando o ato é praticado por meio verbal, consiste numa ofensa à vítima. Uma vez proferida a palavra ofensiva, a injúria estará completa e acabada. Se a ofensa não foi irrogada, não há infração penal alguma. A indivisibilidade da conduta impede a ocorrência da forma tentada;

d) **crimes omissivos puros**. Os delitos omissivos puros, como a omissão de socorro (CP, art. 135), também são incompatíveis com a figura da tentativa. Entendem-se omissivos próprios ou puros aqueles em que o tipo penal descreve uma omissão, de modo que, para identificá-los, basta a leitura do dispositivo penal. Se o fato descrito corresponder a um *non facere*, o crime será omissivo próprio.

A impossibilidade da tentativa decorre do fato de que tais delitos são crimes de mera conduta e unissubsistentes. O simples não fazer é suficiente para a consumação. Se o sujeito agir, não há crime;

e) **contravenções penais**. A tentativa de contravenção penal, por força de lei, não é punível. É o que estabelece expressamente o art. 4º da LCP. De ver, contudo, que é possível, em tese, a tentativa de tais infrações, muito embora, repita-se, não sejam puníveis. Assim, por exemplo, alguém pode tentar praticar vias de fato em outrem (p. ex., um empurrão) e ser impedido por terceiro, não conseguindo atingir seu desafeto. Haverá tentativa de vias de fato, um irrelevante penal em virtude do art. 4º da LCP;

f) **crimes cuja existência está condicionada à produção do resultado.** Há infrações penais cuja configuração depende da produção de um resultado, de tal maneira que, sem este, o fato é atípico; elas não admitem, por esse motivo, a forma tentada. Atualmente, duas hipóteses no CP: o art. 164, que descreve o ato de introduzir ou deixar animais em propriedade alheia, sem consentimento de quem de direito, *desde que o fato resulte prejuízo;* e o art. 337-G, o qual pune a seguinte conduta – patrocinar, direta ou indiretamente, interesse privado perante a Administração Pública, dando causa à instauração de licitação ou à celebração de contrato *cuja invalidação vier a ser decretada pelo Poder Judiciário.*

Existia, na redação original do CP, outro caso: o art. 122 (participação em suicídio), uma vez que o tipo penal condicionava a punição do agente a que a vítima falecesse ou, tentando se suicidar, sofresse lesão corporal de natureza grave. Ocorre que o dispositivo foi alterado pela Lei n. 13.968/2019, que ampliou consideravelmente seu alcance, passando a criminalizar, juntamente com a participação em suicídio, o auxílio à automutilação; além disso, *permitiu a configuração do delito ainda que o sujeito passivo não sofra qualquer lesão,* e, com essa mudança, o art. 122 do CP passou a admitir a tentativa;

g) **crimes permanentes de forma exclusivamente omissiva.** Os crimes permanentes são aqueles cuja consumação se prolonga no tempo. Quando praticados de forma exclusivamente omissiva, não admitem a forma tentada, isto porque, ou o agente se omite e o fato estará consumado ou age e o crime não foi praticado (p. ex., CP, art. 148, na forma omissiva);

h) **crimes de atentado ou de empreendimento.** Os crimes de atentado ou de empreendimento são aqueles em que a lei equipara a tentativa e a consumação. Vale dizer, tentar praticar a conduta descrita no tipo já representa realizar a norma por completo, isto é, o crime já estará consumado (p. ex., CP, art. 352).

Há casos em que a **doutrina diverge** sobre a compatibilidade da tentativa, isso se dá particularmente nos casos de **dolo eventual** e no **crime habitual.**

Existe controvérsia em doutrina a respeito da possibilidade de tentativa em crimes cometidos com **dolo eventual.** De um lado, há os que argumentam que essas figuras são incompatíveis, porquanto o agente, na tentativa, almeja a produção do resultado, ao passo que no dolo eventual o sujeito não deseja produzi-lo (mas assume o risco de provocá-lo). De outro, existem os que defendem a compatibilidade entre os institutos, pois o **legislador equiparou, por completo, dolo direto e eventual,** de forma que aquilo que se admite para um, cabe para o outro; **além disso, no dolo eventual, embora o autor não almeje produzir o resultado, assume o risco de fazê-lo e, se esse** resultado para o qual houve assunção de risco não se verificar, configura-se a tentativa. É a nossa posição, que também é adotada pelo STJ[1].

Quanto aos **crimes habituais**, isto é, aqueles que exigem reiteração de atos para sua configuração, como o delito de perseguição (CP, art. 147-A), casa de prostituição (CP, art. 229) ou exercício ilegal da medicina (CP, art. 282), a **maioria dos autores prega ser incabível** o *conatus proximus*. O principal argumento levantado é que, em vista da exigência contida no tipo penal de que haja reiteração de atos, quando o sujeito realizar um ato isolado, trata-se de fato atípico e, ao reiterá-los, o crime já atinge, de imediato, a consumação. Não haveria, desse modo, espaço para a figura tentada. **Não pensamos desse modo.** O que há, em relação ao delito habitual, é uma dificuldade prática em comprovar a tentativa, mas obstáculos práticos ou probatórios não importam na impossibilidade teórica. **Não existe, em verdade, qualquer óbice dogmático ou lógico-jurídico para se admitir a tentativa de um crime habitual.** Imagine-se, por exemplo, um indivíduo que esteja disposto a perseguir uma vítima, nos moldes do art. 147-A do CP (perseguição ou *stalking*). Ele, então, contrata terceiro para, reiteradas vezes, seguir o ofendido, invadindo sua esfera de liberdade ou privacidade. Este indivíduo, porém, logo após o primeiro e, até então, único ato de perseguição, é surpreendido pela Polícia, que o intima a prestar declarações em inquérito policial instaurado mediante representação do ofendido. Em face disto, ele não realiza qualquer outro ato de perseguição. Não há dúvida, em tal cenário, que ele deu início à execução, somente não consumando o crime por circunstâncias alheias à sua vontade.

4. DESISTÊNCIA VOLUNTÁRIA E ARREPENDIMENTO EFICAZ (CP, ART. 15)

Essas figuras também são chamadas de *tentativa abandonada ou qualificada*. Tal denominação, contudo, é criticada, pois, quando se dá a

---

[1] "(...) Este Superior Tribunal reconhece a compatibilidade entre o dolo eventual e a tentativa, consequentemente cabível a decisão de pronúncia do agente em razão da suposta prática de tentativa de homicídio na direção de veículo automotor (...)" (STJ, REsp 1.486.745/SP, rel. Min. Sebastião Reis Júnior, 6ª T., j. 5-4-2018). No mesmo sentido: STJ, HC 503.796/RS, rel. Min. Leopoldo de Arruda Raposo (Desembargador convocado do TJ/PE), 5ª T., j. 1º-10-2019; e AgRg nos EDcl no REsp 2.041.588/DF, rel. Min. Joel Ilan Paciornik, 5ª T., j. 13-6-2023. Verifica-se que a Suprema Corte também adota o mesmo entendimento: "(...) A jurisprudência do STF, ao analisar caso análogo, consignou orientação no sentido de que não há incompatibilidade na conjugação do dolo eventual e da tentativa (HC 114.223, Rel. Min. Teori Zavascki). 3. Agravo regimental a que se nega provimento" (STF, HC 165.200 AgR, rel. Min. Roberto Barroso, 1ª T., j. 29-4-2019).

desistência voluntária ou o arrependimento eficaz, o agente não responde por crime tentado. É como se fosse chamada de tentativa algo que, em verdade, não a constitui.

Ocorrem quando **o agente inicia a execução de um crime que pretende consumar, porém não o faz por vontade própria (CP, art. 15)**. Diferem da tentativa, porque nela o agente não logra consumar o delito por circunstâncias *alheias* à sua vontade. *Na tentativa, portanto, o agente quer, mas não pode*, ao passo que, *na desistência voluntária e no arrependimento eficaz, ele pode, mas não quer* (Frank).

Desistência e arrependimento são figuras distintas. A desistência pressupõe tenha o agente meios para prosseguir na execução, ou seja, ele ainda não esgotou o *iter criminis* posto à sua disposição (ex.: sua arma possui outros projéteis, mas ele desiste de dispará-los). **Basta,** no seu caso, **uma omissão,** isto é, deixar *voluntariamente* de prosseguir com os atos executórios. No **arrependimento, subentende-se que o sujeito já tenha esgotado todos os meios disponíveis e** que, **após** terminar todos os atos executórios (mas sem consumar o fato), **pratica alguma conduta** *positiva (ativa)*, **tendente a evitar a consumação** (ex.: o sujeito descarregou sua arma e, diante da vítima agonizando, arrepende-se e a socorre).

4.1. Requisitos

São os seguintes:

a) *voluntariedade*: ato voluntário é o oriundo de **livre escolha** por parte do sujeito. Ele tinha mais de uma opção, e, por vontade própria, preferiu desistir ou arrependeu-se, impedindo a consumação do delito.

Voluntariedade não é o mesmo que espontaneidade. Espontâneo é o ato voluntário cuja iniciativa foi do próprio agente (não foi sugerido por terceiro). Não é preciso espontaneidade; basta que o ato tenha sido voluntário;

b) *eficiência (ou eficácia)*: significa que a **consumação deve ter sido efetivamente evitada,** caso contrário não incide o art. 15 do CP.

Se uma pessoa, por exemplo, dá início a um homicídio mediante golpes de faca, os desfere, mas se arrepende e decide socorrer a vítima, que, embora levada ao hospital, não resiste aos ferimentos e morre, não se aplica o art. 15 do CP, pois o ato não foi eficaz. O agente responderá, portanto, por crime consumado, com a incidência da atenuante prevista no art. 65, III, *b*, do CP ("ter o agente procurado, por sua espontânea vontade e com eficiência, logo após o crime, evitar-lhe ou minorar-lhe as consequências, ou ter, antes do julgamento, reparado o dano").

4.2. Natureza jurídica

Hungria dizia tratar-se de causa extintiva da punibilidade; afinal, nas figuras estudadas, o texto legal dispõe que "não se pune a tentativa". Muito embora a lei fale em exclusão da punibilidade, cuida-se, na verdade, de uma **causa de exclusão da adequação típica** (do crime tentado). Note que o sujeito dá início à execução de um crime, o qual não se consuma (elementos da tentativa). A forma tentada, entretanto, torna-se atípica com a atitude do agente, o qual, por vontade própria, evita a produção do resultado (mediante uma abstenção ou por meio de um ato positivo). É o pensamento de diversos autores, dentre os quais Damásio de Jesus e Miguel Reale Jr.[2].

4.3. Efeito

O agente só responde pelos atos já praticados (se forem típicos). Ocorre a chamada *"ponte de ouro"* (expressão de Frank), desaparecendo o crime cuja execução se iniciara. Em outras palavras, significa dizer que o crime tentado, que já existia, não mais subsistirá. Por exemplo, se o sujeito efetua dois disparos contra a vítima, erra o alvo e, apesar de ter ainda cinco projéteis de arma de fogo, desiste de matá-la, só responde pelo disparo de arma de fogo (art. 15 da Lei n. 10.826/2003); há desistência voluntária e eficaz no tocante à tentativa de homicídio.

A existência de um obstáculo erroneamente suposto, que faz com que o agente desista de prosseguir na execução do delito, não permite a aplicação do art. 15 do CP. Exemplo: "Um animal provoca barulho ao esbarrar numa porta. Supondo o agente que é a vítima que vem surpreendê-lo, põe-se em fuga, desistindo da prática do furto. Há tentativa, uma vez que a desistência é involuntária[3]; em outras palavras, se dependesse da vontade do agente, ele prosseguiria na execução do delito[4].

As causas de exclusão da adequação típica previstas do art. 15 comunicam-se em caso de concurso de agentes, porque se o fato é atípico para um, o é para todos (cf. art. 30 do CP).

4.4. Desistência voluntária e o crime de terrorismo (Lei n. 13.260/2016)

A Lei Antiterrorismo prevê, em seu art. 5º, que se puna a realização de atos preparatórios de terrorismo, desde que haja o propósito inequívoco de consumar tal delito.

---

[2] *Teoria do delito*, p. 206.

[3] Damásio de Jesus, *Direito penal*: parte geral, v. 1, p. 341.

[4] Em sentido contrário Miguel Reale Jr., *Teoria do delito*, p. 208-209.

Assim, por exemplo, se o agente, pretendendo sabotar o funcionamento de instalações de geração ou transmissão de energia, com o propósito de provocar terror social ou generalizado, motivado por razões de discriminação contra determinado grupo de pessoas, elaborar plano e adquirir materiais para realizar o atentado, já estará incurso no dispositivo citado, ficando sujeito à pena de doze a trinta anos de reclusão, reduzida de um quarto até a metade.

Muito embora não tenha o agente realizado atos executórios, a conduta é punível por expressa determinação legal. Essa modalidade de tipificação denomina-se, conforme já citamos anteriormente, antecipação da tutela penal (trata-se da capitulação, como infração autônoma, de atos preparatórios de outros delitos).

Nesse caso, a Lei n. 13.260/2016 admite expressamente a incidência da desistência voluntária ou do arrependimento eficaz (art. 10 da Lei), ou seja, se o indivíduo ou grupo de pessoas, que já havia realizado atos preparatórios de terrorismo (como no exemplo acima), disposto inequivocamente a consumar a infração, desiste de fazê-lo, abandonando **voluntariamente** o plano, não responde pelo delito do art. 5º da Lei, mas somente pelos atos anteriores.

Da maneira como a Lei Antiterrorismo redigiu a norma, fica a impressão de que se admitiu desistência voluntária ou arrependimento eficaz antes mesmo de iniciada a execução de um crime (no caso, o terrorismo). Não é exatamente o que ocorre, pois o agente, embora não tenha dado início à execução de um ato terrorista, já começou a executar o crime descrito no art. 5º da Lei, que, apesar de se referir à incriminação de "atos preparatórios" de terrorismo, contém, ele próprio, um *iter criminis autônomo*.

5. ARREPENDIMENTO POSTERIOR (CP, ART. 16)

Diz o art. 16 do CP: "Nos crimes cometidos sem violência ou grave ameaça à pessoa, reparado o dano ou restituída a coisa, até o recebimento da denúncia ou da queixa, por ato voluntário do agente, a pena será reduzida de um a dois terços".

Essa **causa obrigatória de diminuição de pena**, criada pela Reforma da Parte Geral de 1984, depende da presença concomitante dos seguintes **requisitos**:

a) **reparação *integral* do dano ou restituição da coisa intacta** (salvo se a vítima expressamente se contentar com a reparação parcial ou restituição da coisa com danos);

b) **ato do sujeito,** e não de terceiro;

c) **voluntariedade** (não é preciso espontaneidade);

d) **crime sem violência ou grave ameaça à pessoa** (já se admitiu o benefício em crimes culposos, justamente porque, nesse caso, quando existe violência, ela está no resultado e não na conduta, motivo por que não faz parte da intenção do agente);

e) **reparação ou restituição anterior ao recebimento da denúncia ou da queixa** (se posterior, permite a incidência de circunstância atenuante – CP, art. 65, III, *b*).

Por força do art. 30 do CP, o arrependimento posterior, se praticado por um dos agentes, beneficia eventuais coautores ou partícipes.

Ressalte-se que o juiz, ao definir o *quantum* da redução da pena, deverá levar em conta a *presteza* na reparação do dano ou restituição do bem.

É fundamental advertir que o benefício do art. 16 do CP, em que a reparação do dano (ou restituição da coisa) conduz à redução de pena, não será aplicado quando a lei previr efeito mais benéfico ao agente. Assim, por exemplo, no crime de peculato culposo (CP, art. 312, §§ 2º e 3º), em que semelhante ato leva à extinção da punibilidade. Pode-se dizer, então, que há um requisito implícito adicional: a inexistência de norma específica conferindo à reparação dos danos o *status* de causa extintiva da punibilidade.

Discute-se, em doutrina, se o arrependimento posterior é compatível com crime tentado. A tendência da maioria dos autores é de não admitir a aplicação do art. 16 do CP no ***conatus proximus***, justamente porque seu primeiro requisito é a reparação dos danos ou restituição da coisa e, se houve dano ou existe coisa a se restituir, isso sugere que o delito se consumou. Ademais disso, a conduta do agente que o torna merecedor da benesse do art. 16 do CP é realizada após a cessação do ***iter criminis***. Ocorre, porém, que **o legislador não exige, em momento algum, que o delito tenha se consumado para aplicar o art. 16 do CP**. Assim, *v.g.*, se um sujeito praticar uma tentativa de furto mediante rompimento de obstáculo à subtração do bem, como no caso do agente que arromba a porta da residência, mas, ao ingressar no imóvel, se vê impedido de subtrair qualquer bem, pois a vítima consegue acionar a Polícia. Nesse caso, houve uma tentativa de furto (qualificado) e há dano a reparar (pois a porta foi arrombada). Se o autor reparar o dano, de forma pessoal e voluntária, antes do recebimento da denúncia, fará jus ao benefício.

6. CRIME IMPOSSÍVEL (CP, ART. 17)

Há **crime impossível** (ou "tentativa inidônea", "quase crime" ou "tentativa inadequada") quando o agente **realiza uma conduta e não atinge o seu objetivo por** *absoluta ineficácia do meio* (ex.: tentar matar alguém com revólver de brinquedo ou portar arma de fogo totalmente inapta para disparar⁵) ou *por absoluta impropriedade do objeto material* (ex.: ingerir substância de efeito abortivo para provocar aborto sem estar grávida).

É relevante frisar que o **meio** (absolutamente ineficaz) a que alude o Código é **o meio executório** e o **objeto** (absolutamente impróprio) a que faz referência é **o objeto material**.

Se a impropriedade ou ineficácia forem somente relativas, haverá crime tentado (ex.: acionar o gatilho de arma de fogo sem que os projéteis disparem ou tentar furtar levando as mãos ao bolso vazio da vítima). Serão relativas quando meramente ocasionais ou circunstanciais, e absolutas quando constantes, permanentes, ou seja, quando total e irremediavelmente inviável a consumação do delito.

Há, ainda, o chamado crime impossível por obra do agente provocador, que se dá quando a Polícia induz o agente a praticar o fato, assegurando-se, em paralelo, que será impossível consumá-lo. Essa hipótese decorre de um entendimento jurisprudencial consubstanciado na Súmula 145 do STF: "Não há crime, quando a preparação do flagrante pela polícia torna impossível a sua consumação". Exemplo: a Polícia, pretendendo identificar o autor de crimes de furto em local de grande circulação de pessoas, coloca policiais à paisana, fazendo-se passar pela vítima preferencial do investigado, com o intuito de servir de isca, para induzi-lo a tentar furtar um dos servidores e, quando este tenta fazê-lo, é preso em flagrante. Nesse caso, por se cuidar de crime impossível por obra do agente provocador, o flagrante é nulo; chama-se este de "flagrante preparado" ou "flagrante provocado". Não se pode confundir, contudo, o flagrante preparado ou provocado com o esperado, no qual a Polícia se porta omissivamente, em postura de vigilân-

---

⁵ Entendimento pacífico no STJ: "(...) o tipo penal de posse ou porte ilegal de arma de fogo caracteriza-se como delito de mera conduta ou de perigo abstrato, sendo irrelevante a demonstração de seu efetivo caráter ofensivo. II. Provada, todavia, por perícia a inaptidão da arma para produzir disparos, não há que se falar em tipicidade da conduta (...)" (AgInt no REsp 1.788.547/RN, rel. Min. Reynaldo Soares da Fonseca, 5ª T., j. 2-4-2019). Ver também: STJ, AgRg no REsp 1.394.230/SE, rel. Min. Antonio Saldanha Palheiro, 6ª T., j. 23-10-2018; e AgRg no REsp 1.709.398/BA, rel. Min. Reynaldo Soares da Fonseca, 5ª T., j. 6-3-2018. E ainda: "A jurisprudência desta Corte Superior está firmada no sentido de que é necessária a comprovação da imprestabilidade e, por conseguinte, da absoluta ausência de qualquer potencialidade lesiva da arma de fogo. 2. No caso dos autos, o fundamento adotado pelo Tribunal de Justiça para afastar a hipótese de crime impossível foi a conclusão do laudo pericial no sentido de que a ineficácia da arma não era absoluta, pois, mesmo que de forma não convencional, era 'possível a realização de disparos e tiros' (e-STJ fl. 274). 3. Agravo regimental desprovido" (AgRg no AREsp 2.223.554/GO, rel. Min. Antonio Saldanha Palheiro, 6ª T., j. 21-3-2023).

cia, sem interferir na cena, apenas aguardando o momento em que o sujeito dará início à execução do fato para prendê-lo. Em tal situação, não houve qualquer induzimento por parte dos agentes estatais à realização do delito; eles apenas aguardaram o momento de sua prática para realizar a prisão – há crime tentado e o flagrante será válido.

Quanto à natureza jurídica, o crime impossível, em quaisquer de suas modalidades, configura causa de exclusão da adequação típica do crime tentado (natureza jurídica).

De ver que para o STJ: "Sistema de vigilância realizado por monitoramento eletrônico ou por existência de segurança no interior de estabelecimento comercial, por si só, não torna impossível a configuração do crime de furto" (Súmula 567)[6].

6.1. Teorias

Há **diversas teorias** que se ocupam do tratamento que se deve dar ao sujeito que realiza um comportamento qualificado como crime impossível. São elas:

a) *sintomática*: por ter manifestado periculosidade, o sujeito recebe uma medida de segurança;

b) *subjetiva*: equipara o crime impossível ao crime tentado, porque também nele o agente demonstrou intenção de produzir o resultado, embora não o consumasse;

c) *objetiva*: como não houve risco ao bem jurídico, o agente não é punido. Subdivide-se em *objetiva pura*, a qual aplica os princípios do crime

---

[6] Há precedente do STF, porém, indicando que a análise deve ser feita no caso concreto e, a depender da forma específica em que o *iter criminis* foi vigiado pelos seguranças do estabelecimento, ensejará o reconhecimento do crime impossível: "A forma específica mediante a qual os funcionários do estabelecimento vítima exerceram a vigilância direta sobre a conduta do paciente, acompanhando ininterruptamente todo o *iter criminis*, tornou impossível a consumação do crime, dada a ineficácia absoluta do meio empregado. Tanto isso é verdade que, no momento em que se dirigia para a área externada do estabelecimento comercial sem efetuar o pagamento do produto escolhido, o paciente foi abordado na posse do bem, sendo esse restituído à vítima. 2. De rigor, portanto, diante dessas circunstâncias, a incidência do art. 17 do Código Penal, segundo o qual 'não se pune a tentativa quando, por ineficácia absoluta do meio ou por absoluta impropriedade do objeto, é impossível consumar-se o crime'. 3. Esse entendimento não conduz, automaticamente, à atipicidade de toda e qualquer subtração em estabelecimento comercial que tenha sido monitorada pelo corpo de seguranças ou pelo sistema de vigilância, sendo imprescindível, para se chegar a essa conclusão, a análise individualizada das circunstâncias de cada caso concreto" (STF, RHC 144.516/SC, rel. Min. Dias Toffoli, 2ª T., j. 22-8-2017, *DJe* de 6-2-2018).

impossível a qualquer hipótese de ineficácia do meio ou inidoneidade do objeto material (seja relativa, seja absoluta), e *objetiva temperada*, que somente alcança as hipóteses de ineficácia e inidoneidade absolutas (**foi a adotada pelo Código Penal**, após a Reforma de 1984).

Tentativa	Desistência Voluntária e Arrependimento Eficaz
Início de execução	Início de execução
Não consumação	Não consumação (= eficácia)
CAVA – Circunstâncias Alheias à Vontade do Agente	Ato voluntário = voluntariedade
Redução de 1/3 a 2/3	Não se pune a tentativa e o agente só responde pelos atos anteriores

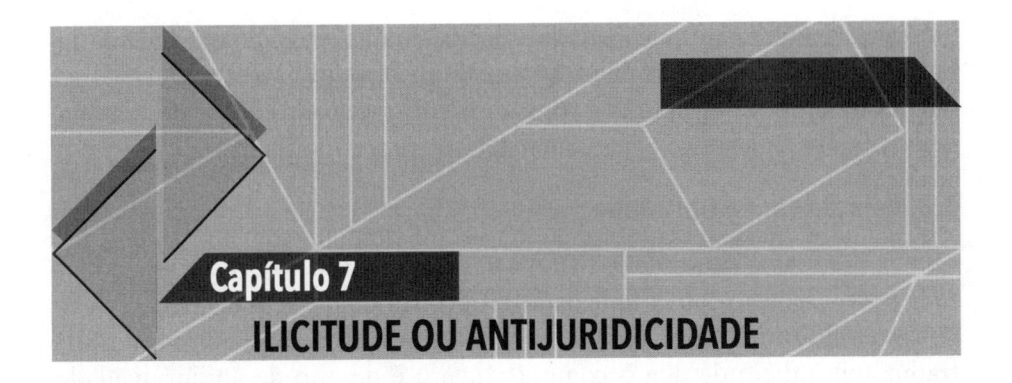

Capítulo 7

ILICITUDE OU ANTIJURIDICIDADE

1. INTRODUÇÃO

1.1. Conceito

A expressão ilicitude, empregada pelo legislador no Código Penal, é frequentemente preterida pela maioria dos manuais. Muitos adotam o termo antijuridicidade. Na tradição pátria, os termos são utilizados como sinônimos. Na doutrina estrangeira, emprega-se maciçamente o termo antijuridicidade, pois a expressão ilicitude tem um sentido diverso. Indica o fato típico e antijurídico.

A ilicitude consiste na contrariedade do fato com o ordenamento jurídico (enfoque puramente formal ou "ilicitude formal"), por meio da exposição a perigo de dano ou da lesão a um bem jurídico tutelado (enfoque material ou "ilicitude material").

A antijuridicidade da conduta deve ser apreciada objetivamente, vale dizer, sem se perquirir se o sujeito tinha consciência de que agia de forma ilícita. Por essa razão, age ilicitamente o inimputável que comete um crime, ainda que ele não tenha consciência da ilicitude do ato cometido (o agente, contudo, não receberá pena alguma por ausência de culpabilidade, como se estudará no próximo capítulo).

1.2. Classificação

A doutrina classifica a ilicitude em *genérica* e *específica*. A genérica corresponde à contradição do fato com a norma abstrata, por meio da afetação a algum bem jurídico. A específica consiste na ilicitude presente em determinados tipos penais, os quais empregam termos como "sem justa causa", "indevidamente", "sem autorização ou em desacordo com determinação legal ou regulamentar". Na verdade, dessas, só a primeira realmente trata-se efetivamente de ilicitude.

A chamada antijuridicidade específica nada mais é do que uma designação equivocada a determinados elementos normativos de alguns tipos penais. Não se pode confundir "antijuridicidade", requisito do crime, com dados da figura típica, isto é, verdadeiras elementares do tipo penal.

1.3. Relação com a tipicidade

Conforme já estudado (Título II, Capítulo 3, item 5.1, *supra*), a ilicitude possui relação com a tipicidade, sendo esta um indício daquela. É nesse sentido a lição de Mayer (1915), para quem a realização de um fato típico traduz um indício de que o comportamento é dotado de antijuridicidade. Esta característica só não se fará presente quando o ato houver sido praticado sob amparo de alguma excludente de ilicitude.

2. EXCLUDENTES DE ILICITUDE

Nosso Código Penal define as excludentes de ilicitude no art. 23. De acordo com o texto, são **quatro as causas de justificação:** *estado de necessidade, legítima defesa, exercício regular de um direito* e *estrito cumprimento de um dever legal.* Sendo o fato (típico) praticado nessas circunstâncias, não haverá crime.

Apesar de o leque legal ser abrangente, a doutrina admite a existência de *causas supralegais* (isto é, não previstas em lei) de exclusão da ilicitude, fundadas no emprego da analogia *in bonam partem*, suprindo eventuais situações não compreendidas no texto legal.

É o que ocorre em relação ao *consentimento do ofendido* nos tipos penais em que o bem jurídico é disponível (ex.: crime de dano – CP, art. 163) e o sujeito passivo, agente capaz. Importante advertir que, em certos casos, o tipo penal prevê o dissenso da vítima como elementar; se isso ocorrer, seu consentimento figurará como causa excludente de *tipicidade* (ex.: violação de domicílio – CP, art. 150).

2.1. A ilicitude diante da teoria da imputação objetiva

A teoria da imputação objetiva provoca nova abordagem a determinadas situações, antes tratadas no âmbito da antijuridicidade, notadamente no que diz respeito ao exercício regular de um direito. O médico que realiza uma cirurgia regularmente e o desportista que, durante a prática de sua atividade, lesa adversário observando as regras do jogo praticam condutas que expõem bens jurídicos alheios a *riscos permitidos.* Sendo assim, os atos praticados são atípicos, por falta de imputação objetiva (frise-se que só há relação de imputação objetiva quando a conduta expõe bens jurídicos a riscos relevantes e proibidos).

O mesmo ocorre com o consentimento do ofendido e com os ofendículos (estudados a seguir, item 4.5), ou seja, situações antes vistas como excludentes de ilicitude, as quais, com a teoria da imputação objetiva, constituem fatos atípicos.

2.2. Excesso

Consiste na *desnecessária intensificação de uma conduta a princípio legítima*. Assim, é possível que uma pessoa, inicialmente em situação de legítima defesa, estado de necessidade etc., exagere e, em razão disso, cometa um crime, doloso ou culposo, conforme a natureza do excesso (CP, art. 23, parágrafo único).

Embora o Código Penal se refira ao excesso nas formas dolosa e culposa, pode ele tomar contornos que vão muito além do dolo ou da culpa.

Com efeito, pode-se falar em excesso voluntário (ou consciente) quando o agente tem plena consciência de que intensifica desnecessariamente sua conduta de início legítima. Exemplo: depois de ter dominado o ladrão, a vítima efetua disparos de arma de fogo contra ele, por raiva, matando-o. Consciente da desnecessidade de seu comportamento, a vítima do roubo, que agia em legítima defesa, após ter dominado o ladrão e ter conscientemente efetuado disparos, torna-se autora de um homicídio doloso.

Portanto, **havendo excesso voluntário ou consciente, o agente responde por crime doloso** (é o correspondente ao "excesso doloso", na linguagem empregada pelo Código).

Há, também, o *excesso involuntário (ou inconsciente)*, o qual **deriva da má apreciação da realidade (erro de tipo)**. O sujeito ultrapassa os limites da excludente *sem se dar conta de seu exagero*. Para determinar sua responsabilidade penal, **será preciso avaliar se o erro (de tipo) por ele cometido foi evitável ou não.** Considera-se **evitável** (ou vencível) o erro que uma pessoa de mediana prudência e discernimento não teria cometido na situação em que o agente se encontrava (ex.: durante um roubo, o ofendido reage à abordagem do agente e, mesmo após desarmá-lo e dominá-lo por completo, mas sem notar essas circunstâncias, o agride fisicamente, supondo por equívoco que o ladrão ainda não havia sido completamente subjugado). Nesse caso, ele **responderá pelo resultado produzido excessivamente a título de culpa** (se a lei prever o crime na forma culposa). Por outro lado, será **inevitável** (ou invencível) o erro em que qualquer pessoa mediana incorreria na situação em que os fatos se deram (ex.: durante um roubo, a vítima, sem se dar conta de que o ladrão portava arma de brinquedo, reage à investida efetuando disparos de arma de fogo, matando-o). Se assim for, **ficam afastados o dolo e a culpa, surgindo o chamado** *excesso exculpante*, isto é, o sujeito não cometerá crime algum, apesar do excesso.

Por vezes, o excesso exculpante pode derivar do medo. Uma senhora sexagenária abordada por um assaltante pode, por medo, reagir, agredindo-o com seu guarda-chuva (estará em legítima defesa). Se o agressor desmaiar e ela, ainda influenciada pelo medo, continuar a golpeá-lo, matando-o, haverá excesso. **Caso esse medo tenha provocado uma importante alteração em seu estado psíquico, a ponto de impedi-la de avaliar objetivamente os fatos, surgirá o excesso exculpante, que, em matéria de legítima defesa, denomina-se *legítima defesa subjetiva*.**

Registre-se, ainda, que existem autores que *distinguem o excesso intensivo do excesso extensivo*. Dá-se o *excesso intensivo ou excesso nos meios* quando há exagero indevido na reação. O *excesso extensivo ou excesso na causa* verifica-se com a inferioridade do direito protegido em comparação com aquele atingido pela repulsa empregada (por exemplo: uma pessoa defende seu *patrimônio* de uma agressão injusta e atual tirando a *vida* do agressor)[1].

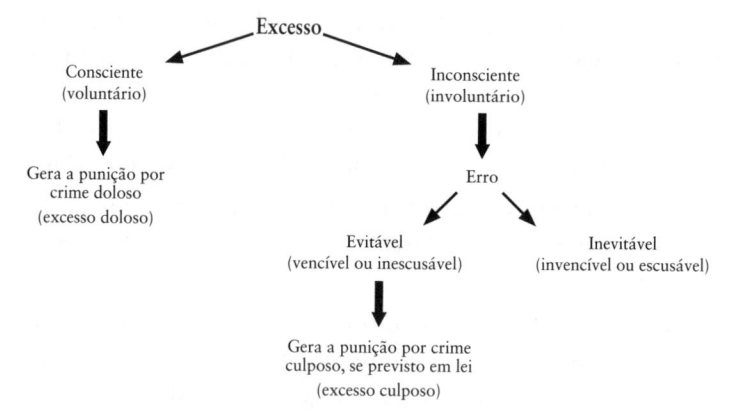

2.3. O excesso e o Tribunal do Júri

O Tribunal do Júri constitui instituição permanente, resguardada pela Constituição Federal (art. 5º, XXXVIII), a quem compete o julgamento dos crimes dolosos contra a vida (CP, arts. 121 a 127, consumados ou tentados). Nos julgamentos pelo Júri costumam-se discutir, com considerável frequência, excludentes de ilicitude, notadamente a legítima defesa. Quando surge tal debate, outra questão tende a aflorar: o excesso. É interessante anotar que a decisão a respeito da excludente e de eventual excesso competirá aos jurados. Significa que, muito embora constitua questão técnica, ficará a cargo dos juízes leigos. Estes serão indagados sobre a excludente de ilicitude por meio de um quesito obrigatório, assim redigido, "o jurado absol-

---

[1] Nelson Hungria, *Comentários ao Código Penal*, v. 1, t. II, p. 305.

ve o acusado?". Se a resposta for afirmativa, implicará o reconhecimento da causa de justificação. Se negativa, contudo, significará seu afastamento. Eventual excesso (culposo)[2] somente será objeto de quesitação quando houve requerimento expresso pela acusação ou pela defesa (que o faz, no mais das vezes, como tese subsidiária, caso a legítima defesa não seja acatada pelo Conselho de Sentença).

Interessante verificar que, antes da reforma do procedimento do Júri, o excesso figurava como quesito obrigatório. Não é mais assim de acordo com a atual sistemática, pois, repita-se, essa pergunta somente será feita mediante expressa solicitação das partes.

Em nossa opinião, ademais, o excesso (culposo) deve ser indagado depois do quesito absolutório (acima mencionado). Explica-se: o reconhecimento do excesso pressupõe, lógica e juridicamente, a existência de uma excludente de ilicitude. Por esse motivo, deve ser perguntado *depois* do quesito concernente à causa de exclusão da antijuridicidade, a qual, pelo novo sistema, fica englobada na pergunta obrigatória: *o jurado absolve o acusado?* Se os jurados responderem afirmativamente a essa questão, o réu, por óbvio, estará, assim, absolvido, ficando prejudicadas as demais perguntas, inclusive aquela correspondente ao excesso culposo. Caso os juízes leigos, no entanto, neguem o quesito absolutório, votar-se-á o relativo ao excesso culposo (que depende de pedido expresso da defesa ou acusação para figurar no questionário).

3. ESTADO DE NECESSIDADE

Diz o CP no art. 24: "Considera-se em estado de necessidade quem pratica o fato para salvar de perigo atual, que não provocou por sua vontade, nem podia de outro modo evitar, direito próprio ou alheio, cujo sacrifício, nas circunstâncias, não era razoável exigir-se".

A situação de necessidade pressupõe, antes de tudo, a existência de um perigo (atual) **que ponha em conflito dois ou mais interesses legítimos, que, pelas circunstâncias, não podem ser todos salvos** (na legítima defesa, como se verá adiante, só existe um interesse legítimo). Um deles, pelo menos, terá de perecer em favor dos demais. O exemplo característico é o da "tábua de salvação": após um naufrágio, duas pessoas se veem obrigadas a dividir uma mesma tábua, que somente suporta o peso de uma delas. Nesse contexto,

---

[2] O excesso doloso independe de quesitação específica, pois se pode derivar da negativa dos jurados ao quesito absolutório. Isto é, se não absolverem o réu, é porque, presume-se, entenderam que ele não agiu em legítima defesa ou agiu inicialmente sob amparo da excludente, mas cometeu excesso doloso.

o direito autoriza um deles a matar o outro, se isso for preciso para salvar sua própria vida.

3.1. Teorias

Subdividem-se em:

a) *diferenciadora*: afirma que, se o bem salvo for mais importante que o sacrificado (ex.: salvar a vida e danificar patrimônio alheio), exclui-se a ilicitude ("estado de necessidade justificante"), ao passo que, se os bens em conflito forem equivalentes (ex.: salvar a própria vida em detrimento da vida alheia), afasta-se a culpabilidade ("estado de necessidade exculpante");

b) *unitária*: em quaisquer das hipóteses acima analisadas há exclusão da ilicitude. Foi a teoria adotada no Código Penal.

É de ver que no Código Penal Militar (Decreto-lei n. 1.001, de 1969) acolheu-se a teoria diferenciadora do estado de necessidade, em face dos arts. 39 e 43.

3.2. Faculdade ou direito

A doutrina tradicional via no estado de necessidade uma faculdade do agente e não um direito. Argumentava-se: no estado de necessidade há um conflito entre dois ou mais bens ou interesses legítimos, sendo todos protegidos pelo Direito. Diante do perigo, o titular de um bem, para salvá--lo, ofende bem de terceiro, o qual não tem obrigação de permitir o perecimento de seu bem, pois também dispõe de um interesse legítimo. Se a todo direito corresponde uma obrigação, e se o terceiro não está obrigado a deixar seu bem ser lesionado, ninguém tem direito de agir em estado de necessidade, mas mera faculdade legal. **Para a doutrina moderna, o sujeito tem direito de agir em estado de necessidade. O sujeito passivo dessa relação jurídica não é, como se pensava, o terceiro titular do bem perecido, mas sim o Estado, que tem a obrigação de reconhecer a licitude da conduta do agente.**

3.3. Requisitos

Há **requisitos vinculados à situação de necessidade**, ensejadora da excludente, e outros ligados à reação do agente. Entre os primeiros temos: a) existência de um **perigo atual**; b) perigo **que ameace direito próprio ou alheio**; c) **conhecimento da situação justificante**; d) **não provocação voluntária da situação de perigo**. Com relação à reação do agente, temos: a) **inexigibilidade do sacrifício do bem ameaçado** (proporcionalidade dos bens em confronto); b) **inevitabilidade do perigo**; c) inexistência do **dever legal de enfrentar o perigo**.

3.3.1. Requisitos vinculados à situação de necessidade

a) Perigo atual

Perigo é a probabilidade de dano (ou lesão) a algum bem juridicamente tutelado. Deve se tratar de uma **possibilidade concreta**, levando-se em conta a situação em que o agente se encontrava no momento imediatamente anterior à sua atuação em necessidade. **Se o perigo não era real, mas fruto da imaginação** do sujeito, fica afastada a ocorrência do estado de necessidade real (CP, art. 24), podendo cogitar-se, entretanto, da presença do **estado de necessidade putativo** (CP, art. 20, § 1º).

Deve-se ter em conta, ademais, a necessidade de se avaliar o perigo com um certo grau de flexibilidade, posto que uma pessoa, em situação de necessidade, não possui (como regra) ânimo calmo e refletido para dimensionar a efetiva gravidade do mal que está por vir.

Exige nosso Código, ainda, que se trate de *perigo atual*, ou seja, **presente**. Não se admite a excludente, portanto, quando passado o perigo (sem perigo não há mais necessidade de reação) ou quando este ainda não se concretizou, não passando de meras conjecturas. **A** *atualidade* **deve ser aferida pela** *necessidade de pronta reação* **para defesa do bem ameaçado**.

Registre-se, por derradeiro, que, muito embora a lei só se refira à defesa do bem em face de um perigo *atual*, **deve-se admitir o estado de necessidade quando** *iminente* **o perigo** (analogia *in bonam partem*).

b) Ameaça a direito próprio ou alheio

Age em estado de necessidade não somente quem salva direito próprio (ex.: a "tábua de salvação"), **mas também quem defende direito de terceiro** (ex.: médico que quebra sigilo profissional revelando que um paciente é portador do vírus HIV para salvar terceira pessoa que seria contaminada). A excludente, ademais, aplica-se quaisquer que sejam os direitos em jogo. Se o interesse for tutelado pelo ordenamento jurídico, poderá ser salvaguardado diante de uma situação de necessidade.

c) Conhecimento da situação justificante

É fundamental que o sujeito tenha plena consciência da existência do perigo e atue com o fim de salvar direito próprio ou alheio. Por essa razão, o médico que realiza aborto por dinheiro não age em estado de necessidade, mesmo se constatando, após, a existência de risco atual à vida da gestante.

d) Perigo não provocado voluntariamente pelo sujeito

O provocador do perigo não pode beneficiar-se da excludente, a não ser que o tenha gerado involuntariamente. Em outras palavras, aquele que por sua vontade produz o perigo não poderá agir em estado de necessidade. *Provocar voluntariamente significa provocar dolosamente*. Dessa forma, se o agente provocou culposamente o perigo, poderá ser beneficiado pela excludente. Há quem entenda de maneira diversa, equiparando a provocação voluntária tanto à dolosa como à culposa. Argumenta-se que o provocador do risco teria sempre o dever jurídico de impedir o resultado (isto é, salvar o bem alheio em detrimento do seu), independentemente de dolo ou culpa, com base no art. 13, § 2º, *c*, do CP. Esse dispositivo, contudo, não se aplica ao estado de necessidade, pelo princípio da especialidade; isso porque o art. 24, § 1º, do CP estipula que só não pode alegar estado de necessidade quem tem o dever legal de enfrentar o perigo (situação retratada no art. 13, § 2º, *a*, do CP). Portanto, das pessoas arroladas no art. 13, § 2º, somente aquela da alínea *a* não pode agir amparada pela excludente; já as demais (letras *b* e *c*) podem.

3.3.2. Requisitos ligados à reação do agente

a) Inexigibilidade do sacrifício do bem ameaçado (princípio da ponderação de bens)

Na situação concreta deve-se fazer uma **análise comparativa entre o bem salvo e o bem sacrificado** (ponderação de bens). **Haverá estado de necessidade quando aquele for de maior importância que este, ou, ainda, quando se equivalerem** (ex.: ofender o patrimônio de terceiro para salvar a vida ou matar para salvar a própria vida). É evidente que essa comparação não pode ser feita de acordo com um critério milimétrico. **Caso o bem salvo seja de menor importância que o sacrificado, não haverá estado de necessidade** (ex.: para evitar que um navio afunde, o capitão ordena que a tripulação se jogue em alto-mar). **Nesse caso, todavia, deve-se aplicar o § 2º do art. 24 (causa obrigatória de diminuição de pena, de um a dois terços).**

Registre-se, a título de ilustração, que o grande Luís Vaz de Camões fora vítima de um naufrágio e, em situação de necessidade diante da iminência de tornar-se viúvo ou salvar o manuscrito de *Os lusíadas*, preferiu o poeta português garantir sua magistral obra.

b) Inevitabilidade do perigo

Se o conflito estabelecido entre os bens puder ser solucionado de modo diverso, como por um pedido de socorro a terceira pessoa ou pela fuga do local do perigo, o fato não se considerará justificado, pois a conduta lesiva deve ser o único meio de salvar o bem do perigo.

O legislador expressamente condiciona a excludente a um cenário em que o perigo não pode, de outro modo, ser evitado. Justifica-se a cautela do Código, afinal, no estado de necessidade, concede-se nas mãos da pessoa o direito de lesionar bens jurídicos alheios, afastando o caráter criminoso do fato. É preciso, desse modo, que a medida extrema seja absolutamente necessária, inexistindo alternativa menos danosa ao alcance do sujeito.

c) Inexistência de dever legal de arrostar o perigo (art. 24, § 1º)

Quem tem dever legal de enfrentar o perigo não pode invocar estado de necessidade. Isso ocorre com algumas funções ou profissões: bombeiro, policial etc. Assim, o bombeiro não pode eximir-se de salvar uma pessoa num prédio em chamas sob o pretexto de correr risco de se queimar. Evidentemente não se exige heroísmo (ex.: bombeiro ingressar em uma casa totalmente em chamas para salvar algum bem valioso, sendo improvável, na situação, que ele sobreviva, apesar de todo o seu treinamento).

3.4. Classificação

O estado de necessidade é classificado em:

a) *estado de necessidade defensivo*: a conduta do sujeito que age em necessidade se volta contra a coisa de que promana o perigo – se o perigo foi causado por alguém, contra este é que se dirige a conduta, lesionando um bem de sua titularidade (ex.: um náufrago disputa a tábua de salvação com outro, que é o responsável pelo afundamento do navio);

b) *estado de necessidade agressivo*: a conduta do sujeito que age em necessidade se volta contra outra coisa, diversa daquela que originou o perigo, ou contra terceiro inocente (ex.: um náufrago disputa a tábua de salvação com outro, sendo que ambos não tiveram nenhuma responsabilidade no tocante ao afundamento do navio).

A distinção acima não tem relevância para o Direito Penal (ambos excluem a ilicitude), mas repercute na órbita cível. O sujeito que age em estado de necessidade agressivo deverá reparar o dano causado ao terceiro inocente pela sua conduta, tendo direito de regresso contra o causador do perigo. O reconhecimento do estado de necessidade defensivo, por outro lado, afasta até mesmo a obrigação de reparar o dano causado pelo crime (a sentença penal que o reconhecer impedirá eventual ação civil *ex delicto*);

c) *estado de necessidade justificante*: afasta a ilicitude da conduta;

d) *estado de necessidade exculpante*: exclui a culpabilidade do agente (não foi adotado pelo Código Penal), pois, como já se adiantou, sempre que presente a excludente de ilicitude em estudo, opera-se a exclusão da antijuridicidade;

e) *estado de necessidade próprio*: salva-se bem próprio;

f) *estado de necessidade de terceiro*: salva-se bem alheio;

g) *estado de necessidade real*: é aquele definido no art. 24 do CP;

h) *estado de necessidade putativo*: trata-se do estado de necessidade imaginário (afasta o dolo – CP, art. 20, § 1º, ou a culpabilidade – CP, art. 21, conforme o caso).

Obs.: a falta de qualquer requisito afasta o estado de necessidade.

4. LEGÍTIMA DEFESA

Diz o CP, no art. 25: "**Entende-se em legítima defesa quem, usando moderadamente dos meios necessários, repele injusta agressão, atual ou iminente, a direito seu ou de outrem**".

Trata-se de um dos mais bem desenvolvidos e elaborados institutos do Direito Penal. Sua construção teórica surgiu vinculada ao instinto de sobrevivência ("matar para não morrer") e, por via de consequência, atrelada ao crime de homicídio.

Assim, por exemplo, ao tempo das Ordenações Filipinas (1603-1830), a legítima defesa encontrava-se inserida no Título XXXV, o qual disciplinava o crime de homicídio e o de lesão corporal. O vetusto diploma dispunha que o homicida era punido com morte, salvo se agisse em sua "necessária defesa". Interessante registrar que o dispositivo punia o excesso, dispondo que "não haverá pena alguma, salvo se nela excedeu a temperança, que devera, ou pudera ter, porque então será punido segundo a qualidade do excesso".

Hodiernamente, reconhece-se a possibilidade de agir em legítima defesa para a salvaguarda de qualquer direito, não somente a vida ou a integridade física.

4.1. Requisitos

São os seguintes: a) **existência de uma agressão**; b) **atualidade ou iminência da agressão**; c) **injustiça dessa agressão**; d) **agressão contra direito próprio ou alheio**; e) **conhecimento da situação justificante** (*animus defendendi*); f) **uso dos meios necessários para repeli-la**; g) **uso moderado desses meios**.

a) Agressão

É **sinônimo de ataque**, ou seja, a **conduta humana que lesa ou expõe a perigo bens jurídicos tutelados**. A *mera provocação não dá ensejo à defesa legítima*. Ao reagir a uma provocação por parte da vítima, o agente responderá pelo crime, podendo ser reconhecida em seu favor uma atenuante genérica (CP, art. 65, III, *b*) ou um privilégio, como no crime de homicídio (CP, art. 121, § 1º).

A **agressão requer conduta** *humana*. **Contra ataque de animal cabe estado de necessidade** (*a não ser que alguém provoque deliberadamente o animal*, de modo que ele sirva como instrumento do ataque de um ser humano).

Acrescente-se que a **agressão pode ser ativa ou omissiva**. Assim, se o carcereiro mantém o preso nesta situação por mais tempo que a lei permite, deixando de libertá-lo, contra essa omissão caberá legítima defesa para salvaguarda do direito de locomoção.

Importante questão refere-se às **agressões insignificantes**, como poderia se dar, a título de exemplo, na hipótese em que alguém tentasse subtrair (sem violência ou grave ameaça) pequena quantia em dinheiro e o ofendido reagisse contra o furto efetuando disparos letais de arma de fogo em direção ao agente. Existe a tal respeito consenso doutrinário, no sentido de que, quando nítida a desproporção entre o bem protegido e o sacrificado, deve-se afastar o reconhecimento da excludente[3]. Cremos que tais situações devem ser resolvidas com a aplicação do *excesso extensivo*, responsabilizando o agente pelo resultado produzido (morte ou lesões corporais de natureza grave, por exemplo), nos termos do art. 23, parágrafo único, do CP.

b) Atualidade ou iminência

Atual é a agressão presente, que está em progressão, que está acontecendo. Por exemplo: uma pessoa saca sua arma e reage contra a abordagem de um ladrão, que acabara de anunciar o roubo. **Iminente, quando está prestes a se concretizar**. Outro exemplo: alguém saca uma arma tão logo percebe que seu rival, com quem discute, leva a mão ao coldre para sacar a sua.

Não caberá legítima defesa diante do temor de ser agredido, muito menos se alguém revidar uma agressão que, no passado, sofrera. A pessoa que reage em face de agressão passada vinga-se; em vez de lícita, é, como regra, mais severamente punida (motivo fútil ou torpe). Se a agressão for futura, o agente também comete crime, pois faz justiça com as próprias mãos.

---

[3] Cf. Claus Roxin, As restrições ético-sociais ao direito de legítima defesa, in *Problemas fundamentais de direito penal*, p. 224.

c) Injustiça da agressão

Injusta é a agressão ilícita (não precisa ser criminosa, basta que se mostre contrária ao direito). A injustiça da agressão deve ser apreciada objetivamente; significa dizer que não importa saber se o agressor tinha ou não consciência da injustiça de seu comportamento. Sendo ilícita sua conduta, contra ela caberá a defesa necessária.

Assim, por exemplo, encontrar-se-á em legítima defesa aquele que agredir uma pessoa para evitar ser vítima de um crime. Não se encontrará sob amparo da excludente o proprietário de um bem que pretender retirá-lo à força do locatário, quando este não for ressarcido em face da resilição do contrato antes do prazo assinalado; isto porque o Código Civil assegura-lhe o direito de retenção, tornando lícita sua conduta (art. 571, parágrafo único).

Podem ser mencionados, ainda, os seguintes exemplos de agressões justas: cumprimento de mandados de prisão ou efetivação de prisão em flagrante (cf. arts. 284 e 292 do CPP), defesa da posse, violência desportiva e penhora judicial. Nesses casos, quem reagir não estará em legítima defesa.

É possível legítima defesa de legítima defesa? **Simultaneamente, não.** Se uma das pessoas se encontra em legítima defesa, sua conduta contra a outra será justa (lícita), e, por consequência, o agressor nunca poderá agir sob o amparo da excludente. É possível, no entanto, que uma pessoa aja *inicialmente* em legítima defesa e, após, intensifique desnecessariamente sua conduta, permitindo que o agressor, agora, defenda-se contra esse excesso (*legítima defesa sucessiva* – isto é "a reação contra o excesso").

Devem-se lembrar, também, as seguintes situações possíveis:

1) **legítima defesa *real* contra legítima defesa *putativa***: isto é, duas pessoas encontram-se, uma em face da outra, estando uma em legítima defesa real e outra, em legítima defesa putativa (imaginária);

2) **legítima defesa *putativa* contra legítima defesa *putativa***: vale dizer, duas pessoas encontram-se imaginariamente, uma contra a outra, em legítima defesa – na verdade, nenhuma delas pretende agredir a outra, mas ambas são levadas a imaginar o contrário pela situação.

Age em legítima defesa quem se defende de agressão de inimputáveis (menores, doentes mentais etc.)? **Para a doutrina prevalente a resposta é afirmativa,** uma vez que a injustiça da agressão deve ser aferida objetivamente, ou seja, sem cogitar se o agressor detinha capacidade de entender o caráter ilícito de sua agressão. Essa interpretação, no entanto, pode redundar em situações absurdas, porquanto na legítima defesa não se exige que a agressão seja inevitável. O que dizer, então, da hipótese em que uma criança de 5 anos se mune de um bastão para agredir um adulto, que, nas circunstâncias, poderia simplesmente desviar do golpe? O adulto, se quiser, poderá reagir ainda na iminência de ser atingido, ferindo a criança (legítima defesa contra agressão iminente).

Para Roxin, "não se concede a ninguém um direito ilimitado de legítima defesa face à agressão de um inimputável", de modo que a excludente em estudo não se aplicaria a tais situações[4].

Afigura-se correto, em nosso sentir, que *contra agressões de inimputáveis se apliquem os requisitos do estado de necessidade, em que se exige que o perigo seja inevitável*. Aplicando tal solução ao exemplo acima, o adulto que ferisse a criança responderia pelas lesões nela provocadas, pois poderia evitar o golpe, dele desviando. Como argumento de reforço, cabe recordar que contra ataques de animais aplicam-se os princípios do estado de necessidade (mais restritos) e não os da legítima defesa (a não ser que o semovente seja açulado por alguém). Isso significa afirmar que diante da investida de um cão bravio, de regra, só poderemos reagir se não houver outro meio de escapar (inevitabilidade do perigo). Não se pode admitir que a repulsa contra o golpe evitável de uma criança seja lícita e a reação contra o ataque evitável de um animal seja crime. O direito estaria dando mais proteção ao ser irracional que ao infante[5].

d) O direito defendido

Conforme explicado no início do capítulo, qualquer direito pode ser defendido pela excludente: vida, liberdade, honra, integridade física, patrimônio etc. Age em legítima defesa aquele que defende direito próprio (legítima defesa própria) ou alheio (legítima defesa de terceiro). Assim, se uma pessoa domina um ladrão enquanto este assaltava alguém, está em legítima defesa de terceiro; se o faz para evitar ser assaltado, em legítima defesa própria. **Eventual desproporção entre o direito defendido e o bem jurídico lesado pode configurar excesso (extensivo).**

e) Elemento subjetivo – conhecimento da situação justificante

Constitui requisito fundamental (e implícito) para a existência da excludente. O agente deve ter total conhecimento da existência da situação justificante para que seja por ela beneficiado. "A legítima defesa deve ser objetivamente necessária e subjetivamente orientada pela vontade de defender-se"[6]. Imagine a seguinte situação e questione se houve ou não legítima defesa: *A* pretende vingar-se de seu inimigo *B* e passa a andar armado. Certo dia, avista-o. Ocorre que somente enxerga sua cabeça, pois *B* se encontra atrás de um muro

---

[4] As restrições ético-sociais ao direito de legítima defesa, in *Problemas fundamentais de direito penal*, p. 210.

[5] Nesse sentido: Enrique Bacigalupo, *Direito penal*: parte geral, Capítulo VII, § 710.

[6] Cezar Roberto Bitencourt, *Manual de direito penal*, v. 1, p. 264.

alto. *A* não sabe o que está acontecendo do outro lado do muro. Como tencionava matar seu desafeto, saca sua arma e efetua um disparo letal na cabeça de *B*. Posteriormente, apura-se que, do outro lado do muro, *B* também estava com uma arma em punho, prestes a matar injustamente *C*. Constata-se, ainda, que o tiro disparado por *A* salvou a vida de *C*. Enfim, *A* deve ou não ser condenado? Agiu em legítima defesa de terceiro? Não, uma vez que só age em legítima defesa (e isso vale para as demais excludentes de antijuridicidade) quem tem conhecimento da situação justificante e atua com a finalidade/intenção de defender-se ou defender terceiro.

Presentes os requisitos vistos até então, tem-se uma situação de legítima defesa, de modo que a repulsa contra a agressão será lícita. No entanto, a reação deve pautar-se pelo necessário e suficiente para salvar o direito ameaçado ou lesionado. Excedendo-se, extrapola o agente os limites da defesa, acarretando *excesso*, pelo qual o sujeito responderá, se no tocante a ele atuar dolosa ou culposamente (CP, art. 23, parágrafo único).

f) Meios necessários

É o meio menos lesivo que se encontra à disposição do agente, porém hábil a repelir a agressão. Havendo mais de um meio capaz de evitar o ataque ao alcance do sujeito, deve ele optar pelo menos agressivo. Evidentemente essa ponderação, fácil de ser feita com espírito calmo e refletido, pode ficar comprometida no caso concreto, quando o ânimo daquele que se defende encontra-se totalmente envolvido com a situação. Por isso se diz, de forma uníssona, que a necessidade dos meios (bem como a moderação, que se verá em seguida) não pode ser aferida segundo um critério milimétrico, mas sim tendo em vista o calor dos acontecimentos. Assim, exemplificativamente, a diferença de porte físico legitima, conforme o caso, agressão com arma.

g) Moderação

Não basta a utilização do meio necessário, é preciso que esse meio seja utilizado moderadamente. **Trata-se da proporcionalidade da reação,** a qual deve dar-se na medida do necessário e suficiente para repelir o ataque. Como já lembrado, a moderação no uso dos meios necessários deverá ser avaliada levando-se em conta o caso concreto. Isto é, não se pode encará-la com rigor aritmético. O critério mais adequado, segundo nos parece, é **reconhecer como moderada uma reação exercida até o instante em que cessar a agressão sofrida; persistindo, contudo, a reação, depois de terminada a agressão, a imoderação será evidente, gerando o excesso (intensivo).**

4.2. *Commodus discessus*

Consiste na fuga do local, evitando a agressão que ensejaria a legítima defesa. Cuida-se de optar pela "saída mais cômoda". O Código Penal não **exige** que a agressão causadora da legítima defesa seja *inevitável*, de modo que o agente não está obrigado a procurar uma cômoda fuga do local, em vez de repelir a agressão injusta. Em outras palavras, **ainda que tenha o sujeito condições de retirar-se ileso do local, evitando a agressão, agirá em legítima defesa** se optar por ali permanecer e reprimir a agressão injusta, atual ou iminente, a direito seu ou de outrem, desde que o faça moderadamente e use dos meios necessários.

4.3. Excesso

Trata-se da desnecessária intensificação de uma conduta inicialmente legítima. Predomina na doutrina o entendimento de que o excesso decorre tanto do emprego do meio desnecessário como da falta de moderação[7].

Há duas formas de excesso:

a) *intencional, consciente ou voluntário*, quando o agente tem plena consciência de que a agressão cessou e, mesmo assim, prossegue reagindo, visando lesar o bem do agressor; nesse caso, o agente responderá pelo resultado excessivo a título de dolo (é o chamado "excesso doloso");

b) *não intencional, inconsciente ou involuntário*, o qual se dá quando o sujeito, por erro na apreciação da situação fática, supõe que a agressão ainda persiste e, por conta disso, continua reagindo sem perceber o excesso que comete. Se o erro no qual incorreu for evitável (isto é, uma pessoa de mediana prudência e discernimento não cometeria o mesmo equívoco no caso concreto), o agente responderá pelo resultado a título de culpa, se a lei previr a forma culposa ("excesso culposo"). Caso, contudo, o erro seja inevitável (qualquer um o cometeria na mesma situação), o sujeito não responderá pelo resultado excessivo, afastando-se o dolo e a culpa ("excesso exculpante" ou "legítima defesa subjetiva")[8].

4.4. Classificação

A legítima defesa é classificada em:

a) legítima defesa **recíproca**: é a legítima defesa contra legítima defesa (inadmissível, salvo se uma delas ou todas forem putativas);

b) legítima defesa **sucessiva**: é a reação contra o excesso;

c) legítima defesa **real**: é a que exclui a ilicitude;

d) legítima defesa **putativa**: é a imaginária, trata-se de modalidade de erro (CP, arts. 20, § 1º, ou 21);

---

[7] Nesse sentido, entre outros, Julio Fabbrini Mirabete, *Manual de direito penal*: parte geral, v. 1, p. 183; Fernando Capez, *Curso de direito penal*: parte geral, v. 1, p. 388.

[8] Sobre o excesso, *vide* item 2.2, *supra*.

e) legítima defesa **própria**: quando o agente salva direito próprio;

f) legítima defesa **de terceiro**: quando o sujeito defende direito alheio;

g) legítima defesa **subjetiva**: dá-se quando há excesso exculpante (decorrente de erro inevitável);

h) legítima defesa com **erro na execução ou** *"aberratio ictus"*: o sujeito, ao repelir a agressão injusta, por erro na execução, atinge bem de pessoa diversa da que o agredia. Exemplo: *A*, para salvar sua vida, saca de uma arma de fogo e atira em direção ao seu algoz, *B*; no entanto, erra o alvo e acerta *C*, que apenas passava pelo local. *A* agiu sob o abrigo da excludente e deverá ser absolvido criminalmente; na esfera cível, contudo, deverá responder pelos danos decorrentes de sua conduta contra *C*, tendo direito de regresso contra *B*, seu agressor;

i) legítima defesa **geral**: é a prevista no *caput* do art. 25, cujo reconhecimento se dá quando o sujeito, imbuído do propósito defesa, repelir uma agressão injusta, atual ou iminente, a direito próprio ou alheio[9].

j) legítima defesa **especial**: é a prevista no parágrafo único do dispositivo, acrescentada pela Lei n. 13.964/2019 (Lei Anticrime), a qual se configura quando o agente de segurança pública repele a agressão ou risco de agressão à vítima mantida refém durante a prática de crimes (estudada a seguir, no item 4.8).

4.5. Ofendículos

Compreendem todos os **instrumentos empregados regularmente, de maneira predisposta (previamente instalada), na defesa de algum bem jurídico, geralmente posse ou propriedade.** Há autores que distinguem os ofendículos da defesa mecânica predisposta. Os primeiros seriam aparatos visíveis (cacos de vidro nos muros, pontas de lança etc.); os segundos, ocultos (cercas eletrificadas, armadilhas etc.). De qualquer modo, *a jurisprudência recomenda que o aparato seja sempre visível e inacessível a terceiros inocentes* (em se tratando de defesa mecânica predisposta, é preciso a existência de alguma advertência visível, p. ex., "Cuidado, cão bravio" ou "Atenção, cerca eletrificada", além da inacessibilidade a terceiros inocentes). Presentes esses requisitos, o titular do bem protegido não responderá criminalmente pelos resultados lesivos dele decorrentes. Quando atingir o agressor, terá agido em legítima defesa (preordenada); se atingir terceiro inocente, será absolvido com base na legítima defesa putativa.

---

[9] Lembre-se de que os requisitos relativos ao emprego de meio necessário e à reação moderada não se prendem à configuração da legítima defesa, mas servem de balizamento para a análise de um possível excesso.

Embora haja dissenso doutrinário a respeito da natureza jurídica dos ofendículos (legítima defesa ou exercício regular de um direito), prevalece o entendimento de que sua preparação configura exercício regular de um direito, e sua efetiva utilização diante de um caso concreto, legítima defesa preordenada. Pela teoria da imputação objetiva, no entanto, a instalação dos ofendículos constitui fato atípico, pois se trata de exposição de bens jurídicos a riscos permitidos.

4.6. Diferenças entre legítima defesa e estado de necessidade

Pode-se dizer, em síntese, que as principais excludentes de ilicitude (legítima defesa e estado de necessidade) diferem nos seguintes aspectos:

a) a legítima defesa pressupõe agressão, e o estado de necessidade, perigo;

b) nela, só há uma pessoa com razão; no estado de necessidade, todos têm razão, pois seus interesses ou bens são legítimos;

c) há legítima defesa ainda quando evitável a agressão, mas só há estado de necessidade se o perigo for inevitável;

d) não ocorre legítima defesa contra ataque de animal (salvo quando ele foi instrumento de uma agressão humana), mas existe estado de necessidade nessas situações.

4.7. "Legítima defesa da honra"

Quando se fala em "legítima defesa da honra", o que se tem normalmente como referência é a conduta do marido traído que, em nome de sua "honra", vinga-se da esposa infiel, matando-a.

Houve uma época, num passado muito distante, em que era considerada lícita tal conduta. O Título XXXVIII das Ordenações Filipinas dispunha que "achando o homem casado sua mulher em adultério, licitamente poderá matar a ela e ao adúltero, salvo se o marido for peão e o adúltero fidalgo, ou nosso desembargador, ou pessoa de maior qualidade". Mesmo durante a vigência dos Códigos de 1830, 1890 e durante o século passado, registraram-se casos em que o Júri (muito embora sem respaldo em texto de lei) absolveu maridos acusados de homicídio em tal situação. Com o passar do tempo e a evolução cultural de nosso povo, semelhante absurdo deixou de ter a chancela de nossa Justiça. Nossos tribunais não mais admitem que essa argumentação conduza (validamente) à absolvição do réu. Bem por isso, sustentávamos que se essa tese for sustentada num julgamento perante o Tribunal Popular e for reconhecida pelos juízes leigos, a acusação poderá apelar indicando que a decisão foi manifestamente contrária à prova dos autos (CPP, art. 593, III, *d*) e a

Instância Superior determinará a anulação do julgamento, para realização de outro.

De ver que o Supremo Tribunal Federal, em caráter liminar, nos autos da ADPF n. 779, reconheceu a inconstitucionalidade desta tese, por contrariar os princípios constitucionais da dignidade da pessoa humana (art. 1º, III, da CF), da proteção à vida e da igualdade de gênero (art. 5º, *caput*, da CF). Em razão disso, conferiu interpretação conforme à Constituição aos arts. 23, II, e 25, *caput* e parágrafo único, do Código Penal e ao art. 65 do Código de Processo Penal, de modo a excluir a legítima defesa da honra do âmbito do instituto da legítima defesa e, em razão disso, vedou à defesa, à acusação, à autoridade policial e ao juízo empregarem, direta ou indiretamente, tal tese ou argumento que a ela induza, em qualquer fase da persecução penal, sob pena de nulidade do ato e do julgamento.

4.8. Legítima defesa especial

Trata-se de figura criada pela Lei n. 13.964/2019 (Lei Anticrime). De acordo com o parágrafo único do art. 25 do Código, "considera-se em legítima defesa, desde que presentes os requisitos gerais da excludente, o agente de segurança pública que repele agressão ou risco de agressão a vítima mantida refém durante a prática de crimes".

Poder-se-ia supor, tendo em vista que o dispositivo vinculou o reconhecimento da legítima defesa ao preenchimento dos requisitos do *caput*, que a disposição seria desnecessária. Ocorre, porém, que **a legítima defesa especial** (parágrafo único) **difere da legítima defesa geral** (*caput*) sob **três aspectos:** (i) seu **sujeito ativo,** (ii) o **titular do bem jurídico protegido** e (iii) o **aspecto temporal.**

(i) **Sujeito ativo**

Enquanto a geral pode ser praticada por qualquer pessoa, **a especial somente pode ter como sujeito ativo o agente de segurança pública,** ou seja, o servidor público integrante dos quadros da Polícia Federal, da Polícia Rodoviária Federal, da Polícia Ferroviária Federal, da Polícia Civil, da Polícia Penal, da Guarda Municipal e da Força Nacional de Segurança Pública.

(ii) **Titular do bem jurídico protegido**

A legítima defesa especial só pode ser exercida para proteger **terceiro, vítima de crime,** que seja **mantida refém,** isto é, que tenha sua liberdade de locomoção, de algum modo, restringida.

(iii) **Aspecto temporal**

Além disso, enquanto a causa de justificação de caráter geral exige uma agressão atual (presente, imediata, em desenvolvimento) ou iminente (prestes a ocorrer), **a especial se dá mesmo diante de um risco de agressão;** isto é, ela se mostra cabível diante da constatação de um perigo de lesão à vítima de crime mantida refém, ou, em outras palavras, à vista da possibilidade concreta, a partir das circunstâncias fáticas, de que a agressão ao sujeito passivo ocorra num futuro muito breve. A expressão "risco de agressão" é mais ampla, no espectro temporal, que "agressão iminente". Assemelha-se ao conceito de "perigo atual" mencionado no art. 24 do Código, no âmbito do estado de necessidade.

Alguns exemplos podem ser citados para ilustrar. Suponha que o ex-marido, inconformado com a disposição da ex-esposa em não reatar o relacionamento, ingresse no imóvel e a mantenha refém; o policial, diante disso, poderá repelir o risco de agressão, se necessário, neutralizando o autor do sequestro. Imagine, ainda, um indivíduo que retenha passageiros de um coletivo rendidos sob ameaça de arma de fogo, alardeando que incendiará o veículo com as pessoas no seu interior; a Polícia, depois de avaliar o cenário, está autorizada a intervir, reagindo contra o sujeito ativo do crime.

O agente de segurança pública, embora autorizado a repelir a agressão ou o risco de agressão à vítima feita refém, **não se exime de agir com moderação, empregando** somente **os meios necessários,** sob pena de incorrer em excesso punível. A aferição do excesso deve ser efetuada a partir do cenário *ex ante,* isto é, considerando os dados objetivos que estavam à disposição do agente de segurança pública no momento de sua reação, e não *ex post,* vale dizer, depois de encerrada a ação policial, quando então ficam evidenciadas todas as variáveis.

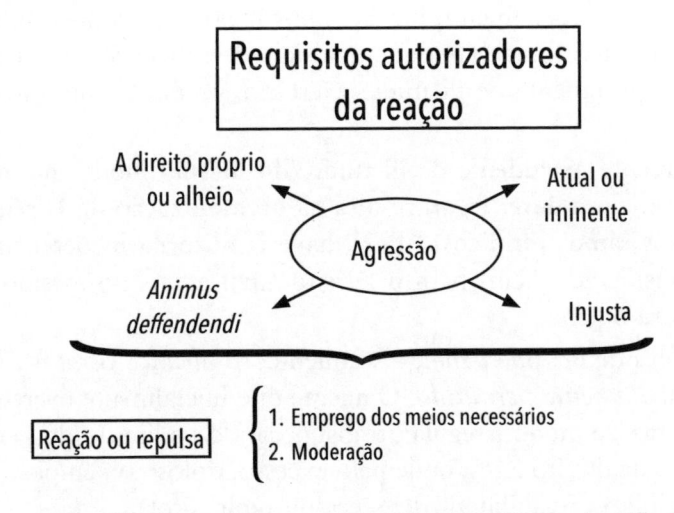

Obs.: a falta dos requisitos autorizadores da reação afasta a legítima defesa, mas a ausência dos requisitos ligados à repulsa gera o excesso.

5. EXERCÍCIO REGULAR DE DIREITO E ESTRITO CUMPRIMENTO DE DEVER LEGAL

5.1. Introdução

O exercício regular de um direito e o estrito cumprimento de um dever legal constituem excludentes de ilicitude "em branco". Cuida-se de um fenômeno similar ao que ocorre nas já estudadas "leis penais em branco" em que o conteúdo definitivo da norma se deduz de outra norma jurídica, da mesma hierarquia ou de hierarquia inferior.

Isto porque o complemento destas excludentes decorre de normas extrapenais. Assim, por exemplo, o possuidor de um bem imóvel, turbado ou esbulhado em sua posse, tem direito assegurado pela legislação civil de, com sua "própria força", praticar atos tendentes a se manter ou se reintegrar na posse do bem. A atitude de quem proceder dessa maneira não será considerada criminosa, por força do art. 23, III, do CP, combinado com o art. 1.210 do CC.

De igual modo, o policial que cumpre um mandado de prisão e, para isso, emprega força física, na medida do necessário para conter o agente, encontra-se no estrito cumprimento de um dever legal; sua ação não é criminosa, com fundamento na combinação do art. 23, III, do CP com o art. 292 do CPP.

5.2. Exercício regular de um direito

Todo aquele que exerce um direito assegurado por lei não pratica ato ilícito. Quando o ordenamento jurídico, por meio de qualquer de seus ramos, autoriza determinada conduta, sua licitude reflete-se na seara penal, configurando excludente de ilicitude: exercício regular de um direito (CP, art. 23, III).

A presente excludente de ilicitude (do mesmo modo que o estrito cumprimento de um dever legal) resulta na harmonização do Direito Penal com os outros ramos jurídicos. Afinal, haveria absurda incoerência se um ato fosse considerado lícito para o Direito Civil etc. e, ao mesmo tempo, criminoso para o Penal.

A esfera de *licitude penal*, obviamente, *só alcança os atos exercidos dentro do estritamente permitido*. O agente que inicialmente exerce um direito, mas o faz de modo irregular, transbordando os limites do permitido, comete abuso de direito e responde pelo excesso, doloso ou culposo (não se podendo excluir a possibilidade do excesso exculpante).

Por exemplo: o proprietário de um imóvel se vê diante da iminência de ver sua posse esbulhada; para afastar os invasores, efetua disparos de arma de fogo, ferindo um deles mortalmente. Houve claro excesso (desnecessária intensificação de uma conduta inicialmente legítima); não se pode olvidar que o Código Civil, ao regular o desforço imediato na defesa da posse, dispôs que: "os atos de defesa, ou de desforço, *não podem ir além do indispensável à manutenção, ou restituição da posse*" (CC, art. 1.210, § 1º, grifo nosso).

Interessante assinalar que a excludente pode fundar-se não só em normas jurídicas, mas também nos costumes, como ocorre no caso dos conhecidos trotes acadêmicos. É certo, por óbvio, que os trotes, se excessivos, constituirão crime.

Os exemplos mais comuns de incidência da excludente em apreço, além do já citado, são:

a) intervenção médico-cirúrgica (a intervenção cirúrgica não praticada por profissional habilitado apenas será autorizada em casos de estado de necessidade); note que o médico deverá colher o consentimento do paciente, ou de seu representante, se menor, somente se podendo cogitar de cirurgia independentemente de autorização do paciente nos casos de estado de necessidade;

b) violência desportiva, desde que o esporte seja regulamentado oficialmente e a lesão ocorra de acordo com as respectivas regras;

c) flagrante facultativo (CPP, art. 301), que constitui a faculdade conferida por lei a qualquer do povo de prender quem esteja em situação de flagrante delito.

5.3. Imputação objetiva

Cabe recordar que, segundo a teoria da imputação objetiva, o exercício regular de um direito deixa de existir como excludente de ilicitude, sendo suas hipóteses tratadas no âmbito do fato típico, como afastadoras da relação de imputação objetiva, tendo em vista que o risco criado pelo agente nesses casos seria um risco permitido.

5.4. Estrito cumprimento do dever legal

Por vezes, a própria lei obriga um agente público a realizar condutas, dando-lhe poder até de praticar fatos típicos para executar o ato legal.

Para que o cumprimento do dever legal exclua a ilicitude da conduta é preciso que obedeça aos seguintes *requisitos*:

a) *existência prévia de um dever legal*, leia-se: de uma obrigação imposta por norma jurídica de caráter genérico, não necessariamente lei no sentido formal; o dever poderá advir, inclusive, de um ato administrativo (de conteúdo genérico). Se específico o conteúdo do ato, poder-se-á falar em obediência hierárquica (instituto regulado no art. 22 do CP, que interfere na culpabilidade do agente, como se estudará no próximo capítulo);

b) *atitude pautada pelos estritos limites do dever;*

c) *conduta, como regra, de agente público e, excepcionalmente, de particular.* Como exemplo de dever legal incumbido a particular costuma-se lembrar do dever dos pais quanto à guarda, vigilância e educação dos filhos.

Exemplos de atos lesivos a bens jurídicos penalmente tutelados que são permitidos em lei e se enquadram na excludente em estudo:

1) CPP, art. 292: violência para executar mandado de prisão;

2) CPP, art. 293: execução de mandado de busca e apreensão e arrombamento;

3) oficial de justiça que executa ordem de despejo;

4) soldado que fuzila o condenado por crime militar em tempo de guerra, cuja sanção é a pena de morte.

Como em todas as excludentes, também é possível que ocorra excesso (doloso, culposo ou exculpante).

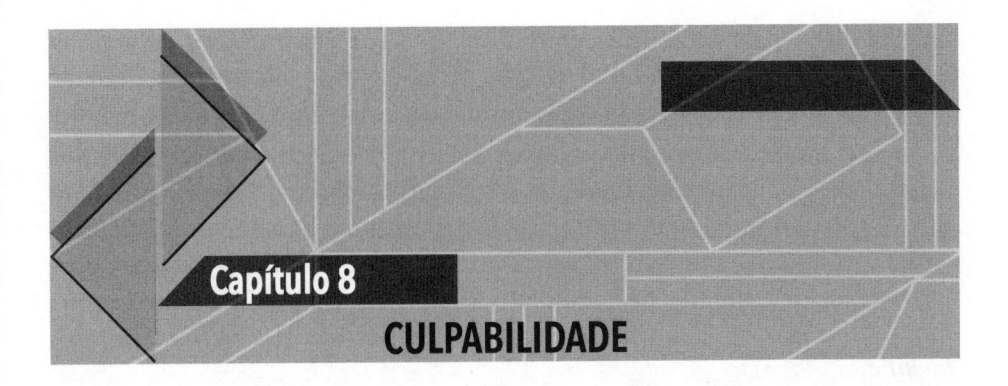

Capítulo 8

CULPABILIDADE

1. INTRODUÇÃO

A **culpabilidade** é entendida, pela maioria da doutrina nacional, como o **juízo de reprovação que recai sobre o autor culpado por um fato típico e antijurídico.** Constitui, para a maioria, requisito do crime e, para outros, pressuposto de aplicação da pena.

Em nosso Código Penal, **o exame das excludentes de culpabilidade permite inferir quais são os elementos que a compõem.** Assim, o art. 21 exime de pena quem pratica o fato desconhecendo seu caráter ilícito (erro de proibição); o art. 22 registra isenção de pena para o sujeito de quem não se pode exigir outra conduta (inexigibilidade de conduta diversa); os arts. 26 a 28 referem-se às pessoas que não detêm capacidade de entender o caráter ilícito do fato ou de se determinar conforme esse entendimento (inimputabilidade). Conclui-se, daí, que **a culpabilidade,** de acordo com nosso Estatuto Penal, **resulta da soma dos seguintes elementos: a) imputabilidade; b) potencial consciência da ilicitude; e c) exigibilidade de outra conduta.**

2. EVOLUÇÃO DO CONCEITO DE CULPABILIDADE

O primeiro grande passo na elaboração do conceito de culpabilidade ocorreu quando do surgimento do sistema clássico (Liszt-Beling-Radbruch). Isto porque em tal fase da dogmática definiu-se que não haveria crime sem culpabilidade, sendo esta composta de dolo ou culpa; em outras palavras, repudiou-se a responsabilidade penal objetiva. Registre-se, contudo, que a culpabilidade era vista como mero vínculo psicológico entre autor e fato, por meio do dolo e da culpa, que eram suas espécies (*teoria psicológica da culpabilidade*).

No sistema neoclássico, agregou-se a ela a noção de reprovabilidade (Reinhard), resultando no entendimento de que a culpabilidade somente ocorreria se o agente fosse imputável, agisse dolosa ou culposamente e se pudesse dele exigir comportamento diferente (*teoria psicológico-normativa ou normativa da culpabilidade*). A ideia de associar a pena ao cometimento de um fato digno de censura representou inegável avanço.

No âmbito do sistema finalista, não se promoveu alteração substancial em sua essência, permanecendo ela identificada como *reprovabilidade* do ato. Corrigiram-se, contudo, seus elementos à medida que se identificou a natureza puramente normativa da culpabilidade, a qual passou a ser composta de imputabilidade, possibilidade de compreensão da ilicitude da conduta e de exigir do agente comportamento distinto (*teoria normativa pura da culpabilidade*).

A teoria normativa pura subdivide-se em *teoria limitada* e *teoria extremada da culpabilidade*, as quais são absolutamente coincidentes em todos os seus postulados, salvo no tocante à natureza das descriminantes putativas (*vide* item 3.1.5 do Capítulo 5, *supra*).

No âmbito do funcionalismo, surgiram novas concepções a respeito da culpabilidade.

Para Roxin, a noção de culpabilidade deve ser expandida para uma ideia de *responsabilidade*. Assim, diz o autor: "A responsabilidade depende de dois dados que devem referir-se ao injusto: da culpabilidade do sujeito e da necessidade preventiva da sanção penal, que deve ser deduzida da lei"[1]. Com isso, Roxin constrói um *conceito material de culpabilidade*, não se contentando com a simples constatação de que o agente "podia agir de outro modo" ou, em outras palavras, de que praticou um comportamento reprovável. Além disso, com vistas à imposição de um limite ao poder punitivo do Estado, defende que devem ser constatadas necessidades públicas de prevenção. Sem estas, muito embora (formalmente) reprovável, o fato não merecerá punição estatal.

Segundo Jakobs, por outro lado, deve-se adotar um *conceito funcional de culpabilidade*. Na visão desse doutrinador, o decisivo para efeito de se aferir a culpabilidade e, portanto, impor-se a pena ao agente reside em saber se tal medida é necessária para garantir a vigência da norma. Tornar-se-ia despicienda, deste modo, a análise de circunstâncias ligadas à pessoa do agente, como sua capacidade de compreender o caráter ilícito do fato ou de se determinar de acordo com tal entendimento. Para Jakobs, seria possível impor pena a quem, embora inimputável, cometesse um delito e não se vislumbrassem métodos com perspectivas de êxito para curar sua enfermidade mental. Para o autor, em tal quadro, a pena se mostraria necessária para que os cidadãos mantivessem sua confiança na vigência da norma. Cremos que

---

[1] *Derecho penal*: parte general, t. I, p. 792.

não se pode abandonar a noção fundamental de reprovabilidade, em que pese aderirmos à teoria da prevenção geral positiva, nos moldes propostos por Jakobs. Isto porque a imposição de uma pena criminal para atitudes desprovidas de censurabilidade não se mostraria compatível com um modelo de Direito Penal calcado no princípio da dignidade da pessoa humana e fundado num Estado Democrático de Direito.

Psicológica	Normativa	Normativa pura	Funcionalista
Dolo ou culpa (espécies)	1. Imputabilidade 2. Dolo ou culpa 3. Exigibilidade de conduta diversa	1. Imputabilidade 2. Potencial consciência da ilicitude 3. Exigibilidade de conduta diversa	Expande a noção de culpabilidade para responsabilidade

2.1. Princípio da coincidência

O **princípio da coincidência, da congruência ou da simultaneidade consiste na exigência de que todos os elementos do crime encontrem-se presentes, ao mesmo tempo, no momento da conduta delitiva.** Significa que no momento da realização típica do ato delitivo devem estar concomitantemente presentes a antijuridicidade e a culpabilidade do ato.

Cuida-se de exigir uma **relação lógico-temporal entre as diversas categorias sistemáticas da infração penal**, de modo a que elas constituam uma "unidade"[2].

O princípio em questão encontra-se implicitamente reconhecido em diversos dispositivos de nosso Código Penal, notadamente nos arts. 26 e 28, quando se condiciona a avaliação das capacidades mentais no exato momento da ação ou omissão. Também se pode deduzi-lo do art. 23 do CP, o qual, ao regular as excludentes de ilicitude, estabelece a ausência de crime quando *o fato* for praticado em estado de necessidade, em legítima defesa etc. Note que o legislador condiciona a aplicação das causas de justificação à sua presença no momento do fato (leia-se: do fato típico, elemento estrutural do crime em que se insere a ação ou a omissão).

3. ELEMENTOS DA CULPABILIDADE

Sob o aspecto puramente formal e tendo-se em conta os dispositivos do Código Penal que regulam o tema, pode-se dizer que a culpabilidade

---

[2] Ujala Joshi Jubert, *La doctrina de la "actio libera in causa" en el derecho penal*, p. 335.

compõe-se, como já se adiantou, dos seguintes elementos: a) imputabilidade, b) potencial consciência da ilicitude e c) exigibilidade de conduta diversa.

3.1. Imputabilidade

Trata-se da **capacidade mental de compreender o caráter ilícito do fato** (vale dizer, de que o comportamento é reprovado pela ordem jurídica) **e de determinar-se de acordo com esse entendimento** (ou seja, de conter-se), conforme se extrai do art. 26, *caput*, interpretado *a contrario sensu*. Em outras palavras, consiste no conjunto de condições de maturidade e sanidade mental, a ponto de permitir ao sujeito a capacidade de compreensão e de autodeterminação.

Com efeito, **entende-se imerecedor de censura um ato praticado por quem não tenha condições psíquicas de compreender a ilicitude de seu comportamento ou de se controlar mentalmente.** Não se pode considerar reprovável a atitude de uma criança de pouca idade que, na sala de aula, exibe ingenuamente suas partes pudendas. Não há falar, em tal caso, em crime de ato obsceno. A obviedade do exemplo dispensa maiores comentários. O mesmo se pode concluir de ato semelhante praticado por um adulto, completamente desprovido de higidez mental, cuja maturidade seja equivalente à de um infante.

É preciso ressaltar, por fim, que não se deve confundir a imputabilidade penal com a responsabilidade jurídico-penal. Por responsabilidade jurídico-penal entende-se a obrigação de o agente sujeitar-se às consequências da infração penal cometida. Nada tem que ver, portanto, com a capacidade mental de compreensão e autodeterminação (imputabilidade). Tanto é assim que um inimputável por doença mental (CP, art. 26, *caput*), embora desprovido de condições psíquicas de compreender a ilicitude do seu ato e de se determinar conforme essa compreensão, será juridicamente responsável pelo ato delitivo praticado, pois ficará sujeito a uma sanção (a medida de segurança).

3.1.1. Causas legais de exclusão da imputabilidade

No nosso ordenamento jurídico haverá **exclusão da imputabilidade penal** nas seguintes hipóteses: a) *doença mental ou desenvolvimento mental incompleto ou retardado* (CP, art. 26); b) *embriaguez completa e involuntária*, decorrente de caso fortuito ou força maior (CP, art. 28, § 1º); c) *dependência ou intoxicação involuntária decorrente do consumo de drogas ilícitas* (Lei n. 11.343/2006, art. 45, *caput*); d) *menoridade* (CP, art. 27, e CF, art. 228).

As **três primeiras** fundam-se no **sistema (ou critério) biopsicológico.** A última, no biológico.

O *sistema biopsicológico* é aquele que se baseia, para o fim de constatação da inimputabilidade, em *dois requisitos*: um de natureza biológica, ligado à *causa* ou elemento provocador, e outro relacionado com o *efeito*, ou a consequência psíquica provocada pela causa.

Assim, por exemplo, um doente mental somente será considerado inimputável se, além de sua enfermidade (causa), constatar-se que, no momento da conduta (ação ou omissão), encontrava-se desprovido de sua capacidade de entender a natureza ilícita do ato ou de se determinar conforme essa compreensão (efeito).

O *sistema biológico* (etiológico ou sistema francês) consiste naquele em que a lei **fundamenta a inimputabilidade exclusivamente na causa geradora**. Esse sistema foi adotado com respeito à menoridade, uma vez que os menores de 18 anos são penalmente inimputáveis pelo simples fato de não terem completado a idade mencionada. *Não importa* saber se a pouca idade influenciou na capacidade de entendimento ou de autodeterminação (que seria evidente numa criança de 2 anos de idade, mas discutível num adolescente com 17 anos).

No caso dos menores de 18 anos, portanto, mostra-se totalmente irrelevante investigar se o sujeito sabia o que fazia (tinha noção de certo e errado) e podia controlar-se (capacidade de autodeterminação).

Há, ainda, o *sistema psicológico*. Por meio desse sistema, que não foi adotado entre nós, *bastaria o efeito* **para caracterizar a inimputabilidade**; o porquê seria irrelevante. Referido sistema foi abandonado com a promulgação do Código Penal. Sob a vigência da legislação penal anterior (Código Penal de 1890), permitia-se a exclusão da responsabilidade quando se verificasse que o agente, independentemente do motivo, se achasse em "estado de completa perturbação dos sentidos e de inteligência no ato de cometer o crime" (art. 27, § 4º).

Todas as causas de exclusão da imputabilidade devem fazer-se presentes no exato *momento da conduta*. O *requisito temporal* é fundamental. Significa dizer que ao tempo da ação ou omissão criminosa é que se deve analisar a capacidade de entendimento e compreensão da ilicitude do ato, bem como a possibilidade de autodeterminação.

Em tese, portanto, é possível que alguém seja são no momento da conduta e, ao depois, tenha suprimida, em virtude de doença mental, a capacidade de entender e querer. Responderá normalmente pelo crime.

O exame do requisito temporal dá ensejo a outro questionamento. **Qual a solução quando alguém propositadamente se coloca numa situação de inimputabilidade para cometer o crime, considerando que, no momento da conduta, terá afastada a capacidade de autodeterminar-se? É o caso do** sujeito que voluntariamente se deixa hipnotizar para o fim de cometer o crime, se embriaga ou ingere drogas com esse mesmo propósito. Em tais casos, **aplica-se a teoria da** *actio libera in causa* (isto é, ação livre na causa), pela qual o agente responde pelo resultado produzido, uma vez que, ao se autocolocar no estado de inimputabilidade, tinha plena consciência do que fazia (*vide* item 3.1.2, *infra*).

Importante advertir que o sujeito só responderá pelo crime se na causa (ação livre) estiver presente o dolo ou a culpa ligados ao resultado. Em outras palavras, o resultado posterior que se pretende imputar ao agente deve ter sido, ao menos, previsível quando da ação livre (hipnose ou embriaguez, p. ex.).

Como ensina Damásio de Jesus, "a moderna doutrina penal não aceita a aplicação da teoria da *actio libera in causa* à embriaguez completa, voluntária ou culposa e não preordenada, em que o sujeito não possui previsão, no momento em que se embriaga, da prática do crime. Se o sujeito se embriaga prevendo a possibilidade de praticar o crime e aceitando a produção do resultado, responde pelo delito a título de dolo. Se ele se embriaga prevendo a possibilidade do resultado e esperando que ele não se produza, ou não o prevendo, mas devendo prevê-lo, responde pelo delito a título de culpa. Nos dois últimos casos, é aceita a aplicação da teoria da *actio libera in causa*. Diferente é o primeiro caso, em que o sujeito não desejou, não previu, nem havia elementos de previsão da ocorrência do resultado"[3].

a) Doença mental ou desenvolvimento mental incompleto ou retardado (CP, art. 26)

A doença mental, ou desenvolvimento mental incompleto ou retardado, se aliada à falta de capacidade de compreender o caráter ilícito do fato e de determinar-se de acordo com esse entendimento, produz a inimputabilidade.

Três são os **requisitos**: *biológico* (a causa, ou seja, a doença mental etc.), *psicológico* (o efeito, isto é, a supressão das capacidades de entendimento ou autodeterminação) e *temporal* (ocorrência dos requisitos anteriores no exato momento da conduta).

O sujeito que, nessa hipótese, praticar um crime será *absolvido*. Trata-se de *absolvição imprópria*, pois a ele se aplicará uma *medida de segurança*.

A **verificação da doença mental ou do desenvolvimento mental incompleto ou retardado depende de exame pericial.** Sempre que houver suspeitas a respeito da higidez mental do agente, **deve o juiz**, de ofício ou me-

---

[3] *Direito penal*: parte geral, v. 1, p. 513.

diante requerimento, **determinar a instauração** de um *incidente de insanidade mental* (CPP, arts. 149 a 152). No bojo do mencionado incidente processual, dar-se-á a perícia psiquiátrica. Cumprirá ao *expert* verificar se o agente é ou não portador de moléstia ou retardo mental. Sua conclusão, evidentemente, não vincula o magistrado, o qual poderá decidir segundo sua livre convicção (CPP, arts. 155, *caput*, e 182). Interessante anotar que o **perito pode chegar às seguintes conclusões:**

1ª) que o agente **não possui qualquer doença mental ou desenvolvimento mental incompleto ou retardado:** nesse caso, desde que o juiz concorde com a perícia, o agente será considerado penalmente *imputável;*

2ª) que o sujeito **possui doença mental ou desenvolvimento mental incompleto ou retardado,** mas isto **não interferiu em sua capacidade de entendimento ou de autodeterminação** (no momento da conduta): em tal situação, e novamente desde que o magistrado esteja de acordo com o resultado da perícia, o acusado será julgado como *imputável;*

3ª) que o réu é **portador de doença mental ou desenvolvimento psíquico incompleto ou retardado e teve sua capacidade de entendimento ou de autodeterminação** *inteiramente* **suprimida,** no momento do fato: se o juiz concordar com o resultado do exame, o agente será considerado *inimputável,* ficando sujeito a uma medida de segurança (desde que, obviamente, comprove-se seja ele o autor do crime e que o fato praticado se revestiu de tipicidade e antijuridicidade);

4ª) que o denunciado é **portador de doença mental ou desenvolvimento psíquico incompleto ou retardado e teve sua capacidade de entendimento ou de autodeterminação** *diminuída,* no momento do fato: se o magistrado se convencer do acerto da perícia, o acusado será considerado *semi--imputável,* ficando sujeito a uma pena diminuída (de um a dois terços) *ou* a uma medida de segurança (desde que se demonstre seja ele o autor do crime e que o fato praticado se revestiu de tipicidade e antijuridicidade);

5ª) por fim, pode o perito constatar que **o agente era, ao tempo da conduta, mentalmente são e, posteriormente, se acometeu de alguma doença mental:** nessa situação (estando o juiz convencido do acerto da perícia), tratar-se-á de **réu imputável,** ao qual houve *superveniência de doença mental,* o que provocará a **suspensão do processo** penal, nos termos do art. 152 do CPP.

Interessante acrescentar que a **inimputabilidade por doença mental não pode acarretar absolvição sumária no rito comum** (CPP, art. 397), somente podendo ser decretada em sede de cognição definitiva, isto é, quando do julgamento do mérito. Isto porque se trata de absolvição (sumária) imprópria, a qual acarreta a imposição de uma sanção penal (a medida de segurança). **No procedimento do júri**, contudo, **admite-se**, ao final do sumário da culpa (primeira fase do rito), a **absolvição sumária imprópria**, isto é, a que se baseia na inimputabilidade por doença mental ou desenvolvimento mental incompleto ou retardado. **O juiz poderá proferi-la, nos termos do art. 415, parágrafo único, do CPP, quando for a única tese defensiva.**

Nossa lei penal prevê que a doença mental ou desenvolvimento mental incompleto ou retardado possam acarretar a supressão ou a simples diminuição das capacidades de entendimento ou de autodeterminação (como se viu acima, nas 3^{a} e 4ª conclusões).

Quando se der a redução das capacidades mencionadas, aplicar-se-á o art. 26, parágrafo único, do CP. Diz-se que, em tal hipótese, o agente é considerado "semi-imputável". Deve-se destacar que a expressão "semi-imputável" se mostra dogmaticamente equivocada, embora de uso corrente. Isto porque a imputabilidade não tem meio-termo: ou o agente é imputável, porque compreendeu bem a ilicitude do ato e teve plenas condições de se autocontrolar, ou não. Aquele que tem diminuída sua capacidade de compreensão *é imputável*, justamente porque tinha tal condição (embora em grau menor). Não é correto, portanto, denominá-lo "semi-imputável". Tanto é imputável o agente nesse caso que nossa lei comina-lhe uma pena (reduzida). A inflição de uma pena, ainda que menor, revela inequivocamente a presença da imputabilidade, fator essencial para se constatar a culpabilidade do agente (lembre-se que sem imputabilidade não há culpabilidade e, sem esta, não há pena...).

Nesses casos, **a pena será reduzida pelo juiz de um a dois terços.** Muito embora a lei utilize a expressão "pode ser reduzida" (CP, art. 26, parágrafo único), cuida-se de poder-dever judicial. Significa que, presentes os requisitos legais, não há campo para a discricionariedade judicial – ele deverá conceder ao agente a diminuição da sanção prevista no dispositivo. A redução da pena deverá ser balizada em correspondência com a diminuição das capacidades mentais (de entendimento ou de autodeterminação). Isto é, **quanto menor a capacidade, maior deverá ser a redução da pena.** Ao agente que se encontrar nestas condições, poderá ainda ser aplicada a medida de segurança, em substituição à pena diminuída, nos termos do art. 98 do CP. De acordo com a lei, "na hipótese do parágrafo único do art. 26 deste Código e **necessitando o condenado de especial tratamento curativo, a pena privativa de liberdade pode ser substituída pela internação, ou tratamento ambulatorial,** pelo prazo mínimo de 1 (um) a 3 (três) anos, nos termos do artigo anterior e respectivos §§ 1° a 4°".

Note que, **para** a hipótese de **inimputabilidade** por doença mental ou desenvolvimento mental incompleto ou deficitário (CP, art. 26, *caput*), **a lei prevê somente uma solução: a medida de segurança.** Como se trata de uma sanção penal adequada em função da *periculosidade* do agente, diz-se que, nesse caso, ela é *presumida*. Em se tratando da **capacidade diminuída (ou "semi-imputabilidade")** do art. 26, parágrafo único, do CP, permite-se a **aplicação de pena *ou* medida de segurança**. Fala-se, então, em *periculosidade real* (já que a medida de segurança somente será imposta pelo juiz se houver a comprovação real da necessidade de tratamento curativo).

Quanto ao sujeito de **cultura indígena, ainda que não adaptado ao convívio** com a civilização, **não há qualquer presunção penal de incapacidade,** de maneira que ele responde normalmente pelos atos praticados, isto é, trata-se de agente **imputável;** a não ser, por óbvio, que se demonstre pericialmente possuir algum déficit em sua capacidade mental de entendimento ou autodeterminação. **O indígena não familiarizado com as regras de conduta decorrentes das leis brasileiras,** contudo, **poderá carecer,** por tal motivo, de **consciência da ilicitude** do ato praticado. Significa que o correto é tratá-lo não como inimputável ou semi-imputável, apenas por sua condição étnica ou cultural, mas avaliar sua conduta à luz do **segundo elemento da culpabilidade:** a potencial consciência da ilicitude.

Registre-se que, historicamente, o Código Penal de 1890 declarava serem penalmente irresponsáveis os surdos-mudos de nascimento e os que não receberam educação ou instrução. Esse tipo de presunção, há décadas, não mais existe na legislação pátria[4].

b) Embriaguez completa e involuntária, decorrente de caso fortuito ou força maior (CP, art. 28, § 1º)

Somente a **embriaguez** (intoxicação aguda e transitória causada pelo álcool) *completa e involuntária* exclui a culpabilidade.

A doutrina identifica **três estágios** de embriaguez: *excitação*, *depressão* e *sono* (letargia). Considera-se **completa** a embriaguez **nas duas últimas** fases, pois ela retira por completo a capacidade de discernimento do agente.

A ebriez pode ser, ademais, **voluntária ou involuntária. Aquela se dá quando alguém consome voluntariamente a substância,** isto é, sabe que se trata de bebida alcoólica e, ciente disso, a ingere.

A embriaguez **voluntária** comporta **três subdivisões:** (i) **culposa;** (ii) **dolosa;** (iii) **preordenada.**

A **embriaguez culposa** consiste no **excesso imprudente no consumo** da bebida, ou seja, a pessoa não age com o propósito de embriagar-se, mas exagera na dose e se alcooliza.

---

[4] O art. 27, § 2º, do CP de 1890 declarava que "não são criminosos... os surdos-mudos de nascimento e os que não tiverem recebido educação nem instrução, salvo provando-se que obraram com discernimento".

A **embriaguez dolosa**, de sua parte, dá-se quando o **indivíduo tem intenção prévia de se inebriar com álcool**. Além do eventual prazer decorrente do consumo da bebida, ele almeja atingir o estágio de ebriez.

A **preordenada**, por fim, ocorre quando o sujeito pretende **se embriagar para cometer algum delito**; significa dizer que ele, desde o início, atua com dolo de realizar algum comportamento criminoso. A bebida atua como possível fator de desinibição ou encorajamento.

Em todas as situações acima retratadas, o **agente responde pelo fato**, aplicando-se a teoria da *actio libera in causa* (*vide* item 3.1.2, *infra*). No caso da embriaguez preordenada, além de responder penalmente, aplica-se em desfavor do agente uma agravante genérica expressamente prevista no art. 61, II, *l*, do Código.

A **única** embriaguez (completa) **apta a excluir a imputabilidade** é a embriaguez **involuntária**, ou seja, **oriunda de caso fortuito** (quando se ingere substância cujo efeito inebriante era desconhecido ou acidentalmente a consome) **ou força maior** (quando se é forçado/coagido a consumir álcool ou substância de efeitos análogos).

A **embriaguez completa e involuntária enseja absolvição própria**, por exclusão da culpabilidade (inimputabilidade penal). **Se o comprometimento da capacidade de compreensão ou autodeterminação for apenas parcial**, incidirá uma **causa de diminuição de pena**, de um a dois terços (CP, art. 28, § 2º) ("semi-imputabilidade" penal).

A embriaguez, quando constituir-se numa doença (mental), isto é, referente a um vício, será considerada **embriaguez patológica**, e, como tal, sofrerá a **disciplina do art. 26 do CP (admitindo**, como consequência, a aplicação de **medida de segurança**).

c) Dependência ou intoxicação involuntária decorrente do consumo de drogas ilícitas (Lei n. 11.343/2006, art. 45, *caput*)

O art. 45, *caput*, da Lei de Drogas (Lei n. 11.343/2006) dispõe: "É isento de pena o agente que, em razão da dependência, ou sob o efeito, proveniente de caso fortuito ou força maior, de droga, era, ao tempo da ação ou da omissão, *qualquer que tenha sido a infração penal praticada*, inteiramente incapaz de entender o caráter ilícito do fato ou de determinar-se de acordo com esse entendimento" (grifo nosso). Nesse caso, "quando absolver o agente, reconhecendo, por força pericial, que este apresentava, à época do fato previsto neste artigo, as condições referidas no *caput* deste artigo, poderá determinar o juiz, na sentença, o seu encaminhamento para tratamento médico adequado" (art. 45, parágrafo único).

Merece destaque que a Lei de Drogas acolheu sistemática semelhante àquela prevista no art. 28 do CP, com referência à embriaguez. Isto é, adotou-se o sistema biopsicológico. Os requisitos, portanto, são: *a causa*, ou seja, a dependência ou o consumo involuntário de droga; *o efeito*, a saber, a supressão das capacidades de entendimento ou de autodeterminação; *o momento*, pois a supressão das aptidões mentais deve ter ocorrido ao tempo da ação ou omissão (qualquer que seja a infração penal cometida).

Devem-se distinguir, no contexto do art. 45 da Lei n. 11.343/2006, duas situações:

1ª) **se a causa da intoxicação e consequente supressão das capacidades mentais for o consumo involuntário da droga**, ter-se-á *absolvição própria*; vale dizer, não se imporá ao agente qualquer sanção penal;

2ª) **se a causa for a dependência a drogas**, ter-se-á *absolvição imprópria*, impondo-se a medida de segurança prevista no parágrafo único do art. 45, consistente no "**tratamento médico adequado**". Essa medida sujeitar-se--á aos critérios estabelecidos nos arts. 96 a 98 do CP. Sua duração, destarte, ficará vinculada ao parecer médico e, obviamente, à decisão do juiz das execuções penais, no sentido da cessação da dependência química. A duração máxima, por outro lado, será pelo prazo correspondente à pena máxima cominada no tipo penal violado, em respeito à Súmula 527 do STJ.

Importante assinalar que **a hipótese em estudo**, a despeito de encontrar-se disciplinada na Lei de Drogas, **aplica-se a quaisquer crimes**, inclusive aos descritos no Código Penal.

Relevante apontar, por derradeiro, que quando se tratar de intoxicação *voluntária*, do mesmo modo como se viu no item "b" (acima), aplicar--se-á a teoria da *actio libera in causa* (*vide* item 3.1.2, *infra*).

d) Menoridade (CP, art. 27, e CF, art. 228)

A responsabilidade penal dos menores sempre foi tema objeto de intensa controvérsia e difícil solução. Sem dúvida, a decisão por incriminar a conduta de um menor constitui decisão política do legislador e, qualquer que seja a saída encontrada, nunca estará isenta de críticas.

Com respeito ao tema em questão, nosso país já passou por diversos estágios.

Ao tempo do Código Criminal do Império (1830), eram absolutamente irresponsáveis os menores de 9 anos (critério biológico). As pessoas que possuíam mais que 9 e menos de 14 anos de idade eram relativamente responsáveis, isto é, somente podiam ser punidas criminalmente quando "obrassem com discernimento" (critério biopsicológico). Aos 14 anos, o indivíduo atingia sua maioridade penal (art. 27). Tais faixas etárias podem hoje ser tidas como absurdas ou ultrapassadas, mas não se pode ignorar que se trata de uma época em que as pessoas casavam-se aos 14 anos e morriam aos 50. O Código Penal de 1890 modificou o tratamento dado ao assunto e fixou a maioridade penal aos 14 anos, adotando unicamente o critério biológico (art. 27).

Em 1940, com a promulgação do Código Penal, adotou-se o parâmetro até hoje vigente, ou seja, a inimputabilidade penal dos menores de 18 anos, os quais ficam sujeitos à legislação pertinente: Lei n. 8.069/90 (Estatuto da Criança e do Adolescente – ECA).

O adolescente (pessoa com mais de 12 e menos de 18 anos completos) que pratica um fato definido como crime ou contravenção penal incorre, nos termos do referido Estatuto, em ato infracional, sujeito às chamadas medidas socioeducativas (internação, semiliberdade etc.)[5].

A criança que cometer semelhante ato, por sua vez, pode receber a aplicação de uma medida protetiva (encaminhamento aos pais ou responsável, mediante termo de responsabilidade; orientação, apoio e acompanhamento temporários; matrícula e frequência obrigatórias em estabelecimento oficial de ensino fundamental etc.).

Importante assinalar que a inimputabilidade penal dos menores de 18 anos, além de prevista no art. 27 do CP, encontra-se determinada no art. 228 da CF. Há autores, inclusive, que sustentam tratar-se de cláusula pétrea. Não é a nossa opinião. Como se sabe, as cláusulas pétreas encontram-se previstas no art. 60, § 4º, do Texto Maior, inserindo-se dentre elas as normas constitucionais ligadas aos direitos e garantias fundamentais (inciso IV). Para nós, a previsão da irresponsabilidade penal dos menores de 18 anos não constitui direito ou garantia fundamental. Isto porque, muito embora os direitos e garantias fundamentais que constituem cláusulas pétreas não se esgotem no âmbito do art. 5º da CF, todos aqueles relativos à matéria penal e processual penal encontram-se no citado dispositivo. Entendemos, então, que a norma contida no art. 228 do Texto Maior pode ser alterada, por meio de emenda à Constituição.

Registre-se, ademais, que a idade do agente deve ser aferida no momento da conduta, isto é, da ação ou omissão, ainda que outro seja o momento do resultado. Trata-se de solução decorrente do art. 4º do CP, que adotou a teoria da atividade com relação ao tempo do crime. Acrescente-se, também, que a maioridade penal dá-se a partir do primeiro minuto do dia do décimo oitavo aniversário do agente. É de todo irrelevante avaliar o horário do fato para vincular à hora de seu nascimento. Lembre-se que, para

---

[5] De acordo com o STJ: "A superveniência da maioridade penal não interfere na apuração de ato infracional nem na aplicabilidade de medida socioeducativa em curso, inclusive na liberdade assistida, enquanto não atingida a idade de 21 anos" (Súmula 605).

efeitos penais, desprezam-se as frações de dia (isto é, as horas e os minutos) – art. 11 do CP.

Como último registro, importante anotar que, para o Superior Tribunal de Justiça, a idade do agente deve ser provada por documento hábil (Súmula 74).

	Causas	Efeitos	Consequências jurídicas
CP, art. 26	Doença mental ou desenvolvimento mental incompleto ou retardado	+ Supressão das capacidades mentais (E ou A)	= INIMPUTÁVEL – absolvição imprópria (*medida de segurança*) – periculosidade presumida
		+ Redução das cap. mentais (E ou A)	= SEMI-IMPUTÁVEL – condenatória (pena reduzida de 1/3 a 2/3 *ou M.S. substitutiva*) – periculosidade real
CP, art. 27	Menoridade – CF, art. 228		ECA (ato infracional) – medidas socioeducativas (protetivas)
CP, art. 28	Embriaguez completa e involuntária	+ Supressão das capacidades mentais (E ou A)	INIMPUTÁVEL – absolvição própria
		+ Redução das cap. mentais (E ou A)	SEMI-IMPUTÁVEL – condenação com pena diminuída (1/3 a 2/3)

3.1.2. A teoria da *actio libera in causa*

Por *actio libera in causa* ou *"alic"* entende-se a **situação em que o** *sujeito pratica um comportamento criminoso sendo inimputável ou incapaz de agir, mas, em momento anterior, ele próprio se colocou nesta situação* de ausência de imputabilidade ou de capacidade de ação, de maneira propositada ou, pelo menos, previsível.

Assim, por exemplo, **se o agente propositadamente se embriaga visando perder a inibição para importunar sexualmente uma mulher,** o **estado inebriante** verificado, ainda que possa comprometer a capacidade de discernimento do sujeito, **será irrelevante para efeito de sua responsabilidade penal;** isto é, a ele se imputará a infração sexual correspondente ao ato praticado.

Outros exemplos de aplicação da teoria:

1) o segurança de uma empresa nota a presença de possíveis bandidos e, por encontrar-se insatisfeito com seu empregador, ingere sonífero, permitindo que os furtadores ingressem no estabelecimento sem qualquer resistência – muito embora estivesse dormindo no momento da subtração, será considerado partícipe do delito, posto que descumpriu dolosamente seu dever jurídico de impedir o resultado (CP, art. 13, § 2º, *b*);

2) um motorista de caminhão, tendo que efetuar a entrega da mercadoria em curto período de tempo, decide fazer a viagem ininterruptamente; para tanto, ingere remédio estimulante, cujos efeitos colaterais fazem com que ele perca a consciência durante a condução do veículo, o qual vem a atropelar e matar terceiros – ainda que desprovido de consciência, responderá pelo homicídio culposo na direção de veículo automotor (CTB, art. 302).

É de ver que a **aplicação da *actio libera in causa*** deve encontrar alguns *limites*, de modo a **evitar a responsabilização penal objetiva**. É fundamental, nesse sentido, que o **resultado posteriormente produzido tenha sido desejado ou seja, ao menos, previsível**, no momento em que se realizou o ato livre, causador da futura inimputabilidade ou falta de ação. Se um rapaz, portanto, reúne-se com seus amigos para um *happy hour* no final do dia e consome elevada quantidade de bebida alcoólica, é absolutamente previsível que, na hipótese de ter de conduzir um veículo automotor na saída do estabelecimento, venha a expor a perigo concreto a vida, a integridade física e o patrimônio alheios. Por esse motivo, se ele provocar um atropelamento fatal, ser-lhe-á imputado o crime de homicídio culposo na direção de veículo automotor (CTB, art. 302), mesmo se, no momento do impacto, não tenha tido qualquer noção do ato praticado.

3.2. Potencial consciência da ilicitude

Para merecer uma pena, o sujeito deve ter agido na consciência de que sua conduta era ilícita (reprovada). Se não detiver o necessário conhecimento da proibição (que não se confunde com desconhecimento da lei[6], o qual é inescusável), sua ação ou omissão não terá a mesma reprovabilidade.

Não se pode confundir a imputabilidade com a consciência da ilicitude. É preciso atentar para a diferença, notadamente no que diz respeito à imputabilidade enquanto capacidade de entender o caráter ilícito do fato. **Esta diz respeito a condições *mentais*, ao passo que a possibilidade de conhecer o caráter ilícito do fato** (ou potencial consciência da ilicitude) **refere-se a condições *culturais*.**

O aplicador da lei penal, portanto, deverá verificar se o fato foi penalmente típico e se é revestido de antijuridicidade. Em caso afirmativo, verifica a culpabilidade, principiando pelo exame das capacidades mentais (de entendimento e autodeterminação) do sujeito. Se ele não for mentalmente apto a compreender a natureza ilícita de sua conduta ou não detiver autocontrole, será considerado penalmente inimputável e receberá uma medida de segurança. **Caso seja verificada sua higidez mental, passa-se, então, à**

---

[6] Deve-se lembrar que o desconhecimento da lei, embora não isente de pena, tem o efeito de atenuá-la, nos termos do art. 65, II, do CP.

análise do conhecimento da ilicitude *sob o aspecto cultural*. Trata-se de perquirir se o conjunto de informações recebidas pelo agente ao longo de sua vida, até o momento da conduta, dava-lhe condições de entender que a atitude por ele praticada era socialmente reprovável.

Nesse ponto, cabe enfatizar que o **conhecimento da ilicitude se presume** (presunção *hominis*[7]). Num caso concreto, **cumprirá ao réu demonstrar ter agido desprovido de conhecimento (cultural) acerca do caráter ilícito do fato.** Lembre-se, por oportuno, que a defesa não terá de convencer o juiz a ponto de não restar nenhuma dúvida a respeito, pois no processo penal, como regra de julgamento, adota-se o *in dubio pro reo*.

Vamos a um exemplo: imagine um indígena, criado em tribo isolada, porém com plena capacidade mental. Suponha que essa pessoa, ao se tornar um jovem (já com 18 anos completos), decida conhecer um centro urbano e, tão logo chega no centro de uma grande cidade, observa um canário no interior de uma gaiola; ao ver o animal preso, é tomado de revolta e, na sincera crença de que age de modo correto, quebra o objeto para libertar o pássaro. O silvícola não responderá por crime de dano (CP, art. 163), visto que atuou acreditando (de boa-fé, portanto) estar fazendo o que era certo para a situação. Sua atitude encontra-se em sintonia com sua cultura, com as regras de conduta que lhe foram ensinadas durante sua experiência de vida. Pode-se dizer, então, que ele agiu sem a menor possibilidade de conhecer o caráter ilícito do ato praticado.

Em tais contextos, dar-se-á o *erro de proibição*, que **consiste justamente na falsa percepção da realidade que recai sobre a ilicitude do comportamento.**

Importante frisar que a **falta de conhecimento da ilicitude, por si só, não exclui a culpabilidade e, portanto, não impede que o agente receba uma pena;** a falta de consciência da ilicitude isoladamente apenas diminui a culpabilidade (leia-se: a censurabilidade da conduta), fazendo com que o sujeito mereça pena menor.

A culpabilidade só estará afastada se o agente, além de não dispor do conhecimento da proibição, nem ao menos detiver capacidade para adquirir tal entendimento (careça de possibilidade – ou potencial – consciência da ilicitude). Assim dispõe o art. 21 do CP, em sua parte final: "O erro sobre a ilicitude do fato, se inevitável, isenta de pena; se evitável, poderá diminuí-la de um sexto a um terço".

---

[7] Cuida-se de presunção fundada em regras de experiência. Esta nos ensina, por exemplo, que todas as pessoas minimamente informadas sabem, por exemplo, que matar, roubar, ferir ou vender drogas é crime.

Quando age em erro de proibição, o sujeito sabe exatamente o que faz (age dolosamente), mas não sabe que o que faz é errado (leia-se: lesivo, imoral, antissocial...). Atua na crença de que o direito lhe autoriza a agir como tal, quando, na verdade, o proíbe.

O **erro de proibição, que interfere, como visto, na consciência da ilicitude, classifica**-se em: *evitável* (vencível ou inescusável): quando, apesar da falta de consciência da ilicitude, constata-se que o agente possuía condições de ter adquirido tal conhecimento (seja com algum esforço de inteligência, seja com os conhecimentos que poderia apreender a partir da vida em comunidade etc.); *inevitável* (invencível ou escusável): quando, além de não dispor da consciência da ilicitude, verifica-se que o agente nem sequer teria tido condições de alcançar tal compreensão.

O erro **inevitável isenta de pena** (exclui a culpabilidade); o **evitável a diminui**, de um sexto a um terço.

O erro de proibição **também se classifica em** *erro direto* **e** *indireto*. O primeiro dá-se quando a **falsa percepção da realidade recai sobre a proibição constante em tipo penal incriminador**; em outras palavras, o sujeito age desconhecendo que sua conduta é ilícita, quando na verdade ela configura um crime (o erro incidiu diretamente sobre a norma penal incriminadora). Exemplo: o dito popular "achado não é roubado", quando afirmado de boa-fé, pode representar uma situação em que o sujeito, ao apropriar-se de coisa alheia, desconhece que pratica algo errado (mas, na verdade, incorre no delito tipificado no art. 169, parágrafo único, II, do CP). Tem-se, por outro lado, **erro de proibição indireto (ou erro de permissão) quando a falsa percepção da realidade incide sobre uma autorização contida em norma permissiva**. Nele, o sujeito sabe que sua atitude é proibida, porém crê, equivocadamente, que no caso concreto haveria em seu favor alguma excludente de ilicitude. Exemplo: o marido sabe que não pode agredir sua esposa, porém, quando ela o trai, acredita poder fazê-lo no exercício regular de um direito; ou o sujeito que lesiona sua sogra, porque ela se intrometeu na vida do casal sem ser chamada. Há alguns anos, numa cidade do interior paulista, um marido foi denunciado pelo Ministério Público, acusado de ter praticado crime de lesão corporal contra sua sogra. Na sentença, o magistrado proferiu a seguinte decisão: "Conquanto em sogras se deva bater com maior instrumento de eficácia contundente, posto que normalmente gostam de se intrometer na vida do casal, o acusado somente desferiu na dita-cuja alguns bons pontapés, porque esta, sem ser chamada, imiscui-se, como é o costume da maioria das sogras, em assuntos pertinentes ao casal". Percebe-se que, na visão do julgador, o acusado agira no exercício regular de um direito. Nesse caso, o réu *e o juiz* (!) agiram em erro de proibição indireto, pois, equivocadamente, acreditaram ser lícita uma conduta que, na verdade, é proibida.

Ressalte-se que o erro de proibição direto ou indireto, quanto aos efeitos, pode excluir a pena ou diminuí-la, conforme seja invencível ou vencível.

De registrar, por derradeiro, que o **erro de proibição também pode ser denominado *erro mandamental*, quando se referir a um comportamento omissivo**. Explica-se: nos crimes omissivos, a norma tem natureza mandamental ou impositiva, isto é, a lei determina que as pessoas na situação descrita no tipo ajam, punindo criminalmente os que não o fizerem. É possível, nesses casos, que alguém obre em erro de proibição, ao não fazer algo na crença sincera de que não devia agir. Como se trata de um erro referente ao desconhecimento de uma ordem, de um mandato de ação, fala-se em *erro mandamental*.

É de ver que, na doutrina estrangeira, costumam-se apontar quatro espécies distintas de erro de proibição:

a) o erro sobre a existência de uma proibição (contida em tipo penal): trata-se do erro de proibição direto, acima mencionado;

b) o erro sobre os limites ou sobre a existência de uma causa de justificação: cuida-se do erro de proibição indireto ou erro de permissão, tratado anteriormente;

c) o ***erro de subsunção***: trata-se de um **erro de interpretação**. Para que o erro de subsunção seja considerado modalidade de erro de proibição, é preciso que atinja o conhecimento da ilicitude do ato. Se uma pessoa aconselha-se com um advogado, o qual lhe presta uma informação equivocada acerca do alcance de um dispositivo penal, age em erro de subsunção e pratica um comportamento delitivo, acreditando-o lícito – deverá aplicar-se o disposto no art. 21 do CP;

d) o ***erro de validade***: consiste em modalidade **rara de erro de proibição, em que uma pessoa sabe da existência da norma de conduta violada, mas acredita que ela se funda em lei nula ou inconstitucional**. Suponha que uma pessoa, informada por meio de noticiário que o Supremo Tribunal Federal reconheceu a não recepção dos dispositivos legais definidores dos crimes contra a honra na Lei de Imprensa (como de fato ocorreu), acredite ser lícito o ataque ao bom nome alheio por meio de um jornal, desconhecendo que a conduta ainda é punida criminalmente, mas com base no Código Penal (arts. 138 a 140); em razão dessa má compreensão do julgamento, ofende moralmente uma pessoa, em artigo escrito num determinado periódico. Pode-se cogitar de erro de validade nesse caso. Advirta-se, todavia, que "deve-se ser cuidadoso no momento de se admitir tal erro *in concreto*. Pois a situação jurídica raramente se encontrará tão clara a ponto de alguém estar suficientemente seguro da nulidade (ou inconstitucionalidade) de uma lei.

Na maioria das vezes, o caso será discutível, de modo que o sujeito considerará duvidosa a validade da lei e somente possível ou provável sua invalidade"[8].

Resumo:

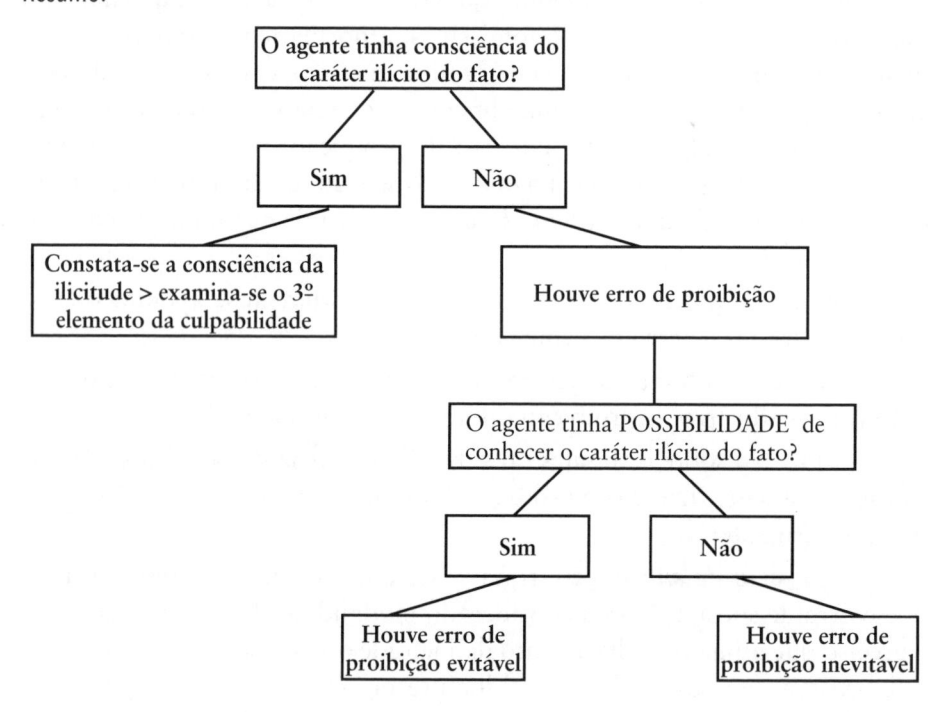

3.3. Exigibilidade de outra conduta

Estamos agora diante do **último elemento da culpabilidade** previsto em nosso Código Penal. Para dizer que alguém praticou uma conduta reprovável, é preciso que se possa exigir dessa pessoa, na situação em que ela se encontrava, uma conduta diversa. Reinhard Frank[9] foi pioneiro na sistematização desse critério, inserindo-o dentro da culpabilidade. O autor estabeleceu como premissa fundamental a de que só se pode impor pena ao autor de um injusto (fato típico e antijurídico) quando se demonstrar ter sido seu comportamento reprovável. Para tanto, é necessário que dele se possa exigir conduta diversa, ou seja, que na situação em que o fato foi cometido, seja lícito concluir que o agente possuía uma alternativa válida de conduta. Se,

---

[8] Claus Roxin, *Derecho penal*, p. 873.
[9] *Sobre la estructura del concepto de culpabilidad.*

por outro lado, verificar-se que as condições exteriores não lhe davam outra saída senão agir daquela maneira, seu ato não poderá ser tido como censurável. A ausência da censurabilidade acarreta a falta de culpabilidade e, desta forma, isenta-o de pena. Esse raciocínio funda-se no livre-arbítrio, isto é, na tese de que se deve punir alguém quando o ilícito resultou de uma livre opção; sem esta liberdade de escolha entre agir ou não agir criminosamente, não será justo aplicar a pena criminal.

Vale dizer, se a pessoa se vir em situações nas quais não tem escolha – ou age de tal forma, ou um mal muito maior lhe acontecerá –, seu ato não será merecedor de censura e, por conseguinte, de punição. Veja o seguinte caso: para obter declaração falsa e assinatura em um contrato, um sujeito aponta arma de fogo contra a cabeça da vítima, exigindo que redija e assine o documento. Evidente que a vítima pode recusar-se a assiná-lo, no entanto, se o fizer, morrerá. Neste caso, não se pode exigir do ofendido que assinou o documento falso comportamento diferente. Imagine, ainda, o gerente de uma agência bancária que se vê obrigado a auxiliar os roubadores, depois de verificar que seus familiares são mantidos reféns por comparsas dos ladrões. A decisão de colaborar ou não com a subtração caberá somente ao gerente, mas, em tais condições, não se pode dizer que atuou com livre-arbítrio e, por tal razão, dele não se podia exigir conduta diversa. A análise desse elemento leva em conta a conduta esperada de uma pessoa de mediana prudência e discernimento. É evidente que cada indivíduo possui diferentes características, fazendo-nos agir de um modo especialmente diverso de outrem, ainda que diante de um mesmo contexto fático. Não se trata de levar em conta tais suscetibilidades, senão de considerar um critério médio (um *standard*).

A **teoria** de Reinhard Frank **resultou na inserção de um elemento normativo na culpabilidade – a exigibilidade de conduta diversa.** Passados mais de cem anos, suas ideias ainda encontram ressonância na doutrina e em boa parte das legislações nacionais. Não se deve ignorar que há penalistas para quem se deve abandonar referido conceito, de modo que a culpabilidade não seria mais sinônimo de reprovabilidade, mas indicaria algo mais amplo, como a necessidade de atendimento a finalidades preventivas (Roxin), ou completamente distinto, como a necessidade de inflição da sanção penal para o fim de garantir a vigência da norma (Jakobs).

De qualquer modo, **sob a ótica de nosso ordenamento positivo, mostra-se inafastável o exame da exigibilidade de outra conduta, notadamente em função do disposto no art. 22 do CP.** Esse dispositivo isenta de pena quem pratica o fato sob coação (moral) irresistível ou age em estrita obediência a ordem, não manifestamente ilegal, de superior hierárquico.

3.3.1. Causas legais de exclusão da exigibilidade de outra conduta

As **causas previstas em lei** que afastam o elemento da culpabilidade em estudo, também conhecidas como *causas de inexigibilidade de conduta diversa, são a coação moral irresistível e a obediência hierárquica.*

a) Coação moral irresistível

De acordo com o art. 22 do CP, "se o fato é cometido sob coação irresistível (...) só é punível o autor da coação ou da ordem".

Deve-se frisar que a **coação a que alude o dispositivo é, tão somente, a** *coação moral* **ou** *vis relativa*. **Isto porque o ato praticado sob** *coação física* (irresistível) **não representa um** *fato* **típico.** Lembre-se que este pressupõe, antes de tudo, uma conduta comissiva ou omissiva; esta, por sua vez, requer voluntariedade no ato praticado. Se houver coação física irresistível, o ato será involuntário, de modo que não existirá conduta e, sem esta, o fato será atípico.

A *coação moral* dá-se quando uma pessoa for alvo da *ameaça de infligir de um mal grave e injusto.* É preciso que tal ameaça seja revestida de *seriedade.* Se alguém diz, em tom irônico, "me obedeça senão te mato", não há que se falar em coação moral, ainda que o mal prometido seja de indiscutível gravidade, tendo em vista a falta de seriedade na promessa efetuada.

O mal (grave) prometido deve ser verossímil, pois, **do contrário, não terá efeito intimidatório.** Quem ameaça uma pessoa dizendo que, se ela não ceder à exigência, lançará sobre sua cidade natal uma bomba nuclear, cujo controle tem num aplicativo instalado em seu *smartphone*, realiza uma promessa que não é crível e, por tal razão, não atemoriza a vítima.

A coação moral, por fim, deve ser *irresistível.*

Conforme pondera Cezar Bitencourt, a "irresistibilidade da coação deve ser medida pela gravidade do mal ameaçado (...) Somente o mal efetivamente grave e iminente tem o condão de caracterizar a coação irresistível prevista pelo art. 22 do CP. A iminência aqui não se refere à *imediatidade* tradicional, puramente cronológica, mas significa iminente à recusa, isto é, se o coagido recusar-se, o coator tem condições de cumprir a ameaça em seguida, seja por si mesmo, seja por interposta pessoa"[10].

A **gravidade do mal** prometido deve ser aquilatada **segundo** o critério de uma **pessoa de mediana prudência e discernimento.** Significa que, para tais efeitos, é preciso avaliar o que seria grave segundo um padrão (*standard*) mediano.

---

[10] *Tratado de direito penal*: parte geral, v. 1, p. 362-363.

Exige-se, ademais, uma *ponderação* **entre o ato exigido e o mal que se promete infligir.** Assim, por exemplo, não será irresistível a promessa de ferir o coagido para convencê-lo a matar outrem. Isto porque, ponderando-se os bens em situação de risco proibido (integridade física e vida), não é razoável exigir-se a supressão do bem maior para evitar seja alguém acometido de lesões corporais. Pode haver, por óbvio, situações-limite, em que será preferível decidir em favor daquele que sofreu a coação. Por exemplo: imagine que uma pessoa seja obrigada a efetuar o disparo de arma de fogo letal contra um desconhecido, sob pena de, em se omitindo, ver amputado um de seus membros.

Em resumo, para efeito da **irresistibilidade**, será mister ater-se ao trinômio *gravidade + imediatidade + ponderação.*

Quando caracterizada a excludente em estudo, **somente será punível o autor da coação. O coagido será isento de pena.** Apesar de haver duas pessoas envolvidas na consecução do fato – o coator e o coagido – não se há de falar em concurso de pessoas. O coagido é mero instrumento nas mãos do coator. Por isso fala-se em autoria mediata. Aliás, cumpre observar que o coator terá contra si uma circunstância agravante (CP, art. 62, II, primeira figura).

Quando se concluir ser *resistível* **a coação, ambos respondem pelo fato** – coator e coagido; este com uma atenuante (art. 65, III, *c*, primeira figura) e aquele com a agravante acima mencionada.

b) Obediência hierárquica

Dá-se a obediência hierárquica quando alguém cumpre ordem de autoridade superior, revestida de caráter criminoso, desconhecendo a ilicitude de tal comando que, ademais, *não* pode ser manifestamente ilegal.

Os **requisitos** da excludente são, portanto:

1) **relação de direito público (hierarquia);**

2) **ordem superior de cunho ilícito;**

3) **ilegalidade da ordem não manifesta.**

Suponha que o diretor de um estabelecimento penal determine a um carcereiro que algeme um preso, como medida para repreendê-lo por mau comportamento. Cuida-se de ordem ilegal, tendo em vista que o uso de algemas somente pode se dar quando necessário para impedir a fuga, quando houver resistência à prisão ou para garantir a segurança do preso ou de terceiros, hipóteses ausentes no exemplo formulado. Cremos, contudo, que a ilegalidade não é manifesta. Por esse motivo, somente responderá por crime de abuso de autoridade (Lei n. 13.869, de 2019) o superior hierárquico responsável pela determinação.

Registre-se que ao autor da ordem não manifestamente ilegal será aplicada uma circunstância agravante (CP, art. 62, III) e o subordinado será isento de pena (trata-se de outro caso de autoria mediata).

Imagine, ainda, uma ordem emitida por delegado de polícia à sua equipe de investigação para que dê um "susto" em um rapaz que efetuou proposta indecorosa à sua namorada. Nesse caso, também os subordinados cumprem ordem ilegal emitida por seu superior imediato. O comando, todavia, mostra-se *patentemente* ilícito, motivo pelo qual todos deverão ser punidos. O autor da ordem, com pena agravada (CP, art. 62, III), e quem a cumpriu, com sanção atenuada (CP, art. 65, III, *c*, segunda figura).

O Código Penal Militar (Decreto-Lei n. 1.001, de 1969) regula de modo diverso referida excludente. Segundo a legislação castrense, o subordinado (militar) estará isento de pena *mesmo que a ilegalidade seja manifesta*. Anote-se que este, além de não poder discutir a conveniência ou oportunidade de uma ordem (do mesmo modo quanto o civil), não pode questionar sua legalidade (diversamente do civil), sob pena de responder pelo crime de insubordinação (CPM, art. 163). *Ao militar, somente não é dado cumprir ordens manifestamente criminosas*. Portanto, se, apesar de flagrantemente ilegal, a ordem não for manifestamente criminosa, o subordinado estará isento de pena (CPM, art. 38, § 2º).

Um dos requisitos para a configuração dessa causa legal de inexigibilidade de conduta diversa é, como acima se destacou, que exista, entre o emissor da ordem e o destinatário, relação de hierarquia, a qual, tradicionalmente, sempre foi apontada como sendo aquela estabelecida no seio de relações jurídicas de Direito Público (leia-se: entre agentes ou servidores públicos).

Argumenta-se que em relações de emprego, fundadas na CLT, existe – juridicamente – um vínculo de subordinação (e não de "hierarquia"). Em hipóteses envolvendo pais e filhos (estes maiores de 18 anos) e mestres e seus pupilos (igualmente imputáveis), ainda que exista uma obediência "canina", também não se pode falar em hierarquia, pois o Direito Civil descreve tais relações como fundadas no chamado "temor reverencial".

Quanto aos casos em que o empregado de uma empresa, por medo de perder o emprego, realiza condutas criminosas, portanto, não pode ser beneficiado com a exclusão da culpabilidade fundada na obediência hierárquica.

De ver, contudo, que o Código Penal deve ser interpretado de maneira sistemática e harmônica e seu art. 149-A, incluído pela Lei n. 13.344, de 2016, ao estipular causas de aumento de pena para o crime de tráfico de pessoas, estipula o acréscimo quando o agente (entre outras hipóteses) se prevalecer "de autoridade ou de superioridade hierárquica inerente ao exercício de emprego, cargo ou função" (art. 149-A, § 1º, III, parte final). Note, portanto, que o legislador admite a existência de hierarquia em contextos baseados em relação empregatícia. Poder-se-ia contra-argumentar que o emprego mencionado no dispositivo é o emprego "público"; ocorre, porém, que esse adjetivo não consta da norma e, onde o legislador não distinguiu, não cumpre ao intérprete e ao aplicador da lei fazê-lo.

De mais a ver, existem casos em que a hierarquia se revela muito mais presente no âmbito privado (dado o receio de perder o emprego e, com isso, o sustento familiar, por exemplo) do que na esfera pública (notadamente quando o ocupante de cargo goza de estabilidade). A questão, pensamos, deve ser analisada caso a caso e, portanto, é matéria de prova.

Em face disso, **entendemos que, com o advento da Lei n. 13.344/2016, a figura da obediência hierárquica, descrita no art. 22 do CP como causa legal de inexigibilidade de conduta diversa, passa a abarcar situações nas quais se identifica (concretamente) a relação de hierarquia, não só na esfera de relações de Direito Público, mas igualmente no âmbito de vínculos empregatícios.**

c) Infiltração de agentes policiais no seio de organizações criminosas (arts. 10 a 14 da Lei n. 12.850/2013)

A Lei do Crime Organizado dispõe que "a infiltração de agentes de polícia em tarefas de investigação, representada pelo delegado de polícia ou requerida pelo Ministério Público, após manifestação técnica do delegado de polícia quando solicitada no curso de inquérito policial, será precedida de circunstanciada, motivada e sigilosa autorização judicial, que estabelecerá seus limites" (art. 10, *caput*).

De acordo com o art. 13, parágrafo único: "Não é punível, no âmbito da infiltração, a prática de crime pelo agente infiltrado no curso da investigação, quando inexigível conduta diversa".

Responde o sujeito, porém, por eventuais excessos que venha a cometer (art. 13, *caput*).

Coação moral irresistível

	C.M.I.	C.M.R.
coator	Condenado (agravante – CP, art. 62)	Condenado (agravante – CP, art. 62)
coagido	Absolvido	Condenado (atenuante – CP, art. 65, III)

Obediência hierárquica

	Ilegalidade não manifesta	Ilegalidade manifesta
superior	Condenado (agravante – CP, art. 62)	Condenado (agravante – CP, art. 62)
subordinado	Absolvido	Condenado (atenuante – CP, art. 65, III)

3.3.2. Causas supralegais de exclusão da culpabilidade

Discute-se a possibilidade de admitir a existência de causas supralegais (não previstas em lei) de inexigibilidade de conduta diversa.

Primeiramente deve-se lembrar que estamos no campo das normas penais permissivas, para as quais é perfeitamente admissível o emprego da analogia (*in bonam partem*). Além disso, a não exigibilidade corresponde a um princípio geral de exclusão de culpabilidade. Não há óbice, portanto, à aplicação de causas supralegais de exclusão da culpabilidade.

Assim, por exemplo, a realização de aborto de feto anencefálico, segundo parte da jurisprudência, não constitui fato punível, porque não se pode exigir da gestante que leve adiante tal gravidez, sabendo que o feto não tem condições biológicas de sobreviver.

Não se pode ignorar, ainda, que a culpabilidade, segundo sua moderna concepção, não se resume à possibilidade de agir de outro modo, exigindo também que a imposição da pena atenda a necessidades preventivas.

4. EMOÇÃO E PAIXÃO

A **emoção e a paixão**, como expressamente consigna nosso Código Penal, **não excluem o crime** (art. 28). Um dos motivos que inspirou o legislador a inserir essa regra no texto foi a experiência verificada, sob a égide do Código Penal de 1890, com a excludente conhecida como "perturbação dos sentidos" (art. 27, § 4º). Segundo o registro de autores como Lyra e Hungria, tal dirimente foi utilizada como fonte de impunidade para diversos criminosos passionais que, sob o manto da "perturbação dos sentidos" provocada pela forte emoção ou pela paixão, ficaram a salvo da responsabilização criminal por graves crimes cometidos.

Sob outro giro, ainda, não custa recordar que a emoção é um estado presente em qualquer atitude criminosa. O autor do delito (por mais amoral que seja) sempre agirá revestido de alguma emoção, seja ela qualificada como tensão, apreensão, nervosismo, alegria, prazer, irritação, ansiedade etc. Fosse alguém impune por emocionar-se, não se aplicaria mais pena criminal alguma.

Emoção e paixão não se confundem. Por *emoção* entende-se *a forte e transitória perturbação da afetividade* ou a viva excitação do sentimento. Cuida-se de um estado momentâneo. A paixão, por outro lado, corresponde a um forte sentimento de cunho duradouro. Como ilustra Fernando Capez, um torcedor de futebol fanático sente "paixão" por seu clube preferido, e emoção quando o time marca um gol.

Deve-se lembrar que a emoção, muito embora não isente de pena, pode influenciar na sua quantidade, beneficiando o agente com uma sanção reduzida. Para que isso ocorra, todavia, não bastará a emoção pura e simples, exigindo-se junto dela outros requisitos. Assim, por exemplo, se uma pessoa praticar um homicídio sob o *domínio de violenta emoção, logo em seguida a injusta provocação da vítima*, sua pena será reduzida de um sexto a um terço (CP, art. 121, § 1º). Aquele que praticar a infração penal sob *a influência* de violenta emoção provocada por ato injusto do ofendido receberá uma atenuante genérica (CP, art. 65, III, *c*).

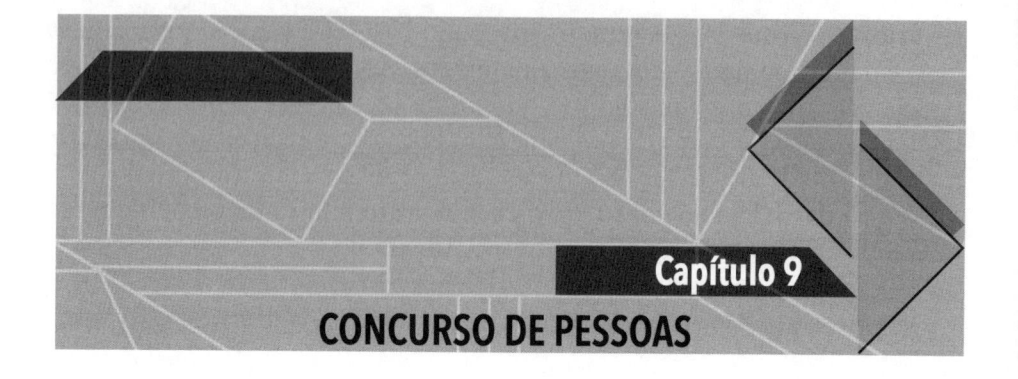

Capítulo 9

CONCURSO DE PESSOAS

1. INTRODUÇÃO

Uma infração penal, na grande maioria das vezes, é obra de uma só pessoa. Casos há, entretanto, em que várias pessoas reúnem esforços, materiais ou intelectuais, com o fim de cooperar para o mesmo delito.

Como regra, os *crimes podem ser praticados por uma só pessoa* ou *por várias*, em coautoria ou participação (*vide* item 4, *infra*). Tais delitos denominam-se *unissubjetivos, monossubjetivos* ou *de concurso eventual*. Na doutrina estrangeira, fala-se também em tipos unipessoais.

Outros, contudo, *apenas* podem ser cometidos *por várias pessoas reunidas*; são casos em que a pluralidade de sujeitos ativos aparece como condição para a existência do ilícito penal. Esses crimes chamam-se *plurissubjetivos* ou *de concurso necessário* (fala-se, ainda, em tipos pluripessoais). Neles, não se fala em coautoria ou participação, pois todos os concorrentes são considerados autores do crime. A doutrina **divide**-os em: a) **crimes plurissubjetivos** *de condutas paralelas*, se as ações dos concorrentes caminham visando à consecução de um mesmo objetivo (ex.: CP, art. 288 – associação criminosa); b) *de condutas convergentes*, quando as condutas, de índoles distintas, convergem para a prática do delito (ex.: CP, art. 235 – bigamia, em que há um agente que viola o dever matrimonial de fidelidade e o outro que com ele coopera[1]); e c) *de condutas contrapostas*, quando os comportamentos são realizados em sentido de oposição entre si (ex.: CP, art. 137 – rixa, na qual os contendores ou rixosos agridem-se reciprocamente).

---

[1] É de ver que o crime de bigamia será considerado de concurso necessário na hipótese de o cônjuge infiel e a pessoa com que ele, sendo casado, contraiu matrimônio ter ciência do enlace anterior (CP, art. 235, § 1º).

O tema da cooperação delitiva sempre despertou intenso debate doutrinário. Antes da Reforma da Parte Geral, de 1984, o Código denominava o tema coautoria. Na atual Parte Geral, de maneira mais técnica, fala-se em concurso de pessoas. Há quem prefira a expressão concurso de agentes, esta, contudo, pressupõe que a coparticipação somente seria possível em matéria de crimes comissivos, esquecendo-se de que pode haver concurso de omitentes.

Questão interessante, sob o ponto de vista jurídico e ético, é aquela referente à delação premiada, que será abordada neste capítulo (vide item 11, *infra*), consistente em se premiar um dos concorrentes, em favor da delação dos demais (ou da cooperação com as investigações visando à recuperação do objeto material do crime ou da libertação de eventuais vítimas).

2. TRATAMENTO DO ASSUNTO NA LEGISLAÇÃO BRASILEIRA

Conforme já tivemos a oportunidade de comentar, a história de nosso direito positivo tem início com a colonização, quando vigoravam em Portugal as Ordenações Afonsinas, sucedidas pelas Ordenações Manuelinas e, com vigência superior a dois séculos, as Filipinas.

Nos textos das Ordenações do Reino de Portugal, as disposições criminais se localizavam no Livro V, o qual carecia de adequada sistematização, tanto assim que mesclava disposições penais, de cunho geral e especial, com regras procedimentais. Ao longo dos diversos capítulos integrantes do Livro V, notava-se que referidos diplomas responsabilizavam, como regra, o autor do crime (assim entendido quem realizasse a conduta proibida); em alguns casos, notava-se expressa referência ao executor material e ao partícipe, como no tratamento legal do homicídio, ao se impor pena capital a quem "matar outra (pessoa), o mandar matar" (Título XXXV do Livro V das Ordenações Filipinas); o mesmo se via no Título XXXII do Livro V das Ordenações Afonsinas: "... todo homem, ou molher, que a outrem meter merda em boca, ou mandar meter, moira porem".

Nosso Código Criminal de 1830 regulava a matéria nos arts. 4º a 6º. No art. 4º referia-se aos autores, como sendo aqueles que "cometerem, constrangerem ou mandarem alguém cometer crimes"; nos arts. 5º e 6º definia como cúmplices "todos mais que diretamente concorrerem para se cometer crimes", "receberem, ocultarem ou comprarem coisas obtidas por meios criminosos" ou "derem asilo ou prestarem sua casa para reunião de assassinos ou roubadores, tendo conhecimento de que cometem ou pretendem cometer tais crimes". Registre-se que especial tratamento recebiam os crimes de imprensa, cuja disciplina particular encontrava-se no arts. 7º a 9º, adotando-se a responsabilidade penal sucessiva.

O Código Penal de 1890, de sua parte, distinguia autores e cúmplices nos arts. 18 a 21. Eram autores aqueles que "diretamente resolverem ou executarem o crime", "provocarem e determinarem outros a executá-los", "prestarem auxílio sem o qual o crime não teria sido cometido", "diretamente executarem o crime por outrem resolvido", "aquele que mandar, ou provocar, alguém a cometer crime". Os cúmplices eram quem fornecesse instruções para alguém cometer o crime ou prestassem auxílio à sua execução (desde que não houvesse resolvido ou provocado o crime), quem prometesse auxílio ao agente durante a execução do crime, quem recebesse, ocultasse ou comprasse coisas obtidas por meios criminosos e quem desse asilo ou emprestasse sua casa a assassinos ou roubadores, sabendo de suas intenções delitivas. Os crimes de imprensa também mereceram disciplina distinta, porém mediante a adoção da responsabilidade solidária (e não mais sucessiva como na legislação imperial).

O Código Penal de 1940 inspirou-se no Código italiano de 1930 e simplificou a matéria, dela cuidando no Título IV da Parte Geral, em três artigos. O art. 25 acolhia um conceito extensivo de autor, de inspiração causal: "Quem, de qualquer modo, concorre para o crime incide nas penas a este cominadas". O art. 26 disciplinava a comunicabilidade das circunstâncias (de maneira idêntica ao atual art. 30). O art. 27 referia-se à participação impunível, tal como o faz o atual art. 31, mas permitia (diversamente da atual legislação) que se impusesse medida de segurança em tais casos.

A Reforma da Parte Geral, de 1984, aperfeiçoou consideravelmente a disciplina do tema, a começar pela denominação. Abandonou-se a expressão "coautoria" e, no seu lugar, substituiu-se por "concurso de pessoas".

O atual art. 29 persiste estabelecendo que todo aquele que concorre para o crime incide nas penas a este cominadas, mas faz importante ressalva, "na medida de sua culpabilidade". Além disso, previu-se a figura da participação de menor importância (art. 29, § 1º) e a participação dolosamente distinta (art. 29, § 2º), que a seguir serão explicadas.

3. TEORIAS SOBRE O CONCURSO DE PESSOAS

Há três teorias a respeito do tema: a *monista*, monística ou unitária; a *dualista* ou *dualística*; e a *pluralista* ou pluralística.

A primeira (*monista*), adotada como regra em nossa legislação (CP, art. 29, *caput*), determina que todo aquele que concorre para o crime responde pelas penas a este cominadas, na medida de sua culpabilidade. Isto é, *atribui um só crime a todos* os concorrentes. Assim, exemplificativamente, respondem pelo crime de latrocínio (CP, art. 157, § 3º, II) tanto o agente que empunha a arma e efetua o disparo quanto o que, ciente de tudo, limita-se a dar-lhe cobertura[2].

A teoria unitária (CP, art. 29, *caput*) guarda profunda relação com a teoria da equivalência dos antecedentes (CP, art. 13, *caput*), segundo a qual se considera causa do resultado todo e qualquer fator que para ele tenha contribuído, ainda que minimamente. De modo semelhante, a infração considera-se produto da conduta de cada um, independentemente do ato praticado, desde que ele tenha tido alguma relevância causal para o resultado.

Já para a **teoria dualista**, deve haver dois crimes diferentes a serem imputados: **um delito se imputará aos autores e outro, aos partícipes.** Não foi adotada em nossa legislação, embora se possa afirmar que o art. 29, § 1º, que trata da participação de menor importância, possui solução assemelhada à proposta pela presente teoria (o autor será enquadrado diretamente no tipo penal incriminador, p. ex., art. 121, e aquele que contribuiu de modo reduzido, no art. 121 c/c o art. 29, § 1º, impondo-se-lhe pena menor).

Na visão da última delas, ou seja, da **pluralista**, **deve-se atribuir para cada agente um delito diferente.** Há exemplos excepcionais dessa teoria em nosso Código Penal: são as "**exceções pluralistas à teoria monista**". Destes, podem ser citados os crimes de corrupção, de aborto e de bigamia. No caso da **corrupção**, o corruptor comete corrupção ativa – art. 333 –, e o funcionário público corrompido, corrupção passiva – art. 317; no **aborto**, a gestante incorre no tipo do art. 124, e o médico que pratica o aborto, nos arts. 125 ou 126; na **bigamia**, o cônjuge que se casa pela segunda vez, na constância do primeiro matrimônio válido, responde pelas penas do *caput* do art. 235, ao passo que a pessoa com quem ele se casa é enquadrada no § 1º. Pode-se citar, ainda, o art. 29, § 2º, que cuida da participação dolosamente distinta, uma vez que, nas situações às quais ele for aplicado, haverá a imputação de infrações penais distintas aos concorrentes[3].

---

[2] *RT* 776/576. Ver também: "(...) O agente que dispara contra pessoa durante a fuga, objetivando a impunidade ou a posse da *res furtiva*, pratica o crime de latrocínio tentado, como ocorreu na hipótese. Para a configuração do crime em questão, não se exige que todos os agentes envolvidos atentem contra a vida do ofendido. O ordenamento jurídico pátrio adotou a teoria unitária ou monista, segundo a qual todos aqueles que concorreram para o crime incidem nas penas a ele cominadas, pois é tido como coautor todo o agente que desempenha tarefa necessária ao êxito global da infração. Assim, demonstrada a contribuição efetiva e relevante do apelante, fica evidenciada a coautoria, não se cogitando da participação de menor importância (...)" (TJSP, ApCr 1500034-36.2019.8.26.0453, rel. Des. Paulo Rossi, 12ª CCr, j. 5-2-2020). E ainda: STJ, AgRg no HC 824.059/RJ, rel. Min. Reynaldo Soares da Fonseca, 5ª T., j. 6-6-2023; e AgRg no AREsp 2.345.206/SP, rel. Min. Reynaldo Soares da Fonseca, 5ª T., j. 15-8-2023.

[3] Nesse sentido: "(...) Embora o nosso Código Penal haja adotado, como regra, a Teoria Monista ou Unitária, a própria norma penal prevê exceções, nos casos de coope-

4. REQUISITOS DO CONCURSO DE PESSOAS

São os seguintes:

a) *pluralidade de condutas.*

Trata-se da múltipla concorrência de comportamentos praticados por duas ou mais pessoas. **Só há falar-se em concurso de pessoas se mais de um indivíduo realizou comportamentos penalmente relevantes**, os quais tenham produzido riscos proibidos aos bens penalmente tutelados;

b) *relevância causal da conduta.*

A ação ou omissão de cada um dos participantes deve apresentar, segundo voz corrente da doutrina, importância causal. Tal necessidade derivaria não só do texto do art. 29 do CP, mas do disposto no art. 13, *caput*, do qual seria corolário. É de ver, contudo, que a importância do dogma causal não pode ser "entronizada", como bem adverte Nilo Batista[4].

Aliás, é mesmo questionável afirmar que o art. 29 seria consequência lógica do art. 13, uma vez que este dispositivo rege os crimes materiais ou de resultado, nos quais vincula a imputação à aferição do nexo etiológico ou físico, baseado na relação causa e efeito, fundada na teoria da equivalência

---

ração dolosamente distinta, motivo pelo qual é imprescindível perquirir não apenas o nexo de causalidade entre a conduta e o resultado mas também a intenção do agente. 2. A ação delituosa que resulta em lesões corporais gravíssimas, a depender do elemento volitivo do agente, pode ser tipificada como homicídio tentado, se presente o *animus necandi* (art. 121, c/c o art. 14, II, ambos do CP), ou como o crime do art. 129 do CP, se presente apenas o *animus laedendi* (...)" (STJ, REsp 1.706.834/DF, rel. Min. Rogerio Schietti Cruz, 6ª T., j. 11-12-2018). Ver também: "*In casu*, restou evidenciado que o auxílio material prestado pelo apelante Antônio aos executores do crime, conquanto altamente reprovável, não estava direcionado à prática do latrocínio, mas, sim, do roubo circunstanciado. Com efeito, o apelante Antônio não estava na embarcação que abordou as vítimas, logo, não detinha domínio do fato a ponto de poder evitar que os corréus Sharlim e Maicon ordenassem e jogassem as vítimas na água, tampouco para impedir que elas se afogassem, o que efetivamente ocorreu, a evidenciar desvio subjetivo da conduta daqueles. Ademais, as mortes ocorreram por afogamento, não possuindo relação direta com a arma de fogo que havia sido emprestada pelo apelante Antônio. Aplica-se, dessarte, a teoria da cooperação dolosamente distinta e desclassifica-se o crime para roubo duplamente majorado, mas com incidência da causa de aumento da previsibilidade do resultado mais grave (art. 29, § 2º, *in fine*, CP)" (TJAM, ApCr 0608008-96.2018.8.04.0001, rel. Des. João Mauro Bessa, 1ª CCr, j. 17-6-2019). E ainda: TJDFT, ApCr 00020545720208070004, rel. Des. Ana Maria Amarante, 1ª T. Criminal, j. 2-2-2023.

4 *Concurso de agentes*: uma investigação sobre os problemas da autoria e da participação no direito penal brasileiro, p. 39.

dos antecedentes. Ocorre que a concorrência de pessoas pode se dar, como é cediço, em crimes materiais, formais ou de mera conduta.

Em nosso sentir, *a relação de causalidade somente pode ser considerada como requisito para a figura do concurso de pessoas em crimes materiais ou de resultado*, vez que nos delitos formais e de mera conduta não se exige qualquer ligação ou liame entre a conduta do agente e algum resultado naturalístico (este, inclusive, inexiste nos delitos de simples atividade).

Assim, por exemplo, aquele que, querendo contribuir com o homicídio alheio, empresta instrumento letal, que *não vem a ser utilizado* na execução do fato e *não influi psicologicamente* na conduta do agente, não responde pelo delito, dada a ausência de colaboração material ou concorrência causal para o resultado produzido[5].

Obtempere-se, contudo, que mesmo em se tratando de crimes materiais, *a mera constatação da relação de causalidade não satisfaz as exigências típicas para se vincular alguém ao delito*, seja na condição de autor, seja na de partícipe; exige-se, ainda, que o comportamento passe pelo filtro da relação de imputação objetiva, como critério complementar e restringente da causalidade material.

Assim, por exemplo, não será considerado partícipe de um homicídio o padeiro que vende o pão ao homicida, mesmo tendo este confessado antes da compra que pretendia recheá-lo com veneno para dar à sua sogra no café da manhã. Isto porque, muito embora tenha existido contribuição causal e consciente do padeiro, não há imputação objetiva, visto que seu comportamento produziu *riscos permitidos* (note que ele, simplesmente, vendeu um pão e não pode, só por isso, ser considerado homicida, ainda que por participação);

c) *vínculo subjetivo.*

Cuida-se de verificar se os concorrentes encontram-se subjetivamente vinculados entre si. Este requisito tem especial importância, haja vista que, não fosse tal exigência, ter-se-ia a responsabilidade penal objetiva, em franco desrespeito ao princípio da culpabilidade.

Acompanhe o seguinte exemplo: se uma pessoa, em virtude de sua falta de atenção, deixa aberta a porta da casa de um amigo, facilitando a ação do furtador, não responde pelo crime, dada a absoluta ausência de liame subjetivo entre seu ato e a atitude do ladrão.

---

[5] *Vide*, em sentido semelhante, a opinião de Eduardo Novoa Monreal, Algumas considerações sobre o concurso de pessoas no fato punível, *Revista Brasileira de Criminologia e Direito Penal*, n. 16, p. 17.

Importante lembrar que a lei não requer acordo prévio (*pactum sceleris*) entre os agentes, sendo suficiente a consciência por parte das pessoas que de algum modo contribuem com o fato. Se o segurança de uma agência bancária, revoltado com o modo como vem sendo tratado por seus superiores e pelos atrasos no pagamento de seus salários, decide cooperar com o roubo do estabelecimento, ao não acionar o alarme ou interferir de qualquer modo para impedir a subtração, responde pelo crime de roubo, ainda que tenha decidido colaborar durante a execução do "assalto", sem mesmo ter tido qualquer acordo prévio com os roubadores. Note que, neste exemplo, sua responsabilidade penal decorre de um ato omissivo, em violação ao seu dever jurídico de agir para evitar o resultado (CP, art. 13, § 2º, *b*);

d) *colaboração (material ou moral) anterior à consumação do fato*.

É fundamental que os concorrentes tenham aquiescido à realização típica antes da consumação do delito. Isto porque, uma vez integralizada a ação delitiva, qualquer colaboração posterior configurará, se punível, delito autônomo.

É de notar-se que esse requisito não se fazia presente em nossas leis penais anteriores. No Código Criminal de 1830, admitia-se como forma de cumplicidade o ato de quem recebesse, ocultasse ou comprasse coisas obtidas por meios criminosos (art. 6º, § 1º). Idêntica disposição continha o Código Penal de 1890 (art. 21, § 3º). Semelhante disposição mostrava-se criticável, porquanto resultava na imputação ao "cúmplice" da pena do delito anterior, qualquer que fosse. Assim, por exemplo, se alguém recebesse coisa produto de furto, por tais penas respondia; mas se o objeto fosse oriundo de latrocínio, por exemplo, nas graves penas deste crime o agente ficava incurso.

Com o advento do atual Código Penal e a previsão, como crimes autônomos, de atos antes qualificados como participação posterior à consumação, tornou-se fora de dúvidas que, para efeito de nossa legislação penal, não há falar-se em concurso de pessoas se a colaboração deu-se após a consumação do crime.

Desse modo, então, quem recebe, adquire ou oculta coisa que sabe ou deve saber ser produto de crime, não é partícipe do delito anterior, mas autor do crime de receptação (CP, art. 180). Aquele que, de outro lado, auxilia o autor de um crime a subtrair-se da ação da autoridade pública, incorre no crime autônomo de favorecimento pessoal (CP, art. 348). Por fim, quem presta a criminoso, fora dos casos de coautoria ou receptação, auxílio destinado a tornar seguro o proveito do crime, comete favorecimento real (CP, art. 349).

Como consequência da presença dos requisitos acima, todos os agentes responderão pelo mesmo crime, na medida de sua culpabilidade (isto é, haverá identidade de infração penal), nos termos do art. 29, *caput*. Lembre--se que nosso Código adotou a teoria monista ou unitária.

Um setor relevante da doutrina aponta a *unidade de infração penal* como mais um requisito do concurso de pessoas. Não pensamos desse modo; para nós, *cuida-se de uma consequência e não de um requisito*.

Concurso de pessoas	Autoria colateral
Todos respondem pelo resultado	Cada sujeito responde somente pelo resultado que produziu

	Teoria extensiva	Teoria restritiva	Teoria do domínio do fato
Autor	Todo aquele que concorre para o crime	O sujeito que realiza o verbo nuclear	O sujeito que detém o domínio da ação ou da vontade
Coautor	É a pluralidade de autores	O sujeito que pratica atos de execução	O indivíduo que possui o domínio funcional
Partícipe		Auxílio moral ou material, fora dos casos acima	Auxílio moral ou material, fora dos casos acima

5. AUTORIA E PARTICIPAÇÃO

5.1. Autoria

Há uma série de concepções diferentes acerca da *autoria*:

a) *Conceito amplo ou extensivo de autor*: **todo aquele que concorre para o crime é seu autor**, mostrando-se suficiente a relevância causal e o vínculo psicológico. Como resultado, essa teoria não distingue o autor do partícipe.

b) *Conceito restritivo ou restrito de autor*: **autor é aquele que realiza a conduta descrita no tipo penal**, ou seja, executa a ação consubstanciada no **verbo** núcleo do tipo. O partícipe, por sua vez, apenas coopera com o delito, induzindo, instigando ou auxiliando materialmente seu autor.

c) *Teoria do domínio do fato*: os contornos dessa teoria foram elaborados por Claus Roxin, em trabalho monográfico publicado em 1963, muito embora existam referências anteriores à ideia de domínio do fato no trabalho de Hans Welzel e, antes dele, em Lobe (1933) e Hegler (1915). Cuida--se de uma teoria que se apoia na **premissa** de que o **autor é a figura central no acontecer típico**, de modo que a participação, tanto moral quanto material, constitui causa extensiva da punibilidade, pois se trata de imputar a alguém responsabilidade por fato de terceiro. A teoria do domínio do fato, que não tem pretensão de universalidade (ou seja, não pretende ser aplicável a todos os tipos de crime), decorre dessa linha de pensamento e sustenta que autor é o sujeito que detém o controle central sobre a configuração do fato criminoso. Para o STF, é imprescindível a demonstração do dolo na conduta do agente, na medida em que a mera posição de alguém na escala hierárquica não é suficiente para demonstrar dolo e vontade em seu proceder[6]. Por fim, a teoria do domínio do fato tem como uma de suas peculiaridades a distinção entre autor imediato ou direto e autor mediato ou indireto. **Será estudada de maneira mais detalhada adiante (v. item 12, *infra*).**

Dessas, o Código Penal adotou a teoria restritiva (opinião majoritária em doutrina): autor, portanto, será aquele que praticar a ação nuclear; coautores, os que cooperarem na execução do delito; partícipes, por fim, todas as pessoas que prestarem auxílio moral (induzimento ou instigação) ou material[7].

Um setor da doutrina, porém, sustenta deva ser aceita no Brasil a teoria do domínio do fato como solução aos casos de autoria mediata. Nesse sentido, Cezar Bitencourt, para quem "o conceito de autoria não pode circunscrever-se a quem pratica pessoal e diretamente a figura delituosa, mas deve compreender também que se serve de outrem como 'instrumento' (autoria mediata)"[8]. Outros, de modo mais amplo, propõem que se deva adotar tal teoria em substituição ao conceito restritivo de autor[9].

5.2. Participação

Todo aquele que, não praticando a conduta descrita no tipo penal, coopera com o crime (antes de sua consumação) responde pelas penas a este cominadas, sendo considerado seu partícipe.

---

[6] AP 975/AL, rel. Min. Edson Fachin, 2ª T., j. 3-10-2017, noticiado no *Informativo* n. 880. No mesmo sentido: HC 169.535 AgR, rel. Min. Ricardo Lewandowski, 2ª T., j. 14-2-2020. Ver ainda: "É insuficiente e equivocado afirmar que um indivíduo é autor porque detém o domínio do fato se, no plano intermediário ligado aos fatos, não há nenhuma circunstância que estabeleça o nexo entre sua conduta e o resultado lesivo (comprovação da existência de plano delituoso comum ou contribuição relevante para a ocorrência do fato criminoso)" (STJ, RHC 139.465/PA, rel. Min. Rogerio Schietti Cruz, 6ª T., j. 23-8-2022). E também: STJ, AgRg no REsp 2.039.074/RN, rel. Min. Joel Ilan Paciornik, 5ª T., j. 18-3-2024.

[7] Nesse sentido: STJ, AgRg no AREsp 2.109.967/MG, rel. Min. Joel Ilan Paciornik, 5ª T., j. 7-3-2023.

[8] *Tratado de direito penal*: parte geral, v. 1, p. 419.

[9] Nesse sentido, Damásio de Jesus, *Teoria do domínio do fato no concurso de pessoas*, e Nilo Batista, *Concurso de agentes*.

O **enquadramento penal do** comportamento de um **partícipe**, por não se subsumir diretamente no preceito primário do tipo incriminador, **dá--se mediante um procedimento de adequação típica por subordinação mediata** (ou indireta), empregando-se uma norma de extensão pessoal, contida no art. 29 do CP. Assim, quem empresta arma de fogo para que o assassino mate a vítima não matou alguém, mas, nos termos do dispositivo legal citado, concorreu de algum modo para o crime, motivo pelo qual incide nas penas a este cominadas (na medida de sua culpabilidade).

A participação pode dar-se de duas formas:

a) *auxílio moral* – trata-se da cooperação psicológica com o evento. Divide-se em *induzimento e instigação*. O primeiro, dá-se quando uma pessoa incute no pensamento de outra a ideia criminosa, até então inexistente. A instigação, de outro lado, verifica-se quando alguém incentiva outrem a praticar um fato, isto é, o executor já havia pensado em cometer a infração, tendo a instigação do partícipe servido de estímulo para que assim o fizesse;

b) *auxílio material* – cuida-se do ato de colaborar materialmente com o crime de outrem; também é chamada de *cumplicidade*. Assim, por exemplo, é cúmplice ou partícipe material quem empresta a chave falsa para o furtador, quem fornece a arma para o roubador etc.

É fundamental lembrar que, nos termos do art. 31 do CP, "o ajuste, a determinação ou instigação e o auxílio, salvo disposição expressa em contrário, não são puníveis, se o crime não chega, pelo menos, a ser tentado".

Discute-se a *natureza jurídica da participação*. A conduta nela substanciada, inequivocamente, é *acessória* em relação à do autor (de natureza principal), de tal forma que o partícipe só será punido se o autor também o for (é o que nos confirma o citado art. 31). O nível dessa acessoriedade, entretanto, é controverso, existindo diversas teorias a respeito do assunto:

a) *teoria da acessoriedade mínima*: a conduta do autor precisa ser, pelo menos, típica, a fim de que se puna o partícipe (crítica: se alguém induzir uma pessoa à prática de um homicídio em legítima defesa, cometerá crime, já que auxiliou moralmente alguém a realizar um fato penalmente típico);

b) *teoria da acessoriedade limitada*: exige que a conduta do autor seja típica e ilícita (é a melhor teoria, em nosso sentir, porquanto não incorre no inconveniente apontado acima e escapa às críticas inseridas nas teorias seguintes);

c) *teoria da acessoriedade extrema*: a conduta do autor deve ser típica, ilícita e culpável (crítica: quando se induz menor a matar, ninguém responde pelo crime – o menor, por ser inimputável; o partícipe, porque auxiliou uma conduta desprovida de culpabilidade);

d) *teoria da hiperacessoriedade*: sustenta que o fato deve ser típico, ilícito e culpável, acrescentando que o partícipe responderá pelas agravantes e atenuantes pessoais do autor.

Como expusemos acima, razão assiste, a nosso ver, à teoria da acessoriedade limitada. Esse o pensamento dominante na doutrina. Há, contudo, vozes dissonantes. Uma crítica comum a ela costuma se basear na chamada "provocação de uma situação de legítima defesa". Imagine que uma pessoa (*A*) pretenda matar outra (*B*) e, para tanto, ardilosamente convence-a a agredir terceiro (*C*), que sabe estar armado. Quando *C* reage, em legítima defesa, mata o agressor (*B*), realizando-se o plano inicial de *A*. Note que, pela teoria da acessoriedade limitada, *A* não seria punido, porque a conduta a que induziu resultou em legítima defesa (fato típico, porém lícito). De ver, contudo, que em tais casos deve aplicar-se a teoria do domínio do fato, figurando *A* como autor mediato. Note que sua manipulação o tornou senhor da situação, fazendo ele uso de *C* como instrumento de sua vontade[10].

6. CONCURSO EM CRIMES CULPOSOS

Segundo orientação majoritária, em matéria de crimes culposos admite-se somente a coautoria, mas nunca participação, inclusive porque os tipos penais desses delitos são abertos (que abarcam toda e qualquer forma de contribuição ao resultado, tornando desnecessária a utilização do art. 29 do CP). Assim, se dois trabalhadores, numa construção, lançam uma tábua e matam um transeunte, respondem por homicídio culposo, em coautoria. De igual modo, quando o passageiro induz o motorista a dirigir em excesso de velocidade, dando este causa a um atropelamento, considera-se o último autor e o passageiro, coautor.

Como assinala Cezar Bitencourt, a doutrina alemã, influenciada pela teoria do domínio do fato, apenas admite autoria em crime culposo. A doutrina espanhola, diversamente, vislumbra a possibilidade de participação, mesmo no delito negligente. Os penalistas brasileiros, em sua maioria, somente aquiescem com a figura da coautoria em semelhantes situações[11].

7. HOMOGENEIDADE DE ELEMENTO SUBJETIVO

Só há participação dolosa em crime doloso (homogeneidade de elemento subjetivo). **Não é possível**, como consequência, **participação dolosa em crime culposo** ou **participação culposa em crime doloso**. Exemplos: 1)

---

[10] Em sentido semelhante, Cezar Bitencourt, op. cit., p. 429.

[11] Op. cit., p. 430.

Um médico, por descuido, entrega à enfermeira uma injeção que contém substância letal. Ela, por sua vez, percebendo essa circunstância, dela se aproveita para matar o paciente (dolosamente). Seria o médico partícipe do homicídio doloso praticado pela enfermeira? Não, em face da diversidade de elemento subjetivo. O médico, nesse caso, deve responder pelo resultado a título de culpa, ou seja, por homicídio culposo, e a enfermeira, por homicídio doloso (há dois crimes, um para cada um dos agentes, e não um só crime em concurso). 2) Alguém entrega uma arma verdadeira e carregada a outra pessoa, fazendo-a acreditar que se trata de arma de brinquedo. Em seguida, passa a incentivá-la a apertar o gatilho contra um terceiro. A pessoa, inadvertidamente, pressiona o gatilho, supondo tratar-se de arma finta, e acaba por matar a vítima, praticando um homicídio culposo. Aquele que lhe entregou a arma é partícipe desse crime? Não. É autor de um crime doloso (autoria mediata).

8. PARTICIPAÇÃO DE MENOR IMPORTÂNCIA E DOLOSAMENTE DISTINTA

Entende-se por **participação de menor importância aquela provida de reduzida influência causal**. Isto é, cuida-se de um comportamento que colaborou para o resultado, mas de maneira diminuta.

Diz o CP, no art. 29, § 1º, que, ao agente que tiver participação de menor importância, a **pena pode ser diminuída de um sexto a um terço**. Advirta-se que o dispositivo **só se aplica aos** *partícipes*, não aos coautores. Exemplo: o agente que, ciente da intenção homicida de alguém, limita-se a indicar-lhe o local para a aquisição de uma arma, pratica conduta que, embora tenha alguma relevância causal, pode ser considerada como participação de menor importância.

Ocorre a **participação dolosamente distinta quando o concorrente, pretendendo colaborar com determinado delito, acaba colaborando com crime diverso** do que almejava atuar.

Conforme preceitua o CP, no *art. 29, § 2º*: **se o agente quis participar de crime menos grave, ser-lhe-á aplicada a pena deste**, que será aumentada da metade se o resultado mais grave era previsível. Exemplo: duas pessoas combinam praticar um furto e uma delas, *sem o conhecimento da outra*, leva consigo uma arma de fogo, que vem a ser utilizada, matando o ofendido. O atirador comete latrocínio, e o comparsa, furto qualificado pelo concurso de duas pessoas.

9. AUTORIA COLATERAL E AUTORIA INCERTA

Dá-se a **autoria colateral** quando **duas pessoas concorrem para** um mesmo **resultado, sem** que haja entre elas **vínculo subjetivo**. Exemplo: dois atiradores efetuam disparos contra uma mesma pessoa sem que um saiba da conduta do outro.

Nesse caso, muito embora ambas tenham cooperado para o mesmo resultado, não há falar-se em concurso de pessoas, pois falta o vínculo subjetivo. Cada agente responde pelo crime cometido.

A **diferença substancial entre o concurso de pessoas e a autoria colateral é justamente que, no concurso de agentes, todos respondem pelo resultado,** que é imputado indistintamente aos concorrentes, como obra coletiva, ao passo que na autoria colateral os sujeitos respondem exclusivamente pelo resultado provocado diretamente por cada conduta.

Se dois atiradores agissem em conluio prévio, pouco importaria saber quem desferiu o tiro letal, pois todos responderiam pela morte. Na autoria colateral, como visto, só responde pela morte quem efetivamente deflagrou o projétil causador do óbito, e o outro responde por crime tentado.

Dá-se a **autoria incerta,** de sua parte, quando, **diante de uma hipótese de autoria colateral, é impossível determinar quem foi o responsável pelo resultado.** Se no exemplo acima não houver condições de aferir qual o disparo causador da morte, ambos os atiradores devem responder por tentativa de homicídio, como consequência do princípio *in dubio pro reo.*

10. COMUNICABILIDADE DAS ELEMENTARES E CIRCUNSTÂNCIAS

A figura típica é composta, conforme já estudado, de elementares e circunstâncias. Aquelas são os dados essenciais da figura típica, sem os quais ela não existe (podendo o fato realizado sem ela tornar-se absolutamente atípico ou configurar algum tipo penal diverso). Estas são os dados acessórios do tipo penal, cuja função consiste em interferir na quantidade da pena, aumentando-a (caso das qualificadoras, causas de aumento e agravantes genéricas) ou reduzindo-a (caso dos privilégios, causas de diminuição e atenuantes genéricas).

De acordo com o art. 30 do CP, são *incomunicáveis as circunstâncias ou condições de caráter pessoal* (aquelas que se referem ao autor do fato), salvo quando elementares do crime. Assim, por exemplo, se um dos agentes é reincidente (agravante genérica), as consequências gravosas inerentes a tal circunstância não atingirão a situação jurídica dos demais participantes no delito; do mesmo modo, se um dos concorrentes for inimputável em razão da menoridade penal, somente a ele aproveitará tal condição, a qual não se comunicará aos comparsas maiores de 18 anos.

Da regra contida no mencionado dispositivo podem-se extrair duas conclusões:

a) *Todas as elementares do crime,* objetivas, normativas ou subjetivas, *comunicam-se aos concorrentes* (se por eles forem conhecidas ou previsíveis). Assim, por exemplo, a condição de funcionário público, elementar do crime de peculato (CP, art. 312), estende-se ao coautor ou partícipe que não ostente tal qualidade, fazendo com que ele, embora particular, responda pelo delito.

b) *As circunstâncias da infração penal comunicam-se apenas quando objetivas* (e forem conhecidas ou previsíveis pelos demais concorrentes). Por esse motivo, o emprego de arma de fogo por um dos agentes no crime de roubo provoca, com relação a todos, a incidência da causa de aumento de pena daí decorrente (CP, art. 157, § 2º-A, I). *Se subjetivas, serão incomunicáveis*. Exemplo: o motivo egoístico, que qualifica o crime de dano (CP, art. 163, parágrafo único, IV, primeira figura), não se comunica aos demais concorrentes que tenham colaborado com o fato por outros motivos.

10.1. Circunstâncias elementares

Há um setor da doutrina para o qual existiria uma terceira modalidade de dado inerente a algumas figuras típicas, ao lado das elementares e circunstâncias do crime. Esse *tertium genus*, ao qual se dá o nome de circunstâncias elementares, abrangeria todos os dados acessórios da figura típica que dão origem a figuras qualificadas ou privilegiadas (ex.: o motivo torpe no crime de homicídio – art. 121, § 2º, I, do CP).

Na verdade, os elementos do crime dividem-se apenas em elementares ou circunstanciais, de modo que as tais figuras que dão origem a tipos qualificados ou privilegiados são circunstâncias, e a seu regime jurídico devem sujeitar-se.

11. DELAÇÃO E COLABORAÇÃO PREMIADAS

11.1. Justiça penal conflitiva e consensual

O Brasil sempre adotou, como modelo de Justiça Penal, o conflitivo, caracterizado pelo antagonismo entre acusador e defensor, sutilmente mitigado pela posição singular que ocupa o Ministério Público brasileiro, ao conferir ao seu representante independência funcional, facultando-lhe se posicionar em favor do réu, quando convicto de sua inocência ou da presença de algum benefício de que faça jus, sem mácula à natureza ou qualidade de sua atuação processual.

Não obstante, a mesma prerrogativa jamais foi conferida à defesa (notadamente a defesa técnica), de tal maneira que seu papel sempre foi encarado como de contraposição (necessária) à tese acusatória, jamais podendo se admitir uma postura de aquiescência (por parte do advogado de defesa, frise-se) com o pedido (integral) da acusação.

Nesse modelo, acusador e defensor ocupam diferentes trincheiras, numa atuação conflituosa, mediada pelo julgador.

Essa posição de antagonismo, contudo, jamais impediu o próprio agente de confessar o crime ou reparar o dano, advindo dessa postura, inclusive, benefícios legais (CP, arts. 16 e 65, III, *b*, por exemplo).

A Constituição Federal de 1988, de sua parte, abriu as portas para um novo modelo, no qual até mesmo o defensor poderia aquiescer com a imposição de uma pena, desde que essa postura se revelasse de algum modo vantajosa ao agente. Foi o começo para a transição de um modelo de exclusiva Justiça Conflitiva para um modelo misto, em que convivem a Justiça Conflitiva e a Justiça Consensual ou Consensuada.

O art. 98, I, da CF, ao autorizar a conciliação em infrações penais de menor potencial ofensivo constitui a semente plantada na cultura do Judiciário brasileiro e de seus operadores, em vista da introdução desse diferente modo de pensar e agir dos atores processuais.

Nos primeiros anos de vigência da Constituição, particularmente depois do advento da Lei n. 9.099/95, já era possível reconhecer três espécies dentro da chamada Justiça Consensual ou Consensuada: a Justiça Reparatória (com institutos incentivadores da reparação dos danos, tais como o arrependimento posterior do art. 16 do CP e a retratação como causa extintiva da punibilidade do art. 107, VI, do CP), a Justiça Restaurativa (que prima pela mediação e já foi introduzida na seara da Justiça da Infância e Juventude em algumas Comarcas) e a Justiça Negociada (cujos institutos mais importantes são a transação penal e a suspensão condicional do processo – arts. 76 e 89 da Lei n. 9.099/95, e o acordo de não persecução penal – art. 28-A do CPP).

Passado um quarto de século de vigência da Carta de 1988, a Justiça Penal Consensual passa a contar com uma nova espécie, criada pela Lei n. 12.850/2013: trata-se da Justiça Colaborativa.

A *Justiça Consensual ou Consensuada* – atualmente – pode ser dividida em:

a) Reparatória (que prima por conceder benefícios ao autor do fato como modo de incentivá-lo à reparação dos danos – como o arrependimento posterior do art. 16 do CP, a composição civil extintiva da punibilidade do art. 74 da Lei n. 9.099/95, a retratação como causa extintiva da punibilidade, nos casos previstos em lei – art. 107, VI, e arts. 143 e 342 do CP);

b) Restaurativa, cuja característica é adotar a mediação penal, conforme se vê por iniciativa de alguns juízes da infância e juventude no âmbito de atos infracionais;

c) Negociada, com a transação penal (art. 76 da Lei n. 9.099/95), a suspensão condicional do processo (art. 89 da Lei n. 9.099/95) e o acordo de não persecução penal (art. 28-A do CPP);

d) Colaborativa, na qual o investigado ou réu adota uma postura ativa, colaborando efetivamente com a elucidação do crime.

A delação e a colaboração premiadas se inserem no âmbito da Justiça Colaborativa. Enquanto a delação premiada foi reintroduzida no Brasil com a Lei dos Crimes Hediondos, em 1990, a colaboração premiada somente foi adotada em 2013, com a Lei do Crime Organizado.

Há entre elas uma diferença fulcral: a *delação premiada* consiste na concessão de benefícios de caráter penal, analisados e aplicados pelo juiz após a verificação de determinados requisitos legais relacionados com a voluntária (ou espontânea) colaboração do agente com a Justiça Penal (seja apontando coautores ou partícipes, auxiliando na libertação da vítima com sua vida e integridade física preservadas, na recuperação do produto ou proveito do crime, entre outros); já a *colaboração premiada* se peculiariza por um acordo entre acusador e defensor, no qual estes discutem o nível de colaboração do agente com a Justiça Penal em troca de benefícios jurídicos negociados.

11.2. Delação premiada

A delação premiada pode ser definida como o ato de imputar a terceiro a prática de determinado delito, de modo a receber, com amparo na lei, algum benefício penal.

Nosso direito positivo cuida desse instituto em diversos diplomas, dentre os quais podem ser citados:

a) Lei dos Crimes Hediondos (Lei n. 8.072/90, art. 8º, parágrafo único);

b) Lei dos Crimes contra a Ordem Tributária, Econômica e contra as Relações de Consumo (Lei n. 8.137/90, art. 16, parágrafo único);

c) Lei do Crime Organizado (Lei n. 12.850/2013, art. 4º);

d) CP, art. 159, § 4º (extorsão mediante sequestro), com redação dada pela Lei n. 9.296/96;

e) Lei de Lavagem de Capitais (Lei n. 9.613/98, art. 1º, § 5º);

f) Lei de Proteção a Vítimas e Testemunhas (Lei n. 9.807/99, arts. 13 e 14);

g) Lei de Drogas (Lei n. 11.343/2006, art. 41).

A observação dos dispositivos acima enumerados revela que, de 1990 até os dias atuais, o instituto tem recebido cada vez mais o prestígio de nosso legislador. Não se trata, contudo, de novidade no Brasil, uma vez que desde as Ordenações Filipinas, cuja parte criminal vigorou de 1603 a 1831, já se previa a delação premiada (p. ex., Título CXVI "Como se perdoará aos malfeitores, que derem outros á prisão").

O fato gerador do prêmio, na delação, constitui, como regra, a incriminação de algum concorrente (coautor ou partícipe). Há casos, entretanto, que o benefício deriva de outras atitudes, tais como: "a localização dos bens, direitos ou valores objeto" de crime de "lavagem" ou ocultação de bens, direitos ou valores (art. 1º, § 5º, da Lei n. 9.613/98), ou "na recuperação total ou parcial do produto do crime" nos delitos punidos na Lei de Drogas, com base no seu art. 41.

O exame dos dispositivos relativos à "delação premiada" revela, ainda, que podem ser distintos os benefícios decorrentes do ato. Assim, enquanto a maioria das normas assinaladas prevê como consequência a redução da pena, de um a dois terços, há casos em que o benefício consiste em concessão de regime de cumprimento de pena mais favorável, substituição de pena privativa de liberdade por pena alternativa (hipótese encontrada na Lei de "Lavagem" de Capitais) e extinção da punibilidade, por meio do perdão judicial (Lei de "Lavagem" de Capitais, Lei de Proteção a Vítimas e Testemunhas e Lei do Crime Organizado).

A delação premiada, quanto ao seu regime jurídico, revela-se como verdadeiro direito subjetivo público do réu, isto é, preenchidos os requisitos legais, o juiz deverá conceder o benefício na sentença.

11.3. Colaboração premiada

11.3.1. Conceito

Entende-se por colaboração premiada o negócio jurídico personalíssimo[12], celebrado entre a acusação e a defesa, em que o investigado ou réu presta colaboração efetiva e voluntária com a investigação e com o processo penal, em troca de benefícios legais, permitindo, com o ato, que se chegue a um ou mais dos seguintes resultados: a) identificação dos demais coautores e partícipes da organização criminosa e das infrações penais por eles praticadas; b) a revelação da estrutura hierárquica e da divisão de tarefas da

---

[12] Consoante já decidiu o STF: "Por se tratar de negócio jurídico personalíssimo, o acordo de colaboração premiada não pode ser impugnado por coautores ou partícipes do colaborador na organização criminosa e nas infrações penais por ela praticadas, ainda que venham a ser expressamente nominados no respectivo instrumento no relato da colaboração e em seus possíveis resultados" (HC 127.483/PR, Pleno, Min. Dias Toffoli, *DJe* de 4-2-2016). No mesmo sentido: STJ, APn 843/DF, rel. Min. Herman Benjamin, Corte Especial, j. 6-12-2017, *DJe* de 1-2-2018.

organização criminosa; c) a prevenção de infrações penais decorrentes das atividades da organização criminosa; d) a recuperação total ou parcial do produto ou do proveito das infrações penais praticadas pela organização criminosa; e) a localização de eventual vítima com a sua integridade física preservada (art. 4º da Lei n. 12.850/2013).

11.3.2. Benefícios decorrentes da colaboração premiada

De acordo com a Lei do Crime Organizado, verdadeira norma geral a respeito da matéria, a **colaboração premiada**, sendo voluntária e efetiva, poderá acarretar, a requerimento das partes, a concessão da **extinção da punibilidade** por meio do perdão judicial, a **redução da pena em até dois terços** ou sua **substituição por pena restritiva de direitos**. Em **colaborações** firmadas **após a sentença**, a **pena** poderá ser **reduzida até a metade ou** poderá se admitir a **progressão de regime antes do cumprimento do requisito objetivo**.

De acordo com o § 7º do art. 4º da Lei 12.850/2013, esse rol é taxativo, cabendo ao juiz, ao analisar o acordo para efeito de homologação, verificar se ele se adequa aos parâmetros legais, inclusive no que tange aos benefícios acordados.

Na concessão do benefício, deverão ser levadas em conta a personalidade do colaborador, a natureza, as circunstâncias, a gravidade e a repercussão social do fato criminoso e a eficácia da colaboração.

Sendo relevante a colaboração prestada, o MP, a qualquer tempo, e o delegado de polícia, no curso do inquérito policial (ouvido o MP), poderão requerer ou representar ao juiz pela concessão de perdão judicial ao colaborador, ainda que esse benefício não tenha sido estipulado e acordado na proposta inicial.

11.3.3. Procedimento

O colaborador, por iniciativa própria ou mediante provocação, deverá externar ao Ministério Público sua disposição em realizar o acordo de colaboração premiada, sendo lavrada, então, uma proposta inicial e de caráter sigiloso (assinando as partes um termo de confidencialidade), na qual apontará os resultados que sua intervenção poderá produzir e os benefícios que pretende alcançar com o auxílio à investigação ou ao processo criminal.

Sendo infrutífero o acordo de colaboração premiada, as informações antecipadas não poderão servir de base direta ou indiretamente à investigação ou ao processo penal.

O juiz não deverá tomar parte nas negociações realizadas entre as partes para a formalização do acordo de colaboração, preservando, com isso, sua imparcialidade e isenção para examinar, posteriormente, não só a regularidade formal (por ocasião da homologação), como também o mérito do acordo (ao proferir sentença).

A Lei do Crime Organizado permite que o acordo seja efetuado entre o MP e o colaborador (assistido, repise-se, por advogado) ou entre o delegado de polícia e estes, com a manifestação do MP.

O termo do acordo da colaboração premiada deverá ser escrito e conter o relato da colaboração e seus possíveis resultados, as condições da proposta, a declaração de aceitação do colaborador e de seu defensor, as assinaturas das partes e a especificação das medidas de proteção ao colaborador e à sua família, quando necessário (art. 6º da Lei n. 12.850/2013).

Em sendo realizada a tratativa com êxito, o acordo será submetido à homologação do juiz competente.

O requerimento deverá ser distribuído sigilosamente, omitindo-se no pedido de distribuição o nome do colaborador e o objeto do acordo. Realizada a distribuição, definindo-se, então, o órgão judicial competente, serão enviadas ao juiz as informações pormenorizadas da colaboração, a fim de que a decisão seja tomada em até 48 (quarenta e oito) horas. O acesso aos autos será restrito ao juiz, ao MP e ao delegado de polícia, garantindo-se ao defensor, no interesse do representado, acesso às provas que possam interferir no exercício de seu direito de defesa, com prévia autorização judicial, ressalvado o acesso a diligências que estejam em andamento.

O magistrado responsável pela análise do acordo, nessa fase, deverá zelar pela análise da voluntariedade, da legalidade e da regularidade da proposta, sem ingressar, portanto, no mérito da celebração (algo que somente poderá ser efetuado por ocasião da prolação da sentença na respetiva ação penal, quando se analisará os termos e a eficácia da colaboração). Nessa fase homologatória, pode o magistrado ouvir o colaborador, na presença de seu defensor, para se certificar dos requisitos formais que devem subsidiar a homologação. Se o juiz considerar ausentes os aspectos formais, deverá indeferi-la, sendo-lhe autorizado, inclusive, adequá-la ao caso concreto, tendo em vista sua subsunção aos requisitos legais.

Depois da homologação do acordo, e sendo recebida a denúncia, seus termos deixarão de ser sigilosos.

Durante as tratativas, admite-se a suspensão da investigação ou do processo penal por até seis meses, prorrogáveis por igual período, justamente para que o acordo possa ser costurado e, eventualmente, finalizado entre as partes. Nesse prazo, ficará suspenso o prazo da prescrição (Lei n. 12.850/2013, art. 4º, § 3º).

Os atos de colaboração deverão ser prioritária e preferencialmente registrados por meios de gravação magnética, estenotipia, digital ou técnica similar, inclusive audiovisual, destinados a obter maior fidelidade das informações.

11.3.4. Arquivamento da investigação penal como medida negociada com o colaborador

O MP poderá, ainda, como resultado da colaboração voluntária e efetiva, que traga um dos resultados retrocitados, deixar de denunciar o colaborador, desde que se trate de infração de cuja existência não tenha conhecimento prévio, que o beneficiário não seja o líder da organização criminosa e seja o primeiro a prestar a efetiva colaboração (art. 4º, § 4º, da Lei do Crime Organizado). Esse dispositivo constitui mitigação ao princípio da obrigatoriedade da ação penal pública, ao facultar ao MP, mesmo havendo prova da materialidade e indícios de autoria ou participação, deixar de oferecer denúncia em face do colaborador, requerendo, como consequência, o arquivamento da investigação penal. Essa postura, por constituir pedido de arquivamento de investigação criminal, sujeita-se ao mecanismo de controle previsto no art. 28 do CPP. Uma vez aplicado esse dispositivo, caberá ao PGJ (na esfera estadual) ou à Câmara de Coordenação e Revisão (no plano federal) avaliar se a colaboração foi realmente efetiva e se o colaborador, além de não ser o líder da organização criminosa, foi realmente o primeiro a prestar a colaboração.

11.3.5. Colaboração posterior à sentença

Admite-se colaboração posterior à sentença, a qual, no caso, poderá implicar redução da pena imposta até a metade ou provocar a progressão de regime, mesmo antes de se atingir o lapso temporal (art. 4º, § 5º, da Lei). Nesse caso, são mais limitados os benefícios a serem concedidos, o que se justifica pela natureza tardia da colaboração.

11.3.6. Retratação da proposta

As partes poderão se retratar da proposta, caso em que o acordo será ineficaz, de tal maneira que os benefícios acordados e homologados deixarão de prevalecer, vedando-se a utilização das provas autoincriminatórias produzidas exclusivamente em desfavor do delator; podem ser utilizadas, entretanto, em face de terceiros[13].

---

[13] De acordo com o STF: "(...) A eventual desconstituição de acordo de colaboração premiada tem âmbito de eficácia restrito às partes que o firmaram, não beneficiando nem prejudicando terceiros (HC 127.483, rel. Min. Dias Toffoli, Tribunal Pleno, *DJe* de 4-2-2016). Até mesmo em caso de revogação do acordo, o material probatório

Prejudicado o acordo, porém, nada impede que o juiz, na sentença, conceda ao colaborador benefícios decorrentes da delação premiada previstos em outros diplomas legais, desde preenchidos os respectivos requisitos (por exemplo, o perdão judicial ou a redução de pena previstos na Lei n. 9.807/99 – Lei de Proteção a Vítimas, Testemunhas e Réus Colaboradores).

11.3.7. Renúncia ao direito ao silêncio

O colaborador, no depoimento prestado, renunciará, na presença de seu defensor, ao direito ao silêncio e estará sujeito ao compromisso legal de dizer a verdade (art. 4º, § 14, da Lei). Essa regra não se revela incompatível com a Constituição Federal. Pelo contrário, no regime jurídico da colaboração premiada, deve-se ter em mente que o colaborador, ao se dispor a fornecer informações, visa com isso a receber diversos benefícios penais, de tal maneira que o faz em sua própria defesa.

A colaboração premiada, enfatize-se, representa verdadeira técnica de defesa, e a possibilidade de o agente dela se utilizar deve ser vista como reflexo do princípio da ampla defesa.

Por outro lado, a norma citada configura garantia não só à acusação, no sentido de que as informações recebidas sejam reflexo da verdade, mas sobretudo constitui garantia aos sujeitos imputados, de modo a salvaguardá-los de acusações infundadas e mentirosas. Com efeito, se o colaborador pudesse, a pretexto de adquirir benefícios penais, delatar indiscriminadamente quem bem pretendesse, sem o menor compromisso com a verdade, isso colocaria em risco não só a própria delação, mas tornaria pessoas potencialmente inocentes alvos fáceis de oportunistas inescrupulosos.

11.3.8. Colaboração como meio de prova

As informações obtidas por meio das declarações do agente colaborador não configuram, por si só, provas válidas para lastrear uma condenação criminal. Admite-se, contudo, que sirvam de base ao recebimento da denúncia ou queixa, até porque, para tanto, basta haver prova da materialidade e indícios de autoria[14].

---

colhido em decorrência dele pode ainda assim ser utilizado em face de terceiros, razão pela qual não ostentam eles, em princípio, interesse jurídico em pleitear sua desconstituição, sem prejuízo, obviamente, de formular, no momento próprio, as contestações que entenderem cabíveis quanto ao seu conteúdo. Precedentes. (...)" (STF, Inq. 3.979, rel. Min. Teori Zavascki, 2ª T., j. 27-9-2016).

[14] Conforme já decidiu o STF: "(...) O juízo de recebimento da denúncia é de mera deliberação, nunca de cognição exauriente. Assim, há que se diferenciar os requisitos para

O legislador assegurou expressamente que nenhuma medida cautelar (real ou pessoal, como a prisão preventiva) ou sentença condenatória será proferida com fundamento apenas nas declarações de agente colaborador (art. 4º, § 16).

É necessário, portanto, que todas as informações prestadas pelo colaborador, para figurarem validamente em futura sentença condenatória, sejam corroboradas. Sem a corroboração, a condenação será insubsistente.

11.3.9. Direitos do colaborador

Constituem direitos do colaborador: a) usufruir das medidas de proteção previstas na legislação específica (Lei n. 9.807/99); b) ter nome, qualificação, imagem e demais informações pessoais preservados; c) ser conduzido, em juízo, separadamente dos demais coautores e partícipes; d) participar das audiências sem contato visual com os outros acusados; e) não ter sua identidade revelada pelos meios de comunicação nem ser fotografado ou filmado sem sua prévia autorização por escrito; f) cumprir pena em estabelecimento penal diverso dos demais corréus ou condenados.

12. TEORIA DO DOMÍNIO DO FATO

12.1. Denominação – origem histórica

Em valioso estudo a respeito da origem e da conceituação da teoria do domínio do fato, Luís Greco e Alaor Leite[15] esclarecem que a expressão foi empregada, pela primeira vez, em 1915 por Hegler, seguindo seu uso em 1933 por Lobe e, em 1939, por Hans Welzel, o qual, na construção da ideia

---

o recebimento da exordial acusatória, delineados no art. 41 do Código de Processo Penal, com o juízo de procedência da imputação criminal. 3. Conforme já anunciado pelo Plenário do Supremo Tribunal Federal, o conteúdo dos depoimentos colhidos em colaboração premiada não é prova por si só eficaz, tanto que descabe condenação lastreada exclusivamente neles, nos termos do art. 4º, § 16, da Lei n. 12.850/2013. São suficientes, todavia, como indício de autoria para fins de recebimento da denúncia (Inq 3.983, Rel. Min. Teori Zavascki, Tribunal Pleno, *DJe* de 12-5-2016). No caso, vislumbra-se substrato probatório mínimo de materialidade e autoria" (STF, Inq. 3.982, rel. Min. Edson Fachin, 2ª T., j. 7-3-2017). No mesmo sentido, AO 2.275/RN, rel. Min. Luiz Fux, 1ª T., j. 23-10-2018.

[15] O que é e o que não é a teoria do domínio do fato. Sobre a distinção entre autor e partícipe em Direito Penal, ver Luís Greco, Alaor Leite, Adriano Teixeira e Augusto Assis, *Teoria do domínio do fato*: estudos introdutórios sobre o concurso de pessoas no direito penal brasileiro. Madri, Barcelona, Buenos Aires, São Paulo: Marcial Pons, 2013.

acerca do conceito de autor sustentou devesse ser o indivíduo possuidor do "domínio final do fato". A configuração moderna da teoria, contudo, surgiu em 1963, no grandioso estudo monográfico de Claus Roxin, tornando-se, desde então, um conceito dominante na doutrina estrangeira, no que tange ao norteamento da distinção entre autores e partícipes.

A teoria nasceu com o propósito de formular um conceito científico para diferenciar o autor do partícipe. No Direito Penal alemão, essa questão se apresenta ainda mais relevante do que no Direito Penal brasileiro, dada a distinção que o Código Penal da Alemanha efetua quanto ao nível da responsabilidade penal entre tais personagens. No Código Penal brasileiro, contudo, embora menor a relevância da distinção, pois o art. 29, *caput*, determina que todo aquele que concorre para o crime incide nas penas a este cominadas (na medida de sua culpabilidade), não efetuando, portanto, gradação punitiva entre autores e partícipes, seu estudo se mostra necessário, inclusive para compreender sua compatibilidade com nossa realidade jurídico-penal[16].

12.2. Premissa

Dada a necessidade de distinguir as figuras do autor e do partícipe, Roxin desenvolveu uma tese inovadora, calcada na premissa de que **autor é a figura central no acontecer típico**. A participação, nessa medida, tanto material quanto moral (induzimento ou instigação), configura uma forma de extensão da punibilidade, que só se caracteriza quando o sujeito não é autor, isto é, não ocupa essa posição central ou de protagonismo na realização da figura típica; o partícipe é, destarte, uma figura lateral, coadjuvante.

A teoria do domínio do fato deriva, portanto, da tese central de que autor é a figura central no acontecer típico.

Enquanto essa ideia de autor, calcada na posição central no acontecer típico, tem pretensão de generalidade (isto é, pode ser aplicada em todos os crimes), a teoria do domínio do fato, que é um de seus reflexos, não serve, como se verá, a todos os tipos de infrações penais (excetuando-se do seu âmbito os delitos de dever, os crimes de mão própria e os delitos culposos).

---

[16] Como advertem Greco e Leite: "A indagação concreta a que responde a teoria do domínio do fato é se o agente é autor ou partícipe. No direito alemão, a própria lei já obriga a resolver esse problema; no brasileiro, ter-se-ia, antes de importar acriticamente a teoria, estudar se isso é necessário" (op. cit., p. 22, nota de rodapé n. 13). Segundo advertem os autores citados, algumas imprecisões conceituais no emprego da teoria do domínio do fato devem ser evitadas. Em primeiro lugar, não é correto afirmar que, para ela, o mandante será o autor (intelectual) do crime. Por ela, ainda, não figurará como autor quem detiver posição de comando, somente por ostentar essa posição.

12.3. Manifestações concretas do domínio do fato

A ideia de domínio do fato se expressa concretamente em **três situações: o domínio da ação (autoria imediata ou direta), o domínio da vontade (autoria mediata ou indireta) e o domínio funcional do fato (coautoria).**

Há domínio da ação quando o sujeito realiza pessoalmente todos os elementos do tipo, consciente de que o faz. Trata-se do autor imediato ou direto. Isto é, o sujeito que realiza a conduta descrita no tipo penal, tendo total domínio sobre a configuração central do fato. Tal ocorre, por exemplo, quando o agente, com a arma de fogo municiada, a aponta para a vítima e, pretendendo matá-la, dispara o tiro; ou quando o sujeito, depois de dominar a ofendida, subjugando-a, a constrange a praticar ato libidinoso, estuprando-a. O agente, nesse caso, será o autor imediato ou direto.

O **domínio da vontade** conduz, por sua vez, à autoria mediata ou indireta, **ocorrendo quando alguém, embora sem realizar a conduta típica, se vale de um terceiro como mero instrumento de sua vontade.**

O **domínio funcional do fato se aplica aos casos de coautoria ou autoria conjunta/compartilhada.** Este ocorre quando **duas ou mais pessoas dividem tarefas na realização de um plano criminoso,** individualmente desempenhando uma função determinante em sua realização. Os sujeitos não detêm, cada qual, o domínio total do fato criminoso, mas assumem o controle sobre a tarefa que lhe foi atribuída, como num roubo a banco, em que os sujeitos compartilham as responsabilidades, incumbindo-se um deles de dominar os seguranças e os clientes, o outro de render os funcionários, enquanto um terceiro subtrai o numerário de caixas e cofres. Não há, evidente, que se fracionar a tipificação da conduta, imputando a alguns o crime de constrangimento ilegal (CP, art. 146), a outro a ameaça (CP, art. 147) e ao terceiro o furto (CP, art. 155) – todos cometeram um roubo (CP, art. 157), incumbindo-se cada qual de realizar parte fundamental da figura típica. Perante o CP brasileiro, eventual tentativa de fracionar a imputação dos agentes, como se expôs acima, seria absolutamente impertinente, diante do já citado art. 29, *caput*, segundo o qual quem de qualquer modo concorre para o crime incide nas penas a este cominadas (na medida de sua culpabilidade).

12.4. Autoria e suas formas

Para a teoria do domínio do fato, autor é, conforme já se expôs, *aquele* que detém o *poder de decisão sobre a configuração central do fato.*

A **autoria se divide em:**

a) *Autoria direta ou imediata*: é aquela fundada no domínio da ação e ocorre quando o sujeito realiza pessoalmente a totalidade da conduta descrita no tipo (ainda que utilize outro como instrumento físico, como no exemplo do sujeito que empurra o corpo de alguém em direção a uma vidraça, quebrando-a – esse indivíduo será autor imediato de crime de dano).

b) *Autoria indireta ou mediata*: baseia-se no domínio da vontade, verificando-se quando o sujeito se vale de um terceiro como mero instrumento de sua vontade. O autor, nesse caso, é o indivíduo que, sem realizar a conduta descrita no tipo penal, detém o controle absoluto sobre a realização do fato criminoso (é o chamado "homem de trás"), perpetrado por terceiro, o qual atua na condição de instrumento, por não deter o domínio do fato.

Segundo **Roxin, a figura do instrumento surge nas seguintes hipóteses:**

a) **coação moral irresistível**, na qual o coator é o autor mediato, detendo o domínio da vontade, sendo o responsável pela configuração do fato criminoso e o coagido atua como mero instrumento, pois perde o controle da situação, funcionando como uma "marionete";

b) **erro determinado por terceiro**, ou seja, quando alguém induz outrem a agir em situação de erro (seja de tipo ou de proibição). Ex.: o sujeito troca a munição do revólver do ator em cena, colocando projéteis verdadeiros no lugar dos de festim, daí decorrendo a morte do protagonista da peça teatral. Para tais casos, aplica-se, no Direito brasileiro, o art. 20, § 2º, do CP.

c) **autoria de escritório** (analisada no item 12.7, a seguir).

A doutrina brasileira acrescenta, ainda, outros casos:

a) quando o agente que se vale de um inimputável para cometer crimes;

b) quando o superior hierárquico emite ao seu subordinado ordem não manifestamente ilegal.

Para Pierangeli e Zaffaroni, contudo, a teoria do domínio do fato, no que tange à autoria mediata, somente tem lugar quando o sujeito se utiliza de outra pessoa que age sem dolo, atipicamente ou justificadamente, sem incluir, portanto, os casos de emprego de pessoas atuando sem culpabilidade (inculpavelmente). Segundo eles, "a falta de reprovabilidade da conduta do interposto não dá o domínio do fato ao determinador"[17]. Nesses casos, há a figura da instigação, que é, para eles, espécie de participação. Uma das consequências práticas desse ponto de vista é a seguinte: "Há começo de execução, portanto, ato executivo ou tentativa, quando o determinador que tem o domínio do fato inicia a determinação do interposto, ainda que não consiga determiná-lo, posto que aí começa a configu-

---

[17] *Manual de direito penal brasileiro*, 9. ed., 2010, Revista dos Tribunais, v. 1, p. 580.

ração do fato, mas o mesmo não se pode ser dito a respeito do caso em que o interposto somente será inculpável"[18].

12.5. Coautoria

Essa forma de concorrência delitiva ocorre, conforme acima se destacou, quando se identifica o domínio funcional do fato. Será coautor quem o possuir, ou seja, "quando a contribuição que cada um traz para o fato é de tal natureza que, de acordo com o plano concreto do fato, sem ela o fato não poderia ser realizado"[19].

A coautoria surge quando os agentes dividem funções (divisão essencial de funções); distinguem tarefas; cada um realizando uma conduta decisiva para a configuração do delito.

Ex.: Se o "campana" facilita a consumação tornando-a mais rápida, é partícipe, mas se sem ela o fato não poderia ser realizado, é coautor (pois tem o domínio funcional do fato). O mesmo vale para o "chofer" do carro no roubo, pois ele poderá ser coautor (se sua atuação era indispensável ao êxito da empreitada) ou partícipe (se colaborou, embora não de modo fundamental, para a consecução do plano criminoso).

ATENÇÃO: "Cada um dos coautores deve reunir os requisitos típicos exigidos para ser autor. Se estes requisitos não são preenchidos, por mais que haja uma divisão de trabalho e um aporte necessário para a realização, de acordo com o plano concreto do fato, não há coautoria. Trata-se de uma limitação legal ao princípio do domínio do fato"[20].

12.6. Delitos aos quais não se aplica a teoria do domínio do fato

Roxin não formulou sua teoria com pretensão de universalidade, isto é, com o propósito de que se aplicasse a todo e qualquer crime. Casos há, portanto, em que outro deverá ser o critério de delimitação entre autor e partícipe.

A **teoria do domínio do fato não se aplica aos delitos de dever** (ou de violação de dever), que **são aqueles em que o legislador fundamenta a maior punibilidade do fato na ofensa a um dever especial imposto ao agente** (como ocorre nos crimes próprios, isto é, os que exigem uma qualidade especial do sujeito ativo). É o caso, por exemplo, do peculato (CP, art. 312), da corrupção passiva (CP, art. 317), da concussão (CP, art. 316). Para cometer esses

---

[18] Idem, ibidem.

[19] Pierangeli e Zaffaroni, op. cit., p. 581.

[20] Pierangeli e Zaffaroni, op. cit., p. 581.

crimes, além de realizar as elementares do tipo penal, o agente deve ostentar a condição de funcionário público (CP, art. 327), sendo essa posição que fundamenta a maior punição a que fica sujeito (em comparação a condutas correspondentes praticadas por particulares). **Nesses crimes, será autor, segundo Roxin, somente o indivíduo que ostentar a qualidade especial exigida no tipo,** sendo todos os concorrentes (como o particular que lhe empresta auxílio) meros partícipes. Não seria possível, em tais casos, sequer a autoria mediata, pois se um particular coagir (de modo irresistível) um funcionário público a praticar peculato ainda assim não ostentará a qualidade pessoal necessária para ser qualificado como autor, apresentando-se o *extraneus*, portanto, como partícipe. Vale recordar que, enquanto no Direito Penal alemão, a distinção entre autor e partícipe produz reflexos punitivos, gerando ao primeiro punição mais grave, no Direito Penal brasileiro, todos responderão pelo crime, na exata dimensão de sua culpabilidade.

A teoria do domínio do fato também não se revela aplicável aos delitos de mão própria ou atuação pessoal, isto é, aqueles nos quais há a infração de um dever personalíssimo (como no falso testemunho – CP, art. 342). O autor somente será aquele que realizar a conduta descrita no tipo, de modo que qualquer tipo de contribuição prestada por outrem colocará este na condição de partícipe. Se alguém, por exemplo, induzir a erro a testemunha, prestando-lhe informações que sabe serem falsas e esta, acreditando no que lhe foi dito, prestar declarações divorciadas da realidade em seu depoimento, esta será impunível (pois não há falso testemunho culposo), e, segundo Roxin, o mesmo ocorrerá com o terceiro que sabidamente lhe deu informações falsas, pois ele não pode ser autor e, na condição de partícipe, somente seria punido se o agente praticasse uma conduta penalmente típica (o que não ocorreu, dada a ausência de dolo). Parece-nos que, à luz do CP brasileiro, a resposta seria distinta, pois se trata de erro determinado por terceiro e, nos termos do art. 20, § 2º, do nosso Código, responderá pelo crime o terceiro que determinou o erro.

Quanto aos crimes de mão própria, citados anteriormente, parece-nos acertada a visão de Zaffaroni e Pierangeli, que falam em **autoria por determinação.** Trata-se de um "tipo especial de concorrência, em que autor só pode ser apenado como autor da determinação em si, e não do delito que tenha determinado"[21].

Não cabe autoria mediata em crimes de mão própria ou em crimes próprios quando o determinador não ostentar a qualidade especial exigida no tipo. Trata-se de uma limitação legal ao princípio do domínio do fato.

---

[21] Pierangeli e Zaffaroni, op. cit., p. 585.

Assim, o particular não pode ser autor mediato de um crime funcional, tanto quanto um advogado não pode ser autor mediato de um falso testemunho prestado por terceiro (ainda que este não pratique o injusto). Eles serão, porém, autores por determinação do crime funcional ou do falso testemunho, mas não autores do delito funcional ou do crime contra a administração da Justiça.

Nesses casos, surge a figura da **autoria por determinação,** cuja punibilidade se fundamenta no art. 29, *caput,* do CP (o autor por determinação concorre para o crime).

Nos crimes culposos, finalmente, também se revela inaplicável a teoria do domínio do fato, pois não se pode admitir uma ideia de autoria baseada em domínio do fato se o indivíduo não atua dolosamente, não tendo consciência e vontade de produzir o resultado. Nessas infrações penais, a autoria decorre da defraudação do dever de cuidado objetivo. Desse modo, todos os que prestarem contribuição para a produção do resultado, violando o dever de cuidado objetivo (ou, na visão de Roxin, criando de um risco proibido e estando presentes os demais requisitos de imputação objetiva), serão coautores do delito.

12.7. Autoria de escritório

Trata-se de uma **autoria mediata especial ou particular.** Sua peculiaridade reside em que **são autores tanto o que determina quanto o determinado.** O determinador é autor mediato de escritório, e o determinado é autor imediato (ou direto), pois realiza um injusto culpável.

Nesse instituto, portanto, convivem o autor mediato (que é o sujeito que emite a ordem, dá o comando, manda e desmanda em determinado aparato estruturado de poder) e o autor imediato (que é o destinatário da ordem, o qual funciona como uma engrenagem na estrutura de poder ou um soldado no "exército" de comandados, muitas vezes sem nenhum contato direto com o autor mediato e sempre com a característica da fungibilidade).

Seus **pressupostos** são: a) a existência de um **grande aparato de poder,** com estrutura verticalizada; b) uma **atuação à margem do Estado de Direito** (como ocorre em Estados Totalitários e grandes organizações criminosas); c) a **fungibilidade dos executores** (ou destinatários da ordem).

A autoria de escritório tem como peculiaridade a de que quem dá a ordem detém o domínio do fato, de modo que não é mero instigador (quanto mais distante ele está da vítima ou da execução, mais próximo está das fontes de decisão) e, além deste, o destinatário da ordem também possui o domínio do fato, pois lhe resta um espaço de decisão quanto à realização do fato criminoso.

12.8. Participação

É a **contribuição dolosa ao injusto doloso de outrem**. Quem colabora com a conduta de outro, quando esta não corresponde a um injusto, não é partícipe, mas pode ser autor (autoria mediata, autoria por determinação ou autoria direta – exemplo do arremesso de alguém na vidraça).

Os partícipes, por sua vez, são os que cooperam no delito sem ostentar a condição de autores ou coautores.

Os partícipes dividem-se em:

a) *Cúmplice*: "é quem auxilia ou coopera dolosamente para o injusto doloso de outro"[22].

b) *Instigador*: "é quem, dolosamente, convence outro ao cometimento de um injusto doloso"[23].

Participar é contribuir para algo; logo, trata-se de uma conduta acessória (nesse sentido, CP, art. 31). O nível de acessoriedade corresponde à acessoriedade limitada (exige-se do autor um comportamento típico e antijurídico).

Requisitos da participação:

a) *Externo*: que o autor do injusto dê início à execução (CP, art. 31);

b) *Interno*: dolo.

12.9. Teoria das ações neutras

A teoria das ações neutras é tema que se apoia em dois institutos: o concurso de pessoas e a teoria da imputação objetiva. Trata-se de analisar os limites e os fundamentos da participação criminal, verificando se **ações neutras, ou seja, comportamentos que constituam contribuição a fato ilícito alheio, os quais são praticados por meio de ações do cotidiano, em que o sujeito se limita a cumprir seu papel social sem dele desviar**, devem resultar em punições criminais.

Imagine, por exemplo, o motorista de um aplicativo que, depois de aceitar uma chamada, dê início ao transporte do passageiro, deslocando-o até o destino indicado no aparelho e, no curso da viagem, ouça uma conversa do cliente narrando que, assim que chegar ao local, cometerá um crime. Suponha que, a despeito de ouvir a fala do passageiro, o condutor siga cumprindo seu papel social e finalize o transporte, conforme contratado. Se o cliente efetivamente cometer o crime ao chegar no destino, deve-se punir o

---

[22] Pierangeli e Zaffaroni, op. cit., p. 599.

[23] Pierangeli e Zaffaroni, op. cit., p. 597.

motorista como partícipe do crime? Pelo Código Penal, a resposta seria afirmativa, pois, de acordo com o art. 29, *caput*, aquele "que, de qualquer modo, concorre para o crime incide nas penas a este cominadas, na medida de sua culpabilidade".

Poder-se-ia contra-argumentar com a ausência de dolo por parte do condutor, o que excluiria sua responsabilidade penal. Essa maneira de refutar a indagação não é plenamente satisfatória: imagine, então, que houvesse dolo. Suponha, por exemplo, que a conversa se refira à intenção do passageiro de flagrar sua esposa adúltera e agredir a mulher e o amante, objetivo ao qual o motorista do aplicativo conscientemente adira. Nesse caso, ele deve ser considerado partícipe das lesões corporais? Note que o agente contribuiu para os delitos, tendo ciência que ocorreriam e, ademais, aderiu conscientemente à sua realização; porém, se limitou a realizar um ato cotidiano, inserido em seu papel social de motorista de aplicativo, consistente em transportar o passageiro da origem ao destino apontado.

Segundo a teoria da imputação objetiva, não há participação criminosa em tais situações. O sujeito não criou risco proibido e não se desviou ou extravasou seu papel social.

12.10. Teoria da cegueira deliberada

A teoria da cegueira deliberada, ou *willfull blindness*, tem como fonte a jurisprudência da Suprema Corte Norte-americana. Segundo ela, **quando o agente deliberadamente evita tomar conhecimento formal da origem ilícita de determinados bens, direitos ou valores, com o propósito de auferir vantagens para si ou para terceiro, comportando-se como um avestruz que insere sua cabeça debaixo da terra para não enxergar a realidade que se apresenta diante de si, comete um ato criminoso ao receber, de algum modo, esses bens, direitos ou valores.**

Essa teoria também é referida por outros nomes, como *ostrich instructions* (instruções de avestruz) ou *conscious avoidance doctrine* (doutrina do ato de ignorância consciente).

Assim, por exemplo, o sujeito que adquire um telefone celular de última geração de um morador de rua, pagando por este uma quantia inexpressiva, recusando-se a saber de maiores detalhes acerca da origem do bem, seja perguntando ao vendedor ou fazendo consulta em *websites* (como o da Anatel) sobre o número de registro do aparelho (IMEI), não comente apenas receptação culposa (CP, art. 180, § 3º), mas dolosa (CP, art. 180, *caput*). O sujeito deliberadamente preferiu manter-se em estado de ignorância acerca da origem criminosa do objeto, a despeito de todas as evidências que se apresentaram diante de si.

Essa teoria se aplica, ainda, a crimes como lavagem de dinheiro (Lei n. 9.613/98, art. 1º), violação de direitos autorais (CP, art. 184, § 2º), inserção de dados falsos em sistema de informação (CP, art. 313-A), crime de corrupção eleitoral (Código Eleitoral, art. 299), entre outros.

Há precedentes em nossa jurisprudência reconhecendo-a. O STJ, em processo relativo a crime de inserção de dados falsos em sistema de informação (CP, art. 313-A), expressamente registrou a aplicabilidade da teoria, embora a refutasse no caso concreto: "Para que ocorra a aplicação da teoria da cegueira deliberada, deve restar demonstrado no quadro fático apresentado na lide que o agente finge não perceber determinada situação de ilicitude para, a partir daí, alcançar a vantagem pretendida" (AgRg no REsp 1.565.832/RJ, rel. Min. Joel Ilan Paciornik, 5ª T., j. 17-12-2018). O STF, por sua vez, fez expressa referência à teoria na AP 470 ("Caso Mensalão"). Em voto do Ministro Celso de Mello, admitiu-se expressamente a possibilidade de configuração do crime de lavagem de dinheiro mediante dolo eventual, com base na teoria da cegueira deliberada.

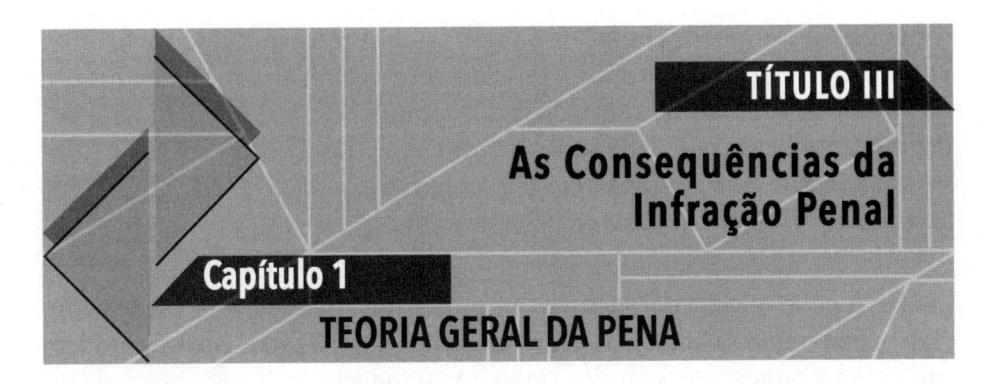

TEORIA GERAL DA PENA

1. DEFINIÇÕES

1.1. Sanção penal

Existem diversas teorias e as mais variadas explicações para o conceito de infração penal (ou ilícito penal), conforme se viu no Título II. Com absoluto grau de certeza, contudo, o que se pode dizer é que o ilícito penal é o ato punido, por força de prévia definição legal, com pena ou medida de segurança. Nota-se, daí, que o conceito de ilícito penal é definido de maneira extrínseca, isto é, levando-se em conta suas consequências.

Repita-se, então, que a infração penal constitui o ato contrário a uma norma de conduta, apenado em lei com pena ou medida de segurança.

Pena e medida de segurança são espécies do gênero sanção penal. A pena é a **sanção prevista** em nosso ordenamento jurídico **aos imputáveis,** ao passo que a **medida de segurança é reservada aos inimputáveis ou "semi--imputáveis"** em virtude de doença mental ou desenvolvimento mental incompleto ou retardado.

As **penas** criminais podem ser **privativas ou restritivas de liberdade**[1], penas **restritivas de direitos** ou de **natureza pecuniária** (cf. CF, art. 5º, XLVI). É importante lembrar que, **além das penas, uma infração penal (crime ou contravenção) pode acarretar a perda de uma série de direitos,** tais como o confisco dos instrumentos ilícitos utilizados no cometimento da infração, a perda do

---

[1] Não se deve confundir pena privativa de liberdade, que envolve o encarceramento, com as restritivas de liberdade, nas quais se limita o poder de locomoção do agente, obrigando-o a permanecer em determinado lugar ou impedindo de deixá-lo ou, ainda, de transportar-se a uma determinada região. Pode-se apontar como exemplos de pena restritiva de liberdade a proibição de frequentar determinados lugares. Em nosso Código, referida sanção é qualificada como pena restritiva de direitos (entenda-se, do direito de locomoção – art. 47, IV). Surge, também, como uma das condições a serem observadas na suspensão condicional da pena e no livramento condicional (CP, art. 78, § 2º, *a* e LEP, art. 132, § 2º, *c*).

cargo ou função pública, a incapacidade para o exercício do poder familiar etc. A decretação de tais efeitos, deve-se ter em mente, *não constitui imposição de pena*, pois se trata de efeitos da condenação (estes, como se estudará, podem ter natureza penal ou extrapenal e, ainda, ser decorrentes de toda a condenação ou somente aplicáveis em casos específicos – cf. CP, arts. 91 e 92)[2].

1.2. Pena

A palavra pena deriva do latim *poena*, que indica castigo ou suplício. Não se ignora, todavia, a existência daqueles para os quais o vocábulo tem raiz grega – *ponos*, que significa trabalho ou fadiga.

Do ponto de vista jurídico-penal, pena é consequência atribuída por lei a um crime ou a uma contravenção penal.

Trata-se de uma sanção, de caráter aflitivo, consistente na restrição a algum bem jurídico, cuja inflição requer a prática de um injusto culpável.

Como já dissemos, as penas criminais podem ser privativas ou restritivas de liberdade, penas restritivas de direitos ou de natureza pecuniária.

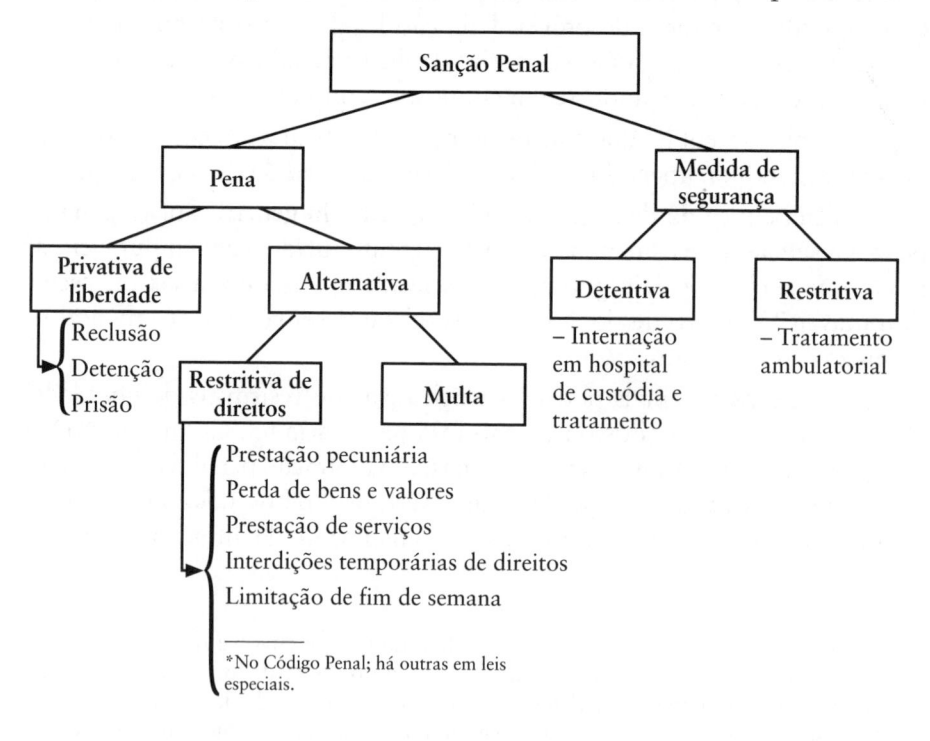

---

² Antes da Reforma da Parte Geral de 1984, os efeitos mencionados no parágrafo eram considerados "penas acessórias". Este sistema foi abolido. Não há mais falar em penas principais e acessórias, mas em penas (privativa ou restritiva de liberdade, restritiva de direitos ou pecuniária) e efeitos da condenação.

2. HISTÓRIA

A história das penas confunde-se com a própria história do Direito Penal. Lembre-se que "as primeiras leis foram leis penais" e, em nome da sociedade, para o seu bem e sua ordem, é que se permite o recurso à pena[3].

A pena, como assinalou Aníbal Bruno, é "um desses fatos sociais de validade universal, no tempo e no espaço, do qual nenhum povo prescinde e, como observa Maurach, se quiser prescindir se dissolve"[4].

Em **retrospectiva histórica**, pode-se **dividir o Direito Penal em diversas fases**: a da **vingança privada** (Talião e Código de Hamurabi), a da vingança divina (Código de Manu), a da **vingança pública** (a pena era entendida como meio de conservação do Estado – Roma Antiga), a **fase humanitária** (Beccaria) e a **fase científica** (iniciada com as Escolas Penais). Em cada uma delas, a pena tinha um sentido e uma finalidade distintos.

Deixando de lado o período primitivo (vingança privada, divina e pública), cabe frisar que o período humanitário inaugura-se com a singela, porém magistral, obra de Cesare Bonesanna, o Marquês de Beccaria, intitulada *Dos delitos e das penas* (1764).

Beccaria insurgiu-se contra toda a sorte de abusos e iniquidades verificadas na legislação criminal até então existente, vociferando contra as penas abusivas e desproporcionais, os julgamentos parciais e os métodos desumanos de produção de prova, como a tortura. Na conclusão de sua obra, o Marquês sentenciou: o julgamento criminal deve ser público, pronto, necessário; a pena, proporcional ao crime, baseada em leis e a menos rigorosa possível, dentro do que as circunstâncias permitirem.

A Declaração dos Direitos do Homem e do Cidadão (1789) fez coro ao pensamento de Beccaria, incorporando suas ideias em diversos preceitos (cf. arts. 7º a 9º).

Beccaria deu início à Escola Clássica, aperfeiçoada por Francesco Carrara. Seu foco foi a construção de uma Justiça Penal mais justa e humana. A ela seguiu-se a Escola Positiva, de Enrico Ferri, Rafaele Garofalo e Cesare Lombroso, para os quais a Ciência Penal deveria voltar-se ao criminoso. Veio, ao depois, a Terceira Escola e algumas mais se seguiram (*vide*, Título I, Capítulo 2, *supra*).

---

[3] Cf. Roberto Lyra, *Comentários ao Código Penal*, v. 2, p. 10-11.

[4] *Direito penal*: parte geral, t. III, p. 27.

3. O DIREITO PENAL POSITIVO BRASILEIRO

Ao tempo das Ordenações do Reino (Afonsinas, Manuelinas e, sobretudo, Filipinas), as penas eram construídas sem qualquer natureza científica, senão como instrumentos intimidativos e, por vezes, de pura vingança.

A imensa maioria dos crimes era apenada com morte, que se dividia em morte natural, morte natural para sempre, morte natural cruelmente e a morte pelo fogo até ser feito o condenado pó, a fim de nunca de seu corpo e sepultura pudesse haver memória.

Ruy Rebello Pinho, citando o conselheiro Batista Pereira, sintetizou o espírito dessa legislação:

"Espelho, onde se refletia, com inteira fidelidade, a dureza das codificações contemporâneas, era um misto de despotismo e beatice, uma legislação híbrida e feroz, inspirada em falsas ideias religiosas e políticas, que invadindo as fronteiras da jurisdição divina, confundia o crime com o pecado, e absorvia o indivíduo no Estado fazendo dele um instrumento. Na previsão de conter os maus pelo terror, a lei não media a pena pela gravidade da culpa; na graduação do castigo obedecia, só, ao critério da utilidade. Assim, a pena capital era aplicada com mão larga; abundavam as penas infamantes, como o açoite, e marca de fogo, as galés, e com a mesma severidade com que se punia a heresia, a blasfêmia, a apostasia e a feitiçaria, eram castigados os que, sem licença de El-Rei e dos prelados, benziam cães e bichos, e os que penetravam nos mosteiros para tirar freiras e pernoitar com elas. A pena de morte natural era agravada pelo modo cruel de sua inflição; certos criminosos, como os bígamos, os incestuosos, os adúlteros, os moedeiros falsos eram queimados vivos e feitos em pó, para que nunca de seu corpo e sepultura se pudesse haver memória..."[5].

O Código Criminal do Império (1830) continha as seguintes penas: morte, prisão perpétua, banimento (expulsão do nacional – prevista na Parte Geral, mas não cominada a nenhum dos delitos definidos na Parte Especial), degredo (obrigação de residir em determinado lugar pelo tempo fixado na sentença), desterro (obrigação de deixar determinado lugar e nele não retornar por determinado período), galés (pena privativa de liberdade na qual o condenado era compelido a andar com calceta no pé e corrente de ferro e a permanecer à disposição do governo para a realização de trabalhos públicos), prisão simples, prisão com trabalho e multa (sendo nosso Código Criminal a primeira legislação a utilizar-se do sistema do dia-multa).

---

[5] *História do direito penal brasileiro*: período colonial, p. 15-16.

No Código Penal de 1890, aboliu-se a pena de morte. Manteve-se, por outro lado, o banimento, extinto um ano depois com a promulgação da Constituição Republicana. Previa-se, ainda, a privação de liberdade, dividida em prisão celular (a base de seu sistema punitivo), reclusão, prisão com trabalho e prisão disciplinar. Além disso, havia a interdição, a suspensão e a perda de emprego público e, por fim, a pena de multa (prevista na Parte Geral, embora não cominada a nenhum crime definido na Parte Especial).

O Código de 1940, em sua redação original, dividia as penas (art. 28) em principais e acessórias (art. 67). As penas principais eram as privativas de liberdade – reclusão e detenção (arts. 29 a 34) – e as penas pecuniárias (arts. 35 a 41).

Como assinalou Roberto Lyra, a distinção entre penas principais e acessórias não continha fundo doutrinário, mas decorria do tratamento dado à matéria pelo Código, "dependendo da importância e da natureza do papel que cada sanção é chamada a desempenhar no sistema legal"[6].

A **Reforma da Parte Geral**, como já dissemos, **aboliu a divisão das penas em principais e acessórias, qualificando estas como efeitos da condenação.** Em nossa legislação atual, uma vez mais, as penas podem ser privativas ou restritivas de liberdade, restritivas de direitos e pecuniárias.

4. FINALIDADES

O exame da finalidade da pena confunde-se com a função do Direito Penal. Afinal de contas, indagar por que punir, o que é a pena ou o que se entende por pena justa é, em última análise, debruçar-se sobre a finalidade do Direito Penal.

Tobias Barreto, crítico do estudo das teorias da pena, dizia que a empreitada sobre a pesquisa da finalidade da pena era tarefa insolúvel, "uma espécie de *advinha*, que os mestres creem-se obrigados a propor aos discípulos, acabando por ficarem uns e outros no mesmo estado de perfeita ignorância"[7].

Nosso maior penalista do Império, contudo, não tem razão. A constatação empírica da necessidade da pena é o maior sinal de que esta cumpre, nas sociedades, uma importante função. Não tivesse ela escopo algum, inexistiria razão lógica para sua existência. Afinal, não se pode admitir que a inflição de uma consequência tão grave ao indivíduo, como é a pena criminal, exista sem que algum propósito se busque atingir.

---

6 *Comentários ao Código Penal*, p. 70.

7 Fundamentos do direito de punir, in *Estudos de direito*, p. 163.

A doutrina clássica costuma sistematizar as teorias sobre as finalidades da pena[8], agregando-as em três grandes grupos: o das teorias absolutas, das teorias relativas e das teorias da união. Todas elas têm como foco a busca por uma racionalidade instrumental (ou seja, encaram a pena como uma ferramenta em busca do atingimento de um fim; um meio para cumprir um propósito relevante). Para as teorias absolutas, a pena é uma forma de reparar a ordem jurídica, reprimindo o crime cometido. Segundo as teorias relativas, o escopo da pena é prevenir, inibindo a prática de novos crimes. De acordo com as teorias da união, a pena agrega as duas funções: repressiva e preventiva. Há, ainda, a teoria da prevenção especial positiva, que apregoa que a pena deve atuar como instrumento de ressocialização.

A teoria da prevenção geral positiva e a teoria agnóstica assentam-se em premissas diferentes. Aquela, analisando o cerne da função da pena, volta-se a uma racionalidade comunicativa, enxergando-a como mensagem destinada a incutir na mente das pessoas a necessidade de agir conforme o Direito. Esta nega à pena qualquer fim ulterior; é uma teoria que desacredita na pena enquanto instrumento apto a cumprir algum objetivo mais nobre (exatamente como sustentava Tobias Barreto, no trecho anteriormente destacado).

Nos itens abaixo, há uma síntese de cada uma delas.

4.1. Teorias absolutas, retributivas ou da repressão

Para as teorias absolutas, **a finalidade da pena é eminentemente retributiva. A pena atua como a contrapartida pelo mal cometido** (*punitur quia peccatum est*). Um mecanismo necessário para reparar a ordem jurídica violada pelo delinquente. Este, quando pratica o ilícito penal, produz um mal (injusto), reparado com a inflição de outro (justo). A vantagem das teorias absolutas consiste em agregar à pena a ideia de retribuição e, com isso, estabelecer que a sanção deve ser proporcional à gravidade do fato.

---

[8] Segundo Aníbal Bruno, o debate em torno da finalidade da pena é "tema evidentemente de ordem extrajurídica, que não se integra na ciência do Direito Penal entendida como dogmática do Direito vigente. E para explorar esse tema é que se têm desenvolvido as chamadas teorias da pena. (...) A atividade dirigida a investigá-los na sua essência e nos seus fundamentos pertence à Filosofia, em particular à Filosofia jurídica, não ao Direito Penal" (*Direito penal*, t. III, p. 29). O mestre carioca tem razão quando pondera que a discussão pertence à seara da Filosofia Jurídica, mas, com a devida vênia, dizer que se trata de um tema alheio ao Direito Penal, ou mesmo à dogmática penal, não se mostra escorreito. Isto porque, segundo cremos, não se pode pensar a dogmática como uma ciência estanque. Pelo contrário, é preciso estudá-la e desenvolvê-la com vistas à Política Criminal e, para tais fins, é mister analisar a função da pena.

Para Kant, adepto dessa teoria, mesmo se uma sociedade voluntariamente se dissolvesse, ainda assim o último assassino deveria ser punido, a fim de que cada um recebesse a retribuição que exige sua conduta. A imposição da pena constitui, nessa medida, um imperativo moral; uma questão de Justiça. Nota-se, então, que a base da finalidade da pena, para as teorias absolutas, encontra-se no passado, que demanda reparação.

4.2. Teorias relativas, finalistas, utilitárias ou da prevenção

A frase de Kant certamente seria criticada pelos adeptos das teorias relativas. Romangnosi ponderou que se depois do primeiro crime existisse a certeza moral de que outro não seria praticado, a sociedade não teria o direito de punir o agente[9]. Isto porque, **para as teorias finalistas, sua base encontra-se no futuro, pois a pena somente se justifica enquanto fator de prevenção,** vale dizer, como mecanismo capaz de impedir que novos delitos sejam cometidos. As teorias da prevenção encaram a pena como fator necessário à segurança social.

Não se admite que, sob essa perspectiva, possa a pena servir apenas como mecanismo de retribuição. Não se justifica a imposição de um mal tão grave e acentuado sem que haja, por detrás, a busca de um fim ulterior, de uma meta superior. Seus adeptos, então, aduzem que a finalidade superior consistiria justamente em evitar a ocorrência de novos crimes: *pune-se para não delinquir (punitur ne peccetur)*.

As teorias da prevenção **subdividem-se** em **de prevenção geral** – intimidação dirigida a todo o corpo social por meio da ameaça da pena – e **de prevenção especial** – intimidação para evitar que o delinquente, após ter cumprido a pena e sofrer suas consequências, volte a praticar novos crimes.

Ambas são referidas, atualmente, como **prevenção geral negativa** e **prevenção especial negativa**, de maneira a diferenciá-las das teorias da prevenção geral e especial positivas (abaixo estudadas).

A prevenção geral negativa significa que a ameaça psicológica da pena servirá como elemento inibidor de comportamentos criminosos. Trata-se da construção artificial (por meio da lei) de um freio interno, necessário quando os freios religiosos, morais, éticos ou sociais falharem.

A prevenção especial negativa enfatiza dois aspectos. Em primeiro lugar, enquanto o condenado cumpre a pena (em tese), não praticará novos crimes. É como se a sociedade, neste período, tivesse um "descanso". A punição atua como fator de contenção do agente. Além disso, a experiência

---

[9] Cf. Aníbal Bruno, *Direito penal*, t. III, p. 34.

concreta e real da pena faria com que o agente não voltasse a delinquir, isto é, não reincidisse. Calha lembrar que a realidade demonstra que a pena criminal nem sempre cumpre esse desiderato. As penas privativas de liberdade, e isso não é privilégio do Brasil, possuem alto índice de reincidência. As penas restritivas de direitos, todavia, contam com baixo grau de recidiva (inclusive em nosso país).

4.3. Teorias mistas, ecléticas, intermediárias ou conciliatórias

As teorias mistas partem do pressuposto de que as funções retributivas e preventivas não são inconciliáveis. Por esse motivo, pode-se identificar na pena um duplo papel: retribuir e prevenir (*punitur quia peccatum est et ne peccetur*).

Nosso Código Penal se filiou a esse pensamento. Em seu no art. 59, *caput*, parte final, declara que o juiz, ao aplicar a pena, deverá dosá-la "conforme seja necessário e suficiente para reprovação e prevenção do crime". Significa que o magistrado deve voltar-se ao passado e, ao impor a pena, focar na retribuição pelo ato cometido e, fazendo-o, graduar a pena segundo a gravidade do ato praticado; deve ele também mirar o futuro e impor a sanção de modo a que sirva de exemplo para todos (prevenção geral) e de fator interno de reflexão (prevenção especial).

René Ariel Dotti, ao discorrer sobre o dispositivo citado, pondera que "no mesmo texto regulador da aplicação concreta da pena, se declara que o juiz estabelecerá a medida penal 'conforme seja necessário e suficiente'. Em tais vocábulos, entronizados num dos trechos mais relevantes do sistema positivo, se encontram reafirmadas as exigências de *retribuição* (que responde à culpa concreta), da *proporcionalidade* (que qualifica e quantifica a resposta) e da *prevenção* (geral e especial)"[10].

4.4. Teoria da prevenção geral positiva

As **tradicionais teorias que acima foram analisadas baseiam-se**, sem exceção, **numa racionalidade instrumental**, isto é, enxergam a pena como um instrumento destinado à consecução de um determinado objetivo (justa retribuição ou prevenção contra novos crimes).

De ver, contudo, que **a pena deve ser encarada como mecanismo de comunicação – de transmissão de mensagens**. A discussão colocada em bases de uma racionalidade instrumental é, como dizia Tobias Barreto há quase dois séculos, interminável e, por que não, insolúvel. O debate deve ser ergui-

---

[10] O novo sistema de penas, in *Reforma penal*, p. 90.

do em torno de uma **racionalidade** *comunicativa*. É o que procura construir a teoria da prevenção geral positiva.

A pena (aplicada) é um mecanismo necessário para transmitir a todos uma mensagem, sem a qual a sociedade não funcionará corretamente. A mensagem de que, apesar do crime cometido, a norma segue vigente – essa informação somente será transmitida, insista-se, se a pena for efetivamente aplicada.

A expectativa (interna) de que a norma encontra-se em vigor e será cumprida é fundamental para o funcionamento da sociedade. Quando uma pessoa toma seu veículo pela manhã e se dirige ao trabalho, o faz por acreditar (inconscientemente) que as normas de trânsito são válidas, eficazes e serão respeitadas. Se uma pessoa defrauda essa expectativa, a aplicação da pena cominada é fundamental para que se receba, difusamente, a mensagem multicitada: de que, apesar da defraudação (leia-se, da conduta criminosa que violou uma norma de conduta), a norma segue vigente. Quando alguém deixa seus objetos longe de suas vistas, na crença de que poderá fazê-lo sem que outros deles se apoderem, o faz porque conta com uma expectativa normativa (a de que a norma ínsita no art. 155 do CP – furto – será respeitada). Se uma pessoa se anima a levantar cedo e caminhar pelo parque da cidade, o faz por supor que sua vida, sua integridade física e seu patrimônio serão respeitados, isto é, essa pessoa conta com a esperança de que as normas contidas nos arts. 121 (não matarás), 129 (é proibido ofender a integridade corporal e a saúde de outrem), 155 (não furtarás), 157 (é proibido roubar) etc., serão todas observadas pelos demais.

As expectativas normativas acima enunciadas são indispensáveis, repita-se, para a vida em sociedade. Sem elas, o homem se fecharia em sua casa e dela não sairia. Há alguns anos ocorreu, na cidade de São Paulo, lamentável episódio em que uma facção criminosa decretou "toque de recolher" em plena segunda-feira. Nessa data, em vista de ataques a diversos imóveis públicos e particulares realizados nos dias anteriores, os quais se proliferaram e ficaram, em grande parte, impunes, os paulistanos perderam quase que por completo suas expectativas normativas. Escolas tiveram suas aulas canceladas. Comerciantes fecharam seus estabelecimentos antes do horário de costume. Não se via, naquela noite, uma alma viva caminhando pelas ruas de São Paulo. Aquele foi um retrato de uma sociedade sem expectativas normativas. Se houvesse pronta reação do aparato policial e, posteriormente, a imposição de pena criminal aos responsáveis por tais ataques, teria permanecido assegurada a confiança na vigência da norma.

4.5. Prevenção especial positiva

Trata-se do objetivo de, uma vez imposta a pena, reeducar o condenado e promover sua reinserção social.

Deve-se assinalar que a Lei de Execução Penal atribui à pena, na fase de seu cumprimento, um ideal ressocializador ("A execução penal tem por objetivo efetivar as disposições de sentença ou decisão criminal e proporcionar condições para a harmônica integração social do condenado e do internado" – art. 1º). A reintegração do sentenciado à sociedade constitui, portanto, uma meta a se atingir; não se pode, contudo, obrigar ninguém a se ressocializar – o que a lei deve fazer e o Estado, por meio de ações concretas, buscar é fornecer meios para que o executando tenha a opção – seu destino, a ele somente caberá definir.

4.6. Teoria agnóstica

Essa teoria se origina do pensamento do jurista brasileiro Tobias Barreto, que acreditava firmemente que a pena criminal jamais se destinaria a cumprir qualquer função legitimadora ou positiva. Segundo ele, o debate em torno de saber se a pena criminal exerce função preventiva, repressiva ou mista seria infértil, pois se trataria da busca de um sentido inexistente e desconexo. Seria o equivalente a procurar encontrar uma finalidade tendente a justificar algo de que, pela necessidade, não se pode prescindir.

Tal teoria, originada das ideias de Barreto, tem Eugênio Raul Zaffaroni como seu maior defensor na atualidade.

Em interessante artigo científico intitulado "Direito penal sem pena? Uma introdução à teoria agnóstica da pena"[11], Hamilton Gonçalves Ferraz analisa com precisão a evolução da teoria agnóstica da pena, com ênfase no pensamento de Zaffaroni.

Segundo este, o **discurso jurídico-penal não deve ter como foco a legitimação, por meio de uma finalidade instrumental, da pena criminal, mas, em vez disso, deve legitimar a atuação do sistema de justiça criminal**, notadamente da decisão judicial, em contraposição ao exercício dos demais poderes exercidos pelas agências do sistema penal, como a Polícia. Cumpriria, sob essa perspectiva, às agências judiciais estabelecer os limites máximos de irracionalidade na seleção incriminadora do sistema penal, a partir da observância das garantias fundamentais.

O **Direito Penal**, portanto, não teria como objetivo a prevenção, a repressão, uma função mista ou a ressocialização através da pena. Na verdade, ele **se prestaria a conter o poder punitivo estatal, legitimando a atuação do Poder Judiciário, o qual, por meio do manejo da dogmática e da observância das garantias constitucionais,** imporia limites a uma atuação desmedida do "Estado Polícia", reservando à pena o espaço do necessário ao convívio social, preservando, desse modo, o Estado Constitucional de Direito.

---

[11] *Revista Brasileira de Ciências Criminais*, v. 148, p. 55-96, 2018.

4.7. Conclusão

A busca por uma explicação lógica e satisfatória acerca da finalidade da pena e da própria existência do Direito Penal é uma tarefa virtualmente insolúvel e em constante mutação. Há, nesse longo debate, porém, uma constante[12]: **o reconhecimento acerca da necessidade da existência de normas penais**. A pena é um imperativo necessário em qualquer sociedade. Serve para conter as pessoas, inibindo-as de cometer atos delituosos, ainda que não exerça esse caráter inibitório em todos os membros da sociedade. A bem da verdade, esse efeito profilático será tão mais difundido e eficaz quanto forem efetivamente aplicadas as normas penais. É sabido e ressabido que o elemento que contém o criminoso é menos a gravidade da pena e muito mais a certeza da punição. Daí a importância de um sistema penal que não seja meramente simbólico, mas verdadeiramente eficaz. Este será capaz de transmitir, por meio da (virtual) certeza da aplicação da pena, a mensagem difusa de que a norma de conduta encontra-se em pleno vigor e, portanto, deve ser respeitada.

Não é só.

A pena também constitui um fator de distribuição de Justiça. Quando o crime é cometido, desperta-se na vítima e, muitas vezes, naqueles que lhe são próximos, um sentimento por Justiça, um verdadeiro clamor que, se não atendido satisfatoriamente pela ordem jurídica, convida os injustiçados a se socorrerem da vingança privada. Nessa medida, a pena procura evitar o caos, a barbárie. É legítimo e humano o sentimento de Justiça que acomete uma família cujo ente querido foi assassinado. Do mesmo modo, é justo o desiderato por reparação que sentem os pais ao saberem que seu filho ou filha foi vítima de um abuso sexual. Assim, quando o Direito Penal criminaliza o homicídio (CP, art. 121) e o estupro de vulnerável (CP, art. 217-A), bem como tantas outras condutas de elevada gravidade, busca propiciar um mecanismo legítimo e proporcional para se obter a reclamada Justiça.

A pena também é, do ponto de vista filosófico, útil ao criminoso, pois lhe abre um caminho para pagar sua "dívida" para com a sociedade, buscan-

---

[12] Há quem defenda a possibilidade de existir uma sociedade sem Direito Penal. Trata-se da corrente que sustenta o chamado "abolicionismo penal". Não há, contudo, nas sociedades modernas, uma só que tenha abolido por completo a existência de normas penais. O argumento teórico dos abolicionistas não tem qualquer comprovação empírica, sob a perspectiva das sociedades modernas. Ademais, pode-se dizer que até mesmo nas sociedades antigas sempre existiram normas penais; estas não eram escritas, positivadas em texto de lei, mas de certo existiam, à medida que se impunham punições severas para atos considerados graves dentro de determinada comunidade.

do redenção. Depois de cumprida a pena pelo delito cometido, o agente nada mais "deve" à sociedade e, desse modo, deve sentir-se moralmente apto a seguir com sua vida, procurando dar a ela novos rumos.

5. LIMITES

Existe algum limite na aplicação da pena criminal? Em caso afirmativo, de onde se pode deduzi-lo?

Não há dúvida de que, num Estado Democrático de Direito, a cominação, a aplicação e a execução da pena obedecem a estritos limites, os quais visam a impedir que o Direito Penal funcione como mero instrumento de coerção ou simples sujeição de todos à autoridade.

No cumprimento de sua missão fundamental (seja ela a proteção subsidiária de bens jurídicos ou a garantia da vigência da norma), é certo que a utilização da pena criminal deve atender a uma série de diretrizes fundamentais.

Esses limites devem ser deduzidos, em primeiro lugar, do princípio da dignidade da pessoa humana (CF, art. 1º, III) e, além disso, das inúmeras garantias constitucionais, bem como dos tratados internacionais ratificados por nosso país.

Há, com efeito, uma série de princípios fundamentais a serem observados, como se verá no tópico abaixo.

6. PRINCÍPIOS FUNDAMENTAIS

No presente tópico, tencionamos apenas uma breve exposição dos princípios ligados à pena, até porque, muitos deles, já foram analisados no Capítulo 6 do Título I, *supra*.

6.1. Dignidade da pessoa humana

Trata-se, como já visto (Título I, Capítulo 6, item 2.3), de um dos fundamentos da República Federativa do Brasil e, no tocante à pena criminal, importa na **absoluta vedação de penas cruéis, de caráter vexatório, infamante ou degradante.**

O Estado, com efeito, não pode utilizar-se deste expediente para retirar de uma pessoa sua condição humana. Deve-se ponderar, contudo, que o **conteúdo do princípio em questão há de ser deduzido dentro da própria Constituição Federal**, com apoio, ainda, nos tratados internacionais sobre direitos humanos ratificados pelo Brasil.

Assim, por exemplo, jamais se poderia afirmar validamente que a pena privativa de liberdade ofende a dignidade da pessoa humana, ainda que alguém tenha semelhante opinião, pois o próprio Texto Maior permite a prisão como instrumento a ser utilizado pelo Direito Penal (art. 5º, XLVI). De outra parte, poderia se afirmar, com segurança, que a imposição de penas de mutilação viola o princípio em estudo, até porque nossa Constituição proíbe expressamente penas cruéis (art. 5º, XLVII).

6.2. Princípio da legalidade

Não há crime sem lei anterior que o defina, nem *pena* sem prévia cominação legal (CF, art. 5º, XXXIX, e CP, art. 1º).

As penas criminais devem, portanto, ser previstas em leis no sentido formal, criadas necessariamente antes da conduta, e devem possuir conteúdo determinado. Não se pode conferir validamente ao juiz arbítrio para aplicar a pena que quiser diante do crime cometido. Penas indeterminadas violam a Constituição Federal. Há quem sustente, por conta disso, que a pena restritiva de direitos contida no art. 45, § 2º, do CP, em que o juiz pode aplicar ao réu prestação *de qualquer natureza* (que não pecuniária), viola a Constituição Federal[13].

6.3. Princípio da retroatividade benéfica da lei penal

A lei penal não retroagirá, salvo para beneficiar o réu (CF, art. 5º, XL, e CP, art. 2º). Se uma lei contiver disposição relativa à pena e se mostrar mais rigorosa que a legislação existente, somente será aplicada a fatos ocorridos após sua entrada em vigor. Para tais efeitos, deve-se ater ao momento da conduta delitiva, isto é, da ação ou da omissão, ainda que outro seja o momento do resultado. Assim, por exemplo, se a nova lei elevar a pena do homicídio, não se aplicará ao ato cometido antes de sua vigência, ainda que o resultado (ou seja, a morte da vítima) ocorra após sua entrada em vigor (o que poderia se discutir quando o falecido permaneceu durante dias hospitalizado).

6.4. Princípio da individualidade, personalidade ou intranscendência da pena

A pena não passará da pessoa do condenado (CF, art. 5º, XLV). O princípio da individualidade cuida-se de importante conquista obtida pelo Direito Penal, em sua fase humanitária. Lembre-se que ao tempo das Ordenações do Reino, que vigoraram no Brasil desde o descobrimento até 1830

---

[13] Não é o que pensamos, conforme será estudado no item 2.2.2 do Capítulo 3, *infra*, pois a Constituição será respeitada, na hipótese em questão, sempre que a prestação fixada respeitar o princípio da dignidade da pessoa humana.

(no campo penal), impunham-se penas cujos efeitos eram transmitidos às futuras gerações dos condenados.

O constituinte, ao enunciar o princípio, ressalvou quanto à obrigação de reparar os danos e a decretação do perdimento de bens, deixando claro que estas podem ser exigidas em face dos sucessores do condenado, na forma da lei e observando-se os limites do patrimônio transferido. **Teria** nossa **Constituição**, com isso, **criado exceções** à personalidade da pena? **Cremos que não. A ressalva, a rigor desnecessária, refere-se aos efeitos da condenação.**

A referência à obrigação de reparar os danos diz respeito ao efeito civil da condenação penal, previsto no art. 91, I, do CP ("tornar certa a obrigação de indenizar o dano"). Assim, quando o juiz criminal profere a sentença condenatória, esta decisão constitui título executivo no âmbito civil. Deve o magistrado, inclusive, fixar valor mínimo de indenização (CPP, art. 387, IV), a fim de permitir à vítima, se quiser, ingressar imediatamente com a execução civil, tão logo a decisão penal transite em julgado.

A decretação do perdimento de bens cuida-se do efeito consistente na perda, em favor da União, dos instrumentos do crime cujo uso, porte, detenção, alienação ou fabrico constituam ato ilícito, bem como do produto ou proveito obtido com a infração penal (CP, art. 91, II). Refere-se, também, ao confisco estabelecido em leis especiais, como é o caso da Lei de Drogas (Lei n. 11.343/2006, arts. 60 e 62), que determina a perda, em favor do Fundo Nacional Antidrogas (FUNAD), dos bens ou valores que constituam produto ou proveito do tráfico ilícito de drogas (por exemplo, o automóvel adquirido pelo traficante com o lucro decorrente da venda da droga) ou, ainda, os objetos utilizados pelo agente como instrumentos para cometer o tráfico (p. ex., o avião que utilizou para transportar a droga).

Para a 3ª Seção do Superior Tribunal de Justiça, o princípio da intranscendência da pena também se aplica às pessoas jurídicas, de modo que, uma vez extinta legalmente sua existência no mundo jurídico, aplica-se analogicamente o art. 107, I, do Código Penal (extinção da punibilidade por morte do agente) para extinguir também a punibilidade da pessoa jurídica[14]. Assim, por exemplo, se uma pessoa jurídica for incorporada por outra, caso não se evidencie nenhuma fraude nessa operação societária e desde que seja realizada antes do trânsito em julgado da sentença condenatória, será possível extinguir a punibilidade pelo delito ambiental por ela praticado, vez que a pena não poderá atingir a pessoa jurídica incorporadora.

---

[14] REsp 1.977.172-PR, rel. Min. Ribeiro Dantas, j. 24-8-2022.

6.5. Princípio da individualização da pena

A pena será individualizada, conforme determina expressamente nossa Constituição (art. 5º, XLVI). **Individualizar significa dar tratamento único, especial** – tratar o agente como um indivíduo, como uma pessoa única, que cometeu um fato cujas peculiaridades devem ser analisadas.

"*Individualizar* significa tornar individual uma situação, algo ou alguém, quer dizer particularizar o que antes era genérico. A individualização da pena tem o significado de eleger a justa e adequada sanção penal, quanto ao montante, ao perfil e aos efeitos pendentes sobre o sentenciado, tornando-o único e distinto dos demais infratores, ainda que coautores ou mesmo corréus. Sua finalidade e importância é a fuga da padronização da pena, da 'mecanizada' ou 'computadorizada' aplicação da sanção penal, que prescinda da figura do juiz, como ser pensante, adotando-se em seu lugar qualquer programa ou método que leve à pena preestabelecida, segundo um modelo unificado, empobrecido e, sem dúvida, injusto"[15].

A **individualização da pena atua,** segundo voz corrente na doutrina, **em três momentos distintos.**

Em **primeiro** lugar, constitui **comando** a ser obedecido pelo **legislador, ao elaborar as leis penais.** Significa que ele não pode retirar do magistrado os instrumentos necessários para que, no exame do caso concreto, possa aplicar a pena individualizadamente. De fato, não só este como todos os princípios constitucionais constituem, antes de tudo, parâmetros à atividade do legislador. Do mesmo modo que ele deve respeitar a individualização da pena, deve também atender à dignidade da pessoa humana, à legalidade etc.

Os **dois outros momentos,** contudo, são importantes a se destacar. Trata-se da **aplicação e da execução da pena.**

O Código Penal fornece ao juiz criminal inúmeros instrumentos para analisar o caso concreto e impor ao réu uma pena que leve em conta todos os aspectos do fato cometido (trata-se do critério trifásico, o qual será estudado oportunamente – *vide* Capítulo 4, *infra*). O princípio proíbe, portanto, a aplicação sistemática da mesma pena a casos distintos, ou seja, a inflição de uma "pena-padrão".

Durante o cumprimento da pena, do mesmo modo, a individualização deverá ser cuidadosamente respeitada. O Código Penal e a Lei de Execução Penal contêm diversos mecanismos que permitem individualizar o cumprimento da pena, dos quais se destacam o sistema progressivo (LEP, art. 112), a detração (CP, art. 42), a remição (LEP, arts. 126 e s.), o livramento condicional (CP, arts. 83 e s. e LEP, arts. 130 e s.).

---

[15] Guilherme de Souza Nucci, *Individualização da pena*, p. 30.

É importante ressaltar que o Supremo Tribunal Federal decidiu, no julgamento do HC 82.959, que as disposições legais que impunham o cumprimento da pena em regime integralmente fechado (isto é, impediam a progressão de regimes) violavam a Constituição Federal, notadamente o princípio da individualização da pena. O precedente da Suprema Corte provocou uma alteração em nossas leis. O art. 2º, § 1º, da Lei n. 8.072/90, que determinava o cumprimento da pena privativa de liberdade em regime integralmente fechado, foi modificado pela Lei n. 11.464/2007, passando a estabelecer o critério do regime *inicialmente* fechado. Essa regra também teve sua conformidade com a Constituição examinada pelo STF no julgamento do HC 111.840 (rel. Min. Dias Toffoli, j. 27-6-2012), oportunidade em que se declarou, incidentalmente e por maioria de votos, sua *inconstitucionalidade*, por ofensa ao princípio da individualização da pena. A Suprema Corte, inclusive, confirmando essa jurisprudência, fixou a seguinte tese de repercussão geral e, portanto, com eficácia *erga omnes*: "É inconstitucional a fixação *ex lege*, com base no art. 2º, § 1º, da Lei n. 8.072/201990, do regime inicial fechado, devendo o julgador, quando da condenação, ater-se aos parâmetros previstos no artigo 33 do Código Penal" (STF, ARE 1.052.700, rel. Min. Edson Fachin, Pleno, j. 2-11-2017).

Interessante observar, contudo, que o STF, analisando o dispositivo da Lei de Tortura (Lei n. 9.455/97, art. 1º, § 7º), semelhante ao da Lei dos Crimes Hediondos, o qual estipula o cumprimento obrigatório da pena em regime inicialmente fechado, entendeu que essa norma é *constitucional* (HC 123.316. rel. Min. Marco Aurélio, 1ª T., j. 9-6-2015): "Se a lei de regência prevê o regime inicial de cumprimento de pena, impõe-se a observância, independente das circunstâncias judiciais".

6.6. Princípio da proporcionalidade da pena[16]

Cuida-se de **princípio constitucional implícito**. Pode ser deduzido da interpretação conjugada dos seguintes dispositivos: arts. 5º, XLVI e XLVII, 98, I, e 227, § 4º.

Trata-se de "um dos caracteres da pena que deve traduzir os interesses da defesa social e a garantia individual consubstanciada no direito do condenado de não sofrer uma punição que exceda a medida do mal causado pela infração. A retribuição, como a 'alma de todas as penas', é uma das imposições do direito penal que, para cumprir seus objetivos de segurança e

---

[16] A proporcionalidade enquanto princípio balizador da gradação da pena não se confunde com o postulado da proporcionalidade, examinado no capítulo referente aos *princípios*.

justiça, procura compensar adequadamente a ofensa. A proporcionalidade, portanto, deve constituir um fenômeno de equilíbrio possível: *poena commensurari debet delicto*"[17].

Miguel Reale, a pretexto de analisar a proporcionalidade da pena, escreveu com maestria: "O poder-dever de punir, que compete ao Estado, abre-se, desse modo, em um leque de figuras ou 'medidas', segundo soluções escalonadas, mensuráveis em dinheiro ou em 'quantidade de tempo'. Essa ordenação gradativa é da essência mesma da justiça penal, pois esta não se realizaria se um critério superior de igualdade ou proporção não presidisse à distribuição das penas, dando a cada infrator mais do que ele merece"[18].

Hugo Auler, há mais de meio século, ponderou que "não é justa a pena que não seja necessária para a defesa social. E a pena é justa quando por ela se obtém o máximo de rendimento com o mínimo de sofrimento, através de um processo misto de expiação e de readaptação social"[19].

Importante assinalar que, em situações de **evidente desproporcionalidade, constatada mediante interpretação sistemática** da legislação penal, isto é, depois de uma comparação com a pena imposta em delitos semelhantes ou de maior gravidade, mas apenados de modo mais brando, pode o Judiciário determinar a não observância do preceito secundário (claramente desproporcional), fazendo incidir outro no lugar.

Assim entendeu o Supremo Tribunal Federal, no tocante à pena cominada ao art. 273, 1º-B, I, do CP.

A desproporcionalidade punitiva deste delito é latente: afinal, o legislador ordinário puniu com reclusão, de 10 a 15 anos, e multa, o comércio de medicamentos sem registro administrativo. A pena é similar à falsificação de remédios, superior à do tráfico de drogas, do estupro de vulnerável, da extorsão mediante sequestro, entre outros.

Uma vez reconhecida a desproporcionalidade do preceito secundário, como deve o tribunal proceder? Para o **Superior Tribunal de Justiça,** neste caso, deveria ser aplicado por analogia (*in bonam partem*) **a pena de outro tipo penal,** no caso, do tráfico de drogas. Para o **Supremo Tribunal Federal,** contudo, **deve-se repristinar a pena original** do tipo (já que a desproporção foi provocada por uma alteração legislativa de 1998), que era de reclusão, de 1 a 3 anos. Assim foi decidido pela Suprema Corte no Recurso Extraordinário, com repercussão geral, n. 979.962, rel. Min. Barroso, julgado em 24-3-2021,

---

[17] René Ariel Dotti, *O novo sistema de penas*, p. 92.

[18] *O direito como experiência*, p. 285.

[19] *Suspensão condicional da execução da pena*, p. 38.

fixando-se a seguinte tese: "É inconstitucional a aplicação do preceito secundário do art. 273 do Código Penal, com redação dada pela Lei nº 9.677/98 (reclusão, de 10 a 15 anos, e multa), à hipótese prevista no seu § 1º-B, I, que versa sobre a importação de medicamento sem registro no órgão de vigilância sanitária. Para esta situação específica, fica repristinado o preceito secundário do art. 273, na redação originária (reclusão, de 1 a 3 anos, e multa)".

6.7. Penas constitucionalmente proibidas

Nossa Constituição Federal, obedecendo à tradição desde o nosso primeiro Texto Maior Republicano, contém uma lista com penas proscritas. São elas:

a) **pena de morte, salvo em caso de guerra declarada**

A pena de morte foi abolida em nosso país com a edição do Código Penal de 1890. Desde então, considera-se proibida. Somente se admitirá a pena capital se o Brasil declarar guerra, situação em que terá aplicabilidade o Código Penal Militar no tocante aos crimes militares em tempo de guerra (muitos deles apenados com morte). Em nossa legislação, a pena de morte será executada por fuzilamento (art. 56 do CPM);

b) **penas de caráter perpétuo**

O Texto Maior não se limitou a proibir a prisão perpétua; pelo contrário, estendeu a vedação a toda e qualquer pena criminal (privativa de liberdade, restritiva de direitos ou multa). O constituinte, ademais, teve o cuidado de não autorizar penas de caráter perpétuo; por esse motivo, não é lícito ao legislador, por exemplo, cominar pena mínima de sessenta anos a um crime, porque nesse caso, embora não se tratasse de prisão perpétua, a sanção teria inegavelmente essa natureza.

Em face da proibição em análise, nosso Código Penal estabelece, em seu art. 75, um limite para cumprimento de penas privativas de liberdade: quarenta anos.

c) **pena de banimento**

Trata-se da expulsão do nacional. O brasileiro nato ou naturalizado não pode ser expulso do país. O estrangeiro, por outro lado, pode ficar sujeito à expulsão, que tem medida de natureza político-administrativa. Não há confundir expulsão com extradição (*vide* item 6, Capítulo 8, Título I, *supra*).

O banimento deixou de existir em nosso país com a Constituição de 1891;

d) **pena de trabalhos forçados**

Ninguém pode ser obrigado a trabalhar como meio de cumprimento de pena. Não são admitidas, portanto, medidas como a prisão com trabalho, existente em nosso Direito Penal Imperial.

É preciso deixar claro, contudo, que a obrigação de o preso trabalhar, estabelecida no Código Penal e na Lei de Execução Penal, não viola a proibição em análise. Isto porque, em primeiro lugar, o trabalho se dirige como importante elemento de ressocialização, além de conferir ao preso diversos direitos, como a remuneração e a remição, consistente em descontar um dia de pena para cada três trabalhados e/ou estudados. Fundamental perceber, ainda, que o trabalho não traduz a pena imposta, isto é, o preso que não trabalhar, embora sujeito a um maior rigor penitenciário (até porque não trabalhar sem motivo equivale a ter mau comportamento), cumprirá irremediavelmente a pena ao término do período estipulado na sentença.

O mesmo raciocínio se aplica à prestação de serviços comunitários, até porque esta se insere no elenco das penas constitucionalmente permitidas (CF, art. 5º, XLVI). Além disso, a realização de tarefas gratuitas perante entidades não pode ser considerada como um "trabalho". Essa medida, ademais, não só contribui para a ressocialização do condenado, mas também opera em favor da comunidade. Se o sentenciado, por fim, se recusar a realizar a prestação de serviços, a pena será convertida em prisão, tendo ele a possibilidade de cumprir, no cárcere, o restante da pena.

e) **penas cruéis**

A vedação de penas de caráter cruel tem importante significação histórica. Sabe-se que, em nosso país, aplicaram-se durante séculos penas degradantes, como a antiga pena de galés, em que o sentenciado era obrigado a andar com calceta no pé e corrente de ferro e a permanecer à disposição do governo para a realização de trabalhos públicos.

6.8. Demais regras constitucionais ligadas à pena

Nossa Constituição Federal contém, ainda, outras regras fundamentais vinculadas ao cumprimento da pena criminal:

a) "a pena será cumprida em estabelecimentos distintos, de acordo com a natureza do delito, a idade e o sexo[20] do apenado" – art. 5º, XLVIII;

b) "é assegurado aos presos o respeito à integridade física e moral" – art. 5º, XLIX;

c) "às presidiárias serão asseguradas condições para que possam permanecer com seus filhos durante o período de amamentação" – art. 5º, L.

---

[20] Anote-se que, recentemente, o Plenário do STF, por maioria, rejeitou a tramitação da ADPF 527 (rel. Min. Roberto Barroso, sessão virtual de 4-8-2023 a 14-8-2023), que visava garantir às transexuais femininas e travestis o cumprimento de pena em estabelecimento prisional compatível com a sua identidade de gênero, tendo em vista a alteração substancial do panorama normativo descrito na inicial (protocolada em 2018), uma vez que a matéria já foi objeto de regulamentação pelo CNJ (Resolução 348, de 13-10-2020).

Capítulo 2

A PENA PRIVATIVA DE LIBERDADE

1. HISTÓRICO

Durante muitos séculos, a pena mais importante, com a qual trabalhava o Direito Penal, era a pena capital. Ao lado dela, as penas corporais, infamantes e cruéis. **A pena de prisão,** como registra Manoel Pedro Pimentel, **teve sua origem nos mosteiros da Idade Média,** "como punição imposta aos monges ou clérigos faltosos, fazendo com que se recolhessem às suas celas para se dedicarem, em silêncio, à meditação e se arrependerem da falta cometida, reconciliando-se com Deus". Prossegue o autor asseverando que "a mesma ideia norteou a construção das primeiras prisões destinadas ao recolhimento de criminosos, no século XVI. As mais antigas que se conhecem são a House of Correction, construída em Londres entre 1550 e 1552, servindo como modelo para várias prisões inglesas... É no século XVIII, porém, que a prisão se difunde de modo marcante, destacando-se a Casa de Correção de Gand, na Bélgica (1775), (...) e o Hospício de São Miguel, construído por ordem do Papa Clemente XI, em Roma, entre 1703 e 1704. Estes estabelecimentos são tidos como precursores das modernas penitenciárias"[1].

Acrescente-se que a iniquidade das penas capital, corporais, infamantes ou cruéis foi reconhecida, entre outros, por Beccaria, no final do século XVIII. O Marquês foi uma das mais importantes vozes que se levantou contra toda sorte de ignomínia e crueldade nos castigos até então institucionalizados.

Juntamente com Beccaria, John Howard é apontado como responsável pelo impulso decisivo na construção de penas privativas de liberdade humanizadas. Esse autor, que chegou a ser, ele próprio, detento e, depois, tornou-se *sheriff* na Inglaterra, publicou, em 1777, *O estado das prisões*; tratava-se de um relato do estado dos estabelecimentos penais da

---

[1] *O crime e a pena na atualidade,* p. 134-135.

424

época, em que se combatia a promiscuidade, a falta de higiene e de ordem reinantes nos presídios.

As lições de Howard fizeram eco na América do Norte, onde apareceram os primeiros **sistemas penitenciários.**

O **primeiro** deles ficou conhecido como *sistema pensilvânico, da Filadélfia ou celular* (1775). Esse sistema foi adotado na prisão de *Walnut Street Jail,* com o objetivo de acabar com a promiscuidade que reinava no interior do estabelecimento. Esse sistema se caracterizava pelo **isolamento celular ou** *solitary system,* **ou, ainda,** *solitary confinement,* **em que o preso permanecia isolado numa cela, em silêncio absoluto,** de modo a que pudesse refletir sobre seus atos e arrepender-se pela meditação e pela leitura de livros religiosos.

Aos poucos, o *solitary system* converteu-se em *separate system,* admitindo-se que o preso pudesse conversar não só com o capelão, mas também com funcionários da prisão e recebesse visitas.

Na Inglaterra, no início do século XIX, com a independência dos Estados Unidos e o processo de deportação da Austrália, houve a necessidade de enfrentar o problema do encarceramento, tendo os britânicos adotado a concepção de Jeremy Bentham, traduzida no sistema do panótico[2]. Cuidava-se de uma penitenciária construída em raios, no qual os vigilantes permaneciam ao centro e possuíam visão de todo o conjunto arquitetônico, de modo a dominá-lo e manter a segurança. A primeira prisão a adotar o panótico foi a de Millibank (1816).

Aos poucos, o sistema celular, com acentuada carga religiosa, foi perdendo espaço para outro, que se denominou *sistema auburniano* ou *silent system* (1816). Recebeu esse nome por ter sido adotado em Auburn (Estado de Nova York – EUA). Neste, **o preso permanecia recolhido durante o período noturno em cela individual, mas, durante o dia, trabalhava em conjunto com os demais (***congregate system***)**, vedada, entretanto, a comunicação entre os presos, sob pena de inflição de castigos corporais.

---

[2] O panótico consistia, em resumo, num edifício circular ou polígono, "com seus quartos a roda de muitos andares, que tenha no centro um quarto para o inspetor poder ver todos os presos, ainda que eles não o vejam, e donde se possa fazer executar as suas ordens sem deixar seu posto". Deveria possuir uma "administração por contrato", ou seja, "que um particular se encarregue de sustentar os presos, dando-se um tanto por cada um, ficando ele com o lucro do que eles trabalharem, bem entendido, que a qualidade do trabalho deve ficar na sua libertação sem restrição". Além disso, havia a "responsabilidade do administrador", o qual atuaria como "o fiador, e abonador das vidas de cada um dos presos" (Jeremy Bentham, *Teoria das penas legais e tratado dos sofismas políticos*).

Na Espanha, o coronel Manuel Montesinos y Molina despontou como crítico do sistema auburniano, propalando a introdução de um tratamento penal humanitário. Fundou, então, o *sistema espanhol de Montesinos* (1834), o qual **enfatizava um sentido reeducativo e ressocializador da pena.** Foram suprimidos os castigos corporais e o preso que trabalhava recebia remuneração.

Também no século XIX, surgiu na **Inglaterra o** *sistema progressivo inglês.* Coube ao capitão da Marinha Real Inglesa Alexander Maconochie, como diretor de um presídio no condado de Narwich, na ilha de Norfolk, na Austrália, adotá-lo, introduzindo um sistema de vales ou *mark system*, no qual a duração da pena não era determinada tão somente pela sentença condenatória, "mas dependia do aproveitamento do preso, demonstrado no trabalho e pela boa conduta. Levava-se em conta, também, a gravidade do delito. O preso recebia *marcas* ou *vales* (daí o nome *mark system*) quando seu comportamento era positivo, e perdia ganhos quando se comportava de modo censurável"[3].

Na Irlanda, em 1857, Walter Crofton impôs o sistema de vales, aperfeiçoando-o. Nascia o *sistema progressivo irlandês*, caracterizado por promover, no primeiro período do encarceramento, a segregação absoluta, com progressiva emancipação, conforme o preso demonstrasse estar readaptado. Compunha-se de quatro etapas ou períodos: o penal, cumprido no interior de uma cela, o da reforma, com isolamento noturno, o intermediário, com trabalho comum, e o da liberdade provisória, tornada definitiva se houvesse a demonstração de bom comportamento.

Em nosso país, o primeiro texto a manifestar preocupação com a situação do cárcere foi a Constituição do Império: "As cadeias serão seguras, limpas e bem arejadas, havendo diversas casas para separação dos réus, conforme suas circunstâncias e a natureza de seus crimes" (art. 179, XXI). É bem verdade, contudo, que o dispositivo não passou, ao longo do século XIX, de simples enunciação de um sonho[4].

O Código Penal de 1830 não adotara qualquer tipo de sistema penal, tendo havido esparsas tentativas, ao longo do Império, de se adotar um regime adequado. Em 1882, o regulamento da Casa de Correção acolhera o sistema auburniano.

---

[3] Manoel Pedro Pimentel, *O crime e a pena na atualidade*, p. 140.

[4] Eis o registro de Roberto Lyra: "Na realidade, porém, a promiscuidade entre processados e condenados, maiores e menores, civis e militares, criminosos primários e habituais, políticos e comuns; a ausência de regras de disciplina, educação, higiene, trabalho e moralidade caracterizava a Cadeia Velha..." (*Comentários ao Código Penal*, p. 105).

Já o **Código Penal de 1890 incorporou o sistema progressivo ou irlandês**. O art. 50 previa que, depois de cumprida metade da pena (desde que superior a seis anos de prisão), se o sentenciado tivesse bom comportamento, seria transferido para a penitenciária agrícola. Se a boa conduta carcerária persistisse, poderia receber o livramento condicional (somente regulamentado em 1924)[5].

O Código atual, em sua versão originária, inspirou-se também no sistema progressivo, do qual não mais perdemos a influência. O ápice da progressividade do cumprimento da pena privativa de liberdade reflete-se hoje em nosso Código Penal e, sobretudo, na Lei de Execução Penal. Sua ideia básica é que, com o passar do tempo, se o preso cumprir parte da pena e demonstrar-se digno de confiança, será premiado com a passagem para um sistema de cumprimento menos rigoroso, de modo a ser paulatinamente reinserido na sociedade.

2. PANORAMA DO DIREITO POSITIVO BRASILEIRO

Nosso ordenamento jurídico-penal conhece, atualmente, **três modalidades de pena privativa de liberdade: reclusão, detenção e prisão simples.** As duas primeiras cominadas abstratamente a crimes e a outra, a contravenções penais (cf. art. 1º da LICP – Decreto-Lei n. 3.914/41).

3. AS PENAS PRIVATIVAS DE LIBERDADE NO CÓDIGO PENAL

A Reforma da Parte Geral de 1984 acabou, em boa parte, com as diferenças substanciais entre as penas de reclusão e detenção. Como assinalou Roberto Lyra, referindo-se à redação original do Código, "a reclusão distingue-se da detenção, esta cominada para crimes de menor gravidade, porque: 1º) em regra, não admite a suspensão condicional; 2º) comporta período inicial de isolamento diurno e remoção para colônia; 3º) o trabalho não pode ser escolhido; 4º) implica penas acessórias e medidas de segurança mais importantes e assíduas"[6].

---

[5] Reproduz-se, uma vez mais, o registro histórico de Roberto Lyra, a fim de que não nos distanciemos da dura realidade do cárcere brasileiro, ao longo de sua história: "O sistema do primeiro legislador republicano era, portanto, aceitável, prevendo uma configuração autônoma do sistema progressivo, na qual se afastou de seu modelo o Código italiano de 89 (1889). Mas, não dispúnhamos de estabelecimentos, quer para executar a segregação celular no primeiro período (só o Estado de São Paulo veio a dispor de penitenciária aparelhada), quer para efetivar o terceiro período (penitenciárias agrícolas), mesmo em São Paulo" (*Comentários ao Código Penal,* p. 109).

[6] *Comentários ao Código Penal,* p. 75.

Remanescem, contudo, algumas diferenças.

De modo geral, pode-se dizer que a pena de reclusão é mais severa que a de detenção, motivo pelo qual destina-se a delitos mais graves. Além disso, distinguem-se nos seguintes aspectos:

a) **regime inicial:** a pena de reclusão admite, em tese, que o juiz fixe, na sentença condenatória, quaisquer dos três regimes iniciais de cumprimento (fechado, semiaberto e aberto), ao passo que na de detenção, somente pode ter lugar os dois últimos, como regimes iniciais (CP, art. 33). Deve-se assinalar que uma pena de detenção pode ser cumprida em regime fechado, desde que o sentenciado tenha ingressado nos regimes aberto ou semiaberto e, por força de regressão (LEP, art. 118), seja transferido para aquele regime;

b) **efeitos específicos da condenação**

b.1.) o efeito consistente na **incapacidade para o exercício do poder familiar, tutela ou curatela,** é aplicável para crimes punidos com reclusão cometidos contra filho, filha, descendente, tutelado, curatelado ou pessoa titular do mesmo poder familiar. Assim, por exemplo, se um juiz condenar um pai por estuprar a própria filha, poderá na sentença declarar-lhe incapaz para exercer seu poder familiar (em face de todos os filhos, não só daquela que foi vítima do delito). Se o magistrado, todavia, condenar um pai pelo crime de abandono material (CP, art. 244), não poderá fazer o mesmo, porquanto tal infração é apenada com detenção.

Com o advento da Lei n. 14.994/2024, esse efeito passou a ser estipulado também para condenações por fatos praticados contra mulher por razões da condição do sexo feminino, isto é, em cenários de violência doméstica ou familiar ou motivados por menosprezo ou discriminação contra a mulher – neste caso, é indiferente ser o delito apenado com reclusão ou detenção;

b.2.) o efeito referente à **perda da diferença entre o patrimônio efetivo do condenado e aquele compatível com seu rendimento lícito** (CP, art. 91-A) só é aplicável a condenações por crimes punidos com reclusão, cuja pena máxima seja superior a seis anos. Assim, por exemplo, ao condenar um servidor público por crime de concussão (CP, art. 316, *caput*), constatando-se no curso do processo penal que o agente possuía um patrimônio real superior ao compatível com seus ganhos legítimos, o magistrado, se houver pedido expresso do Ministério Público, poderá decretar, na sentença condenatória, a perda da mencionada diferença;

c) **espécie de medida de segurança aplicável:** se o fato praticado pelo inimputável ou semi-imputável por doença mental (CP, art. 26) for punido com reclusão, o juiz somente poderá impor-lhe a medida de internação em

Casa de Custódia e Tratamento; sendo apenado com detenção, deverá aplicar a internação ou, excepcionalmente, optar pelo tratamento ambulatorial (CP, art. 97, *caput*);

d) **prioridade na execução:** as penas mais graves (reclusão, portanto) são executadas prioritariamente (CP, arts. 69, *caput*, e 76). Significa que, se uma pessoa foi condenada em dois processos distintos, num deles a uma pena de reclusão e no outro, de detenção, aquela será a primeira a ser executada (independentemente da quantidade imposta).

Existem diferenças fora do Código Penal, como a prevista na Lei n. 9.296/96, art. 2º, III, segundo a qual a medida de interceptação das comunicações telefônicas somente pode ser ordenada quando a infração investigada for punida com reclusão[7].

3.1. A pena de prisão simples

Essa pena privativa de liberdade, **exclusiva das contravenções penais,** tem as seguintes características:

a) é **cumprida sem rigor penitenciário;**

b) **só** admite seu cumprimento **nos regimes aberto e semiaberto** (ainda que pratique falta grave durante a execução da pena, o sentenciado não poderá ser regredido para o regime fechado);

c) o **condenado deve ficar separado** daqueles que cumprem pena de reclusão ou detenção;

d) o **trabalho é facultativo para penas de até quinze dias.**

4. REGIMES PENITENCIÁRIOS

O Código Penal (arts. 34 a 36) e a Lei de Execução Penal (arts. 110 a 119) estabelecem **três regimes de cumprimento** da pena privativa de liberdade: *fechado, semiaberto* e *aberto.*

O regime *inicial* de cumprimento da pena deverá ser estipulado pelo juiz, quando proferir a sentença condenatória. Para tanto, levará em conta uma série de fatores, dentre os quais a **espécie de pena** (reclusão ou detenção),

---

[7] Interessante anotar que a Lei Anticrime (Lei n. 13.964/2019) modificou a Lei das Interceptações Telefônicas, disciplinando nesta a captação ambiental, ou seja, a captura de sinais eletromagnéticos, ópticos ou acústicos realizadas sobre determinado ambiente. Ao tratar de seus requisitos, discrepando do critério previsto para a realização de interceptação telefônica, no qual se exige, entre outros, que o fato objeto da investigação seja punido com reclusão, determinou que a captação ambiental requer como alvo infrações penais cujas penas máximas sejam superiores a quatro anos (art. 8º-A).

a **quantidade** de pena, as **circunstâncias judiciais** (art. 59, *caput*, do CP) e a **reincidência** (*vide* item 4.1, *infra*).

Algumas leis especiais, contudo, limitam a escolha do regime penitenciário. Em se tratando de crimes hediondos[8], tortura, tráfico ilícito de drogas e terrorismo, impõe-se inexoravelmente que a pena deva ser cumprida em regime *inicialmente fechado* (Lei n. 8.072/90, art. 2º, § 1º, com

---

[8] Os crimes hediondos encontram-se arrolados taxativamente no art. 1º da Lei n. 8.072/90. São eles: o homicídio (art. 121), quando praticado em atividade típica de grupo de extermínio, ainda que cometido por um só agente, o homicídio qualificado (CP, art. 121, § 2º, I, II, III, IV, V, VII e VIII) e o feminicídio (art. 121-A); a lesão corporal dolosa de natureza gravíssima (art. 129, § 2º) e a lesão corporal seguida de morte (art. 129, § 3º), quando praticadas contra autoridade ou agente descrito nos arts. 142 e 144 da Constituição Federal, integrantes do sistema prisional e da Força Nacional de Segurança Pública, no exercício da função ou em decorrência dela, ou contra seu cônjuge, companheiro ou parente consanguíneo até terceiro grau, em razão dessa condição; o roubo circunstanciado pela restrição de liberdade da vítima (art. 157, § 2º, V), pelo emprego de arma de fogo (art. 157, § 2º-A, I) ou pelo emprego de arma de fogo de uso proibido ou restrito (art. 157,§ 2º-B), bem como o roubo qualificado pelo resultado lesão corporal grave ou morte (art. 157, § 3º); a extorsão qualificada pela restrição da liberdade da vítima, ocorrência de lesão corporal ou morte (art. 158, § 3º); a extorsão mediante sequestro e na forma qualificada (art. 159, *caput* e §§ 1º, 2º e 3º); o estupro (art. 213, *caput* e §§ 1º e 2º e sua combinação com o art. 223, *caput* e parágrafo único); estupro de vulnerável (art. 217-A, *caput* e §§ 1º, 2º, 3º e 4º); o atentado violento ao pudor (art. 214 e sua combinação com o art. 223, *caput* e parágrafo único); a epidemia com resultado morte (art. 267, § 1º); a falsificação, corrupção, adulteração ou alteração de produto destinado a fins terapêuticos ou medicinais (art. 273, *caput* e §§ 1º, 1º-A e 1º-B, com a redação dada pela Lei n. 9.677, de 2-7-1998); favorecimento da prostituição ou de outra forma de exploração sexual de criança ou adolescente ou de vulnerável (art. 218-B, *caput*, e §§ 1º e 2º); o furto qualificado pelo emprego de explosivo ou de artefato análogo que cause perigo comum (art. 155, § 4º-A); o crime de genocídio, previsto nos arts. 1º, 2º e 3º da Lei n. 2.889, de 1º-10-1956, tentado ou consumado; o crime de posse ou porte ilegal de arma de fogo de uso proibido, previsto no art. 16 da Lei n. 10.826, de 22 de dezembro de 2003; o crime de comércio ilegal de armas de fogo, previsto no art. 17 da Lei n. 10.826, de 22 de dezembro de 2003; o crime de tráfico internacional de arma de fogo, acessório ou munição, previsto no art. 18 da Lei n. 10.826, de 22 de dezembro de 2003; o crime de organização criminosa, quando direcionado à prática de crime hediondo ou equiparado; os crimes militares próprios equivalentes aos do art. 1º da Lei n. 8.072/90 (alteração constante da Lei n. 14.688, de 21-9-2023); o induzimento, instigação ou auxílio a suicídio ou a automutilação realizados por meio da rede de computadores, de rede social ou transmitidos em tempo real (art. 122, *caput* e § 4º); o sequestro e cárcere privado cometido contra menor de 18 (dezoito) anos (art. 148, § 1º, IV); o tráfico de pessoas cometido contra criança ou adolescente (art. 149-A, *caput*, I a V, e § 1º, II); os crimes previstos no § 1º do art. 240 e no art. 241-B da Lei n. 8.069, de 13 de julho de 1990 (Estatuto da Criança e do Adolescente).

redação dada pela Lei n. 11.464, de 28-3-2007; Lei n. 9.455/97, art. 1º, § 7º; Lei n. 11.343/2006, art. 44).

Veja, porém, que o STF considerou inconstitucional essa regra, pelo mesmo fundamento que julgara inválida a norma anterior existente na Lei n. 8.072/90 (do regime integralmente fechado), ou seja, por considerá-la incompatível com o princípio constitucional da individualização da pena (CF, art. 5º, XLVI). Essa decisão adquiriu eficácia *erga omnes* por ocasião do julgamento do Recurso Extraordinário com Agravo de n. 1.052.700.

Obtempere-se, ainda, que a Suprema Corte, em 2015, reconheceu a **constitucionalidade** da imposição de regime inicial fechado para o cumprimento de pena no **crime de tortura**, prevista na Lei n. 9.455/97 (art. 1º, § 7º) – HC 123.316, rel. Min. Marco Aurélio. As decisões de 2012 e 2015, muito embora o STF tenha procurado afastar possíveis contradições quanto aos entendimentos adotados, se revelam colidentes e demonstram o quão polêmico ainda é o assunto no meio jurídico.

A **Lei de "Lavagem" de Capitais** (Lei n. 9.613/98) estabelece, em seu art. 1º, § 5º, que o **autor, coautor ou partícipe que** "**colaborar espontaneamente com** as autoridades, prestando esclarecimentos que conduzam à apuração das infrações penais, à identificação dos autores, coautores e partícipes, ou à localização dos bens, direitos ou valores objeto do crime", **poderá ter sua pena (independentemente da quantidade) cumprida em regime aberto** (afasta-se, portanto, a incidência das regras gerais de imposição de regime penitenciário do Código Penal).

4.1. Regime inicial de cumprimento de pena

No Código Penal, como se adiantou acima, **o juiz deverá analisar vários aspectos na fixação do regime inicial de cumprimento.**

Em **primeiro** lugar, deve examinar qual a **espécie de pena privativa de liberdade,** porque a pena de **reclusão** admite, em tese, os três regimes possíveis, enquanto a de **detenção,** só o aberto e o semiaberto como regimes iniciais.

4.1.1. Reclusão

Para réus **não reincidentes,** condenados à pena de reclusão, admitem-se, em tese, **os três regimes iniciais, a depender da quantidade da pena.**

Se a **pena** aplicada for de **até quatro anos,** o Código aponta o **regime aberto** para início da execução; se **superior a quatro, mas não maior que oito,** será o **semiaberto;** sendo **superior a oito anos, o fechado.**

No caso de **reincidentes,** condenados à **reclusão,** o regime **inicial** será o **fechado, salvo se a pena for igual ou inferior a quatro anos,** quando caberá o **semiaberto** (desde que favoráveis as circunstâncias judiciais). Nesse sentido, a Súmula 269 do STJ: "É admissível a adoção do regime prisional semiaberto aos reincidentes condenados a pena igual ou inferior a quatro anos se favoráveis as circunstâncias judiciais".

Para o Superior Tribunal de Justiça, a negativação de circunstâncias judiciais, ao contrário do que ocorre com a agravante da reincidência, confere uma faculdade ao magistrado (e não obrigatoriedade) de fixar regime prisional mais rigoroso[9].

4.1.2. Detenção

O réu **reincidente** condenado a delito apenado com **detenção** cumprirá a pena em regime **inicial semiaberto**, independentemente da quantidade da pena. **O mesmo se aplica quando**, embora **não reincidente**, o réu tiver sido condenado a **pena superior a quatro anos**. Não sendo o réu reincidente e recebendo pena não superior a quatro anos, fará jus ao regime inicial aberto, se favoráveis as circunstâncias judiciais.

Confira na tabela:

	RECLUSÃO		DETENÇÃO	
	Reincidente	Não reincidente	Reincidente	Não reincidente
Pena superior a 8 anos	FECHADO	FECHADO	SEMIABERTO	SEMIABERTO
Pena igual ou inferior a 8 anos e superior a 4	FECHADO	SEMIABERTO*	SEMIABERTO	SEMIABERTO
Pena não superior a 4 anos	SEMIABERTO*	ABERTO*	SEMIABERTO	ABERTO*

* Se as circunstâncias judiciais forem desfavoráveis, o juiz poderá impor regime mais rigoroso.

Além das regras acima estudadas, o juiz deve se ater a outros dois critérios importantes na escolha do regime inicial, consubstanciados nas **Súmulas 718 do STF** ("**A opinião do julgador sobre a gravidade em abstrato do**

---

[9] REsp 1.970.578, rel. Min. Olindo Menezes (Desembargador convocado do TRF da 1ª R.), 6ª T., j. 3-5-2022; AgRg no REsp 2.033.772/SC, rel. Min. Ribeiro Dantas, 5ª T., j. 6-3-2023; AgRg no AREsp 1.904.282/SP, rel. Min. Messod Azulay Neto, 5ª T., j. 8-8-2023; e AgRg no AREsp 2.263.584/MG, rel. Min. Joel Ilan Paciornik, 5ª T., j. 15-8-2023.

crime não constitui motivação idônea para a imposição de regime mais severo do que o permitido segundo a pena aplicada") e 719 do STF ("A imposição do regime de cumprimento mais severo do que a pena aplicada permitir exige motivação idônea"). De teor semelhante é a Súmula 440 do STJ: "É vedado o estabelecimento de regime prisional mais gravoso do que o cabível em razão da sanção imposta, com base apenas na gravidade abstrata do delito".

Tais entendimentos dirigem-se contra a tendência de alguns juízes a impor regimes mais rigorosos simplesmente por entenderem que determinado crime se mostra grave em relação aos outros. Assim, por exemplo, se um juiz considera que o roubo com emprego de arma é fato grave, que perturba gravemente a paz social, não pode, só por isso, impor regime inicial fechado, se o réu for primário e forem favoráveis as circunstâncias judiciais. Isto porque, nesse caso, segundo os critérios do Código Penal, o regime adequado para início do cumprimento da pena é o semiaberto.

4.1.3. O tempo de prisão provisória e o cálculo do regime inicial

Como visto nos tópicos anteriores, é fundamental verificar a quantidade da pena imposta, ao lado de outros fatores, para a fixação do regime inicial de cumprimento da pena. **O Código de Processo Penal, em seu art. 387, § 2º, determina que o juiz, ao decidir sobre o regime penitenciário inaugural, deve levar em consideração eventual tempo de prisão provisória** (flagrante, preventiva ou temporária) a que foi submetido o réu durante a persecução penal. **Não se trata de uma detração, que é um efetivo desconto na pena, embora siga o mesmo mecanismo aritmético, mas de uma ficção jurídica para determinar o regime inicial.** Lembre-se que a verdadeira detração é medida de competência privativa do juízo da execução penal.

Veja o exemplo: o réu (primário) é condenado à pena de reclusão, de oito anos e dois meses. O regime inicial correto, de acordo com o Código Penal, é o fechado. Se o acusado, porém, permaneceu recolhido provisoriamente no curso do processo por cinco meses, o juiz deverá levar em consideração esse prazo na escolha do regime, nos termos do CPP; assim, o parâmetro para a determinação do regime inicial não será a pena total aplicada, mas o valor desta, subtraído o tempo de recolhimento provisório, isto é, sete anos e nove meses, de maneira que o regime inicial será o semiaberto.

4.2. Progressão de regimes

A progressão de regime penitenciário **consiste na passagem de um regime** de cumprimento de pena privativa de liberdade **mais rigoroso para outro mais brando.**

O instituto da progressão é um dos pilares do "sistema progressivo" de cumprimento da pena corporal, baseado na ideia de que o sentenciado deve iniciar o recolhimento prisional em regime mais severo e, com o passar do tempo, depois de cumprir parte da pena e demonstrar mérito, obter o direito de ser transferido para regime menos gravoso, em que se reduza a vigilância sobre ele, de maneira a lhe conferir maior grau de autonomia e, com isso, permitir que recupere paulatinamente sua liberdade.

Em 1984, quando se promoveu a Reforma da Parte Geral do Código Penal, ao lado do advento da atual Lei de Execução Penal, a matéria veio regulada no art. 112 desta, dispondo (originalmente) que: "A pena privativa de liberdade será executada em forma progressiva, com a transferência para regime menos rigoroso, a ser determinada pelo Juiz, quando o preso tiver cumprido ao menos 1/6 (um sexto) da pena no regime anterior e seu mérito indicar a progressão". O parágrafo único do dispositivo, de sua parte, acrescentava que: "A decisão será motivada e precedida de parecer da Comissão Técnica de Classificação e do exame criminológico, quando necessário". Tornou-se praxe, com a entrada em vigor do texto legal, condicionar a progressão à realização prévia do exame criminológico, mas, dada a precária estrutura da administração penitenciária brasileira, não raro os sentenciados cumpriam a pena integralmente no mesmo regime, sem obter a progressão, em virtude da demora na confecção dos exames criminológicos.

Foi então que, em 2003, realizou-se mudança na Lei de Execução Penal, a fim de suprimir a exigência de exame criminológico como condição para obter a progressão de regime. Com a modificação legislativa, instalou--se a polêmica de saber se o juiz das execuções poderia ainda, em situações excepcionais e de forma motivada, exigir a realização dessa perícia para avaliar o mérito do sentenciado para fins de progressão. Prevaleceu o entendimento, consubstanciado na Súmula 439 do STJ, de que isso é possível ("Admite-se o exame criminológico pelas peculiaridades do caso, desde que em decisão motivada").

A Lei n. 14.843, de 11 de abril de 2024, restabeleceu a exigência suprimida em 2003, determinado que, "em todos os casos, o apenado somente terá direito à progressão de regime se ostentar boa conduta carcerária, comprovada pelo diretor do estabelecimento, **e pelos resultados do exame criminológico**, respeitadas as normas que vedam a progressão".

Cite-se, ainda, a Súmula 491 do STJ, que veda a chamada "progressão por salto", qual seja, a passagem direta do regime fechado para o aberto, sem que o sentenciado permaneça em regime semiaberto ("É inadmissível a chamada progressão *per saltum* de regime prisional").

Paralelamente às mudanças na LEP, em 1990 fora editada a Lei dos Crimes Hediondos (Lei n. 8.072/90), que proibiu a progressão a sentenciados condenados pelos delitos nela previstos, bem como pelos equiparados a hediondos (tráfico ilícito de drogas, terrorismo e tortura). O Supremo Tribunal Federal, durante 16 anos, reiteradamente considerou a vedação harmônica com a Constituição Federal, mas, em 2006, no julgamento do *Habeas Corpus* 82.959, mudou seu entendimento, passando a decidir que a norma era incompatível, entre outros, com o princípio constitucional da individualização da pena (CF, art. 5º, XLVI). Isso provocou, em 2007, uma mudança na Lei dos Crimes Hediondos, instituindo a regra de que a pena deveria ser cumprida em regime **inicialmente** fechado. Ao mesmo tempo, estipularam-se diferentes frações de cumprimento da sanção para efeito de progressão (2/5 para condenados primários e 3/5 para reincidentes). Registre-se que a disposição obrigando a fixação de regime inicial fechado de maneira indiscriminada, para qualquer delito hediondo ou equiparado, também foi considerada inconstitucional pela Suprema Corte (HC 111.840 e ARE 1.052.700, no qual se fixou a seguinte tese, com repercussão geral: "É inconstitucional a fixação *ex lege*, com base no artigo 2º, § 1º, da Lei 8.072/201990, do regime inicial fechado, devendo o julgador, quando da condenação, ater-se aos parâmetros previstos no artigo 33 do Código Penal").

No final de 2018, a Lei n. 13.769 inclui no art. 112 os §§ 3º e 4º, criando a figura da progressão especial para sentenciadas gestantes, mães ou responsáveis por crianças ou pessoas com deficiência, determinando que, a elas, o benefício poderá ser concedido após o cumprimento de 1/8 da pena, desde que o delito pelo qual se encontra encarcerada não tenha sido cometido com violência ou grave ameaça a pessoa, ou praticado contra seu filho ou dependente, e desde que ela seja primária e tenha bom comportamento carcerário, comprovado pelo diretor do estabelecimento, não integrando organização criminosa.

Antes da Lei Anticrime (Lei n. 13.964/2019), portanto, as frações existentes em nossa legislação para obtenção de progressão de regime penitenciário eram:

a) 1/8: progressão especial de sentenciada gestante, mãe ou responsável por crianças ou pessoas com deficiência;

b) 1/6: progressão geral;

c) 2/5: progressão de sentenciados primários condenados por delitos hediondos ou equiparados;

d) 3/5: progressão de sentenciados reincidentes condenados por delitos hediondos ou equiparados.

A Lei n. 13.964/2019 alterou sensivelmente o panorama da matéria e estipulou oito novos patamares, mantendo somente a progressão especial de sentenciada gestante ou mãe responsável por criança ou pessoa com deficiência. São eles:

a) **16% (dezesseis por cento) da pena,** se o apenado for **primário** e o **crime** tiver sido cometido **sem violência à pessoa ou grave ameaça.**

Essa é a única mudança benéfica introduzida pelo legislador, pois é inferior em comparação com o patamar da progressão geral anteriormente previsto em lei (1/6, que equivale a 16,66% da pena); justamente por isso, essa regra deverá ter aplicação retroativa, beneficiando todos os sentenciados primários, que cumprirem pena por delito praticado sem grave ameaça ou violência à pessoa.

b) **20% (vinte por cento) da pena**, se o apenado for **reincidente** em crime cometido **sem violência à pessoa ou grave ameaça**.

c) **25% (vinte e cinco por cento) da pena**, se o apenado for **primário** e o crime tiver sido cometido **com violência à pessoa ou grave ameaça**.

d) **30% (trinta por cento) da pena**, se o apenado for **reincidente** em crime cometido **com violência à pessoa ou grave ameaça**.

e) **40% (quarenta por cento) da pena**, se o apenado for condenado pela prática de **crime hediondo ou equiparado**, se for primário: esse patamar é idêntico ao anterior, previsto no extinto art. 2º, § 2º, da Lei n. 8.072/90, embora a lei dissesse "2/5" em vez de "40%".

f) **50% (cinquenta por cento) da pena**, se o apenado for:

(i) condenado pela prática de crime **hediondo ou equiparado, com resultado morte**, se for **primário**, vedado o livramento condicional;

(ii) condenado por exercer o **comando, individual ou coletivo, de organização criminosa estruturada para a prática de crime hediondo ou equiparado; ou**

(iii) condenado pela prática do **crime de constituição de milícia privada**.

g) **60% (sessenta por cento) da pena**, se o apenado for **reincidente** na prática de crime **hediondo ou equiparado**: essa fração é (matematicamente) semelhante à anterior, prevista no revogado art. 2º, § 2º, da Lei n. 8.072/90, embora tenha alcance mais restrito.

h) **70% (setenta por cento) da pena**, se o apenado for **reincidente** em crime **hediondo ou equiparado com resultado morte**, vedado o livramento condicional.

Em 2024, a Lei n. 14.994 passou a exigir, no caso de condenação por **feminicídio**, o cumprimento de 55% (**cinquenta e cinco por cento) da pena** ao sentenciado primário e de **70% (setenta por cento)** ao reincidente.

Os incisos II e IV do art. 122 da LEP, que tratam das **porcentagens de 20% e 30%**, foram, em nosso modo de ver, mal redigidos, dando margem a **duas interpretações**.

Pode-se entender que cada qual exige reincidência "específica" dentro de seu critério.

Nesse sentido, o inciso II (20%) demandaria que o sentenciado, para se aplicar o patamar, fosse reincidente em delitos cometidos sem violência à pessoa ou grave ameaça; em outras palavras, o delito anterior, objeto da condenação transitada em julgado, bem como a nova infração cometida, deveriam ser infrações realizadas sem o emprego de tais meios executórios (*v.g.*, depois de condenado irrecorrivelmente por furto, o agente pratica um estelionato).

O inciso IV (30%), seguindo a mesma linha de raciocínio, imporia que o sentenciado fosse reincidente em crime praticado com violência à pessoa ou grave ameaça, de tal maneira que ambos os delitos tivessem que ser cometidos com tais meios de execução (p. ex., após ter sido condenado com trânsito em julgado por roubo, o agente pratica uma extorsão).

Essa interpretação deixaria uma lacuna na lei, pois não haveria porcentagem adequada para quem fosse condenado definitivamente por delito praticado *com* violência à pessoa ou grave ameaça e depois cometesse fato *sem* tais meios executivos, e vice-versa.

Não nos parece, contudo, seja esta a melhor exegese.

Note que a LEP não utiliza o termo "reincidente específico", mas fala apenas "reincidente".

Além disso, **a lei não exige que ambos os crimes sejam praticados com ou sem** violência à pessoa ou grave ameaça. **Ao empregar o vocábulo "crime" no singular e não no plural, está se referindo apenas ao segundo fato.** Isto é, trata-se do sujeito que *se torna reincidente* cometendo um *crime* de determinada natureza (*com* ou *sem violência* etc.).

Com outras palavras, **a fixação da porcentagem ao reincidente depende da natureza do novo crime cometido.** Se o agente houver sido condenado com trânsito em julgado por furto e, ao depois, cometer um roubo simples, deverá cumprir trinta porcento da pena para obter a progressão.

Situação similar se nota no tratamento das frações ao reincidente em crime hediondo ou equiparado com ou sem resultado morte.

Segundo a LEP (art. 112, VII), deverá cumprir sessenta por cento da pena o apenado "reincidente na prática de crime hediondo ou equiparado". O critério deverá incidir sobre quem, uma vez condenado em definitivo por qualquer delito, cometer algum crime hediondo ou equiparado.

O inciso VII do art. 112 da LEP, por fim, traz a mesma discussão quando impõe a fatia de setenta porcento da pena ao "reincidente em crime hediondo ou equiparado com resultado morte".

Deve-se sublinhar, novamente, que os textos citados diferem daquele constante do inciso V do art. 83 do CP, que trata do livramento condicional, determinando que não fará jus ao benefício o "reincidente **específico** em crimes dessa natureza".

O **Superior Tribunal de Justiça, porém, adota entendimento diverso,** ou seja, fixou a tese de que a Lei Anticrime, ao promover as alterações no art. 112 da LEP, limitou-se a prever patamares mais rigorosos a reincidentes específicos, de tal maneira que, no caso da reincidência genérica, aplica-se o percentual exigido a réus primários. Eis o teor da tese fixada: "É reconheci-**da a retroatividade do patamar estabelecido no art. 112, V, da Lei n. 13.964/2019, àqueles apenados que, embora tenham cometido crime he-diondo ou equiparado sem resultado morte, não sejam reincidentes em deli-to de natureza semelhante"** (Tema 1.084)[10].

4.2.1. Requisito subjetivo

Anote-se que o cumprimento de parte da pena é o requisito objetivo, e, além dele, **o sentenciado deverá ostentar boa conduta carcerária,** comprovada pelo diretor do estabelecimento, respeitadas as normas que vedam a progressão (LEP, art. 112, § 1º).

A decisão do juiz que determinar a progressão de regime será sempre motivada e precedida de manifestação do Ministério Público e do defensor, procedimento que também será adotado na concessão de livramento condicional, indulto e comutação de penas.

De acordo com o § 7º do art. 112 da LEP, **o bom comportamento é readquirido após um ano da ocorrência do fato, ou antes, após o cumprimento do requisito temporal exigível para a obtenção do direito.**

Trata-se da criação de um período depurador, ou seja, um lapso que, uma vez transcorrido, retira o impedimento subjetivo ao benefício legal. Esse prazo, como regra, é de um ano; com seu decurso, o sentenciado readquire o *status* de detentor de bom comportamento.

Há dúvida, porém, sobre o que pretendeu o legislador dizer com a reaquisição do *status* de detentor de bom comportamento quando, *antes de um ano, o sentenciado cumpre o requisito temporal para a obtenção do direito.* Teria, com isso, indicado que, atingido o prazo, dispensa-se o requisito subjetivo? Imagine, por exemplo, um indivíduo que, faltando uma semana para cumprir o requisito necessário à progressão de regime, realiza fato gerador de mau comportamento carcerário, provocando outros detentos para uma luta corporal; passados sete dias, por ter cumprido o "requisito temporal para a obtenção do direito", poderá o agente progredir? Ao se entender dessa maneira, aniquila-se por completo o requisito subjetivo,

---

[10] REsp 1.910.240/MG, Rel. M. Rogerio Schietti Cruz, 3ª Seção, j. em 26-5-2021, *DJe* 31-5-2021; AgRg no REsp 1.931.562/PR, rel. Min. Sebastião Reis Júnior, 6ª T., j. 14-12-2021; e REsp 2.026.837/SC, rel. Min. Messod Azulay Neto, 5ª T., j. 7-11-2023.

banalizando-se a já vulgarizada execução penal. Esse entendimento choca-se frontalmente com o princípio constitucional da individualização da pena (CF, art. 5º, XLVI), o qual inegavelmente deve ser observado durante a execução penal (LEP, art. 5º). Abrir mão (quase) por completo do requisito subjetivo, concedendo direitos não conquistados por merecimento, padroniza pejorativamente a outorga de benefícios, desincentivando o bom comportamento no ambiente penal. Iguala-se o sentenciado que se esforçou positivamente durante o cumprimento de sua pena com aquele que pouco se importou com o cumprimento das regras.

Afastada essa interpretação, qual, então, a exegese que se afigura constitucionalmente admissível e sistematicamente em sintonia com o objetivo maior da execução penal, consistente em proporcionar condições para a harmônica integração social do condenado e do internado (art. 1º da LEP)? Em nosso sentir, deve-se entender que o período depurador do § 7º do art. 112 da LEP é de um ano, salvo quando o requisito temporal necessário para obter o direito for inferir a esse prazo. Imagine que o sentenciado tenha sido condenado, como reincidente, por crime cometido sem violência ou grave ameaça à pessoa, à pena de um ano e oito meses de reclusão, em regime inicial semiaberto. Para progredir ao regime aberto, terá que cumprir 20% de sua pena, ou seja, quatro meses. Neste caso, o requisito temporal para a concessão do direito é inferior a um ano; logo, o período depurador do § 7º do art. 112 da LEP, para tal hipótese, será de quatro meses. Seguindo com essa mesma situação hipotética: faltando um mês para completar o tempo necessário ao benefício, o reeducando incorre em mau comportamento. No caso dele, não se aplica o período depurador de um ano, mas de quatro meses, adotando-se como termo inicial deste prazo a data do ato cometido.

4.2.2. Tráfico de drogas minorado e progressão de regime

O legislador teve o cuidado de observar, no § 5º do art. 112 da LEP, o entendimento fixado pelo Supremo Tribunal Federal, no HC 118.533, no sentido de que não se considera hediondo ou equiparado o crime de tráfico de drogas minorado, isto é, aquele previsto no § 4º do art. 33 da Lei n. 11.343/2006. Desse modo, **o agente que cumprir pena por tal infração fica sujeito às frações de 16% ou 20%, conforme seja primário ou reincidente.**

Destaca-se que o Plenário do STF, por maioria, aprovou enunciado de súmula vinculante com o seguinte teor: "É impositiva a fixação do regime aberto e a substituição da pena privativa de liberdade por restritiva de direitos quando reconhecida a figura do tráfico privilegiado (art. 33, § 4º, da Lei n. 11.343/2006) e ausentes vetores negativos na primeira fase da dosimetria (art. 59 do CP), observados os requisitos do art. 33, § 2º, alínea *c* e do art. 44, ambos do Código Penal" (PSV 139).

4.2.3. Falta grave e a interrupção do período aquisitivo para progressão

Outro ponto importante disciplinado pela Lei Anticrime diz respeito à prática de falta grave e o reflexo que esta produz na contagem do período aquisitivo para fins de progressão. O tema era polêmico, existindo vozes no sentido de que, à falta de expressa previsão legal, nenhum reflexo poderia provocar a falta grave na contagem do tempo de cumprimento de pena para fins de progressão; no máximo, a falta grave serviria para demonstrar a ausência de bom comportamento carcerário (requisito subjetivo).

O **Superior Tribunal de Justiça**, porém, **já havia sumulado** que: "A prática de falta grave interrompe a contagem do prazo para a progressão de regime de cumprimento de pena, o qual se reinicia a partir do cometimento dessa infração" (**Súmula 534**)[11]. **Esse entendimento foi transportado para a letra da lei, no art. 112, § 6º, da LEP: "O cometimento de falta grave durante a execução da pena privativa de liberdade interrompe o prazo para a obtenção da progressão no regime de cumprimento da pena, caso em que o reinício da contagem do requisito objetivo terá como base a pena remanescente".**

4.2.4. Direito intertemporal e a Lei Anticrime

Importante anotar que as normas de progressão de regime têm caráter penal e, portanto, sendo gravosas, como é o caso da grande maioria das mudanças introduzidas pela Lei Anticrime, não têm eficácia retroativa, isto é, não se aplicam a condenações cujo fato delituoso tenha sido praticado antes do dia 23 de janeiro de 2020.

A disposição benéfica, por sua vez, será retroativa, o que se dá no caso do inciso I do art. 112 da LEP, que determina deva o sentenciado primário, que cumpre pena por delito praticado sem violência contra pessoa ou grave ameaça possa progredir depois de cumprir 16% da pena. Esse patamar é ligeiramente inferior ao anterior (1/6 – que corresponde a 16,66%).

---

[11] Este é o entendimento do STJ: "(...) A jurisprudência desta Corte Superior firmou-se em que o reconhecimento de falta grave no curso da execução penal autoriza a regressão de regime prisional (art. 118, inciso I, da Lei n. 7.210/1984), a alteração da data-base para a concessão de novos benefícios executórios, salvo para fins de livramento condicional (Súmula 441/STJ), comutação de pena e indulto (Súmula 535/STJ), além da perda dos dias remidos (...)" (AgRg nos EDcl no HC 526.328/RJ, rel. Min. Jorge Mussi, 5ª T., j. 5-3-2020). Ver ainda: AgRg no HC 785.404/SP, rel. Min. Rogerio Schietti Cruz, 6ª T., j. 13-2-2023. Para o STF, no mesmo sentido: "(...) 2. Execução Penal. 3. Cometimento de falta grave. 4. Definição de nova data para contagem de benefícios e perda de dias remidos. Manutenção em regime fechado. (...)" (HC 150.745 AgRg/RO, rel. Min. Gilmar Mendes, 2ª T., j. 22-2-2019). E também: HC 209.892 AgR, rel. Min. Dias Toffoli, 1ª T., j. 4-4-2022.

4.2.5. Súmula Vinculante 56

De acordo com a **Súmula Vinculante 56: "A falta de estabelecimento penal adequado não autoriza a manutenção do condenado em regime prisional mais gravoso, devendo-se observar, nessa hipótese, os parâmetros fixados no RE 641.320/RS"**.

Os **parâmetros** fixados pela Suprema Corte no RE n. 641.320/RS são os seguintes:

a) "a **ausência de estabelecimento adequado não autoriza a manutenção do condenado em regime prisional mais gravoso**";

b) "**os juízes da execução penal poderão avaliar os estabelecimentos destinados aos regimes semiaberto e aberto, para qualificação como adequados a tais regimes**", sendo aceitáveis "estabelecimentos que não se qualifiquem como 'colônia agrícola, industrial' (regime semiaberto) ou 'casa de albergado ou estabelecimento adequado' (regime aberto) (art. 33, § 1º, alíneas *b* e *c*)"[12];

c) "**havendo déficit de vagas**, deverá **determinar**-se:

(i) a **saída antecipada** de sentenciado no regime com falta de vagas;

(ii) a **liberdade eletronicamente monitorada** ao sentenciado que sai antecipadamente ou é posto em prisão domiciliar por falta de vagas;

(iii) o **cumprimento de penas restritivas de direito e/ou estudo ao sentenciado que progride ao regime aberto**. Até que sejam estruturadas as medidas alternativas propostas, poderá ser deferida a prisão domiciliar ao sentenciado".

4.2.6. Progressão de condenados por crimes contra a Administração Pública

Os **condenados por crime contra a Administração Pública** cometido após 13 de novembro de 2003 (data da entrada em vigor da Lei n. 10.763) **terão a progressão de regimes condicionada à reparação dos danos que causaram, ou à devolução do produto do ilícito praticado, com os acréscimos legais** (CP, art. 33, § 4º). Trata-se de mais um efeito da reparação dos danos no Direito Penal (cf. CP, arts. 16, 65, III, *b*, 78, § 2º, 81, II, 83, IV, e 94, III).

---

[12] No julgamento da Rcl 25.123 (rel. Min. Ricardo Lewandowski, j. 18-4-2017), o STF indeferiu a reclamação ajuizada pela defesa, por suposta ofensa à SV 56, por considerar que o preso, o qual fazia jus ao regime semiaberto, embora não estivesse em colônia penal, encontrava-se em ala distinta de penitenciária, dedicada exclusivamente a presos nesse regime, garantindo-se a ele todos os benefícios inerentes ao semiaberto. Nesse sentido, ver também: STJ, AgRg no HC 565.204/SC, rel. Min. Reynaldo Soares da Fonseca, 5ª T., j. 28-4-2020.

4.2.7. Progressão antes do trânsito em julgado

Entende o Supremo Tribunal Federal admissível a progressão de regimes penitenciários antes do trânsito em julgado, como se nota nas **Súmulas 716** ("Admite-se a progressão de regime de cumprimento da pena ou a aplicação imediata de regime menos severo nela determinada, antes do trânsito em julgado da sentença condenatória") e **717** ("Não impede a progressão de regime de execução da pena, fixada em sentença não transitada em julgado, o fato de o réu se encontrar em prisão especial[13]").

4.2.8. Progressão especial (gestantes e responsáveis por crianças ou pessoas com deficiência)

Conforme destacamos acima, no item 4.2, **a Lei Anticrime manteve a figura da progressão especial, criada pela Lei n. 13.769/2018.**

Trata-se da **progressão de condenada gestante, mãe ou responsável por crianças ou pessoas com deficiência** (abrangendo, inclusive, condenações por crimes hediondos ou equiparados, conquanto estejam previstos os requisitos legais).

Essas pessoas terão o direito de **progredir após** o cumprimento de **um oitavo da pena, desde que: (i) o crime cometido não tenha sido praticado com violência ou grave ameaça contra a pessoa; (ii) não tenha praticado delito contra o filho ou o dependente; (iii) seja primária e tenha bom comportamento carcerário; (iv) não tenha integrado organização criminosa.**

Caso obtenham a progressão e cometam novo crime doloso ou incorram em falta grave, haverá a regressão de regime.

Destaque-se, por fim, que, quando o juiz impuser prisão preventiva à mulher gestante ou mãe ou responsável por crianças ou pessoas com deficiência, esta será substituída por prisão domiciliar[14], salvo quando se tratar

---

[13] Anote-se que, ao julgar a ADPF 334 (rel. Min. Alexandre de Moraes, sessão virtual de 24-3-2023 a 31-3-2023), o Plenário do STF, por unanimidade, declarou que o art. 295, inc. VII, do CPP não foi recepcionado, por se tratar de discrímen que não é compatível com a CF/88, uma vez que não há razoável justificativa para o tratamento distinto decorrente de diplomação em ensino superior, o que promove a categorização de presos, além de violar os princípios do Estado Democrático de Direito e da Igualdade.

[14] Não se deve confundir, neste ponto, com os casos de cumprimento de pena definitiva, uma vez que, se fixado o regime inicial fechado ou semiaberto, não é possível a concessão de prisão domiciliar. Com efeito, consoante se extrai do art. 117 da Lei de Execução Penal, a execução da pena em regime aberto é pressuposto para a possibilidade de concessão de regime domiciliar. Assim, se fixado regime inicial mais

de medida imposta em crime cometido com violência ou grave ameaça contra pessoa ou delito praticado contra filho ou dependente[15].

A prisão preventiva domiciliar em questão está prevista no art. 318-A do CPP e poderá ser aplicada sem prejuízo da imposição cumulativa de cautelares alternativas à prisão, nos termos do art. 319 do CPP, como a monitoração eletrônica, a proibição de se aproximar de vítimas ou testemunhas, entre outras.

4.2.9. Crime organizado e progressão de regime

De acordo com o § 9º do art. 2º da Lei do Crime Organizado, o **condenado por integrar organização criminosa ou por crime praticado por meio desta não poderá progredir de regime de cumprimento de pena ou obter livramento condicional ou outros benefícios prisionais (como saída temporária) se houver elementos probatórios que indiquem a manutenção do vínculo associativo.**

Para que incida a proibição, é necessário que a sentença ou o acórdão condenatórios reconheçam expressamente que o agente integrou a organização ou que o delito foi cometido por meio dela e, além disso, que se demonstre, em sede de execução penal, a subsistência do vínculo associativo.

4.3. Regressão de regime

Dá-se a regressão de regime, isto é, a **transferência de regime mais brando para mais rigoroso** (p. ex., do semiaberto para o fechado), quando o **sentenciado praticar fato definido como crime doloso ou cometer falta grave**, ou, ainda, quando **sobrevier condenação por novo crime que, somada ao restante da pena, tornar incabível o regime atual** (aplicar-se-á, nesse caso, a soma das penas para aferição do novo regime adequado, nos termos do art. 111 da LEP).

A regressão por salto é admitida expressamente pela Lei de Execução Penal (art. 118, *caput*, parte final), isto é, pode o sentenciado do regime aberto ser transferido para o regime fechado.

---

gravoso, nem mesmo a mãe de criança menor de 12 anos pode obter prisão domiciliar salvo em hipóteses de razões humanitárias, cabendo à mãe comprovar que é indispensável aos cuidados de seu filho. Nesse sentido, ver: STF, RHC 217.978 AgR-segundo, rel. Min. Ricardo Lewandowski, 2ª T., sessão virtual de 16-6-2023 a 23-6-2023).

[15] Também podem ocorrer situações excepcionalíssimas que justifiquem a denegação do benefício, fundamentadamente. Nesse sentido, ver: STJ, AgRg no RHC 198.328/PR, rel. Min. Reynaldo Soares da Fonseca, 5ª T., j. 1-7-2024.

Uma vez determinada a regressão, contar-se-á novo lapso temporal para uma progressão de regimes a partir do momento em que a transferência se consumar. Assim, por exemplo, se o sentenciado foi condenado a sete anos de prisão em regime inicial semiaberto e, depois de cumprir um ano de sua pena, praticou falta grave, será transferido ao regime fechado para cumprir o restante da sanção (seis anos); nesse caso, poderá ele obter progressão de regime, depois de cumprir a respectiva fração nesse regime, nos termos do art. 112 da LEP, desde que, obviamente, tenha bom comportamento carcerário.

O Tribunal de Justiça de São Paulo já decidiu, nesse sentido, que "a consequência mais direta do reconhecimento da prática de falta grave – além da perda dos dias remidos – é a regressão de regime. Operada a regressão, na forma do art. 118 da Lei de Execução Penal, novo cálculo há de ser elaborado, porque nova progressão só poderá ser pleiteada, como manda a lei, após o cumprimento de um sexto da pena no regime anterior e desde que haja mérito"[16].

4.4. Regras dos regimes penitenciários

Os regimes penitenciários diferem pelos seguintes aspectos: local de cumprimento, necessidade de realização do exame criminológico, regime jurídico do trabalho, possibilidade de remição e autorizações de saída.

4.4.1. Local de cumprimento

O *regime fechado* deve ser cumprido em *estabelecimentos de segurança máxima ou média*; o *semiaberto*, em *colônia penal agrícola ou industrial* ou estabelecimento similar; o *aberto, em Casa do Albergado* ou estabe-

---

[16] AgEx 990.08.115575-3, 5ª CCr, rel. Des. Pinheiro Franco, j. 29-1-2009. Na mesma esteira: "(...) o Superior Tribunal de Justiça firmou o entendimento de que a prática de falta disciplinar de natureza grave implica a regressão de regime conforme estabelecido no art. 118, I, da LEP (...)" (STJ, AgRg no HC 529.496/SP, rel. Min. Ribeiro Dantas, 5ª T., j. 17-12-2019); "(...) A prática de falta grave no curso da execução penal acarreta, dentre outros efeitos, a interrupção do prazo para a progressão de regime (...)" (STJ, AgRg no HC 542.111/SP, rel. Min. Joel Ilan Paciornik, 5ª T., j. 10-3-2020); e também "(...) De acordo com o entendimento do Superior Tribunal de Justiça, o cometimento de falta grave ou de crime doloso, no curso da execução da pena, autoriza a regressão do regime de cumprimento de pena do reeducando, mesmo que seja estabelecido de forma mais gravosa do que a fixada na sentença condenatória (LEP, art. 118, I), não havendo falar em ofensa a coisa julgada. Precedentes. (...)" (STJ, AgRg no REsp 1.778.649/PA, rel. Min. Ribeiro Dantas, 5ª T., j. 18-2-2020). Ver também: AgRg no HC 785.404/SP, rel. Min. Rogerio Schietti Cruz, 6ª T., j. 13-2-2023; AgRg no HC 779.490/SC, rel. Min. Antonio Saldanha Palheiro, 6ª T., j. 29-5-2023; e AgRg no HC 802.006/SP, rel. Min. Messod Azulay Neto, 5ª T., j. 26-2-2024.

lecimento congênere (o sentenciado deve se recolher neste local nos períodos noturnos e finais de semana, mas durante os dias úteis sai para trabalhar).

Na **falta de estabelecimento adequado** (p. ex., inexistência de Casa de Albergado na comarca), segundo entendem nossos Tribunais Superiores, **não se pode permitir que o sentenciado permaneça em regime mais rigoroso** do que aquele a que faz jus. Cabe, portanto, ao Juízo das Execuções determinar sua colocação em regime mais benéfico ou, se for o caso, em prisão--albergue domiciliar[17].

A LEP autoriza a fixação de condições especiais para o regime aberto (art. 115), sem prejuízo das obrigatórias (permanecer no local designado durante o repouso e dias de folga, sair para o trabalho e retornar em horários fixados, não se ausentar da cidade onde reside sem autorização judicial, comparecer quando chamado a juízo para informar e justificar suas atividades). **Discute-se, nesse sentido, se é possível aplicar, sob a roupagem de condição especial, a prestação de serviços comunitários ou outra pena alternativa. Para o STJ, a resposta é negativa** (nesse sentido: Súmula 493[18]). De ver, contudo, que esse entendimento não mais prevalece, **tendo em vista a tese consagrada pelo STF na Súmula Vinculante 56.** Significa dizer que a Súmula 493 do STJ foi revogada pela SV 56 do STF. **Esta autoriza** (dada a remissão que faz à decisão tomada pela Suprema Corte no RE 641.320/RS) **que se imponha o cumprimento de penas restritivas de direito e/ou estudo ao sentenciado que progride ao regime aberto.**

4.4.2. Exame criminológico

O *exame criminológico* (perícia multidisciplinar dedicada a obter elementos para uma adequada classificação com vistas a individualizar a execução da pena) é **obrigatório no início das penas cumpridas em regime fechado** (muito embora, na prática, em função da escassez do aparato estatal, esse exame acaba sendo pouco realizado). No regime **semiaberto, a realização desta perícia no início do cumprimento da pena é facultativa** (LEP, art. 8º, parágrafo único). No **aberto, é desnecessária.**

Note, porém, que a facultatividade de realização da perícia no regime semiaberto e sua desnecessidade no regime aberto somente se aplicam quando

---

[17] Para tanto, contudo, devem ser observados os parâmetros estabelecidos pelo Plenário do STF no RE 641.320/RS. Nesse sentido: STJ, AgRg no REsp 1.840.609/RS, rel. Min. Sebastião Reis Júnior, 6ª T., j. 10-3-2020; AgRg no HC 538.773/RJ, rel. Min. Rogerio Schietti Cruz, 6ª T., j. 10-3-2020; e AgRg no HC 548.229/RJ, rel. Min. Leopoldo de Arruda Raposo (Desembargador Convocado do TJ/PE), 5ª T., j. 20-2-2020.

[18] "É inadmissível a fixação de pena substitutiva (art. 44 do CP) como condição especial ao regime aberto."

forem regimes iniciais de cumprimento da pena, pois, se o ingresso em ambos se der mediante progressão de regime, será obrigatória a realização do exame criminológico (arts. 112, § 1º, e 114, II, da LEP).

4.4.3. Trabalho

O *trabalho* constitui *direito e dever do preso definitivo*[19]. Trata-se de direito, pois lhe confere **remuneração** (LEP, arts. 28 a 37) e **remição** (LEP, arts. 126 e s.), mas é também um **dever, pois o sujeita a falta grave, caso não trabalhe embora possa fazê-lo** (LEP, arts. 39, V, e 50, VI). **A remuneração do preso não pode ser inferior a três quartos do salário mínimo – LEP, art. 29**[20].

Nos regimes fechado e semiaberto, o trabalho observa as regras da Lei de Execução Penal, ao passo que, no **regime aberto, o regramento obedece às normas comuns** (isto é, à Consolidação das Leis do Trabalho). Há que se lembrar, ainda, que a Lei de Execução Penal autoriza o trabalho no interior do estabelecimento (trabalho interno) e, excepcionalmente, fora dele, em obras ou serviços públicos (trabalho externo).

O trabalho externo (LEP, arts. 36 e 37) é cabível, depois de cumprido um sexto da pena (Súmula 40 do STJ), em serviços ou obras públicas, com vigilância e mediante autorização do diretor do estabelecimento, observando-se que o limite máximo de presos não pode ser superior a 10% do total de trabalhadores.

4.4.4. Remição

Consiste no **direito de descontar um dia de pena para cada 3 dias trabalhados ou 12 horas de estudo, divididas em, no mínimo, 3 dias.**

A Lei n. 12.433, de 29-6-2011, deu novo tratamento ao instituto. Cuida-se de norma de caráter material e, dado seu cunho benéfico, aplica-se retroativamente. Antes dela, a LEP somente previa a remição pelo trabalho, embora a jurisprudência a autorizasse com base no estudo do sentenciado (Súmula 341 do STJ). Não havia, porém, regras claras a respeito, problema corrigido com a Lei n. 12.433/2011.

A remição pelo trabalho pode se dar nos regimes fechado e semiaberto; pelo estudo, além destes, no regime aberto e livramento condicional (reduzindo, nesse caso, o período de prova) – LEP, art. 126, § 6º.

---

[19] O trabalho não é obrigatório aos presos provisórios e aos presos políticos.

[20] De ver que o dispositivo que impõe piso remuneratório nesse patamar é constitucional, conforme decidiu o Supremo Tribunal Federal no julgamento da ADPF 336, julgada em 1º-03-2021.

A **remição pelo estudo** observa as seguintes regras:

a) *quanto à contagem*: 1 dia de pena a cada 12 horas de frequência escolar, divididas, no mínimo, em 3 dias;

b) *quanto à modalidade de estudo*: atividade de **ensino fundamental, médio, inclusive profissionalizante, ou superior, ou ainda de requalificação profissional.** Pode ser **presencial ou à distância;**

c) *prêmio pela conclusão do ensino fundamental, médio ou superior durante o cumprimento da pena*: o **tempo a remir** em função das horas de estudo será **acrescido de um terço.** Assim, por exemplo, se o sentenciado estudou 360 horas, divididas em 90 dias letivos, terá 30 dias de remição. Se com essa carga concluir o ensino fundamental, obtendo o respectivo certificado de conclusão, ganhará mais um terço, ou seja, mais 10 dias.

Admitem-se cumular, no mesmo dia, horas de trabalho e de estudo, para obtenção do benefício. Pode o condenado, portanto, contar o mesmo dia para remição pelo trabalho e pelo estudo. Significa que descontará 2 dias de pena para cada 3 trabalhados e estudados.

De acordo com o art. 126, § 4º, o preso impossibilitado, por acidente, de prosseguir no trabalho ou nos estudos continuará a beneficiar-se com a remição.

O período trabalhado ou estudado durante eventual prisão cautelar (flagrante, preventiva ou temporária) dará direito à remição, com relação à futura pena imposta (LEP, art. 126, § 7º).

A prática de *falta grave* gera a perda dos dias remidos. A jurisprudência chegou a decidir, nos anos de 1990 e 2000, que a decretação desta perda feriria a coisa julgada, no tocante aos dias remidos concedidos por decisão judicial. Prevaleceu, contudo, que se tratava de coisa julgada *rebus sic stantibus*. O STF editou, no final de 2008, a Súmula Vinculante 9, dispondo que o art. 127, em sua redação original (anterior à Lei n. 12.433/2011), fora recepcionado pela CF, não se aplicando para tais fins o limite do art. 58, *caput* (30 dias). A Súmula, agora, encontra-se superada em face da atual redação do LEP, art. 127. **Conforme preceitua o novo texto, o juiz, diante da falta grave, reconhecida em procedimento apuratório, deverá decretar a perda dos dias remidos de maneira *individualizada*, levando em conta: a natureza, os motivos, as circunstâncias e as consequências do fato, bem como a pessoa do faltoso e seu tempo de prisão. Há, ainda, um teto para a sanção, que não poderá ultrapassar um terço do total dos dias remidos.**

A remição será declarada pelo juiz da execução, ouvidos o Ministério Público e a defesa (LEP, art. 126, § 8º).

No que toca à contagem, **devem os dias ser computados como pena cumprida,** ou seja, da mesma forma como a detração, prevista no art. 42 do

CP (LEP, art. 128). Imagine, por exemplo, uma pena de 6 anos de reclusão, em que o agente tenha trabalhado por 9 meses, obtendo, portanto, 3 meses de remição. Esse período será acrescido do início, de tal modo que se considerará ter o sujeito cumprido 1 ano da reprimenda, ou seja, um sexto do total, de modo que terá preenchido o tempo necessário para pleitear a progressão de regime.

Destaque-se que **"é possível a remição de parte do tempo de execução da pena quando o condenado, em regime fechado ou semiaberto, desempenha atividade laborativa, ainda que extramuros"** (Súmula 562 do STJ).

4.4.5. Autorizações de saída

A **autorização de saída é prevista para os regimes fechado e semiaberto**. Se **divide** em *permissão de saída* (LEP, arts. 120 e 121) e *saída temporária* (LEP, arts. 122 a 125).

No **fechado, tem lugar apenas a permissão de saída,** cabível em situações emergenciais, como necessidade de atendimento médico ou em razão de luto na família (LEP, arts. 120 e 121). **No semiaberto** (e no aberto por analogia), **além da permissão de saída, cabe também a saída temporária.**

Coexistem, atualmente, dois regimes jurídicos de saída temporária. O primeiro, mais benéfico, se aplica a condenações criminais por fatos cometidos até o dia 10 de abril de 2024, data anterior ao início da vigência da Lei n. 14.843, que restringiu substancialmente o alcance desse instituto.

Por se cuidar de lei penal gravosa (*novatio legis in pejus*), as alterações rigorosas e restritivas do direito de liberdade só têm aplicação a condenações por fatos perpetrados a partir de sua entrada em vigor: 11 de abril de 2024.

No regime anterior, de aplicação ultrativa aos fatos cometidos até 10 de abril de 2024, o preso recebe autorização para deixar o estabelecimento, sem qualquer vigilância, por até sete dias, cinco vezes ao ano, ou, ainda, para frequentar curso supletivo profissionalizante, de ensino médio ou superior – pelo tempo necessário ao cumprimento da respectiva carga letiva – ou atividade que concorra para o retorno ao convívio social (LEP, arts. 122 a 125). A saída temporária exige cumprimento de um sexto da pena, se primário, e um quarto, se reincidente o condenado (Súmula 40 do STJ), além de comportamento adequado, a serem avaliados e concedidos pelo Juiz das Execuções Penais.

Pelo regramento instituído pela Lei n. 14.843/2024, remanesce apenas a medida para frequência a curso supletivo profissionalizante, bem como de instrução do ensino médio ou superior, a qual passou a ser vedada a sentenciados que cumpram pena por crime hediondo ou cometido com violência ou grave ameaça contra pessoa.

A permissão de saída e a saída temporária, além de se distinguirem pelo fato de que a primeira tem lugar em situações emergenciais e a outra equivale a um prêmio por bom comportamento, possuem outras diferenças relevantes. Assim, a permissão de saída se dá mediante autorização do diretor do estabelecimento, ao passo que a saída temporária depende obrigatoriamente de decisão judicial[21]. A permissão de saída independe do cumprimento parcial da pena e sempre se dá com escolta. A saída temporária requer o cumprimento de uma fração da pena e independe de vigilância. A permissão de saída não tem limite, podendo ser concedida tantas vezes quanto se fizer necessário, diversamente do que ocorre com a saída temporária.

O juiz das execuções poderá, ainda, determinar que o sentenciado utilize equipamento de monitoração eletrônica (*vide* item 5, a seguir).

O STJ, acompanhando entendimento do STF, admite a concessão de saídas temporárias "automatizadas", ou seja, em períodos definidos no início de cada ano, pelo juízo das execuções penais, cabendo ao diretor do estabelecimento controlar concretamente a concessão ao preso que recebeu o benefício nesses termos.

No julgamento do REsp 1.544.036 (rel. Min. Schietti)[22], a 3ª Seção do STJ fixou as seguintes teses:

1) "É recomendável que cada autorização de saída temporária do preso seja precedida de decisão judicial motivada. Entretanto, se a apreciação individual do pedido estiver, por deficiência exclusiva do aparato estatal, a interferir no direito subjetivo do apenado e no escopo ressocializador da pena, deve ser reconhecida, excepcionalmente, a possibilidade de fixação de calendário anual de saídas temporárias por ato judicial único, observadas as hipóteses de revogação automática do artigo 125 da LEP."

2) "O calendário prévio das saídas temporárias deverá ser fixado, obrigatoriamente, pelo juízo das execuções, não se lhe permitindo delegar à autoridade prisional a escolha das datas específicas nas quais o apenado irá usufruir os benefícios. Inteligência da Súmula 520 do STJ."

3) "Respeitado o limite anual de 35 dias, estabelecido pelo artigo 124 da LEP, é cabível a concessão de maior número de autorizações de curta duração."

4) "As autorizações de saída temporária para visita à família e para participação em atividades que concorram para o retorno ao convívio social,

---

[21] Segundo o STJ (Súmula 520): "O benefício de saída temporária no âmbito da execução penal é ato jurisdicional insuscetível de delegação à autoridade administrativa do estabelecimento prisional".

[22] Data do julgamento: 19-9-2016.

se limitadas a cinco vezes durante o ano, deverão observar o prazo mínimo de 45 dias de intervalo entre uma e outra. Na hipótese de maior número de saídas temporárias de curta duração, já intercaladas durante os 12 meses do ano e muitas vezes sem pernoite, não se exige o intervalo previsto no artigo 124, parágrafo 3º, da LEP."

O direito à saída temporária era concedido indiscriminadamente na legislação a todos os sentenciados, conquanto preenchidos os requisitos legais. **Com o advento da Lei Anticrime (Lei n. 13.964/2019), tornou-se vedado ao condenado que cumpre pena por crime hediondo com resultado morte (LEP, art. 122, § 2º), como um homicídio qualificado consumado, por exemplo, e, depois da Lei n. 14.843/2024, a todos os condenados por delitos hediondos ou crimes perpetrados com violência ou grave ameaça contra pessoa.**

Essas vedações, dado seu caráter gravoso, somente se aplicam a fatos praticados após entrada em vigor das respectivas Leis (isto é, 23 de janeiro de 2020 e 11 de abril de 2024). Cuidam-se de disposições relativas à forma de cumprimento da pena e, portanto, devem observar a irretroatividade da lei penal (CF, art. 5º, XL).

As diferenças entre os três regimes penitenciários encontram-se resumidas no quadro seguinte:

	FECHADO	SEMIABERTO	ABERTO
Local de cumprimento	Estabelecimento de segurança máxima ou média	Colônia penal agrícola ou industrial	Casa do albergado ou estabelecimento adequado
Exame criminológico	Obrigatório (no início da pena)	Facultativo (no início da pena)	Desnecessário
Trabalho	Interno ou externo	Interno ou externo	Pressuposto
Remição	Possível (pelo trabalho e pelo estudo)	Possível (pelo trabalho e pelo estudo)	Possível (somente pelo estudo)
Autorizações de saída	Permissão de saída	Permissão de saída ou saída temporária	Permissão de saída ou saída temporária

5. MONITORAÇÃO ELETRÔNICA DE PRESOS

A monitoração eletrônica de presos (definitivos ou provisórios) foi instituída no ordenamento pátrio por intermédio da Lei n. 12.258, de 15-6-2010, que alterou diversos dispositivos da Lei de Execução Penal[23].

---

[23] O texto também provocava mudanças no Código Penal, que foram vetadas pelo Presidente da República.

O legislador, de início, instituiu a medida em duas situações: 1) outorga de saída temporária; 2) prisão domiciliar (LEP, art. 146-B).

Com o advento da Lei n. 14.843, de 2024, **três novas** hipóteses foram acrescidas: 1) cumprimento de pena privativa de liberdade em regime aberto ou semiaberto (seja como regimes iniciais de execução ou decorrentes de progressão de regime); 2) cumprimento de pena restritiva de direitos que consista em frequência a lugares específicos; e 3) concessão de livramento condicional.

Quando ordenada a utilização do dispositivo[24], deverá o sentenciado ser alertado a respeito dos cuidados com o equipamento e dos deveres de receber visitas do servidor responsável pela monitoração eletrônica, responder aos seus contatos e cumprir suas orientações e de se abster de remover, de violar, de modificar, de danificar de qualquer forma o dispositivo de monitoração eletrônica ou de permitir que outrem o faça (LEP, art. 146-C).

Na hipótese de o sentenciado procurar destruir o equipamento, cometerá não só ilícito passível de conduzir à revogação do benefício concedido, como abaixo se verá, mas também crime de dano qualificado (CP, art. 163, parágrafo único, III). De certo, haverá quem sustente a ausência de *animus nocendi* em tais situações, pugnando pela inexistência de ilícito penal, comparando a conduta com a do preso que danifica sua cela visando a fuga. Ocorre, todavia, que o tipo penal mencionado não exige elemento subjetivo específico algum, constituindo a referência ao *animus nocendi* criação desamparada por lei. Não soa razoável, ademais, afastar a incidência do delito no ato do preso fugitivo que danifica o patrimônio público. É obrigação do Estado exercer sua pretensão executória, mantendo preso o agente, tendo ele, como contrapartida, que se sujeitar às consequências jurídicas de seu ato, dentre as quais o dever expresso de zelar pela integridade do equipamento eletrônico.

O descumprimento dos deveres previstos no art. 146-C da LEP poderá acarretar, em procedimento contraditório, ouvidos, portanto, o Ministério Público e a defesa: 1) regressão do regime; 2) revogação da autorização de saída temporária; 3) revogação da prisão domiciliar; 4) advertência, por escrito, para todos os casos em que o juiz da execução decida não aplicar alguma das medidas previstas nos incisos I a VI deste parágrafo; 5) revogação do livramento condicional; 6) conversão da pena restritiva de direitos em privativa de liberdade (LEP, art. 146-C, parágrafo único).

A medida perdurará enquanto subsistir o benefício e se mostrar necessária e adequada. Caso o sentenciado cometa falta grave ou viole os

---

[24] De acordo com o art. 3º da Lei n. 12.258/2010, cabe ao Poder Executivo regulamentar a implementação da monitoração eletrônica.

deveres a que estiver sujeito durante a vigência do benefício, o monitoramento eletrônico poderá ser revogado, conforme dispõe o art. 146-D da LEP (na verdade, a saída temporária ou a prisão domiciliar é que poderão ser canceladas e, como consequência, a vigilância eletrônica).

6. REGIME DISCIPLINAR DIFERENCIADO

O **regime disciplinar diferenciado** foi instituído em âmbito nacional pela Lei n. 10.792/2003, tendo sofrido amplas mudanças com a Lei Anticrime (Lei n. 13.964/2019).

Trata-se de uma **sanção disciplinar, imposta pelo Juiz das Execuções**, ao preso definitivo, ou pelo juiz que preside o processo de conhecimento, no caso de preso provisório, **quando** o detento:

a) **cometer fato previsto como crime doloso e que ocasionar subversão da ordem ou disciplina interna do estabelecimento penitenciário;**

b) **representar alto risco para a ordem e a segurança do estabelecimento penal ou da sociedade;**

c) **por fundadas suspeitas, tiver envolvimento ou participação, a qualquer título, em organização criminosa, associação criminosa ou milícia privada,** independentemente da prática de falta grave.

Até o advento da Lei Anticrime, tinha duração máxima de 360 dias, prorrogáveis até o limite de um sexto da pena imposta. Agora, pode ser decretado por **até dois anos,** podendo ser **prorrogado sucessivamente por períodos de um ano, quantas vezes for necessário,** desde que fique demonstrado que o preso continua apresentando alto risco para a ordem e a segurança do estabelecimento penal de origem ou da sociedade ou que mantém os vínculos com organização criminosa, associação criminosa ou milícia privada, considerados também o perfil criminal e a função desempenhada por ele no grupo criminoso, a operação duradoura do grupo, a superveniência de novos processos criminais e os resultados do tratamento penitenciário.

O **regime disciplinar diferenciado implica, desde o advento da Lei 13.964/2019 (Lei Anticrime), as seguintes restrições:**

(i) **Direito de visitas**

Este se dará com **frequência quinzenal, sendo, no máximo, 2 pessoas por vez.** As visitas terão **duração de, no máximo, 2 horas** e serão realizadas **em instalações equipadas para impedir o contato físico e a passagem de objetos.** O visitante deve ser familiar (não importa o grau de parentesco) ou terceiro autorizado judicialmente. A visita será gravada em sistema de áudio ou de áudio e vídeo e, havendo autorização judicial, será fiscalizada por agente penitenciário.

(ii) Direito a contato telefônico

Após os primeiros 6 meses de regime disciplinar diferenciado, o preso que não receber visita poderá, após prévio agendamento, ter contato telefônico, que será gravado, com uma pessoa da família, 2 vezes por mês e por 10 minutos.

Note-se que o contato telefônico tem caráter subsidiário em relação à visita pessoal; assim, o preso que usufruiu desta nos 6 primeiros meses de RDD não terá direito àquele.

(iii) Direito a banho de sol diário

O preso em RDD **poderá sair da cela por 2 horas diárias para banho de sol**, acompanhado de, no máximo, outros 3 presos, desde que não haja contato com sujeitos do mesmo grupo criminoso.

(iv) Direito a entrevistas

As entrevistas deverão sempre ser monitoradas, exceto aquelas com o defensor, e ocorrerão em instalações equipadas para impedir o contato físico e a passagem de objetos, salvo expressa autorização judicial em contrário.

(v) Fiscalização do conteúdo da correspondência

A correspondência do preso ficará sujeita a fiscalização de conteúdo. Embora a Constituição assegure o sigilo de correspondência no art. 5º, XII, esse direito não tem caráter absoluto e, considerando o grau de periculosidade dos presos inseridos no regime disciplinar diferenciado, justifica-se esse grau de vigilância a respeito da comunicação escrita por eles realizada.

(vi) Participação em audiências judiciais preferencialmente por videoconferência, garantindo-se a participação do defensor no mesmo ambiente do preso.

Há duas categorias de presos em regime disciplinar diferenciado, o **comum** e o **líder de grupo criminoso.**

Ambos ficam submetidos às regras acima, mas **os que exercem liderança** em organização criminosa, associação criminosa ou milícia privada, ou que tenha atuação criminosa em dois ou mais Estados da Federação, ficarão **obrigatoriamente recolhidos em estabelecimento prisional federal** (LEP, art. 52, § 3º). Nesse caso, o regime disciplinar diferenciado deverá contar com alta segurança interna e externa, principalmente no que diz respeito à necessidade de evitar contato do preso com membros de sua organização criminosa, associação criminosa ou milícia privada, ou de grupos rivais (LEP, art. 52, § 5º).

Muito embora existam severas críticas ao regime disciplinar diferenciado, entendemos que ele não viola a Constituição Federal, uma vez que o Texto Maior autoriza a privação da liberdade (art. 5º, XLVI) sem distinguir se o preso deva permanecer em estabelecimento individual ou coletivo. Além disso, a colocação do preso em regime de isolamento celular, desde que por uma fração de sua pena e em situações excepcionais e justificadas, configura medida necessária à eficácia do cumprimento da pena e à defesa da sociedade.

Nossos tribunais superiores já julgaram, em caráter incidental, em diversas oportunidades, *habeas corpus* impetrados por pessoas inseridas no regime disciplinar diferenciado, tendo sempre proclamado a validade da medida[25].

7. USO DE TELEFONE CELULAR EM ESTABELECIMENTOS PENAIS

Suprindo lacuna até então existente, a Lei n. 11.466, de 28-3-2007, estabeleceu caracterizar **falta grave o fato de o preso ter "em sua posse, utilizar ou fornecer aparelho telefônico, de rádio ou similar, que permita a comunicação com outros presos ou com o ambiente externo" (LEP, art. 50, VII)**. Ficará o executado, portanto, sujeito à regressão de regimes, à perda dos dias remidos, à cassação de benefícios etc.

Observe-se que "deixar o diretor de penitenciária e/ou agente público, de cumprir seu dever de vedar ao preso o acesso a aparelho telefônico, de rádio ou similar, que permita a comunicação com outros presos ou com o ambiente externo" comete crime previsto no art. 319-A do CP (prevaricação imprópria).

---

[25] Cf., entre outros, STF, HC 93.391, rel. Min. Cezar Peluso, j. 15-4-2008. No mesmo sentido, "1. Para a inclusão de sentenciado em regime disciplinar diferenciado devem ser observadas as regras do devido processo legal, garantindo-se, para tanto, a manifestação prévia do Ministério Público e da Defesa. 2. Excepcionalmente, permite-se a transferência emergencial do custodiado, em hipóteses específicas, em que evidenciada a periculosidade concreta decorrente de participação em organização criminosa, poder de mando, graduada hierarquia, o que possibilita a atuação em atos criminosos externos; assim como para fins de prevenção de eventos que venham a colocar em risco a segurança pública, a integridade física e a vida de autoridades, de internos e da população em geral, exigindo-se que, ato contínuo, seja garantida a intimação da defesa do custodiado para manifestação, suprindo-se a exigência legal para a manutenção da medida. Precedente. 3. Não há falar em desproporcionalidade da determinação quando fundada em indícios de planejamento arquitetado, cujas ordens originem-se de dentro dos presídios, para a prática de graves eventos, que coloquem em risco a vida de autoridades públicas e que sejam causa de ameaça à população em geral, a exemplo de ataques explosivos a prédios públicos e de rebeliões organizadas no interior de unidades prisionais. 4. Ordem denegada" (STJ, HC 389.493/PR, rel. Min. Nefi Cordeiro, 6ª T., j. 18-4-2017). Igualmente, STJ, RHC 103.368/BA, rel. Min. Félix Fischer, 5ª T., j. 12-12-2018.

Acrescente-se, por fim, que a Lei n. 12.012/2009 inseriu no Código o art. 349-A, definindo como infração penal o ato de "ingressar, promover, intermediar, auxiliar ou facilitar a entrada de aparelho telefônico de comunicação móvel, de rádio ou similar, sem autorização legal, em estabelecimento prisional".

Anote-se que para a 5ª Turma do STJ, a conduta de "ingressar em estabelecimento prisional com *chip* de celular não se subsome ao tipo penal previsto no art. 349-A do Código Penal". Trata-se de interpretação restritiva ao alcance do tipo[26].

8. VISITAS A ESTABELECIMENTOS PENAIS

A Lei de Execução Penal determina *ao juiz das execuções e ao membro do Ministério Público o dever de efetuarem visitas mensais aos estabelecimentos penais.* Cuida-se de função absolutamente necessária, que visa à fiscalização das condições internas de habitabilidade, salubridade, higiene, bem como ao fornecimento de informações aos presos sobre sua execução.

9. DIREITOS DO PRESO

O preso, seja o definitivo, seja o provisório, conserva todos os direitos não atingidos pela decisão judicial, notadamente o respeito à sua integridade física e moral, além daqueles arrolados no art. 41 da LEP.

Em matéria de direitos políticos, cabe lembrar que a condenação criminal produz a sua suspensão automática (CF, art. 15, III). Somente o preso provisório, portanto, os conserva[27].

A Lei de Execução Penal assegura ao preso o direito de recolher-se em estabelecimento situado no local de seu domicílio ou de sua família (art. 86, § 3º). A disposição salutar visa a permitir tenha o agente acesso à assistência familiar, e, com isso, amenizar as agruras do cárcere. De ver, contudo, que não se trata de direito absoluto. Pode o sentenciado ser transferido de estabelecimento, sempre que a medida se justificar no plano do interesse social (p. ex., para garantir a ordem e a segurança interna; evitar rebeliões; preservar a vida e a integridade física do preso)[28].

---

[26] HC 619.776/DF, rel. Min. Ribeiro Dantas, 5ª T., unânime, j. em 20-4-2021.

[27] TSE, Resolução n. 20.471, de 14-9-1999, Processo Administrativa n. 18.352, Classe 19ª, Ceará.

[28] Nesse sentido: STF, HC 93.391, rel. Min. Cezar Peluso, j. 15-4-2008; STJ, HC 571.604/RS, rel. Min. Laurita Vaz, 6ª T., j. 12-5-2020; e AgRg no HC 411.901/MS, rel. Min. Ribeiro Dantas, 5ª T., j. 12-2-2019.

De rigor destacar, conforme já abordado, que a Constituição Federal garante que a pena seja cumprida em estabelecimentos distintos, levando em consideração, dentre outros fatores, o sexo do apenado (art. 5º, XLVIII). Neste ponto, o Plenário do STF, por maioria, não conheceu da ADPF 527 (rel. Min. Roberto Barroso, sessão virtual de 4-8-2023 a 14-8-2023), que tinha o objetivo de assegurar às transexuais femininas e travestis o cumprimento de pena em estabelecimento prisional compatível com a sua identidade de gênero. A decisão da Corte Suprema se pautou na alteração substancial do panorama normativo descrito na inicial, que foi protocolada em 2018, porque a matéria já foi objeto de regulamentação pelo CNJ. Com efeito, a Resolução 348, de 13-10-2020, alterada pela Resolução 366, de 20-1-2021, garantiu os direitos do grupo minoritário[29].

---

[29] Art. 7º Em caso de prisão da pessoa autodeclarada parte da população LGBTI, o local de privação de liberdade será definido pelo magistrado em decisão fundamentada.

§ 1º A decisão que determinar o local de privação de liberdade será proferida após questionamento da preferência da pessoa presa, nos termos do art. 8º, o qual poderá se dar em qualquer momento do processo penal ou execução da pena, assegurada, ainda, a possibilidade de alteração do local, em atenção aos objetivos previstos no art. 2º desta Resolução.

§ 1º-A. A possibilidade de manifestação da preferência quanto ao local de privação de liberdade e de sua alteração deverá ser informada expressamente à pessoa pertencente à população LGBTI no momento da autodeclaração.

(...)

Art. 8º De modo a possibilitar a aplicação do artigo 7º, o magistrado deverá:

I – esclarecer em linguagem acessível acerca da estrutura dos estabelecimentos prisionais disponíveis na respectiva localidade, da localização de unidades masculina e feminina, da existência de alas ou celas específicas para a população LGBTI, bem como dos reflexos dessa escolha na convivência e no exercício de direitos;

II – indagar à pessoa autodeclarada parte da população transexual acercada preferência pela custódia em unidade feminina, masculina ou específica, se houver, e, na unidade escolhida, preferência pela detenção no convívio geral ou em alas ou celas específicas, onde houver; e

III – indagar à pessoa autodeclarada parte da população gay, lésbica, bissexual, intersexo e travesti acerca da preferência pela custódia no convívio geral ou em alas ou celas específicas.

(...)

§ 2º A preferência de local de detenção declarada pela pessoa constará expressamente da decisão ou sentença judicial, que determinará seu cumprimento.

Art. 8º – A. A aplicação do disposto nos artigos 7º e 8º será compatibilizada com as disposições do artigo 21 da Lei n. 13.869/2019.

10. DETRAÇÃO PENAL

Trata-se do **cômputo, na pena privativa de liberdade ou na medida de segurança, do tempo cumprido, no Brasil ou no estrangeiro, em prisão provisória ou do tempo de internação provisória** em hospital de custódia e tratamento ou estabelecimento similar.

O respectivo **cálculo deverá ser feito pelo Juízo das Execuções Penais** (LEP, art. 66, III, *c*). Assim, com o trânsito em julgado e a chegada da guia de execução a tal juízo, o magistrado responsável verificará o total de penas a serem cumpridas e abaterá o tempo de prisão ou internação provisórias cumprido pelo sentenciado.

É importante não confundir a detração, que constitui um efetivo desconto na pena do sentenciado, extinguindo parcialmente a condenação (em relação ao período abatido) **com o cálculo efetuado pelo juiz, ao lavrar a sentença condenatória, no qual ele considera o tempo de prisão ou internação provisórias para efeito de calcular o regime inicial de cumprimento de pena.** O cálculo aritmético é o mesmo, mas o efeito jurídico é distinto. O juiz, ao proferir a sentença condenatória e concluir a dosimetria da pena, deve estipular o regime inicial de execução da pena privativa de liberdade; para tanto, considerará diversos fatores, dentre os quais a quantidade da pena. Pois bem, o CPP, no art. 387, § 2º, orienta o magistrado a realizar a definição do regime inicial com base na pena, descontando-se eventual tempo de prisão ou internação provisórias, para fins, tão somente, de determinar o parâmetro do regime penitenciário inaugural. Assim, por exemplo, se o réu foi condenado à pena de reclusão, de 8 anos e 2 meses, o regime inicial deve ser o fechado, pois se cuida de sanção superior a 8 anos; porém, se o réu cumpriu 3 meses de prisão preventiva, a base de cálculo para o regime inicial será o valor de 7 anos e 11 meses, o que conduz ao regime inicial semiaberto. O julgador, ao concluir a sentença, condenará o réu a 8 anos e 2 meses (note que ele não faz qualquer abatimento na pena final), em regime inicial semiaberto.

Daí por que não há confundir-se tal atividade com o instituto da detração.

As modalidades de prisão provisória, processual ou cautelar, ensejadoras de detração, são o flagrante (CPP, arts. 301 a 310), a preventiva (CPP, arts. 311 a 316) e a temporária (Lei n. 7.960/89).

Cite-se, como exemplo, a hipótese em que o agente foi preso em flagrante, o qual foi convertido em prisão preventiva (CPP, art. 310, II), tendo ele permanecido no cárcere provisoriamente por 6 meses e, ao final, foi condenado a 5 anos de reclusão. O tempo de recolhimento cautelar será abatido da pena imposta, de tal modo que só caberá ao sentenciado cumprir o saldo, isto é, 4 anos e 6 meses de pena privativa de liberdade.

Excepcionalmente, a jurisprudência tem admitido detração com tempo de prisão civil, muito embora a lei não a preveja, desde que haja nexo entre o fato que ensejou a prisão civil e a condenação criminal (ex.: prisão civil do devedor de alimentos e processo-crime por abandono material).

Outro tema de difícil solução consiste na possibilidade de utilizar o tempo de prisão provisória cumprido em um processo-crime, no qual o réu foi absolvido, para desconto na condenação proferida em outro. Por um lado, seria uma maneira de reparar uma injustiça; afinal, no processo em que esteve preso, o acusado foi absolvido.

Contra-argumenta-se, porém, com o risco de se estabelecer um absurdo, consistente na formação de uma "conta corrente" do agente para com o Estado, na qual ele possuiria como "crédito" seu tempo de prisão provisória, de modo que poderia, a partir de então, praticar impunemente qualquer crime cuja pena não ultrapassasse o montante de seu "crédito". Apesar das várias opiniões a respeito, afigura-se correta a que permite a detração por tempo de prisão em outro processo, *desde que referente a um fato praticado antes do início da prisão provisória*, evitando-se a formação da indesejada "conta corrente"[30].

Discute-se, ainda, a possibilidade de detração para penas alternativas (multa ou restritivas de direitos). Apesar da omissão legislativa, **entendemos possível o desconto**, pois não tem cabimento admiti-la para penas graves (prisão) e negá-la para as mais brandas (alternativas). Tal omissão deve, portanto, ser suprida com o emprego de analogia *in bonam partem*.

Pergunta-se, enfim, se as medidas cautelares alternativas à prisão, previstas nos arts. 319 e 320 do CPP (com a redação da Lei n. 12.403/2011), ensejam detração?

Como regra, não. Há, todavia, algumas exceções, como a internação provisória prevista no art. 319, VII, do CPP, que deverá abater a pena ou o prazo mínimo da medida de segurança imposta. **Pensamos, ainda, que será possível o cômputo quando houver absoluta correspondência entre a providência cautelar e a sanção adotada,** como o caso em que se aplica a "proibição de acesso ou frequência a determinados lugares quando, por circunstân-

---

[30] "(...) A jurisprudência deste Superior Tribunal admite a detração (art. 42 do CP) por custódia indevidamente cumprida em outro processo, desde que o crime em virtude do qual o condenado executa a pena a ser computada seja anterior ao período pleiteado. Busca-se, com isso, impedir uma espécie de crédito em desfavor do Estado, disponível para utilização no futuro (...)" (AgRg no HC 506.413/SP, rel. Min. Rogerio Schietti Cruz, 6ª T., j. 19-9-2019). No mesmo sentido: STJ, HC 547.515/RS, rel. Min. Joel Ilan Paciornik, 5ª T., j. 6-2-2020; e AgRg no HC 794.951/PR, rel. Min. Antonio Saldanha Palheiro, 6ª T., j. 29-5-2023.

cias relacionadas ao fato, deva o indiciado ou acusado permanecer distante desses locais para evitar o risco de novas infrações" (art. 319, II, do CPP) e o réu é condenado à pena restritiva de direitos de "proibição de frequentar determinados lugares" (CP, art. 47, IV). Esse entendimento é acolhido pelo **Superior Tribunal de Justiça**, o qual **fixou tese de que o rol do art. 42 do CP, quando elenca as medidas cautelares pessoais que geram detração, não é taxativo**, admitindo-se o reconhecimento do benefício quando impostas ao condenado, no curso do processo, medidas diversas da prisão materialmente análogas à pena aplicada. No julgamento do HC n. 455.097, relatado pela Min. Laurita Vaz, a 3ª Seção reconheceu, por unanimidade, o direito à detração decorrente de cautelar de recolhimento domiciliar noturno, aos finais de semana e dias úteis, supervisionados por monitoramento eletrônico, por se cuidar de providência que se assemelha ao cumprimento de pena em regime semiaberto[31]. Posteriormente, a 3ª Seção do STJ firmou a compreensão majoritária de que a aludida detração independe de monitoração eletrônica (Tema Repetitivo 1.155 – acórdão publicado – RE pendente)[32].

11. LIMITE DE CUMPRIMENTO DA PENA (CP, ART. 75)

11.1. Introdução

As penas privativas de liberdade, quando impostas ao mesmo sentenciado pelo cometimento de diversos delitos, podem, somadas, atingir patamares que extravasam o tempo de vida do sentenciado. Imagine, por exemplo, situações em que o agente, de tantos delitos que cometeu, tenha a cumprir mais de duzentos anos de prisão.

Nesses casos, é necessário impor um limite, a fim de respeitar a Constituição Federal, que, em seu art. 5º, XLVII, *d*, proíbe que as penas tenham caráter perpétuo.

---

[31] HC 455.097/PR, rel. Min. Laurita Vaz, 3ª Seção, unânime, j. em 14-4-2021.

[32] Tese jurídica firmada em recurso repetitivo: "1) O período de recolhimento obrigatório noturno e nos dias de folga, por comprometer o *status libertatis* do acusado, deve ser reconhecido como período a ser detraído da pena privativa de liberdade e da medida de segurança, em homenagem aos princípios da proporcionalidade e do *non bis in idem*; 2) O monitoramento eletrônico associado, atribuição do Estado, não é condição indeclinável para a detração dos períodos de submissão a essas medidas cautelares, não se justificando distinção de tratamento ao investigado ao qual não é determinado e disponibilizado o aparelhamento; 3) As horas de recolhimento domiciliar noturno e nos dias de folga devem ser convertidas em dias para contagem da detração da pena. Se no cômputo total remanescer período menor que vinte e quatro horas, essa fração de dia deverá ser desprezada" (REsp 1.977.135/SC, rel. Min. Joel Ilan Paciornik, 3ª S., j. 23-11-2022).

Justamente para atender a essa diretriz da Lei Maior, o art. 75 do CP estabelece que **o tempo de cumprimento das penas privativas de liberdade não pode ser superior a quarenta anos.**

Esse limite, originalmente, era de trinta anos, mas foi aumentado pela Lei Anticrime (Lei n. 13.964/2019). A alteração se mostrou justa e, com o respeito às vozes dissonantes, necessária. Importante contextualizar historicamente a incorporação desse limite. O Brasil passou a adotar o prazo de 30 anos como teto para a execução da pena corporal em 1940, com a promulgação do atual Código Penal. À época, segundo dados divulgados pelo IBGE, com base em tábuas elaboradas pela "Gerência de Estudos e Análises da Dinâmica Demográfica", a expectativa de vida média do brasileiro era de 45 anos e meio[33]. Nesse cenário, considerando uma pessoa que, atingida a maioridade penal, viesse a ser condenada criminalmente, o recolhimento ao cárcere por três décadas significaria, em termos práticos, uma pena de caráter perpétuo, o que viola a Constituição Federal (art. 5º, XLVII, b).

Com o passar das décadas, entretanto, a realidade se alterou. Hoje, a expectativa de vida do brasileiro é de pouco mais de 76 anos (*trinta anos a mais do que na década de 1940*)[34].

O incremento efetuado na legislação material, desse modo, mostrou-se correto. Inexiste, por esse mesmo motivo, qualquer inconstitucionalidade na medida. A ofensa à Constituição Federal se daria caso o patamar eleito pelo legislador implicasse, *in thesi*, pena de caráter perpétuo, o que não é o caso, dadas as razões anteriormente expostas.

Não se pode perder de vista, ainda, que o sentenciado que permanecer encarcerado por quatro décadas, decerto, não cometeu poucos delitos ou mesmo infrações de reduzida gravidade. Sob esse ângulo, há proporcionalidade e razoabilidade no critério legal.

Frise-se que a alteração, por seu caráter gravoso, não tem eficácia retroativa, isto é, não se aplica a condenações penais cujo fato delituoso tenha ocorrido antes da entrada em vigor da nova lei, que se deu no dia 23 de janeiro de 2020.

---

[33] Fonte: https://agenciadenoticias.ibge.gov.br/agencia-sala-de-imprensa/2013-agencia-de-noticias/releases/26104-em-2018-expectativa-de-vida-era-de-76-3-anos. Acesso em: 13 dez. 2019.

[34] Fonte: https://agenciadenoticias.ibge.gov.br/agencia-sala-de-imprensa/2013-agencia-de-noticias/releases/26104-em-2018-expectativa-de-vida-era-de-76-3-anos. Acesso em: 13 dez. 2019.

11.2. Súmula 715 do Supremo Tribunal Federal

De acordo com a Súmula 715: "A pena unificada para atender ao limite de trinta anos de cumprimento, determinado pelo art. 75 do Código Penal, não é considerada para a concessão de outros benefícios, como o livramento condicional ou regime mais favorável de execução".

Em nosso modo de ver, subsiste o entendimento consolidado pelo Supremo Tribunal Federal, embora se faça necessário adaptá-lo ao novo patamar legislativo (isto é, ao prazo de 40 anos).

Desse modo, uma vez unificada a pena do condenado ao patamar de quarenta anos, o cálculo dos benefícios cuja concessão está atrelada ao cumprimento de parte da pena, como o livramento condicional (CP, arts. 83 a 90) ou a progressão de regime (LEP, art. 112), levará em consideração a pena total imposta ao agente.

Importante ressaltar uma vez mais que se trata de norma penal gravosa – *novatio legis in pejus*. Só se aplicará, portanto, a fatos cometidos após a entrada em vigor da Lei n. 13.964/2019, ou seja, 23 de janeiro de 2020. Frise-se que o marco a ser observado é a data do fato criminoso (CP, art. 4º), e não a data da condenação (ou do trânsito em julgado).

11.3. Direito intertemporal – o convívio dos dois limites punitivos

A mudança promovida pela Lei n. 13.964/2019 (Lei Anticrime) não se aplica, como reiteradamente dissemos, a fatos anteriores à sua entrada em vigor. A estes, portanto, subsiste válido o teto de cumprimento de pena privativa de liberdade estipulado originalmente no Código Penal: trinta anos.

Como proceder, então, quando o sentenciado possuir diversas condenações, algumas por fatos anteriores à Lei n. 13.964/2019 e outras por delitos cometidos após sua entrada em vigor?

O juiz deve realizar, em nosso sentir, **duas unificações de pena**. A primeira, levando em conta os fatos anteriores, de maneira a respeitar o limite de cumprimento de pena originalmente previsto no Código, ou seja, o de trinta anos. Concluída essa unificação, o magistrado somará a esses trinta anos as condenações referentes a fatos praticados após a entrada em vigor da Lei n. 13.964/2019, de modo a adequar ao atual limite, isto é, o de quarenta anos.

Alguns exemplos se fazem necessários.

Imagine um sentenciado condenado com trânsito em julgado por quatro crimes, três cometidos antes da nova Lei e o quarto praticado após sua entrada em vigor. O juiz soma as três primeiras penas e, se ultrapassados os trinta anos, unifica-as para que não superem esse patamar. A última condenação será, então, acrescida aos trinta anos, sempre respeitando o limite atual (quarenta anos).

Assim, graficamente:

a) Condenação 1: 12 anos (data do fato – 3-4-2014);

b) Condenação 2: 15 anos (data do fato – 15-6-2015);

c) Condenação 3: 20 anos (data do fato – 20-1-2018);

d) Condenação 4: 8 anos (data do fato – 3-2-2020).

As condenações "a", "b" e "c" seguem a regra anterior, dada a irretroatividade do critério atual. O juiz soma as penas (12+15+20 = 47 anos) e aplica o limite original. Por essas condenações, portanto, o agente ficará recolhido por, no máximo, 30 anos. Soma-se, então, aos 30 anos a condenação "d", pois esta se refere a fato cometido sob a vigência da nova Lei (30+8 = 38). Se a última condenação fosse a um prazo maior, *v.g.*, 12 anos, seria ultrapassado o limite atual (30+12 = 42), de modo que o juiz realizaria outra unificação, para que o sentenciado somente permanecesse preso, ao todo, por 40 anos.

11.4. Superveniência de condenação por crime cometido durante o cumprimento da pena

Sobrevindo condenação por fato posterior ao início do cumprimento da pena, proceder-se-á a nova unificação, *desprezando-se o período de tempo decorrido* (nesse caso, torna-se possível alguém ficar preso por mais de quarenta anos) – art. 75, § 2º.

12. MEDIDAS ALTERNATIVAS À PRISÃO

Muito embora todos os crimes sejam punidos com pena privativa de liberdade (reclusão ou detenção), salvo o porte de droga para consumo próprio (art. 28 da Lei n. 11.343/2006)[35], são poucos os casos em que o autor do fato efetivamente ficará encarcerado, em face das inúmeras medidas alternativas à prisão previstas em nosso ordenamento penal: substituição da prisão por multa ou restrição de direitos (art. 44, § 2º); *sursis* (arts. 77 e s.); regime aberto (art. 33, § 1º, *c*); livramento condicional (arts. 83 e s.); anistia, indulto e graça (art. 107, II) etc.

---

[35] Recentemente, foi julgado pelo STF o RE 635.659, com repercussão geral reconhecida, no qual se discutia a inconstitucionalidade do art. 28 da Lei de Drogas. Por maioria, o Plenário da Corte Suprema conferiu intepretação conforme à Constituição ao art. 28 da Lei n. 11.343/2006, para excluir a incidência do tipo penal à conduta de portar "maconha" para uso pessoal, estabelecendo que será presumido usuário aquele que adquirir, guardar, tiver em depósito, transportar ou trazer consigo até 40 gramas de "maconha" ou 6 plantas fêmeas, além dos critérios legais estabelecidos no art. 28, § 2º, da Lei n. 11.343/2006, até que o Congresso Nacional determine critérios legais, para o que não foi fixado prazo (ver nota de rodapé 11 do Capítulo 4). Para maiores considerações sobre a questão, ver *Boletim Especial – Direito Penal*, do STF em Foco, publicado em 26-6-2024.

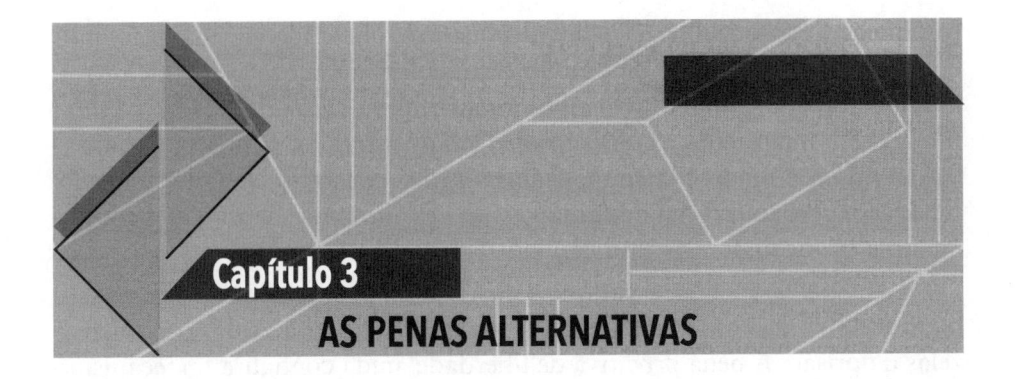

Capítulo 3
AS PENAS ALTERNATIVAS

1. INTRODUÇÃO

A expressão *penas alternativas* é de emprego recente pelo legislador pátrio, muito embora não se trate de novel instituto jurídico. Há alguns anos, nossos textos ainda utilizavam a expressão "pena não privativa de liberdade" (art. 62 da Lei n. 9.099/95).

Penas alternativas significam todas as penas criminais que não envolvam o encarceramento. Dividem-se em penas restritivas de direitos e pena de multa. Nosso legislador, como se verá, não primou pela absoluta técnica ao elencar o rol de uma e outra. Veja, por exemplo, a pena de prestação pecuniária (art. 45, § 3º, do CP), que, apesar de sua indisfarçável natureza monetária, é arrolada como pena restritiva de direito, ou, ainda, a limitação de fim de semana, que consiste em evidente prisão descontínua (pois o agente permanece durante algumas horas aos finais de semana na Casa do Albergado), mas também é listada como pena restritiva de direitos.

De qualquer modo, a classificação pela qual optaremos para distinguir as modalidades de pena alternativa será aquela elaborada pelo legislador.

Não há confundir penas alternativas com medidas alternativas à prisão, conceito mais amplo. Tais medidas compreendem todos os institutos jurídicos (não só as penas alternativas) destinados a evitar o encarceramento. Assim, por exemplo, o *sursis* (suspensão condicional da pena – CP, arts. 77 e s.), o livramento condicional (CP, arts. 83 e s.), a transação penal (Lei n. 9.099/95, art. 76), a suspensão condicional do processo (Lei n. 9.099/95, art. 89), a fiança (CPP, arts. 321 e s.).

René Ariel Dotti classifica-as em *medidas alternativas detentivas* e *não detentivas*. "As primeiras", ensina, "aparecem sob as modalidades de prisão domiciliar, prisão-albergue, prisão de fim de semana e prisão descontínua. As segundas assumem as modalidades de: a) *limitativas de liberdade* (proibição de frequentar determinados lugares, liberdade vigiada, trabalhos em favor da comunidade, suspensão condicional da pena, regime de prova, livramento condicional e *parole*); b) *limitativas da capacidade jurídica* (inabilitações e interdições); c) *sanções pecuniárias* (multa, confisco, indenização à vítima e reparação simbólica); d) *providências éticas* (admoestação, retração e perdão judicial); e) *exclusão da jurisdição* (suspensão do procedimento e extinção do processo)"[1].

É interessante observar que a busca pelas penas alternativas tem sido o grande alvo da comunidade internacional com vistas a saídas para as mazelas da prisão. A pena privativa de liberdade ainda configura o mecanismo criminal por excelência e, por ora, a humanidade não criou outro instrumento mais eficaz, sobretudo para lidar com crimes graves. Percebeu-se, contudo, que no lugar de penas privativas de liberdade de curta duração deve-se enfatizar o emprego de meios alternativos. No início do século passado, já se criticavam os malefícios que uma pena privativa de liberdade de duração pequena poderia acarretar. Sob tal influxo surgiu, dentre outros, o instituto da suspensão condicional da pena (*sursis*) – criado no século XIX na Bélgica e na França (*vide* Capítulo 6, *infra*).

Desde o final do século XX e início deste milênio, as Nações Unidas vêm dando cada vez mais ênfase à necessidade de se criar um arcabouço legislativo, acompanhado de estrutura material, para implementar a utilização cada vez mais abrangente das penas alternativas[2]. Foi justamente com esse espírito que o Brasil, em 1998, reformulou o tratamento dessas penas na legislação penal (Lei n. 9.714). Tais penas já haviam sido incorporadas em nosso Código com a Reforma de 1984, porém de maneira tímida; isto porque só havia três modalidades de penas restritivas de direitos: a prestação de serviços à comunidade, as interdições temporárias de direitos e a limitação de fim de semana, admissíveis para condenações de até um ano em crimes dolosos. Com a mudança operada pela Lei de 1998, essas sanções passaram a ter lugar para condenações de até quatro anos de prisão (atendidos outros requisitos), além de ter havido um considerável aumento no número delas.

---

[1] O novo sistema de penas, in *Reforma penal*, p. 106.

[2] Cf. os Congressos IX a XI das Nações Unidas sobre Prevenção do Crime e Justiça Penal. Em 2005, na cidade de Bangcoc (Tailândia), realizou-se o XI Congresso Mundial das Nações Unidas sobre Prevenção do Crime e Justiça Penal, ao qual comparecemos na condição de especialista convidado, e pudemos testemunhar o interesse da comunidade internacional na difusão das penas alternativas.

2. A PENA RESTRITIVA DE DIREITOS

2.1. Regras gerais

2.1.1. Elenco das penas restritivas de direitos

De acordo com o Código Penal (art. 43), as penas restritivas de direitos dividem-se em: a) **prestação pecuniária** (art. 45, § 1º); b) **prestação inominada** (art. 45, § 2º); c) **perda de bens e valores** (art. 45, § 3º); d) **prestação de serviços à comunidade ou a entidades públicas** (art. 46); e) **interdições temporárias de direitos** (art. 47); e f) **limitação de fim de semana** (art. 48).

Tais penas **classificam-se em** *genéricas* e *específicas*. As genéricas são as que, **preenchidos os requisitos legais, aplicam-se a quaisquer crimes** (arts. 45, §§ 1º, 2º e 3º, 46, 47, IV e V, e 48). As **específicas** são as aplicáveis **somente a determinados crimes** (compreendem as interdições temporárias de direitos, com exceção da proibição de frequentar determinados lugares – arts. 47, I a III, e 55 a 57 do CP).

Parte da doutrina critica a sistematização do Código Penal (conforme ressaltamos acima), entendendo que algumas das penas arroladas no art. 43 não são propriamente restritivas de direitos, mas sim pecuniárias (prestação pecuniária e perda de bens e valores). A despeito dessa crítica procedente, uma coisa é certa: **o fato de uma pena estar arrolada como restritiva de direitos importa a imediata submissão ao regime jurídico previsto nos arts. 44 a 48, notadamente no que diz respeito à possibilidade de serem convertidas em prisão** (o que não ocorre com a pena de multa).

Deve-se ponderar que **alguns diplomas normativos contêm regras próprias** a respeito das penas restritivas de direitos. É o caso das Leis n. 9.503/97 (Código de Trânsito Brasileiro) e n. 9.605/98 (Lei dos Crimes Ambientais). No Código de Trânsito Brasileiro são previstas as penas de suspensão ou proibição de obter permissão ou habilitação para dirigir veículo automotor, que podem ser impostas como penalidade principal, isolada ou cumulativamente com outras (art. 292). Na Lei Ambiental estão arroladas penas restritivas de direitos aplicáveis a pessoas jurídicas: suspensão total ou parcial das atividades, interdição temporária de estabelecimento, obra ou atividade, proibição de contratar com o Poder Público, bem como dele obter subsídios, subvenções ou doações (art. 22).

2.1.2. Características

São três as suas características:

a) *Autonomia*: são penas autônomas, existem por conta própria (art. 44, *caput*, do CP). A autonomia, enquanto característica das penas restritivas de direitos, foi objeto de destaque pela doutrina com vistas a esclarecer, após a edição da Reforma de 1984, que não deveriam ser confundidas com as antigas penas acessórias. De ver, contudo, que, com o término da distinção entre penas principais e acessórias, fica sem sentido destacar a autonomia, já que todas as penas criminais (sejam elas privativas de liberdade, restritivas de direitos ou multa) são "autônomas".

b) *Substitutividade*: **traduz o método pelo qual as penas restritivas de direitos são aplicadas;** isto é, como essas penas (via de regra) **não são cominadas diretamente nos tipos penais, o juiz deve impor na sentença condenatória, primeiramente, uma pena de prisão para, depois, preenchidos os requisitos legais** (que serão a seguir estudados – item 2.1.4), *substituí-la* **por pena restritiva de direitos.**

Registre-se que, em leis penais extravagantes, há algumas hipóteses em que as penas restritivas de direitos são cominadas diretamente no preceito secundário do tipo incriminador.

É o que ocorre, por exemplo, com os arts. 302 e 303 do CTB (Lei n. 9.503/97), quando estipulam, além da pena de detenção, a "suspensão ou proibição de se obter a permissão ou a habilitação para dirigir veículo automotor".

A cominação direta de pena restritiva de direitos também se verifica no art. 28 da Lei n. 11.343/2006 (porte de droga para consumo próprio); nesse caso, a lei pune o ato *exclusivamente* com penas alternativas (a saber, "advertência sobre os efeitos das drogas; prestação de serviços à comunidade; medida educativa de comparecimento a programa ou curso educativo")[3].

Cabe registrar que desde **2017 existe crime com as três espécies de pena cumuladas no (mesmo) preceito secundário.** Trata-se do **art. 244-A do ECA,** que pune o ato de submeter criança ou adolescente à prostituição ou à exploração sexual. Com a alteração sofrida pela Lei n. 13.440, de 8-5-2017, o fato passou a ser punido com *reclusão*, de quatro a dez anos, e *multa*, além da *perda de bens e valores* utilizados na prática criminosa em favor do Fundo

---

[3] Recentemente, foi julgado pelo STF o RE 635.659, com repercussão geral reconhecida, no qual se discutia a inconstitucionalidade do art. 28 da Lei de Drogas. Por maioria, o Plenário da Corte Suprema conferiu intepretação conforme à Constituição ao art. 28 da Lei n. 11.343/2006, para excluir a incidência do tipo penal à conduta de portar "maconha" para uso pessoal, estabelecendo que será presumido usuário aquele que adquirir, guardar, tiver em depósito, transportar ou trazer consigo até 40 gramas de "maconha" ou 6 plantas fêmeas, além dos critérios legais estabelecidos no art. 28, § 2º, da Lei n. 11.343/2006, até que o Congresso Nacional determine critérios legais, para o que não foi fixado prazo (ver nota de rodapé 11 do Capítulo 4). Para maiores considerações sobre a questão, ver *Boletim Especial – Direito Penal*, do STF em Foco, publicado em 26-6-2024.

dos Direitos da Criança e do Adolescente da unidade da Federação (Estado ou Distrito Federal) em que foi cometido o crime, ressalvado o direito de terceiro de boa-fé. O preceito secundário, portanto, comina as três espécies de pena criminal num único delito, cumulativamente impostas, a privativa de liberdade (reclusão), a restritiva de direitos (perda de bens e valores) e a multa.

c) *Conversibilidade em prisão*: diz respeito a uma **providência a ser tomada durante o cumprimento da pena,** em virtude de fato superveniente.

Enquanto a substitutividade é característica que se nota na aplicação da pena, por ocasião da lavratura da sentença condenatória, a conversibilidade em prisão ocorre na fase de execução da pena.

Uma pena restritiva de direitos pode ser convertida em privativa de liberdade **quando** ocorrer o **descumprimento injustificado da restrição imposta, ou** quando **sobrevier condenação a pena de prisão por outro crime, desde que não seja possível o cumprimento simultâneo das sanções[4].**

Assim, por exemplo, se o juiz impuser pena de prestação de serviços à comunidade e o sentenciado, uma vez transitada em julgado a condenação, não comparecer à entidade, apesar de devidamente intimado, caracterizar-se-á o descumprimento sem causa da restrição (notadamente se ele não apresentar ao juízo das execuções penais qualquer explicação para sua ausência), devendo operar-se a conversão da pena alternativa em privativa de liberdade[5].

O descumprimento injustificado da restrição imposta é considerado como causa de conversão obrigatória, ao passo que a superveniência de condenação por outro crime a pena de prisão constitui causa de conversão facultativa, pois só ocorrerá se impossível o cumprimento simultâneo da pena alternativa com a prisão superveniente[6].

---

[4] Tese jurídica firmada em recurso repetitivo (Tema Repetitivo 1.106 – acórdão publicado – RE pendente): "Sobrevindo condenação por pena privativa de liberdade no curso da execução de pena restritiva de direitos, as penas serão objeto de unificação, com a reconversão da pena alternativa em privativa de liberdade, ressalvada a possibilidade de cumprimento simultâneo aos apenados em regime aberto e vedada a unificação automática nos casos em que a condenação substituída por pena alternativa é superveniente" (STJ, REsp 1.925.861/SP, rel. Min. Laurita Vaz, 3ª S., j. 27-4-2022).

[5] Cf. STF, HC 85.681, rel. Min. Carlos Velloso, *DJU* de 23-9-2005, p. 50. Esse entendimento se coaduna com o do STJ quando há descumprimento da pena alternativa imposta como condição da suspensão condicional da pena (AgRg no REsp 1.689.985/MG, rel. Min. Reynaldo Soares da Fonseca, 5ª T., j. 26-9-2017).

[6] STJ, AgRg no AgRg no HC 545.924/SP, rel. Min. Jorge Mussi, 5ª T., j. 28-4-2020; AgRg no HC 516.414/SP, rel. Min. Nefi Cordeiro, 6ª T., j. 4-2-2020; HC 504.870/RS, rel. Min. Joel Ilan Paciornik, 5ª T., j. 25-6-2019; e AgRg no AREsp 1.368.290/PR, rel. Min. Sebastião Reis Júnior, 6ª T., j. 12-3-2019.

Enfatize-se que a prática de outro delito durante o cumprimento da pena restritiva de direito não é suficiente para levar à sua conversão em pena privativa de liberdade, visto que o Código exige *condenação* superveniente[7].

O art. **181 da LEP arrola outros casos de conversão**, também aplicáveis, **como o cometimento de falta grave** durante o cumprimento da pena. Cite-se, ainda, o art. 146-C, parágrafo único, IX, da LEP, o qual estabelece a possibilidade de conversão da pena restritiva de direitos que implique em limitação de frequência a determinados lugares em pena privativa de liberdade, se o sentenciado portar equipamento de monitoração eletrônica e violar os deveres de cuidado quanto a este.

Quando se operar a conversão da pena restritiva de direitos em privativa de liberdade, dar-se-á o desconto (detração) do tempo decorrido. Logo, se o sentenciado cumpria um ano de prestação de serviços comunitários e, passados seis meses, ocorre a conversão, ficará preso pelo restante da pena, isto é, por mais seis meses. Na hipótese de descumprimento injustificado da restrição imposta há uma ressalva quanto à detração: consiste no cumprimento de um saldo mínimo de trinta dias. Assim, se faltava somente uma semana para cumprir integralmente a prestação de serviços, mas o sentenciado injustificadamente deixar de comparecer à entidade, a sanção será convertida, sujeitando-se ele a trinta dias de detenção.

No caso de descumprimento da pena de prestação pecuniária ou da perda de bens e valores, deverá ser feito um abatimento proporcional na pena privativa de liberdade convertida. Assim, se o descumprimento foi total, cumpre-se toda a prisão originariamente substituída; se restava metade da pena restritiva, cumpre-se apenas metade da pena privativa de liberdade, e assim por diante, observado o saldo mínimo.

Registre-se, por derradeiro, que a pena restritiva de direitos cominada diretamente no preceito secundário do tipo penal, como ocorre com o art. 28 da Lei n. 11.343/2006 (porte de droga para consumo próprio)[8], não

---

[7] Nesse sentido: STF, RE 412.514, rel. Min. Carlos Velloso, j. 29-6-2004, noticiado no *Informativo STF* n. 354. Igualmente, o STJ: "a conversão das penas alternativas em privativa de liberdade, pelo Juízo das Execuções, restringe-se ao eventual descumprimento injustificado de quaisquer das obrigações impostas (art. 44, § 4º, do CP, c/c art. 181 da LEP) ou quando, em superveniente condenação, por outro crime, houver incompatibilidade com a reprimenda corporal aplicada (art. 44, § 5º, do mesmo Diploma)" (AgRg no HC 379.543/MG, rel. Min. Nefi Cordeiro, 6ª T., j 9-3-2017). E, ainda, HC 538.879/MG, rel. Min. Leopoldo de Arruda Raposo (Desembargador Convocado do TJ/PE), 5ª T., j. 12-11-2019.

[8] Recentemente, foi julgado pelo STF o RE 635.659, com repercussão geral reconhecida, no qual se discutia a inconstitucionalidade do art. 28 da Lei de Drogas. Por

pode ser convertida em prisão. Nesse caso, diante do descumprimento injustificado da pena restritiva de direitos aplicada, fica o agente sujeito ao pagamento de uma multa.

2.1.3. Duração

Quanto ao seu tempo de duração, observa-se a seguinte regra: **as penas restritivas de direitos têm o mesmo tempo da pena de prisão substituída.** Por exemplo: se o juiz condenar o réu a um ano de prisão, substituindo essa pena por prestação de serviços à comunidade, o condenado terá de cumprir a prestação alternativa durante um ano. Excepcionalmente, no entanto, essa regra não é seguida: as penas de prestação pecuniária e perda de bens e valores, dada a sua própria natureza, não têm prazo de duração; uma vez transitada em julgado a sentença que as aplicou, devem ser pagas perante o respectivo beneficiário, nos termos determinados na decisão exequenda.

A prestação de serviços à comunidade, ademais, pode ser cumprida em menor tempo, nunca inferior à metade do tempo da pena de prisão substituída, como se verá a seguir (item 2.2.5).

2.1.4. Requisitos para a substituição de prisão por pena restritiva de direitos

2.1.4.1. Crimes culposos

Todos os crimes culposos, salvo uma única exceção que se comentará no parágrafo a seguir, admitem, em tese, a substituição de prisão por pena alternativa na sentença condenatória. Para fazer jus ao benefício, **basta que as circunstâncias judiciais sejam favoráveis** ao réu. Vale dizer, é suficiente que o juiz apure que *a culpabilidade, os antecedentes, a conduta social e a personalidade do agente, bem como os motivos e as circunstâncias do fato indicarem que a medida seja suficiente.* **A reincidência não impede a aplicação do benefício,** já que a recidiva somente figura como obstáculo à medida se o agente for "reincidente em crime doloso" (isto é, se tendo sido condenado com trânsito em julgado por delito doloso, incorrer na prática de outro crime dessa natureza) – art. 44, *caput*, II, do CP.

---

maioria, o Plenário da Corte Suprema conferiu intepretação conforme à Constituição ao art. 28 da Lei n. 11.343/2006, para excluir a incidência do tipo penal à conduta de portar "maconha" para uso pessoal, estabelecendo que será presumido usuário aquele que adquirir, guardar, tiver em depósito, transportar ou trazer consigo até 40 gramas de "maconha" ou 6 plantas fêmeas, além dos critérios legais estabelecidos no art. 28, § 2º, da Lei n. 11.343/2006, até que o Congresso Nacional determine critérios legais, para o que não foi fixado prazo (ver nota de rodapé 11 do Capítulo 4). Para maiores considerações sobre a questão, ver *Boletim Especial – Direito Penal*, do STF em Foco, publicado em 26-6-2024.

A Lei n. 14.071, de 13 de outubro de 2020, inseriu no Código de Trânsito o art. 312-B, o qual **veda a substituição de prisão por pena alternativa,** prevista no art. 44, I, do CP, **quando se tratar dos seguintes delitos culposos: a) homicídio culposo majorado pela condução sob influência de álcool ou substância psicoativa que determine dependência** (CTB, art. 302, § 3º); **b) lesão corporal culposa majorada por resultar lesão grave ou gravíssima e pela condução sob influência de álcool ou substância psicoativa que determine dependência** (CTB, art. 303, § 2º).

Esses são, portanto, os únicos crimes culposos aos quais a lei penal brasileira veda a substituição da pena privativa de liberdade por pena alternativa.

É importante frisar que essa proibição somente se aplica a fatos praticados a partir do dia 12 de abril de 2021, data de início da vigência da Lei n. 14.071/2020, por se tratar de *novatio legis in pejus.*

Vale alertar que, pela literalidade do art. 312-B do CTB, também estaria incluído na proibição de pena alternativa a lesão corporal culposa majorada pela produção na vítima de lesão de natureza grave ou gravíssima (CTB, art. 303, § 2º). Não há, porém, como prevalecer essa conclusão, sob pena de violação ao princípio da proporcionalidade, pois o fato mais grave, homicídio culposo de trânsito (em que não houve condução sob influência de álcool ou substância psicoativa determinadora de dependência) admite o benefício. Note bem como seria incoerente a interpretação literal: por ela, se o motorista, *que não está embriagado ou sob influência de substância psicoativa*, culposamente atropela e *fere* alguém, provocando na vítima lesão grave ou gravíssima, não tem direito a pena substitutiva, mas se matasse o sujeito passivo, teria esse direito...

2.1.4.2. Crimes dolosos

Em *crimes dolosos*, **vários requisitos** devem ser atendidos:

1º) *A pena imposta não pode ultrapassar quatro anos.*

O patamar escolhido pelo legislador, decorrente da reforma de 1998 (Lei n. 9.714), justificou-se por coincidir com o parâmetro para aplicação do regime aberto em matéria de penas privativas de liberdade. Diante da constatação de que esse regime penitenciário encontrava-se precariamente implementado na maioria das comarcas do país, optou-se por criar um mecanismo em que o agente, em vez de se submeter ao regime albergue (muitas vezes transformado em regime albergue-domiciliar sem qualquer fiscalização), cumprisse penas alternativas.

Quando o agente for condenado no mesmo processo por vários crimes, o parâmetro de aferição deve ser a *pena total* **imposta na sentença** (e não aquela aplicada a cada delito). Assim, por exemplo, se o agente for condenado por dois furtos qualificados em concurso material e receber, por cada um, três anos de pena, não poderá o juiz substituir a prisão por pena alternativa. Em se tratando de concurso formal ou crime continuado, o parâmetro será a pena final, de acordo com as regras dos arts. 70 ou 71 do CP. Essa posição é amplamente adotada em nossos tribunais: "Para a substituição da pena privativa de liberdade pela restritiva de direitos, exige-se que o réu preencha os requisitos objetivos e subjetivos constantes do art. 44 do CP. Conforme preceitua o art. 69 do CP, na hipótese de concurso material, as penas privativas de liberdade aplicam-se cumulativamente. Verifica-se, no caso, a existência de concurso material entre os crimes de receptação e adulteração de sinal de veículo automotor, o que representa 6 anos de reclusão. Dessa forma, considerando o disposto no art. 44, I, c/c o art. 69, *caput*, ambos do Código Penal, não se admite substituição da pena privativa de liberdade por restritiva de direitos, tendo em vista o *quantum* total da pena, superior a 4 anos de reclusão"[9].

2º) *O crime não pode ter sido praticado com violência (real) ou grave ameaça contra a pessoa.*

Nossa lei mostrou-se cautelosa ao inserir o presente requisito. Não fosse assim, poderia se premiar um roubador com penas alternativas – algo que, parece-nos, seria arrematado absurdo.

A violência que configura obstáculo à concessão da substituição de prisão por pena restritiva de direitos é a violência real. Esse foi o entendimento acolhido por nossos tribunais, para quem predominou o fato de tratar-se de norma restritiva de liberdade, merecedora de interpretação restrita[10]. Dessa forma, se uma pessoa cometer uma tentativa de estupro de vulnerável (CP, art. 217-A) poderá, em tese, ter sua pena de prisão substituída.

A exigência de que o delito seja cometido sem violência ou grave ameaça contra a pessoa também gerou discussão com relação à possibilidade de aplicar a medida para condenados por crimes de lesão corporal dolosa leve (CP, art. 129, *caput*) e ameaça (CP, art. 147), infrações que contêm, como elementar, a violência real e a grave ameaça (respectivamente). A doutrina é

---

[9] STJ, HC 94.646, rel. Min. Arnaldo Esteves Lima, *DJe* de 2-2-2009. No mesmo sentido: AgRg nos EDcl no REsp 1.858.245/RS, rel. Min. Antonio Saldanha Palheiro, 6ª T., j. 16-8-2022; AgRg no HC 535.689/SP, rel. Min. Ribeiro Dantas, 5ª T., j. 13-4-2020; TJSP, ApCr 0000136-08.2018.8.26.0635, rel. Des. Gilberto Ferreira da Cruz, 15ª CCr, j. 3-6-2020; e TJMG, ApCr 1.0382.19.000967-2/001, rel. Des. José Luiz de Moura Faleiros (Convocado), 8ª CCr, j. 21-5-2020.

[10] STJ, RHC 9.135, rel. Min. Hamilton Carvalhido, *DJU* de 19-6-2000, p. 210. No mesmo sentido: STJ, HC 311.331/MS, rel. Min. Leopoldo de Arruda Raposo (Desembargador convocado do TJPE), 5ª T., j. 24-3-2015, e HC 477.958/SP, rel. Min. Joel Ilan Paciornik, 5ª T., j. 11-12-2018.

unânime em admitir a concessão de penas alternativas para os autores desses crimes, calcada no princípio da especialidade. Isto porque tais delitos são infrações penais de menor potencial ofensivo, submetendo-se ao regime jurídico da Lei n. 9.099/95, que expressamente admite a aplicação de penas restritivas de direitos e multas para esses ilícitos (ver art. 62 da citada lei). De ver que, para o STJ: **"A prática de crime ou contravenção penal contra a mulher com violência ou grave ameaça no ambiente doméstico impossibilita a substituição da pena privativa de liberdade por restritiva de direitos" (Súmula 588)**[11].

3º) *Que o réu não seja reincidente em crime doloso.*

A reincidência dá-se quando o agente pratica novo crime, depois de ter sido condenado, com trânsito em julgado, no Brasil ou no estrangeiro, por crime anterior (CP, art. 63). A reincidência em crime doloso requer que os delitos a serem considerados (tanto aquele objeto da anterior condenação quanto o outro, posteriormente cometido) sejam dolosos ou preterdolosos.

Significa, em outras palavras, que o juiz criminal deverá verificar, ao lavrar a sentença condenatória por crime doloso (ou preterdoloso), se o agente ostenta condenação definitiva por infração penal dessa natureza, cujo trânsito em julgado seja anterior ao fato pelo qual está sendo condenado.

A reincidência em delito doloso não configura, todavia, obstáculo absoluto. Isto porque a lei autoriza a concessão do benefício, mesmo diante dessa situação, se o juiz verificar que a medida se mostra "socialmente recomendável" e que a reincidência não seja específica[12]. Com relação ao primeiro requisito ("medida (...) socialmente recomendável") é de ver que a análise do magistrado deve voltar-se para o plano *social* e não puramente individual. No que tange ao segundo, a jurisprudência ainda não uniformizou o entendimento acerca da configuração da reincidência específica para essa finalidade. Para uma primeira corrente, compreende-se como reincidente específico aquele condenado por crime de mesma espécie. A segunda corrente, por outro lado, recentemente adotada pela 3ª Seção do STJ[13], interpreta a redação do dispositivo de forma mais restritiva para aplicar a reincidência específica apenas aos **crimes idênticos.** Conforme esse último entendimento, a Corte

---

[11] Nesse sentido: STJ, AgRg no HC 775.608/SC, rel. Min. Jesuíno Rissato (Desembargador Convocado do TJDFT), 6ª T., j. 7-3-2023; e APn 943/DF, rel. Min. Antonio Carlos Ferreira, Corte Especial, j. 10-6-2024.

[12] O Código Penal fala em reincidência no "mesmo crime". A impropriedade é evidente, porque "crime" é fato determinado, no tempo e no espaço. O legislador quis dizer, a toda evidência, no mesmo tipo penal de crime (doloso).

[13] AREsp 1.716.664-SP, rel. Min. Ribeiro Dantas, 3ª S., j. 25-8-2021. No mesmo sentido: AgRg no HC 816.242/SP, rel. Min. Laurita Vaz, 6ª T., j. 29-5-2023.

entende que se o condenado tiver praticado um novo crime doloso idêntico, ele não terá direito à substituição. Assim, por exemplo, se o sujeito é condenado por furto simples e em seguida é condenado novamente por furto simples, não terá direito ao benefício. Por outro lado, se o condenado tiver praticado um novo crime doloso da mesma espécie, mas que não seja idêntico, poderá ser agraciado com a substituição. Logo, se o agente for condenado por furto simples e depois condenado por furto qualificado, sua pena poderá ser substituída pela restritiva de direito se o juiz entender recomendável.

4º) *A culpabilidade, os antecedentes, a conduta social e a personalidade do condenado, bem como os motivos e as circunstâncias indicarem que essa substituição seja suficiente.*

Tais requisitos têm natureza subjetiva e compreendem a análise de um aspecto que, por certo, o juiz já considerou na dosimetria da pena[14]. Explica-se: quando o juiz aplica a pena privativa de liberdade (atividade que antecede a substituição por pena alternativa), deve analisar, logo na primeira fase da aplicação da pena, a culpabilidade, os antecedentes, a conduta social, a personalidade do agente, além dos motivos, circunstâncias, consequências do crime e o comportamento da vítima (CP, art. 59, *caput*)[15].

Quadro-resumo dos requisitos para substituição de prisão por pena alternativa:

CRIMES CULPOSOS	CRIMES DOLOSOS
Culpabilidade, antecedentes, conduta social, personalidade, motivos e circunstâncias do crime favoráveis ao agente	Culpabilidade, antecedentes, conduta social, personalidade, motivos e circunstâncias do crime favoráveis ao agente
	Não ser o réu reincidente em crime doloso, salvo se a medida for socialmente recomendável, a critério do juiz (e desde que não se trate de reincidente no mesmo tipo penal)
	Crime cometido sem violência (real) ou grave ameaça à pessoa
	Pena de prisão não superior a 4 anos

2.1.5. Substituição nos crimes previstos na Lei dos Crimes Hediondos (Lei n. 8.072/90)

Os crimes hediondos, assim como o tráfico ilícito de drogas, a tortura e o terrorismo, submetem-se a regime jurídico-penal rigoroso, por ordem da Constituição Federal (art. 5º, XLIII). A Lei n. 8.072/90, por força

---

[14] Dosimetria da pena = procedimento de aplicação da pena na sentença condenatória.

[15] Cada um desses fatores será estudado detalhadamente no capítulo correspondente à aplicação da pena (ver Capítulo 4, *infra*).

disso, estabelece, entre outras disposições, que a pena deve ser cumprida em regime inicialmente fechado, com prazos mais dilatados que o normal para efeito de progressão de regimes (cumprimento de mais de dois quintos da pena para réus primários e três quintos para reincidentes) – art. 2º, §§ 1º e 2º.

Esse regramento especial torna tais delitos incompatíveis, em nosso sentir, com a substituição de prisão por penas alternativas. Não se pode olvidar que as regras gerais do Código Penal, nas quais se insere o art. 44, somente se aplicarão à legislação penal extravagante se esta não dispuser em sentido contrário.

Há quem sustente, contudo, não existir nenhuma incompatibilidade entre os diplomas legais acima aludidos, uma vez que a Lei dos Crimes Hediondos, no art. 2º, § 1º, teria tratado de regime penitenciário e o art. 44 do CP versaria sobre outro assunto: espécie de pena. O argumento, no entanto, não pode prevalecer. Não se nega que a lei especial mencionada cuide de regime penitenciário. Ocorre que, quando se impõe, de modo absoluto, o cumprimento da pena em regime inicialmente fechado, pressupõe-se, antes, a aplicação de uma pena privativa de liberdade. A se permitir a substituição, na sentença, da pena de prisão por pena alternativa, tornar-se-ia letra morta a regra especial.

É preciso registrar que, em matéria de tráfico de drogas, o descabimento da substituição de prisão por penas restritivas de direitos encontra-se expresso no art. 44 da Lei n. 11.343/2006, assim redigido: "Os crimes previstos nos arts. 33, *caput* e § 1º, e 34 a 37 desta Lei (tráfico ilícito de drogas e atos equiparados a tráfico) são inafiançáveis e insuscetíveis de *sursis*, graça, indulto, anistia e liberdade provisória, vedada a conversão de suas penas em restritivas de direitos" (parêntese nosso).

O Supremo Tribunal Federal, no julgamento do HC 97.256, rel. Min. *Ayres Britto*, datado de 1º de setembro de 2010, firmou entendimento por maioria de votos no sentido de que a restrição contida na Lei de Drogas é inconstitucional. Esse entendimento tem aplicação direcionada ao tráfico minorado, ou seja, àquele cometido por agente primário e de bons antecedentes, que não integra organização criminosa ou se dedica reiteradamente ao crime, nos termos do § 4º do art. 33 da Lei de Drogas (isso porque, ao tráfico na modalidade fundamental – art. 33, *caput*, da lei –, o benefício é absolutamente impossível em virtude da pena mínima de cinco anos contida no preceito secundário). De acordo com o relator do caso, a lei fundamental estabeleceu de maneira taxativa as proibições que podem ser impostas em matéria de delitos hediondos e assemelhados, dentre as quais não se inclui a vedação da pena privativa de liberdade por sanções alternativas. Acrescentou, ainda, que o tratamento dado à matéria pela lei especial ofende o princípio constitucional da individualização da pena. Com base nessas premissas, o Pretório Excelso concedeu parcialmente a ordem pleiteada, não para outorgar ao paciente de imediato a pena alternativa postulada, mas para afastar o óbice legal, determinando ao juiz do caso que analise o preenchimento dos requisitos legais. Muito embora se cuide de decisão cujo alcance jurídico dá-se *inter partes*, o julgamento obteve efeito *erga omnes* com a superveniência da Resolução n. 5/2012, do Senado Federal, editada com base no art. 52, X, da CF, suspendendo a executoriedade da regra legal proibitiva de substituição de prisão por pena alternativa na Lei de Drogas.

Interessante acrescentar que o STF definiu, por maioria de votos, que o tráfico minorado (art. 33, § 4º, da Lei n. 11.343/2006) não tem natureza hedionda. A decisão foi tomada pelo Plenário da Suprema Corte, no dia 23 de junho de 2016, no julgamento do HC 118.533. Os Ministros consideraram, de forma majoritária, que afigurar-se-ia desproporcional reputar hedionda a infração em tela, sobretudo em face do abrandamento que a própria lei e a jurisprudência do STF (HC 97.256) já impuseram ao crime em questão. O voto da rel. Min. Cármen Lúcia foi acompanhado pelos Ministros Luís Roberto Barroso, Edson Fachin, Teori Zavascki, Rosa Weber, Gilmar Mendes, Celso de Mello e Ricardo Lewandowski. Ficaram vencidos os Ministros Dias Toffoli, Luiz Fux e Marco Aurélio. Essa decisão impôs a revogação da Súmula 512 do STJ, que dizia justamente o contrário[16].

Ainda sobre o tráfico minorado, recentemente, o Plenário do STF aprovou, por maioria, enunciado de súmula vinculante que determina, via de regra, a fixação de regime aberto e a substituição da pena privativa de liberdade por restritivas de direitos quando reconhecida esta causa de diminuição de pena, salvo se reincidente (PSV 139, rel. Min. Rosa Weber, sessão virtual de 5-5-2023 a 12-5-2023)[17].

---

[16] Eis o teor da Súmula 512 do STJ: "A aplicação da causa de diminuição de pena prevista no art. 33, § 4º, da Lei n. 11.343/2006 não afasta a hediondez do crime de tráfico de drogas". A Terceira Seção, na sessão de 23-11-2016, ao julgar a QO na Pet 11.796/DF, determinou o CANCELAMENTO da Súmula 512 do STJ (*DJ* 28-11-2016).

[17] Ressalte-se que ainda não houve a publicação do enunciado, que, pela ordem cronológica, será a Súmula Vinculante 59 do STF, com o seguinte teor: "É impositiva a fixação do regime aberto e a substituição da pena privativa de liberdade por restritiva de direitos quando reconhecida a figura do tráfico privilegiado (art. 33, § 4º, da Lei n. 11.343/2006) e ausentes vetores negativos na primeira fase da dosimetria (art. 59 do CP), observados os requisitos do art. 33, § 2º, alínea *c* e do art. 44, ambos do Código Penal".

2.1.6. Lei de "Lavagem" de Capitais

A Lei de "Lavagem" de Capitais (Lei n. 9.613/98) permite a substituição de pena privativa de liberdade por restritiva de direitos, independentemente da quantidade da sanção imposta (portanto, ainda que superior a quatro anos), quando o agente "colaborar espontaneamente com as autoridades, prestando esclarecimentos que conduzam à apuração das infrações penais, à identificação dos autores, coautores e partícipes, ou à localização dos bens, direitos ou valores objeto do crime".

2.1.7. Quantidade de penas alternativas aplicadas em cada caso concreto

Após verificar o preenchimento dos requisitos legais para a substituição, o juiz deverá selecionar *quantas* **e** *quais* **são as penas alternativas a impor.** Tal escolha orienta-se pelo seguinte critério: **se a pena de prisão substituída não for superior a um ano, o juiz poderá aplicar uma pena restritiva de direitos ou multa. Se superior** a um ano, é-lhe facultado **substituí-la por duas penas restritivas de direitos ou uma pena restritiva de direito cumulada com multa** (CP, art. 44, § 2º). Na escolha da pena restritiva de direito, a ser aplicada no caso concreto, deve o juiz pautar-se pelo fato praticado e pelas aptidões pessoais do réu.

Observe-se que, nas condenações de até um ano, o juiz pode substituir a prisão por uma pena de multa. Trata-se da multa vicariante, tendo sido o art. 60, § 2º, do CP tacitamente revogado.

Registre-se, por fim, que o STJ firmou entendimento no sentido de que, se o tipo penal cominar, em seu preceito secundário, **pena privativa de liberdade superior a um ano e multa, o juiz deve aplicar, em substituição, duas penas restritivas de direitos** (afastando a possibilidade prevista no Código Penal de substituir a pena corporal por uma restritiva de direitos e multa). Assim, por exemplo, no caso do crime de duplicata simulada (CP, art. 172), o qual é apenado com detenção, de 2 a 4 anos, e multa, se o juiz substituir a pena de prisão por pena alternativa, terá que aplicar, obrigatoriamente, duas penas restritivas de direitos. Para o STJ, não é "socialmente recomendável a substituição da pena privativa de liberdade superior a 1 ano por uma restritiva de direitos e multa, em lugar de duas restritivas de direitos, na hipótese de o preceito secundário do tipo penal cominar pena de multa cumulada com a pena corporal"[18].

---

[18] Consoante a jurisprudência pacífica do STJ, não é "socialmente recomendável a substituição da pena privativa de liberdade superior a 1 ano por uma restritiva de direitos e multa, em lugar de duas restritivas de direitos, na hipótese de o preceito secundário do tipo penal cominar pena de multa cumulada com a pena corporal" (AgRg no HC

2.1.8. Penas restritivas de direitos nos crimes de trânsito

Quando cabível a substituição de prisão por pena alternativa, nos termos do art. 44 do CP, aos delitos de trânsito, tais como homicídio culposo, lesão corporal culposa, omissão de socorro na direção de veículo automotor e os demais capitulados nos arts. 302 a 312 do CTB, **o juiz deverá aplicar prestação de serviços à comunidade ou a entidades públicas,** nos seguintes locais e **para a realização das seguintes atividades:**

I – trabalho, aos fins de semana, em equipes de resgate dos Corpos de Bombeiros e em outras unidades móveis especializadas no atendimento a vítimas de trânsito;

II – trabalho em unidades de pronto-socorro de hospitais da rede pública que recebem vítimas de sinistro de trânsito e politraumatizados;

III – trabalho em clínicas ou instituições especializadas na recuperação de sinistrados de trânsito;

IV – outras atividades relacionadas a resgate, atendimento e recuperação de vítimas de sinistros de trânsito.

Essa exigência decorre do art. 312-A do CTB, introduzido pela Lei n. 13.281/2016, e, por se tratar de regra especial, afasta, quanto aos delitos de trânsito, o critério previsto no art. 44, § 2º, do CP.

Cuida-se, portanto, de norma específica e cogente, a qual impõe a aplicação compulsória, sempre que cabível a substituição de pena privativa de liberdade por pena alternativa, das referidas modalidades de prestação de serviços à comunidade ou entidades públicas.

Importante lembrar que os crimes de homicídio ou lesão corporal culposos, majorados pela condução sob a influência de álcool ou substância psicoativa que determine dependência (CTB, arts. 302, § 3º e 303, § 2º), não admitem substituição de prisão por pena alternativa (art. 312-B do CTB). Essa proibição somente se aplica a fatos ocorridos a partir do dia 12 de abril de 2021, data de início da vigência da Lei n. 14.071, que inseriu no CTB a vedação.

2.1.9. Penas restritivas de direitos nos crimes de abuso de autoridade

A Lei n. 13.869, de 2019, relativa aos **crimes de abuso de autoridade,** estipulou como **penas restritivas de direitos específicas** para tais delitos:

a) prestação de serviços à comunidade ou a entidades públicas;

b) suspensão do exercício do cargo, da função ou do mandato, pelo prazo de 1 (um) a 6 (seis) meses, com a perda dos vencimentos e das vantagens.

721.871/SC, rel. Min. Reynaldo Soares da Fonseca, 5ª T., j. 25-3-2022). Ver também: AgRg no HC 901.052/SC, rel. Min. Messod Azulay Neto, 5ª T., j. 17-6-2024.

Com isso, afasta-se a aplicação das demais penas restritivas de direitos previstas no Código Penal, como, por exemplo, a prestação pecuniária (art. 45, § 1º; *vide* item a seguir).

A Lei n. 13.869/2019 autoriza que as penas acima mencionadas sejam aplicadas isolada ou cumulativamente.

Não consta da Lei quais os requisitos necessários para sua aplicação, o que implica na necessidade de observar os critérios do Código Penal (art. 44), ou seja, é preciso que a condenação não seja a pena privativa de liberdade superior a quatro anos, que o fato seja cometido sem violência ou grave ameaça contra pessoa, que o agente não seja reincidente em crime doloso (salvo se a medida for socialmente recomendável e a reincidência não for no mesmo tipo penal) e que as circunstâncias judiciais sejam favoráveis.

Presentes esses requisitos, o juiz é obrigado a conceder o benefício legal. Se ausentes, poderá caber o *sursis* (suspensão condicional da pena) previsto nos arts. 77 a 82 do Código Penal.

2.2. Penas restritivas de direitos em espécie

2.2.1. Prestação pecuniária (CP, art. 45, § 1º)

Consiste no **pagamento de uma quantia em dinheiro à vítima ou a seus dependentes, ou, subsidiariamente, a entidade pública ou privada com destinação social, no valor entre um e trezentos e sessenta salários mínimos.** Pode ter, portanto, caráter indenizatório, quando destinada à vítima ou seus dependentes, ou cunho beneficente, se revertida em favor de entidade pública ou privada com destinação social.

O valor pago deverá ser deduzido de eventual indenização cível, se coincidentes os beneficiários.

Os critérios que devem nortear a determinação do *quantum* da pena de prestação pecuniária devem ser: o prejuízo da vítima, a situação econômica do réu e a culpabilidade do agente.

Esta sanção não se aplica aos crimes referentes à violência doméstica ou familiar contra a mulher, ou criança ou adolescente (tipificados no ECA), **por expressa vedação legal** (arts. 17 da Lei n. 11.340/2006 e 226, § 2º, do ECA, com redação dada pela Lei n. 14.344/2022).

Interessante notar que, com o advento da Lei n. 11.719/2008, o juiz criminal deve determinar, na sentença condenatória, o valor mínimo de indenização devido pelo réu à vítima do crime (CPP, art. 387, IV). Essa obrigação subsiste, mesmo quando a pena alternativa imposta seja a de prestação pecuniária, até porque esta pode ser fixada em patamar diverso daquele devido a título de indenização (note que o prejuízo sofrido é um dos critérios norteadores, mas não o único, no cálculo dessa pena restritiva de direitos).

2.2.2. Prestação inominada (CP, art. 45, § 2º)

Nos casos em que for cabível a prestação pecuniária, permite a lei, conquanto haja *concordância do beneficiário* (vítima, dependente, entidade pública ou privada com destinação social), **que a** *prestação pecuniária* **seja** *substituída por uma prestação de outra natureza* (ex.: cesta básica, mão de obra, reposição de árvores etc.).

A doutrina enxerga autonomia nessa pena, em relação à prestação pecuniária, destacando-a como mais uma modalidade de pena alternativa. Não pensamos assim. Isto porque sua aplicação encontra-se expressamente vinculada ao cabimento da pena prevista no art. 45, § 1º, do CP.

Parte da doutrina tece críticas acerca dessa pena restritiva de direitos, afirmando que a lei teria conferido excessiva discricionariedade ao juiz ao permitir a imposição de qualquer pena. Alguns chegam a asseverar que se trata de pena indeterminada, razão por que seria inconstitucional (CF, art. 5º, XXXIX). Na verdade, conquanto se colha a concordância do beneficiário e se respeite o princípio da dignidade da pessoa humana, a sanção respeitará o Texto Constitucional.

De ver que as **Leis Maria da Penha e Henry Borel proíbem a aplicação de pena de cesta básica** (bem como prestação pecuniária ou multa substitutiva isolada), nos crimes referentes à violência doméstica ou familiar contra a mulher, e contra criança ou adolescente tipificados no ECA (arts. 17 da Lei n. 11.340/2006 e 226, § 2º, do ECA, com redação dada pela Lei n. 14.344/2022).

Nucci pondera, com razão, que a competência para aplicar o dispositivo, isto é, para analisar se a prestação pecuniária deve ser substituída (com a concordância do beneficiário) por prestação de outra natureza, é do juízo das execuções penais: "Não é admissível que o magistrado responsável pela condenação, para obter a 'aceitação' do beneficiário, tenha que ouvir, antes de proferir a sentença, a vítima, seus dependentes ou qualquer entidade pública ou privada. Cabe ao juiz da execução penal, uma vez não paga a prestação pecuniária fixada, por absoluta impossibilidade financeira, transformá-la em prestação de 'outra natureza'. Se o magistrado da condenação perceber que o réu não tem condições de arcar com esse tipo de pena, por ser pobre, deve optar por outra, dentre as previstas no Código Penal, pois não terá como fixar prestação de 'outra natureza' sem ouvir, antes, o beneficiário"[19].

2.2.3. Perda de bens e valores (CP, art. 45, § 3º)

Trata-se da perda de bens e valores pertencentes ao condenado, em favor do Fundo Penitenciário Nacional (FUNPEN), ressalvada a legislação

---

[19] *Individualização da pena*, p. 303.

especial (p. ex., Lei n. 11.343/2006, cujos bens revertem-se ao FUNAD – Fundo Nacional Antidrogas).

O **valor máximo** dessa pena será o **prejuízo causado pelo delito ou o proveito obtido pelo condenado ou por terceiro pela prática do crime**, prevalecendo o que for maior.

Há doutrinadores que destacam ser esta pena uma exceção ao princípio constitucional da personalidade da pena (art. 5º, XLV), motivo por que poderia ela, após a morte do agente, ser exigida em face dos sucessores do condenado, nos limites da herança e na forma da lei.

Pondere-se, contudo, que a ressalva do Texto Maior quanto ao mencionado princípio refere-se aos efeitos civis da condenação, consistentes em tornar certa a obrigação de reparar os danos e na perda, em favor da União (ressalvado o direito do lesado e do terceiro de boa-fé), dos instrumentos ilícitos empregados na infração penal, bem como do produto ou proveito do crime (CP, art. 91).

É mister, ademais, estabelecerem-se as diferenças entre a pena restritiva de direitos em estudo e o confisco de bens previsto no art. 91 do CP. Os institutos distinguem-se, em primeiro lugar, por sua natureza (pena *x* efeito da condenação). Seus destinatários são diversos. Os bens confiscados são destinados à União (ressalvado o direito do lesado e terceiro de boa-fé) e aqueles cuja perda for declarada, nos termos do art. 45, serão revertidos em favor do Fundo Penitenciário Nacional. A origem dos bens atingidos, por fim, deve ser ressaltada. Isto porque, em matéria de confisco, a constrição atinge bens ilícitos e, na pena restritiva de direitos, os bens ou valores tomados têm *origem lícita*.

Quadro-resumo com as diferenças:

	PERDA DE BENS E VALORES	CONFISCO
Natureza	Pena	Efeito secundário da condenação
Destinatário	FUNPEN	União
Origem dos bens	Bens de origem lícita	Bens de origem ilícita

2.2.4. Conversibilidade em prisão da prestação pecuniária e da perda de bens e valores

Tais sanções são definidas no Código como penas restritivas de direitos, razão por que, caso descumpridas injustificadamente, deverão ser convertidas em pena privativa de liberdade (CP, art. 44, § 4º)[20].

---

[20] Nesse sentido: STJ, AgRg no HC 516.321/SP, rel. Min. Reynaldo Soares da Fonseca, 5ª T., j. 24-9-2019; e AgRg no AREp 2.147.948/SE, rel. Min. Reynaldo Soares da Fonseca, 5ª T., j. 18-4-2023.

Há autores, contudo, que pensam de modo diferente, porquanto veem nessas penas um nítido caráter pecuniário. Por conta disso, afirmam que elas devem submeter-se ao regime jurídico da pena de multa (CP, arts. 49 a 52), a qual não admite, sob hipótese alguma, ser convertida em pena de prisão. Segundo esses doutrinadores, entendimento diverso significaria violação ao princípio constitucional da igualdade, à medida que se tratariam desigualmente situações idênticas. Não é esse, todavia, o entendimento predominante na doutrina e na jurisprudência. A possibilidade de converter em prisão as penas de prestação pecuniária e perda de bens e valores não viola o princípio da igualdade, justamente porque não são iguais à pena de multa prevista no Código Penal. Deve-se atentar que somente a multa, após o trânsito em julgado, é considerada dívida de valor e como tal deve ser tratada (CP, art. 51). As demais, mesmo quando definitiva a condenação, permanecem sendo consideradas sanções criminais e continuam recebendo o tratamento jurídico a elas pertinente.

2.2.5. Prestação de serviços à comunidade ou a entidades públicas (CP, art. 46)

A pena de prestação de serviços **constitui,** segundo mostrou a experiência, **a mais eficaz pena restritiva de direitos.** Isto porque, além de evitar o encarceramento (em crimes de reduzida gravidade), promove a integração do sentenciado com a comunidade em que vive, obrigando-o à realização de tarefas úteis ao corpo social. Não raras vezes o sentenciado cumpre a pena e, mesmo após, continua frequentando o estabelecimento assistencial voluntariamente.

Quando foi **criada no Brasil, em 1984,** e durante vários anos, teve aplicação tímida. Não existia, à época, a cultura de engajamento da sociedade civil em programas assistenciais, como há nos moldes atuais (embora se reconheça, evidentemente, que ainda há muito a fazer). O próprio Judiciário demorou a se aparelhar. Os diversos juízos das execuções penais não encontravam entidades interessadas em se cadastrar e receber sentenciados. Isto fazia com que muitos juízes, ao proferir a condenação, antevendo a ineficácia desta pena, dada a inexistência de meios materiais para implementá-la na fase executiva, se sentiram desencorajados a aplicá-la.

A Lei n. 9.714/98 deu importante passo no sentido da difusão desta pena restritiva de direitos, a começar por autorizar seu cumprimento perante entidades públicas (o que, até então, era proibido).

De acordo com o Código, essa pena **consiste na atribuição ao condenado de tarefas gratuitas perante** *entidades privadas ou públicas* (como escolas, creches, hospitais, orfanatos, entidades assistenciais, programas comunitários ou estatais – art. 46, § 2º). **Só é aplicável a penas superiores a seis meses**[21].

---

[21] Ao legislador, supõe-se, pareceu que a prestação de serviços constitui a mais onerosa das penas restritivas de direitos, motivo pelo qual não autoriza sua concessão a penas

Para determinar seu tempo de cumprimento, o Código adotou o seguinte parâmetro: **para cada dia de pena corresponde uma hora de prestação de serviços** (art. 46, § 3º). Deve-se ponderar que **a tarefa de transformar a pena privativa de liberdade substituída em dias e, por via de consequência, descobrir a carga horária, incumbe ao juiz das execuções penais,** a fim de respeitar a regra do art. 10 do CP, segundo a qual os dias, meses e anos se contam de acordo com o calendário comum.

O art. 46, § 4º, autoriza o cumprimento dessa sanção em menor tempo, nunca inferior à metade do tempo da prisão substituída, desde que esta seja superior a um ano. Note que *a lei permite uma diminuição no tempo de duração* da pena de prestação de serviços, *não na carga horária* (que é inalterável). Assim, por exemplo, se o réu foi condenado a dois anos de prisão e o magistrado substitui a sanção pela do art. 46, deverá o sentenciado cumprir 730 horas (que correspondem aos 730 dias contidos no período de dois anos, salvo em caso de ano bissexto, em que será esse prazo acrescido de um dia). Essa carga horária deverá, como regra, ser cumprida em dois anos. Se o condenado preferir, contudo, e desde que não lhe prejudique a jornada de trabalho, poderá resgatar sua pena em menor tempo, nunca inferior a um ano, exercendo, por exemplo, duas horas diárias de prestação de serviços.

A fixação da carga horária, dos dias e horários para cumprimento e da entidade onde se dará a prestação cabe ao juízo das execuções penais (LEP, art. 149, II).

2.2.6. Interdições temporárias de direitos (CP, art. 47)

As interdições temporárias de direitos consistem na proibição de exercício de determinados direitos, durante prazo correspondente ao da pena de prisão substituída. **Bipartem-se em** *interdições específicas* (cabíveis somente para determinados crimes) e *genéricas*. Dentre as primeiras estão as do art. 47, I a III. E na última categoria se encontram as do art. 47, IV e V.

São **interdições específicas:**

a) *Proibição do exercício de cargo, função pública ou mandato eletivo* (art. 47, I): incide nos delitos praticados com violação dos deveres inerentes ao cargo, à função pública ou ao mandato eletivo (CP, art. 56).

---

de curtíssima duração (inferiores a seis meses). Nesses casos, deve o juiz optar por outras penas alternativas. Nucci sugere que a exigência do tempo mínimo de pena (seis meses) tenha ocorrido "para incentivar o magistrado a aplicar outras modalidades de restrição de direitos, como a prestação pecuniária ou a perda de bens e valores, bem como para facilitar a fiscalização e o cumprimento – afinal, é dificultosa a mobilização dos órgãos do Estado para que o condenado cumpra apenas um ou dois meses de prestação de serviços" (*Individualização da pena*, p. 297).

É preciso diferenciar *cargo público, função pública* e *mandato eletivo*.

Segundo esclarece Guilherme Nucci, "cargo público é o cargo criado por lei, com denominação própria, número certo e remunerado pelos cofres do Estado (Estatuto dos Funcionários Públicos Civis da União), vinculando o servidor à administração estatutariamente; função pública é a atribuição que o Estado impõe aos seus servidores para realizarem serviços nos três Poderes, sem ocupar cargo ou emprego"[22].

O mandato eletivo consiste, no dizer de José Afonso da Silva, "numa comissão de natureza política. (...) É conferido por eleição popular para um prazo determinado, dentro do qual, por princípio, seu titular goza de prerrogativas constitucionalmente reconhecidas"[23].

Com respeito à proibição do exercício do mandato, contudo, a disposição é inaplicável, uma vez que a condenação penal acarreta, automaticamente, a suspensão dos direitos políticos, independentemente da pena imposta (CF, art. 15, III).

b) **Proibição do exercício de atividade, profissão ou ofício que dependa de licença especial ou autorização do Poder Público** (art. 47, II – ex.: advogado, médico, dentista, despachante etc.): aplica-se somente aos crimes praticados com violação dos deveres inerentes à atividade, profissão ou ofício (art. 56 do CP).

c) **Suspensão da autorização ou habilitação para dirigir veículos automotores** (art. 47, III): essa pena encontra-se tacitamente derrogada pela Lei n. 9.503/97 (Código de Trânsito Brasileiro), precisamente no ponto que determina a suspensão da habilitação. Isto porque se trata de pena específica que se aplicaria aos crimes culposos de trânsito (art. 57 do CP), os quais atualmente são disciplinados pelo Código de Trânsito Brasileiro (arts. 302 e 303 – homicídio e lesão corporal). O dispositivo vigora somente no que concerne à suspensão da *autorização* para dirigir veículos automotores, figura não tratada nos crimes culposos de trânsito regulados no Código de Trânsito Brasileiro. Mencionada autorização é o instrumento adequado para a condução de ciclomotores.

Atualmente são **duas as interdições genéricas**.

A **primeira** consubstancia-se na **proibição de frequentar determinados lugares** (art. 47, IV), inserida no rol das interdições temporárias em 1998 (Lei n. 9.714). A medida era, de início, prevista apenas como condição do *sursis* (CP, arts. 77 e s.) e do livramento condicional (CP, arts. 83 e s. e LEP, art. 132, § 2º). De qualquer modo, ainda remanesce seu inconveniente,

---

[22] *Código Penal comentado*, p. 512.
[23] *Comentário contextual à Constituição*, p. 423.

traduzido na dificuldade de fiscalização, o que a torna, no mais das vezes, absolutamente ineficaz.

Pondere-se que a Lei n. 12.403, de 2011, inseriu medida semelhante no rol das cautelares pessoais alternativas à prisão (CPP, art. 319, II), autorizando o juiz a decretá-la, sempre que necessário, no curso da persecução penal, cumulando-a com outras providências acautelatórias, como a monitoração eletrônica (CPP, art. 319, IX).

Na hipótese de o juiz aplicar a proibição de frequentar determinados lugares durante o andamento do processo e, na sentença, impô-la como pena, nos termos do art. 47, IV, do CP, haverá detração (CP, art. 42), de tal modo que o tempo dedicado à restrição antes do trânsito em julgado deverá ser descontado na sanção definitivamente imposta.

A **segunda** interdição genérica é a **proibição de inscrever-se em concurso, avaliação ou exame públicos** (introduzida pela Lei n. 12.550, de 15-12-2011). Tal restrição faz com que o sentenciado fique impedido temporariamente de se inscrever, ou seja, de apresentar-se para concorrer a certame público (*v.g.*, uma prova de ingresso a carreiras jurídicas, o concurso do Conselho Regional de Medicina, o Exame de Ordem, necessário para que os bacharéis em Direito possam exercer a advocacia).

Muito embora se trate de pena restritiva de direitos genérica, pois o legislador não a vinculou expressamente a qualquer delito, parece-nos que o magistrado deve adotá-la quando o ilícito praticado guardar relação com a defraudação de concursos, avaliação ou exames públicos; caso, por exemplo, da fraude em certames de interesse público, tipificada no art. 311-A, igualmente acrescentado no Texto pela Lei n. 12.550, de 2011. Assim, quando o acusado houver sido condenado por ter se beneficiado de informações sigilosas em exame da OAB ou concurso público de ingresso a carreiras públicas e preencher os requisitos necessários à substituição da pena privativa de liberdade por pena alternativa, terá o órgão judicial a possibilidade de optar pela sanção mencionada.

Essa pena *durará o tempo correspondente ao da prisão substituída* na sentença condenatória.

A disposição, no que se refere à vedação de inscrição em concursos públicos, mostra-se supérflua, de vez que a própria condenação penal produz automaticamente, por força do art. 15, III, da CF, a suspensão dos direitos políticos, fator impeditivo para o ingresso em carreiras públicas.

2.2.7. Limitação de fim de semana (CP, art. 48)

Consiste na **obrigação de o condenado se recolher em fins de semana em Casa de Albergado ou estabelecimento similar**. Tem natureza de prisão descontínua, embora o legislador a considere pena restritiva de direitos.

Para cumpri-la, o sentenciado deverá permanecer, durante o tempo correspondente à prisão substituída, durante cinco horas, aos sábados e domingos, na Casa do Albergado, frequentando palestras ou cursos que promovam sua reabilitação ou praticando atividades educativas.

Penas restritivas de direitos

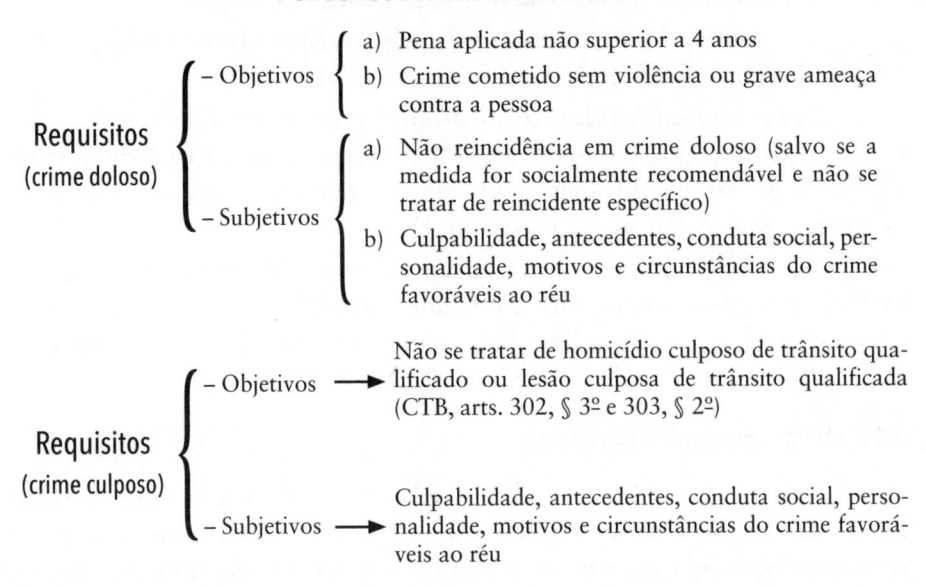

Requisitos (crime doloso)
– Objetivos
a) Pena aplicada não superior a 4 anos
b) Crime cometido sem violência ou grave ameaça contra a pessoa

– Subjetivos
a) Não reincidência em crime doloso (salvo se a medida for socialmente recomendável e não se tratar de reincidente específico)
b) Culpabilidade, antecedentes, conduta social, personalidade, motivos e circunstâncias do crime favoráveis ao réu

Requisitos (crime culposo)
– Objetivos → Não se tratar de homicídio culposo de trânsito qualificado ou lesão culposa de trânsito qualificada (CTB, arts. 302, § 3º e 303, § 2º)

– Subjetivos → Culpabilidade, antecedentes, conduta social, personalidade, motivos e circunstâncias do crime favoráveis ao réu

2.3. A pena de multa

2.3.1. Introdução

A pena pecuniária constitui mecanismo utilizado pelo Direito Penal há séculos. No período colonial brasileiro, as Ordenações do Reino autorizavam, em algumas poucas situações, que a prática do delito se resolvesse em pecúnia. Ao tempo do Código Criminal do Império (1830), a pena de multa recebeu cuidadosa regulamentação, tendo sido esse Diploma o primeiro a adotar o sistema do dia-multa. O Código Penal de 1890 também previa a multa na Parte Geral, mas não a cominava a nenhum delito na Parte Especial. O legislador, em 1940, a acolheu, sendo ela, até a Reforma da Parte Geral (1984), uma das "penas principais", juntamente com a privativa de liberdade. O sistema adotado pelo Código em sua redação original recebeu severas críticas, pois estabelecia a multa em valores prefixados, que em pouco tempo foram corroídos pela inflação.

A Reforma de 1984 resgatou o sistema do dia-multa, revogando todas as disposições do Código Penal e de leis especiais que, até então, cominavam a pena pecuniária em valores prefixados. Em 1996 (Lei n. 9.268), a pena de multa sofreu importantíssima mudança, passando a ser considerada, após o trânsito em julgado, como dívida de valor, vedando-se sua conversão em pena privativa de liberdade.

2.3.2. Espécies

Há **duas espécies** de pena de multa na legislação penal:

a) a *cominada diretamente no preceito secundário* do tipo penal incriminador (exs.: CP, arts. 155 a 158, 168 e 171);

b) a *multa substitutiva ou vicariante*, imposta em substituição a uma pena privativa de liberdade (CP, art. 44, § 2º), **que pode ser** *isolada* (quando a pena de prisão não ultrapassar um ano, **ou** *cumulada*, quando superior a este patamar, mas inferior a quatro anos).

Aos crimes que envolvam violência doméstica ou familiar contra a mulher, criança ou adolescente (tipificados no ECA) não se admite a substituição de pena privativa de liberdade exclusivamente por pena de multa (Lei n. 11.340/06, art. 17, e ECA, art. 226, §2º).

2.3.3. Multa substitutiva ou vicariante

Trata-se da multa aplicada em substituição a uma pena privativa de liberdade. Regulam-na os arts. 44, § 2º, e 60, § 2º, do CP. Apesar de existirem duas regras aparentemente colidentes, cremos ser perfeitamente possível harmonizá-las, conforme iremos expor abaixo.

Não é o pensamento de Damásio de Jesus. Para o eminente autor, o art. 44, § 2º, deve prevalecer sobre o art. 60, § 2º, até porque constitui lei posterior (sua redação baseia-se na Lei n. 9.714, de 1998, ao passo que o outro se funda na Lei n. 7.209, de 1984). Para esse ponto de vista, destarte, a multa vicariante seria cabível sempre que, preenchidos os requisitos do art. 44, *caput*, do Código[24], a pena privativa de liberdade não fosse superior a um ano. Cuida-se de orientação seguida por diversos autores. Ousamos, contudo, discordar, porque, como demonstraremos abaixo, os requisitos de aplicação do art. 44 e do art. 60 são distintos. Isto é, os pressupostos fáticos de cada uma das regras diferem um do outro.

Existem, ainda, doutrinadores que conciliam os dispositivos, embora de maneiras distintas.

---

[24] Crime cometido sem violência ou grave ameaça contra a pessoa; réu não reincidente em crime doloso, salvo quando socialmente recomendável a medida e a recidiva não se opere no mesmo tipo penal; e a demonstração de que a culpabilidade, os antecedentes, a conduta social, os motivos e as circunstâncias do crime encontrem-se favoráveis ao agente.

Nucci[25] afirma que a compatibilização deva seguir o seguinte critério: em se tratando de penas mais reduzidas (isto é, até seis meses), a pena privativa de liberdade pode ser substituída por uma pena de multa ou por uma pena restritiva de direitos (desde que não se trate, por óbvio, da prestação de serviços à comunidade ou entidades públicas, inaplicável dentro deste patamar). Quando se tratar de sanções acima de seis meses, porém inferiores a um ano, o magistrado somente poderia substituir a prisão por uma pena restritiva de direitos. A respeitável posição do autor, parece-nos, não pode ser aceita, pois nega vigência ao critério contido no art. 44, § 2º, por meio do qual a multa vicariante (assim como a pena restritiva de direitos substitutiva) tem lugar quando a sanção não ultrapassa *um ano*.

Delmanto, de sua parte, aduz que a harmonização deve se dar da seguinte forma: se a pena privativa de liberdade não ultrapassar seis meses, o juiz estaria obrigado a substituí-la por multa (desde que preenchidos os demais requisitos legais). Em sendo superior a seis meses, mas inferior a um ano, teria lugar a substituição da prisão por uma pena restritiva de direitos. O presente entendimento desconsidera que o Código autoriza a aplicação de algumas penas restritivas de direitos a condenações não superiores a seis meses de prisão. O permissivo (implícito) decorre do art. 46, *caput*, do CP, quando veda expressamente a prestação de serviços comunitários para condenações inferiores ao mencionado patamar; explica-se: se a única pena restritiva de direitos proibida expressamente em tais casos foi a prestação de serviços, conclui-se que as demais podem ser impostas nestas situações.

Em nosso sentir, as normas são conciliáveis, notadamente porque *os dispositivos contêm requisitos diversos.*

O art. 60, § 2º, determina que "a pena privativa de liberdade aplicada, não superior a 6 (seis) meses, pode ser substituída pela de multa, observados os critérios dos incisos II e III do art. 44 deste Código". Ora, dentre os critérios dos mencionados incisos encontram-se a exigência de não ser o réu reincidente em crime doloso e de indicarem a culpabilidade, os antecedentes, a conduta social e a personalidade do condenado, bem como os motivos e as circunstâncias que essa substituição seja suficiente. Nesse caso, *é indiferente saber se o crime foi cometido sem violência ou grave ameaça contra a pessoa.*

O art. 44, § 2º, por sua vez, submete-se ao preenchimento de *todos os requisitos exigidos no* caput *da disposição*, isto é, àqueles dos incisos I a III, incluindo-se, portanto, além dos dois exigidos no art. 60, § 2º, que o crime tenha sido cometido sem violência ou grave ameaça contra a pessoa.

---

[25] *Individualização da pena*, p. 305.

Em suma, *existem duas multas vicariantes*, condicionadas a fatores distintos. Quando o crime for cometido com violência ou grave ameaça contra a pessoa, o legislador é menos tolerante, exigindo teto mais reduzido, isto é, seis meses (art. 60, § 2º); se o delito não envolver violência ou grave ameaça contra a pessoa, o limite máximo é aumentado para um ano (art. 44, § 2º).

Acompanhe o quadro comparativo:

MULTA VICARIANTE (ART. 60)	MULTA VICARIANTE (ART. 44)
1) Pena de prisão até seis meses	1) Pena de prisão até um ano
2) Não reincidência em crime doloso, salvo se a medida for socialmente recomendável e a recidiva não se der no mesmo tipo penal	2) Não reincidência em crime doloso, salvo se a medida for socialmente recomendável e a recidiva não se der no mesmo tipo penal
3) A culpabilidade, os antecedentes, a conduta social, a personalidade, os motivos e as circunstâncias do crime devem indicar que a medida é suficiente	3) A culpabilidade, os antecedentes, a conduta social, a personalidade, os motivos e as circunstâncias do crime devem indicar que a medida é suficiente
4) Crime cometido COM violência ou grave ameaça contra a pessoa	4) Crime cometido SEM violência ou grave ameaça contra a pessoa

Destaque-se que a Segunda Turma do STF[26], por unanimidade, reconheceu que incide a regra prevista no art. 114, I, do CP quando a pena de multa substitutiva for a única sanção aplicada, ou seja, a prescrição da pretensão punitiva estatal ocorre em 2 anos.

2.3.4. Sistema do dia-multa

Dos diversos sistemas de aplicação da multa (sistema da multa global, com valores prefixados; sistema temporal, que leva em conta simplesmente o padrão de vida do condenado etc.), o Código adotou (com a Reforma de 1984) o do dia-multa. Muitos autores apontam a legislação belga como a fonte de origem desse sistema, mas, por respeito à verdade histórica, o primeiro diploma penal a contemplá-lo foi o Código Criminal do Império de 1830 (art. 55).

Por esse sistema fixa-se, primeiro, o *número de dias-multa* (de 10 a 360 – art. 49, *caput*, do CP); **em seguida, atribui-se** *valor a cada dia-multa* (de 1/30 ao quíntuplo do valor do salário mínimo vigente ao tempo do fato – art. 49, § 1º, do CP. Se o valor da multa for insignificante para o réu, mesmo que aplicado no grau máximo (360 dias-multa fixados em 5 salários mínimos cada um), poderá o juiz aumentá-lo até o triplo (CP, art. 60, § 1º).

Embora tenha o Código Penal sido claro ao determinar que *o valor de cada dia-multa deverá ser fixado segundo a capacidade econômica do réu*

---

[26] HC 205.778, rel. Min. Edson Fachin, sessão virtual de 11-8-2023 a 21-8-2023.

(art. 60, *caput*), não estabeleceu expressamente o critério para orientar a imposição do *número de dias-multa*. Predomina na doutrina e na jurisprudência o entendimento segundo o qual essa operação *deve levar em conta as circunstâncias judiciais* (CP, art. 59, *caput*)[27].

De acordo com a Lei n. 7.209/84 (que alterou a Parte Geral do Código Penal), o sistema do dia-multa aplica-se a toda a legislação penal especial, salvo quando esta dispuser em sentido contrário, como é o caso da Lei de Drogas (Lei n. 11.343/2006), cujos patamares da pena pecuniária são muito mais elevados do que aqueles aplicáveis ao Código Penal.

Deve-se acrescentar que no crime de abandono material (CP, art. 244) a pena de multa é cominada de modo diverso do que o previsto no art. 49, pois consta do preceito secundário que a pena é de detenção de um a quatro anos, e multa, de uma a dez vezes o maior salário mínimo vigente no País.

Outra peculiaridade a respeito da imposição da pena de multa no próprio Código Penal se dá nos crimes em licitação e contratos administrativos (CP, arts. 337-E a 337-O), pois, de acordo com o art. 337-P, o piso da sanção pecuniária, nesses delitos, não pode ser inferior a 2% do valor do contrato licitado ou celebrado com contratação direta.

Vale destacar que a regra especial relativa ao valor mínimo da multa a tais delitos se aplica quando houver contrato (efetivamente) *licitado* ou *celebrado em contratação direta*, o que pressupõe esteja o procedimento concluído em definitivo, com a adjudicação do objeto ou tenha sido realizada a formalização de um contrato administrativo ou instrumento equivalente mediante contratação direta (isto é, nas hipóteses de dispensa ou inexigibilidade de licitação). Fora desses casos, aplica-se normalmente o critério da Parte Geral do Código. Assim, por exemplo, se o agente público devassar o sigilo de proposta apresentada em processo licitatório (CP, art. 337-J), consumando-se o crime, a multa seguirá integralmente as regras gerais, não incidindo o art. 337-P, se o certame for anulado, uma vez que inexistirá, em tal cenário, contrato *licitado* ou *celebrado*.

A Lei n. 9.472, de 16-7-1997, que dispõe acerca da "organização dos serviços de telecomunicação", prevê como crime o fato de "desenvolver

---

27 Nesse sentido: Alberto Silva Franco e outros, Código Penal e sua interpretação jurisprudencial, p. 820. Cf., ainda, "(...) A pena de multa observa critério bifásico (1ª fase: dias-multa; 2ª: valor do dia-multa) – artigo 49 do CP, sendo que no cálculo dos dias-multa, devem-se aplicar os mesmos parâmetros legais (as 3 fases) para a fixação da pena privativa de liberdade (...)" (TJDFT, Acórdão 1.243.458, ApCr 00023241220198070006, Rel. Des. Robson Barbosa de Azevedo, 2ª T. Criminal, j. 16-4-2020). Ver também: TJRS, ApCr 70082956061, 8ª CCr, rel. Des. Fabianne Breton Baisch, j. 27-5-2020. Igualmente: STJ, AgRg no AREsp 730.776/SC, rel. Min Jorge Mussi, 5ª T., j. 13-3-2018.

clandestinamente atividades de telecomunicação" (art. 183). A pena é de detenção de dois a quatro anos (aumentada de metade quando houver dano a terceiro), e multa de R$ 10.000 (dez mil reais).

2.3.5. Constitucionalidade da referência ao salário mínimo

O art. 7º, IV, da CF dispõe ser vedada a vinculação do salário mínimo "para qualquer fim". Essa norma constitucional, literalmente interpretada, poderia levar à conclusão de que o sistema penal do dia-multa, atrelado ao salário mínimo, seria inconstitucional. Não há, entretanto, qualquer incompatibilidade entre o Código Penal e a Constituição Federal nesse ponto. A norma constitucional em apreço visa evitar que o salário mínimo seja utilizado como indexador econômico, impedindo que, a cada aumento do piso salarial, subissem, proporcionalmente, os preços de produtos e serviços, tornando inócua a elevação do mínimo. Essa a finalidade da regra (interpretação teleológica), a qual não resulta vulnerada com a determinação de que o dia-multa seja calculado a partir do salário mínimo[28].

2.3.6. Correção monetária

Depois da edição da Lei n. 9.268/96, que alterou o regime jurídico da multa transformando-a em dívida de valor após o trânsito em julgado, ficou claro que sobre ela deve incidir correção monetária, *desde a data do fato*, a teor do disposto na Súmula 43 do STJ ("A correção monetária decorrente de dívida de ato ilícito deve incidir da data do efetivo prejuízo").

2.3.7. Regime jurídico da multa após o trânsito em julgado – dívida de valor (CP, art. 51)

Diz o art. 51, com sua atual redação, que à multa transitada em julgado se aplica a legislação relativa à dívida ativa da Fazenda Pública (Lei de Execução Fiscal e Código Tributário Nacional), inclusive no que se refere às causas suspensivas e interruptivas da prescrição. **A partir do instante em que a condenação se torna definitiva, portanto, a multa deve ser executada segundo as normas do Código Tributário Nacional e da Lei de Execução Fiscal.**

De modo mais detalhado, a cobrança da multa deve dar-se observando os seguintes passos:

(i) com o trânsito em julgado, o condenado será intimado a comparecer no Juízo Criminal onde tramitou o processo para pagá-la no prazo de dez dias (CP, art. 50), permitindo-se a cobrança em folha de pagamento e facultando-se o parcelamento do valor;

---

[28] Nesse sentido: Guilherme de Souza Nucci, *Código Penal comentado*, 4. ed., p. 250.

(ii) caso a multa não seja adimplida nesses termos, sua execução, sob ameaça de penhora de bens, ocorrerá no juízo da execução penal, segundo as diretrizes da legislação utilizada na cobrança de dívidas fiscais (CP, art. 51).

Qual será o órgão responsável por ajuizar a execução da multa?

Havia controvérsia para determinar se essa tarefa era de responsabilidade da Procuradoria da Fazenda (estadual ou federal, conforme a Justiça em que se deu a condenação) ou do Ministério Público.

Em 2015, o STJ editou a Súmula 521 no sentido de que: "A legitimidade para a execução fiscal de multa pendente de pagamento imposta em sentença condenatória é exclusiva da Procuradoria da Fazenda Pública".

O STF, contudo, em dezembro de 2018, alterou esse entendimento ao julgar a ADIn 3.150 e a 12ª Questão de Ordem na AP 470 ("Caso Mensalão") e, como consequência, revogou a Súmula 521 do STJ. De acordo com esses julgados, para a Suprema Corte o Ministério Público detém legitimidade prioritária para realizar a execução da multa, pois não se trata de uma dívida de origem civil ou tributária, mas de uma pena criminal. A Procuradoria da Fazenda somente poderia promover essa execução subsidiariamente, isto é, quando o Ministério Público não a propusesse no prazo de 90 dias.

Ocorre, porém, que a Lei n. 13.964/2019 (Lei Anticrime) modificou a redação do art. 51, *caput*, do CP, estabelecendo que **a execução da multa se dará no juízo da execução penal**. Daí decorre, em nosso entender, que a atribuição para executá-la passa a ser **exclusiva do Ministério Público**, órgão que atua perante o citado juízo (não mais "prioritária", como havia decidido o Supremo Tribunal Federal)[29].

Os tribunais superiores, porém, vêm interpretando a alteração legislativa de maneira restritiva, no sentido de que a mudança se circunscreve à competência jurisdicional, e não à atribuição para mover a execução da multa penal[30]. Como resultado, o Ministério Público segue sendo o "legiti-

---

[29] Anote-se que o STF reconheceu a existência de repercussão geral sobre essa questão: Tema 1219 – "Legitimidade subsidiária da Procuradoria da Fazenda Pública, após a vigência da Lei n. 13.964/2019, para execução de pena de multa decorrente de condenação criminal, nos casos de inércia do Ministério Público" (RE 1.377.843/PR, Tribunal Pleno, j. 2-6-2022). O julgamento em questão ainda não foi concluído, havendo voto do Min. André Mendonça (relator) pela legitimidade exclusiva do "Parquet". Para o STJ, contudo, a mencionada alteração legislativa não modificou a legitimidade para a execução da multa penal. Nesse sentido: AgRg no REsp 1.993.920/RS, rel. Min. Jesuíno Rissato (Desembargador Convocado do TJDFT), 5ª T., j. 22-11-2022; e AgRg no RMS 70.937/RS, rel. Min. Joel Ilan Paciornik, 5ª T., j. 27-5-2024.

[30] Nesse sentido, ver: AgRg no RMS 71.317/RS, rel. Min. Antonio Saldanha Palheiro, 6ª T., j. 18-3-2024.

mado prioritário" para exercer essa tarefa e, caso seja intimado pelo juízo das execuções penais para agir em 90 dias e permaneça inerte, deve-se intimar a Procuradoria da Fazenda para assumir essa função, diante de sua legitimidade subsidiária. Esse órgão, então, moverá a execução da multa perante o juízo das execuções penais.

De ver que a multa aplicada no âmbito do Juizado Especial Criminal deverá ser executada perante esse órgão, por força do art. 98, I, da CF, que estende a competência desse juízo para executar seus próprios julgados[31].

No que se refere ao prazo prescricional da multa, existe controvérsia.

De um lado, há quem defenda a necessidade de observar o prazo previsto na legislação tributária, ou seja, aquele do art. 144 do CTN, segundo o qual a prescrição se dá em cinco anos contados da inscrição da multa na dívida ativa da Fazenda. É nossa posição. De outro lado, **há aqueles que sustentam deva ser observado o prazo prescricional do Código Penal, estipulado no art. 114 (dois anos, se a única pena aplicada, ou, no mesmo prazo da pena de prisão, quando cumulativamente impostas). Essa corrente é a adotada pelo STJ[32].**

É importante notar, todavia, que não existe polêmica sobre quais são as causas suspensivas e interruptivas da prescrição da multa, depois do trânsito em julgado, pois o art. 51 do CP expressamente afirma serem aquelas previstas na legislação fiscal.

Apesar de ser considerada dívida de valor após o seu trânsito em julgado, a pena de multa não perde seu caráter originário de sanção criminal[33].

---

[31] Cf. Provimento n. 806/2003 do Conselho Superior da Magistratura de São Paulo.

[32] Para o STJ: "(...) Prevalece o entendimento de que a nova redação do art. 51 do Código Penal não retirou o caráter penal da multa. Assim, embora se apliquem as causas suspensivas da prescrição previstas na Lei n. 6.830/80 e as causas interruptivas disciplinadas no art. 174 do Código Tributário Nacional, o prazo prescricional continua sendo regido pelo art. 114, inciso II, Código Penal. 3. 'Habeas corpus' não conhecido. Ordem concedida de ofício, para reconhecer a prescrição da pretensão punitiva estatal" (HC 394.591/AM, rel. Min. Reynaldo Soares da Fonseca, 5ª T., j. 21-9-2017). No mesmo sentido: STJ, AgRg no AREsp 1.249.343/ES, rel. Min. Nefi Cordeiro, 6ª T., j. 18-9-2018; AgRg no AREsp 1.593.682/RN, rel. Min. Laurita Vaz, 6ª T., j. 6-2-2020; AgRg no AREsp 2.033.955/SC, rel. Min. Messod Azulay Neto, 5ª T., j. 8-8-2023; e AgRg no REsp 1.998.804/TO, rel. Min. Joel Ilan Paciornik, 5ª T., j. 18-9-2023.

[33] Nesse sentido: "Agravo em execução. Pena de multa. Decisão que determinou a suspensão do processo sem adoção das medidas de execução. Recurso ministerial objetivando a cassação da r. decisão que julgou o valor da execução ínfimo. Admissibilidade. Normas que fazem sentido quando se trata de execução de dívida de outra natureza, não de execução de sanção penal, para a qual a lógica econômica, do ponto de vista arrecadatório, fica evidentemente em segundo plano, já que em primeiro estão as

Por essa razão, só pode ser exigida em face do condenado, nunca de seus herdeiros. Aplica-se inteiramente o princípio constitucional da personalidade da pena (art. 5º, XLV). Assim, se o condenado falecer durante a execução da pena pecuniária, extingue-se a punibilidade, nos termos do art. 107, I, do CP, encerrando-se a execução.

Registre-se, por fim, que, se impostas cumulativamente na condenação pena privativa de liberdade e multa, o cumprimento daquela, salvo em situações de comprovada impossibilidade financeira, não implica extinção da punibilidade, ainda que pendente o pagamento desta[34]. Isso repercute nos efeitos da condenação penal, podendo-se citar, como exemplo, a suspensão dos direitos políticos, prevista no art. 15, III, da CF. Assim, se o condenado cumprir integralmente a pena de prisão imposta, não voltará a usufruir de seus direitos políticos enquanto a pena pecuniária não houver sido paga.

2.3.8. Conversão da pena de multa em pena restritiva de direitos na Lei n. 9.099/95

O art. 85 da Lei dos Juizados Especiais dispõe que a pena de multa poderá ser convertida em prisão (nesse ponto encontra-se prejudicado) e

---

finalidades da própria pena: prevenção criminal, retribuição e ressocialização. Agravo provido, com determinação" (TJSP, Agravo de Execução Penal 0009306-37.2022.8.26.0320, rel. Des. Xisto Albarelli Rangel Neto, 13ª Câmara de Direito Criminal, j. 11-12-2022).

[34] O STJ possuía entendimento diverso até o ano de 2020, mas a Corte alterou seu posicionamento, de modo a alinhar sua jurisprudência com a da Suprema Corte: "(...) Recurso especial não provido para manter os efeitos do acórdão que reconheceu a necessidade do integral pagamento da pena de multa para fins de reconhecimento da extinção da punibilidade, e acolher a tese segundo a qual, na hipótese de condenação concomitante a pena privativa de liberdade e multa, o inadimplemento da sanção pecuniária obsta o reconhecimento da extinção da punibilidade" (STJ, ProAfR no REsp 1.785.383, rel. Min. Rogério Schietti, 3ª Seção, j. em 20-10-2020. Destaque-se, conforme exposto, a exceção dos casos de comprovada impossibilidade, conforme tese jurídica firmada em recurso repetitivo (Tema Repetitivo 931): "Na hipótese de condenação concomitante a pena privativa de liberdade e multa, o inadimplemento da sanção pecuniária, pelo condenado que comprovar impossibilidade de fazê-lo, não obsta o reconhecimento da extinção da punibilidade" (REsp 1.785.383/SP, rel. Min. Rogerio Schietti Cruz, 3ª S., j. 24-11-2021). Ver também: TJSP, Agravo de Execução Penal 0009305-52.2022.8.26.0320, rel. Des. Ely Amioka, 8ª Câmara de Direito Criminal, j. 17-2-2023. Anota-se que o Tema Repetitivo 931 do STJ teve nova decisão de afetação em 2023, culminando com mais uma revisão da tese jurídica, firmando-se que: "O inadimplemento da pena de multa, após cumprida a pena privativa de liberdade ou restritiva de direitos, não obsta a extinção da punibilidade, ante a alegada hipossuficiência do condenado, salvo se diversamente entender o juiz competente, em decisão suficientemente motivada, que indique concretamente a possibilidade de pagamento da sanção pecuniária" (REsp 2.024.901/SP e REsp 2.090.454/SP, rel. Min. Rogerio Schietti Cruz, 3ª S., j. 28-2-2024).

também em pena restritiva de direitos (nesse particular, a regra encontra-se em vigor). Com relação à conversão da multa em restritiva de direitos, contudo, deve-se ponderar que o permissivo legal carece de regulamentação estabelecendo os parâmetros para que se dê tal conversão. Atualmente, portanto, nenhuma multa pode ser convertida em outra pena, nem mesmo com base no dispositivo acima citado.

2.3.9. Superveniência de doença mental

Sobrevindo doença mental durante a fase de execução da pena de multa, suspende-se sua cobrança, nos termos do art. 52 do CP e do art. 167 da LEP. O prazo prescricional, contudo, não se suspende.

2.3.10. *Habeas corpus* e pena de multa

De acordo com a Súmula 693 do STF, "não cabe *habeas corpus* contra decisão condenatória a pena de multa, ou relativo a processo em curso por infração penal a que a pena pecuniária seja a única cominada". O remédio constitucional cabível para sanar eventuais ilegalidades nas situações tratadas na súmula será o *mandado de segurança* (CF, art. 5º, LXIX).

2.3.11. Cumulação de multas

Alguns tipos penais cominam ao delito pena de prisão e multa, cumulativamente. Nesses casos, discute-se se o juiz poderia, quanto à pena privativa de liberdade, substituí-la, uma vez presentes os requisitos legais (CP, art. 44, § 2º), por pena de multa. Sendo isso possível, **ao réu, na sentença, seriam aplicadas duas penas de multa (uma em razão da cominação direta no tipo penal, outra substitutivamente). Tal procedimento é possível no regime do Código Penal,** mas não em leis especiais que tenham regras próprias sobre multa, como é o caso da Lei de Drogas[35].

Admitida a substituição, devem ser aplicadas as duas penas de multa cumuladas (a resultante da substituição, além da cominada diretamente no tipo penal). Na jurisprudência, entretanto, predomina o entendimento no sentido de que, nesse caso, uma multa "absorve" a outra, resultando, na prática, a imposição de somente uma pena de multa.

A situação retratada *supra* diz respeito à cumulação de multas em condenação por crime único. Se o agente, porém, cometer mais de uma in-

---

[35] Nesse sentido: Súmula 171 do STJ ("Cominadas cumulativamente, em lei especial, penas privativas de liberdade e pecuniária, é defeso a substituição da prisão por multa"), HC 501.072/SC, rel. Min. Félix Fischer, 5ª T., j. 6-6-2019, e AgRg no HC 735.483/SC, rel. Min. Antonio Saldanha Palheiro, 6ª T., j. 7-6-2022; STF, HC 84.721, rel. Min. Eros Grau, j. 9-11-2004, noticiado no *Informativo STF* n. 369.

fração penal em concurso de crimes, sendo os delitos todos apenados com multa, estas deverão ser somadas, nos termos do art. 72 do CP, pois, de acordo com este, "no concurso de crimes, as penas de multa são aplicadas distinta e integralmente"[36].

2.3.12. Cumprimento integral da multa cumulativa e extinção da punibilidade

O cumprimento da pena criminal constitui causa extintiva do direito de punir do Estado; nada mais óbvio: uma vez adimplida integralmente a sanção penal, o Estado perde o direito de punir o agente.

Quando se trata de condenado a quem se impôs pena privativa de liberdade cumulada com multa, a extinção do direito de punir **pressupõe o cumprimento integral de ambas as sanções**. Assim, se o sujeito cumpriu a pena de prisão, mas não pagou a multa imposta cumulativamente, não se pode reconhecer a extinção da punibilidade. Isso é relevante, por exemplo, na configuração da reincidência, caso o agente venha a praticar, no futuro, novo crime.

Acompanhe este exemplo: o sentenciado cumpriu a pena de reclusão em 2015, porém não adimpliu com a multa, a qual segue sendo executada perante o juízo da execução penal e, em 2021, pratica novo delito. Lembrando que a condenação anterior transitada em julgado somente gera reincidência até cinco anos contados do *cumprimento* ou da extinção da pena (art. 64, I, do CP), pergunta-se: *esse sentenciado é reincidente ao cometer a segunda infração?* Se para a extinção da punibilidade bastasse o cumprimento da pena corporal, a resposta seria afirmativa, pois de 2015 (data do adimplemento da pena de prisão) e 2021 (momento do novo delito) transcorreu mais de cinco anos, consumando-se o período depurador (CP, art. 64, I). Ocorre, todavia, que ele não cumpriu a pena de multa imposta cumulativamente, de tal maneira que ainda não se encontra extinta a punibilidade; logo, *ele é reincidente.*

Como decorrência do julgamento da ADI n. 3.150/DF pelo STF, que declarou que a multa é espécie de pena aplicável em retribuição e em

---

[36] Há precedentes relativizando o art. 72 do CP, permitindo que se aplique à pena de multa o cálculo decorrente do crime continuado (CP, art. 71). Assim, por exemplo, se o agente cometer três furtos em continuidade delitiva, tanto a pena de prisão quanto a multa deverão ser calculadas observando-se o critério do art. 71 do CP, segundo o qual se aplica somente uma das penas, aumentada de 1/6 até 2/3. "(...) A jurisprudência desta Corte assentou compreensão no sentido de que o art. 72 do Código Penal é restrito às hipóteses de concursos formal ou material, não sendo aplicável aos casos em que há reconhecimento da continuidade delitiva. Desse modo, a pena pecuniária deve ser aplicada conforme o regramento estabelecido para o crime continuado, e não cumulativamente, como procedeu a Corte de origem (...)" (AgRg no AREsp 484.057/SP, rel. Min. Jorge Mussi, 5ª T., j. 27-2-2018).

prevenção à prática de crimes, não perdendo ela sua natureza de sanção penal, o STJ reviu a tese anteriormente aventada no Tema n. 931 para assentar que "**na hipótese de condenação concomitante a pena privativa de liberdade e multa, o inadimplemento da sanção pecuniária obsta o reconhecimento da extinção da punibilidade**".

Mais recentemente, porém, a Corte cidadã realizou uma técnica de distinção ao referido precedente vinculante e passou a dispor que esse entendimento se justifica apenas para delitos relativos à criminalidade econômica, não se aplicando, portanto, aos **condenados comprovadamente hipossuficientes,** que não possuam condições financeiras de arcar com a pena pecuniária. Esse posicionamento se coaduna com a Recomendação n. 425/2021 do CNJ, que institui a Política Nacional Judicial de Atenção a Pessoas em Situação de Rua e suas interseccionalidades no âmbito do Poder Judiciário e que dispõe em seu parágrafo único do art. 29 que "no curso da execução criminal, cumprida a pena privativa de liberdade e verificada a situação de rua da pessoa egressa, deve-se observar a possibilidade de extinção da punibilidade da pena de multa".

Em 2023, houve nova decisão de afetação, que culminou com mais uma revisão do Tema Repetitivo 931 do STJ, fixando-se a tese de que: "O inadimplemento da pena de multa, após cumprida a pena privativa de liberdade ou restritiva de direitos, não obsta a extinção da punibilidade, ante a alegada hipossuficiência do condenado, salvo se diversamente entender o juiz competente, em decisão suficientemente motivada, que indique concretamente a possibilidade de pagamento da sanção pecuniária" (REsp 2.024.901/SP e REsp 2.090.454/SP, rel. Min. Rogerio Schietti Cruz, 3ª S., j. 28-2-2024).

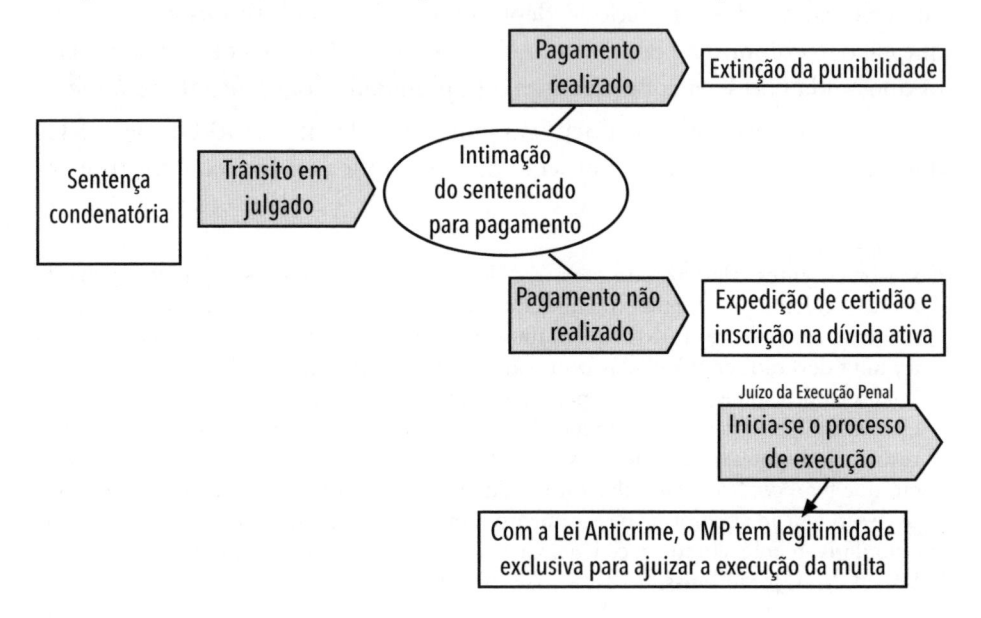

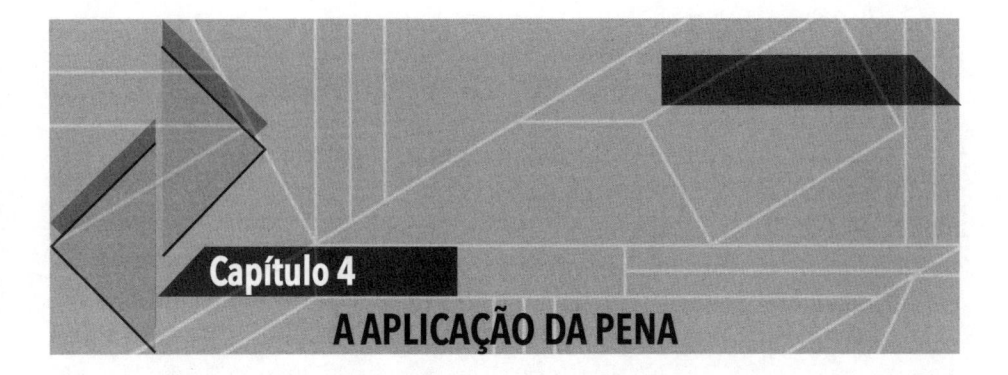

Capítulo 4
A APLICAÇÃO DA PENA

"O poder-dever de punir, que compete ao Estado, abre-se, desse modo, em um leque de figuras ou 'medidas', segundo soluções escalonadas, mensuráveis em dinheiro ou em 'quantidade de tempo'. Essa ordenação gradativa é da essência mesma da justiça penal, pois esta não se realizaria se um critério superior de igualdade ou proporção não presidisse à distribuição das penas, dando a cada infrator mais do que ele merece"[1].

1. INTRODUÇÃO

Um dos momentos mais delicados e cuidadosos da atividade jurisdicional consiste na aplicação da pena (dosimetria). Aqui entram em consideração quais critérios devem ser sopesados a fim de estabelecer a pena justa para o caso concreto.

Antes da reforma da Parte Geral do Código Penal, ocorrida em 1984, discutia-se qual o melhor sistema a ser adotado nessa matéria. Prevalecia o entendimento pelo qual o juiz deveria aplicar a pena percorrendo somente duas fases (*sistema bifásico*): num primeiro momento, avaliava as circunstâncias judiciais juntamente com as agravantes e atenuantes para, em seguida, considerar eventuais causas de aumento e diminuição de pena. Era o critério defendido por Roberto Lyra[2].

Nelson Hungria, por sua vez, sustentava que três deveriam ser as fases da aplicação da pena (*sistema trifásico*). Deveria o magistrado, em pri-

---

[1] Miguel Reale, *O direito como experiência*, p. 285.

[2] Esse autor escrevera: "Para este fim, atenderá, de modo geral, aos antecedentes e à personalidade do agente, à intensidade do dolo e ao grau da culpa, aos motivos, às circunstâncias e consequências do crime (art. 42) e, de modo especial, às circunstâncias agravantes e atenuantes previstas nos arts. 44 a 48. (...). Feita, assim, a fixação, verificará o juiz, tanto na Parte Geral, como na Especial, se ocorrem causas de aumento ou diminuição da pena, as quais não se confundem com as circunstâncias agravantes ou atenuantes" (*Comentários ao Código Penal*, p. 181-182).

meiro lugar, considerar isoladamente as circunstâncias judiciais, na sequência, as agravantes e atenuantes, e, por último, as causas de aumento e diminuição de pena.

Após a mencionada reforma, **a legislação passou a adotar expressamente o sistema proposto por Hungria,** como se nota na redação do art. 68, *caput*, do CP: "A pena-base será fixada atendendo-se ao critério do art. 59 deste Código (circunstâncias judiciais); em seguida serão consideradas as circunstâncias atenuantes e agravantes; por último, as causas de diminuição e de aumento" (parênteses meus).

Vale registrar que, **diante da ausência de critério legal delimitador do ponto de partida a ser tomado pelo magistrado na aplicação da pena, considera-se que a dosimetria inicia-se do mínimo legal.**

2. PRINCÍPIO DA INDIVIDUALIZAÇÃO DA PENA

O princípio da individualização da pena, conforme já estudamos (*vide* Capítulo 1, item 1.6, letra "e", *supra*), tem sede constitucional – art. 5º, LXVI. Suas consequências irradiam em diversos momentos fundamentais da imposição da pena. O princípio deve ser observado, em primeiro lugar, pelo legislador, a quem se proíbe a construção de tipos penais que retirem do magistrado a possibilidade de estabelecer uma pena que leve em conta a natureza particular do crime cometido, com todas as suas características relevantes, bem como os aspectos ligados ao agente que, de algum modo, guardem relação com o fato praticado. Depois da individualização legislativa, há a individualização judicial, que se reflete justamente no intrincado e rico procedimento de aplicação da pena, que será objeto de estudo no presente capítulo. Sob esse prisma, é vedado ao julgador impor uma sanção padronizada ou mecanizada, olvidando os aspectos únicos da infração cometida. Há, ainda, a individualização executiva, a ser observada durante a execução da pena, com vistas à ressocialização do sentenciado.

São conhecidos **quatro sistemas de individualização judicial da pena[3]:**

a) o **da** *pena estanque*, em **que o legislador determina** qual será **a pena** aplicável ao fato, **sem** qualquer **possibilidade de discricionariedade judicial** – esse sistema é adotado pelo Brasil quando da cominação de pena de morte[4] (lembre-se que a pena capital é admitida em caso de guerra declara-

---

[3] Cf. Guilherme de Souza Nucci, *Individualização da pena*, p. 30.

[4] O presente sistema também tem lugar quando se comina prisão perpétua a determinada infração.

da, sendo cominada em vários crimes contidos no Código Penal Militar – Decreto-Lei n. 1.001/69);

b) o da **pena totalmente indeterminada**, em que o **magistrado pode impor a pena que bem entender** (esse sistema é acolhido em diversos Estados norte-americanos; em nosso Código, aproxima-se desse sistema a pena substitutiva de prestação inominada, em que o juiz pode substituir a pena de prestação pecuniária por outra de *qualquer* natureza – art. 45, § 2º);

c) o da **pena relativamente indeterminada**, no qual **a lei fixa um patamar máximo, mas não estabelece mínimo** ou aquele em que tanto o piso quanto o teto são flexíveis;

d) o **sistema misto**, em que a **lei estipula valores mínimo e máximo**, dentro dos quais o juiz deve transitar no processo de individualização, somente podendo se apartar destes parâmetros mediante causas de aumento ou redução (foi o adotado em nosso Código Penal, como se nota nos arts. 59 a 68).

Conforme leciona Guilherme Nucci, "individualizar significa tornar individual uma situação, algo ou alguém, quer dizer particularizar o que antes era genérico... A individualização da pena tem o significado de eleger a justa e adequada sanção penal, quanto ao montante, ao perfil e aos efeitos pendentes sobre o sentenciado, tornando-o único e distinto dos demais infratores, ainda que coautores ou mesmo corréus. Sua finalidade e importância é a fuga da padronização da pena, da 'mecanizada' ou 'computadorizada' aplicação da sanção penal, que prescinda da figura do juiz, como ser pensante, adotando-se em seu lugar qualquer programa ou método que leve à pena preestabelecida, segundo um modelo unificado, empobrecido e, sem dúvida, injusto"[5].

3. PRINCÍPIO DO *NE BIS IN IDEM*

O princípio do *ne bis in idem* impede que uma pessoa seja punida pelo mesmo crime mais de uma vez e inspira uma série de regras, como as exceções processuais de coisa julgada e litispendência (CPP, arts. 95 a 111), as disposições que impedem, nos casos de extraterritorialidade da lei penal brasileira, a execução de pena no Brasil, quando no exterior o agente já cumpriu a sanção criminal pelo mesmo fato (CP, arts. 7º, § 2º, *d*, e 8º), o instituto da detração (CP, art. 42).

Em matéria de dosimetria, porém, seu reflexo é outro e pode ser traduzido no seguinte enunciado: **o mesmo dado concreto (isto é, fático) não**

---

[5] *Individualização da pena*, p. 30.

pode se subsumir a mais de uma categoria jurídica durante a aplicação da **pena**. Significa, portanto, que se determinada situação fática foi encaixada na categoria de elementar do tipo, não poderá atuar como circunstância (seja qualificadora, privilégio, causa de aumento ou diminuição, agravante, atenuante ou circunstância judicial). Além disso, se tal dado fático corresponde a determinado tipo de circunstância (qualificadora, por exemplo), não poderá ser empregado, ao mesmo tempo, como outro tipo (como uma causa de aumento, agravante ou circunstância judicial). Quando se nota a possível correspondência de determinada situação fática a mais de uma das categorias mencionadas, deve-se observar uma ordem de preferência que obedece ao **critério da especialidade,** conforme se verifica a seguir.

I) As elementares sempre preferem as circunstâncias.

Se algum dado fático se enquadrar em quaisquer das elementares do tipo, não poderá ser igualmente/novamente utilizado como circunstância.

Exemplos:

1) Se o réu foi condenado por aborto (CP, art. 126) pelo Júri, não poderá o juiz, na sentença condenatória, reconhecer a agravante genérica do art. 61, II, *h* (crime contra mulher grávida), pois esta é uma elementar implícita no tipo penal.

2) Se o réu cometeu o crime de feminicídio por matar pessoa do gênero feminino[6] em situação de violência doméstica (CP, art. 121-A), não será cabível, em caso de condenação, a agravante do art. 61, II, *f* (delito cometido contra mulher em contexto de violência doméstica).

II) As qualificadoras e privilégios preferem sobre as demais circunstâncias.

Deve-se recordar que as (verdadeiras) qualificadoras e privilégios são as circunstâncias que, acrescidas ao *caput,* dão ensejo a novos limites abstratos (novo mínimo e máximo). Se a situação fática a elas se subsume, não configurará, ao mesmo tempo, causa de aumento ou diminuição, agravante ou atenuante ou circunstância judicial.

Exemplos:

1) O agente comete um homicídio por motivo fútil (banal). A motivação atuará como qualificadora, em virtude do art. 121, § 2º, II, do CP, e, por tal motivo, não poderá funcionar (também) como agravante genérica,

---

[6] Registre-se que o Supremo Tribunal Federal decidiu na ADI 4.275, julgada no dia 1º de março de 2018, pela desnecessidade da realização de cirurgia de mudança de sexo para alterar o nome e o gênero no assento de registro civil, portanto, entende-se por "gênero feminino" e "mulher" inclusive as vítimas que sejam transexuais e travestis, mas que se identificam com o sexo feminino.

embora esteja prevista no art. 61, II, letra *a*, do CP ou como circunstância judicial desfavorável, ainda que o "motivo do crime" se encontre no respectivo rol (CP, art. 59, *caput*).

2) Alguém mata uma pessoa empregando veneno. O meio utilizado qualificará o homicídio (CP, art. 121, § 2º, III) e não poderá, ao mesmo tempo, conduzir à aplicação da agravante genérica do art. 61, II, *d*, do CP.

III) As causas de aumento ou diminuição preferem as agravantes, atenuantes e circunstâncias judiciais.

Causas de aumento e diminuição são circunstâncias previstas na Parte Geral ou Especial que impõe um acréscimo ou decréscimo sobre as penas previstas no preceito secundário, normalmente presentado por frações (em limites fixos – aumenta-se de um terço, p. ex. – ou variáveis – diminui-se a pena de um a dois terços, p. ex.).

Exemplos:

1) Réu condenado por feminicídio cometido contra gestante (CP, art. 121-A) sofrerá (além do possível aborto), a incidência da causa especial de aumento de pena prevista no § 2º, I, do art. 121-A do CP, não sendo possível reconhecer, cumulativamente, a agravante genérica de cometer delitos contra mulher grávida (CP, art. 61, II, *h*).

2) Se o agente mata uma vítima de 8 anos, a pouca idade da vítima não funcionará como agravante (CP, art. 61, II, *h* – "crime contra criança"), pois se trata de causa especial de aumento no homicídio doloso, prevista no art. 121, § 4º, do CP.

IV) As agravantes e atenuantes preferem as circunstâncias judiciais.

As agravantes e atenuantes genéricas figuram nos arts. 61 a 66 do CP e têm preferência de aplicação, caso o mesmo dado fático possa a elas se subsumir e, ao mesmo tempo, encaixar-se em alguma circunstância judicial.

Exemplos:

1) Réu que ostenta somente uma passagem criminal, correspondente a condenação anterior transitada em julgado antes do novo crime (cuja pena não tenha sido cumprida ou extinta há mais de cinco anos), será, por esse motivo, reincidente e, portanto, tal condenação importará no reconhecimento da agravante genérica prevista no art. 61, I, do CP. Tendo esse único dado fático aplicação sob a forma de agravante, não poderá ser empregado como circunstância judicial desfavorável (muito embora dentre estas encontrem-se os maus antecedentes); nesse sentido, a Súmula 241 do STJ: "A reincidência penal não pode ser considerada como circunstância agravante e, simultaneamente, como circunstância judicial". Nada impede, contudo, que, individualmente apreciadas, sejam levadas em consideração duas condenações transitadas em julgado, a primeira como circunstância judicial desfavorável

(maus antecedentes) e a segunda como agravante (reincidência), porquanto são distintos os fatos geradores[7].

2) O agente pratica uma lesão corporal dolosa com motivação torpe. O móvel atuará como agravante (CP, art. 61, II, *a*) e não poderá configurar circunstância judicial desfavorável.

4. ETAPAS DA APLICAÇÃO DA PENA

É importante **compreender a aplicação da penal como um método abrangente**, do qual a dosimetria propriamente dita é parte integrante.

Para efeito didático, dividimos as **etapas na fixação da pena** em três:

1ª) **pré-dosimetria**: é aquela em que o magistrado determina o preceito secundário aplicável, ou seja, estabelece qual o mínimo e o máximo de pena privativa de liberdade que deverão ser utilizados como parâmetros no cálculo da pena concreta.

Para tanto, deverá o juiz analisar quais as *elementares* presentes e, com isso, definir em qual tipo penal o réu está incurso. Deverá, também, verificar a presença de *qualificadoras* ou *privilégios*, pois tais dados podem alterar os limites mínimo e máximo.

---

[7] "Em relação às condenações pretéritas, essas podem ser utilizadas tanto para valorar os maus antecedentes na primeira fase, quanto para agravar a pena na segunda fase, a título de reincidência, desde que as condenações sejam de fatos diversos, como na presente hipótese. Igualmente, a jurisprudência deste Tribunal é assente no sentido de que as condenações alcançadas pelo período depurador de 5 anos, previsto no art. 64, inciso I, do Código Penal, afastam os efeitos da reincidência, mas não impedem a configuração de maus antecedentes, permitindo, assim, o aumento da pena-base" (STJ, HC 497.338/RJ, rel. Min. Félix Fischer, 5ª T., j. 4-6-2019), e ainda: "(...) A tese do 'direito ao esquecimento' não encontra guarida em feitos extintos que não possuem lapso temporal significativo em relação a data da condenação, menos de 10 anos (...)" (STJ, AgRg no HC 546.838/MG, rel. Min. Nefi Cordeiro, 6ª T., j. 12-5-2020). Também há a tese jurídica firmada em recurso repetitivo (Tema 1077 – trânsito em julgado: "Condenações criminais transitadas em julgado, não consideradas para caracterizar a reincidência, somente podem ser valoradas, na primeira fase da dosimetria, a título de antecedentes criminais, não se admitindo sua utilização para desabonar a personalidade ou a conduta social do agente" (REsp 1.794.854/DF, rel. Min. Laurita Vaz, 3ª S., j. 23-6-2021). Sobre o tema, ver ainda o julgamento do Tema 150 de Repercussão Geral do STF (*Leading case*: RE 593.818, rel. Min. Roberto Barroso, Tribunal Pleno, j. 18-8-2020); e STJ, AgRg no HC 813.280/SP, rel. Min. Messod Azulay Neto, 5ª T., j. 19-6-2023. Nesse sentido: Guilherme de Souza Nucci, *Individualização da pena*, p. 213. Diz esse autor: "Entretanto, nada obstaculiza a elevação da pena-base porque o réu possui maus antecedentes e, depois, novamente, por conta da reincidência, como agravante, se há condenações distintas em número suficiente para tal procedimento".

Importante atentar-se para a **diferença entre** uma **qualificadora** (que deve ser considerada na pré-dosimetria) e uma **causa de aumento**, também chamada de exasperante ou majorante (a qual é apreciada na terceira fase da dosimetria):

(i) **qualificadora:** dá ensejo a um *preceito secundário próprio*, em patamares mais elevados que a figura simples, prevista no *caput* do dispositivo. Além disso, **sempre** será encontrada **na Parte Especial** do Código.

O homicídio simples é punido com reclusão, *de 6 a 20 anos* (art. 121, *caput*, do CP). Se praticado por motivo fútil, a pena é de reclusão, *de 12 a 30 anos* (art. 121, § 2º, do CP).

(ii) **causa de aumento:** nesta, o legislador impõe um acréscimo, em frações fixas ou variáveis, sobre a pena da figura simples ou, por vezes, sobre a pena de uma forma qualificada. Ela pode estar na **Parte Geral ou** na **Parte Especial** do Código.

O furto simples é punido com reclusão, de 1 a 4 anos, e multa (CP, art. 155, *caput*). Se o crime, porém, é praticado durante o repouso noturno, a pena é "aumentada em um terço" (CP, art. 155, § 1º).

A **mesma distinção** deve ser feita **entre privilégio** (relevante na pré--dosimetria) **e causa de diminuição** ou minorante (aplicada na terceira fase da dosimetria). Aliás, nesse caso, os equívocos terminológicos são frequentes.

(i) **privilégio:** faz surgir um *preceito secundário diverso*, em patamares mais baixos que a figura simples, prevista no *caput* do dispositivo. **Só** os encontramos na **Parte Especial** do Código.

O crime de moeda falsa (CP, art. 289, *caput*) é punido com reclusão, de *3 a 12 anos*, e multa. Quando o agente, recebendo de boa-fé, como verdadeira, moeda falsa, a restituição à circulação, depois de perceber a falsidade, sua pena é de detenção, de *6 meses a 2 anos*, e multa (CP, art. 289, § 2º). Esse é um "verdadeiro" privilégio.

(ii) **causa de diminuição:** implica numa redução da pena prevista no preceito secundário da figura simples ou, em alguns casos, da forma qualificada. Pode estar **tanto** na **Parte Geral quanto na Especial**.

É o caso do homicídio praticado por motivo de relevante valor moral ou social (art. 121, § 1º, do CP), pois o legislador determina que, nesses casos, a pena (do *caput*) será reduzida de um sexto a um terço. De ver que essa figura é comumente designada como "homicídio privilegiado", quando, em verdade, merece ser designada como "**homicídio minorado**".

O mesmo equívoco terminológico ocorre no caso de tráfico de drogas, quando praticado por agente primário, de bons antecedentes, sem envolvimento com organização criminosa e não dedicado a atividades delituosas (art. 33, § 4º, da Lei n .11.343/06). Doutrina e jurisprudência costumam se referir ao fato como "tráfico privilegiado", mas, na realidade, cuida-se de um inegável **"tráfico minorado"**, pois, de acordo com a lei, neste caso o réu fica sujeito a uma redução de pena, de um sexto a dois terços.

Interessante abordar o cenário em que o juiz se depara, no mesmo caso concreto, com mais de uma circunstância qualificadora aplicável ao mesmo fato. Uma delas, decerto, servirá para atrair o novo preceito secundário (sempre prevalecendo, quando o caso, o mais grave deles). A outra, porém, como deverá ser apreciada na dosimetria?

Por exemplo: suponha que o réu tenha cometido um homicídio qualificado pelo motivo torpe e pelo meio cruel. A qualificadora da torpeza é suficiente para dar ensejo à pena do § 2º do art. 121 do CP (reclusão, de 12 a 30 anos). Qual será a função do meio cruel na dosimetria?

Antes da resposta, mais um exemplo: imagine um furto praticado mediante concurso de duas ou mais pessoas e por meio de fraude com uso de dispositivo informático. O concurso de agentes qualifica o crime, nos termos do § 4º do art. 155 do CP, impondo uma pena de reclusão, de 2 a 8 anos, e multa. Já a fraude com emprego do dispositivo informático conduz a uma pena de reclusão, de 4 a 8 anos, e multa (§ 4º-B do art. 155 do CP). Em primeiro lugar, deve-se decidir qual qualificadora prevalecerá, é dizer, qual preceito secundário terá incidência e a resposta é pela aplicação do mais grave (§ 4º-B). Em seguida, a dúvida já levantada: qual o papel da outra qualificadora?

Pois bem. A qualificadora sobressalente ou sobejante deve ser utilizada na segunda fase da dosimetria da pena, sob a forma de agravante, desde que prevista no respectivo rol (taxativo). Caso ela não se subsuma a nenhuma agravante, funcionará como circunstâncias judiciais desfavoráveis (na primeira fase da dosimetria). Esta é a orientação prevalente[8].

---

[8] De acordo com o STF: "A existência de mais de uma qualificadora possibilita a consideração de uma delas como circunstância judicial e a consequente fixação da pena-base em patamar superior ao mínimo legal no crime de homicídio qualificado" (RHC 120.599, rel. Min. Luiz Fux, 1ª T., j. 25-2-2014). No mesmo sentido, HC 145.000 AgR/SP, rel. Min. Alexandre de Moraes, 1ª T., j. 4-4-2018. De igual modo, o STJ: "Nos termos da jurisprudência desta Corte, de rigor a utilização de circunstâncias qualificadoras remanescentes àquela que qualificou o tipo como causas de aumento, agravantes ou circunstâncias judiciais desfavoráveis, respeitada a ordem de prevalência, ficando apenas vedado o *bis in idem*" (HC 479.583/SP, rel. Min. Ribeiro Dantas, 5ª T., j. 5-2-2019). Ainda para o STJ: "Consoante orientação sedimentada no Superior Tribunal de Justiça, 'uma vez reconhecida mais de uma qualificadora, uma delas implica o tipo qualificado, enquanto as demais podem ser utilizadas para agravar a pena na segunda fase da dosimetria, caso previstas no art. 61 do Código Penal, ou ensejar, de forma residual, a exasperação da pena-base' (REsp 1.549.571/MG, rel. Min. Rogerio Schietti Cruz, 6ª T., j. 18-4-2017, *DJe* de 26-4-2017). Precedentes" (AgRg no REsp 1.786.441/MG, rel. Min. Jorge Mussi, 5ª T., j. 21-5-2019). Ver

2ª) **dosimetria propriamente dita:** superada a questão do preceito secundário aplicável, tem início a **dosimetria propriamente dita,** em que se dá o sistema trifásico. Neste, o juiz, partindo do mínimo legal, fixará a pena-base, analisando as circunstâncias judiciais. Em seguida, calculará a pena intermediária ou provisória, com base nas agravantes e atenuantes e, ao final, imporá a pena definitiva, valendo-se das causas de aumento e diminuição.

3ª) **pós-dosimetria:** depois de chegar a uma pena concreta, caberá ao magistrado, nos termos dos incisos do artigo 59 do CP definir as seguintes questões relevantes:

a) o regime inicial de cumprimento de pena (fechado, semiaberto ou aberto);

b) o cabimento de pena alternativa em substituição à pena privativa de liberdade;

c) o cabimento da suspensão condicional da pena ("sursis");

d) a fixação da multa cumulativa.

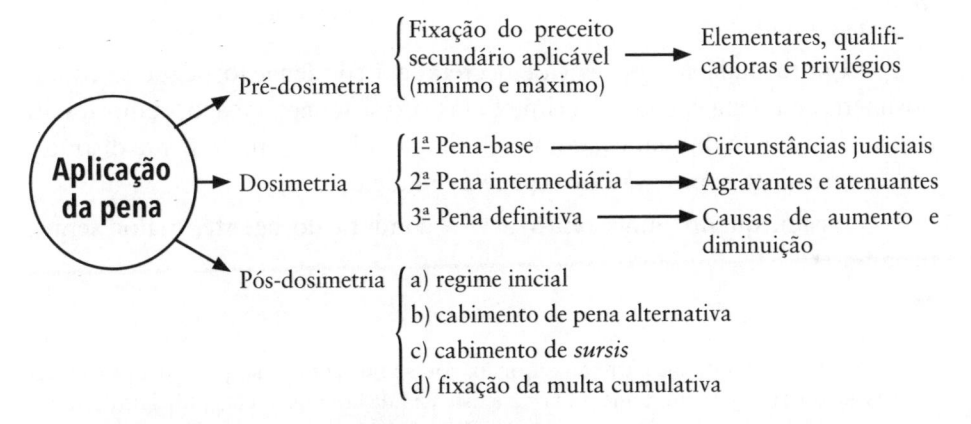

4.1. Primeira fase – circunstâncias judiciais

As circunstâncias judiciais encontram-se previstas no art. 59, *caput*, do CP. Recebem esse nome porque, com relação a elas, o magistrado tem amplo grau de discricionariedade. **Com efeito, o legislador não estabeleceu ao juiz criminal qualquer critério para sua aferição, limitando-se a enunciar quais são os fatores a ser levados em consideração. O juiz é que dará a eles o devido peso e estabelecerá como devem influenciar no cálculo da pena-base[9].**

---

também: AgRg no HC 515.631/SP, rel. Min. Nefi Cordeiro, 6ª T., j. 26-11-2019; AgRg no HC 772.458/RS, rel. Min. Reynaldo Soares da Fonseca, 5ª T., j. 6-3-2023; e AgRg no HC 904.549/SC, rel. Min. Messod Azulay Neto, 5ª T., j. 10-6-2024.

[9] "Pena-base" é o nome que se dá à sanção resultante da análise das circunstâncias judiciais.

São elas: culpabilidade, antecedentes, conduta social, personalidade do agente, motivos, circunstâncias e consequências do crime e comportamento da vítima[10].

4.1.1. Culpabilidade

A culpabilidade passou a ser expressamente mencionada como circunstância judicial somente em 1984 (Reforma da Parte Geral), substituindo as expressões "intensidade do dolo" e "grau de culpa".

Culpabilidade constitui, na linguagem penal, termo equívoco.

O art. 59 do CP a emprega como **grau de censurabilidade do ato** e, portanto, não deve ser confundida com aquela que funciona como pressuposto da pena (ou requisito do crime, para a maioria da doutrina).

Em outras palavras, a culpabilidade, como resultante da soma dos elementos imputabilidade, potencial consciência da ilicitude e exigibilidade de conduta diversa é examinada na sentença condenatória como etapa necessária à condenação.

Confirmada sua presença e decretada a condenação, segue-se com a dosimetria da pena e, logo na primeira fase do sistema trifásico, cumprirá ao juiz avaliar a culpabilidade, agora com significado acentuadamente distinto, isto é, entendida como **grau de reprovabilidade do ato.**

Assim, **quanto mais reprovável a conduta do agente, maior será a pena-base.**

---

[10] "A jurisprudência desta Corte Superior firmou-se no sentido de que a majoração da pena-base deve estar fundamentada na existência de circunstâncias judiciais desfavoráveis, valoradas negativamente em elementos concretos, mostrando-se inidôneo o aumento com base em alegações genéricas e em elementos inerentes ao próprio tipo penal" (STJ, AgRg no HC 484.371/SP, rel. Min. Félix Fischer, 5ª T., j. 21-2-2019). Nessa esteira: "Em relação aos motivos e consequências do crime, a jurisprudência desta Corte entende que a gravidade abstrata do delito, assim como a intenção de obter lucro fácil constituem elementares do delito, de modo que não devem ser observadas na avaliação das circunstâncias judiciais, eis que inerentes ao crime de tráfico de drogas" (STJ, HC 483.672/ES, rel. Min. Félix Fischer, 5ª T., j. 19-2-2019). Ainda: "O excesso de velocidade não constitui fundamento apto a justificar o aumento da pena-base pela culpabilidade, por ser inerente ao delito – de homicídio e lesões corporais culposos, praticados na direção de veículo automotor –, caracterizando a imprudência, modalidade de violação do dever de cuidado objetivo, necessária à configuração dos delitos culposos" (STJ, AgRg no HC 153.549/DF, rel. Min. Nefi Cordeiro, 6ª T., j. 2-6-2015). Ver também: STJ, AgRg no REsp 1.848.479/CE, rel. Min. Felix Fischer, 5ª T., j. 28-4-2020; e REsp 1.794.854/DF, rel. Min. Laurita Vaz, 3ª S., j. 23-6-2021. Igualmente, o STF: HC 181.338 ED-AgR, rel. Min. Ricardo Lewandowski, 2ª T., j. 15-4-2020.

Seguem alguns interessantes exemplos colhidos da jurisprudência do Superior Tribunal de Justiça em que se admitiu, por diferentes razões, uma elevação da pena-base pelo maior grau de censurabilidade da conduta:

i) O fato de o sujeito estar investido de autoridade pública, como policial, promotor de justiça ou juiz de direito, mesmo que a condição de funcionário público integre o tipo penal (como ocorre com o peculato, a corrupção passiva, a concussão, entre outros)[11];

ii) O fato de o agente ter se aproveitado, para a prática do crime, da situação de vulnerabilidade emocional e psicológica da vítima, decorrente da morte de seu filho em razão de erro médico[12];

iii) O exercício de cargo de alta importância que possibilitou o acesso à "informação relevante", no crime de uso indevido de informação privilegiada, conhecido como *insider trading* (Lei n. 6.385/76, art. 27-D)[13];

iv) O fato de o acusado ter premeditado o delito contra a vítima[14];

v) O fato de a vítima de homicídio consumado ser arrimo de família[15].

vi) Em virtude de a ameaça feita à vítima ter ocorrido na presença de seu filho menor de idade justifica a valoração negativa da culpabilidade[16].

Acompanhe este último exemplo: imagine que duas pessoas diferentes tenham sido flagradas praticando estupro (CP, art. 213, com a redação dada pela Lei n. 12.015/2009), com vítimas distintas. No primeiro caso, o crime consistiu em obrigar uma mulher, contra a sua vontade, a despir o busto, apalpando-lhe os seios. No outro caso, o agente compeliu a vítima a

---

[11] "Tendo em vista a condição de policial civil do agente, 'a quebra do dever legal de representar fielmente os anseios da população e de quem se esperaria uma conduta compatível com as funções por ela exercidas, ligadas, entre outros aspectos, ao controle e à repressão de atos contrários à administração e ao patrimônio público, distancia-se, em termos de culpabilidade, da regra geral de moralidade e probidade administrativa imposta a todos os funcionários públicos'" (STF, HC 132.990, rel. Min. Luiz Fux, rel. p/ o ac. Min. Edson Fachin, 1ª T., publ. em 23-6-2017). No mesmo sentido: STF, HC 149.439 ED, rel. Min. Alexandre de Moraes, 1ª T., j. 19-11-2018. Igualmente, o STJ: AgRg no AREsp 1.389.718/RS, rel. Min. Reynaldo Soares da Fonseca, 5ª T., j. 5-12-2019; EDcl na APn 327/RR, rel. Min. Mauro Campbell Marques, Corte Especial, j. 7-8-2019; e AgRg no AREsp 1.008.374/SP, rel. Min. Rogério Schietti Cruz, 6ª T., j. 27-11-2018.

[12] HC 264.459/SP, rel. Min. Reynaldo Soares da Fonseca, j. 10-3-2016, noticiado no *Informativo* n. 579.

[13] REsp 1.569.171/SP, rel. Min. Gurgel de Faria, j. 16-2-2016, noticiado no *Informativo* n. 577.

[14] STJ, AgRg no REsp 1.838.050/MT, rel. Min. Joel Ilan Paciornik, 5ª T., j. 28-4-2020.

[15] STJ, PExt no HC 511.798/SP, rel. Min. Reynaldo Soares Da Fonseca, 5ª T., j. 28-4-2020.

[16] STJ, AREsp 1.964.508-MS, rel. Min. Ribeiro Dantas, 5ª T., j. 29-3-2022.

se sujeitar ao coito anal. A gravidade abstrata dos delitos é a mesma, pois ambos se subsumem ao mesmo tipo penal. Ocorre que a gravidade concreta é muito mais acentuada no segundo exemplo. Daí decorre que, na aplicação da pena, o juiz não poderia aplicar aos dois fatos a mesma sanção. Estaria tratando igualmente fatos (concretos) evidentemente desiguais. Para o primeiro exemplo, pode-se justificar a pena mínima (ou próxima do mínimo, conforme as demais circunstâncias), mas jamais para o outro.

Interessante discussão origina-se do fato de a lei ter suprimido as expressões "intensidade do dolo" e "grau de culpa" do dispositivo referente às circunstâncias judiciais. Teria o legislador, com isso, proibido a consideração de tais fatores ou teria apenas substituído essas expressões pelo termo "culpabilidade", de conteúdo mais abrangente (e, portanto, as teria englobado)? Pensamos que a intensidade do dolo e o grau de culpa devem ser analisados na primeira fase da aplicação da pena, pois, conforme sua natureza, revelam um ato digno de maior censurabilidade. Ora, se alguém praticou crime culposo e operou com culpa grave, merece pena superior ao que cometeu o fato mediante culpa em grau leve[17].

4.1.2. Antecedentes

Os antecedentes do acusado têm papel destacado na fixação da pena-base. Compreendem todos os dados favoráveis ou desabonadores da vida pregressa do agente. Para boa parte da doutrina, não se limitam à análise de eventuais antecedentes criminais. É de ver, contudo, que o debate sobre os antecedentes se limitarem ou não à existência de eventuais apontamentos na "folha de antecedentes" (isto é, serem ou não reduzidos às "passagens" criminais) tem, na verdade, pouca relevância. Isto porque, ainda que se conclua pela tese da exclusiva análise da ficha criminal do agente, os demais dados relevantes que integram o passado do condenado poderão ser tomados em consideração em outra das circunstâncias judiciais (a saber, a "conduta social").

Para nós, **esta circunstância *não* se limita ao exame da ficha criminal (embora saiba-se que, na prática, são precários os dados contidos num processo criminal com respeito ao histórico do agente). Cremos ser possível, nesse sentido, que entrem em consideração eventuais *passagens pela Vara da Infância e Juventude*.** Em outras palavras, um jovem adulto que, condenado criminalmente, não apresente nenhum apontamento em sua "folha corrida", mas, ao tempo de sua adolescência tenha tido diversas condenações com imposição de medidas socioeducativas não pode ser simplesmente considerado como portador de "bons antecedentes". Os Tribunais Superiores, con-

---

[17] Nesse sentido: Julio Fabbrini Mirabete, *Manual de direito penal*, 14. ed., p. 288.

tudo, tendem a encarar a questão sob outra perspectiva, admitindo que os registros de condenações no âmbito da Justiça da Infância e Juventude sejam valorados no âmbito da personalidade do agente (seja para efeito de aplicação da pena, seja para, no curso do processo, fundamentar a decretação da prisão preventiva)[18].

Com respeito à aferição das "passagens" criminais, discute-se quais elementos podem ser levados em conta para fins de configuração de maus antecedentes. Predomina, atualmente, o entendimento (em doutrina e jurisprudência) segundo o qual somente condenações incapazes de gerar reincidência podem ser consideradas como tal. Essa orientação baseia-se no princípio constitucional da não culpabilidade (CF, art. 5º, LVII). Nesse sentido, inclusive, a **Súmula 444 do STJ: "É vedada a utilização de inquéritos policiais e ações penais em curso para agravar a pena-base"**[19].

Assim, por exemplo, se uma pessoa foi condenada irrecorrivelmente e a sanção já se encontra cumprida ou extinta há mais de cinco anos, esse dado não produzirá reincidência (CP, art. 64), mas será tido como caracterizador de maus antecedentes. O mesmo se diga quando o réu ostentar diversas condenações transitadas em julgado. Uma delas configurará a reincidência e as demais, maus antecedentes[20].

O prazo de cinco anos referido no art. 64 do Código, denominado quinquênio depurador, somente afasta a caracterização da reincidência, mas

---

[18] Nessa esteira: "(...) Embora os registros de atos infracionais não possam ser utilizados para fins de reincidência ou maus antecedentes, por não serem considerados crimes, podem ser sopesados na análise da personalidade do recorrente, reforçando os elementos já suficientes dos autos que o apontam como pessoa perigosa e cuja segregação é necessária. Precedentes. (...)" (STJ, RHC 123.836/AL, rel. Min. Reynaldo Soares da Fonseca, 5ª T., j. 10-3-2020). Em sentido oposto: HC 338.936-SP, rel. Min. Nefi Cordeiro, 6ª T., j. 17-12-2015.

[19] No mesmo sentido, o STF: "(...) O Pleno do STF, ao julgar o RE 591.054/SC, com repercussão geral, de relatoria do Ministro Marco Aurélio (*DJe* 26.2.2015), firmou orientação no sentido de que a existência de inquéritos policiais ou de ações penais sem trânsito em julgado não pode ser considerada como maus antecedentes para fins de dosimetria da pena. 8.2. Para efeito de aumento da pena, somente podem ser valoradas como maus antecedentes decisões condenatórias irrecorríveis, sendo impossível considerar para tanto investigações preliminares ou processos criminais em andamento, mesmo que estejam em fase recursal, sob pena de violação ao artigo 5º, inciso LIV (presunção de não culpabilidade), do texto constitucional. 9. Precedentes. (...)" (ARE 1.231.853 AgR, rel. Min. Gilmar Mendes, 2ª T., j. 3-3-2020).

[20] STJ, AgRg no HC 551.007/SP, rel. Min. Felix Fischer, 5ª T., j. 28-4-2020; AgRg no HC 627.044/MG, rel. Min. Ribeiro Dantas, 5ª T., j. 17-8-2021; e AgRg no HC 765.700/SP, rel. Min. Rogerio Schietti Cruz, 6ª T., j. 13-3-2023.

não impede que a condenação possa ser valorada como maus antecedentes. Esse entendimento, que chegou a encontrar resistência nos tribunais superiores, agora se encontra sedimentado, pois o **STF**, em 17-8-2020, **fixou** a seguinte **tese** de repercussão geral: "Não se aplica para o reconhecimento dos maus antecedentes o prazo quinquenal de prescrição da reincidência, previsto no art. 64, I, do Código Penal" (RE 593.818).

O STJ ressalva, contudo, que: "registros históricos extintos há longos anos devem ser considerados com cautela e com observância da teoria do direito ao esquecimento" (AgRg no REsp 2.080.586/SP, rel. Min. Messod Azulay Neto, 5ª T., j. 10-6-2024).

4.1.3. Conduta social

Refere-se ao **comportamento do agente no meio social em que vive.** Compreende, destarte, sua conduta no ambiente de trabalho, nos momentos de lazer, no âmbito de seu lar etc.

É preciso frisar que não se trata de punir o agente por seu modo de vida (seja ele qual for), porquanto a pena não pode ser mensurada com base em tais elementos. Conforme já tivemos a oportunidade de analisar, o Direito Penal democrático baseia-se no fato e não no autor. Daí por que só devem ser tomadas como relevantes para a dosimetria da pena atitudes que tenham alguma relação com o ato praticado.

Por exemplo: pode o juiz considerar má a conduta social de quem agride verbalmente seus colegas de trabalho, quando condenar o réu por delito de ameaça praticada no ambiente laborativo.

Em que pese a jurisprudência mais recente do STJ ser firme no sentido de que atos infracionais não podem ser valorados como maus antecedentes, tampouco podem ser utilizados para caracterizar personalidade voltada para a prática de crimes ou má conduta social[21], em nosso sentir cuida-se de fatos objetivos reveladores da conduta social. O Código Penal, ao tratar dessa circunstância, não limita a faixa etária em que se deve apurá-la.

Cumpre esclarecer que o Superior Tribunal de Justiça se posicionou no sentido de que "o alcoolismo do agente ou a sua condição de usuário de drogas não é motivação idônea para o desfavorecimento de sua personalidade ou conduta social, de modo que se impõe o decote deste vetor"[22] e o

---

[21] HC n. 663.705/SP, rel. Min. Laurita Vaz, 6ª T., j. 22-3-2022.

[22] AgRg no HC 524.573/ES, rel. Min. Laurita Vaz, 6ª T., j. 12-5-2020. Dessa maneira, é certo que tais circunstâncias, por si sós, não justificam a valoração negativa de sua conduta social e o consequente aumento da pena-base. Ver também: STJ, HC 518.177/ PI, rel. Min. Reynaldo Soares da Fonseca, 5ª T., j. 26-11-2019.

Supremo Tribunal Federal já considerou incorreta a utilização de condenações anteriores transitadas em julgado como conduta social desfavorável[23].

4.1.4. Personalidade do agente

Trata-se de seu **perfil psicológico** (ex.: personalidade voltada para o crime, bom ou mau caráter etc.). Cabe aqui a mesma ressalva feita no item acima, isto é, devem-se **analisar com cautela os dados indicativos da personalidade do agente, para que não balize a pena com base, exclusivamente, na pessoa do réu**. Este deve ser punido pela gravidade do ato que cometeu e não pela boa ou má pessoa que seja.

Dessa forma, **são válidos como referência aspectos da personalidade do agente que guardem conexão com o fato delituoso praticado**.

Por exemplo: se o réu comprovadamente possui uma personalidade acentuadamente erotizada, revelando depravamento sexual, esse fator poderá ser validamente ponderado se ele for condenado por crime de estupro (CP, art. 213); jamais num processo por estelionato, pois a característica nada teria a ver com o ilícito cometido.

Para o STJ, a avaliação negativa da personalidade do agente deve-se pautar em elementos concretos extraídos dos autos, que indiquem eventual insensibilidade no modo de agir do agente, tais como possuir características ou sentimentos de egoísmo, possessividade e ciúmes descontrolados[24], o fato de possuir comportamento violento e agressivo em suas relações domésticas[25] ou também o fato de integrar facção criminosa dedicada ao tráfico de drogas[26].

Neste ponto, destaca-se a tese jurídica de que: "Condenações criminais transitadas em julgado, não consideradas para caracterizar a reincidência, somente podem ser valoradas, na primeira fase da dosimetria, a título de antecedentes criminais, não se admitindo sua utilização para desabonar a personalidade ou a conduta social do agente" (Tema Repetitivo 1.077 – STJ, REsp 1.794.854/DF, rel. Min. Laurita Vaz, 3ª S., j. 23-6-2021).

Com relação aos atos infracionais, a Corte tem decidido no sentido de que não podem ser considerados maus antecedentes para a elevação da pena-base, tampouco podem ser utilizados para caracterizar personalidade voltada para a prática de crimes ou má conduta social[27].

---

[23] RHC 130.132/MS, rel. Min. Teori Zavascki, 2ª T., j. 10-5-2016.

[24] HC n. 704.196/SP, rel. Min. Laurita Vaz, 6ª T., j. 14-6-2022.

[25] AgRg no HC n. 697.993/ES, rel. Min. Joel Ilan Paciornik, 5ª T., j. 21-6-2022.

[26] AgRg no HC n. 677.499/SC, rel. Min. João Otávio de Noronha, 5ª T., j. 26-4-2022.

[27] HC n. 663.705/SP, rel. Min. Laurita Vaz, 6ª T, j. 22-3-2022.

4.1.5. Motivos do crime

São os **antecedentes psicológicos da conduta**, ou o opróbrio motivador do ato. Um delito pode ser cometido por motivos nobres (p. ex., ameaçar um conhecido roubador para que ele não pratique crimes no bairro) ou reprováveis (p. ex., lesionar gravemente uma pessoa por inveja de seus atributos físicos).

Na maioria das vezes, contudo, os motivos do crime não são analisados nessa fase da dosimetria, caso contrário o juiz incorreria em inaceitável *bis in idem*. Isto porque, em boa parte dos casos, os motivos (quando relevantes) são considerados agravantes ou atenuantes genéricas (p. ex., motivo fútil, torpe, de relevante valor social ou moral) ou mesmo causas de aumento, diminuição, privilégios ou qualificadoras (p. ex., o motivo egoístico qualifica o crime de dano – art. 163, parágrafo único, IV).

A ausência de motivo (compreensível ao homem médio, aparente ou revelado), por fim, não pode figurar como circunstância desfavorável[28].

4.1.6. Circunstâncias do crime

O legislador se refere ao **meio ou modo de execução do delito**. Deve o magistrado, então, destacar os dados acidentais relevantes, tais como o lugar da infração penal, o instrumento utilizado pelo agente, eventual brutalidade revelada, a duração da fase executiva do ilícito etc.

Note, porém, que muitas das "circunstâncias do crime" (meios ou modos de execução) *não* podem ser valoradas na primeira fase da dosimetria da pena, em razão do princípio do *ne bis in idem*. Assim, por exemplo, o emprego de veneno constitui qualificadora do homicídio, atuando na fase preliminar da aplicação da pena (fixação dos limites abstratos), sendo ao juiz vedado destacar este fator para a estipulação da pena-base. A destruição ou rompimento de obstáculo à subtração da coisa configura qualificadora do furto, valendo a mesma ressalva. Veja, ainda, o emprego de recurso que dificulta ou impossibilita a defesa da vítima, o qual é previsto em lei como agravante genérica (CP, art. 61, II, *c*).

4.1.7. Consequências do crime

Significa a **intensidade de lesão ou o nível de ameaça ao bem jurídico tutelado**. Também diz respeito ao reflexo do delito com relação a terceiros, não somente no tocante à vítima.

---

[28] STJ, HC 289.788/TO, rel. Min. Ericson Maranho (Desembargador convocado do TJSP), 6ª T., j. 24-11-2015.

O *exaurimento* (isto é, quando o agente, depois de consumar o delito e, portanto, encerrar o *iter criminis*, pratica nova conduta, provocando nova agressão ao bem jurídico penalmente tutelado), por importar em consequências mais graves ao fato, produz um aumento da pena-base, salvo se houver disposição expressa em sentido contrário (ex.: na corrupção passiva o exaurimento é causa de aumento de pena – CP, art. 317, § 1º).

Cabe lembrar que, em virtude dessa circunstância judicial, a pena do crime tentado será tanto maior quanto mais próximo da consumação se chegar.

O Supremo Tribunal Federal consagrou o entendimento que "os elevados custos da atuação estatal para apuração da conduta criminosa e o enriquecimento ilícito logrado pelo agente não constituem motivação idônea para a valoração negativa do vetor 'consequências do crime' na primeira fase da dosimetria da pena"[29].

4.1.8. Comportamento da vítima

Por vezes o **comportamento da vítima pode ser fator determinante no desencadear do crime. Se isso ocorrer, tal elemento será apreciado para fixar uma pena mais branda ao sujeito**[30]. Deve-se adiantar, no entanto, que se o crime foi praticado sob a influência de violenta emoção, provocada por ato injusto da vítima, far-se-á presente uma atenuante genérica (CP, art. 65, III); se, por outro lado, o agente encontrar-se sob o domínio de violenta emoção, logo em seguida a injusta provocação da vítima, poderá existir, como no caso do homicídio (CP, art. 121, § 1º), uma causa de diminuição de pena.

Consigne-se que, **pela natureza dessa circunstância judicial, como resultado de seu exame não será possível reconhecer seu caráter desfavorável ao réu.** Assim, por exemplo, quando se verificar que o ofendido em nada colaborou para o delito, como na situação em que o agente escolhe aleatória e indistintamente sua vítima, o juiz deverá considerar neutra a circunstância em estudo[31].

---

[29] HC 134.193/GO, rel. Min. Dias Toffoli, j. 26-10-2016, noticiado no *Informativo* n. 845.

[30] No sentido de nossa posição: "(...) O comportamento da vítima é circunstância judicial ligada à vitimologia, que deve ser necessariamente neutra ou favorável ao réu, sendo descabida sua utilização para incrementar a pena-base, devendo, portanto, ser afastado o incremento da pena pela referida vetorial. De fato, se não restar evidente a interferência da vítima no desdobramento causal, como ocorreu na hipótese em análise, essa circunstância deve ser considerada neutra (...)" (STJ, HC 542.909/ES, rel. Min. Ribeiro Dantas, 5ª T., j. 12-5-2020). Ver ainda: AgRg no AREsp 2.153.104/DF, rel. Min. Joel Ilan Paciornik, 5ª T., j. 14-3-2023; e AgRg no REsp 2.398.933/SP, rel. Min. Teodoro Silva Santos, 6ª T., j. 26-2-2024.

[31] Este é o entendimento do STJ: HC 544.080/PE, rel. Min. Ribeiro Dantas, 5ª T., j. 11-2-2020. Ver, ainda, AgRg no AREsp 562.617/PA, rel. Min. Nefi Cordeiro, 6ª T., j.

4.1.9. Ponderação de circunstâncias judiciais

O **objetivo da primeira fase é a obtenção da chamada** *pena-base*. Sobre ela, ao depois, é que incidirão eventuais atenuantes ou agravantes e, posteriormente, causas de aumento e diminuição de pena (CP, art. 68, *caput*). É de ver que a jurisprudência entende que, diante da omissão do legislador, na aferição da pena-base, o juiz deve partir do mínimo abstratamente cominado[32].

Deve-se ter em mente que a definição da pena-base constitui momento de suma importância na dosagem da pena, sendo carregado de acentuada discricionariedade judicial (daí o nome das circunstâncias que devem ser sopesadas: "circunstâncias judiciais"). O magistrado tem grande liberdade, cabendo a ele, segundo seu senso de justiça e atento ao quanto seja necessário e suficiente para a prevenção e retribuição do crime (CP, art. 59, *caput*, parte final), estipular a pena-base mais adequada ao fato concreto.

O legislador não define quais são as circunstâncias judiciais preponderantes (diversamente do que faz no tocante às agravantes e atenuantes – CP, art. 67). Também não dispõe sobre como devem as circunstâncias judiciais identificadas pelo julgador no caso concreto repercutir no *quantum* da pena (não se define, p. ex., se cada circunstância desfavorável deve redundar em elevação de um sexto do mínimo, um terço, um ano, um mês, um dia etc.).

11-12-2018; e AgRg no AREsp 2.157.484/CE, rel. Min. Reynaldo Soares da Fonseca, 5ª T., j. 13-9-2022.

[32] Deve-se esclarecer que nossos tribunais entendem que, quando da imposição de pena no patamar mínimo, não se exige fundamentação para tanto, uma vez que o magistrado não teria se apartado do critério inicial. O entendimento, parece-nos, mostra-se correto. Deve-se se exigir fundamentação no ato judicial quando este representar a imposição de alguma sanção superior ao mínimo legal. Não cremos que essa corrente viole o art. 93, IX, da CF (que exige fundamentação das decisões judiciais). É preciso ver que determinados aspectos de toda e qualquer sentença sempre carecerão de fundamentação, notadamente porque decorrem de texto expresso de lei ou porque constituem a única solução possível para a hipótese concreta. Assim, por exemplo, o juiz não precisará fundamentar o porquê de ter estabelecido regime de cumprimento de pena inicialmente fechado para o crime de tráfico de drogas, já que a lei não lhe dá outra alternativa. Do mesmo modo, o magistrado não precisará motivar a razão pela qual não concedeu ao réu o *sursis* (CP, arts. 77 e s.) se o condena por crime de latrocínio (CP, art. 157, § 3º, II), pois são absolutamente incompatíveis um com o outro. É de ver, no entanto, que a admissibilidade de aplicação de pena mínima sem fundamentação pode fomentar uma prática lamentável e antidemocrática, conforme o registro de Guilherme Nucci, em que se adota a "política da pena mínima, isto é, o reiterado costume judiciário, no Brasil, de fixar a pena-base sempre no menor patamar possível, refletindo logicamente nas demais fases da aplicação da pena" (*Individualização da pena*, p. 164).

Não se trata, todavia, de lacuna legislativa. A omissão, deveras, é propositada – dá-se justamente para permitir ao juiz que, com discricionariedade, defina a quantidade da pena que deverá ser a base para as fases seguintes.

Assim, por exemplo, se um magistrado, diante da presença de uma circunstância judicial desfavorável, elevar a pena-base em um dia, poderá ser considerada injusta sua decisão, jamais, porém, ilegal. Do mesmo modo, se o aplicador da lei impuser a pena no máximo, por entender presentes várias circunstâncias desfavoráveis, poderá haver quem considere injusta a sentença, nunca, porém, será ela contrária à lei.

Há no STJ uma tendência atual (majoritária) em considerar razoável imputar, a cada circunstância judicial desfavorável, a fração de um sexto sobre o piso punitivo[33]. Assim, por exemplo, o agente, condenado por estupro (CP, art. 213, *caput*), cuja pena mínima é de seis anos de reclusão, para quem se reconhece uma circunstância judicial desfavorável, a pena-base será fixada em sete anos.

A mesma Corte possui, ainda, decisões minoritárias preferindo um critério (muitas vezes) **mais benéfico ao réu**, no sentido de adicionar, para cada circunstância judicial desfavorável, **a fração de um oitavo** sobre o "intervalo de pena em abstrato", que é o resultado da subtração do mínimo sobre o máximo da sanção prevista no preceito secundário[34]. Assim, por exemplo, o homicídio qualificado (CP, art. 121, § 2º) é apenado com reclusão de doze a trinta anos; logo, seu intervalo de pena em abstrato é dezoito anos, pois trinta (máximo) menos doze (mínimo) é igual a dezoito. Calcula-se, então, um oitavo de dezoito anos que é igual a dois anos e três meses. Nesse caso, portanto, para cada circunstância judicial desfavorável, o juiz deverá aplicar um aumento de dois anos e três meses (1/8) sobre a pena mínima (doze anos). Se houver duas, o acréscimo será de quatro anos

---

[33] Nesse sentido, ver: AgRg no HC 530.327/PE, rel. Min. Antônio Saldanha Palheiro, 6ª T., j. 5-5-2020; AgRg no REsp 1.814.988/PR, rel. Min. Reynaldo Soares da Fonseca, 5ª T., j. 17-12-2019; e AgRg no REsp 2.037.584/SC, rel. Min. Messod Azulay Neto, 5ª T., j. 27-6-2023 E, ainda: "(...) A divisão do intervalo entre o mínimo e o máximo da pena em abstrato pelas oito circunstâncias judiciais previstas no art. 59 do CP é um, entre outros, dos critérios que podem ser utilizados na fixação da pena-base. (...)" (AgRg no REsp 1.704.633/TO, rel. Min. Rogerio Schietti Cruz, 6ª T., j. 24-9-2019.

[34] Nesse sentido: HC 531.187/MG, rel. Min. Ribeiro Dantas, 5ª T., j. 19-11-2019. O Superior Tribunal de Justiça, contudo, não adota esse critério de maneira categórica, admitindo como válido o emprego de outras frações, desde que haja fundamentação idônea pelo magistrado. Ver: AgRg no AREsp 2.169.349/GO, rel. Min. Jesuíno Rissato (Desembargador Convocado do TJDFT), 6ª T., j. 27-6-2023.

e seis meses; havendo três, seis anos e nove meses, e assim sucessivamente, até o máximo[35].

No caso do estupro de vulnerável (CP, art. 217-A), seu intervalo de pena em abstrato é de sete anos (uma vez que sua pena máxima é de quinze anos e a mínima é de oito anos). Cada circunstância prejudicial ao réu terá, portanto, o valor de dez meses e meio. Em sendo duas as circunstâncias desfavoráveis, o acréscimo será de 21 meses, ou um ano e nove meses[36].

Registre-se, por fim, que **quatro são os cenários possíveis** com os quais se deparará o sentenciador depois de examinar quais são as circunstâncias judiciais presentes no caso concreto, a saber:

a) *não há circunstâncias judiciais relevantes* – diante dessa situação, deve a **pena-base ser imposta no mínimo legal** (lembre-se que a jurisprudência, diante da ausência de critério definido no Código, entende que a dosimetria da pena sempre parte do patamar inferior);

b) *só há circunstâncias judiciais favoráveis* – em face disto, a **pena-base deverá ser aplicada no mínimo** (isto porque, nas duas primeiras fases da dosimetria, o juiz deve se ater aos limites abstratos, ou seja, não pode impor sanção aquém do mínimo ou além do máximo);

c) *só há circunstâncias judiciais desfavoráveis* – neste caso, a **pena-base deverá ser superior ao mínimo. Quanto?** Caberá ao juiz definir, segundo

---

[35] "(...) 6. Há, portanto, três circunstâncias judiciais a serem valoradas na primeira fase da dosimetria: antecedentes, personalidade e a qualificadora remanescente. Estabelecido o consagrado parâmetro de aumento de 1/8 (um oitavo) para cada circunstância desfavorável, fazendo-as incidir sobre o intervalo de pena em abstrato do preceito secundário do crime de homicídio qualificado (18 anos), resultaria no acréscimo de 6 (seis) anos e 9 (nove) meses à pena mínima cominada pelo tipo penal, fixando-se, pois, a pena-base em 18 (dezoito) anos e 9 (nove) meses de reclusão. Percebe-se, pois, que a dosimetria da pena-base realizada pelas instâncias ordinárias mostrou-se benevolente com o réu, ao fixá-las em 18 (dezoito) anos. (...)" (STJ, HC 345.402/DF, rel. Min. Ribeiro Dantas, 5ª T., j. 13-12-2016).

[36] "(...) 5. Há, portanto, duas circunstâncias judiciais a serem valoradas na primeira fase da dosimetria. Estabelecido o consagrado parâmetro de aumento de 1/8 (um oitavo) para cada circunstância desfavorável, fazendo-as incidir sobre o intervalo de pena em abstrato do preceito secundário do crime de estupro de vulnerável (7 anos), resultaria no acréscimo de 1 (um) ano e 9 (nove) meses à pena mínima cominada pelo tipo penal, fixando-se, pois, a pena-base em 9 (nove) anos e 9 (nove) meses de reclusão. Contudo, como as consequências do crime são extremamente desfavoráveis, mostra-se proporcional e consectário com a individualização da pena uma valoração mais acentuada nessa circunstância judicial, motivo pelo qual é de rigor a manutenção da pena-base fixada pelo Tribunal a quo em 10 (dez) anos de reclusão. (...)" (STJ, HC 305.505/RR, rel. Min. Ribeiro Dantas, 5ª T., j. 13-12-2016).

seu senso de justiça. Conforme já expusemos, esta fase é carregada de discricionariedade judicial, de modo que o magistrado deverá decidir o valor a ser considerado para cada fator presente no caso concreto. Um setor da doutrina recomenda que o juiz eleve a pena-base em **um sexto para cada circunstância desfavorável** com a qual se deparar (entendimento dominante no Superior Tribunal de Justiça). Esse pensamento visa a evitar que cada magistrado tenha um critério pessoal distinto, fazendo com que exista grande disparidade de penas, em face de situações semelhantes. Em outras palavras, o fundamento dessa corrente é a uniformização de critérios. O valor eleito – um sexto – corresponde à fração mínima de aumento contida no Código Penal. Com a devida vênia, pensamos que o juiz não deve se amarrar a critérios quantitativos. Estes são adequados para as demais fases, não para a fixação da pena-base. Esta padronização foge ao espírito da lei, que pretendeu conferir ao juiz liberdade nesta fase da dosimetria. A aferição da correção de critérios dar-se-á pelo exame da fundamentação empregada pelo juiz. Se a motivação da sentença indicar que o parâmetro adotado foi excessivamente brando ou assaz rigoroso, cabe ao tribunal, no julgamento de apelação interposta pela parte interessada, corrigir o exagero. Entendemos que a estipulação de frações (sem previsão na lei) se aparta do ideal de justiça que o magistrado deve perseguir no exercício de sua nobre função judicante;

d) *existem circunstâncias judiciais favoráveis e desfavoráveis* (por exemplo, o réu tem maus antecedentes, mas segundo as testemunhas arroladas, possui bom comportamento social) – para tais contextos, recomenda-se que se efetue uma *ponderação qualitativa*, isto é, **cumpre-se avaliar qual é, no caso concreto, o fator que merece maior importância.** Em nosso sentir, deve-se sempre dar primazia à culpabilidade, enquanto gravidade concreta do fato, sobre as demais. Fora disso, há de se seguir o norteamento que deflui do art. 67 do CP, atribuindo-se um peso mais elevado aos antecedentes, às circunstâncias indicativas da personalidade e dos motivos. Muitos magistrados, é verdade, adotam o critério da *ponderação quantitativa*, no qual uma circunstância favorável compensa outra desfavorável; com isso, verifica-se quais fatores estão em maior quantidade, decidindo-se, então, o valor da pena-base.

4.1.10. Demais funções das circunstâncias judiciais

As **circunstâncias judiciais interferem em diversos aspectos** relevantes da dosimetria, **não só na fixação da pena-base.**

Quando o tipo penal comina pena privativa de liberdade e pena pecuniária, em caráter alternativo, elas **interferem na definição sobre a sanção a ser imposta** (a prisão ou a multa). Na **fixação da multa, ademais, o juiz deverá estabelecer o número de dias-multa** (de 10 a 360) e o valor unitário (de um trigésimo até o quíntuplo do salário mínimo). Para realizar a primeira operação, isto é, estabelecer o número de dias-multa, o juiz se louvará das circunstâncias judiciais.

Tais circunstâncias, ainda, **influenciam na escolha do regime penitenciário** (associadas a outros critérios, como a espécie e a quantidade da pena e eventual reincidência – CP, art. 33).

Servem também para **orientar uma possível substituição de pena privativa de liberdade por pena alternativa** (nos termos do CP, art. 44).

São importantes, ademais, para se **avaliar o cabimento de institutos como a suspensão condicional da pena** (CP, art. 77).

4.1.11. Pena máxima

A riqueza dos dados analisados na primeira fase da dosimetria da pena autoriza sua cominação no patamar máximo, muito embora se reconheça ser absolutamente incomum referida postura.

O Supremo Tribunal Federal já teve a oportunidade de decidir: "O Juiz tem poder discricionário para fixar a pena-base dentro dos limites legais, mas este poder não é arbitrário porque o *caput* do art. 59 do Código Penal estabelece um rol de oito circunstâncias judiciais que devem orientar a individualização da pena-base, de sorte que, quando todos os critérios são favoráveis ao réu, a pena deve ser aplicada no mínimo cominado; entretanto, basta que um deles não seja favorável para que a pena não mais possa ficar no patamar mínimo"[37]. Louvando-se da orientação do Pretório Excelso, pode-se concluir que, se uma circunstância desfavorável traduz o *quantum satis* para a imposição da pena acima do piso, quando *todas forem desfavoráveis*, a pena poderá (e não deverá) ser cominada no teto.

---

[37] HC 76.196, rel. Min. Maurício Corrêa, j. 29-9-1998. O STJ também se posicionou no mesmo sentido: "DOSIMETRIA. PENA-BASE NO MÁXIMO LEGAL. PRESENÇA DE ALGUMAS CIRCUNSTÂNCIAS JUDICIAIS FAVORÁVEIS. PODER DISCRICIONÁRIO DO JUIZ. FUNDAMENTAÇÃO CONCRETA. (...) 2. Somente em situações excepcionais, o Superior Tribunal de Justiça procede ao reexame da individualização da sanção penal, notadamente quando for flagrante a ofensa aos critérios legais que regem a dosimetria da resposta penal ou a ausência de fundamentação. 3. A análise das circunstâncias judiciais do art. 59 do Código Penal não atribui pesos absolutos para cada uma delas a ponto de ensejar uma operação aritmética dentro das penas máximas e mínimas cominadas ao delito. Assim, não há impedimento para que 'o magistrado fixe a pena-base no máximo legal, ainda que tenha valorado tão somente uma circunstância judicial, desde que haja fundamentação idônea e bastante para tanto'" (HC 241.101/RJ, rel. Min. Gurgel de Faria, 5ª T., j. 16-6-2015). No mesmo sentido: STJ, AgRg no HC 573.086/SP, rel. Min. Reynaldo Soares da Fonseca, 5ª T., j. 5-5-2020.

4.1.12. Fixação da pena-base em leis especiais

Os critérios de dosimetria previstos no Código Penal são aplicáveis a todas as condenações criminais, ainda que se trate de fato delituoso previsto em lei especial, salvo quando esta dispuser de modo diverso (CP, art. 12), como se dá no âmbito do Código de Trânsito (Lei n. 9.503/97) e da Lei de Drogas (Lei n. 11.343/2006), os quais contêm regras especiais no que toca à fixação da pena-base.

De acordo com o **Código de Trânsito, "o juiz fixará a pena-base segundo as diretrizes previstas no art. 59 do Decreto-Lei n. 2.848, de 7 de dezembro de 1940 (Código Penal), dando especial atenção à culpabilidade do agente e às circunstâncias e consequências do crime"** (art. 291, § 4º).

A **Lei de Drogas**, de sua parte, determina que **"o juiz, na fixação das penas, considerará, com preponderância sobre o previsto no art. 59 do Código Penal, a natureza e a quantidade da substância ou do produto, a personalidade e a conduta social do agente"** (art. 42).

O que existe de particular nas leis extravagantes citadas é, tão somente, a preponderância de determinadas circunstâncias judiciais sobre outras. No caso do Código de Trânsito, confere-se maior peso à culpabilidade, bem como às circunstâncias e às consequências do crime. No âmbito da Lei de Drogas, outorga-se proeminência à natureza e à quantidade de substância ou produto, além da personalidade e da conduta social do agente. No mais, incide integralmente a sistemática exposta nos itens anteriores a respeito da fixação da pena-base.

4.2. Segunda fase – agravantes e atenuantes (CP, arts. 61 a 67)

A **segunda fase**, em que serão valoradas as **agravantes** e **atenuantes**, resultará na determinação da **pena intermediária** (ou provisória). Ela pressupõe, por óbvio, estar concluída a etapa anterior, de maneira que já foi fixada a pena-base.

É preciso ressaltar que, à medida que o julgador avança na dosimetria, sua liberdade diminui. Tanto **assim que o Código proclama, no *caput* dos arts. 61 (agravantes genéricas) e 65 (atenuantes genéricas), que *tais circunstâncias são de aplicação obrigatória*[38].**

Deve-se lembrar que **uma agravante ou atenuante deixará de ser aplicada quando constituir o crime ou figurar como elementar, qualificadora, privilégio, causa de aumento ou redução de pena (sob pena de produzir-se**

---

[38] O art. 61, *caput*, estabelece que as agravantes "são circunstâncias que sempre agravam a pena" e o art. 65, *caput*, dispõe que as atenuantes "são circunstâncias que sempre atenuam a pena".

bis in idem). Assim, exemplificativamente: a agravante do crime praticado contra cônjuge não se aplica à bigamia (pois é seu requisito – CP, art. 235); a agravante do crime praticado contra descendente não incide no infanticídio (já que é sua elementar – CP, art. 123); a agravante do crime praticado contra criança não abrange o homicídio contra menor de 14 anos (que caracteriza causa de aumento de pena – art. 121, § 4º, parte final).

Convém frisar que as atenuantes não refletirão na pena quando ela já se encontrar no mínimo legal (nesse sentido: Súmula 231 do STJ[39]). **O mesmo vale para as agravantes, caso a pena tenha sido fixada no patamar máximo.** Isso se dá porque nas duas primeiras fases da dosimetria não é possível aplicar a pena abaixo do mínimo ou acima do máximo legal.

Advirta-se que o **elenco das agravantes** encontra-se consubstanciado em rol **taxativo** (*numerus clausus*). Qualquer intento de ampliá-lo configuraria patente violação ao princípio da legalidade (CF, art. 5º, XXXIX, e CP, art. 1º). A **lista das atenuantes**, por outro lado, é **exemplificativa**, como expressamente enuncia o legislador (CP, art. 66); ainda que o Código não fosse explícito, poderia se cogitar de ampliar este rol por analogia, pois esta seria *in bonam partem*.

4.2.1. Circunstâncias agravantes (CP, arts. 61 e 62)

a) Reincidência (art. 61, I)

Dá-se a reincidência **quando alguém pratica *novo crime*, depois de ter sido condenado, com trânsito em julgado, por crime anterior** (praticado no Brasil ou no estrangeiro) – art. 63 do CP.

---

[39] "A incidência da circunstância atenuante não pode conduzir à redução da pena abaixo do mínimo legal". Nesse sentido, ver: AgRg no HC 782.739/SP, rel. Min. Joel Ilan Paciornik, 5ª T., j. 5-6-2023; e AgRg no REsp 2.122.715/RS, rel. Min. Reynaldo Soares da Fonseca, 5ª T., j. 1-7-2024. Anota-se que, em decisão de 21-3-2023, o julgamento do REsp 1.869.764, do REsp 2.057.181 e do REsp 2.052.085 – nos quais a defesa pretendia a fixação da pena abaixo do mínimo legal na segunda fase da dosimetria, superando o enunciado em questão – foi afetado à 3ª Seção do STJ, contudo, em sessão realizada em 14-8-2024, decidiram manter a referida Súmula, por 5 votos a 4. Na ocasião, prevaleceu a tese de que o tema, se alterado, violaria a jurisprudência do STF (Tema 158 de Repercussão Geral). O Supremo Tribunal Federal tem entendimento semelhante, como se nota no seguinte recurso de repercussão geral: "Sentença. Condenação. Pena privativa de liberdade. Fixação abaixo do mínimo legal. Inadmissibilidade. Existência apenas de atenuante ou atenuantes genéricas, não de causa especial de redução. Aplicação da pena mínima. Jurisprudência reafirmada, repercussão geral reconhecida e recurso extraordinário improvido. Aplicação do art. 543-B, § 3º, do CPC. Circunstância atenuante genérica não pode conduzir à redução da pena abaixo do mínimo legal" (RE 597.270 QO-RG, rel. Min. Cezar Peluso, Tribunal Pleno, j. 26-3-2009). E também: ARE 1.092.752 AgR, rel. Min. Edson Fachin, 2ª T., j. 31-5-2019.

A recidiva **constitui a única agravante aplicável tanto a crimes dolosos quanto culposos**. Para a maioria da doutrina, ademais, seria a única aplicável a delitos culposos, isto é, segundo esse ponto de vista, as demais agravantes contidas no dispositivo legal, mencionadas no inciso II, seriam restritas aos crimes dolosos. Não pensamos dessa forma. Para nós, não há qualquer razão lógica ou jurídica para tal distinção. O simples fato de a reincidência vir disposta no inciso I e as demais do inciso II não é suficiente para permitir tal ilação. Significa dizer que as demais agravantes, em nosso sentir, também podem ser aplicadas em crimes culposos, desde que se apresente compatibilidade fática no caso concreto.

O destaque dado pela lei à reincidência, prevista em inciso de maneira isolada, dá-se por se tratar de circunstância preponderante (CP, art. 67), isto é, cuida-se da mais importante agravante existente na Lei Penal.

Ressalve-se que a reincidência merecerá um estudo à parte (no próximo capítulo), dada a sua importância.

b) Motivos do crime (art. 61, II, *a*)

Constitui motivo o antecedente psicológico do crime, seu móvel, sua razão propulsora, o opróbrio motivador da ação.

Os **motivos que agravam** a pena mencionados na disposição epigrafada são o *motivo **torpe*** (isto é, vil, abjeto, repugnante, p. ex., a inveja, a cupidez etc.) e o *motivo **fútil*** (insignificante, desproporcional, p. ex., ferir alguém por não gostar da cor da camisa da pessoa ou porque a vítima torce para time de futebol rival).

Como ensinava Roberto Lyra, "fútil é o pretexto gratuito, inadequado, despropositado, desproporcionado, nas circunstâncias dadas, de acordo com o meio e à época, à extrema reação que é o crime. A vigorosa e fiel expressão popular, mais significativa e mais importante do que a dos doutores para traduzir a sensibilidade coletiva, assim condena, por exemplo, o homicídio fútil: *matou estupidamente...*"[40].

Torpe, na lição do mestre, "é o motivo repugnante ao senso ético da coletividade e indicativo de imoralidade profunda – exs. – o parricídio para antecipar o gozo da herança; difamação da mulher que resistiu à sedução"[41].

É de ver que a clássica lição de Lyra utiliza como exemplos homicídios cometidos por motivo fútil ou torpe, muito embora, no crime de morte, tais circunstâncias constituem verdadeiras qualificadoras (CP, art. 121, § 2º, I e II), razão pela qual influenciariam na determinação dos limites abstratos

---

[40] *Comentários ao Código Penal*, p. 269.
[41] *Comentários ao Código Penal*, p. 270.

(doze a trinta anos de reclusão) e não seriam aplicadas novamente, sob pena de *bis in idem*, na segunda fase da dosimetria da pena.

Registre-se que **em se tratando de agravantes de cunho subjetivo, posto que relacionadas com o motivo da infração penal cometida, não se comunicam aos demais coautores ou partícipes do crime, obedecendo ao disposto no art. 30 do CP.**

c) Conexão delitiva (art. 61, II, *b*)

De acordo com o Código, a **pena será agravada quando o delito houver sido praticado "para facilitar ou assegurar a execução, a ocultação, a impunidade ou vantagem de outro crime".**

O dispositivo contempla a chamada **agravante conexiva**. No dizer de Tourinho Filho, "a conexão existe quando duas ou mais infrações estiverem entrelaçadas por um vínculo, um nexo que aconselha a junção dos processos, propiciando assim ao julgador perfeita visão do quadro probatório e, de consequência, melhor conhecimento dos fatos, de todos os fatos, de molde a poder entregar a prestação jurisdicional com firmeza e justiça"[42].

Existem diversas modalidades de conexão (CPP, art. 76), mas o dispositivo legal somente prevê o agravamento da pena na hipótese da *conexão objetiva* (CPP, art. 76, II).

A *conexão objetiva* de divide em *teleológica* (uma infração penal é praticada para garantir a execução de outra) e *consequencial* (uma infração penal é praticada para facilitar a ocultação, impunidade ou vantagem de outra).

Acompanhe os exemplos:

1) Uma pessoa pretende cometer uma extorsão mediante sequestro contra um importante empresário (CP, art. 159) e, para isso, tortura o funcionário da vítima (Lei n. 9.455/97, art. 1º, I) para obter informação sobre a rotina da vítima (conexão teleológica).

2) Um funcionário público pratica peculato (CP, art. 312), desviando dinheiro dos cofres públicos em proveito próprio e, em seguida, ameaça (CP, art. 147) uma pessoa para que não revele a ocorrência do fato, a fim de que este permaneça oculto (conexão consequencial – garantir a ocultação).

3) O empregado de uma empresa subtrai diversos objetos (CP, art. 155) e, durante o processo criminal contra ele instaurado, coage uma das testemunhas para que não o incrimine (CP, art. 344) (conexão consequencial – garantir a impunidade[43]).

---

[42] *Manual de processo penal*, p. 198.

[43] Na garantia da impunidade, o fato é conhecido, de modo que o agente objetiva evitar sua punição; na garantia da ocultação, o fato ainda não é conhecido. Como lecionava

4) Um dos autores de roubo (CP, art. 157) diverge de seus comparsas quanto à repartição do produto do crime e, pretendendo obter maior quinhão, os agride fisicamente (CP, art. 129) (conexão consequencial – garantir a vantagem[44]).

Muito embora a agravante refira-se ao instituto denominado, processualmente, de conexão objetiva, a circunstância em questão diz respeito à intenção do agente, isto é, ter cometido uma infração *com o objetivo de* garantir a execução, ocultação, impunidade ou vantagem de outra. Em outras palavras, o agravamento da pena se dá porque o *motivo* do segundo crime é viabilizar o cometimento, a ausência de punição ou o produto ou proveito de outro. Sua natureza, portanto, é subjetiva (refere-se à intenção do agente).

Segundo Roberto Lyra, "se o agente põe fogo numa casa para aproveitar a confusão e furtar, ainda que não furte, subsistirá a agravante. Não é o furto que agrava, mas a intenção de furtar"[45].

Valem aqui as mesmas advertências feitas na letra anterior, pois a conexão, em alguns delitos, como ocorre com o homicídio, configura circunstância qualificadora (art. 121, § 2º, V). Além disso, cuidando-se de circunstância subjetiva, é incomunicável no concurso de pessoas (CP, art. 30).

d) Modos de execução (art. 61, II, *c*)

De acordo com o Código, **a pena será agravada quando o agente praticar o fato mediante** *traição, emboscada, dissimulação,* **ou** *outro recurso que dificulte ou impossibilite a defesa do ofendido.*

O agente, nestes casos, age de modo a evitar a reação oportuna e eficaz da vítima, surpreendendo-a desprevenida ou enganada pela situação.

A **traição pode ser** *física* (ataque súbito e sorrateiro, p. ex., violento golpe de bastão pelas costas, com o intuito de ferir a vítima) **ou** *moral* (quebra de confiança entre agente e vítima, da qual ele se aproveita para praticar

---

Roberto Lyra; "não se deve confundir ocultação e impunidade; no primeiro caso, o legislador tem em vista o fato criminoso, no segundo, o agente. Se se ameaça uma testemunha para fazê-la dizer que um crime não foi cometido, visa-se ao crime; se se obriga a afirmação de que o crime foi cometido em estado de legítima defesa, pretende-se conseguir a impunidade" (*Comentários ao Código Penal*, p. 275).

[44] A expressão vantagem refere-se ao produto (ganho imediato obtido com a infração penal), ao proveito (ganho indireto auferido com o ilícito) e ao preço (valor cobrado para cometer o fato). No entender de Roberto Lyra, a vantagem mencionada no texto legal não se cinge àquela de cunho patrimonial. Estaria abrangida, então, a hipótese de quem pratica o crime "para assegurar a liberdade obtida com a evasão" (*Comentários ao Código Penal*, p. 275).

[45] *Comentários ao Código Penal*, p. 274.

o crime, p. ex., convidar conhecido para consumir droga visando, após, feri--lo com maior facilidade). *Emboscada é sinônimo de tocaia*; o sujeito passivo não percebe o ataque do ofensor, que se encontra escondido. Pressupõe premeditação. *Dissimulação significa ocultação do próprio desígnio*. Pode ser *moral* (quando o agente dá falsas mostras de amizade para captar a atenção da vítima) ou *material* (utilização de disfarce).

Traição moral não se confunde com dissimulação moral; na traição, pressupõe-se uma relação de amizade preexistente entre os sujeitos, que foi quebrada; na dissimulação, o agente, desde o começo, já pretendia ganhar a confiança do ofendido para cometer o delito.

O legislador, depois de indicar como agravantes a traição, a emboscada e a dissimulação, menciona que a circunstância dar-se-á quando houver qualquer meio que dificulte ou impossibilite a defesa do ofendido[46], como, por exemplo, o ataque súbito e repentino, ou durante o sono.

Lyra advertia que "a dificuldade da defesa há de originar-se do recurso empregado pelo agente e não da imprevidência ou outra incúria injustificável da vítima"[47].

e) Meios de execução (art. 61, II, *d*)

Nesse caso, **agrava-se a pena em face do emprego de veneno, fogo, explosivo, tortura ou outro meio insidioso ou cruel, ou de que podia resultar perigo comum.**

Os *meios insidiosos* são os que têm sua eficácia lesiva dissimulada, como o crime cometido por estratagema ou perfídia; por exemplo, armadilha.

Os *meios cruéis* **são aqueles que provocam sofrimento inútil e impiedoso** na vítima ou revelam intensa brutalidade do agente; por exemplo, o ato de desferir repetidos golpes contra terceiro, ferindo-o.

Por **meios que possam resultar** *perigo comum* **entende-se aqueles que produzem risco a um número indeterminado de pessoas;** nesse caso, não se exclui a possibilidade de surgir concurso formal entre o fato e algum crime contra a incolumidade pública (incêndio, explosão, desabamento, epidemia – arts. 251 e s. do CP), se o dolo do agente se dirigir aos dois resultados (se isso ocorrer, desaparece a agravante).

A lei menciona, ainda: o *veneno* (substância química, animal ou vegetal que, uma vez ministrada no organismo, é apta a causar perigo à vida

---

[46] Trata-se do emprego da interpretação extensiva, em que o legislador enumera situações específicas e, ao final, utiliza uma fórmula genérica de modo a abranger situações similares.

[47] *Comentários ao Código Penal*, p. 286.

ou à saúde da vítima), o qual pode servir como meio insidioso (se a vítima não souber que o ingere) ou cruel (se aplicado com emprego de força física); a *tortura* (inflição de intenso sofrimento físico ou psíquico).

É de ver que a tortura deve figurar como meio executório do delito para incidir a agravante. Há casos, contudo, em que a tortura não figurará como mera agravante, mas como crime autônomo (Lei n. 9.455/97). A distinção leva em conta a eventual presença, no caso concreto, das elementares do art. 1º da citada lei especial; o *fogo*.

Conforme a situação concreta, o fogo pode ser utilizado como meio executório cruel (ex.: queimar partes do corpo da vítima) ou que resulta perigo comum (ex.: destruir propriedade alheia ateando fogo em material altamente inflamável, expondo a perigo bens alheios); o *explosivo*. Cuida-se da substância capaz de gerar explosão. Por exemplo: alguém remete uma correspondência a outrem que, ao abri-la, aciona explosivo que fere as mãos da vítima.

f) Relações de parentesco (art. 61, II, *e*)

Na alínea *e*, o agente **pratica o fato contra ascendente, descendente, irmão ou cônjuge**. É preciso observar que, em alguns delitos, a relação de parentesco entre o sujeito ativo e o sujeito passivo figura como elementar (ex.: infanticídio – CP, art. 123). Pode até ser que constitua fator benéfico, como ocorre em relação aos crimes contra o patrimônio cometidos sem violência ou grave ameaça contra a pessoa (nesses casos, incide uma escusa absolutória, impedindo o exercício da pretensão punitiva estatal, quando o fato é cometido contra cônjuge (na constância da sociedade conjugal) ou contra ascendente ou descendente (CP, art. 181); em tais delitos patrimoniais, ainda, o fato somente se procede mediante representação (vale dizer: o crime se torna de ação penal pública condicionada), se o delito é cometido em prejuízo de cônjuge desquitado ou judicialmente separado, de irmão ou de tio ou sobrinho, com quem o agente coabita.

Registre-se, por fim, que a agravante relativa a delitos cometidos contra cônjuge **não se aplica àqueles praticados contra companheiros**, pois se trataria de analogia *in malam partem*.

g) Abuso de poder ou violação de dever inerente a cargo, ofício, ministério ou profissão (art. 61, II, *f*)

Por **abuso de poder deve-se entender o ato do agente que comete o crime, prevalecendo-se de sua superioridade hierárquica** (pressupõe-se relação jurídica de direito público).

Dá-se a agravante, ademais, quando o agente viola deveres funcionais inerentes ao cargo público ocupado.

A lei prevê, também, a violação a deveres relativos ao ofício, ao ministério ou à profissão exercida pelo agente. O ofício designa atividade predominantemente manual. O ministério, atividade eclesiástica ou assistencial. A profissão, atividade preponderantemente intelectual.

h) Abuso de autoridade, ou prevalecendo-se de relações domésticas, de convivência ou coabitação, ou com violência contra a mulher, na forma da Lei n. 11.340, de 7-8-2006 (art. 61, II, *g*)

O **abuso de autoridade dá-se no contexto de relações jurídicas de direito privado**. Não se aplica aqui o conceito de "abuso de autoridade" previsto na Lei n. 13.869/2019.

Importante saber diferenciar as agravantes do crime cometido com *abuso de poder* e com *abuso de autoridade*. No primeiro caso, como já dissemos, trata-se do abuso de relações de direito público. No segundo, de relações de direito privado (interpretação sistemática dos dispositivos).

A circunstância compreende, ainda, o *prevalecimento* de relações domésticas (relações no seio da família); por exemplo, a empregada doméstica que se aproveita da ausência de seus patrões para subtrair objetos do lar.

É necessário que o agente se prevaleça da maior facilidade propiciada pela relação doméstica, de hospitalidade ou de coabitação (convívio sobre o mesmo teto – a título oneroso ou gratuito).

A **Lei Maria da Penha (Lei n. 11.340/2006) acrescentou uma agravante ao elenco da alínea *f*, consistente em praticar o fato mediante violência contra a mulher.** As hipóteses de violência contra a mulher encontram-se definidas no art. 5º da referida lei, abrangendo, "qualquer ação ou omissão baseada no gênero que lhe cause morte, lesão, sofrimento físico, sexual ou psicológico e dano moral ou patrimonial: I – no âmbito da unidade doméstica, compreendida como o espaço de convívio permanente de pessoas, com ou sem vínculo familiar, inclusive as esporadicamente agregadas; II – no âmbito da família, compreendida como a comunidade formada por indivíduos que são ou se consideram aparentados, unidos por laços naturais, por afinidade ou por vontade expressa; III – em qualquer relação íntima de afeto, na qual o agressor conviva ou tenha convivido com a ofendida, independentemente de coabitação".

i) Contra criança, maior de 60 anos, enfermo ou mulher grávida (art. 61, II, *h*)

A presente alínea contempla as agravantes relacionadas com as vítimas "frágeis": **crianças, idosos, enfermos ou mulheres grávidas.**

São crianças, de acordo com o Estatuto da Criança e do Adolescente (Lei n. 8.069/90), os indivíduos com até 12 anos incompletos. É preciso lembrar que mencionada agravante não se aplicará quando, por exemplo, cuidar-se de infração penal em que tal condição da vítima figure como elementar (p. ex., infanticídio – CP, art. 123), qualificadora ou causa de aumento (p. ex., homicídio doloso – CP, art. 121, § 4º, parte final).

O Estatuto da Pessoa Idosa (Lei n. 10.741, de 1º-10-2003) modificou a redação da alínea em destaque, substituindo infeliz terminologia antes utilizada. Nosso Código, antes do Estatuto, citava os crimes cometidos contra "velhos", entendidos como tais as pessoas maiores de 70 anos. A modificação legislativa ampliou a incidência da agravante, pois agora a circunstância se dará quando o ofendido possuir mais de 60 anos de idade.

Damásio de Jesus entende que a agravante genérica, em se tratando de vítima idosa, aplica-se desde o primeiro dia do sexagésimo aniversário do ofendido (ou seja, quando ele for *igual* ou maior de 60 anos). O entendimento sustentado pelo consagrado penalista funda-se no fato de que a definição legal de pessoa idosa, constante do art. 1º do mencionado Estatuto, abrange não só os maiores de 60 anos, mas também as pessoas com idade *igual* ou superior a 60 anos. A partir daí, mediante uma interpretação teleológica e extensiva, conclui pela aplicabilidade da circunstância em exame inclusive no dia do aniversário da vítima[48]. Acreditamos, com a devida vênia, que referida posição, muito embora louvada em sólidos argumentos, esbarra no princípio da legalidade, notadamente porque a lei penal exige, para efeito de segurança jurídica, atenção a diversos aspectos, dos quais se destacam *lege praevia*, *lege scripta*, *lege certa* e, por fim, *lege stricta*. O último destes aspectos demanda que, em homenagem à estrita legalidade, não haja qualquer ampliação da esfera punitiva estatal por analogia ou interpretação extensiva.

A idade da vítima para efeito de se agravar a pena deve ser aferida no momento da conduta, isto é, da ação ou da omissão, a teor do que dispõe o art. 4º do CP (teoria da atividade).

Os demais fatores mencionados na disposição, **enfermo e mulher grávida, também devem se fazer presentes ao tempo da conduta.**

A agravante relativa ao crime contra gestante não se aplicará, a toda evidência, quando se tratar de delito de aborto, pois tal condição é requisito inerente ao delito.

Em todos os casos mencionados na alínea, é fundamental que o agente tenha conhecimento da circunstância. Assim, aquele que agride um idoso, desconhecendo que o indivíduo possuía mais de 60 anos, não sofrerá a incidência da agravante. Do mesmo modo, não se aplica a circunstância quando o agente, por exemplo, subtrai bem de uma gestante, desconhecendo por completo o estado gravídico da ofendida.

---

[48] Conceito de idoso na legislação penal brasileira, *Phoenix*, n. 4.

j) Quando o ofendido estava sob a imediata proteção da autoridade (art. 61, II, *i*)

A presente agravante justifica-se porque, quando se comete crime contra quem está sob a imediata proteção da autoridade, **ofende-se não só o bem jurídico pertencente à vítima do delito, mas também se desrespeita a autoridade que tem a pessoa sob sua custódia.**

Os autores costumam exemplificar tal agravante nos casos em que são cometidos crimes contra presos. As vítimas, nesses casos, encontram-se sob direta proteção do Estado. Pode-se citar como exemplo, ainda, a ameaça (CP, art. 147) cometida por alguém contra uma testemunha inserida no programa estatal de proteção (cf. Lei n. 9.807/99).

k) Em ocasião de incêndio, naufrágio, inundação ou qualquer calamidade pública, ou em desgraça particular do ofendido (art. 61, II, *j*)

Trata-se agora de agravantes que revelam uma absoluta falta de sensibilidade, senso ético e compaixão por parte do agente, que se aproveita de uma tragédia (pública ou particular) para cometer o ilícito.

É interessante destacar que, nesses casos, **o agente aproveita-se de incêndio, inundação, naufrágio etc. por ele não provocados.**

Se uma pessoa incendeia um local com o escopo de cometer crime durante a confusão criada, comete, em tese, dois delitos: incêndio (CP, art. 250) e furto (CP, art. 155). O incêndio será agravado pela conexão teleológica (letra *b*), vez que cometido para facilitar a execução de outro crime.

A pandemia do novo coronavírus, que implicou no reconhecimento formal de estado de calamidade pública no plano nacional, não deixa dúvidas acerca da incidência da agravante para delitos cometidos nesse contexto. Parece-nos, contudo, que sua aplicação não deve se dar de maneira automática, pois a *ratio* do dispositivo é penalizar de maneira mais grave quem, revelando insensibilidade, aproveita-se de algum modo da maior facilidade executória decorrente da situação. Isso se dá, por exemplo, ao marido que, durante a pandemia, tendo a esposa confinada em residência e impossibilitada de sair, a agride ou, ainda, no caso do sujeito que decide furtar estabelecimento desvigiado em razão da dispensa temporária dos funcionários motivada por eventual *lockdown* decretado no Município.

l) Em estado de embriaguez preordenada (art. 61, II, *l*)

Verifica-se quando o agente se embriaga para cometer o ilícito. Incide, para tais efeito, a já estudada teoria da *actio libera in causa* (ou "alic").

Lembre-se que na *actio libera in causa* compreendem-se as situações em que *o sujeito pratica um comportamento criminoso sendo inimputável ou incapaz de agir, mas, em momento anterior, ele próprio se colocou nesta situação* de ausência de imputabilidade ou de capacidade de ação, de maneira propositada ou, pelo menos, previsível.

Assim, por exemplo, se o agente propositadamente se embriaga visando perder a inibição para importunar sexualmente uma mulher, o estado inebriante verificado, ainda que possa comprometer a capacidade de discernimento do sujeito, será irrelevante para efeito de sua responsabilidade penal; isto é, a ele se imputará a infração sexual correspondente ao ato praticado. Temos, nesse caso, a embriaguez preordenada, uma vez que o sujeito, desde o início, embriagara-se para cometer o ilícito.

Cuida-se de circunstância incomunicável no concurso de pessoas.

m) Agravantes no concurso de pessoas (art. 62)

Nossa lei preocupou-se, ainda, em definir penas **agravadas** para fatos praticados em **concurso de pessoas**.

Pune-se mais severamente quem:

I – promove, ou organiza a cooperação no crime ou dirige a atividade dos demais agentes[49].

Trata-se do agente que comanda intelectualmente a atividade dos demais. Nosso Código qualifica-o como partícipe (por não realizar a conduta descrita no núcleo do tipo penal) e, apesar dessa condição, sua pena será mais elevada que a dos concorrentes. Para a teoria do domínio do fato, aquele que se enquadrasse nesse inciso considerar-se-ia o autor, pois detém o controle final da situação;

---

[49] Para o STJ: "Em princípio, não é incompatível a incidência da agravante do art. 62, I, do CP ao autor intelectual do delito (mandante) (...) não há que se falar em *bis in idem* em razão da incidência dessa agravante ao autor intelectual do delito (mandante). De acordo com a doutrina, a agravante em foco objetiva punir mais severamente aquele que tem a iniciativa da empreitada criminosa e exerce um papel de liderança ou destaque entre os coautores ou partícipes do delito, coordenando e dirigindo a atuação dos demais, fornecendo, por exemplos, dados relevantes sobre a vítima, determinando a forma como o crime será perpetrado, emprestando os meios para a consecução do delito, independente de ser o mandante ou não ou de quantas pessoas estão envolvidas. Há, inclusive, precedente do STF (Tribunal Pleno, AO 1.046-RR, *DJe* 22-6-2007) indicando a possibilidade de coexistência da agravante e da condenação por homicídio na qualidade de mandante. Entretanto, não obstante a inexistência de incompatibilidade entre a condenação por homicídio como mandante e a incidência da agravante do art. 62, I, do CP, deve-se apontar elementos concretos suficientes para caracterizar a referida circunstância agravadora. Isso porque, se o fato de ser o mandante do homicídio não exclui automaticamente a agravante do art. 62, I, do CP, também não obriga a sua incidência em todos os casos" (REsp 1.563.169/DF, rel. Min. Reynaldo Soares da Fonseca, 5ª T., j. 10-3-2016, noticiado no *Informativo* n. 580).

II – coage ou induz outrem à execução material do crime.

A agravante abrange a coação (física ou moral). O coator será punido pelo crime que determinou alguém a cometer. Não importa se a coação foi resistível ou irresistível (isto só terá relevância para definir eventual punição do coagido).

Apena-se também com maior rigor quem induz outrem à execução material do crime. Induzir significa implantar na mente do sujeito ideia criminosa que não preexistia;

III – instiga ou determina a cometer o crime alguém sujeito à sua autoridade ou não punível em virtude de condição ou qualidade pessoal.

Este inciso abrange a instigação (incentivo) ou a determinação a alguém sujeito à autoridade ou não punível por condição ou qualidade pessoal (p. ex., um menor de 18 anos), que cometa a infração penal.

É de ver que não se pode permitir que um mesmo fator tenha dupla incidência na dosagem da pena. Assim, por exemplo, se um maior de 18 anos determinar que um menor cometa crime, corrompendo-o (moralmente), responderá o imputável por dois crimes: aquele que o menor praticou (como autor mediato) e o delito de corrupção de menores (art. 244-B do ECA – Lei n. 8.069/90); nesse caso, não terá lugar a agravante em exame;

IV – executa o crime, ou nele participa, mediante paga ou promessa de recompensa.

A paga ou promessa de recompensa, como motivo para que alguém cometa o crime ou dele tome parte, é motivo abjeto, revelador de cupidez. O agente "se vende" para praticar ilícitos penais. Essa agravante tem natureza subjetiva, pois indica o motivo que levou o agente a tomar parte na empreitada criminosa.

4.2.2. Circunstâncias atenuantes (CP, arts. 65 e 66)

É oportuno recordar que o **elenco das atenuantes encontra-se em rol exemplificativo**. Trata-se de circunstâncias de caráter obrigatório, que jamais podem importar na aplicação de uma pena inferior ao piso legal[50].

---

[50] Nesse sentido, Súmula 231 do STJ: "A incidência da circunstância atenuante não pode conduzir à redução da pena abaixo do mínimo legal". Anota-se que, em decisão de 21-3-2023, o julgamento do REsp 1.869.764, do REsp 2.057.181 e do REsp 2.052.085 – nos quais a defesa pretendia a fixação da pena abaixo do mínimo legal na segunda fase da dosimetria, superando o enunciado em questão – foi afetado à 3ª Seção do STJ, contudo, em sessão realizada em 14-8-2024, decidiram manter a referida Súmula, por 5 votos a 4. Na ocasião, prevaleceu a tese de que o tema, se alterado, violaria a jurisprudência do STF (Tema 158 de Repercussão Geral).

São elas:

a) Menoridade relativa e maioridade senil (art. 65, I)

Constitui atenuante ser o agente *menor de 21 anos na data do fato ou maior de 70 na data da sentença.*

Importante assinalar que a atenuante da menoridade relativa subsiste mesmo após entrada em vigor do novo Código Civil, que reduziu a maioridade civil para 18 anos. Isto porque a atenuante relativa aos menores de 21 anos não diz respeito à sua (antiga) incapacidade de celebrar negócios jurídicos, mas se deve à inexperiência e reduzida maturidade que tais pessoas detêm. Nessa faixa etária, como é cediço, os atos tendem a ser menos refletidos/impulsivos.

Com respeito ao maior de **70 anos na data da sentença, tal idade deve ser atingida até o dia da prolação da decisão meritória,** *de primeira instância.* O Estatuto da Pessoa Idosa não alterou o alcance da presente atenuante, até porque o escopo fundamental do Estatuto foi proteger a vítima idosa e não beneficiar aquele que comete crimes.

b) O desconhecimento da lei (art. 65, II)

A ignorância da lei não isenta de responsabilidade (CP, art. 21), mas atenua a pena. Não se há de confundir a *ignorantia legis* com o erro sobre a ilicitude do fato (erro de proibição). No dizer de Alcidez Munhoz Neto, citado por Cezar Roberto Bitencourt, "a diferença reside em que a ignorância da lei é o desconhecimento dos dispositivos legislados, ao passo que a ignorância da antijuridicidade é o desconhecimento de que a ação é contrária ao direito. Por ignorar a lei, pode o autor desconhecer a classificação jurídica, a quantidade da pena, ou as condições de sua aplicabilidade, possuindo, contudo, representação da ilicitude do comportamento"[51].

Entendemos que referida atenuante deve ter alcance restrito, incidindo tão somente em casos nos quais o desconhecimento de detalhes da lei tenha colaborado com a decisão de cometer o crime (ressalvando-se que o agente, de qualquer modo, tinha noção da ilicitude do ato, isto é, de seu caráter contrário ao Direito).

c) Motivos do crime (art. 65, III, *a*)

Como atenuantes, surgem os **motivos de** *relevante valor moral* (refere-se a interesses pessoais) *ou social* (relaciona-se com interesses da coletividade). Devem ser apreciados segundo o senso comum, e não conforme a perspectiva do agente.

---

[51] *Erro jurídico-penal*, p. 48-49.

O pai que agride o estuprador de sua filha age movido por motivo de relevante valor moral. O morador da rua que ameaça um conhecido ladrão para que este não se aproxime das residências ali situadas atua inspirado por razão de relevante valor social.

d) Ter procurado o agente, por sua espontânea vontade e com eficiência, logo após o crime, evitar-
-lhe ou minorar-lhe as consequências, ou ter, antes do julgamento, reparado o dano (art. 65, III, *b*)

A atenuação tem como fundamento **incentivar atitudes reparadoras do agente, praticadas após o encerramento do *iter criminis*.**

É preciso definir bem o alcance desta circunstância, até para não confundi-la com o instituto contido no art. 15 do CP (desistência voluntária ou arrependimento eficaz). De acordo com a lei, se o agente "voluntariamente, desiste de prosseguir na execução ou impede que o resultado se produza, só responde pelos atos já praticados". Nesta hipótese, não haverá uma simples atenuação de pena, mas verdadeira exclusão da adequação típica, deixando o agente de responder pelo crime tentado, somente se lhe imputando atos anteriores já consumados. O que diferencia o art. 15 do CP da presente atenuante é justamente que, na desistência voluntária e no arrependimento eficaz, o agente *impede a consumação do crime*, isto é, ele intervém decisivamente no *iter criminis*, obstando a produção do resultado típico. Na atenuante, o agente (somente) procura evitar ou minorar as consequências do crime.

O dispositivo prevê, ainda, a reparação do dano como atenuante genérica. Com respeito a tal circunstância mostra-se sempre oportuno recordar que, em Direito Penal, pode semelhante atitude produzir diversos efeitos.

Uma visão panorâmica a respeito do tema é de suma importância para compreender seu exato alcance.

Na **Parte Geral do Código Penal,** a **reparação do dano é mencionada diversas vezes:**

1) art. 9º, *caput*, I: reparação dos danos como uma das situações em que se permite a homologação (pelo Superior Tribunal de Justiça) de sentença penal estrangeira, a fim de que seus efeitos sejam executados em território nacional;

2) art. 16: a reparação do dano como causa de diminuição de pena em crimes cometidos sem violência ou grave ameaça contra a pessoa;

3) art. 33, § 4º: a reparação do dano (ou restituição do produto do ilícito praticado) como requisito para a progressão de regime de condenados por crimes contra a Administração Pública;

4) art. 45, § 1º: a pena restritiva de direitos consistente em prestação pecuniária, que tem como escopo reparar os danos provocados pelo agente, quando seu destinatário for a vítima ou seus dependentes;

5) art. 65, III, *b*, parte final: reparação do dano como atenuante genérica;

6) art. 78, § 2º: reparação do dano como requisito para obtenção do *sursis* especial;

7) art. 81, *caput*, II: reparação do dano como condição a ser observada durante o período de prova do *sursis* simples;

8) art. 83, IV: reparação do dano como requisito para obtenção do livramento condicional;

9) art. 91, I: o dever de indenizar a vítima pelos danos sofridos constitui efeito genérico das condenações criminais[52];

10) art. 94, III: reparação do dano como exigência para a concessão da reabilitação criminal;

11) art. 104, parágrafo único, parte final: conciliação civil (que pode decorrer da aceitação da indenização paga pelo autor à vítima), citada como fator incapaz de gerar a extinção da punibilidade em crimes de ação privada ou ação penal pública condicionada à representação[53];

12) art. 107, VI: retratação, nos delitos que a admitem, como forma de reparação do dano e causa extintiva da punibilidade.

Há, ainda, disposições relativas ao tema na Parte Especial do Código:

1) art. 168-A, § 2º: no crime de apropriação indébita previdenciária, dá-se a extinção da punibilidade pela espontânea declaração, confissão e pagamento das contribuições, importâncias ou valores e prestação das informações devidas à Previdência Social, na forma definida em lei ou regulamento, antes do início da ação fiscal;

2) art. 168-A, § 3º: no citado crime, ainda, a reparação do dano à Previdência, decorrente do pagamento da contribuição social previdenciária, inclusive acessórios, após o início da ação fiscal, mas antes de oferecida a denúncia, torna o agente merecedor do perdão judicial (em que o juiz deixa de aplicar a pena, não subsistindo quaisquer dos efeitos da condenação[54]);

---

[52] Acrescente-se que o magistrado, na sentença penal condenatória, deve estipular o valor mínimo da indenização devida, de modo a que sua decisão constitua título executivo judicial líquido, admitindo pronta execução no juízo cível (cf. CPP, art. 387, *caput*, IV, com redação dada pela Lei n. 11.719/2008).

[53] É de ver que o dispositivo contém uma regra restrita aos crimes de ação penal privada ou pública condicionada à representação cuja pena máxima for superior a dois anos. Isto porque, em não sendo o caso, o fato será considerado crime de menor potencial ofensivo, ficando sujeito às disposições da Lei n. 9.099/95, na qual a conciliação civil tem o condão de gerar, por expressa disposição legal, a extinção da punibilidade pela renúncia ao direito de queixa ou de representação.

[54] Nesse sentido, Súmula 18 do STJ: "A sentença concessiva do perdão judicial é declaratória da extinção da punibilidade, não subsistindo qualquer efeito condenatório".

3) art. 312, § 3º: reparação do dano como causa extintiva da punibilidade no crime de peculato culposo, desde que efetuada até a sentença irrecorrível.

Outros diplomas legais também se referem à reparação dos danos, outorgando-lhe efeitos penalmente relevantes, tais como:

1) art. 9º, § 2º, da Lei n. 10.684/2003: regula a extinção da punibilidade dos crimes ligados à sonegação fiscal (Lei n. 8.137/90, arts. 1º e 2º); arts. 168-A e 337-A do CP, decorrente do pagamento integral dos débitos oriundos de tributos e contribuições sociais, inclusive acessórios;

2) art. 9º, *caput*, da citada lei: determina a suspensão da pretensão punitiva do Estado, referente aos crimes previstos na letra *a*, durante o período em que a pessoa jurídica relacionada com o agente dos aludidos crimes estiver incluída no regime de parcelamento.

Anote-se que, acerca das hipóteses de atenuação da responsabilidade penal, mediante pagamento integral ou parcelamento de dívidas tributárias, recentemente, o Plenário do STF, por unanimidade, reconheceu a constitucionalidade dos arts. 67 e 69 da Lei n. 11.941/2009 e do art. 9º, §§ 1º e 2º, da Lei n. 10.684/2003, diante da compatibilidade de tais previsões com os arts. 3º, I a IV, e 5º, *caput*, da Constituição Federal, além do princípio da proporcionalidade (ADI 4.273, rel. Min. Nunes Marques, sessão virtual de 4-8-2023 a 14-8-2023).

Acrescente-se, ainda, o disposto na Súmula 554 do STF, cuja interpretação resulta no entendimento de que, uma vez efetuada a reparação do dano antes do recebimento da denúncia ou da queixa, extingue-se a punibilidade no crime de estelionato, mediante emissão de cheque sem provisão de fundos ou indevida frustração de seu pagamento (CP, art. 171, § 2º, VI).

Para que a reparação dos danos possa ser considerada atenuante genérica, mister que a lei não lhe outorgue efeitos mais benéficos, como aqueles em que ela extingue a punibilidade, suspenda a pretensão punitiva estatal ou constitua causa de diminuição de pena.

Interessante anotar que o art. 65, III, *b*, expressamente condiciona a atenuação para o ato praticado antes da sentença condenatória. Esta deva ser entendida como a primeira decisão condenatória (válida) proferida nos autos, seja ela uma decisão monocrática ou colegiada[55].

Há autores que entendem admissível a concessão da atenuante mesmo quando a reparação se dá após a prolação da sentença penal condenató-

---

[55] Lembre-se que o réu pode ser absolvido em primeira instância e, por força de recurso da acusação, vir a ser condenado pelo tribunal – nesse caso, a primeira decisão condenatória será um acórdão (e servirá como marco para a concessão da atenuante citada).

ria, isto é, quando o agente o faz na pendência de algum recurso posterior a sua condenação. Tal possibilidade basear-se-ia no art. 66 do CP (atenuante inominada). Cremos, todavia, que semelhante interpretação importa em desvirtuação do sentido da lei. A interpretação sistemática não pode conduzir à anulação de um dispositivo, mas deve levar à conciliação entre as normas cujo campo de incidência podem tocar-se. Significa que, se o Código condiciona a atenuante à reparação anterior à prolação do édito condenatório, não se pode entender que a atitude posterior conduziria ao mesmo efeito. Tal conclusão importaria em tornar letra morta o disposto no art. 65, III, *b*. Não se nega tenha o julgador grande liberdade na apreciação das atenuantes, mas isto não pode fazer com que ele deixe de aplicar regras legais vigentes e compatíveis com a ordem constitucional.

e) Coação física ou moral resistível (art. 65, III, *c*)

De acordo com o texto legal, **deve-se atenuar a pena daquele que praticou o fato sob coação a que podia resistir.** O Código não determina se a circunstância refere-se à **coação física (*vis absoluta*) ou moral (*vis relativa*) resistíveis; bem por isso, entende-se que ambas estão compreendidas na disposição.**

Deve-se lembrar que o **autor da coação sofrerá a incidência de uma agravante** (CP, art. 62, II), ao passo que o coagido, a atenuante em estudo.

É preciso recordar, ainda, que **se a coação for *irresistível*, o coagido não responde pelo fato.** Na hipótese de coação moral irresistível, dar-se-á a isenção de pena, por estar o agente desprovido de culpabilidade, já que lhe é inexigível outra conduta. Em se tratando de coação física irresistível, ocorrerá um fato penalmente atípico, por falta de conduta penalmente relevante.

f) Cumprimento de ordem de autoridade superior (art. 65, III, *c*)

A pena também será atenuada se o agente **praticar o fato em cumprimento de ordem de autoridade superior.** Mencionada circunstância pressupõe que o autor do fato seja funcionário público e tenha cumprido ordem de seu superior hierárquico. **Exige-se**, outrossim, que o **comando expedido seja *manifestamente ilegal*.** Ordem manifestamente ilegal é aquela cuja antijuridicidade é evidente e desde logo perceptível. Assim, por exemplo, se um delegado de polícia ordena aos investigadores sob seu comando que exijam propina de um empresário, a fim de não autuá-lo em flagrante por crime contra as relações de consumo, a ordem cumprida é de uma ilegalidade manifesta. Tanto o delegado como seus subalternos cometem crime. Aquele será condenado e receberá a agravante prevista no art. 62, III, do CP; estes serão igualmente responsabilizados pelo fato, mas com a incidência da atenuante *sub examen*.

Deve-se recordar que, **se a ordem emitida *não* for manifestamente ilegal, só responde pelo fato o autor da ordem e quem a cumpriu torna-se**

isento de pena, por não ser possível exigir dele conduta diversa (o ato será desprovido de culpabilidade – CP, art. 22).

Não custa acrescentar que, se a ordem emitida for *legal*, não haverá crime algum, incidindo a excludente de ilicitude contida no inciso III do art. 23 do CP.

g) Influência de violenta emoção provocada por ato injusto da vítima (art. 65, III, *c*)

A pena será atenuada quando alguém agir **sob influência de violenta emoção decorrente de ato injusto da vítima**. Assim, por exemplo, se uma pessoa danifica propositadamente o veículo de outrem, porque foi provocada injustamente pelo motorista no trânsito, a pena do crime de dano (CP, art. 163) poderá ser atenuada nos termos da disposição.

São **requisitos** da atenuante em questão: *violenta emoção*, entendida como uma forte e transitória perturbação da afetividade ou uma viva excitação do sentimento; *provocação do ofendido*; *ato injusto da vítima*.

Tal atenuante não se confunde com o "privilégio" dos crimes de homicídio (CP, art. 121, § 1º) e lesão corporal dolosa (CP, art. 129, § 4º), o qual exige *domínio* e não influência de violenta emoção, e, além disso, requer *reação imediata do agente*, requisito ausente no art. 65, III, *c*, do CP.

h) Confissão espontânea (art. 65, III, *d*)

A **confissão espontânea da autoria do crime à autoridade** (policial, ministerial ou judiciária) atenua a pena. Vale lembrar que a confissão pode ser classificada em confissão simples e qualificada. Na simples, o indivíduo admite a prática do delito, podendo apresentá-la de forma parcial (reconhecendo apenas parte do ilícito) ou total (admitindo todo o fato). A confissão qualificada, por sua vez, ocorre quando o réu admite a prática do delito, mas alega tese exculpante (legítima defesa, por exemplo)[56]. Para a jurisprudência,

---

[56] STJ, EREsp. 1.416.247/GO, rel. Min. Ribeiro Dantas, 3ª S., j. 22-6-2016, noticiado no *Informativo* n. 586. No mesmo sentido: "(...) Pedido de aplicação da atenuante da confissão espontânea. O STJ entende que, segundo a orientação sumular n. 545, a confissão espontânea do réu, desde que utilizada para fundamentar a condenação, sempre deve atenuar a pena, na segunda fase da dosimetria, ainda que tenha sido parcial, qualificada ou retratada em juízo. Todavia, a Súmula 630 do STJ preceitua que 'a incidência da atenuante da confissão espontânea no crime de tráfico ilícito de entorpecentes exige o reconhecimento da traficância pelo acusado, não bastando a mera admissão da posse ou propriedade para uso próprio' (...)" (AgRg no HC 566.527/MS, rel. Min. Felix Fischer, 5ª T., j. 12-5-2020). Para o STF, porém, não se reconhece a atenuante: HC 119.671, rel. Min. Luiz Fux, 1ª T., j. 5-11-2013. Observa-se o seguinte informativo em que não reconhece a atenuante: "O fato de o denunciado por roubo ter confessado a subtração do bem, negando, porém, o emprego de

o réu fará jus à atenuante se a confissão for utilizada na fundamentação do juiz para condená-lo. A 5ª Turma do Superior Tribunal de Justiça admite a atenuação da pena inclusive quando a confissão do réu não tenha sido empregada na sentença como uma das razões da condenação[57].

Parece-nos razoável que se adote o seguinte critério: quando o magistrado utilizar a confissão como meio de prova na sentença (o que importa no reconhecimento de que se mostrou verdadeira), para, ao lado de outros elementos, fundamentar a condenação, deverá conceder ao agente a atenuante em estudo. Significa que o valor da confissão como atenuante deve estar intimamente relacionado com seu valor como prova, no caso concreto. Nesse sentido, a **Súmula 545 do STJ: "quando a confissão for utilizada para a formação do convencimento do julgador, o réu fará jus à atenuante prevista no artigo 65, III, *d*, do Código Penal".**

Não se aplica a circunstância em questão se o ato é realizado por meio de documento que venha a ser anexado nos autos (isto é, o réu nega o crime perante a autoridade policial ou judiciária, mas junta documento em que o admite[58]).

Predomina na jurisprudência o entendimento segundo o qual não se exige que o ato indique arrependimento (pode constituir, p. ex., estratégia de defesa) ou que tenha efetivamente auxiliado nas investigações (é possível, portanto, que a autoria já fosse conhecida anteriormente).

É fundamental, por fim, que seja verdadeira a confissão. Assim, por exemplo, se o réu condenado por tráfico ilícito de drogas, "confessa" que era sua a substância, mas que era simples usuário, negando o comércio espúrio da droga, não fará jus ao benefício. Nesse sentido, a **Súmula 630 do STJ: "A**

---

violência ou grave ameaça, é circunstância que não enseja a aplicação da atenuante da confissão espontânea (art. 65, III, 'd', do CP). Isso porque a atenuante da confissão espontânea pressupõe que o réu reconheça a autoria do fato típico que lhe é imputado. Ocorre que, no caso, o réu não admitiu a prática do roubo denunciado, pois negou o emprego de violência ou de grave ameaça para subtrair o bem da vítima, numa clara tentativa de desclassificar a sua conduta para o crime de furto. Nesse contexto, em que se nega a prática do tipo penal apontado na peça acusatória, não é possível o reconhecimento da circunstância atenuante" (STJ, HC 301.063/SP, rel. Min. Gurgel de Faria, 5ª T., j. 3-9-2015, *DJe* de 18-9-2015, noticiado no *Informativo* n. 569).

[57] REsp 1.972.098/SC, rel. Min. Ribeiro Dantas, 5ª T., j. 14-6-2022. Nota-se, aqui, recente decisão de afetação (Tema Repetitivo 1.194), para definir se a confissão não utilizada para formar o convencimento do julgador autoriza o reconhecimento da atenuante (ProAfR no REsp 2.001.973/RS, rel. Min. Jesuíno Rissato (Desembargador Convocado do TJDFT), 3ª S., j. 25-4-2023).

[58] Nesse sentido: STF, HC 82.122/SE, rel. Min. Ellen Gracie, *DJU* de 20-6-2003, p. 72.

incidência da atenuante da confissão espontânea no cri-me de tráfico ilícito de entorpecentes exige o reconhecimento da traficância pelo acusado, não bastando a mera admissão da posse ou propriedade para uso próprio"[59].

i) Influência de multidão em tumulto, se não foi o provocador (art. 65, III, *e*)

Quando o fato é **praticado sob influência de multidão em tumulto,** como uma briga generalizada entre torcidas de futebol organizadas, a pena do infrator pode ser atenuada, desde que não se demonstre tenha sido ele o provocador.

A atenuante justifica-se porquanto, sob tais circunstâncias, os indivíduos tendem a agir por impulso e influência dos demais, fator que reduz a culpabilidade do ato cometido.

No dizer de Esther de Figueiredo Ferraz, "sob o domínio da multidão em tumulto opera-se, por assim dizer, um fenômeno de desagregação da personalidade. Os bons sentimentos humanos cedem lugar à maré invasora dos maus instintos, das tendências perversas e antissociais. Facilmente se processa e se transmite de indivíduo a indivíduo a sugestão criminosa. E os piores crimes passam a ser cometidos por pessoas que, individualmente, seriam incapazes de causar o menor mal a seu semelhante. Daí a pequena periculosidade do que age sob tal influência"[60].

j) Atenuante inominada (art. 66)

De acordo com o Código, "**a pena poderá ser ainda atenuada em razão de circunstância relevante, anterior ou posterior ao crime, embora não prevista expressamente em lei**". Cuida-se da "atenuante inominada", fator que demonstra ser o elenco destas circunstâncias exemplificativo. É fundamental que o dispositivo seja interpretado de modo a não colidir com o artigo precedente. Em outras palavras, ampliar o rol das atenuantes não pode resultar em negação dos preceitos contidos no art. 65 do CP. Assim, por exemplo, se o Código determina que a pena deva ser atenuada quando o agente era menor de 21 anos na data do fato, o benefício não lhe pode ser concedido quando ele possuía 22 anos, ainda que o juiz invoque o art. 66. Do mesmo modo, se a reparação dos danos deu-se após o julgamento, não cabe a atenuante em questão, sob pena de contrariar o limite imposto por Lei no art. 65, III, *b*, parte final. Também não caracteriza essa atenuante o

---

[59] *Vide*, também, STF, HC 141.487/MG, rel. Min. Marco Aurélio, 1ª T., j. 4-12-2018. E ainda: STJ, AgRg no HC 827.586/SP, rel. Min. Reynaldo Soares da Fonseca, 5ª T., j. 20-6-2023.

[60] *A codelinquência no direito penal brasileiro*, p. 71, apud Guilherme Nucci, *Individualização da pena*, p. 256-257.

fato de o réu ter bons antecedentes[61]. Em suma, o juiz pode adotar qualquer ato relevante, posterior ou anterior ao crime, como fator para atenuar a pena, desde que seja *diverso* daqueles referidos no art. 65 do CP.

Há autores, como Pierangeli e Zaffaroni, que mencionam a coculpabilidade como fator capaz de atenuar a pena, nos termos do art. 66 do CP. Por coculpabilidade entende-se o juízo de reprovação feito ao Estado, que seria corresponsável pelo delito, nos casos em que se apurasse não ter fornecido ao agente condições de igualdade e oportunidade mínimas para o pleno desenvolvimento de sua personalidade.

Em nosso sentir, todavia, assiste razão a Guilherme Nucci, para o qual "embora se possa concluir que o Estado deixa de prestar a devida assistência à sociedade, em muitos sentidos, não é por isso que nasce qualquer justificativa ou amparo para o cometimento de delitos, implicando em fator de atenuação necessária da pena"[62].

4.2.3. Ponderação entre atenuantes e agravantes

Na fase anterior, o magistrado encontrou a pena-base. Segue-se, então, a análise das agravantes e atenuantes presentes, cuja aplicação é obrigatória.

Antes de fazer refleti-las na pena, deve o juiz ponderá-las, isto é, avaliá-las como um todo e decidir qual reflexo terão na pena inicialmente fixada. O montante que se atingirá como resultado desse procedimento pode ser denominado *pena intermediária ou provisória*.

Para efeito de semelhante ponderação, **pode o magistrado deparar-se com os seguintes cenários:**

a) *não há atenuantes ou agravantes no caso concreto* – diante dessa situação, a **pena intermediária será fixada no mesmo valor imposto à título de pena-base;**

b) *só existem atenuantes* – em face disto, a **pena provisória deverá ser reduzida, adotando-se como piso o mínimo legal** (recorde-se que nas duas primeiras fases da dosimetria, o juiz deve se ater aos limites abstratos, ou seja, não pode impor sanção aquém do mínimo ou além do máximo).

Há autores que defendem, com vistas à eliminação possível de subjetivismos e disparidades entre critérios judiciais, que se adote um montante

---

[61] STJ, REsp 1.405.989/SP, rel. Min. Sebastião Reis Júnior, rel. p/ o ac. Min. Nefi Cordeiro, 6ª T., j. 18-8-2015 (*noticiado no Informativo* n. 569). No mesmo sentido: STJ, AgRg no AREsp 1.534.503/SP, rel. Min. Antonio Saldanha Palheiro, 6ª T., j. 3-9-2019.

[62] *Individualização da pena*, p. 259.

previamente determinado para cada circunstância atenuante. **Assim, havendo somente uma, reduz-se a pena-base em um sexto** (sempre respeitando o piso legal). **Se houver duas, em um terço; e assim sucessivamente**[63]. A fração eleita refere-se ao redutor mínimo previsto em disposições do Código que tratam da diminuição da pena.

A tese de se adotar um valor uniforme, segundo entendemos, afina-se com os postulados de um Estado Democrático de Direito e com o princípio constitucional da isonomia (art. 5º, *caput*). É preciso recordar, todavia, que a igualdade reclama, por vezes, tratamento diferenciado, justamente como modo de se atender às peculiaridades que cada caso contém. Assim, se o legislador não estabeleceu frações – e certamente assim agiu de caso pensado – é porque quis mesmo dar ao magistrado poder para, segundo seu senso de justiça, dosar a pena segundo o que lhe pareça mais adequado;

c) *só há circunstâncias agravantes* – neste caso, a **pena provisória deverá, obrigatoriamente, ser imposta em valor superior ao da pena-base, respeitado o teto.**

Mais uma vez lembramos a existência de corrente para a qual se deve estipular uma fração rígida para cada circunstância agravante (o valor de um sexto, por ser aquele previsto como o menor aumento nas demais disposições do Código, afigura-se como o critério mais adotado). Cuida-se de pensamento correto, mas que não pode ser levado às últimas consequências, conforme ressaltamos acima.

De acordo com entendimento acolhido pelo STJ, cada agravante deve resultar uma elevação da pena-base na fração de um sexto (como regra). De acordo com o Tribunal: "O Código Penal olvidou-se de estabelecer limites mínimo e máximo de aumento ou redução de pena a serem aplicados em razão das agravantes e das atenuantes genéricas. Assim, a jurisprudência reconhece que compete ao julgador, dentro do seu livre convencimento e de acordo com as peculiaridades do caso, escolher a fração de aumento ou redução de pena, em observância aos princípios da razoabilidade e da proporcionalidade. Todavia, a aplicação de fração diversa de 1/6 exige motivação concreta e idônea"[64];

d) *existem agravantes e atenuantes* (p. ex., o réu era menor de 21 anos ao tempo do fato, mas praticou o crime em estado de embriaguez preordenada) – para tais contextos, recomenda-se que se efetue uma *ponderação qualitativa*, isto é, cumpre avaliar qual é, no caso concreto, o fator

---

[63] O presente critério é sugerido, dentre outros, por Guilherme Nucci (*Individualização da pena*, p. 261 e s.).

[64] STJ, HC 507.911/PE, rel. Min. Ribeiro Dantas, 5ª T., j. 5-5-2020.

que merece maior importância. **O art. 67 do CP indica quais são as *circunstâncias preponderantes*,** determinando deva a pena aproximar-se do limite por elas indicado, "entendendo-se como tais as que resultam dos **motivos determinantes do crime, da personalidade do agente e da reincidência**"[65].

Registre-se que há, na jurisprudência, forte entendimento no sentido de que a "menoridade relativa" (ser o agente menor de 21 anos na data do fato) deva ser a circunstância merecedora do maior relevo.

Veja, por exemplo, o entendimento do STJ, segundo o qual a atenuante da confissão espontânea deve preponderar sobre a agravante da dissimulação, pois esta última não se encaixa nos quesitos previstos no art. 67 do Código Penal[66].

Interessante destacar que **existe contradição na jurisprudência dos tribunais superiores acerca da possibilidade de compensação entre a agravante de reincidência e a atenuante da confissão.** O Superior Tribunal de Justiça havia pacificado o entendimento de que ser possível, na segunda fase da dosimetria da pena, a compensação da agravante da reincidência com a atenuante da confissão espontânea, sob o argumento de que "a confissão, por indicar arrependimento, demonstra uma personalidade mais ajustada, a ponto de a pessoa reconhecer o erro e assumir suas consequências. Então, por demonstrar traço da personalidade do agente, o peso entre a confissão e a reincidência deve ser o mesmo, nos termos do art. 67 do Código Penal, pois são igualmente preponderantes". Recentemente, contudo, o STJ revisitou a tese firmada no Tema 585 para afirmar que é possível "a compensação integral da atenuante da confissão espontânea com a agravante da reincidência, seja ela específica ou não. Todavia, nos casos de multirreincidência, deve ser reconhecida a preponderância da agravante prevista no art. 61, I, do Código Penal, sendo admissível a sua compensação proporcional com a atenuante da confissão espontânea, em estrito atendimento aos princípios da individualização da pena e da proporcionalidade"[67]. O STF, por sua vez, tem posicionamento firmado no sentido da prevalência da reincidência sobre a confissão, o que, ademais, está em harmonia com o texto legal (CP, art. 67)[68].

---

[65] O STJ se posicionou pela possibilidade de compensação da atenuante da confissão espontânea (art. 65, III, *d*, do CP) com a agravante de ter sido o crime praticado com violência contra a mulher (art. 61, II, *f*, do CP): AgRg no AREsp 689.064/RJ, rel. Min. Maria Thereza de Assis Moura, 6ª T., j. 6-8-2015, e também pela compensação entre a confissão espontânea e a agravante da promessa de recompensa: HC 318.594/SP, rel. Min. Felix Fischer, 5ª T., j. 16-2-2016.

[66] HC 557.224-PR, rel. Min. Antonio Saldanha Palheiro, 6ª T., j. 16-8-2022.

[67] REsp 1.931.145-SP, rel. Min. Sebastião Reis Júnior, 3ª S., j. 22-6-2022.

[68] STJ, AgRg no HC 549.635/SP, rel. Min. Sebastião Reis Júnior, 6ª T., j. 26-5-2020,

Não se ignora que, com alguma frequência, os aplicadores da lei preferem o critério da *ponderação quantitativa*, no qual uma atenuante compensa uma agravante; com isso, verifica-se quais fatores estão em maior quantidade, decidindo-se, então, o valor da pena provisória. Como já dissemos, esse procedimento se afasta do ideal de justiça que há de inspirar a escolha do patamar punitivo.

4.2.4. Atenuantes e agravantes em leis especiais

Já tivemos oportunidade de destacar que as normas relativas à aplicação da pena previstas no Código Penal se aplicam a todas as condenações criminais, ainda que o fato reconhecido na sentença encontre-se tipificado em lei especial. Há casos, porém, em que a lei extravagante contém regras específicas atinentes à segunda fase da dosimetria.

Cite-se, como exemplo, o Código de Trânsito (Lei n. 9.503/97) e a Lei Ambiental (Lei n. 9.605/98).

O CTB contém um elenco de agravantes específicas para os delitos de trânsito em seu art. 298, dentre as quais utilizar o veículo sem placas ou com placas falsas ou adulteradas.

A Lei dos Crimes Ambientais apresenta seu rol de agravantes no art. 15, por exemplo, a reincidência em delitos ambientais e o cometimento da infração em domingos ou feriados.

O elenco específico de agravantes em leis especiais não afasta, por si só, a incidência dos arts. 61 e 62 do Código, salvo quando se notar entre as circunstâncias do Código Penal e da respectiva lei extravagante uma relação de gênero e espécie. Por esse motivo, a agravante genérica da reincidência (CP, art. 61, I) aplica-se aos delitos de trânsito, cujo rol específico nada diz a respeito da recidiva, mas não incide nos crimes ambientais, pois, quanto a estes, há regra própria, no sentido de exigir reincidência "nos crimes de natureza ambiental" (art. 15, I, da Lei n. 9.605/98).

4.3. Terceira fase – as causas de aumento e diminuição de pena

Após analisar as circunstâncias judiciais encontrando a pena-base e examinar a presença de agravantes e atenuantes, obtendo a pena provisória ou intermediária, deve **o juiz fazer incidir as causas de aumento e diminuição e, com isto, estabelecer a *pena definitiva*.**

AgInt no HC 509.333/SC, rel. Ministro Jorge Mussi, 5ª T., j. 5-3-2020, HC 540.732/PR, rel. Min. Leopoldo de Arruda Raposo (Desembargador Convocado do TJ/PE), 5ª T., j. 26-11-2019; STF, HC 105.543, rel. Min. Roberto Barroso, 1ª T., j. 29-4-2014, e RHC 135.819/DF, rel. Min. Marco Aurélio, 1ª T., j. 29-5-2018.

Somente **nessa fase a pena poderá ser fixada abaixo do mínimo ou acima do máximo** abstratamente cominado ao delito.

As causas de aumento (majorantes) ou diminuição (minorantes) da pena encontram-se tanto na Parte Geral (causas gerais) quanto na Parte Especial (causas especiais).

Há **três aspectos a serem observados** pelo magistrado:

1º) **quais circunstâncias são de incidência obrigatória;**

2º) **qual deve ser a primeira a incidir na dosagem da pena,** quando mais de uma se fizer aplicável (incidência plúrima);

3º) **como deve ser efetuado o cálculo da segunda causa, na hipótese plúrima** (se por meio da incidência simples ou cumulada).

Com respeito a saber quais são os fatores de incidência obrigatória, a resposta decorre do texto legal (CP, art. 68, parágrafo único). Assim, **todas as causas, sejam elas de aumento ou redução, que estiverem contidas na Parte Geral serão de incidência obrigatória.** Com relação às da **Parte Especial, serão obrigatórias quando houver só uma causa de aumento e/ou uma de redução. Existindo mais de uma causa da mesma natureza na Parte Especial, faculta-se ao magistrado aplicar todas ou somente uma delas, escolhendo sempre o maior aumento ou a maior redução.**

Destaca-se que, recentemente, o STJ autorizou o concurso ideal em caso de delitos fiscais, decidindo pela possibilidade de cumulação das causas de aumento de pena do concurso formal e da continuidade delitiva quando o sujeito ativo, com uma única ação ou omissão, pratica a sonegação de diversos tributos e reitera a conduta, concorrendo ainda para a prática do crime previsto no art. 337-A do CP[69].

No que toca a determinar qual deve ser a primeira a incidir, quando múltiplas as causas, **cremos que deve ser aplicada, em primeiro lugar, a circunstância prevista na Parte Especial (seja qual for) e, ao depois, aquela contida na Parte Geral.** Cuida-se de um **critério de especialidade:** primeiro aplica-se a circunstância específica, que diz respeito imediatamente com a tipificação do fato e, depois, a de cunho genérico.

---

[69] AgRg no REsp 2.018.231/MG, rel. Min. Joel Ilan Paciornik, 5ª T., j. 30-10-2023 (*Informativo STJ*, Edição Extraordinária n. 16, publicado em 30-1-2024). Destaca-se que esse posicionamento está em consonância com o parágrafo único do art. 68 do CP. Contudo, há precedentes do STJ em sentido contrário, entendendo que o juiz deveria optar por apenas um dos aumentos nos casos de incidência concorrente de concurso formal e continuidade delitiva. Nesse sentido, ver: HC 742.148/SP, rel. Min. Laurita Vaz, 6ª T., j. 2-8-2022.

Relativamente à maneira de se efetuar o cômputo de uma segunda (ou terceira) causa, deve-se adotar o *princípio da incidência cumulada*, em detrimento da incidência simples. Neste, o magistrado aplica ambas as causas diretamente sobre a pena provisória. Naquele, o juiz calcula a primeira causa à luz da pena provisória, encontra o resultado e, sobre este, faz incidir a próxima circunstância. Acompanhe a diferença, considerando um homicídio privilegiado tentado, com pena provisória de seis anos, em que o juiz decida aplicar os redutores máximos (um terço pelo privilégio e dois terços pela tentativa).

Cálculo pela incidência simples:

"Diante do exposto, a pena provisória corresponderá a 6 (seis) anos. Considerando os redutores decorrentes do privilégio, reconhecidos pelos jurados, e da tentativa, decorrente da votação dos quesitos, os quais serão aplicados no grau máximo, uma vez que..., reduzo a pena em dois anos pela incidência da primeira circunstância (1/3 de seis) e quatro anos pela segunda (2/3 de seis), resultando em...".

O leitor, a esta altura, já se apercebeu do absurdo, a pena do réu seria igual a zero! Imagine se houvesse outra causa de diminuição, a sanção seria negativa!

Cálculo pela incidência cumulada:

"Diante do exposto, a pena provisória corresponderá a 6 (seis) anos. Considerando o redutor decorrente do privilégio (reconhecido pelos jurados), o qual aplico em grau máximo, uma vez que..., reduzo a sanção para 4 (quatro) anos. Por fim, em face da tentativa, a qual também importa na diminuição da pena e será imposta no maior redutor admitido, já que..., diminuo a pena para 1 (um) ano e 4 (quatro) meses, tornando-a definitiva neste patamar...".

Nota-se, pelos exemplos, que somente o princípio da incidência cumulada evita o absurdo da pena igual a zero ou mesmo da sanção negativa e o mesmo critério válido para as causas de redução há de ser observado no tocante às de aumento[70].

4.3.1. O aumento de pena decorrente do art. 9º da Lei n. 8.072/90 em crimes graves

De acordo com a regra da Lei dos Crimes Hediondos, *a pena* dos crimes de roubo qualificado (CP, art. 157, § 3º), extorsão com resultado morte (CP, art. 158, § 2º), extorsão mediante sequestro (art. 159, *caput* e seus §§ 1º, 2º e 3º), estupro (CP, art. 213, *caput*, e sua combinação com o

---

[70] Nesse sentido: Guilherme de Souza Nucci, *Individualização da pena*, p. 268.

art. 223, *caput* e parágrafo único), atentado violento ao pudor (CP, art. 214 e sua combinação com o art. 223, *caput* e parágrafo único) *deveria ser aumentada de metade, respeitado o limite de trinta anos*, quando o juiz verificasse que a vítima não era maior de 14 anos, era alienada ou débil mental (e o agente conhecia tal circunstância) ou não possuía condições de oferecer resistência.

Se o aumento fosse aplicado sobre condenações relativas ao crime de latrocínio (CP, art. 157, § 3º, II) e à extorsão mediante sequestro com resultado morte (CP, art. 159, § 3º), os valores das penas mínima e máxima se tornariam idênticos, resultando, destarte, em pena fixa.

Note que a pena mínima do latrocínio é de vinte a trinta anos de reclusão e a da extorsão mediante sequestro com resultado morte, vinte e quatro a trinta anos de reclusão. Aplicado o aumento de metade, a sanção ficaria, no roubo qualificado, de trinta a quarenta e cinco anos e, na extorsão qualificada, trinta e seis a quarenta e cinco anos. Pois bem. Tendo em vista que art. 9º da Lei n. 8.072/90, ao estabelecer a exasperação, determinava que deveria ser respeitado o limite de trinta anos, o mínimo e máximo de tais infrações teria de ser reduzido a este patamar.

Ao aplicar mencionada regra, os delitos acima, nas condições do art. 9º da Lei dos Crimes Hediondos, sempre seriam apenados com trinta anos. Essa conclusão malferia o princípio constitucional da individualização da pena, retirando do magistrado qualquer possibilidade de se utilizar dos critérios mencionados nos arts. 59 a 98 do CP.

Sua inconstitucionalidade era evidente. Devia o magistrado, conforme recomendava Nucci, "simplesmente deixar de aplicar o disposto no art. 9º da Lei dos Crimes Hediondos, proclamando a sua inconstitucionalidade, para que possa *individualizar*, realmente, a pena dos acusados por latrocínio e extorsão mediante sequestro seguida de morte, quando cometidos contra as pessoas inseridas nas hipóteses do art. 224 do Código Penal"[71].

Deve-se alertar, contudo, que o art. 9º da Lei n. 8.072/90 encontra-se tacitamente revogado, pois condiciona a exasperante às situações descritas no art. 224 do CP, o qual foi expressamente revogado pela Lei n. 12.015/2009.

4.4. Regime penitenciário e benefícios legais

Uma vez estabelecido o montante da pena privativa de liberdade, deve-se estipular o regime inicial de cumprimento da sanção (matéria estudada anteriormente).

---

[71] *Individualização da pena*, p. 324.

A etapa subsequente consiste em verificar o cabimento de substituição de prisão por penas alternativas, nos termos do art. 44 do CP (*vide* Capítulo 3, item 2.1.4, *supra*) e, em último caso, se é viável a suspensão condicional da pena – o *sursis* – previsto nos arts. 77 e seguintes do CP (*vide* Capítulo 7, *infra*).

4.5. Pena de multa

Merece registro, por derradeiro, o fato de que, se a infração cominar multa juntamente com a pena privativa de liberdade, será necessário efetuar o respectivo cálculo, valendo-se dos critérios decorrentes dos arts. 49 e seguintes do Código (*vide* Capítulo 3, item 2.3.3, *supra*).

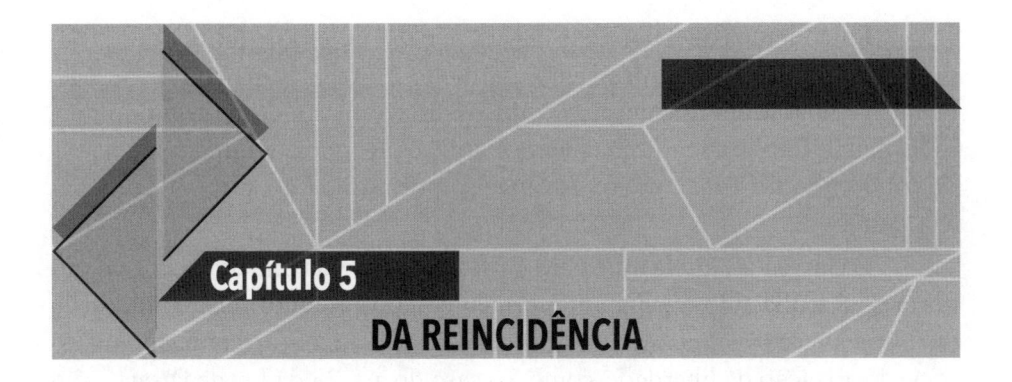

Capítulo 5

DA REINCIDÊNCIA

1. CONCEITO E NATUREZA JURÍDICA

Dá-se a reincidência **quando** o agente pratica **novo crime, depois de** ter sido condenado definitivamente por crime anterior, no Brasil ou no estrangeiro (CP, art. 63).

Para fins de caracterização da reincidência **deve-se observar o *momento da conduta* (CP, art. 4º), e não o da consumação do ilícito**. Assim, por exemplo, se um homicida efetua disparos visando à morte de seu desafeto em determinada data, quando ainda *não* possuía contra si condenação definitiva, será primário, mesmo que a vítima somente faleça dias depois, quando já transitada em julgado a condenação anterior.

Se a condenação, entretanto, sobrevier durante o momento consumativo de crime permanente (p. ex., tráfico ilícito de drogas, em que o agente guarda a substância em depósito por vários meses), configura-se a reincidência, pois, enquanto se prolonga a consumação, o agente reitera sua conduta.

A recidiva constitui, como se estudou no capítulo anterior, circunstância agravante genérica, de caráter preponderante (CP, arts. 61, I, e 67).

Interessante destacar que, como decorre da definição legal, **condenações proferidas no exterior também produzem reincidência**. Para tais efeitos, *não se exige seja a sentença estrangeira homologada*. A exigência de homologação de uma sentença penal estrangeira pelo Superior Tribunal de Justiça (CF, art. 105, I, *i*, com redação da EC n. 45, de 8-12-2004) para que, no Brasil, cumpram-se seus efeitos, somente se exige em matéria de efeitos civis ou cumprimento de medidas de segurança (CP, art. 9º). É necessário, contudo, que exista prova idônea da prolação do édito condenatório pelo outro país, cuja decisão há de ter transitado em julgado antes do fato sujeito à lei brasileira; por prova idônea, entende-se o documento oficial, expedido pela nação estrangeira, traduzido por tradutor juramentado.

Entendemos que, para tais fins, deve o documento indicar a descrição do fato, conforme a lei estrangeira, de modo a verificar se, conforme a lei brasileira, a conduta que gerou a condenação configura crime segundo nossa lei penal. Explica-se: o reincidente é aquele que comete um crime, depois de condenado no Brasil ou no estrangeiro por crime (nos termos da lei pátria) anterior.

Esclareça-se, ainda, que para a caracterização da reincidência, não importa qual tenha sido a pena anteriormente imposta; tanto uma condenação por pena alternativa quanto uma condenação que não acarreta nenhuma espécie de privação da liberdade, como é o caso do art. 28 da Lei de Drogas, têm o condão de gerar a reincidência, caso o sujeito cometa novo delito[1].

1.1. Constitucionalidade da reincidência

Há quem argumente que a figura da reincidência, seja enquanto agravante, seja por conta dos diversos efeitos gravosos que produz (como a imposição de regime de cumprimento de pena mais rigoroso e o impedimento – como regra – de determinados benefícios, como a pena alternativa ou o *sursis*), viola o princípio do *ne bis in idem*, pois implicaria gerar novo gravame por fato anterior e, nessa medida, representaria dupla punição pelo mesmo fato. Afirma-se, ainda, que o instituto colidiria com o princípio

---

[1] O STF, no RE 430.105/RJ, decidiu que a posse de drogas para consumo pessoal mantém sua natureza criminosa, diferenciando-se apenas quanto à consequência. Por essa razão, possui o condão de incidir a reincidência. Embora o STJ já tenha decidido de igual modo (HC 354.997/SP, rel. Ministro Joel Ilan Paciornik, 5ª T., j. 28-3-2017), houve uma alteração no entendimento, de modo que a Terceira Seção do Tribunal passou a se posicionar no sentido de que, se as contravenções penais, punidas com prisão simples, não geram reincidência, seria desproporcional que a posse de drogas para consumo pessoal o fizesse, uma vez que sequer é punida com pena privativa de liberdade (cf., entre outros, AgRg no REsp 2.101.730/MG, rel. Min. Rogerio Schietti Cruz, 6ª T., j. 29-4-2024; REsp 1.795.962/SP, rel. Min. Ribeiro Dantas, 5ª T., j. 10-3-2020; e AgRg no HC 520.646/SP, rel. Min. Laurita Vaz, 6ª T., j. 8-10-2019). Importante relembrar, por fim, que, após longo período de tramitação, o STF julgou o RE 635.659 – com repercussão geral reconhecida, no qual se discutia a inconstitucionalidade do art. 28 da Lei de Drogas –, decidindo, por maioria, conferir interpretação conforme à Constituição ao art. 28 da Lei n. 11.343/2006, para excluir a incidência do tipo penal à conduta de portar "maconha" para uso pessoal, estabelecendo que será presumido usuário aquele que adquirir, guardar, tiver em depósito, transportar ou trazer consigo até 40 gramas de "maconha" ou 6 plantas fêmeas, além dos critérios legais estabelecidos no art. 28, § 2º, da Lei n. 11.343/2006, até que o Congresso Nacional determine critérios legais, para o que não foi fixado prazo (ver nota de rodapé 11 do Capítulo 4). Para maiores considerações sobre a questão, ver *Boletim Especial – Direito Penal*, do STF em Foco, publicado em 26-6-2024.

constitucional da individualização da pena, além de provocar indevida estigmatização do réu.

Semelhante ponto de vista, segundo entendemos, não pode prosperar.

A elevação do patamar punitivo por conta da recidiva não importa em dupla apenação pelo mesmo fato – não há falar em *bis in idem*. Em primeiro lugar, o fato de ser reincidente não determinará a segunda condenação; vale dizer, esta se deu por conta de um fato autônomo e independente do anterior. Além disso, o réu reincidente possui grau de culpabilidade mais acentuado, o que o torna merecedor de uma reprimenda mais severa. No dizer de Guilherme Nucci, "o autor de crime que já passou por um processo de reeducação (ou, pelo menos, já foi condenado pelo Estado) e, ainda assim, despreza os valores sociais que lhe foram transmitidos – no mínimo, mesmo que se diga que a pena não foi cumprida do modo ideal, pela reprovação que a punição certamente lhe foi capaz de demonstrar – merece maior censura do que outro, delinquente iniciante"[2].

Essa tese foi examinada pelo STF no julgamento do Recurso Extraordinário n. 453.000, rel. Min. Marco Aurélio, j. 4-4-2013.

A **Suprema Corte**, no julgamento citado, afastou os argumentos expostos e **reconheceu, por unanimidade, a constitucionalidade da reincidência**. De acordo com o Ministro Marco Aurélio: **"o instituto constitucional da individualização da pena respalda a consideração da reincidência, evitando a colocação de situações desiguais na mesma vala"**. Para o STF, ainda, trata-se de razoável medida de política criminal, encontrando-se em harmonia com o princípio da isonomia, conforme destacou no julgamento a Ministra Cármen Lúcia. O ex-Ministro Joaquim Barbosa acrescentou, por fim, que o instituto se alinha com as finalidades ressocializadora e preventiva da pena, pois o condenado que voltou a delinquir demonstrou não ter aderido a quaisquer destes propósitos e, por tal razão, se torna merecedor de sanção mais rigorosa.

2. CONDENAÇÕES IRRECORRÍVEIS QUE NÃO PRODUZEM REINCIDÊNCIA

Há determinadas **sentenças condenatórias transitadas em julgado incapazes de tornar reincidente** o agente que cometa outro crime. São elas: a) **condenação cuja pena já foi cumprida ou extinta há mais de cinco anos; b) condenação relativa a crime propriamente militar; c) condenação referente a crime político; d) condenação anterior por contravenção penal** (sucedida da prática de um delito).

---

[2] *Individualização da pena*, p. 217.

2.1. Condenação cuja pena já foi extinta ou cumprida há mais de cinco anos (período depurador)

Nossa lei adotou o **princípio da temporariedade em matéria de reincidência**. Significa que uma condenação criminal irrecorrível não produzirá, *ad aeternum*, a recidiva em função de novas infrações penais cometidas. É o que decorre do art. 64, I, do CP.

Decorridos cinco anos do cumprimento ou da extinção da pena (qualquer que seja o motivo), novos fatos não serão mais alcançados pela agravante em análise.

Esse prazo é denominado *período depurador* (ou **quinquênio depurador**).

É relevante sublinhar que o **termo inicial** para sua contagem é o **efetivo cumprimento ou a definitiva extinção da sanção imposta** (p. ex., por força da prescrição da pretensão executória). A lei determina que, **no prazo de cinco anos, deva ser computado o período de prova do *sursis* ou do livramento condicional, se não houve revogação de tais benefícios.**

Assim, por exemplo, se o réu foi condenado a dois anos de reclusão em regime aberto (em 2018), mas o juiz suspendeu a execução da pena pelo mesmo prazo (*sursis*), sem que tenha havido revogação do período de prova, a pena será declarada extinta quando do término dos dois anos (2020); estes serão computados no quinquênio depurador, de modo que a condenação deixará de gerar reincidência passados mais três anos (2023).

A regra que permite o cômputo do período de prova do *sursis* ou do livramento condicional pode, ainda, fazer com que uma pessoa, imediatamente após o cumprimento da pena, deixe de ser reincidente. Acompanhe este exemplo: se uma pessoa for condenada a 12 anos de prisão, após cumprir um terço da pena (4 anos), poderá receber o livramento condicional (CP, art. 83), cujo período de prova corresponderá ao restante da sanção (ou seja, 8 anos). Decorrido tal período, se não houver revogação, a pessoa terá cumprido integralmente a pena de 12 anos e, no dia seguinte ao cumprimento de reprimenda, caso pratique outro delito e seja por ele condenada, não será reincidente. Em outras palavras: um dia após o cumprimento de sua pena, o agente passaria a ser, no exemplo proposto, primário (embora de maus antecedentes).

É importante ressaltar que o quinquênio depurador afasta a reincidência, mas não impede que a condenação anterior, transitada em julgado, seja valorada como maus antecedentes. Essa questão foi pacificada no âmbito do STF, em 17-8-2020, quando o Tribunal fixou a seguinte tese de repercussão geral: "Não se aplica para o reconhecimento dos maus antecedentes o prazo quinquenal de prescrição da reincidência, previsto no art. 64, I, do Código Penal" (RE 593.818).

2.2. Condenação anterior por crime propriamente militar

Os crimes militares encontram-se definidos na Parte Especial do Código Penal Militar (Decreto-Lei n. 1.001/69). O critério utilizado pelo legislador foi puramente *ratione legis*, ou seja, será "crime militar o que a lei define como tal"[3].

A doutrina classifica os crimes militares em[4]: *próprios* – são aqueles previstos exclusivamente no Código Penal Militar, sem similar na legislação penal comum (p. ex.: motim – art. 149, conspiração – art. 152, dormir em serviço – art. 203); *impróprios* – são os tipificados no Código Penal Militar, mas com tipos similares na legislação penal comum (p. ex.: estupro – art. 232, furto – art. 240); *por extensão* – definição que abarca os delitos previstos na legislação penal comum, cometidos por militares em situação de serviço ou nas demais hipóteses mencionadas no art. 9º, inc. II, do CPM (ex.: abuso de autoridade – Lei 13.869/19).

Registre-se que o procedimento de adequação típica nos crimes militares próprios faz-se por subordinação direta ou imediata, ou seja, é suficiente para o enquadramento que o fato se amolde às elementares previstas no tipo penal que define o crime militar próprio. Já nos crimes militares impróprios, o processo de adequação típica se dá por subordinação indireta ou mediata, vale dizer, é preciso, além da subsunção entre o fato e o tipo penal, que se faça presente uma das hipóteses previstas no art. 9º, II, do CPM. Exemplo: para que o estupro seja considerado crime militar, além da prática das elementares previstas no art. 232 do CPM, exige-se que o fato seja, por exemplo, praticado em serviço (situação que, de acordo com o inciso II do art. 9º do CPM, torna o estupro crime militar).

Pois bem. **Se a condenação anterior versar sobre delito propriamente militar, não será capaz de gerar reincidência (CP, art. 64, II).** Em se tratando de infração penal militar imprópria, o agente será reincidente caso venha a cometer nova infração penal depois de definitivamente julgado.

2.3. Condenação anterior por crime político

Entende-se por **crime político**, segundo o Supremo Tribunal Federal, é aquele dirigido "subjetiva e objetivamente, de modo imediato, contra o Estado como unidade orgânica das instituições políticas e sociais"[5], como,

---

[3] Jorge Alberto Romeiro, *Curso de direito penal militar*: parte geral. p. 66, apud Antônio Scarance Fernandes, *Processo penal constitucional*, p. 135.

[4] Essa classificação tem importantes reflexos. Cf., por exemplo, CF, art. 5º, LXI, e CP, art. 64, II.

[5] STF, Reclamação n. 1.473, 1ª Turma, Rel. Min. Fux, j. 14-11-2017.

por exemplo, aqueles definidos no Título XII da Parte Especial do Código, como espionagem (art. 359-K) ou golpe de Estado (art. 359-M).

Uma condenação criminal com semelhante teor **não gerará reincidência**.

2.4. Condenação anterior por contravenção penal

A Lei das Contravenções Penais também trata da questão da reincidência, no art. 7º, dispondo: "Verifica-se a reincidência quando o agente pratica uma contravenção depois de passar em julgado a sentença que o tenha condenado, no Brasil ou no estrangeiro, por qualquer crime, ou, no Brasil, por motivo de contravenção". Combinando esse dispositivo com o art. 63 do CP, conclui-se que a reincidência se verifica nas seguintes situações, conforme quadro abaixo:

CONDENAÇÃO ANTERIOR TRANSITADA EM JULGADO	NATUREZA DA INFRAÇÃO PENAL POSTERIOR	REINCIDÊNCIA
CRIME (no Brasil ou estrangeiro)	CRIME	SIM
CRIME (no Brasil ou estrangeiro)	CONTRAVENÇÃO	SIM
CONTRAVENÇÃO (no Brasil)	CRIME	NÃO
CONTRAVENÇÃO (no Brasil)	CONTRAVENÇÃO	SIM

Na combinação dos arts. 63 do CP e 7º da LCP nota-se uma lacuna, ressaltada no quadro: não é reincidente o autor de um crime praticado após ter ele sido irremediavelmente condenado por uma contravenção penal. Em suma, se o agente for condenado em definitivo por uma contravenção penal e, após, cometer outra contravenção, será reincidente, mas se praticar um crime, não o será (embora seja primário de maus antecedentes).

2.5. A dicotomia: primariedade *x* reincidência

Nosso Código Penal não conceitua a primariedade; seu alcance, todavia, afere-se *a contrario sensu*. Vale dizer, o legislador define a reincidência, nos termos acima estudados, e, por exclusão, revela quais são os réus primários. Estes podem ter bons ou maus antecedentes. Diz-se que o agente, que possui condenação anterior incapaz de gerar reincidência, torna-se "tecnicamente primário". Muito embora a expressão possa ter valor didático, é de todo inadequada. Só existem duas possibilidades à luz de nosso Código: primariedade ou reincidência. Se alguém ostentar condenação incapaz de produzir reincidência, será primário, porém terá maus antecedentes. Por óbvio, na hipótese de uma condenação criminal, esse acusado não receberá o mesmo tratamento de alguém que seja primário e de bons antecedentes.

3. REINCIDÊNCIA E MAUS ANTECEDENTES

O agente não pode ter, por força de uma única condenação anterior com trânsito em julgado, reconhecida em seu desfavor a agravante da reincidência e os maus antecedentes (na condição de circunstância judicial desfavorável), sob pena de se realizar um inaceitável *bis in idem*. Nesse sentido a **Súmula 241 do STJ: "A reincidência penal não pode ser considerada como circunstância agravante e, simultaneamente, como circunstância judicial"**. Tal fenômeno, isto é, o reconhecimento da reincidência e dos maus antecedentes em desfavor do mesmo réu, requer a existência no processo de uma certidão criminal demonstrando condenação anterior definitiva por outro crime e de *outras* certidões anotando antecedentes criminais.

4. EFEITOS DA REINCIDÊNCIA

A reincidência, além de constituir circunstância agravante genérica, também produz uma série de efeitos gravosos:

1) o reincidente inicia sua pena em **regime penitenciário mais rigoroso**, nos termos do art. 33 do CP (se o crime for punido com reclusão, o regime inicial será o fechado ou semiaberto; se apenado com detenção, será obrigatoriamente o semiaberto);

2) se o réu for reincidente **em crime doloso, fica proibida, como regra, a substituição da pena de prisão por pena alternativa** (CP, art. 44, § 3º);

3) sendo o réu reincidente **em crime doloso, é vedada a concessão do** *sursis*, salvo se a primeira condenação for a pena de multa (CP, art. 77, § 1º);

4) o sentenciado **reincidente em crime cometido *sem* violência à pessoa ou grave ameaça somente poderá obter progressão de regime depois de cumprir vinte por cento da pena** (LEP, art. 112, II);

5) o sentenciado **reincidente em crime cometido *com* violência à pessoa ou grave ameaça somente poderá obter progressão de regime depois de cumprir trinta por cento da pena** (LEP, art. 112, IV);

6) o sentenciado **reincidente em crime hediondo ou equiparado somente poderá obter progressão de regime depois de cumprir sessenta por cento da pena** (LEP, art. 112, VII);

7) o sentenciado **reincidente em crime hediondo ou equiparado *com* *resultado morte* somente poderá obter progressão de regime depois de cumprir setenta por cento da pena** (LEP, art. 112, VIII);

8) se o **sentenciado for reincidente em crime doloso, deverá cumprir metade da pena para pleitear livramento condicional** (CP, art. 83, II), mas, se a reincidência for em crime hediondo ou assemelhado, não poderá obter o livramento (CP, art. 83, V);

9) a reincidência reconhecida na sentença condenatória **aumenta em um terço o prazo da prescrição da pretensão executória da pena privativa de liberdade e, além disso, quando surge após a condenação, interrompe esse prazo** (Súmula 220 do STJ e CP, arts. 110, *caput*, e 117, VI);

10) **gera a revogação da reabilitação criminal,** salvo se a pena aplicada na sentença que reconheceu a reincidência for de multa (CP, art. 95);

11) **em alguns crimes, como furto e estelionato, impede o** reconhecimento do **privilégio** (CP, arts. 155, § 2º, e 170).

5. REINCIDÊNCIA ESPECÍFICA

A Reforma da Parte Geral de 1984 abandonou o antigo conceito de reincidência específica, prevista no Código Penal. O revogado art. 46 descrevia a reincidência genérica como sendo a decorrente de crimes de natureza diversa e a específica, referindo-se a delitos da mesma natureza, entendidos como tais os previstos no mesmo tipo penal ou, ainda que definidos em dispositivos diversos, apresentassem elementos comuns. Na hipótese de verificada a reincidência específica, a pena privativa de liberdade era aplicada "acima da metade da soma do mínimo com o máximo" e, quando a lei estipulasse duas penas alternativamente cominadas, dever-se-ia optar pela mais severa (art. 47).

É de ver, contudo, que com o passar dos anos, por força de alterações pontuais sofridas na Parte Geral, reintroduziu-se, ainda que sem a expressa denominação e com consequências diversas, o conceito de reincidência específica.

a) Livramento condicional

O art. 83, V, do CP, acrescentado pela Lei n. 8.072/90 (Lei dos Crimes Hediondos), determina que o livramento condicional não poderá ser concedido ao condenado por crime hediondo, tráfico ilícito de drogas, terrorismo ou tortura, se reincidente em crime dessa natureza. Isto é, se o agente possuir condenação anterior transitada em julgado, relativa a delito previsto na mencionada lei e, ao depois, cometer novo crime também previsto no rol (ainda que sejam tipos penais diferentes), não poderá obter livramento condicional quando do cumprimento da pena pela segunda condenação.

Em 2016, o art. 83, V, do CP foi alterado, de maneira a incluir nesse critério (2/3) o condenado pelo crime de tráfico de pessoas (CP, art. 149-A), que não tem caráter hediondo.

b) Substituição de pena privativa de liberdade por pena restritiva de direitos

A Parte Geral do Código Penal também dispõe, no § 3º do art. 44, que será vedada a substituição da pena privativa de liberdade por restritiva de direitos ao reincidente específico.

A jurisprudência, contudo, ainda não uniformizou o entendimento acerca da configuração da reincidência específica para essa finalidade. Para uma primeira corrente, compreende-se como reincidente específico aquele condenado por crime de mesma espécie. A segunda corrente, por outro lado, recentemente adotada pela 3ª Seção do STJ[6], interpreta a redação do dispositivo de forma mais restritiva para aplicar a reincidência específica apenas aos crimes idênticos. Conforme esse último entendimento, a Corte cidadã entende que se o condenado tiver praticado um novo crime doloso idêntico, ele não terá direito à substituição. Assim, por exemplo, se o sujeito é condenado por furto simples e em seguida é condenado novamente por furto simples, não terá direito ao benefício. Por outro lado, se o condenado tiver praticado um novo crime doloso da mesma espécie, mas que não seja idêntico, poderá ser agraciado com a substituição. Logo, se o agente for condenado por furto simples e depois condenado por furto qualificado, sua pena poderá ser substituída pela restritiva de direito, se o juiz entender recomendável.

c) Progressão de regimes

A Lei Anticrime (Lei n. 13.964/2019) modificou o art. 112 da LEP, que trata da progressão de regimes. Alguns incisos do dispositivo citado dão margem a interpretação duvidosa, no sentido de terem estabelecido critérios para reincidentes específicos.

É o caso dos incisos II, IV, VII e VIII, que cuidam, respectivamente, do "reincidente em crime cometido sem violência à pessoa ou grave ameaça", "reincidente em crime cometido com violência à pessoa ou grave ameaça", "reincidente na prática de crime hediondo ou equiparado" e "reincidente em crime hediondo ou equiparado com resultado morte" (essa questão foi analisada no item 4.2 do Capítulo relativo ao estudo da "Pena Privativa de Liberdade", *supra*).

d) Causa de aumento de pena no Estatuto do Desarmamento

O Estatuto do Desarmamento determina, em seu art. 20, que a pena dos crimes definidos nos arts. 14 (porte ilegal de arma de fogo de uso permitido), 15 (disparo de arma de fogo), 16 (porte ilegal de arma de fogo de uso proibido ou restrito), 17 (comércio ilegal de arma de fogo) e 18 (tráfico de arma de fogo) será aumentada de metade se o agente foi "reincidente específico em crimes dessa natureza" (inc. II).

Nesse caso, não é preciso que o agente tenha reiterado na prática do mesmo tipo penal, sendo suficiente que a condenação anterior transitada em

---

6 AgRg no AREsp 1.716.664-SP, rel. Min. Ribeiro Dantas, 3ª S., j. 25-8-2021; AgRg no AREsp 2.150.896/SC, rel. Min. Reynaldo Soares da Fonseca, 5ª T., j. 13-9-2022; e AgRg no HC 816.242/SP, rel. Min. Laurita Vaz, 6ª T., j. 29-5-2023

julgado tenha por objeto algum desses delitos e, posteriormente, o sujeito cometa outro.

6. OBSERVAÇÕES FINAIS

A **reincidência constitui circunstância incomunicável no concurso de agentes,** em função de seu caráter pessoal (CP, art. 30). Significa que, condenados dois réus, a agravante aumenta a pena do reincidente e não interfere na sanção do primário.

A reincidência somente pode ser comprovada documentalmente. Se um réu admite em juízo já ter cumprido pena anteriormente, tal declaração não é suficiente para que, na sentença, possa o juiz considerá-lo reincidente. É necessário que a agravante venha demonstrada por documento idôneo. Discute-se, porém, qual seria o documento apto a comprová-la nos autos do processo. O STJ pacificou o entendimento de que basta a folha de antecedentes, com as informações necessárias (como a data do trânsito em julgado da condenação anterior) para que seja possível ao juiz aplicar a agravante da reincidência, bem como todos os efeitos que lhe são inerentes (**Súmula 636 do STJ: "A folha de antecedentes criminais é documento suficiente a comprovar os maus antecedentes e a reincidência"**). O mesmo raciocínio se aplica à certidão emitida pelo Instituto Nacional de Identificação (INI), órgão da Polícia Federal, por considerá-la completa e fidedigna[7].

Fixou-se a tese jurídica de que: "A reincidência específica como único fundamento só justifica o agravamento da pena em fração mais gravosa que 1/6 em casos excepcionais e mediante detalhada fundamentação baseada em dados concretos do caso" (Tema Repetitivo 1.172 – STJ, REsp 2.003.716/RS, rel. Min. Joel Ilan Paciornik, 3ª S., j. 25-10-2023).

Acrescente-se, por fim, que a **sentença que concede o perdão judicial, por expressa disposição legal (CP, art. 107, IX), não produz reincidência (CP, art. 120)**. Esse dispositivo, a rigor, se revela desnecessário, uma vez que o perdão judicial é uma causa extintiva da punibilidade e a decisão que o concede não tem, sequer, natureza condenatória, mas meramente declaratória.

---

[7] "O entendimento desta Corte Superior é no sentido de que a folha de antecedentes criminais ou certidão do Instituto Nacional de Identificação, por serem revestidos de fé pública, mostram-se suficientes para o reconhecimento de reincidência ou da presença de maus antecedentes" (STJ, HC 376.384/SP, rel. Min. Reynaldo Soares da Fonseca, 5ª T., j. 9-3-2017). No mesmo sentido, STJ, AgInt no AREsp 1.478.370/SP, rel. Min. Joel Ilan Paciornik, 5ª T., j. 6-6-2019.

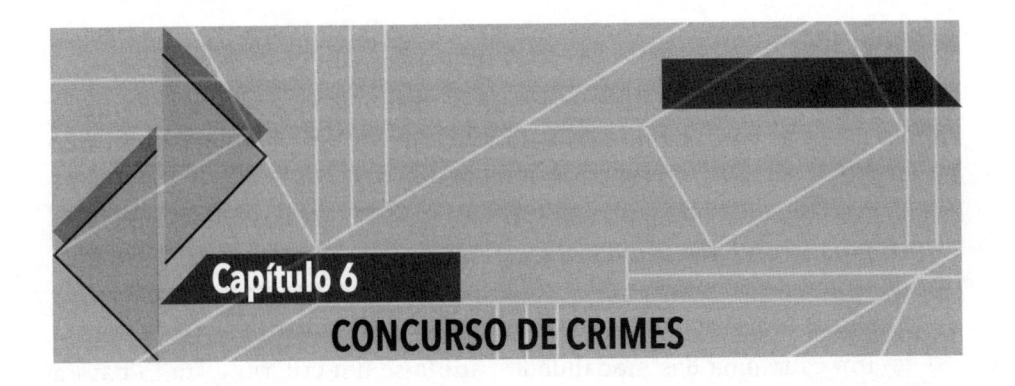

Capítulo 6

CONCURSO DE CRIMES

1. CONCEITO

Dá-se quando, **mediante uma ou mais condutas (ações ou omissões), são praticados dois ou mais delitos.**

É preciso delimitar claramente as hipóteses que caracterizam o concurso de delitos, a fim de não confundi-las com os casos em que ocorre o conflito aparente de normas. Se uma pessoa saca uma arma de fogo e, apontando-a para um casal, toma da mulher a bolsa e do homem o relógio, há *dois crimes* (em concurso formal – *vide* item 2.2, *infra*). Se alguém, por outro lado, invade uma residência e, no interior do imóvel, apodera-se de algum objeto de valor, subtraindo-o, há somente *um crime*, pois o furto (CP, art. 155) absorve a violação de domicílio (CP, art. 150).

Haverá conflito aparente de normas se houver *um só fato ou uma só conduta,* aos quais aparentemente se apliquem várias normas penais incriminadoras (todas vigentes). Na hipótese de serem vários os fatos, ter-se-á concurso de crimes, salvo nas situações de antefato e pós-fato impuníveis (Título I, Capítulo 9, item 4, *supra*).

Importante, ainda, ter em mente a distinção entre conduta e ato. A conduta corresponde ao comportamento baseado no verbo núcleo do tipo penal, por exemplo, subtrair, constranger, apropriar-se etc. O ato, por sua vez, compreende uma fração ou uma etapa da conduta. Se a conduta fosse o "filme", o ato seria a "cena". A razão de se enfatizar essa diferenciação dá-se porque existem infrações penais cuja conduta pode ser cindida em diversos atos. Neste caso, a unidade de ação ou omissão (ainda que decorrente de vários atos) determinará a existência de delito único. No homicídio, por exemplo, a conduta punível é "matar", a qual pode ser exercida por intermédio de apenas um ato (um disparo de arma de fogo) ou de vários (inúmeros golpes com instrumento contundente contra a cabeça da vítima, até que lhe produza traumatismo cranioencefálico); neste exemplo, houve crime único.

2. ESPÉCIES

Nosso Código conhece **três formas distintas** de *concursum delictorum*, a saber: a) **concurso material ou real** (CP, art. 69); b) **concurso formal ou ideal** (CP, art. 70); c) **crime continuado** (CP, art. 71).

No concurso material, o agente realiza dois ou mais crimes mediante duas ou mais condutas. No concurso formal, uma só ação ou omissão produz dois ou mais resultados. No crime continuado, os delitos são cometidos de modo que um se entenda como continuação do outro.

Em cada uma das modalidades, adota-se um critério distinto para a imposição da pena. Assim, enquanto no concurso material as penas impostas são somadas (cúmulo material), no concurso formal e no crime continuado impõe-se, como regra, somente uma pena, aumentada dentro de parâmetros previamente definidos pelo legislador (cúmulo jurídico ou exasperação).

2.1. Concurso material ou real (CP, art. 69)[1]

Dá-se quando **o agente, mediante** *duas ou mais condutas*, **dolosas ou culposas, pratica** *dois ou mais crimes*, **idênticos** (*concurso material homogêneo*) **ou não** (*concurso material heterogêneo*).

Entendem-se **idênticos os crimes previstos no mesmo tipo penal.** O furto simples (CP, art. 155, *caput*) é, portanto, idêntico ao qualificado (CP, art. 155, § 4º), mas difere do furto de coisa comum (CP, art. 156) ou da apropriação indébita (CP, art. 168).

---

[1] O Código Criminal de 1830 cuidava do tema nos arts. 61 e 62. Dizia o texto: "Quando o réu for convencido de mais de um delito, impor-se-lhe-ão as penas estabelecidas nas leis para cada um deles, e sofrerá as corporais uma depois das outras, principiando e seguindo da maior para a menor, com atenção ao grau de intensidade, e não ao tempo de duração; excetua-se o caso de ter incorrido na pena de morte no qual nenhuma outra pena corporal se lhe imporá, podendo somente anexar-se àquele a pena de multa" (art. 61). "Se os delinquentes tiverem incorrido em duas ou mais penas que lhes não possam impor uma depois da outra, se lhes imporá, no grau máximo, a pena do crime maior que tiverem cometido, não sendo a de morte, em cujo caso se lhes imporá a de galés perpétuas" (art. 62). O Código Penal de 1890 regulava expressamente as figuras do concurso material, formal e da continuidade delitiva. O art. 66, § 1º, dispunha: "Quando o criminoso for convencido de mais de um crime, impor-se-lhe-ão as penas estabelecidas para cada um deles" (concurso material). O § 2º regulava o delito continuado: "Quando o criminoso tiver de ser punido por mais de um crime da mesma natureza, cometidos em tempo e lugar diferentes, contra a mesma pessoa ou diversa pessoa, impor-se-lhe-á no grau máximo a pena de um só dos crimes, com aumento da sexta parte". O § 3º, por sua vez, determinava: "Quando o criminoso, pelo mesmo fato e com uma só intenção, tiver cometido mais de um crime, impor-se-lhe-á no grau máximo a pena mais grave em que houver incorrido" (concurso formal).

A distinção entre *concurso material homogêneo e heterogêneo*, todavia, não apresenta qualquer relevância prática, pois, seja qual for o caso, adotar-se-á sempre o sistema do cúmulo material, isto é, *as penas serão sempre somadas*[2]. Deve-se ter em mente, todavia, que o concurso material homogêneo, quando os crimes são cometidos contra a mesma vítima, é figura rara de ocorrer, porque, nestes casos, costuma-se aplicar o art. 71 do CP (crime continuado, que será estudado abaixo).

É de ver que, para falar em crimes cometidos em **concurso material**, é fundamental que exista entre os fatos algum vínculo[3]. Em outras palavras, deve haver **conexão** (CPP, art. 76) entre os crimes cometidos. Aliás, sem o liame da conexão, os delitos seriam objeto de processos distintos, operando-se eventual soma das penas somente na fase de execução.

Imagine, então, o seguinte exemplo: o sujeito, no mesmo contexto fático, comete crime de homicídio e, para garantir sua impunidade, oculta o cadáver. Dá-se o concurso material entre o homicídio (CP, art. 121) e a ocultação de cadáver (CP, art. 211).

O sistema de imposição da pena decorrente do concurso material envolve, de regra, simples cálculo aritmético. Se o réu cometeu, por exemplo, dois crimes apenados com detenção, o juiz fará a dosimetria de cada um deles e, ao final, as somará, fixando em definitivo a sanção imposta.

É de ver, contudo, que não podem ser somadas na sentença penas privativas de liberdade de diferentes espécies. Assim, se o agente cometeu dois crimes em concurso real, sendo um deles punido com reclusão e o outro, com detenção, o juiz deve impor as duas penas conforme o preceito secundário de cada dispositivo penal, por exemplo, dez anos de reclusão e um ano de detenção. Na fase de execução, o agente cumprirá primeiro a pena mais grave, ou seja, a reclusão e, em seguida, a de detenção, conforme determina o art. 76 do CP ("No concurso de infrações, executar-se-á primeiramente a pena mais grave"). Para efeito de serem calculados eventuais benefícios, como a progressão de regimes, deverá o juízo das execuções somar todas as penas aplicadas (ainda que decorrentes de processos diversos), conforme preceitua o art. 111 da LEP ("Quando houver condenação por mais

---

[2] *Quot delicta tot poenae* – para cada delito uma pena.

[3] Destaque-se, aqui, o julgamento do Tema Repetitivo 1.168, fixando a tese jurídica: "Os tipos penais trazidos nos arts. 241-A e 241-B do Estatuto da Criança e do Adolescente são autônomos, com verbos e condutas distintas, sendo que o crime do art. 241-B não configura fase normal, tampouco meio de execução para o crime do art. 241-A, o que possibilita o reconhecimento de concurso material de crimes" (STJ, REsp n. 1.970.216/SP, REsp n. 1.971.049/SP e REsp n. 1.976.855/MS, rel. Min. Reynaldo Soares da Fonseca, 3ª S., j. 3-8-2023).

de um crime, no mesmo processo ou em processos distintos, a determinação do regime de cumprimento será feita pelo resultado da soma ou unificação das penas, observada, quando for o caso, a detração ou remição" – *caput*. "Sobrevindo condenação no curso da execução, somar-se-á a pena ao restante da que está sendo cumprida, para determinação do regime" – parágrafo único).

É interessante lembrar que, para efeito de substituição de prisão por penas alternativas (CP, art. 44), deve-se adotar como parâmetro o total das penas impostas, encontrando-se tacitamente revogado o critério do § 1º do art. 69 do CP.

Se houver a cumulação de penas restritivas de direitos, cumprem-se simultaneamente as que forem compatíveis entre si (p. ex., prestação pecuniária e perda de bens e valores) e sucessivamente as demais.

2.2. Concurso formal ou ideal (CP, art. 70)

Dá-se quando o **agente, mediante uma só conduta, pratica dois ou mais crimes, idênticos** (*concurso formal homogêneo*) ou não (*concurso formal heterogêneo*).

A identidade de infrações baseia-se, nos mesmos moldes do concurso material, na coincidência de tipos penais violados.

Seu pressuposto fundamental é a unicidade de ação ou de omissão. Imagine, por exemplo, que um motorista de ônibus, conduzindo-o imprudentemente, perca o controle do coletivo e colida contra outro automóvel, provocando a morte de dez pessoas. O agente, mediante uma só ação (a condução imprudente do veículo), cometeu dez crimes idênticos (homicídios culposos na direção de veículo automotor, qualificados pelo transporte de veículos de passageiros – art. 302, parágrafo único, IV, da Lei n. 9.503/97 – Código de Trânsito Brasileiro)[4].

O concurso formal ou ideal **classifica-se, ainda,** em *próprio ou perfeito*, quando os crimes forem resultantes de um único desígnio e *impróprio ou imperfeito,* se forem *crimes dolosos*, **provenientes de** *desígnios autônomos* (isto é, de uma "vontade conscientemente orientada a fins diversos", nos dizeres de Luiz Régis Prado[5].

---

[4] Anote-se decisão de afetação do Tema Repetitivo 1.192, delimitando-se a controvérsia: "A prática do crime de roubo mediante uma só ação, mas contra vítimas distintas da mesma família, enseja o reconhecimento do concurso formal e não de crime único" (STJ, ProAfR no REsp 1.960.300/GO, rel. Min. Jesuíno Rissato (Desembargador Convocado do TJDFT), 3ª S., j. 28-2-2023).

[5] *Curso de direito penal brasileiro*: parte geral, p. 331. Roberto Lyra definia a unidade

A distinção é fundamental, uma vez que, *no concurso formal próprio, o juiz deve aplicar a pena de um só crime* (se diversas, a maior delas), *aumentada de um sexto até a metade*, ao passo que, *no concurso formal imperfeito, as penas serão somadas.*

Discute-se se é possível o concurso formal impróprio quando o agente pratica os diversos delitos com dolo eventual. Parece-nos que não se deve admitir semelhante possibilidade, uma vez que o Código exige, como se viu acima, que os fatos sejam decorrentes de *desígnios autônomos*. Significa que, se o agente praticou dois delitos, em concurso formal, agindo com dolo eventual com relação a ambos os resultados produzidos, dá-se o concurso formal próprio, respondendo o agente por somente uma das penas, aumentada de um sexto à metade.

O fator determinante para a exasperação decorrente do concurso formal próprio deve ser o número de crimes praticados (quanto maior o número de crimes, maior o aumento, respeitado o limite máximo).

O sistema da exasperação (ou do cúmulo jurídico) mostra-se evidentemente mais benéfico ao agente do que o do cúmulo material. Caso, entretanto, o magistrado verificar que a pena decorrente da exasperação pelo concurso formal seria maior do que a resultante da simples soma das sanções, deverá optar por esse caminho, em vez de aumentar a maior das penas. Essa regra, constante do art. 70, parágrafo único, do CP, denomina-se *concurso material benéfico* (ou cúmulo material benéfico). Exemplo: se o agente comete em concurso formal próprio um homicídio qualificado (CP, art. 121, § 2º) e uma lesão corporal culposa (CP, art. 129, § 6º), as penas deverão ser somadas. Caso se procedesse ao aumento, nos termos do art. 70 do CP, tomando como base a pena mínima, o réu seria condenado a catorze anos (12 anos, aumentados de um sexto); somando-se as sanções, conforme determina o art. 70, parágrafo único, o agente receberá doze anos (de reclusão) e dois meses (de detenção).

2.3. Crime continuado (CP, art. 71)[6]

O crime continuado, ou *delictum continuatum*, **dá-se quando o agente pratica dois ou mais crimes da mesma espécie, mediante duas ou mais**

---

de desígnios como sendo a "múltipla ideação e determinação da vontade, com diversas individualizações" (*Comentários ao Código Penal*, p. 417).

[6] Nosso primeiro Código (1830) não cuidou da figura do crime continuado. Esta somente foi introduzida em nossa legislação no Código Penal de 1890 (art. 66, § 2º) e, posteriormente, no Decreto n. 4.780, de 27-12-1923, o qual determinava que "quando o criminoso tiver de ser punido por dois ou mais crimes da mesma natureza, resultantes de uma só resolução contra a mesma ou diversa pessoa, embora cometidos em tempos diferentes, se lhe imporá a pena de um só dos crimes, mas com um aumento da sexta parte".

condutas em continuidade delitiva, isto é, quando os crimes, pelas condições de tempo, lugar, modo de execução e outras, podem ser tidos uns como continuação dos outros. Exemplo: uma funcionária doméstica, visando subtrair o faqueiro de sua patroa, decide furtar uma peça por dia, até ter em sua casa o jogo completo; 120 dias depois, terá completado o faqueiro e cometido 120 furtos! Não fosse a regra do art. 71 do CP, benéfica ao agente, a pena mínima no exemplo proposto corresponderia a 120 anos de reclusão!

Classifica-se em *comum ou simples* (*caput*): quando presentes os requisitos acima; e *específico ou qualificado* (parágrafo único): quando, além disso, tratar-se de crimes dolosos, praticados com violência ou grave ameaça à pessoa e contra vítimas diferentes.

Nessa modalidade de concurso de crimes, a pena é aplicada pelo sistema da exasperação, vale dizer, aumenta-se a pena do crime mais grave, de um sexto até dois terços, no caso de crime continuado comum, ou de um sexto até o triplo, no crime continuado específico.

O aumento da pena em função da continuidade delitiva, como no concurso formal, varia de acordo com o número de crimes praticados[7].

A regra do concurso material benéfico também se aplica ao crime continuado, de modo que, se o juiz verificar que a adoção do sistema da exasperação resultará em sanção superior à do cúmulo material, deverá se valer deste método, em detrimento daquele.

2.3.1. Natureza jurídica

A doutrina identifica três teorias acerca da natureza jurídica do crime continuado.

A teoria da *unidade real* entende que o vínculo da continuidade delitiva, quando presente, faz com que os diversos fatos constituam, na verdade,

---

[7] STF, HC 131.871/PR, rel. Min. Dias Toffoli, 2ª T., j. 31-5-2016; e também STJ, EDcl no AgRg nos EDcl no REsp 1.741.843/PR, rel. Min. Jorge Mussi, 5ª T., j. 24-9-2019; AgRg no AREsp 2.266.493/PR, rel. Min. Reynaldo Soares da Fonseca, 5ª T., j. 27-6-2023; e AgRg no HC 892.344/AM, rel. Min. Joel Ilan Paciornik, 5ª T., j. 24-6-2024. Destaque-se, neste ponto, recente decisão de afetação que submeteu ao rito dos recursos repetitivos a questão (Tema Repetitivo 1.202): "Possibilidade de aplicação da fração máxima de majoração prevista no art. 71, *caput*, do Código Penal, nos crimes de estupro de vulnerável, ainda que não haja a indicação específica do número de atos sexuais praticados" (ProAfR no REsp 2.050.195/RJ e ProAfR no REsp 2.029.482/RJ, rel. Min. Laurita Vaz, 3ª S., j. 20-6-2023). Ao final, fixou-se a tese jurídica de que: "No crime de estupro de vulnerável, é possível a aplicação da fração máxima de majoração prevista no art. 71, *caput*, do Código Penal, ainda que não haja a delimitação precisa do número de atos sexuais praticados, desde que o longo período de tempo e a recorrência das condutas permita concluir que houve 7 (sete) ou mais repetições" (j. 20-10-2023).

crime único. No exemplo acima, em que a empregada doméstica subtraiu cento e vinte talheres, haveria um só crime, praticado mediante cento e vinte condutas distintas.

A **teoria da** *ficção jurídica,* **de sua parte, reconhece a existência de vários crimes, mas adota a punição unitária, ou seja, embora existam duas ou mais infrações penais, impor-se-á uma só pena (aumentada).** Foi a **teoria acolhida em nosso Código,** tanto assim que o legislador, no *caput* da disposição, ao se referir aos requisitos legais para a configuração do instituto, refere-se expressamente à existência de *dois ou mais crimes.* Ademais, para efeito de se calcular a prescrição da pretensão punitiva, manda a lei que cada delito seja considerado individualmente (CP, art. 119), confirmando a existência de infrações diversas (tanto que cada uma terá seu prazo prescricional correndo autonomamente).

A teoria *mista,* por fim, apregoa que o crime continuado, na verdade, representa uma modalidade de delito própria e diversa do crime único. Assim, por exemplo, existiria o furto simples e o furto continuado; este constituiria delito único, mas diverso da modalidade fundamental.

2.3.2. Requisitos

A definição do exato alcance que se deve dar aos requisitos da continuidade delitiva é vital para se permitir diferenciar a figura do crime continuado da simples reiteração criminosa. O delinquente que faz do delito seu modo de vida, sua profissão, um hábito frequente, não é merecedor da benesse contida no art. 71 do CP. Os tribunais superiores seguem esse critério. De acordo com o STJ: "... não é possível o reconhecimento da continuidade delitiva na hipótese em que o agente faz da prática criminosa uma habitualidade" (AgRg no HC 441.147/SC, rel. Min. Rogério Schietti Cruz, 6ª T., j. 19-3-2019)[8]. O STF adota a mesma linha de pensamento: "sucessivas condenações do paciente indicam que um crime não se deu em continuação ao anterior, mas sim na habitualidade criminosa, o que afasta o reconhecimento da continuidade delitiva, na linha da jurisprudência desta Corte"[9].

---

[8] "Reconhecida a habitualidade delitiva, fica descaracterizado o crime continuado, impedindo a celebração de acordo de não persecução penal" (AgRg no HC 788.419/PB, rel Min. Jesuíno Rissato (Desembargador convocado do TJDFT), 6ª T., j. 11-9-2023 – comentado no *Informativo STJ,* Edição Extraordinária n. 16, publicado em 30-1-2024).

[9] RHC 120.266, rel. Min. Teori Zavascki, 2ª T., j. 8-4-2014. Igualmente: "(...) consta da sentença que ao menos em relação a uma das vítimas, o paciente a teria abusado sexualmente três vezes por semana, desde quando esta tinha cinco anos de idade até os doze, o que demonstra verdadeira habitualidade criminosa, a afastar a continuida-

De acordo com o *caput* do art. 71 do Código, dá-se o crime continuado quando o agente "mediante mais de uma ação ou omissão, pratica dois ou mais crimes da mesma espécie e, pelas condições de tempo, lugar, maneira de execução e outras semelhantes, devem os subsequentes ser havidos como continuação do primeiro...".

São **requisitos**, portanto:

a) a **pluralidade de *crimes da mesma espécie*[10]**: são da mesma espécie aqueles previstos no mesmo tipo penal; assim, antes do advento da Lei n. 12.015/2009, não havia falar em continuidade delitiva, por exemplo, entre estupro e atentado violento ao pudor (*vide* STJ, REsp 674.459), ou entre furto e apropriação indébita ou estelionato (*vide* STJ, HC 28.579, j. 2-2-2006); registre-se que, com a fusão dos crimes de estupro e atentado violento ao pudor num só tipo penal (CP, art. 213, com a redação dada pela Lei n. 12.015/2009), torna-se admissível o reconhecimento da continuidade delitiva (se as condutas ocorreram em contextos fáticos distintos), inclusive retroativamente, dado o caráter benéfico da inovação (CF, art. 5º, XL);

b) **fatos cometidos em *condições objetivas semelhantes***, tais como fatores de **tempo, lugar, modo de execução** e outros, os quais demonstrem ser o delito subsequente continuação do anterior.

O legislador preferiu estabelecer critérios abrangentes, flexíveis, de modo a permitir que o magistrado, com seu prudente arbítrio, possa verificar, caso a caso, se os fatores legais se refletem na situação concreta. Nossos tribunais, todavia, firmaram alguns parâmetros (a nosso ver excessivamente rígidos) para a caracterização da continuidade delitiva, sob o enfoque das condições objetivas em que as infrações foram praticadas.

---

de delitiva, nos termos da jurisprudência deste Superior Tribunal" (STJ, HC 269.104/SP, rel. Min. Sebastião Reis Júnior, 6ª T., j. 15-8-2017). E também: STJ, AgRg no HC 557.486/MS, rel. Min. Leopoldo de Arruda Raposo (Desembargador Convocado do TJ/PE), 5ª T., j. 10-3-2020; AgRg no HC 525.981/SP, rel. Min. Laurita Vaz, 6ª T., j. 5-12-2019; AgRg no HC 721.691/SC, rel. Min. Messod Azulay Neto, 5ª T., j. 6-6-2023; e AgRg no HC 902.518/SC, rel. Min. Rogerio Schietti Cruz, 6ª T., j. 17-6-2024.

[10] Para o STJ e o STF, não é possível reconhecer continuidade delitiva entre roubo e extorsão (STJ, HC 552.481/SP, Rel. Min. Joel Ilan Paciornik, 5ª T., j. 18-2-2020, e AgRg no HC 790.587/SP, rel. Min. Reynaldo Soares da Fonseca, 5ª T., j. 9-5-2023; STF, HC 114.667/SP, rel. Min. Marco Aurélio, rel. p/ o ac. Min. Roberto Barroso, 1ª T., j. 24-4-2018, noticiado no *Informativo* n. 899). Ver também: AgRg no HC 806.159/SP, rel. Min. Jesuíno Rissato (Desembargador convocado do TJDFT), 6ª T., j. 15-4-2024. Para o STJ, também não há como reconhecer a continuidade entre roubo e latrocínio (STJ, AgRg no HC 470.696/SP, rel. Min. Joel Ilan Paciornik, 5ª T., j. 28-4-2020; AgRg no HC 783.898/SC, rel. Min. Rogerio Schietti Cruz, 6ª T., j. 13-3-2023; e AgRg no HC 694.289/RJ, rel. Min. Messod Azulay Neto, 5ª T., j. 8-8-2023).

Assim, entende-se que os delitos terão sido praticados em semelhantes condições de tempo quando o intervalo entre um fato e o subsequente girar em torno de não mais do que trinta dias[11].

As condições de lugar, de sua parte, referem-se à proximidade geográfica entre os locais em que os fatos ocorreram – mesma cidade ou cidades próximas.

Com respeito ao semelhante modo de execução, a jurisprudência costuma analisar o instrumento do crime, o *modus operandi* do agente, se ele se age desacompanhado ou não etc.[12];

c) **unidade de desígnio** (conforme corrente majoritária).

---

[11] STJ, AgRg no AREsp 2.297.039/MS, rel. Min. João Batista Moreira (Desembargador convocado do TRF1), 5ª T., j. 27-6-2023; AgRg no AREsp 2.223.085/RN, rel. Min. Laurita Vaz, 6ª T., j. 27-6-2023; AgRg no AREsp 1.408.608/DF, rel. Min. Reynaldo Soares da Fonseca, 5ª T., j. 12-5-2020; HC 521.453/SP, rel. Min. Ribeiro Dantas, 5ª T. 10-9-2019; e AgRg no REsp 1.419.834/PR, rel. Min. Reynaldo Soares da Fonseca, 5ª T., j. 5-12-2017. E, ainda, a possibilidade de caracterizar continuidade delitiva quando superado em alguns dias o período de trinta dias fixados pela jurisprudência: "Nos termos da jurisprudência desta Corte, 'inexistindo previsão legal expressa a respeito do intervalo temporal necessário ao reconhecimento da continuidade delitiva, presentes os demais requisitos da ficção jurídica, não se mostra razoável afastá-la, apenas pelo fato de o intervalo ter ultrapassado 30 dias' (AgRg no AREsp 531.930/SC, rel. Min. Sebastião Reis Júnior, 6ª T., j. 3-2-2015, *DJe* de 13-2-2015). 6. No caso, resta clara a configuração da continuidade delitiva entre os crimes, por restar demonstrado o liame subjetivo entre as condutas, assim como preenchimento dos elementos de ordem objetiva necessários para a concessão do benefício. Perpetrados crimes da mesma espécie em comarca limítrofes, com o mesmo *modus operandi*, o simples fato de ter decorrido prazo um pouco superior a 30 dias entre a terceira conduta e a última conduta não afasta a viabilidade da concessão do referido benefício" (STJ, HC 490.707/SC, rel. Min. Ribeiro Dantas, 5ª T., j. 21-2-2019). Nesse mesmo sentido: STJ, AgRg no REsp 1.758.459/PR, rel. Min. Leopoldo de Arruda Raposo (Desembargador Convocado do TJ/PE), 5ª T., j. 10-12-2019; e AgRg no REsp 1.738.490/GO, rel. Min. Félix Fischer, 5ª T., j. 4-9-2018. Ver, ainda: STJ, AgRg no HC 876.370/PR, rel. Min. Ribeiro Dantas, 5ª T., j. 4-3-2024; e AgRg no REsp 2.051.927/RJ, rel. Min. Joel Ilan Paciornik, 5ª T., j. 15-4-2024.

[12] "Segundo entendimento desta Corte, a simples reiteração de condutas delituosas – mormente com diferentes coautores e modus operandi diferenciado – não configura, de pronto, a continuidade delitiva. As exigências legais devem restar preenchidas sob pena de se tornar mero ornato o concurso material e de se confundir o crime continuado com a *perseveratio in crimine* (...) Ademais, verificada a diversidade da maneira de execução dos diversos delitos, agindo o recorrido ora sozinho, ora em companhia de comparsas, não se configura a continuidade delitiva, mas sim a habitualidade criminosa (...)" (STJ, REsp 1465136/RS, rel. Min. Nefi Cordeiro, 6ª T., j. 6-6-2017). Ver também: AgRg no HC 789.716/SC, rel. Min. Reynaldo Soares da Fonseca, 5ª T., j. 7-2-2023; AgRg no HC 808.283/MS, rel. Min. Reynaldo Soares da Fonseca, 5ª T., j. 11-4-2023; e AgRg no HC 803.815/SP, rel. Min. Laurita Vaz, 6ª T., j. 8-5-2023.

Por unidade de desígnio deve-se entender **uma programação inicial, realizada em diferentes etapas, sucessivamente**. Tal elemento se vê claramente no exemplo inicialmente formulado, em que uma empregada doméstica, desde o início tencionando subtrair o faqueiro de sua patroa, decide furtar uma peça a cada dia.

A exigência deste requisito, de índole subjetiva, representa o pensamento de nossos tribunais e de um setor expressivo da doutrina.

O Supremo Tribunal Federal possui diversos julgados nesse sentido[13].

Modalidade de concurso	Vínculo processual
Concurso material	Conexão – art. 76/CPP
Concurso formal	Continência – art. 77/CPP
Crime continuado	Conexão – arts. 71 e 76/CPP

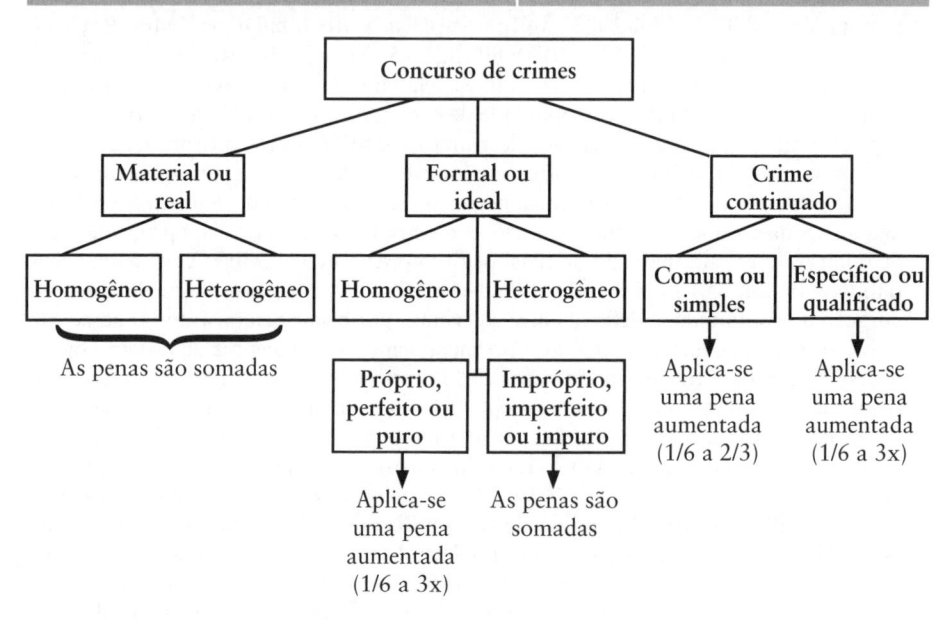

---

[13] "O reconhecimento da continuidade delitiva, prevista no art. 71 do Código Penal, está condicionado ao preenchimento dos seguintes requisitos: (a) pluralidade de condutas; (b) pluralidade de crimes da mesma espécie; (c) que os crimes sejam praticados em continuação, tendo em vista as circunstâncias objetivas (mesmas condições de tempo, lugar, modo de execução e outras semelhantes); e, por fim, (d) unidade de propósitos" (STF, HC 165.661 AgR/SP, rel. Min. Alexandre de Moraes, 1ª T., j. 8-2-2019). Igualmente: STJ, AgRg no HC 901.876/PB, rel. Min. Jesuíno Rissato (Desembargador convocado do TJDFT), 6ª T., j. 24-6-2024; AgRg no AREsp 2.266.493/PR, rel. Min. Reynaldo Soares da Fonseca, 5ª T., j. 27-6-2023; AgRg no REsp 1.813.446/GO, rel. Min. Reynaldo Soares da Fonseca, 5ª T., j. 20-2-2020; AgRg no HC 470.124/SC, rel. Min. Joel Ilan Paciornik, 5ª T., j. 4-6-2019; e AgRg no HC 478.796/SP, rel. Min. Nefi Cordeiro, 6ª T., j. 21-5-2019.

3. TEORIAS SOBRE A UNIDADE DE DESÍGNIOS

Existem duas teorias quanto à necessidade de se aferir a existência de unidade de desígnios para efeito de caracterização do crime continuado. Cuida-se de antiga divergência doutrinária.

Para a *teoria mista ou objetivo-subjetiva*, o crime continuado, além de condições objetivas semelhantes, depende da constatação de que o agente deseje praticar um crime como se fosse continuação de outro (unidade de desígnios).

Para a *teoria puramente objetiva*, entretanto, bastam condições objetivas semelhantes, sendo desnecessária a existência de unidade de desígnios.

Como dissemos no tópico anterior, a primeira é amplamente dominante em nossos tribunais.

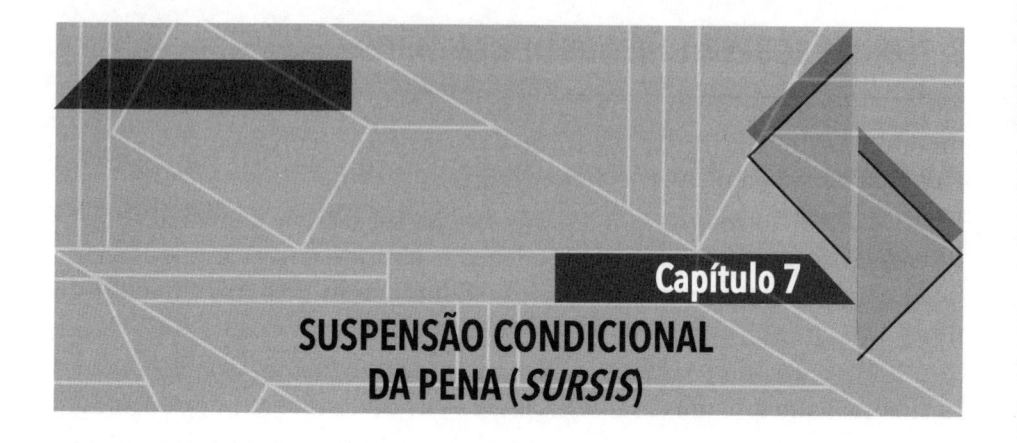

Capítulo 7

SUSPENSÃO CONDICIONAL DA PENA (*SURSIS*)

1. CONCEITO E NATUREZA JURÍDICA

Consiste na *suspensão da execução da pena privativa de liberdade*[1] *mediante condições a serem seguidas*, determinada pelo juiz quando da prolação da sentença condenatória, mediante a verificação do preenchimento dos requisitos legais (CP, art. 77).

A medida foi **concebida como forma de evitar pena de prisão de curta duração**. Argumenta-se não ser razoável sujeitar o indivíduo aos efeitos nefastos do cárcere quando for primário e houver praticado infração de reduzida potencialidade lesiva[2].

Trata-se de **medida alternativa à pena privativa de liberdade** (natureza jurídica). **Nosso Código Penal adotou o sistema originário da França** (em-

---

[1] Não há *sursis* em matéria de penas alternativas (art. 80 do CP). Ademais, entre as penas alternativas e o instituto em estudo, há uma relação de prejudicialidade, uma vez que o *sursis* somente será cabível quando não tiver lugar a aplicação de uma pena restritiva de direitos ou multa, como medida substitutiva à prisão imposta na sentença (*vide* item 5, *infra*).

[2] Como pondera Hugo Auler, "se a mera ameaça de sua execução basta para a *ars stabilis et securi*, não se há de autorizar a sua execução, máxime quando a sua natureza breve, como demonstra a psicologia dos efeitos da vida penitenciária no cumprimento das penas de curta duração, importa perda de emprego, separação da família, desmoralização social, contato pernicioso com delinquentes de toda a espécie, ineficiência corretiva etc. (...) E, em verdade, a origem desta sábia advertência sobre o perigo social das penas de curta duração foi justamente, há quase um século, o fundamento de ordem social das tentativas de aplicação da *probation* ou do *sursis* como sucedâneos penais para os delinquentes primários que preenchessem determinadas condições através das quais se pudesse presumir a respectiva correção, independentemente da função executória da pena privativa de liberdade" (*Suspensão condicional da execução da pena*, p. 39-40).

bora a Bélgica tenha sido o primeiro país a adotá-lo em seu Código). Daí a denominação *sursis* (isto é, suspenso), que advém da expressão *sursis à l'exécution de la peine*[3]. O instituto é aplicado na sentença condenatória, de modo que pressupõe reconhecimento expresso da culpabilidade do agente. Significa que o juiz deve prolatar a sentença, declarar o réu culpado, impor a pena pelo critério trifásico e, ao final, verificando o preenchimento dos requisitos legais, conceder ao réu a suspensão da execução da pena privativa de liberdade, fixando, desde logo, as condições que deverão ser cumpridas e o prazo em que elas deverão ser observadas.

Importante frisar que apesar de se exigir do sentenciado o cumprimento de diversas condições, o *sursis* não constitui pena (até porque não mencionado no rol do art. 32 do CP). **Cuida-se de *medida alternativa ao encarceramento* e, em nosso sentir, pode ser considerado *benefício legal*.** Há autores que resistem à ideia de que o instituto possa ser encarado como "benefício", em função do rigor das condições a que fica sujeito o sentenciado, dentre as quais se encontra a obrigação de prestar serviços à comunidade no primeiro ano de vigência. Para nós, entretanto, a crítica soa injustificada. Se é verdade que o *sursis*, com a reforma da Parte Geral (1984), obrigatoriamente importa no cumprimento de uma série de condições, sendo que, anteriormente, admitia-se *sursis* incondicionado, não é menos verdade que, em comparação com o cumprimento de uma pena de prisão, a medida é mais benéfica, até porque evita os deletérios efeitos do cárcere. Acrescente-se, ainda, que o Texto Legal o designa como benefício, como se percebe, por exemplo, no art. 81, *caput*, ao se referir ao sentenciado no gozo de *sursis* como "beneficiário". Deve-se sublinhar que o fato de encará-lo como benefício não importa em admitir seja ele concedido sem a estipulação de qualquer condição. **O *sursis* incondicionado é figura abolida com a reforma da Parte Geral.** As condições da medida, definidas nos arts. 78 e 79 do Código, são compulsórias. Não é demais sublinhar que se o magistrado, por equívoco, conceder o *sursis* sem fixar as condições, o Superior Tribunal de Justiça entende que a omissão pode ser suprida na fase de execução da pena, sem que isto configure *reformatio in pejus*[4].

---

[3] O art. 1º da Lei francesa de 26 de março de 1891 dispunha que: "en cas de condamnation à l'emprisonnement ou à l'amende, si l'inculpé n'a pas subi de condamnation antérieure à la prison pour crime ou délit de droit commun, les cours ou tribunaux peuvent ordonner par le même jugement, et par décision motivée, qu'il sera *sursis à l'exécution de la peine*" (grifo nosso).

[4] Nesse sentido: REsp 24.391, 5ª T., rel. Min. Jesus Costa Lima, *DJU* de 16-11-1992, p. 21154; REsp 15.368, 5ª T., rel. Min. Jesus Costa Lima, *DJU* de 28-2-1994, p. 2906; REsp 6.974, 5ª T., rel. Min. Assis Toledo, *DJU* de 26-2-1996, p. 4040.

Registre-se que há doutrinadores afirmando **tratar-se de direito subjetivo público** do réu. Estão cobertos de razão. Se estiverem preenchidos os requisitos legais, a medida deverá ser concedida na sentença. Não há faculdade judicial[5]. Isto, porém, não diz respeito à natureza jurídica do instituto, mas se refere a uma característica do *sursis*. Não se pode confundir a natureza (isto é, essência) com uma característica (vale dizer, uma qualidade ou atributo). A natureza jurídica do *sursis*, como se disse acima, é medida alternativa à prisão. Tendo em vista que não há discricionariedade na sua outorga, de modo que atendidas as exigências previstas no Código, o instituto deverá necessariamente ser concedido, pode-se dizer que se trata de direito subjetivo público do réu – isso, contudo, não é sua natureza, mas um atributo.

2. ORIGEM

O instituto, nos moldes adotados por nossa legislação (*vide* item 3, *infra*), originou-se por meio de um projeto de lei francês que cuidava do "agravamento progressivo das penas em caso de reincidência e de sua atenuação, na hipótese de primariedade" (*sur l'aggravation progressive des peines en cas de recidive et sur leur atténuation en cas de premier délit*). Referido projeto foi apresentado ao Parlamento da França em 26 de maio de 1884. As discussões no Parlamento francês se estenderam e, enquanto isso, na Bélgica, por iniciativa de seu Ministro da Justiça (Jules le Jeune), o *sursis* tornou-se lei em 31 de março de 1888.

Em nosso ordenamento jurídico, a suspensão condicional da pena privativa de liberdade foi incorporada somente com a edição do Decreto n. 16.588, de 6-9-1924, elaborado pelo Poder Executivo, depois de expressamente autorizado a fazê-lo por meio de outro decreto, o de n. 4.577, de 5-9-1922.

3. SISTEMAS

Há **três sistemas** tradicionalmente apontados pela doutrina para a suspensão da pena:

a) *anglo-americano, anglo-saxão ou "probation system"*

Foi adotado pioneiramente em Boston, Massachusetts (nos Estados Unidos da América), por meio do *Reformations and Industrial Schools* de 1869. Posteriormente, a Inglaterra o incorporou, por meio do *Probation of first offenders Act*, de 8 de agosto de 1887.

---

[5] Nesse sentido, os seguintes julgados: STJ, HC 309.535/SP, rel. Min. Joel Ilan Paciornik, 5ª T., j. 22-8-2017, e HC 332.303/SP, rel. Min. Maria Thereza de Assis Moura, 6ª T., j. 5-11-2015.

Nesse sistema, o juiz, verificando as condições pessoais do acusado primário, suspende o andamento do processo e deixa de prolatar a sentença condenatória; no lugar, deixa o sujeito em liberdade, a fim de que, durante um período de experiência suficiente para se aferir sua boa conduta, é ele acompanhado por um *probation officer*. Se ao final, forem cumpridas as condições estipuladas, extingue-se o processo. Se ele romper com o compromisso assumido, o agente seria definitivamente arrestado, apurando-se sua responsabilidade penal, mediante a prolação da sentença;

b) *belgo-francês, franco-belga ou europeu-continental*

O que **caracteriza** esse sistema é o fato de a **medida ter como pressuposto a condenação**. Diferentemente do sistema anterior, o juiz condena o réu, impondo-lhe pena privativa de liberdade, mas suspende sua execução, desde que observadas determinadas condições, no curso de um prazo denominado período de prova. Ademais disso, não há o acompanhamento de um funcionário do Estado, como ocorre com os *probation officers*;

c) *eclético ou alemão*

Nesse sistema, o juiz profere uma decisão, indicando a pena aplicada, mas, formalmente, não profere a condenação, suspendendo-a.

"Portanto, se é verdade que o sistema alemão se aproxima do tipo anglo-saxão quando omite condenação, não é menos verdade que também dele se afasta quando chega a permitir a apuração da responsabilidade e a fixação da pena; se é verdade que se aproxima do tipo franco-belga quando suspende a execução da pena, não é menos verdade que também dele se afasta quando omite a condenação"[6].

4. A SUSPENSÃO CONDICIONAL DO PROCESSO (LEI N. 9.099/95, ART. 89)

Não se deve confundir a suspensão condicional da execução da pena com a suspensão condicional do processo ou *sursis* processual, previsto no art. 89 da Lei n. 9.099/95. Este constitui forma de suspensão do andamento do processo, que é concedido ao réu, mediante proposta do órgão acusador, logo no início da ação penal (muito embora seja admitido no final do processo, quando ocorrer desclassificação para crime menos grave, que passe a admitir o benefício – nesse sentido o art. 383 do CPP, com a redação que lhe deu a Lei n. 11.719/2008).

---

[6] Hugo Auler, op. cit., p. 91.

Cuida-se, portanto, de acordo processual travado entre o acusador e o autor do fato, no qual aquele abre mão de perseguir uma condenação criminal e este aceita submeter-se ao cumprimento de determinadas condições durante um prazo (período de prova) fixado pelo juiz, ao término do qual haverá extinção da punibilidade.

A homologação judicial da proposta, elaborada desde o oferecimento da inicial, pressupõe que a denúncia ou queixa tenham sido recebidas. Com efeito, não tem sentido suspender o que sequer começou e o processo somente pode ser tido como iniciado após o recebimento da petição inicial.

Os requisitos para formulação da proposta pela acusação são de duas ordens: objetivos e subjetivos.

Dentre os ***requisitos objetivos*** (art. 89, *caput*) encontram-se os seguintes:

1) *Que a **pena mínima** cominada ao crime **não seja superior a um ano**.*

Ressalte-se que, tendo sido o agente processado por várias infrações, o patamar a ser considerado deve ser a pena total, decorrente da eventual soma ou exasperação relativa às regras de concurso de crimes (CP, arts. 69 a 71), e não a de cada delito isoladamente considerado. Nesse sentido: Súmulas 243 do STJ[7] e 723 do STF[8].

Por outro lado, se ao crime for cominada *alternativamente* pena de multa, caberá a suspensão do processo independentemente da pena privativa de liberdade (ainda que o seu mínimo seja, por exemplo, de dois anos); isto porque, neste caso, a pena mínima é a multa, inferior, qualitativamente, à prisão.

2) ***Não estar o agente sendo processado por outro crime.***

Há discussão a respeito da constitucionalidade deste requisito. Para alguns, não se pode considerar a existência de processos em andamento como obstáculo à concessão do *sursis* processual, sob pena de ofensa ao princípio da presunção de não culpabilidade. Prevalece em nossos tribunais o entendimento favorável à constitucionalidade desta proibição, por se tratar de opção legislativa fundada em questões de política criminal[9].

---

[7] "O benefício da suspensão do processo não é aplicável em relação às infrações penais cometidas em concurso material, concurso formal ou continuidade delitiva, quando a pena mínima cominada, seja pelo somatório, seja pela incidência da majorante, ultrapassar o limite de 1 (um) ano."

[8] "Não se admite a suspensão condicional do processo por crime continuado, se a soma da pena mínima da infração mais grave com o aumento mínimo de um sexto for superior a um ano."

[9] STF, RHC 133.945 AgR/BA, rel. Min. Gilmar Mendes, 2ª T., j. 21-6-2016; STJ, AgRg no HC 466.794/SP, rel. Min. Rogerio Schietti Cruz, 6ª T., j. 30-5-2019; e TRF, 3ª R., RT 832/649.

3) *Não ter sido condenado em definitivo por outro crime.*

Interessante anotar que a condenação anterior por outro delito, ainda que não mais sirva como pressuposto para a reincidência em razão de a pena já ter sido cumprida ou extinta há mais de cinco anos (CP, arts. 63 e 64), continua servindo como óbice à outorga da suspensão condicional do processo, pois a Lei n. 9.099/95 não condiciona prazo algum para tal requisito. O Supremo Tribunal Federal, todavia, entende que se a pena foi cumprida ou extinta há mais de cinco anos, torna-se viável a suspensão, por aplicação analógica dos arts. 63 e 64 do CP.

Os *requisitos subjetivos*, por sua vez, são os seguintes: **demonstração de que a culpabilidade, a conduta social, a personalidade do agente, os antecedentes, as circunstâncias e motivos do crime indiquem seja a medida adequada** (CP, art. 77, II, c/c Lei n. 9.099/95, art. 89, *caput*).

Vale ressaltar que, uma vez preenchidos tais requisitos, deverá o representante do Ministério Público elaborar a proposta especificando as condições que o agente deverá cumprir. Não o fazendo, deve o juiz determinar a remessa dos autos ao chefe do *Parquet*, por analogia ao art. 28 do CPP (nesse sentido: Súmula 696 do STF[10]). Se o membro do Ministério Público entender que o agente não faz jus à medida, deve recusar-se fundamentadamente à elaboração da proposta.

Acompanhe, no quadro abaixo, as diferenças entre o *sursis* processual e o *sursis* penal (CP, arts. 77 e s.):

	Sursis Processual	*Sursis* Penal
Âmbito de incidência	Infrações cuja pena mínima não exceda um ano	Condenações a penas iguais ou inferiores a dois anos (ou quatro, excepcionalmente)
Pressuposto	Recebimento da inicial	Condenação
Efeito	Suspensão do processo e da prescrição	Suspensão da execução da pena privativa de liberdade
Reincidência	Não gera reincidência	Gera reincidência

5. ESPÉCIES DE *SURSIS*

Nosso Código Penal contém **quatro modalidades ou espécies de** *sursis*: a) *sursis* **simples**; b) *sursis* **especial** (que possui condições mais brandas);

---

[10] "Reunidos os pressupostos legais permissivos da suspensão condicional do processo, mas se recusando o promotor de justiça a propô-lo, o juiz, dissentindo, remeterá a questão ao Procurador-Geral, aplicando-se por analogia o art. 28 do Código de Processo Penal."

c) *sursis* **etário** (cabível em função da idade do sentenciado); e d) *sursis* **humanitário** (aplicado por razões de saúde).

5.1. *Sursis* simples ou comum

5.1.1. Requisitos

Cuida-se da modalidade padrão de suspensão condicional da execução da pena privativa de liberdade.

Sua aplicação requer o preenchimento de *requisitos objetivos* e *subjetivos*.

Dentre os *objetivos* encontram-se: a) *a prolação da* **sentença condenatória**; b) a imposição de *pena privativa de* **liberdade igual ou inferior a dois anos**; c) o *não cabimento* da substituição de prisão por *penas alternativas,* nos termos do art. 44 do Código.

Os *subjetivos* são: a) **não** ser o agente **reincidente em crime doloso** (salvo se a primeira condenação for a pena de multa); b) **culpabilidade, antecedentes, conduta social, personalidade, motivos e circunstâncias do crime indicando ser o réu merecedor do instituto.**

Uma vez preenchidos os requisitos acima, suspende-se a execução da pena privativa de liberdade, mediante o cumprimento de algumas condições, durante um prazo denominado *período de prova,* que se estende por dois até quatro anos.

5.1.2. Condições (CP, arts. 78 e 79)

Preenchidos os requisitos legais, a medida será obrigatoriamente concedida pelo magistrado ao réu, devendo fixarem-se as condições a que ficará sujeito o condenado. É de ver, contudo, que embora sejam definidas na sentença, sua observância somente será necessária depois de transitada em julgado a condenação e realizada a audiência de advertência das condições ("audiência admonitória"), prevista no art. 160 da LEP[11].

As *condições* se dividem em *legais* e *judiciais.* As *legais* são compulsórias e encontram-se definidas diretamente no texto Legal. As *judiciais* são as fixadas pelo juiz, atendendo-se às aptidões pessoais do agente e à natureza do fato praticado.

---

[11] No Estado de São Paulo, o juízo competente para a realização da audiência admonitória é o das execuções penais, consoante dispõe o Provimento n. 794, de 29-1-2003, do Conselho Superior da Magistratura.

As *condições legais* se subdividem em *diretas* (que correspondem às obrigações que devem ser cumpridas) e *indiretas* (são as causas de revogação do benefício e, portanto, condutas que ele não pode praticar).

A *condição legal direta* consiste na obrigação de prestar serviços à comunidade ou limitação de fim de semana no primeiro ano (art. 78, § 1º)[12]. É de notar que, muito embora o legislador se refira à prestação de serviços *à comunidade* (isto é, entidades privadas), sem mencionar explicitamente a possibilidade de que as tarefas sejam cumpridas perante entidades públicas, não há dúvida alguma de que tais pessoas jurídicas também podem ser beneficiárias dos serviços prestados, até porque o Código faz expressa remissão ao art. 46, que regula a realização das tarefas gratuitas perante entidades particulares ou públicas.

As *condições legais indiretas*, conforme mencionamos acima, *são as causas de revogação* da medida (CP, art. 81, *caput* e § 1º), as quais serão examinadas no item 7, *infra*.

As **condições judiciais compreendem todas aquelas impostas pelo julgador,** desde que adequadas ao caso concreto, à situação pessoal do agente e que não violem direitos fundamentais do cidadão (como condições vexatórias ou que atentem contra suas garantias individuais, p. ex., liberdade de culto, de expressão etc.). Assim, por exemplo, consideraram-se válidos a imposição de submissão a processo de desintoxicação[13], o comparecimento periódico a clínica de recuperação de traumatizados[14] e a frequência a aulas teóricas em "estabelecimento oficial de trânsito para reeducar-se quanto às regras indispensáveis ao tráfego de automóveis"[15].

O extinto Tribunal de Alçada do Rio de Janeiro reformou sentença condenatória em que fora fixada a obrigação de, "em determinado prazo, realizar o condenado uma redação sobre os perigos de dirigir de maneira imprudente ou desacautelada"[16]. O Supremo Tribunal Federal, em antigo julga-

---

[12] Essas condições devem ser cumpridas no curso do primeiro ano do prazo do *sursis*, mas podem ser estabelecidas pelo mesmo prazo da pena corporal imposta. Dessa maneira, se o réu é condenado a 4 meses de detenção, com aplicação do *sursis* por 2 anos, é regular que cumpra limitação de final de semana pelo mesmo tempo da pena aplicada. Isso porque o dispositivo delimita que a condição seja cumprida na primeira metade do prazo do *sursis*, e não durante 1 ano (Processo em segredo de justiça, rel. Min. Sebastião Reis Júnior, 6ª T., j. 11-3-2024 – *Informativo STJ* n. 815).

[13] *JTACrSP* 54/20193.

[14] *DJU* de 14-4-1980, p. 2346.

[15] TACrSP, ApCv 313.437, rel. Juiz Godofredo Mauro.

[16] *RT* 447/498.

do, considerou vexatória a imposição à beneficiária da "obrigação de pessoalmente carregar, para o edifício da Cadeia Pública local, umas tantas latas d'água. Essa obrigação não se harmoniza com a finalidade que a doutrina confere ao *sursis*, visto que, por ser humilhante, pode revoltar e indignar beneficiária, que, ao invés de refrear seus impulsos ou tendências criminais, poderá exacerbá-los ao ser compelida a cumprir obrigação de tal natureza em público. É na verdade uma pena que a lei não prevê. Por ser instituto de polícia criminal concebido para estimular o beneficiário a conduzir-se, no futuro, de acordo com a lei e as normas de moralidade, suas condições devem ser fixadas com certa cautela para que não produzam resultado negativo"[17]. Cite-se, finalmente, decisão do extinto Tribunal de Alçada de Minas Gerais declarando inadmissível a obrigação de limpar a Delegacia de Polícia[18].

5.1.3. Período de prova

As **condições definidas na sentença deverão ser observadas durante um determinado prazo,** designado como *período de prova*. O sentenciado encontrar-se-á, destarte, sob "provação", devendo ser acompanhado, orientado e instruído por serviço social penitenciário, Patronato ou Conselho da Comunidade (LEP, art. 158). Durante esse prazo, com início efetivo somente após a realização da audiência admonitória (LEP, art. 160), terá o sentenciado que demonstrar ter sido merecedor da benesse que recebera. O fará cumprindo as condições mencionadas acima (item 5.1.2).

O **tempo de duração é de dois a quatro anos.** Para Hugo Auler, em sua clássica obra, deve-se calcular o prazo com base na natureza do delito e na pena cominada[19]. A jurisprudência, de qualquer modo, considera que o prazo deve ser estipulado, como regra, no piso, salvo se houver alguma circunstância concreta que justifique maior rigor, fundamentando-se na sentença a escolha efetuada.

5.1.4. O *sursis* e a hediondez do fato

Questiona-se a possibilidade de se aplicar o *sursis* a crimes hediondos ou assemelhados. Imagine um estupro tentado para o qual foi aplicada pena de dois anos. Seria cabível o *sursis*? A dúvida existe porque os condenados por crime hediondo e assemelhados devem cumprir pena em regime inicialmente fechado (art. 2º, § 1º, da Lei n. 8.072/90, com redação dada pela Lei n. 11.464/2007) e, uma vez aplicado o instituto, essa regra ficaria inviabilizada.

---

[17] *ADV/COAD*, n. 2.058, p. 296.
[18] *RJTAMG* 21/419.
[19] Op. cit., p. 191-192.

Prevalece, entretanto, o entendimento no sentido de que o juiz pode, em tese, conceder *sursis* a condenados por crimes definidos na Lei n. 8.072/90[20]. Não se pode esquecer, entretanto, que o condenado deverá preencher *também* os requisitos subjetivos.

De ver que a Lei de Drogas veda expressamente a concessão de suspensão condicional da pena a condenados por tráfico de drogas e delitos relacionados com o comércio ilícito de substâncias entorpecentes (art. 44, *caput*, da Lei n. 11.343/2006, que remete a proibição aos crimes dos arts. 33, *caput* e § 1º, e 34 a 37 da mesma lei). Essa proibição, de certo, não se coaduna com a jurisprudência da Suprema Corte, que já reconheceu a inconstitucionalidade de dispositivos contidos na Lei de Drogas e na Lei dos Crimes Hediondos que vedam *in abstracto* a concessão de outros benefícios ao tráfico de drogas, como pena alternativa e regime aberto.

5.2. *Sursis* especial (suas peculiaridades) (CP, art. 78, § 2º)

Importante lembrar que essa modalidade de *sursis* é *mais exigente nos requisitos, porém mais benévola nas condições.*

5.2.1. Requisitos

Para fazer jus ao *sursis* especial, deverá o réu **demonstrar o cumprimento de todos os requisitos exigidos para o *sursis* simples. Além destes,** é necessário que tenha **reparado o dano**, salvo impossibilidade de fazê-lo e que fique demonstrado serem as **circunstâncias judiciais inteiramente favoráveis.**

Note-se que a reparação dos danos é inerente à suspensão condicional da pena. Isto porque, se o agente houver indenizado o ofendido até a sentença, poderá obter o *sursis* especial, mas se não o fizer, terá que efetuá-la durante o período de prova, pois o Código exige-a como condição obrigatória do *sursis* simples.

5.2.2. Condições

Essa modalidade de *sursis* sujeita-se às mesmas condições do comum, salvo quanto à obrigação de prestar serviços à comunidade ou sujeitar-se à limitação de fim de semana no primeiro ano. Ao revés, o sentenciado deverá **cumprir, *cumulativamente*** e durante todo o período de prova, as seguintes condições (art. 78, § 2º): a) **proibição de frequentar determinados lugares;** b)

---

[20] Nesse sentido: STJ, REsp 1.626.436/MG, rel. Min. Maria Thereza de Assis Moura, 6ª T., j. 8-11-2016, e REsp 1.320.387/SP, rel. Min. Nefi Cordeiro, 6ª T., j. 18-2-2016, *DJe* de 9-3-2016.

proibição de ausentar-se da comarca onde reside sem autorização do juiz; c) comparecimento mensal e obrigatório a juízo para informar e justificar suas atividades.

5.2.3. Período de prova

O período de prova obedece aos mesmos critérios do *sursis* simples (item 5.1.3, *supra*).

5.3. *Sursis* etário (CP, art. 77, § 2º)

Há autores que negam ao *sursis* etário (e ao humanitário – item 5.4, *infra*) a natureza de modalidade de *sursis*. Nesse sentido, Sebastião Oscar Feltrin e Patrícia Cristina Kuriki, para quem "o chamado *sursis* etário não constitui nova modalidade, tendo apenas aumentado os limites legais da pena imposta e do período de prova"[21].

Para nós, todavia, cuida-se de uma espécie de *sursis* diferente das anteriores, em razão das peculiaridades que a lei lhe reserva. Assim, **tal modalidade será aplicável quando o sentenciado possuir *mais de 70 anos na data da sentença* e preencher os demais requisitos previstos no art. 77 do CP** (item 5.1.1, *supra*).

Seu alcance, porém, é mais amplo, pois, como já se expôs, **poderá ter lugar sempre que a pena privativa de liberdade imposta não ultrapassar *quatro anos*. Por outro lado, seu *período de prova* será mais dilatado, isto é, de *quatro a seis anos*.**

É preciso enfatizar que, caso o sentenciado tenha reparado os danos e as circunstâncias judiciais se mostrem completamente favoráveis, o juiz deverá impor a condição prevista no art. 78, § 2º, do Código (ou seja, em vez de prestar serviços comunitários ou limitação de fim de semana no primeiro ano, haverá de submeter-se à proibição de frequentar determinados lugares, proibição de ausentar-se da comarca onde reside sem autorização do juiz e comparecimento mensal e obrigatório a juízo para informar e justificar suas atividades).

5.4. *Sursis* humanitário (CP, art. 77, § 2º)

Assim como o *sursis* etário, o humanitário caberá sempre que a pena privativa de liberdade for igual ou inferior a quatro anos. Sua distinção com a figura acima reside no fato de ser uma modalidade de *sursis* aplicável sempre que *razões de saúde o justificarem* (ex.: sentenciado inválido ou portador de moléstia grave). Registre-se que sua inserção no Código adveio por meio da Lei n. 9.714/98.

---

[21] *Código Penal e sua interpretação jurisprudencial*, p. 415.

Sursis simples

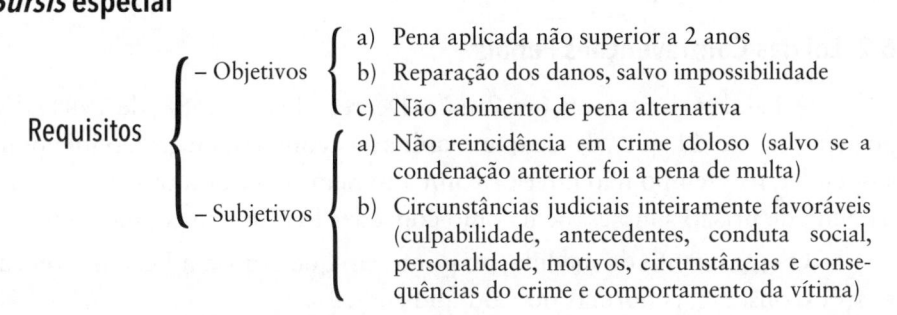

Requisitos
- Objetivos
  - a) Pena aplicada não superior a 2 anos
  - b) Não cabimento de pena alternativa
- Subjetivos
  - a) Não reincidência em crime doloso (salvo se a condenação anterior foi a pena de multa)
  - b) Culpabilidade, antecedentes, conduta social, personalidade, motivos e circunstâncias do crime favoráveis ao réu

Sursis especial

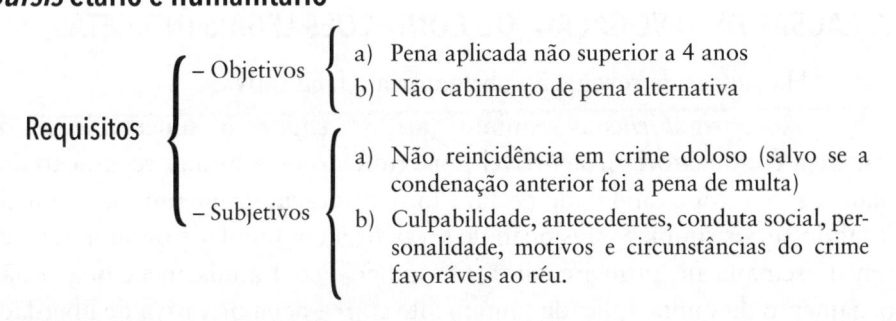

Requisitos
- Objetivos
  - a) Pena aplicada não superior a 2 anos
  - b) Reparação dos danos, salvo impossibilidade
  - c) Não cabimento de pena alternativa
- Subjetivos
  - a) Não reincidência em crime doloso (salvo se a condenação anterior foi a pena de multa)
  - b) Circunstâncias judiciais inteiramente favoráveis (culpabilidade, antecedentes, conduta social, personalidade, motivos, circunstâncias e consequências do crime e comportamento da vítima)

Sursis etário e humanitário

Requisitos
- Objetivos
  - a) Pena aplicada não superior a 4 anos
  - b) Não cabimento de pena alternativa
- Subjetivos
  - a) Não reincidência em crime doloso (salvo se a condenação anterior foi a pena de multa)
  - b) Culpabilidade, antecedentes, conduta social, personalidade, motivos e circunstâncias do crime favoráveis ao réu.

6. *SURSIS* EM LEIS ESPECIAIS

6.1. Lei Ambiental

A Lei n. 9.605/98, que regula as sanções penais e administrativas derivadas de condutas e atividades lesivas ao meio ambiente, dispõe que, nas infrações por ela definidas, "a suspensão condicional da pena pode ser aplicada nos casos de condenação a pena privativa de liberdade não superior a três anos" (art. 16).

A medida, portanto, possui âmbito de incidência mais amplo, já que o limite para sua imposição é de que a sanção não ultrapasse três anos de privação de liberdade. O benefício, deve-se ponderar, continua sujeito ao cumprimento dos requisitos legais previstos no art. 77 do Código (*vide* item 5.1.1, *supra*).

Não se pode afastar, ademais, a possibilidade de concessão do instituto quando a pena não for superior a quatro anos, caso o acusado seja maior de 70 anos ou quando razões de saúde o justificarem (*sursis* etário e humanitário), nos termos do art. 77, § 2º, do Código.

Acrescente-se, por fim, que pode o juiz conceder ao agente o *sursis* especial, desde que a reparação dos danos seja feita mediante laudo de reparação do dano ambiental, e as condições a serem impostas pelo juiz relacionem-se com a proteção ao meio ambiente (art. 17).

6.2. Lei das Contravenções Penais

A Lei das Contravenções Penais (Decreto-Lei n. 3.688, de 1941) dispõe em seu art. 11 que "**desde que reunidas as condições legais, o juiz pode suspender, por tempo não inferior a um ano nem superior a três,** a execução da pena de prisão simples, bem como conceder livramento condicional".

O regramento da medida, no ponto em que omissa a Lei das Contravenções, observa as normas do Código Penal.

7. CAUSAS DE REVOGAÇÃO (OU CONDIÇÕES LEGAIS INDIRETAS)

Há causas de **revogação obrigatória e facultativa.**

São *obrigatórias* as seguintes (art. 81, *caput*): a) **superveniência de sentença condenatória irrecorrível por crime doloso; b) não reparação dos danos,** salvo impossibilidade de fazê-lo; e c) **descumprimento da condição legal do *sursis* simples** (prestação de serviços à comunidade ou limitação de fim de semana no primeiro ano). O Código Penal ainda menciona o não pagamento da multa aplicada juntamente com a pena privativa de liberdade suspensa, se solvente o sentenciado. Essa causa de revogação, todavia, encontra-se tacitamente revogada pela Lei n. 9.268/96, que vedou a conversão da multa em detenção; afinal, caso se entendesse em vigor a presente regra, o não pagamento de uma multa acarretaria a prisão do sentenciado, o que não mais pode ocorrer em nosso sistema penal.

As *facultativas* são (art. 81, § 1º): a) **descumprimento das demais condições** (vale dizer, das condições judiciais e das condições legais do *sursis* especial); e b) **superveniência de sentença condenatória irrecorrível,** por crime culposo ou contravenção, a pena privativa de liberdade ou restritiva de direitos.

Se praticada uma causa de revogação facultativa e o juiz optar por manter a suspensão da pena, deverá advertir o sentenciado, exacerbar as condições ou prorrogar o período de prova, salvo se já fixado no máximo (CP, art. 81, § 3º).

Caso o *sursis* venha a ser revogado, independentemente do momento em que isso ocorrer, o condenado deverá cumprir integralmente a pena privativa de liberdade cuja execução estava suspensa.

8. PRORROGAÇÃO DO *SURSIS* (AUTOMÁTICA)

Se o agente for processado (leia-se: se houver denúncia ou queixa recebida) *por crime ou contravenção, o período de prova considera-se automaticamente prorrogado* (art. 81, § 2º). A regra é lógica. O só fato de ser processado não implica a revogação da medida, visto que a lei exige, para tanto, sentença irrecorrível. Por outro lado, um processo pode demorar mais de dois anos (tempo do período de prova) e, na hipótese de sobrevir condenação com trânsito em julgado, poderá ser tarde demais, já estando extinta a punibilidade pelo término do período de prova. Para tentar chegar a um meio-termo, o Código, de maneira correta, prevê que, no caso de ser o agente processado, o juiz considerará o período de prova automaticamente prorrogado[22], evitando seja declarada extinta a punibilidade do sentenciado, até que ocorra o final do outro processo. Caso seja absolvido, sua punibilidade se extinguirá pelo término do período de prova sem revogação; em sendo condenado, revogar-se-á o período de prova.

Como decidiu o Superior Tribunal de Justiça, nos termos do art. 81, I e § 2º, do CP, "o período de prova do sursis fica automaticamente prorrogado quando o beneficiário está sendo processado por outro crime ou contravenção, bem como que a superveniência de sentença condenatória irrecorrível é caso de revogação obrigatória do benefício, mesmo quando ultrapassado o período de prova"[23]. No mesmo sentido: "Inexiste constrangimento ilegal quanto à revogação do benefício da suspensão condicional da pena em razão de condenação pelo cometimento de outro crime durante o período de prova, desde que não tenha sido extinta a punibilidade do agente mediante sentença transitada em julgado, nos termos do inciso I do art. 81 do Código Penal"[24].

---

[22] STJ, REsp 67.064, rel. Min. Anselmo Santiago, *DJU* de 15-9-1997, p. 44457.

[23] STJ, HC 175.758/SP, rel. Min. Laurita Vaz, 5ª T., j. 4-10-2011.

[24] Interessante anotar que os tribunais também adotam esse ponto de vista para a suspensão condicional do processo ou *sursis* processual, prevista na Lei n. 9.099/95, art. 89: "A jurisprudência do Superior Tribunal de Justiça é firme em que constatado o descumprimento de condição imposta durante o período de prova do *sursis* processual, haverá a revogação do benefício, ainda que proferida após o término do período,

Como a *necessidade de prorrogação se vincula necessariamente à possibilidade de revogação*, o fato de sobrevir, durante o período de prova, processo por contravenção penal punida *exclusivamente* com multa não gera a prorrogação do período de prova (já que a condenação irrecorrível por contravenção penal a multa não está arrolada entre as causas de revogação).

Findo o período de prova, sem que tenha havido revogação, considera-se extinta a pena privativa de liberdade suspensa.

Deve-se registrar, por derradeiro, que durante a prorrogação decretada com fulcro no art. 81, § 2º, do CP, não vigoram as condições do *sursis*.

9. O REGRAMENTO DO *SURSIS* NA LEI DE EXECUÇÃO PENAL

A Lei de Execução Penal regulamenta grande parte das regras atinentes à suspensão condicional da pena, até porque a medida passará a ter efetiva aplicação com o trânsito em julgado da sentença condenatória.

Vale destacar os seguintes dispositivos:

1) art. 157: determina a análise compulsória e fundamentada do instituto na sentença ou no acórdão, quer seja para concedê-lo ou para denegá-lo;

2) art. 158, *caput*: estipula a obrigatoriedade da fixação das condições durante a sentença, estabelecendo que estas somente correrão da audiência admonitória;

3) art. 158, § 2º: dispõe que o juiz poderá, a qualquer tempo, de ofício ou a requerimento, modificar as condições e regras estabelecidas na sentença, ouvido o condenado;

4) art. 158, § 3º: refere-se à fiscalização do cumprimento das condições, a qual fica a cargo de serviço social penitenciário, Patronato ou Conselho da Comunidade;

5) art. 159, § 2º: autoriza o tribunal, quando conceder a suspensão condicional da pena em grau de recurso, a transferir ao Juízo da execução a incumbência de estabelecer as condições;

6) art. 160: dispõe acerca da audiência admonitória, à qual o sentenciado deverá comparecer pessoalmente, sob pena de, em não o fazendo, ser a suspensão declarada sem efeito, executando-se imediatamente a pena.

Referida audiência tem como objetivo alertar o sentenciado das condições a que deve sujeitar-se, do prazo que durarão e das causas de revogação

---

porque a decisão é meramente declaratória" (STJ, AgRg no REsp 1.154.458/MG, rel. Min. Alderita Ramos de Oliveira (Desembargadora convocada do TJPE), 6ª T., j. 27-11-2012).

(art. 160 da LEP). A partir dessa audiência, que só poderá ser designada após o trânsito em julgado da sentença, é que tem início o período de prova (admite-se excepcionalmente sua realização caso já tenha ocorrido o trânsito em julgado para a acusação).

Registre-se que eventual revelia (CPP, art. 367) reconhecida na fase de conhecimento, por si só, não impede a concessão do *sursis*. Isto porque, após a decisão tornar-se irrecorrível, o condenado será intimado para comparecer à audiência admonitória e, se não o fizer, como visto acima, a suspensão será declarada sem efeito[25].

10. OBSERVAÇÕES FINAIS

a) Revogação sem oitiva do sentenciado

Viola os princípios da ampla defesa e do contraditório, presentes também na execução penal.

b) *Habeas corpus* e *sursis*

O Supremo Tribunal Federal já admitiu a impetração de *habeas corpus* para pleitear o *sursis*, sob o argumento de que a medida restringe o direito de locomoção do indivíduo[26]. É preciso entender, contudo, que somente será possível a utilização do remédio heroico quando a questão puder ser analisada sem o revolvimento do material probatório e não depender da análise dos requisitos subjetivos. Assim, por exemplo, se o juiz negou o benefício simplesmente por entender que o crime é hediondo, afigurar-se-á possível a utilização do *writ*, pois a questão é puramente de direito.

c) Dupla concessão ao réu em processos distintos (*sursis* simultâneo)

É possível, desde que, depois de aplicado o primeiro *sursis*, o segundo o seja antes da realização da audiência admonitória do primeiro. O CP, art. 81, I, diz que só se revoga a medida se houver condenação irrecorrível por crime doloso, *durante* o prazo do *sursis* (leia-se: período de prova, que somente se inicia após a audiência admonitória). Logo, no lapso entre a concessão e a realização de admonitória, pode o agente, em tese, ser beneficiado com a suspensão condicional da pena em outra condenação.

Não tem cabimento, todavia, a concessão de *sursis* sucessivo, ou seja, a outorga do benefício em um processo, a quem já se encontra no gozo de

---

[25] Nesse sentido: STF, HC 68.664, *DJU* de 26-6-1992, p. 10105; STJ, HC 4.553, *DJU* de 5-8-1996, p. 26370.

[26] Nesse sentido: STF, HC 80.218, j. 8-8-2000, noticiado no *Informativo STF* n. 197.

sursis anterior por força de outra condenação. Isto porque, se o agente for processado no curso do período de prova por outro crime ou contravenção, o benefício será revogado.

d) *Sursis* concedido durante a execução penal

Entendemos que *não é possível a concessão da suspensão condicional da pena na fase de execução penal*, pois tal medida iria de encontro com a natureza do instituto e sua principal característica, a de impedir o cumprimento de penas privativas de liberdade de curta duração, suspendendo, desde o início, sua execução. Com isso, pretendemos afirmar que de nada adianta concedê-lo, quando os efeitos negativos decorrentes do cumprimento da sanção prisional já se fizeram presentes. Ademais disso, se o juiz da sentença negasse a suspensão e o juiz das execuções penais a outorgasse, haveria patente ofensa à coisa julgada.

Por essa razão, não concordamos, *data venia*, com a opinião de doutrinadores que admitem a aplicação do *sursis* na fase executiva, com fundamento nos arts. 66, III, *d*, e 156 da LEP.

Referidos dispositivos não podem ser interpretados de maneira puramente literal. É premente que sejam interpretados sistematicamente. Assim, quando o art. 66, III, *d*, da LEP dispõe que compete ao juiz das execuções penais "decidir sobre" a suspensão condicional da pena, refere-se, evidentemente, às questões relativas à medida que pode repercutir nesta fase da persecução penal, isto é, a realização da audiência admonitória e, eventualmente, a declaração de que o benefício ficará sem efeito pela ausência do sentenciado ao ato, a revogação obrigatória ou facultativa do *sursis*, sua prorrogação e, finalmente, a extinção da pena.

O art. 156 da LEP, por outro lado, quando dispõe que "o juiz poderá suspender, pelo período de 2 (dois) a 4 (quatro) anos, a execução da pena privativa de liberdade, não superior a 2 (dois) anos, na forma prevista nos artigos 77 a 82 do Código Penal", alude à fase da sentença. Em outras palavras, o "juiz" a que se refere a norma é o *juiz da condenação*. Até porque quando pretende indicar que a competência é do juiz das execuções a Lei de Execução Penal é expressa[27]. Trata-se, portanto, da reiteração das normas gerais do Estatuto Penal, denotando a harmonia que deve haver entre o Código e a Lei de Execução Penal. Note, ainda, que a parte final do dispositivo é clara ao determinar que a medida será concedida *"na forma prevista* nos arts. 77 a 82 do Código Penal".

---

[27] Veja, por exemplo, o art. 131: "O livramento condicional poderá ser concedido pelo *juiz da execução*, presentes os requisitos do artigo 83, incisos e parágrafo único, do Código Penal, ouvidos o Ministério Público e o Conselho Penitenciário" (grifo nosso).

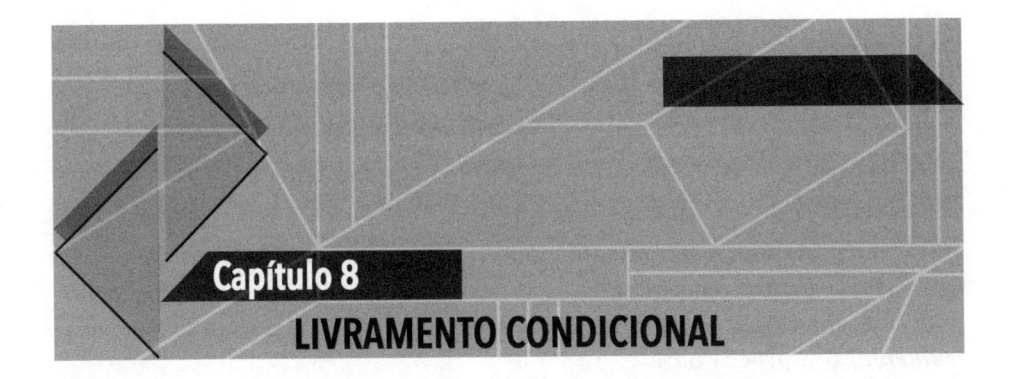

Capítulo 8

LIVRAMENTO CONDICIONAL

1. ORIGEM

A origem remota do livramento condicional prende-se à gênese do sistema progressivo de cumprimento da pena privativa de liberdade, no século XIX. Assim é que no sistema progressivo irlandês a pena de prisão era cumprida em estágios, sendo o último deles caracterizado pela concessão de liberdade ao preso (inicialmente a título provisório, tornando-se definitiva se houvesse a demonstração de bom comportamento).

O instituto, destarte, **tem na sua essência a finalidade de promover uma reintegração progressiva do preso com o meio social.**

No Brasil, o livramento condicional foi previsto, pela primeira vez, no Código Penal de 1890 (arts. 51 e 52), como a última fase do sistema progressivo adotado à época. De ver, contudo, que o instituto permaneceu inaplicável durante muitos anos, até que fora definitivamente regulamentado em 1924, por meio do Decreto n. 16.665.

O Código Penal, em sua redação original, o previa nos arts. 60 a 66, de maneira muito mais rigorosa do que na legislação atual. Apenas para se ter uma ideia, o réu primário somente poderia obtê-lo depois de cumprir metade de sua pena e o reincidente, após o cumprimento de três quartos. Exigia-se, ainda, a demonstração de que o sentenciado não apresentasse ou tivesse cessada sua periculosidade. Referido regramento fora abrandado pela Lei n. 6.416, de 1977, e, finalmente, pela Reforma da Parte Geral de 1984.

Atualmente, encontra-se regulado nos arts. 83 a 90 do CP e nos arts. 131 a 146 da LEP.

2. CONCEITO E NATUREZA JURÍDICA

O livramento condicional pode ser conceituado como **o instituto por meio do qual se promove** *a antecipação da liberdade do sentenciado, em cumprimento de pena de prisão, de modo a readaptá-lo ao meio social.*

Discute-se se o livramento condicional pode ser considerado um benefício. Para um importante setor da doutrina, não é correto vê-lo dessa forma, uma vez que sua imposição sempre se dá mediante condições compulsórias (além de outras que podem ser facultativamente acrescentadas pelo magistrado). Seria o livramento, destarte, um incidente na execução da pena privativa de liberdade.

Cremos que o livramento pode ser considerado tanto um *benefício* (pois visa a promover a reintegração social do condenado), *sob o aspecto material*, quanto um *incidente na execução da pena*, do ponto de vista *instrumental* (ou processual).

3. DISTINÇÃO EM RELAÇÃO AO *SURSIS*

Não há confundir o *sursis* com o livramento condicional. A suspensão condicional da pena é concedida na fase de conhecimento, quando da lavratura da sentença, ao passo que o **livramento é outorgado durante a execução da pena**, de modo que pressupõe o trânsito em julgado da condenação (muito embora já se tenha admitido o instituto quando houve somente trânsito em julgado para a acusação).

O *sursis* é concedido para condenações que não ultrapassem dois anos (como regra) e o **livramento requer seja a pena igual ou superior a esse patamar.**

Ambos têm sua duração submetida a um **período de prova**, mas o do *sursis* tem prazo fixo (dois a quatro anos ou quatro a seis anos) e o **do livramento, variável conforme o caso concreto (corresponde ao restante da pena).**

O *sursis*, ademais, se concedido suspenderá o cumprimento da pena, que não será executada um dia sequer (salvo se houver revogação), enquanto **no livramento exige-se o cumprimento parcial da sanção.**

Importante recordar, finalmente, que no *sursis* o período de prova tem início com a *audiência admonitória*. No livramento, há uma providência semelhante: trata-se da *cerimônia de concessão*, prevista no art. 137 da LEP, em que ocorre a leitura da sentença ao liberado, explicando as condições e causas de revogação.

As diferenças estão sintetizadas no quadro:

SURSIS	LIVRAMENTO CONDICIONAL
É concedido na sentença condenatória	Concede-se na fase de execução da pena
Requer pena não superior a dois anos (regra)	Requer pena igual ou superior a dois anos
Período de prova: 2 a 4 anos ou 4 a 6 anos	Período de prova: Corresponde ao restante da pena
A execução da pena de prisão fica suspensa desde o início	Cumpre-se parte da pena de prisão para, somente após, obter a antecipação da liberdade

4. REQUISITOS (CP, ART. 83)

A concessão do livramento condicional submete-se ao preenchimento de diversos requisitos, de ordem objetiva e subjetiva.

4.1. Requisitos objetivos

São *requisitos objetivos*:

a) condenação a **pena privativa de liberdade por tempo** *igual ou superior a dois anos*;

b) *reparação do dano*, salvo impossibilidade de fazê-lo;

c) *cumprimento parcial* da pena privativa de liberdade.

Com relação ao cumprimento de parte da sanção, existem os seguintes patamares previstos no Código Penal: (mais de) *um terço, metade e dois terços*.

O *cumprimento de mais de um terço* é exigido para o sentenciado *não reincidente em crime doloso* e que, ao tempo da sentença, tenha sido reconhecido como portador de *bons antecedentes*.

O *cumprimento de mais de metade* da pena será a fração necessária quando o condenado for *reincidente em crime doloso*[1].

O condenado por crime não hediondo, *primário e de maus antecedentes*, deverá cumprir, segundo orientação predominante, mais de um terço de sua pena, por analogia *in bonam partem* ao inciso I do art. 83 (o qual rege o livramento condicional para o não reincidente em crime doloso[2]).

Com isso, anula-se o requisito adicional imposto por lei para o patamar de um terço, pois a lei exige não-reincidência em crime doloso e bons antecedentes, mas, na prática, basta não ser reincidente em crime doloso.

A lei exige o *cumprimento de mais de dois terços* quando o executado cumprir pena por *delito hediondo ou assemelhado* ou no caso de condenação por *tráfico de pessoas (CP, art. 149-A)*.

---

[1] Considera-se reincidente em crime doloso o agente que foi condenado por um delito doloso ou preterdoloso e, depois do trânsito em julgado dessa sentença, praticou novo crime doloso ou preterdoloso. O cumprimento de metade da pena exigir-se-á, como resulta óbvio, quando da execução da pena referente à segunda condenação.

[2] STJ, HC 320.374/RS, rel. Min. Reynaldo Soares da Fonseca, 5ª T., j. 9-6-2015, e HC 102.278/RJ, rel. Min. Jane Silva (Desembargadora convocada do TJ/MG), 6ª T., j. 3-4-2008. No mesmo sentido: TJMG, Agravo em Execução Penal 1.0452.16.003638-3/001, rel. Des. Matheus Chaves Jardim, 2ª CCr, j. 28-11-2019.

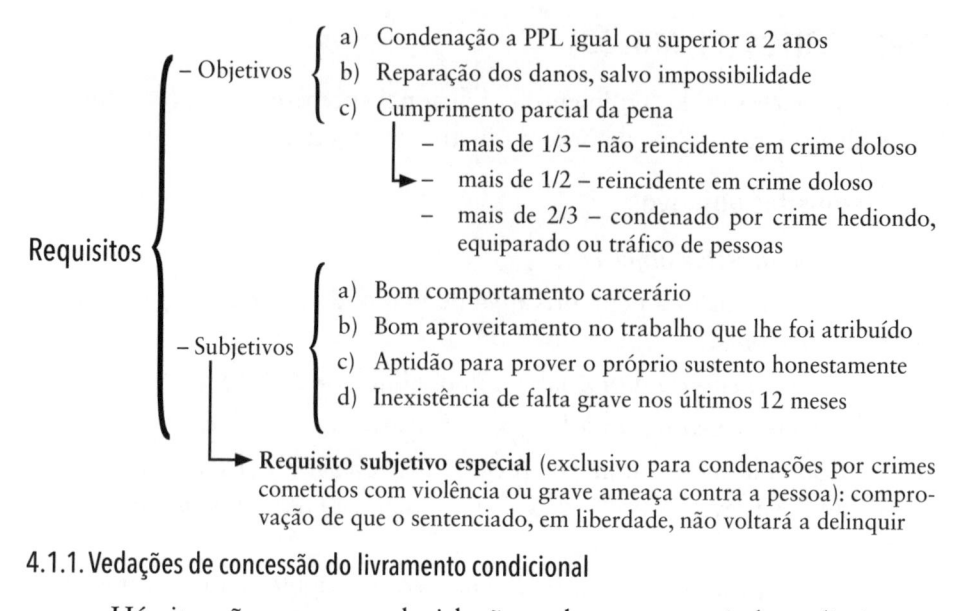

Requisitos
- Objetivos
  a) Condenação a PPL igual ou superior a 2 anos
  b) Reparação dos danos, salvo impossibilidade
  c) Cumprimento parcial da pena
    - mais de 1/3 – não reincidente em crime doloso
    - mais de 1/2 – reincidente em crime doloso
    - mais de 2/3 – condenado por crime hediondo, equiparado ou tráfico de pessoas

- Subjetivos
  a) Bom comportamento carcerário
  b) Bom aproveitamento no trabalho que lhe foi atribuído
  c) Aptidão para prover o próprio sustento honestamente
  d) Inexistência de falta grave nos últimos 12 meses

Requisito subjetivo especial (exclusivo para condenações por crimes cometidos com violência ou grave ameaça contra a pessoa): comprovação de que o sentenciado, em liberdade, não voltará a delinquir

4.1.1. Vedações de concessão do livramento condicional

Há situações em que a legislação veda ao sentenciado o direito ao livramento condicional. São hipóteses de extrema gravidade, em que a proibição se justifica, sob a ótica do princípio da proporcionalidade.

Os primeiros casos estão no Código Penal e se referem a **reincidentes em crimes hediondos, equiparados a hediondo ou tráfico de pessoas.**

Se o condenado for reincidente em delitos dessa natureza, não poderá obter livramento condicional com relação à segunda pena que lhe foi imposta.

Trata-se da figura do reincidente específico[3], não se exigindo, porém, que a recidiva se dê no mesmo tipo penal, bastando a reiteração em crime da mencionada natureza. Assim, por exemplo, se o réu cumpriu pena anteriormente por estupro (CP, art. 213) e, posteriormente, cometeu um roubo majorado pelo emprego de arma de fogo de uso restrito ou proibido (CP, art. 157, § 2º-B), quando da execução da sanção referente ao segundo delito, por ser o sentenciado reincidente específico em crime de natureza hedionda, não poderá obter o livramento condicional.

O segundo grupo de exceções se encontra na Lei de Execução Penal e foi introduzido pela Lei Anticrime (Lei n. 13.964/2019).

De acordo com o art. 112, VI e VIII, da Lei de Execução Penal, não terão direito à liberdade condicional **condenados por crimes hediondos ou**

---

[3] A expressão *reincidente específico* utilizada no texto não se confunde com o "reincidente específico" previsto no Código Penal de 1940, antes da Reforma da Parte Geral, de 1984. *Vide* Capítulo 5, *supra*.

equiparados com resultado morte, como o homicídio simples realizado em atividade típica de grupo de extermínio, o homicídio qualificado, o feminicídio, o latrocínio, entre outros. Essa proibição somente terá incidência para delitos hediondos com resultado morte praticados a partir da entrada em vigor da Lei Anticrime, que se deu no dia 23 de janeiro de 2020. Cuida-se de *novatio legis in pejus* e, portanto, não atinge fatos anteriores à sua entrada em vigor (CF, art. 5º, XL, e CP, art. 2º).

Há, por fim, hipótese de proibição do benefício na Lei do Crime Organizado, que, em seu art. 2º, § 9º, dispõe que o **condenado por integrar organização criminosa ou por crime praticado por meio de organização criminosa**, assim expressamente reconhecido na decisão condenatória, não poderá progredir de regime de cumprimento de pena ou obter livramento condicional ou outros benefícios prisionais se houver elementos probatórios que indiquem a **manutenção do vínculo associativo**.

4.1.2. Livramento condicional e tráfico de drogas

Interessante anotar que o prazo para a concessão de livramento condicional em matéria de tráfico de drogas (isto é, os crimes tipificados nos arts. 33, *caput* e § 1º, e 34 a 37 da Lei n. 11.343/2006) é regulado no art. 44, parágrafo único, da mencionada lei. De acordo com a norma especial, "dar-se-á livramento condicional após o cumprimento de dois terços da pena, vedada sua concessão ao reincidente específico".

É de ver que *o conceito de reincidência específica previsto na Lei de Drogas, para efeito de proibição do livramento condicional, é mais estrito que o do Código Penal*, pois abrange somente os crimes citados no art. 44, isto é, os arts. 33, *caput* e § 1º, e 34 a 37 da Lei n. 11.343/2006. Significa, portanto, que desde o advento da atual Lei de Drogas, quem cumpre pena por tráfico poderá obter livramento condicional depois de cumprir mais de dois terços da pena, salvo se houver sido condenado com trânsito em julgado por *tráfico* anterior, antes da data do segundo fato, pelo qual cumpre a sanção atual.

4.1.3. Soma das penas

"As penas que correspondem a infrações diversas devem somar-se para efeito do livramento" (art. 84 do CP). Significa que, na hipótese de serem impostas ao agente penas privativas de liberdade em processos distintos, as penas serão somadas e, com base no total obtido, será efetuado o cálculo para o livramento condicional.

Note que a lei fala em soma das "penas", quando, na verdade, trata-se do cúmulo das penas *privativas de liberdade*. Significa que, se o sentenciado for condenado, por exemplo, a uma pena de prisão em um processo e a uma pena restritiva de direitos em outro, não se aplicará o dispositivo em questão, mas o art. 76 do Código (as penas mais graves devem ser cumpridas antes das mais brandas). O agente, portanto, cumprirá a sanção privativa de liberdade (com a possibilidade de obtenção do livramento) e, ao final, dará início à execução da pena alternativa.

O art. 84, repise-se, pressupõe penas de prisão (reclusão, detenção ou prisão simples). Assim, por exemplo, tendo o sentenciado condenado, em dois processos distintos, a seis e a oito anos, respectivamente, as penas serão somadas e, sobre o total (ou seja, catorze anos), calcular-se-á o período necessário para obtenção do livramento condicional.

Caso os parâmetros para o cálculo do benefício, nas diversas condenações, sejam diferentes (ex.: num processo o réu era primário e de bons antecedentes e no outro, reincidente em crime doloso), **o juiz deverá proceder à contagem individualizada dos períodos mínimos para cada uma das penas, somando-os ao final**, com o escopo de determinar, exatamente, quanto de sua pena deverá o executado cumprir antes de obter a liberdade condicional.

Aproveitando-se a hipótese formulada, o agente poderá obter o benefício após o decurso de seis anos. Acompanhe o raciocínio:

– Processo n. 1. Pena = 6 anos; Réu primário e de bons antecedentes; Fração mínima para obtenção do livramento = um terço, ou seja, 2 anos;

– Processo n. 2. Pena = 8 anos; Réu reincidente em crime doloso; Fração necessária para postular a medida = metade, isto é, 4 anos;

– Tempo necessário para obtenção do livramento, após a soma das penas = fração 1 + fração 2 = 6 anos.

De se lembrar, por fim, que, apesar do teor da *Súmula 715 do STF*, que estabelece que o limite de cumprimento de penas (atualmente quarenta anos) não é considerado para a concessão de benefícios como o livramento condicional, o STJ o considera no período de cumprimento do benefício. Dessa forma, se um indivíduo for condenado a uma pena privativa de liberdade a 60 anos de reclusão, por exemplo, e depois de cumprir 20 anos for ele contemplado com o benefício do livramento condicional, em tese, caso não aplicado o entendimento do STJ, teria ele que se sujeitar ao cumprimento de mais 40 anos no período de prova. Por outro lado, aplicando-se o entendimento da Corte de considerar o disposto no art. 75 do CP também ao período de prova no livramento condicional, restaria ao indivíduo no caso hipotético o cumprimento de apenas mais 20 anos, no âmbito do período de prova, pois já se sujeitou ao cumprimento de outros 20 anos antes da concessão do benefício[4].

---

[4] REsp 1.922.012-RS, rel. Min. Joel Ilan Paciornik, 5ª T., por unanimidade, j. 5-10-2021.

4.2. Requisitos subjetivos

São *requisitos subjetivos* à outorga do instituto:

a) **bom comportamento carcerário;**

b) **aptidão para prover o próprio sustento** mediante trabalho honesto;

c) **bom aproveitamento no trabalho** que lhe foi atribuído;

d) **não cometimento de falta grave nos últimos doze meses.**

Com relação ao requisito mencionado na letra "a", vale frisar que originariamente o legislador citava a necessidade de o sentenciado ostentar comportamento carcerário *satisfatório* (ou seja, mediano, razoável). Com a Lei Anticrime (Lei n. 13.964/2019), passou-se a requerer **bom comportamento[5]**. Não se trata de mero ajuste redacional, mas de efetiva **elevação no nível de exigência necessário para a obtenção do benefício.** Afigura-se correta a mudança, inclusive por sanar uma incoerência em nossa legislação. A Lei de Execução Penal sempre exigiu *bom* comportamento para efeito de *progressão* de regime de cumprimento de pena privativa de liberdade (LEP, art. 112), que é um benefício menos relevante que o livramento condicional; afinal, na progressão, o apenado continua recolhido em estabelecimento prisional, embora em regime diverso, enquanto no livramento ele readquire a liberdade de locomoção. Não fazia sentido impor para o menos (progressão) "bom comportamento" e, para o mais (liberdade condicional), "comportamento (apenas) satisfatório".

Outra mudança efetuada pela Lei Anticrime (Lei n. 13.964/2019) foi a de que o sentenciado, para obtenção do benefício, não pode ter cometido falta grave nos últimos doze meses. Estabelece-se, com a novel imposição, um período de carência para que, depois de cometida a falta grave, possa se avaliar o comportamento do agente no ambiente prisional.

Correta, novamente, a alteração legislativa.

Para contextualizar a mudança, é preciso lembrar que, em 2010, o Superior Tribunal de Justiça editou súmula no sentido de que: "A falta grave não interrompe o prazo para obtenção do livramento condicional" (Súmula 441). Para a Corte, a ausência de norma expressa na Lei de Execução Penal

---

[5] Neste ponto, destaca-se a tese jurídica firmada em recurso repetitivo (Tema Repetitivo 1.161 – acórdão publicado – RE pendente): "A valoração do requisito subjetivo para concessão do livramento condicional – bom comportamento durante da execução da pena (art. 83, inciso III, alínea *a*, do Código Penal) – deve considerar todo o histórico prisional, não se limitando ao período de 12 meses referido na alínea *b* do mesmo inciso III do art. 83 do Código Penal" (REsp 1.974.104/RS e REsp 1.970.217/MG, rel. Min. Ribeiro Dantas, 3ª S., j. 24-5-2023).

impede que se considere interrompido o período aquisitivo para concessão do benefício. Assim, se o agente tem direito a obter o livramento condicional depois de cumprido um terço da pena e, já estando prestes a completar esse lapso, pratica falta grave, o reconhecimento dessa infração não interferirá na contagem desse prazo.

Ocorre, porém, que, embora não interfira na fluência do prazo, indica mau comportamento e, desse modo, impede o deferimento da medida por ausência de requisito subjetivo.

A questão, porém, era determinar: por quanto tempo a falta grave serve de obstáculo (subjetivo) à concessão do livramento condicional?

A resposta, agora, encontra-se no texto da lei: por **doze meses**.

Destaque-se que se trata de requisito objetivo, com limitação temporal: o não cometimento de falta grave nos últimos 12 meses. Assim, difere do requisito subjetivo do bom comportamento, que considera todo o histórico prisional, sem limitação temporal[6].

Se o agente for condenado por crime doloso, cometido com violência ou grave ameaça à pessoa, a concessão do livramento, nos termos do art. 83, parágrafo único, do CP, ficará também subordinada à constatação de condições pessoais que façam presumir que o liberado não voltará a delinquir. Essa constatação poderá ser analisada pela elaboração do exame criminológico ou por meio da análise dos elementos concretos extraídos do processo de execução da pena. Nesse último caso, conforme estabelece o STJ, a presença de faltas de natureza grave relativamente recentes, independentemente da simples observação da data fixada de reabilitação, demonstra um histórico prisional conturbado do apenado e afasta a constatação inequívoca do requisito subjetivo especial para a concessão do livramento condicional em delitos perpetrados com emprego de violência ou grave ameaça contra pessoa[7].

4.3. Requisitos procedimentais

Há **requisitos de ordem procedimental**, necessários para a aplicação do benefício:

a) **requerimento** do sentenciado, de seu cônjuge ou parente em linha reta, proposta do diretor de estabelecimento ou do Conselho Penitenciário (CPP, art. 712) – nada impede, contudo, que o juiz o conceda de ofício;

---

[6] Nesse sentido: STJ, AgRg no AREsp 2.179.635/SP, rel. Min. Messod Azulay Neto, 5ª T., j. 7-3-2023; e AgRg no HC 730.327/RS, rel. Min. Laurita Vaz, 6ª T., j. 28-11-2022.

[7] HC 734.064-SP, rel. Min. Jesuíno Rissato (Desembargador convocado do TJDFT), 5ª T., j. 3-5-2022.

b) **parecer do diretor do estabelecimento** referente ao comportamento carcerário (art. 112 da LEP, com redação da Lei n. 10.792/2003);

c) **parecer do Ministério Público e oitiva do defensor** (LEP, art. 112, com redação da Lei n. 10.792/2003).

5. CONDIÇÕES DO LIVRAMENTO

5.1. Legais (LEP, art. 132)

5.1.1. Obrigatórias (§ 1º)

A concessão do benefício dar-se-á mediante a **obrigatória** observância das seguintes condições:

a) **obter ocupação lícita** dentro de prazo razoável, se for apto para o trabalho;

b) **comunicar periodicamente** ao juiz sua **ocupação**;

c) **não mudar do território da comarca** do juízo das execuções sem autorização deste.

Uma vez concedido o benefício, o juiz poderá determinar que o sentenciado, durante o gozo do livramento condicional, se sujeite à monitoração eletrônica (art. 146-B da LEP).

5.1.2. Facultativas (§ 2º)

O juiz das execuções poderá, ainda, especificar outras **condições**, em caráter **facultativo**, a saber:

a) **não mudar de residência sem comunicar ao juiz** e à autoridade incumbida da observação cautelar e de proteção;

b) **recolher-se à habitação em hora fixada**;

c) **não frequentar determinados lugares**.

5.1.3. Judiciais (CP, art. 85)

Qualquer outra condição, adequada ao fato e à situação pessoal do condenado, vedadas as condições vexatórias ou que ofendam direitos individuais do cidadão.

Seriam válidas, portanto, condições como a submissão a processo de desintoxicação ou o comparecimento a clínica de recuperação de traumatizados. Não se admitiriam, por serem vexatórias, a obrigação de elaborar redação sobre os males decorrentes da prática de delitos ou o dever de frequentar determinado culto religioso.

São as causas de revogação (*vide* item 6, *infra*). Como sua ocorrência provoca a revogação, são consideradas condições indiretas a que se submete o sentenciado durante o cumprimento do período de prova.

6. CAUSAS DE REVOGAÇÃO DO LIVRAMENTO

O Código Penal distingue entre causas de revogação obrigatória (art. 86) e facultativa (art. 87).

A *revogação obrigatória* dá-se com a **superveniência de condenação transitada em julgado, impondo pena privativa de liberdade,** tenha o crime sido praticado antes ou durante o período de prova do livramento condicional.

De fato, não pode subsistir a liberdade condicional se o sentenciado tem pena de prisão para cumprir. A incompatibilidade é evidente, daí tratar-se de hipótese compulsória.

É preciso registrar que, se a condenação referir-se a fato praticado durante o período de prova, as consequências da revogação serão mais severas, como se verá a seguir (item 6.2). A *revogação facultativa* ocorre com a **condenação irrecorrível, por crime ou contravenção penal, desde que tenha sido aplicada pena alternativa.** Dá-se, **também, com o descumprimento das condições impostas pelo juiz das execuções,** sejam as legais (LEP, art. 132) ou as judiciais (CP, art. 85).

Note-se que a primeira causa de revogação não compulsória é a condenação transitada em julgado, que tenha aplicado pena de multa ou restritiva de direitos. Nesse caso, é quase certo que se tratará de condenação referente a fato cometido pelo sentenciado *antes do início do período de prova*, até porque, fosse a infração praticada durante esse momento, a reincidência do agente levaria, quase que invariavelmente, à privação da liberdade.

Na remota hipótese de o agente cometer um fato durante a liberdade condicional e receber pena alternativa, cremos que o juiz das execuções deverá pautar sua decisão (de revogar o benefício) a partir da eventual incompatibilidade do ato com a confiança inerente à medida. Assim, por exemplo, em se tratando do cometimento de um ilícito doloso. Quando se tratar de crime culposo, por outro lado, não deverá ter lugar, de regra, a extinção do instituto.

Caso o juiz das execuções opte por não revogar o livramento, deverá, então, advertir o sentenciado ou exacerbar as condições (LEP, art. 140, parágrafo único).

Registre-se, por fim, que a Lei n. 14.843, de 2024, incluiu na LEP mais uma hipótese de revogação facultativa do benefício, que se dá com a inobservância dos deveres de zelo com o equipamento de monitoração eletrônica que portarem os sentenciados em gozo de livramento condicional (art. 146-C, parágrafo único).

6.1. A aparente lacuna do legislador

A combinação dos arts. 86 e 87 do Código revela uma aparente lacuna do legislador. Este contemplou todas as situações possíveis em se tratando da superveniência de condenação transitada em julgado por crime. Quando a decisão impuser pena privativa de liberdade, a revogação será obrigatória (CP, art. 86), quando aplicar pena alternativa, será facultativa (CP, art. 87).

No caso de contravenção penal, todavia, previu-se expressamente que dar-se-á a revogação facultativa quando a sentença impuser pena não privativa de liberdade.

Qual a medida a ser adotada, então, se a decisão aplicar pena de prisão simples?

Dir-se-á que, nesse caso, não poderá o juiz proceder à revogação, porque, se assim o fizesse, estaria adotando medida severa sem base expressa em lei, ofendendo o princípio da legalidade. Argumenta-se, nesse sentido, que a extinção do livramento condicional importaria em decisão fundada na analogia *in malam partem*.

Cremos, todavia, que a questão merece uma reflexão mais profunda.

A Lei de Execução Penal determina que o juiz das execuções poderá proceder à suspensão cautelar[8] do livramento, expedindo ordem de prisão ao agente, sempre que este praticar outra *infração penal* durante o benefício (art. 145). Em outras palavras, o cometimento de qualquer ilícito penal, crime ou contravenção, autoriza a suspensão da medida.

Além disso, na hipótese de o agente sofrer condenação irrecorrível à prisão simples, torna-se evidentemente inviável a manutenção da liberdade condicional. A razão é simples: como pode o sentenciado, que deverá ser imediatamente preso (por força do novo título executivo), ficar, ao mesmo tempo, solto (em liberdade condicional)? Não se cuida de *analogia in malam partem*, mas de consequência inarredável, dada a nítida impossibilidade de conviverem simultaneamente as duas situações.

---

[8] Suspensão cautelar não se confunde com revogação. Aquela tem natureza provisória e se baseia no *fumus boni iuris* (ou *fumus commissi delicti*) e no *periculum in mora* (ou *periculum libertatis*). *Vide* item 8.5, *infra*.

6.2. Efeitos da revogação do livramento

O Código Penal e a Lei de Execução Penal estabelecem consequências distintas, conforme o fundamento da revogação do benefício.

É de ver, todavia, que **quatro efeitos sempre serão aplicados**, independentemente do motivo da revogação: a) a **expedição de mandado de prisão**, para que o restante da pena privativa de liberdade seja cumprido no cárcere; b) a **impossibilidade de se computar o período de prova no quinquênio depurador da reincidência** – art. 64, I, do CP (isto é, no prazo de cinco anos em que a condenação anterior deixa de gerar a recidiva); c) a **vedação do cômputo do período de prova no prazo mínimo para pleitear reabilitação criminal** (CP, art. 94, *caput*); d) **início da contagem da prescrição da pretensão executória** (CP, art. 112, I).

Casos há, contudo, em que a revogação revela não só a incompatibilidade da manutenção da medida, mas uma absoluta *quebra de confiança* demonstrada pelo agente. É o que se dá quando o sentenciado sofrer *condenação por fato cometido durante o período de prova*. O mesmo ocorrerá quando **descumprir as condições impostas** (e o juiz, obviamente, optar pela revogação do instituto – LEP, art. 142).

Os arts. 88 do CP e 141 da LEP permitem que *o período de prova seja considerado como tempo de cumprimento de pena, desde que a condenação superveniente refira-se a infração penal anterior à vigência do livramento.*

Da mesma forma, autoriza-se que o tempo restante de cumprimento da(s) pena(s) anterior(es) seja somado à nova condenação, para efeito de concessão de novo livramento condicional (CP, art. 86, II, e LEP, art. 142).

Se, por outro lado, caracterizar-se a *quebra de confiança, o período de prova será desprezado no cômputo da pena anterior e não se poderá somar o restante da primeira condenação com a nova pena imposta para efeito de se calcular novo benefício[9].*

---

[9] A título exemplificativo, o seguinte julgado do Supremo Tribunal Federal: "1. A condenação irrecorrível, por crime cometido na vigência do livramento condicional, é causa de revogação obrigatória do benefício (inciso I do artigo 86 do Código Penal). 2. Revogado o livramento condicional pela prática delitiva durante o período de prova, não se conta como tempo de pena cumprida o lapso temporal em que o condenado ficou em liberdade. 3. Ordem denegada" (HC 90.449, rel. Min. Carlos Britto, j. 9-10-2007, *DJe* de 11-4-2008). Igualmente o STJ: "O art. 141 da Lei de Execução Penal estabelece que se a revogação for motivada por infração penal anterior à vigência do livramento, computar-se-á como tempo de cumprimento da pena o período de prova, sendo permitida, para a concessão de novo livramento, a soma do tempo das

Acompanhe o quadro abaixo, com as diferenças entre os efeitos da revogação do livramento:

EFEITOS "BRANDOS" (NÃO HOUVE QUEBRA DE CONFIANÇA)	EFEITOS RIGOROSOS (HOUVE QUEBRA DE CONFIANÇA)
Revogação do livramento, expedindo-se mandado de prisão	Idem
Perda do tempo em liberdade para fins de contagem do tempo de "prescrição da reincidência"	Idem
Perda do período de prova para o cômputo no prazo mínimo de obtenção da reabilitação criminal	Idem
Início da contagem da prescrição da pretensão executória	Idem
Possibilidade de soma da pena referente à nova condenação com a condenação anterior para fins de obtenção de novo livramento	Impossibilidade de soma da nova condenação para efeitos de novo livramento sob o período total (novo livramento somente na nova condenação)
O tempo cumprido em liberdade (período de prova) é computado na pena a ser cumprida	Perda do tempo cumprido em liberdade para efeitos de desconto na pena

7. REGRAMENTO DO INSTITUTO NA LEI DE EXECUÇÃO PENAL

A Lei de Execução Penal, em boa parte, reproduz os dispositivos do Código Penal acerca do regramento da medida. Há normas, todavia, que complementam a disciplina da matéria. A seguir, serão destacadas as regras não comentadas acima:

1) art. 133: autoriza o liberado, mediante decisão do juízo das execuções, a residir fora da comarca, devendo-se remeter cópia da sentença do livramento ao juízo do lugar para onde ele o sentenciado se houver transferido e à autoridade incumbida da observação cautelar e de proteção;

2) art. 136: refere-se à expedição da "carta de livramento", que conterá cópia integral da sentença em duas vias, remetendo-se uma à autoridade administrativa incumbida da execução e outra ao Conselho Penitenciário;

---

2 (duas) penas. Por seu turno, o art. 142 do mesmo diploma legal reza que, no caso de revogação por outro motivo, não se computará na pena o tempo em que esteve solto o liberado, e tampouco se concederá, em relação à mesma pena, novo livramento. 3. Esta Corte Superior de Justiça possui entendimento de que na hipótese de revogação do livramento condicional em razão do descumprimento das obrigações constantes da sentença, não se computará como pena cumprida o prazo em que o apenado esteve em solto, a teor do art. 142 da Lei de Execução Penal" (AgRg no REsp 1.244.333/RS, rel. Min. Ribeiro Dantas, 5ª T., j. 18-5-2017).

3) art. 137: cuida da cerimônia de concessão do benefício, a ser realizada solenemente no dia marcado pelo presidente do Conselho Penitenciário, no estabelecimento onde está sendo cumprida a pena. Durante o ato ocorrerá: a) a leitura da sentença ao liberando, na presença dos demais condenados, pelo presidente do Conselho Penitenciário ou membro por ele designado, ou, na falta, pelo juiz; b) a autoridade administrativa chamará a atenção do liberando para as condições impostas na sentença de livramento; e c) "o liberando declarará se aceita as condições;

4) art. 138: o liberado deverá receber, em uma caderneta, informações sobre o saldo de seu pecúlio e do que lhe pertencer, que exibirá à autoridade judiciária ou administrativa, sempre que lhe for exigida. Haverá na caderneta: a) a identificação do liberado; b) o texto impresso do Capítulo I do Título V da Lei de Execução Penal; c) as condições impostas. Na falta da caderneta, o liberado receberá um salvo-conduto, em que constem as condições do livramento, podendo substituir-se a ficha de identificação ou o seu retrato pela descrição dos sinais que possam identificá-lo. A caderneta e o salvo-conduto deverão conter espaço para consignar-se o cumprimento das condições;

5) art. 139: incumbe ao serviço social penitenciário, Patronato ou Conselho da Comunidade a observação cautelar e a proteção realizadas, cuja finalidade será de: a) fazer observar o cumprimento das condições especificadas na sentença concessiva do benefício; b) proteger o beneficiário, orientando-o na execução de suas obrigações e auxiliando-o na obtenção de atividade laborativa;

6) art. 143: estabelece a obrigatoriedade de ouvir o sentenciado como medida antecedente à revogação, a qual poderá ser decretada a requerimento do Ministério Público, mediante representação do Conselho Penitenciário, ou, de ofício, pelo juiz;

7) art. 144: permite que o juiz, de ofício, a requerimento do Ministério Público, ou mediante representação do Conselho Penitenciário, e ouvido o liberado, modifique as condições especificadas na sentença.

8. OBSERVAÇÕES FINAIS

8.1. Livramento condicional antes do trânsito em julgado da condenação

É admissível, conquanto tenha ocorrido trânsito em julgado para a acusação, uma vez que a pena do réu nunca poderá ser agravada em recurso exclusivo da defesa (CPP, art. 617).

Nossos tribunais têm admitido a concessão de benefícios legais (como progressão de regimes e livramento condicional) em tais situações[10].

8.2. Exame criminológico

Não se trata de requisito legal à concessão do livramento, ainda que se cuide de crimes dolosos, praticados com violência ou grave ameaça à pessoa. É de ver, contudo, que de acordo com a **Súmula 439 do STJ: "Admite-se o exame criminológico pelas peculiaridades do caso, desde que em decisão motivada"**. Pode-se concluir, portanto, que muito embora a outorga da medida antecipatória da liberdade do preso definitivo não se encontre vinculada à realização da avaliação por meio do exame criminológico, nada obsta que o juiz das execuções, em casos excepcionais e mediante fundamentada determinação, ordene a consecução da perícia e a partir das conclusões nela contidas possa colher subsídios para lastrear sua decisão.

8.3. Estrangeiro

Tem direito a livramento condicional, ainda que esteja em curso o processo administrativo visando à sua expulsão. A Lei de Migração assegura ao não nacional, em seu art. 54, § 3º, que o processamento da expulsão em caso de crime comum não prejudicará a progressão de regime, o cumprimento da pena, a suspensão condicional do processo, a comutação da pena ou a concessão de pena alternativa, de indulto coletivo ou individual, de anistia ou de quaisquer benefícios concedidos em igualdade de condições ao nacional brasileiro.

8.4. Prorrogação do período de prova (CP, art. 89)

O período de prova considerar-se-á prorrogado no caso de o sentenciado responder a processo por crime cometido *durante o livramento*.

Por que a mesma regra não se aplica no caso de crime cometido antes do livramento?

Em primeiro lugar, evidentemente, porque o Código Penal não permite (art. 89). Além disso, por uma questão de lógica. Afinal, quando da condenação definitiva por crime cometido antes do livramento, o período de prova, apesar de sua revogação, sempre será considerado como pena cumprida; sua prorrogação, portanto, importaria na extensão da própria pena aplicada, mesmo depois de seu integral cumprimento.

---

[10] Súmula 716 do STF: "Admite-se a progressão de regime de cumprimento da pena ou a aplicação imediata de regime menos severo nela determinada, antes do trânsito em julgado da sentença condenatória".

8.5. Suspensão provisória do livramento (LEP, art. 145)

A revogação do livramento em razão da prática de outra infração penal exige, como se viu, trânsito em julgado de sentença penal condenatória. Com a prática da infração penal, contudo, a Lei de Execução Penal permite que se promova a suspensão provisória do livramento (medida de natureza cautelar), ordenando-se a prisão do sentenciado. Cuida-se de providência que se funda na prova da existência do crime (*fumus commissi delicti*) e na existência de perigo à sociedade decorrente da manutenção da medida (*periculum libertatis*).

Estabelece a Lei de Execução Penal, contudo, que, quando da suspensão provisória do livramento, deve ser determinada a oitiva do Conselho Penitenciário, sendo importante ressaltar que tal providência pode ser realizada após a suspensão cautelar do livramento[11].

8.6. Extinção automática (CP, art. 90, e LEP, art. 146)

Findo o período de prova sem que tenha havido revogação, prorrogação ou suspensão cautelar do benefício, considera-se extinta a punibilidade pelo cumprimento da pena. Nesse sentido, a **Súmula 617 do STJ ("A ausência de suspensão ou revogação do livramento condicional antes do término do período de prova enseja a extinção da punibilidade pelo integral cumprimento da pena")**[12].

---

[11] Nesse sentido: STF, *RTJ* 109/146; STJ, *RT* 668/332; TJSP, *RT* 808/622. Ademais, para o STJ: "A jurisprudência pátria tem admitido a possibilidade de suspensão provisória do livramento condicional mesmo sem a oitiva prévia do Conselho Penitenciário, sem que isso constitua constrangimento ilegal. Ordem denegada" (STJ, HC 20.310/RJ, rel. Min. Felix Fischer, 5ª T., j. 3-10-2002). Nesse mesmo sentido: STJ, HC 232.827/RJ, rel. Min. Og Fernandes, 6ª T., j. 22-3-2012; TJRS, Agravo 70080464415, rel. Des. Sérgio Miguel Achutti Blattes, 3ª CCr, j. 17-4-2019; e TJSP, HC 2087902-30.2018.8.26.0000, rel. Des. Kenarik Boujikian, 2ª CCr, j. 13-8-2018.

[12] A prorrogação tardia do período de prova, em função do conhecimento extemporâneo de causa que justificaria tal medida, não tem amparo legal, uma vez que, decorrido o período de prova, dá-se automaticamente a extinção da punibilidade. "II – Nos termos do art. 145 da LEP, ocorrendo a prática de infração penal durante o período de prova, cumpre ao Juízo da Execução Penal ordenar a sua prisão e suspender o curso do livramento condicional. A revogação dependerá da decisão final da nova ação penal. III – Decorrido o período de prova do livramento condicional sem que seja suspenso ou revogado, a pena deve ser extinta, nos termos do art. 90 do Código Penal. IV – A jurisprudência do Supremo Tribunal Federal e deste Superior Tribunal de Justiça é firme no sentido de que não há prorrogação automática do livramento condicional. *Habeas corpus* não conhecido. Ordem concedida de ofício para declarar extinta a pena privativa de liberdade, em virtude do integral cumprimento do período

8.7. Extinção da pena pelo decurso do período de prova sem oitiva do Ministério Público

Gera nulidade absoluta, uma vez que o Ministério Público é fiscal da execução penal (LEP, art. 67).

8.8. Revogação sem oitiva do sentenciado

Não é possível, pois viola a ampla defesa e o contraditório, presentes também na execução penal.

8.9. *Habeas corpus* para pleitear livramento condicional

De regra, entende-se que o remédio heroico não constitui meio processual idôneo para avaliar o cabimento da medida, cuja concessão fica condicionada não só à análise de requisitos objetivos, mas também subjetivos.

Só se admitirá o *writ* em situações extremas, como na hipótese de o juiz exigir prazo maior do que o previsto em lei (p. ex., condicionar o benefício ao cumprimento de mais de dois terços da pena em crime não hediondo).

Nesse sentido, o *habeas corpus* deferido a condenado estrangeiro, que já cumpriu todos os requisitos legais para obtenção do benefício, mas o teve negado sob o argumento de que contra ele foi expedido decreto de expulsão[13].

---

de prova do livramento condicional" (HC 454.451/SP, rel. Min. Félix Fischer, 5ª T., j. 11-9-2018). Na mesma linha: STF, HC 119.938, rel. Min. Rosa Weber, 1ª T., j. 3-6-2014; STJ, HC 507.145/SP, rel. Min. Joel Ilan Paciornik, 5ª T., j. 17-9-2019. Ver, ainda, STJ, AgRg no HC 731.254/MG, rel. Min. Antonio Saldanha Palheiro, 6ª T., j. 6-3-2023.

[13] "(...) 1. Tanto a execução penal do nacional quanto a do estrangeiro submetem-se aos cânones constitucionais da isonomia e da individualização da pena. 2. A disciplina do trabalho no Estatuto do Estrangeiro não se presta a afastar o correspectivo direito--dever do condenado no seio da execução penal. Precedentes. 3. O decreto de expulsão existente não impede o deferimento da benesse, pois as autoridades administrativas podem efetivá-lo após o cumprimento integral da reprimenda, ou mesmo antes (artigo 67 da Lei n. 6.815/80). 4. Orientando-se em entendimento contrário, estar-se--ia a conceber que a esfera penal se pautasse unicamente no decretado em âmbito administrativo. 5. Ordem concedida, ratificada a liminar, para afastar o óbice consistente na condição de estrangeiro para o fim de se obter o livramento condicional" (STJ, HC 186.490/RJ, rel. Min. Maria Thereza de Assis Moura, 6ª T., j. 15-12-2011, *DJe* de 13-2-2012). Deve-se anotar que a nova Lei de Migração (Lei n. 13.445/2017) assegura ao estrangeiro em cumprimento de pena, ainda que sujeito a processo administrativo de expulsão, a progressão de regime, o cumprimento da pena, a suspensão condicional do processo, a comutação da pena ou a concessão de pena alternativa, de indulto coletivo ou individual, de anistia ou de quaisquer benefícios concedidos em igualdade de condições ao nacional brasileiro (art. 54, § 3º).

8.10. Livramento condicional insubsistente

Na hipótese de a medida ser concedida pelo juízo das execuções e, antes de realizada a cerimônia de concessão a que alude o art. 137 da LEP, o sentenciado evadir-se do presídio ou, ainda, ocorrer causa prevista como de revogação obrigatória, o livramento condicional deve ser declarado insubsistente. Não há, propriamente, revogação, posto que o benefício não teve início efetivo[14].

8.11. Livramento condicional para o agente sob regime disciplinar diferenciado (RDD)

Segundo Renato Marcão, "não é possível negar, genericamente, a possibilidade de conceder livramento condicional ao preso que se encontre submetido ao cumprimento da sanção denominada Regime Disciplinar Diferenciado (RDD)"[15]. Entendemos, contudo, que a inserção *e a manutenção* do agente em referido regime pressupõem que se mantenham presentes as hipóteses previstas no art. 52 da LEP, situações que denotam a absoluta incompatibilidade do livramento condicional, pela ausência de requisitos subjetivos. Com efeito, como se pode dizer que o preso inserido no regime disciplinar diferenciado possui comportamento carcerário "satisfatório". Caso o RDD seja revogado ou se encerre seu prazo de duração, todavia, poderá o sentenciado, em tese, pleitear a antecipação de sua liberdade, com fulcro nos arts. 83 e seguintes do Código.

8.12. Cometimento de falta grave

De acordo com a **Súmula 441 do STJ, "A falta grave não interrompe o prazo para obtenção de livramento condicional"**. Significa dizer que o sentenciado não perderá o tempo de pena cumprido para efeito de calcular o benefício em estudo. Ocorre, todavia, que referida sanção poderá impedir a obtenção do livramento condicional, por ausência de requisito subjetivo, de vez que uma das exigências legais reside em possuir o sentenciado comportamento carcerário satisfatório.

---

[14] Cf. TACrSP, AgEx 1.115.851-3, rel. Vico Mañas, j. 28-8-1999.

[15] *Curso de execução penal*, p. 199.

Capítulo 9

EFEITOS DA CONDENAÇÃO

1. INTRODUÇÃO

A prática de uma infração penal dá ensejo a uma relação jurídica, em que o Estado figura como sujeito ativo, o infrator como sujeito passivo e a sanção penal como seu objeto. O titular desta relação, todavia, não pode satisfazê-la de imediato, já que seu direito de punir (ou *ius puniendi*) não é autoexecutável. É preciso que se valha do devido processo legal, até porque a Constituição Federal declara que, sem este, ninguém poderá ser privado de sua liberdade ou de seus bens (art. 5º, LIV). Significa, em síntese, que o Estado deve valer-se de um procedimento previamente estabelecido em lei, perante um órgão judicial competente, que assegure contraditório e ampla defesa.

A persecução criminal, que tem início com a prática delitiva, se desenvolve, de regra, em duas etapas: a fase inquisitiva (isto é, a investigação) e a processual (ou seja, a jurisdição).

A persecução penal em juízo (*persecutio criminis in judicio*) inicia-se com o ajuizamento de uma demanda (*rectius*, ação). Nos crimes de ação pública, o procedimento inaugura-se com a denúncia do Ministério Público (CPP, art. 41), nos delitos de ação privada, mediante queixa (CPP, art. 44).

A ação penal tem como escopo a satisfação da pretensão punitiva (ou direito de punir do Estado), que se verifica com a prolação de uma sentença condenatória, impondo a sanção justa e adequada ao fato, desde que, obviamente, comprove-se o cometimento de um injusto (fato típico e antijurídico) culpável.

A prolação do édito condenatório, todavia, *não basta para a plena satisfação do direito de punir, pois se exige que a sentença transite em julgado.* Isso porque nossa Constituição Federal adotou o princípio da presunção de não culpabilidade (ou presunção de inocência, para alguns – art. 5º, LVII), o qual, na visão atual da maioria da doutrina, impede a execução provisória de uma condenação criminal. No Supremo Tribunal Federal, porém, esse tema é altamente controvertido; durante anos, a Corte entendeu possível a execução provisória de decisão penal, quando pendente recursos sem efeito suspensivo (caso dos recursos especial e extraordinário). Em fevereiro de 2009, contudo, o Tribunal reformou sua posição e passou a negar a possibilidade de execução provisória de condenação criminal. O tema foi novamente revisto em 2016, no julgamento do HC 126.292, quando o Pretório Excelso voltou a admitir a possibilidade de executar provisoriamente condenações proferidas ou confirmadas por órgãos colegiados. Esse entendimento foi revisto em 2019, pelo Plenário do Supremo Tribunal Federal, no julgamento das Ações Declaratórias de Constitucionalidade de números 43, 44 e 54. Em suma, descontadas as idas e vindas, para nossa Corte Constitucional (atualmente) não se admite a execução provisória de decisão penal, ainda que confirmada por órgão colegiado.

2. ESPÉCIES DE EFEITOS DA CONDENAÇÃO

O **trânsito em julgado da sentença penal condenatória irradia**, como se ponderou no item acima, **diversos efeitos, assim na esfera do Direito Penal como em outros ramos jurídicos.**

Os *efeitos penais* da condenação, assim, dividem-se em *principais e secundários.*

O *efeito principal* consiste na *imposição da sanção penal* (pena ou medida de segurança[1]).

Há, ainda, *efeitos secundários*, dentre os quais se destacam: a) **induzir a reincidência** (caso o agente venha a cometer crime posterior); b) **impedir, de regra, obtenção futura de** *sursis*; c) **aumentar o prazo do livramento condicional,** de regra, quando do cumprimento de pena referente a um novo crime; d) **revogar o** *sursis* **e o livramento** condicional; e) **interromper e aumentar o prazo da prescrição da pretensão executória;** f) **impedir o privilégio** em crimes como **furto, estelionato e receptação.**

3. EFEITOS EXTRAPENAIS

3.1. Introdução

Os arts. 91 e 92 do CP ocupam-se justamente dos efeitos extrapenais da condenação. Os efeitos penais são regulados, em sua maioria, nos títulos

---

[1] Deve-se lembrar que a medida de segurança somente será imposta em sentença de natureza condenatória quando se tratar de imputável com capacidade mental reduzido (isto é, "semi-imputável") – arts. 26, parágrafo único, e 98 do CP. Quando o sujeito for considerado inimputável por doença mental ou desenvolvimento mental incompleto ou retardado, a sentença que lhe impuser a medida de segurança terá natureza absolutória (absolvição imprópria).

anteriores da Parte Geral e na Parte Especial (no tocante à cominação da pena e na vedação de benefícios por força de condenações anteriores – p. ex., art. 155, § 2º).

Os efeitos extrapenais dividem-se em genéricos (art. 91) e específicos (art. 92).

3.2. Efeitos extrapenais genéricos

3.2.1. Introdução

Os *efeitos extrapenais genéricos* recebem essa denominação por serem aplicáveis, em tese, a *toda e qualquer condenação criminal.* É preciso ponderar, todavia, que **sua efetiva ocorrência dependerá das características do caso concreto.** Assim, por exemplo, a lei estipula como efeito genérico a obrigação de reparar os danos, o qual somente fará sentido se a conduta do agente provocar algum dano (patrimonial ou moral). Há delitos que não acarretam qualquer prejuízo à vítima, como, por exemplo, a embriaguez ao volante (CTB, art. 306)[2].

Tais efeitos, ainda, *são considerados automáticos,* **porque não dependem de declaração expressa na sentença.** É dizer, não é necessário que o magistrado os afirme na decisão condenatória, uma vez que **são inerentes à condenação,** *qualquer que seja a pena imposta* (privativa de liberdade, restritiva de direitos ou multa)[3].

O art. 91 contém três efeitos extrapenais genéricos, que serão estudados a seguir.

3.2.2. Tornar certa a obrigação de reparar o dano (CP, art. 91, I)

A sentença penal condenatória, por tornar certa a obrigação de reparar o dano, constitui título executivo judicial no âmbito cível; nesta esfera, não mais se discutirá o *an debeatur* (leia-se: obrigação de indenizar), mas somente o *quantum debeatur* (ou seja, o valor da indenização devida, mediante prévia liquidação).

É preciso anotar que, depois do advento da Lei n. 11.719/2008, o juiz deve estipular, na sentença penal condenatória, valor mínimo da indenização. Para que o magistrado possa fazê-lo, porém, deve haver pedido

---

[2] Não se deve confundir, obviamente, o crime autônomo de embriaguez ao volante (CTB, art. 306) com a lesão corporal ou o homicídio culposos, praticados por motoristas em estado de ebriez.

[3] Nesse sentido: STF, R.E. 601.182, Relator ex-Min. Marco Aurélio, Relator p/ Acórdão: Min. Alexandre de Moraes, Pleno, julgado em 8-5-19.

expresso da acusação ou do ofendido, segundo entendimento do STJ[4]. Observe-se que, no caso de condenação por crime de abuso de autoridade, o valor mínimo de indenização depende de requerimento exclusivo do sujeito passivo (art. 4º, *caput*, da Lei n. 13.869/2019).

Desse modo, a decisão criminal, uma vez transitada em julgado, constituirá título executivo líquido, admitindo pronta execução no juízo cível; se o ofendido, julgando-se credor de montante superior ao estipulado na sentença exequenda, pretender apurar o valor correto, poderá ingressar paralelamente com uma ação de liquidação (CPP, art. 63 e CPC, art. 509, § 1º), que observará o **procedimento ordinário** estipulado no Código de Processo Civil (art. 509, II).

Importante recordar que a sentença que impõe medida de segurança somente será título executivo judicial no cível em se tratando de imputáveis com capacidade reduzida (ou "semi-imputáveis" – CP, art. 26, parágrafo único), porquanto só estes são efetivamente condenados criminalmente (os inimputáveis por doença mental – art. 26, *caput*, do CP – são absolvidos).

As decisões que declaram a extinção da punibilidade não formam título executivo cível, salvo quando ocorrerem após o trânsito em julgado.

Registre-se, ainda, que o **dever de indenizar pode ser exercido em face dos herdeiros do criminoso, observando-se os limites do patrimônio transferido.** Como se trata de efeito extrapenal da condenação, não há falar em ofensa ao princípio da personalidade da pena (CF, art. 5º, XLV); bem por isso, a própria Constituição é expressa nesse sentido ("nenhuma pena passará da pessoa do condenado, podendo a obrigação de reparar o dano e a decretação do perdimento de bens ser, nos termos da lei, estendidas aos sucessores e contra eles executadas, até o limite do valor do patrimônio transferido").

Cabe concluir asseverando que somente poderá figurar como legitimado passivo da execução civil lastreada no julgado penal quem foi réu no processo-crime. Na hipótese de o ofendido pretender buscar o ressarcimento contra eventual responsável civil (e não diretamente em face do acusado), terá de ingressar com ação de conhecimento, no juízo cível, a qual terá cognição exauriente, visto que os efeitos da coisa julgada penal não se estendem

---

[4] "Esta Corte Superior de Justiça entende que 'a aplicação do instituto disposto no art. 387, IV, do CPP, referente à reparação de natureza cível, na prolação da sentença condenatória, requer a dedução de um pedido expresso do querelante ou do Ministério Público, em respeito às garantias do contraditório e da ampla defesa' (AgRg no AREsp 1309078/PI, rel. Min. Rogerio Schietti Cruz, 6ª T., j. 23-10-2018, *DJe* de 16-11-2018)" (STJ, AgRg nos EDcl no AREsp 1.296.627/PR, rel. Joel Ilan Paciornik, 5ª T., j. 13-12-2018). No mesmo sentido: AgRg no AREsp 2.314.965/MG, rel. Min. Ribeiro Dantas, 5ª T., j. 6-6-2023.

inter alios (*vide* o art. 506 do Novo CPC – Lei n. 13.105/2015, aplicável ao âmbito penal, o qual estatui que a sentença somente faz coisa julgada entre as partes, não prejudicando terceiros).

Como lucidamente pondera Ada Pellegrini Grinover, "a determinação do art. 74, I, do CP (atual art. 91, I, do CP) (...) e do art. 64 do CPP (...) hão de ser interpretadas à luz dos princípios constitucionais e processuais que regem os limites subjetivos da coisa julgada. É um princípio constitucional, ligado ao direito de defesa e às garantias do 'devido processo legal', que o terceiro não possa suportar as consequências nocivas de uma sentença proferida em processo do qual não participou. (...). Mas, evidentemente, a coisa julgada só pode atingir o réu do processo penal; não o responsável civil, alcançado apenas pela eficácia natural da sentença. Donde a conclusão inarredável de que, proposta a ação civil de reparação do dano contra o civilmente responsável (jamais a execução, como já se disse), poderá ele discutir não apenas a sua responsabilidade civil, como também voltar, se o quiser, a suscitar as questões atinentes ao fato e à autoria"[5]. Em sentido semelhante, Araken de Assis: "E, efetivamente, as influências da sentença penal somente são transportáveis *in utilibus* para esferas diversas. Fazê-las recair sobre quem não se defendeu infringe as regalias constitucionais do devido processo legal (art. 5º, LIV, da CF/88)"[6].

Anote-se, por fim, que o Superior Tribunal de Justiça, em sede de julgamento de recurso repetitivo, **estabeleceu a possibilidade de fixação de valor mínimo a título de dano moral aos casos abrangidos pela Lei Maria da Penha**, desde que haja pedido expresso da acusação ou da parte ofendida, ainda que não especificada a quantia e independentemente de instrução probatória[7].

3.2.3. Perda dos instrumentos do crime

O art. 91, II, *a*, do CP determina a **perda em favor da União**, ressalvado o direito do lesado ou do terceiro de boa-fé, **dos instrumentos do crime, desde que** seu **uso, porte, detenção, alienação ou fabrico constituam fato ilícito** (p. ex., punhais, gazuas, petrechos para falsificação de moedas etc.).

---

[5] *Eficácia e autoridade da sentença penal*, p. 50-51.

[6] *Eficácia civil da sentença penal*, p. 99.

[7] REsp 1.643.051/MS, rel. Min. Rogerio Schietti Cruz, 3ª Seção, j. 28-2-2018: "Nos casos de violência contra a mulher praticados no âmbito doméstico e familiar, é possível a fixação de valor mínimo indenizatório a título de dano moral, desde que haja pedido expresso da acusação ou da parte ofendida, ainda que não especificada a quantia, e independentemente de instrução probatória" (Tema 983).

O presente efeito costuma ser referido como "confisco". Deve-se ponderar que, do ponto de vista processual, os instrumentos utilizados pelo agente (*instrumenta sceleris*) serão objeto de *apreensão* (CPP, art. 6º, II[8]) pela autoridade policial. Caso não sejam encontrados na cena do crime, será possível, posteriormente, serem alvo de *busca e apreensão*, nos termos do art. 240, § 1º, do CPP[9].

A lei prudentemente ressalva quanto ao direito do lesado (aquele que sofreu o prejuízo material) e do terceiro de boa-fé (pessoa não vinculada à prática criminosa). De regra, todavia, não haverá falar-se em restituição do bem à vítima ou ao terceiro de boa-fé, justamente porque o Código, no dispositivo analisado, refere-se à perda de coisas ilícitas (cujo uso, porte, detenção, alienação ou fabrico constituam fato ilícito).

É de ver que o Código determina a **perda dos *instrumentos do crime***; **portanto, a medida *não* pode recair sobre instrumentos de *contravenção penal*.**

3.2.3.1. Perda dos instrumentos utilizados por organizações criminosas ou milícias

O art. 91-A, § 5º, do CP, introduzido pela Lei Anticrime (Lei n. 13.964/2019), criou mais uma hipótese de perda dos instrumentos do delito, com regime jurídico diverso da prevista no art. 91, II, *a*, do CP.

De acordo com a lei, os instrumentos utilizados para a prática de crimes por organizações criminosas (Lei n. 12.850/2013) e milícias (CP, art. 288-A) deverão ser declarados perdidos em favor da União ou do Estado, dependendo da Justiça onde tramita a ação penal, ainda que não ponham em perigo a segurança das pessoas, a moral ou a ordem pública, nem ofereçam sério risco de ser utilizados para o cometimento de novos crimes.

Esse, contudo, é um **efeito extrapenal específico**, pois, embora abarque qualquer crime, **exige que a infração seja cometida no contexto de atividade desempenhada por organização criminosa ou milícia.** Não é necessário, portanto, que a condenação tenha por objeto, especificamente, o crime de organização criminosa (Lei n. 12.850/2013, art. 2º) ou constituição de

---

[8] "Art. 6º Logo que tiver conhecimento da prática da infração penal, a autoridade policial deverá: (...) II – apreender os objetos que tiverem relação com o fato, após liberados pelos peritos criminais."

[9] "Art. 240. A busca será domiciliar ou pessoal. § 1º Proceder-se-á à busca domiciliar, quando fundadas razões a autorizarem, para: (...) *c*) apreender instrumentos de falsificação ou de contrafação e objetos falsificados ou contrafeitos; *d*) apreender armas e munições, instrumentos utilizados na prática de crime ou destinados a fim delituoso."

milícia privada (CP, art. 288-A), mas é preciso que o delito, seja qual for, tenha sido reconhecidamente cometido por integrantes de tais grupos criminosos, agindo no contexto da atividade de tais entidades ilícitas.

Além disso, **o juiz deverá expressamente apontar, na sentença, os instrumentos que serão alcançados pela perda,** fundamentando de maneira expressa o **nexo de instrumentalidade,** é dizer, a correlação que existiu entre o emprego do objeto e a prática da infração, de tal modo que um serviu de instrumento ao outro.

Louvável a disposição, no sentido de que a perda não se restringe aos instrumentos *ilícitos* utilizados na atividade delituosa (limitação prevista no art. 91, II, *a*, mas não inserida no art. 91-A, § 5º, do CP). Assim, a medida poderá atingir todo e qualquer bem empregado como meio para a consecução dos delitos cometidos pelo grupo, ainda que inexista comprovação de sua natureza espúria. O automóvel utilizado pelos acusados para se deslocarem até os comerciantes e os extorquirem em troca de "proteção" da milícia é instrumento do crime e, comprovando-se sua utilização para o cometimento do crime do art. 158 do Código Penal, sendo os réus por este condenados, será objeto de perdimento na sentença condenatória.

Serão destinatários dos bens cuja perda for decretada a União ou o Estado, dependendo da Justiça onde tramitou a ação penal.

3.2.3.2. Perda dos instrumentos de crimes previstos em lei especial

Em se tratando de armas de fogo, acessórios ou munições apreendidos, determina o art. 25 do Estatuto do Desarmamento que, "após elaboração do laudo pericial e sua juntada aos autos, encaminhados pelo juiz competente, quando não mais interessarem à persecução penal, ao Comando do Exército, para destruição, no prazo máximo de 48 (quarenta e oito) horas".

Vale mencionar, ainda, a Lei n. 11.343/2006 (Lei de Drogas), que em seu art. 62 permite o confisco de qualquer instrumento ou maquinário utilizado de modo regular na prática dos crimes nela definidos, mesmo que o seu porte, alienação, detenção ou fabrico sejam lícitos[10]. O art. 243, *caput*, da

---

[10] "A apreensão e a imposição da pena de perdimento a veículo apreendido em flagrante de tráfico de drogas obedecem, ainda, às regras específicas da Lei 11.343/2006 (arts. 60, 62 e 63). 4. Não se presta a demonstrar a propriedade do bem o distrato de contrato de compra e venda de automóvel em parcelas, se tal distrato somente foi celebrado após a decretação do perdimento do bem e após o veículo ter sido transferido para o nome da compradora no órgão de trânsito competente, valendo o documento apenas como uma confissão de dívida que poderá, eventualmente, ser cobrada na esfera cível" (STJ, RMS 54.243/SP, rel. Min. Reynaldo Soares da Fonseca, 5ª T.,

CF, por sua vez, prevê o confisco de terras utilizadas para cultivo ilegal de plantas psicotrópicas e, no parágrafo único, de todo e qualquer bem de valor econômico apreendido em decorrência do tráfico[11].

No que concerne aos crimes ambientais, o art. 25 da Lei n. 9.605/98 determina a apreensão dos produtos e instrumentos empregados em sua prática. No caso de animais, que podem ser produto da infração, estes serão prioritariamente libertados em seu *habitat* ou, não sendo possível, entregues a zoológicos, fundações ou entidades assemelhadas. Tratando-se de produtos perecíveis ou madeiras, serão avaliados e doados a instituições científicas, hospitalares, penais e outras com fins beneficentes. Em se cuidando de produtos ou subprodutos da fauna não perecíveis, serão destruídos ou doados a instituições científicas, culturais ou educacionais. Os instrumentos, por fim, serão vendidos, garantida sua descaracterização por meio de reciclagem.

3.2.4. Perda do produto ou proveito do crime

De acordo com o art. 91, II, *b*, do CP, a **condenação acarreta como efeito automático a perda em favor da União**, ressalvado o direito do lesado ou de terceiro de boa-fé, **do produto do crime ou de qualquer bem ou valor que constitua proveito auferido pelo agente com a prática do fato criminoso.**

Do mesmo modo que no art. 91, II, *a*, do CP, consta a ressalva quanto ao direito do lesado ou do terceiro de boa-fé, isto é, não haverá o perdimento do produto ou proveito do ilícito quando estes se encontrarem em poder do ofendido (p. ex., a vítima recuperou o automóvel furtado) ou do terceiro que nada teve com o crime (p. ex., o adquirente de um veículo automotor produto de estelionato que, insciente da origem espúria do bem, o adquire mediante o pagamento do valor de mercado)[12].

---

j. 15-8-2017). No mesmo sentido, TJAC, EI 0021048-91.2012.8.01.0001, rel. Des. Roberto Barros, Tribunal Pleno, j. 9-7-2015.

[11] Reconhecida a repercussão geral do Tema 647, o STF decidiu: "Tese: É possível o confisco de todo e qualquer bem de valor econômico apreendido em decorrência do tráfico de drogas, sem a necessidade de se perquirir a habitualidade, reiteração do uso do bem para tal finalidade, a sua modificação para dificultar a descoberta do local do acondicionamento da droga ou qualquer outro requisito além daqueles previstos expressamente no artigo 243, parágrafo único, da Constituição Federal" (RE 638.491/PR, rel. Min. Luiz Fux, Tribunal Pleno, j. 17-5-2017).

[12] Importante posicionamento do STJ: "1. Controvérsia acerca da possibilidade de o juízo cível julgar ação de usucapião sobre bem sequestrado e, posteriormente, confiscado pelo juízo criminal, em razão de o imóvel ter sido adquirido com proventos de crime (roubo à delegacia do Banco Central do Brasil de Recife, no ano de 1991). 2.

O *produto do crime* *(producta sceleris)* corresponde às **coisas obtidas diretamente** com o ato (p. ex., a *res furtiva*) ou mediante sucessiva especificação (caso da joia confeccionada com o metal roubado).

O *proveito do crime* abrange os **bens adquiridos indiretamente com a infração** penal cometida (p. ex., o dinheiro arrecadado com a venda da coisa subtraída).

Deve-se recordar que **o perdimento do produto ou proveito do crime podem ser exigidos em face dos sucessores do condenado**, posto que não constituem efeitos penais da condenação, motivo por que não são abrangidos pelo princípio da personalidade da pena, conforme expressamente ressalva a Constituição Federal (art. 5º, XLV).

Acrescente-se que o "confisco" referido neste dispositivo **não se confunde com a pena de perda de bens e valores (CP, art. 45, § 3º)**. Esta, além de constituir sanção penal, ter destinatário diverso (Fundo Penitenciário, em vez da União), atinge o patrimônio lícito do condenado (ao passo que o confisco alcança bens ilícitos).

Importante anotar que **o CP autoriza que a perda recaia sobre outros bens ou valores, equivalentes ao montante do produto ou proveito do crime, quando estes não forem localizados ou se encontrarem no estrangeiro** (§§ 1º e 2º do art. 91, acrescidos pela Lei n. 12.694, de 2012).

Sob o aspecto procedimental, o produto ou proveito do crime serão objeto de medidas assecuratórias (isto é, medidas cautelares de natureza real, especificamente aquelas previstas nos arts. 118 a 133-A do CPP), podendo ser decretadas no curso da investigação ou do processo penal. Após o trânsito em julgado da condenação, os bens serão avaliados e vendidos em

---

Recurso especial dos possuidores demandantes: 2.1. Nos termos do art. 125 do Código de Processo Penal: 'Caberá o sequestro dos bens imóveis, adquiridos pelo indiciado com os proventos da infração, ainda que já tenham sido transferidos a terceiro'. 2.2. Superveniência do confisco do imóvel, como consequência do trânsito em julgado da sentença penal condenatória, 'ex vi' do art. 91, II, alínea *b*, do Código Penal. 2.3. Subordinação do juízo cível ao juízo criminal após o confisco do imóvel, não se aplicando, nessa hipótese, a regra da independência das instâncias. Doutrina sobre o tema. 2.4. Perda de objeto da ação de usucapião após a superveniência do confisco do imóvel. 2.5. Impossibilidade de o juízo cível apreciar as alegações de ineficácia da medida constritiva, boa-fé do possuidor e ausência de registro do sequestro/confisco no cartório de imóveis, pois essas questões são da competência exclusiva do juízo criminal prolator da constrição. 2.6. Hipótese em que tais alegações foram efetivamente apreciadas e rejeitadas pelo juízo criminal, no curso dos embargos de terceiro do art. 129 do CPP. 2.7. Extinção da ação de usucapião, sem resolução do mérito, por perda do objeto (...)" (STJ, REsp 1.471.563/AL, rel. Min. Paulo de Tarso Sanseverino, 3ª T., j. 26-9-2017).

leilão público, de maneira que o valor apurado (junto com o dinheiro arrecadado) será destinado ao Fundo Penitenciário Nacional, nos termos do art. 133 do CPP. Admite-se, ainda, que esses bens sejam utilizados por órgãos públicos, preferencialmente órgãos de segurança pública que participaram da apreensão, sempre que constatado o interesse público (CPP, art. 133-A).

Há outros efeitos extrapenais genéricos, os quais se encontram regulados fora do Código Penal e serão estudados na sequência.

3.2.5. Suspensão dos direitos políticos, enquanto durarem os efeitos da condenação (CF, art. 15, III)

A Constituição de 1988 previu como efeito automático e inerente a toda e qualquer condenação criminal a **suspensão dos direitos políticos**.

Estes devem ser entendidos como "as prerrogativas, os atributos, faculdades ou poder de intervenção dos cidadãos ativos no governo de seu país, intervenção direta ou só indireta, mais ou menos ampla, segundo a intensidade do gozo desses direitos" ou a "disciplina dos meios necessários para o exercício da soberania popular"[13].

A essência de referidos direitos consiste no direito eleitoral de votar (direito político ativo) e ser votado (direito político passivo).

Uma vez cessados os efeitos da condenação criminal, isto é, cumprida integralmente a pena com a consequente declaração de extinção da punibilidade (proferida pelo juízo das execuções penais), o agente recuperará seus direitos de votar e ser votado. Deve-se acrescentar que, muito embora inexista norma expressa sobre a reaquisição dos direitos políticos suspensos, isto se dará "automaticamente com a cessação dos motivos que determinaram a suspensão"[14].

Com relação a Deputados Federais e Senadores, não se aplica o disposto no art. 15, III, da CF, mas a norma constitucional prevista no art. 55, VI e § 2º. Assim, os parlamentares federais, se condenados definitivamente, somente sofrerão a suspensão de seus direitos políticos e a consequente perda de seu mandato se houver decisão da respectiva Casa Legislativa, decorrente de "voto secreto e maioria absoluta, mediante provocação da respectiva Mesa ou de partido político representado no Congresso Nacional, assegurada ampla defesa" (para maiores detalhes, ver, *infra*, item "a", no tópico 3.3).

---

[13] José Afonso da Silva, *Comentário contextual à Constituição*, p. 211.

[14] Ibidem, p. 234.

Acrescente-se que o preso provisório (isto é, aquele que não foi condenado definitivamente) tem mantidos os seus direitos políticos, razão pela qual pode votar e ser votado.

3.2.6. Rescisão do contrato de trabalho por justa causa (CLT, art. 482, *d*)

De acordo com a Consolidação das Leis do Trabalho, o **empregado que sofrer condenação criminal, passada em julgado, poderá ser demitido por justa causa,** a critério do empregador, salvo se beneficiado com a suspensão condicional da execução da pena (o *sursis*).

Cremos que o delito não precisa ter necessariamente relação direta com a função exercida pelo empregado. Não se pode obrigar o patrão a manter em seus quadros pessoa que cometeu crimes. A decisão deve ficar a cargo deste, isto é, se, apesar de a sentença penal irrecorrível entender por bem continuar com o funcionário, respeitar-se-á sua nobre decisão, mas, se assim não entender, deve ter assegurada a possibilidade de demiti-lo, com justa causa.

3.3. Efeitos extrapenais específicos

Os efeitos extrapenais específicos são aqueles que repercutem em outros ramos do Direito, afora o Penal, **somente se aplicam em algumas condenações,** mediante o preenchimento de determinados requisitos e **dependem de expressa e fundamentada declaração na sentença.**

O art. 92 do CP menciona três efeitos:

a) perda do cargo, função pública ou mandato eletivo;

b) incapacidade para o exercício do poder familiar, tutela, curatela;

c) inabilitação para dirigir veículos automotores.

É importante ressaltar que, do mesmo modo que os efeitos extrapenais genéricos, os específicos **independem de pedido expresso da acusação.**

Esses efeitos, como regra, não são automáticos, exigindo, como já se ponderou, expressa motivação judicial na sentença condenatória. **Exceção:** serão automáticos os efeitos previstos nas letras "a" e "b" *supra*, quando se tratar de condenação por crime cometido contra mulher por razões da condição do sexo feminino (*i.e.,* em situação de violência doméstica ou familiar contra a mulher ou motivado por discriminação ou menosprezo à mulher).

3.3.1. Perda do cargo, função pública ou mandato eletivo

A perda do cargo, função pública ou mandato eletivo somente poderá ser atribuída pelo juiz criminal ao réu **quando presentes** os seguintes **requisitos:**

a) quando a *pena* aplicada ao agente for *igual ou superior a um ano*, em crimes praticados com abuso de poder ou violação de dever para com a Administração Pública; ou

b) quando a *pena* aplicada for *superior a quatro anos*, qualquer que seja a infração penal; ou, por fim,

c) ao condenado por **crime cometido contra a mulher por razões da condição do sexo feminino**, ou seja, quando o delito envolver violência doméstica ou familiar contra a vítima ou for motivado por menosprezo ou discriminação à mulher[15].

É de notar que, para fatos cometidos mediante abuso de poder ou violação de deveres inerentes à Administração Pública, é suficiente que o agente receba *pena privativa de liberdade* igual ou superior a um ano. Se o réu for condenado à sanção nesse patamar, mas a prisão for substituída por penas alternativas, com base no art. 44 do Código, não poderá ter lugar o efeito ora analisado, pois a condenação não versará sobre "pena privativa de liberdade".

Discute-se se esse efeito poderá ter lugar quando o agente, ao tempo da condenação, ocupar cargo ou função diversa daquela em que cometeu o delito funcional (pelo qual foi condenado a pena de prisão igual ou superior a um ano). A resposta deve ser, a princípio, negativa, pois a conduta delituosa não terá sido cometida com abuso de poder ou violação de deveres inerentes ao cargo ou função atualmente desempenhado. Caso, entretanto, verifique-se que o novo cargo ou função encontra similaridade, no que tange aos deveres funcionais, com o anteriormente exercido, pode o juiz, motivadamente, aplicar esse efeito[16].

É preciso diferenciar *cargo público de função pública.*

Segundo esclarece Guilherme Nucci, "cargo público é o cargo criado por lei, com denominação própria, número certo e remunerado pelos cofres do Estado (Estatuto dos Funcionários Públicos Civis da União), vinculando o servidor à administração estatutariamente; função pública é a atribuição

---

[15] Nesse caso, trata-se de efeito automático e, além disso, ao condenado por tal delito fica vedada sua nomeação, designação ou diplomação em qualquer cargo, função pública ou mandato eletivo entre o trânsito em julgado da condenação e o efetivo cumprimento da pena (art. 92, § 2º, do CP).

[16] De acordo com o STJ: "A pena de perdimento deve ser restrita ao cargo ocupado ou função pública exercida no momento do delito, à exceção da hipótese em que o magistrado, motivadamente, entender que o novo cargo ou função guarda correlação com as atribuições anteriores" (REsp 1.452.935/PE, rel. Min. Reynaldo Soares da Fonseca, 5ª T., j. 14-3-2017, *DJe* de 17-3-2017, noticiado no *Informativo* n. 599).

que o Estado impõe aos seus servidores para realizarem serviços nos três Poderes, sem ocupar cargo ou emprego"[17].

O **mandato eletivo** consiste, no dizer de José Afonso da Silva, "numa comissão de natureza política. (...) É conferido por eleição popular para um prazo determinado, dentro do qual, por princípio, seu titular goza de prerrogativas constitucionalmente reconhecidas. Portanto, a perda do mandato é coisa excepcional, que, no entanto, pode ocorrer nos termos previstos na Constituição, como nas hipóteses em que o parlamentar perde os direitos políticos nos termos do art. 15, ou nas hipóteses configuradas no artigo em comentário (art. 55)"[18].

No que se refere ao exercício de mandato eletivo, **deve-se lembrar que a própria Constituição Federal prevê, no art. 15, III, a suspensão automática e obrigatória dos direitos políticos por força de qualquer condenação criminal,** enquanto perdurarem seus efeitos. Desse modo, qualquer que seja o crime ou a pena imposta, o sentenciado não poderá, após o trânsito em julgado, exercer seu mandato eletivo.

Isso não quer dizer, contudo, que o juiz não pode aplicar o efeito extrapenal específico referente à perda do mandato eletivo. Pelo contrário, **essa medida poderá ter aplicação quando a execução da pena imposta puder ocorrer em tempo inferior ao do mandato.** Imagine-se um vereador reeleito, condenado a dois anos de reclusão, por corrupção praticada no mandato anterior, tendo a sentença transitado em julgado logo nos primeiros meses no novo quatriênio. Em tal contexto, se o magistrado não impuser o efeito em estudo, depois de cumprir a pena, poderia o parlamentar retomar o exercício de vereança (salvo se a respectiva Casa o houvesse cassado). Para evitar que isso venha a ocorrer, deve-se determinar, na decisão condenatória, a perda do mandato.

Com relação a Deputados Federais e Senadores, convém repisar, não se aplica o disposto no art. 15, III, da CF, mas a norma constitucional prevista no art. 55, VI e § 2º. Por esse motivo, os parlamentares federais, quando irrecorrivelmente condenados, sofrerão a suspensão de seus direitos políticos e a consequente perda de seu mandato se houver decisão da respectiva Casa Legislativa, decorrente de decisão tomada "pela Câmara dos Deputados ou pelo Senado Federal, por maioria absoluta, mediante provocação da respectiva Mesa ou de partido político representado no Congresso Nacional, assegurada ampla defesa"[19].

---

[17] *Código Penal comentado*, p. 512.

[18] *Comentário contextual à Constituição*, p. 423.

[19] A Constituição determinava, originalmente, que referida decisão fosse tomada por voto secreto, mas essa exigência foi suprimida pela Emenda Constitucional n. 76, de 2013.

De ver que, em casos nos quais a condenação proferida pelo Supremo Tribunal Federal contra Deputado Federal ou Senador da República estabelecer o cumprimento de pena em regime inicialmente fechado, de tal maneira que o sentenciado tenha que se afastar do exercício do mandato por mais de 120 dias, a perda do mandato será automática, aplicando-se, nesse caso, o art. 55, III, § 3º, da CF.

Esse entendimento foi tomado pela 1ª Turma do STF na Ação Penal n. 694 (julgada em 2-5-2017), em caso concreto no qual Deputado Federal foi condenado a doze anos, seis meses e seis dias de reclusão, em regime inicial fechado, além de pena de multa.

Os ministros decidiram, por unanimidade, seguindo proposta do revisor da ação penal, Ministro Barroso, que a perda do mandato deveria se dar com base no art. 55, III, da CF, "que prevê essa punição ao parlamentar que, em cada sessão legislativa, faltar a um terço das sessões ordinárias, exceto se estiver de licença ou em missão autorizada pelo Legislativo". Nesse caso, conforme a Turma, "em vez de ser submetida ao Plenário, a perda de mandato deve ser automaticamente declarada pela Mesa Diretora da Câmara dos Deputados". Para o revisor, "como regra geral, nos casos em que a condenação exigir mais de 120 dias em regime fechado, a declaração da perda de mandato é uma consequência lógica". Acrescentou que "nos casos de condenação em regime inicial aberto ou semiaberto, é possível autorizar o trabalho externo, mas no regime fechado não existe essa possibilidade"[20].

Importante destacar que esse entendimento não é pacífico no próprio STF, como se pode notar no julgamento da AP 996, rel. Min. Dias Toffoli, j. 29-5-2018, em que se entendeu que a decisão final sobre a perda do mandato compete à Casa Legislativa, ainda quando se cuidar de condenação a pena privativa de liberdade, em regime inicialmente fechado por tempo superior a 120 dias.

A perda do cargo, função pública ou mandato eletivo consubstancia-se em *efeito permanente*, é dizer, o agente não só perde o cargo, a função ocupada ou o mandato eletivo, mas se torna *incapacitado "in genere"* para o exercício de outro cargo, função pública ou mandato.

---

[20] Fonte: http://www.stf.jus.br/portal/cms/verNoticiaDetalhe.asp?idConteudo=342193. Acesso em: 4 maio 2017. No mesmo sentido, STF, AP 863. A questão, atualmente, é controvertida no âmbito do STF, pois a 2ª Turma entende que a perda de mandato por parlamentar federal deve observar unicamente o regime jurídico do art. 55, § 2º, da CF, segundo o qual a questão dependerá – sempre – de decisão da respectiva Casa Legislativa (AP 996).

Somente por meio da reabilitação criminal (CP, arts. 93 a 95) poderá readquirir sua capacidade de ocupar novo cargo, função ou mandato, vedando-se, entretanto, o restabelecimento da situação anterior, ou seja, o retorno aos postos anteriormente ocupados.

Advirta-se, por derradeiro, que algumas **leis especiais dispõem diversamente sobre o tema**:

1) Lei n. 9.455/97 (**Lei de Tortura**), art. 1º, § 5º: a condenação por crime de tortura acarreta a **perda do cargo, função ou emprego público** (qualquer que seja a quantidade da pena) e **a interdição para seu exercício pelo dobro do prazo da pena aplicada**. Trata-se de efeito obrigatório, como já reconheceu a jurisprudência do STJ: "a perda do cargo, função ou emprego público é efeito automático da condenação pela prática do crime de tortura, não sendo necessária fundamentação concreta para a sua aplicação"[21];

2) Lei n. 7.716/89 (**Lei do Racismo**), arts. 16 e 18: nos crimes de preconceito de raça ou cor praticados por servidor público, a condenação também acarreta, em qualquer caso, a **perda do cargo ou função pública**. Semelhantemente à Lei de Tortura, **constitui efeito obrigatório**, que deve ser motivadamente declarado na sentença;

3) Lei n. 12.850/2013, art. 2º, § 6º: **a condenação de servidor público envolvido com o crime organizado acarretará, como efeito específico da condenação, a perda do cargo ou função pública e a interdição do exercício de outra atividade pública pelo prazo de oito anos** contados do cumprimento da pena;

4) Lei n. 13.869/2019, art. 4º: a condenação do agente público por crime de **abuso de autoridade** produzirá os seguintes **efeitos:** a) **tornar certa a obrigação de indenizar** o dano causado pelo crime, devendo o juiz, a requerimento do ofendido, fixar na sentença o valor mínimo para reparação dos danos causados pela infração, considerando os prejuízos por ele sofridos; b) **inabilitação para o exercício de cargo, mandato ou função pública, pelo período de 1 (um) a 5 (cinco) anos;** e c) a **perda do cargo, do mandato ou da função pública.**

Interessante notar que o legislador inovou ao determinar que a fixação de valor mínimo de indenização em casos relacionados ao crime de abuso de autoridade depende de requerimento do *ofendido*. Essa providência já se encontra prevista em nossa legislação (CPP, art. 387, IV) e é cabível em qualquer condenação penal. Ocorre, porém, que o STJ firmou entendi-

---

[21] STJ, AgRg no HC 298.751/PB, rel. Min. Rogério Schietti Cruz, 6ª T., j. 27-6-2017, *DJe* de 1º-8-2017. No mesmo sentido: STJ, REsp 1.762.112/MT, rel. Min. Laurita Vaz, 6ª T., j. 17-9-2019.

mento de que a estipulação desse montante, em crimes de ação penal pública, depende de requerimento do Ministério Público *ou* da vítima (AgRg no REsp 1.813.825/RJ, rel. Min. Felix Fischer, 5ª T., *DJe* de 25-6-2019). **Há, portanto, duas situações com o advento da Lei n. 13.869/2019: (i) valor mínimo de indenização fixado em sentença condenatória por crime de abuso de autoridade: depende de requerimento expresso *do sujeito passivo*; (ii) valor mínimo de indenização estabelecido nas demais sentenças condenatórias, com base no art. 387, IV, do CPP: depende de requerimento explícito do sujeito passivo *ou do Ministério Público.***

Os efeitos previstos nas letras "b" e "c", relativos à inabilitação de exercício ou perda de cargo, função pública ou mandato eletivo são condicionados à ocorrência de reincidência em crime de abuso de autoridade e não são automáticos, devendo ser declarados motivadamente na sentença (art. 4º, parágrafo único, da Lei n. 13.869/2019). Entendemos que há entre eles uma gradação, de tal maneira que, em sendo o agente reincidente específico, deve-se optar pela inabilitação e, a reincidir novamente, o caminho será necessariamente a perda do cargo, função ou mandato;

No caso de condenação imposta a detentor de cargo público vitalício, como magistrados e membros do Ministério Público, pode o tribunal, no acórdão condenatório, aplicar o art. 92, I, do CP, impondo a perda do cargo ocupado pelo réu? **Não, em face do princípio da especialidade.** É que, em se tratando de magistrados e membros do MP, a perda do cargo, segundo dispõem as respectivas leis orgânicas, somente pode se dar depois da propositura de ação civil ajuizada com essa finalidade específica. Assim, mesmo condenados definitivamente, permanecerão no exercício do cargo, até que a perda seja declarada em ação (civil) competente. **Foi o que decidiu o STJ em caso concreto relativo a uma condenação pelo grave crime de corrupção passiva (CP, art. 317) praticado por membro vitalício do Ministério Público estadual.** Ponderou-se que a perda do cargo, em tais casos, é regida por norma especial (Lei n. 8.625/93 – Lei Orgânica Nacional do Ministério Público), a qual dispõe que tal perda somente pode ocorrer após o trânsito em julgado de ação civil proposta para esse fim. Tal ação, conforme prevê o art. 38, § 2º, da Lei n. 8.625/93, somente pode ser ajuizada pelo Procurador-Geral de Justiça quando previamente autorizado pelo Colégio de Procuradores, o que constitui, juntamente com o trânsito em julgado da sentença penal condenatória, condição de procedibilidade[22].

Questiona-se, por fim, se é possível impor ao réu, que ao tempo da condenação já não ocupava mais o cargo público por ter passado à inativi-

---

[22] STJ, REsp 1.251.621/AM, rel. Min. Laurita Vaz, 5ª T., j. 16-10-2014.

dade, a perda da aposentadoria. A resposta é **negativa,** pois se trataria de inegável **analogia** *in malam partem.* Muito embora estejamos diante de um efeito extrapenal da condenação, cuida-se de consequência decorrente da prática de uma infração penal, imposta em sentença penal condenatória, de maneira que sua imposição reclama norma expressa. Esse foi o entendimento adotado pelo Superior Tribunal de Justiça[23].

3.3.2. Incapacidade para o exercício do poder familiar, tutela ou curatela

A incapacidade para o exercício do poder familiar, tutela ou curatela é aplicável a condenações que tenham por objeto:

1) crimes dolosos, sujeitos à pena de reclusão, cometidos contra filho ou filha ou outro descendente, tutelado, curatelado ou outrem igualmente titular do mesmo poder familiar;

2) crimes cometidos contra a mulher por razões da condição do sexo feminino, nos termos do § 1º do art. 121-A do Código, isto é, em situação de violência doméstica ou familiar contra a mulher ou motivados por menosprezo ou discriminação à condição de mulher. Nesse caso, não é necessário que o fato seja apenado com reclusão.

O cometimento de um crime no seio da própria família abala, como é cediço, a harmonia que nela deve reinar. Casos há, todavia, em que a relação de parentesco entre os sujeitos ativo e passivo da infração é sopesada como causa de exclusão da punibilidade do ato. Isto se dá, por exemplo, nos crimes patrimoniais, cometidos entre descendentes e ascendentes, nos termos dos arts. 181 e 183 do Código. Assim, por exemplo, se um pai furtar de seu filho algum bem, não será punido, reconhecendo-se em seu favor uma escusa absolutória.

Tirante as infrações mencionadas, o cometimento de um ilícito penal pelo detentor do poder familiar em face de seu filho (ou pelo tutor ou curador contra o tutelado ou curatelado) sofre punição mais severa. Tanto assim que o Código prevê uma agravante genérica no art. 61, II, *e*, se o crime for cometido contra descendente e, na letra *f*, se houver abuso de autoridade ou prevalecimento de relações domésticas, de coabitação ou de hospitalidade.

O **efeito em questão é reservado somente a fatos graves,** já que a lei os limita àqueles **delitos** *dolosos* apenados com *reclusão* e a **crimes praticados contra mulher em situação de violência doméstica ou motivados por menosprezo ou discriminação à condição de mulher.** Assim, por exemplo, o pai que deixa de prover ao sustento de seus filhos, sem justa causa, incorrendo

---

[23] Vide STJ, AgRg no REsp 1.710.029/RN, rel. Min. Ribeiro Dantas, 5ª T., j. 8-6-2021.

no crime de abandono material (CP, art. 244), ficará a salvo desse efeito extrapenal, pois o ato é punido com detenção. Por outro lado, o genitor que abusar sexualmente de um de seus filhos menores de 14 anos, praticando com ele atos libidinosos (estupro de vulnerável – CP, art. 217-A), será condenado à prisão e sofrerá a incapacitação para exercer o poder familiar.

É fundamental, por outro lado, que o magistrado reserve essa medida somente a casos de maior gravidade, "em que resulte do crime incompatibilidade com o exercício do pátrio poder, tutela ou curatela ou abuso de autoridade de seu titular"[24].

Deve-se ter em mente que o presente efeito atingirá *todos os filhos, tutelados ou curatelados*, não somente em relação àquele que foi vítima do delito[25]. Com a reabilitação criminal (CP, arts. 93 a 95), o agente recuperará a possibilidade de exercer novamente essas prerrogativas, nunca, porém, com referência ao sujeito passivo do crime.

A Lei n. 13.715, de 24-9-2018, modificou a redação do art. 92, II, do CP, ampliando o alcance desse efeito extrapenal específico.

Com as alterações, que somente se aplicam a fatos praticados a partir da entrada em vigor da Lei, ocorrida em 25 de setembro de 2018, o juiz também poderá aplicar esse efeito aos seguintes casos:

a) crimes dolosos punidos com reclusão cometidos por qualquer ascendente contra descendente, como aqueles praticados por avós contra netos;

b) crimes dolosos punidos com reclusão em que a vítima seja, tanto quanto o autor, titular do mesmo poder familiar – assim, por exemplo, se o companheiro ou marido pratica a infração penal retrocitada contra a companheira ou esposa, o juiz, na sentença, pode declará-lo incapacitado de exercer o poder familiar em relação aos filhos do casal; de observar que, nesse caso, o efeito extrapenal imposto ao autor não se projeta à vítima do crime, mas a terceiros.

Posteriormente, novo aumento do espectro de incidência se verificou, por meio da Lei n. 14.994, de 9-10-2024, com a inclusão de crimes perpetrados contra mulher em situação de violência doméstica ou familiar ou motivados por menosprezo ou discriminação à condição de mulher. Esse Diploma entrou em vigor no dia 10 de outubro de 2024, de tal maneira que vale apenas para condutas realizadas a partir dessa data.

---

[24] Julio Fabbrini Mirabete, *Manual de direito penal*: parte geral, 17. ed., v. 1, p. 350.

[25] Em sentido contrário, sustentando que o efeito deve atingir, de regra, somente a vítima do crime e não os demais filhos, tutelados ou curatelados: Guilherme de Souza Nucci, *Código Penal comentado*. 9. ed., p. 513.

A condenação criminal do pai ou da mãe, segundo o ECA (art. 23, § 2º), não acarretará a destituição do poder familiar, exceto na hipótese supramencionada.

De acordo com o art. 1.637 do CC, "se o pai, ou a mãe, abusar de sua autoridade, faltando aos deveres a eles inerentes ou arruinando os bens dos filhos, cabe ao juiz, requerendo algum parente, ou o Ministério Público, adotar a medida que lhe pareça reclamada pela segurança do menor e seus haveres, até suspendendo o poder familiar, quando convenha. Parágrafo único. Suspende-se igualmente o exercício do poder familiar ao pai ou à mãe condenados por sentença irrecorrível, em virtude de crime cuja pena exceda a dois anos de prisão".

A norma transcrita difere da prevista no art. 92, II, do CP. Esta cuida de um efeito da condenação criminal transitada em julgado, ao passo que aquela constitui medida que pode ser adotada pelo juiz cível, em ação específica, consistente na suspensão do exercício do poder familiar, que possui como fato gerador a imposição de uma pena de prisão superior a dois anos (seja esta de reclusão ou de detenção).

Além da suspensão do poder familiar supracitada, o Código Civil prevê a possibilidade de efetiva perda do poder familiar, por ato judicial, quando o agente praticar contra outrem igualmente titular do mesmo poder familiar: i) homicídio, feminicídio ou lesão corporal de natureza grave ou seguida de morte quando se tratar de crime doloso e envolver violência doméstica e familiar ou menosprezo ou discriminação à condição de mulher; e ii) estupro, estupro de vulnerável ou outro crime contra a dignidade sexual sujeito à pena de reclusão (art. 1.638, parágrafo único, I).

3.3.3. Inabilitação para conduzir veículos automotores

A inabilitação para conduzir veículos automotores pode ser imposta em condenações por **crimes dolosos**, em que o **veículo automotor** tenha sido utilizado **como instrumento**. Assim, por exemplo, se uma pessoa, desejando matar outra, toma um veículo à direção e atropela seu desafeto, em sendo condenada pelo Tribunal do Júri, deverá o juiz, ao lavrar a sentença, aplicar a inabilitação para dirigir automóveis.

Somente após reabilitação criminal (CP, arts. 93 a 95) o condenado poderá novamente conduzir veículos. Note que nos delitos culposos de trânsito, a suspensão da habilitação ou permissão para conduzir veículo automotor é pena e não efeito da condenação (Lei n. 9.503/97 – Código de Trânsito Brasileiro).

Anote-se que o art. 160 do CTB determina que o condutor condenado por delito de trânsito, assim entendidos aqueles tipificados no próprio CTB, deverá ser submetido a novos exames para que possa voltar a dirigir, de acordo com as normas estabelecidas pelo CONTRAN, independentemente do reconhecimento da prescrição, em face da pena concretizada na sentença (*caput*).

3.4. Perdimento do patrimônio ilícito do condenado

De acordo com o art. 91-A do Código Penal[26], incluído pela Lei Anticrime (Lei n. 13.964/2019), **sempre que o réu for condenado por infrações com pena máxima superior a seis anos de reclusão, poderá ser decretada a perda, como produto ou proveito do crime, dos bens correspondentes à diferença entre o valor do patrimônio do condenado e aquele que seja compatível com seu rendimento lícito.**

Imagine, como exemplo, o servidor público que, durante vinte anos, ocupou o mesmo cargo, sem exercer qualquer outra atividade remunerada. Suponha que ele seja condenado, com trânsito em julgado, por crime de corrupção passiva (CP, art. 317), delito cuja pena máxima é de doze anos de reclusão, apurando-se, no curso do processo penal, que o patrimônio sobre o qual ele exerce domínio ou usufruto, direto ou indireto (como imóveis, veículos automotores etc.), é bem superior àquele compatível com seus rendimentos legais. Demonstrada a incongruência entre a capacidade financeira oriunda do rendimento lícito e o efetivo patrimônio do agente, o juiz poderá decretar, na decisão, a perda do valor correspondente a essa diferença. Não esqueçamos, ainda, que, em situações como a retratada, poderá o juiz decretar a perda do cargo como efeito extrapenal específico da condenação (CP, art. 92, I).

3.4.1. Natureza jurídica

Trata-se de mais um **efeito extrapenal específico.**

Não é genérico, pois não se aplica a todas as condenações e não opera automaticamente, isto é, dispensando-se expressa indicação na sentença; ao contrário, somente se aplica em determinadas condenações e mediante explícita declaração na sentença penal.

Além disso, para que essa perda venha a ser decretada na sentença, é necessário que o **Ministério Público**, ao oferecer a denúncia, **expressamente**

---

[26] Também chamado de perdimento ou confisco "alargado", destaque-se que este dispositivo é objeto de questionamentos perante o STF, na ADI 6.304 e na ADI 6.345, uma vez que, segundo a Associação Brasileira dos Advogados Criminalistas (Abracrim), essa nova modalidade de perdimento permite atingir bens que não tenham qualquer vínculo ou relação com o delito que gerou a condenação, configurando um confisco sem justa causa, bem como, no entendimento da Associação Nacional das Defensoras e dos Defensores Públicos (Anadep), o ônus da prova atribuído ao réu ofenderia o devido processo legal e a presunção de inocência.

requeira sua aplicação, indicando a diferença entre o patrimônio lícito do agente e o total de bens sobre os quais exerce domínio ou usufruto, direto ou indireto (art. 91-A, § 3º).

3.4.2. Requisitos

São requisitos dessa medida:

a) crime punido com **reclusão;**

b) pena **máxima superior a seis anos;**

c) **requerimento expresso** do Ministério Público na denúncia;

d) **demonstração do domínio ou benefício** sobre os bens, de modo direto ou indireto;

e) comprovação da **incompatibilidade entre os rendimentos lícitos** e o patrimônio cuja perda se requer.

Interessante observar que, com a disposição, passa a existir mais uma diferença no regime jurídico das penas de reclusão e detenção. Além do regime inicial de cumprimento, da prioridade na execução, da aplicação da incapacidade para o exercício do poder familiar e da medida de segurança aplicável, há, com a Lei Anticrime, o cabimento da perda do patrimônio escuso, incompatível com os rendimentos lícitos do agente.

3.4.3. Aspectos processuais

A medida em estudo somente poderá ser decretada se houver, na denúncia, pedido expresso do Ministério Público.

No curso do processo penal, será aberto o contraditório a respeito da matéria, facultando-se ao agente impugnar a pretensão ministerial, apontando a licitude da origem dos bens ou a compatibilidade destes com seu rendimento legal (art. 91-A, § 2º).

Deverão ser admitidos, ainda, embargos de terceiro, nos termos do art. 129 do CPP. Assim, por exemplo, se um parente havia emprestado um automóvel ao acusado, permitindo que ele temporariamente utilizasse o bem, dever-se-á permitir a ele que demonstre a boa-fé e a precariedade da cessão, de modo a reaver o veículo.

Na sentença condenatória, o juiz deve declarar o valor da diferença apurada e especificar os bens cuja perda for decretada (art. 91-A, § 4º).

Entende-se por patrimônio do condenado os bens de sua titularidade, ou em relação aos quais ele tenha o domínio e o benefício direto ou indireto, na data da infração penal ou recebidos posteriormente. Também estão incluídos os bens transferidos a terceiros a título gratuito ou mediante contraprestação irrisória, a partir do início da atividade criminal.

4. EFEITOS EXTRAPENAIS ESPECÍFICOS EM LEIS ESPECIAIS

Na já citada **Lei do Racismo** (Lei n. 7.716/89) prescreve-se, **além da perda do cargo ou função pública como efeito da condenação,** "*a suspensão do funcionamento do estabelecimento particular por prazo não superior a 3 (três) meses*" (art. 16). Para a aplicação deste efeito específico da condenação exige-se motivada declaração na sentença (art. 18 da lei) e que haja um liame entre o fato versado na sentença condenatória e a atividade exercida pelo estabelecimento particular. É preciso, ademais, que se tenha dado oportunidade aos responsáveis legais de se manifestarem no curso do processo (o que ocorrerá quando forem eles os acusados do crime).

A Lei n. 9.472, de 16-7-1997, que dispõe acerca da "organização dos serviços de telecomunicação", prevê como crime o fato de "desenvolver clandestinamente atividades de telecomunicação" (art. 183). A pena é de detenção de dois a quatro anos (aumentada de metade quando houver dano a terceiro) e multa de R$ 10.000 (dez mil reais). **O art. 184 estabelece que são** "efeitos da condenação transitada em julgado: I – tornar certa a obrigação de indenizar o dano causado pelo crime; II – a perda, *em favor da Agência,* ressalvado o direito do lesado ou de terceiros de boa-fé, dos bens empregados na atividade clandestina, sem prejuízo de sua apreensão cautelar" (grifo nosso).

De acordo com a Lei n. 13.804, de 10 de janeiro de 2019, **o juiz, na sentença condenatória, deverá decretar a cassação da habilitação para conduzir veículos automotores ou proibir o réu de obtê-la, pelo prazo de cinco anos, quando o agente houver praticado receptação (CP, art. 180), descaminho (CP, art. 334) ou contrabando (CP, art. 334-A), mediante emprego de veículo automotor.** É o caso, por exemplo, do agente que viaja até o Paraguai de carro, adquire diversas mercadorias de valor expressivo, as armazena em seu porta-malas e retorna ao Brasil sem pagar o imposto de importação. Trata-se de um descaminho com uso de automóvel, impondo ao juiz, na sentença condenatória, a aplicação do efeito mencionado.

Esse efeito deverá ser decretado na sentença. Embora tenha caráter obrigatório, não é automático, isto é, exige expressa fundamentação. A determinação somente será eficaz, contudo, após o trânsito em julgado da condenação, nos termos do art. 278-A do CTB.

Depois de superado o prazo de cinco anos, o condutor poderá requerer, no juízo criminal, sua reabilitação (CP, arts. 93 a 95), submetendo-se, depois de deferida, a novos exames, nos termos do Código de Trânsito (art. 278-A, § 1º).

Note, ainda, que o CTB dispõe, no caso de prisão em flagrante por crime de receptação, descaminho ou contrabando, que o juiz, em qualquer fase da investigação ou da ação penal, poderá, se houver necessidade para a garantia da ordem pública, como medida cautelar, de ofício, ou a requerimento do Ministério Público ou, ainda, mediante representação da autoridade policial, decretar, em decisão motivada, a suspensão da permissão ou da habilitação para dirigir veículo automotor, ou a proibição de sua obtenção (CTB, art. 278-A, § 2º).

Essa regra foi inserida no Código de Trânsito em 11 de janeiro de 2019 e, por se cuidar de *novatio legis in pejus*, somente se aplica a receptações, contrabandos ou descaminhos praticados a partir dessa data.

Registre-se, por fim, que leis extrapenais podem atribuir à condenação penal outros efeitos. O Código Civil, por exemplo, declara que constitui impedimento matrimonial absoluto a condenação por crime doloso contra a vida, consumado ou tentado, quando o autor do fato pretender contrair matrimônio com o cônjuge sobrevivente (art. 1.521, VII). Assim, se alguém mata (ou tenta matar), dolosamente, uma pessoa, fica proibida de contrair casamento com o consorte da vítima do homicídio. E, recentemente, a Lei n. 14.661, de 23-8-2023, acrescentou o art. 1.815-A ao Código Civil para determinar, nos casos de indignidade, que o trânsito em julgado da sentença penal condenatória acarretará a exclusão imediata do herdeiro ou legatário indigno.

5. TRANSAÇÃO PENAL E EFEITOS DA CONDENAÇÃO

A transação penal é uma medida despenalizadora prevista no art. 76 da Lei n. 9.099/95. Trata-se de um acordo efetuado entre o Ministério Público e o autor do fato, assistido por advogado, no qual o agente concorda em cumprir uma pena alternativa proposta pelo MP. Se a medida for homologada judicialmente e a pena acordada for integralmente cumprida, extingue-se a punibilidade do agente. Se descumprida, o MP deverá oferecer denúncia (Súmula Vinculante 35 do STF).

A transação penal somente se admite em infrações de menor potencial ofensivo, ou seja, nas contravenções penais e nos crimes cuja pena máxima não exceda dois anos, desde que não seja caso de arquivamento da investigação.

Para o STF, a transação penal não produz quaisquer dos efeitos extrapenais da condenação. A Suprema Corte fixou a seguinte tese, em recurso extraordinário com repercussão geral: "Os efeitos jurídicos previstos no art. 91 do Código Penal são decorrentes de sentença penal condenatória. Tal não se verifica, portanto, quando há transação penal (Lei 9.099/95, art. 76), cuja sentença tem natureza homologatória, sem qualquer juízo sobre a responsabilidade criminal do aceitante. As consequências da homologação da transação são aquelas estipuladas de modo consensual no termo de acordo"[27]. No caso concreto, o STF considerou ilegal o confisco do bem (motocicleta) que teria sido utilizado na prática delituosa.

Vale anotar que no acordo de não-persecução penal, medida negocial prevista no art. 28-A do Código de Processo Penal, previu-se expressamente que, entre as condições propostas, poderá o Ministério Público incluir a renúncia voluntária aos instrumentos, produto ou proveito do crime. Desse modo, diversamente da transação penal, neste instituto negocial, poderá se dar, desde que avençado entre o Ministério Público e o investigado, a perda, via "renúncia voluntária", dos instrumentos, produto ou proveito do delito.

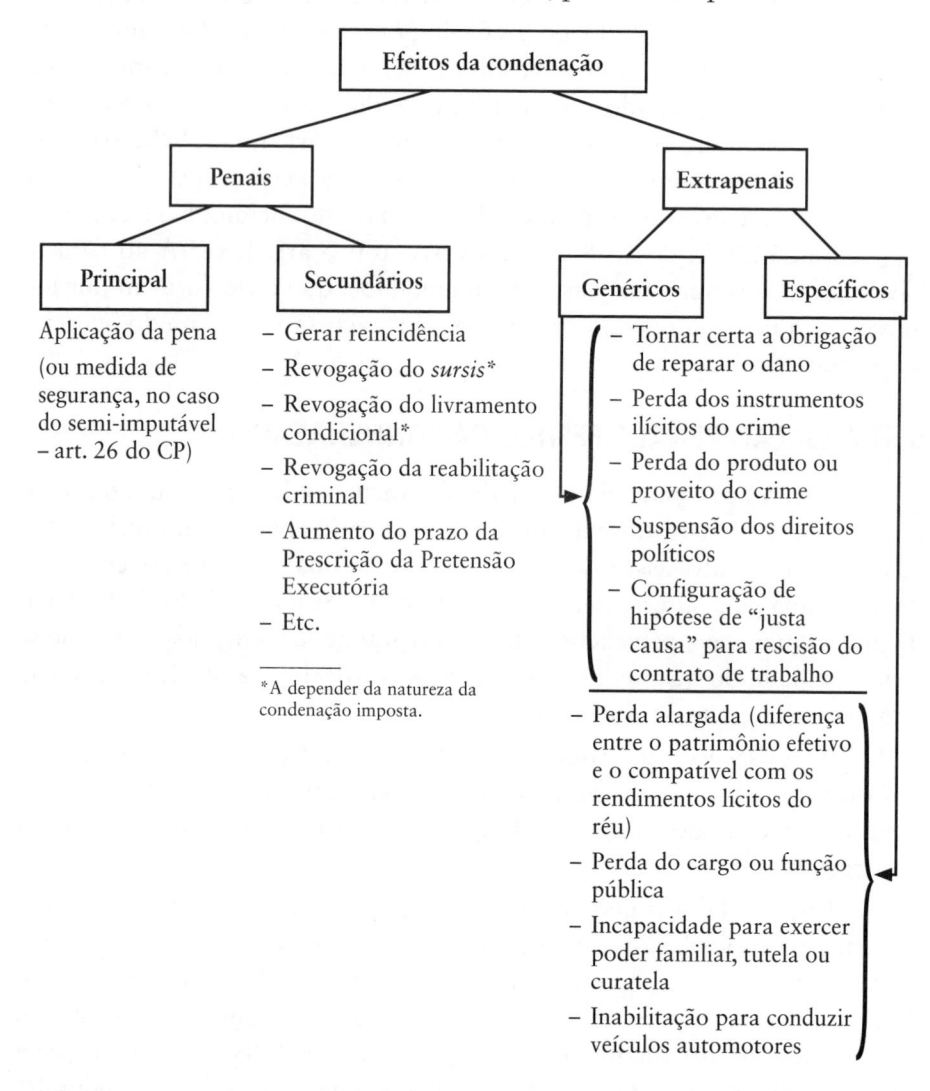

[27] RE 795.567/PR, rel. Min. Teori Zavascki, Tribunal Pleno, j. 28-5-2015.

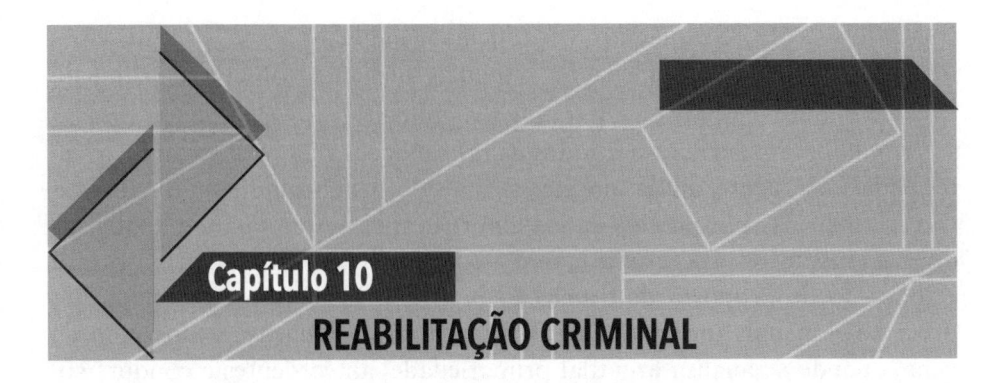

Capítulo 10
REABILITAÇÃO CRIMINAL

1. INTRODUÇÃO

Cuida-se de **medida de natureza declaratória**, de competência do juízo da condenação, que **visa a promover o sigilo dos registros criminais e a recuperação de prerrogativas cuja perda, incapacidade ou inabilitação fora decretada como efeito extrapenal da condenação, com fundamento no art. 92 do CP** (ou em dispositivos semelhantes de leis penais especiais). A reabilitação visava, em sua origem, estimular o condenado a regenerar-se, permitindo sua reinserção no meio social, de maneira integral e completa, notadamente no que toca ao gozo e fruição de direitos que a sentença penal lhe retirara (tais como a incapacidade para exercer o poder familiar, tutela ou curatela, a incapacidade para exercer cargos, funções públicas ou mandatos eletivos e a inabilitação para conduzir veículos automotores).

2. O SIGILO DOS REGISTROS CRIMINAIS

De acordo com o art. 93, *caput*, do CP, a **asseguração do sigilo dos registros criminais consubstancia o efeito precípuo da reabilitação criminal.** É preciso, contudo, compreender essa regra em conjunto com a do art. 202 da LEP, segundo o qual: "cumprida ou extinta a pena, não constarão da folha corrida, atestados ou certidões fornecidas por autoridade policial ou por auxiliares da Justiça, qualquer notícia ou referência à condenação, salvo para instruir processo pela prática de nova infração penal ou outros casos expressos em lei".

Identificam-se, então, **dois níveis de sigilo.**

O **primeiro nível**, diz respeito a **assegurar que as informações** sobre condenações relativas a penas cumpridas ou extintas **sejam omitidas em atestados e certidões de antecedentes criminais para fins particulares.** Para tanto, **basta o cumprimento integral ou a extinção da pena.**

O **segundo nível** se refere aos **registros de antecedentes acessíveis por requisição de autoridades policiais, membros do Ministério Público e para ins-**

truir informações de candidatos em concursos públicos. Nesse caso, só se obtém o sigilo relativo às condenações criminais mediante reabilitação criminal.

Cumpre lembrar que, **para efeitos judiciais** (instrução de um processo criminal), **ter-se-á acesso a todas as informações relativas aos antecedentes penais do agente, ainda que este tenha sido beneficiado com a reabilitação criminal**, até porque tais dados têm relevância capital para a análise de diversos institutos processuais (como a concessão de liberdade provisória, a elaboração de proposta de transação penal ou suspensão condicional do processo) e penais (notadamente a prolação da sentença e a dosagem da pena, quando se analisa eventual primariedade, antecedentes e conduta social do agente, entre outros fatores).

3. OS EFEITOS EXTRAPENAIS ESPECÍFICOS DA CONDENAÇÃO

Essa nos parece ser a mais relevante utilidade da reabilitação criminal: recuperar direitos cassados na sentença penal condenatória, com base no art. 92 do CP, ou seja, o direito de ocupar cargos, funções públicas ou mandato eletivo, de exercer o poder familiar, a tutela ou a curatela e a habilitação para conduzir veículos automotores.

Assim, por exemplo, se o réu foi condenado irrecorrivelmente por corrupção passiva (CP, art. 317) e cumpriu integralmente a pena imposta, poderá, preenchidos os demais requisitos contidos no art. 94, pleitear, mediante reabilitação criminal, seu direito de ocupar cargos ou funções públicas, que a sentença lhe retirou. A medida, como já se assentou, não lhe trará de volta o cargo ou a função que ocupava (parágrafo único do art. 93), mas permitirá que ele postule galgar novos postos na Administração Pública, o que lhe seria impossível sem a mencionada reabilitação.

4. REQUISITOS

De acordo com art. 94 do CP, a reabilitação somente poderá ser requerida após **dois anos do dia em que for extinta, de qualquer modo, a pena ou terminar sua execução,** devendo computar-se nesse lapso o período de prova do *sursis* e do livramento condicional, se não houve revogação.

Exige-se, ainda, que o condenado: a) tenha tido **domicílio no País** no prazo acima referido[1]; b) tenha dado, durante esse tempo, **demonstração**

---

[1] Para Cezar Roberto Bitencourt, a exigência de que o condenado tenha tido domicílio no País é de duvidosa constitucionalidade, porque, com o cumprimento ou a extinção da pena, recupera o sujeito, na integralidade, sua liberdade de locomoção (*Tratado de direito penal*: parte geral, 10. ed., p. 833, *apud* Alberto Silva Franco, e outros, *Código Penal e sua interpretação jurisprudencial*, p. 469).

efetiva e constante de bom comportamento público e privado; e c) **tenha ressarcido o dano** causado pelo crime ou demonstre absoluta impossibilidade de fazê-lo, até o dia do pedido, ou exiba documento que comprove a renúncia da vítima ou a novação da dívida.

Sendo negada a reabilitação, permite-se formular novo requerimento, a qualquer tempo, desde que se demonstre o preenchimento dos requisitos acima mencionados (CP, art. 95).

5. PROCEDIMENTO

A reabilitação deve ser postulada perante o juízo da condenação (CPP, art. 743), isto é, aquele em tramitou, em primeira instância, o processo pelo qual o agente foi condenado em definitivo. Deve-se ressaltar que o sentenciado apenado em vários processos, perante órgãos judiciais distintos, não necessita requerer a reabilitação em face de todos os juízos perante o qual se viu condenado. Basta que comprove, em único pedido, o preenchimento dos requisitos previstos no art. 94 do CP e daqueles exigidos nos arts. 743 e 744 do CPP[2].

O Código de Processo Penal regula seu procedimento nos arts. 743 a 750, os quais se encontram em vigor, naquilo que não contrariam os arts. 93 a 95 do CP. Segue vigente, inclusive, o art. 746, segundo o qual a decisão proferida em sede de reabilitação criminal comportará recurso *ex officio*[3].

O pedido deverá ser instruído com: "I – certidões comprobatórias de não ter o requerente respondido, nem estar respondendo a processo penal, em qualquer das comarcas em que houver residido durante o prazo a que se refere o artigo anterior; II – atestados de autoridades policiais ou outros documentos que comprovem ter residido nas comarcas indicadas e mantido, efetivamente, bom comportamento; III – atestados de bom comportamento fornecidos por pessoas a cujo serviço tenha estado; IV – quaisquer outros documentos que sirvam como prova de sua regeneração; e V – prova de haver ressarcido o dano causado pelo crime ou persistir a impossibilidade de fazê-lo" (CPP, art. 744).

---

[2] Nesse sentido a seguinte ementa: "Reabilitação criminal. Condenado que apresenta a documentação exigida para o acolhimento da sua pretensão. Parecer ministerial favorável em ambas as instâncias. Desnecessidade de que o pedido se refira a todas as condenações eventualmente suportadas. Recurso de ofício improvido" (TJSP, REO 1.122.486, rel. Des. Canguçu de Almeida, j. 15-4-2008).

[3] É bom lembrar que o recurso "de ofício", a bem da verdade, não constitui recurso, mas condição de eficácia da decisão (cf. Súmula 423 do STF).

Faculta-se ao magistrado determinar diligências necessárias à instrução do pedido (CPP, art. 745). Se a medida for deferida, haverá reexame necessário (art. 746) e seu conteúdo será comunicado ao Instituto de Identificação (ou congênere – art. 747).

6. REVOGAÇÃO

A reabilitação, diz o art. 95 do CP, será revogada, de ofício ou a requerimento do Ministério Público, se o reabilitado for condenado, como reincidente, por decisão definitiva, a pena que não seja de multa.

A revogação da medida não terá o condão de tornar públicos os registros criminais anteriores, pois, como dissemos acima (item 2), tal consequência deriva do cumprimento ou extinção da pena, conforme determina o art. 202 da LEP. O efeito prático da revogação, portanto, consistirá na retomada das incapacidades ou inabilitação decorrente da sentença condenatória, decretadas pelo juiz da condenação com base no art. 92 do CP. Assim, por exemplo, o agente que havia recuperado, com a reabilitação, o direito de ocupar outros cargos públicos ou exercer o poder familiar, ficará novamente privado de exercê-los.

Capítulo 11

DAS MEDIDAS DE SEGURANÇA

"Medidas de segurança são meios jurídico-penais de que se serve o Estado para remover ou inocuizar o potencial de criminalidade do homem perigoso. Seu fim não é punir, mas corrigir ou segregar"[1].

1. NOÇÕES PRELIMINARES

Consistem as medidas de segurança nas respostas penais aplicadas ao responsável por um injusto penal (fato típico e antijurídico), que, embora desprovido de culpabilidade, mostre-se mentalmente incapaz e individualmente perigoso.

Nos dias atuais, encontram-se as medidas de segurança em declínio quanto ao seu prestígio de outrora[2]. Muitos são os autores que questionam sua utilidade, ou mesmo sua compatibilidade com um Direito Penal fundado no Estado Democrático de Direito. Afirmam, alguns, que as medidas de segurança seriam inaceitável resquício do chamado Direito Penal do Autor.

É de ver, contudo, que não há, no estágio atual da Ciência Penal, substitutivo de equivalente eficácia. Inexistem sanções capazes de promover a defesa social em face de indivíduos reconhecidamente perigosos. Como lembrava Hungria, rebatendo as críticas à pena criminal, em resposta que aqui também pode ser invocada: *quais são as medidas radical e vantajosamente substitutivas da pena (ou da medida de segurança)?* Respondia o mes-

---

[1] Aníbal Bruno, *Perigosidade criminal e medida de segurança*, p. 145.

[2] Aníbal Bruno, em obra póstuma intitulada *Perigosidade criminal e medida de segurança*, exaltava, há mais de meio século, as qualidades da medida de segurança, declarando-as "a expressão mais característica do direito penal moderno". Dizia o saudoso mestre, ainda, que "podem ser tomadas, assim, as medidas de segurança como a sanção racional que o direito penal científico contrapõe à sanção sentimental do que von Hentig chamou o direito penal mítico" (p. 145).

tre: *Estamos, a tal respeito, em pleno domínio da alquimia. Tateios, experimentos, ensaios*; nada além disso.

É de reconhecer, todavia, que as medidas de segurança, na atualidade, devem receber uma leitura que as compatibilize com a Carta Constitucional. Nesse sentido, não há dúvida que a solução reside em outorgar-se a elas, no que for cabível, regime principiológico semelhante ao das penas.

1.1. Origem histórica

Surgiram as medidas de segurança com o Projeto de Código Penal suíço elaborado por Carlos Stoos (1893-1894). Em vez do sistema unitário – pena aos infratores –, optava-se por um caminho dualístico – pena e medida de segurança, esta fundada exclusivamente na periculosidade subjetiva do agente.

Na legislação brasileira, foi introduzida com o Código Penal de 1940. Antes dele, não eram sistematizadas, podendo-se encontrá-las em esparsos fragmentos, "sem unidade e sem coerência", tais como: a) disposições que regulavam o tratamento de alienados perigosos; b) medidas incidentes sobre pessoas intoxicadas por inebriantes ou estupefacientes; c) providências a respeito de vadios e capoeiras; d) regras disciplinando o tratamento de menores abandonados e infratores[3].

1.2. Natureza jurídica

A natureza jurídica das medidas de segurança é objeto de controvérsia doutrinária. Autores há que afirmam cuidar-se de instituto de natureza administrativa, porque sua aplicação não se funda na culpabilidade do agente e, ademais, não teria ela caráter punitivo. Ataliba Nogueira, seguindo a tradição dos penalistas italianos (Battaglini, Rocco, Manzini[4] etc.), entendia que as medidas de segurança pertenciam ao "direito de polícia, que é ramo do direito administrativo", e o fato de se encontrarem no Código Penal não passaria de critério de economia funcional[5]. Pierangeli e Zaffaroni ponderam, de sua parte, que as medidas de segurança são "formalmente penais e materialmente administrativas"[6].

---

[3] Cf. Aníbal Bruno. *Perigosidade criminal e medida de segurança*, p. 217.

[4] "Os juristas técnicos italianos são irredutíveis nesse particular. Manzini é decisivo: 'as medidas de segurança não são um instituto de direito penal, mas de direito administrativo'" (Aníbal Bruno, *Perigosidade criminal e medida de segurança*, p. 177).

[5] Apud Nelson Hungria, *Comentários ao Código Penal*, 3. ed., p. 27.

[6] *Manual de direito penal brasileiro*: parte geral, p. 119-121.

Cremos, todavia, que seu caráter jurídico-penal é inegável, tanto assim que nosso legislador tratou dela no Código Penal e na Lei de Execução Penal e, mais que isso, vincula sua imposição inexoravelmente ao cometimento de um injusto penal (fato típico e antijurídico). Há mais, sua imposição requer valha-se do devido processo penal e, ademais disso, sujeita-se à extinção da punibilidade, uma vez declarada definitivamente sua cessação (LEP, art. 179). Não se olvide, ainda, da possibilidade de detração, decorrente do art. 42 do CP.

A Reforma da Parte Geral (1984) reforçou a conclusão, em nosso sentir, à medida que lhe deu disciplina mais condizente com sua natureza criminal (o Código de 1940, por exemplo, determinava que ela deveria ser regida pela lei vigente ao tempo da sentença ou, se diversa, aquela que vigorasse quando de sua execução, ainda que gravosa, e não aquela vigente ao tempo do fato – art. 75).

Aníbal Bruno, de maneira eloquente, discorrendo sobre a tese de que elas seriam medidas administrativas de polícia, arremata: "Mas não é a polícia que as aplica, não são as leis administrativas que as prescrevem, não são as obras de direito administrativo, em geral, que dela tratam. São os códigos penais que as disciplinam, são as obras de direito penal que as estudam, são os juízes criminais que julgam de sua oportunidade, que as aplicam, que vigiam a sua execução, que as suspendem ou revogam"[7].

A polêmica não tem interesse puramente acadêmico, pois a decisão que se tomar determinará a incidência (ou não) dos princípios fundamentais do Direito Penal à medida de segurança.

Nossa jurisprudência caminha para o reconhecimento de que todos os princípios constitucionais ligados à pena devem ser observados pelas medidas de segurança. Nesse sentido, por exemplo, o julgamento proferido pelo Supremo Tribunal Federal, em que o Pretório Excelso julgou não poder a medida de segurança ultrapassar trinta anos de duração (que era, à época, o limite máximo de tempo de cumprimento de pena privativa de liberdade), pois se traduziria em sanção de caráter perpétuo, afrontando o Texto Constitucional (art. 5º, XLVII, *b*)[8].Esse entendimento, inclusive, evoluiu para uma restrição ainda maior, decorrente da Súmula 527 do STJ, que impõe como tempo máximo de vigência da medida de segurança o prazo correspondente à pena máxima fixada no tipo penal.

---

[7] *Perigosidade criminal e medida de segurança*, p. 178.

[8] Cf. HC 84.219/SP, rel. Min. Marco Aurélio, 1ª T., j. 16-8-2005. E também: RE 628.658/RS, rel. Min. Marco Aurélio, Tribunal Pleno, j. 5-11-2015.

Trata-se a medida de segurança de espécie do gênero sanção penal.

Distingue-se da pena, a outra espécie de sanção criminal, seja por sua finalidade, seu pressuposto e seu regime jurídico.

Enquanto a pena tem *finalidade* **preventiva e retributiva** (na dicção do Código – art. 59, *caput*, parte final), a **medida de segurança possui objetivo estritamente** *preventivo especial.*

O *pressuposto* **da pena é a culpabilidade** (ou a responsabilidade, para o funcionalismo racional-teleológico[9]) e o **da medida de segurança é a** *periculosidade* do agente. Por periculosidade entende-se a probabilidade de cometer infrações penais, lesando ou expondo a perigo bens jurídicos[10].

Referida periculosidade é **presumida** (*isto é*, independe de comprovação pericial) nos agentes **inimputáveis** em virtude de doença mental ou desenvolvimento mental incompleto ou retardado (CP, art. 26, *caput*) e **real** (ou seja, depende de comprovação pericial), em se tratando do **imputável de capacidade reduzida (ou "semi-imputável")**, referido no art. 26, parágrafo único, do CP.

A pena baseia-se, destarte, naquilo que o indivíduo fez; a medida de segurança, no que ele demonstrou ser com a prática de um fato definido como infração penal (crime ou contravenção penal, como indica o art. 13 da LCP).

A *imposição da medida de segurança exige*: a) tenha o agente praticado um fato típico e ilícito (ou seja, um injusto penal)[11]; b) que seja caso, em tese, de condenação (isto é, que inexistam fundamentos capazes de absolver o agente, como alguma escusa absolutória – p. ex., CP, art. 181); c) que o réu tenha demonstrado *periculosidade* (possibilidade de praticar

---

[9] Lembre-se que o funcionalismo roxineano sustenta deva a noção de culpabilidade ser expandida para a ideia de responsabilidade, que abrangeria, além da imputabilidade, da potencial consciência da ilicitude e da exigibilidade de conduta diversa, o cumprimento de finalidades preventivas.

[10] Aníbal Bruno enuncia diversos *conceitos de periculosidade*: a) "probabilidade de delinquir"; b) "capacidade de uma pessoa tornar-se, com probabilidade, autora de um delito" (Grispigni); c) "o estado, a aptidão, a inclinação de uma pessoa a cometer, com grande probabilidade, quase certeza, delitos" (Florian); "estado de grave desajustamento do homem às normas fundamentais da coexistência social" (*Perigosidade criminal e medida de segurança*, p. 133-135).

[11] Como advertia Hungria: "Permitir o reconhecimento da periculosidade *ante delictum* seria ensejar, na prática, possíveis excessos ao arbítrio judicial, com grave desfavor à liberdade individual. Entre todos os *indícios* ou *sintomas* de periculosidade de um indivíduo, o mais *seguro* é, sem dúvida, a prática de um daqueles fatos antissociais que, pela sua gravidade, a ordem jurídica define como ilícitos penais" (*Comentários ao Código Penal*, 3. ed., p. 35).

novas ações danosas)[12]. Recorde-se que tal periculosidade será presumida (de forma absoluta) para os inimputáveis por doença mental (CP, art. 26, *caput*).

O regime jurídico das medidas de segurança difere grandemente da pena, notadamente porque não se sujeita a prazo determinado.

1.3. Demais diferenças entre pena e medida de segurança

No item anterior, viu-se que pena e medida de segurança diferem entre si por diversas razões: sua finalidade, seu pressuposto e seu regime jurídico.

Há, ainda, outros traços distintivos que podem ser apontados[13]:

a) a *pena*, fundada na culpabilidade e, ainda que parcialmente, no "poder agir de outro modo", **possui** *cunho ético* e se baseia no *sentimento de justiça* (considerando que possui índole retributiva)[14]; *a medida de segurança é neutra do ponto de vista ético*, fundando-se na *utilidade*;

b) a *pena* decorre de um *fato certo e determinado* (é, portanto, retrospectiva); *a medida de segurança* inspira-se **num fato concreto, mas** *se justifica em razão de um fato provável* (a possibilidade de cometer novos atos semelhantes, ou seja, a periculosidade – é, portanto, prospectiva);

c) a *pena* é dosada *proporcionalmente à gravidade do fato* (abstrata e concreta); *a medida de segurança* é *vinculada* diretamente à *periculosidade* do agente (e à sua persistência nesse estado);

d) a *pena* tem *caráter aflitivo*; *a medida de segurança, curativo*.

2. ESPÉCIES DE MEDIDA DE SEGURANÇA

Nossa legislação prevê **duas espécies de medidas de segurança** (CP, art. 96):

a) *detentiva*, consistente na *internação* do sujeito em hospital de custódia e tratamento psiquiátrico ou estabelecimento similar; será obrigatória se o agente tiver praticado um crime apenado com reclusão[15];

---

[12] O revogado art. 76 do CP de 1940 dispunha expressamente, no *caput*: "A aplicação da medida de segurança pressupõe: I – a prática de fato previsto como crime; II – a periculosidade do agente".

[13] Cf. Nelson Hungria, *Comentários ao Código Penal*, 3. ed. V. III, p. 9-10.

[14] Diz-se que a culpabilidade funda-se, parcialmente, no "poder agir de outro modo", pois, atualmente, outorga-se a esta categoria sistemática função mais ampla.

[15] "A *mens legis* do artigo 97 do Código Penal consiste em impor, como regra, a internação aos inimputáveis na hipótese de delitos punidos com reclusão – como na espécie (homicídio qualificado tentado) –, e somente facultar o tratamento ambulatorial –

b) *restritiva*, que se consubstancia na submissão do agente a *trata-mento ambulatorial psiquiátrico*, e somente poderá ser aplicada se o crime for apenado com detenção e se mostrar recomendável no caso concreto.

O critério legal, embora descrito no Código de maneira rígida, é flexibilizado pela jurisprudência dos tribunais superiores, que baliza a escolha da espécie de medida de segurança com base na indicação terapêutica, à luz do grau de periculosidade do agente[16].

De acordo com o Superior Tribunal de Justiça, se ao réu for imposta medida de segurança de internação e ele se encontrar em penitenciária, em virtude da falta de vaga em estabelecimento adequado, haverá constrangimento ilegal, devendo ser beneficiado com tratamento ambulatorial[17].

Importante frisar que o tratamento ambulatorial pode ser convertido em internação a qualquer tempo, desde que necessário para fins curativos (CP, art. 97, § 4º). O inverso não pode ocorrer, ou seja, não é possível a conversão da internação em tratamento ambulatorial.

---

atribuindo-se ao juiz certa discricionariedade – aos casos punidos com detenção, sendo cabível, nesta última hipótese, a averiguação da periculosidade do agente para respaldar a adoção de uma medida ou de outra, à luz do princípio do livre convencimento motivado" (STJ, HC 394.072/MS, rel. Min. Maria Thereza de Assis Moura, 6ª T., j. 23-5-2017). No mesmo sentido, STJ, AgRg no HC 447.412/MG, rel. Min. Reynaldo Soares da Fonseca, 5ª T., j. 11-9-2018; AgRg no HC 676.699/SP, rel. Min. Messod Azulay Neto, 5ª T., j. 6-3-2023; e AgRg no AREsp 2.306.906/PB, rel. Min. Ribeiro Dantas, 5ª T., j. 12-9-2023.

[16] Nesse sentido: "(...) A doutrina brasileira majoritariamente tem se manifestado acerca da injustiça da referida norma, por padronizar a aplicação da sanção penal, impondo ao condenado, independentemente de sua periculosidade, medida de segurança de internação em hospital de custódia, em razão de o fato previsto como crime ser punível com reclusão. 6. Para uma melhor exegese do art. 97 do CP, à luz dos princípios da adequação, da razoabilidade e da proporcionalidade, não deve ser considerada a natureza da pena privativa de liberdade aplicável, mas sim a periculosidade do agente, cabendo ao julgador a faculdade de optar pelo tratamento que melhor se adapte ao inimputável. (...)" (STJ, EREsp 998.128/MG, rel. Min. Ribeiro Dantas, 3ª S., j. 27-11-2019). Nessa esteira, ver também: STJ, HC 617.639/SP, rel. Min. Ribeiro Dantas, 5ª T., j. 9-2-2021; HC 503.889/SP, rel. Min. Reynaldo Soares da Fonseca, 5ª T., j. 10-9-2019, e HC 469.039/SP, rel. Min. Rogerio Schietti Cruz, 6ª T., j. 13-11-2018.

[17] "Viola o princípio da individualização da pena, cujo espectro de incidência é ampliado, teleologicamente, para englobar a medida de segurança, a segregação, em penitenciária, de inimputável que aguarda vaga em hospital de custódia para receber tratamento em regime de internação. 3. *Habeas corpus* não conhecido. Ordem concedida, de ofício, a fim de determinar a imediata inclusão do paciente em hospital de custódia, ou em tratamento ambulatorial, até que surja vaga para a internação" (STJ, HC 300.976/SP, rel. Min. Ericson Maranho (Desembargador convocado do TJSP), rel. para o acórdão Min. Maria Thereza de Assis Moura, 6ª T., j. 10-3-2015).

3. SISTEMAS DE APLICAÇÃO

No **Direito Penal há dois sistemas de aplicação** das medidas de segurança. São eles:

a) *vicariante*[18]: o qual **só admite a imposição de uma espécie de sanção penal ao agente,** *pena ou medida de segurança* – *foi o adotado pelo Código depois da Reforma de 1984;*

b) *duplo binário*: denominação do sistema que admite a imposição de pena e medida de segurança pelo mesmo fato a uma pessoa perigosa – foi abandonado com a Reforma de 1984.

4. INIMPUTABILIDADE E MEDIDA DE SEGURANÇA

De acordo com o Código Penal, a inimputabilidade pode dar-se em três hipóteses:

a) como decorrência de doença mental ou desenvolvimento mental incompleto ou retardado, que retire do agente a capacidade de entendimento e autodeterminação (art. 26, *caput*);

b) em virtude da menoridade (CP, art. 27, e CF, art. 228);

c) por força de embriaguez completa e involuntária (proveniente de caso fortuito ou força maior), que retire do agente a capacidade de entendimento e autodeterminação (art. 28).

Somente no primeiro caso é que se cogita da aplicação de medida de segurança, pois ao menor inimputável aplica-se o Estatuto da Criança e do Adolescente (Lei n. 8.069/90) e ao agente que praticou o fato em estado de embriaguez completa e involuntária, nos termos do art. 28 do CP, a solução é a absolvição própria (sem aplicação de qualquer sanção).

5. HIPÓTESES DE APLICAÇÃO DA MEDIDA DE SEGURANÇA

A medida de segurança somente é cabível para o inimputável por doença mental (CP, art. 26, *caput*), **cuja sentença tem natureza absolutória imprópria** (isto é, absolve, mas impõe uma sanção), **e para o imputável com capacidade reduzida (ou "semi-imputável") por doença mental** (CP, art. 26, parágrafo único), **cuja sentença terá natureza condenatória** (em que o juiz imporá uma pena reduzida de um a dois terços e, havendo necessidade de tratamento, por ser perigoso o réu, a substituirá por medida de segurança).

---

[18] A denominação vem, segundo explanação de Luiz Carlos Betanho e Marcos Zili (*Código Penal e sua interpretação jurisprudencial*, p. 473), da expressão *vicariu* ("poder exercido por delegação de outrem; na presença do delegante, o delegado não atua").

6. REGIME JURÍDICO DAS MEDIDAS DE SEGURANÇA

É fundamental esclarecer, de início, que ficam **elas sujeitas aos princípios constitucionais penais compatíveis com sua natureza**. Não é possível afirmar, por exemplo, que a medida de segurança deverá observar o princípio da culpabilidade (CF, art. 5º, LVII[19]), justamente porque sua imposição, de regra[20], prescinde desta categoria sistemática. De outra parte, sujeitar-se-á ao princípio da dignidade da pessoa humana, da legalidade, da retroatividade benéfica[21], da humanidade etc.

Há diversas regras que lhe são peculiares, formando um particular arcabouço jurídico:

1) *prazo indeterminado* (não superior ao máximo da pena abstratamente cominada ao tipo penal violado[22]).

As medidas de segurança vigoram por prazo indeterminado. Diferentemente da pena, que possui prazo fixo, o qual, uma vez superado, produz irrefragável constrangimento ilegal, as medidas de segurança perduram enquanto subsistir a periculosidade do agente. De acordo com a Lei de Execução Penal, o sentenciado ficará sujeito a avaliações periódicas, por profissionais especializados, com o escopo de avaliar se persiste sua capacidade de converter-se em ações criminosas. A periodicidade do exame deve ser, pelo menos, anual (CP, art. 97, § 2º).

Muito embora o legislador não imponha um teto, a jurisprudência dos tribunais superiores considera a ausência de limite máximo de duração in-

---

[19] Nunca é demais lembrar que o art. 5º, LVII, da CF contém *dois* princípios: expressamente, alberga o princípio processual da presunção de inocência (ou de não culpabilidade); implicitamente, contém o princípio penal da culpabilidade (*vide* Título I, Capítulo 6, item 2.2, *supra*).

[20] Diz-se "de regra" porque, não se olvide, o imputável com capacidade mental reduzida (ou "semi-imputável" por doença mental etc. – art. 26, parágrafo único, do CP) é culpável, mas recebe a medida de segurança quando comprovada sua periculosidade, mediante exame pericial.

[21] Deve-se lembrar que o Supremo Tribunal Federal, em reiteradas decisões proferidas no ano de 1985, quando da entrada em vigor da nova Parte Geral, deixou claro que as medidas de segurança ficam submetidas ao princípio da retroatividade benéfica da lei penal. Os inúmeros precedentes da Suprema Corte foram proferidos por ocasião da extinção do sistema do duplo binário, de modo que as pessoas a quem se impôs pena e medida de segurança, pelo mesmo fato, e já haviam cumprido aquela, foram imediatamente liberadas (cf. RHC 62.433, rel. Min. Rezek; HC 62.947, rel. Min. Rafael Mayer; RE 105.306, rel. Min. Aldir Passarinho, entre outros).

[22] Nesse sentido, a Súmula 527 do STJ: "O tempo de duração da medida de segurança não deve ultrapassar o limite máximo da pena abstratamente cominada ao delito praticado."

compatível com a proibição constitucional de penas em caráter perpétuo (art. 5º, XLVII, *b*). Ainda que, do ponto de vista jurídico-penal, medida de segurança não se confunda com pena, ambas se sujeitam ao conjunto de princípios albergados na Carta Magna, dada a natureza penal destas sanções.

O STF fixara, em 2005, o entendimento de que não poderia o sentenciado ficar sujeito ao cumprimento de uma medida de segurança por mais de trinta anos, aplicando-se, por analogia, o teto então prescrito no art. 75 do CP.

O STJ, contudo, já vinha se inclinando por uma posição ainda mais restritiva, estabelecendo como tempo máximo de duração o prazo correspondente à pena máxima cominada ao delito. Em maio de 2015, referida Corte consagrou essa tese, editando a Súmula 527, segundo a qual "O tempo de duração da medida de segurança não deve ultrapassar o limite máximo da pena abstratamente cominada ao delito praticado".

De ver, contudo, que se ao cabo do período total de vigência da medida de segurança, persistir a periculosidade do agente, admite-se a propositura de uma ação civil de interdição, cumulada com pedido de internação compulsória. O fundamento jurídico para tal solução é o Código Civil, que permite a internação obrigatória de doentes mentais perigosos. Assim decidiu o STF, em voto condutor proferido pelo ex-Ministro Sepúlveda Pertence, para quem deveria ser aplicado, por analogia, o art. 682, § 2º, do CPP, segundo o qual o fato deve ser comunicado ao Ministério Público oficiante no juízo cível, a fim de que proponha a medida de interdição civil, regulada nos arts. 1.769 e seguintes do CC[23].

2) *possuem prazo mínimo.*

O prazo mínimo de duração da medida de segurança, seja ela a internação em Hospital de Custódia e Tratamento, seja o tratamento ambulatorial, deverá ser definido na sentença que a impuser e, de acordo com o Código Penal, **variará entre *um e três anos*.** Cremos que a definição do *quantum* há de pautar-se pelo nível de periculosidade detectado, o qual poderá ser verificado com base no exame psiquiátrico que instruir o processo e, também, na consideração da gravidade do crime cometido (do ponto de vista abstrato – isto é, o tipo penal violado – e concreto, vale dizer, a censurabilidade do comportamento do agente). Isto porque referido lapso (inexplicável do ponto de vista curativo) é revelador de uma infiltração, na medida de segurança, do pensamento retributivo[24].

---

[23] HC 84.219, rel. Min. Marco Aurélio, j. 16-8-2005, *DJU* de 23-9-2005, p. 285.

[24] Cf., nesse sentido, Aníbal Bruno, *Perigosidade criminal e medida de segurança*, p. 241.

O prazo mínimo, entretanto, poderá ser reduzido, em caráter excepcional e mediante decisão fundamentada do juízo das execuções penais, com fundamento no art. 176 da LEP[25];

3) *sua extinção será sempre condicional.*

A extinção da medida de segurança, independentemente de sua espécie, dar-se-á, obrigatoriamente, com a prévia constatação da cessação da periculosidade (salvo na hipótese de se ultrapassar o limite máximo de trinta anos, como se viu acima). Referida cessação há de ser constatada em exame pericial, não podendo ser substituída por simples relatório clínico.

A Lei de Execução Penal exige, ainda, que se elabore minucioso relatório pela autoridade administrativa (diretor do Hospital de Custódia e Tratamento ou do local em que se realiza o tratamento ambulatorial), instruído com laudo psiquiátrico, ouvindo-se o Ministério Público, o curador ou defensor, realizando-se, ainda, as diligências que se julgarem necessárias (art. 175).

A desinternação (na medida de segurança detentiva) ou a liberação (na restritiva) serão *sempre condicionais*, visto que, se no prazo de um ano o agente praticar fato indicativo de sua periculosidade (não necessariamente um crime), será restabelecida a medida (CP, art. 97, § 3º).

7. DETRAÇÃO E MEDIDA DE SEGURANÇA

O agente terá direito de descontar na medida de segurança o tempo de prisão ou internação provisória, conforme expressamente dispõe o art. 42 do CP. O cômputo se dará no prazo mínimo, já que a medida de segurança não tem limite temporal máximo.

8. PRESCRIÇÃO E MEDIDA DE SEGURANÇA

Deve-se ponderar, logo de início, que são duas as modalidades de prescrição existentes em nossa legislação penal. Há, de um lado, a prescrição da pretensão punitiva, que se verifica da data do fato até o trânsito em julgado, e a prescrição da pretensão executória, que começa a correr do trânsito em julgado para a acusação, até o início do cumprimento da sanção imposta.

Não há dúvida quanto à incidência da prescrição da pretensão punitiva com relação às medidas de segurança, devendo o cálculo do lapso

---

[25] "Em qualquer tempo, *ainda no decorrer do prazo mínimo* de duração da medida de segurança, poderá o juiz da execução, diante de requerimento fundamentado do Ministério Público ou do interessado, seu procurador ou defensor, ordenar o exame para que se verifique a cessação da periculosidade, procedendo-se nos termos do artigo anterior" (grifo nosso).

temporal pautar-se, como determina o art. 109 do CP, pelo máximo da pena abstratamente cominada ao tipo penal violado. Lembre-se que o agente somente ficará sujeito a uma medida de segurança se cometer um fato previsto como crime.

Com relação à *prescrição da pretensão executória*, todavia, controvérsias existem sobre sua incidência e sobre como deve ser calculada. A celeuma funda-se na inexistência de regra específica em lei, a que contribui o fato de que a prescrição, nesse caso, é regulada pela pena imposta e, em havendo medida de segurança, inexistirá pena alguma.

Apesar da falta de previsão legal, *a medida de segurança*, em nosso sentir, *sujeita-se à prescrição da pretensão executória*. Do contrário, o fato seria imprescritível, algo que, em nosso modo de entender, violaria a Constituição Federal (art. 5º, XLVII e XLIV).

No tocante ao *imputável com capacidade mental reduzida* (ou "semi--imputável"), o prazo prescricional será calculado com base na *pena imposta e substituída* na sentença, cuja natureza é indiscutivelmente condenatória.

Com relação ao *inimputável* por doença mental ou desenvolvimento mental incompleto ou retardado, o prazo prescricional terá como *parâmetro a pena máxima cominada ao crime*, mas deverá ser contado desde a última causa interruptiva (recebimento da denúncia ou queixa), uma vez que a sentença que impõe a medida, nesse caso, não interrompe a prescrição (pois é absolutória, e não condenatória)[26]. Observe-se, contudo, que, se entre a data do trânsito em julgado da sentença que aplicou a medida de segurança e o início de seu cumprimento transcorrer tempo superior ao prazo mínimo (um a três anos), seu cumprimento ficará condicionado à verificação da persistência da periculosidade, mediante perícia médica[27].

9. MEDIDA DE SEGURANÇA DURANTE A EXECUÇÃO DA PENA

Diante da **superveniência de doença mental na fase de execução da pena**, abrem-se **duas possibilidades**:

a) **internação** em hospital para tratamento da doença (CP, art. 41);

---

[26] Há outras posições sobre o assunto. Conforme síntese de Luiz Carlos Betanho e Marcos Zili, "várias soluções já foram aventadas para o problema do cálculo do prazo nesta hipótese: (a) base no prazo mínimo da medida de segurança; (b) base na pena máxima cominada abstratamente; (c) base na pena mínima cominada; e (d) prazo fixo de dois anos" (apud Alberto Silva Franco e outros, *Código Penal e sua interpretação jurisprudencial*, p. 479). Os autores aderem à tese de que a base de cálculo deveria ser o mínimo da pena abstratamente cominada.

[27] *Vide*: STJ, HC 182.973/DF, rel. Min. Laurita Vaz, 5ª T., j. 12-6-2012.

b) **conversão da pena em medida de segurança** (LEP, art. 183). Esta providência, mais rigorosa, deverá reservar-se aos casos de doença grave, irreversível ou de difícil prognóstico.

Uma vez convertida a pena em medida de segurança (art. 183 da LEP), aplicam-se as normas gerais a elas relativas (item 6, *supra*). O Superior Tribunal de Justiça, no entanto, entendeu que à medida de segurança substitutiva (do art. 183 da LEP) não se aplica a regra legal do tempo indeterminado de cumprimento, devendo ter como limite máximo o prazo da pena privativa de liberdade substituída[28].

10. MEDIDA DE SEGURANÇA APLICADA CAUTELARMENTE

A Lei n. 12.403, de 4-5-2011, inseriu no CPP diversas medidas cautelares pessoais alternativas à prisão, dentre as quais a internação provisória do acusado nas hipóteses de crimes praticados com violência ou grave ameaça, quando os peritos concluírem ser inimputável ou semi-imputável (CP, art. 26) e houver risco de reiteração (art. 319, VII).

Não se trata, propriamente, de uma medida de segurança, ao menos quanto à natureza jurídica, pois não se cuida de uma sanção penal, mas de uma providência acautelatória que busca evitar a reiteração de comportamentos criminosos em que há emprego de violência ou grave ameaça à pessoa.

O período de internação provisória será descontado de eventual pena ou medida de segurança aplicada em virtude de condenação irrecorrível, com base no art. 42 do CP (detração).

11. OBSERVAÇÕES FINAIS

11.1. Superposição de medidas de segurança em face do mesmo agente

Se alguém responder a mais de um processo criminal e, em cada um deles, se lhe impuser medida de segurança, todas elas serão unificadas numa só execução. Isto se dá em razão do caráter terapêutico da medida. Isto não quer dizer, contudo, que na hipótese de já existir medida imposta, mediante decisão transitada em julgado, que novo processo tornar-se-á despiciendo ou desprovido de objeto; pelo contrário, a decisão haverá de ser proferida, impondo-se a sanção, se o caso for. Isto porque pode-se reconhecer, *a posteriori*, a invalidade da sentença proferida em um dos processos por meio de revisão criminal.

---

[28] STJ, HC 373.405/SP, rel. Min. Maria Thereza de Assis Moura, 6ª T., j. 6-10-2016. Ver também: STJ, AgRg no HC 531.438/GO, rel. Min. Reynaldo Soares da Fonseca, 5ª T., j. 12-5-2020.

11.2. Internação cível

Ainda que decorrido o prazo de trinta anos, deverá a internação do agente subsistir, sempre quando se constatar a manutenção da periculosidade. A medida, que deverá ser precedida por ação de interdição civil, deverá ser ajuizada pelo Ministério Público, com fundamento nos arts. 1.769 e seguintes do CC e no art. 9º da Lei n. 10.216/2001.

11.3. Medida de segurança e a Lei de Drogas (Lei n. 11.343/2006)

A Lei de Drogas refere-se à imposição de medida de segurança no art. 45. Este declara isento de pena quem, em razão de dependência, ou sob o efeito, proveniente de caso fortuito ou força maior, de droga, era, ao tempo da ação ou da omissão, *qualquer que tenha sido a infração penal praticada*, inteiramente incapaz de entender o caráter ilícito do fato ou de determinar-se de acordo com esse entendimento.

A norma prevê, ainda, que se o juiz absolver o agente, reconhecendo, por força pericial, que este apresentava, à época do fato, as condições referidas acima, poderá determinar, na sentença, o seu *encaminhamento para tratamento médico adequado*. Referido tratamento constitui, em nosso sentir, *medida de segurança*.

Se o agente, por outro lado, pelas mesmas condições antes indicadas, não possuir plena capacidade de entendimento, sua pena será reduzida de um terço a dois terços. Mesmo nesse caso, será possível a imposição do tratamento médico, com fundamento no art. 47 da lei. Será necessária, contudo, decisão judicial precedida de avaliação médica que ateste a necessidade de encaminhamento do agente para tratamento. Não se trata aqui de medida de segurança substitutiva, como ocorre com o imputável com capacidade mental reduzida (ou "semi-imputável" do art. 26 do CP); isto porque o tratamento *não substituirá* a pena imposta e, sem prejuízo dela, dar-se-á a medida terapêutica.

De se destacar, ainda, que "A submissão do condenado semi-imputável a tratamento antidrogadição pelo magistrado sentenciante, como condição especial para o regime aberto, não ofende o sistema vicariante, pois não se confunde com medida assecuratória de tratamento ambulatorial preconizado no art. 98 do Código Penal" (*Informativo STJ*, Edição Extraordinária n. 16, publicado em 30-1-2024)[29].

---

[29] O comentário refere-se ao AgRg no REsp 2.026.477/SP, rel. Min. Joel Ilan Paciornik, 5ª T., j. 27-11-2023. Isso porque a estipulação de condições especiais ao conceder o regime aberto é autorizada pela LEP, mas, no caso em análise, quem o fez foi o juiz de conhecimento, o que gerou discussão, pois a imposição do tratamento de drogadição, segundo a defesa, consistiria na aplicação do sistema do duplo binário. Mas o STJ

11.4. Indulto e medida de segurança

Discute-se se é possível a concessão de indulto, por parte do Presidente da República, a sentenciados que cumprem medida de segurança. O questionamento se funda no fato de que, para tais pessoas, a persistência da sanção encontra-se vinculada à continuidade de seu estado perigoso, de modo que seria temerário admitir a extinção da punibilidade por meio do indulto, colocando-se em liberdade sentenciados reconhecidamente perigosos, antes mesmo do prazo máximo de duração.

Para o STJ e o STF, contudo, revela-se cabível a outorga dessa medida excepcional, pois a medida de segurança, dado seu caráter penal, sujeita-se aos mesmos princípios e regras constitucionais aplicáveis às penas. De acordo com o Pleno do STF: "Reveste-se de legitimidade jurídica a concessão pelo presidente da República do benefício constitucional do indulto – Constituição Federal, art. 84, XII – que traduz expressão do poder de graça do Estado, mesmo se se tratar de indulgência destinada a favorecer pessoa que, em razão de sua inimputabilidade ou semi-imputabilidade, sofre medida de segurança, ainda que de caráter pessoal e detentivo"[30].

11.5. Medida de Segurança, Lei Antimanicomial e o Estatuto da Pessoa com Deficiência

A Lei n. 13.146, de 2015, institui no Brasil o Estatuto da Pessoa com Deficiência, tendo como base a Convenção sobre os Direitos das Pessoas com Deficiência e seu Protocolo Facultativo, ratificados pelo Congresso Na-

---

entendeu pela necessidade de uma interpretação sistemática dos dispositivos da LEP e do CP, concluindo que o juiz sentenciante também pode estabelecer condições especiais para a concessão do regime aberto. Assim, ficou afastada a suposta violação ao sistema vicariante, ressaltando que não se trata de medida de segurança, já que o tratamento de drogadição não se confunde com a internação ou o tratamento ambulatorial.

[30] RE 628.658/RS, rel. Min. Marco Aurélio, j. 5-11-2015. No mesmo sentido, o STJ: "No caso dos autos, o Juízo da execução, uma vez preenchidos os requisitos do Decreto Presidencial n. 8.172/2013, deferiu ao paciente o indulto. Todavia, o Tribunal de origem anulou a decisão de primeiro grau, ao entendimento de que a medida de segurança possui natureza diversa da pena, restando incompatível o benefício do indulto com a medida de segurança, determinando, de ofício, a realização de perícia médica para averiguar a cessação de periculosidade do agente, vinculando ao resultado do exame técnico eventual declaração de extinção de punibilidade do agente. 3. Consoante entendimento firmado neste Superior Tribunal, não é possível condicionar a concessão de indulto a requisitos não previstos no decreto de regência, cuja elaboração é da competência discricionária e exclusiva do Presidente da República, a teor do art. 84, XII, da Constituição Federal" (HC 321.432/MG, rel. Min. Ribeiro Dantas, 5ª T., j. 23-8-2016, *DJe* de 29-8-2016).

cional por meio do Decreto Legislativo n. 186/2008, em conformidade com o procedimento previsto no § 3º do art. 5º da Constituição da República Federativa do Brasil, em vigor para o Brasil, no plano jurídico externo, desde 31 de agosto de 2008, e promulgados pelo Decreto n. 6.949/2009, data de início de sua vigência no plano interno (art. 1º da Lei).

Referido Diploma em nada altera o regime jurídico das medidas de segurança, embora assegure aos deficientes mentais, dentre os quais podem ser inseridas as pessoas em cumprimento de tais sanções, uma série de direitos fundamentais, como a garantia à acessibilidade e aos demais direitos a que fazem jus os apenados sem deficiência (art. 79, § 2º).

A Lei Antimanicomial (Lei n. 10.216/2001), de sua parte, impõe, ao menos, uma flexibilização no rigor do cumprimento de medidas de segurança, admitindo-se a aplicação da desinternação progressiva a sentenciados que se encontrem a muito tempo institucionalizados e em grave estado de dependência institucional (art. 5º).

De notar que a Defensoria Pública de São Paulo possui tese institucional no sentido de que referida Lei derrogou a Parte Geral do Código Penal e a Lei de Execução Penal no tocante às medidas de segurança. Não nos parece, contudo, que seja dessa forma. Os critérios de imposição e cumprimento de sanções penais não foram alterados pela Lei n. 10.216/2001. Pode-se até reconhecer encontrarem-se as disposições da legislação criminal defasadas à luz de determinados paradigmas da Ciência Médica no que alude a deficientes mentais, notadamente no campo da presunção de periculosidade, hoje transposta para a ideia de risco de violência. Ocorre, porém, que a função central do Direito Penal, segundo predominantemente reconhecido pela doutrina, consistente na salvaguarda de bens jurídicos, cairia por terra se, de uma hora para outra, se tomassem por revogadas as normas dos arts. 96 a 99 do CP. É preciso, insista-se, compatibilizá-las com novos vetores na esfera da Medicina e Psiquiatria (reconhecendo uma duração máxima, admitindo a desinternação progressiva e a outorga de direitos e garantias aos deficientes mentais), sem, contudo, abandoná-las de uma só vez.

Nessa senda, anote-se que a Resolução n. 487 do CNJ, de 15 de fevereiro de 2023 (que institui a Política Antimanicomial do Poder Judiciário e estabelece procedimentos e diretrizes para implementar a Convenção Internacional dos Direitos das Pessoas com Deficiência e a Lei n. 10.216/2001, no âmbito do processo penal e da execução das medidas de segurança), em cumprimento à Lei n. 10.216/2001, determina que a aplicação da medida de segurança deve sempre levar em conta a recomendação médico-pericial (art. 11). Em consequência, está parcialmente revogado o CP no que tange ao critério legal de aplicação da medida de segurança. Ademais, estipulou-se que a internação será cumprida em leito de saúde mental em hospital geral (art. 13, § 1º), ou seja, não pode ficar em unidade prisional, ainda que enfermaria. Frisou-se, ainda, que quem dá a alta é o médico (art. 13, § 2º)[31]. Destaca-se, por fim, que o sentenciado submetido a tratamento ambulatorial não deve ter o ônus de comprovar o tratamento, bem como que eventuais interrupções no curso do tratamento devem ser compreendidas como parte do quadro de saúde mental, considerada a dinâmica do acompanhamento e circunstâncias locais (art. 12, § 2º).

11.6. Desinternação progressiva

De acordo com o STF, eventual melhora no quadro clínico do sentenciado pode autorizar o juiz da execução a deferir a medida de desinternação progressiva, em regime de semi-internação. Embora não prevista no Código Penal, essa providência encontra respaldo na Lei n. 10.216/2001. Trata-se da possibilidade de gradual retorno do internado ao convívio social, estipulando-se, por exemplo, a possibilidade de conviver, aos finais de semana, com seus familiares, retornando à instituição nos demais dias. Promove-se, assim, uma paulatina adaptação do agente à vida em sociedade[32].

O STJ, por sua vez, possui precedente no sentido de que, tão logo seja verificada uma atenuação ou cessão da periculosidade do sentenciado, o qual, porém, ainda necessitar de tratamento de saúde (por ser portador de doença crônica), poderá ter sua internação levantada progressivamente, com a passagem para uma etapa de semi-internação. Nesse caso, ainda, sua desinternação pode ser condicionada à inserção em hospital comum da rede local ou encaminhamento a tratamento ambulatorial[33].

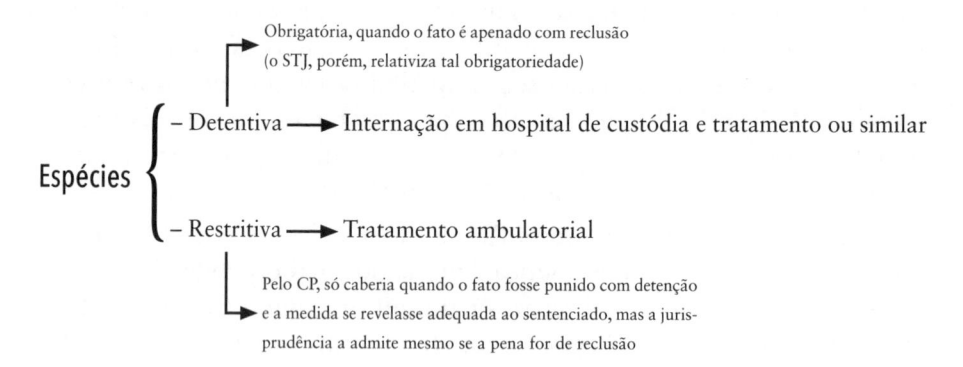

Espécies
- Detentiva ——▶ Internação em hospital de custódia e tratamento ou similar
  Obrigatória, quando o fato é apenado com reclusão (o STJ, porém, relativiza tal obrigatoriedade)
- Restritiva ——▶ Tratamento ambulatorial
  Pelo CP, só caberia quando o fato fosse punido com detenção e a medida se revelasse adequada ao sentenciado, mas a jurisprudência a admite mesmo se a pena for de reclusão

---

[31] "A internação cessará a critério da equipe de saúde multidisciplinar, caso em que será comunicada a alta hospitalar ao juízo."

[32] STF, HC 97.621/RS, rel. Min. Cezar Peluso, 2ª T., j. 2-6-2009.

[33] HC 383.687/SP, rel. Min. Félix Fischer, 5ª T., j. 27-6-2017.

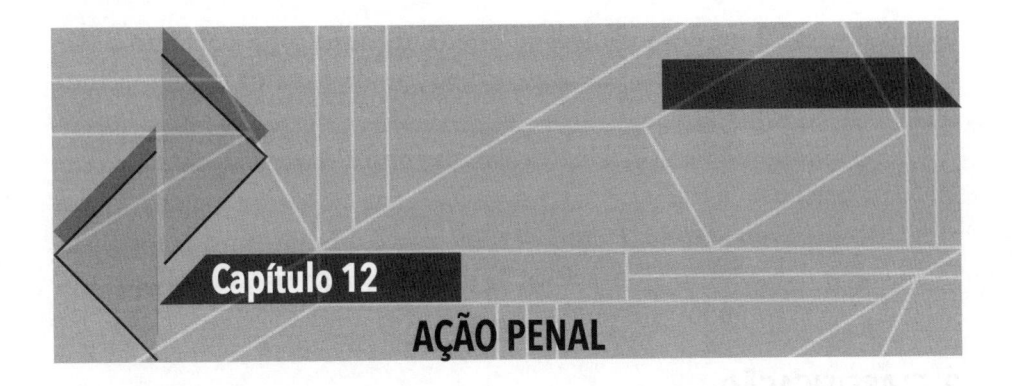

Capítulo 12

AÇÃO PENAL

1. INTRODUÇÃO

1.1. Conceito de ação penal

Pode-se dizer que a ação penal, de índole condenatória, consiste no direito subjetivo público, abstrato, autônomo e instrumental, de exigir do Estado-juiz, mediante um devido processo legal, que aplique uma lei penal a um fato concreto.

A pretensão punitiva estatal ou direito de punir do Estado somente conseguirá ser satisfeito por intermédio do devido processo legal (CF, art. 5º, LIV). O Estado, portanto, não tem outro meio de fazer valer seu *ius puniendi* concreto senão por meio do auxílio da jurisdição, a qual é provocada mediante o ajuizamento de uma ação penal.

Pode-se estranhar o fato de o Código Penal cuidar da matéria, pois sua índole é inegavelmente processual. De ver, contudo, que o direito de ação penal contém institutos conexos cujos reflexos no direito de punir do Estado são inegáveis, como a decadência, a renúncia, a perempção e o perdão aceito. Ademais disso, era preciso definir, na Parte Geral, critérios para estabelecer a natureza da ação penal que rege cada delito tipificado na Parte Especial. De qualquer modo, o tema é multidisciplinar, haja vista que se encontra regulamentado, de maneira mais detalhada, no Código de Processo Penal.

1.2. Características

A partir do conceito, podem ser extraídas as **características do direito de ação** penal:

a) *direito subjetivo público*: pois é exercido contra o Estado, "devedor" da entrega da prestação jurisdicional;

b) *abstração*: pois *independe do resultado final* do processo, ou seja, pode-se exercer o direito de ação validamente e se obter um julgamento favorável ou desfavorável (o direito de ação seria concreto se somente fosse considerado exercido na hipótese de o autor ter seu pedido julgado procedente);

c) *autonomia*: isto é, *tem existência própria*, independente do direito material que busque tutelar;

d) *instrumentalidade*: uma vez que **não é um fim em si mesmo** (sua finalidade é dar solução a uma situação de direito material, vale dizer, satisfazer a pretensão punitiva estatal).

2. CLASSIFICAÇÃO

De acordo com os Códigos Penal e de Processo Penal, as ações penais se classificam *segundo o seu titular* (critério subjetivo). Há, portanto, a **ação penal pública**, cuja titularidade do direito de ação incumbe ao Estado, por meio do Ministério Público, e a **ação penal privada**, na qual a tarefa de movê-la recai sobre o ofendido ou seu representante legal.

De ver, contudo, que há leis especiais que conferem a titularidade do direito de queixa subsidiária (*vide* item 2.3.1, *infra*) a outras pessoas, como o administrador judicial ou os credores, no caso dos crimes falimentares ou associações de defesa do consumidor, em se tratando de crimes contra as relações de consumo.

2.1. Espécies de ação penal pública

Há **duas** espécies de ação penal pública:

a) *incondicionada*, quando o Ministério Público, havendo prova da materialidade e indícios de autoria delitiva, puder ajuizar a ação penal independentemente da autorização de quem quer que seja;

b) *condicionada*, quando o seu exercício depender da autorização do ofendido ou de seu representante legal ou, ainda, de requisição do Ministro da Justiça.

2.2. Espécies de ação penal privada

A **ação penal de iniciativa privada divide-se** em:

a) **ação penal** *exclusivamente privada*. Trata-se da que possui como titular o ofendido, seu representante legal – quando menor de 18 anos – ou, na sua falta – ou seja, morte ou incapacidade –, o cônjuge ou companheiro, ascendente, descendente e irmão;

b) *privada personalíssima*. É uma variação da ação penal exclusivamente privada que dela difere pelo fato de só poder ser ajuizada pelo ofendido[1]. Ocorre no crime de induzimento a erro essencial e ocultação a impedimento matrimonial, definido no art. 236 do CP;

c) *subsidiária da pública*. Trata-se do direito que a vítima ou seu representante legal têm de oferecer queixa-crime nos delitos de ação penal pública, quando o Ministério Público for inerte, isto é, não se manifestar no prazo assinalado em lei.

2.3. Ação penal popular

Ocorre quando a lei confere legitimidade a qualquer do povo para a propositura da ação penal. Não existe em nosso ordenamento jurídico[2]. Nesse sentido: José Frederico Marques[3]. No nosso sistema, consoante pondera Vicente Greco Filho[4], qualquer previsão neste sentido seria inconstitucional em virtude dos arts. 129, I, e 5º, LIX, da CF.

2.3.1. Ação penal popular subsidiária

Foi instituída no Brasil por meio da Medida Provisória n. 153, de 15-3-1990, que permitia a qualquer cidadão oferecer ação penal por crime de abuso de poder econômico caso o Ministério Público excedesse os prazos legais sem adoção de providências a seu cargo[5].

2.4. Critério legal para determinar a natureza da ação penal

"A ação penal é pública, salvo quando a lei expressamente a declara privativa do ofendido" (CP, art. 100, *caput*). "A ação pública é pro-

---

[1] Segundo Tourinho Filho, sendo o ofendido incapaz ou doente mental, não pode o juiz nomear-lhe curador especial, pois o direito de ação é personalíssimo e intransmissível (*Manual de processo penal*, p. 123-124). O autor argumenta que diante da impossibilidade de nomeação de um curador especial, e pelo fato de a ação somente poder ser ajuizada pela vítima, o prazo decadencial não fluirá até que ela complete 18 anos de idade.

[2] A doutrina convencionou denominar a faculdade conferida ao cidadão de provocar o início de um processo de *impeachment* como exemplo de ação penal popular (Lei n. 1.079/50). O processo por crime de responsabilidade, contudo, não tem natureza penal, mas político-administrativa. Há, ainda, quem classifique o *habeas corpus* como ação penal popular. Não se pode negar que *writ* tem natureza de ação, que tem índole penal e, sem dúvida, pode ser ajuizado por qualquer pessoa do povo. Nessa medida, parece adequado classificá-lo como ação penal popular. De ver, todavia, que o *habeas corpus* não é ação de natureza condenatória. Diante disto, talvez fosse mais adequado afirmar que não existe ação penal condenatória em nosso Direito.

[3] *Estudos de direito processual penal*, p. 123 e s.

[4] *Manual de processo penal*, p. 118.

[5] Cf. Antônio Scarance Fernandes, *Processo penal constitucional*, p. 173.

movida pelo Ministério Público, dependendo, quando a lei o exige, de representação do ofendido ou de requisição do Ministro da Justiça" (CP, art. 100, § 1º).

No silêncio da lei, portanto, a ação penal será pública incondicionada (como ocorre na grande maioria dos casos – *vide*, entre outros, arts. 121, 155, 157, 168, 171 do CP). Será condicionada à representação do ofendido ou à requisição do Ministro da Justiça quando houver norma exigindo expressamente tais requisitos para a propositura da ação penal pelo Ministério Público (*vide* arts. 145, parágrafo único, e 147, parágrafo único). Por fim, existindo dispositivo dizendo que o crime "somente se procede mediante queixa" é sinal de que a ação tem natureza privada (*vide* CP, art. 145, *caput*).

2.5. Dupla titularidade

Há um caso em nosso ordenamento jurídico em que se reconhece **dupla titularidade** na propositura da ação penal, ou seja, permite-se que o Ministério Público ofereça denúncia ou o ofendido, queixa-crime. **Trata-se da ação penal por crime contra a honra praticado contra funcionário público por fato relativo ao exercício de suas funções.** Segundo o Supremo Tribunal Federal, porém, as vias (denúncia pelo Ministério Público ou queixa pelo ofendido) não são concomitantes, cabendo à vítima optar por uma delas. Assim, ou o ofendido representa ao Ministério Público para oferecimento de denúncia, hipótese em que fica excluída a possibilidade de ajuizamento da queixa (salvo queixa subsidiária), ou então cabe à vítima desde logo propor queixa-crime, caso em que não mais poderá representar ao Ministério Público para oferecer denúncia[6].

2.6. Crimes praticados em detrimento do patrimônio ou interesse de pessoa jurídica de direito público da administração direta

De acordo com o art. 24, § 2º, do CPP, "**seja qual for o crime, quando praticado em detrimento do patrimônio ou interesse da União, Estado e Município, a ação penal será pública**". Deve-se inserir no rol o Distrito Federal, por analogia (CPP, art. 3º).

---

[6] Nesse sentido: STF, *RTJ* 154/410. O STJ, no HC 20.914, rel. Min. Gilson Dipp, data da decisão: 13-8-2002, acolheu entendimento semelhante. Cf. Súmula 714 do STF: "É concorrente a legitimidade do ofendido, mediante queixa, e do Ministério Público, condicionada à representação do ofendido, para a ação penal por crime contra a honra de servidor público em razão do exercício de suas funções".

2.7. Ação penal adesiva

Tourinho Filho considera **ação penal adesiva** aquela movida pelo **ofendido, nos crimes de ação penal exclusivamente privada, em litisconsórcio com o Ministério Público nos crimes de ação penal pública**[7].

José Frederico Marques, contudo, vislumbra o instituto quando o "ofendido se introduz no processo ao lado do Ministério Público", referindo-se, portanto, ao fenômeno quando da intervenção do ofendido como assistente do Ministério Público[8].

2.8. Ação penal secundária

Conforme explica Carlos Frederico Coelho Nogueira, a ação penal secundária, na definição de Hélio Tornaghi, consiste na "**ação penal privada em que, tendo em vista certas circunstâncias, a ação penal passa a ser pública**"[9]. É o que ocorre no caso dos delitos contra a honra, que, de regra, se procedem mediante queixa, mas, a depender das circunstâncias, como no caso de ofensa contra funcionário público por fato relacionado com suas funções, são de ação penal pública.

2.9. Ação penal no crime complexo (CP, art. 101)

De acordo com o art. 101 do CP, "quando a lei considera como elemento ou circunstâncias do tipo legal fatos que, por si mesmos, constituem crimes, cabe ação [penal] pública em relação àquele, desde que, em relação a qualquer destes, se deva proceder por iniciativa do Ministério Público".

Em outras palavras, quando houver um crime complexo em sentido estrito, isto é, o formado pela fusão de dois ou mais tipos penais, se um dos delitos fundidos for de ação penal pública, o crime resultante da junção também o será.

O furto qualificado pela destruição ou rompimento de obstáculo à subtração do bem é crime complexo, que resulta da conjugação do furto (art. 155 do CP) com o dano (art. 163 do CP). O furto é crime de ação pública e o dano é delito de ação privada. E o furto qualificado pela destruição ou rompimento de obstáculo à subtração do bem (isto é, pelo "dano")? É de ação penal pública.

Pergunta-se, porém: é necessário aplicar o artigo 101 do CP para se chegar a essa conclusão? Não, pois a leitura do tipo penal que descreve o

---

[7] *Processo penal*, v. 1, p. 441.

[8] Apud Carlos Frederico Coelho Nogueira, *Comentários ao Código de Processo Penal*, v. 1, p. 550.

[9] Op. cit., p. 452.

furto deixa claro tratar-se de crime de ação penal pública, dada a ausência de qualquer regra a respeito da natureza da ação penal. Lembre-se que, no silêncio da lei, o delito é de ação penal pública incondicionada.

Contém, portanto, o artigo 101 uma regra inútil na legislação brasileira.

A ação penal é sempre regulada pelo que estabelecer o próprio dispositivo ou seu regramento específico, o qual sempre prevalecerá sobre o critério do artigo 101 do Código Penal, em razão do princípio da especialidade.

3. CONDIÇÕES DA AÇÃO PENAL

São condições previstas em lei **para que se possa exercer validamente o direito de ação.** É interessante notar que o Código de Processo Penal não elenca quais são elas, apenas faz referência geral a respeito do assunto, em seu art. 395, dispondo que, **caso não se façam presentes, o juiz deverá rejeitar a denúncia ou a queixa.**

A **doutrina,** porém, as identifica, **dividindo**-as em **genéricas** e **específicas.**

3.1. Condições genéricas

São três, a saber:

a) *legitimidade de parte* (*legitimatio ad causam*);

b) *interesse de agir* (ou interesse processual); e

c) *possibilidade jurídica do pedido*[10].

Se presentes, a ação penal poderá ser recebida.

Faltando qualquer uma delas, o autor será considerado carecedor da ação e, caso o juiz detecte desde logo a falta de uma das condições da ação, deverá rejeitar a denúncia ou a queixa-crime com base no art. 395 do CPP.

Se a falta da condição da ação somente for percebida durante o processo, ou seja, após o recebimento da inicial, será caso de decretação de nulidade processual, desde o início (cf. CPP, art. 564, II). De ver-se que elas constituem questões de ordem pública, razão pela qual podem ser conhecidas pelo juiz de ofício, a qualquer tempo e grau de jurisdição.

---

[10] Há autores que questionam a existência destas três condições da ação. Alguns, como o caso de Liebman (*Manuale de diritto processuale civile*, v. 1, 1973, n. 74, apud Ada Pellegrini Grinover, *As condições da ação penal*, p. 39), afirmam que as condições da ação constituem-se somente na legitimidade de parte e no interesse de agir (a possibilidade jurídica do pedido faria parte desta última condição). O Código de Processo Civil apenas faz referência à legitimidade e ao interesse processual.

3.1.1. Legitimidade *ad causam*

Trata-se da *pertinência subjetiva da ação*[11]. Deve ser verificada tanto no polo ativo quanto no passivo.

Dá-se a *legitimidade ativa* quando **quem ocupar o polo ativo da ação penal, isto é, quem ajuizá-la, possuir autorização para fazê-lo.** No processo penal, é parte legítima o **Ministério Público, nos delitos de ação penal pública,** e o *ofendido*, **nos crimes de ação penal de iniciativa privada.**

Ocorrerá a *legitimidade passiva*, de outro lado, **quando encontrar-se no polo passivo da ação penal quem a lei permitir.** Para saber quem pode ocupar validamente o polo passivo da relação jurídica processual penal é preciso responder, antes, à seguinte indagação: Quem pode ser sujeito ativo de crime? Assim, será parte legítima no processo penal a **pessoa física que completou 18 anos ou a pessoa jurídica (nos crimes definidos pela Lei n. 9.605/98)** apontada como autora da infração penal[12].

3.1.2. Interesse de agir

Costuma-se dizer que essa condição da ação, o interesse de agir ou interesse processual, se fará presente sempre que o ajuizamento da ação for necessário para a satisfação do direito material e, além disso, quando for proposta a ação correta (adequada). **Trata-se da verificação do *binômio necessidade-adequação*.** Ocorre que, **no processo penal, "reduzir" o interesse de agir a esses dois requisitos (necessidade-adequação) significaria esvaziar completamente essa condição** da ação. Isto porque o direito material (pretensão punitiva estatal) sempre depende do processo para ser satisfeito (*nulla poena sine judicio*). Quando alguém pratica um crime, o Estado não pode imediatamente colocar o agente para cumprir a pena prevista em lei. Precisa, antes de tudo, processá-lo criminalmente e obter uma sentença condenatória definitiva. Assim, a "necessidade" sempre se fará presente na esfera processual-penal. Além disso, verificar se a ação penal ajuizada foi ou não adequada representa perda de tempo, uma vez que o Ministério Público só pode oferecer denúncia (não há outro tipo de ação penal) e o ofendido somente pode ajuizar queixa-crime.

Por essa razão é que a **doutrina e a jurisprudência**, antes do advento da Lei n. 11.719/2008, que alterou o art. 395 do CPP, **visando dar sentido a**

---

[11] Expressão de Alfredo Buzaid.

[12] Se a defesa nega no curso do processo que o réu praticou o crime (tese da "negativa de autoria") não está questionando a legitimidade passiva *ad causam*. Na verdade, trata-se de alegação que, no processo penal, diz respeito exclusivamente ao mérito da causa. Lembre-se que no processo penal cabe à acusação provar a existência do crime e sua autoria (são temas ligados, repita-se, ao mérito).

essa condição da ação no processo penal, **entendiam que ela representava** algo mais e somente estaria presente quando a ação penal possuísse *justa causa*[13]; **vale dizer, quando acompanhada de um lastro probatório mínimo** (*fumus boni iuris*) – **prova da materialidade e indícios suficientes de autoria delitiva.** Ocorre, entretanto, que a justa causa, *ex vi legis*, não mais pode ser enquadrada como integrante das condições da ação penal, seja qual for, haja vista que a lei a destacou daquelas, dando-lhe *status* diferenciado e, tanto quanto as condições da ação penal, figurando como requisitos necessários para que a denúncia ou queixa sejam recebidas (é o que se conclui da leitura dos incisos do art. 395 do CPP).

3.1.3. Possibilidade jurídica do pedido[14]

O pedido será juridicamente possível no processo penal se o fato imputado na denúncia tiver caráter criminoso. Assim, se o representante do Ministério Público denunciar alguém por fato atípico, será carecedor da ação por impossibilidade jurídica do pedido.

3.2. Condições específicas ou condições de procedibilidade[15]

Em certos casos, a lei impõe mais *exigências* **para que se dê o ajuizamento válido de certas ações.** São condições de procedibilidade a represen-

---

[13] Não é a opinião de Ada Pellegrini Grinover, para quem a justa causa não se liga a nenhuma das condições da ação (*As condições da ação* penal, p. 110 e s.). Diz a autora "sem embargo da autoridade destas posições, não parece acertada a identificação do interesse de agir com o *fumus boni iuris*, que tampouco se confunde, ao menos, com o interesse-adequação" (...) "O *fumus boni iuris* diz respeito à improcedência do pedido, sendo elemento pertencente ao direito material e não ao direito de ação" (op. cit., p. 195).

[14] Cândido Rangel Dinamarco denomina esta condição da ação de possibilidade jurídica da *demanda* (leia-se: possibilidade jurídica do pedido e da causa de pedir). A ponderação terminológica é apropriada, pois muitos dos exemplos dados pela doutrina de impossibilidade jurídica do pedido referem-se, mais exatamente, à impossibilidade jurídica da causa de pedir (veja o exemplo recorrido da ação de cobrança de dívida de jogo: o pedido – condenação ao pagamento de uma quantia em dinheiro – é, isoladamente considerado, absolutamente possível; a impossibilidade jurídica que se verifica tem relação com a causa de pedir, ou seja, com o fundamento fático e jurídico deste pedido – uma dívida de jogo).

[15] Para Ada Pellegrini Grinover, os casos a que a doutrina chama de condições de procedibilidade não deveriam ser tratados como uma condição específica da ação penal, mas como integrantes da possibilidade jurídica do pedido. Assim, se o Ministério Público oferecesse denúncia por crime de ameaça (que é de ação penal pública condicionada) sem a representação da vítima, a inicial não seria recebida por ser o pedido juridicamente impossível. Conclui a autora: "As condições de procedibilidade não existem. Os exemplos da doutrina são reconduzíveis à possibilidade jurídica" (*As condições da ação penal*, p. 198).

tação do ofendido e a **requisição do Ministro da Justiça**, nos crimes de ação penal pública a elas condicionadas.

Outros exemplos podem ser citados:

1) *a entrada do agente no território nacional*: trata-se de condição de procedibilidade nas hipóteses de extraterritorialidade condicionada da lei penal brasileira (CP, art. 7º, §§ 2º e 3º);

2) *a autorização da Câmara dos Deputados*: constitui condição de procedibilidade para a instauração de processo-crime contra o Presidente da República, Vice-Presidente ou Ministros de Estado (CF, art. 51, I).

Por força da EC n. 35, de 2001, o processo-crime contra Senadores da República, deputados federais e estaduais não depende mais de prévia autorização da Casa Legislativa a que pertence o acusado (antes da referida emenda, a autorização mencionada era considerada condição de procedibilidade pela maioria dos autores)[16].

Para Damásio de Jesus[17], a condição aludida no n. 2 não constitui condição de procedibilidade, mas de *prosseguibilidade*, uma vez que *nesses casos*, ao contrário do que ocorre com a representação do ofendido e a requisição do Ministro da Justiça nos crimes de ação penal pública condicionada, o inquérito policial pode ser instaurado e a denúncia oferecida; o recebimento da inicial é que fica condicionado à autorização da Câmara dos Deputados.

4. IDENTIDADE DE AÇÕES PENAIS

De acordo com a teoria do *tres eadem*, uma ação será idêntica à outra quando tiverem as mesmas partes, o mesmo pedido e a mesma causa de pedir. A importância de se identificarem ações idênticas se dá em razão das exceções de coisa julgada e litispendência. **Em processo penal, serão idênticas duas ações penais quando tiverem o *mesmo réu* e a *mesma causa de pedir*** (ou seja, quando a mesma pessoa for processada mais de uma vez em virtude dos mesmos fatos delituosos). O pedido, em processo penal, será sempre genérico (pedido de condenação, e não de condenação a x anos de pena).

É de ver, contudo, que segundo entendimento dominante em doutrina, a coisa julgada no processo penal faz-se a partir da *realidade histórica*, isto é, não se limita à descrição contida na denúncia, mas envolve todo o contexto fático abrangido pela imputação.

---

[16] No sentido da aplicabilidade imediata da EC n. 35/2001: STJ: HC 100.706/DF, rel. Min. Felix Fischer, 5ª T., *DJe* de 9-3-2009, e STF, AC 700 AgR, rel. Min. Carlos Britto, 1ª T., j. 19-4-2005.

[17] *Código de Processo Penal anotado*, p. 20.

5. AÇÃO PENAL PÚBLICA

5.1. Titularidade

Como já dissemos, **pública é a ação penal cujo titular privativo é o Ministério Público, nos termos do art. 129, I, da CF** (cf. art. 100, *caput*, do CP). Cuida-se de modalidade de legitimação ordinária, pois o Estado (por intermédio do Ministério Público) ingressa com a ação em seu nome, visando à satisfação do direito de punir, que a ele pertence.

5.2. Princípios

5.2.1. Obrigatoriedade ou legalidade (CPP, art. 24)

O Ministério Público tem o dever de ajuizar ação penal sempre que presentes prova de materialidade e indícios suficientes de autoria delitiva. O princípio da obrigatoriedade é decorrência do fato de que as infrações penais não podem ficar impunes (*nec delicta maneant impunita*), pois há um interesse público indisponível na apuração da autoria das infrações penais e na punição dos verdadeiros culpados.

Há **determinados institutos jurídicos que mitigam o princípio da obrigatoriedade,** à medida que permitem ao Ministério Público uma alternativa à formulação da denúncia, ainda que exista elementos suficientes para tanto.

Em tais casos, sai de cena o princípio da obrigatoriedade e, em seu lugar, incide o **princípio da discricionariedade regrada ou oportunidade regrada.**

Isto se dá nos seguintes casos:

a) **transação penal** (art. 76 da Lei n. 9.099/95);

b) **acordo de leniência** (art. 87 da Lei n. 12.529/11);

c) **colaboração premiada** (art. 4º, § 4º, da Lei n. 12.850/13);

d) **acordo de não-persecução penal** (art. 28-A do Código de Processo Penal).

5.2.1.1. Mitigadores da obrigatoriedade da ação penal pública

a) Transação Penal

Quando se tratar de procedimentos apuratórios de infração de menor potencial ofensivo, isto é, contravenções penais e crimes com pena máxima de até 2 anos, o Ministério Público, presentes a prova da materialidade e indícios de autoria, **poderá oferecer denúncia ou propor transação penal.**

Não há, destarte, um só caminho a seguir (isto é, o dever inexorável de oferecer denúncia), mas duas opções a serem adotadas (ajuizar a ação ou propor a transação penal).

Tal escolha não se dá com base em critérios subjetivos, pois depende do cumprimento dos requisitos legais (art. 76 da lei mencionada), daí porque se fala em *princípio da oportunidade (ou discricionariedade) regrada*.

Segundo a lei, caberá transação penal quando presentes os seguintes requisitos:

(i) Tratar-se de infração penal de menor potencial ofensivo;

(ii) Não se referir a fato relacionado com violência doméstica ou familiar contra a mulher;

(iii) Não ter o agente sido beneficiado com outra transação penal nos últimos cinco anos;

(iv) Não ter sido condenado com trânsito em julgado por outro crime, a pena privativa de liberdade;

(v) Os antecedentes, a conduta social, a personalidade, os motivos e as circunstâncias do crime devem indicar que a medida é necessária e suficiente.

b) Acordo de leniência

O acordo de leniência está previsto nos arts. 86 e 87 da Lei n. 12.529, de 2011. Essa medida é cabível nos crimes contra a ordem econômica tipificados na Lei n. 8.137, em delitos relacionados à formação de cartel, como os crimes em licitação e contratos administrativos, antes previstos na Lei n. 8.666/93 e agora descritos no Código Penal (art. 337-E a 337-O) e associação criminosa (art. 288 do CP).

A celebração do acordo implica na suspensão do prazo prescricional e impede o oferecimento da denúncia contra o beneficiário da leniência.

Cumprido o acordo, extingue-se a punibilidade em relação aos crimes supra mencionados.

c) Acordo de colaboração premiada

Outra exceção ao princípio da obrigatoriedade da ação penal pública se faz presente na Lei do Crime Organizado (Lei n. 12.850/2013) e **decorre da colaboração relevante e eficaz, que produza um ou mais dos seguintes resultados:** a) a identificação dos demais coautores e partícipes da organização criminosa e das infrações penais por eles praticadas; b) a revelação da estrutura hierárquica e da divisão de tarefas da organização criminosa; c) a prevenção de infrações penais decorrentes das atividades da organização criminosa; d) a recuperação total ou parcial do produto ou do proveito das infrações penais praticadas pela organização criminosa; e) a localização de eventual vítima com a sua integridade física preservada (art. 4º, *caput*).

Presentes tais condições, permite-se ao *Parquet* deixar de oferecer denúncia se não possuir conhecimento prévio da infração, o **colaborador**

não for o líder da organização criminosa e for o primeiro a prestar efetiva colaboração (art. 4º, § 4º).

d) Acordo de não persecução penal

Esse instituto nasceu com a Resolução n. 181, de 2017, do Conselho Nacional do Ministério Público e, com a Lei Anticrime, foi transposto para o Código de Processo Penal.

O acordo de não persecução penal (ANPP) consiste numa **medida despenalizadora**, com natureza de **negócio jurídico pré-processual**, em que **o Ministério Público se compromete a não oferecer denúncia**, desde que o **investigado confesse o fato** e **aceite as condições** propostas.

Do mesmo modo como nos demais institutos anteriormente tratados, que excepcionam o princípio da obrigatoriedade da ação penal pública, **não se trata de direito subjetivo público do investigado**; logo, não pode ser imposto judicialmente. O próprio legislador deixou claro que **se o membro do *Parquet* não formular a proposta, o juiz deve encaminhar à instância ministerial de revisão** (art. 28-A, § 14); conclui-se, daí, que não cabe aplicação de ofício[18].

Essa **solução se inspira na Súmula 696 do STF** que definiu, nos casos de transação penal e suspensão condicional do processo, que se o membro do MP não formular a proposta, não pode ser aplicada de ofício; em vez disso, o juiz deve encaminhar à instância ministerial de revisão.

O ANPP **pressupõe**:

(i) **que não seja caso de arquivamento** (ou seja, que exista elementos para oferecer denúncia);

(ii) **confissão formal do fato**.

Além disso, sujeita-se à observância dos seguintes **requisitos objetivos**:

(i) **infração com pena mínima inferior** a 4 anos;

Na aferição da pena mínima, quando houver **concurso de crimes**, deve se levar em conta a pena mínima **total**, nos mesmos moldes da suspensão condicional do processo. Já há, inclusive, precedente do Supremo Tribunal Federal corroborando essa tese[19].

---

[18] "Não é obrigatório notificar o investigado acerca do não oferecimento de proposta do acordo de não persecução penal, sendo que a ciência da recusa do Ministério Público deve ocorrer por ocasião da citação, podendo o acusado, na primeira oportunidade de se manifestar nos autos, requerer a remessa dos autos ao órgão de revisão ministerial" (*Informativo STJ*, Edição Extraordinária n. 16, publicado em 30-1-2024 – comentário referente ao AgRg no REsp 2.039.021/TO, rel. Min. Messod Azulay Neto, 5ª T., j. 8-8-2023).

[19] HC 201.610, 2ª T., rel. Min. Lewandowski, j. 21-6-2021.

No cálculo da pena mínima devem ser levadas em conta as **qualifica-doras**, os **privilégios**, bem como as **causas de aumento** e **diminuição de pena**. No caso das minorantes, aplica-se a maior redução (sobre o mínimo legal previsto no preceito secundário); em se tratando de majorantes, incide a menor exasperação (sobre o mínimo legal previsto no preceito secundário).

(ii) infração praticada sem grave ameaça ou violência.

Muito embora o legislador não especifique, deve-se entender, por uma questão de razoabilidade, que o óbice apenas diz respeito a fatos praticados mediante violência **contra pessoa;** portanto, se o delito for perpetrado com emprego de violência contra a coisa, como num furto qualificado pelo rompimento de obstáculo à subtração do bem (CP, art. 155, § 4º, I), admite-se, em tese, o ANPP.

(iii) infração que não envolva violência doméstica ou familiar contra a mulher.

(iv) não cabimento de transação penal.

Afora estes requisitos objetivos, há, ainda, os seguintes **requisitos subjetivos:**

(i) não ter o agente sido beneficiado nos últimos 5 anos (contados da infração) por ANPP, transação penal ou suspensão condicional do processo.

O intervalo de 5 anos deve ser contado do cumprimento da medida anterior até a data da nova infração.

(ii) não ser o agente **reincidente.**

(iii) inexistência de **conduta criminal habitual, reiterada ou profissional** (salvo se insignificantes as infrações anteriores)[20].

Se nos fatos anteriores houver sido reconhecido o princípio da insignificância nos respectivos inquéritos ou ações penais, não haverá impedimento ao ANPP.

(iv) a medida deve ser **necessária e suficiente para a prevenção e reprovação do fato.**

Discute-se se é admissível a formulação de proposta de ANPP quando se tratar de crime hediondo ou equiparado. Boa parte destes são totalmente

---

[20] Destaca-se que a continuidade delitiva, por si só, não impede a concessão do acordo de não persecução penal. Contudo, anota-se que, ao comentar o AgRg no HC 788.419/PB, rel. Min. Jesuíno Rissato (Desembargador convocado do TJDFT), 6ª T., j. 11-9-2023, o STJ frisou que o reconhecimento da habitualidade delitiva descaracteriza o crime continuado, tornando incabível a celebração da medida, reforçando o entendimento firmado na Corte (*Informativo STJ*, Edição Extraordinária n. 16, publicado em 30-1-2024).

incompatíveis com a medida, seja por serem cometidos com violência ou grave ameaça contra a pessoa, seja por possuírem pena máxima superior a 4 anos. Há alguns, porém, que não apresentam tais obstáculos, como o furto qualificado pelo emprego de explosivo na forma tentada (CP, art. 155, § 4º-A, c.c. art. 14, II) e o estupro de vulnerável tentado (CP, art. 217-A, c.c. art. 14, II).

Há duas correntes.

1ª) Não. O ANPP, enquanto medida despenalizadora, é incompatível com crimes hediondos ou equiparados, os quais, por força da CF (art. 5º, XLIII) se submetem a um regime jurídico mais rigoroso. Além disso, nesses casos, a medida jamais será **necessária e suficiente para a prevenção e reprovação do fato.** É o nosso pensamento.

2ª) Sim. Pois o Código de Processo Penal retirou o impedimento antes previsto na Resolução 181, de 2017. Não há, portanto, qualquer óbice legal. Além disso, se houver acordo de vontades e o juiz homologar a medida, ela prevalecerá.

Estando presentes todos os pressupostos e requisitos vistos acima, o Ministério Público proporá ao investigado o acordo, mediante as seguintes condições, que podem ser apontadas de maneira alternativa ou cumulativa:

(i) **reparar o dano** ou restituir a coisa à vítima, exceto na impossibilidade de fazê-lo;

(ii) **renunciar voluntariamente** a bens e direitos indicados pelo Ministério Público como **instrumentos, produto ou proveito** do crime;

(iii) **prestar serviço à comunidade ou a entidades públicas** por período correspondente à pena mínima cominada ao delito diminuída de um a dois terços, em local a ser indicado pelo juízo da execução;

(iv) pagar **prestação pecuniária,** nos termos do 45 do Código, e, no caso de o valor ser destinado a entidade, esta será indicada pelo juízo da execução, dentre alguma que tenha, preferencialmente, como função proteger bens jurídicos iguais ou semelhantes aos aparentemente lesados pelo delito;

(v) **cumprir,** por prazo determinado, outra **condição indicada pelo Ministério Público,** desde que proporcional e compatível com a infração penal imputada (*e que respeite a dignidade humana e os direitos fundamentais não atingidos pelo acordo*).

O acordo deverá ser **formalizado por escrito.** É recomendável que seja feita expressa menção ao fato objeto do ANPP, para que se permita definir, em caso de cumprimento, sobre o que recaiu a extinção da punibilidade ou, em havendo inadimplemento, o que poderá ser objeto da denúncia.

A medida deverá ser homologada judicialmente. O magistrado deve se ater ao exame da **voluntariedade, da legalidade e à natureza das condições** (se o juiz entender que elas foram insuficientes ou demasiadas, devolverá ao Ministério Público para readequar a proposta). Havendo recusa judicial à homologação, as partes podem interpor recurso em sentido estrito (art. 581, XXV, CPP). **Se o magistrado homologar** o acordo, este será enviado para o **juízo da execução penal,** a fim de serem fiscalizadas as condições. **Além disso, suspende-se o prazo da prescrição (CP, art. 116, IV).**

O **cumprimento** das condições é **fiscalizado** perante o juízo da **execução penal.**

a) se as **condições** forem integralmente **cumpridas,** declara-se a *extinção da punibilidade.*

b) na hipótese de **descumprimento** injustificado das condições, opera-se a *rescisão do ANPP* e os autos são remetidos ao juízo de origem, a fim de que se ofereça denúncia (ou se realizem novas diligências). A confissão do agente poderá ser utilizada como prova para embasar o oferecimento e o recebimento de eventual denúncia.

5.2.2. Indisponibilidade (CPP, arts. 42 e 576)

O **Ministério Público não pode abrir mão da ação penal ajuizada,** abandonando-a ou desistindo do processo movido (ou do recurso interposto). A indisponibilidade constitui **corolário da obrigatoriedade,** porque de nada adiantaria obrigar o *Parquet* a ingressar com a ação se, posteriormente, lhe fosse permitido dela desistir.

Esse princípio **também possui,** como a obrigatoriedade, alguns **mitigadores.**

É o caso, por exemplo, da suspensão condicional do processo (estudada no Capítulo relativo ao *sursis*), em que o Ministério Público, depois de oferecida a denúncia (e desde que o juiz a receba), propõe ao agente o cumprimento de condições, durante um período em que o processo ficará suspenso e, caso sejam cumpridas, será extinta a punibilidade e, como consequência, o processo penal (Lei n. 9.099/95, art. 89).

Outro instituto relativizador da indisponibilidade é o **acordo de colaboração premiada,** pois ele também pode implicar na suspensão e posterior extinção do processo penal (Lei n. 12.850/13, art. 4º, § 3º).

5.2.3. Oficialidade

Os órgãos incumbidos de atuar na persecução penal na ação penal pública devem ser *públicos* (oficiais), pois a atividade ali desenvolvida configura uma das finalidades essenciais do Estado.

5.2.4. Indivisibilidade

O **Ministério Público deve processar todos os coautores e partícipes da infração penal**. Se o exercício da ação penal pública é um dever, não pode o *Parquet* escolher quem pretende processar.

Há doutrinadores para os quais vigora na ação penal pública o princípio da divisibilidade, uma vez que o *Parquet*, diante de um inquérito policial ou peças de informações que apontassem vários suspeitos, mas não trouxessem indícios suficientes em face de todos, poderia processar somente alguns (justamente aqueles para os quais existissem provas) e, com relação aos outros, deveria pedir o arquivamento ou requisitar novas diligências.

A divergência (princípio da divisibilidade-indivisibilidade), todavia, é de cunho meramente terminológico. Note que quando se afirmou que a ação pública é indivisível, partiu-se da premissa de que há indícios suficientes em face de todos os suspeitos.

5.2.5. Intranscendência

A ação penal só pode ser proposta contra os supostos sujeitos ativos da infração penal, e nunca contra seus sucessores. Trata-se de consequência **do princípio da personalidade da pena** (CF, art. 5º, XLV): se a pena não pode passar da pessoa do condenado, não respondem criminalmente os herdeiros do agente. Lembre-se que a morte do agente é causa extintiva da punibilidade (CP, art. 107, I).

5.3. Ação penal pública condicionada

Dá-se nos casos em que o **exercício do direito de ação pelo *Parquet* fica subordinado à autorização de um terceiro,** que pode ser o ofendido ou seu representante legal (mediante representação) ou o Ministro da Justiça (através de requisição).

5.3.1. Ação penal pública condicionada à representação do ofendido

Representação é a manifestação de vontade do ofendido ou de seu representante legal, no sentido de ver o autor da infração penal processado (ex.: "quero Justiça", "espero que ele pague pelo que fez" etc.). **Não exige** nenhum **rigor formal**, sendo suficiente que o ofendido ou seu representante legal demonstrem de maneira inequívoca a intenção de processar o agente[21].

---

[21] Nesse sentido, pacífica a jurisprudência de nossos tribunais: STJ, HC 466.047/SC, rel. Min. Reynaldo Soares da Fonseca, 5ª T., j. 19-2-2019; AgRg no REsp 1.915.868/SP, rel. Min. Laurita Vaz, 6ª T., j. 4-5-2021; e AgRg no HC 858.642/DF, rel. Min. Reynaldo

Pode ser **escrita ou oral** (neste caso será reduzida a termo). Permite-se sua elaboração pelo **próprio interessado ou procurador com poderes especiais.**

Seu prazo é de **seis meses e tem natureza** *decadencial,* razão por que não se suspende ou se interrompe, sendo contado a partir do dia em que o ofendido ou seu representante tomam conhecimento da autoria do crime.

A representação é retratável até o oferecimento da denúncia (CP, art. 102, e CPP, art. 25). É de ver que **nos crimes relacionados com violência doméstica ou familiar contra a mulher, a retratação só é válida quando confirmada em juízo,** em audiência especificamente designada para esse fim (Lei n. 11.340/2006, art. 16).

Admite-se, de forma amplamente majoritária, **a retratação da retratação** (que nada mais é do que a renovação da representação abandonada), desde que realizada dentro do prazo decadencial.

De acordo com o Supremo Tribunal Federal, **se a vítima só representar contra um dos agentes, o Ministério Público pode processar todos,** em razão do princípio da indivisibilidade da ação penal pública. Trata-se da eficácia objetiva da representação.

5.3.2. Ação penal pública condicionada à requisição do Ministro da Justiça

Sua previsão dá-se em **casos nos quais a conveniência política em instaurar a persecução penal se sobrepõe ao interesse de evitar que os delitos fiquem impunes.**

Em que pese a denominação empregada ("requisição"), cuida-se de simples autorização para que o Ministério Público analise se estão preenchidos os requisitos legais para o oferecimento de denúncia; em outras palavras, **a requisição não tem caráter vinculatório, não obrigando o** *Parquet* **a processar o suposto autor do crime.** É preciso lembrar que os membros do Ministério Público possuem independência funcional, isto é, liberdade de convicção em suas manifestações (CF, art. 127, § 1º).

A lei não assinala prazo para que o Ministro da Justiça a elabore, embora exista entendimento minoritário (com o qual não aquiescemos) no

---

Soares da Fonseca, 5ª T., j. 27-11-2023. E também: "Nos termos da jurisprudência, prevalece entendimento no STJ e no STF de que a representação, nos crimes de ação penal pública condicionada, não exige maiores formalidades, sendo suficiente a demonstração inequívoca de que a vítima tem interesse na persecução penal. Dessa forma, não há necessidade da existência nos autos de peça processual com esse título, sendo suficiente que a vítima ou seu representante legal leve o fato ao conhecimento das autoridades" (STJ, AgRg no HC 435.751/DF, rel. Min. Nefi Cordeiro, 6ª T., j. 23-8-2018). Na mesma esteira, STF, HC 133.513/BA, rel. Min. Marco Aurélio, j. 6-12-2016; e RHC 236.489 AgR, rel. Min. Nunes Marques, 2ª T., j. 4-4-2024.

sentido de que se deveria aplicar o prazo decadencial de seis meses, por analogia. A ausência de prazo não importa na inexistência de limites. Vale dizer, muito embora não exista um termo a ser observado, há de se dar antes de extinta a punibilidade (p. ex., pela prescrição).

Cremos, por fim, que **se deve entender retratável a requisição**, por aplicação analógica dos arts. 102 do CP e 25 do CPP, lembrando que o instituto inspira-se em razões de natureza política, o que indica ser recomendável permitir-se a retratação.

5.4. Denúncia

Cuida-se da **petição inicial no processo penal** instaurado para apuração de crime de ação penal pública, seja condicionada ou incondicionada. Na célebre definição de João Mendes de Almeida Jr., a denúncia é "uma exposição narrativa e demonstrativa. Narrativa, porque deve revelar o fato com todas as suas circunstâncias, isto é, não só a ação transativa, como a pessoa que a praticou (*quis*), os meios que empregou (*quibus auxiliis*), o malefício que produziu (*quid*), os motivos que o determinaram a isso (*cur*), a maneira por que a praticou (*quomodo*), o lugar onde a praticou (*ubi*), o tempo (*quando*). Demonstrativa, porque deve descrever o corpo de delito, dar as razões de convicção ou presunção e nomear as testemunhas e informantes"[22].

5.4.1. Requisitos (CPP, art. 41)

a) Exposição do fato criminoso e de todas as suas circunstâncias

Constitui o **requisito mais importante** da denúncia e seu desrespeito, a maior causa de inépcia de petições iniciais penais (recorde-se que a inépcia acarreta a rejeição da inicial – CPP, art. 395). **Uma acusação que não descreve corretamente os fatos inviabiliza o exercício do direito de defesa** e viola, por consequência, o princípio da ampla defesa. Frederico Marques pontificava que "por paradoxal que seja, a acusação é uma exigência do exercício do direito de defesa. Já o salientou, aliás, em vários de seus trabalhos sobre processo penal, o professor Joaquim Canuto Mendes de Almeida. É que ninguém pode defender-se no vácuo, ou seja, ignorando o crime que se lhe imputa. Sem que o réu tenha conhecimento e notícia do fato delituoso que lhe é atribuído, impossível lhe será rebater, através da defesa, a denunciação contra si endereçada"[23].

---

[22] *O processo criminal brasileiro*, v. 2, p. 183, apud Jacques de Camargo Penteado, *Acusação, defesa e julgamento*, p. 239.

[23] *Estudos de direito processual penal*, p. 147-148. Joaquim Canuto Mendes de Almeida dizia, com efeito: "Ninguém, contudo, pode defender-se sem conhecimento dos ter-

Dentre as circunstâncias do crime que devem constar da denúncia encontram-se as qualificadoras, as causas de aumento e as agravantes genéricas de caráter objetivo (as de cunho subjetivo, como a reincidência, podem ser reconhecidas de ofício pelo juiz na sentença, por aplicação do CPP, art. 385).

Observações:

1ª) *Crime tentado*: a denúncia deve descrever quais os atos executórios praticados e qual a circunstância alheia à vontade do agente que o impediu de consumar o crime, sob pena de configuração de desistência voluntária e arrependimento eficaz (CP, art. 15).

2ª) *Crime culposo*: a denúncia deve esclarecer qual a modalidade de culpa inserida na conduta do agente: imprudência, negligência ou imperícia, especificando-a.

3ª) *Coautoria e participação*: é importante descrever qual foi a conduta de cada um dos agentes, pois a responsabilidade penal é individual. Não se deve admitir, portanto, a elaboração de denúncia genérica, ainda que se trate de crimes de autoria coletiva (como é o caso dos crimes societários e multitudinários)[24].

---

mos da imputação que lhe é feita. Essa revelação dos fatos e de provas ao indiciado, essa *acusação* do seu crime é, também, uma garantia necessária de defesa, que, não obstante, importa, naturalmente, ao menos na forma, uma contrariedade antecipada às alegações e provas do acusado" (*Ação penal*. São Paulo: Saraiva e Livraria Acadêmica, 1938. p. 24).

[24] Em sentido contrário, permitindo denúncia genérica em tais casos (crimes de autoria coletiva): STF, ROHC 74.445-1, j. 26-11-1996, rel. Min. Maurício Corrêa, *DJU* de 24-3-2000 (*RT* 779/487). Cf., ainda, *RT* 800/604 e 808/592. Para o STJ: "Não se pode confundir a denúncia genérica com a denúncia geral, pois o direito pátrio não admite denúncia genérica, sendo possível, entretanto, nos casos de crimes societários e de autoria coletiva, a denúncia geral, ou seja, aquela que, apesar de não detalhar minudentemente as ações imputadas aos denunciados, demonstra, ainda que de maneira sutil, a ligação entre sua conduta e o fato delitivo" (RHC 96.738/RS, rel. Min. Reynaldo Soares da Fonseca, 5ª T., j. 24-4-2018).

Na vertente do STF: "Não há abuso de acusação na denúncia que, ao tratar de crimes de autoria coletiva, deixa, por absoluta impossibilidade, de esgotar as minúcias do suposto cometimento do crime. 3. Há diferença entre denúncia genérica e geral. Enquanto naquela se aponta fato incerto e imprecisamente descrito, na última há acusação da prática de fato específico atribuído a diversas pessoas, ligadas por circunstâncias comuns, mas sem a indicação minudente da responsabilidade interna e individual dos imputados. 4. Nos casos de denúncia que verse sobre delito societário, não há que se falar em inépcia quando a acusação descreve minimamente o fato tido como criminoso" (STF, HC 118.891/SP, rel. Min. Edson Fachin, 1ª T., j. 1º-9-2015).

4ª) *Denúncia alternativa*: "Diz-se alternativa a imputação quando a peça acusatória vestibular atribui ao réu mais de uma conduta penalmente relevante, asseverando que apenas uma delas efetivamente terá sido praticada pelo imputado, embora todas se apresentem como prováveis, em face da prova do inquérito. Desta forma, fica expresso, na denúncia ou queixa, que a pretensão punitiva se lastreia nesta ou naquela ação narrada. (...) Não há qualquer dispositivo legal no vigente Código de Processo Penal ou no projeto em tramitação no Congresso Nacional vedando a admissibilidade da imputação alternativa"[25]. Há duas formas de imputação alternativa (ou "denúncia alternativa"): a *objetiva* (imputação de mais de um fato delituoso a um acusado, que praticou um ou outro delito) e a *subjetiva* (imputação de um fato delituoso a mais de uma pessoa, sendo que só uma delas foi o autor do crime).

Há diversos autores que aderem à tese de Afrânio Silva Jardim, por entenderem que a defesa do acusado, com a imputação alternativa, não fica inviabilizada, mas somente se torna "mais complexa".

5ª) *Nos crimes de desacato e injúria*: deve se descrever exatamente quais foram as expressões utilizadas pelo agente, não basta a mera referência ao fato de ter proferido palavras de baixo calão.

b) Qualificação do acusado

Se o agente não puder ser qualificado, a denúncia pode descrever outros elementos capazes de individualizá-lo. Importante frisar que o Código de Processo Penal permite que a qualificação do acusado seja emendada a qualquer tempo, inclusive na fase de execução (art. 259).

"Se é certo que em faltando à Acusação Pública, no ensejo do oferecimento da denúncia, elementos bastantes ao rigoroso atendimento do seu estatuto formal (Código de Processo Penal, artigo 41), principalmente nos casos de crime coletivo ou societário, tem-se aceito a imputação genérica do fato-crime, sem a particularização minuciosa das condutas dos agentes, coautores e partícipes, admitindo, como admite, a lei processual penal que as omissões da acusatória inicial possam ser supridas a todo tempo, antes da sentença final (Código de Processo Penal, artigo 569), seguro é também que toda e qualquer presença de presunção de responsabilidade, sobretudo, a de natureza absoluta, como sói acontecer em denúncias pelo fato exclusivo da posição estatutária imputada na pessoa jurídica, readmite proscrita responsabilidade penal objetiva e é manifestamente infringente do direito penal em vigor, informado pelo princípio do *nullum crimen sine culpa*, que requisita, como pressuposto, já em nível da conduta e, pois, da tipicidade, a efetiva prática ou a participação da e na ação criminosa" (REsp 238.670/RJ, rel. Min. Hamilton Carvalhido, 6ª T., 3-4-2001). Os tribunais, atualmente, têm acolhido referida tese (*admissão de imputação genérica do fato, com possibilidade de suprir as omissões da exordial*) com menor ênfase.

[25] Afrânio Silva Jardim, *Direito processual penal*, p. 153 e 162.

c) Classificação jurídica do crime

Consubstancia-se no **enquadramento legal dos fatos,** isto é, na indicação de qual foi o tipo penal praticado pelo agente. A classificação jurídica é relevante por diversos motivos, dentre os quais se pode alinhar a fixação da competência, do rito processual, do cabimento de benefícios legais (como a suspensão condicional do processo). É de ver, contudo, que se houver equívoco no enquadramento típico, prevalecerá, para efeito de competência, procedimento etc., a correta classificação legal, a ser efetuada pelo juiz de direito.

O erro na adequação típica não causa, todavia, inépcia da denúncia ou nulidade do processo, pois o réu se defende dos fatos a ele imputados (CPP, art. 383). Só ocorrerá inépcia da inicial se a descrição dos fatos for de tal forma deficiente que impeça à defesa determinar qual o objeto da acusação, pois "a oposição total à pretensão punitiva depende da cognição pormenorizada e antecipada de seus termos"[26].

d) Rol de testemunhas, se houver

Se não foram arroladas testemunhas na inicial, haverá preclusão do direito, e a acusação não poderá exigir a oitiva de pessoa alguma. Nada impede, contudo, que a parte requeira ao juiz a oitiva de testemunhas na qualidade de testemunhas do juízo, o que ficará ao inteiro e exclusivo arbítrio do julgador.

e) Outros requisitos

Endereçamento, pedido de condenação, assinatura e cargo do denunciante[27].

5.4.2. Prazo para oferecimento

O Código de Processo Penal estipula prazo para o oferecimento da denúncia por parte do Ministério Público, contado a partir do dia em que o feito chega ao setor administrativo do *Parquet*. **Esse prazo é de cinco dias, quando preso o indiciado, ou quinze, quando solto** (CPP, art. 46, *caput*).

Algumas leis especiais estabelecem outros prazos para oferecimento da denúncia (indistintamente para indiciado preso ou solto): a) Código Eleitoral, art. 357, *caput*: 10 dias; b) Lei de Drogas, art. 54, *caput*: 10 dias;

---

[26] Jacques de Camargo Penteado, *Acusação, defesa e julgamento*, p. 253.

[27] Quanto aos requisitos na denúncia, tem aplicação subsidiária o art. 319 do CPC. Nesse sentido, embora à luz do antigo CPC (1973), José Frederico Marques, *Estudos de direito processual penal*, p. 135 e s.

c) Lei dos Crimes contra a Economia Popular e a Saúde Pública (Lei n. 1.521/51), art. 10, § 2º: 2 dias; d) Lei de Falências, art. 187, § 1º: é o mesmo do Código de Processo Penal, salvo se o Ministério Público, estando o réu solto, decidir aguardar o relatório do administrador judicial, com a exposição circunstanciada das causas da falência, expondo elementos da conduta do agente que possam constituir delito, devendo, em seguida, oferecer a denúncia em 15 dias.

Deve-se atentar para o fato de **que a apresentação da denúncia fora dos prazos acima assinalados não impede o ajuizamento da ação penal.** Sob essa perspectiva, pode-se dizer que o prazo é impróprio (já que não impede o exercício do poder-dever de ingressar com a ação penal pública). Há, entretanto, **consequências** relevantes decorrentes dessa omissão, a saber: a) o **relaxamento da prisão,** caso se encontre o indiciado no cárcere[28]; b) o **início do prazo para o oferecimento da queixa subsidiária** (independentemente de estar preso ou solto o indiciado); c) a **possível imposição de pena administrativa** para o membro do Ministério Público, se a demora mostrar-se injustificada (independentemente de estar preso ou solto o indiciado).

6. AÇÃO PENAL DE INICIATIVA PRIVADA

6.1. Titularidade

Diz-se privada a ação penal cuja **titularidade é conferida por lei ao ofendido ou ao seu representante legal.** Nesses casos ocorre o fenômeno da **legitimação extraordinária** por substituição processual, uma vez que a lei outorga à vítima somente o direito de ajuizar a ação (*ius persequendi in judicio*), ao passo que a pretensão punitiva (*ius puniendi*) continua pertencendo ao Estado. A vítima, desse modo, ingressa com a ação em nome próprio, buscando a satisfação de direito material pertencente a outrem.

6.2. Princípios

6.2.1. Oportunidade, discricionariedade ou conveniência

O **ofendido poderá optar livremente por ajuizar ou não a queixa-crime,** segundo lhe convier, contanto que o faça dentro do prazo decadencial. O princípio em questão busca prestigiar o interesse particular do ofendido na solução criminal da lide.

---

[28] Registre-se, todavia, que os tribunais toleram atrasos justificados pela complexidade da causa, aplicando, em tais situações, o princípio da razoabilidade.

6.2.2. Disponibilidade

Uma vez ajuizada a queixa-crime, o ofendido poderá desistir da ação penal privada a qualquer momento. Cuida-se de corolário do princípio anterior; afinal, se não é obrigado a propor a ação, não pode ser compelido a nela se manter. Há mecanismos processuais dos quais o autor pode se valer para abdicar da demanda; são a perempção (*vide* Capítulo 13, item 5.5.1, *infra*) e o perdão aceito.

6.2.3. Indivisibilidade

A ação penal deve ser movida em face de todos os *agentes conhecidos*. Se algum dos autores do crime não for mencionado na queixa, haverá, com relação a ele, renúncia tácita ao direito de queixa. Como a lei estabelece que a renúncia com relação a um dos agentes a todos se estende (CPP, art. 49), tal situação enseja a renúncia em relação a todos os autores do crime, extinguindo a punibilidade[29].

É de ver que o **Código incumbe ao Ministério Público a tarefa de velar para que o princípio seja respeitado** (CPP, art. 48). Discute-se, então, qual deve ser a atitude do *Parquet* diante de uma possível violação ao princípio da indivisibilidade. Há autores que defendem deva o Representante Ministerial aditar a queixa, com fundamento no art. 45 do CPP, incluindo os suspeitos que o querelante omitiu[30]. Predomina, contudo, a tese de que os poderes ministeriais de aditamento à queixa são restritos nos crimes de ação penal exclusivamente privada e não abrangem a possibilidade de incluir outros agentes, até porque configurar-se-ia a ilegitimidade ativa *ad causam*. **A atitude processualmente escorreita, portanto, consiste em requerer ao magistrado a notificação do querelante para que proceda ao aditamento,** sob pena de renúncia e consequente extinção da punibilidade (desde que ainda não tenha fluído o prazo decadencial).

6.2.4. Intranscendência

A ação penal só pode ser proposta contra os supostos sujeitos ativos da infração penal, e nunca contra seus sucessores. Trata-se de consequência do princípio da personalidade da pena (CF, art. 5º, XLV): se a pena não pode passar da pessoa do condenado, não respondem criminalmente os herdeiros do agente. Lembre-se que a morte do agente é causa extintiva da punibilidade (CP, art. 107, I).

---

[29] Cf. STF, Inq. 2.020, rel. Min. Ellen Gracie, j. 1º-7-2004, noticiado no *Informativo* n. 354. Igualmente: STJ, APn 724/DF, rel. Min. Og Fernandes, Corte Especial, j. 20-8-2014.

[30] Fernando da Costa Tourinho Filho, *Prática de processo penal*, p. 114.

6.3. Queixa-crime

Consubstancia-se na petição inicial dos crimes de ação penal privada. A queixa deve atender a todos os requisitos previstos nos arts. 41 do CPP (requisitos da denúncia) e 319 do Código de Processo Civil (requisitos da petição inicial), acima referidos (item 5.4.1), e aos requisitos específicos referidos no art. 44 do mesmo Código. De acordo com este dispositivo, o **subscritor da ação deverá possuir capacidade postulatória.** O legitimado, então, deverá ser advogado ou terá que constituir um para representá-lo. **Ao outorgar procuração, deverá mencionar a existência de poderes especiais para ingressar com a queixa, além de a peça conter um resumo dos fatos delituosos** (não basta a mera referência ao tipo penal) **e o nome do querelado**[31]. As cautelas visam a concitar o advogado à responsabilidade do mister conferido, pois imputará a terceiro uma infração penal. Objetivam, ainda, resguardar o profissional de um futuro processo por crime de denunciação caluniosa[32]. Se a queixa for assinada pelo advogado e pelo querelante em conjunto, fica suprida a necessidade de transcrever na procuração os fatos narrados na queixa-crime[33].

De lembrar que a queixa deve ser proposta dentro do lapso decadencial que, de regra, dá-se em seis meses a contar do conhecimento da autoria delitiva.

6.4. Espécies de ação penal privada

6.4.1. Ação penal exclusivamente privada ou privativa do ofendido

Cuida-se da ação penal de iniciativa privada, cujo **titular é o ofendido ou seu representante legal – quando menor de 18 anos – ou ainda, na sua falta – morte ou incapacidade –, o cônjuge ou companheiro, ascendente, descendente e irmão.** Podem ser citados como exemplos de crimes de ação

---

[31] É de notar que o texto legal fala em "querelante", em vez de querelado, mas se trata de evidente equívoco cometido pelo legislador, que pretendeu acautelar quanto à obrigação de mencionar o nome da pessoa a quem o fato será atribuído (é evidente que não queria se referir ao querelante, pois este é o próprio outorgante do mandato, cujo nome constará do instrumento obrigatoriamente).

[32] Cf. STF, HC 84.397, rel. Min. Sepúlveda Pertence, j. 21-9-2004, noticiado no *Informativo STF* n. 362.

[33] Nesse sentido: STF, Inq. 1.458, rel. Min. Marco Aurélio, j. 15-10-2003, noticiado no *Informativo STF* n. 325. Igualmente: TJRJ, AP 0054652-91.2013.8.19.0038, rel. Des. Carlos Fernando Potyguara Pereira, 2ª Turma Recursal, j. 25-9-2014.

privada os delitos contra a honra (CP, arts. 138 a 140)[34], o delito de dano (CP, art. 163)[35], a fraude à execução (CP, art. 179)[36].

6.4.2. Ação penal privada personalíssima

Dá-se **quando a lei atribuir o direito de queixa, *com exclusividade*, ao ofendido**. Só há um crime no Código Penal que segue essa regra: trata-se do induzimento a erro essencial e ocultação a impedimento matrimonial (CP, art. 236).

6.4.3. Ação penal privada subsidiária da pública

A ação penal privada subsidiária da pública constitui o *direito* conferido à vítima, seu representante legal ou ao cônjuge ou companheiro, ascendente, descendente ou irmão, de *ingressarem com queixa em crime de ação pública*, sempre que o Ministério Público for inerte (pressuposto), isto é, não se manifestar no prazo legal de oferecimento de denúncia.

É relevante destacar que se trata de instituto previsto na Constituição Federal, que lhe deu a dignidade de garantia individual e, por conseguinte, de cláusula pétrea (art. 5º, LIX). Além do Texto Maior, encontra-se também regulada nos arts. 100, § 3º, do CP e 29 do CPP.

Seu *pressuposto*, conforme já se mencionou, consiste na *inércia do Ministério Público*, ou seja, na absoluta ausência de manifestação no prazo previsto em lei. Caso o *Parquet* tenha requerido, por exemplo, o arquivamento ou o retorno dos autos à Delegacia para complementação de diligências, não se admitirá ação penal privada subsidiária da pública[37].

a) Renúncia e decadência

Tais institutos são aplicáveis à ação penal privada subsidiária da pública. Não terão, contudo, o efeito de provocar a extinção da punibilidade; afinal, o crime praticado é de ação penal pública, apesar de circunstancialmente a lei permitir que o ofendido ajuíze a ação penal. Assim, mesmo que o ofendido, depois de constatada a inércia do órgão do Ministério Público, renuncie o direito de queixa ou deixe transcorrer o prazo de seis meses sem tomar providência alguma, isso não impedirá que o oferecimento da denúncia (salvo quando extinta a punibilidade, *v.g.*, pela prescrição da pretensão punitiva).

---

[34] *Vide* art. 145 do CP (alterado pela Lei n. 12.033/2009).

[35] *Vide* art. 167 do CP.

[36] *Vide* art. 179, parágrafo único, do CP.

[37] Nesse sentido: STJ, *RT* 796/578.

b) Poderes do Ministério Público

O Ministério Público deve intervir nas ações penais iniciadas por queixa subsidiária, sob pena de nulidade processual (CPP, art. 564, III, *d*). **Atuará com amplos poderes,** funcionando como verdadeiro **assistente litisconsorcial. Poderá** o *Parquet* (CPP, art. 29):

1) **repudiar a queixa oferecendo denúncia substitutiva** (desde que inepta a inicial);

2) **aditar a queixa-crime,** com poderes semelhantes ao de aditamento da denúncia (p. ex.: inclusão de corréus; de crimes não mencionados na peça inicial; inserção de qualificadoras etc.);

3) **fornecer elementos de prova** (inclusive testemunhas, desde que o faça para completar o limite legal);

4) **interpor recursos;**

5) **reassumir a ação** no caso de negligência do querelante.

Capítulo 13

EXTINÇÃO DA PUNIBILIDADE

1. PUNIBILIDADE

Com a **criação da norma penal, o Estado adquire o direito de punir abstrato ou *ius puniendi* em abstrato,** por meio do qual exige de todos que se abstenham de praticar a ação ou omissão definida no preceito primário do tipo penal.

Quando a infração penal é cometida, surge para o Estado o direito de punir concreto, ou ius puniendi in concreto; através dele, o Estado exige do infrator que se sujeite à sanção prevista no preceito secundário do tipo penal. É também nesse momento que surge a *punibilidade*, entendida como a *possibilidade jurídica de aplicação da sanção penal.* **Observe-se, contudo, que o direito de punir concreto não é autoexecutável,** tratando-se de verdadeiro *direito de coação indireta,* uma vez que **sua satisfação depende da utilização de um processo penal (*nulla poena sine judicio*).** Deve-se lembrar que a Constituição Federal é peremptória ao declarar que ninguém poderá ser privado de sua liberdade ou de seus bens sem o devido processo legal (art. 5°, LIV), seja ele o clássico (do Código de Processo Penal e das leis processuais extravagantes) ou o consensual (da Lei dos Juizados Especiais Criminais).

2. CONDIÇÕES OBJETIVAS DE PUNIBILIDADE

Há **determinados fatores que são externos à prática do delito, concomitantes a ele ou posteriores, mas condicionam o surgimento da punibilidade;** são as chamadas *condições objetivas de punibilidade.* Não se confundem com as causas extintivas da punibilidade, porque estas determinam o fim da pretensão punitiva estatal, ao passo que aquelas condicionam o seu nascimento.

Referidas condições são fundadas em motivos de política criminal, possuem caráter objetivo (independem da intenção do agente ou de suas características pessoais).

Podem ser citados alguns exemplos:

1) nas hipóteses de aplicação da lei brasileira a crimes ocorridos fora do território nacional previstas no art. 7º, II e § 3º, do CP, têm essa natureza os seguintes fatores: a) ser o fato punível também no país em que foi praticado; b) estar o crime incluído entre aqueles pelos quais a lei brasileira autoriza a extradição; c) não ter sido o agente absolvido no estrangeiro ou não ter aí cumprido a pena; d) não ter sido o agente perdoado no estrangeiro ou, por outro motivo, não estar extinta a punibilidade, segundo a lei mais favorável (CP, art. 7º, § 2º, *b* a *e*)[1];

2) a sentença declaratória da recuperação judicial, a homologatória da recuperação extrajudicial ou a que decreta a falência, nos delitos falitários (Lei n. 11.101/2005, art. 180).

3. ESCUSAS ABSOLUTÓRIAS

As escusas absolutórias são causas impeditivas do direito de punir do Estado, criadas por razões de política criminal. Não se confundem com as causas extintivas da punibilidade, muito embora tenham, na prática, o mesmo efeito, qual seja, o de obstar a satisfação do direito de punir estatal.

Como exemplo de escusas absolutórias, podem-se citar as "imunidades" concedidas a alguns crimes patrimoniais, como ocorre, por exemplo, na isenção de pena outorgada ao cônjuge que furta bens de seu consorte, na constância da sociedade conjugal, ou ao filho que se apropria indevidamente de bens de seu pai (CP, arts. 181 e 183).

4. CAUSAS EXTINTIVAS DA PUNIBILIDADE

Como vimos acima, o direito de punir em concreto nasce com a prática da infração penal (regra). A partir desse momento, o Estado passa a ter em seu favor a pretensão punitiva, obrigando-o a dar início à persecução penal, de modo a impor a sanção prevista em lei para o fato. **A punibilidade,** contudo, **não é perene. Cedo ou tarde se extinguirá. A forma normal de extinção da punibilidade dá-se com a aplicação e execução da pena.** Há, todavia, **diversas formas anormais de extinção do direito de punir do Estado** (como a prescrição, a morte do agente etc.).

Uma vez **operada a extinção da punibilidade,** por qualquer causa, **cessa imediatamente o interesse jurídico do Estado em prosseguir com a**

---

[1] A condição referida na letra "a" do Texto Legal (o ingresso do agente no território nacional) não é objetiva de punibilidade, mas condição de procedibilidade ou condição específica da ação penal.

persecutio criminis. Deve a **persecução**, destarte, ser **imediatamente encerrada**, independentemente do momento em que se estiver. Caso não tenha se iniciado a investigação, fica esta impedida. Se estiver em andamento, deve-se remeter o caso a juízo, a fim de que o magistrado declare a perda do direito de punir do Estado. Se houver ação penal em curso, o órgão judicial competente deverá fazê-lo. Se, por fim, encontrar-se na fase de execução, o respectivo juízo declarará a extinção da punibilidade.

Não se pode olvidar que o **reconhecimento de uma causa extintiva da punibilidade é matéria de ordem pública,** motivo pelo qual deve ser pronunciada a qualquer momento e em qualquer grau de jurisdição, ainda quando não haja provocação das partes (CPP, art. 61), pena de configurar-se constrangimento ilegal (CPP, art. 648, VII)[2].

Diversas causas extintivas da punibilidade são enumeradas em rol não exaustivo no art. 107 do CP:

a) pela morte do agente;

b) pela anistia, graça ou indulto;

c) pela retroatividade de lei que não mais considera o fato como criminoso;

d) pela prescrição, decadência ou perempção;

e) pela renúncia do direito de queixa ou pelo perdão aceito, nos crimes de ação privada;

f) pela retratação do agente, nos casos em que a lei a admite;

g) pelo perdão judicial, nos casos previstos em lei.

Além delas, podem ser citadas:

a) ressarcimento do dano no peculato culposo (CP, art. 312, § 3º);

b) pagamento da contribuição previdenciária antes do início da ação fiscal (CP, art. 168-A, § 2º);

c) desistência da queixa nos crimes contra a honra, formulada na audiência do art. 520 do CPP;

d) aquisição de renda superveniente na contravenção de vadiagem (LCP, art. 59, parágrafo único);

e) pagamento do tributo ou contribuição social, inclusive acessórios, antes do recebimento da denúncia (Lei n. 9.249/95, art. 34);

---

[2] O fato de a Lei Processual Penal permitir expressamente que a extinção da punibilidade seja a qualquer tempo reconhecida, demonstra a impertinência da previsão contida no art. 395, IV, do CPP, com redação dada pela Lei n. 11.719/2008, que arrola a extinção da punibilidade como hipótese de absolvição sumária. É evidente a impropriedade, já que, encontrando-se extinto o direito de punir do Estado, não pode o réu ser declarado inocente.

f) morte da vítima no crime de induzimento a erro essencial ou ocultação de impedimento matrimonial (CP, art. 236);

g) decurso do prazo da suspensão condicional do processo sem revogação (Lei n. 9.099/95, art. 89, § 5º);

h) decurso do período de prova do *sursis* e do livramento condicional sem revogação (CP, arts. 82 e 90);

i) ressarcimento do dano antes do recebimento da denúncia no crime de estelionato mediante emissão de cheque sem provisão de fundos (CP, art. 171, § 2º, VI; Súmula 554 do STF[3]);

j) cumprimento da transação penal e do acordo de não-persecução penal.

4.1. Classificação

As **causas extintivas da punibilidade** classificam-se em *gerais e especiais, comunicáveis e incomunicáveis, naturais e políticas*.

Gerais são as que **podem atingir** *quaisquer infrações penais*, como a morte do agente, a *abolitio criminis* (ou lei supressiva de incriminação), o perdão constitucional (que contém algumas poucas exceções), a prescrição (também inaplicável somente a um pequeno grupo de infrações).

Especiais **são aquelas que somente atingem** *uma categoria determinada de ilícitos penais*, e têm sua **aplicação condicionada à expressa previsão em lei,** como a retratação (que no Código Penal somente se aplica aos crimes de calúnia, difamação e falso testemunho ou falsa perícia) e o perdão judicial (previsto no Estatuto Penal somente para os delitos de homicídio culposo, lesão corporal culposa, entre outros).

Comunicáveis são aquelas que *favorecem todos* os sujeitos ativos da **infração penal** – autores ou partícipes – como, por exemplo, a *abolitio criminis* ou a perempção.

Incomunicáveis são as que **somente** *beneficiam um dos agentes*, aos quais a causa é diretamente vinculada: por exemplo, a morte do agente.

Por fim, entende-se por *causas naturais* **as que** *se originam de um fato natural,* como a prescrição, cujo fundamento principal é o decurso do tempo (somado à inércia do Estado) e a morte do agente. Opõem-se às *políticas,* as quais se baseiam em *questões de conveniência ou utilidade política,* como o perdão constitucional (anistia, graça, indulto e comutação).

---

[3] "O pagamento de cheque emitido sem provisão de fundos, após o recebimento da denúncia, não obsta ao prosseguimento da ação penal" (o pagamento anterior ao recebimento da inicial, por exclusão, obsta...).

4.2. Efeitos da extinção da punibilidade

As causas extintivas da punibilidade poderão ter efeitos amplos ou restritos, conforme o momento em que se verifiquem.

Caso operem *antes do trânsito em julgado* da sentença penal condenatória, *impedirão quaisquer efeitos decorrentes de uma condenação criminal*, pois fazem extinguir a pretensão punitiva estatal.

Por outro lado, *se ocorrerem depois do trânsito em julgado*, de *regra*, somente têm o condão de *apagar o efeito principal da condenação*, que é a imposição da pena (ou medida de segurança). O Superior Tribunal de Justiça, analisando esse tema quanto ao indulto, confirmou a tese exposta, editando a Súmula 631, assim redigida: "O indulto extingue os efeitos primários da condenação (pretensão executória), mas não atinge os efeitos secundários, penais ou extrapenais".

As *exceções* são a *anistia* e a *abolitio criminis*, as quais, mesmo sendo posteriores ao trânsito em julgado, atingem todos os efeitos penais da sentença condenatória, principais e secundários, permanecendo intocáveis, somente, os efeitos civis. Para saber quais os efeitos das causas extintivas da punibilidade a seguir examinadas, basta ter em mente essa regra.

5. CAUSAS EXTINTIVAS DA PUNIBILIDADE PREVISTAS NO CÓDIGO PENAL (ART. 107)

5.1. Morte do agente

A morte apaga todas as consequências jurídico-penais do fato cometido. Nem poderia ser diferente, diante do princípio constitucional da personalidade da pena, segundo o qual ela não passará da pessoa do condenado (art. 5º, XLV). No passado, felizmente distante, a responsabilidade penal transpassava a pessoa do agente, recaindo sobre seus familiares e herdeiros.

O *princípio "mors omnia solvit"* (a morte tudo resolve) tem, portanto, plena aplicação no Direito Penal. Há autores que ressalvam quanto à existência de consequências criminais *post mortem*, ao se referirem à punibilidade da calúnia contra os mortos (CP, art. 138, § 2º) e ao fato de existirem diversos crimes contra o sentimento religioso e o respeito aos mortos (CP, arts. 209 a 212)[4]. De ver, contudo, que a objeção não procede, haja vista que, em tais casos, o morto não é o sujeito passivo dos crimes, mas sim sua família e o

---

[4] É o caso, por exemplo, de José Salgado Martins (*Sistema de direito penal brasileiro*, p. 479).

respeito à memória dos entes queridos que partiram (ou, no dizer de Hungria, "o sentimento de reverência dos vivos para com os mortos").

A declaração da extinção da punibilidade em face do óbito do agente deverá ser precedida de oitiva do Ministério Público e *somente poderá fundar-se em certidão de óbito original* (CPP, art. 62).

Quando se tratar de morte presumida, nos termos dos arts. 6º e 7º do CC, cremos não ser possível a declaração da extinção da punibilidade, em face da ausência de documento essencial à validade do ato. De ver, contudo, que a questão acarreta poucos problemas práticos, porque a presunção do Direito Civil somente opera depois de dez anos do trânsito em julgado da sentença que determinar a abertura da sucessão provisória, isto é, em tempo suficiente para se consumar ou, ao menos, quase se consumar o prazo prescricional.

Note que a extinção da punibilidade fundada nessa causa, por motivos óbvios, constitui fator *incomunicável* no concurso de pessoas.

Registra-se, por fim, que, para a 3ª Seção do STJ, deve-se aplicar analogicamente essa hipótese de extinção da punibilidade pela morte do agente às pessoas jurídicas que forem extintas legalmente, por força princípio da intranscendência. Assim, por exemplo, se uma pessoa jurídica for incorporada por outra, caso não se evidencie nenhuma fraude nessa operação societária e desde que seja realizada antes do trânsito em julgado da sentença condenatória, será possível extinguir a punibilidade pelo delito ambiental praticado por ela, vez que a pena não poderá atingir a pessoa jurídica incorporadora[5].

5.1.1. Certidão de óbito falsa

Interessante questão consiste no **reconhecimento posterior de que a certidão de óbito** em que se louvou a Justiça para declarar a extinção da punibilidade é **falsa**. Nesses casos, **como** se deve **proceder**?

Há quem entenda (a maioria da doutrina) não ser possível a reabertura do processo, sob pena de se permitir uma revisão de coisa julgada penal *pro societate*, o que é vedado pelo nosso ordenamento jurídico.

Restaria, apenas, processar os autores da falsidade.

Essa corrente, com a devida vênia, acarreta consequências nefastas, pois reconhece validade jurídica à má-fé e ao ato criminoso (a falsidade da certidão) e, ademais, permite até que uma pessoa, com inúmeras penas a cumprir, acabe impune pelos atos cometidos, sendo processada criminalmente apenas pelo crime contra a fé pública.

---

[5] REsp 1.977.172-PR, rel. Min. Ribeiro Dantas, j. 24-8-2022.

Em nosso sentir, outra deve ser a solução.

Não há dúvida de que **os responsáveis devem ser punidos pelo crime de falsidade**. Mas não é só. **Um fato juridicamente inexistente não pode produzir efeitos jurídicos**. O que extingue a punibilidade não é a certidão de óbito, mas a morte do agente, como expressamente proclama o art. 107, I, do CP. Ora, descobrindo-se que o autor do fato está vivo, não há como prevalecer a declaração anterior. **Deve-se desconsiderar a declaração de extinção da punibilidade, retomando-se o curso da persecução penal.**

O **Supremo Tribunal Federal possui precedentes nesse sentido**, isto é, autorizando a retomada de um processo extinto com base em certidão de óbito falsa, a despeito do trânsito em julgado; justamente porque não se podem emprestar efeitos a decisão que se funda em fato juridicamente inexistente[6]. É a solução mais acertada, sob pena de beneficiar um criminoso falsário com a própria torpeza[7].

5.2. Anistia, graça e indulto

Os três institutos contemplam situações de "clemência soberana" (ou *indulgentia principis*), em que o Estado, por razões de política criminal, abdica de seu *ius puniendi*, em nome de uma pacificação social. No dizer de Bettiol, trata-se de medidas equitativas, destinadas a "temperar as asperezas da justiça (*supplementum justitiae*) quando circunstâncias políticas, econômicas e sociais particulares tornassem aquele rigor aberrante e inútil"[8].

Betanho e Zili os incluem no **gênero *perdão constitucional***, o qual se divide em *anistia* e *perdão presidencial*[9].

O ***perdão presidencial***, de sua parte, **se subdivide em *indulto*** (extinção ou redução de pena), ***comutação*** (concessão de menor rigor à pena, p. ex., de reclusão para detenção, de detenção para multa ou prestação de serviços à comunidade) e ***graça*** (indulto ou comutação de natureza individual).

---

6 HC 104.998/SP, rel. Min. Dias Toffoli, 1ª T., j. 14-12-2010. O STJ também na mesma vertente: HC 286.575/MG, rel. Min. Felix Fischer, 5ª T., j. 4-11-2014.

7 Nesse sentido, Luiz Carlos Betanho e Marcos Zili: "O que causa a extinção da punibilidade é o fato concreto da morte, e não o seu registro. Se se descobre que o réu está, de fato, vivo, segue-se que a decisão baseada no reconhecimento de sua morte é fruto de erro e não pode permanecer válida. Na verdade, a opção por uma ou outra solução depende do papel que se outorgue ao processo e suas formas. Com efeito, atribuir valor absoluto à imutabilidade de uma decisão fundada em uma prova manifestamente falsa do óbito importaria total desconsideração da realidade, o que não se mostra adequado" (*Código Penal e sua interpretação jurisprudencial*, p. 513).

8 *Direito penal*: parte geral, p. 711.

9 *Código Penal e sua interpretação jurisprudencial*, p. 514.

Há *diferenças* entre as hipóteses de perdão constitucional. A *anistia* refere-se a *fatos* e depende de *lei* de competência do Congresso Nacional (CF, arts. 21, XVII, e 48, VIII). O *perdão presidencial*, por sua vez, refere-se a *pessoas*, e tem como instrumento normativo o *decreto presidencial* (CF, art. 84, XII), que pode ser delegado a Ministros de Estado, ao Procurador-Geral da República ou ao Advogado-Geral da União (CF, art. 84, parágrafo único).

São insuscetíveis de perdão constitucional, sob quaisquer de suas formas (anistia, indulto, comutação ou graça), os crimes hediondos e assemelhados (tráfico ilícito de drogas, terrorismo e tortura), nos termos do art. 5º, XLIII, da CF, do art. 2º, I, da Lei n. 8.072/90 e do art. 44, *caput*, da Lei n. 11.343/2006[10].

Anote-se, neste ponto, que a 3ª Seção do STJ já havia decidido no sentido de que não era necessário o cumprimento integral da pena pelos crimes impeditivos para que fosse aplicado o indulto previsto no Decreto Presidencial n. 11.302/2022 aos crimes cometidos em contextos diferentes, limitando-se a exigência aos crimes cometidos em concurso, material ou formal (AgRg no HC 856.053/SC, rel. Min. Sebastião Reis Júnior, j. 8-11-2023). Contudo, o STF discutiu a interpretação do art. 11 do referido Decreto[11], no bojo do pedido de Suspensão de Liminar 1.698/SC, entendendo, por unanimidade, pela impossibilidade de aplicação do benefício quando, unificada a pena, ainda estiver pendente de cumprimento pena relativa aos crimes impeditivos de indulto (rel. Min. Roberto Barroso, Plenário, Sessão Virtual de 9-2-2024 a 20-2-2024). Diante disso, o STJ se posicionou novamente, alinhando o entendimento da Corte ao do STF[12].

---

[10] "O Supremo Tribunal Federal já declarou a inconstitucionalidade da concessão de indulto a condenado por tráfico de drogas, independentemente da quantidade da pena imposta [ADI n. 2.795 (MC), Rel. Min. Maurício Corrêa, Pleno, *DJ* 20-6-2003]" (STF, HC 118.213, rel. Min. Gilmar Mendes, 2ª T., j. 6-5-2014). No mesmo sentido: STF, RHC 176.673 AgR, rel. Min. Ricardo Lewandowski, 2ª T., j. 14-2-2020.

[11] "Art. 11. Para fins do disposto neste Decreto, as penas correspondentes a infrações diversas serão unificadas ou somadas até 25 de dezembro de 2022, nos termos do disposto no art. 111 da Lei n. 7.210, de 11 de julho de 1984.

Parágrafo único. Não será concedido indulto natalino correspondente a crime não impeditivo enquanto a pessoa condenada não cumprir a pena pelo crime impeditivo do benefício, na hipótese de haver concurso com os crimes a que se refere o art. 7º, ressalvada a concessão fundamentada no inciso III do *caput* do art. 1º."

[12] Nesse sentido: "A partir da gênese de novo delineamento jurisprudencial traçado pelo Supremo Tribunal Federal ao tema, durante sessão de julgamento realizada em 21-2-2024 (Suspensão de Liminar n. 1.698/RS), a Terceira Seção desta Corte, ao julgar o AgRg no HC 890.929/SE, relator Ministro Sebastião Reis Júnior, uniformizou o entendimento desta Corte ao do STF, estabelecendo que o crime impeditivo do

A Lei n. 9.455/97, que disciplina o crime de tortura, afirma que ele não admite anistia e graça, nada dispondo sobre o indulto. Apesar disso, entende-se que também a tortura é insuscetível de indulto, por força da interpretação dada ao art. 5º, XLIII, da CF[13], no sentido de que abrange a todas as modalidades de perdão constitucional.

É **indiferente**, de outra parte, a **natureza da ação penal para fins de admitir anistia, graça, indulto ou comutação.** Incidem, portanto, em crimes de ação pública e privada. Lembre-se que no último caso o *ius puniendi* continua sendo estatal, pois o ofendido somente recebe o *ius persequendi in judicio* (direito de ajuizar a ação).

5.2.1. Anistia

Trata-se de *lei penal de efeito benéfico* (e, portanto, retroativo, à luz da CF, art. 5º, XL), por meio do qual o **Estado abdica de exercer seu direito de punir,** em nome de uma pacificação social. **Por se cuidar de lei penal benéfica é imune à revogação por lei posterior.** Explica-se, havendo a promulgação de uma lei válida concedendo anistia, extingue-se a punibilidade em relação a determinados fatos concretos cometidos. Se o Congresso Nacional pretendesse revogá-la por lei superveniente, estaria atribuindo a esta eficácia penal gravosa, vale dizer, estaria criando uma lei penal gravosa com eficácia retroativa, o que afronta a Constituição.

Discute-se, doutrinariamente, **se caberia revogação de lei concessiva de anistia a crimes contra a humanidade, como a tortura,** sobretudo se praticada por regimes políticos. Em que pese a previsão em documentos internacionais acerca de tal possibilidade, nos quais se encontram, inclusive, disposições declarando-os imprescritíveis, **cremos que semelhante solução afrontaria cláusula pétrea (a saber, a irretroatividade da lei penal gravosa – art. 5º, XL),** de modo que se mostram inócuas, em nosso sentir, discussões sobre a possibilidade de aprovação de lei visando à punição de crimes ocorridos durante regimes antidemocráticos.

---

benefício do indulto, fundamentado no Decreto Presidencial n. 11.302/2022, deve ser tanto o praticado em concurso como o remanescente em razão da unificação de penas. 3. No caso dos autos, apesar de ter sido pleiteado o indulto em relação ao crime previsto no art. 180, *caput*, do Código Penal (receptação), ao qual o agravante foi condenado à pena de 1 ano (Autos n. 0068016-65.2015.8.13.0188), constata-se que ainda cumpre pena pela prática do crime previsto no art. 33, *caput*, da Lei n. 11.343/2006 (equiparado aos delitos hediondos) e cuja concessão de indulto é vedada pelo inciso I do art. 7º do Decreto n. 11.302/2022" (STJ, AgRg no HC 896.024/MG, rel. Min. Jesuíno Rissato (Desembargador convocado do TJDFT), 6ª T., j. 11-6-2024).

[13] *RT* 797/533.

Classifica-se em:

a) *própria*, se anterior ao **trânsito em julgado**, e *imprópria*, quando **posterior**;

b) *geral ou plena*, quando **não impõe** o preenchimento de nenhum **requisito**, e *parcial ou restrita*, quando o faz (ex.: primariedade);

c) *incondicionada*, quando **independe da prática de algum ato** por parte dos beneficiários, e *condicionada*, se depender (ex.: deposição de armas, demonstração pública de arrependimento, obrigação de satisfazer os danos causados pelo crime etc.);

d) *especial*, caso **se refira a crimes políticos**, e *comum*, quando abranger outros crimes.

Com relação aos *efeitos da concessão de anistia*, é preciso lembrar que, em ocorrendo **antes do trânsito em julgado** (anistia própria), como é curial, **impedirá todos os efeitos de uma condenação penal**. Se posterior (anistia imprópria), **extinguirá todos os efeitos penais da condenação, mantendo-se somente os extrapenais**.

Lembre-se, por fim, de que a *anistia não pode ser recusada*, **pois sua aplicação independe da vontade do beneficiário**; trata-se de decisão política em que o Estado abre mão de seu direito de punir. *Caberá recusa*, todavia, **quando** se tratar de *anistia condicionada*, uma vez que, nesse caso, poderá o agente recusar-se a cumprir a condição imposta.

5.2.2. Perdão presidencial – indulto, comutação e graça

São **hipóteses de clemência soberana** que se referem a *pessoas* e só incidem *após o trânsito em julgado da condenação*[14] (quanto aos seus efeitos, *vide* item 4.2, *supra*).

A graça[15] possui tem cunho **individual** e, como regra, deve ser requerida, ao passo que o **indulto e a comutação** possuem **caráter coletivo** e, normalmente, são espontâneos.

Indulto e graça podem ser *totais* **(quando extinguem a punibilidade)** ou *parciais* **(se reduzem penas – a comutação é considerada uma espécie de indulto parcial)**; *incondicionados* **(se independem da prática de algum ato** por parte dos beneficiários) ou *condicionados* (se exigem a prática de alguma conduta)[16].

---

[14] De ver, contudo, que nossos tribunais admitem amplamente a concessão destes benefícios quando já houve trânsito em julgado para a acusação. Os decretos presidenciais, inclusive, são expressos nesse sentido, como se verifica no art. 5º, I e II, do Decreto n. 6.076, de 22-12-2008.

[15] A Lei de Execução Penal denomina a graça de "indulto individual" (art. 188).

[16] Graça, indulto e comutação condicionais são os únicos que, como a anistia, admitem recusa por parte do beneficiário.

Conforme se destacou anteriormente, **são insuscetíveis de perdão presidencial os crimes hediondos e equiparados**. Daí decorre que todos os demais, em tese, podem ser alcançados pelo beneplácito presidencial, que, com base em seu poder discricionário, define não só os requisitos para sua concessão, mas também a quais infrações será (ou não) aplicado.

É usual, nesse sentido, que os decretos de indulto natalino[17] contenham restrições eleitas arbitrariamente pelo Chefe da Nação. Assim, por exemplo, a proibição de que o indulto atinja condenados por delitos hediondos cometidos antes mesmo da vigência da Lei n. 8.072/90, que os definiu. Não se trata de retroagir, *in pejus*, norma penal, porquanto o Presidente concede a *indulgentia* a quem entender[18].

Importante destacar que, de acordo com o Plenário do Supremo Tribunal Federal, o indulto, quando relativo à pena privativa de liberdade, não deve alcançar a pena de multa que foi objeto de parcelamento assumido espontaneamente pelo sentenciado, o qual deverá ser obrigatoriamente cumprido, sob pena de descumprimento de decisão judicial[19].

Por fim, anote-se que o Supremo Tribunal Federal entendeu ser inconstitucional, em razão do desvio de finalidade, o decreto de indulto cuja finalidade seja atingir interesse pessoal, sem observância do interesse público[20].

---

[17] Diz-se "indulto natalino" porque, segundo tradição em nosso país, o Presidente da República tem por costume conceder indulto (e comutação) todo final de ano.

[18] Cf. RHC 84.572/RJ, rel. Min. Marco Aurélio, 1ª T., j. 21-9-2004. Eis a ementa do acórdão: "Indulto (D. 3.299/99). Exclusão da graça dos condenados por crime hediondo, que se aplica aos que hajam cometido antes da L. 8.072/90 e da Constituição de 1988, ainda quando não o determine expressamente o decreto presidencial. Validade, sem ofensa à garantia constitucional da irretroatividade da lei penal mais gravosa, não incidente na hipótese, em que a exclusão questionada traduz exercício do poder do Presidente da República de negar o indulto aos condenados pelos delitos que o decreto especifique. Precedentes". Confira-se, ainda, o HC 96.475, rel. Min. Eros Grau, j. 14-4-2009, no qual se reconheceu a validade de decreto de indulto que restringira e excluíra da incidência do benefício sentenciados no gozo da suspensão condicional da pena (*sursis*).

[19] "No caso, para ter direito à progressão de regime e ao indulto, e diante da impossibilidade de fazer o pagamento integral de uma só vez, o sentenciado parcelou a pena de multa aplicada" (EP 11 IndCom-AgR/DF, rel. Min. Roberto Barroso, j. 8-11-2017, *noticiado* no *Informativo* n. 884).

[20] Neste sentido, o julgamento das ADPFs 964, 965, 966 e 967 (rel. Min. Rosa Weber, j. 10-5-2023): por maioria, o STJ declarou a inconstitucionalidade, anulando o decreto do ex-Presidente da República Jair Bolsonaro que concedeu "graça constitucional" ao ex-deputado Daniel Silveira, condenado pelo STF à pena de 8 anos e 9 meses, por crimes de ameaça ao Estado Democrático de Direito e coação no curso do processo.

Isso porque, a despeito de ser ato privativo do presidente da República, possui regras formais para a sua edição, de modo que, enquanto ato administrativo, é passível de controle pelo Poder Judiciário.

5.3. *Abolitio criminis*

É a **lei penal que descriminaliza condutas**, isto é, que deixa de considerar determinado fato como criminoso (CP, art. 2º) – o que antes era crime ou contravenção penal torna-se algo penalmente irrelevante. O Código Penal Militar a denomina "lei supressiva de incriminação".

Pode ocorrer em qualquer momento da persecução penal. Se anterior ao trânsito em julgado, apaga todos os efeitos de uma possível condenação penal; quando **posterior, extingue todos os efeitos penais da condenação.**

A competência para reconhecer a *abolitio criminis* antes do trânsito em julgado é do juiz que preside o processo. Após, é do Juiz das Execuções (Súmula 611 do STF[21] e LEP, art. 66).

Pode-se citar, como exemplo, a Lei n. 11.106/2005, que, entre outras coisas, revogou os arts. 217 e 240 do CP, tornando atípicos dois comportamentos que, até então, configuravam crimes de sedução e adultério.

5.4. Renúncia e decadência

São causas extintivas da punibilidade **exclusivas dos crimes de** *ação penal privada* e *pública condicionada à representação*, que **somente** ocorrem **antes do ajuizamento da ação** penal.

5.4.1. Renúncia

Por renúncia entende-se a **manifestação de vontade, expressa** (se produzida em documento escrito – CPP, art. 50, *caput*) **ou tácita** (oriunda da prática de ato incompatível com a vontade de processar o sujeito ativo da infração[22]), **proveniente do ofendido ou de seu representante legal,** no sentido de **não ver o autor do crime processado.** Caracteriza-se por ser *ato unilateral*, aperfeiçoando-se com a manifestação de vontade do ofendido (ou seu representante, quando menor), independentemente da concordância do autor do crime.

De acordo com o art. 104, parágrafo único, do CP, *a aceitação por parte do ofendido da indenização civil paga pelo agente não importa em*

---

[21] "Transitada em julgado a sentença condenatória, compete ao juízo das execuções a aplicação da lei mais benigna."

[22] Admite qualquer meio de prova (CPP, art. 57).

renúncia tácita. Essa regra encontra uma restrição em se tratando de infrações de menor potencial ofensivo prevista no art. 74, parágrafo único, da Lei n. 9.099/95, onde se prevê que a homologação do acordo civil entre autor do fato e vítima, em audiência preliminar, gera renúncia.

A renúncia ao direito de representação, quando se tratar de crime relacionado com violência doméstica ou familiar contra a mulher, somente produzirá efeito se confirmada perante o juiz, em audiência especialmente designada com tal finalidade, antes do recebimento da denúncia e ouvido o Ministério Público (Lei n. 11.340/2006, art. 16).

5.4.2. Decadência

Cuida-se da **causa extintiva da punibilidade que se opera com o decurso do prazo legal sem que o ofendido ou seu representante legal ofereçam queixa,** nos crimes de ação penal privada, **ou representação,** nos crimes de ação penal pública a ela condicionada.

Seu **prazo** é de **seis meses** (CPP, art. 38, e CP, art. 103), contados do dia em que o **titular do direito de queixa ou representação tiver conhecimento da autoria delitiva** (ou do término do prazo para o oferecimento de denúncia, no caso da queixa subsidiária). Trata-se, ademais, de **prazo fatal e peremptório**, ou seja, *não se suspende nem se interrompe*.

Alguns crimes apresentam peculiaridades a respeito do prazo decadencial. Assim, por exemplo, no crime de induzimento a erro essencial e ocultação de impedimento matrimonial (CP, art. 236), o prazo somente flui do dia em que "transitar em julgado a sentença que, por motivo de erro ou impedimento, anule o casamento" (parágrafo único do art. 236).

O requerimento da vítima para a instauração de inquérito policial nos crimes de ação penal privada ou o pedido de explicações em juízo, nos crimes contra a honra, não suspendem ou interrompem o prazo decadencial, que é fatal e peremptório[23].

Registre-se, por último, que **os prazos decadenciais para o ofendido e para o seu representante legal são independentes e autônomos entre si,** de modo que a **decadência verificada quando a vítima for menor de 18 anos não a impede de, em completando essa idade, oferecer queixa ou representação** (desde que não tenha ocorrido a prescrição ou outra causa extintiva da punibilidade). Nesse sentido, Súmula 594 do STF[24].

---

[23] Cf. STJ, REsp 164.563/GO, rel. Min. Fernando Gonçalves, 6ª T., j. 12-9-2000, noticiado no *Informativo STJ* n. 70.

[24] "Os direitos de queixa e de representação podem ser exercidos, independentemente, pelo ofendido ou por seu representante legal."

5.5. Perempção e perdão aceito

Tais causas extintivas da punibilidade **restringem-se aos crimes de ação penal privada;** não se aplicam, portanto, em ação penal privada da subsidiária da pública, pois nesta o delito é de ação pública. Ademais, perempção e perdão aceito **só podem ocorrer no curso da ação penal** (a partir do recebimento da queixa).

5.5.1. Perempção

Trata-se de causa extintiva da punibilidade, privativa da ação penal exclusivamente privada e da ação penal privada personalíssima, que **ocorre nos casos de *desídia ou desinteresse do querelante* expressamente previstos em lei** (CPP, art. 60):

a) quando o **querelante deixar de dar andamento ao processo por mais de trinta dias** (entende-se que não basta a simples inércia, devendo ser o querelante notificado para dar andamento ao processo e deixar decorrer o prazo de trinta dias);

b) quando o **querelante falecer ou sobrevier sua incapacidade, sem que seu cônjuge, ascendente, descendente ou irmão assumam o processo no prazo de sessenta dias** (em se tratando de ação penal privada personalíssima – art. 236 do CP –, a perempção dá-se desde logo com o falecimento da vítima);

c) quando o **querelante deixar de comparecer a ato processual para o qual sua presença seja indispensável;**

d) quando o **querelante deixar de pedir a condenação nas razões finais** (debates orais ou memoriais escritos; observe que a perempção ocorre não somente quando o querelante pede a absolvição, mas sempre que seu pedido for qualquer outro que não o de condenação);

e) quando o **querelante for pessoa jurídica e se extinguir sem deixar sucessor.**

A perempção só pode ocorrer depois de recebida a queixa e até antes do trânsito em julgado do processo.

5.5.2. Perdão aceito

Dá-se quando o querelante, durante a ação penal, oferece seu perdão ao querelado, que o aceita. É *ato bilateral*, pois depende de aceitação para produzir efeitos.

O **perdão** pode ser *processual* ou *extraprocessual*. O primeiro só **admite forma expressa** (manifestação escrita no processo), ao passo que o outro, **expressa** (manifestação **escrita** fora do processo) **ou tácita** (ato incompatível com a vontade de prosseguir com a ação penal[25]).

A **aceitação**, de sua parte, **pode ser processual expressa** (se o querelado aceitar o perdão em manifestação escrita no processo) **ou tácita** (se ele, notificado para manifestar-se sobre o perdão do querelante, deixar passar em branco o prazo de três dias para responder); **pode, ainda, ser extraprocessual**, também **expressa** (quando constar de documento escrito fora do processo) **ou tácita** (decorrente de ato incompatível com a vontade de prosseguir na ação penal).

Se houver dois querelantes e só um deles oferecer o perdão, a aceitação por parte do querelado não prejudicará o direito do outro querelante (só ocorrerá a extinção da punibilidade com relação ao querelante que perdoou, e não com relação aos demais).

O perdão oferecido para um dos querelados se estenderá aos demais (princípio da indivisibilidade da ação privada), **mas só extinguirá a punibilidade com relação a quem o aceitar.**

5.6. Retratação

Algumas causas extintivas da punibilidade são encaradas pela doutrina como **formas de reparação da lesão ao bem jurídico protegido**. É o caso da retratação, nos crimes que a admitem, e do revogado casamento da vítima com o agente, nos crimes contra os costumes, que passaram a ser denominados crimes contra a dignidade sexual após a Lei n. 12.015/2009 (*vide* item 5.7, letra "a", *infra*).

A **retratação**, em tese, é cabível em diversos crimes. *Como causa extintiva da punibilidade, porém, somente nos poucos casos expressos na legislação*. **Retratar** significa **desdizer**, retirar o que disse, demonstrar arrependimento e buscar reparar o dano.

Dentro do **Código Penal** há três casos: *calúnia e difamação* (art. 143) e o *falso testemunho ou falsa perícia* (art. 342).

De notar que, em matéria de crimes contra a honra, **o legislador exclui a injúria, pois se trata de comportamento que malfere a honra subjetiva**, ou seja, a autoimagem do ofendido, sob a perspectiva de sua dignidade ou decoro. **Quanto à calúnia e à difamação**, o valor tutelado consiste na honra objetiva, isto é, na reputação do sujeito passivo, justificando-se, assim, a escolha do Código; ou seja, **pretendeu incentivar que o caluniador ou difamador se retrate, concedendo-lhe a extinção da punibilidade** como benefício e,

---

[25] Admite qualquer meio de prova (CPP, art. 57).

desse modo, permitir que a **reputação da vítima seja reparada** ou, ao menos, que se minimizem os danos a ela.

Se a **calúnia ou a difamação forem praticadas por qualquer meio de comunicação social** (como transmissões de televisão, rádio ou pela internet), **a retratação dar-se-á, a critério do ofendido, pelos mesmos meios em que se praticou a ofensa** (art. 143, parágrafo único, do CP, com a redação da Lei n. 13.188/2015).

O STJ, com razão, já decidiu que a **retratação** da calúnia, realizada com a observância dos requisitos legais, é **ato unilateral**, acarretando a **extinção da punibilidade independentemente de aceitação** do ofendido[26]. O mesmo vale para a difamação.

A retratação, nos casos acima indicados, **só terá o efeito em estudo se realizada até a prolação da sentença.** Assim, **o autor da ofensa deve se desdizer até o julgamento da ação penal contra ele instaurada. No caso do falso testemunho ou falsa perícia, o ato deve ser praticado até antes da prolação da sentença no processo em que o falso foi cometido** (e não naquele eventualmente instaurado para punir o falso testemunho ou falsa perícia).

Somente **com relação ao crime de** *falso testemunho ou falsa perícia* **é que a retratação configura circunstância comunicável** no concurso de pessoas, já que beneficia os partícipes do delito (isto porque a lei diz que, com a retratação, *o fato deixa de ser punível*). **No que tange à** *calúnia* e à *difamação* **o mesmo não ocorre, uma vez que o Código Penal dispõe que, nesses casos, a retratação se aplica somente** *ao querelado que se retrata*; com isso, a Lei procura motivar todos os caluniadores ou difamadores a, individualmente, voltarem atrás em suas afirmações e, consequentemente, propiciar uma reparação mais eficaz à reputação do sujeito passivo.

5.7. *Subsequens matrimonium* (casamento subsequente)

O casamento da vítima, antes da entrada em vigor da Lei n. 11.106, de 28-3-2005, que revogou os incisos VII e VIII do art. 107 do CP, era considerado causa extintiva da punibilidade nos crimes contra os costumes (Título VI da Parte Especial do Código), definidos nos Capítulos I a III (CP, arts. 213 a 220). Anote-se que tais infrações passaram a ser denominadas "crimes contra a dignidade sexual" (Lei n. 12.015/2009).

Importa ressaltar que a alteração mencionada não tem efeito retroativo, uma vez que, ao revogar causas de extinção da punibilidade, constitui *novatio legis in pejus*. Deve-se enfatizar que *o casamento continua sendo váli-*

---

[26] AP 912/RJ, Rel. Min. Laurita Vaz, Corte Especial, unanimidade, j. em 3-3-2021.

*do como causa extintiva da punibilidade para crimes sexuais praticados antes
da entrada em vigor da Lei n. 11.106, que se deu no dia de sua publicação, ou
seja, em 29 de março de 2005,* ainda que o matrimônio ocorra após esta data.

Como se sabe, a lei penal aplicável ao fato, inclusive no que toca às
causas de extinção da punibilidade, é a que vigorava ao tempo da ação ou
omissão (CP, art. 4º), salvo quando ocorrer a superveniência de *lex mitior*
(isto é, lei benéfica).

Por esse motivo, ainda hoje os dispositivos revogados são, em tese,
aplicáveis; trata-se de hipótese de ultratividade da lei penal, em obediência
aos arts. 5º, XL, da CF e 2º do CP.

Com o passar do tempo, porém, o assunto tendo a perder relevância
jurídica, porquanto os delitos aos quais a figura poderia incidir já terão a
punibilidade extinta por outros fatores, como o cumprimento da pena, a
morte do agente ou a prescrição.

a) Casamento da vítima com o agente

Nos termos da legislação revogada, se a vítima (homem ou mulher)
do crime contra os costumes (agora chamados de "crimes contra a dignidade sexual") se casasse com o agente, o dano decorrente da prática do crime
sexual se consideraria reparado (o casamento livraria a vítima da desonra e
o agente repararia o mal causado).

Essa causa poderia ocorrer antes ou depois do trânsito em julgado,
variando, em função disso, seus efeitos (*vide* item 4, *supra*). Somente ocorria
a extinção da punibilidade com a celebração do matrimônio, não sendo suficiente a intenção do agente em casar-se com a vítima.

A prova do casamento se fazia com a respectiva certidão.

O casamento da vítima com o autor do fato beneficiava todos os
envolvidos no delito, uma vez que configurava circunstância comunicável
no concurso de pessoas (CP, art. 30).

Havia polêmica em torno da união estável entre o agente e a vítima
como causa extintiva da punibilidade. Dentre as opiniões doutrinárias, afi-
gurava-se correta a que a considerava causa extintiva da punibilidade, por
analogia *in bonam partem* e pelo tratamento que a Constituição Federal lhe
dispensa (art. 226, § 3º).

A anulação posterior do casamento não elidia os efeitos da extinção
da punibilidade, quando já decidida irrecorrivelmente.

Em que pese a revogação do dispositivo, se o crime sexual for processado mediante queixa ou representação do ofendido (CP, art. 225, com a
redação anterior à Lei n. 12.015/2009), o casamento da vítima com o agente será causa extintiva da punibilidade: quando realizado antes de iniciada a

ação penal, configurará inequívoca hipótese de renúncia (tácita) e, se posterior ao matrimônio, constituirá perdão aceito (extraprocessuais tácitos).

Pondere-se, por derradeiro, que subsiste uma remota possibilidade de decretação da perda do direito de punir estatal pelo casamento da vítima com o agente nos crimes contra a dignidade sexual previstos no Capítulo I do Título VI da Parte Especial do Código Penal, mesmo com o advento da citada Lei. Isto porque estas infrações penais se tornaram (como regra) delitos de ação penal pública condicionada à representação do ofendido e, conforme já estudamos, o direito de ofertar a representação admite renúncia, seja expressa (manifestada por escrito) seja tácita (decorrente de ato incompatível com a vontade de processar o agente). Pois bem. Se alguém for vítima de estupro (art. 213), violação sexual mediante fraude (art. 215) ou assédio sexual (art. 216-A) e, no curso do prazo de seis meses, casar-se com o ofensor, o matrimônio (desde que realizado sem vício de consentimento) constituirá inegavelmente conduta inconciliável com a intenção de ver o autor do crime processado, operando-se, desta feita, a extinção da punibilidade por intermédio da renúncia tácita ao direito de representação.

Essa análise, todavia, somente se aplica a fatos ocorridos até o dia 24 de setembro de 2018, pois, com a entrada em vigor da Lei n. 13.718/2018, que alterou (mais uma vez) a redação do art. 225 do CP, tornando todos os crimes contra a liberdade sexual infrações de ação penal pública incondicionada, não cabe mais falar em extinção da punibilidade pelo casamento da vítima com o agente; a razão é simples: o instituto da renúncia, como causa extintiva do direito de punir estatal, dada a nova regra, deixou de ser aplicado aos crimes de estupro, violação sexual mediante fraude ou assédio sexual (sem falar, obviamente, do crime de importunação sexual, descrito no art. 215-A do CP, que também é de ação penal pública incondicionada).

b) Casamento da vítima com terceiro

Diversamente do que ocorria com a hipótese anterior, essa causa somente se aplicava àqueles crimes previstos nos Capítulos I a III do Título VI do Código Penal, se praticados sem violência real ou grave ameaça (se a violência fosse ficta, obviamente, a causa em estudo seria aplicável)[27].

O casamento da vítima (homem ou mulher, apesar de o Código falar em "ofendida") com terceiro só extinguia a punibilidade quando anterior ao trânsito em julgado. Isto porque seu objetivo era evitar um constrangimento ao

---

[27] O art. 224 do CP que definia as hipóteses de "violência ficta" ou "presumida" foi revogado pela Lei n. 12.015/2009, a qual substitui a noção mencionada pelo conceito de vítima vulnerável – art. 217-A do CP.

ofendido (ou ofendida) decorrente da exposição pública que envolve um processo criminal (*strepitus fori*). Dessa forma, se já se houvesse encerrado o processo, não havia mais constrangimento a ser evitado. Além disso, para que ocorresse a extinção da punibilidade, era preciso, além da celebração, que a vítima não requeresse o prosseguimento do inquérito policial ou da ação penal no prazo de sessenta dias contados do matrimônio. Como a lei falava em inquérito policial ou ação penal, a causa não se aplicava na fase de execução da pena.

Tratava-se de circunstância que beneficiava todos os agentes.

O Código Penal não exigia a intimação do sujeito passivo para se manifestar sobre o prosseguimento do inquérito ou ação penal para que o prazo fluísse.

Destaca-se, por fim, que essa causa também se estendia aos crimes contra os costumes de ação penal pública (CP, art. 225), uma vez que a lei não fazia distinção quanto à espécie de ação penal (registre-se novamente que tais infrações denominam-se, após a Lei n. 12.015/2009, "crimes contra a dignidade sexual").

5.8. Perdão judicial

Consubstancia-se em **causa extintiva da punibilidade através da qual o Estado, mediante a presença de certos requisitos, renuncia o direito de punir, geralmente fundado na desnecessidade da pena.** Só é admissível **nos casos expressos em lei.**

O legislador, quando pretende autorizar o juiz a conceder referido benefício, utiliza a fórmula "**o juiz poderá deixar de aplicar a pena**".

Podem ser citados os seguintes exemplos no Código Penal:

1) na hipótese de homicídio ou lesão culposos, se as consequências da infração atingirem o próprio agente de forma tão grave que a sanção penal se torne desnecessária (arts. 121, § 5º, e 129, § 8º);

2) no crime de injúria, quando o ofendido, de forma reprovável, provocou diretamente a injúria ou no caso de retorsão imediata, que consista em outra injúria (art. 140, § 1º);

3) no delito do art. 176 (fraude similar ao estelionato), consistente em "tomar refeição em restaurante, alojar-se em hotel ou utilizar-se de meio de transporte sem dispor de recursos para efetuar o pagamento", o perdão poderá ser concedido "conforme as circunstâncias" do caso;

4) no parto suposto (art. 242), dá-se o perdão judicial quando o fato é praticado por motivo de reconhecida nobreza;

5) na subtração de incapazes, quando houver a *restitutio in integrum*, isto é, no caso de restituição do menor ou do interdito, se este não sofreu maus-tratos ou privações.

Na legislação extravagante pode-se lembrar, ainda, o perdão judicial concedido a réus colaboradores (art. 13 da Lei n. 9.807/99). Neste caso, exige-se que o acusado seja primário, possua personalidade favorável e voluntariamente colabore com a investigação ou o processo criminal, de modo a permitir a identificação dos demais coautores ou partícipes da ação criminosa, a libertação da vítima com a integridade física preservada ou a recuperação total ou parcial do produto do crime (exige-se, ainda, que as circunstâncias, a gravidade e a repercussão social do fato criminoso justifiquem a providência).

Há, ademais, o perdão judicial igualmente conferido a agentes colaboradores envolvidos com organizações criminosas, admissível quando seu auxílio à investigação criminal ou ao processo judicial acarretar um ou mais dos seguintes resultados: a) a identificação dos demais coautores e partícipes da organização criminosa e das infrações penais por eles praticadas; b) a revelação da estrutura hierárquica e da divisão de tarefas da organização criminosa; c) a prevenção de infrações penais decorrentes das atividades da organização criminosa; d) a recuperação total ou parcial do produto ou do proveito das infrações penais praticadas pela organização criminosa; e) a localização de eventual vítima com a sua integridade física preservada (Lei n. 12.850/2013, art. 4º, *caput*).

Discute-se a natureza jurídica da sentença que o concede, prevalecendo atualmente o entendimento de que não é nem absolutória nem condenatória, mas *declaratória da extinção da punibilidade* (Súmula 18 do STJ[28]). A discussão tem relevância para fins de determinar os efeitos da sentença que o aplica; pela posição dominante, *tal sentença não gera nenhum dos efeitos previstos nos arts. 91 e 92 do CP*[29].

Em nosso sentir, contendo a decisão concessiva do perdão judicial natureza meramente declaratória, de maneira que não cria, mas reconhece a anterior extinção da punibilidade, deve-se admitir sua aplicação mesmo na fase de inquérito policial, quando inequívocas as condições legais exigidas para sua outorga. Por exemplo: homicídio culposo cometido pelo pai, que teve como única vítima seu próprio filho.

De ver que a Lei n. 12.850/2013 permite a incidência do perdão judicial na fase inquisitiva, ao dispor que: "Considerando a relevância da colaboração prestada, o Ministério Público, a qualquer tempo, e o delegado de

---

[28] "A sentença concessiva do perdão judicial é declaratória da extinção da punibilidade, não subsistindo qualquer efeito condenatório."

[29] De qualquer modo e, nesse particular, independentemente da posição adotada, a sentença concessiva do perdão judicial jamais prevalecerá para efeito de reincidência, tendo em vista a ressalva expressa do art. 120 do CP.

polícia, nos autos do inquérito policial, com a manifestação do Ministério Público, poderão requerer ou representar ao juiz pela concessão de perdão judicial ao colaborador, ainda que esse benefício não tenha sido previsto na proposta inicial..." (art. 4º, § 2º). Tal autorização legislativa constitui mais um motivo para se permitir a incidência do benefício na fase pré-processual em todos os demais casos de perdão judicial, invocando-se a analogia *in bonam partem*.

6. EXTINÇÃO DA PUNIBILIDADE EM DELITOS ACESSÓRIOS, COMPLEXOS E CONEXOS (CP, ART. 108)

De acordo com o mencionado dispositivo, "**a extinção da punibilidade de crime que é pressuposto, elemento constitutivo ou circunstância agravante de outro não se estende a este. Nos crimes conexos, a extinção da punibilidade de um deles não impede, quanto aos outros, a agravação da pena resultante da conexão**".

São **exemplos** de aplicação da norma:

1) a **extinção da punibilidade com relação ao crime de furto não se estende ao crime de receptação** (note que poderá ser o furto pressuposto de uma futura receptação da coisa furtada) – há, porém, **duas exceções: a anistia e a "abolitio criminis", isto é, se forem estas as causas extintivas que atingirem o fato anterior, o delito subsequente não mais se configurará;** acompanhe a explicação a partir do exemplo citado (crime de receptação – art. 180 do CP) – a receptação se dá, *v.g.*, quando o agente recebe, adquire, oculta, conduz ou transporta coisa que sabe ser produto de *crime* – se este delito anterior, que é o pressuposto da receptação, deixa de existir por meio de "abolitio criminis" ou anistia, a conduta subsequente não mais se subsumirá ao tipo penal da receptação.

2) a **extinção da punibilidade com relação ao crime de sequestro não provoca a extinção da punibilidade com relação à extorsão mediante sequestro,** se este foi o crime efetivamente praticado (note que a extorsão mediante sequestro é crime complexo, formado pela fusão de dois tipos penais: extorsão e sequestro, de modo que a extinção de qualquer um desses não provoca o mesmo efeito com relação ao todo);

3) a **extinção da punibilidade com relação ao crime de dano, que qualifica o furto** (CP, art. 155, § 4º, I) **não se estende a este;**

4) **se um homicídio for praticado para assegurar a execução de outro crime** (hipótese de conexão objetiva teleológica – CPP, art. 76, II), **a extinção da punibilidade com relação a este crime não impede o reconhecimento da qualificadora do homicídio** relativa à conexão (CP, art. 121, § 2º, V).

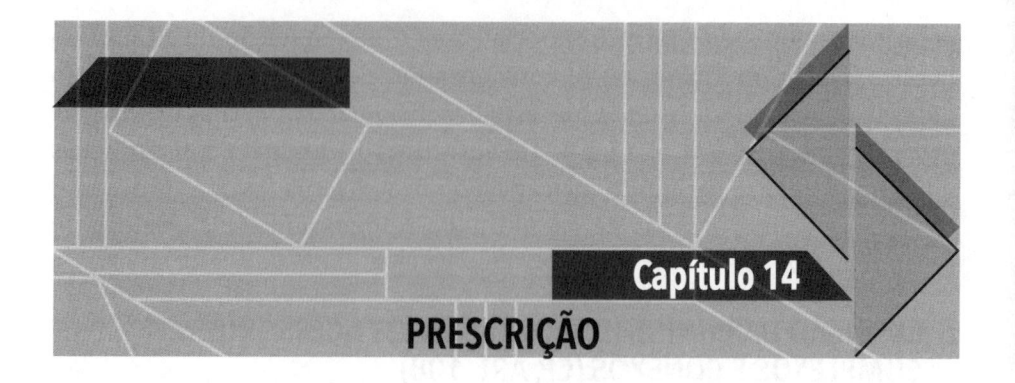

Capítulo 14

PRESCRIÇÃO

1. NOÇÕES ELEMENTARES

1.1. Conceito

Consiste na perda do poder-dever de punir do Estado em razão de sua inércia, pelo não exercício da pretensão punitiva ou da pretensão executória após o decurso de determinado período de tempo.

1.2. Origem histórica

O **primeiro registro histórico** de infração penal sujeita à prescrição deu-se na Roma Antiga, com a *lex Julia de adulteriis*, **do ano de 18 a.C.**, posteriormente estendendo-se o instituto aos demais delitos, com exceção do parricídio, apostasia e parto suposto. Não havia, então, prescrição da pretensão executória (ou "prescrição da condenação"), mas somente prescrição da pretensão punitiva (ou "prescrição da ação").

No **Brasil**, o primeiro diploma a cuidar do assunto foi o **Código de Processo Criminal de 1832**, uma vez que o Código Criminal do Império silenciou a respeito. Nota-se daí que, nos primórdios de nosso direito positivo, a matéria era considerada de cunho processual. É de ver que o Código de Processo Criminal somente regulava a prescrição antes do trânsito em julgado, de modo que a "prescrição da condenação" somente foi prevista em 1890, por meio do Decreto n. 774.

O Código Penal de 1890, de sua parte, regulou ambas as modalidades, indicando, destarte, que se tratava de tema de direito material.

1.3. Natureza jurídica

Quanto à sua natureza jurídica, trata-se de **causa extintiva da punibilidade** e, portanto, *instituto de direito material*. Bem por isso encontra-se regulada no Código Penal (e não no Código de Processo Penal).

Referida qualificação traz importantes reflexos em seu regime jurídico, repercutindo, notadamente, na retroatividade da lei que dispõe sobre prescrição (retroagirá se benéfica ao agente) e na contagem do prazo, que se dá com base no art. 10 do CP (incluindo-se o dia inicial e excluindo-se o termo final).

1.4. Principais fundamentos

Uma conhecida frase do jurista Rui Barbosa bem sintetiza a *ratio* que fundamenta o instituto: "Justiça tardia é injustiça manifesta".

Com efeito, o passar dos anos tende a tornar cada vez menor a eficácia da punição criminal, seja sob o aspecto retributivo, seja quanto à prevenção.

O instituto da prescrição tem, portanto, **dois fundamentos centrais**:

a) *decurso do tempo*: a condenação se torna ineficaz com a passagem do tempo (teoria do esquecimento do fato);

A prescrição se sujeita ao transcurso de um lapso temporal que varia conforme a gravidade da infração penal cometida.

b) *inércia da autoridade*: para ocorrer a prescrição é necessário que o Estado tenha sido inerte;

Não é o simples fluir do tempo que dá ensejo à prescrição; a este deve se aliar a inação estatal. Tanto assim que o legislador previu diversas causas interruptivas do prazo prescricional, fundadas em atos concretos praticados pelo Estado na concretização de seu direito de punir. Assim, por exemplo, se o delito estiver a uma semana de prescrever, mas, antes disso, o juiz receber a denúncia oferecida pelo Ministério Público, não ocorrerá a prescrição, pois o recebimento da inicial acusatória é uma das causas interruptivas do prazo (CP, art. 117, I).

Esses são, como se frisou, os fundamentos centrais da prescrição. Ocorre que **uma de suas modalidades sujeita-se, ainda, a um terceiro fundamento: a correção do condenado**. Isto é **válido para a prescrição da pretensão executória**, a que se verifica após o trânsito em julgado e extingue a pretensão estatal de cumprir a pena imposta em decisão transitada em julgado. Isto porque o legislador dispôs, entre as causas interruptivas, não só ações estatais tendentes à concretização da punição, mas também a reincidência do agente, de tal modo que se o indivíduo, estando foragido, vier a cometer novo crime, sua não-correção evita a extinção da punibilidade; em outras palavras, para que ocorra a prescrição da pretensão executória, além do decurso do tempo e da inação estatal, é preciso que o sentenciado se "corrija", isto é, não cometa novo delito, tornando-se reincidente.

PPP

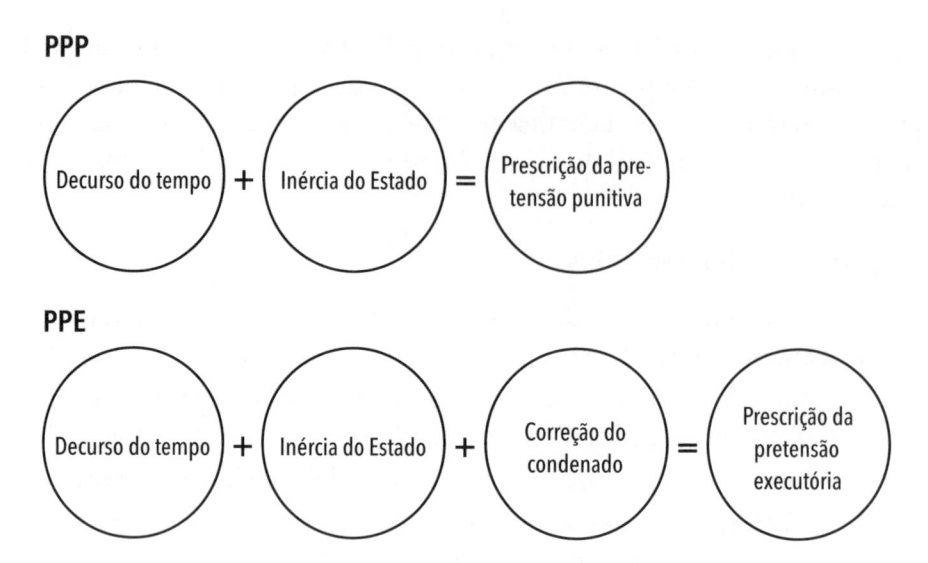

PPE

2. DIFERENÇAS ENTRE PRESCRIÇÃO E DECADÊNCIA

Interessante advertir que a distinção entre esses institutos, no âmbito penal, nada tem que ver com a diferença entre estes no campo do direito privado.

Deve-se frisar que a prescrição tem como peculiaridades: ser instituto de direito material, possuir prazos mais dilatados em comparação com a decadência, atingir quaisquer infrações penais (salvo as imprescritíveis), a possibilidade de ocorrer a qualquer momento da persecução penal.

A decadência, de sua parte, é instituto híbrido (penal e processual penal), tem prazos mais exíguos, aplica-se a uma pequena parcela de delitos (ação privada e pública condicionada à representação) e só ocorre antes de iniciada a ação penal.

As principais diferenças podem ser sintetizadas no seguinte quadro comparativo:

PRESCRIÇÃO	DECADÊNCIA
Ocorre antes ou depois do trânsito em julgado	Só ocorre antes do trânsito em julgado (na verdade, somente antes de iniciada a ação penal)
Abrange em todos os crimes, independentemente da ação penal (ressalvadas as exceções constitucionais)	Só incide nos crimes da ação penal privada ou pública condicionada à representação
Seus prazos são mais dilatados (de 1 a 20 anos)	Seus prazos são mais exíguos (de regra, 6 meses)
Atinge primeiro o direito material (isto é, o direito de punir do Estado) e, após, como consequência, impossibilita o ajuizamento da ação	Atinge primeiro o direito de ação e, após, como consequência, o Estado fica impossibilitado de exercer o direito material (direito de punir)

3. IMPRESCRITIBILIDADE

3.1. Introdução

Nossa **Constituição Federal** prevê, em seu art. 5º, XLII e XLIV, duas hipóteses de imprescritibilidade: a *prática de racismo* (Lei n. 7.716/89) e a *ação de grupos armados civis ou militares contra o Estado Democrático de Direito e a Ordem Constitucional* (arts. 359-I a 359-M e 359-R do CP).

Para a maioria da doutrina, tendo o constituinte determinado a imprescritibilidade somente desses delitos, teria reconhecido – implicitamente – que os demais se sujeitam obrigatoriamente à prescrição. Afirma-se que *inclusio unius alterius est exclusio* – o que não está incluído encontra-se excluído.

Daí decorreria o **princípio da prescritibilidade geral** das infrações penais, mediante a interpretação dos mencionados incisos do art. 5º, interpretados *a contrario sensu*[1].

Essa tese, contudo, é contrariada por alguns autores, como Christiano Jorge dos Santos, para quem **o fato de o Texto Maior decretar a imprescritibilidade de determinadas infrações não permite concluir que tenha, de modo implícito, compelido a submeter as demais às regras da prescrição.**

Como lucidamente pondera, a se considerar válido o raciocínio, poder-se-ia empregar a mesma técnica interpretativa em outros incisos do art. 5º, conduzindo a absurdos como proclamar que, quando a Carta Fundamental declarou que *"Estado indenizará o condenado por erro judiciário, assim como o que ficar preso além do tempo fixado na sentença"*, não permitiu (implicitamente) o pagamento de indenização em outros casos de presos vítima de culpa estatal, como a situação do detento morto nas dependências de um presídio, mesmo quando se constatasse omissão dolosa dos agentes públicos responsáveis pelo estabelecimento prisional[2].

Conclui-se, daí, que **se revela possível ampliar o leque de infrações penais imunes à prescrição,** conquanto observados os postulados da razoabilidade e proporcionalidade.

Quanto aos delitos constitucionalmente imprescritíveis, é preciso esclarecer seu alcance, isto é, a quais tipos penais se aplica a cláusula constitucional.

---

[1] Entendíamos dessa maneira, porém, melhor refletindo a respeito da matéria, reformulamos nossa posição, convencidos pelos argumentos expostos por Christiano Jorge Santos (em *Prescrição penal e imprescritibilidade*. Rio de Janeiro: Elsevier, 2010).

[2] *Prescrição penal e imprescritibilidade*. Rio de Janeiro: Elsevier, 2010. p. 95-103.

3.2. Racismo

Racismo, no sentido constitucional, significa **toda e qualquer forma de preconceito segregacionista**, na qual um grupo de seres humanos busque excluir outro, que julga inferior, privando-o da fruição de direitos constitucionalmente assegurados.

Sendo assim, o **racismo engloba não só o preconceito decorrente de raça** (no sentido estrito), **mas todas as formas de discriminação tipificadas** na Lei n. 7.716/89 (Lei dos Crimes de Preconceito), a qual disciplina os preconceitos decorrentes de raça, cor, religião, etnia ou procedência nacional.

Assim entendeu o Supremo Tribunal Federal, no julgamento paradigmático efetuado no chamado "Caso Ellwanger", em que o agente fora acusado de "racismo" ao editar obras sustentando, entre outras ideias, que "os judeus não só são uma raça, mas, mais do que isso, um segmento racial atávica e geneticamente menor e pernicioso". De acordo com a Suprema Corte: "Com a definição e o mapeamento do genoma humano, cientificamente não existem distinções entre os homens, seja pela segmentação da pele, formato dos olhos, altura, pelos ou por quaisquer outras características físicas, visto que todos se qualificam como espécie humana. Não há diferenças biológicas entre os seres humanos. Na essência são todos iguais". Dessa forma, "a divisão dos seres humanos em raças resulta de um processo de conteúdo meramente político-social". Concluiu o Pretório Excelso, então, que o racismo decorre de atos geradores de discriminação e preconceito segregacionista (HC 82.424/RS, rel. Min. Moreira Alves, rel. p/ ac. Min. Maurício Corrêa, Tribunal Pleno, j. 17-9-2003).

Acrescente-se, ainda, que, pelas mesmas premissas adotadas pelo Supremo Tribunal Federal no julgado acima citado, **deve-se considerar imprescritível o preconceito efetuado contra portadores do vírus HIV**, conduta tipificada na Lei n. 12.984, de 2-6-2014: "Constitui crime punível com reclusão, de 1 (um) a 4 (quatro) anos, e multa, as seguintes condutas discriminatórias contra o portador do HIV e o doente de aids, em razão da sua condição de portador ou de doente: I – recusar, procrastinar, cancelar ou segregar a inscrição ou impedir que permaneça como aluno em creche ou estabelecimento de ensino de qualquer curso ou grau, público ou privado; II – negar emprego ou trabalho; III – exonerar ou demitir de seu cargo ou emprego; IV – segregar no ambiente de trabalho ou escolar; V – divulgar a condição do portador do HIV ou de doente de aids, com intuito de ofender-lhe a dignidade; VI – recusar ou retardar atendimento de saúde".

Em nosso modo de ver, a definição dada pela Suprema Corte, no sentido de equiparar racismo a preconceito, conferindo amplo significado ao termo "raça", permite concluir que diversas formas de preconceito já se encontram tipificadas no ordenamento jurídico, por exemplo, o preconceito homofóbico.

Muito embora a decisão supracitada se refira à análise do antissemitismo como forma de racismo, dela se extrai uma valiosa lição: qualquer que seja o tratamento discriminatório dirigido a um grupo de seres humanos com características comuns (físicas, religiosas, étnicas, econômicas, de procedência etc.) revela-se odioso e frontalmente incompatível com o Texto Maior.

É o caso do comportamento homofóbico quando extravasa os limites internos e configura atitude preconceituosa ou segregacionista[3].

Como bem pondera Nucci: "raça é termo infeliz e ambíguo, pois quer dizer tanto um conjunto de pessoas com os mesmos caracteres somáticos como também um grupo de indivíduos de mesma origem étnica, linguística ou social. Raça, enfim, um grupo de pessoas que comunga de ideais ou comportamentos comuns, ajuntando-se para defendê-los, sem que, necessariamente, constituam um homogêneo conjunto de pessoas fisicamente parecidas. Aliás, assim pensando, homossexuais discriminados podem ser, para os fins de aplicação desta Lei (referindo-se à Lei n. 7.716/89), considerados como grupo racial. [...] Parece-nos que é racismo, desde que, na esteira da interpretação dada pelo STF, qualquer forma de fobia, dirigida ao ser humano, pode ser manifestação racista. Daí por que inclui-se no contexto da Lei n. 7.716/89. Nem se fale em analogia in malam partem. Não se está buscando, em um processo de equiparação por semelhança, considerar o ateu ou o homossexual alguém parecido com o integrante de determinada raça. Ao contrário, está-se negando existir um conceito de raça, válido para definir qualquer agrupamento humano, de forma que racismo ou, se for preferível, a discriminação ou o preconceito de raça é somente uma manifestação de pensamento segregacionista, voltado a dividir os seres humanos, conforme qualquer critério leviano e arbitrariamente eleito, em castas, privilegiando umas em detrimento de outras"[4].

A homofobia consubstancia uma forma de supervalorizar um grupo em detrimento de outro e, com base num discrímen irracional, suprimir

---

[3] Assim nos posicionamos em nossa recente obra *Homossexualidade, prostituição e estupro* – um estudo à luz do princípio da dignidade da pessoa humana. São Paulo: Saraiva, 2016. Ressalte-se que tramita no STF uma ação direta de inconstitucionalidade por omissão (ADO 26) com esse objeto, isto é, visando reconhecer a homofobia como fato penalmente típico.

[4] *Leis penais e processuais penais comentadas.* V. 1. São Paulo: Revista dos Tribunais, 2013. p. 258-259.

seus direitos. Essa mesma lógica de inferiorização foi utilizada pela ideologia racista, classista e antissemitista, muitas vezes acentuada por uma estratégia de desumanizar o outro. Esses preconceitos corriqueiros, ainda, adquiriram formas elaboradas de justificação doutrinária, invocando-se preceitos religiosos desprovidos de sentido universal e/ou concepções científicas não demonstradas empiricamente e sem embasamento teórico. Esse caminho foi trilhado pelo preconceito contra a mulher, seguido pelo imposto aos negros, aos judeus, aos integrantes de classes sociais inferiores e, sem dúvida alguma, aos homossexuais: fabricam-se diferenças para justificar a exclusão.

Os homossexuais atravessaram séculos de repressão e, logo depois de escaparem da ação da Igreja, caíram nas mãos da Medicina, que, ao procurar as "causas" da homossexualidade, buscava, em verdade, bases científicas para explicar a diferença e justificar seu "tratamento" ou sua condição inferior.

No presente milênio, apesar de expostos tais desvios preconceituosos da Religião e da Ciência Médica, os homossexuais ainda sofrem a discriminação laica.

A ausência de proteção jurídica contra o ódio homofóbico conduz a um preconceito institucionalizado e, nessa medida, afronta a dignidade da pessoa humana, contrariando um dos objetivos da República Brasileira, consistente em promover indistintamente o bem de todos.

É imperioso, bem por isso, interpretar a Lei n. 7.716/89 de modo a incluir nas suas disposições o preconceito homofóbico, enquanto forma de racismo (e, portanto, delito imprescritível). **Esse entendimento foi acolhido pela Suprema Corte no julgamento da ADO 26, em que os Ministros, por maioria, declararam a natureza criminosa da homofobia e da transfobia.**

A **injúria racial**, crime contra a honra que estava descrito no art. 140, § 3º, do CP, no entendimento dos Tribunais Superiores, já era considerado uma espécie do gênero "racismo" e, desse modo, **delito imprescritível**. O Supremo Tribunal Federal, no julgamento do HC 154.248, em 28/10/2021, firmou o entendimento de que tanto na injúria racial como no racismo há o emprego de elementos discriminatórios baseados na raça para a violação, o ataque, a supressão de direitos fundamentais do ofendido.

Nessa linha de raciocínio, destaque-se que a Lei n. 14.532, de 2023, tipificou como crime espécie de racismo a injúria racial, inserindo o art. 2º-A na Lei n. 7.716/89. A injúria qualificada prevista no Código Penal agora se limita ao uso de elementos referentes a religião e à condição de pessoa idosa ou com deficiência, enquanto a lei especial engloba a motivação decorrente de raça, cor, etnia ou procedência nacional. E tendo o legislador criado duas modalidades de injúria por preconceito, é lícito concluir que a imprescritibilidade deve se cingir àquela prevista na Lei n. 7.716/89, tornando a do Código Penal suscetível de prescrição.

Vale acrescentar, derradeiramente, que a Lei n. 14.688, de 2023, alterou o crime de injúria no Código Penal Militar, prevendo a seguinte figura qualificada: "se a injúria consiste na utilização de elementos referentes a raça, a cor, a etnia, a religião, a origem, a orientação sexual ou a condição de pessoa idosa ou com deficiência" (art., 216, § 2º). Em nosso sentir, **tal delito, nas suas formas que guardam correspondência com o art. 2º-A da Lei n. 7.716/89** (injúria decorrente de raça, cor, etnia, procedência nacional e orientação sexual, a qual, embora não descrita expressamente nesta Lei, a ela se subsume de acordo com o STF) **é imprescritível.**

3.3. Ação de grupos armados contra a Ordem Constitucional ou o Regime Democrático

No que tange à ação de grupos armados, civis ou militares, contra a Ordem Constitucional ou o Regime Democrático, essa definição encontra correspondência nas infrações penais descritas nos Capítulos I, II, III e V do Título XII da Parte Especial do Código Penal. De modo mais específico, abrange os **crimes contra a soberania nacional** (atentado à soberania, atentado à integridade nacional, espionagem), **contra as instituições democráticas** (abolição violenta do Estado Democrático de Direito, golpe de Estado) e **contra o funcionamento dos serviços essenciais** (sabotagem) – **arts. 359-I a 359-M e 359-R do Código.**

É importante, contudo, para efeito de se considerar tais fatos imunes à prescrição que a conduta seja praticada por, ao menos, três sujeitos, ainda que apenas um deles figure na condição de autor e os demais como partícipes, pois a Constituição se refere à ação de "grupos". É necessário, ainda, para os mesmos fins, que se trate de grupos armados. Pouco importa a natureza do armamento, isto é, não é necessário que se cuide de arma de fogo, muito embora seja este o instrumento bélico característico de grupos que se unem em torno de objetivos relacionados com o ataque à Democracia ou à Ordem Constitucional.

Podem-se afigurar, ainda, condutas previstas em outras leis, desde que se trate de comportamentos praticados por **grupos armados, destinados a periclitar a Ordem Constitucional ou o Regime Democrático,** como se poderia cogitar em **atentados praticados por grupo terrorista** (Lei n. 13.260/2016).

3.4. Tratados internacionais e imprescritibilidade

Há crimes que, por sua extrema gravidade, interessam à ordem internacional que sejam eficazmente reprimidos, existindo documentos internacionais declarando determinadas infrações imprescritíveis.

É o que ocorre, por exemplo, com relação aos delitos de genocídio, demais crimes contra a humanidade e crimes de guerra, por força da Convenção sobre a Imprescritibilidade dos Crimes de Guerra e dos Crimes contra a Humanidade (Resolução n. 2.391, de 26-11-1968). É de registrar que referida convenção não foi ratificada pelo Brasil.

De ver, contudo, que nosso país ratificou o Estatuto de Roma, que criou o Tribunal Penal Internacional (Decreto Presidencial n. 4.388/2002), o qual prevê a imprescritibilidade relativa a tais delitos em seu art. 29.

Para autores como Christiano Jorge Santos[5], Luiz Carlos Betanho, Marcos Zili[6], entre outros, essas infrações passaram a ser imprescritíveis no ordenamento jurídico brasileiro com a incorporação, ao Direito brasileiro, do Estatuto de Roma. Esse entendimento está em consonância com o princípio *pro homine*, que pressupõe a prevalência da norma mais protetiva aos direitos humanos.

Parece-nos, contudo, que a leitura correta a respeito da norma jurídica que determina a imprescritibilidade das infrações descritas no Estatuto de Roma há de ser no sentido de que ela tem força cogente no âmbito do Tribunal Penal Internacional, isto é, essa Corte e seus agentes devem considerar imprescritíveis os crimes contidos no Estatuto. **Essa regra, porém, não tem eficácia no âmbito do Direito interno, isto é, não se aplica aos crimes julgados pelo Poder Judiciário pátrio, ainda que se cuide de infrações previstas no mencionado Tratado Internacional.** Nada impede, contudo, que o legislador brasileiro torne referidos delitos imprescritíveis no âmbito interno por força de lei ordinária. Especificamente no tocante ao crime de tortura preconceituosa (tortura racial), prevista no artigo 1º, inciso I, alínea *c*, da Lei 9.455/97, o STF poderá conferir a mesma interpretação dada ao delito de injúria racial porventura do julgamento do HC 154.248.

Interessante destacar que **o STJ decidiu em sentido similar ao determinar que o afastamento da regra da prescrição (CP, art. 107, IV) não pode se dar sem a existência de norma jurídica interna ou internalizada,** ou seja, não decorre apenas da ratificação pelo Brasil de tratado ou convenção internacional, exigindo lei específica nesse sentido (STJ, 3ª Seção, REsp 1.798.903/RJ, rel. Min. Reynaldo Soares da Fonseca, por maioria, j. 25-9-2019, *DJe* de 30-10-2019).

---

[5] *Prescrição penal e imprescritibilidade*. Rio de Janeiro: Elsevier, 2010. p. 99-100.

[6] Cf., por exemplo, a opinião de Luiz Carlos Betanho e Marcos Zili expressada em *Código Penal e sua interpretação jurisprudencial*, p. 558-559.

4. ESPÉCIES DE PRESCRIÇÃO

São **duas as espécies de prescrição**, a que ocorre **antes do trânsito em julgado** (*prescrição da pretensão punitiva* – CP, arts. 109 e 110) e **a que se dá após** (*prescrição da pretensão executória* – CP, art. 110, *caput*).

A **primeira** se **subdivide** em:

1) *prescrição em abstrato* – CP, art. 109;

2) *prescrição em concreto*, que se **biparte** em: *prescrição **retroativa*** – CP, art. 110, §§ 1º e 2º – e *prescrição **superveniente*** (*ou intercorrente*) – CP, art. 110, § 1º.

Em função do momento em que ocorrem, **diferentes são os efeitos da prescrição da pretensão punitiva e executória.** Assim, a **prescrição da pretensão punitiva impede todos os efeitos possíveis de uma condenação penal,** enquanto **a prescrição da pretensão executória apenas extingue o efeito principal da condenação,** consistente na imposição da sanção penal (os demais efeitos penais e extrapenais subsistem).

Assim que for constatada a ocorrência da prescrição, a persecução penal deve ser encerrada, onde quer que se encontre (CPP, art. 61), sob pena de caracterizar-se constrangimento ilegal, passível de correção via *habeas corpus* (CPP, art. 648, VII).

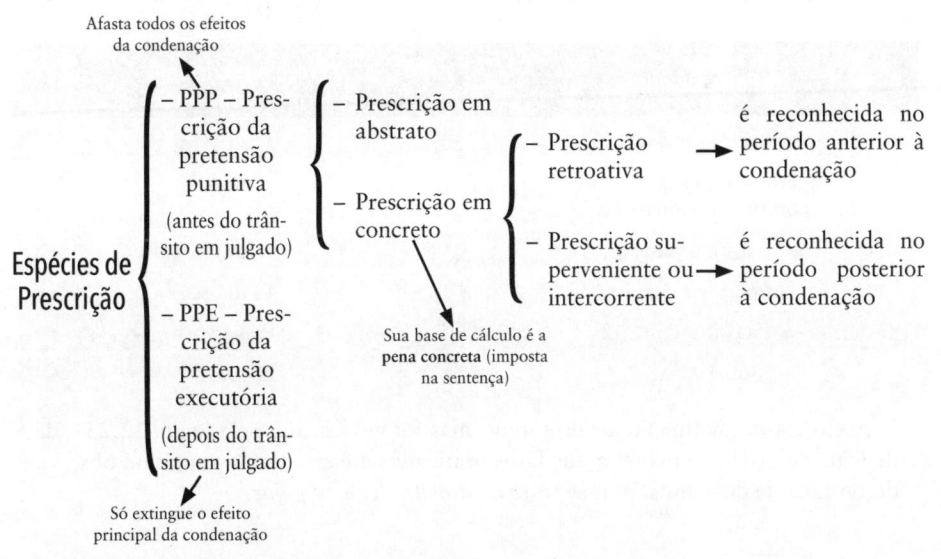

5. O CÁLCULO DO PRAZO PRESCRICIONAL

O lapso prescricional *varia em função da pena cominada ao delito.* Em se tratando de "**prescrição** da pretensão punitiva **em abstrato**", o *parâmetro* para o cálculo é a *pena máxima cominada.*

Para tais fins, deve-se verificar qual a maior pena cominada no preceito secundário, *levando em conta eventuais qualificadoras, privilégios, causas de aumento ou diminuição de pena*.

As **únicas exasperantes que não interferem na apuração desta base de cálculo são as relativas ao concurso formal e ao crime continuado**, previstas nos arts. 70 e 71 do CP, pois o Código determina expressamente (art. 119) que a prescrição, no concurso de crimes, deva ser contada individualmente, como se cada delito fosse único, de tal maneira que se despreza eventual soma de penas ou aumentos decorrentes do concurso formal ou da continuidade delitiva.

Quando as **causas de aumento ou redução** estipularem **limites variáveis**, dizendo, *v.g.*, que a pena será aumentada de um a dois terços ou reduzida de um sexto à metade, dever-se-á considerar o *maior aumento* ou a *menor diminuição*; trata-se da "**regra da pior das hipóteses** (para o réu)", isto é, se o legislador manda levar em consideração a pena **máxima**, o intérprete deverá sempre buscar a maior pena aplicável, em tese, ao fato.

Por outro lado, possíveis **agravantes ou atenuantes genéricas** devem ser **desprezadas para esses efeitos** (até porque não interferem nos limites abstratos da pena), é dizer, elas não interferem no cálculo do prazo prescricional.

Uma vez **encontrado o parâmetro**, ele deverá ser **confrontado com a tabela** constante do art. 109 do CP[7]:

Pena máxima	Prazo prescricional correspondente
Inferior a 1 ano	3 anos*
Igual ou superior a 1 ano, porém não superior a 2	4 anos
Superior a 2 anos até 4	8 anos
Superior a 4 até 8	12 anos
Superior a 8 até 12	16 anos
Superior a 12	20 anos

* O prazo era originalmente de dois anos, mas foi modificado pela Lei n. 12.234, de 5 de maio de 2010, de maneira que fatos praticados até essa data continuam observando o prazo de dois anos, pois se trata de *novatio legis in pejus*.

---

[7] A Lei n. 12.234, de 5-5-2010, modificou o prazo mínimo da prescrição das penas privativas de liberdade, antes de dois anos e, agora, de três. Essa mudança, deve-se assinalar, não opera retroativamente, dado seu caráter material gravoso (CF, art. 5º, LV). Significa dizer que para infrações penais cuja ação ou omissão tiver ocorrido até o dia 5 de maio de 2010, ainda valerá o prazo de dois anos. Para aquelas cometidas do dia 6 em diante, o lapso será de três.

O **que importa** para a contagem do prazo prescricional é o **crime descrito na denúncia** (não a classificação jurídica dada pelo órgão da acusação). Da mesma forma, se **houve desclassificação na sentença** (CPP, arts. 383 ou 384), é a **nova tipificação** que deve ser considerada como parâmetro para todos os prazos prescricionais.

Ressalte-se que *se o réu for menor de 21 anos na data do fato ou maior de 70 na data da sentença, o prazo deverá ser reduzido de metade* (CP, art. 115). Em se tratando de acusado maior de 70 anos, cremos não ser preciso aguardar a prolação do édito condenatório para se ter imediatamente reduzidos de metade os prazos prescricionais. Isto porque a referência à sentença (decisão de primeira instância) deve ser interpretada como concessiva de um limite temporal máximo e não como o único momento a se ter por aplicável a regra. Em outras palavras, deve-se entender que a redução de metade dá-se quando o agente tornar-se septuagenário *até a sentença*. Afinal, se o agente completou essa idade no curso da ação, não terá menos que isso até a conclusão do processo. Se tal idade for completada após a sentença (em grau de recurso, por exemplo), não incidirá o redutor[8].

A reincidência, por outro lado, não interfere no prazo da prescrição da pretensão punitiva (Súmula 220 do STJ[9]).

Caso o **tipo penal comine somente pena de multa**, o prazo prescricional dar-se-á em **dois anos** (CP, art. 114, I). **Estando a multa cominada juntamente com pena privativa de liberdade, com ela prescreverá** (CP, arts. 114, II, e 118). Na Lei de Drogas, prevê-se o biênio para a prescrição relativa ao porte de droga para consumo próprio (Lei n. 11.343/2006, art. 30), cujo tipo penal comina somente penas restritivas de direitos.

---

[8] Nesse sentido: STF, HC 96.968/RS, rel. Min. Carlos Britto, 1ª T., j. 1-12-2009: "(...) No caso, na data da publicação da sentença penal condenatória, o paciente contava 69 (sessenta e nove) anos de idade. Pelo que não há como aplicar a causa de redução do prazo prescricional da senilidade a que se refere o art. 115 do Código Penal. Até porque a jurisprudência do Supremo Tribunal Federal é no sentido de que tal redução não opera quando, no julgamento de apelação, o Tribunal confirma a condenação (HC 86.320, da relatoria do Ministro Ricardo Lewandowski; HC 71.711, da relatoria do Ministro Carlos Velloso; e AI 394.065-AgR-ED-ED, da minha relatoria). 3. Ordem indeferida, ante a não ocorrência da prescrição superveniente" (noticiado no *Informativo STF* n. 570). Igualmente: STJ, AgRg nos EDcl no REsp 1.537.863/SC, rel. Min. Ribeiro Dantas, 5ª T., j. 27-8-2019. ; e AgRg nos EDcl nos EDcl no REsp 1.968.134/MT, rel. Min. Antonio Saldanha Palheiro, 6ª T., j. 26-4-2022 No mesmo sentido: STF, ARE 993.384 AgR-EDv-AgR, rel. Min. Gilmar Mendes, Tribunal Pleno, j. 19-12-2019, e RE 1.045.217 AgR-ED/SP, rel. Min. Dias Toffoli, 2ª T., j. 4-4-2018.

[9] "A reincidência não influi no prazo da prescrição da pretensão punitiva."

Damos, abaixo, dois exemplos:

a) Suponha que Antônio, aos 20 anos de idade, tenha cometido um furto, cuja consumação se deu em 5 de julho de 2019. Tratando-se de furto simples (CP, art. 155, *caput*), teremos como parâmetro uma pena de quatro anos, que, de acordo com o art. 109 do CP, prescreve em oito anos. Tendo em vista, contudo, que se trata de menor de 21 anos na data do fato, esse prazo deve ser reduzido de metade (CP, art. 115), perfazendo, então, quatro anos. Se o termo inicial é 5 de julho de 2019, o termo final será 4 de julho de 2023.

b) Imagine que João efetue contra seu inimigo uma série de disparos de arma de fogo, visando matá-lo, no dia 12 de junho de 2016, mas a vítima sobreviva. A pena máxima do homicídio simples é de 20 anos (CP, art. 121, *caput*). Como se trata de crime tentado, devemos considerar a redução daí decorrente (um a dois terços). Para esse fim, levaremos em conta a menor diminuição, ou seja, um terço. Reduzindo um terço de vinte anos, teremos como parâmetro treze anos e quatro meses. Segundo o art. 109 do CP, a prescrição da pretensão punitiva dar-se-á em vinte anos, isto é, em 11 de junho de 2036.

6. A CONTAGEM DO PRAZO PRESCRICIONAL

A **prescrição da pretensão punitiva é contada em** *diversos períodos*, que resultam da *combinação* **dos possíveis** *termos iniciais* (CP, art. 111) *com as causas interruptivas* (CP, art. 117). A contagem, repise-se, obedece à forma do art. 10 do CP, computando-se o termo inicial e excluindo-se o termo final. Os anos e meses são contados de acordo com o calendário comum, podendo ter, respectivamente, 365 ou 366 dias, e 28, 29, 30 ou 31 dias. Exemplo: se determinado crime prescreve em dois anos e foi consumado em 10 de fevereiro de 2009, terá como termo inicial esse mesmo dia e como termo final o dia 9 de fevereiro de 2011.

6.1. Termos iniciais da prescrição da pretensão punitiva

A prescrição da pretensão punitiva tem como *termos iniciais*:

a) O momento da *consumação*.

Somente com a realização integral do tipo, isto é, quando o ato do sujeito compreende todos os elementos de sua definição legal (CP, art. 14, I), é que tem início o prazo prescricional.

De notar que o crime considera-se praticado ao tempo da ação ou omissão, conforme proclama o art. 4º do Código, acolhedor que foi da teoria da atividade. Em matéria de prescrição, todavia, não aquiesce o legislador com o mesmo critério, tendo preferido a *teoria do resultado*;

b) O *último ato executório*, no caso de crime tentado.

Quando o agente der início à execução do delito e este não se consumar por circunstâncias alheias à vontade do agente (CP, art. 14, II), o lapso prescricional começará a fluir do último ato executório;

c) O dia da *cessação da permanência*, em se tratando de crimes permanentes.

Crimes permanentes são aqueles cuja consumação se prolonga no tempo. Com o protraimento, prossegue o agente agredindo o bem jurídico tutelado, fazendo com que não tenha início o transcurso da prescrição. Somente quando cessar a atividade delitiva é que o prazo começará a fluir;

d) Nos delitos de *bigamia* (CP, art. 235) e de *falsificação ou alteração de assentamento de registro civil* (CP, arts. 241, 242 e 299, parágrafo único), *quando o fato se tornou conhecido*.

Cuidam-se esses crimes de atos praticados clandestinamente e, quase que invariavelmente, tornam-se conhecidos somente depois de muitos anos. Se tais ilícitos ficam sujeitos à regra geral (consumação), estariam fadados à impunidade. Por esse motivo, declara a lei a necessidade de o fato tornar-se *conhecido da autoridade encarregada da persecução penal* para que a prescrição inicie sua contagem;

e) *Nos crimes contra a dignidade sexual de crianças e adolescentes*, previstos no Código Penal (arts. 213, § 1º, 2ª parte, 217-A, 218, 218-A e 218-B, entre outros) ou em legislação especial (p. ex., ECA, art. 240), *da data em que a vítima completar 18 anos, salvo se a esse tempo já houver sido proposta a ação penal*.

A exceção fundamenta-se no fato de as vítimas desses crimes, em razão de sua fragilidade psíquica e pelo receio de serem desacreditadas, ocultarem a ocorrência do delito, somente revelando-o em sua fase adulta, o que poderia impedir a punição do culpado, favorecido pela prescrição.

Essa regra, introduzida no CP pela Lei n. 12.650, de 17-5-2012, somente se aplica a crimes cometidos a partir de 18 de maio de 2012, quando entrou em vigor. Trata-se de *novatio legis in pejus*, motivo pelo qual não retroage. Assim, se a infração foi cometida até o dia 17 de maio de 2012, o termo inicial da prescrição, conforme dispõem os incisos I ou II do art. 111 do CP, será a data da consumação do crime ou do último ato executório (quando se cuidar de tentativa); se cometido após, será o dia em que o ofendido completar a maioridade, ou, caso já tenha sido proposta a ação penal, a data de seu ajuizamento.

A Lei suscita uma interessante questão: **qual o termo inicial da prescrição nos crimes contra a dignidade sexual de menores de 18 anos quando a vítima falecer antes de completar a maioridade e antes da propositura da**

ação penal? A única solução que se afigura razoável, em nosso modo de ver, **é considerar que o prazo deve fluir a partir da data do falecimento do ofendido.** Explica-se: o inc. V não se aplica à hipótese apontada, porque o sujeito passivo veio a óbito e, por força disso, não completará 18 anos. Não se pode admitir, ainda, em que pesem opiniões respeitáveis nesse sentido, que se apliquem os incisos I ou II (data da consumação ou do último ato executório), pois isso significaria operar contagem retroativa do prazo: se a prescrição não estava correndo até então, não se pode admitir que a morte da vítima faça com que o prazo passe a ser contado a partir de uma data passada. O falecimento do ofendido não pode ressuscitar a contagem do prazo. Além disso, esse raciocínio faria com que o autor do delito fosse beneficiado com a morte do sujeito passivo. Se o crime contra a dignidade sexual estiver sujeito a um prazo prescricional mais exíguo (*v.g.*: art. 218-A, que prescreve em 8 anos), tendo o fato ocorrido com vítima de pouca idade (p. ex.: 6 anos), que morre perto de completar 18 anos, sua morte provocaria imediatamente o reconhecimento da prescrição.

f) *Nos crimes que envolvam violência contra crianças e adolescentes,* previstos no Código Penal (arts. 121, § 2º, IX; 122, § 6º; 123; 129, § 7º, entre outros) ou em legislação especial (p. ex., ECA, art. 230), *da data em que a vítima completar 18 anos, salvo se a esse tempo já houver sido proposta a ação penal.*

O presente termo inicial da prescrição assemelha-se ao exposto no item acima (letra "e") e resulta de inclusão efetuada no Código Penal pela Lei n. 14.344, de 24-5-2022, cuja entrada em vigor se deu no dia 9 de julho de 2022 e, portanto, **somente se aplica a fatos perpetrados a partir desta data** (*novatio legis in pejus*).

Aplicam-se a esse *dies a quo* do lapso prescricional as mesmas observações efetuadas no item acima.

6.2. Causas interruptivas da prescrição da pretensão punitiva no procedimento dos crimes de competência do juiz singular[10]

As *causas interruptivas* encontram-se no rol taxativo do art. 117 do CP. Todas elas são decisões judiciais proferidas no curso da *persecutio criminis in judicio.* Bem por isso, o marco interruptivo há de ser a data da publicação da decisão, que, conforme o art. 389 do CPP, dá-se com a sua entrega ao escrivão ou, se proferida em audiência, com a sua leitura.

---

[10] Tais causas interruptivas também são aplicáveis aos crimes de competência originária dos tribunais, isto é, aos casos em que o acusado possui foro por prerrogativa de função.

Uma vez interrompido o prazo da prescrição da pretensão punitiva, este se reinicia imediatamente, desprezando-se o tempo anterior transcorrido.

São elas:

a) *recebimento da denúncia ou queixa*. O recebimento da denúncia ou queixa, no sistema do Código de Processo Penal, obedece ao disposto no art. 395, dando-se logo que proposta a demanda[11].

---

[11] A Lei n. 11.719/2008 criou polêmica sobre o momento adequado para o recebimento da denúncia ou queixa: se no despacho liminar, tão logo a inicial é apresentada, ou se isto deve ocorrer somente após o oferecimento da resposta escrita do art. 396-A do CPP. Sobre o assunto, dissemos em nosso *Provas e procedimentos no processo penal*: "A nova redação do art. 396, *caput*, do CPP é clara no sentido de que o Juiz, se não rejeitar liminarmente a denúncia ou queixa, *deverá recebê-la*, isto é, declará-la (minimamente) admissível para, então, determinar a citação do acusado para responder por escrito à acusação. O art. 399 do CPP, quando dispõe que o Juiz receberá a acusação e designará audiência para instrução e julgamento, encontra-se redigido de maneira imprecisa, dando margem a interpretações equivocadas. Na verdade, quando o art. 399 do CPP dispõe que o Juiz receberá a acusação e designará a audiência, deve-se entender que ele assim o fará se não for caso de absolvição sumária (art. 397), porque a denúncia já foi recebida antes da citação. Não tem cabimento receber a denúncia duas vezes. Ademais, a posição topográfica do art. 399 não deixa dúvidas, ele contém disposição que sucede várias providências: o oferecimento da denúncia ou queixa e seu recebimento (art. 396), a resposta escrita (art. 396-A) e a absolvição sumária (art. 397).

É interessante notar que o Projeto n. 2007, de 2001, do qual resultou a Lei n. 11.719/2008, pretendia estabelecer a resposta escrita nos moldes de uma defesa preliminar, vale dizer, de uma manifestação que deveria anteceder o recebimento da acusação. De ver, contudo, que na Câmara dos Deputados o projeto foi modificado, com o argumento de que não teria cabimento mandar citar o réu sem acusação recebida. Quando o projeto foi remetido ao Senado Federal, novamente se buscou introduzir o mecanismo original, qual seja, a defesa preliminar anterior ao recebimento da inicial. *De volta à Câmara, contudo, a emenda do Senado foi rejeitada*. Eis o texto do parecer do Deputado Régis Fernandes de Oliveira à referida emenda do Senado: 'Emenda n. 8: Pretende alterar no *caput* do art. 395, do Código de Processo Penal, o termo 'recebê-la-á', sob a justificativa de que o ato de recebimento da denúncia está previsto no momento descrito no art. 399. O instrumento que é o processo, não pode ser mais importante do que a própria relação material que se discute nos autos. Sendo inepta de plano a denúncia ou queixa, razão não há para se mandar citar o réu e, somente após a apresentação de defesa deste, extinguir o feito. Melhor se mostra que o juiz ao analisar da denúncia ou queixa ofertada fulmine relação processual infrutífera. *Rejeita-se a alteração proposta pelo Senado*'.

Acrescente-se, por derradeiro, que o processo terá sua formação completa com a citação do acusado, nos termos expressos do art. 363, *caput*, com redação da Lei n. 11.719/2008. Ora, como poderia estar completa a formação do processo se a acusação ainda não tivesse sido recebida?

Deve-se ressaltar que o aditamento à denúncia ou queixa, quando apenas visa corrigir imperfeições da peça exordial ou, de alguma forma, retificá-la, não interromperá a prescrição, prevalecendo, para tais fins, o recebimento da inicial[12]. Solução diversa ocorrerá quando no aditamento à inicial for incluído fato novo, prevalecendo, então, o recebimento do aditamento para efeitos de interrupção do prazo prescricional[13].

Caso tenha o juiz rejeitado a inicial e o tribunal provido o recurso em sentido estrito interposto pelo órgão da acusação, o acórdão respectivo tem o condão de servir como decisão de recebimento e, portanto, interromper o prazo prescricional, nos termos da Súmula 709 do STF[14].

Se o recebimento da exordial for anulado, não prevalecerá para efeito de interromper o prazo.

b) *sentença ou acórdão condenatório recorríveis.* A segunda causa interruptiva consiste na primeira decisão condenatória do processo, que pode ser a sentença condenatória, proferida pelo magistrado em primeira instância, ou o acórdão que reforma sentença absolutória, condenando o réu em grau de recurso. Importante ressaltar que o acórdão que confirma sentença condenatória não interrompe a prescrição.

A presente causa encontra-se no art. 117, IV, que teve sua redação alterada em 29 de novembro de 2007, por meio da Lei n. 11.596. Para muitos, a modificação implicou somente em aperfeiçoamento redacional, sem qualquer efeito prático[15], mas não foi esse o entendimento consolidado pela

---

Não nos resta dúvida alguma, portanto, de que: a) o Juiz somente mandará citar o réu *depois de receber a acusação*, isto é, julgá-la minimamente admissível; b) a resposta escrita contida nos arts. 396 e 396-A não se confunde com defesa preliminar; c) a condição necessária para a designação de audiência de instrução, debates e julgamento, referida no art. 399 do CPP, não é o recebimento da denúncia, mas o não cabimento da absolvição sumária prevista no art. 397".

[12] STJ, HC 23.493/RS, rel. Min. Félix Fischer, 5ª T., j. 5-8-2003, noticiado no *Informativo STJ* n. 179. No mesmo sentido: STJ, REsp 1.794.147/PA, rel. Min. Laurita Vaz, 6ª T., j. 5-12-2019.

[13] STJ, AgRg no HC 738.411/ES, rel. Min. Rogerio Schietti Cruz, 6ª T., j. 27-9-2022; e AgRg no AREsp 2.205.006/SC, rel. Min. Joel Ilan Paciornik, 5ª T., j. 11-4-2023. Por outro lado, se houver mera alteração da capitulação jurídica, sem acréscimo de fatos ou circunstâncias novos, não incide a interrupção. Nesse sentido, ver: STJ, AgRg no HC 859.998/MG, rel. Min. Rogerio Schietti Cruz, 6ª T., j. 18-3-2024.

[14] "Salvo quando nula a decisão de primeiro grau, o acórdão que provê o recurso contra a rejeição da denúncia vale, desde logo, pelo recebimento dela."

[15] Veja, nesse sentido, TJSP, RSE 993.08.046964-4, rel. Des. Tristão Ribeiro, j. 9-10-2008. Confira a ementa oficial: "PRESCRIÇÃO. Acórdão confirmatório de sentença condenatória. Ausência de efeito interruptivo da prescrição. Causa de interrupção não

jurisprudência dos tribunais superiores. Prevalece, nesse sentido, que **a Lei n. 11.596 introduziu nova causa interruptiva da prescrição**, consistente **no acórdão confirmatório da condenação** (isto é, a decisão do tribunal que, julgando recurso da parte, confirma o julgamento de primeira instância que julgou procedente a pretensão punitiva). Esse é, repise-se, o atual entendimento das Cortes Superiores, tendo o STJ decidido nesse sentido, inclusive, em sede de Recurso Repetitivo em 10 de agosto de 2022 (Tema 1100). Significa dizer que, **para a jurisprudência, quando se tratar de acórdão condenatório, este servirá como causa interruptiva da prescrição, seja na hipótese de ser o acórdão condenatório inicial** (isto é, o juiz absolveu o réu em primeira instância e o tribunal, reformando a sentença, o condenou), **seja no caso do acórdão confirmatório da condenação** (ou seja, o juiz condenou o réu em primeiro grau, interrompendo o prazo, e o tribunal manteve a condenação, gerando nova interrupção da prescrição). No caso do acórdão confirmatório da condenação, pouco importa se a pena foi mantida ou alterada pelo tribunal – em qualquer caso, ele valerá como nova causa interruptiva[16]. Anote-se que, anteriormente, o STF possuía precedentes no sentido de que o acórdão que confirma a condenação só teria eficácia interruptiva se promovesse aumento da pena[17].

Cite-se, para sedimentar a posição da Suprema Corte, o julgamento proferido no HC 176.473, de relatoria do Ministro Alexandre de Moraes, que fixou a seguinte tese: "**Nos termos do inciso IV do artigo 117 do Código Penal, o acórdão condenatório sempre interrompe a prescrição, inclusive quando confirmatório da sentença de 1º grau, seja mantendo, reduzindo ou aumentando a pena anteriormente imposta**"[18].

---

prevista expressamente no rol taxativo do artigo 117, do CP. Impossibilidade de interpretação extensiva em prejuízo do réu. Recurso ministerial improvido". O STJ também pacificou o entendimento no mesmo sentido: "A Corte Especial deste Tribunal Superior, no julgamento do AgRg no RE nos EDcl no REsp n. 1.301.820/RJ, de relatoria do Ministro Humberto Martins, assentou o entendimento de que o acórdão confirmatório da condenação não constitui novo marco interruptivo prescricional, ainda que modifique a pena fixada, nos termos descritos no artigo 117, inciso IV, do Código Penal" (EDcl no AgRg no RHC 109.952/SC, rel. Min. Félix Fischer, 5ª T., j. 30-5-2019).

[16] Nesse sentido: "Não obstante a posição de parte da doutrina, o Código Penal não faz distinção entre acórdão condenatório inicial e acórdão condenatório confirmatório da decisão. Não há, sistematicamente, justificativa para tratamentos díspares. 3. A ideia de prescrição está vinculada à inércia estatal e o que existe na confirmação da condenação é a atuação do Tribunal. Consequentemente, se o Estado não está inerte, há necessidade de se interromper a prescrição para o cumprimento do devido processo legal" (RE 1.182.718 AgR/RS, rel. Min. Alexandre de Moraes, 1ª T., j. 15-3-2019).

[17] RHC 142.852 AgR/PB, rel. Min. Celso de Mello, 2ª T., j. 23-6-2017.

[18] O STJ, em face da posição sedimentada no STF, passou a decidir no mesmo sentido: STJ, EDcl no AgRg no RHC 109.530/RJ, rel. Min. Ribeiro Dantas, 5ª T., j. 26-5-

Com a fixação desta tese, que reconhece na alteração legislativa efetuada pela Lei n. 11.596 a inclusão de nova causa interruptiva da prescrição, deve-se forçosamente limitar sua incidência a fatos ocorridos a partir do dia 30 de novembro de 2007, data de sua entrada em vigor, porquanto se cuida indiscutivelmente de *novatio legis in pejus*[19].

Acrescente-se que, se a decisão vier a ser anulada, perderá seu efeito interruptivo.

c) *trânsito em julgado da condenação*. O trânsito em julgado da condenação faz com que o prazo da prescrição da pretensão punitiva pare de fluir. Esse evento determina, ainda, o surgimento da pretensão executória estatal, consistente no poder-dever de executar a sanção imposta.

Importante anotar que **nossos tribunais superiores fixaram a tese de que recursos especial e extraordinário, negados na origem e considerados inadmissíveis também pelo STJ ou pelo STF, não postergam a data do trânsito em julgado da condenação, que se dá no momento em que se esgota o prazo, no tribunal de origem, para a interposição dos mencionados recursos.** Assim, por exemplo, se o prazo para ingressar com os recursos especial e extraordinário se esgotou em 4 de julho de 2016, essa será a data do trânsito em julgado (e, portanto, o parâmetro para a verificação de eventual prescrição da pretensão punitiva), ainda que a defesa tenha ingressado com os citados recursos, considerados posteriormente inadmissíveis nos termos acima expostos[20]. De acordo com o STJ: "recursos flagrantemente incabíveis não podem ser computados no prazo da prescrição da pretensão punitiva, sob pena de se premiar o réu com a impunidade, pois a procrastinação indefinida de recursos contribui para a prescrição"[21].

2020. O posicionamento foi pacificado com o julgamento do Tema Repetitivo 1.100 (REsp 1.920.091/RJ e REsp 1.930.130/MG, rel. Min. João Otávio de Noronha, 3ª S., j. 10-8-2022). Na mesma linha: AgRg no REsp 2.065.354/SP, rel. Min. Reynaldo Soares da Fonseca, 5ª T., j. 20-6-2023.

[19] Nesse sentido: STJ, AgRg no HC 603.139/SP, rel. Min. Rogério Schietti, 6ª T., j. 24-11-2020.

[20] *Vide* STF, Rcl 25.733 AgR/SP, rel. Min. Luiz Fux, 1ª T., j. 17-9-2018, ARE 948.996 AgR/SP, rel. Min. Dias Toffoli, 2ª T., j. 29-9-2017, e ARE 911.938 AgR-segundo/SC, rel. Min. Luiz Fux, 1ª T., j. 21-8-2017. No mesmo sentido: STJ, AgRg nos EDcl no AREsp 1.603.381/RJ, rel. Min. Felix Fischer, 5ª T., j. 28-4-2020; e EDcl no AgRg no AREsp 1.561.073/ES, rel. Min. Ribeiro Dantas, 5ª T., j. 20-6-2023.

[21] EAResp 386.266/SP, rel. Min. Gurgel de Faria, 3ª S., j. 12-8-2015. No mesmo sentido, STJ, HC 479.222/SP, rel. Min. Jorge Mussi, 5ª T., j. 12-3-2019; e AgRg no AREsp 1.528.004/RN, rel. Min. Antonio Saldanha Palheiro, 6ª T., j. 18-4-2023.

6.3. Causas interruptivas da prescrição no Tribunal do Júri

O procedimento do Júri, previsto nos arts. 406 a 497 do CPP, com a redação dada pela Lei n. 11.689, de 9-6-2008, é o mais solene dentre todos os previstos em nossa legislação processual. Por essa razão, entendeu por bem o legislador estabelecer, quanto a ele, um número maior de causas interruptivas. Assim, **além daquelas mencionadas** no item acima (6.2), no rito dos crimes de competência do Tribunal Popular, há, ainda, as seguintes: a *pronúncia* (Súmula 191 do STJ[22]) e o *acórdão confirmatório da pronúncia*.

A decisão de pronúncia encontra-se regulada no art. 413 do CPP e consiste em decisão interlocutória mista não terminativa em que o juiz reconhece a existência de elementos mínimos para que a causa seja submetida à apreciação do Tribunal do Júri (prova da existência do crime e indícios suficientes de autoria ou participação).

6.4. Períodos prescricionais

Como já apontamos, a **prescrição da pretensão punitiva é contada em períodos**, os quais resultam da **conjugação dos termos iniciais com as causas interruptivas.**

Combinando-os, teremos os seguintes *períodos prescricionais* nos feitos de competência do *juízo singular*:

1º) da data **da consumação** (ou dos demais termos iniciais) **até o recebimento da denúncia ou queixa;**

2º) **do recebimento** da denúncia ou queixa **até a sentença condenatória** no processo;

3º) **da sentença decisão condenatória até** eventual **acórdão confirmatório** da condenação;

4º) **do acórdão confirmatório** da condenação **até o trânsito em julgado.**

Num crime cuja prescrição se dá em quatro anos, consumado em 5 de julho de 2009, eventual denúncia deverá ser recebida até 4 de julho de 2013. Se, por exemplo, a inicial for recebida em 12 de março de 2011, eventual condenação terá como data-limite, sob pena de prescrição, o dia 11 de março de 2015, e assim por diante.

No **procedimento do** *Júri*, haverá os **seguintes** *períodos prescricionais*:

1º) da data **da consumação** (ou dos demais termos iniciais) **até o recebimento da denúncia ou queixa;**

---

[22] "A pronúncia é causa interruptiva da prescrição, ainda que o Tribunal do Júri venha a desclassificar o crime."

2º) **do recebimento** da denúncia ou queixa **até a pronúncia;**

3º) **da pronúncia até o acórdão que a confirmar** (se houver recurso da pronúncia);

4º) **do acórdão confirmatório** da pronúncia **até a sentença** condenatória;

5º) **da sentença condenatória** até eventual **acórdão confirmatório da condenação;**

6º) **do acórdão confirmatório** da condenação **até o trânsito em julgado.**

Em todos os procedimentos, salvo o rito do Júri

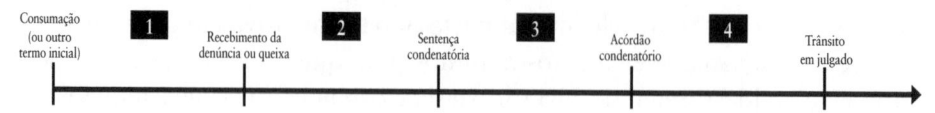

Observações:

1. Os períodos resultam da conjugação dos termos iniciais com as causas interruptivas.

2. No período "1", desde 6 de maio de 2010, só pode ser reconhecida a prescrição em abstrato.

3. Nos demais períodos, podem ser reconhecidas a prescrição em abstrato ou em concreto.

4. A prescrição em concreto no período "2" denomina-se "retroativa".

5. A prescrição em concreto nos períodos "3" ou "4" denomina-se "superveniente" ou "intercorrente".

6. Após o trânsito em julgado, aplica-se a prescrição da pretensão executória.

No rito do Júri

6.5. Extensão dos efeitos interruptivos (CP, art. 117, § 1º)

O legislador estabeleceu duas projeções ou extensões de efeitos interruptivos da prescrição, uma de ordem subjetiva (isto é, de uma pessoa a outra) e outra de ordem objetiva (ou seja, de um delito a outro).

A **extensão subjetiva** se dá nos seguintes termos: a **interrupção** da prescrição da pretensão punitiva com **relação a um dos agentes,** por quaisquer de suas causas, **a todos se estende.** Ela abrange todas as causas interruptivas da prescrição. Assim, exemplificativamente, se duas pessoas praticam um crime em concurso e só um deles for processado, o recebimento da denúncia com relação a ele se estende ao outro. Igual situação ocorrerá se os dois forem processados, mas só um for condenado, ou seja, a sentença condenatória que interrompe a prescrição da pretensão punitiva para um dos acusados conduz ao mesmo efeito no tocante ao outro que for absolvido.

A **extensão objetiva** ocorre da seguinte maneira: a **interrupção** da prescrição da pretensão punitiva **para um dos delitos estende-se aos demais,** *desde que sejam objeto do mesmo processo*. Segue um exemplo: se um sujeito se vir condenado em sentença por um delito e absolvido pelo crime conexo, a interrupção do prazo provocada pela condenação se estenderá a todos os ilícitos penais que constarem do processo.

6.6. Causas suspensivas (CP, art. 116)

Diferentemente das causas interruptivas, as quais fazem com que o prazo torne a ser contado desde o início, **as suspensivas apenas obstam o seu prosseguimento, de modo que o prazo voltará a ser contado de onde parou.** Há um *elenco não exaustivo* **no art. 116 do CP,** no qual constam como causas suspensivas da prescrição da pretensão punitiva:

a) a **suspensão do processo penal por questão prejudicial** (CPP, arts. 92 e 93);

b) o fato de o agente **cumprir pena no exterior** (até porque não poderá, nessas condições, ser extraditado para o Brasil);

c) na **pendência de embargos de declaração ou de recursos aos Tribunais Superiores, quando inadmissíveis; e**

d) **enquanto não cumprido ou não rescindido o acordo de não persecução penal,** previsto no art. 28-A do CPP.

As duas últimas foram incluídas no Código pela Lei Anticrime (Lei n. 13.964/2019) e, dado o caráter prejudicial ao agente, não têm aplicação retroativa, de maneira que só valerão para fatos praticados a partir do dia 23 de janeiro de 2020.

Ao lado dessas, há outras, dentre as quais vale destacar:

a) a **suspensão do processo quando da citação editalícia,** nos termos do art. 366 do CPP;

b) a **suspensão do processo em virtude do** *sursis* **processual** (art. 89 da Lei n. 9.099/95);

c) a **suspensão do processo contra Senador ou Deputado Federal,** por decisão da respectiva Casa Legislativa (CF, art. 53, § 5º, com redação da EC n. 35/2001);

d) a **suspensão do prazo para oferecimento de denúncia, motivada pela colaboração do agente envolvido com organizações criminosas,** até que seu auxílio possa acarretar um dos seguintes efeitos (Lei n. 12.850/2013, art. 4º, § 3º): i) a identificação dos demais coautores e partícipes da organização criminosa e das infrações penais por eles praticadas; ii) a revelação da estrutura hierárquica e da divisão de tarefas da organização criminosa; iii) a prevenção de infrações penais decorrentes das atividades da organização criminosa; iv) a recuperação total ou parcial do produto ou do proveito das infrações penais praticadas pela organização criminosa; v) a localização de eventual vítima com a sua integridade física preservada (art. 4º, *caput*).

Interessante lembrar que a **suspensão do processo em razão da instauração do incidente de insanidade mental** (CPP, art. 149) **não suspende a prescrição.**

6.6.1. Causas suspensivas incluídas pela Lei Anticrime

Conforme destacamos no item anterior, mencionada Lei introduziu no Código duas novas causas suspensivas da prescrição: (i) a pendência de embargos de declaração ou de recursos aos Tribunais Superiores, quando inadmissíveis; e (ii) enquanto não cumprido ou não rescindido o acordo de não persecução penal:

a) pendência de embargos de declaração ou de recursos aos Tribunais Superiores, quando inadmissíveis

Os embargos de declaração podem ser opostos em face de decisões monocráticas (CPP, art. 382) ou de acórdãos (CPP, arts. 619 e 620). Nesse caso, **desde a oposição do recurso até seu julgamento, o prazo da prescrição da pretensão punitiva ficará suspenso.** Essa regra também se aplica aos embargos de declaração opostos contra decisões proferidas no âmbito dos Juizados Especiais Criminais, previstos no art. 83 da Lei n. 9.099/95.

Com relação aos recursos nos Tribunais Superiores, tais como recurso especial, recurso extraordinário, recurso ordinário constitucional, entre outros, a suspensão do prazo prescricional também se dará **desde a interposição até o julgamento do inconformismo.**

Seja no caso dos embargos declaratórios ou dos recursos ao STJ ou STF, contudo, **a suspensão do prazo prescricional está sujeita a um resultado específico: a inadmissibilidade do recurso.**

Desse modo, entendemos que, uma vez manejado o recurso, com o ato de interposição ou oposição, suspende-se a contagem do prazo prescricional até que o inconformismo seja apreciado. **Caso o recurso seja considerado inadmissível,** isto é, constatando-se a ausência de seus pressupostos recursais (p. ex., intempestividade, inadequação, falta de interesse recursal), **confirma-se a suspensão do lapso. Se o recurso,** porém, **for admitido,** ainda que no mérito seja improvido, **cancela-se a suspensão do prazo,** de maneira que a prescrição deve ser contada desde a última causa interruptiva, desconsiderando-se a suspensão do prazo decorrente do recurso utilizado.

Importante ressaltar que essa causa suspensiva atinge tanto a prescrição da pretensão punitiva quanto executória.

O *caput* do art. 116 do CP diz: "antes de passar em julgado a sentença final, a prescrição não corre..."; note que o legislador não indica de qual prescrição se trata. Poder-se-ia dizer que, por se referir ao momento que precede o trânsito em julgado, está aludindo unicamente à prescrição da pretensão punitiva. Ocorre, todavia, que na sistemática do Código Penal a prescrição da pretensão executória também começa a fluir "antes de passar em julgado a sentença final", quando se der o trânsito em julgado para a acusação e não para a defesa (CP, art. 112, I). Assim, por exemplo, se a sentença condenatória foi prolatada e, em face dela, insurgiu-se somente a defesa, embora a decisão não possa ser executada de imediato, inicia-se a contagem da prescrição da pretensão executória, ao lado da prescrição da pretensão punitiva (em concreto). Tendo em vista que o legislador autoriza a fluência de ambas as prescrições antes do trânsito em julgado final, as causas suspensivas anteriores a esse marco devem atingir todas as modalidades de prescrição em andamento. Daí por que, se houver a oposição de embargos declaratórios inadmissíveis ou, em segunda instância, a interposição de recurso especial ou extraordinário igualmente descabidos, o manejo desses recursos suspenderá ambas as modalidades de prescrição.

b) enquanto não cumprido ou não rescindido o acordo de não persecução penal

O acordo de não persecução penal foi instituído no ordenamento jurídico pela Resolução 181 de 2017 do Conselho Nacional do Ministério Público (art. 18). Trata-se de negócio jurídico pré-processual, em que o Ministério Público oferece ao agente proposta imediata de medidas alternativas, comprometendo-se a não denunciar o agente, em troca da confissão circunstanciada do fato; evita-se, portanto, a formalização de uma acusação criminal, promovendo-se uma forma célere de solução do caso.

A medida, em vigor desde janeiro de 2018, passou, com a Lei Anticrime, a ser prevista no Código de Processo Penal, em seu art. 28-A.

Em sua concepção original, a celebração do acordo não tinha o condão de interferir na fluência do prazo prescricional, daí por que um dos requisitos exigidos na citada resolução era justamente que o fato não estivesse próximo de prescrever.

Com a transposição da matéria para o Código de Processo Penal, operou-se a revogação do art. 18 da Resolução 181/2017 do Conselho Nacional do Ministério Público.

O acordo de não persecução penal não mais exige, entre seus requisitos, que o fato não esteja próximo da prescrição, justamente porque o legislador teve o cuidado de estipular que, enquanto não cumprido ou rescindido tal acordo, não corre a prescrição.

A suspensão do prazo se dá, em nosso modo de ver, a partir da homologação judicial do acordo. Se este for cumprido, extingue-se a punibilidade; se ele for rescindido ou anulado, a prescrição volta a fluir.

6.7. Suspensão do prazo prescricional em hipótese de repercussão geral reconhecida pelo relator do recurso especial ou extraordinário

O CPC autoriza que o relator do recurso especial no STJ ou do recurso extraordinário no STF, uma vez reconhecida a repercussão geral no recurso sob sua apreciação, pode[23] determinar a suspensão do processamento de todos os processos pendentes que versem sobre a questão em tramitem no território nacional (CPC, arts. 1.035, § 5º e 1.037, II). Esse mecanismo se aplica ao processo penal e, quando utilizado, paralisa todos os processos criminais que tratarem da questão jurídica identificada como de repercussão geral. A suspensão não se aplica a investigações penais e nem se estende a processos em que o réu se encontra preso (STF, RE 966.177, Pleno, rel. Min. Luiz Fux, j. 7-6-2017).

O STF entendeu que deve ser aplicado aos casos de suspensão dos processos por força do reconhecimento da repercussão geral o regime jurídico das questões prejudiciais estipulado nos arts. 92 a 94 do CPP (e, por extensão, a norma do CP, art. 116, I).

Assim, com base no Código de Processo Penal, o juiz de primeiro grau poderá, a despeito da suspensão determinada pelo tribunal superior, ordenar a realização de provas consideradas urgentes.

Além disso, **uma vez ordenada a suspensão do processo, suspende-se o curso da prescrição, por força do art. 116, I, do CP, ao qual a Suprema Corte deu "interpretação conforme a Constituição"**, lastreando sua decisão nos princípios da proporcionalidade, no sentido de proibição de infraproteção, e da unidade e concordância prática das normas constitucionais (STF, RE 966.177 RG-QO/RS, rel. Min. Luiz Fux, Tribunal Pleno, j. 7-6-2017)[24].

---

[23] A decisão de suspender o andamento dos processos que versem sobre a mesma questão não é obrigatória, ficando sujeita à discricionariedade do relator. De acordo com o STF: "A suspensão de processamento prevista no § 5º do art. 1.035 do CPC não consiste em consequência automática e necessária do reconhecimento da repercussão geral realizada com fulcro no *caput* do mesmo dispositivo, sendo da discricionariedade do relator do recurso extraordinário paradigma determiná-la ou modulá-la" (RE 966.177 RG-QO/RS, rel. Min. Luiz Fux, Tribunal Pleno, j. 7-6-2017). No mesmo sentido: STF, RE 1.401.370 AgR, rel. Min. Ricardo Lewandowski, 2ª T., j. 10-10-2022, ARE 1.259.169 AgR, rel. Min. Roberto Barroso, 1ª T., j. 15-4-2020, e ARE 1.187.125 AgR, rel. Min. Ricardo Lewandowski, 2ª T., j. 17-5-2019.

[24] *Vide* "STF – A suspensão dos processos pela repercussão geral pode ser aplicada para processos penal?". Disponível em: http://draflaviaortega.jusbrasil.com.br/noticias/

Vale destacar que, no caso concreto, a questão na qual se reconheceu a repercussão geral foi a seguinte: "Tipicidade das condutas de estabelecer e explorar jogos de azar em face da Constituição da República de 1988. Recepção do 'caput' do art. 50 do Decreto-Lei n. 3.688/1941 (Lei das Contravenções Penais)"[25].

7. PRESCRIÇÃO EM CONCRETO (RETROATIVA E SUPERVENIENTE OU INTERCORRENTE)

7.1. Introdução

Antes do trânsito em julgado da condenação, outro prazo prescricional deve ser analisado, o da prescrição da pretensão punitiva *em concreto*. **Difere da prescrição da pretensão punitiva pela pena em abstrato somente no tocante ao seu parâmetro,** isto é, na base de cálculo do prazo.

A **prescrição** da pretensão punitiva **em concreto** tem como **parâmetro** *a pena aplicada na sentença condenatória*, a qual deverá ser confrontada com o art. 109 do CP (se o réu for menor de 21 anos na data do fato ou maior de 70 na data da sentença, o prazo deve ser reduzido de metade). **Nos períodos anteriores à sentença condenatória, a prescrição da pretensão punitiva em concreto denomina-se retroativa** (em relação a fatos posteriores a 5 de maio de 2010, por força de alteração legislativa gravosa efetuada no Código, não se admite o reconhecimento de prescrição retroativa antes da denúncia ou queixa). **No período posterior à condenação, chama-se *superveniente* ou *intercorrente*.**

Para que ocorra tal modalidade de prescrição, contudo, é preciso que, além de haver **sentença condenatória,** ocorra algum **evento processual que impeça a elevação da pena** (ou do prazo prescricional) por meio de um recurso. Isto ocorrerá nas seguintes situações: a) **trânsito em julgado para a acusação;** b) **recurso da acusação improvido (ou ao qual se negou conhecimento);** c) **recurso da acusação que não tem a capacidade de interferir no prazo prescricional** (p. ex., se o representante do Ministério Público apela visando a absolvição do réu, ou se seu recurso não busca aumento de pena)[26].

482372154/stf-a-suspensao-dos-processos-pela-repercussao-geral-podeser-aplicada-para-processos-penal. Acesso em: 28 jul. 2017.

[25] Tema 924 (STF, RE 966.177 RG/RS, rel. Min. Luiz Fux, Tribunal Pleno, j. 3-11-2016).

[26] Nesses casos, a pena do réu não pode ser elevada pelo tribunal por força do princípio da proibição da *reformatio in pejus* (CPP, art. 617, parte final).

7.2. Modificações introduzidas pela Lei n. 12.234/2010

A Lei n. 12.234, de 5-5-2010, alterou o tratamento da prescrição pela pena em concreto, conferindo-lhe *regime jurídico mais rigoroso* do que o antes previsto, ao reduzir os casos aos quais ela tem incidência. Essa Lei revogou o § 2º do art. 110 do CP, o qual regulava a prescrição retroativa. Além disso, modificou a redação do § 1º do mesmo artigo, visando a deixar claro que a prescrição superveniente ou intercorrente jamais poderá ser utilizada para fundamentar o reconhecimento antecipado do lapso prescricional, ou seja, a chamada "prescrição virtual".

Essas mudanças têm caráter gravoso, motivo pelo qual são *irretroativas*, ou seja, somente se aplicam a fatos cometidos depois da entrada em vigor da Lei n. 12.234, que se deu no dia 6-5-2010. Dada essa característica, *as regras anteriores continuarão sendo aplicadas* a infrações penais cuja conduta (ação ou omissão) houver ocorrido até o dia 5 de maio; significa dizer que o regime jurídico anterior será ultrativo.

Em razão da coexistência de duas disciplinas sobre a prescrição da pretensão punitiva em concreto, aplicáveis em função do momento do crime (CP, art. 4º), dividiremos a exposição em duas partes.

7.3. Regime jurídico anterior à Lei n. 12.234/2010 (fatos cometidos até 5 de maio de 2010)

A prescrição pela pena em concreto, nesse caso, divide-se em retroativa ou superveniente ou intercorrente, conforme seja reconhecida no período anterior ou posterior à decisão condenatória (desde que ocorra o trânsito em julgado para a acusação, seja improvido seu recurso, não seja este conhecido ou não tenha este o condão de alterar o lapso prescricional).

Não há qualquer restrição ao período em que pode ser aplicada, abrangendo, inclusive, o interregno que separa a consumação do delito (ou outro termo inicial) e o recebimento da denúncia ou queixa.

Acompanhe o exemplo abaixo:

Se João cometesse um estelionato simples (CP, art. 171, *caput*), a prescrição em abstrato dar-se-ia em doze anos. Caso a consumação do crime ocorresse em 3 de janeiro de 2009, eventual denúncia poderia ser recebida até 2 de janeiro de 2021. Considere que isso venha a ocorrer no dia 2 de janeiro de 2015, interrompendo a prescrição, e que a sentença condenatória, proferida em 1º de janeiro de 2016, aplique a pena mínima (um ano). Transitando em julgado a condenação para a acusação, torna-se possível a prescrição da pretensão punitiva em concreto (afinal, além de condenação, ocorreu uma das hipóteses autorizadoras da prescrição baseada na pena judicialmente imposta). Com o novo parâmetro (um ano), deverá *refazer-se o cálculo*, considerando que, se a sanção foi de um ano, a prescrição se dá em quatro (CP, art. 109, V), para, então, verificar se em algum dos períodos já decorridos (da consumação até o recebimento da denúncia ou daí até a sentença condenatória) fluiu prazo superior a esse. Pois bem, no primeiro período prescricional passaram-se mais de cinco anos (de 3-1-2009 a 2-1-2015). Sendo assim, o fato foi atingido pela prescrição da pretensão punitiva retroativa. O próprio juiz da condenação deverá declará-la de ofício.

A prescrição da pretensão punitiva superveniente verifica-se após a sentença condenatória e segue idêntico raciocínio. Considerando o mesmo exemplo, mas com a denúncia sendo recebida em 2 de janeiro de 2013 e a condenação proferida em 1º de janeiro de 2016, não teria ocorrido prescrição da pretensão punitiva. Pense, ainda, que a acusação apele visando aumentar a pena imposta (isso imediatamente *bloqueia* a ocorrência da prescrição da pretensão punitiva em concreto, fazendo com que na hipótese apenas possa ocorrer, em tese, a prescrição da pretensão punitiva pela pena máxima em abstrato). *Passados pouco mais de cinco anos*, o recurso da acusação vem a ser apreciado e o tribunal nega-lhe provimento. A partir desse instante, torna-se possível a ocorrência da prescrição em concreto, exigindo uma nova análise dos períodos já transcorridos. Como ela se verifica em quatro anos (lembre-se que o acusado foi condenado na sentença a um ano), ela teria se verificado no período posterior à sentença condenatória. O tribunal, dessa forma, ficará impossibilitado de apreciar o recurso da defesa, se houver, devendo imediatamente declarar extinta a punibilidade pela prescrição da pretensão punitiva superveniente.

7.4. Regime jurídico posterior à Lei n. 12.234/2010 (fatos cometidos a partir de 6 de maio de 2010)

Surgiram três posições doutrinárias a respeito da interpretação da Lei n. 12.234/2010 e seus efeitos sobre a figura da prescrição retroativa, assim sintetizadas: a) a nova lei é inconstitucional e, portanto, em nada modificou o tratamento do tema, razão pela qual persiste em nosso ordenamento jurídico a figura da prescrição, pela pena em concreto, aplicável a todos os períodos prescricionais; b) **a nova lei extingui somente a prescrição retroativa antes da denúncia ou queixa, motivo pelo qual subsiste a possibilidade de se reconhecer, aos fatos cometidos após a vigência da lei, a prescrição pela pena em concreto, nos períodos prescricionais posteriores ao recebimento da denúncia ou queixa;** c) a lei extingui a prescrição retroativa, mantendo apenas a prescrição regulada com base na pena aplicada para o período posterior à condenação, isto é, a prescrição superveniente ou intercorrente.

Dessas orientações, **o STF reconheceu como válida a segunda**, ou seja, admitindo que ainda há no ordenamento jurídico brasileiro a prescrição retroativa (após o recebimento da denúncia ou queixa) e a superveniente ou intercorrente[27].

Uma vez definido o alcance da lei, formula-se um exemplo de sua aplicação: tome-se por base uma situação análoga àquela utilizada no item acima, mas com fatos praticados sob a vigência do atual regime jurídico.

Suponha que o estelionato simples (CP, art. 171, *caput*) praticado por João tenha ocorrido no dia 11 de março de 2015, consumando-se no mesmo dia. Nessa hipótese, eventual denúncia poderia ser recebida até 10 de março de 2027 (lembre-se que a pena máxima do crime é de cinco anos, e que, pela tabela do art. 109 do CP, prescreve em doze). Considere que a inicial seja recebida no dia 10 de março de 2025 (dez anos depois), interrompendo a prescrição, e que a sentença condenatória, proferida em 1º de fevereiro de 2026, aplique a pena mínima (um ano). Transitando em julgado a condenação para a acusação, torna-se possível a prescrição da pretensão punitiva em concreto, somente nas modalidades retroativa (desde que no período posterior ao recebimento da inicial) e superveniente ou intercorrente, vale dizer, no período subsequente à prolação do édito condenatório. Assim, apesar de as penas de um ano (como a imposta na sentença) prescreverem em quatro e do transcurso de dez anos da consumação até o recebimento da denúncia, não terá ocorrido a extinção da punibilidade, já que na fase inicial de contagem do prazo *somente tem aplicação a prescrição em abstrato*.

Nesse mesmo exemplo, contudo, se houver, *v.g.*, apelação da defesa e esta não for julgada dentro de cinco anos, aplicar-se-á a prescrição da pretensão punitiva superveniente ou intercorrente.

---

[27] HC 122.694/SP, rel. Min. Dias Toffoli, Tribunal Pleno, j. 10-12-2014. Ver ainda: STF, ARE 1.089.752 AgR, rel. Min. Dias Toffoli, 2ª T., j. 4-4-2018. Nesse sentido, também há decisões no STJ: "(...) A prescrição retroativa da pretensão punitiva tem por referência a pena em concreto, sendo aferida, nos termos do art. 109 do CP, após o trânsito em julgado da condenação e segundo os marcos interruptivos descritos no art. 117 do Código Penal, não podendo ter por termo inicial data anterior à da denúncia ou queixa (art. 110 do CP). 3. A atual redação do art. 110, § 1º, do CP veda a aplicação da prescrição retroativa entre a data do fato e do recebimento da denúncia, contudo, como norma de natureza de direito penal, incide o princípio *tempus regit actum*, o que significa que, no caso, não terá efeito porquanto o fato praticado foi anterior à Lei n. 12.234/2010, que promoveu a sua alteração. (...)" (PET nos EDcl no AgRg no AREsp 553.364/SP, rel. Min. Ribeiro Dantas, 5ª T., j. 10-12-2019). E ainda: EDcl no REsp 1.642.433/PE, rel. Min. Messod Azulay Neto, 5ª T., j. 13-6-2023; AgRg no REsp 2.065.354/SP, rel. Min. Reynaldo Soares da Fonseca, 5ª T., j. 20-6-2023; e RvCr 5.990/PB, rel. Min. Joel Ilan Paciornik, 3ª S., j. 22-5-2024.

8. PRESCRIÇÃO DA PRETENSÃO EXECUTÓRIA

Antes chamada (impropriamente) de prescrição da pena, **a prescrição da pretensão executória atinge o poder-dever estatal de dar cumprimento à sanção aplicada mediante o devido processo legal.**

A contagem da prescrição da pretensão executória segue os moldes da prescrição da pretensão punitiva, tendo como *parâmetro a pena imposta na decisão exequenda* ou, se parte da pena foi cumprida, sua base de cálculo será *o restante da punição.*

Influenciam no cálculo desse prazo os seguintes fatores:

a) **a reincidência reconhecida na sentença condenatória,** que **aumenta em um terço** o prazo (CP, art. 110, *caput,* Súmula 220 do STJ[28]) – trata-se da "reincidência antecedente";

b) **ser o réu menor de 21 anos na data do fato ou maior de 70 na data da sentença,** o que **reduz** o prazo **pela metade** (CP, art. 115).

Como já se adiantou, tendo o réu cumprido alguma fração de sua pena, o referencial para calcular o prazo será o restante da punição. Assim, por exemplo, no caso contagem da prescrição da pretensão executória em razão da interrupção do cumprimento da pena (p. ex., fuga do preso) ou revogação do livramento condicional (CP, art. 113).

Seus *termos iniciais* são:

a) *o trânsito em julgado para a acusação.*

O Código Penal estipulou que o prazo da pretensão executória começa a fluir do trânsito em julgado para a acusação, criando, com isso, uma situação de absoluta e injustificável incongruência. Isso porque o prazo prescricional, que visa pressionar o Estado a exercer sua pretensão executória, ou seja, dar início ao cumprimento da pena, começa a fluir mesmo antes que o Estado tenha adquirido tal pretensão. Imagine-se o caso em que o réu foi condenado em primeiro grau e somente a defesa interpôs apelação, transitando em julgado para o Ministério Público; muito embora não seja possível dar início à execução da pena, já começou a fluir o prazo prescricional para que o Estado o faça.

Essa incongruência chamou atenção da Suprema Corte, que, em alguns julgados, entendeu que o art. 112, I, do CP, que determina a regra em apreço, deva ser interpretado em conformidade com a Constituição, de modo a se considerar que o termo inicial somente se inicia quando a pretensão executória do Estado puder ser exercida (*vide,* por exemplo, o RE 696.533/SC, rel. Min. Luiz Fux, rel. p/ o ac. Min. Roberto Barroso, 1ª T., j. 6-2-2018).

---

[28] "A reincidência não influi no prazo da prescrição da pretensão punitiva."

A matéria era controvertida no STF mas recentemente foi fixada uma posição definitiva, por seu Plenário, no julgamento do ARE 848.107/DF, rel. Min. Dias Toffoli[29]. A questão era objeto do Tema 788 da Repercussão Geral, cujo julgamento, por maioria, declarou a não recepção pela Constituição Federal da locução "para a acusação". Fixou-se a tese: "O prazo para a prescrição da execução da pena concretamente aplicada somente começa a correr do dia em que a sentença condenatória transita em julgado para ambas as partes, momento em que nasce para o Estado a pretensão executória da pena, conforme interpretação dada pelo Supremo Tribunal Federal ao princípio da presunção de inocência (art. 5º, inciso LVII, da Constituição Federal) nas ADC 43, 44 e 54".

O STJ possui entendimento em favor da aplicação literal do art. 112, I, que determina como termo inicial para a contagem da prescrição da pretensão executória o trânsito em julgado para a acusação[30].

b) *a revogação do* sursis *ou do livramento condicional.*

Uma vez operada a revogação da suspensão condicional da pena (CP, arts. 77 a 82) ou do livramento condicional (CP, arts. 83 a 90), deverá o agente imediatamente recolher-se à prisão para que se dê o cumprimento da pena privativa de liberdade imposta; por esse motivo, inicia-se a contagem da prescrição, obrigando o Estado a capturar o agente para executar sua pretensão punitiva;

c) *a interrupção do cumprimento da pena* (salvo quando tal interrupção deva ser computada na pena, como na hipótese do CP, art. 41).

---

[29] O citado Recurso Extraordinário com Agravo teve seu julgamento afetado ao Plenário por decisão do Ministro Relator, datada de 21 de novembro de 2014, mas só foi julgado na sessão virtual de 23-6-2023 a 30-6-2023. A PGR já tinha se manifestado no sentido de prover o Recurso Extraordinário, declarando-se que "a única interpretação atualmente consistente e compatível com a Constituição da República acerca do termo inicial da prescrição executória é a que define como o trânsito em julgado da decisão condenatória para ambas as partes". Esse entendimento, ademais, havia se consolidado entre os Ministros da 1ª Turma do STF, para quem: "O marco inicial do prazo da prescrição da pretensão executória coincide com a data em que possível a execução do título judicial condenatório" (STF, ARE n. 1.054.714, rel. Min. Marco Aurélio, 1ª T., j. 15-5-2018).

[30] AgRg no HC 555.043/SC, rel. Min. Nefi Cordeiro, 6ª T., j. 5-5-2020, e EDcl no AgRg nos EDcl no AREsp 1.578.442/RJ, rel. Min. Joel Ilan Paciornik, 5ª T., j. 3-3-2020. Há decisões mais antigas do STJ no sentido de que inicia com o trânsito em julgado para ambas as partes (HC 232.031/DF, rel. Min. Vasco Della Giustina (Des. Convocado do TJ/RS), rel. p/ o ac. Min. Maria Thereza de Assis Moura, 6ª T., j. 15-5-2012, e HC 217.783/MG, rel. Min. Jorge Mussi, 5ª T., j. 28-2-2012).

Qualquer que seja a causa de interrupção do cumprimento da sanção imposta (evasão do estabelecimento, por exemplo), terá início a fluência do prazo. Nesse caso (assim como na hipótese de revogação do livramento condicional), o prazo será calculado com base na pena restante (CP, art. 113).

O lapso não fluirá, contudo, quando a interrupção, embora ocorrida, deva ser computada na pena, como ocorre na hipótese do art. 41 do Código, em que ao sentenciado sobrevém doença mental, provocando sua transferência para o hospital de custódia, a fim de que receba tratamento adequado até completar o tempo restante da sanção.

As *causas interruptivas* são (CP, art. 117):

a) o **início ou continuação do cumprimento da pena**; e

b) a **reincidência "futura" ou subsequente** (Súmula 220 do STJ[31]).

Importante assinalar que **a reincidência que interrompe o prazo da prescrição da pretensão executória não é a mesma que o aumenta em um terço**. Esta é a que foi reconhecida e declarada expressamente na sentença exequenda, designada para efeito didático como "reincidência antecedente". Aquela é a reincidência "futura" ou "subsequente", ou seja, a que se verifica quando, após transitar em julgado uma condenação contra alguém, essa pessoa cometer outro delito. A prática dessa infração penal, que caracteriza a reincidência, interrompe a fluência do prazo da prescrição da pretensão executória em curso, referente à condenação anterior. Apesar da polêmica em torno do tema, *deve-se ter como marco da interrupção o dia do cometimento do novo crime*, pois é isso que cria a reincidência, e não a sentença condenatória que condena o réu por esse ilícito, a qual se limita a reconhecê-la, como situação preexistente. Advirta-se, contudo, que, para evitar ofensa ao princípio da presunção de inocência, a efetiva interrupção do prazo, que terá como parâmetro a data do fato, somente poderá ser reconhecida se houver condenação irrecorrível por essa infração. Em outras palavras, cometido novo crime durante o prazo da PPE, sua interrupção não poderá ser declarada senão depois da condenação definitiva por esse delito, mas, quando isso ocorrer, o Juiz das Execuções considerará a data do novo delito, e não de sua condenação.

Por derradeiro, **suspende o prazo da PPE o fato de o agente encontrar-se cumprindo pena por outro motivo** (CP, art. 116, parágrafo único).

8.1. Prescrição da pretensão executória e multa

Em função do disposto no art. 51 do CP, a multa deve ser considerada dívida de valor após o trânsito em julgado, aplicando-se-lhe as normas

---

[31] *Vide* nota 16.

relativas à dívida ativa da Fazenda Pública, *inclusive* no que concerne às causas suspensivas e interruptivas da prescrição.

Entendemos que seu prazo prescricional (PPE) deve ser o do Código Tributário Nacional, ou seja, de cinco anos (art. 174), mas o STJ firmou tese de que, quanto ao prazo, aplica-se a regra do Código Penal, de tal maneira que ele se dá em 2 anos (art. 118).

8.2. Prescrição da pretensão executória e penas restritivas de direitos

A elas se aplica tudo o quanto dito acerca da prescrição da pretensão executória na pena privativa de liberdade. Vale acrescentar, somente, que o seu parâmetro será a pena de prisão imposta e substituída na sentença condenatória.

9. PRESCRIÇÃO NA LEGISLAÇÃO ESPECIAL

A maioria das leis penais segue as regras do Código Penal, exceto a Lei de Falências e o Código Penal Militar.

O prazo da prescrição da pretensão punitiva dos crimes falimentares, de acordo com a nova Lei de Falências, rege-se pelo Código Penal, mas somente começa a fluir do dia da decretação da falência, da concessão de recuperação judicial ou da homologação do plano de recuperação extrajudicial (Lei n. 11.101, de 9-2-2005, art. 182, *caput*). Nos dois últimos casos, ocorrendo posteriormente a decretação da falência, tal decisão interromperá o lapso prescricional (Lei n. 11.101/2005, art. 182, parágrafo único).

Em função da nova Lei de Falências, tornou-se dispensável a Súmula 592 do STF ("Nos crimes falimentares, aplicam-se as causas interruptivas da prescrição, previstas no Código Penal").

Em relação aos crimes militares, adotam-se as normas específicas previstas nos arts. 124 a 126 do CPM (Decreto-Lei n. 1.001/69).

10. PRESCRIÇÃO ANTECIPADA, VIRTUAL OU PELA PENA EM PERSPECTIVA

Não se trata propriamente de uma modalidade de prescrição, mas do reconhecimento da ausência de interesse processual (condição da ação) em face da perspectiva de futuro reconhecimento da prescrição retroativa (CP, art. 110, § 2º, com redação anterior à Lei n. 12.234/2010).

Dá-se quando se constata, antes de oferecer a denúncia, a grande probabilidade de ocorrer a prescrição retroativa. Trata-se de um raciocínio em perspectiva, de um prognóstico fundado em probabilidade (ou quase certeza). Por exemplo, considere um crime de lesão corporal dolosa leve

(CP, art. 129, *caput*), cuja pena é de três meses a um ano, consumado em 1º de janeiro de 2009 e cometido por um réu primário e de bons antecedentes. Se o membro do Ministério Público receber o termo circunstanciado somente em 30 de novembro de 2012, não terá ocorrido a prescrição, a qual se daria em quatro anos. Por outro lado, se for oferecida denúncia, é praticamente certo que a pena imposta, por pior que seja, não chegará ao máximo legal. Sendo a pena aplicada na sentença inferior a um ano (e note que isso é praticamente certo), a prescrição em concreto dar-se-á em dois anos; ou seja, o juiz condenará o réu e, após, com o trânsito em julgado para a acusação, reconhecerá a prescrição retroativa.

Ora, diante disso, qual o interesse do membro do *Parquet* em ajuizar a ação penal? Qual a razão de ingressar com uma ação fadada ao insucesso? Por que movimentar a máquina estatal num caso como esse? Qual o interesse de agir nesse contexto? Em face disso, em vez de oferecer denúncia, o representante do Ministério Público poderá postular o arquivamento do inquérito policial, alegando ausência de interesse processual, em decorrência da prescrição virtual (pela pena em perspectiva). De lembrar-se que a falta de condição da ação é causa expressa de rejeição da denúncia (ou queixa), nos termos do art. 395 do CPP, com redação dada pela Lei n. 11.719/2008.

Nossos tribunais, entretanto, não admitem a chamada prescrição retroativa ou antecipada. O Supremo Tribunal Federal já se pronunciou no sentido de que "nosso ordenamento jurídico-processual-penal ainda não contempla a prescrição por antecipação. Só há prescrição pela pena em concreto quando a decisão transita em julgado para acusação (CP, art. 110, § 1º)"[32]. E ainda: "a remansosa jurisprudência desta Corte tem repelido, de forma sistemática, a denominada prescrição antecipada pela pena em perspectiva, em razão de ausência de previsão em nosso ordenamento jurídico"[33]. Finalmente: "O STF, diante da falta de previsão legal, tem repelido o instituto da prescrição antecipada ou em perspectiva, consistente no reconhecimento da prescrição da pretensão punitiva do Estado, com fundamento na pena presumida, antes mesmo do término da ação penal, na hipótese em que o exercício do *ius puniendi* se revela, de antemão, inviável"[34].

---

[32] *RT* 727/443.

[33] RHC 121.152/BA, rel. Min. Ricardo Lewandowski, 2ª T., j. 11-3-2014. Na mesma linha: "O Supremo Tribunal Federal, em sede de repercussão geral (RE 602.527 QO-RG), decidiu ser inadmissível decretar a prescrição da pretensão punitiva pela pena em perspectiva, antecipada ou projetada. Entendimento que se prestigia em homenagem aos princípios da segurança jurídica e colegialidade" (STF, Inq 3.331/MT, rel. Min. Edson Fachin, 1ª T., j. 1-12-2015).

[34] RHC 86.950/MG, rel. Min. Joaquim Barbosa, 2ª T., j. 7-2-2006, noticiado no *Informativo STF* n. 415.

De igual maneira o STJ, que editou a Súmula 438, com o seguinte enunciado: "É inadmissível a extinção da punibilidade pela prescrição da pretensão punitiva com fundamento em pena hipotética, independentemente da existência ou sorte do processo penal"[35].

De ver que a Procuradoria-Geral de Justiça de São Paulo, em decisões proferidas com base no art. 28 do CPP, rechaça o instituto em apreço. Nos autos do Protocolado n. 142.872/2008, decidiu-se: "Não há se falar, outrossim, que a imposição de pena, no futuro, provocará o reconhecimento da prescrição retroativa (CP, art. 110, § 2º). Isto porque se trata de hipótese sujeita a diversas contingências, entre as quais não se pode excluir a possibilidade de que ocorra uma modificação na descrição típica, ensejadora de crime mais grave (*mutatio libelli* – CPP, art. 384).

Não é só. A prescrição 'antecipada' ou 'virtual' lastreia-se, como se ponderou acima, na prescrição retroativa. Tal modalidade de prescrição constitui criação brasileira e se mostra única em todo o Mundo. Sua insubsistência, inclusive, vem sendo sustentada pelo Colendo Colégio Nacional de Procuradores-Gerais de Justiça, o qual manifestou expresso apoio e auxílio técnico ao Projeto de Lei n. 1.383/2003, do Deputado Federal Antônio Carlos Biscaia, que visa à supressão de dita modalidade de causa extintiva da punibilidade.

Diversos são os defeitos da prescrição retroativa, dentre os quais se destacam: (i) a violação aos fundamentos do instituto da prescrição, que objetiva à punição da inércia do Estado, inexistente nesta modalidade de causa extintiva do *ius puniendi* estatal; (ii) a ofensa aos princípios da certeza, da irredutibilidade e da utilidade dos prazos, porquanto lapsos temporais cumpridos a seu tempo são desprezados, por conta de uma futura redução e recontagem que se produz; (iii) a violação aos fundamentos das causas interruptivas do prazo prescricional, os quais, uma vez verificados, encerram um período que não mais deveria ser reaberto; (iv) ofensa à lógica formal, porquanto ela se baseia numa sentença condenatória e, uma vez reconhecida, a invalida, isto é, a sentença penal só é válida para declarar que não tem validade... (Argumentos de Guaragni, Fábio André. *Prescrição penal e impunidade*. Curitiba: Juruá, 2000, p. 117 e s.).

Daí se vê que esta Procuradoria-Geral de Justiça não poderia, por razões de Política Criminal, prestigiar fundamento jurídico embasado na prescrição retroativa, como é o caso da chamada prescrição 'virtual' ou 'antecipada'".

---

[35] AgRg no REsp 1.768.437/AM, rel. Min. Nefi Cordeiro, 6ª T., j. 23-4-2019; AgRg no AREsp 1.526.684/RS, rel. Min. Jorge Mussi, 5ª T., j. 19-11-2019; AgRg nos EDcl no REsp 2.026.697/SC, rel. Min. Reynaldo Soares da Fonseca, 5ª T., j. 9-5-2023; e AgRg no RHC 175.588/SP, rel. Min. Sebastião Reis Júnior, 6ª T., j. 14-8-2023.

Deve-se consignar, ademais, que as alterações promovidas no art. 110 do CP, por força da Lei n. 12.234, de 5-5-2010, no sentido de eliminar a possibilidade de reconhecimento da prescrição pela pena em concreto antes da denúncia ou queixa, impuseram um golpe fulminante na tese da prescrição virtual, cuja tendência (somada à consagração do entendimento sumular acima destacado) será de progressivamente deixar de ter qualquer aplicação[36].

---

[36] Se diz que a tendência é progressiva, porque a modificação introduzida por esta Lei tem caráter gravoso e, portanto, não retroage, somente se aplicando a fatos ocorridos a partir da sua entrada em vigor (dia 6 de maio de 2010). Para crimes cometidos deste dia em diante, será impossível reconhecer a prescrição virtual como tradicionalmente ocorre, ou seja, pelo cálculo antecipado da prescrição retroativa no período anterior ao recebimento da denúncia ou queixa.

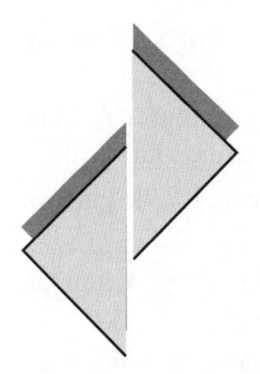

Bibliografia

ALEXY, Robert. *Tres escritos sobre los derechos fundamentales y la teoría de los principios*. Trad. Carlos Bernal Pulido. Colombia: Universidad Externado de Colombia. 2003 (Série Teoría Jurídica y Filosofía del Derecho).

ALEXY, Robert. *Teoria dos direitos fundamentais*. Trad. Virgílio Afonso da Silva. São Paulo: Malheiros, 2008.

ALMEIDA, Joaquim Canuto Mendes de. *Ação penal*. São Paulo: Saraiva e Livr. Acadêmica, 1938.

ÁLVAREZ, Leonardo Alvarez; CORRAL, Benito Aláez. *Las decisiones básicas del Tribunal Constitucional Federal alemán en las encrucijadas del cambio de milenio*. Madrid: Centro de Estudios Políticos y Constitucionales (Boletín Oficial del Estado), 2008.

AMBOS, Kai. *A parte geral do direito penal internacional*. São Paulo: Revista dos Tribunais, 2008.

ANDREUCCI, Ricardo Antunes et al. *Reforma penal*. São Paulo: Saraiva, 1985.

ANDREUCCI, Ricardo Antunes. *Coação irresistível por violência*. São Paulo: Bushatsky, 1974.

ANTOLISEI, Francesco. *Manuale di diritto penale*: parte generale. 14. ed. atualizada por Luigi Conti. Milano: Giuffrè, 1997.

ARAGÃO, Antônio Moniz Sodré. *As Três Escolas Penais – clássica, antropológica e crítica*: estudo comparativo. São Paulo: Freitas Bastos, 1955.

ARAÚJO, Luiz Alberto David; NUNES JR., Vidal Serrano. *Curso de direito constitucional*. 11. ed. São Paulo: Saraiva, 2007.

ASSIS, Araken de. *Eficácia civil da sentença penal*. São Paulo: Revista dos Tribunais, 1993.

ASÚA, Jiménez de. *Tratado de derecho penal*. Buenos Aires: Ed. Losada, 1950. t. I.

ASÚA, Jiménez de. *Tratado de derecho penal*. Buenos Aires: Ed. Losada, 1951. t. III.

ASÚA, Jiménez de. *O delito de contágio venéreo*. Trad. J. Catoira e A. Blay. São Paulo: Edições e Publicações Brasil. 1933 (Coleção médico-jurídica).

AULER, Hugo. *Suspensão condicional da execução da pena*. Rio de Janeiro: Forense, 1957.

AZEVEDO, Vicente de Paulo Vicente de. O centenário do Código Criminal. *RT*, São Paulo, v. 77, p. 441-461, fev. 1931.

BACIGALUPO, Enrique. *Principios constitucionales de derecho penal*. Buenos Aires: Hammurabi, 1999.

BACIGALUPO, Enrique. *Derecho penal*: parte general. Buenos Aires: Hammurabi, 1999.

BACIGALUPO, Enrique. *Direito penal*: parte geral. Trad. André Estefam. Rev. Edilson M. Bonfim. São Paulo: Malheiros, 2005.

BACIGALUPO, Enrique. *Hacia el nuevo derecho penal*. Buenos Aires: Hammurabi, 2006.

BACIGALUPO, Enrique. *Tipo y error*. 3. ed. Buenos Aires: Hammurabi, 2002.

BACIGALUPO, Enrique. *El debido proceso penal*. Buenos Aires: Hammurabi, 2005.

BACIGALUPO, Enrique (org.). *Derecho penal económico*. 1. ed. (reimpressão). Buenos Aires: Hammurabi, 2005.

BARRETO, Tobias. *Estudos de direito*. Campinas: Bookseller, 2000.

BARRETO, Tobias. *Menores e loucos*. Ed. do Estado de Sergipe, 1926.

BÁRTOLI, Márcio. *Código Penal e sua interpretação jurisprudencial*. Org. Alberto Silva Franco e Rui Stoco. 8. ed. São Paulo: Revista dos Tribunais, 2007.

BASTOS, Celso. *Curso de direito econômico*. São Paulo: Celso Bastos Ed. 2003.

BATISTA, Nilo. *Concurso de agentes*: uma investigação sobre os problemas da autoria e da participação no direito penal brasileiro. 4. ed. Rio de Janeiro: Lumen Juris, 2008.

BECCARIA, Cesare. *Dos delitos e das penas*. São Paulo: Martin Claret, 2001.

BECCARIA, Cesare. *Dos delitos e das penas*. Trad. Vicente Sabino Jr. São Paulo: CID, 2002.

BECCARIA, Cesare. *Dos delitos e das penas*. 3. ed. São Paulo: Revista dos Tribunais, 2006.

BECHARA, Fábio Ramazzini et al. *Direito penal aplicado*. 2. ed. São Paulo: Saraiva, 2009.

BELING, Ernest von. *Esquema de derecho penal y la doctrina del delito tipo*. Trad. Sebastián Soler. Buenos Aires: Depalma, 1944.

BENTHAM, Jeremy. *Teoria das penas legais e tratado dos sofismas políticos*. Leme: Edijur, 2002.

BERTALANFFY, Ludwig von. *Teoría general de los sistemas*: fundamentos, desarollo, aplicaciones. Trad. Juan Almela. 15. reimpr. da 1. ed. em espanhol (1976). México: FCE, 2003.

BETANHO, Luiz Carlos; ZILI, Marcos. *Código Penal e sua interpretação jurisprudencial*. 8. ed. São Paulo: Revista dos Tribunais, 2007.

BETTIOL, Giuseppe. *Direito penal*. Campinas: Red Livros, 2000.

BIERRENBACH, Sheila de Albuquerque. *Crimes omissivos impróprios*. 2. ed. Belo Horizonte: Del Rey, 2002.

BITENCOURT, Cezar Roberto. *Tratado de direito penal*: parte geral. 13. ed. São Paulo: Saraiva, 2008. v. 1; 10. ed. 2006.

BITENCOURT, Cezar Roberto. *Tratado de direito penal*: parte especial. 3. ed. São Paulo: Saraiva, 2003.

BITENCOURT, Cezar Roberto. *Código Penal comentado*. 5. ed. São Paulo: Saraiva, 2009.

BONFIM, Edilson Mougenot; CAPEZ, Fernando. *Direito penal*: parte geral. São Paulo: Saraiva, 2004.

BRUNO, Aníbal. *Direito penal*: parte geral. 2. ed. Rio de Janeiro: Forense, 1959. t. I.

BRUNO, Aníbal. *Direito penal*: parte geral. 2. ed. Rio de Janeiro: Forense, 1966. t. III.

BRUNO, Aníbal. *Perigosidade criminal e medida de segurança – edição histórica*. Rio de Janeiro: Ed. Rio, 1977.

BRUNO, Aníbal. *Erro jurídico-penal*. São Paulo: Revista dos Tribunais, 1996.

BRUNONI, Nivaldo. *Princípio da culpabilidade*. *Considerações*: fundamento, teoria e consequências. Belo Horizonte: Juruá, 2008.

CALLEGARI, André Luís. *Direito penal econômico e lavagem de dinheiro*: aspectos criminológicos. Porto Alegre: Livr. do Advogado, 2003.

CAMARGO, Antônio Luís Chaves. *Imputação objetiva e direito penal brasileiro*. São Paulo: Cultural Paulista, 2002.

CAMARGO, Antônio Luís Chaves. *Tipo penal e linguagem*. Rio de Janeiro: Forense, 1982.

CAMARGO, Antônio Luís Chaves. *Sistemas de penas*: dogmática jurídico-
-penal e política criminal. São Paulo: Cultural Paulista, 2002.

CAMARGO, Joaquim Augusto de. *Direito penal brasileiro*. 2. ed. São Paulo:
Revista dos Tribunais/Fundação Getulio Vargas, 2005.

CAMPOS, Jesus Gonzalo Trujillo. *La relación material de causalidad en el
delito*. México: Porrúa, 1976.

CAMPOS, Pedro Franco de et al. *Direito penal aplicado*. 2. ed. São Paulo:
Saraiva, 2009.

CANDAUDAP, Celestino Porte Petit. *Dogmática sobre los delitos contra la
vida y la salud personal*. 5. ed. México: Porrúa, 1978.

CANOTILHO, José Joaquim Gomes. *Direito constitucional e teoria da
Constituição*. Lisboa: Almedina, 2007.

CANOTILHO, José Joaquim Gomes. *Direito constitucional*. 7. ed. Coimbra: Almedina, 2003.

CAPEZ, Fernando. *Curso de direito penal*: parte geral. 23. ed. São Paulo:
Saraiva, 2019. v. 1.

CAPEZ, Fernando. *Curso de direito penal*: parte especial. 19. ed. São Paulo:
Saraiva, 2019. v. 2.

CAPEZ, Fernando; BONFIM, Edilson Mougenot. *Direito penal*: parte geral.
São Paulo: Saraiva, 2004.

CARRARA, Francesco. *Programa del curso de derecho criminal* (dictado en
la real Universidad de Pisa – parte general). Trad. para o espanhol coordena-
da por Sebastián Soler. Buenos Aires: Depalma, 1944. v. 1 e 2.

CARVALHO, Américo Taipa. *Comentário conimbricense ao Código Penal*:
parte especial. Dir. Figueiredo Dias. Coimbra: Coimbra Ed., 1999. t. I.

CARVALHO, José Murilo de. *D. Pedro II*. São Paulo: Cia. das Letras, 2007
(Col. Perfis Brasileiros).

CARVALHO, Márcia Dometila Lima de. *Fundamentação constitucional do
direito penal*. Porto Alegre: Sérgio Antonio Fabris Ed., 1992.

CASTALDO, Andrea Raffaele. *La imputación objetiva en el delito culposo de
resultado*. Buenos Aires: Ed. BdeF, 2004 (Col. Maestros del Derecho Penal).

CEREZO, Ángel Calderón; MONTALVO, José Antonio Choclán. *Derecho
penal*: parte especial. 2. ed. Barcelona: Bosch, 2001. t. II.

CERNICCHIARO, Luiz Vicente. *Direito penal na Constituição*. São Paulo:
Revista dos Tribunais, 1990.

CERNICCHIARO, Luiz Vicente et al. *Reforma penal*. São Paulo: Saraiva, 1985.

CHAMBON, Patrick Maistre du; CONTE, Philippe. *Droit pénal général*. 4.
ed. Paris: Armand Colin, 1999.

CONDE, Francisco Muñoz. ¿Es el derecho penal internacional un "derecho penal de enemigo"? In: *De nuevo sobre el "derecho penal del enemigo"*. 2. ed. ampl. Buenos Aires: Hammurabi, 2008.

CORACINI, Celso Eduardo Faria. Contexto e conceito para o direito penal econômico, *RT*, v. 829, p. 438.

CORRAL, Benito Aláez; ÁLVAREZ, Leonardo Alvarez. *Las decisiones básicas del Tribunal Constitucional Federal alemán en las encrucijadas del cambio de milenio*. Madrid: Centro de Estudios Políticos y Constitucionales, 2008.

CORRÊA, Eduardo et al. *Direito penal económico e europeu*: textos doutrinários. Coimbra: Coimbra Ed., 1998. v. I.

COSTA, Flávio Ribeiro. A omissão penal na doutrina de Armin Kaufmann. *Revista Jus Vigilantibus*, jul./2007. Disponível em: http://jusvi.com/artigos/27209/2. Acesso em: 20 mar. 2008.

COSTA JR., Paulo José da. *Curso de direito penal*. 9. ed. São Paulo: Saraiva, 2008.

COSTA JR., Paulo José da. *Do nexo causal*: aspecto objetivo do crime. São Paulo, Saraiva, 1964.

COSTA JR., Paulo José da; CERNICCHIARO, Luiz Vicente. *Direito penal na Constituição*. 2. ed. São Paulo: Revista dos Tribunais, 1991.

CUÉLLAR, Leila et al. *Estudos de direito econômico*. Belo Horizonte: Fórum, 2004.

DESTEFFENI, Marcos. *Direito penal e licenciamento ambiental*. São Paulo: Memória Jurídica Ed., 2004.

DESTEFFENI, Marcos. *O injusto penal*. Porto Alegre: Sérgio Antonio Fabris Ed., 2004.

DIAS, Jorge Figueiredo. *Temas básicos da doutrina penal*. Coimbra: Coimbra Ed., 2001.

DIAS, Jorge Figueiredo. Breves considerações sobre o fundamento, o sentido e a aplicação das penas em direito penal económico. In: *Temas de direito penal econômico*. São Paulo: Revista dos Tribunais, 2000.

DIAS, Jorge Figueiredo. *Direito penal*: parte geral. 1. ed. brasileira, 2. ed. portuguesa. São Paulo: Revista dos Tribunais/Portugal: Coimbra Ed. 2007. t. I.

DIAS, Jorge Figueiredo. *Comentário conimbricense ao Código Penal*: parte especial. Dir. Figueiredo Dias. Coimbra: Coimbra Ed., 1999. t. II.

DIAS, Jorge Figueiredo (org.). *Comentário conimbricense ao Código Penal*: parte especial. Dir. Figueiredo Dias. Coimbra: Coimbra Ed., 1999. t. I.

DIMOULIS, Dimitri. *Manual de introdução ao estudo do direito*. São Paulo: Revista dos Tribunais, 2003.

DINIZ, Maria Helena. *Lei de Introdução ao Código Civil*. 2. ed. São Paulo: Saraiva, 1996.

DONNA, Edgardo Alberto. *Derecho penal*: parte especial. 2. ed. Buenos Aires: Rubinzal – Culzoni Editores, 2003. t. I.

DONNA, Edgardo Alberto. *Derecho penal*: parte especial. Buenos Aires: Rubinzal – Culzoni Editores, 2001. t. II-A.

DONNA, Edgardo Alberto. *Derecho penal*: parte especial. Buenos Aires: Rubinzal – Culzoni Editores, 2001. t. II-B.

DOTTI, René Ariel. *Curso de direito penal*: parte geral. Rio de Janeiro: Forense, 2003.

DOTTI, René Ariel. Princípios constitucionais relativos aos crimes de imprensa. *Revista Brasileira de Ciências Criminais*, ano 3, n. 10, 1995.

DOTTI, René Ariel et al. *Reforma penal*. São Paulo: Saraiva, 1985.

ESTEFAM, André. *Direito penal*: parte geral. 5. ed. São Paulo: Saraiva, 2008 (Col. Curso e Concurso).

ESTEFAM, André. *Direito penal*: parte especial. 6. ed. São Paulo: Saraiva, 2019. v. 2.

ESTEFAM, André. *Crimes sexuais*. São Paulo: Saraiva, 2009.

ESTEFAM, André. *Direito penal*: parte especial. 6. ed. São Paulo: Saraiva, 2019. v. 3.

ESTEFAM, André. *O novo júri*. 4. ed. São Paulo: Ed. Damásio de Jesus, 2009.

ESTEFAM, André. *Provas e procedimentos no processo penal*. 2. ed. São Paulo: Ed. Damásio de Jesus, 2008.

ESTEFAM, André et al. *Direito penal aplicado*. 2. ed. São Paulo: Saraiva, 2009.

FARIA, Paula de Ribeiro. *Comentário conimbricense ao Código Penal*: parte especial. Dir. Figueiredo Dias. Coimbra: Coimbra Ed., 1999. t. I.

FELDENS, Luciano. *A constituição penal*: a dupla face da proporcionalidade no controle de normas penais. Porto Alegre: Livr. do Advogado, 2005.

FELTRIN, Sebastião Oscar; KURIKI, Patrícia Cristina. *Código Penal e sua interpretação jurisprudencial*. 8. ed. São Paulo: Revista dos Tribunais, 2007.

FERNANDES, Antônio Scarance. *Processo penal constitucional*. São Paulo: Revista dos Tribunais, 1999.

FERRANTE, Marcelo; SANCINETTI, Marcelo A; MELIÁ, Manuel Cancio. *Teoría de la imputación objetiva*. Bogotá: Departamento de Publicaciones/ Universidad Externado de Colombia, 1998.

FERRAZ, Hamilton Gonçalves. Direito penal sem pena? Uma introdução à teoria agnóstica da pena. *Revista Brasileira de Ciências Criminais*, v. 148, p. 55-96, 2018.

FERRI, Enrico. *Princípios de direito criminal*. Campinas: Bookseller, 1996.

FONSECA, João Bosco Leopoldino da. *Direito econômico*. 5. ed. Rio de Janeiro: Forense, 2004.

FRAGOSO, Heleno Cláudio. *O direito penal comparado na América Latina*. Relatório apresentado no colóquio realizado pelo Max Planck Institut fur ausländisches und internacionales Strafrecht, Freiburg im Breisgau, em outubro de 1978. Disponível em: http://www.fragoso.com.br/cgi-bin/heleno_artigos/arquivo30.pdf. Acesso em: 20 mar. 2008.

FRAGOSO, Heleno Cláudio. *Lições de direito penal*. 3. ed. São Paulo: Bushatsky, 1976.

FRAGOSO, Heleno Cláudio; HUNGRIA, Nelson. *Comentários ao Código Penal*. 5. ed. 1. tir. Rio de Janeiro: Forense, 1982. v. VI.

FRANCO, Alberto Silva. *Código Penal e sua interpretação jurisprudencial*. 6. ed. São Paulo: Revista dos Tribunais, 1997. v. 1, t. 2.

FRANCO, Alberto Silva; STOCO, Rui (orgs.). *Código Penal e sua interpretação jurisprudencial*. 8. ed. São Paulo: Revista dos Tribunais, 2007. v. 1 e 2.

FRANK, Reinhard. *Sobre la estructura del concepto de culpabilidad*. Trad. Gustavo Eduardo Aboso e Tea Lório. Montevideo-Buenos Aires: Ed. BdeF, 2004.

FRISCH, Wolfgang; PUPPE, Ingeborg; KINDHÄUSER, Urs; GRÜNWALD, Gerald; PAEFFGEN, Hans Ullrich. *El error en el derecho penal*. Trad. Enrique Peñarada, Manuel Cancio Meliá, Fernando Córdoba, Gustavo A. Bruzzone e Patrícia S. Ziffer. Buenos Aires: Ad-Hoc, 1999.

GARCIA, Basileu. *Instituições de direito penal*. 2. ed. Rio de Janeiro: Forense, 1954. v. 1, t. I.

GAROFALO, Rafaelle. *Criminologia*. Trad. Danielle Maria Gonzaga. Campinas: Péritas, 1997.

GOMES, Luiz Flávio. *Erro de tipo e erro de proibição*. 2. ed. São Paulo: Revista dos Tribunais, 1994.

GOMES FILHO, Antônio Magalhães. *O papel da vítima no processo penal*. São Paulo: Malheiros, 1995.

GOMEZ, Alfonso Serrano. *Derecho penal*: parte especial. 6. ed. Madrid: Dykinson, 2001.

GONZAGA, João Bernardino. *O direito penal indígena*. São Paulo: Max Limonad, s. d.

GONZAGA, João Bernardino. *O crime de omissão de socorro*. São Paulo: Max Limonad, 1957.

GONZÁLEZ, Carlos Suárez; MELIÁ, Manuel Cancio; RAMOS, Enrique Peñaranda. *Um novo sistema do Direito Penal*: considerações sobre a teoria de Günther Jakobs. Org. e trad. André Luís Callegari e Nereu José Giacomolli. Barueri: Manole, 2003.

GOULART, Henny. *A individualização da pena no direito brasileiro*. Dissertação (Concurso à docência-livre de Direito Penal), Faculdade de Direito da Universidade de São Paulo, São Paulo,1970.

GOULART, Henny. *O excesso na legítima defesa*. São Paulo: Revista dos Tribunais, 1968.

GRAU, Eros Roberto. *A ordem econômica na Constituição de 1988*. 10. ed. São Paulo: Malheiros, 2005.

GRECO, Luís. A teoria da imputação objetiva: uma introdução. In: ROXIN, Claus. *Funcionalismo e imputação objetiva no direito penal*. Rio de Janeiro: Renovar, 2002.

GRECO, Luís. *Um panorama da teoria da imputação objetiva*. 2. ed. Rio de Janeiro: Lumen Juris, 2007.

GRECO, Rogério. *Curso de direito penal*: parte geral. 10. ed. Niterói: Impetus, 2008.

GRECO FILHO, Vicente. *Manual de processo penal*. 6. ed. São Paulo: Saraiva, 1999.

GRINOVER, Ada Pellegrini. *Eficácia e autoridade da sentença penal*. São Paulo: Revista dos Tribunais, 1978.

GRINOVER, Ada Pellegrini. *As condições da ação penal*. São Paulo: Bushatsky, 1977.

GROTTI, Dinorá Adelaide Museti. *Inviolabilidade do domicílio da Constituição*. São Paulo: Malheiros, 1993.

GRÜNWALD, Gerald; KINDHÄUSER, Urs; PUPPE, Ingeborg; FRISCH, Wolfgang; PAEFFGEN, Hans Ullrich. *El error en el derecho penal*. Trad. Enrique Peñarada, Manuel Cancio Meliá, Fernando Córdoba, Gustavo A. Bruzzone e Patrícia S. Ziffer. Buenos Aires: Ad-Hoc, 1999.

GUERRA, Luis López. *Las sentencias básicas del Tribunal Constitucional*. 3. ed. Madrid: Centro de Estudios Políticos y Constitucionales (Boletín Oficial del Estado), 2008.

GULLO, Roberto Santiago Ferreira. *Direito penal econômico*. 2. ed. Rio de Janeiro: Lumen Juris, 2005.

HASSEMER, Winfried. *Introdução aos fundamentos do direito penal*. Trad. Pablo Rodrigo Alflen da Silva. Porto Alegre: Sérgio Antonio Fabris Ed., 2005.

HUNGRIA, Nélson. *Comentários ao Código Penal*. 5. ed. Rio de Janeiro: Forense, 1977. v. 1, t. I.

HUNGRIA, Nélson. *Comentários ao Código Penal*. 4. ed. Rio de Janeiro: Forense, 1958. v. 1, t. II.

HUNGRIA, Nélson. *Comentários ao Código Penal*. 3. ed. Rio de Janeiro: Forense, 1956. v. III.

HUNGRIA, Nélson. A evolução do direito penal brasileiro, nos últimos 25 anos. *RT*. São Paulo, v. 147, p. 347-363, jan. 1944.

HUNGRIA, Nélson. A teoria da ação finalística no direito penal (Excerto de aula inaugural proferida na Faculdade de Direito de Maringá, Estado do Paraná). *Revista Brasileira de Criminologia e Direito Penal*, n. 16, jan./mar. 1967.

HUNGRIA, Nélson. *Comentários ao Código Penal*. Rio de Janeiro: Forense, 1942. v. V.

HUNGRIA, Nélson; FRAGOSO, Heleno Cláudio. *Comentários ao Código Penal*. 5. ed. 1. tir. Rio de Janeiro: Forense, 1982. v. VI.

INGINIEROS, José. *Criminologia*. Trad. Haeckel de Lemos. 2. ed. Rio de Janeiro: Livr. Jacyntho Ed., 1934.

JAKOBS, Günther. *Derecho penal*: parte general (fundamentos y teoría de la imputación). 2. ed. Trad. Joaquin Cuello Contreras e Jose Luis Serrano Gonzales de Murillo. Madrid: Marcial Pons. 1997.

JAKOBS, Günther. Direito penal do cidadão e direito penal do inimigo. In: JAKOBS, Günther; MELIÁ, Manuel Cancio. *Direito penal do inimigo*: noções e críticas. Org. e trad. André Luís Callegari e Nereu José Giacomolli. Porto Alegre: Livr. do Advogado, 2005.

JAKOBS, Günther. Derecho penal del ciudadano y derecho penal del enemigo. In: JAKOBS, Günther; MELIÁ, Manuel Cancio. *Derecho penal del enemigo*. Buenos Aires: Hammurabi, 2005.

JAKOBS, Günther. *A imputação objetiva no direito penal*. Trad. André Luís Callegari. São Paulo: Revista dos Tribunais, 2001.

JAKOBS, Günther. *Sociedad, norma y persona en una teoría de un derecho penal funcional*. Trad. Manuel Cancio Meliá e Bernardo Feijó Sánchez. Madrid: Civitas, 1996.

JAKOBS, Günther. A proibição de regresso nos delitos de resultado. In: JAKOBS, Günther. *Fundamentos do direito penal*. Trad. André Luís Callegari. São Paulo: Revista dos Tribunais, 2003.

JAKOBS, Günther. *El derecho como disciplina científica*. Trad. Alex van Weezel, Thomson-Civitas, 2008 (Cuadernos civitas).

JAKOBS, Günther. *La pena estatal*: significado y finalidad. Trad. Manuel Cancio Meliá e Bernardo Feijó Sánchez. Thomson-Civitas, 2006 (Cuadernos civitas).

JAKOBS, Günther; MELIÁ, Manuel Cancio; CALLEGARI, André Luis; LYNETT, Eduardo Montealegre. *Direito penal e funcionalismo*. Trad. André Luis Callegari, Nereu José Giacomolli e Lúcia Kalil. Porto Alegre: Livr. do Advogado, 2005.

JAKOBS, Günther; STRUENSEE, Eberhard. *Problemas capitales del derecho penal moderno*: homenage a Hans Welzel. Trad. Javier Sánchez, Vera Gómez-Trelles, Marcelo A. Sancinetti e Fernando Córdoba. Buenos Aires: Hammurabi, 1998.

JARDIM, Afrânio Silva. *Direito processual penal*. 6. ed. Rio de Janeiro: Forense, 1997.

JESCHEK, Hans-Heinrich; WEIGEND, Thomas. *Tratado de derecho penal*: parte general. Trad. Miguel Olmedo Cardenete. 5. ed. Granada: Comares, 2002.

JESCHEK, Hans-Heinrich. *Desenvolvimento, tarefas e métodos do direito penal comparado*. Trad. Pablo Rodrigo Alflen da Silva. Porto Alegre: Sérgio Antonio Fabris Ed., 2006.

JESUS, Damásio de. *Diagnóstico da teoria da imputação objetiva no Brasil*. São Paulo: Damásio de Jesus, 2003.

JESUS, Damásio de. *Código de Processo Penal anotado*. 16. ed. São Paulo: Saraiva, 2000.

JESUS, Damásio de. *Direito penal*: parte geral. 28. ed. São Paulo: Saraiva, 2005. v. 1.

JESUS, Damásio de. *Imputação objetiva*. 3. ed. São Paulo: Saraiva, 2007.

JESUS, Damásio de. *Teoria do domínio do fato no concurso de pessoas*. São Paulo: Saraiva, 1999.

JESUS, Damásio de. Conceito de idoso na legislação penal brasileira. *Phoenix*, Órgão Informativo do Complexo Jurídico Damásio de Jesus, n. 4, mar. 2004.

JESUS, Damásio de. *Código Penal anotado*. São Paulo: Saraiva, 2003.

JESUS, Damásio de. *Direito penal*: parte geral. 30. ed. São Paulo: Saraiva, 2009. v. 1.

JESUS, Damásio de. *Direito penal*: parte especial. 29. ed. São Paulo: Saraiva, 2009. v. 2.

JESUS, Damásio de. *Direito penal*: parte especial. 18. ed. São Paulo: Saraiva, 2009. v. 3.

JORIO, Israel Domingos. *Latrocínio*. Belo Horizonte: Del Rey, 2008.

JUBERT, Ujala Joshi. *La doctrina de la "actio libera in causa" en el derecho penal*. Barcelona: Bosch, 1992.

KELSEN, Hans. *Teoria pura do direito*. Trad. João Baptista Machado. São Paulo: Martins Fontes, 2003.

KINDHÄUSER, Urs; PUPPE, Ingeborg; FRISCH, Wolfgang; GRUNWALD, Gerald; PAEFFGEN, Hans Ullrich. *El error en el derecho penal*. Trad. Enrique Peñarada, Manuel Cancio Meliá, Fernando Córdoba, Gustavo A. Bruzzone e Patrícia S. Ziffer. Buenos Aires: Ad-Hoc, 1999.

LISZT, Franz von. *Tratado de direito penal alemão*. Trad. José Higino Duarte Pereira. Atualização e notas de Ricardo Rodrigues Gama. Campinas: Russel, 2003. t. I e II.

LOPES, Jair Leonardo et al. *Reforma penal*. São Paulo: Saraiva, 1985.

LUISI, Luiz. *Os princípios constitucionais penais*. 2. ed. Porto Alegre: Sérgio Antonio Fabris Ed., 2003.

LYNETT, Eduardo Montealegre; JAKOBS, Gunther; MELIÁ, Manuel Cancio; CALLEGARI, André Luis. *Direito penal e funcionalismo*. Trad. André Luis Callegari, Nereu José Giacomolli e Lúcia Kalil. Porto Alegre: Livr. do Advogado, 2005.

LYRA, Roberto. *Comentários ao Código Penal*. 2. ed. Rio de Janeiro: Forense, 1955. v. 2.

LYRA, Roberto. *Direito penal*. Rio de Janeiro: Livr. Jacintho Ed., 1938.

LYRA, Roberto. *Direito penal científico*: criminologia. 2. ed. Rio de Janeiro: Konfino, 1977.

LYRA, Roberto. *Direito penal normativo*. 2. ed. Rio de Janeiro: Konfino, 1977.

LYRA, Roberto. *Introdução ao estudo do direito criminal*. Rio de Janeiro: Ed. Nacional de Direito, 1946. (Série Cursos e Concursos).

LYRA, Roberto. *Novíssimas escolas penais*. Rio de Janeiro: Borsoi, 1956.

LYRA, Roberto. *Noções de direito criminal*: parte especial. Rio de Janeiro: Ed. Nacional de Direito, 1944.

MACHADO, Alcântara. *Projeto do Código Criminal Brasileiro*. São Paulo: Revista dos Tribunais, 1938.

MALARÉE, Hernán Hormazábal; RAMÍREZ, Juan Bustos. *Lecciones de derecho penal*. Madrid: Trotta, 2006.

MARCÃO, Renato. *Curso de execução penal*. 7. ed. São Paulo: Saraiva, 2009.

MARQUES, José Frederico. *Tratado de direito penal*. Campinas: Bookseller, 1997. v. 1.

MARQUES, José Frederico. *Estudos de direito processual penal*. Edição atualizada por Ricardo Dip e José Renato Nalini. Campinas: Millennium, 2001.

MARQUES, José Frederico. *Tratado de direito penal*. Campinas: Millennium, 1999. v. IV.

MARQUES, José Frederico. *Tratado de direito penal*. São Paulo: Saraiva, 1961. v. 4.

MARTINS, José Salgado. *Sistema de direito penal brasileiro*. Rio de Janeiro: Konfino, 1957.

MAURACH, Reinhart. *Tratado de derecho penal*. Trad. Juan Cordoba Roda. Barcelona: Ariel, 1962.

MAURACH, Reinhart. *Derecho penal:* parte general. Atualização de Heinz Zipf. Trad. Jorge Bofill Genzsch e Enrique Aimone Gibson. Buenos Aires: Ed. Astrea, 1994. v. 1.

MAXIMILIANO, Carlos. *Hermenêutica e aplicação do direito*. Rio de Janeiro/São Paulo: Freitas Bastos, 1957.

MÉDICI, Sérgio de Oliveira. *Teoria dos tipos penais*: a parte especial do Código Penal. São Paulo: Revista dos Tribunais, 2004.

MELIÁ, Manuel Cancio; FERRANTE, Marcelo; SANCINETTI, Marcelo A. *Teoría de la imputación objetiva*. Bogotá: Departamento de Publicaciones/ Universidad Externado de Colombia, 1998.

MIR, José Cerezo. *Derecho penal:* parte general. Buenos Aires/Montevideo: Ed. BdeF, 2008.

MIRABETE, Julio Fabbrini. *Manual de direito penal*. 13. ed. São Paulo: Atlas, 1998. v. 1.

MIRABETE, Julio Fabbrini. *Manual de direito penal*. 14. ed. São Paulo: Atlas, 1999.

MIRABETE, Julio Fabbrini. *Manual de direito penal*: parte geral. 17. ed. São Paulo: Atlas, 2001. v. 1.

MIRABETE, Julio Fabbrini; FABBRINI, Renato Nascimento. *Manual de direito penal:* parte especial. 26. ed. São Paulo: Atlas, 2009. v. 2.

MIRANDA, Darcy Arruda. *Comentários à Lei de Imprensa*. São Paulo: Revista dos Tribunais, 1969. v. 1.

MONREAL, Eduardo Novoa. Algumas considerações sobre o concurso de pessoas no fato punível. *Revista Brasileira de Criminologia e Direito Penal*, n. 16, p. 11 e s.

MONTALVO, José Antonio Choclán; CEREZO, Ángel Calderón. *Derecho penal:* parte especial. 2. ed. Barcelona: Bosch, 2001. t. II.

742

MONTT, Mario Garrido. *Derecho penal:* parte especial. 3. ed. atual. Santiago: Ed. Jurídica de Chile, 2007. t. III.

MONTT, Mario Garrido. *Derecho penal: parte especial.* 4. ed. atual. Santiago: Ed. Jurídica de Chile, 2008. t. IV.

MORAES, Alexandre de. *Direito constitucional.* 13. ed. São Paulo: Atlas, 2003.

MORAES, Alexandre de. *Constituição do Brasil interpretada.* 4. ed. São Paulo: Atlas, 2004.

MORAES, Flávio Queiroz de. *Delito de rixa.* São Paulo: Saraiva, s. d.

MOREIRA, Egon Bockmann et al. *Estudos de direito econômico.* Belo Horizonte: Ed. Forum, 2004.

MOTA, Leda Pereira et al. *Curso de direito constitucional.* 7. ed. São Paulo: Ed. Damásio de Jesus, 2004.

NAZAR, Nelson. *Direito econômico.* Bauru: Edipro, 2004.

NEVES, Cícero Robson Coimbra; STREIFINGER, Marcello. *Apontamentos de direito penal militar*: parte geral. São Paulo: Saraiva, 2008. v. 1.

NOGUEIRA, Carlos Frederico Coelho. *Comentários ao Código de Processo Penal.* Bauru: Edipro, 2002. v. 1.

NORONHA, Edgard Magalhães. *Direito penal.* 30. ed. São Paulo: Saraiva, 1993. v. 1.

NORONHA, Edgard Magalhães. *Do crime culposo.* 2. ed. São Paulo: Saraiva, 1966.

NUCCI, Guilherme de Souza. *Individualização da pena.* 2. ed. São Paulo: Revista dos Tribunais, 2007.

NUCCI, Guilherme de Souza. *Código Penal comentado.* 9. ed. São Paulo: Revista dos Tribunais, 2009.

NUCCI, Guilherme de Souza. *Código Penal comentado.* 4. ed. São Paulo: Revista dos Tribunais, 2003.

NUNES JR., Vidal Serrano; ARAÚJO, Luiz Alberto David. *Curso de direito constitucional.* 11. ed. São Paulo: Saraiva, 2007.

OLIVEIRA, Olavo. *O delito de matar.* São Paulo: Saraiva, 1962.

ORDEIG, Enrique Gimbernat. *Conceito e método da ciência do direito penal.* Trad. José Carlos Gobbis Pagliuca. São Paulo: Revista dos Tribunais, 2002 (Série As Ciências Criminais do Século XXI).

ORDEIG, Enrique Gimbernat. Eutanásia e direito penal. In: *Vida e morte no direito penal.* Trad. Maurício Antônio Ribeiro Lopes. Barueri: Manole, 2004.

PAEFFGEN, Hans Ullrich; GRUNWALD, Gerald; KINDHÄUSER, Urs; PUPPE, Ingeborg; FRISCH, Wolfgang. *El error en el derecho penal*. Trad. Enrique Peñarada, Manuel Cancio Meliá, Fernando Córdoba, Gustavo A. Bruzzone e Patrícia S. Ziffer. Buenos Aires: Ad-Hoc, 1999.

PANZIERI, André. *Código Penal e sua interpretação jurisprudencial*. Org. Alberto Silva Franco e Rui Stoco. 8. ed. São Paulo: Revista dos Tribunais, 2007.

PENTEADO, Jacques de Camargo (org.). *Grandes juristas brasileiros*. São Paulo: Martins Fontes, 2003.

PENTEADO, Jacques de Camargo. *Acusação, defesa e julgamento*. Campinas: Millennium, 2001.

PIERANGELI, José Henrique. *Códigos Penais do Brasil*: evolução histórica. 2. ed. São Paulo: Revista dos Tribunais, 2001.

PIERANGELI, José Henrique; ZAFFARONI, Eugênio Raúl. *Manual de direito penal brasileiro*: parte geral. 5. ed. São Paulo: Revista dos Tribunais, 2004.

PIMENTEL, Manoel Pedro. *Direito penal econômico*. São Paulo: Revista dos Tribunais, 1973.

PIMENTEL, Manoel Pedro. *Legislação penal especial*. São Paulo: Revista dos Tribunais, 1972.

PIMENTEL, Manoel Pedro. *O crime e a pena na atualidade*. São Paulo: Revista dos Tribunais, 1983.

PIMENTEL, Manoel Pedro. *Contravenções penais*. São Paulo: Revista dos Tribunais, 1975.

PIMENTEL, Manoel Pedro et al. *Reforma penal*. São Paulo: Saraiva, 1985.

PINHO, Ruy Rebello. *História do direito penal brasileiro*: período colonial. São Paulo: Bushatsky, 1973.

PIRES, Ariosvaldo de Campos. *A coação irresistível no direito penal brasileiro*. Belo Horizonte, 1964.

PISAPIA, G. Domenico. *Introduzione alla parte speciale del diritto penale*. Milano: Giuffrè, 1948.

PITOMBO, Sérgio Marcos de Moraes et al. *Reforma penal*. São Paulo: Saraiva, 1985.

PODVAL, Roberto (org.). *Temas de direito penal econômico*. São Paulo: Revista dos Tribunais, 2001.

PONTE, Antônio Carlos da. *Inimputabilidade e processo penal*. São Paulo: Atlas, 2002.

PRADO, Luiz Régis. *Curso de direito penal brasileiro*: parte geral. 2. ed. São Paulo: Revista dos Tribunais, 2001. v. 1.

PRADO, Luiz Régis. *Curso de direito penal brasileiro*: parte geral. 7. ed. São Paulo: Revista dos Tribunais, 2007. v. 1.

PRADO, Luiz Régis. *Curso de direito penal brasileiro*: parte especial. 4. ed. São Paulo: Revista dos Tribunais, 2005. v. 2.

PRADO, Luiz Régis. *Bem jurídico-penal e Constituição*. 3. ed. São Paulo: Revista dos Tribunais, 2003.

PRADO, Luiz Régis. *Direito penal econômico*. São Paulo: Revista dos Tribunais, 2005.

PRADO, Luiz Régis (Org.). *Direito penal contemporâneo*: estudos em homenagem ao Prof. José Cerezo Mir. São Paulo: Revista dos Tribunais, 2007.

PRADO, Luiz Régis; CARVALHO, Érika Mendes. *Teorias da imputação objetiva do resultado*: uma aproximação crítica a seus fundamentos. São Paulo: Revista dos Tribunais, 2002.

PUIG, Santiago Mir. *Estado, pena y delito*. Montevideo/Buenos Aires: Ed. BdeF, 2006.

PUPPE, Ingeborg; FRISCH, Wolfgang; KINDHÄUSER, Urs; GRÜNWALD, Gerald; PAEFFGEN, Hans Ullrich. *El error en el derecho Penal*. Trad. Enrique Peñarada, Manuel Cancio Meliá, Fernando Córdoba, Gustavo A. Bruzzone e Patrícia S. Ziffer. Buenos Aires: Ad-Hoc, 1999.

RAMÍREZ, Juan Bustos; LARRAURI, Elena. *La imputación objetiva*. Bogotá: Ed. Temis, 1998.

RAMIREZ, Juan Bastos; MALARÉE, Hernán Hormazábal. *Lecciones de derecho penal*: parte general. Madrid: Ed. Trotta, 2006.

RAMOS, Enrique Peñaranda; GONZÁLEZ, Carlos Suárez; MELIÁ, Manuel Cancio. *Um novo sistema do direito penal*: considerações sobre a teoria de Günther Jakobs. Org. e trad. André Luís Callegari e Nereu José Giacomolli. Barueri/SP: Manole, 2003.

REALE, Miguel. *Filosofia do direito*. São Paulo: Saraiva, 1953. v. 1, t. II.

REALE, Miguel. *O direito como experiência*. São Paulo: Saraiva, 1968.

REALE JR., Miguel. *Instituições de direito penal*: parte geral. 2. ed. Rio de Janeiro: Forense, 2004. v. 1.

REALE JR., Miguel. *Parte geral do Código Penal*: nova interpretação. São Paulo: Revista dos Tribunais, 1988.

REALE JR., Miguel. *Teoria do delito*. São Paulo: Revista dos Tribunais, 1998.

REALE JR., Miguel. et al. *Reforma penal*. São Paulo: Saraiva, 1985.

REINHARD, Frank. *Sobre la estructura del concepto de culpabilidad*. Trad. Gustavo E. Aboso e Tea Löw. Buenos Aires: Ed. BdeF, 2000 (Col. Maestros del Derecho Penal).

RIBEIRO, Carlos José de Assis. *História do direito penal brasileiro*. Rio de Janeiro: Zelio Valverde, 1943.

ROCHA, Ronan de Oliveira. *A relação de causalidade no Direito Penal*. Dissertação apresentada à Universidade Federal de Minas Gerais. Belo Horizonte, 2013.

RODRIGUES, Anabela Miranda. *Comentário conimbricense ao Código Penal*: parte especial. Dir. Figueiredo Dias. Coimbra: Coimbra Ed., 1999. t. I.

ROMERO, Sílvio. *Tratado de direito penal*. Campinas: Bookseller, 1997. v. 1.

ROTHENBURG, Walter Claudius. *Princípios constitucionais*. Porto Alegre: Sérgio Antonio Fabris Ed., 1999.

ROXIN, Claus. *Funcionalismo e imputação objetiva no direito penal*. Trad. Luís Greco. Rio de Janeiro-São Paulo: Renovar, 2002.

ROXIN, Claus. *Estudos de direito penal*. Trad. Luís Greco. Rio de Janeiro: Renovar, 2006.

ROXIN, Claus. *Política criminal y sistema del derecho penal*. Trad. Francisco Muñoz Conde. 2. ed. Buenos Aires: Hammurabi, 2002.

ROXIN, Claus. Que comportamentos pode o Estado proibir sob ameaça de pena? Sobre a fundamentação político-criminal do sistema penal. In: ROXIN, Claus. *Estudos de direito penal*. Trad. Luís Greco. Rio de Janeiro-São Paulo-Recife: Renovar, 2006.

ROXIN, Claus. *Problemas fundamentais de direito penal*. Trad. Ana Paula dos Santos Luís Natschaeradetz. 3. ed. Lisboa: Vega, 1998.

ROXIN, Claus. *Derecho penal*: parte general. Tomo I. Fundamentos. La estructura de la teoría del delito. Trad. da 2. ed. (1994) por Diego-Manuel Luzón Peña, Miguel Díaz y Garcia Conlledo e Javier de Vicente Remesal. Madrid: Thomson-Civitas. Reimpressão: 2008.

ROXIN, Claus. *Strafrecht*: algemeiner Teil. 2006.

ROXIN, Claus. *Culpabilidad y prevención en derecho penal*. Espanha: Reus, 1981.

ROXIN, Claus; SANCINETTI, Marcelo A. *Desviación del curso causal y "dolus generalis"*. Buenos Aires: Hammurabi, 2003.

SANCHÉZ-OSTIS, Pablo. *Imputación y teoría del delito*: la doctrina kantiana de la imputación y su recepción en el pensamiento jurídico-penal contemporáneo. Montevideo-Buenos Aires: Ed. BdeF, 2008.

SANCINETTI, Marcelo A.; MELIÁ, Manuel Cancio; FERRANTE, Marcelo. *Teoría de la imputación objetiva*. Bogotá: Departamento de Publicaciones/Universidad Externado de Colombia, 1998.

SANCINETTI, Marcelo A. *Subjetivismo e imputación objetiva en derecho penal*. Buenos Aires: Ad-Hoc, 1997.

SANCINETTI, Marcelo A.; ROXIN, Claus. *Desviación del curso causal y "dolus generalis"*. Buenos Aires: Hammurabi, 2003.

SANTOS, Christiano Jorge. *Prescrição penal e imprescritibilidade*. Rio de Janeiro: Elsevier, 2010.

SILVA, José Afonso da. *Curso de direito constitucional positivo*. 16. ed. São Paulo: Malheiros, 1999.

SILVA, José Afonso da. *Comentário contextual à Constituição*. 4. ed. São Paulo: Malheiros, 2007.

SILVA SANCHEZ, Jesús María. Los indeseados como enemigos: la exclusión de seres humanos del *status personae*. In: *Derecho penal del enemigo*: el discurso penal de la exclusión. Montevideo/Buenos Aires: BdeF, 2006.

SIQUEIRA, Galdino. *Direito penal brazileiro*: segundo o Código Penal mandado executar pelo Decreto n. 847, de 11 de outubro de 1890, e leis que o modificaram ou completaram, elucidados pela jurisprudência. Brasília: Senado Federal, Conselho Editorial, 2003.

SIRVINSKAS, Luís Paulo. *Introdução ao estudo do direito penal*. São Paulo: Saraiva, 2003.

SMANIO, Gianpaolo Poggio. *Criminologia e Juizado Especial Criminal*. São Paulo: Atlas, 1997.

SOUZA, Washington Peluso Albino de. *Primeiras linhas de direito econômico*. 5. ed. São Paulo: LTr, 2003.

SPITZCOVISKI, Celso et al. *Curso de direito constitucional*. 7. ed. São Paulo: Ed. Damásio de Jesus, 2004.

STOCO, Rui; FRANCO, Alberto Silva (orgs.). *Código Penal e sua interpretação jurisprudencial*. 8. ed. São Paulo: Revista dos Tribunais, 2007.

STRATENWERTH, Günter. *Derecho penal*: parte general I – El hecho punible. Trad. Manuel Cancio Meliá e Marcelo A. Sancinetti. 4. ed. Buenos Aires: Hammurabi, 2005.

STREIFINGER, Marcello; NEVES, Cícero Robson Coimbra. *Apontamentos de direito penal militar*: parte geral. São Paulo: Saraiva, 2008. v. 1.

STRUENSEE, Eberhard; JAKOBS, Günther. *Problemas capitales del derecho penal moderno*: homenage a Hans Welzel. Trad. Javier Sánchez, Vera Gómez-Trelles, Marcelo A. Sancinetti e Fernando Córdoba. Buenos Aires: Hammurabi, 1998.

TAVARES, André Ramos. Imprensa com lei ou sem lei? *Carta Forense*, jun. 2008.

TAVARES, André Ramos. *Curso de direito constitucional*. 3. ed. São Paulo: Saraiva, 2006.

THEODORO, Luís Marcelo Milleo et al. *Direito penal aplicado*. 2. ed. São Paulo: Saraiva, 2009.

TIEDEMANN, Klaus. *Poder económico y delito*: introducción al derecho penal económico y de la empresa. Trad. Amélia Mantilla Villegas. Barcelona: Ariel, 1998.

TOLEDO, Francisco de Assis. *Princípios básicos de direito penal*. 5. ed. São Paulo: Saraiva, 2000.

TOLEDO, Francisco de Assis. *O erro no direito penal*. São Paulo: Saraiva, 1977.

TOLEDO, Francisco de Assis et al. *Reforma penal*. São Paulo: Saraiva, 1985.

TOURINHO FILHO, Fernando da Costa. *Manual de processo penal*. 11. ed. São Paulo: Saraiva, 2009.

TOURINHO FILHO, Fernando da Costa. *Manual de processo penal*. São Paulo, Saraiva. 2001.

TOURINHO FILHO, Fernando da Costa. *Processo penal*. São Paulo: Saraiva, 1993. v. 1.

TOURINHO FILHO, Fernando da Costa. *Prática de processo penal*. 20. ed. São Paulo: Saraiva, 1998.

VALLE, Carlos Peres. Introducción al derecho penal económico. In: *Derecho penal económico*. 1. ed. (reimpressão). Buenos Aires: Hammurabi, 2005.

VILANOVA, Lourival. *Causalidade e relação no direito*. 4. ed. São Paulo: Revista dos Tribunais, 2000.

WEIGEND, Thomas; JESCHEK, Hans-Heinrich. *Tratado de derecho penal*: parte general. Trad. Miguel Olmedo Cardenete. 5. ed. Granada: Comares, 2002.

WELZEL, Hans. *Derecho penal alemán*. Trad. Bustos Ramírez e Sergio Yáñez Pérez. 4. ed. Santiago: Ed. Jurídica de Chile, 1997.

WELZEL, Hans. *Estudios de derecho penal*. Trad. Gustavo Eduardo Aboso e Tea Löw. Montevideo-Buenos Aires: BdeF, 2003.

WELZEL, Hans. *O novo sistema jurídico-penal*. Trad. Luiz Régis Prado. São Paulo: Revista dos Tribunais, 2001.

WIDOW, María Magdalena Ossandón. *La formulación de tipos penales*: valoración crítica de los instrumentos de técnica legislativa. Santiago: Ed. Jurídica de Chile, 2009.

ZAFFARONI, Eugenio Raúl. *Tratado de derecho penal*: parte general. Buenos Aires: Ediar, 1999. v. II e III.

ZAFFARONI, Eugenio Raúl; PIERANGELI, José Henrique. *Manual de direito penal brasileiro*: parte geral. 5. ed. São Paulo: Revista dos Tribunais, 2004.

Sites na Internet consultados:

1) http://sisbib.unmsm.edu.pe/bibvirtual/tesis/Human/Paredes_V_C/cap1.htm. Acesso em: 19 mar. 2005.

2) ARÊA LEÃO JR., Teófilo Marcelo de. *Detração penal até o Código Criminal do Império (1830)*. Monografia de mestrado apresentada ao Prof. Dirceu de Mello no ano 2000. *Jus Navigandi*, Teresina, a. 4, n. 39, fev. 2000. Disponível em: http://www1.jus.com.br/doutrina/texto.asp?id=973. Acesso em: 19 mar. 2005.

749

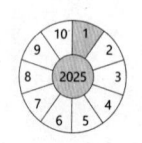